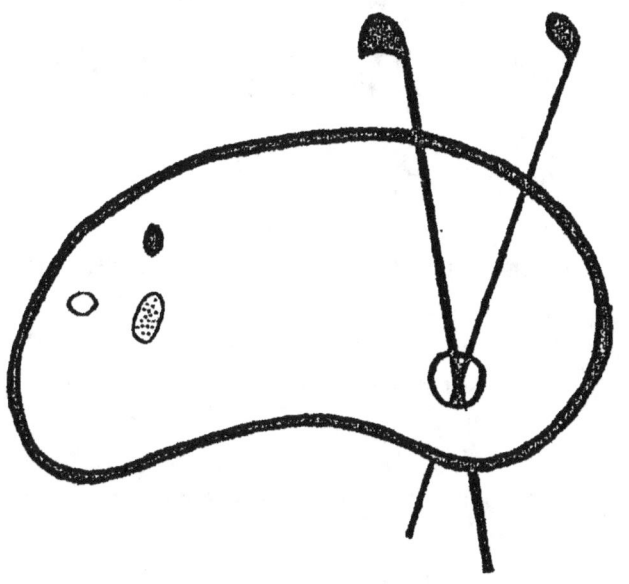

COUVERTURE SUPERIEURE ET INFERIEURE
EN COULEUR

RECTO ET VERSO

VALABLE POUR TOUT OU PARTIE DU
DOCUMENT REPRODUIT

# COLLECTION DE DOCUMENTS
## POUR SERVIR
# À L'HISTOIRE DES HÔPITAUX DE PARIS,

COMMENCÉE

SOUS LES AUSPICES DE M. MICHEL MÖRING,

CONTINUÉE

PAR M. CHARLES QUENTIN,

DIRECTEUR DE L'ADMINISTRATION GÉNÉRALE DE L'ASSISTANCE PUBLIQUE,

PUBLIÉE

PAR M. BRIÈLE,

ARCHIVISTE DE L'ADMINISTRATION.

## TOME TROISIÈME.

COLLECTION DES COMPTES DE L'HÔTEL-DIEU DE PARIS.

PREMIER FASCICULE.

PARIS.

IMPRIMERIE NATIONALE.

M DCCC LXXXIII.

La Préface et la Table des matières paraîtront en même temps que le second fascicule.

# COLLECTION DE DOCUMENTS

POUR SERVIR

# A L'HISTOIRE DES HÔPITAUX

DE PARIS.

Cette collection comprendra :

1° Les délibérations de l'ancien Bureau de l'Hôtel-Dieu (1531-1791);

2° Les comptes de l'Hôtel-Dieu (1364-1599);

3° Le *Corpus* des privilèges de l'Hôtel-Dieu;

4° Les chartes qui n'auront pas été publiées dans le Cartulaire de l'Hôtel-Dieu;

5° Un choix de pièces relatives à l'hôpital Saint-Jacques-aux-Pèlerins, à l'Hôpital général, aux Enfants trouvés, aux Enfants Rouges, à l'Hôpital du Saint-Esprit en Grève.

# COLLECTION DE DOCUMENTS

POUR SERVIR

# A L'HISTOIRE DES HÔPITAUX DE PARIS,

COMMENCÉE

SOUS LES AUSPICES DE M. MICHEL MÖRING,

CONTINUÉE

PAR M. CHARLES QUENTIN,

DIRECTEUR DE L'ADMINISTRATION GÉNÉRALE DE L'ASSISTANCE PUBLIQUE.

PUBLIÉE

PAR M. BRIÈLE,

ARCHIVISTE DE L'ADMINISTRATION.

## TOME TROISIÈME.

COLLECTION DES COMPTES DE L'HÔTEL-DIEU DE PARIS.

**PREMIER FASCICULE.**

PARIS.

IMPRIMERIE NATIONALE.

M DCCC LXXXIII

# DOCUMENTS

POUR SERVIR

# A L'HISTOIRE DE L'HÔTEL-DIEU

## DE PARIS

ET DES HÔPITAUX QUI EN DÉPENDAIENT.

---

## DEUXIÈME PARTIE.

COLLECTION DES COMPTES DE L'HÔTEL-DIEU DE PARIS, DE L'ANNÉE 1364 À L'ANNÉE 1599.

---

### 1ᵉʳ REGISTRE, PARCHEMIN,

CONTENANT LES COMPTES DES ANNÉES 1364 À 1395.

### Année 1364.

Le compte suer Philippe du Bois, prieuse de la Maison Dieu de Paris, fait en la presence de honnorables hommes et discrez maistre Regnaut de Noyon et maistre Thomas le Tourneur, chanoines de l'eglise de Paris, presens les maistre, freres et suers dudit Hostel Dieu, depuis Noel l'an mil cccLxiii, jusques a Noel l'an lxiiii.

Par la collacion du compte rendu a Noel l'an lxiii, remaint que la dicte comptant deubt a ce present office iiiᶜxlvᵗᵗixᵉiiii deniers. Recepte daucuns arrerages deuz a ce present office : de la maison de la coupe d'or devant saint Christofle, receu de Guillaume Cossart, auquel ladite maison estoit louee par la main du Roy, pour l'an lxii, xviᵗᵗ p. dont il est rendu par le compte precedent viᵗᵗ, et par ce present compte viiiᵗᵗxii s.

Cy commence la recepte des rentes des maisons de Paris pour tout l'an, receues au pris de xviii s. parisis le franc.

Premierement, de la maison Robert Pate xxx s. p.; — de la maison Henry de la Fontaine l. s.; — de la maison qui fut Robert le Bourgoignon x s.; — de la maison Jehan Renart xx s.; — de la maison Nicolas de Louvens xl. s.; — de la maison Alart de Rosay iiiiᵗᵗ; — de la maison Gautier le sellier xx s.; — de la maison de l'arbaleste viiiᵗᵗ iii s.; — de iii maison entretenans ou carrefourch Saint Sevrin xiᵗᵗ; — de la maison qui fut Thomas de Londres, a present Philippot Coterel iiiiᵗᵗ; de la maison Jehan Hericon en Sacalie, a present Jehan le Fosseur viiᵗᵗ; — de la maison Bat-Fer en Sacalie xvii s. iii den., — de la maison qui fu Guerin de la Roche, espicier viᵗᵗ x s.; — de la maison Yvon le breton lx s.; — de la maison du chauderon viᵗᵗ; — de la maison Thomas Rousseau xx s.; — de la maison de la coupe d'or xiiiᵗᵗ; — de la maison de la licorne xiᵗᵗ x s.; — de la maison Nicolas de Gisors xx s.; — de la maison Ameline la chanvriere xl s.; — de la maison de l'estoile en la Savaterie xxx s.; — de la maison qui fu Jehan de Coucy, devant le chevez de l'eglise Saint Landry, laquele maison est a l'office de la prieuse xiiᵗᵗ; — de la maison Jehan Delon v s.; — de la maison Richart de Villiers, orfevre, lxx s.; — de la maison Pierre Boudet xlvi s. viii den.; — de la maison qui fu Pierre Le Blont, a present Jehan de Nangis iiiiᵗᵗ x s. iiii deniers; — de la maison qui fu Jehan Bouchart, a present audit

Jehan de Nangis xx s.; — de la maison qui fu Alixandre du Molinet, en la Saunerie, a present Pierre Roussel, aus termes de Pasques et Saint Remi tant seulement xl s. p.; — de la maison a la Hermande vii ℔; — de la maison a la Heronne vi ℔; — de la maison Giles Dambligny xl s.; — de la maison Jehan le marreglier 1 s.; — de la maison qui fu Jehan le Fevre vii ℔ x s.; — de la maison qui fu Sire Jaques de Pacy, a present Adam des Mons xl.; — de la maison Jehan Longuet xxx s.; — de la maison feu Dreu le Bossu xx s.; — de la maison Gilebert des champs viii ℔; — de la maison Simon courteouisse xx s.; — de la maison Jehan de Donchery iiii ℔; — de la maison Heliot le deschargeur iiii ℔; — de la maison Lucas Desperriers vii ℔; — de la maison Jehan Maille, au petit heaume, aus termes de Noel et Saint Jehan tant seulement lxx s.; — de la maison Jehan Lucas cx s.; — de la maison Philippe Dacy iiii ℔; — de la maison Mahi de froit-vaulx x ℔; — de la maison Pierre Laillier iiii ℔; — de la maison Jehan Pinceclou x s.; — de la maison Guillaume Servant xxx s.; — de la maison Jaquet Cirasse xl s.; — de la maison Sevestre de Langres iiii ℔ — de la maison Symon Gauchier xxxiii s. viii den.; — de la maison Estienne Hernois xv s.; — de la maison Jehan du Four lv s.; — de la maison Guillaume Goisselin a present Richart le Normant vi ℔ x s.; — de la maison Thomas Fouques en la voirrerie x s.; — de la maison George du Palais xxxii s. iiii deniers; — de la maison Hue Dampmartin x s.; — de la maison a la dame, a presens Alain Laurens xx s.; — de la maison Estienne Potier, a present Alips la mareschalle c s.; — de la maison Jehan de Fleury xii ℔; — de la granche qui fu garnier Marcel, a present Guillaume de Lesclat, fondeur, lxx s.; — de la maison Jehan Jaques iiii ℔ x s.; — de la maison Ameline des champs xlvi s. viii deniers; — de la maison Jehan et Pierre de Fontenay espiciers vi ℔; — de la maison qui fu Jehan de Crespi, a present Rogier le munier lx s.; — de la maison Nicolas le cordoennier xxiiii s.; — de la maison Guillaume de Laigny vi ℔ vii s.; — de la maison Robert Villain lx s.; — de la maison Robert de Pons, a present Estienne le frere xx s.; — de la maison Henry Nourry, a present Sire Jaques le flament iiii ℔; — de la maison Jehan Davisy iiii ℔; — de la maison Jehan Marcel iiii ℔; — de la maison Maci le bourrelier, devant le pilori, aus termes de Noel et Saint Jehan tant seulement xl s.; — de la maison qui fu.... ....vi ℔ xiii s. iiii den.; — de la maison qui fu Guillaume Leclerc, a present Robert Diex y voie xl s.; — de la maison Pierre de Sengremer vi ℔; — de la maison qui fu Regnaut le Boursier cviii s. vi den.; — de la maison qui fu Pierre le Perchier, a present Henry Hardy xiii ℔; — de la maison Aubert Jaques lx s.; — de la fabrique Saint Innocent vi ℔; — de la maison Estienne de la Cavée lxvi s. viii den.; — de la maison qui fu Guillaume le galois vi ℔ xiii s. iiii den.; — de la maison Raoul Desmondeville xx s.; — de la maison Jehan Passemer xl s.; — de la maison Jehan Cuer x s.; — des estuves de Mauconseil v s.; — des estuves aus femmes, en la rue de la Truanderie lx s.; — de la maison Henry Pierre de Louvain, en Mauconseil lxxviii s.; — de l'estal qui fu Jaques de Bellemont, a present Jehan Leclerc lx s.; — de l'estal qui fu Gautier le veel, a present Sandrin Richier, et Pierre le Cauchois vi ℔; — de l'estal qui fu Morise Lambert, a present Nicolas des Riex xlviii s.; — de l'estal qui fu Heloys la doree xv s.; — de l'estal qui fu Guillaume de Succy, a present Jehan de Biere xii s. p.; — des maisons de larbaleste et du saumon; baillees a crois de cens par ladite prieuse a Regnaut Gaudin et a sa femme, pour le pris de vii ℔ xviii s. p. de rente par an, a paier aus iiii termes de Paris acoustumez, oultre et avec la rente que elle y prenoit par avant, a comencier a paier a la sainct Remi ccclxiii, et est a cause de l'achat fait par ladite prieuse de tel droit comme le maistre dudit Hostel Dieu avoit es dites maisons, a cause du lais de feu Jacques de Bardi, pour ce, pour le terme dessus di xxxix s. vi deniers; — de la poullerie de ceans xl s.; — du tronc de ceans iiii ℔ p.

Somme toute des rentes des maisons de Paris iii<sup>c</sup> lxxiiii ℔ vi s. iii den. parisis, de laquelle somme il dechiet, pour deniers comptez et non receuz qui demeurent en arrerages; et sont escrips aveoques les autres de ceste annee, apres la collacion de ce compte[1] lxi ℔ x den.; ainsi demeure de vraye recepte desdites maisons iii<sup>c</sup> xiii ℔ v s. iiii den. parisis.

Recepte des rentes du Chastellet de Paris et du Tresor : du terme de la chandeleur l'an lxiii par la main du receveur de Paris xlix ℔ vii s. vi den.; — du terme de l'ascension l'an lxiii, par ledit receveur xxxv ℔ vii s. viii den.; — du terme de la toussains ensuivant lxiiii ℔ vii s. viii den.; — du tresor du Roy nostre sire, dudit terme de la Toussains xvi ℔. Somme viii<sup>xx</sup> v ℔ ii s. x den.; de laquelle somme il dechiet, pour denier comptez et non receuz, qui demeurent en arrerages, xvi ℔ parisis; ainsi demeure de vraie recepte desdites rentes vii<sup>xx</sup> ix ℔ ii s. x den. par.

Recepte de Nulli sur Marne. La maison et les terres estoient baillees a ferme Jehan Guinier pour viii sextiers seigle et iii sextiers d'aveine par an. En cest an neant, car les terres sont en friche depuis les guerres, et ne peut on trouver qui les preigne, et fu la maison arse par les ennemis, et est ledit Guinier trespasse.

---
[1] Nous n'avons pas cru devoir reproduire ces comptes d'arrérages, qui ne nous ont pas paru présenter un grand intérêt.

[1364.]   DE L'HÔTEL-DIEU DE PARIS.   3

Recepte des lais et aumosnes. Du lais maistre Jehan Laigle x<sup>tt</sup>; — du lais Robert Lescrivain x florences, xv s. parisis piece, valent vii<sup>tt</sup> x s.; — du lais Jehan de Saint Benoit viii<sup>tt</sup>, — du lais de sa femme c s.; — de l'aumosne maistre Alfons Chevrier viii frans, xviii s. p. piece valent vii<sup>tt</sup> iiii s.; — du lais Alain de Saint Benoit ix s.; — dune aumosne par la main Nicolas Teroude ii florences, valent xxx s.; — du lais de la femme Jehan Lalemant en ii frans, xxxvi s.; — de l'aumosne maistre Thomas de Maalou, jadis chantre de Paris, par la main maistre Jehan le coq en iiii frans lxxii s.; — du lais de feu Sire Jaques de Pacy, ou mois d'octobre x<sup>tt</sup> p.; somme toute de vraie recepte de toutes les receptes dessus dites viii<sup>e</sup> lxxiiii<sup>tt</sup> xviii deniers parisis.

Cy commencent les despens faiz par ladite prieuse depuis Noel l'an mil ccclxiii jusques a Noel l'an mil ccclxiiii.

Premierement, paie vendredi xv<sup>e</sup> jour de fevrier ccclxiii, pour deux cabars de figues et i cabar de raisins achetez pour les malades v frans et demi, piece xviii s. parisis, valent iiii<sup>tt</sup> xix s.; — paie ce jour pour un quarteron d'amendes achete pour les malades xxx s.; — paie le jeudi xxi<sup>e</sup> jour de fevrier pour une livre de cire achetee pour faire un cierge pour mettre a l'autel Sainte Marguerite, auquel sont celebrees les messes pour les bienfaiteurs, a l'office de ladite prieuse iiii s.; — pour un quarteron d'amendes achete pour les malades le x<sup>e</sup> jour de mars ensuivant xxx s.; — pour un autre quarteron d'amendes achete pour les malades le xxix<sup>e</sup> jour dudit mois de mars xxx s.; — pour un autre quarteron d'amendes achete pour les malades le xxix<sup>e</sup> jour dudit mois de mars xxx s.; — paie le jeudi absolu pour une livre de grosse dragee, achetee pour le couvent des seurs xii s.; — paie pour le service dame Aveline la Pelfiere, en la sepmaine peneuse, viii s. iiii den.; — pour ii fessiaux derbe, achetez le jour de l'ascension ccclxiiii, viii s.; — pour x bureaux achetez au lendit, de Jehan lempereur, le jeudi xxi<sup>e</sup> jour de juing ccclxiii, chascun bureau iiii frans et demi, valent xlv frans, xviii s. parisis piece, valent xl<sup>tt</sup> x s.; — pour les despens de la dite prieuse, qui ala au lendit pour acheter lesdiz bureaux, le jeudi dessus dit x s.; — pour viii bureaux achetez a Paris, dudit Jehan lempereur, le mardi xxv<sup>e</sup> jour de juing, oultre petit pont, en lostel a l'enseigne de l'arbaleste, piece iiii frans et demi, valent xxxvi frans, xviii s. parisis piece, valent xxxii<sup>tt</sup> viii s.; — pour xv comptes et xxii aulnes de toile achetez es halles a Paris de Perrot Landrignier, marchant, le vendredi xxiii<sup>e</sup> jour de juillet ccclxiii, chascun compte x frans et un quart, valent vii<sup>xx</sup> xvii frans et demi i denier obole, piece xviii s. parisis, valent vii<sup>xx</sup> i<sup>tt</sup> xv s. i denier obole; — pour iii comptes et v aulnes de toile, achetez de Perrot Petit, es halles a

Paris, ledit xxiii<sup>e</sup> jour de juillet, chascun compte xi frans et demi, valent xxxv frans 1 tiers de franc, et xi solz iii deniers, frans pour xviii s. parisis piece, valent xxxi<sup>tt</sup> xviii s. iii deniers; — pour xiii comptes et demi et xv aunes de toile, achetez a Paris es halles, le xvii<sup>e</sup> jour de novembre ccclxiii, de Jehan Gourpil, chascun compte ix frans et demi, valent vi<sup>xx</sup> x frans et demi et ii s. iii deniers, piece xviii s. parisis, valent cxvii<sup>tt</sup> xi s. iii deniers; — paie a Jehan le Duc, pour son salaire de avoir aune lesdites toiles en i franc xviii s. parisis; — pour trois ouvriers pelletiers, en la sepmaine de la magdalene, pour v jours, pour chascun ii s. parisis par jour valent xxx s.; — pour xi ouvriers pelletiers, en la sepmaine de la saint Christofle pour v jours, pour chascun ii s. p. par jour valent cx s.; — pour xi ouvriers pelletiers la sepmaine apres la saint Christofle pour vi jours, pour chascun ii s. p. par jour valent vi<sup>tt</sup> xii s.; — pour xi ouvriers pelletiers, la sepmaine de la saint Laurens, pour v jours, pour chascun ii s. par jour valent cx s.; — pour viii ouvriers pelletiers, en la sepmaine de la miaoust, pour v jours, pour chascun ii s. p. par jour valent iiii<sup>tt</sup> parisis; — pour les despens pour les diz ouvriers en plusieurs choses lx s.; — pour taindre vi aunes de toile, xvi deniers l'aune, valent viii s.; pour taindre iiii livres et demie de fil ii s. viii deniers la livre, valent xii s.; — pour taindre v livres de fil, ii s. viii deniers la livre, valent xiii s. iiii deniers; — pour taindre ii livres et demie de fil vi s. viii deniers; pour xii livres de fil acheté ii s. viii deniers la livre, valent xxxii s.; — pour x livres de fil achete ii s. viii deniers la livre, valent xxvi s. viii deniers; — pour viii livres de fil achete ii s. viii deniers la livre, valent xxi s. viii deniers; — pour vii livres de fil achete ii s. viii deniers la livre, valent xviii s. viii deniers; — pour v livres de fil, achete ii s. viii den. la livre, valent xiii s. iiii deniers; — pour une poignee de lin, achetee a la saint Denys xxxiiii s.; — paie a Gillete la liniere pour courraier et appareillier ledit lin par v jours, xvi deniers par jour, valent vi s. viii den.; — pour appareillier les voirrieres de dessus le cloistre aux seurs xiiii deniers; — pour une verriere pour le refretoer aux seurs, et pour les autres verrieres dudit refretoer rapareillier xviii s.; — pour rappareillier les verrieres de la sale neuve aus malades xxxvi s.; — paie a maistre Jehan Delfi pour sa pension de l'an lxiii, ix s.; — pour fons de terre pour la maison de larbaleste et pour la maison du Saumon en la rue Saint Jaques, oultre petit Pont, lesquels maisons estoient lors closes, xxxvi s.; — aus religieuses de Long Champ, pour la rente quil prennent chascun an sur la maison qui fu Jehan de Coucy, pour les termes de Noel ccclxiii, et Pasques, saint Jehan et saint Remi ccclxiiii, xl solz; — paie a Ysabeau de saint Benoit pour la rente quelle prent

1.

par an sur ladite maison pour les termes dessus diz lvi s.; — paie aus religieux de Saint Germain des pres pour fons de terre qu'il prennent une fois en l'an au terme saint Remi x s.; — paie a Jehan Salemon, clerc maistre à Jehan Delfy pour cause du plait pendant du Chastellet de Paris entre la prieuse et Denis Perret, pour cause de la maison de la coupe d'or xv s.; — paie pour 1 cierge pour l'autel Sainte Marguerite iiii s.; — pour faire l'anniversaire dame Aveline la Pelliere lundi devant la toussaints viii s. iiii deniers; — paie a Colin le pescheur, pour son terme de la saint Remy, xii s. vi deniers; — paie pour faire l'anniversaire de la prieuse Raoule iiii<sup>tt</sup> iii s.; — pour saigniees xl s.; — pour despens faiz pour ladite prieuse, tant pour elles, comme pour curialitez x<sup>tt</sup> parisis; — pour la pension de celui qui recoit lesdites rentes et qui chante les messes a l'autel Sainte Marguerite, pour les bienfaiteurs de l'office a la Prieuse, pour tout l'an, xxviii<sup>tt</sup>; — pour un sergent pour aler parmi la ville par plusieurs foiz avec ledit receveur des dites rentes xx s.; — pour fons de terre deu au Roy pour la rente qui fu Henry de la Trinite, ii s. viii den.; — pour fons de terre pour la rente qui fu Jehan Sarrazin ii s. vi deniers; — pour fons de terre deu a l'abbesse du bois aus dames xvi den.; — pour fons de terre pour la maison Guerin de la Roche iiii s. vi den.; — pour fons de terre pour la maison Guillaume de Laigny ii s.; — pour fons de terre pour la maison Henry Pierre de Louvain vi deniers; — pour parchemin pour escrire et ordener ce present compte xii s.; — pour escrire et doubler ce present compte xxiiii s.; — pour l'achat de lxvi s. p. de rente achetez ou mois de novembre CCCLXIIII de Guillaume Aymer dit Paget, c'est assavoir sur la maison de l'arbaleste en la grant rue Saint Jaque oultre petit Pont xxv s. p., et sur la maison du saumon tenant a la maison dessus dite xlvi s. p., pour ce xxxix<sup>tt</sup> xii s. Somme cvii<sup>tt</sup> xiiii s. iiii deniers. Somme toute de la despence dessus dite v<sup>e</sup> xx<sup>tt</sup> x s. xi deniers obole.

Collacion faite de toute la vraie recepte, qui est en somme viii<sup>c</sup> lxiiii<sup>tt</sup> xviii den. a la somme de toute la despense, qui est en somme v<sup>c</sup> xx<sup>tt</sup> x s. xi den. obole, et ainsi la recepte excede la despense en iii<sup>c</sup> liiii<sup>tt</sup> x s. ii den. obole.

### Année 1365.

Le compte seur Philippe Du Bois prieuse de l'ostel dieu de Paris, depuis Noel l'an LXIIII jusques a Noel l'an LXV.

Le compte seur Philippe Du Bois, prieuse de la maison Dieu de Paris, fait en la presence de honorables hommes et discrez maistre Regnaut de Noyon, et maistre Thomas Le Tourneur, chanoines de l'eglise de Paris,

presens les maistre, freres et seurs dudit hostel dieu, depuis Noel l'an mil CCCLXIII jusques a Noel l'an mil CCCLXV. Par la collation du compte rendu a Noel l'an LXIIII, remaint que ladite prieuse deubt a ce present office CCCIIII<sup>xx</sup> x s. vi deniers obole, a xviii s. p. le franc, valent CCCIIII<sup>xx</sup> xii frans iii quars et xii den. ob., qui valent a xvi s. p. le franc iii<sup>c</sup> xiiii<sup>tt</sup> v s. ob.

Somme toute des rentes des maisons de Paris pour tout l'an a xvi s. p. le franc iii<sup>c</sup> iiii<sup>tt</sup> v s. ii deniers.

Recepte des rentes du Chastellet de Paris et du Tresor cxv<sup>tt</sup> x s. iiii den.; de laquele somme il dechiet pour deniers comptez et non receuz, qui demeurent en arrerages xlvi<sup>tt</sup> viii s. viii deniers; ainsi demeure de vraie recepte lxix<sup>tt</sup> vi s. viii deniers.

Recepte des lais et aumosnes. De Pierre Girart pour aumosne, vendredi xiii<sup>e</sup> jour de juing l'an LXV, xxxvi florins baillez pour xxx frans, piece xvi s., valent xxiiii livres. Du lais feu Guillaume Rabiolle, dymenche xxviii<sup>e</sup> jour de septembre CCCLXV, x frans, valent viii<sup>tt</sup>; — du lais feu Jehan de Pacy c s.; — de l'aumosne maistre Alfons Chevrier en iiii frans, lxiiii s.; somme xl<sup>tt</sup> iiii s. p.

*Pour deux bersueuls prins en l'ostel de ceans pour madame Jehanne de France, pour lesquels le Roy fit bailler* xl frans, valent xxxii<sup>tt</sup> parisis.

Somme toute de vraie recepte de toutes les receptes dessus dites vii<sup>c</sup> iiii<sup>xx</sup> xvii<sup>tt</sup> xvi s. v deniers parisis.

Cy commencent les despens faiz par ladite prieuse depuis Noel l'an LXIIII jusques a Noel l'an LXV.

Premierement despens faiz depuis Noel l'an LXIIII dessus dit, frans piece pour xviii s. parisis, jusques au dymenche xi<sup>e</sup> jour de may CCCLXV, que le franc ot cours par ordonnances royaulx pour xvi s. piece.

Paie samedi viii<sup>e</sup> jour de fevrier, pour une livre de cire achetee pour faire un cierge pour mettre a l'autel Sainte Marguerite, auquel autel sont celebrees les messes pour les bienfaiteurs de l'office a la Prieuse iii s.; — paie mardi iiii<sup>e</sup> jour de mars pour 1 cabar de figues et 1 cabar de raisins achetez pour les malades iiii frans et demi, valent iii<sup>tt</sup> xii deniers; — paie ce jour pour un quarteron d'amendes pour les malades xxxii s.; — paie samedi xv<sup>e</sup> jour de mars pour un quarteron d'amendes pour les malades xxxii s.; — paie mardi xviii<sup>e</sup> jour de mars pour ii cabars de figues et i cabar de raisins pour les malades v frans et demi, valent iiii<sup>tt</sup> xix s.; — pour ii quarterons d'amendes iii<sup>tt</sup> x s. p.; — pour faire le service Aveline la Pelliere, en la sepmaine peneuse, viii s. iiii deniers; — paie le jeudi absolut pour une livre de grosse dragee pour le couvent xii s.; — paie a Colin le pescheur pour ses termes de Noel l'an LXIIII et Pasque l'an LXV . . . . .

Somme xxii frans 1 tiers de franc iiii deniers, qui valent a xvi s. p. le franc xvii<sup>tt</sup> xvii s. viii deniers.

Autres despens faiz par ladite prieuse depuis le dymenche xi[e] jour de may que le frans d'or ot cours pour xvi s. p. par ordonnances royaux.

Paie mercredi xi[e] jour de juing ccclxv que la Prieuse ala a la beneicon pour achater des toiles, pour ses despens x s.; — pour achat de toiles en pluseurs foiz cclx[tt] xiiii s.; — pour xiiii compte et demi et x aunes de toile achetez a Paris es halles a Jehan Gourpil cxvii[tt] vi s. viii deniers; — pour iiii compte et xxi aunes de chanevaz achetez dudit Jehan Gourpil xxii[tt] xii s. iiii den.; — pour megeis pour appareillier les couvertoers xx s.; — pour taindre iiii livres et demie de fil, ii s. viii den. la livre, valent xii s.; — pour plusieurs mises faites ou mois de decembre dessus dit pour reparacions faites en la maison qui fu Jehan de Hericon en Sacalie, a laquelle maison les proprietaires dicelle renuncierent en jugement devant le prevost de Paris, et pour ce est ladite maison demouree a perpetuite a lostel de ceans, desquelles mises les parties sensuivent, cest assavoir pour ii milliers de tuilles achetee le xxviii[e] jour de novembre iiii[tt] le millier valent viii[tt]; — item pour vi toises et demie de goutieres vi s. la toise valent xxxix s., item pour i cent de late v s., item pour porter ladite late ou dit hostel xx den., item pour demi millier de clou a late iii s. p.; item pour iiii chevilles de fer viii den.; pour viii sacs de plastre pour couvrir et enfester ix s.; pour iii journees de Yvonnet de Reims et de son compagnon couvreurs et de ii varlez pour couvrir ladite maison xii s. par jour, valent xxxvi s. p.; — pour Herment le maçon i autre maçon et ii varlez xiii s. par jour valent xxvi s.; — pour parchemin pour ecrire et doubler ce present compte xii s.; pour lescripture de ce present compte xxiiii s. Somme toute de la despense dessus dite v[e] xxxvii[tt] x s. x den. ob.

Collacion faite de toute la vraie recepte a la somme de toute la despense, la recepte excede la despense en ii[e] lx[tt] v s. vi den. ob.

### Année 1366.

Le compte seur Philippe du Bois, prieuse de la maison dieu de Paris fait en la presence de honnorables hommes et discrez maistre Regnaut de Noyon et maistre Thomas le Tourneur, chanoines de leglise de Paris, depuis Noel lan mil ccclxv jusques a Noel l'an mil ccclxvi.

Par la collacion du compte rendu a Noel l'an lxv remaint que ladite comptant deubt a ce present office ii[e] lx[tt] v s. vi den. ob.

Cy commence la recepte des rentes des maisons de Paris, cest assavoir pour un an commencant a Noel lan ccclxv et feny a Noel ccclxvi. Somme cxxvi[tt] v s. vi den.

Recepte des rentes du chastellet de Paris et du Tresor viii[xx] v[tt] ii s. x den.

Recepte des lais et aumosnes. Dune aumosne par la main messire Jehan le charron, viii[tt] xviii s.; — du lais Pierre Paumier le viii[me] jour de juillet lx s.; — du lais Pierre de Sueilly xl s.; — des viez tapis et linges vendus en cest an lx s.

Somme toute de vraye recepte de toutes les receptes dessus dites vii[e] xxvi[tt] xi s. iii den. obole.

Cy commence la despence faite par ladite prieuse depuis Noel l'an mil ccclxv jusques à Noel ccclxvi.

Pour ix charretees de fuerre pour faire les liz aus malades achetees a Courcelles, a Guernelles, ix[tt] viii s.; — pour chaux pour blanchir les parez viii s.; — pour vin donne aus suers et aus pucelles qui firent les liz de fuerre touz neufs xxxii s.; — pour ii fessiaus derbe vert le jour de l'Ascension viii s.; — pour xxxxv aunes de sarpillieres achetees au lendit vii[tt] ix s.

Somme toute de la despense dessus dite iiii[c] lxxi[tt] ii s. ii den.

Collacion faite de toute la vraie recepte qui est en somme vii[e] xxvi[tt] xi s. iii den. ob. a la somme de toute la despense, la recepte excede la despense en ii[e] lv[tt] ix s. i den. ob.

### Année 1367.

Le compte seur Philippe Du Bois, prieuse de la maison dieu de Paris fait en la presence de honnorables et discres maistre Regnaut de Noyon et maistre Thomas le Tourneur, chanoines de leglise de Paris, presens les maistres freres et seurs dudit Hostel Dieu de Paris depuis Noel l'an mil ccc soixante et six jusques a Noel l'an mil ccc lxvii.

Par la collacion du compte rendu a Noel l'an lxvi remaint que ladite comptant deubt a ce present office ii[e] lv[tt] ix s. i den. ob.

Somme toute des rentes des maisons de Paris iiie, xxx ii[tt] ii s. p.

Des rentes du Chastellet de Paris et du Tresor vi[xx] iiii[tt] vii s. viii den. parisis.

Recepte de Nully sur Marne. Les terres et heritaiges ont esté baillees en ceste annee jusques a ix ans continuelement en suivant a Perrin Adeline et Colin Haois, demourans a Nully, pour et parmi la somme de iiii sextiers de seigle, a la mesure de Paris, renduz ceans chacun an, a leurs cous durant ledit terme, et doivent paier parmi ledit marchie les cens et rentes et reddevances que lesdiz heritaiges doivent chacun an leur terme durant; lesquels iiii sextiers de seigle dessus diz l'abbe de Saint Mor des Fossez a fait prendre et lever pour plusieurs arrerages qui li estoient deuz de plusieurs annees pour les heritaiges qui sont mouvans de lui en censive, et a tout quittie les arrerages qui pour ce li pouvoient estre deuz, pour et parmi les iiii sextiers de seigle dessus diz, et ainsi neant en recepte pour ceste annee.

Recepte de lais et aumosnes.

De l'aumosne du Roy le derrenier jour de decembre ccclxvi xl frans, valent xxxii livres parisis ; — de l'aumosne du Roy pour Monsieur Jehan de la Rivière, jeudi viii<sup>e</sup> jour de fevrier xxiiii livres; du lais feu Jehanne la Cresseline xl s. ; du lais feu Geuffroy d'Amiens xl s. ; de l'*aumosne du Roy* le mardi de la sepmaine peneuse *qu'il vint visiter les povres* c frans, piece xvi s. valent iiii<sup>xx</sup> livres; du lai feu dame Françoise d'Orillac x<sup>ll</sup>; de l'aumosne du Roy, mardi xvi<sup>e</sup> jour de novembre, en l'ostel de Bretaigne, par son aumosnier et par son confesseur en xx frans xvi livres; de l'aumosne du Roy par la main de messire Garnier vi <sup>ll</sup>; de l'aumosne sire Edouard Tadelin en vi frans iiii <sup>ll</sup> xvi s. parisis.

Somme toute de vraie recepte de toutes les receptes dessus dites ix<sup>c</sup> xi livres ix s. vii deniers obole.

Ci commence la despense faite par ladite prieuse depuis Noel ccclxvi jusques a Noel ccclxvii.

Premièrement en la maison qui fu Jehan de Heriçon, en Sacalie, pour vii verroulz fourniz de lunetes pour mettre en iii huis viii s. ; — pour viii verroulz fourniz de lunetes pour fenestre et pour ii lunetes a clou pour fenestre et pour iii gons v s. ; — pour iii aisselles neuves pour faire fenestres oudit hostel vi s. ; — pour iiii hommes pour corder les chaaliz aus malades xl s.; — pour iiii hommes pour tirer lesdiz chaaliz devant les cordeurs par les ii jours dessuz diz xxxii s. ; — pour iii hommes pour ratissier les paroiz viii s. ; — pour chaux pour blanchir les paroix x s. ; — pour taindre vii aunes de drap pour faire les seurcos aus seurs veillerresses xiiii s. ; — pour les nates du cloistre aus seurs xxviii s.

Somme toute de la despense v<sup>c</sup> xxv<sup>ll</sup> xvi s. vi den. parisis.

Collacion faite de toute la vraie recepte a la somme de toute la despense, la recepte excede la despense en iii<sup>c</sup> iiii<sup>xx</sup> v<sup>ll</sup> xiii s. i den. obole.

## Année 1368.

Le compte seur Philippe du Bois, prieuse de l'Hostel Dieu de Paris, fait et rendu en la presence de honorables hommes et discrez maistre Regnaut de Noyon et maistre Thomas le Tourneur, chanoines de l'eglise de Paris, presens les maistres freres et sœurs dudit Hostel Dieu, depuis Noel l'an mil ccclxvii jusques a Noel l'an mil ccclxviii.

Par la collacion du compte rendu a Noel l'an mil ccclxvii remaint que ladite comptant deubt a ce present office iii<sup>c</sup> iiii <sup>xx</sup> v<sup>ll</sup>, xiii s. i den. obole.

Cy commence la recepte des rentes des maisons de Paris; somme toute des rentes des maisons iii<sup>c</sup> iiii<sup>xx</sup> iii<sup>ll</sup> xviii s. v deniers parisis.

Des rentes du Chastellet de Paris et du Trésor viii<sup>xx</sup> v<sup>ll</sup> ii s. x deniers.

Recepte de Nulli sur Marne : de Perrin, Adeline et Colin Haoys, demourans a Nully, qui tiennent les terres et heritaiges a ferme pour le pris de iiii sextiers de seigle par an, pour ceste année iiii sextiers venduz xiiii s. le sextier valant lvi s. parisis.

Recepte de lais et aumosnes. Des biens a la dame de l'ostel de la Treille en la Kalandre, par la main de ses executeurs xvi livres parisis; — de l'aumosne du Roy par son aumosnier le derrenier jour de decembre l'an dessus dit xvi <sup>ll</sup>; — de l'aumosne du Roy par son aumosnier le vendredi aoure en c frans iiii<sup>xx</sup> livres; — de l'aumosne Monsieur Bureau de la Rivière, par son chapellain le xiii<sup>e</sup> jour d'aoust xxiiii <sup>ll</sup>; — de l'aumosne du Roy par l'abbé de Fescamp ou mois de septembre ccclxviii, xxiiii livres; — de deux aumosnes de messire Bureau par son chapellain xxv livres xii s.

Somme toute de vraie recepte mil xxxvi livres ix s. viii den. obole.

Cy commencent les despens faiz par ladite prieuse depuis Noel l'an ccclxvii jusqu'a Noel ccclxviii.

Pour les despens de ladite prieuse qui ala au lendit le jour de la beneicon pour acheter des toiles x s. ; — pour xvi bureaux achetez a Nogent le Rotrou par Jehan Piquet, piece vii frans et quart et demi de franc, valent cxviii frans iiii<sup>xx</sup> xiiii <sup>ll</sup> viii s. ; — pour esmoudre forces ii s. ; — somme toute de la despense vii<sup>c</sup> ix <sup>ll</sup> ii s. i denier obole.

Collacion faite de toute la vraie recepte a la somme de toute la despense, la recepte excede la despense en cccxxvii<sup>ll</sup> vii s. vii den. parisis.

## Année 1370.

Le compte de seur Marguerite la Pinelle, prieuse de l'Ostel Dieu de Paris, des receptes et mises par lui faites a cause de son office de prieuse, depuis le penultieme jour de janvier ccclxix que elle fu instituée oudit office, jusques au jour de Noel ccclxx.

Recepte des rentes des maisons de Paris. C'est assavoir pour un an commencant a Noel ccclxix fenissant a Noel ccclxx.

Premierement, de la maison Henry Loyer au carrefour Sevrin ix<sup>ll</sup>; — de la maison au lion charronnier en ce lieu xl s.; — de la maison Jehan le Lievre en la rue Saint Sevrin iiii <sup>ll</sup>; — de la maison Jehan de Mons en l'archerie de Petit Pont xl s.; — de la maison Jehan Regnault, de la place Maubert xx s.; — de la maison Regnault Gaudriau en la grant rue Saint Jaques a l'arbaleste xix ʰ vii s.; — de la maison Jaques Ligos en ladite rue xx s.; — ....; de la maison Lambert le Serrurier en ladite rue xx s.; — de la maison Guerin de la Ruche sur Petit Pont vi ʰ x s.; — de la maison Denis Pescherel, buffetier en la rue Travessaine x s; — de la maison qui fu Henry Bonnefoy a Saint Marcel l s.; — de la maison Thevenin Poncin a Saint Marcel, au petit heaume xxx s.; — de la maison Guillaume de Soissons, faisant le coing de la rue Nueve Nostre Dame lx s.; — de la maison du chaudron, devant l'Ostel Dieu de Paris vi ʰ, — de la maison Thomas Rousseau, devant le parvis Nostre Dame xx s.; — de la maison de Ameline la chanvriere, au coing de marche Palu xx s.; — de la maison qui fu Traynel l'oublier joignant a ycelle xl s.; — de la maison Laurens Fromentin a la licorne xi ʰ x s.; — de la maison de l'escelle en la Savaterie xxx s.; — de la maison Jehan de Nangis, orfevre islent mesmes (devant Saint Lieffroy) xx s.; — de la maison Jehan de Tournay, au bout de la Verrerie xl s.; — de la maison Huguelin Poinbeuf, a l'enseigne du coulon en la Mortellerie l s.; — de la maison Pierre du Betemont en ladite rue a la couronne xl s.; — de la maison au maistre du pont, a l'enseigne de la nef, en ladite rue xxx s.; — de la maison Jehan le Damoisel en la rue de Joy iiii ʰ; — de la maison Thibert des Foureaux, a la clef, ou viez cimentiere Saint Jehan x ʰ; — de la granche de Nicole Adde au martroy Saint Jehan lxx s.; — de la maison Bernart Baudouy es auvens des halles vi ʰ xiii s. iiii deniers; — de la maison Peronelle la Flamenge au molinet, en la place aux chaz iiii ʰ; — de deux maisons entretenans, empres un barbier, devant chasteau festu iiii ʰ; — de la maison Aubert Bignet, au siege au descharpeur lx s.; — de la maison Guillaume Bettin, a la pierre au let, a l'enseigne du dieux d'amors vii ʰ; — du tronc de ceans iiii ʰ; — de la pouillerie de ceans xl s.; — de la maison Enguerran Costat, au perier de la porte Baudet vii ʰ.

Somme toute des receptes des maisons de Paris ccc° xxxxi livres, iii s. ii deniers.

Recepte des rentes du Chastellet de Paris et du Trésor viii°°y livres ii s. x deniers.

Recepte de laiz et aumosnes. De l'aumosne de messire Bureau de la Riviere, chevalier, le vii° jour de mars l'an lxix, xxix ʰ xii s.; — de l'aumosne dudit messire Bureau le premier jour de may l'an lxx, xiiii ʰ viii s.; — de messire Jehan le Mareschal, breton, jadiz chappellain dudit hostel, envoie par un marchant de Bretaigne pour sa conscience apaisier xii ʰ xvi s.; — de l'aumosne messire Nicole Prestre, munier c s.; — de l'aumosne de Monsieur de Beauvex xxxii s.; de l'aumosne de messire Bureau de la Rivière dessus dit xvi l. — Somme lxxix ʰ viii s.

Somme toute de la recepte de ce present compte vi° xxxix ʰ vi s.

Despense faite par ladite prieuse depuis le penultieme jour dudit moys de janvier ccclxix jusques a Noel ccclxx.

Premierement, pour le disner que ladite prieuse fit le xxx° jour de janvier ouquel elle fu instituee prieuse, c'est assavoir en poisson lxiiii s., et pour le vin du disner lix s.; et pour espices ix s.; pour le droit des sergens de chapitre ce jour viii s.; pour le vin aus trois varles du four ledit jour xvi s. et pour ii sergens qui furent a l'ostel le ii° et iii° jour de fevrier, en la chambre seur Philippe, pour la mettre hors de sa chambre, par le commandement du Roy, pour leur salaire xviii s.; montent lesdites parties ix l. iiii s.; — pour faire l'inventoire des biens de l'office a la prieuse par pluseurs personnes qui le firent, et pour les seurs qui y furent, pour leurs despens en pitance xxxii s.; — pour xii queuvrechiez a teste achatez es halles ce jour, chacun queuvrechiez iiii s. valent xlviii s.; — pour xxviii peaulx de mesgeis, pour appareillier couvertures de l'ostel la pel xvi den. xxiiii s.; — pour soulte deschange de vielle vaisselle d'estaing pour la neccessite de ladite prieuse xx s.; — pour seur Sedille prieuse qui fu pour sa neccessite x s.; — pour seur Michielle et seur Nicole la friestiere qui estoit malade, pour le vin qui estoit failli a l'ostel, pour ce baille a eulx deux viii s.; — pour les seingnees aux grans lavendieres par iii fois xxiiii s.; — pour pluseurs menues courtoisies aux amis de l'ostel et pour estre mieux paiez des rentes, pour ce lx s.

Autre despense, c'est assavoir du voiage fait par ladite prieuse en venant de Compiengne a Paris, du commandement du Roy nostre sire, pour estre instituee prieuse dudit hostel, de laquelle despense les parties ensuivent. Premierement, pour le loyer de ii chevaux en venant de Compiengne a Paris et pour retorner par viii jours, par chacun cheval iii s. par jour, valent xlviii s.; — pour les despens d'iceulx chevaux par lesdiz viii jours, ii s. vi deniers pour cheval par jour, valent xl s.; pour le louier de ii autres chevaux pour le prieur de Compiengne et son varlet, qui demourerent avec ladite prieuse, par xii jours, pour cheval iii s. par jour valent lxxii s.; — pour les despens d'iceulx chevaux par lesdis xii jours pour cheval ii s. vi deniers par jour valent lx s.; item pour despens de bouche de v personnes par viii jours par ledit voiage, pour jour xvi s., pour ce vi ʰ viii s.; — pour le salaire d'un vallet qui vint avec les chevaulx par lesdiz viii jours de xviii deniers qu'il gagnoit par jour pour ce xii s.; — pour iii aulnes et demie de brunete a faire un seurcot a ladite prieuse comme elle fu receue xviii s. l'aune, valent lxiii s.; pour la façon et pour estoffe dudit seurcot viii s.; pour une panne d'aigneaux a fourer ycelui seurcot xxx s.; — item pour despens par ladite prieuse en allant de Paris a Compiengne pour rendre les biens qu'elle y avoit en garde pour cause de son office que elle y avoit, c'est assavoir pour elle, v° de personne, c'est assavoir une seur dudit hostel, une fille, un charretier, iii chevaux et i valet de pie, pour aler apres par ii jours, par jour xvi s. p. valent xxxii s.; — pour les despens desdis chevaux pour lesdiz ii jours xv s.; — pour renvoier lesdiz iii chevaux de Compiengne a Paris, pour les despens des chevaux et du charetier par ii jours, xii s. ii deniers; — pour courtoisie faite aux chareliers vi s.; — pour les despens de iiii chevaux prins a Compiengne pour ramener ladite prieuse de Compiegne a Paris pour iiii jours xl s.; pour les despens de bouche pour six personnes qui estoient avec la prieuse xl s.; — pour le salaire de deux varles pour iiii jours xii s.; — pour les despens qui furent fais en remenant lesdiz chevaux a Compiengne xii s.; — pour vi aunes de brunete achatez pour faire une robe a la prieuse environ la Saint Jehan derrenier passé, chascune aulne xx s. valent vi l; item pour une penne xxx s. . . . . . . . .; somme xl livres xviii s. vi. den.

Somme toute de la despense de ce present compte iiii° xlv livres iii s. x deniers, et la somme toute de la recepte est vi° xxxix livres vi s. p.; ainsi reste plus receu que despense ix$^{xx}$ xiiii livres ii s. ii deniers.

(Auditus fuit iste compotus de mense maii anno domini m° ccclxxi° per nos Bertrandum de Clauso et Michaelem Casse, provisores domus Dei, per dominos nostros decanum et capitulum deputatos).

## Année 1371.

Le compte de suer Marguerite la Pinelle prieuse de l'Ostel Dieu de Paris des receptes et mises par lui faites a cause de son office de prieuse, depuis Noel ccc soixante et dix Jusques a Noel en suivant ccclxxi, rendu devant honnestes et discres seigneurs maistre Girart de Vervin et maistre Cassinel, chanoines de l'eglise de Paris et provseurs dudit hostel.

Par la colacion du compte rendu a Noel ccclxx demoura que ladite prieuse deubt de ce present office de la vraie recepte qu'elle avoit fait de l'année precedente xx l. viii s. ii den.

Somme toute des rentes des maisons de Paris iii° xxxx livres iii s. ii deniers.

Autre recepte des rentes du Chastellet de Paris et du Tresor clxv$^{tt}$ ii s. x deniers.

Autre recepte de lais et aumosnes. Premierement, de l'aumosne du Roy notre sire le premier jour de decembre en l frans xl livres; — de l'aumosne Monsieur de Beauvaiz xxxii s.; — des executeurs de la femme Ymbert le damoisel lxiii s.; — de maistre Jehan Crete pour le lais fait audit office par feu maistre Guy de Roche xxii l. xiii s.; — de l'aumosne messire Bureau de la Rivière par son chappelain xii$^{tt}$, — de l'aumosne du Roy le iiii° jour d'avril xv$^{tt}$ xix s.; — de l'aumosne Monsieur l'evesque de Tholouse le viii° jour d'avril xvi s.; — de l'aumosne de la Royne le xx° jour d'avril x$^{tt}$; — de l'execution de feue Madame la Royne le vi° jour du mois de may, par la main de ses executeurs xiiii$^{tt}$, — de Monsieur le conte d'Estampes, par la main maistre Pierre Michiel, le xix jour de may, pour la vente faite a lui de la chambre qui fu ma dame la Roye, laquelle l'avoit laissiee audit office, et laquelle fu vendue le pris et somme de vi$^{xx}$ frans, valent a livres iiii$^{xx}$ xvi$^{tt}$; — de Madame la duchesse d'Orliens par la main messire Jehan de Montargis le xviii° jour de juing pour la vente d'un couvertoir fourre de connins blans, et une couste pointe blanche, iiii draps de lit et ii petis oreilliers, qui furent laissiez audit officier par l'execution de Madame la Royne Jehanne, lesquelles furent vendues le pris de xlviii frans qui valent a livres xxxviii$^{tt}$ viii s.; du lais de feu Gille du Griel, par la main de ses executeurs le viii° jour d'octobre xvi$^{tt}$; — de l'aumosne messire Bureau de la Rivière par la main messire Regnault son chappelain xxii$^{tt}$ viii s.; — de l'aumosne de la Royne le premier jour de decembre xx$^{tt}$.

Somme toute de la recepte de ce present compte mil xxix livres xiiii s. iiii den.

Despense faite par ladite prieuse depuis Noel ccclxx jusques a Noel en suivant ccc soixante et onze.

Aux seurs pour leur couvent un livre de gingembre ix s.; — une livre de poivre x s. viii den.; — une once de safran vi s. achete ledit jour, pour tout ce xxv s.; — a deux sergens du Chastellet qui avoient prins deux valles qui ostoient le fiens par nuyt qui estoit dessoubz les chambres lévesque pour ce iiii s.; — aus dis deux valles qui osterent ledit fiens pour leur salaires de ce vi — s.; aus valles qui aporterent le lit et la chambre de feue Madame la Royne Jehanne qu'elle avoit laissée a l'ostel et a l'office de la chambre le vi° jour dudit mois (de may) pour leur salaire iiii s.; — a taillier et faire guerir un povre enfant qui estoit malade a l'hostel, que Madame de la Rivière y avoit envoie pour ce xx s.; — aus seurs de l'ostel pour leurs segnies de ceste presente année par iiii fois l. s.; — aus grans lavandieres pour leurs segnies de ceste presente année, par iiii fois xxiiii s.; — pour la coppie de la semonsse qui vint de cour de Romme, dont ladite prieuse estoit semonsee contre seur Philippe, pour ce viii s.

Somme toute de la despense de ce present compte

vii° viii ᵗᵗ, viii s. x den. Ainsi reste plus receu que despense iii° xxi ᵗᵗ xiii s. x den.

## Année 1374.

Le compte de suer Marguerite la Pinelle, prieuse de l'Ostel Dieu de Paris, des receptes et mises par lui faites, a cause de son office de prieuse, depuis Noel trois cens soixante treze, jusques au Noel trois cens soixante quatorze.

Somme des rentes des maisons de Paris iii° iiii°ˣˣ xiiii livres xiii s. ii den.

Autre recepte des rentes du Chastellet de Paris et du Tresor du Roy nostre sire c° lxv livres ii s. v den.

Autre recepte de lays et aumosnes. De l'aumosne du Roy nostre sire, le ii° jour de janvier, en iiii°ˣˣ frans, lxiiii livres; — de l'aumosne de Monsieur de la Rivière le xv° jour dudit mois par messire Regnault son chappelain xxxii ᵗᵗ; — du lais de feu maistre Guillaume Ponet; maistre du Pont de Paris, le xviii° jour du mois de janvier, viii ᵗᵗ; du lais de feue Guillemette du Perrier viii ᵗᵗ; — du lais de feu Monsieur l'archevesque de Rains le xx° jour d'avril vii ᵗᵗ iiii s.; — de l'aumosne de Monsieur de la Riviere le viii° jour de juing par ledit messire Regnault xxix ᵗᵗ xii s.; — de l'aumosne de Monsieur de Lisins xx ᵗᵗ; — du lays de dame Hue Braque par ses executeurs iiii ᵗᵗ; — de l'aumosne de Monsieur de la Riviere xxxii ᵗᵗ.

Somme toute de la recepte de ce compte vii° iiii°ˣˣ xiii ᵗᵗ xii s.

Despense faite par ladite prieuse depuis Noel ccclxxiii jusques a Noel ccclxxiiii.

Despence pour toiles et fil achetez pour la neccessite de l'ostel v° lxi ᵗᵗ xix s. viii den.

Despence en pelleterie pour appareillier les couvertures dudit hostel xii ᵗᵗ xiiii.

Pour les iiii petits clers de l'ostel qui aident à chanter les messes, a eulx donne pour leurs estrines le premier jour de l'an iiii s.; — aus queux et valles de la cuisine, pour semblable cause iiii s.; — pour oster le sablon du pavement de la lavenderie, qui y estoit venuz par les grans eaues v s.

Somme toute de la despense vi° xxxxvi ᵗᵗ; viii s. x den. Ainsi doit ladite prieuse cvii ᵗᵗ xviii s. ii den. p., et si doit par la fin du compte precedent ixˣˣ xiiii ᵗᵗ vii deniers, ainsi demeure que la prieuse doit avoir par devers elle ii° livres xv s. i den. p.

(Ainsi clos et oy le ii° jour de mars l'an mil ccclxix, en la presence de messire Jehan de Coulombes et Pierre de Chastel, chanoines de Paris et proviseurs de cet hostel, du maistre et de la prieuse et de pluseurs des seurs d'icelli hostel.)

## Année 1376.

Le compte de suer Marguerite la Pinelle, prieuse de l'Ostel Dieu de Paris, des receptes et mises par lui faites a cause de son office de prieuse, depuis Noel ccclxxv jusques a Noel ccclxxvi, rendu devant honorables et discrez seigneurs.....

Somme toute des rentes des maisons de Paris iii° iiii°ˣˣ xiiii livres, xiii s. ii den.

Autre recepte des rentes du Chastellet de Paris et du Tresor du Roy notre sire clxv livres ii s. x den.

Autre recepte de lays et aumosnes. Le premier jour de janvier, de l'aumosne de Monsieur de Labret viii ᵗᵗ; — le ii° jour dudit moys, de l'aumosne du Roy nostre sire lxiiii livres; ce jour du lais de feu..... jadis compaignon Monsieur de Reins, par la main de Monsieur de Paris viii ᵗᵗ; — le xxii° jour de mars, de l'aumosne de la Royne Blanche par maistre Hugue Boiteaue cxii s.; — le xvi° jour de juing, de l'aumosne de Monsieur de la Rivière xxiiii ᵗᵗ; — le xxii° jour de decembre, de l'aumosne de demoiselle Yolent de Digoisne xii ᵗᵗ; de Monsieur Damon, pour la vente d'une penne a couvertoir d'ermines qui fu Monsieur le Dauphin, et une autre petite penne de letices qui fu Madame Jehanne de France, achetees pour ledit seigneur par Thomas de Chalon, pour ce receu lxiiii livres.

Somme toute de la recepte de ce present compte ix° xxvii ᵗᵗ, iiii s. iii den. ob.

Mises faites par ladite prieuse depuis Noel ccclxxv jusques a Noel ccclxxvi.

Le vii° jour de janvier paie au charretier qui amena les lis, les couvertures, saiges et tappis que feu Jehan de Montegny avoit laissie a l'ostel, pour ce xii den.; pour ii tumbeurs par deux jours qui ont tumbe les challis aus mallades et rassis, pour chascun jour v s. a chascun tumbeur, pour ce xx s.; — item pour un panier de maquereaux fres, pour la pitance des suers et pucelles qui ont fait les lis aux malades de feuve neuf l. s. iiii den.; — item pour iii chopines de cameline pour lesdites suers et pucelles iii s.; — item ce jour pour une fliche de lart achetee ou parvis Notre-Dame xx s.; — item paie au vallet aus dames pour les segnies aux suers viii s.

Somme toute de la despense de ce present compte xi° xliii livres iii s. ii deniers.

Ainsi est deu a la prieuse ii° xl livres xviii s. x deniers ob.

## Année 1378.

Le compte seur Marguerite Pinelle, prieuse de l'Ostel Dieu de Paris, des receptes et mises par lui faites a cause de son office de prieuse, depuis Noel ccclxxvii, jusques a

Noel ccclxxxviii, rendu devant honnorables et discres seigneurs.

Somme toute des rentes des maisons de Paris de ce present compte iii<sup>c</sup> iiii<sup>xx</sup> xix ₶ xiii s. i den.

Recepte du Chastelet et du Tresor du Roy nostre sire c. lxv ₶ ii s. x den.

* Autre recepte de laiz et aumosnes. Le II<sup>e</sup> jour de janvier, de l'aumosne du Roy nostre sire lxiiii ₶; — le III<sup>e</sup> jour dudit mois du lez de feue Johanne la Blonde, ladiz merciere et bourgoise de Paris en iiii frans lxiiii s.; — de l'aumosne Monsieur de Paris xxxii s.; — de l'aumosne maistre Guillaume du Molin, notaire du Roy nostre sire et chanselier de Peronne xvi ₶; — le xx<sup>e</sup> jour d'avrille, de l'aumosne du Roy nostre sire lxiiii livres; — du laiz de feu maistre Pierre de la Chapelle, procureur en Parlement lxiiii s.; — de l'aumosne Monsieur de Therouanne xxxii s.; — du testament de feu maistre Pierre de Pise par ses executeurs viii<sup>xx</sup> livres; — le II<sup>e</sup> jour de juing, de l'aumosne de Monsieur de la Rivière, par la main Symon de Dampmartin, xxviii livres; — receu de Girart le frepier, pour la vente des robes et mantiaux que le Roy nostre sire donna a l'office de la prieuse, pour ce lxv ₶. Somme toute de la recepte de ce present compte cccxxiii ₶ viii s. xi den.

Despense de ce present compte.

Achete de Juliette, *la ventriere des acouchiez* de l'Ostel Dieu et de sa fille vi livres i quart de file de lin delie xxi s.; — le xxiii<sup>e</sup> jour de mars, pour xiii journees ouvrans faites par Jehanne la lingiere, pour coster et cerensier lxiiii livres de lin, pour le fait de la chambre aus draps, et guaisgnoit par chacun jour ii s., pour ce xxvi s.; — le jour de la beneison du lendit, achete de Julien Gabriel, marchant de Laval Guion, xv comptes xxiiii aulnes de toiles, le compte x frans et demi, valent viii<sup>xx</sup> i frans xi s. ii den. qui valent vi<sup>xx</sup> ix ₶ vii s. ii den.; — le jour baillie a seur Jehanne de Puiseaux pour acheter amandes pour un des valles au confesseur du Roy nostre sire qui estoit malades a l'hostel, et l'avoit on recommandé, pour ce ii s.; — baillie a Jehan le Gruier, charpentier, pour appareillier la couche aux enfans qui est dans S<sup>t</sup> Linart ii s. vi den.; — le xxii<sup>e</sup> jour d'avril que la prieuse fu 'en pelerinage a Monsieur Saint Hildevert de Gournay; elle fist chanter une messe pour seur houdee et ses offerandes et nouvenne, pour ce xxviii s.

Somme de toute la despense de ce present compte ii<sup>c</sup> iiii<sup>xx</sup> livres xiii s. v den. ob. Doit la prieuse ii<sup>c</sup> xlii livres xiiii s. v den.

### Année 1379.

Le compte seur Marguerite Pinele, prieuse de l'Ostel Dieu de Paris, des receptes et mises par lui faites a cause de son office de prieuse pour un an commencant le jour de Noel l'an mil ccclxxviii et fenissant a yceluy mesme jour l'an mil ccclxxix.

Primo recepte des maisons de Paris iii<sup>c</sup> iiii<sup>xx</sup> xvii ₶ xiii s. ii den.

Autre recepte des rentes du Chastellet de Paris et du Tresor du Roy nostre sire viiii<sup>xx</sup> v livres ii s. x den.

Autre recepte de laiz et aumosnes ii<sup>c</sup> xlvi ₶ vii s.; de l'aumosne du Roy nostre sire le II<sup>e</sup> jour de janvier lxiiii livres; — de l'aumosne Monsieur de la Riviere le v<sup>e</sup> jour d'avril xxviii ₶ viii s.; — de maistre Pierre du Chastel, pourveur de l'ostel, le xxvi<sup>e</sup> jour de juing du residu des biens qui demourerent de seur Philippe du Bois, jadiz prieuse dudit hostel, lx ₶ xvi s.; — de l'aumosne du cardinal de Limoges xxxii s.; — d'une aumosne secrete faite par messire Guillaume de Saint Josse ce jour .....; du laiz de feu Gillete, jadiz femme Hennequin du Vivier, orfevre du Roy nostre sire [1]......

Somme toute de la recepte.....

Despense faicte par ladicte prieuse.

A Guillaume longue espee, chasublier, ce jour, pour avoir rappareille une coutepointe vert qui est des paremens, laquelle fu de feu Madame Marie de France, et laquelle est pour la grant couche de la porte et aussy pour avoir borde un drap d'or avec ladicte coutepointe, dont il a eu xx...; — a Pierre Maillart, marchant de Laval Guion pour trois fardeaux de toilles contenant xxii comptes et demi, dont il a eu pour chacun compte x frans valent ii<sup>c</sup> xxv francs, de laquelle somme, par l'ordenance et commendement du Roy notre sire, ont esté paiez par la main de maistre Jehan Crete, commis a ce par ledit seigneur, ii cens frans d'or pour xx comptes desdites toilles, que icellui seigneur a donne audit office pour Dieu et en aumosne, pour couchier et ensevelir les povres dudit hostel, reste qui sont a paier a ladicte prieuse pour ii comptes et demi xx livres; — item ce jour pour une chesne de fer et pour rappareillier une *feis* pour emprisonner aucunes personnes, pour cause de seur Houdee pour ce viii s.

Somme toute de la despense [2] ......

### Année 1381.

Cest le compte seur Marguerite Pinele, prieuse de l'Ostel Dieu de Paris, des receptes et mises par elle faictes a cause de son office de prieuse pour un an, commen-

---

[1] La marge du parchemin de ce compte ayant été trop rognée, il n'est pas possible de préciser la somme inscrite au recto on n'en peut lire que le commencement.

[2] Les sommes de la recette et de la dépense n'ont pas été totalisées.

cant le jour de Noël l'an mil ccc iiii<sup>xx</sup> et fenissant a icellui mesme jour ccc xxxx et un.

Recepte des maisons de Paris iii<sup>c</sup> iiii<sup>xx</sup> xix livres iii s. ii den.

Autre recepte des rentes du Chastellet de Paris et du Tresor du Roy, nostre sire viii<sup>xx</sup> v livres ii s. x den.

Autre recepte de lais et aumosnes. Du laiz de feu maistre *Jehan de Hetomaiguil*, jadiz conseillier du Roy nostre sire, iiii livres; — de maistre Pierre du Castel, conseillier du Roy nostre sire, maistre de ses comptes et pourveur dudit hostel, iiii<sup>xx</sup> livres; du residu des biens de feu Gieuffroy de Dampmartin par Symon de Dampmartin le xii<sup>e</sup> jour d'avril xvi livres; — de l'aumosne de Monsieur d'Estampes xxiiii livres; — de l'aumosne de feu maistre Hue de Roche, jadiz conseillier du Roy nostre sire, maistre de ses comptes, par la main de Millet Baillet, changeur, xl livres; — du lais de feu messire Jehan Le Bescot, jadiz conseillier du Roy nostre sire en son Parlement et chanoine de Paris, lxiiii s.; — autre recepte de Girart le freppier pour la vente d'une robe entiere, c'est assavoir une housse, un seircot semez de gros ver, une petite coste et un chapperon seme de menu ver, que feu messire Garnier, de Bairon (?), jadiz aumosnier du Roy Jehan et chanoine du palais, avoit laissie à l'office de ladite prieuse pour achater des toilles pour les malades, pour ce receu dudit Girart xvi ₶.

Somme toute de la recepte ix<sup>c</sup> iiii livres x s. ii den.

Despense pour toilles, fil, et autres neccessitez pour ledit hostel iii<sup>c</sup> lxxiii livres xvii s. vii den.; — le deuxieme jour de mars pour une livre de gingembre de meche xiii s.; — item pour demy livre de graine de paradiz v s.; — pour une oncé de saffren vi s. achete pour le couvent des seurs pour faire leurs pureez en karesme, pour tout xxiiii s.; — item le ix<sup>e</sup> jour d'octobre, pour despens faiz par ladite prieuse et de sa compaignie pour aler a Saint Denis pour savoir s'elle pouvoit trouver aucunes foureures de couvertouers pour son office, lesquelx feussent de l'euvre de Bretaigne, dont il ny avoit nulz, pour ce xi s. iiii deniers.

### Année 1384.

Compte de seur Marguerite Pinele, prieuse de l'Ostel Dieu de Paris, des receptes et mises par elle faites a cause de son office de prieuse pour un an, commencant le jour de Noël l'an mil ccc iiii<sup>xx</sup> et trois et fenissant a icellui mesmes jour mil ccc iiii<sup>xx</sup> et quatre.

Recepte des maisons de Paris vi<sup>c</sup> i livres, xii s. iiii den.

Autre recepte des rentes du Chastellet de Paris et du Tresor du Roy nostre sire viii<sup>xx</sup> v<sup>₶</sup>, ii s. x den.

Autre recepte de lais et aumosnes. Du lais des biens de feu messire Seny de Mes, conseillier du Roy nostre sire, le xxviii<sup>e</sup> jour de janvier, par les mains de Milet Baillet, bourgois de Paris en xxxiii frans v s. iiii den. xxvi livres xiii s. iiii den.; — du lais de feu maistre Robert Lessillier par ses exccecuteurs vii livres; — du lais feu maistre Jehan de Gregy viii ₶; — du lais feu messire Hue de Roche xviiii<sup>₶</sup>; — du lais dudit testament de feu maistre Thomas le Tourneur, jadiz arcediacre de Tournay, xl livres; — du lais du testament de feu Madame de Neelle, par la main de messire Herpin de Neelle x livres.

Mises communes faictes oudit an par ladite prieuse. Le jour de la Thiphaine, à la Royne des seurs pour faire sa royaute vi s.; — item ce jour a la Royne des pucelles pour semblable cause ii s.; — le jeudi absolu pour une livre de grosse dragee pour faire le mande auxdictes seurs x s.; — pour le sallaire de Jehan du Bois, sergent de Chastellet, qui ala delivrer les rentes de l'office de la prieuse, qui estoient arrestees de par le Roy par les commissaires ordenez en Chastellet sur les nouveaux acques ii s.

### Année 1385.

Compte de seur Marguerite Pinele, prieuse de l'Ostel Dieu de Paris, des receptes et mises par elle faictes pour un an commencant le jour de Noel mil ccc iiii<sup>xx</sup> et quatre et fenissant audit jour mil ccc iiii<sup>xx</sup> et cinq.

Recepte des maisons de Paris vi<sup>c</sup> iii livres xii s. iiii den.

Recepte des rentes du Chastellet de Paris et du Tresor du Roy nostre sire viii<sup>xx</sup> v<sup>₶</sup> ii s. x den.

Autre recepte de lais et aumosnes. De l'aumosne des biens de monsieur le conte de Savoie, par les mains de ses serviteurs, le viii<sup>e</sup> jour de janvier xxxii s.; — de l'aumosne du conte de Potance iiii <sup>₶</sup>; — feu Pierre de Montigny lxiiii s.; — de l'aumosne du Roy nostre sire viii ₶; — de l'aumosne du conte de Vantadour par la main de messire Robert son filz xx livres; — des biens de l'execcution de feu Jehan de Saint Yon lxiiii s. Autre recepte pour la vente d'une serge qui avoit este forfaite, laquelle le prevost de Paris avoit envoyee audit hostel, pour ce qu'elle avoit este condempnee a estre arse, et laquelle a este vendue xii ₶.

Mises communes; pour trois pintes dypocrace que ladite prieuse presenta au conseil dudit hostel, qui disnoit avec le maistre d'icellui hostel xviii s. Item pour les estoffes des aournemens de la chappelle dudit Hostel Dieu, dont ladite prieuse a donne les draps de soye, cest assavoir pour o<sup>r</sup>ois, pour une chasuble, tenique et domatique et les frenges de la domatique, et, pour le ciel que l'en porte dessus notre seigneur, le jour du sacrement, et les estolles fanons et iiii las de soye pour fermer les vestemens sur lespaule xvi frans, valent xii livres xvi s.

## Année 1387.

Le compte seur Jehanne la Thyaise, prieuse de l'Ostel Dieu de Paris, des receptes et mises par elles faittes pour un an commançant le jour de Noël l'an mil cccmiii<sup>xx</sup> et six et fenissant audit jour de Noël mil ccc iiii<sup>xx</sup> et sept.

Somme toute de la recepte des rentes des maisons de Paris iiii<sup>c</sup> iiii livres iii s. x deniers.

Recepte des rentes du Chastellet de Paris et du Tresor du Roy notre sire viii<sup>xx</sup> v livres ii s. x den.[1]

## Année 1389.

C'est le compte de seur Jehanne la Thiaise, prieuse de l'Ostel Dieu de Paris, des receptes et mises par luy faittes a cause de son office de prieuse pour un an commençant a Noël l'an mil ccc iiii<sup>xx</sup> et huit jusques a Noël mil ccc iiii<sup>xx</sup> et neuf inclus.

Recepte. Premierement qu'elle devoit par la fin du compte de l'an darrenierement passe v<sup>c</sup> lxvii livres xix s. xi den.

Recepte des maisons de Paris iiii<sup>c</sup> iii livres xiiii s.

Autre recepte des laiz et aumonnes. Le jour de Noël de l'aumonne du prevost de Paris iiii s.; — de l'aumonne des exccecuteurs de feu de l'arcediacre d'Arras xvi livres; — item le vi<sup>e</sup> jour de mars de l'aumonne de maistre Pierre d'Orgemont xl s.; — item le xii<sup>e</sup> jour d'avril avant Pasques du don maistre Pierre d'Orgemont xvi livres; — le vii<sup>e</sup> jour de may d'une aumonne secrette par la main de Philippe le Fevre xxxvi s.; — le xv<sup>e</sup> jour de may de l'aumonne du Roy xxxii s.; — le iiii<sup>e</sup> jour de juillet du laiz de feu messire Pierre d'Orgemont par les mains de ses exccecuteurs xl livres; — le xii<sup>e</sup> jour de septembre du don de messire Guillaume des Bordes lxiiii s.; — le xxx<sup>e</sup> jour de septembre du don de Madame d'Eu lxii s.; — le xxv<sup>e</sup> jour de septembre de l'aumonne l'arcevesque de Rouen lxiiii s.; — le darrenier jour d'ottobre de l'aumonne de la Royne Blanche iiii<sup>tt</sup> xvi s.

Despence faite par ladite prieuse depuis Noël iiii<sup>xx</sup> et huit jusques a Noël iiii<sup>xx</sup> et neuf.

Despence pour toiles et fil et bureaulx achetez, façon de drap de lit et autres choses necessaires viii<sup>c</sup> iii livres.

Autre despense commune. Le xvi<sup>e</sup> jour de fevrier pour la despence de ladite prieuse et de sa compaignie, qui ala a Conflans par devers la Royne en un chariot pour charier le barssuel de la fille du Roy, qui estoit lors nouvellement trespassee viii s.; — item le xiii<sup>e</sup> jour d'avril pour une quarte d'ipocras et un demi cent d'ou-

blees qui furent presentees au conseil de Chastellet, qui disna ce jour audit Hostel Dieu avecques le maistre xiiii s.; — item le premier jour de decembre a quatre varles qui aporterent a l'ostel un lit a tout le chaaliz que avoit laisse audit hostel sire Jehan de Fleury, couvert d'un manteau et d'une houpellande fourree de menu vair en lieu de couverture v s.; — item a Richardin le pescheurs qui pesche les dras en sainne devant les lavandieres pour son saillaire de ceste presente annee c s.; — item xviii<sup>e</sup> jour de decembre donne au tixairent qui eschena i drap qui estoit condempne a ardoir par le prevost de Paris, le quel drap fu donne a l'office de ladite prieuse v s.

## Année 1393.

C'est le compte de suer Jehanne la Thiaise, prieuse de l'Ostel Dieu de Paris, des receptes et mises par lui faittes a cause de son office de prieuse pour l'an commançant a Noël l'an mil ccc iiii<sup>xx</sup> et douze et fénissant a ladite feste de Noël mil trois cens quatre vins et treize exclus.

Recepte de rentes des maisons de Paris iii<sup>c</sup> iiii<sup>xx</sup> xiiii livres iii s. ii den. ob.

Recepte de laiz et d'aumosnes. Le vingt cinquiesme jour de fevrier receu des executeurs de feu maistre Hugues Boileaue, jadiz tresorier de la saincte chappelle du Palaix xxiiii livres; — le xv<sup>e</sup> jour de mars, receu de l'execucion de feu le chantre de Paris xxx frans valent xxiiii<sup>tt</sup>; — item la veille de la beneicon du lendit receu des biens de l'execucion de feu maistre Hugues Boileaue, par la main de maistre Hugues Ferrot xxxii livres; — item le penultieme jour de juillet receu de l'aumosne du Roy par la main de son aumosnier xvi livres; — item le ii<sup>e</sup> jour d'aoust receu du don du cardinal de la Lune neuf couronnes d'or valent viii livres; — le vintiesme jour de decembre receu du don de Monseigneur Delabret lxxii s. Somme totale de la recepte iv<sup>c</sup> lix livres viii s. ob.

Despence commune. Le xix<sup>e</sup> jour de janvier fu baille a quatres varles qui porterent hors de devant ledit hostel un caymant appelle Jehan de le Cauchies qui nuysoit audit Hostel Dieu viii s.; — a deux varles qui aporterent a l'ostel la chambre de feu Madame d'Orléans ii s.; — a deux hommes qui corderent les lis de la chambre aux familieres et refait les challis ii s.; — item pour clouer une *flossoie* dessus la huche aux couvertouers pour parer les lis aus malades qui seient de soubz le degre aux freres, afin quilz ne soient empoudrez xvi den.; — le xxiv<sup>e</sup> jour de novembre a Robert le Gaigneur, tapissier de Monseigneur de Bourgoingne, pour avoir rapareillie treize tapis de fil de laine vi<sup>tt</sup> viii s.

Somme toute de la despense vi<sup>c</sup> xxxv livres vii s. iiii d.

---

[1] Les autres détails de ce compte ont été perdus.

et la recepte est ix$^e$ lix livres viii s. ob. Ainsi excede la recepte la mise en iii$^e$ xxiiii livres viiii den.

(Auditus fuit presens compotus xxii$^a$ die decemb. anno lxxxxiiii$^o$ per nos. S. Freron et R. de Loniaco, canonicos parisienses, per dominos decanum et capitulum parisienses ad hoc specialiter deputatos. S. Freron. Ita est. R. de Loniaco. Ita est.)

### Année 1395.

C'est le compte de suer Jehanne la Thiaise, prieuse de l'Ostel Dieu de Paris, des receptes et mises par lui faittes a cause de son office de prieuse pour l'an commencant a Noel mil ccc iiii$^{xx}$ et quatorze et fenissant a laditte feste de Noel l'an mil ccc iiii$^{xx}$ et quinze.

Somme toute des rentes des maisons iii$^e$ lxxiiii livres xiii s. ii den. ob.

Autre recepte de laiz et aumosnes. Le vi$^e$ jour d'avril avant Pasques receu des biens de l'execucion de feu maistre Hugues Boileaue par la main de messire Gui de Louvres liiii livres xii s.; — le ix$^e$ jour de septembre receu du don de Jehan de Montagu ix livres; — le viii$^e$ jour de novembre receu de l'aumosne de la femme feu maistre Denis Tuleu xxxii s.; — le xxvi$^e$ jour de novembre receu de l'aumosne de Monseigneur le duc de Bourgoingne viii livres; — le xxviii$^e$ jour de novembre de l'aumosne Boucicaut lxiiii s.

Autre recepte extraordinaire. Premierement pour la vente dune chambre de sarges blanche de la facon darras a demi ciel, un banquier tout blanc, qui fu laissiez a l'ostel par feu Monseigneur le conte de Boulongne, ces choses vendues a Madame la Royne Blanche la somme de l frans, valent xl livres.

Somme total dez mises viii$^c$ lvi livres i s. iiii den., et ainsi la recepte excede la mise en vii$^{xx}$ xii livres iiii s. ii den.

Ce compte fu rendu le xv$^e$ jour de may l'an iiii$^{xx}$ xvii, presens le chantre et souchantre deputes et proviseurs.

## 2$^e$ REGISTRE, PAPIER[1],

### CONTENANT LES COMPTES DES ANNÉES 1370 À 1377.

### Année 1370.

Le compte seur Marguerite Pinelle, prieuse de l'Ostel Dieu de Paris, des receptes et mises par lui faites a cause de son office de prieuse depuis le penultieme jour de jenvier ccclxix que elle fu instituee oudit office jusques au jour de Noel ccclxx.

(Ce compte fait double emploi avec celui qui se trouve dans le premier registre.

### Année 1372.

Le compte de seur Marguerite Pinelle, prieuse de l'Ostel Dieu de Paris depuis Noel ccclxxi jusques a Noel ccclxxii.

Des maistres de Saint Esperit de greve pour les arrerages qu'il doivent a cause d'une granche qu'il tiennent ou martroy Saint Jehan en greve xvi livres.

Et la somme des rentes des maisons de Paris est ccc iiii$^{xx}$ i livres iii s. ii den.

Autre recepte de laiz et aumosnes. Premierement, de l'aumosne du Roy nostre sire, le derrenier jour de decembre xl frans qui valent xxxii livres; — de l'aumosne messire Bureau de la Riviere xv livres iiii s.; — de messire Pierre de Perche pour le linge de la chambre viii s.; — de l'aumosne du compte d'Aulge xxvi s.; — du Roy nostre sire pour le berseul de Monseigneur le Dauphin qui avoit este donne a l'office et on le vouloit avoir pour Madame Jehane de France, pour ce xvi l.; — de l'aumosne Madame de Bouloigne xxxii s.; — de l'aumosne Monsieur de la Riviere le viii$^e$ jour d'avrilh; — d'une aumosne secrete par la main messire Jehan le charron, maistre de l'ostel xvi liv.

Autre recepte faicte par l'ordenance de messires les pourveurs dudit hostel, pour faire la despence et paiement du proces qui est contre seur Philippe la feconde tant a Avignon que a Paris. Receu de l'argent du tronc par la main de Monsieur le ....... en la presence du maistre et de plusieurs freres et seurs dudit hostel le v$^e$ jour de novembre, pour distribuer et paier ou proces

---

[1] Ce 2$^e$ compte renferme, par suite d'une erreur fort ancienne de reliure, outre le compte de 1370, qui fait double emploi avec celui analysé dans le 1$^{er}$ registre, les comptes des années 1372, 73, 75, 77, qui manquent dans le 1$^{er}$ registre. Nous devons faire remarquer, à cette occasion, que les Registres I, II, VI. X, XV, XVI, XVII, XVIII, XIX, ne renferment que les comptes de la Prieuse de l'Hôtel Dieu, c'est-à-dire d'une partie seulement des nombreux services qui constituaient l'administration de l'Hôtel Dieu; jusqu'à l'année 1505, époque à laquelle des administrateurs laïques furent substitués aux religieux, nous n'avons donc que des comptes *partiels* de l'Hôtel Dieu, sauf pour les années 1416, 1417, 1418, 29, 30, 43 à 46, qui renferment la comptabilité, en recettes et en dépenses, de tous les services de l'Hôtel Dieu, à l'exception de l'office de la Prieuse.

qui est contre suer Philippe liiii livres viii s.; — de Robert Ovo, freppier, pour la vente de xiii couvertures de gris, lesquelles ont este vendues par le commandement de Messieurs de chappitre de Notre Dame, par l'ordenance des pourveurs de l'ostel, et livres au marchant en la presence de pluseurs des suers de l'ostel, pour paier les conseilliers, procureurs et tabellions qui gouvernent et maintiennent ledit proces contre ladite suer Philippe, pour ce receu dudit Robert viii$^{xx}$x livres viii s.; — receu de.... de la Chaucee orfevre sur le pont pour la vente d'une petite couronne d'or et d'un hanap d'argent a pie, de l'euvre encienne, vendu par l'ordenance dessus dite et pour semblable cause, receu xxxvii livres; — receu pour la vente de cinq petites pieces de tapis de l'euvre d'Arras xxxvi livres; — receu pour six viez couvertoirs de menu vair venduz pour la cause dessus dite iiii$^{xx}$ livres; somme de ceste partie iii$^c$ lviii livres iiii s.

Somme toute de la recepte de ce present compte xii$^c$ xv livres vi s. ii den.

Despense faite par ladite prieuse. Aux freres et suers de l'ostel, a eulx donne en pitance quant la prieuse fist chanter une messe du Saint Esperit pour le Roy nostre sire et pour Monsieur de la Rivière, qui estoient recommandes es prieres de l'ostel xxxiiii s.

Autre despense faite par le commandement de Monsieur le doyan de Paris et de tout le chappitre et de Messieurs les pourveurs dudit hostel, pour le proces qui est a court de Rome et en parlement contre seur Philippe la fouconde....; pour une escuelle de poisson donnee a maistre Guillaume de Gens pour ce qu'il fit diligenter les conclusions contre ladite seur Philippe xxiiii s.; — baillie au tabellion du chappitre pour pluseurs instrumens et pluseurs escriptures faites pour envoier a Avignon viii livres xvi s; ..... baillie a vi chevaucheurs du Roy nostre sire, qui ont porte a Avignon iiii$^{xx}$ paire de lettres de par le Roy nostre sire, de par la ville de Paris, de par chappitre et de par Monsieur de la Rivière, au pape, a vi cardinaulx, a conseil de par dela, pour ce baillie aus diz chevaucheurs xii livres..... somme de ceste partie iii$^c$ xx livres.

Autre despense faite pour la fasson de environ vii quartiers de vingne qui sont a Mailli le Chastel, et nen compta onques mais ladite prieuse pour ce que suer Philippe disoiet que elles estoient senes et y mist empeschement es vandenges de l'an lxx.

Somme toute de la despense de ce present compte mil iii livres xiii s. iiii den. et la somme de toute la recepte est xii$^c$ lvii livres vii s. ii den. Ainsi reste plus receu que despense ii$^c$ liiii livres vi s. ix den.

## Année 1373.

Le compte de suer Marguerite la Pinelle, prieuse de l'Ostel Dieu de Paris, des mises et receptes par lui faictes a cause de son office de prieuse depuis Noel ccclxxii jusques a Noel ccclxxiii, rendu devant honnorables et discres seigneurs maistre Thomas le Tourneur et maistre Ferry Cassinel, chanoines de l'eglise de Notre Dame de Paris et pourveurs dudit hostel.

Recepte des rentes des maisons de Paris iii$^c$ iiii$^{xx}$ xiii livres ii s. ii den.

Autre recepte faitte des lais et aumosnes. De l'aumosne du Roy nostre sire le premier jour de l'an xlviii$^{lt}$; de l'aumosne messire Philippe de Sauvoisis xxx s.; — du lais messire Jaques de Dourdan, par la main de ses executeurs xxviii$^{lt}$ vii s. ii den.; de l'aumosne de la Royne xvi$^{lt}$; — de l'aumosne Monsieur de la Rivière xvi livres; — de maistre Jehan Crete viii livres; — du lais Monsieur le Cardinal de Paris viii$^{lt}$; — du lais de dame Agnes Lapidoe ix s.; — de l'aumosne de la Royne viii$^{lt}$.

Somme toute de la recepte de ce present compte ix$^c$ iiii$^{xx}$ xiiii$^{lt}$ vii s. vi den.

Despence faite par ladite prieuse. Pour le service fait pour feu messire Jaques de Dourdan, qui nous avoit lessie de ses biens et voult et ordonna que pitance fust donnee au couvent de l'ostel par le maistre de l'ostel et par ladite prieuse xxi s. iiii den.; — pour les despens de mon chappellain, qui a este par pluseurs jours aval les villes de la Garenne, de Clichi et ailleurs a pourchasser du feurre et a aler querir x s.; — pour une chapelle a faire eau rose achetee le jeudi avant Penthecouste iii s.

Autre despence faite pour le proces qui est a court de Romme et en parlement contre suer Philippe lix livres.

Somme toute de la despence de ce present compte vi$^c$ vii livres.

## Année 1375.

Le compte de suer Marguerite la Pinelle depuis Noel ccclx xiiii jusques au Noel ccclxxv.

Recepte des rentes des maisons de Paris iii$^c$ iiii$^{xx}$ xiii livres iii s. ii den.

Autre recepte de lays et aumosnes. De l'aumosne du Roy nostre sire le premier jour de janvier iiii$^{xx}$ livres; — du lais feue dame Avenant d'Autueil, qui avoit laissie certains heritages a l'office de ladite prieuse, lesquelx furent vendus a Philippot de la Court, demourant a Clichi en la garenne, lesquelx heritages furent criez en l'eglise de Clichi par iiii dimenches, pour ce qui plus en vouldroit donner les auroit, xxxii livres; — de l'aumosne de Monsieur de la Rivière xxxii livres; — du lay feu Guillaume Huy notaire du Chastellet xl s. — de l'aumosne

Monsieur de la Rivière xxiiii ₶; — du lais de Madame de Vendosme par Monsieur l'arcediacre de Brie le v° jour d'aoust iiii ₶; — du residu des biens de feue dame Denise la Calenderesse, par la main de maistre Henry Mauloue xxxii ₶; — de l'aumosne de Monsieur le duc d'Orliens, par la main de l'aumosnier du Roy nostre sire xxxii livres.

Mises faites par ladite prieuse. Pour le decret et proces fait par le maistre des xv vins oudit Chastellet, pour la maison qui fu dame peronnelle la Flamenge, pour ce paie en tant qu'il puet touchier a ladite prieuse xl s. Somme toute de la despence de ce present compte vii° xli livres viii s. iii den. ob.

### Année 1377.

Le compte suer Marguerite Pinele, prieuse de l'Ostel Dieu de Paris, des receptes et mises par lui faites a cause de son office de prieuse depuis Noël ccclxxvi jusques a Noël ccclxxvii.

Somme des rentes des maisons de Paris iii° iiii°° xviii livres.

Recepte des rentes du Chastellet de Paris et du Tresor du Roy nostre sire clxv livres ii s. x den.

Autre recepte des lays et aumosnes. Le premier jour de janvier, de l'aumosne du Roy nostre sire lxiiii livres.

Ce jour du lays de feu messire Guillaume Boileaue xxxii s.; — le xviii° jour de fevrier de l'aumosne de Monsieur de la Rivière par la main de messire Jehan son chappellain xiiii livres viii s.; — du lays de messire Ernoul de grant pont, jadis tresorier de la chappelle du Roy nostre sire xxxii s.; — le xxv° jour de may, de l'aumosne du Roy nostre sire par la main de Jehan de Vaubrisse xvi ₶; — le xiii° jour de juillet, de l'aumosne Monsieur de la Rivière xxxii ₶; — le xi° jour de septembre, de l'aumosne du Roy nostre sire pour le berseau de Madame Ysabeau de France, par la main de damoiselle Jacqueline de Flery viii livres; — le xxviii° jour d'ottobre, de l'aumosne Monsieur de la Rivière xxiii livres iiii s.

Somme toute de la recepte de ce present compte viii° lxxix ₶ xii s. v den.

Despence faite par ladite prieuse. Le jeudi absolut pour une livre de grosse dragie pour faire *lalemendo* aux suers xii s.; — le xviii° jour d'ottobre pour xii poucins pour yceulx malades, lesquelx furent baillees a suer Jehanne de Puiseaux, qui estoit chevetaine en l'enfirmerie, pour ce xii s.

Despence faite ou Chastellet de Paris. Pour une quittance passee ou Chastellet de Paris pour les biens receuz de Madame Marie de France pour ce ii s.

Somme toute de la despence de ce present compte v° lxviii ₶ xiiii s. xi den.

(Auditus in presencia magistri P. de Castro et J. de Columbis, canonicorum parisiensium, nec non magistri et priorisse ac plurium fratrum et sororum dicte domus dei, ix° die marcii anno domini m. ccc. lxxix°.)

## 3° REGISTRE, PARCHEMIN (156 FEUILLETS),

#### CONTENANT LE COMPTE EN RECETTES ET EN DÉPENSES DE L'ANNÉE 1416.

Compte de la recepte et despense des rentes et revenues appartenans a l'Ostel Dieu de Paris pour ung an, comencant au jour de la feste de Noël l'an mil quatre cens et quinze inclus, et fenissant au jour de ladite feste de Noël l'an mil quatre cens et seize exclus, rendu par freres Jehan Charron de Gisors, maistre dudit Hostel Dieu et Jehan Domilliers, boursier d'icellui.

Premiere grosse somme des arrerages deuz pour l'annee derrenierement passee mil ccccxv, vii° iiii°° xviii livres v s. iiii den.

Recepte de menus cens ou fons de terre non muables, portans ventes saisines et amendes deuz a l'Ostel Dieu de Paris a plusieurs et divers termes en l'an.

Premierement. Du fons de terre que ledit Hostel Dieu a et prent par chacun an au terme Saint Remy, en et sur plusieurs maisons, places et autres lieux assiz en la ville de Paris, dont les parties sont escriptes et declairees ou compte de freres Pierre Luillier et Jehan Binet, prestres, maisonniers dudit hostel, oy par le maistre en la presence des freres et seurs xvii s. xi den. poit.

Perrin le Pelletier et Robert du Val, pour vii quartiers de vigne ou environ assiz entre Notre Dame des Chams et Saint Marcel, appellez la vigne de Contesse, tenant d'une part a Jehan Paris, notaire du Roy nostre sire ou Chastellet de Paris, et d'autre part aus hoirs ou aians cause de feu Nicolas Pirouette 1 den. p. de fons de terre.

*Argentueil.* L'Ostel Dieu a xviii s. x den. p. de menus cens prins sur plusieurs heritages assiz en ladite ville et ou terrouer d'icelle.

*Braye Conte Robert.* Ledit Hostel Dieu a xi s. iii den. poit. de menuz cens, prins sur plusieurs heritages assis ou terrouer d'icelle ville.

*Baigneux Saint Erblant.* Ledit Hostel Dieu a lxvi s. viii den. de menuz cens sur plusieurs heritages assiz es lieux dudit Baigneux, Fontenay, Chastillon, Clamart, et paiez en la maison appartenant audit Hostel Dieu audit Baigneux.

*Bochet.* Ledit hostel a iiii$^{xx}$ ix s. viii den. ob. de menuz cens ou fons de terre, portans reliefz, avec ventes saisines et amendes prins sur pluseurs heritages assis audit lieu de Bochet et ou terrouer d'environ.

*Boteaux.* Qui est ung hostel ou manoir assiz a Ver le grant, appartenant audit Hostel Dieu. Icellui hostel a lxx s. vii den. ob. des menuz cens assis audit lieu de Ver le grant, de Ver le petit et es terrouers d'environ. — Audit lieu de Boteaux icellui Hostel Dieu a le quart du cens dit le *cens aux trois seigneurs* qui vault de present xi s. p. assiz a Ver le petit, dont la moitie est et appartient aux religieux de Sainte Katherine du val des escolliers a Paris, l'autre quart aux hoirs ou aians cause de feu maistre Guy de Villers, et l'autre quart a cest hostel qui monte a ii s. ix den.

*Champrose.* Ledit Hostel Dieu a xl s. p. de menuz cens en ladicte ville et terrouer d'icelle.

*Corbueil.* L'Ostel Dieu a iiii s. viii den. de menuz cens en icelle ville et environ.

*Chaville.* Icellui Hostel Dieu a c. x. s. p. de menuz cens assiz en ladicte ville et ou terrouer d'icelle.

*Chastenay.* L'Ostel Dieu souloit avoir v s. p. de menuz cens sur pluseurs heritages audit lieu, au terme de la *tiphaine*, et de present l'en n'en recoit rien, pour ce que les heritages qui les devoient sont en friche.

*Courtdimenche.* Ycellui Hostel Dieu a iii s. p. de menuz cens.

*Engenville.* Ledit Hostel Dieu souloit avoir lxxi s. xi deniers p. d'une part et vi s. vii den. p. d'autre part de menuz cens, lesquelz sont tellement diminuez que pour le present l'en n'en recoit que xlviii s. x den.

*Escharcon.* Ledit Hostel Dieu a vi$^{xx}$ xvi s. iii den. poit. de menuz cens sur pluseurs heritages en icelle ville.

*Estampes.* Icellui hostel a xlvi s. v den. ob. de menuz cens ou terrouer d'icelle ville.

*Fontenay* empres le boys de Viciennes, ledit Hostel Dieu a ix s. iii den. iii poit. de menuz cens ou terrouer d'icelle ville.

*Forges* empres Bris, icellui hostel a vi s. p. de menuz cens.

*Genivris* (?). Ledit Hostel Dieu a xiii$^{xx}$ xviii s. v den. p. de menuz cens en ladite ville.

*Gercy en Brie.* Icellui hostel souloit avoir iii s. p. de menuz cens sur pluseurs heritages.

*Igny.* Ledit Hostel Dieu a iiii$^{xx}$ i s. ii den. de menuz cens.

*Louans.* Ledit hostel a lxviii s. iiii den. p. de menuz cens en ladite ville.

*Longjumel.* Icellui hostel a xxxiii s. iii den. poit. de menuz cens en ladite ville.

*Liers.* Ledit hostel a xl s. p. de menuz cens sur pluseurs heritages assiz en laditte ville.

*Lardi.* Ledit hostel a iiii l. ix s. x den. ob. de menuz cens portans reliefs, ventes, saisines et amendes, prins sur pluseurs heritages en laditte ville.

*Monsterueil.* empres le boys de Viciennes. L'Ostel Dieu a xxii den. ob. de menuz cens.

*Meudon.* Ledit hostel a xxxvi s. vii den. ob. de menuz cens paiez au pressouer des *voues*, appartenant audit hostel. — Audit lieu de Meudon ycellui hostel a xvi s. iii den. ob. de menuz cens ou val dudit Meudon paiez sur la fontaine dudit val.

*Montlehery.* Ledit hostel a lxi. s. ob. de menuz cens ou fons de terre, prins sur pluseurs heritages assiz en ladite ville et ou terrouer d'icelle, au lieu dit le pressouer le Roy.

Audit lieu de Montleherry, icellui hostel a viii liv. p. de menuz cens prins sur pluseurs heritages assiz ou terrouer d'icelle ou lieu dit *luisant*.

*Mondeville.* Ledit hostel a vii$^{xx}$ v s. x den. p. de menuz cens sur pluseurs heritages assiz en ladite ville.

*Messe.* Ledit hostel a xxi s. viii den. p. de menuz cens sur pluseurs maisons assiz en ladite ville et es villes voisines.

*Morville en Beausse.* Icellui Hostel Dieu et le chapellain d'une chapelle fondee en l'eglise Notre Dame de Meleun, ont et prennent par chacun an xii l. de menuz cens en ladite ville.

*Mainville.* Ledit Hostel Dieu souloit avoir et prendre iiii$^{xx}$ xvi s. ii den. en ladite ville, desquelles on ne recoit a present que vi s. vii den. ob. pour ce que les heritages sont en friches, haies, buissons et sans proprietaires.

*Pailoisel.* Ycellui hostel a v s. p. de menuz cens en ladite ville.

*Rungy.* Ledit hostel a xlv s. x den. ob. de menuz cens assiz en ladite ville.

*Succy.* Ledit hostel a xl s. p. de menuz cens en ladite ville.

*Saint Cloud.* Icellui hostel a par chacun an xii den. p. de menuz cens ou terrouer de ladite ville, ou lieu dit le *clos aux Dames de portrois*.

*Saint Ouyn empres Pontoise.* Ledit hostel a xxxi s. p. de menuz cens ou terrouer de ladite ville.

*Sainte Genevieve ou boys.* Ledit Hostel souloit avoir et prendre xlvi s. p. de menuz cens ou terrouer d'icelle ville, et de present on n'en recoit rien, pour ce que les heritages qui les devoient sont en friches, haies et buissons et sans proprietaires.

*La Villette Saint Ladre.* Ledit Hostel Dieu a xxxii s. p. de menuz cens sur pluseurs heritages ou terrouer d'icelle ville.

*Versailles.* Icellui hostel a xix s. p. sur plusieurs heritaiges en ceste ville.

*Villejuyve.* Ledit Hostel Dieu a xiii s. ix den. ob. en ladite ville et ou terrouer d'icelle.

*Villemillant.* A cause d'un manoir ou hostel qui de grant anciennete appartient audit Hostel Dieu, ycellui Hostel Dieu a xiii s. p. en ladite ville.

Audit lieu de Villemillant, a cause d'un manoir ou maison donne a icellui Hostel Dieu par feu Monsieur maistre Pierre de Pacy, en son vivant doyen de l'eglise de Paris, ledit Hostel Dieu a lxv s. x den. de menuz cens.

*Villers sur Longpont.* Icellui hostel a xxxi s. xi den. en ladite ville.

Seconde grosse somme cxi l. ix s. viii den.

Recepte des rentes non muables appartenant a l'Ostel Dieu de Paris deues par chascun an a icellui.

Premierement des rentes que ledit Hostel Dieu a et prent en et sur pluseurs maisons, places et autres lieux assiz en la ville de Paris et es faulx bourgs d'icelle ville, dont les parties sont escriptes et declairees ou compte de freres Luillier et Jehan Binet, pre tres, maisonniers dudit Hostel Dieu, oy par le maistre en la presence des freres et seurs m. iii<sup>e</sup> lxxvi<sup>tt</sup> ix s. iiii den. (tierce grosse somme).

Recepte des rentes prinses sur le tresor du Roy notre sire a Paris non muables, v<sup>e</sup> xxxix l. iiii den.

Recepte des rentes prinses sur la recepte du domaine du Roy notre sire a Paris non muables iiii<sup>e</sup> lxiii tt ix s. viii den.

Quarte grosse somme mil iii livres.

Recepte des rentes non muables prinses sur pluseurs pieces de terre, vignes et autres heritages situez et assiz es faulx bourgs de Paris, pres et environ icelle ville, non comprinses es comptes desdiz maisonniers.

Premierement au chemin de Charonne et pres Saint Anthoine des Champs, Jehan Martel dit le Normant, pour ung quartier et demi vi perches et demie de vigne audit chemin, tenant d'une part a Philipot le Begue et a Raulet Guyennoiz et d'autre part a Jehan de Brye, sergent a verge ou Chastellet de Paris, vi s. ix den. — Jehan de Brye pour iii quart et demi vi p. et demie, vi perches et demie de vigne audit lieu xiiii s. vi den.

Jehan Aubert pour ung arpent de vigne audit lieu xv s. vi den.

Jehan Martin et sa femme a cause d'elle pour demi arpent de vigne vii s. ix den.

Jehan Bouvart et Edeline sa femme pour ung arpent de vigne xv s. vi den. — Jehan Meure, tavernier, pour demi arpent deux perches et demie de vigne vii s. ix den. — Arnoul de Villejau pour demi arpent de vigne vii s. ix den. — Jehan Drouart, autrement dit quinze, pour demi arpent vii s. ix den. — Maistre Pierre Cousinot, procureur en parlement, pour demi arpent vii s. ix den. — Jehan Bruneau et sa femme, pour ung arpent de vigne xv s. vi den. — Drouyn Boussigneau pour demi arpent vii s. ix den. — Symon Ausout, cirier, pour ung arpent et demi quartier de vigne xvii s. vi den. — Jaquet Sang doue pour quartier et demi de vigne v s. ix den. — Jehan le Mire, chauffe cire, pour demi arpent vii s. ix den. — Regnault Minegot, frere famillier dudit Hostel Dieu pour arpent et demi de vigne xxiii s. iii deniers p.

*Oultre la porte du Temple.* Colin Durant laboureur, pour demi arpent de vigne qui fu a Jehan de Compiegne et a sa femme, assiz oultre la ditte porte du temple, au dessoubz de Poitronville, ou terrouer de la couronne, entre les deux pressouers, appartenant a sire Jehan de Vaudetair iiii s. p. — Jehan le Mire, chauffe cire pour demi arpent de vigne iiii s. p. — Pierre de Grant Rue assiz audit lieu de la couronne xvi s.

*Aux marez de Paris.* Jehan Severin, courtillier, pour demi arpent de marez assiz au chemin de Clignencourt, oultre l'ostel des petiz marez, appartenant a cest hostel, au lieu dit les pointes xiii s. iiii den. — Guiot des Marez, courtillier, pour ung quartier de marez assiz au chemin de Montmartre vi s.

*Au dessoubz de Montmartre.* Gieffroy Saudiguet pour demi arpent de terre v s. — Jehan le Fort, escorcheur, pour iii quartiers de vigne au lieudit les Plantes vi s. — Jehan Patriarche pour demi arpent de vigne ou lieu dit Mont Moien viii s. — Philippot Brugon pour demi arpent de vigne iiii s. — Jehan Lamy le jeune pour ung arpent de vigne viii s. — Guillaume Fourcault et sa femme pour ung arpent de vigne assiz au chemin par lequel on va de Clichy aux carrieres de Montmartre viii s.

*A Saint Germain des Prez.* La femme et les hoirs de feu Maciot de Villeneuve, potier d'estain, pour vii quartiers de terre assiz ou terrouer dudit Saint Germain ou lieu dit Vigneray x s.

*Entre Notre Dame des Champs et St Marcel.* Perrin le Pelletier et Robert du Val pour vii quartiers de vigne xl s. p. de rente deuz par chacun an.

*Entre St Marcel et Yvry.* Guillaume Asselin, potier de terre, pour ung arpent de saulsoye xi s. x den.

Somme vii livres viii s. ii den.

Recepte des rentes non muables, deues et prinses en et sur pluseurs heritages situez et assiz en pluseurs villes et terrouers d'icelles hors Paris, paiees a pluseurs et divers termes en l'an.

*Premierement. Argenteuil.* Robin le Bel, tainturier de fil, pour demi arpent et demi quartier de vigne assiz oudit Argenteuil, ou lieu dit Vauguiart. — Jehan Victime, couratier de vins pour iii quartiers de vigne iii s. iiii den.

— Perrot le Pelletier, pescheur, pour une maison et court assiz en ladite ville sur la riviere xxiiii s.

*Arcueil.* Les hoirs de feue Driette fille de Symon Pillart, pour iii quartiers de vigne vi s.

*Ablon.* Berthelot Marnoiz pour la moitié de iii quartiers de vigne assiz ou vigno d'Ablon, ou lieu dit les Closeaux iii s. — Henriet Lorin et sa femme pour la moitie desdits iii quartiers de vigne iii s. — Henriet de la Marche pour iii quartiers de vigne oudit lieu des Closeaux vi s. — Jehin Maugireau pour quartier et demi de vigne ou lieu dit Flory iii s. — Perrin Carreau pour ung quartier de vigne ii s.

*Athis.* Colin Basille, Robin Cousin et autres pour ung arpent de vigne en friche assiz ou vigno d'icelle ville sur le molin d'Orgeval x s.

*Argeville en Beausse.* Les hoirs ou aians cause de feu messire Guillaume de Tignonville, chevalier, pour la maison et appartenances dudit lieu d'Argeville, les cens et terres de Besonville, qui furent a Pierre Belle xl livres parisis de rente.

*Baignolet.* Jehan Auchier le jeune, Anceau Cochon, Symonnet le Roy et autres pour ung arpent de vigne ou lieu dit Fosse Amer iiii s.

*Beaumont sur Oise.* Monsieur le duc d'Orleans, par la main de son receveur audit lieu de Beaumont xl livres parisis de rente, prinses sur la prevoste d'icellui lieu.

*Brou.* Jehan Spifame pour l'ostel et appartenances dudit Brou, assiz oultre Chielles Sainte Baudour, pres de la Villette Neuve aux Asnes ii$^e$ livres d'almendres a mengier, deues par chacun an.

*Baigneux Saint Erblant.* Jehan Daunoy et Colin Petit pour v quartiers de terre assiz ou terrouer dudit Baigneux, ou lieu dit Lespinette, tenant d'une part aux dames de Montmartre et d'autre part a Guillot Hardi et au Sentier au Prestre, en la censive dudit Hostel Dieu xii s. p.

La femme et hoirs de feu Guillaume Blondelet, pour une maison assize en ladite ville de Baigneux, au dessus et pres de l'ourme estant devant l'eglise de ladite ville xxxix s. p. de rente. — Jehan Chauveau pour une maison et jardin oudit Baigneux ou lieu dit la Ruelle xvi s. p. — Jehan Ogier pour deux pieces assizes en buffet et au trou du Grouart xii s.

*Bochet.* Jehan Ebigart le jeune pour une maison et channeviere entretenans, en ladite ville de Bochet xviii s.

*Boteaux.* Perrot aux Oues, a cause dudit hostel de Boteaux, assiz a Ver le Petit, tenant au chemin du Roy nostre sire xxviii s.

*Chaleau.* La femme et hoirs de feu Jehan Pacis, en son vivant notaire du Roy nostre sire, pour une maison court et jardin, vigne terre et saulsoie tenant a la maison appartenant a messire Guillaume de Champaigne, chevalier xxiiii s. — Philibert Bourdon, cordouennier pour demi arpent que vigne que jardin viii s.

*Chatou.* Philippote la Morette pour viii arpens de saulsoie et d'isles assiz en l'ille d'icelle ville iiii livres.

*Champrose.* Gillet le Fournier pour une maison et jardin entretenant xx s. — Remy Foucquet pour iii quartiers de vigne assiz audit lieu x s. — Huguelin Lecoq pour une maison, jardin et friche derriere tenant aux Religieux de Sainte Genevieve de Paris lxiiii s. — Jehan Bernardon pour iii arpens de vigne assiz oudit terrouer, en alant a la Bretesche tenant au chemin de l'Ermitage xxiiii s. — La femme et hoirs de feu Guillot Mitton pour une masure et ung arpent de terre iiii s. — Jehan Eliart pour une masure et deux arpens de terre tenant a ung lieu nomme le Puys au Fere viii s. — Michault Luseau pour arpent et demi de vigne viii s. — Renault Michiel pour arpent et demi du vigne appellee la Vigne de la Croix sur le chemin du Roy, par lequel on va dudit Champrose a Dravel viii s.

*Corbueil.* Oudin Minagier et Jehan de Sancigny pour une maison et jardin entretenant, nommee la maison de la Mothe, xl s. p. de rente. — Jehanne la Charielle, heritiere de feue..... jadiz femme de feu Guillaume Dupont, pour une maison et jardin assiz audit lieu de Corbueil en la rue Saint Jaques xl s. p. de rente. — Les chanoines et college de l'eglise Notre Dame d'icelle ville de Corbueil, pour ung molin assiz en la riviere d'Essonne nomme le molin de Chiot, en la censive dudit Hostel Dieu de Paris xxx s. p. de rente.

*Chaville.* Guillaume le Menestrel pour une maison et jardin audit lieu sur le chemin du Roy, pres du Ru, nommee jadiz la maison de la Forge viii s.

*Chastillon empres Baigneux.* La femme et enfans de feu Symonnet Sauson et Jehan Yvon pour iii quartiers et demi de vigne ou lieu dit Savart iiii s. p.

*Clamart.* Les hoirs ou aians cause de feu Guillaume Saquespee, Huet Tirouyn et autres pour iii arpens de vigne en uné piece appellee la Vigne Dieu ou lieu dit les Groues lx s. p.

*Civilly?* Les hoirs de feu Jehan Bougis pour une maison, court et jardin avecques deux arpens iiii ff. — Jaquet de la Roue, mercier, Perrin Belee et sa femme pour deux arpens de vigne viii s.

*Champlant.* Jehan Baullart et Georges son frere pour ung arpent de vigne ou terrouer dudit Champlant xii s. — Guillemin Dariolle et Richart son frere pour ung arpent, que vigne que terre, x s. — Mahieu le Paige et son nepveu pour demi arpent de vigne iiii s. — Audry Gilloteau pour un quartier et une quarte de vigne xvi den.

*Chailly.* L'Hostel Dieu a et prent xx s. p. de rente sur les cens deuz et paiez au Roy Loys ou chastel de Chailly.

*Estampes.* Gervaise Tarenne et Estienne son filz pour deux arpens de vigne ou lieu dit Bissus xvi s. p.

*Fontenay empres le boys de Viciennes.* Pierre de la Batte pour arpent et demi de terre a la Mothe aux Chanoines de Saint Honnore et aux Rieux iii s.

*Gentilly.* Rogier Morillon pour demi arpent de vigne iiii s. — Thomas le Fey pour deux quartiers et demi de vigne viii s. — Maistre Hebert Camus, procureur en Parlement pour demi arpent de vigne au lieu dit de Haulte Bonne iiii s. — Messire Denys Charpentier, prestre, pour demi arpent de vigne iiii s. — Maistre Pierre Berthelot pour arpent et demi de vigne xv s. p. — Perrin du Parc, demourant, a Montrouge pour v quartiers et demi de vigne audit lieu de Haulte Bonne v s. — Laurens de Lespine, parcheminier, pour v quartiers et demi de plante xiii s. ix den. — Jehan Beroult pour iii arpens, que terre que vigne, assiz ou terrouer doultre le molin a vent qui est lez Notre Dame des Champs empres Paris xxx s. p. — Jehan de la Riviere pour ung arpent de vigne ou lieu dit Piquehoue x s.

*Guyencourt.* Jehan le Fol, pour une masure, court et jardin aboutissant par derriere a messire Guillaume le Boutillier, chevalier, en la censive dudit seigneur viii s. — Audit lieu de Guyencourt ledit hostel souloit avoir x s. p. de rente sur les cens du seigneur receuz en icelle ville le jour Saint Remy, dont de present on ne recoit rien, ne recupt len, passe a xxx ans, pour ce neant.

*Glatigni.* Icellui hostel souloit avoir v s. p. de rente sur les cens du seigneur d'icellui ville, dont de present on ne recoit aucune chose, pour ce neant.

*Issy.* Ledit Hostel Dieu a et prent v s. p. de rente par chacun an en et sur les cens appartenant a sire Jehan de Vaudetour, qui jadiz furent au seigneur de Villepereur.

*Ivry.* Thomas de la Croix et Jehan Aubour, pour viii arpens de terre l. s. p.

*Louvres en Parisy.* Les hoirs de feu Robin Manessier boucher, pour une maison audit lieu xx s.

*Longjumel.* Jehan Le Breton, pour arpent et demi de terre ou lieu dit Launoy aux malades ii s. — Regnault Prentout, charpentier, pour une maison en ladite ville pres de la Fontaine, en la censive dudit Hostel Dieu xii s. — Guillaume Jouette, Jehan du Molin, Guiot et Perrin Gondrans pour une maison et jardin en ladite ville vi s.

*Lyers.* Jehan Thierry pour une masure, court, jardin et chesnoie en ladite ville, en la censive dudit Hostel Dieu xi s. viii den.

*Lardi.* Les hoirs de feu Jehan le Maire pour maison et jardin derriere ou lieu dit les Selles, tenant a Adam d'Eschainviller, escuier, viii s. — Guillaume le Vacher pour une maison, jardin et ses appartenances x s. p. — Jehan de la Mare, pour une maison et chaumiere derriere xx s. — Robin Boyvau pour une maison, masure et vigne derriere xx s. — Michault Foreau pour une maison et les appartenances d'icelle ou lieu dit Penserot.

*Lery empres le val de Rueil.* Richarde femme de feu Guillaume Darcel pour la part qu'elle a en une maison iiii den. — Jehan Canneret pour xxx perches de terre en la rue de Torcy i den. — Les hoirs Guillaume Cavelier, autrement dit le Cheron, pour une masure i den. — Colin Leschaude pour une maison en ladite ville de Lery en la rue Duboys iiii s.

*Monstreul empres le boys de Viciennes.* Robin Jolis pour une maison, masure, court et jardin, et pour v quartiers de terre en la rue du Pré ix s.

*Montmorency.* Ledit Hostel Dieu a et prent sur les cens du seigneur dudit lieu xxx s. p. de rente. — Audit lieu de Montmorency, c'est assavoir sur la forest dudit lieu, ledit Hostel Dieu a droit d'avoir et prendre par chacun an ung sextier de chastaines.

*Mesnil Madame Roisse.* Jaquet Jamet pour une maison, court, granche, jardin et une ousche derriere xvi s. p.

*Moucy le Neuf*, pour une maison assise en ladite ville x s. p. de rente.

*Meudon.* Jehan Boulle l'ainsne pour iii quarterons de vigne ou lieu dit les Mouchettes iiii s. p. — Thomas Lucquet pour iii quartiers et demi ou lieu dit la Pointe iiii s. — Jehan Coignet de Fleury pour ung quartier et demy de vigne assiz en Vigot ii s. — Jehan Gambon pour quartier et demi de vigne ii s. — Jehan Olivier l'ainsne et Philippot Olivier son filz pour arpent et demi de vigne en la Veline, en la censive du seigneur de Motalet xx s. — Jehan le Norrissier pour quartier et demi de vigne assis es Mouchettes, en la censive dudit Hostel Dieu xviii den. — Oudin Bouciquault pour trois quarterons de terre xiii den. ob. — Yvonnet Pregent pour demi arpent et ung quarteron de vigne iii s. iiii den. — Sandrin Guiart pour demi arpent de vigne ii s. — Regnault Cossele pour quartier et demi de vigne assiz ou lieu de Vocinot iii s. p. de rente. — Amelot la Juberde pour une maison assise a Meudon au dessoubz du chastel sur le chemin iii s. — Jehan Berault pour une maison et jardin au dessoubz du chastel v s. — Jehan pere Dieu pour quartier et demi de vigne ii s. — Jehan Longbet pour demi-quartier de friche assiz en Champront xii den. — Audit lieu de Meudon, des proprietaires de xiiii arpens de vigne assiz ou terrouer dudit Meudon, en la censive dudit Hostel Dieu, et dont les cens se paient par chascun an, le jour Saint Remy, a ung pressouer appartenant audit Hostel Dieu estant ou terrouer dudit Meudon, ou lieu dit les Cotignis, appelle le Pressouer des Voues, auquel pressouer lesdites pieces de vignes estoient serves et devoient prainte de trois pos lun, et auquel pressouer les vendenges d'icelles vignes devoient estre apportees, pour laquelle prainte et servitude de pressouraye lesdittes vignes sont acquittees et afranchies pour et parmi iiii s. p. de rente, ou lieu de ladite prainte pour chacun arpent de vigne, pour ce lvii s.

*Mons sur Ourge.* Guillaume le Cordouennier pour iii quartiers de vigne vi s. — Guillot Barre pour demi arpent de vigne ou lieu dit Loreau en la censive de Oudin de Sens iiii s.

*Mesnil soubz Longpont.* Les hoirs ou aians cause de feu Symon Jubeline pour vii quartiers de vigne entre laditte ville et Villers soubz Longpont, ou lieu dit la Charriere viii s.

*Montlehery.* De pluseurs personnes, pour l'ascensement ou affranchissement de la charge de pressourage, de disme et de garde, dont pluseurs pieces de vignes assiz oudit terrouer estoient chargees ciii s. xi den. — Audit lieu de Montlehery Gieffroy Boisseau et Robin Milet pour deux maisons xxxvi s. — Jehan le Fevre, dit le forgeur pour sa maison et forge assiz audit lieu l. s. — Ledit Jehan pour une maison et apentiz audit lieu xv s. — Jaquet Godin pour ung estail a boucher assiz en la boucherie de ladite ville de Montlehery iiii gros tournois d'argent et iiii den. p. de rente. — Alette, vefve de feu Gervaise Boifneuf, pour une maison jardin et cave en la rue aux Chaz iiii livres. — Guillaume Saquier, pour deux maisons entretenans en la rue du Four xii s. p. de rente. — Jehan Boucher, dit Moucheron, pour une maisonnette ou estable et partie de court en la rue du Four viii s. p.

*Meleun.* Ledit Hostel a et prent c liv. p. de rente par chacun an sur le peage de ladite ville, tant par eaue comme par terre, deuz et paiez a deux termes egalment, les quelles c livres p. de rente le receveur du demaine du Roy nostre sire audit lieu de Meleun paie et est charge de paier sur sa recepte, pour ce c l. p. — Ledit Hostel Dieu a et prent sur la forest de Bierre qui est des appartenances de ladite recepte de Meleun xlviii quarterons de mosle de busche par chascun an de rente, valent les dix xlviii quarterons ixv livres parisis.

*Vanterre.* Ledit Hostel Dieu, l'eglise Saint Denys en France et les dames de Fautel dit le Boys aux dames, c'est assavoir de Malenoue, souloient avoir et prendre par chascum an lxi s. iiii den. de ceas ou rente nomme le *past* ou le *moutonnage*, prins sur plusieurs maisons et heritages audit lieu de Nanterre, duquel cens ledit Hostel Dieu prent le quart, lequel ne vault a present que x s.

*Orly.* Loys le Roy, Jaquet Chaillaude pour une maison et masure audit lieu, ou lieu dit le Teil l. s. — Guillaume Ragoulle pour une maison audit lieu d'Orly, en la rue du Cimitere xxiiii; — Guillaume Le Pelletier pour ung arpent de vigne, ou lieu dit le clos xvi s.

Les hoirs ou aians cause de feu Vincent Rousseau pour demi arpent de vigne vii s. vi den.

*Pont de Charenton.* Pierre Blondeau pour une maison au bout de la ville, en hault, xv s. p.

*Pierre fuite.* Loys Langloiz ii s. p. de rente par lui donnez audit Hostel Dieu, a les avoir et prendre par chacun an sur tous les biens meubles et immeubles dudit Loys.

*Poissy.* Jehanne la Chartiere pour une maison en ladite ville de Poissy xlvi s. — Robin le charon, cousturier, pour une place vuyde appelle la croix Rouge iiii s. — Jehan Nicolas pour ung quartier de terre audit lieu de Poissy, ou lieu dit Espaigne, pres de la rue *Conflantoise* v s. iiii den.

*Pont de l'Arche.* Ledit Hostel Dieu a et prent sur la viconte ou recepte du demaine du Roi nostre sire audit Pont de l'Arche xl. s. t. de rente.

*Piquigny.* Icellui Hostel Dieu a et prent sur le pont dudit Piequigny et les appartenances d'icellui, appartenant a monsieur de Piquigny, seigneur dudit lieu, ix muis de sel, a la mesure d'Amiens, qui valent a la mesure de Paris vii sextiers et muis ou environ.

*Roissy en Parisy.* Ledit Hostel Dieu a et prent par chacun an xxxii s. p. de rente sur les cens des hoirs de feu Jehan de Billi, escuier, seigneur de ladite ville, lesquelz xxxii s. le fermier dudit Hostel Dieu a Compans recoit et sont de sa ferme, dont cy apres sera faicte mention ou chappitre des grains.

*Roye en Vermendoiz.* Icellui hostel a et prent sur le peage de laditte ville xl. liv. par. de rente, pour lesquelz paier audit hostel le receveur de Vermendoiz est charge.

*Succy.* Robinet Ferry pour une maison, jardin et masure et pour demi arpent de vigne ou lieu dit le Perreux xl. s. p. Ledit Robinet, pour une piece de boys oudit terrouer, au dessus du Luas, vi s. p. de rente. — Guillaume Maquereau pour deux arpens de vigne, ou lieu dit aux ormes du molin, xxxii s.

*Saint Cloud.* Jehan de la Fremondiere pour ung tercel de vigne ou lieu dit Tenerolles iiii s. — Jehan Varlet l'ainsne pour deux pieces de vigne ou vigno dudit Saint Cloud, ou lieudit le petit Caillou iiii s. — Jaquet Triboul pour demi arpent de vigne ou lieu dit Villermain v s.

*Saint Mikiel soubz Longpont.* Bernard Sire pour ung arpent de vigne en la rue du pestila ii s. iiii den.

*Saint Ouyn empres Pontoise.* Le cure de l'eglise parrochial d'icelle ville doit audit Hostel Dieu de Paris lx s. p. de rente. — Le maistre de la maladerie de l'aumosne, en la parroisse d'icelle ville de Saint Ouyn, doit audit Hostel Dieu ii aigneaux, pour raison des menues dismes de ladite maladerie.

*Soissons.* Ledit Hostel Dieu a et prent xii l. p. de rente

sur l'avalage, peage et travers du pont de la riviere dudit Soissons nommee Aisne, appartienent a monsieur le duc d'Orleans et au conte de Marle.

*Tribardou.* Perrin Charron, pour une maison en laditte ville en la rue de dessoubz, pour demi arpent de vigne a Montrouchie x s. p. de rente, lesquelz le fermier dudit Hostel Dieu a Compans reçoit, et sont de sa ferme, dont cy apres sera faitte mention ou chappitre des grains, pour ce neant icy.

*Tournant en Brie.* Ledit Hostel Dieu a et prent sur la prevoste d'icelle ville x s. p. de rente, lesquelz x s. le receveur de Paris paie audit hostel, et sont comprins en la somme qu'il nous paie au terme de l'ascension dont cy devant est faitte mention, pour ce neant icy.

*Tournedoz pres du val de Rueil,* en l'evesche d'Evreux. Jehan Macis pour un gort assiz en la riviere de Seine ix s. vii den. et une anguille du pris de xii den. — Pierre Rassinel pour une maison en laditte ville sur la riviere de Seine xxv pinperneaulx de rente. — Pierre Piquery dit le pelletier pour une autre masure sur la riviere de Seine xv piperneaulx de rente.

*La Villette Saint Ladre.* Huguelin le Cordier pour vii quartiers de terre ou environ ou terrouer de laditte ville, ou lieu dit le val Saint Germain viii s.

*Villetaigneuse.* Pierre Brocherel pour ung arpent et demi de terre x s.

*Villers sur Marne.* Ledit Hostel Dieu a et prent par chascun an ix s. p. de rente, prins sur la seigneurie et terre d'icelle ville.

*Villeneuve empres Braye Comte Robert.* Ledit Hostel Dieu a xii s. p. de rente sur une maison en laditte ville, lesquelz x s. le fermier dudit Hostel Dieu a Braye Conte Robert recoit et sont de sa ferme, dont mencion sera faitte cy apres ou chappitre des grains.

*Villeparisie.* Bertrand de Verdun pour une maison en laditte ville en la rue de Claye x s.

*Vaugirart.* Guillaume Baudouin pour iii quartiers de vigne vi s. p. — Jehan Manessier pour iii quartiers de vigne ou terrouer dudit Vaugirart ou lieu dit Elias viii s. p. — Pierre Metivier pour iii quartiers de vigne x s. p. — Perrin Baillet pour pluseurs heritages assiz en laditte ville l. s. p.

*Villejuyve.* Roland Heuze et sa femme et enffans de feu Gieffroy de Moraines, pour une maison en laquelle souloit pendre l'enseigne de la Souche et pour demi arpent, que vigne que jardin, qui fu jadiz a Loys de Vauchleure xii s. p.

*Villemillant.* A cause de l'ostel qui de grant ancienneté appartient audit Hostel Dieu, Driot Guitart pour ung arpent de vigne ou lieu dit le tertre xvi s. — Jehan Gaudin le jeune pour ung arpent de vigne xvi s. — Jehan Guitart pour ung arpent de vigne xvi s. — Jehanne femme de feu Guillemin Moreau pour demi arpent de vigne viii s. . . . . . .

*Vernueil sur Aisne.* Huet la Sue pour une maison masure et jardin xxiiii s. p. — Cointinet pour une maison qui fu Jaquemart Merlet derrier la grant maison ou sont les louages x s. p. — Thomas Jenet pour la maison que souloit tenir Jehan Jouyn x s. p. — Jehan de Soissons et Jehan des Fossez pour vii hommees de vigne vii s. p. — Guillaume le Travaillie pour une maison jardin et vigne assiz a courtonne xxii s. p. — Oudart Bourdin macon, pour une maison, masure et jardin a Beaune, pres dudit lieu de Vernueil xxxvi s.

*Val de Rueil.* Guillaume Baron dit Estrillet, pour ung manoir et pourpris appaitenant audit Hostel Dieu, de grant ancienneté, assiz en laditte ville du val de Rueil en l'eveschié d'Evreux, au bout de la rue Blondel, pour une acre de terre, demie acre et demi vergie de pre derriere le chastel vii ʰ xii s. — Pierre Mercerot dit Darcel pour ung jardin assiz en laditte ville, en la parroisse Notre Dame pres dudit chastel x s. t. et ii chappons. — Alain Cadiou pour ung autre jardin x s. — La femme et hoirs de feu Jehan Roussel pour une maison en la rue de Saint Sir iiii s. p. i chappon. — Jehan le Tourneur pour une piece de terre xii den. et demi chappon. — Jehan de Nicolle dit Villon l'ainsne, de la parroisse de Saint Sir d'icelle ville, pour iii pieces de terre ou lieu dit champ Moqueux, ou lieudit Largille aboutissant a messire Charles de Mesgremont, chevalier, xvi s. vii den. — Jehan et Gillebert diz Gouez, freres, pour ung jardin et une piece de terre, en la parroisse de Saint Sir, aboutissant au chemin de Mesgremont xxviii s. ix den. ob. — Symon Gouel et Robin Gouel, freres, pour une piece de terre contenant xviii verges ou environ assiz en la parroisse Notre Dame d'icelle ville, ou lieu dit la cousture Clement liiii s. iiii den. — Jehan Piel pour v verges de terre ou lieu dit leschauffour au messier xx s. p. — Estienne Brumen dit le breton pour deux pieces de terre xx s. ix den. — Richard Yvet pour trois verges de terre assiz a la voye bousset xvi s.

Quinte grosse somme iiii ᶜ lx livres xvi s. viii den.

Recepte en argent de pluseurs cens, rentes, maisons, terres, dismes et autres possessions, assiz tant en la ville de Paris comme hors icelle, baillez a ferme a tiltre de louyer pour pris d'argent muable.

Premierement, des louages des maisons, lieux et places assiz en laditte ville de Paris, appartenant audit Hostel Dieu de Paris et dont il est proprietaire, louees a pluseurs personnes pour pluseurs et divers pris, par freres Pierre Luillier et Jehan Binet, prestres, maisonniers dudit Hostel Dieu, dont les parties sont escriptes et declairees ou compte desdiz maisonniers, rendu au maistre en la presence des freres et seurs ii ᶜ xxxv ʰ xii s.

Damoiselle Jehanne de Trye, pour le louage de sa demeure oudit Hostel Dieu, en une partie de la servoiserie, par an x escus qui valent ix liv. p.

Jehan de Sautigui, libraire, pour le louage de deux chambres estans dessus le bas des maisons de Petit Pont, du coste de la rue du Sablon, non comprinses au compte des maisonniers liiii s.

De Jehan de Douay pour le louage de la premiere maisonnette faitte nouvellement et assise sur la premiere arche de Petit Pont. du coste de cest hostel, et tenant a icellui, louee audit Jehan par an pour le pris de x liv. p.

De Jehan Aufroy, libraire, pour le louage de la seconde maisonnette, assise sur ladite premiere arche de petit Pont, vi ᶫᶫ viii s.; — de Hannequin de Bruxelles, patinier, pour le louage de la 3ᵉ maisonnette assise sur icelle arche, a lui louee ceste presente annee pour le pris de ix l. p.

*Les grans marez.* C'est assavoir pour l'ostel, terres, marez, trailles et jardinages appellez les grans marez de l'Ostel Dieu, assiz pres de l'ostel des poscherons lez Paris, bailliez a ferme a Pierre Aluart pour le pris de xii livres qu'il en doit paier par chacun an, durant laquelle ferme il doit livrer chacun an, depuis l'ascension jusques a la saint Andri, chacune sepmaine troiz foiz persil et pourree, et depuis la saint Andri jusques a caresme prenant deux foiz choux par chacune sepmaine, souffisamment pour le gouvernement de toutes les personnes dudit Hostel Dieu, et le jour de caresme prenant pourreaux souffisans pour la journee, et le jour saint Jehan Baptiste ung sextier de feves nouvelles, et aveucques ce aussi doit labourer les trailles estans esdiz marez, et doit avoir la moitie du verjus et nous l'autre, et aussi doit paier la moitie des vendenges et nous l'autre.

*Des petiz marez,* c'est assavoir pour l'ostel, terres, marez, trailles et jardinages appellez les petiz marez de l'Hostel Dieu, assiz sur le chemin de Montmartre, empres la granche bateillee, bailliez a ferme a Olive, femme separee de Philippot le Teillier, pour le pris de vi l. p. paiez par chacun an, durant laquelle ferme elle doit livrer par chacun an, depuis l'Ascension jusques a la saint Andri chacun lundi de la sepmaine persil et pourree, et depuis la saint Andri jusques a caresme prenant choux souffisamment pour le gouvernement des personnes d'icellui hostel, et ledit jour de caresme prenant, doit livrer pourreaux pour la journee; le jour saint Jehan Baptiste ung sextier de feves nouvelles et aveucques ce aussi doit labourer les trailles, et doit avoir la moitie du verjus et nous l'autre, doit aussi paier la moitie des despens des vendenges et nous l'autre, pour ce vi ᶫᶫ.

De Jehan Sevin, pour le louage de deux arpens de terre assiz en une piece, entre Saint Marcel et Yvry, ou lieudit Tresnes, autrement cul rosti viii s.

*Braye Conte Robert.* Agnes la Passadde pour le louage d'une maison et jardin donnez audit Hostel Dieu par feu maistre Jehan de Beaurouvre louee a ladite Agnes vi ᶫᶫ xii s.

*Baigneux Saint Erblant.* Berangier Coiffin, demourant a Fontenay, pour le louage des cens et rentes cy dessus declairiez es chappitres des cens et rentes non muables, prins et deuz es villes de Baigneux, Fontenay et Chastillon, les droitures prinses audit lieu de Fontenay, cy apres declairees ou chappitre des doitures, la basse justice et juridiction, ventes, saisines et amendes, que ledit Hostel Dieu a esdittes villes, et aussi la disme des grains qui croissent es terres assizes ou terrouer dudit Baigneux, en la censive dudit Hostel Dieu, pour le pris et somme de xxii livres. — Alain Feret pour xiii arpens de terre audit lieu de Baigneux lx s. p.

*Crestueil.* Thomas Sotin pour iii arpens quartier et demi de terre et arpent et demi de pre xii s.

*Corbueil.* Des cens deuz par lxiiii pescheurs peschans pour ceste presente annee en la riviere de Seine, en laquelle ledit Hostel Dieu a toute justice, haulte, moyenne et basse, en laquelle aucun ne doit ou puet peschier s'il n'a congie, ou achete audit Hostel Dieu le mestier de pescherie en icelle, pour une foiz sa vie durant seulement, tant comme ladite riviere de Seine s'extent et continue, depuis le ru d'Escolle, cheant en icelle, au dessus d'icelle ville de Corbueil, jusques a la ruelle du four de Villeneuve Saint Jorge, dont les aucuns sont demourans a Paris, a Corbueil et environ, et les autres en ladite ville de Villeneuve Saint George, a Ablon et environ, desquelz pescheurs chacun doit paier et paie par an iiii s. p. de cens qui sont sur peine d'amende, desquelz pescheurs aucune foiz il y en a plus, aucune foiz moins, pour ce pour ceste presente annee xii ᶫᶫ xvi s.

*Igny.* Poncelet Langloiz pour la vendicion des fruiz creuz et cueilliz en ung jardin assiz au dit lieu d'Igny, devant la porte de nostre hostel xxiiii s.

*Issy.* Jehan Murgant pour la disme des grains et vins croissans es terres et vignes assiz en ladite ville et ou terrouer d'icelle, en la censive de sire Jehan de Vaudetair xxiiii s.

*Jouy.* Jehan Riant pour la tonture et despeulle de l'erbe de trois arpens de prez assiz audit lieu de Jouy, qui estoient des appartenances de l'ostel de Villisy, ja pieca bailliees a ferme a Jehan le Sueur, qui a laissie ledit hostel, pour sa povrete vendue audit Jehan pour le pris de iiiiᶫᶫ xvi s.

*Lambresy.* Pour les terres, prez, saulx et autres possessions appartenant audit hostel de Lambresy qui estoit cheu, demoly et en ruyne, baille a ferme a Lorin le Roy cviii s.

*Lardi.* Jehan Sadet pour le louage de la riviere de

Juigne ou de la pescherie d'icelle, tant comme laditte riviere s'extent et continue, depuis l'eaue appartenant au seigneur de Giroust, voisin en avalant, jusques au molin des selles, de laquelle riviere vu pescherie la moitie et aussi le bail appartient audit Hostel Dieu, et l'autre moitie a damoiselle Perrenelle de Boyville, jadiz femme de feu Robert du Plesseys, pour notre part vi s. — Audit lieu de Lardi Jehan le Creant, dit dorgemont, pour le louage d'icelle riviere de Juygne depuis le molin des selles jusques oultre, et au bout d'une fosse estant au droit des prez appartenant a cest hostel, xiii s. et i anguille.

*Montvoeugle* Jehan Bequillon l'ainsne et Jehan Bequillon le jeune, pour le louage des terres appartenant audit Hostel Dieu audit lieu xx s.

*Montlehery.* Jehan Boucher dit Moucheron, pour la ferme et louier du four bannier et de la bannerie d'icellui audit lieu, appartenant audit Hostel Dieu xvi l. p.

*Saint Ouyn empres Pontoise.* Vincent Rousseau pour le louage des cens et rentes que ledit Hostel Dieu a et prent audit lieu xii l. p.

*Sainte Genevieve du Boys.* Pour la tonture et despeulle de l'erbe de iiii arpens de prez assiz a Montleherry, empres le molin de Croteau, et lesquelz sont des appartenances dudit lieu de Sainte Genevieve, vendus audit Guiot c. s.

*Vaires oultre Chielle sainte Baudour.* Jehan Bequillon l'ainsne pour le louage de deux arpens de prez assiz en la prairie d'icelle ville en deux pieces, ou lieu dit les Perches tenant au prieur de Monjay, et d'autre part a la riviere de Marne, l'autre piece tenant à Brison de Gastine, seigneur d'icelle ville, louez audit Bequillon xvi s.

*Vernueil sur Aisne*, pour le louage d'une maison contenant pluseurs louages assiz en ladite ville cvi s. vi den.

*Val de Rueil.* Ledit Hostel Dieu a lxi acre et demie xii perches de terre ou environ tout entretenant, bailliees a loyer a pluseurs personnes pour le pris de cv⁴ xiii s. v den. ob. — Audit val de Rueil Jaquet Testier pour le droit que icellui Hostel Dieu a et prent a la porte estant en la riviere d'Eure, c'est assavoir la place par laquelle les bateaux passent, montent et avalent, ung peu au dessus du pont d'icelle ville, a laquelle porte chacune piece de vin passant par icelle doit xii den. tourn. desquelz le Roy nostre sire a et prent viii den., Jehan Tavernier le jeune ii den. et ledit Hostel Dieu, a cause de feu messire Pierre Tavernier, prestre, a et prent les autres ii den. baillee a ferme audit Jaquet pour le pris de liii s. iiii den. — Messire Jehan le Vavasseur, prestre, et Guillot Cardon pour le louyer de deux acres de pre, en la prairie de ladite ville lxxii s. — Gillet Malet pour le louage d'un jardin en la ditte ville, en la parroisse Notre Dame, tenant a la ruelle de Chanteleu xl s. p. et ii chappons.

Sixiesme grosse somme v⁶ iii ₶ xii s. x den. deux chappons et une anguille.

Recepte des droitures deues audit Hostel Dieu par chacun an le lendemain de Noël en pluseurs villes et lieux.

*Bochet* en la chastellenie de Montlehery. Ledit Hostel Dieu a et prent une doiture et demie et font vi arpens la droiture, laquelle droiture vaut ung minot de froment, ung sextier d'orge et deux chappons, apreciee pour ceste presente annee a xix s. viii den.

*Champrose* en la chastellenie de Corbueil. Jehan Mitton pour une maison et jardin en la ditte ville une droiture, qui vault i minot de froment i sextier d'aveine et ii chappons, appreciee pour ceste presente annee xviii s. — La femme et hoirs de feu Jehan Bidet pour une maison et jardin demie-droiture audit pris ix s. — Benoist le damoiseau pour une maison et v quartiers de vigne une droiture audit pris xviii s.

*Chastenay.* Ledit Hostel Dieu souloit avoir et prendre la moitié de v droitures, c'est assavoir deux droitures et demie sur l'office des heures ou des clers de matines de l'eglise de Paris, l'autre moitie desquelles on ne recoit rien, passe a xxx ans, pour ce que les heritages qui les doivent sont en friches et sans proprietaires, pour ce neant.

*Escharcon.* En la chastellenie de Corbueil, Jehan Gauchier pour une masure et i piece de vigne le tiers d'une droiture vi s. — Laurens Grant pour une maison le vi⁶ d'une droiture iii s. — Amelot la Quantine pour une maison et vigne le tiers d'une droiture vi s. — Jehan le Boiteux et ses freres pour une maison, masure et vigne derriere, une droiture et demi-quart xx s. iii den. . . . .

Somme toute xxxii droitures, desquelles les xi sont baillees a ferme et le surplus, qui est xvi droitures sont receues par les mains de cest hostel.

Recepte des ventes deues pour la vendicion des heritages et possessions situez en la censive et juridicion fonciere dudit Hostel Dieu.

Premierement, Paris. De messire Ponce de Belleville, prestre, pour les ventes de xl s. p. de rente a les avoir et prendre chacun an en et sur telle part et porcion que maistre Guy de Dampmartin, chanoine de Saint Martin de Tours, a et puet avoir en et sur une maison assize a Paris, a la porte Baudoier, qui fu au pere dudit maistre Guy, tenant d'une part a ung hostel appartenant aux dames de Maubuisson, et d'autre part a une maison appartenant aux religieux de Saint Mor, en la censive dudit Hostel Dieu, lesquelz xl s. p. de rente ledit messire Ponce a achetez dudit maistre Guy le pris et somme de xx l. t. Receu pour les ventes xviii s. — De Jehan Herode et Jehanne sa femme, pour les ventes d'une maison, court, cuisine, estable et les appartenances d'icelle, en laquelle pend l'enseigne du heaume coronné, assiz a Paris en la cité devant la forge, pres de l'eglise Saint Germain le viez, en la rue de la Calande, tenant d'une part en partie du coste du marche palu a Pierre de Baugis, herbier, et en icellui mesme coste tenant a la femme et hoirs de feu Estienne de Marlei, et d'autre part du coste de la rue aux feves tenant en partie de la maison de Jehan Carre, cordouennier, et de l'autre partie a la maison du peuguier seant en laditte rue aux feves, qui est et appartient a laditte femme et hoirs, laquelle maison et appartenances lesdiz Jehan Herode et sa femme ont achetez de Denise, vefve de feu Jehan de Colommier, en son vivant notaire et comissaire en la court espirituelle de Monsieur l'evesque de Paris, le pris et somme de ii$^c$ livres, receu pour les ventes appartenans audit Hostel Dieu, c'est assavoir la moitie quittees pour vii. l. t. qui valent c. xii s. — De Martin de la Fontaine tailleur de robes et bourgoiz de Paris, et de Marie sa femme, pour les ventes de xl s. p. de rente que Jehan Gommier, aumussier et bourgoiz de Paris, leur a vendus a les avoir et prendre sur une maison assize a Paris a la porte Baudoier, a l'enseigne de la teste noire, aboutissant par derriere aux estables de l'ostel de l'ours, en la censive dudit Hostel Dieu, receu pour les ventes xxiiii s. — Notez que le xi$^e$ jour de may M. cccc. xvi nous meismes en saisine et possession Denisette, femme de maistre Loys de Cepoy, maistre des comptes de Monsieur le duc d'Orleans, de la s. p. de rente, prins apres xvii livres sur ung hostel assiz a la porte Baudoier, ou pend l'enseigne du heaume, a pignon, dont est proprietaire Colart le Maire, dit Mangon, tenant d'un coste a ung hostel qui est Estienne Boyleaue, jadiz notaire du Roy notre sire ou chastellet de Paris, et d'autre part aux hoirs Cardot de Caudecotte, tavernier, en la censive et jurdicion fonciere dudit Hostel Dieu.

*Meudon.* De Jehan Jacques le musnier et Jehanne la Poignarde sa mere pour les ventes de iii quartiers iii perches et demie de vigne xl s.

*Montlehery.* De sire Alexandre le Boursier, conseillier du Roy notre sire en sa chambre des comptes, pour les ventes d'un clos de vigne contenant v arpens et demi ou environ, assiz a Montlehery ou vignes de l'infant, au dessus des deux croix de Chouauville, tenant d'une part aux vignes du seigneur de Marcoucis et a Alain le Roux, et d'autre part a Thibaut Franchise, aboutissant par embas aux Religieux des Vaulx de Cernay et a Jehan Durant Ladre, et par en hault aux bois du seigneur de Lumville (?), receu pour les ventes vii$^{xx}$ iiii s.

*Succy.* De Guerin le Moine, chauderonnier pour les ventes de demi arpent de vigne ou lieu dit bras de fer vi s. p.

*Paris* de rechief, De Jehan Warin, mareschal pour les ventes de iiii livres parisis de rente que Gaultier de Blandeque leur a vendues a prendre sur une maison assize a Paris en Rue neuve Nostre Dame, ou pend l'enseigne de la croix de fer xlviii s.

Septiesme grosse somme xxxv$^{tt}$ iii s. iii den....

Recepte des dons laiz et aumosnes faiz et donnez audit Hostel Dieu pour ceste presente annee.

Du laiz Jehan des Haies xvi s.; — du laiz messire Michiel de la Croix, prestre, xvi s.; — du laiz Pierre Maillet xvi s.; — de l'aumosne noble homme Jehan de la Haye dit Piquet et de madamoiselle sa femme c. frans, donnez pour l'augmentation de la pitance aux povres malades iiii$^{xx}$ livres; — de l'aumosne maistre Thomas Basse xvi s.; — du laiz Jehan de Mes v s.; — du laiz ou aumosne de feu puissant seigneur monsieur le duc de Guienne, faitte le xviii$^e$ jour de janvier, c escus qui valent iiii$^{xx}$ x livres; — du laiz Jehan de Monceaux dit de Biauvaiz vi s.; — du laiz Jehan Legier x s.; — de l'aumosne d'aucunes gens de monsieur le duc de Bretaigne, pour la pitance des malades, par les mains messire Martin Tholouse iiii livres; — du laiz maistre Benoit de Savoye iiii$^{tt}$; — de l'aumosne maistre Jehan Haudri, secretaire du Roy nostre sire xvi livres; — du laiz Jehanne la Tache viii s.; — du laiz Guillaume Tellet viii s.; — du laiz Symonne la Moutonne xxiii s.; — de l'aumosne des executeurs ou heritiers de feu messire Guillaume de Lodes chevalier, viii livres; — du laiz Pierre Chevalier viii s.; — item ung lit; — du laiz messire Jehan Fortin, prestre xvi s.; — du laiz Jehanne la Mignotte viii s.; — du laiz Estienne la Valette v s.; — du laiz Jehan Ligier ung lit fourny; — du laiz Pierre de Damas vi s.; — du laiz de Thomas de Renty, escuier, par la main de Floridas Daulphin, l'un des executeurs d'icellui deffunct iiii$^{tt}$; — du laiz Gillette, femme Gillet Doistre, pour dire vigilles et messe a dyacre et soubz diacre X$^{tt}$; — du laiz Jehanne la Barille viii s.; — de l'aumosne d'un conte d'Alemaigne, faitte le derrain jour dudit mois de fevrier vi s.; — du laiz de feu Jehan Sebille fait le premier jour de mars viii s.; — du laiz Richardin Champion, menestier et guette du palaiz du Roy notre sire, paie en son vivant xvi s.; — du laiz Marguerite la Ravinette vi s.; — du laiz de Gillette la Milette v s.; — du laiz Jehanne du Moustier v s.; — du laiz Ysabeau la Pelletiere viii s.; — du laiz Jehan Fremin xx s.; — du laiz Jehan le Ferant viii s.; — du laiz Gillet Baillet iiii s.; — du laiz Jehan Davier v s.; — du laiz Perrenelle la Maugene viii s.; — du laiz Jehanne, femme Jehan Lefevre, esleu d'Arques, le premier jour d'avril xvi s.; — de l'aumosne d'un hospitalier par la main seur Marie de Morigneval xviii s.; — du laiz Perrette Guiotte, par la main Jehan Hutin viii s.; — du laiz damoiselle Perronne, jadiz femme de feu Pierre des

Mores viii s.; — du lais Mahault la Poterette vi s.; — du lais feu Jehan Corieu, procureur general ou chastellet de Paris xviii livres; — du lais Denisot Chivart viii s.; — d'une aumosne secrette par seur Jehanne Faucemberg x s.; — d'une aumosne par seur Perrenelle la Guedonne ii s.; — de l'aumosne de la Royne faitte le xiii° d'avril, xii$^{tt}$ x s.; — de l'aumosne madame la Presidente de la court au Roy de Cecille xvi s.; — du laiz Jaqueline la Sacliere viii s.; — du lais Thomassin Tumbel v s.; — du lais Gieffroy Rateau viii s.; — du lais maistre Ponce de Disy, secretaire du Roy nostre sire xvi livres; — du lais Poncette, femme de maistre Audri Courtevache, clerc du Roy nostre sire en sa chambre des comptes iiii livres; — du lais Jehanne la Turgie x s.; — de l'aumosne madamoiselle de Neauville pour la pitance des malades xxxii s.; — du lais Katherine Daubenton xx s.; — du lais Colette de la Marc viii s.; — du lais Richart Bercy pour dire vigilles iiii s.; — du laiz Guillemette la Peroudelle i lit.; — du lais Jehanne, femme Hemonnet Jaquet viii s.; — du lais Jehan Jaquier x s.; — du lais Jehanne, femme maistre Jehan Quesnot vi s.; — du lays Jehan de Frise vi s.; — de l'aumosne de excellent et puissant prince monsieur le duc de Berry, par la main de maistre Loys de Chambly, aumosnier du dit seigneur viii livres; — de l'aumosne de noble homme Raymonnet de la Guerre iiii l. xvi s.; — du lais Denisot Le Monnier vi s.; — du lais Denise, femme de sire Mille Baillet, fait le derrenier jour de may viii livres; — du lais Ambrelet Bugnet xxxii s.; — du lais Jehanne, femme de feu honneste homme et saige maistre Nicolas de Monclenon viii$^{tt}$; — du lays Jehan Tanguel viii s.; — de l'aumosne des executeurs de feu maistre Pierre Dausson, faitte le xxvii° jour de juing xxxv livres xii s.; — du lais Marie la Cotine viii s.; — du lais Jehan Quillier v s.; — du lais Perrin Dimenche xvi s.; — du lais Jehanne la Manaude v s.; — du lais Jehan Hermitte par la main de Jaques de Heserques xvi s.; — du laiz Jehan Foubert xx s.; — du lais Guillaume de Bruges viii s.; — du lais damoiselle Jehanne, femme de maistre Raoul Witart xvi s.; — du lais Marie la Hestine vi s.; — de l'aumosne et residu des biens de feu messire Regnault de Molins, jadiz chantre et chanoine de Chartres, par la main de maistre Philippe Paillart, l'un des executeurs d'icellui deffunct xviii$^{tt}$ p.; — du residu des biens de feu reverend pere en Dieu monsieur Philippe de Molins, en son vivant evesque de Noyon, c escus dont la Prieuse a eu le quart et nous les trois pars lxvii$^{tt}$ x s.; — du laiz Pierre Ferrebour x s.; — du lais Jehanne d'Espinay xvi s.; — du lais Pierre Patvourest v s.; — du lais Robinette la Sauvage viii s.; — du lais Gillette femme de feu Audri Failli v s.; — du lais Jehanne Philippe viii s.; — du lais Agnes la Regnaude viii s.; —
du lais maistre Jehan Durant i lit fourny, ciel d'osier iii courtines et iii coultes pointes; — du laiz messire Jehan Gaultier v s.; — du lais de feu noble homme messire Jehan de Bruyeres, chevalier, par la main de Philippe de Tavenne, escuier, l'un de ses executeurs xxxii s.; — du lais Jehanne la Chevaliere viii s.; — du lais maistre Jaques du Four ii queues de vin; — du lais Thomas Heuse vi s.; — du lais Jehanne Piquetonne pour dire vigilles vi s.; — du lais Jehan du Castel iiii s.; — du lais Vincent Giron v s.; — de l'aumosne et lais de tres noble memoire monsieur le duc de Berry, par la main de maistre Jehan de Bourne, commis a la recepte et despense de l'execucion dudit seigneur ii$^e$ livres tournois, que messieurs ses executeurs avoient ordonne a nous estre bailliez par ledit commis, pour tous les laiz que icellui feu seigneur povoit avoir fait audit Hostel Dieu en son testament, et pour toutes autres choses que ledit bostel pourroit demander aus diz executeurs et commis, fait ledit ii° jour de septembre, pour ce viii$^{xx}$ livres parisis; — de l'aumosne la Royne de Cecille faitte le vii° jour de septembre, qui ce jour visita l'ostel cxii s.; — du lais Adam Bouquart v s.; — du lais Estienne d'Espargnon, pour dire vigilles et messe xx s.; — du lais Jehan Brun x s.; — du lais Jehanne la Vavasseuse, pour dire vigilles et messe a notte xvi s.; — du lais de feu reverend pere en Dieu monsieur l'evesque de Chalon derrenier trespasse xl$^{tt}$ p.; — du lais Jehan Duclos v s.; — du lais Marion la Boyleaue viii s.; — du lais Jehanne la Nepple iiii s.; — du lais Emengon, femme Gieffroy Erambault viii s.; — du lais Agnes la Maigrette xvi s.; — du lais ou aumosne d'aucunes personnes par la main de messire Guillaume Butel, prestre, xxxii s.; — du lais Jehanne la Molle viii s.; — du lais Martin Marteau viii s.; — du residu des biens de feue Colette, femme Jehan Adam xvi s.; — du lais Perrenelle la Chandeliere v s.; — du lais damoiselle Agnes de Kalebroc viii s.; — du lais Jehanne Logiere viii s.; — du laiz Robert Delivre v s.; — du lais Bertran le Roy v s.; — du lais Jehan de Bleges viii s.; — du lais Jehan Olivier viii s.; — du lais Jehanne la Galotte pour dire vigilles iiii s.; — du lais Jehanne la Verrette xxxii s.; — du laiz Oudine de la Marche iiii s.; item ung lit fourny; — du laiz Yvonnet Morise v s.; — du laiz Pierre de Serisy pour dire vigilles iiii$^{tt}$; — du lais Jehanne la Gambette v s.; — du lais Katherine Duval viii s.; — du lais Thierry du lart x s.; — du lais messire Pierre Larmier prestre xvi s.; — du laiz Jehanne la Boise viii s.; — du laiz Oudin Gasse vi s.; — du lais Thomas Regnart v s.; — du lais Jehan le clerc xx s.; — du laiz Gevenotte, femme Jehan Genevieve i lit fourny; — de l'aumosne de puissant prince monsieur le duc de Bretaigne c frans, dont la prieuse a eu le tiers et nous les

deux pars qui valent liii ℔ vi s. viii den.; — du lais Henriet l'eschevin iiii s.; — du laiz la cousine de la prieuse viii s.; — du lais Marion la Belee xx s.; — du laiz Huguelin l'auvergnat viii s.; — du laiz Loyse l'auvergnate viii s.; — du lais Jehan Boquin xx s.; — du laiz Jehan cornue teste v s.; — du lais messire Robert d'Aunoy dit le Galoys, seigneur d'Orville, par la main monsieur l'abbe du val Notre Dame viii ℔; — du lais messire Guillaume sans terre, cure de Fay x s.; — du lais Jehanne la Fouberde v s.; — du lais Denise la Prevoste vi s.; — du lais Martin Godart v s.; — des heritiers et executeurs de feu messire Morisse de Rully, chevalier, et de Loys de Rully, escuier, freres, pour dire vigilles et messe solemnelle pour les trespassez xii ℔ xvi s.; — du lais Jehanne de Maucreux pour dire vigilles xvi s.; — du lais Pierre le Masurier xii s.; — du laiz Jehanne la Foberde xviii s.; — du lais Jehan le brun, orfevre x s.; — du lais Nicolas Rapine v s.; — du lais Guillemette la Gargoule viii s.; — du lais messire Jehan l'Esprenier, chevalier xviii s.; — du lais Jehanne la Pelee viii s.; — de l'aumosne Guillaume Lambert, demourant a Mareil, soubz Marly le chastel, ii s. p. de rente sur quartier et demi de vigne en laditte ville de Mareil, ou lieu dit les gains; — de l'aumosne de Guillaume Fourcault dit le borgne xlv ℔ p.; — du lais Pierre Ogier, pour et en lieu de trois lis laissiez a cest hostel xx ℔ p.; — du lais Marie, femme de Herny i lit fourny; — du laiz Jehanne la prestresse v s.; — de l'aumosne de reverend pere en Dieu monsieur l'evesque de Paris faitte, c'est assavoir par chacun mois de ceste presente annee deux escus, valent pour xii mois qui sont en l'an xxiiii escus qui valent xxi ℔ xii s.; — de l'aumosne feu Berthelemy de Parnes, chappellain de l'eglise de Paris xv ℔ xvi s. p. de rente, prinse sur certaines maisons entretenant, assizes a Paris, en la rue Saint Germain des prez, pres Saint Andry des ars, donnez a cest hostel par ledit deffunct des l'an M. cccc xiii, l'usufruit d'icelle rente a lui reserve sa vie durant, lequel est ale de vie a trespas en ceste presente annee; — du lais Agnes, jadiz femme de feu Robert Jouen xl s. p. de rente sur une maison en la rue de l'escolle Saint Germain, sur le cay de Seine ou demeurent les mesgissiers; — de l'aumosne de feu marion Hugonne, fille de feu Jaques Rose, bourgois de Mante et en son vivant femme de Guillaume Hugon, bourgois de Paris, ii maisons assizes, l'une audit lieu de Mantes, l'autre a Denemont, pres d'icelle ville, xiii arpens de vigne et lvii s. xii den. de rente.

Huitiesme grosse somme viii<sup>c</sup> liii ℔ xviii s. viii den.; viii lis, lxxv l. xii den. de rente, deux maisons, xiii arpens de vigne.

Recepte des trons, oblaccions et questes faittes ceste presente annee.

Premierement, de l'ouverture du tronc de l'ymaige Nostre Dame, estant a l'entree dudit Hostel Dieu, faitte le xxv<sup>e</sup> jour de fevrier ou dit an ccccxv par et presens nosseigneurs maistres Miles Dangeul, Hugues Grimaut et Jehan de Passac, chanoines de l'eglise de Paris vi<sup>xx</sup> viii ℔ i s. x den.; c'est assavoir en x escus d'or, en blans de viii den. et en blans de iiii den. — De l'ouverture dudit tronc le v<sup>e</sup> jour de juing ccccxvi, iiii<sup>xx</sup> xv ℔ vi s. viii den. c'est assavoir en or vii moutons, ung royal, deux nobles, i demi noble et ung escu, en grans blans de viii den. et en petis blans de iiii den. — Dudit tronc pour plusieurs mises faittes par seurs Marguerite la Pussonne et Jehanne la Grant, tronchieres et gardes dudit tronc, dont les parties sont escriptes et declairees cy apres en la despense iiii<sup>xx</sup> viii ℔ xv s. viii den.

De l'ouverture du tronc estant devant l'autel Saint Loys, a l'entree de la salle de l'enfermerie, faitte le derrenier jour de fevrier ccccxv par le maistre, presens le boursier et autres xv ℔ vii s. iii den.

Des offrandes et oblacions faittes audit tronc de l'ymaige nostre dame des chappelles saint Loys et saint Pere et a l'adoration de la croix tout le jour du vendredi Benoit viii ℔ vi s.

Des oblacions faittes a Petit Pont le jour dudit vendredi benoit, la sepmaine de Pasques, les festes de Noel et a plusieurs autres festes et jours en l'an cxvi s.

Des questes faittes ceste annee pour icellui Hostel Dieu es parroisses de Saint Germain l'Auxerrois, Saint Eustace, Saint Jaques de la Boucherie, Saint Merry, Saint Nicolas des Champs, Saint Gervaiz et Saint Jehan en greve, receues par bonnes femmes a ce commises par ledit frere Jehan Charron, pour laquelle queste fere les dittes femmes ont la quarte partie et ledit Hostel Dieu a les iii autres pars, pour ce vii ℔ xvi s.

De l'ouverture du tronc du bourg la Royne faitte le premier jour de novembre xiiii s. dont la garde de l'ospital a la moitie et nous l'autre, pour ce vii s. p.

Recepte de la chambre aux coultes et poullerie faitte par seur Marie la Galeranne, officiere de ladite chambre.

Premierement, pour plusieurs vestemens et robes de gens trespassez oudit Hostel Dieu et venduz ceste presente annee a plusieurs personnes et a divers pris par lesdittes officiere et garde d'icelle chambre iiii<sup>c</sup> lxxv ℔ x s. p.; — de la vendicion de plusieurs vielles et petites coultes vendues ceste ditte annee a plusieurs personnes lxiiii l. xvi s.; — de l'argent laissie par les malades trespassez oudit Hostel Dieu en leurs testamens, et aussi de la custode ou garde de l'argent desdits malades demouree oudit hostel apres leur trespassement l. ℔ xix s. p.; — item iiii<sup>xx</sup> escus trouvez en l'annee passee ccccxv, ou mois de septembre, par seurs Guillaume la Cahardie et Jehanne la Chevaliere, gardes de ladite office, cousus en une robe d'un malade trespasse en l'enfermerie, obliez par inadvertence a estre mis en la recepte du compte de ladite annee, et pour ce mis icy, pour ce lxxii$^{tt}$ p.

Neufviesme grosse somme ix$^c$ iiii$^{xx}$ xvii$^{tt}$ xi s. ob.

Recepte des laynes et peaulx vendues ceste presente annee, tant des bestes estans en granches, et maisons appartenans audit Hostel Dieu, comme des moutons et autres bestails mengiez et despensez oudit Hostel Dieu, ceste ditte annee.

Premierement, de *Braye Conte Robert* pour nostre part, assavoir la moitie des toisons yssues et venues de noz bestes a layne estans audit lieu, et lesquelles Estienne Gerlaut, nostre fermier audit lieu de Braye, tient de nous a moitie, la moitie vendue xx$^{tt}$ tournois, qui valent xvi$^{tt}$ parisis.

De *Compans*, pour la moitie de vi$^{xx}$ toisons de laynes, venues des bestes dudit lieu, vendues par Jehan de Grainville vii$^{tt}$ vii s.

De *Chaville*, pour la moitie de ciiii$^{xx}$ toysons de layne des bestes dudit lieu, vendues au lendit le cent xv$^{tt}$ x s. t., valent xxiii$^{tt}$ xii s., pour notre part xi$^{tt}$ xvi s.; — pour la moitie de xviii peaulx de bestes mortes des bestes dudit lieu, vendues audit lendit viii s.; — pour la moitie de dix livres d'aignelins venues d'icellui lieu, vendues a icellui lendit, pour notre part vi s. vi den.

De *Coignempuys* pour la moitie de vii$^{xx}$ toysons des bestes a layne estans audit lieu, vendues au lendit le cent xvi liv. t., pour notre part ix$^{tt}$ xii s.

De *Louans* pour la moitie de ix$^{xx}$ ii toysons de layne des bestes dudit lieu, lesquelles la femme et enffans de feu Macy le tixerant tiennent de nous a moitie, vendues au lendit, pour notre part xii$^{tt}$ iiii s.; — pour la moitie de xi peaulx de bestes mortes v s. vi den.

De *Mondeville* pour ii$^c$ et iii quarterons de layne nos bestes dudit lieu, vendues au lendit le cent fourny de iiii toisons pour le pris de xiiii l. t., valent xxxi livres iiii s. p.; — iii quarterons de peaulx de bestes mortes vendues audit lieu xlii s.; — pour xxiii livres d'aignelins venues dudit lieu xxii s.

Des *Noues* pour la moitie de vi$^{xx}$ toisons de layne, venues des bestes dudit lieu, pour notre part vi$^{tt}$ viii s.

De *Villemilant*, pour la moitie de cxiiii toisons de layne, pour notre part vi$^{tt}$ xvi s. xi den.; — pour la moitie de iiii peaulx de bestes mortes xx den.; — pour la moitie de xii livres d'aignelins viii s.

Pour les peaulx de m. vi$^c$ xxxiiii moutons mengiez et despensez en cest hostel ceste presente annee, vendues a Jehan Rouart mesgisier vii$^{xx}$ ii liv. ix s. ii den.

Pour les peaulx de xxiii veaulx mengiez et despensez oudit hostel, ceste presente annee, chacune peau vendue xx den. (xiii pour xii) valent xxxvi s. viii den.

Recepte de la vendicion de despeulle et tonture de noz boys, pour ceste presente annee.

*Chaville.* De Adenet l'ainsne et de Marquet Metivier, pour la vendicion de la tonture et despeulle d'une piece de boys assiz audit lieu, appartenant a cest hostel, commencant a la voye rouge, contenant en fons de terre a xviii piez pour perche xxxvi arpens et demi, avaluez a xxvi arpens pour les faulces, a eulx venduz pour le pris de liiii escus, receu pour le terme de Pasques xvi$^{tt}$ iiii s.

*Igny.* De Guillot Guignebourt xxii l. qu'il devoit pour le reste de lvi l. p. pour la vendicion de la tonture et despeulle de xx arpens de noz boys.

*Livry en Launoy.* Pour le reste qui estoit deu de la tonture de noz boys vi$^{tt}$ viii s.

*Sequigny.* De Jehan Clerjon, Regnault Audry c. l. livres xv s. vi den. en deducion et rabat de ii$^c$ liiii$^{tt}$ viii s. iii den. pour la vendicion de lxiii arpens et demi de noz boys. — Audit lieu de Sequigny iiii$^{xx}$ x livres en deducion de vi$^{xx}$ vi$^{tt}$ pour la vendicion de la tonture de xxviii arpens iii quartiers de noz boys, a xviii piez pour la perche.

Recepte de grain vendu ceste presente annee. Neant.

Dixiesme grosse somme iiii$^c$ iiii$^{xx}$ vii$^{tt}$ v s. ung denier.

Recepte commune. Pour la vendicion de iii muis et iiii sextiers de recouppe, vendues a Jehan Magdelaine par messire Yves de Ville sur le Gan, pennetier de cest hostel, chacun sextier pour le pris de xii s., valent xxiiii$^{tt}$. — Pour la vendicion des lyes de iii$^c$ xi queues et de iiii$^{xx}$ xvi poincons de vin beuz et despensez oudit Hostel Dieu ceste presente annee, vendues par messire Pierre Luillier, cellerier d'icellui hostel, a Jehan Coullart buffetier, la lie de chacune queue iiii deniers et de chacun poincon ii den. valent cxix s. viii den.

Pour ii$^c$ livres de suif vendues a Gervaisot Bernard, vendeur de poisson de mer es halles de Paris, la livre viii den. valent vi$^{tt}$ xiii s. iiii den.; — pour vi$^c$ xx livres de suif vendues a Jehan Folacre, vendeur de poisson de mer esdittes halles xxii$^{tt}$ iii s. iiii den.; — pour xi$^{xx}$ xi livres de suif vendues a Jehan Rousseau, vendeur de poisson de mer vii$^{tt}$ xiii s. viii den.; — pour ii$^c$ vii livres de suif vendues a Jehan Pasqual, vendeur de poisson de mer vi$^{tt}$ xviii solz; — pour ii$^c$ livres de suif baillees et livrees a Jaquet Derpy, espicier, vi$^{tt}$ xiii s. iiii den.; — pour iiii$^{xx}$ livres de suif a maistre Guillaume Sizain, liii s. iiii den.; — pour ii caques de graisses vendues xi$^{tt}$ iiii s.

Des maistres et gouverneurs de la confrairie aux couvreurs de maisons en la ville de Paris, pour leur dire et celebrer en la chappelle dudit hostel, chascune sepmaine, deux messes viii$^{tt}$.

De seur Perrenelle la louvette, pour le baston de la feste du saint sacrement rendu par elle, une houppelande de drap de damas vert, dont on a fait un vestement.

De messire Martin Tholouse, pour le baston de la feste monsieur Saint Jehan rendu par lui une chappe de drap d'or vermeil.

De maistre Jehan Hue, chanoine de l'eglise de Paris, pour dire et celebrer en l'eglise de cest hostel ung service de requiem pour le salut et remede des ames de feux ses pere et mere xviiii s.

De seur Jehanne du Ruissel, religieuse de cest hostel, pour la vendicion de l'usufruit de xl s. p. de rente, lesquelz aussi feue seur Jehanne la Morelette avoit et tenoit sa vie durant, prins sur une maison en la rue de la Tableterie, aboutissant a la ruelle de la Harengerie, pour ce xxxii l.

De seur Martine la Begue, aussi religieuse de cest hostel, pour la vendicion de l'usufruit de xxxv l. p. de rente sur une maison en la rue Saint Germain l'auxerrois xxxiiii ₶.

De seur Marie du Jardin, religieuse oudit hostel pour la vendicion de l'usufruit de iiii ₶ v s. p. de rente assiz a Paris, en la halle aux freppiers, et xxxv s. sur la maison Pierre Michiel, en la Mortelerie, lxxii ₶.

De seur Jehanne la Grant et Jehannette la Picarde, sa niepce, fille servant en l'abbit blanc oudit hostel, pour la vendicion de l'usufruit de lx s. p. de rente sur une maison en la rue de Bievre, ou pend l'enseigne de l'ymaige Saint Jaques xlviii ₶ p.

De maistre Pierre le Fevre, president en parlement iiii ˣˣ l. p. par lui a nous prestez et emploies en ble dont il a cedule de nous, pour ce iiii ˣˣ ₶ p.

Des biens de seur Marie la Galeranne, pour aidier a supporter les affaires de cest hostel xvi l. p.

Des biens de feue seur Jehanne la Morelette, religieuse de cest hostel xxv ₶ xvi s.

Des biens de feue seur Jehanne la Tournelle, religieuse de cest hostel, qui trepassa le xiiiᵉ jour d'avril, x escuz d'or et xxxii s. p. en nonnoye, dont on a despense pour faire son service ce qui s'ensuit, c'est assavoir pour iiii cierges de viii livres xxiiii s.; aux iiii ordres mendians, pour dire vigilles xxiiii s.; pour faire sa fosse et la porter en terre v s. viii den.; pour xvi carpes pour le disner xxvi s. ainsi reste vi ₶ ii s. iiii den.

Des biens de feue seur Alips Dupres religieuse de cest hostel c. viii s.

Des biens de feu Denys de Nicolle, dit Villon, frere, familier de cest hostel lxxix s. p.

Des biens de feu Pierre de la Houssaye, frere familier de cest hostel vii ˣˣ iiii ₶ x s. viii den.

De la vendicion de xii queues de vin blanc creuz en noz vignes de Vernueil sur Aisne es vendenges de l'annee passee, vendues audit lieu par Guillaume Hamon, notre procureur illec, la queue pour le pris de lxv s. viii den., valent xxxix ₶ viii s.

Des orfevres de Paris, pour la vendicion d'une queue et xix sextiers de vin vermeil vii ₶ iiii s., et pour v pintes de verjus a eulx venduz pour despenser au disner qu'ilz font chascun an le jour de Pasques aux malades de cest hostel, pour ce vii ₶ vi s.

De messire Pierre de Belleville pour ii quarterons de mosles de busche, a xxxii busches pour le mosle, et xxvi mosles pour le quarteron viii ₶ xvi s.

De la femme et enffans de feu Jehan Roisse en son vivant fermier de nostre hostel de Compans, pour composicion, accord et compte fait a eulx pour cause de ladite ferme, par lesquelz ilz nous doivent paier c ₶ p., c'est assavoir l liv. p. au terme saint Martin d'iver M.CCCCXVI et l liv. p. au terme saint Martin d'iver CCCCXVII, et nous les devons acquitter de ce qu'ilz pevent devoir en grain a Messieurs les doyen et chappitre de l'eglise de Paris, pour le premier terme l liv. p.

De Jaquet de Crepy sergent a cheval lx s. p. en deducion de vi l. p. ordonnez par monsieur le Prevost de Paris a nous estre bailliez par ledit Jaquet pour certain delit par lui fait et perpetre, pour ce lx s.

De Pierre de Cuisy, demourant a Esparnay, pour une remission faitte audit Pierre par le Roy nostre sire, pour les cas contenus en icelle, par l'ordonnance de Monsieur le chancellier de France xii ₶ x s. p.

De Raymon Gary sergent du petit scel de Montpellier, xxxii s. p. bailliez par messire Guillaume de Brenonneau, prestre, en deducion et rabat de x ₶ p. pour une remission faitte audit Raymon par le Roy nostre sire, pour les cas contenus en icelle xxxii s.

Du petit Jehan Fagot, autrement dit Robin, pour une remission faitte audit Jehan par le Roy nostre sire xv ₶ p.

De Pierre de Corbeaumont pour une remission faitte par le Roy nostre sire viii ₶ p.

De Enguerran Rosette, de Gamaches, pour une remission faitte par le Roy ix ₶ xii s.

De Lienard Russin iiii ₶ p. en deducion et rabat de x liv. par. pour une remission.

De Noel Gaultier pour une remission x liv. p. a lui quittez, a la requeste de maistre Oudart Gencien pour le pris de vi ₶ viii s. p.

Unziesme grosse somme vii ˣˣ lvi livres xix s. viii den.

Recepte des blez deus de rente oudit Hostel Dieu a pluseurs et divers termes en l'an, non muables.

Premierement a *Bernaye en Brie*. Aux boix malesherbes, sur les molins dudit lieu appartenans aux hoirs ou aians cause de feu messire Jehan de Montagu, chevalier, et grant maistre d'hostel du Roy nostre sire iii muis de blé de rente a la mesure de gastinoiz qui est petite, lesquelz ne valent a la mesure de Paris que xxi sextiers ou environ, pour ce xxi sextiers.

A *Channevieres sur Marne.* Sur la granche dismeresse assize audit lieu, appartenant aux Religieux, abbe et couvent de Yvernel ii sextiers de blé de rente.

A *Civilly.* Sur la disme et granche dismeresse d'icelle ville, appartenant a Messieurs les doyen et chappitre de l'eglise de Paris, v sextiers de grain.

A *Espiaiz.* Sur la disme et granche dismeresse dudit lieu, appartenant aux chanoines de Saint Denis du Pas, aux margliers, clers de l'eglise de Paris, au cure de laditte ville d'Espiais et au prieur de Saint Martin des Champs viii sextiers de grain.

*Espone.* Sur les molins assiz audit lieu appartenant a Messieurs les doyen et chappitre de l'eglise de Paris ii muis et demi de blé de rente.

A *Gonnesse.* Sur les molins, granches, terres et champars que le Roy nostre sire a en icelle ville et ou terrouer d'icelle ii muis de blé de rentes. — En laditte ville de Gonnesse, sur les dismes et granche dismeresse d'icelle ville appartenant partie a nos seigneurs doyen et chappitre de l'eglise de Paris, ung muy de grain de rente.

A *Gironcourt* oultre Pontoise. Sur la granche et les appartenances d'icelle vi sextiers de blé, a la mesure de Pontoise.

A *Miltry.* Sur la granche et rentes que monsieur le conte de Dampmartin a et prent en icelle ville viii sextiers de blé de rente.

A *Lardy.* Sur le molin de laditte ville appelle le molin des selles, dont les deux pars appartiennent a cest hostel et la tierce partie et le bail d'icellui a damoiselle Perrenelle de Boyville v sextiers iiii boisseaux.

A *Lafferte Aleps.* Sur les molins dudit lieu, cest assavoir sur la partie que Guiot Berangier souloit avoir esdiz molins i muy de blé.

A *Pacy sur Eure.* Sur les molins dudit lieu, ledit Hostel Dieu souloit avoir et prendre i muy de blé de rente, duquel muy nous ne recevons a present que iiii sextiers.

A *Samoiz* sur les dismes dudit lieu i muy de grain de rente, lequel le prieur d'icelle ville de Samoiz a acoustume de paier, pour ce vi sextiers de blé.

Somme du blé du de rente xii muis v sextiers, i minot et i boisseau, dont il fault defalquer iii muis i sextier, lesquelz sont bailles a ferme, et dont mencion sera faitte cy apres ou chappitre de la recepte du grain baille a ferme.

Recepte du blé receu des granches, terres, dismes, champars, les aucunes estans et labourees en la main dudit Hostel Dieu, et les autres baillees a ferme a sommes de grains a pluseurs personnes. Premierement. *Des terres du pressouer* assiz en plusours pieces ou terrouer de Paris, oultre les chartreux, entre Notre Dame des champs et Saint Marcel vii muys de blé.

De *Braye Conte Robert.* Pour l'ostel, terres, jardins, prez, vignes, cens, rentes, et dismes appartenant a cest hostel, et aussi pour demi muid de grain de rente que icellui Hostel Dieu a et prent sur la granche de Bernay en Brie, appartenant aux religieuses de Saint Anthoine hors Paris, bailliez a ferme a Estienne Gerlaut, par an pour le pris de xiiii muis de grain, pour ce ix muys iiii sextiers de blé.

De *Bailly* empres Champs sur Marne, pour l'ostel, terres et prez appartenant audit hostel, louez et bailliez a ferme a Jehan Chipart l'ainsne pour ce ii muids de blé.

*Du Bourg la Royne,* pour la maison, granche, terres, prez en laditte ville, appartenans a cest hostel, bailliez a ferme a Jehan Langloiz x sextiers.

De *Boteaux,* pour l'ostel, jardins, terres, prez et dismes appartenant audit Hostel Dieu a cause de ladite maison nommee *Boteaux* assize en la ville de Ver le grant ii muis.

De *Bochet,* pour ung molin jumeau, maison, vigne, terres prez et channevieres assiz audit Bochet, bailliez a ferme a Guillaume Hebert, monnier, pour le pris de vi muis v sextiers iii mnnos de grains, paiez, c'est assavoir au prieur de Chastes iii sextiers de blé, au cure de Ver le petit iii minos de blé, au cure de Ver le grant une mine de blé, et au cure de Broullet une autre mine de blé, tout a la mesure de Montleherry, et a cest hostel v muis i sextier de blé et i muy d'orge de ferme.

De *Champrose,* pour l'ostel, terres et v arpens de prez ou terrouer d'icelle ville, bailliez a ferme a Jehan Talon, pour le pris de iii muis de grain.

De *Compans,* pour l'ostel, terres, vignes, prez et dismes que icellui Hostel Dieu a es villes de Compans et de Thieux, et pour les rentes que ledit hostel a es villes d'environ, c'est assavoir a Mittry, Maurepaz, Espiaiz, Soisy, Roissy, et Tribardou, tant en argent comme en grain, et aussi pour les terres que ledit hostel a a la Villette aux asnes, Mortieres, Moucy le neuf, Espiais et Charmentre aveeques les dismes que ledit hostel a a Villeneuve sous Dampmartin, au Mesnil, a Moucy le neuf et a Villeron, bailliez a ferme a Thomas Triquot pour xiii muis de blé. — Audit lieu de Compans, pour la moitie par indivis de xviii arpens de terre i muy de blé.

De *Chaville,* pour l'ostel, jardins, terres, aulnoiz, juridicion et la moitie des prez que ledit Hostel Dieu a illecques ii muis v sextiers, i minot, i boisseau.

De *Civilly,* pour xiii arpens de terre ou environ, neant pour ceste annee, parce que l'on n'a trouve a qui les louer ou bailler a ferme.

De *Champlant*, pour l'ostel, jardins, terres, vi arpens de pre ou environ et les rentes que ledit Hostel Dieu a audit Champlant, et aussi pour les dismes de Villejust et Villevent, iii muis de ble.

De *Congnempuys*, pour l'ostel, vignes et terres appartenans audit hostel, pour les dismes tant de ble comme de vin que ledit Hostel Dieu a a Courtdemenche, et pour iiii arpens de pre assiz ou terrouer d'Estampes, pres du bourg Saint Pere ii muis et demi de ble.

De *Eve*, pour ix arpens iii quartiers de terre demi muy.

De *Escharcon*, pour les molins assiz en icelle ville, en la riviere d'Essonne, baillez a ferme a Jehan le boiteux ii muis v sextiers et iii minos; — en ladite ville d'Escharcon, pour les terres appartenans a cest hostel iiii sextiers ii minos, ii boisseaux.

De *Genvris*, pour les dismes et champars que ledit hostel a et prent en icelle ville demi muy de ble.

De *Igny*, pour le molin d'icelle ville, appartenant audit Hostel Dieu iiii muis; — en ladite ville d'Igny pour xxx arpens de terre ou environ, appartenans a cest hostel viii sextiers.

De *Jouy*, pour la part que ledit Hostel Dieu a es dismes de ladite ville, c'est assavoir les quatre pars et le cure d'icelle ville la quinte partie iii sextiers.

De *Louans*, pour l'ostel, terres, aulnoiz, prez et vignes assiz en icelle ville, et pour les dismes de vin prinses en la ville de Graingny vi muys de ble.

De *Lardi*, pour xii arpens de noz terres ou terrouer d'icelle ville iiii sextiers.

De *Moucy le Neuf*, pour ung hostel, jardins, xxx arpens de terre ou environ escheuz audit hostel par le decez de messire Robert le Begue ii muis.

De *Mondeville*, pour les terres dudit lieu, labourees en la main de cest hostel xi muys.

Des *Noues*, pour la maison, colombier, jardins, terres, prez appartenans a cest hostel, assiz en la parroisse de Ver le Grant et pour iiii arpens de prez v muis iiii sextiers.

De *la Noue Saint Martin*, c'est assavoir pour L arpens de terre ou environ appartenans audit Hostel Dieu i muy iiii sextiers i mine ii boisseaux.

De *Nainville*, pour les champars que cest hostel a en ladite ville iiii sextiers.

De *Orly*, pour ii arpens et demi de pre, vii arpens et demi de terre et pour les dismes de ble et de vin que l'Ostel Dieu a et prent en icelle ville iiii sextiers i mine.

De *Rungy*, pour ung molin, v quartiers de terre et ung petit jardin empres iii muis vi sextiers; — en laditte ville de Rungy, pour toutes les terres, cens, droitures, rentes, dismes et juridicions, ventes, saisines et tout ce que ledit Hostel Dieu a en icelle ville, bailliez a ferme a Jehan Peschart i muy i sextier.

De *Succy en Brie* pour vi arpens de terre audit lieu iiii sextiers.

De *Trivau*, pour les dismes que cest hostel a ou terrouer d'icelle ville ii sextiers.

De la grant disme de *Villisy*, en laquelle le prieur de Versailles a le tiers, les religieux de Gif le tiers, et cest hostel l'autre tiers vi sextiers i minot i boisseau.

De *Villemillant*, pour l'ostel ancien, les jardins et terres appartenans a icellui et pour arpent et demi de pre ii muis; — dudit Villemillant pour l'ostel, terres, prez et vignes appartenans audit hostel vi muis de ble.

Somme du ble venu des terres labourees par les mains dudit Hostel Dieu et du ble deu pour les granches, terres, dismes et autres choses bailliez a ferme de grain iiii$^{xx}$ xix muis iiii sextiers i minot.

Recepte de ble achete ceste presente annee. Premierement xv muis de ble a la mesure de Prouvins xiii sextiers pour le muy, qui valent a la mesure de Paris xiii muis x sextiers i minot, achetez de Michault Chante aloue. — De Gillet Moineau demourant audit Prouvins xv muis de ble, qui valent a la mesure de Paris xiii muis ix sextiers; — d'un nomme Telleron demourant audit lieu ii muis de ble a laditte mesure; — de Jehanne la Fevriere demourant audit lieu ii muis de ble; — de Mahiet Langloiz, demourant a Paris xii muis de ble; — de maistre Robert Lijotte, secretaire du Roy nostre sire iii muis de ble.

Recepte de l'avene deue de rente viii sextiers iii minos.

Recepte d'avene deue pour les droitures, non receues en argent ou bailliees a ferme, vii sextiers i mine.

Recepte d'avene deue et receue des granches, terres, prez, dismes et champars xxviii muis iiii sextiers, demi boisseau.

Recepte d'orge deu audit Hostel Dieu par chascun an de rente ix sextiers.

Recepte d'orge receu des granches, terres, dismes et champars mui et demi.

Recepte de vin faitte en ceste annee. Premierement receu de l'annee passee ii$^c$ lxviii queues de vin estans ou celier dudit Hostel Dieu le jour de Noel M. CCCC et xv, demourez de laditte annee; — item iiii$^{xx}$ et ix poincons.

Recepte de vin deu par chascun an de rente audit Hostel Dieu.

*Baigneux Saint Erblant;* de Robin Beson, orfevre, a cause de sa femme, pour une maison assise audit Baigneux, en la rue de Galende, i muy de vin vermeil de rente qui vault xvi sextiers a la mesure du lieu.

*Vittry;* de Colin de Mauny, Jehan de Mauny et de tous les heritiers de feu Pierre de Mauny pour une maison et une court en ladite ville, devant la fontaine du Sot i queue.

Recepte du vin creu et cueilly ceste presente annee es vignes appartenans audit Hostel Dieu, et labourees en la main d'icellui.

Premierement, des vignes du clos du Pressouer, assiz entre la porte Saint Michel et les Chartreux, contenant vi arpens et demi et le tiers d'un quartier, et aussi de demi quartier, ii perches moins, estans hors et joignans aux murs dudit clos xxix queues, i poincon.

Des vignes des Fosses, assizes en une piece, entre Notre Dame des champs et Saint Marcel, contenant v arpens, i quartier, vi perches xxiii queues.

D'un arpent et demi de vigne au chemin de Charonne, pres de la croix, a l'opposite de Saint Anthoine des champs vi queues.

Des vignes d'Argentueil, contenant iii arpens iii quartiers et demi i queue; — item d'icelles vignes viii poincons.

Des vignes de Baigneux, contenant xii arpens et demi xxxii queues; — item d'icelles vignes x poincons.

Des vignes de Champrose contenant vi arpens et i quartier xxxviii queues ; — item d'icelles vignes viii poincons.

Des vignes d'Escharcon, contenans x arpens et demi et demi-quartier iii queues.

Des vignes de Fontenay soubz le boys de Viciennes, vii arpens ou environ ix queues, — item d'icelles vignes xx poincons.

Des vignes de Givisy, contenant vii quartiers et demi ii queues vi poincons.

Des vignes de Lardi contenans xii arpens xvii queues i poincon.

Des vignes de Meudon contenant iiii arpens i queue xvii poincons.

Des vignes de Mondeville, contenans vii arpens et demi xxviii queues vii poincons.

Des vignes de Mante contenant xiii arpens donnez a cest hostel ceste presente annee par feue Marie Hugonne xxxi queues.

Des vignes de Rieu en Beauvoisiz contenans v arpens, donnees a cest hostel par reverend pere en Dieu Monsieur l'evesque de Meaulx x queues.

Des vignes de Vanves, contenans iiii arpens quartier et demi xi queues ix poincons.

Des vignes de Vernueil sur Aisne contenans viii arpens i quartier xiii perches, xxvi queues.

Somme du vin creu et cueilly en cent ix arpens iii quartiers et demi une perche, et le tiers d'une, cccxvii queues, iiii$^{xx}$ vii poincons.

Recepte de vin achete ceste presente annee. De maistre Robert Lijotte secretaire du Roy nostre sire xxxiiii queues de vin; — item de lui ce jour ix poincons; — de Alain Feret, demourant a Baigneux v queues de vin; — dudit maistre Robert Lijotte le v$^e$ du mois d'aoust x queues; — de seur Gille Loiselle, religieuse de cest hostel viii queues. Somme lvii queues ix poincons.

Recepte du vin donne et aumosne audit Hostel Dieu pour ceste presente annee. Des executeurs de feue dame Gille Rose i queue; — de madame de la Mote, i queue; — de messire Martin Thoulouse iiii queues; — de sire Jehan Tarenne ii queues; — de messire Pierre le mercier i poincon; — de maistre Pierre Buffiere i poincon; — des executeurs de feu maistre Jaques du Four ii queues; — de reverend pere en Dieu Monsieur l'arcevesque de Bourges ii queues; — item de lui i poincon; — de reverend pere en Dieu Monsieur l'evesque de Meaulx iiii queues; — de Bernard Bosdrac i poincon; — de madame de la Granche i poincon; — de madame des Poscherons i queue; — de mademoiselle de la Mote ii poincons; — d'une aumosne secrete i queue; — des executeurs de feu maistre Jehan Durant, chanoine de l'eglise de Paris ii queues, ix poincons; — des executeurs de feu Digne Responde i queue.

Somme totale de tout le vin receu en ceste annee vi$^c$ lxiiii queues et ii$^c$ ii poincons.

Somme du verjus creu en pluseurs heritages appartenans audit Hostel Dieu et du verjus achette x queues xviii poincons xviii caques et iii fillets.

Somme totale de toute la Recepte, tant en argent comme en autres choses. Et premierement en argent vii$^m$ iii$^c$ iiii$^{xx}$ iiii$^{tt}$ xi s. ix den., ii$^c$ livres d'almendes, ung sextier de chastaignes, vii sextiers et mine de sel, deux anguilles, cinquante pinperneaulx, xviii chapons i quart, deux gelines, deux pains, viii$^c$ lis, lxxv$^{tt}$ xii den. de rente, deux maisons, viii arpens de vigne, viii$^{xx}$ xix muis xi sextiers ung minot et demi et deux boisseaux de ble, xlv muis ix sextiers, trois minotz et demi d'avene, deux muis iii sextiers d'orge, vi$^c$ lxiii queues, ii$^c$ ii poincons de vin et dix queues xviii poincons, xviii caques et iii fillettes de verjus. Desquelles sommes dessus dittes, il faut rabatre et deffalquer les sommes qui cy apres sensuivent, deues pour ceste presente annee et pour les termes compris en icelle, qui sont mis et comptez en recepte et ne sont pas receues, mais sont encore deues, desquelz la declaracion et les noms de ceulx qui les doivent sont mis et escripz en la fin de ce compte.

Premierement en argent mil xxxviii$^{tt}$ v s. v den.; — item deux cens livres d'almendes; — vii sextiers et mine de sel a la mesure de Paris, xx muis viii sextiers et mine de ble, six muis vi sextiers d'avaine.

Ainsi reste et demeure en vraye recepte vi$^m$ iii$^c$ xlvii$^{tt}$ vi s. v den. en argent, etc.

C'est la despense et mise faitte par lesdiz freres Jehan charron de Gisors, maistre dudit Hostel Dieu, et Jehan Domilliers, boursier d'icellui pour ledit hostel.

Premierement pour la solucion et paiement des debtes deues par ledit Hostel Dieu, pour l'annee passee. A messieurs le doyen et chappitre de l'eglise de Paris pour l'office des stations, dont messire Jehan Haiz est officier xiii<sup>tt</sup> i s. vi den.; — item pour ledit office pour lxxii pains xlviii s.; — item a icelle office pour i mine de froment viii s.; — a mesdiz seigneurs, pour certaines terres appartenans a cest hostel assizes a Civilly, en argent vii s. x den.; — a Philippe d'Orgemont, chevalier, pour partie de nos terres de Bailli pour le terme Saint Remy m. ccccxv, xxv s. iii den.

Ou chappitre du ble achete pour ledit an. A Jehan le Long, demourant a Corbueil, pour le reste de vi<sup>xx</sup> ix<sup>tt</sup> xii s. p. qui lui estoient deuz pour ix muis de ble achetez de lui, et dont mencion est faitte ou compte d'icelle annee ccccxv, xxv<sup>tt</sup> xii s.; — a Symon Lambert, demourant audit lieu de Corbueil pour le reste de cxv<sup>tt</sup> iiii s. qui lui estoient deuz pour viii muis de ble achetez de lui en laditte annee xliii<sup>tt</sup> iiii s.

Ou chappitre des Reparcions. Aux maisonniers de cest hostel ii<sup>c</sup> lxxix<sup>tt</sup> iii s. v. den., en laquelle somme, la despence paiee et argent baille par iceulx maisonniers en l'annee derreniere seurmonte la vraye recepte par eulx faitte en icelle annee, comme il appert par la fin de leur compte.

Ou chappitre de salaires et loyers des varles et serviteurs de cest hostel, des granches, et pensionnaires d'icellui.

A Denys Villon, gouverneur de l'ostel de Mondeville xxv<sup>tt</sup> xiii s. viii den. en laquelle somme la despense faitte par lui oudit hostel surmonte la recepte qu'il a faitte pour nous.

A Pierre David, nostre conseillier en la ville et chastellenie de Corbueil xl. s. p.

Ou chappitre de la ferrure du charriot et de la charette a Gillet Lefevre xx<sup>tt</sup> p. a lui paiees en deducion et rabat de xxviii livres viii s. vi den. qui deuz lui estoient de greigneure somme.

Ou chappitre de la ferrure des chevaulx. A Denise la Mareschalle xvi l. p. qui deuz lui estoient pour le reste de xix<sup>tt</sup> xvi s. iiii den. — A Jaquet et Jehannin Polin, executeurs du testament de feue Jehanne la Moustiere xvi<sup>tt</sup> p. a eulx baillez le xvi<sup>e</sup> de mars ccccxv en deducion et rabat de somme de lxv<sup>tt</sup> viii s. p. qui deuz estoient pour le reste de ii<sup>c</sup> iiii<sup>xx</sup> xv<sup>tt</sup> xvi s. p. pour l'achat de iiii<sup>c</sup> xxviii moutons achetez des executeurs de laditte deffuncte des le xvii<sup>e</sup> jour de janvier m. cccc.xii, pour ce xvi<sup>tt</sup> p.

Et est a noter que lesdiz Jaquet et Jehannin Polin nous ont donne et quitte, ou nom et comme executeurs de laditte deffuncte, le reste de laditte somme, qui monte xlix<sup>tt</sup> viii s., en nous rendant ledit jour l'obligacion qu'ilz avoient de nous.

Premiere grosse somme iiii<sup>c</sup> xlv<sup>tt</sup> xiii s. viii den. iii mines de froment et deux mines d'avaine.

Despense faitte pour la solucion et paiement des cens rentes et autres devoirs que ledit Hostel Dieu doit par chascun an, tant en argent comme en autres choses, a plusseurs et diverses personnes tant en la ville de Paris, comme aillieurs.

A la Prieuse de cest hostel vi<sup>tt</sup> p. lesquelles elle prent par chascun an de rente, c'est assavoir iiii<sup>tt</sup> p. sur le tronc dudit hostel paies aux deux ouvertures d'icellui tronc, et xl s. p. sur la chambre aux coultes pour ce vi<sup>tt</sup>.

Aux *quatre salles* ou office des malades de cest hostel, c'est assavoir de Saint Thomas, Saint Denis, l'Enfermerie, et la salle Neuve, c.iiii s. p. paiez ausdittes salles, par la seur officiere de laditte chambre aux coultes, a chacune salle par chacune quinzaine xii den.

A la communaulte et chambre des filles malade de cest hostel par chascun an x s. p. paiez par laditte seur officiere de laditte chambre aux coultes, le jour de l'anniversaire la Commine.

A l'eglise Notre Dame de Paris, c'est assavoir a l'office des stacions, pour une stacion faitte par laditte eglise chacun an, la veille et jour de la feste saint Christofle, xiii<sup>tt</sup> i s. vi den.

Au college de laditte eglise, c'est assavoir a chascun de ceulx qui ont dit ou este presens a dire et chanter matines la veille de laditte feste saint Christofle iii den. valent ix s. vi den.

A laditte eglise de Paris xviii s. p. bailliez au tablier d'icelle pour distribuer a la communau'te, a la derreniere anthienne de O.

A icelle eglise pour icelle derreniere anthienne de O. lxxii pains, chacun pain prise pour ceste annee a vi den. valent xxxvii s. vi den.

A laditte eglise une mine de froment deue pour laditte derreniere anthienne, xiiii s.

A laditte eglise xiiii sextiers de vin distribuez et paiez par chascun an la seurveille de Noel pour icelle derreniere anthienne.

A icelle eglise de Paris, c'est assavoir a l'office du Mande, par chascun jour de caresme, a commencier le lendemain des brandons, excepte les jours de dimenche, le jeudi absolut, le vendredi adoure et la veille de Pasques ung pain et une pinte de vin, pour ce xxxiiii pains et xxxiii pintes de vin.

Aux xviii clers nommez les xviii clers de l'Ostel Dieu demeurans derriere la maison de la Huchette, empres Saint Christofle, a chacun d'eulx quatre quartes de vin, a eulx paiez par an aux iiii festes annuelles, valent xviii sextiers de vin.

A l'abbaye de Livry en Launoy ii muis d'avene a la

mesure de Paris, ne de la pire ne de la meilleur, deuz pour raison de la vendicion de la disme des grains croissans en c et lx arpens de terres arables, assiz ou terrouer de Ver le grant, qui sont des appartenances de nostre hostel des Noues.

A pluseurs personnes qui prennent cens et rentes sur cest hostel et sur pluseurs maisons dont icellui est proprietaire et detenteur, assiz a Paris, dont les parties sont escriptes et declairees es comptes des maisonniers iiii$^{xx}$ ii$^{lt}$ xii s. ob.

Aux grans marez. Au chappitre de Sainte Opportune, tant pour fons de terre et admortissement de tout ledit hostel, terre et marez, et pour la disme des fruiz croissans ou grant clox, au terme saint Remi l s. x den.

Audit lieu, au chappitre de Saint Germain l'auxerrois, pour la disme des fruiz croissans ou nouvel clox, c'est assavoir en deux arpens et demi de marez ou environ, assiz du coste devers Paris, tenant aux fossez des agoux iiii s. p.

Aux petiz marez. A l'abbesse et couvent de Montmartre, pour la disme des fruis croissans en iiii arpens prins en viii arpens, que terre que marez, que cest hostel a audit lieu xvi s. p.

Au pitancier de l'eglise Saint Denis en France, pour pluseurs pieces de vigne qui jadiz furent terres assizes oultre l'hostel des grans marez, sur le chemin de Clichy, ou lieudit Montmoyen, xx den. de cens ou fons de terre.

Oultre les chartreux, entour Saint Germain des Prez, Notre Dame des champs et Saint Marcel, aux mergliers laiz de l'eglize Notre Dame de Paris, pour v quartiers de vigne en v arpens appellez les vignes des fosses v s. p.

A l'abbaye Saintte Genevieve la grant, pour ladite piece de vigne, ou au moins pour partie d'icelle xxii sextiers de vin, a eulx deuz et paiez en vendenges.

Au prieur de Notre Dame des champs, pour ii arpens de vigne prins en v arpens de vigne, en une piece nommee les sablons, oultre Notre Dame des Champs, au dessus du friche des carrieres ix den. de cens ou fons de terre.

Au pitancier dudit priore pour la pitance des religieux dudit lieu pour icelles vignes des sablons iii s.

A l'abbe de Saint Germain des prez, pour x arpens de terre assiz oultre les chartreux, en pluseurs pieces vi s. iii den. de fons de terre.

A l'abbaye de Sainte Genevieve la grant pour vi arpens iii quartiers et demi de terre audit lieu, vers la croix du chemin de Chastillon, et pres du reposouer de Vanves iii s. v den.; — item pour xii arpens et demi et vi perches de terre achetees de Jourdain Almaury sur le chemin appelle le chemin des ruelles, par lequel on va de Paris par derriere l'eglise Saint Souplice a Vaugirart vi s. iii den.; — item pour arpent et demi de terre assiz au gort, au droit du commencement des vignes des sablons ix den.; — item pour iiii arpens et demi de terre audit gort, en alant a la Folie, tenant d'une part aux chartreux et autres, et d'autre part a la damoiselle de Relat et a maistre Jehan Durant procureur ou chastellet ii s. iii den. de cens; — item pour ung arpent iii quartiers et demi audit lieu du gort, tenant a noz vignes du sablon, qui a present sont en friche, xi den. poit.; — item pour ii arpens de terre au dessus dudit gort, sur le chemin par lequel on va des vignes des sablons a Montrouge xii den.

Au concierge du Palaiz, pour vii quartiers de terre entre Notre Dame des Champs et le chemin par lequel on va des chartreux a Chastillon ii s. vi den.

A l'ospital S$^t$ Jehan pour v quartiers de terre assiz a longue Roye tenant aux terres du priore Notre Dame des Champs iii s. vi den.; — item, en v quartiers de terre assiz entre l'embouchement des carrieres et le molin a vent ou lieu dit Cuyvron, autrement dit le Bordeau iiii den. ob.; — pour vii quartiers de terre es fosses, entre Notre Dame des Champs et Lourcines x den. ob.

Au prieur de Notre Dame des champs, pour iii quartiers de terre ou lieu dit le clos d'Aucerre, oultre Notre Dame des Champs xxii den.

A la communaulte de l'eglise Saint Marcel lez Paris, pour ii arpens de terre entre Saint Marcel et Yvry ou lieu dit cul rosti xvi den. — item pour ung arpent de Saulsoye assiz pres de Saint Marcel, derriere l'eglise et pourpris des cordelieres, ou lieudit Paradis viii den.; — a ladite communaulte pour icellui arpent de Saulsoie vi s. vi den. de crois de cens ou rente.

A messire Rolend Bellier, comme chanoine de Saint Benoit le bien tourne a Paris, pour iii arpens et iii quartiers xiiii s.

*Argentueil.* Au prieur dudit lieu pour la disme des fruiz croissans en iii arpens de vignes, ou terrouer d'icelle ville ou lieudit le val besencoix, vi s.; — audit prieur pour lesdiz iii arpens, iii sextiers de vin paiez et portez par chascun an audit prieur ou temps de vendanges; — audit lieu, a l'abbe de Saint Denys en France, pour iii quartiers et demi de vigne, ou lieudit pertuiz louvel v s. vi den.

*Bailly.* Aux tresoriers et chanoines de la chappelle du boys de Viciennes, pour pluseurs pieces de terre xliiii s. viii den.; — audit lieu de Bailly, a Philippe d'Orgemont, escuier, pour nostre hostel, court granche et jardins dudit lieu, avec vi arpens de terre xx s.; — item pour ii arpens de terre, a nous donnez par feu Estienne Fournier iiii s.; — audit Philippe pour une piece de terre a nous baillie par Pierre Mauvoisin, assiz emprez le boys de la main ferme xv den.; — audit lieu a Denisot Daulnoy pour noz prez assiz sur la riviere de Marne v s. iiii den.

*Braye Conte Robert.* A monsieur le duc d'Orleans, le jour saint Remi, pour une petite maison et deux arpens de terre estans derriere et entour ladite maison entretenans, assiz es faulxbourgs dudit lieu en la rue Saint Christofle, pres de nostre hostel, nomme l'ostel Saint Christofle x s.; — item pour ung arpent de terre assiz a la voie du ru bertin qui fu a Pierre aux brebis tenant d'une part a Robert Griveau, escuier vi den.; — item pour ung autre arpent de terre aux murgiers vi den.; — item pour ung arpent de terre qui fu audit Pierre aux brebis vi den.; — item pour ii arpens de terre assiz en tuebeuf xii den.; — item pour ung arpent de terre assiz à la muette vi den.; — item pour iii quartiers de terre assiz au grant trou iiii den. ob.; — item pour arpent et demi sur le chemin de Rubertin ix den.; — item pour ii arpens de terre sur le chemin de Gragi xii den.; — item pour v arpens assiz sur le grant chemin de Villemeneur ii s. vi den.; — item pour i arpent de terre assiz au sentier de lourcine de Saint Spire qui va a Toussors vi den.; — item pour v arpens de terre assiz sur le chemin de Villemeneur, tenant a Philippe de Charmenteaux, et d'autre part a messire Artus de Braye chevalier ii s. vi den.; — item pour iii quartiers de terre assiz a la haye Dieu iiii den. ob.; — item pour iiii arpens de terre tenans d'une part a monsieur le duc d'Orleans ii s.; — item pour i arpent de terre qui fu Lienart Lescuier, assiz aux marchaiz des trois fontaines vi den.; — item pour ung arpent de terre assiz a la haye Passart vi den.; — item pour i arpent de terre sur le chemin de Gragi, tenant d'une part a Pierre de Villemeneur et d'autre part a la terre Sainte Marguerite xii den.; — item pour deux arpens de terre a la voye Passart, tenant d'une part au grant chemin de Paris de Servon ii s. i champars; — item pour ung arpent de terre tenant aux hoirs feu maistre Jehan de Biaurouvre vi den.; — pour xxx arpens de terre qui furent a maistre Alain de Lamballe iiii s.; — pour iiii arpens de terre sur le chemin des herses, qui sont des cens messire Guy de Ver, chevalier, ii s. vi den.; — item pour iii quartiers de terre qui sont des cens messire Guy en Jussy et furent a feu Pierre aux brebis x den.; — item pour une maison assize audit lieu de Braye, faisant le coing de la rue du Gue, avecques l'aisance de la place qui est devant luys de ladite maison, laquelle maison et place feu maistre Jehan de Biaurouvre donna a cest hostel ii s. vi den.; — audit lieu de Braye, a maistre Henry Malloue, pour ung jardin donne a cest hostel par feu maistre Jehan de Biaurouvre tenant aux anciens fossez de ladite ville de Braye xii den.; — a messire Loys de Varennes, chevalier, pour v quartiers de terre ii s. vi den.; — item pour demi arpent de terre, tenant au chemin qui va a Minieres, qui aussi doit champart le jour saint Remi xii den.; — item pour demi arpent de terre assiz aux saulx Jehan le Maire xii den.; — a Guiot de Mittry escuier, pour ung arpent ou lieu dit Fonteny iiii den.; — item pour la vigne des molins vi den.; — pour ung arpent de terre au lieu de Juissy xvii den.; — a Jehan des Barres pour iiii arpens de terre sur le chemin des Bordes xvi den.; — a Jehan Malet pour ung jardin qui est enclos dedans le grant jardin dudit hostel de Braye iii s.; — a l'ostel de l'Espinette dudit Braye pour deux arpens et demi de terre, assiz a la justice dudit lieu x den.; — a monsieur le duc d'Orleans, le lendemain de Noel pour une petite maison et deux arpens, assiz pres de nostre hostel, nomme l'ostel saint Christofle, tenant au grant chemin de Saint Ladre ii droitures, c'est assavoir ii sextiers d'avene et ii chappons; — audit lieu de Braye, a l'abbesse et couvent de l'abbaye d'Ierre, pour ung arpent de terre ou terrouer d'icelle ville, au dessoubz du molin a vent i droiture qui vault i sextier d'avenne et ii chappons; — audit lieu, au prieur de Marolles iii mines de ble.

*Baigneux Saint Erblant.* Au penancier de l'eglise de Paris, pour certains heritages appartenant a cest hostel assiz audit lieu de Baignieux x s. p. de cens; — a messieurs du chappitre de l'eglise de Paris pour i quartier de vigne ou lieudit Belain ii s. v den.; — a l'abbe et couvent de Saint Germain des prez pour v quartiers de terre sur le grant chemin par lequel on va de Paris a Montrouge iii den.

*Au Bourg la Royne,* a l'abbaye de Saint Victor pour la maison, court et granche et estables et pour demi arpent, que terre que jardins, derriere la granche appartenant a cest hostel vii s. — Au Pitancier de Saint Martin des champs, pour iii quartiers de terre assiz ou terrouer de ladite ville, sur les pres, le quart d'une droiture paiee le lendemain de Noel, apreciee pour ceste annee vi s. — Audit lieu, a Messieurs les doyen et chappitre de l'eglise de Paris, pour i quartier de pre, ou lieu dit la grant riviere iiii den. — Au fief de Chastenay, pour quartier et demi de pre, au dessus du port de l'Ay, ii den.; — a mesdits seigneurs du chappitre pour ung arpent de terre entre ledit Bourg la Royne et l'ourme aux loups ii den.; — item pour ii arpens de terre ou lieudit cauldray xx den.; — item pour iii arpens iii sextiers d'avene. — A l'abbesse et couvent de Montmartre pour i quartier de terre, derriere l'eglise de Bourg la Royne, ou lieu dit le Pommeret iii s. — Au tresorier de Saint Germain des prez pour deux arpens de terre a Blagiz xii den.; — item pour iii arpens de terre audit lieu de Blagis xx den.; — item pour demi arpent de terre derriere l'eglise de Fontenay iiii den. de cens; item pour demi arpent de vigne assiz en couchie peugnier iiii den. p.; — a l'abbe et couvent de Saint Germain des prez, c'est assavoir au prevost d'Anthony pour vi arpens de terre iii s. p.; — pour ung arpent de terre ou lieu dit Revenay i den.; — a mesdames de Longchampt ou a Pierre de Beaumont, commis a leur requeste par messieurs de Parlement a recevoir audit lieu d'Anthony les arrerages a elles deuz, a cause de x muis d'avene qu'elles prennent, si comme elles dient, sur les demourans et biens tenans en ladite ville, ou terrouer et censive d'icelle, pour lesquelz paier lesdiz demourans et biens tenans en ladite ville, ou terrouer et censive d'icelle ont este condempnez par mesdiz seigneurs de parlement, dont chascun arpent est tauxe a paier, pour ceste presente annee vi den. parisis, pour les vii arpens devant declairiez iii s. vi den. — Aux hoirs Thomas Pidoue, pour vi quartiers de terre, appartenans a l'ostel du Bourg la Royne xv den.

*Bochet.* Au prieur de Chastes soubz Montlehery pour les molins assiz audit lieu de Bochet, appartenans a cest hostel iii sextiers de ble. — Au cure de Ver le Petit pour lesdiz molins iii minos de ble a la mesure de Montlehery; — au cure de Ver le grant, a cause desdiz molins une mine de ble; — au cure de Broullet une mine de ble pour lesdiz molins, lequel ble cy dessus declaire, deu de rente, a cause desdiz molins appartenans a cest hostel, le fermier qui tient iceulx est tenu de paier; — audit lieu de Bochet, pour et a cause desdiz molins, a Jehan Magnier vi den. p. de cens; — au seigneur dudit lieu de Bochet pour une petite masure et channeviere audit lieu ii den. p.

A *Boone et Boigny*, qui sont des appartenances de l'ostel de Mondeville, au prieur de Lafferte Aleps, pour pluseurs prez, saulsaies et aulnois esdiz lieux iii s. p. de cens.

A *Boteaux*, au cure de Ver le grant xii sextiers de ble et ung muy d'orge a la mesure de Montlehery, prins sur les dismes dudit lieu, lesquelles nous appartiennent.

*Champrose.* A mes dames de Poissy, a cause de leur ostel de Dravel, pour demi arpent de terre ii den.; — ausdittes dames a cause de leur hostel de Marcenost pour ung arpent de terre assiz aux molins viii den.; — pour ung quartier de terre assiz aux roches qui fu a Jehan Laurens, tenant a l'Ostel Dieu iiii den.; — item pour iii arpens de vigne dessoubz nostre hostel dudit Champrose, derriere le Colombier xx den.; — item ausdittes dames pour lesdiz iii arpens de vigne xxiiii sextiers de vin; — item pour ung quartier de terre aux Saulsoyes i den.; — au Roy nostre sire pour pluseurs pieces d'isles sur la riviere de Seine, entre Dravel et Soisy v deniers de cens; — a la communaulte de l'eglise Saint Germain l'auxerrois pour pluseurs pieces de terre ii s.; — item pour v arpens de terre assiz a la croix dudit Champrose ii s. vi den.

*Compans.* Au cure d'icelle ville demi muy de ble a la mesure dudit lieu, qu'il prent pour son groz sur les dismes dudit lieu appartenans a cest hostel. — Au cure de Thieux demi-muy de ble a ladite mesure de Compans, qu'il prent par chascun an pour son groz; — a la maladerie de Dampmartin ung sextier de ble prins sur lesdites dismes de Compans; — a Messieurs les doyen et chappitre de l'eglise de Paris, pour pluseurs et diverses pieces de terre appartenans audit hostel de grant ancienneté vi s. vi den.; — ausdiz seigneurs pour xxvi arpens et demi de terre en pluseurs pieces appellees los matairies xxvi den. ob. de cens; — a mesdiz seigneurs pour li arpens et iiii perches appellez les metairies iiii muis iiii sextiers de grain; — a iceulx seigneurs du chappitre pour v quartiers de terre ii den. de cens; — a l'abbesse et couvent de Chielle pour xxii arpens de terre x s. viii den. p.; — a l'abbe et couvent de Chaalit pour ung arpent de terre oudit terrouer, ou lieudit Champblanchart i den. p.; — au seigneur de Thieux pour v arpens de terre audit lieu de Champblanchart xii den.; — item pour iii quartiers et demi de terre au chemin du mesnil i den. t.; — item pour ung arpent de vigne assiz a herbourg pres du pressouer iii den. p. de cens; — aux hoirs de feu messire Jehan de Villers, chevalier, a Felisot de Compans, seigneur dudit Compans, pour pluseurs heritages xx den. p. de cens; — lesquelz cens, rentes, tant en argent comme en grain cy dessus declairiez, deuz pour les terres et hostel de Compans appartenans audit Hostel Dieu, qui montent a la somme de iii muis ii sextiers et mine de ble, ii muis i sextier, i mine, i boisseau d'avene, demi mui d'orge xi s. xi den. poit. en argent, Thomas Triquot, fermier audit lieu, doit paier et acquitter durant sa ferme, pour ce neant icy. — Audit lieu de Compans pour une maison, terres et autres heritages achetez et acquestez par feu messire Robert Lebegue, predecesseur maistre de cest hostel, escheuz audit hostel par le trespassement d'icellui, premierement a nosseigneurs doyen et chappitre de l'eglise de Paris pour ii arpens et demi et ii perches de terre ii den.; — item pour demi arpent iii perches et demie de terre en ladite censive la moitie d'un chappon et le vi$^e$ d'un chappon, demi-minot de ble et i den. t.; — a icellui lieu, a pluseurs et divers seigneurs et a pluseurs festes pour la moitie d'une maison, jardins, terres et autres heritages, a mes dits seigneurs de chappitre x den.; — ledit jour a messire Etienne de Billy, chevalier, et a Felix de Compans, ensemble, pour la maison de petit poit, tenant a la chaussee xii den.; — item ledit jour pour la part de la maison de petit poit qui fu a Guillot Mouchet xii den.; — item icellui jour de saint

Remi pour ung jardin qui fu Pierre Macy, et par avant a Felix de Compans ix den.; — a messire Estienne de Billy tout seul, a cause de son propre, pour la moitie de la masure de petit poit iiii s.; — a messire Philippe des Essars, chevalier, seigneur de Thieux pour viii arpens de terre qui sont a champart xviii s. poit; — a mesdiz seigneurs de l'eglise de Paris, pour la maison et jardin qui fu Regnault de Villeneuve, une oblie qui vault trois pains festes, qui doivent valoir ung minot de ble, i chappon et i den.; — a messire Estienne de Billy, chevalier, et a Felix de Compans, tous ensemble, pour v quartiers de terre, demi minot et ung picotin de ble.

*Chaville.* A Simon Ausout pour iii quartiers de terre ou lieudit Courcelles vi deniers.

*Civilly.* A Nosseigneurs les doyen et chappitre de l'eglise de Paris, c'est assavoir aux prebandez audit lieu, pour iii quartiers de terre ou lieudit la Noue xviii den., demie mesure de froment et ii mesures d'avene; — item pour vii arpens et demi iii s. iii ob., iii mines de froment; — a mesdiz seigneurs de chappitre, pour l'office des anniversaires, pour iii arpens et i quartier de terre, assiz en la voie de Thiais, tenant d'une part a la chappelle de Boulongne et d'autre part a Jehan Bougis iii s. ii den. ob.

*Champlant.* Au prieur de Longpont pour une maison, granche, court et jardin x s. p.; — item pour ung arpent de vigne ou lieudit Pouart iiii s. p.; — item pour pluseurs pieces de terre iiii s. i den.; — item pour arpent et demi de terre arrable ou lieu dit le vivier ix den. p.; — a madame de Boulay pour pluseurs pieces de prez xvi s. p.; — a madame de Relait pour pluseurs pieces de terre xlii s. ix den.; — a la maladerie de Longjumel pour v quartiers de vigne en friche ou lieu dit Chaumont iiii den. ob.

A *Espiais.* A Messieurs doyen et chappitre de l'eglise de Paris pour ii arpens de terre ou lieu dit le til d'Espiais, tenant d'une part au seigneur de laditte ville ii den.

Eve soubz *Dampmartin* pour pluseurs pieces de terre achetees par feu messire Robert le Begue, predecesseur maistre de cest hostel, de messire Guillaume de Gournay, chevalier, c'est assavoir a messire Raoul Cassinel pour ung arpent et v perches de terre iiii den.; — audit lieu, a messire Raoul de Gaucourt, chevalier, pour v arpens i quartier de terre assiz es alleuez mouvans et tenuz a champart dudit messire Raoul de Gaucourt et de messire Raoul Cassinel, chevalier, v s.

*Fontenay sur le bois de Viciennes.* Aux chantre et chanoines de Saint Honoré de Paris, pour vii arpens de vigne assiz ou val des pressouers tenant d'une part aux hoirs de Jehan Guignart, escuier, iiii s. viii den.

*Givisy.* Au prieur de Notre Dame des champs, pour une granche et court assiz en laditte ville, tenant d'une part a Guillaume Choyneau et d'autre part a Perrin Cadet, en laquelle granche et court cest hostel a la moitie par indivis, et la femme et hoirs de feu Raoul le Noir, en son vivant, huissier de parlement, a l'autre moitie ii den. p. et ii boisseaux d'avene; — au chappellain de la chappelle Saint Pere aux liens, fondee en l'eglise de Paris, pour icelle court et granche iiii boisseaux d'avene, mesure de Paris. — Au viconte de Tramblay, pour demi-arpent et une quantite de vigne ou vigne dudit Givisy, ou lieu dit le Colombier iii s. ix den.; — item pour demi quartier et une quarte de vigne ou lieu dit la Roche, tenant au ruisseau de la Fontaine de Harmier xv den.; — au prieur de Notre Dame des Champs pour quartier et demi de vigne, ou lieu dit la glasiere iiii den.; — aux hoirs de feu Guillaume le macon, pour demi arpent et demi quartier de vigne ou lieu dit Chapperon ii den. ob.

*Genvriz.* Au cure d'icelle ville, pour les dismes, champars et autres choses que cest hostel a en icelle ville i mine de ble.

*Igny.* Au cure et mergliers d'icelle pour le molin dudit lieu, appartenant audit Hostel Dieu, ix sextiers de ble. — Au dit lieu d'Igny, a Tassin Dupuys, a cause de sa maison pour l'escluse du molin iii ob.; — item pour le jardin qui fu Jehan le boulengier, assiz devant nostre hostel dudit lieu d'Igny vi s.; — pour v quartiers de vigne ou terrouer de laditte ville, pres de la voie ronge xv den.; — audit lieu d'Igny, a icellui Tassin Dupuys, a cause de son hostel de Gomonviller pour xvii arpens de terre ou lieudit les Roches iii s.

*Jouy.* A monsieur le conte d'Eu, pour iii arpens de prez audit lieu xii den.

*Louans.* Au cure d'icelle ville lxxiiii s. p. de rente prins sur les cens appartenans audit Hostel Dieu. — Aux religieux de Saint Eloy de Longjumel, le jour saint Remy, ou porche de Chailli, pour arpent et demi d'aulnoy, arpent et demi de terre, ou lieu dit Valieres et deux arpens de terre xii s. viii den.; — item pour ii arpens de terre ou lieu dit froide boulie, tenant a la terre Saint Michiel de Louans xvi den.; — pour arpent et demi audit lieu, tenant a monsieur de Garencieres xii den.; — pour arpent et demi a la voie de Marnaye vii den.; — audit lieu de Louans, a madame de Lafferte, pour pluseurs pieces de terre viii s. ix den.; — audit lieu pour deux arpens assiz au cheminet, tenant a maditte dame de Lafferte ii s. p. de cens; — item pour ung arpent de terre assiz a la croix de Louans, tenant a Guillaume de la Marche xii den.; — item pour xii arpens de terre qui furent ausdits hoirs Jehan de Lyons vii s. vi den.; — audit lieu de Louans, *au Roy Loys, a cause de son chastel de Chailly,* pour arpent et demi de terre, aux Ourmeteaux d'icelle ville xx den.; — item pour arpent et demi de terre assiz en tirepot xii den.; — a icelluy lieu de Louans, aux hoirs de feu maistre Regnault Marchant, pour ix arpens de terre, ou lieu dit fosse ronde iii s.; — aux hospitalieres de la ville de Balisy, pour ung arpent et demi quartier de vigne ou lieu dit Gravigny ix den. p. de cens; — item pour demi arpent et i quarte de vigne iiii den. poit; — item pour ung quartier de vigne qui fu Guiot du Molin, tenant aux terres de Saint Estienne de Chailli, et d'autre part ausdites hospitalieres i den.

*Lardy.* Aux seigneurs d'Auxvers pour la mote du moulin dudit Lardi et ung saulsoy assis a Engenville xvi den. p.; — audit lieu de Lardi, a monsieur le duc d'Orleans, a cause de son chastel de Lafferte, iiii sextiers d'avene, pour pluseurs maisons, masures, channevieres et jardins assiz audit lieu, ou lieu dit le Vergier.

*Leudeville.* Au prieur de Longpont pour demi arpent de vigne vi den.

A *Moucy le neuf*, pour pluseurs heritages achetez par feu messire Robert le Begue, predecesseur maistre de cest hostel, escheuz audit hostel par le decez d'icelluy, c'est assavoir au prieur dudit lieu pour lesdiz heritages iiii s. x den. ob.; — item pour demi arpent de terre es Rieux, demie coustume, paiee le lendemain de Noel, c'est assavoir demi minot de ble, a la mesure dudit prieur, i chappon et demi sextier de vin, lequel s'est paie ceste annee xvi den. p.; — a messire Guillaume le Boutillier, chevalier, pour pluseurs pieces de terre viii s. iii den. ob.; — item pour pluseurs pieces de terre escheues pour la cause dessus ditte viii s. viii den.; — item pour une maison, granche, estable, court et jardin derriere, tout entretenant, assiz oudit Moucy, en la rue Gillebel, escheuz audit Hostel Dieu par le decez de messire Robert, une coustume qui vault i mine de ble, i mine d'avene, ii chappons, i sextier de vin apprecie ceste annee ii s. viii den.; — aux hoirs de feu Symon de Plailli, escuier, pour une granche et jardin qui fu a Jehan du Til, pour ung arpent, demi quartier et une quarterange de terre escheuz audit hostel pour la cause dessus ditte v s. iiii den.; — item pour ladite granche et jardin en la rue Gillebel i chappon; — aux hoirs ou aians cause de monsieur le Galois d'Aulnoy, ou a Jehan de Moucy, pour ung arpent v quarteranges et demi quartier de terre audit lieu, escheu audit hostel pour ladite cause vi den.; — a Robert de Versailles, escuier, pour iii arpens et iii quarteranges de terre, mouvans dudit escuier a champart xi s. iii den. de taille, paiez a Moucy le viez; — item pour lesdiz iii arpens et iii quartiers de terre a icellui escuier ii poussins; — a Gillebon d'Abeville pour demi arpent de terre assiz es ousches, tenant d'une part Jehan Crossu, en la censive de messire Guillaume le Boutillier, chevalier, vii s. xi den. p. de rente vii s. xi den.

*Meudon.* Au seigneur de Montalet pour arpent et demi de vigne assiz ou terrouer dudit Meudon, ou lieu dit laveline, appartenant de present a Philippot Olivier et paravant baille par cest hostel a autres ses predecesseurs, dont il a cause, a certaine charge de rente dont dessus est faitte mention, en retenant par nous a paier le cens qui est xii den. p.

*Montlehery.* Au prieur de Saint Pere dudit lieu pour le four bannier d'icelle ville, appartenant a cest hostel xii s. p. de rente; — audit lieu, aux hoirs de feu Jehan Galende, pour la moitie de vii quartiers de pre qui furent a Jehan Bonelle, assiz en la praerie d'empres le molin de Grouteau viii den.

*Mondeville.* A Mesdames de Port Roys xvii[tt] p. de rente, qu'elles se dient avoir droit de prendre sur l'ostel et appartenances dudit Mondeville; à l'abbaye du Val de Sernay 1 muy de ble de rente qu'ilz se dient avoir droit de prendre par chascun an sur l'ostel et appartenances dudit Mondeville i muy de ble.

A *Nainville.* Au cure d'icelle ville iii s. vi den. p. de rente qu'il se dit avoir droit de prendre le jour de la feste aux Mors sur les cens appartenant a cest hostel.

*Aux Noues.* Aux Religieux de Sainte Katherine du Val des Escolliers pour arpent et demi de pre assiz sur la riviere d'Ourge, ou lieu dit Maupertuys, qui sont et appartiennent audit hostel des Noues vi den.

*Orly.* A Messieurs les doyen et chappitre de l'eglise de Paris et autres, iiii s. vi den. lesquelz le fermier audit lieu paie, pour ce neant icy.

*Rieu en Beauvoisiz.* Aux seigneurs de Saint Rieule de Senlis, pour une maison, court et jardin en laditte ville ix den. ob.; — au cure de laditte ville pour laditte maison, court et jardin vii s. vi den; — aux chanoines de Saint Evremont, de Crel pour ung quartier de vigne assiz en Ribout ii den.; — item pour trois arpens de terre entretenans, assiz en tubieres, entre Villiers Saint Pol et Crel xii den. p. de cens; — aux Religieux de Royaumont pour v quartiers de prez assiz en la praerie de Vernuel sur Oise, tenant d'une part a messire Pierre de Villames, chevalier, et d'autre part aux pasturages dudit Vernueil ii den. p. de cens; — aux religieux de Fecamp pour ii arpens de terre assiz ou lieu dit les Carrieres, ii den.; — au Roy nostre sire pour demi arpent de vigne appellee la masure le Borgne, tenant d'une part a l'abbe de Saint Just et d'autre part aux hoirs de feu Guerart d'Athies v den. p. de cens; — item pour ung quartier de vigne en longue Roye ii den.; — item pour ung autre quartier au trou Paillart, tenant aux hoirs de feu messire Caradot des Quesnes, chevalier ii den.; — pour iii vergees de vigne au dessoubz du trou de Paillart ii den.; — item demi arpent de vigne au Touret v den.; — item pour ung quartier de terre assiz en Raulet, autrement dit les Marez i den.; — item pour ung quartier et demi de terre es marez ii den., — a maistre Pierre Lorfevre, comme chastellain du pont Sainte Maixance pour ung quartier de vigne ou clos Haudri iii den.; — pour demi quartier de terre assiz en l'Ourtie ii den.; — a Monsieur Daridel, pour quartier et demi de terre tenant à l'aulnoit dudit seigneur, aboutissant a la chaussee i den.

*Succy.* A Messieurs de chappitre de l'eglise de Paris, pour pluseurs heritages, assiz ou terrouer d'icelle ville xi s. iiii den.; — audit lieu de Succy, a l'abbaye d'Ierre, pour vii quartiers de pre ou lieu dit Bonneres, tenant aux hoirs de feu Guillaume de Meaux xii den.

*Soisy sur Escolle,* pour vii quartiers de pres assiz ou terrouer dudit lieu, au dessuz du molin Peronne vii deniers p. de cens; — audit lieu a Jehan de Peronne pour ung quartier de pre assiz pres desdiz vii quartiers, oultre la riviere ii den.

*Saussoy.* A Messieurs les doyen et chappitre de l'eglise de Paris pour ung arpent de pre entre Yteville et la riviere iiii den. p. de cens paiez a Yteville.

*Vaire oultre Chielle Sainte Baudour.* Au seigneur dudit lieu pour deux arpens de prez, cest assavoir iii quartiers en la prairie dudit lieu, pres du port de Noiset, tenant au seigneur dudit Vaires et aux hoirs feu maistre Pierre de Pacy, et v quartiers en la prairie dudit Chielle, lieudit les Perches, tenant a la riviere de Marne xii den.

*Vanves.* A maistre Jehan Maillart pour demi arpent et demi quartier de vigne assiz a la voie de Baigneux xii s. p. de rente; — a maistre Thiebaut Thiessart pour ung arpent et demi quartier de vigne ou lieu dit les Groues xiiii s. p. de rente; — aux hoirs ou aians cause de feu sire François d'Aulnoy, pour ledit arpent et demi quartier de vigne, audit lieu des Groues ii s. vi den., — au prieur de ladicte ville de Vanves pour demi arpent et demi quartier de vigne xii s. vi den.; — a l'abbaye de Saint Germain des Pres, pour ung quartier de vigne, ou lieu dit Champmoiseau vi den.

*Villemilent.* A Monsieur l'arcediacre de Brie, en l'eglise de Paris, pour deux arpens de terre, prez du jardin appartenant a l'ancien hostel xl s. p. de rente; — audit lieu, pour les terres et autres heritages donnez a cest hostel par feu Monsieur maistre Pierre de Pacy, premierement a Monsieur l'evesque de Paris pour iiii arpens et demi assiz en iii pieces iii s. p. de cens;—aux cens des loges pour vii arpens et i quartier de terre ii s. ix den. de cens; — aux cens de Morviller pour ung quartier de friche assiz es glaises ii den. ob.; — au cens de bonne quarte et bon cens de prenay pour iii arpens et ung quartier de terre xvii den. ob.; — item le dimanche d'apres la Saint Denys, au cens de grant quarte pour v arpens iii quartiers et demi de terre en xi pieces v s. poit;—item ce jour pour la quarte non doublee pour demi arpent de terre assiz en Cauchois ii den.; — item ledit jour au cens des pierres pour iiii arpens iii quartiers et demi en iii pieces iiii s. ix den.; — item pour *taille* deue le jour Saint Remy pour les iiii arpens et demi de terre estans du grand cens, pour le quartier de friche et pour les v arpens iii quartiers et demi vii s. i den.; — item le premier jour de l'an pour la bonne quarte qui se prise au pris du grant pour deux arpens, et demi quartier de terre ii s. iii den.; — item ce dit jour pour vi arpens quartier et demi de terre vi s. iiii den.; — item pour lesdiz v arpens iii quartiers et demi estans ou cens de la grant quarte ii minos d'avene; — audit Monsieur l'evesque de Paris, le jour de la my aoust pour iii quarterons de terre assiz a la voie des Buissons iii den. de cens; — audit lieu de Villemilent, a l'abbaye de Saint Germain des Pres pour xi arpens de terre qui furent audit feu maistre Pierre de Pacy, en grant cens iiii s. ii den.; — item pour xii arpens de terre qui furent audit feu maistre, ou cens Lerite xii den.; — item pour lesdiz xii arpens estant ou dit cens Lerite i sextier d'avene; — item pour le conduit dudit sextier d'avene le jour de la feste aux Mors vi den.; — a Mesdames de Longchamp pour les dix xxiii arpens de terre situez en la censive d'Anthony cy dessus declairiez, pour les arrerages a elle deux a cause de x muis d'avene, qu'elles se dient avoir droit de prendre par chacun an de rente sur les demourans et biens tenans en ladite ville, ou terrouer et censive d'icelle, pour lesquelz paier lesdiz demourans et biens tenans en ladite censive et terrouer d'icelle ont este condempnez par nos seigneurs du Parlement, dont chascun arpent est tauxe a paier pour ceste presente annee vi den. p., pour ce, pour les dix xviii arpens xi s. vi den.; — audit lieu de Villemilant, au seigneur de Macy pour ung arpent de pre, appelle le pré Caillet, qui fu audit feu maistre Pierre, assiz au bout des marez de Macy ii den. p. de cens; — item pour ledit arpent de pre la part d'une mine d'avene, d'un minot de froment et de demi chappon que xiiii quartiers de terre doivent, qui vault aucune foiz plus aucune foiz moins, selon la valeur du grain, pour ceste presente annee iii s. p. deuz le lendemain de Noël; — audit lieu de Villemilant, au Roy Loys, a cause de son chastel de Chailly, pour ung arpent de vigne vii s.; — item pour demi arpent de vigne qui fu audit feu maistre Pierre, assiz a la Molette iii s. vi den.; — item pour arpent et demi de terre assiz a Chaufour iiii s. vi den.; — item pour demi arpent de terre au Cheminet, a la voie du Marchaiz xviii den.; — item pour arpent et demi de terre, au dessoubz du Chauffour, tenant a Symon Jubeline, iiii s. vi den.; — audit lieu de Villemillant, aux hoirs ou aians cause du bacle de

Meudon pour viii arpens de terre qui furent audit feu maistre Pierre, admortiz a cest hostel par ledit bacle, en tant qu'il lui touche ii s.

*Val de Rueil.* A l'abbaye de Royaumont pour ung hostel avec ses appartenances assiz audit val de Rueil, au bout de la rue Blondel, baille par nous a rente a Guillaume Baron XLIX s. vii den. par.; — au Roy nostre sire pour une granche assize en laditte ville ou bourg, qui fu a feu messire Pierre Tavernier, prestre, xii s. p.; — a Monsieur du Mesnil, heritier de feu Jehan de la Herupe, pour iii vergees de terre a la fosse Gurebourt xii s. p.; — a Monsieur de Romule pour iii acres de terre, assiz a la cousture Clement ix s. iii den.

*Vernueil sur Aisne.* Au Roy nostre sire, a cause de sa mairie de Beaune, pour les maisons, terres, vignes, prez et autres possessions que cest hostel a es villes et terrouers dudit Vernueil, Beaune, Courtonne et Chivy xviii den. de cens; — au Roy nostre dit sire, pour lesdittes maisons, assizes es villes dessus dittes iiii sextiers de vin de vinage, deux et paiez le jour de la Nostre Dame en mars.

Seconde grosse somme viii$^{xx}$ x$^{lt}$ ii s. x den. vi$^{xx}$ xiiii sextiers une pinte de vin, xxxiii pains, ung mui iiii sextiers, ii minoz et demi de ble, iii muis, ung minot, ii boisseaux et ii mesures d'avoine, viii chappons et deux poussins.

Despense faitte pour labour de terre, c'est assavoir pour semer, cueillir, saier, faucher les terres et prez labourez en la main d'icellui Hostel Dieu.

Premierement. Au Pressouer pour saier, lier et entasser aux champs et en la ville par Jehan Lourdeau et ses compagnons les blez creuz et cueilliz en xxv arpens et demi quartier de terre situez et assiz entour les Chartreux, Notre Dame des Champs et divers lieux, l'arpent pour le pris de vii s. vi den. valent ix$^{lt}$ iiii s.

Pour batre audit lieu du pressouer par Estienne de la Ruelle et autres vii muis de ble, c'e.t assavoir par ledit Estienne v muis, chascun muis pour le pris de xviii s. valent iiii$^{lt}$ x s.; en batant et estouant a la main le feurre dudit ble, et en faisant d'icellui vi$^c$ gerbes de feurre pour lier les vignes, et les autres ii muis aux journees de l'ostel, pour le pris de lxxix s. ii den.; valent ensemble viii$^{lt}$ ix s. ii den.

*Chaville.* Pour faucher et fanner v arpens et demi des prez dudit lieu, le demourant appartient au fermier d'icellui lieu, chascun arpent pour le pris de x s. p. valent lv s.

*Champlant et Longjumel* pour faucher et fanner ix arpens de prez appartenans a cest hostel, chascun arpent pour x s. valent iiii$^{lt}$ x s.

*Igny.* Pour faucher v arpens de prez, chascun arpent pour le pris de v s. valent xxv s.; — pour fenner iii desdiz arpent et les coustumiers ont fenne les ii autres xv s.

*Montleherry.* Neant pour ce que l'erbe des iiii arpens iii quartiers et demi de prez a este vendue ceste presente annee.

*Mondeville.* Pour xl journees d'omme employees a chargier et a espendre du fiens es terres dudit lieu, par jour xvi deniers, avecques leurs despens valent liii s.; — pour sacler et oster les chardons des terres semees en ble, en avenes et en orges, par marchie fait liiii s.; — pour saier, lier et entasser aux champs et en la ville, faire les liens, batre les escoussures, et porter es greniers, les grains creuz et cueilliz en iiii$^{xx}$ arpens de terre ou terrouer de laditte ville, pour le pris de viii s. et oultre en tout demi muy de ble iiii moitiez de lart, chandelle, sel, lit et potage, pour ce en argent xi frans qui valent xxxii livres; — pour fauchier audit lieu lxviii arpens de terre semez en avenes orge et vesse, chascun arpent pour le pris de ii s. et une moitie de lart, sel, chandelle, lit et potage par dessus, valent vii$^{lt}$ xvi s.; — pour fauchier et fenner a deux herbes deux arpens de pre assiz a Soisy sur Escolle xlvi s.; — pour fauchier et fenner iii arpens de pre a Boigny, a deux herbes xl s.; — pour fauchier et fenner v quartiers de prez assiz a Saulsoy xiiii s.; — pour gains donnez aux varles qui ont fait l'aoust ceste presente annee iiii s. viii den.

*Vernueil sur Aisne.* Neant pour cette presente annee, pour ce que Guillemin Hamon, gouverneur dudit lieu, n'a peu venir par deca, pour occasion des guerres, pour apporter la despense dudit aoust.

Despense faitte pour bler achette ceste presente annee, et labour de ble fait en y celle.

Premierement, pour xv muis de ble a la mesure de Prouvins, xiii sextiers pour le muy, qui valent mesure de Paris xiiii muis x sextiers i minot achetez, le muy pris et rendu a Nogent sur Seine, xi$^{lt}$ iiii s. valent viii$^{xx}$ viii livres. — Pour amener par eaue dudit Nogent lesdiz xv muis de ble jusques a Paris au port de cest hostel, dont on n'a paie que pour xiiii muis, le muy pour le pris de xx s. valent xiiii livres.

Pour deschargier des bateaux et porter es greniers de cest hostel ledit ble le muy pour ii s. valent xxviii s.

Pour xv autres muis de ble seugles, a laditte mesure de Prouvins, xii sextiers pour le muy, le muy rendu sur le port dudit Nogent pour le pris de x escus, valent vi$^{xx}$ xv$^{lt}$; — pour ii muis de ble achetez audit lieu, xiii sextiers pour le muy xxv$^{lt}$ xii s.; — pour ii autres muis de ble achetez de Jehanne la Fourriere, renduz au port de Fosse Gaultier xxviii$^{lt}$ xvi s.; — pour amener par eaue par Jehan Robert lesdiz xiv muiz de ble jusques a Paris au port de cest hostel le muy xviii s. valent xv$^{lt}$ vi s.; — pour porter es greniers de cest hostel lesdiz xvii muis de ble xxxiiii s.

Pour xii muis de ble a la mesure de Paris, achetez de

Mahiet Langloiz, demourant a Paris, le muy xiiii ᵗᵗ xvi s. valent viiiˣˣ xvii ᵗᵗ xii s.; — pour chargier, deschargier et porter es greniers de cest hostel ledit ble, le muy ii s. viii den. valent xxxi s. iiii den.; — pour iii muis de ble a laditte mesure, achetez de maistre Robert Lijotle, secretaire du Roy nostre sire le muy xvᵗᵗ xii s. xlviᵗᵗ xvi s.
* Pour deux bannes louees iiii s. viii den.; — pour clibler ou mois de may par Jehan le Picart xxviii muis de ble, pour le pris de xvi den. valent xxxvi s.

Pour avoir iii muis de ble estans en la ville de Braye Conte Robert, pour les mettre hors d'icelle ville, par l'ordonnance des gouverneurs d'icelle, chacun muy vi s. valent xviii s.

Pour amener xiiii sextiers d'avene de Chaville jusques en cest hostel xvi s.

Tierce grosse somme pour le labour de terres, de l'aoust, et du ble achete viᶜ iiiiˣˣ xviiᵗᵗ xix s. vi den. demi mui de ble et v moitiez de lart.

La vraie recepte de ble receu ceste presente annee monte a viiˣˣ xvii muis ii sextiers, minot et demi et deux boisseaux de ble despensez en la maniere qui s'en suit.

Premierement pour semer en ble xxiiii arpens de terre appartenans a l'ostel du pressouer pres des Chartreux xix sextiers de ble; — item pour mouldre ceste presente annee par Bastien, de Rampan, monnier cxix muis de ble en la maniere qui s'ensuit, c'est assavoir xlv muis vi sextiers, depuis le jour de Noel m ccccxv jusques a Pasques ensuivant ccccxvi, dont il doit avoir pour la mouture de xiii muis ung muy de ble, valent iii muis vi sextiers; — item pour mouldre xlviii muis depuis ledit jour de Pasques ccccxvi jusques a la feste Saint Remi en suivant oudit an, dont il doit avoir pour la mouture de xii muis ung sextier iiii muis, et pour mouldre xxv muis vi sextiers, depuis laditte feste Saint Remy jusques a Noel ensuivant i muy xi sextiers mine et boisseau, pour lesdiz cxix muis ix muis v sextiers et mine.

Item en solucion de cens et rentes dont cy dessus est faitte mention xvi sextiers, — item au bercher de Mondeville dont cy apres sera faitte mention ou chappitre des salaires de varles xvi sextiers; — item a cellui qui a la garde de l'ostel du Bourg la Royne i sextier; — item pour faire les vendenges, c'est assavoir a Champrose trois mines, a Escharcon deux sextiers, et a Lardi un sextiers iii minos, dont cy apres sera faitte mencion ou chappitre des vendenges v sextiers i minot; — item viˣˣ ii muis de ble mengiez en cest hostel, despensez et distribuez par messire Yves, pennetier, depuis le jour de Noel l'an m. cccc. xv, jusques a Noel m. cccc. xvi.

Somme du ble despense ceste presente annee viˣˣ xvi muis ix sextiers, mine et demi mesure.

Ainsi restent et sont demourez es greniers de cest hostel ledit jour de Noel m. cccc. xvi, tant en ble comme en farine vint muis v sextiers, ung minot et demi et ung boisseau

Despense faitte pour le labour des vignes appartenant a cest hostel, labourees en la main d'icellui et pour escharaz et autres choses appartenans a icellui.

Premierement, au pressouer, hors Paris, pres des Chartreux, pour labourer en tache de toutes facons par Jehan Lourdeau, dit Violette vi arpens et demi estans ou clos dudit pressouer, chascun arpent pour le pris de viiiᵗᵗ p., en faisant en icelles xiiiᶜ i quarteron de prouvains valent liii livres x s.

Pour faire oudit clos par ledit Jehan Lourdeau i millier de prouvains, oultre et par dessus le nombre des prouvains de ceulx qu'il y devoit faire, le cent v s. valent l solz.

Pour viᶜ iii quarterons d'escharaz pris a Igny et amenez par nos voitures, pour le pris de xxvi s. valent viiiᵗᵗ xv s. vi den.

Pour faire par Jehan Trumeau, courtillier, iiᶜ lxxiiii toises et ii piez de trailles et fillieres estans entour et contre les murs des vignes dudit clos du pressouer liii s. xi den.

Pour faire tout de neuf par ledit Jehan Trumeau, audit lieu du pressouer, le bercel et trailles a tournelles estans a l'entree dudit clos, contenant xxviii toises, la toise ii s. valent lvi s.

Pour relier par ledit Jehan le Bercel ou tournelles estans ou milieu desdittes vignes, contenant en long ix toises, qui valent xviii, la toise ii den. valent iii s.

Pour os de cheval pour atacher lesdittes trailles contre les murs ii s.; — item pour faire tout de neuf les fillieres estans entour le jardin dudit lieu, contenant lvii toisse, la toise iii den. valent xiiii s. iii den.

*Aux Fosses.* Pour labourer en tache de toutes facons par ledit Jehan Lourdeau v arpens i quartier et vi perches de vigne audit lieu des Fosses, entre Notre Dame des Champs et Saint Marcel, en y faisant i m. et demi cent de prouvains, chascun arpent pour le pris de viiiᵗᵗ valent xlii livres; — pour coupper des pieux audit lieu d'Igny a redrecier les hayes estans entour lesdittes vignes viii s.

Des vignes *des Sablons* contenant v arpens, neant, pour ce qu'elles sont en friche et non labourees, passe a trois ans, pour leur infructueusite.

Pour labourer en tache de toutes facons, arpent et demi de vigne oultre la porte Saint Anthoine, au chemin de Charonne, en y faisant viᶜ de prouvains xiiiˣˣ xii s.

Pour viii tumberelees de fiens mises esdittes vignes, la tumberelee ii s. valent xvi s.

*Argenteuil.* Pour labourer en tache, de toutes facons, iii arpens iii quartiers et demi de vigne, en y faisant iiiᶜ iii quarterons de prouvains, pour le pris de xxxvii frans, qui valent xxx ʈ; — pour plante chevelue, mise et plantée esdittes vignes xii s.; — pour xlii sommes de fiens mises esdittes vignes pour xlviii s. valent iiii ʈ xvi s.

*Baigneux Saint Erblant*, pour labourer en tache de toutes façons xii arpens et demi de vigne, chascun arpent pour le pris de x frans, en faisant en chascun arpent ii⁰ de prouvains, valent vi^xx v frans qui valent c ʈ p.; — pour lvi sommes de fiens menees et mises es jeunes plantes xxxii s.; — pour xii⁰ et demi d'escharaz xvii ʈ v s.

*Champrose*. Pour labourer en tache de toutes façons vi arpens i quartier de vigne par pluseurs personnes et a divers pris xl ʈ xvi s.; — pour ii⁰ de prouvains faiz esdittes vignes viii s.; — pour iii⁰ et demi d'escharaz faiz, et couppez es ysles dudit Champrose, appartenant a cest hostel xxxv s.

*Eschareon*. Pour labourer dix arpens et demi et demi-quartier de vigne lii ʈ xi s.; — pour iii⁰ et demi d'escharaz faiz et couppez es Saulx des Noues, appartenans a cest hostel xlii s.; — pour curer ung fosse et deffriche, curer et oster les pierres, et faire ung autre fosse de deux piez et demi d'ouverture et d'un pie de profont xl s.

*Fontenay sur le boys de Viciennes*. Pour labourer vii arpens de vigne lviii ʈ xvi s.; pour vi tumberelees de fiens, la tumberelee rendue esdittes vignes pour iiii s. xxiiii s.; — pour v⁰ d'escharaz x ʈ p.

*Givisy*. Pour labourer en tache de toutes façons vii quartiers et demi de vigne, en y faisant iiii⁰ de prouvains pour le pris de xvii livres tournoiz qui valent xiii ʈ xii s.; — pour i⁰ d'escharaz xl s.

*Lardy*. Pour labourer en tache xii arpens de vigne lii ʈ viii s.; — pour cent et demi de javelles d'escharaz xvi s.; — pour ce⁰ descharaz lx s.; pour la façon d'un cent d'escharaz faiz en nos saulx dudit lieu x s.

*Meudon*. Pour labourer en tache iiii arpens de vigne eu y faisant vi⁰ de prouvains, chascun arpent viii ʈ, valent xxxii ʈ; — pour mener du fiens esdittes vignes xxxii s.; — pour la façon de iii⁰ et demi d'escharaz, faiz en nos saulx de Chaville xxxviii s.

*Mondeville*. Pour labourer en tache vii arpens et demi de vigne lviii ʈ; — item une mine de pois du pris de xii s.; — item une queue de despense.

*Rieu en Beauvoisis*. Pour labourer en tache v arpens et ung quart de vigne, en faisant en chascun d'iceulx ii⁰ de prouvains pour le pris de vi ʈ viii s. valent xxxiii ʈ xii s.; — pour ii⁰ hotees de fiens, portees esdittes vignes xl s.

*Vanves*. Pour labourer en tache iiii arpens quartier et demi de vigne xxxv ʈ.

*Verneuil sur Aisne*. Pour labourer en tache viii arpens xiiii perches de vigne, neant pour ceste presente annee, pour ce que Guillemin Hamon, gouverneur dudit lieu n'a peu venir ceste annee, pour occasion des guerres, pour apporter la despense dudit labour.

Pour xviii journees d'omme emploiees a coupper et cueillir l'osier en arpent et demi de saulsoye assiz entour Saint Marcel, par jour xx den. valent xxx s.; — pour esmonder et fendre ledit osier et en faire iii⁰ et demi de mosles d'osier c. v s.; — pour coupper iiii⁰ de merrien ou perche pour trailles, en aucunes des ysles de Champrose appartenant a cest hostel, le cent xxxii s. valent iiii ʈ xvi s.; — pour planter esdittes ysles v⁰ de plantas, le cent v s. valent xxv s.; — pour amener par eaue lesdiz ccc de merrien par la riviere de Seine jusques au port de cest hostel liiii s.

Quarte grosse somme pour labourer arpens de vigne vii⁰ lxxviii ʈ viii deniers.

Despense faitte pour cerceaulx, fustailles, reliages, et autres choses necessaires pour le fait de vendenges et pour vendengier.

Premierement pour vi^m de cerceaux a relier queues non pliez, fourniz c'est assavoir xi⁰ pour le millier, pris a Saint Leu de Taverny pour xxxii s., et lesqeulz ont este amenez par nos voitures, valent ix ʈ xii s.; — pour ploier lesdiz cerceaux, le millier v s. avec leurs despences de bouche, valent xxx s.; — pour til achete pour lier lesdiz cerceaux iii s.; — pour faire en noz boys d'Igny iiii⁰ de cerceaux ix s.; — pour iiii⁰ de barres achetees d'un marchant forain le cent xii s. valent xlviii s.; — pour iii queues non reliees, achetees en la rue Saint Jaques xviii s.; — pour viii queues non reliees, achetees de Jehan Coullart, buffetier, la queue ix s. valent lxxii s. . . . .

*Vendenges*. Grans marez pour y vendengier la moitie du verjus creu en iceulx, notre ditte moitie montant iii queues vi poincons xv caques et iii fillettes de verjus iiii ʈ xvi s. v den.

*Petiz marez*. Pour vendengier la moitie du verjus, montant ii poincons et demi de verjus, pour journees et despens de vendengeurs xxiii s. vi den.

*Pressouer*. Pour vendengier en vi arpens et demi assiz ou clos dudit lieu xxv queues et ung poincon de vin, sans les despens de bouche iiii ʈ iiii s.

Au chemin de Charonne, pour vendengier en arpent et demi vi queues xxxiiii s. x den.

A Jehan Lourdeau, dit Violette pour x journees de lui emploiees a vendengier laditte vigne, les vignes dudit clos du Pressouer, et celles des Fosses xx s.

*Argentueil*. Pour vendengier en iii arpens, quartier et demi de vigne i queue et viii poincons de vin, pour journees et despens de vendengeurs vi ʈ xvi s.

*Baigneux Saint Erblant*. Pour vendengier en xii arpens et demi de vigne xxxii queues et xx poincons de vin xvii ʈ xii s.

*Champrose*. Pour vendengier en vi arpens et ung quartier de vigne xxxviii queues et vii poincons de vin, en salaires et journees de vendengeurs et cher achetee xvi ₶ x s.

*Escharcon.* Pour vendengier en x arpens et demi quartier de vigne lii queues de vin xv ₶ ix s. iiii den.; — idem v eslitures prises aux Noues.

*Fontenay sur le boys de Viciennes.* Pour vendengier en vii arpens de vigne ix queues et xx poincons de vin, x ₶ xi s. ix den.

*Gevisy.* Pour vendengier en vii quartiers et demi de vigne ii queues et vi poincons de vin iiii ₶ ii s. viii den.

*Lardi.* Pour vendengier en iii arpens de vigne xvii queues et ung poincon de vin viii ₶.

*Meudon.* Pour vendengier en iiii arpens de vigne une queue et xvii poincons de vin, iiii ₶ xi s. viii den.

*Mondeville.* Pour vendengier en vii arpens et demi de vigne xxxv queues et v poincons de vin.

*Manté.* Pour vendengier en xiii arpens de vigne assiz partie audit lieu a Denemont et Mesonart, donnez a cest hostel de nouvel par feue Marie Hugonne xxxi queues de vin esquelles Jaquet Darcis, soy disant heritier de laditte feue Marie avoit paravant et de sa force cueilli, leve et vendenge x ou xii queues de vin, c'est assavoir pour salaires, journees et despens de bouche et pour les despens de Dommengin et autre, qui estoient commis de par le Roy nostre sire a faire vendengier lesdittes vignes xxv ₶ xviii s. v den.

*Rieu en Beauvoisiz.* Pour vendengier en v arpens et i quartier de vigne x queues de vin vi ₶ iii s. x den.

*Vanves.* Pour vendengier en iiii arpens quartier et demi de vigne xi queues et ix poincons de vin ix ₶ iii s. iiii den.

*Vernueil sur Aisne.* Neant.

Despense de vin achete ceste presente annee, et labour de vin fait en icelle.

Premierement pour xxxiiii queues et ix poincons de vin achetez de maistre Robert Lijotte, la queue pour le pris de iiii ₶ et le poincon liii s. iiii den. valent viii^{xx} livres.

Pour labourer ledit vin par Henry le Faulconnier, tonnelier, c'est assavoir tirer, charger en charrette, descendre et asseoir ou celier de cest hostel la queue xvi den. et le poincon viii den. valent li s. iiii den.

Pour x autres queues achetees dudit maistre Robert Lijotte xl livres, pour labourer ledit vin xiii s.

Pour tirer et mettre hors du celier en la ville de Mante, chargier et mener ou batel xxxi queues de vin de noz vignes dudit lieu, chascune queue ii s. valent lxii s.; pour l'acquit dudit vin, paie et baille a Conflans par maniere de gaige a Jehan Bertin prevost, et a Raulin Regnault, receveur dudit lieu, pour chascune queue v den. valent xxv s. x den., — aux dessus nommez, pour ung droit que on appelle *les Chaisnes* paie audit lieu de Conflans xvii s. viii den.

Pour amener par les rivieres d'Aisne, Oise et Seine, par Bernard de Poix, voiturier d'eaue, xxv queues de vin, cueillies en noz vignes de Vernueil sur Aisne, depuis le port appelle la fosse le Roy, au dessus de Pont-Arciz, jusques a Paris, a l'escolle Saint Germain, la queue x s. valent xiii livres.

Pour oster et remuer par ledit Henry xxv queues et ix poincons de vin estans en la Servoiserie, pour icelles asseoir ou grant celier, la queue xvi den. valent xxxix s. iiii den........

La some totale de tout le vin receu ceste presente annee monte a vi^c lxiiii queues ii^c ii poincons de vin, despensez en la maniere qui s'en suit.

Premierement pour le gouvernement des personnes estans en cest hostel, tant sains comme malades, cccxi queues et iiii^{xx} xvi poincons de vin; — a l'ostel du pressouer, pres des Chartreux vii queues; — a Mondeville, pour le gouvernement des personnes estans audit lieu viii queues; — a Vernueil sur Aisne, pour le gouvernement des gens dudit lieu ii queues ii poincons.

Ainsy restent et sont demourez ou celier de cest hostel le jour de Noel m. cccxvi, cccxxxvi queues et cinq poincons de vin.

La recepte totale de tout le verjus receu en ceste annee monte a x queues xviii poincons, xviii caques et iii filletes, despensez en la maniere qui s'en suit, c'est assavoir : a maistre Denys du Molin, Jehan Jovenel le jeune, Nicolas Raulin, advocas en parlement et Jehan Davisy, procureur oudit parlement, Guillaume Drouart, Thierry Thifaine, advocas ou Chastelet, Nicolas Legras, procureur oudit Chastellet, Pierre Josef, advocat en court d'eglise, maistre Guillaume de Furches, procureur en laditte cours, tous conseilliers de cest hostel, au tabellion de chappitre, a Henry Brisset, macon jure et a Heliot de la Haye, charpentier, tous pensionnaires dudit hostel, a chascun d'eulx ung caque de verjus, valent xiii caques, a Thomas le Jay, procureur oudit Chastellet demi caque, a Philippot de Puiseles, sergent a cheval oudit Chastellet demi-caque, a Denise la Mareschalle, demi caque; — item pour le gouvernement de cest hostel vi queues ii poincons iii caques et iii filletes.

Ainsy restent et sont demourez ledit jour de Noel ccccxvi ou celier de cest hostel iiii queues et xvi poincons de verjus.

Despense faitte pour la cuisine pour ceste presente annee.

Premierement. Il est a noter que le jour de Noel m ccccxv estoient en cest hostel xxxv moutons, lesquelz estoient achetez devant ledit jour de Noel, et demourez de laditte annee, pour ce xxxv moutons.

[1416.] DE L'HÔTEL-DIEU DE PARIS. 43

Pour vi$^{xx}$ v moutons achetez le xxviii$^e$ jour de decembre ou marchié de Paris de Jehan de Mez, chascun mouton xii s. ii moutons daventage, valent lxxiii$^{tt}$ xvi s.; — pour xiiii moutons achetez de Robin Abrahan, nostre fermier a Villemillent vii$^{tt}$; — pour xvii moutons achetez de Bietrix de Louans la piece xi s. valent ix$^{tt}$ vii s.; — pour xvi moutons achetez le xxiiii$^e$ jour de janvier de Jehan Gentillet, nostre fermier des Noues la piece iiii s. vi den. valent lxii s.; — pour cinquante et ung moutons achetez ou marchié de Paris, de Jehannin Polin, vendeur juré de bestial, chascun mouton xv s. valent xxxii$^{tt}$ x s.; — pour l'establage et amenage d'iceulx ii s. viii den.; — pour lxiii moutons achetez ou marchié de Paris de Jaquet Polin, vendeur juré, la piece xvi s., xliii$^{tt}$ xii s.; — pour les amener du marchié jusque a l'ostel du pressoüer xvi den.; — pour lv moutons tonduz ou marchié de Paris xlix$^{tt}$ x s.; — pour xxxiii moutons vestuz, la piece xv s. valent xxxii $^{tt}$ xv s.

. . . . . . . . . . . . . . . . . . . . . . . . . . . . . . . . . . . .
Cy s'en suit les moutons et eslitures prins en noz hostelz et maisons ceste presente annee, pour despense de cuisine et lesquelz n'ont pas este achetez.

De nostre hostel de *Villemillant*, donné par feu maistre Pierre de Pacy xiiii moutons.

De *Louans*, ce jour xvii moutons.

De nostre hostel *des Noues* xix moutons.

De *Braye-Conte-Robert* x moutons.

De *Compans* xiii eslitures.

De *Mondeville*, iiii$^{xx}$ vii eslitures.

Somme m. vii$^c$ viii moutons, dont ix$^{xx}$ xv n'ont pas este achetez, et le seurplus qui est xv$^c$ xiii moutons ont este achetez les sommes dessus dittes, qui montent a la somme de viii$^c$ livres xviii s. vi den.

De laquelle somme de m. vii$^c$ viii moutons ont este mangiez et despensez en ceste annee seulement M. VI$^c$, xxxiiii moutons.

Ainsy restent et sont demourez oudit Hostel Dieu le jour de Noël M. CCCCXV, lxviiii moutons.

Pour ii veaulx achetez le xxv$^e$ jour de decembre M. CCCCXV, xxxvi s. . . . . . .

Somme xxiii veaulx dont les trois sont venuz de nostre hostel de Mondeville et xx ont este achetez les sommes cy dessus declairees qui montent xxiii$^{tt}$ xi s. x den. p.

Pour viii cochons achetez le premier jour de fevrier, veille de Chandeleur, la piece v s. iiii den. valent xlii s.

Notez que ceste annee nous avons receu de nostre hostel du Pressoüer iii pourceaux mengiez ceans.

Notez aussi que nous avons receu dudit hostel du Pressoüer lxix petis cochons de lait, despensez en cest hostel a pluseurs foiz.

Pour pluseurs despens fait par le bouchier de cest hostel et autres varles, en alant par les maisons et granches appartenant a cest hostel querir des moutons et autre bestail, pour la despense et gouvernement des personnes estans en icelluy ix s. iiii den.

A Estienne Debray, sergent de la haulte justice du Roy nostre sire, pour son droit d'avoir amené ceste annee v pourceaux, par luy trouvez alant par la ville de Paris sans conduit, pour chascun d'iceulx v s. valent xxv s.

Pour xii barilz de hareng caque achetez de Jehan Folatre, le baril viii frans v s. viii den. valent iiii$^{xx}$ livres iiii s. p.; — pour ii$^m$ vii$^c$ de hareng sor achete dudit Folatre, le millier vii$^{tt}$ valent xviii$^{tt}$ xviii s. . . . . .

Somme des harencz achetez ix$^{xx}$ xv$^{tt}$ ix s.

Pour i muy de sel non gabelé achete le v$^e$ de septembre de Robin Clement, changeur, pour le pris de xvii frans et demi, duquel muy de sel le Roy nostre sire a donne son droit a cest hostel xiiii$^{tt}$.

Pour mesurer ledit muy de sel par les mesureurs jurez commis a ce iiii s.

Pour apporter ledit sel par les havouyers depuis le grenier a sel jusques en cest hostel le sextier ii s. valent xxxii s.

Pour vin donné aux clers et compaignons de la gabelle viii s.

Autre despense et mise faittes pour le fait de la cuisine de cest hostel, c'est assavoir pour l'achat de char achetee a estail, de voillaille, de poison, tant de mer comme d'eau doulce, d'œufz, frommaiges, potaiges, fruiz, ongnons, espices de cuisine, et d'autres choses necessaires pour le fait et provision de laditte cuisine, pour ouvrage de chandelle et salaires des varles d'icelle cuisine, en ce non comprins les moutons, veaulx et pourceaulx achetez ou marchié de Paris, et les harens achetez pour le tems de caresme, ledit muy de sel dont dessus est faitte mention, et reparacions des vaisseaux de cuisine, icelles despenses faittes par messire Martin Tholouse, prestre et officier de laditte cuisine, depuis ledit jour de Noël M. CCCCXV jusques audit jour de Noël M. CCCCXVI, montans a la somme de xi$^c$ xxv$^{tt}$ sept deniers.

Sixiesme grosse somme pour despense de cuisine ii$^m$ clxv$^{tt}$ viii den.

Despense faitte pour busche achetee ceste presente annee.

Notez que le jour de Noël M. CCCC XV estoient en cest hostel xx quarterons de mosles de busche, a compter xxxii busches pour le mosle et xxvi mosles pour le quarteron.

Pour c.xvi quarterons de mosles de busche fourniz; c'est assavoir xxxii busches et xxvi moles pour le quarteron bailliez et livrez sur la riviere de Seine, au port de Samoiz, pour le pris et somme de lxiiii s., iii$^c$ lxxi$^{tt}$ iiii s. p.

6.

Pour deschargier et mettre hors du batel c. quarterons et demi de busche, par Jehan de Langres et autres a pluseurs foiz, et la porter et entasser es buschers de cest hostel, soubz la cuisine xvi ᵗᵗ xv s.

Pour ung quarteron de mosle de busche achete a l'escolle Saint Germain, le mosle iiii s. iiii den.; vault cviii s. iiii den. . . . .

Septiesme grosse somme, pour cxvii quarterons de mosles de busche v<sup>c</sup> xxiii ᵗᵗ x s. viii den.

Despense faitte pour les reparacions faittes ceste presente annee, tant en cest hostel, comme es maisons assizes a Paris, et en autres maisons, hostelz, granches et manoirs assiz hors icelle ville de Paris, appartenans audit Hostel Dieu.

Pour reparacions faittes en cest hostel. Premierement, pour iii sommes de clou a latte, la somme contenant xii milliers, achetez de Colin Goussel, pour le pris de xliiii s. valent vi ᵗᵗ xii s.; — pour iii milliers de clou a chaussier, le millier viii s. valent xxiiii s.; — pour ii milliers de clou a plomb, le millier iiii s. valent viii s.; — pour xxxvi livres de chevilles de fer, grandes, moyennes et petites, achetees la livre ix den. valent ix s.; — pour la journee de Gillet le Monnier, plombier v s.; — pour v journees de l'ayde de Clement Navarre, macon, x s.; — pour vi voies de plastre, la voie vi s. valent xxxvi s.; — pour ung muy de plastre xxiii s.; — pour i boisseau de chaulx xx den.; — pour ii boisseaux de ciment ii s. viii den.; — pour enclaver et assooir par Jehan le Roy, tailleur de pierre, iii hostelz beneiz estans en cest hostel, et rebatre le mortier de la cuisine v s.; — pour i<sup>c</sup> de brique pour faire le contrecueur de la cheminee faitte nouvellement en la chambre de chappitre, la piece iii den. valent xxv s.; — pour reserchier et reformer le puis d'emmy la court, devant le four, c'est assavoir pour prendre xxxii pierres nommees *serches* achetees la piece xx den. valent liii s. iiii den.; — pour barrer et rapparillier luys de la chambre de la seur monsieur l'evesque de Meaulx iiii s.; — pour xiii marches de pierre de liaiz achetees de Almaury Gonel pour faire les degrez de la porte de petit Pont, la piece v s. valent lxv s.; — pour faire par Meseray, charpentier, 6 auvans es louages de petit Pont, contenant viii toises de long vii ᵗᵗ iiii s.; — a maistre Jehan Goudry, serrurier, pour une enchasseure de fer pour ouvrir ung penneau de voirre en la chappelle, pour donner air, xxxii s.; — pour faire une fenestre de deux lunettes, ii gons et d'un verroul derriere la cuisine, sur la riviere iii s.; — pour faire ii grans gons a mettre une verge de fer, qui est au bout de la salle neuve, et soustient la custode devant les trepassez xxi den.; . . . . .

Huitiesme grosse somme iii<sup>c</sup> viii ᵗᵗ xiii s. v deniers.

Despense faitte pour les salaires et louyers des varles et serviteurs de cest hostel.

Premierement aux troys chappelains seculiers qui confessent et administrent les sacremens aux malades, vont a l'eglise comme les freres, et dient certaines messes dont ilz sont chargiez, a chascun d'eulx par an x frans, valent xxiii ᵗᵗ par.; — a Dommengin de Louppy, clerc du comptouer, par an xviii fr. valent xiii ᵗᵗ viii s.; — a Jehan de Granville, varlet du maistre, par an sa chaussure de sollers et viii ᵗᵗ p.; — a Gieffroy Denier, varlet du celier ix fr. par an, valent vii ᵗᵗ iiii s.; — a Guillemin Pavillon, maistre cousturier par an xii escus, valent x ᵗᵗ xvi s.; — a Vincent Vinceleu, varlet cousturier, par an viii ᵗᵗ iiii s.; — a Symonnet Milet, pelletier, ix ᵗᵗ xii s.; — a Colin de Marez, varlet cordouennier xi ᵗᵗ iiii s.; — a Clement Navarre, macon, par an xxii escus, valent xix ᵗᵗ xvi s.; — a Maciot le charron par an xi ᵗᵗ iiii s.; — a Jehan Perut, geindre et maistre varlet du four, et serviteur du doctouer aux freres, par an xvi fr. iiii s. valent xiii ᵗᵗ p.; — aux deux autres varles du four, a chascun d'eulx par an xiii ᵗᵗ, valent xxvi ᵗᵗ p.; — le salaire desquelz est compris en la despense du pennetier cy apres declaire, pour ce neant icy; — a Martin Roguet, queux de cest hostel par an xi ᵗᵗ iiii s.; — au second varlet d'icelle cuisine, par an vi ᵗᵗ viii s.; — au muet, tiers varlet d'icelle cuisine par an c. s.; — a Perrin Coullet, boucher, par an sa chaussure et x ᵗᵗ viii s.; — a la tripiere par an c. s. p.; — le salaire desquelz varles est comprins en la despense de la cuisine cy dessus escripte, pour ce neant icy; — au portier de la porte d'en hault par an iiii ᵗᵗ xvi s.; — au varlet de ladilte porte iiii ᵗᵗ xvi s.; — au varlet de la salle neuve iiii ᵗᵗ xvi s.; — au varlet des seurs vi ᵗᵗ viii s.; — au varlet des lavendieres iiii ᵗᵗ xvi s.; — au portier de la porte d'embas iiii ᵗᵗ xvi s.; — au paige ou garde des chevaulx de selle sa chaussure de solliers; — au charretier qui maine le charriot, par an xvi ᵗᵗ; — au varlet dudit charriot, par an viii ᵗᵗ xvi s.; — au charetier qui maine la charrette, par an xiiii ᵗᵗ viii s.; — a Laurens de La Forest, berchier, qui garde les moutons viii ᵗᵗ; — a Pierre Maugis porchier et garde des pourceaux du pressouer par an vii ᵗᵗ iiii s.

Autre despense pour les salaires des varles et chamberieres d'aucuns hostelz et granches non bailles a ferme, maiz gouvernez par la main dudit Hostel Dieu.

A Mondeville, pour le salaire et loier de iii charetiers pour ung an xi ᵗᵗ xvi s.; — au varlet de calvenne xii frans par an, valent ix ᵗᵗ xii s.; — a ung varlet vigneron qui a demoure ung an oudit hostel xii ᵗᵗ xvi s.; — a deux berchiers et a leurs aides pour ung an xx ᵗᵗ x s.; — item ausdiz berchiers xvi sextiers de ble; — a ung porchier par an valent cxii s.; — a ung vachier par an vi ᵗᵗ viii s.; — a deux chamberieres, c'est assavoir a Marion la Dame viii frans et a Amelot la Tourniole vi frans par an, valent xi ʰʰ iiii s.

A *Vernueil sur Aine.* A Guillemin Hamon pour gouverner et garder nostre hostel dudit lieu et faire labourer les vignes et terres d'icellui par an x frans, valent viii ʰʰ; — a Jehan Clement, charetier par an viii ʰʰ; — a la chamberiere par an v frans valent iiii ʰʰ.

Despense faitte pour pluseurs pensionnaires conseilliers de cest hostel, jurez et autres.

Premierement pour la pension des deux maisonniers de cest hostel, a chascun d'eulx c s. p. valent x ʰʰ; — pour la pension de frere Jehan Binet, procureur de cest hostel, x ʰʰ; — a maistres Guillaume Drouart, Thierry Tiphaine, Pierre le Mercier, advocaz ou chastellet de Paris et Nicolas Legraz, procureur oudit chastellet, conseilliers dudit hostel, a chascun d'eulx par an, pour leurs pensions, ung caque de verjus paie en vendenges, et iii escuz paiez au terme saint Andry, valent xii escus, qui valent x ʰʰ xi s.; — a maistre Pierre Josef, advocat en court d'eglise, conseillier de cest hostel par an ung caque de verjus et iii escus qui valent liiii s.; — a maistre Guillaume de Furches, procureur en laditte court d'eglise par an ung caque de verjus, paie en vendenges et iii escuz valent liiii s.; — a maistre Pierre David, procureur de cest hostel a Corbueil et garde de la juridicion que ledit hostel a en la riviere de Seine, tant au dessus de Corbueil comme au dessoubz, et es villes de Champrose et de Mondeville, par an xl s.; — a Gervaise Bourges, procureur et conseillier de cest hostel en la vallee et chastellenie de Montleherry, par an pour sa pension xxxvi s.; — a maistre Henry Brisset, maistre jure de maconnerie, par an pour sa pension ung caque de verjus paie en vendenges et ung pourceau a la saint Andry; — au forestier et garde de noz boys d'Igny pour sa pension par an xl s.; — a Jehan Bouteroue, forestier et garde de noz boys de Sequigoy, par an lx s.; — a la garde de l'ospital du Bourg la Royne, par an pour sa pension xvi s.; — item a lui un sextier de ble; — a Perrette la Barbiere, femme de feu Colin le Boulengier, barbier, pour rere les freres, chappellains et les clers de cest hostel, par an pour sa pension iiii ʰʰ xvi s.; — a Thomassin Mareschal, maistre des basses œuvres, pour curer les conduiz des eaues, des agoux de la court et des aisemens des malades sur la riviere de Seine, par an iiii ʰʰ p.

Neufviesme grosse somme cccc ʰʰ vi s. p.

Somme de la despense pour l'eglise et la cheveserie dudit Hostel Dieu lix ʰʰ vi s. iii den.

Despense faitte par seurs Marguerite la Pussonne et Jehanne la Grant, tronchieres et gardes du tronc de l'ymaige Nostre Dame, a l'entree de cest hostel.

Premierement, pour faire dire et celebrer la messe de l'arcediacre au second autel, par chascun jour vii den. p., vault par chascune sepmaine iii s. i den., qui valent par an x ʰʰ xii s. iiii den.; — pour xxii livres de cire neuve ouvree en cierges, mis devant l'image Notre Dame dudit tronc lxvi s.; — pour demie livre de cire vert achetee pour seeller les quittances dudit tronc ii s.; — pour chappeaux de roses achetez le jour saint Jehan Baptiste, pour les ymages du grant autel, du second autel, et pour les ymages d'icellui tronc xxviii s.; — pour herbe vert achetee pour pluseurs festes solempnelles en este, c'est assavoir les festes de l'ascension Nostre Seigneur, Panthecouste, la feste du Saint Sacrement, le jour de la saint Jehan, l'Asumpcion Nostre Dame et la Nativité d'icelle xx s.; — pour lampes et fioles de voirre achetees et mises en la lampe du tronc, es lampes entre les malades, es dortouers et enfermeries des freres, seurs et filles lxiiii s.; — pour le lait aux malades, chascune sepmaine x sextiers et demi qui coustent xii s.; — c'est assavoir par chascun jour sextier et demi dont le reffectouer aux seurs en a iii quartes, la salle de l'enfermerie iii pintes, et la salle neuve iii pintes, vault le mois xlviii s., dont il a xi mois et demi en l'an, le caresme rabatu, qui valent xxvii ʰʰ xii s.; — pour vin donne a v festes en l'an au couvent des freres, c'est assavoir aux festes de l'Asumpcion et Nativite Notre Dame, aux deux festes de saint Jehan l'euvangeliste, a la feste saint Jaques et saint Philippe, a chascune feste ii s. valent x s.; — pour faire un charriot tout neuf a mener les corps au cimitiere de la Trinite ix ʰʰ xii s.; — pour faire rappareillier et mettre a point le vieulx chariot a deux foiz x s.; — pour porter dudit Hostel Dieu jusques au cimitiere de la Trinite ii^c lxxvii corps des personnes trespassees oudit hostel ceste presente annee, c'est assavoir ou mois de janvier vii^xx x corps, en fevrier vi^xx iiii, en mars vi^xx xvi, en avril vi^xx iiii, en may vi^xx, en juing vii^xx i, juillet viii^xx iii, en aoust viii^xx x, en septembre xi^xx viii, en octobre xiii^xx viiii, en novembre xii^xx xvi, en decembre viii^xx xi, tous mis en terre par Jehan Honnore et ses varles, chascun corps l'un parmi l'autre iii den., vault le cent xxv s₁, le millier vii ʰʰ, pour ce xviii ʰʰ xvii s.

Despense faitte par messire Yves de Ville sur le Gan, pennetier de cest hostel, pour ceste presente annee.

Premierement, pour le salaire de Jehan Perrut, gaindre et maistre varlet du four et du dortouer aux freres xiii ʰʰ p.; — aux deux autres varles xxvi ʰʰ; — pour vi bulteaux a pain blanc xix s.; — pour vi bulteaux a pain commun xvi s.; — pour ii bulleteaux rifflouers iiii s.; — pour lx aulnes de treilleis achetez pour faire xxv sacz pour le molin, l'aulne ii s. iiii den. valent vii ʰʰ; — pour seigner lesdiz saz au seing de la fleur de lys ix s.; — pour ix^c de poz de terre achetez pour mettre le vin des malades, le cent x s. valent iiii ₶ x s.; — pour viii˟ de godez de terre xxxii s.; — pour herbe vert achetee ceste annee pour ledit reffectouer des freres ou temps d'este xii s.; — pour orpin et branches de noyer achetez le jour saint Jehan Baptiste pour le refectouer aux freres vi s.; — pour vii xii<sup>nes</sup> de voirres communs, et deux grans autres voires achetez le jour de l'ascension Notre Seigneur, c'est assavoir l'un desdiz grans voires pour le maistre, et l'autre pour la prieuse et le seurplus aux freres, aux seurs et officiers de cest hostel xviii s.

Despense faitte par messire Pierre Luillier, celerier de cest hostel, pour ceste presente annee.

Premierement pour xii<sup>c</sup> lii bales despensez depuis le jour de Noel m. cccc xv jusques au jour de Noel m. cccc xvi, vi ₶ v. s. . . . .

Despense faitte par seur Marie la Galeranne, officiere de la chambre aux coultes; — pour faire iii xii<sup>nes</sup> et demie de bottes feutrees pour les malades vii ₶ ii s.; — pour iiii˟ de paelles de terre achetees pour les malades, pour faire leurs necessitez viii ₶.

Despense faitte par Colin Rupin, maistre cordouennier et frere familier de cest hostel, pour le chaussement des freres, seurs, filles, clers et autres serviteurs de cest hostel iiii˟˟ i ₶ xvii s.

Despense faitte pour huille achetee ceste presente annee, tant pour mengier comme pour ardoir es lampes de cest hostel.

Pour ung muy d'icelle, contenant deux sommes, achete de Guillaume Cousinot, du pays de Bourgongne ix ₶. . . . . Somme toute xlvi ₶ xix s. vi den.

Despense faitte pour cendres achetees pour faire les lesives de cest hostel xix ₶ vi s. x den.

Despense faitte pour cordes achetees ceste presente annee pour les charrioz, charettes, charues et puys de cest hostel, et pour les granches et maisons labourees en la main d'icellui vii ₶ x s. iiii den.

Despense faitte pour outilz a charron, boys, ouvrage de charron, tant en cest hostel, comme pour les granches et maisons labourees en la main d'icellui xix ₶ xv s.

Despense faitte pour ouvrage de bourrelier, tant pour les chevaulx de harnoiz de cest hostel, comme pour les chevaulx des granches et maisons.

Premierement a Raulet de Billy, bourrelier, pour querir, bailler et livrer audit Hostel Dieu, depuis le jour saint Jehan Baptiste m. cccc xvi jusques audit jour saint Jehan m. cccc xvii, le harnoiz de huit chevaulx de trait, c'est assavoir viii colliers dont les deux sont de lymons, ung a chariot l'autre a charette, deux selles, deux dosieres, deux avalouers, vi paires de fourreaux, iiii brides, iiii chevestres, tous neufz, et soustenir ledit harnoiz bien et convenablement x ₶ xvi s. . . . . Somme toute xiii ₶ iii s. iii den.

Despense faitte pour ferrure du chariot, charettes, cherues, tant pour cest hostel comme pour certaines maisons et granches labourees en la main d'icellui xxxi ₶ xiiii s.

Despense faitte pour la ferrure des chevaulx de cest hostel, tant des chevaulx a chevauchier, comme de harnoiz, et d'aucuns hostelz ou granches labourees en la main d'icellui xxii ₶ iii s.

Despense faitte pour ouvrage et harnoiz des chevaulx de selle de cest hostel xix s. viii den.

Dixiesme grosse somme v<sup>c</sup> x ₶ x s. ix den.

Despense commune faitte en ceste presente annee. Premierement pour deservir la chappelle feu monsieur le duc d'Orleans, fondee en cest hostel, c'est assavoir pour y dire et celebrer chascun jour messe, depuis le premier jour d'aoust jusques au jour de Noel, par messire Pierre de Salgues, prestre, pour ce qu'il y avoit trop peu de freres, prestres en cest hostel, qui sont en somme vii˟˟ v jours par chascun jour xvi den. valent ix ₶ xiii s. p.

Pour deservir la chappelle de Louans estant ou chastel dudit lieu, c'est assavoir pour y faire dire et celebrer par chascune sepmaine iii messes, par messire Loys Pare, cure dudit lieu, par an ix ₶ xii s.; — pour espices, confites, yprocreas, oblees et supplicaccions achetees de Jaquet Derpy, espicier, a plusieurs foiz, pour plusieurs personnes et amis de cest hostel, et pour espices de cuisine pour porter hors, quant on chevauche par les granches et maisons de cest hostel vii ₶ xv s. iiii den.; — pour ii livres et demie de cire vert, achetees pour seeller les lettres et quittances de cest hostel, pour le comptouer du maistre, la livre iiii s. p. valent x s.; — pour ii<sup>c</sup> iii livres d'almendres a mengier, achetees dudit Jaquet a plusieurs foiz xiii ₶ vii s. iii den.; — pour gruyau achete pour les malades xxiiii s.; — pour miel, verdegriz, coupperose, onguement, fust, emplastres, arrement, bol armenic, tarbentine et autres choses pour mediciner chevaulx xlvi s.; — pour vif argent, alun de glace, coupperose, verdegriz a faire onguement pour guerir les bestes a layne dudit hostel xviii s.; — pour ung caque de servoise achete pour boire le jour du vendredi adoure xxiiii s.; — pour iiii aulnes et demie de drap de brunette, a faire les aumusses des freres le jour de Pasques, chascune aulne xxii s. valent iiii ₶ xix s.; — pour vii xii<sup>nes</sup> de peaulx d'aigneaux blanches pour fourrer lesdittes aumusses, la xii<sup>ne</sup> xii s. valent iiii ₶ iiii s.; — pour xvii<sup>c</sup> et quarteron d'escuelles de fust achetees de Jehan Colas pour les malades le cent x s. valent viii ₶ xii s. vi den.; — pour iii<sup>c</sup> de tranchouers pour le refectouer des freres et pour la chambre de chappitre, le cent iiii s. valent xii s.; — pour curer le puys du traiouer de cest hostel xvi s.; — aux grans lavendieres xxiiii s. a elles donnez pour iii saignees en l'an pour ce xxiiii s.; — pour rere par Jehan le Mercier iiii bottes de parchemin froncine, la botte iiii s.; — pour ii rames de pappier, la rame xx s. valent xl s.

Aux huissiers du tresor des generaulx, au filz de l'uissier de la chambre des comptes, au clerc du changeur, au clerc maistre Symon de Langres, aux clers du receveur de Paris, a l'uissier de la chancellerie, et Hutin sergent d'icelle, messagiers de l'ostel du Roy, du Tresor, de la chambre des comptes, et aux sergens de l'audience de chastellet, pour leurs estraines le jour de l'an vi ᴛᵗ xviii s.; — aux varles et serviteurs de cest hostel pour leurs estraines, ledit jour viii ᵗᵗ vi s.; — pour acompaigner ceste annee a pluseurs foiz pluseurs amis de cest hostel aux nopces de leurs parens et amis vi ᵗᵗ xvi s.; — pour despens faiz par le maistre et boursier ceste presente annee, en alant es granches et visitant icelles a pluseurs foiz vii ᵗᵗ xii s.; — pour despens faiz par aucuns des freres, clers et aucuns des varles de cest hostel, en alant cueillir les cens et rentes deuz hors ceste ville a pluseurs foiz lxiiii s.; — pour despens faiz par Jehan de Grainville et ung cheval, en alant de Paris au val de Rueil, sejournant illecques l'espace de iii mois et demi pour cueillir les rentes deues audit lieu et retournant a Paris xiiii ᵗᵗ viii s.; — pour ung petit cheval, grix sur le noir, achete avec la selle et la bride pour porter ledit Grainville au val de Rueil lxiiii s.; — pour ung cheval moreau achete de Jehan de Jarrie pour la charette de cest hostel viii ᵗᵗ iiii s.; — pour passer l'eaue en alant a vigiles et autre part ceste presente annee xii s.; — a Braye conte Robert, pour y tondre ii° bestes a layne et lxii aigneaux, bailliez a moitie a Estienne Gerlaut fermier audit lieu, la piece i den. vault le cent viii s. iiii den. pour notre part x s. xi den.; — pour chatrer les cochons du Pressouer iii s. iiii den.; — pour faire l'obseque de feue seur Alips Dupre, religieuse de cest hostel xxiii s. iiii den.; — pour l'obseque de feu messire Pierre Barbier, religieux de cest hostel xxv s. iiii den.; — pour mesurer le xxviie d'avril par Gillet le Riche, mesureur juré du Roy nostre sire, une piece de noz boys d'Igni, pour la journee dudit Gillet v s.; — pour la journee de deux routeurs iiii s., pour despens de bouche viii s., pour ce xvii s.; — pour refaire et mettre a point a pluseurs foiz l'ologe de cest hostel xii s.; — pour xxiiii antes, c'est assavoir x poiriers et xiiii pommiers achetez de Jehan Morillon, demourant a Fontenay lez Baigneux, et plantez par ledit Jehan es jardins de Baigneux et du Pressouer lxxii s.; — pour i° de gettouers achetez pour les comptes vi s.; — pour tuer ceste annee xxxvi chiens truans alans par ceans sur les lis des malades, pour chascun chien iiii den. valent xii s.; — pour delivrer a deux foiz nos pourceaux qui estoient en prison pour ce qu'ilz avoient este trouvez en dommaige une foiz a Sainte Genevieve et l'autre a Saint Victor xii s.; — pour pluseurs lettres impetrees de monsieur le connestable, affin que les gens d'armes ne se logent en noz maisons et pour pluseurs penonceaulx figurez a ses armes, et son seel plaque au milieu xxiiii s.; — pour despens faiz par iiii voiages par messire Jehan Binet, lui ii° et iii chevaulx a Moucy le Perreux, c'est assavoir le premier ou mois de juillet м. ccccxvi, le ii° ou mois d'octobre apres en suivant, le iii° le dimenche apres la Toussains et le iiii° le dimenche d'apres la tiphaine pour cause des dismes que ledit hostel a audit lieu de Moucy, ausquelles dismes l'abbe de Saint Martin lez Pontoise, le cure dudit Moucy et le maistre de l'Ostel Dieu de Chars vouloient mettre empeschement, et aussi pour le salaire d'un mesureur qui mesura les terres et assist des bournes iiii s. viii den. p.; — pour un proces a l'encontre de *Nicolas Flamel* pour raison d'une maison assize en la rue de la Tonnelerie, du coste des halles, sur laquelle cest hostel prent viii ᵗᵗ p. de rente, et sur laquelle ledit *Nicolas Flamel* prenoit xl s. p. de rente, et Jehanne Alixandre et ses enfans iiii ᵗᵗ p. de rente, laquelle maison estoit demouree ausdiz rentiers par la renunciacion de la femme et hoirs de feu Pierre Aucent, lors proprietaires. C'est assavoir pour adjourner ledit Nicolas Flamel, afin de garnir ou quitter, le rapport, la veue, la veue de rapport, la sentence sur ce obtenue, par laquelle il fu condempne a garnir laditte maison, et pour le adjourner de rechief pour monstrer la garnison, le rapport, une acte judicatoire, comment il declara qu'il n'avoit point garni ne entencion de garnir xxiii s. iiii den.; — pour ung autre proces a l'encontre du procureur et couvent de Sainte Croix de la Bretonnerie, pour raison de xiii s. ii den. p. de rente, que cest hostel prent chascun an sur une maison assize en la rue dame Agnes la Buchere, a eulx donnee par feu monsieur de Sens xvi s.; — pour relier ce present compte double xiiii s.

Unziesme grosse somme iii° xlv ᵗᵗ vii s. iii den. ob.

Somme totale de la vraye despense paiee en argent viᵐ vi° lxvi ᵗᵗ v den. poitevine.

Et la vraye recepte en argent pour ceste presente annee est et monte a la somme de viᵐ iii° xlvi ᵗᵗ vi s.v den.

Ainsi, collacion faitte de laditte vraie recepte en argent a laditte vraye despense paiee aussi en argent, appert que laditte despense seurmonte laditte recepte en iii° xix ᵗᵗ xiii s. xi den.

Auditus fuit presens compotus per nos, Nicolaum Dole et Guillermum de Villaribus, canonicos ecclesie Parisiensis, ad hoc nuper per capitulum dicte ecclesie deputatos, in presencia plurium fratrum et sororum dicte domus dei, in mense augusti, anno domini millesimo ccccᵐᵒ vicesimo. N. de Dola. G. de Villaribus.

## 4ᵉ REGISTRE IN-4° (150 FEUILLETS PARCHEMIN.)

### ANNÉE 1417.

« Compte de la recepte et despense des rentes et revenues appartenans a l'Ostel Dieu de Paris pour un an, commencant au jour de la feste de Noel l'an mil cccc et seize inclus, et finissant au jour de ladilte feste de Noel mil cccc et dix sept exclus, renduz par freres Jehan Charron de Gisors, maistre dudit Hostel Dieu et Jehan Domilliers, boursiers d'icellui hostel.

Premiere grosse somme (arrerages deuz pour l'annee derrenierement passee) vi ᶜ lxxii livres xviii s. ix den.

Recepte de menus cens ou fons de terre non muables portans ventes, saisines et amendes deubz a l'Ostel Dieu de Paris a pluseurs et divers termes en l'an.

Seconde grosse somme cvi ᶠᶠ xiii s. iiii den.

Recepte des rentes non muables que ledit hostel a et prent par chascun an, a pluseurs et divers termes en l'an, en et sur plusieurs maisons, places et autres lieux, assizes en la ville de Paris et es faulxbourgs d'icelle ville, dont les parties sont escriptes et declerees ou compte de frere Pierre Luillier et Jehan Binet, prestres maisonniers dudit Hostel Dieu, oy par le maistre, en la presence des freres et seurs m. iiii ᶠᶠ ii ᶠᶠ (tierce grosse somme).

Recepte des rentes prinses sur le tresor du Roy nostre sire, a Paris, non muables, v ᶜ xxxix ᶠᶠ x s. iiii den.

Recepte des rentes prinses sur la recepte du demaine du Roy nostre sire, a Paris, non muables iiii ᶜ lxiii ᶠᶠ ix s. viii den.

Quarte grosse somme m. iii ᶠᶠ.

Recepte des rentes non muables prinses sur plusieurs pieces de terre, vingnes et autres heritages, situez et assiz es faulxbourgs de Paris, pres et environ icelle ville, non comprinses es comptes desdiz maisonniers vii ᶠᶠ viii s.

Recepte des rentes non muables deues en et sur plusieurs heritages situez et assiz en plusieurs villes, et terrouers d'icelles, hors Paris.

Quinte grosse somme v ᶜ xxxvii ᶠᶠ viii s. ii den. ii ᵉ livres d'almendes, ung sextier de chasteignes, vii sextiers et mine de sel, une anguille, 1 pinperniaux et cinq chappons.

Recepte en argent de pluseurs cens, rentes, maisons, terres, dismes et autres possessions assizes tant en la ville de Paris comme hors icelle, baillez a ferme a tiltre de louyer pour pris d'argent muables. iiii ᶜ iiii ˣˣ xiii ᶠᶠ xviii s. x den. i anguille et deux chappons (Sixiesme grosse somme).

Recepte des droittures deues audit Hostel Dieu par chascun an le landemain de Noel en plusieurs villes et lieux, x ᶠᶠ vi den. xvi chappons, deux gelines et deux pains.

Recepte des ventes deues pour la vendicion des heritages et possessions situez et assiz en la censive et juridicion fonciere de cest hostel xvii ᶠᶠ xvii s. iii den. xv chappons ii gelines et deux pains (septiesme grosse somme).

Recepte des dons, laiz et aumosnes faiz et donnez audit hostel pour ceste presente annee.

Premierement, d'une aumosne faitte par messire Guillaume Henubel le xxvii ᵉ jour de decembre xlviii s. p.; — du laiz Germain de Rosay vi s. p.; — du laiz Jehan de Neauville, drappier, xl s.; — du laiz Jehanne la Froissarde ung lit; — du laiz Robin de Croisy fait le derrenier jour de decembre xxxii s.; — de l'aumosne d'un chevalier iiii ᶠᶠ; — du laiz Vincent de la Fontaine xviii s.; — du laiz Jehan Heust v s.; — du laiz Agnes de Ruffes xviii s.; — du laiz Jehanne la Triquete v s.; — du laiz de Agnes de Bury, jadiz femme Pierre du Chesne viii s.; — du laiz dame Gille de la Porte xxxii ᶠᶠ; — item un lit fourny; — du laiz Jehan Petit v s.; — du laiz Richart de Senliz xxvii s.; — du laiz Jehan du Vivier, nottaire du Chastellet xx s.; — du laiz Pierre Gigault viii s.; — du laiz Philipot de la debors viii s.; — de l'aumosne de la femme maistre Guillaume de Neauville xlviii s.; — du laiz Jehan le jeune viii s.; — du laiz Marguerite Tandrie v s.; — du laiz maistre Martin, charpentier, x s.; — du laiz Mabille de la conseil xx s.; — du laiz Guillaume le froteur, pour dire vigilles iiii s. p.; — du laiz Jehan Moreau xvi s.; — du laiz Perrette de la Mote viii s.; — du laiz maistre Thomas Daunoy, chanoine de l'eglise de Paris, i lit; — du laiz de Catherine la preude femme vi s.; — du laiz Guillaume Bertree xii s.; — du laiz de Philippe de Breban xvi s.; — du laiz Jehan Jouan xvi s.; — de l'aumosne de excerlant et puissant prince monseigneur le duc de Bretaigne, faitte le derrenier jour de fevrier xxxii ᶠᶠ; — du laiz de damoyselle Marguerite la Marcadee, en son vivant femme de maistre Guillaume de Neauville viii ᶠᶠ; — du laiz Jehanne, femme de Hermant Ruffe xl s.; — du laiz maistre Jehan du Ruit xx s.; — du laiz maistre Jehan Haudri, paie en son vivant cent frans, dont la prieuse a eu xxv frans et nous lxv qui valent lx ᶠᶠ; — du laiz Jehanne, femme Jehan Engarh, xxxii s.; — du laiz Jehanne, femme Jacques Taboul, viii s.; — de l'aumosne messire Seguin, chappellain de l'eglise de Paris, xviii ᶠᶠ; — du laiz maistre Jehan le flescheur v s.; — du lays Alips, en son vivant femme Symon Morin, de Braye Conte Robert xx l. p.; — du laiz noble homme Guillaume du Gros Mesnil, escuier, xviii s.; — du laiz Ysabel la Coiffarde, pour dire vigilles, iiii s.; — du lais Jehan Gilet xviii s.; — du lais Jehanne Tournemote v s.; — du residu des biens de l'execution de feu reverend pere en Dieu, monseigneur Philippe de Molins, en son vivant evesque de Noyon xi$^{tt}$ x s.; — de l'aumosne du Roy nostre sire ii lars; — des biens de feu Pierre Joseph, par l'ordonnance de ses executeurs iiii$^{tt}$; — de l'aumosne la Royne de France, le jour du vendredi adouré, par les mains de ses gens et tresorier, qui ce jour donnerent ii s. parisis pour elle a chascun povre malade estant oudit Hostel Dieu ix$^{tt}$ xii s.; — de l'aumosne maistre Raymon Raguier xlviii s. p.; — du residu des biens de l'execucion maistre Jehan Rousel, curé de Saint Cosme, par les mains des executeurs maistre Jehan de Chalons lx s.; — de l'aumosne noble homme Jehan de la Haie dit Picquet et de damoiselle sa femme c. frans, donnez pour l'augmentacion des malades, pour ce iiii$^{xx}$ livres; — de l'aumosne au frere du Roy de Chipre par seur Perrenelle de la Vigne xxxii s.; — du laiz Colin Baillet v s.; — du lays maistre Gille Champenoys xvi s.; — du laiz Jehan Quarre viii s.; — du lais Arnoult Lienart xviii s.; — du laiz Raullet Legrant v s.; — du laiz Jehan Durant v s.; — du laiz maistre Henri de Couchem, doyen de Saint Gerry de Cambray xviii s.; — du lais Jehan Hosde d'Espoire xx s.; — du lais Guillemin de Sellins xxxii s.; — du lais Jehan Morisse xxxii s.; — du lais Nœl Yvain xxxii s.; — du lais Marion la Peugniere v s.; — du lais Alipson la Fresse xxxii s.; — du lais madame de la Granche i lit; — du lais Robinet la Navarre x s.; — du lais Estienne le Lievre viii s.; — du lais Collette de Samoiz viii s.; — du lais maistre Jehan de Toisy xxxii s.; — du lais Jehanne la Mauconseillice i lit; — du lais maistre Hugues Pilot v s.; — du lais Nicolas Videl, marchant et bourgois de Paris ii$^e$ liv. par.; — du lais Jehanne la Voirriere v s.; — du lais Guillemette la Daguenette viii s.; — du lais Guillemette de Bos Daton, pour dire vigilles, iiii s.; — du lais Jehan Jaloux xxiiii s.; — du lais venerable et discrette personne maistre Robert Lijotte, nottaire et secretaire du Roy nostre sire ii$^e$ frans qui valent viii$^{xx}$ l. p.; — du lais Jehanne la Muhienne viii s.; — de l'aumosne Jaques d'Albigois du pais de Tholouse ii$^e$ frans qui valent viii$^{xx}$ liv. par.; — du lais Jehan Terredieu v s.; — du lais Estienne Gargoule xvi s.; — du lais Perrenelles de Fresnes, en son vivant femme de Jehan de Fresnes xl s. p. de rente; — de l'aumosne Jehan Bruneau, coratier de draps xiii s. p. de rente sur un jardin a Paris, oultre les filles Dieu; — de l'aumosne Jaques d'Albigois x escuz qui valent ix$^{tt}$; — du lais Symonne la Valiere v s.; — du lais Margot la Thiebaude v s.; — du lais madame de Lagranche i lit; — du lais Didier du Tret xvi s. — du lais Robinette la Choiselle v s.; — du lais Jehan Couste pour dire vigilles iiii s.; — des executeurs de feu messire Denis Saille en Bien, prestre, pour le reste de xvi s. donnez pour convoier le corps du deffunct jusques hors des portes de Paris viii s.; — du lais Toussains Morisse xxxii s.; — du lais Jehanne la Coignarde xl s. p.; — du lais Jehanne la Truberde xxxii s.; — item ung lit fourny; — du lais Robert le Tavernier viii s.; — du lais Estienne le Mercier xx s.; — du lais Robin le Tort, pour dire vigilles iiii s.; — du lais Jehan de Valoiz v s.; — du lais Quantin Briffaut xvi s.; — du lais Thomas d'Ardenay vi s.; — du lais Jehanne, femme Jehan Audry xx s.; — du lais Michielle la Blondelle v s.; — du lais Guillaume du Mesnil, escuier, par Pierre de Villebresme c. s.; — du lais maistre Guillaume Olivier xxxii s.; — du lais Marguerite de Saint de Lis v s.; — du lais Pierre Varin, mesgisier xx s.; — du lais messire Guy de Nelle, prestre, vi s.; — du lais Marguerite de Tuillieres xvi s.; — du lais noble Charles de Chaumont, escuier, xx s.; — du lais Aleaumet Machecler lxiiii s.; — du lais Perrette la Regnaude xvi s.; — du lais Pierre de Bompuis iiii$^{tt}$; — du lais Marie Ladoulse x s.; — du lais Pierre Denis, pour dire vigilles, iiii s.; — d'une aumosne secrette par seur Perrenelle du Chemin xl s.; — du lais Ysabel la Feniesse vi s.; — du lais Regnault le Chat xx s.; — du lais noble homme messire Baude de Vauvilliers, chevalier, xvi$^{tt}$; — item du lais dudit chevalier ung lit fourny; — du lais Jehanne la Forsetiere vi s.; — du lais Guillaume du Vivier viii s.; — du lais Jehanne de Vaulx viii s.; — du lais maistre Yves Vrian viii s.; — du lais messire Jehan Perrotin, prestre xvi s.; — du lais Jehan de Maucreux x s. p.; — du lais Estienne de la Brosse xvi s.; — du lais Jehanne la Gavaire v s.; — du residu des biens de l'execucion de feu reverend pere en Dieu monseigneur Philippe de Molins, en son vivant evesque de Noyon, par la main de maistre Philippe Paillart iiii$^{xx}$ liv. p.; — du lais Colin Ruinalt xx s.; — du lais maistre Jehan Dorville v s.; — du lais Henri Tafeneau xxiiii s.; — d'une aumosne secrette par seur Jehanne la Grant xxxii s.; — du lais Jehanne la Pelle xx s.; — du lais Jehan Hurtaut xvi s.; — du lais Guillaume Lainsne viii s.; — du lais Jehan Langloiz i lit; — du lais d'une beguine i lit; — du lais Tassin le Maistre v s.; — du lais Jehan de Bleges, orfevre et bourgois de Paris, l escuz qui valent xlv livres; — du lais Jehan la Brune v s. p.; — du residu des biens de feu maistre Jehan de Chaalons, par les mains de maistre Guillaume de Furches et Jehan Parigny x$^{tt}$ p.; — du lais Perrin Cochet x s.; — du lais messire Jehan de Brye, chappellain de l'eglise de Paris viii s. p.; — du residu des biens de feu Gillette, en son vivant femme de Raulet Forgaiz, par l'ordonnance du maistre des testamens viii ℔ p.; — du lais Aleaume Marcelier ung lit.

Huitiesme grosse somme mil lxxix livres xiiii s. deux lars et x lis.

Recepte des trons, oblacions et questes; recepte de la chambre aux coultes et poullerie vi<sup>e</sup> lxxi ℔ ix s. vi den. (neufviesme grosse somme).

Recepte des laynes et peaulx vendues ceste presente annee tant des bestes estans es granches et maisons appartenans audit Hostel Dieu, comme des moutons et autre bestail mengiez et despensez oudit Hostel Dieu ceste ditte annee vii<sup>xx</sup> viii livres.

Recepte de la vendicion de la despueille et tonture des boys appartenant a cest hostel, faitte en ceste annee, ii<sup>c</sup> lxxvi livres xv s. iiii den.

Dixiesme grosse somme v<sup>c</sup> xxvii ℔ x s. iiii den.

Recepte commune; pour la vendicion de quatre muis de recouppes, vendues a Jehan Magdelaine par messire Yves de Ville sur Legan, pennetier de cest hostel, chascun sextier pour le pris de xii s. valent xxviii ℔ xvi s.; — pour la vendicion des lyes de trois cens xxvi queues et de ciii pintes i caque de vin, beuz et despensez oudit Hostel Dieu ceste presente annee, la lie de chascune queue quatre deniers, valent vi ℔; — de honnorable homme et saige maistre Philippe de Ruilly, doyen de Meaulx, pour faire ung service solempnel des trespassez, le viii<sup>e</sup> de decembre, pour les ames de feuz Philippe et Mahieu de Ruilly xx ℔ p.; — des biens de seur Marie la Galeranne, religieuse de cest hostel xlviii ℔ pour aidier a avoir du ble; — de seur Ysabeau Dorly, religieuse de cest hostel viii ℔ xvi s., par elle bailliez pour aidier aux necessitez de cest hostel; — des biens de feue seur Jehanne Sault en Bien, religieuse de cest hostel xiii ℔ xiiii s. viii den.; — des biens de feue seur Guillaume la Cahardie, religieuse de cest hostel xxviii ℔ xvi s. viii den.; — des biens feu Pierre Nicolas, bercher et frere famillier de cest hostel, qui longuement avoit garde les moutons de cest hostel au Pressouer, c. xi ℔ xii s. viii den., de laquelle somme furent despensez le jour de son obit c. viii s. viii den., ainsy restent c. vi ℔ iiii den.; — de nobles hommes Jehan et Christofle de Harcourt, freres. ii<sup>c</sup> lxxiii ℔ xvii s. iii den. tournoiz, en deducion et rabat de la somme de v<sup>c</sup> livres tournoiz que noble homme feu messire Philippe de Harcourt, leur frere, seigneur de Montgomery et de Noielle sur la mer, avoit donne et laisse a cest hostel pour une foiz, pour dire et celebrer a tousiours perpetuelment en la chappelle dudit hostel, par chascun moys de l'an, le iii<sup>e</sup> jour dudit moys une messe solempnelle de requiem, a diacre et soubz diacre et vigilles des trespasses, pour le salut et remede des ames dudit seigneur. parens, amis et bienfaiteurs; — de Jaquet Darcy, bourgois de Mante iiii<sup>c</sup> livres tournois en deducion et rabat de la somme de vi<sup>c</sup> ℔ tournois, lesquelz il devoit audit Hostel Dieu pour la vendicion de deux maisons et x arpens de vigne, assizes c'est a-savoir l'une d'icelles maisons en laditte ville de Mante, et l'autre maison avecques les x arpens de vigne a Denemont pres d'icelle ville de Mante, lesquelles maisons et rentes furent jadiz a feu Jaques Rose, en son vivant bourgoiz de laditte ville de Mante, et depuis ont este a Marie Hugonne, en son vivant femme de Guillaume Hugon, bourgoiz de Paris, et fille et heritiere dudit Jaques Rose, donnez a cest hostel par laditte Marie, avecques rentes et autres heritaiges, des le mois de mars mil cccc et xv, reserve l'usufruit d'icelles choses sa vie durant seulement, laquelle alla de vie a trespassement ou mois de juillet mil cccc et xvi, venduez audit Jaques et a sa femme ledit pris de vi<sup>c</sup> l. t.; — de maistre Pierre Lefevre, president en Parlement, receu le xi<sup>e</sup> jour de septembre mil cccc xvii, iii<sup>c</sup> livres tournoiz, donnez a cest hostel par ledit maistre Pierre pour dire et celebrer a tousiours perpetuelment oudit hostel, par chascune sepmaine de l'an, une messe de requiem pour le salut et remede de l'ame de feu messire Jehan de Villeblain, en son vivant arcediacre d'Arras et chanoine de l'eglise de Paris, laquelle messe doit estre ditte a notte par chascune premiere sepmaine de chascun mois, et par les autres sepmaines doit estre ditte basse, pour ce ii<sup>e</sup> xl livres parisis; — de messire Hector de Chartres, chevalier, receu le xxiii<sup>e</sup> d'avril m. cccc xvii, xxx ℔ tournoiz en deducion et rabat de l ℔ t. deux pour le reste de la somme de lxxv ℔, lesquelz il nous devoit pour une ausmone par lui faite a cest hostel, et dont il sestoit obligié par ung brevet de chastellet, fait et passe des l'an mil cccc ix, le ii<sup>e</sup> jour de juillet; — de messire Ponce de Belleville, chappellain de l'eglise Nostre Dame de Paris lxiiii ℔ par luy a nous prestez le viii<sup>e</sup> jour de juillet mil cccc xvii, pour lesquelz luy rendre, nous luy avons baillie en gaige vi calices avecques ung reliquiaire appelle le chief Sainte Cordule, pour ce lxiiii ℔; — de maistre Jehan Leconte cirurgien, viii<sup>xx</sup> livres parisis, par luy a nous prestez pour emploier es neccessitez de l'ostel le xii<sup>e</sup> jour de septembre; — de maistre Pierre de Cantelle, confesseur du Roy nostre sire, iiii<sup>xx</sup> livres parisis par luy a nous prestez et emploiez es neccessitez de l'ostel; — pour la vente d'ung cheval griz appelle Charpentier, vendu a ung escollier vii ℔ iiii s.; — pour la vente d'ung autre cheval rouge qui aloit ung peu l'emblure, vendu a monsieur le Doyen de Chartres pour le pris de xii ℔ xvi s. p.; — pour la vendicion de huit vaches a Lorin Gaudry, bouchier demourant a Saint Germain des Prez, pour notre moitie vii ℔ iiii s.; — pour la vendicion de deux vaches avecques leurs suites, venduez pour la doubte des gens d'armes, pour notre part iiii ℔ iiii s.;

[1417.] DE L'HÔTEL-DIEU DE PARIS. 51

— pour deux remissions a Colet Bidel, demourant a Viller le Temple en Brie et a Jehan, Pierre et Guillaume du Jouins xvi ƭƭ p.

Unzieme grosse somme mil v^e iiii^xx xviii ƭƭ xi s.

Recepte de blez deuz de rente audit Hostel Dieu, du ble receu des granches, terres, dismes et champars, du ble achete ceste presente annee, du ble donne, vii^xx xiii muis vi sextiers, mine, ii boisseaux et demi.

Recepte totale de l'avene xxxvi muis viii sextiers, mine et ii boisseaux.

Recepte de l'orge ii muis iii sextiers.

Recepte du vin ceste presente annee v^c iiii^xx i queue vii^xx x poincons et ung caque de vin.

Somme totale de tout le verjus receu ceste presente annee ix queues xix poincons xxvi caques et deux fillettes.

Somme totale de toute la recepte faitte en ceste presente annee, tant en argent comme en autres choses, viii^m. cent onze livres iii s. iiii den., ii^c livres d'almendes, ung sextier de chastaignes, vii sextiers et mine de sel, ii anguilles, cinquante pinperneaulx, xxiii chappons, deux gelines, deux pains, deux lars et dix lis, vii^xx xiii muis vi sextiers, mine, ii boisseaux et demi de ble, xxxvi muis viii sextiers une mine et deux boisseaux d'avaine, deux muis trois sextiers d'orge, v^c iiii^xx i queue, vii^xx x poincons et ung caque de vin et ix queues xix poincons, xxvi caques et deux fillettes de verjus.

C'est la despense et mise faitte par lesdiz frere Jehan Charron de Gisors, maistre dudit Hostel Dieu, et Jehan Domilliers boursier d'icelluy, depuis le jour de Noël l'an mil cccc et xvi jusques audit jour de Noël l'an mil cccc et xvii.

Despense faitte pour la solucion et paiement des cens, rentes et autres devoirs que ledit Hostel Dieu doit par chascun an, tant en argent comme en autres choses a plusieurs et diverses personnes, tant en ladite ville de Paris comme ailleurs, viii^xx xiiii ƭƭ i s. ii den. vi^xx xviii sextiers, une pinte de vin, xxxiii pains, ung mui, iiii sextiers, ii minoz et demi et demie mesure de ble, iii muis, ung minot vi boisseaux ii mesures d'avaine, viii chappons, ii poussins.

Despense faitte pour labour de terres, et pour faire l'aoust, c'est assavoir pour cueillir, saier, faucher et fenner les terres et pres l tbourez en la main d'icellui Hostel Dieu lxvi ƭƭ iiii s.

Despense pour ble achete iii^c iiii^xx iii ƭƭ iii s. iiii den.

Despense faitte pour le labour des vignes appartenans a cest hostel vii^c iiii^xx xi ƭƭ viii den.

Despense faitte pour cerceaulx, moyeus, fustailles, reliages et autres choses necessaires pour le fait de vendengier, ii^c xiii ƭƭ ii s. v den. v sextiers, iii minotz de ble et ix eslitures.

Despense pour vin achette ceste presente annee et labour de vin iii^c xliii queues, cinq poincons, i caque.

Despense faitte pour la cuisine de cest hostel ii^m lxxii ƭƭ.

Despense faitte pour busche achettee ceste presente annee iiii^c xlvi ƭƭ v s.

Despense faitte pour les repparacions faittes en ceste presente annee, tant en cest hostel comme es maisons assises a Paris et en autres maisons et hostels, granches et manoirs hors icelle ville de Paris, appartenans audit Hostel Dieu; — pour ung tableau de boys fait par Jehan Morille, huschier, pour mettre et asseoir une ystoire sur le chaslit des corps trespassez au bout de la sale viii s.; — pour une coulombe mise par ledit Morille en la premiere porte de Petit Pont, pres du chaslit aux corps iiii s.; — ......... iii^c lix ƭƭ x s. x den.

Despense faitte pour les salaires et louyers des varlez et serviteurs de cest hostel iii^c xxxviii ƭƭ xviii s. i sestier de ble.

Despense faitte pour l'eglise et la chevecerie iiii^xx ix ƭƭ ii s. ix den.

Despense faitte par seur Marguerite la Pussonne et Jehanne, tronchieres et gardes du tronc de l'ymage Nostre Dame, a l'entree de cest hostel; — pour faire lxiiii toises de fosse, tant en long comme en lay, ou cimitiere de la Trinite, a mettre les corps trespassez de cest hostel, la toise, par marchie fait, pour le pris de v s. valent xvi ƭƭ p.; — pour porter dudict Hostel Dieu jusques au cymitiere de la Trinite xviii^c xxx corps des personnes trespassez oudit hostel ceste presente annee, c'est assavoir es moys de janvier vi^xx x corps, en fevrier cxii, en mars vi^xx xviii, en avril viii^xx, en may vi^xx x, en juing vi^xx i, en juillet c.i, en aoust cv, en septembre viii^xx x, en ottobre ix^xx xii, en novembre xi^xx ix, et en decembre xii^xx et i corps, tous mis en terre par les fosseeurs de cest hostel, chascun corps l'un parmi l'autre iiii den. p. vault le cent xxv s., le millier xii ƭƭ, ainsi valent les xviii^c xxx corps xxii ƭƭ ii s. vi den. p. Somme toute de cette despense iiii^xx xi ƭƭ xiiii s. vi den.

Despense faitte par messire Yves de ville sur le Gan, pennetier de cest hostel lii ƭƭ xvi s.

Despense faitte pour le celier de cest hostel vii ƭƭ xv s.

Despense faitte par seur Marie la Gallerenne, officiere de la chambre aux coultes xxxv ƭƭ iii s. x den.

Despense faitte par Colin Ruppin, maistre cordouennier, lxiiii ƭƭ xviii s. vii den.

Despense faitte pour huille liii ƭƭ xiiii s. ix den.; — pour cendres xxxi ƭƭ xv s. viii den.; — pour cordes pour les chariez, charettes, charues cxi s. iiii den.; — pour outilz a charron, boys et ouvrage de charron cv s. iiii den.; — pour ouvrage de bourrelier xiii ƭƭ x s.; — pour ferrure du chariot, charettes et charues xxiiii^xx xiiii s.; —

7.

pour la ferrure des chevaulx lviii s. vi den.; — pour harnoiz des chevaulx de selle de cest hostel cxix s.

Despense commune faitte en ceste presente annee ii$^e$ xxxv$^{lt}$ v s. i den.

Somme totale de toute la despense faitte ceste presente annee en argent vi$^m$ vi$^{lt}$ xiii s. iii den.; en ble cxi muis, v sestiers, ung minot, i boisseau et demie mesure, en aveine xxv muis, viii sestiers, ung minot, iii boisseaux et demi et deux mesures, en orge, un muy, en vin iii$^c$ xliii queues, c.iiii poincons et ung caque de vin, iiii queues, v poincons xxvi caques et deux fillettes de vert jus. Mil vi$^c$ lxxviii moutons, xxxvi veaulx, vii pourceaux, v cochons, xxiii barilz et i poincon de harencz caques, deux milliers de harenc sor, ung mui de sel, cvi quarterons et xviii mosles de buche, lesquelles choses cy declaireez sont comprinses et paieez, ou au moins la gregneur partie en la somme de vi$^m$ vi$^{lt}$ cy dessus declairee; en vraye despense v$^m$ viii$^c$ vi$^{lt}$ iii s. viii den.

Collacion faitte de la vraye recepte faitte en argent a ladite vraye despense, aussi paiee en argent, appert que ladite recepte surmonte la despense en iiii$^c$ lxvi$^{lt}$ i s. v den.

Auditus fuit presens compotus per nos Nicolaum Dole et Guillermum de Villaribus, canonicos ecclesie parisiensis, ad hoc nuper per capitulum dicte ecclesie deputatos, in presencia plurium fratrum et sororum dicte domus dei, in mense Augusti anna domini, millesimo quadringentesimo vicesimo, De Dola, De Villaribus.

## 5$^e$ REGISTRE IN-4° (172 FEUILLETS, PARCHEMIN).

### Année 1418.

Compte de la recepte et despense des rentes et revenuez appartenans a l'Ostel Dieu de Paris pour ung an, commencant au jour de la feste de Noel l'an mil cccc et dix sept inclus, et finissant au jour de ladite feste de Noel mil cccc et dix huit exclus, rendu par frere Jehan Charron de Gysors, maistre dudit Hostel Dieu et Jehan Domilliers, boursier d'icelluy.

Premiere grosse somme, des arrerages ii$^c$ xxxii$^{lt}$.

Recepte de menuz cens ou fons de terre non muables portans ventes, saisines et amendes deuez a l'Ostel Dieu, a pluseurs et divers termes en l'an cvi$^{lt}$ xiii s. iiii den.

Recepte des rentes non muables deuez par chascun an a icellui Hostel Dieu mil iii$^c$ vii$^{lt}$ xix s. iii den.

Recepte des rentes sur le Tresor du Roy nostre sire, a Paris, non muables, v$^c$ xxxix$^{lt}$ x s. iiii den.

Recepte des rentes prinses sur la recepte du demaine du Roy nostre sire, a Paris, non muables, Mil trois livres.

Recepte des rentes non muables prinses sur pluseurs pieces de terre, vignes et aultres heritaiges, situez et assis es faulxbourgs de Paris, pres et environ icelle ville, non comprinses es comptes des maisonniers, et sur heritaiges situes hors Paris v$^c$ xxvii$^{lt}$ viii s. ii den., ii$^c$ livres d'almendes, ung sestier de chastainnes, vii sestiers et mine de sel, une anguille, cinquante pinpernaux et v chappons.

Receptes en argent de pluseurs cens, rentes, maisons, terres, dismes et aultres possessions, tant en la ville de Paris comme hors ycelle, baillees a ferme, a titre de louyer pour pris d'argent muables iiii$^e$ lxxiiii$^{lt}$ xiiii s. x den. deux chappons et une anguille.

Recepte des droitures doues audit Hostel Dieu, le lendemain de Noel, en plusieurs villes et lieux x$^{lt}$ vi den. xvi chappons, ii gelines, ii pains.

Recepte de ventes deuez pour la vendicion des heritaiges et possessions situes en la concive et juridicion fonciere de cest hostel viii$^{lt}$ xii s.

Recepte des dons, laiz et aumosnes faiz et donnees audit Hostel Dieu pour ceste presente annee.

Premierement de l'aumosne de noble homme Jehan de la Haye dit Picquet, et de mademoiselle sa femme, cent livres tournois donnez pour l'augmentation de la pictance des povres malades, fait le jour de Noel xxv$^e$ jour du mois de decembre iii$^c$ xvii, pour ce iiii$^{xx}$ l. p.; — du laiz Marie la Sacrife v s.; — du laiz Katherine de Meaulx v s.; — de maistre Beuvin de Boinville, receveur de Montiviller, executeur du testament de feu Symon Maillefer xvi$^{lt}$ t. donnees a cest hostel des biens d'icelluy deffunct, pour estre accompaigne es prieres et bienfaiz dudit Hostel Dieu xii$^{lt}$ xvi s. p.; — du laiz Marie de Laingny xiiii s.; — du laiz Salmon le Grant xii s.; — du laiz Jehanne la Maconne x s.; — du laiz Estienne le Duc, du laiz Aliz de la Riviere vi s.; — d'une aumosne faitte par maistre Gerart Hamere, seelleur de reverend pere en Dieu monsieur de Paris, pour dire deux messes, l'une des angelz, et l'autre du Saint Esprit vi$^{lt}$ viii s.; — du laiz Jehanne la Charpentiere vi s.; — du laiz Jehan Petit v s.; — du laiz Gervasot Dyonis xvi s.; — du laiz Mahaut de Vernon viii s.; — du laiz Hanequin Richart viii s.; — du laiz dame Jehanne la Gencienne iiii$^{lt}$; — du laiz Perrette de Rueil viii s.; — d'une aumosne secreto faite par maistre Jehan le Conte x s.; — du laiz Mahiet Pautin v s.; — du laiz Jehan du Plesseys, dit Bruneau xl s.; — du laiz Agnes la

[1418.] DE L'HÔTEL-DIEU DE PARIS. 53

Jourdaine; d'une aumosne secrete faite par messire Ponce de Belleville x s.; — du laiz Auldoblant, filz de messire Nicolas de Allebert de Florence, chevalier, xx s.; — de l'aumosne Jehan Remon, general maistre des monnoiz du Roy iiii s.; — du laiz Ysabeau la Camuse, v s.; — du laiz Yvonnet le Charpentier v s.; — du laiz messire Guillaume Anguier, chappellain du Roy nostre sire, et chanoigne de la Sainte Chappelle royalle a Paris, ung lit, c'est assavoir coulte, coissin, une sarge persse, deux draps de lin de deux leez et demi; — du laiz Jehanne la Sauvaige v s.; — de la penancerie de l'eglise de Paris, par la main messire Ponce de Belleville, par pluseurs foiz en karesme xvi s.; — du laiz Jehan de Laingny le Jeune, eschancon du Roy nostre sire, pour la pittance aux malades xl s.; — du laiz Jehan de Bretaigne vi s.; — du laiz maistre Jehan Bustel, procureur ou Chastellet de Paris v s.; — du laiz maistre Jehan du Temple v s.; — du laiz messire Jehan de Beaulieu v s.; — du lais Jehan de Sanville, charretier de reverend père en Dieu monsieur l'evesque de Paris xlviii s.; — du laiz Robinette la Manceiere c. s. t.; — d'une aumosne secrete x s.; — de l'aumosne maistre Phelippe Paillart, archediacre de Noyon viii ʰ; — du laiz Olivier Tessier, pour dire vigilles iiii s.; — du laiz Pierre Damarie viii s.; — du laiz Jehanne, femme de maistre Pierre des Plantes xvi s.; — du laiz *Nicolas Flamel xvi s.;* — d'une aumosne secrete faite par maistre Guillaume ..... chappelain de l'eglise de Paris iiii ʰ xvi s.; — du laiz Marguerite, femme Thevenin Tibaut i lit; — du laiz maistre Raoul Anchiez xl s.; — du laiz Ysabeau de la Houssaye vi s.; — du laiz Jehan Victime v s.; — du laiz messire Michel Boullart, cure de Sᵗ Arnoul et chappelain de l'eglise de Paris vi ʰ p.; — item pour son luminaire, qu'il avoit laissie a cest hostel, montant a xx livres, la livre iiii s. iiii den. valent lxvi s.; — du laiz Jehan le Grant v s.; — du laiz Jehan le Nourrissier vi s.; — du laiz Jehan Roucel v s.; — de laiz maistre Pierre Vinaize viii s.; — du laiz Jehan Halle ung lit; — du laiz messire Henry Guillaume, prestre, xvi s.; — du laiz Guillaume Gavaire v s.; — du laiz Perrin Potiau, iiii s.; — du laiz Marion de Trappes i lit fourni; — du laiz Jehan Riou, relieur de livres v s.; — du laiz Jehanne Lanclaere xlviii s.; — du laiz maistre Raoul Camus xi s.; — du laiz Marion la Gente xvi s.; — du laiz Alain Dupre i lit; — du laiz Sainte, vefve de feu Oudart de Cavernay iiii ʰ; — du laiz Denise, femme Estienne Fillon xvi s.; — du laiz Malot aux Trumeaulx xx s.; — du laiz Jehan l'evesque v s.; — de l'aumosne d'un escuyer par messire Yves xvi s.; — du laiz Jehan de Poissy pour dire vigilles iiii s.; — du laiz Jehan Maumusse v s.; — du laiz Jehanne la Cordiere xvi s.; — du laiz Thomas Flanchois viii s.; — item d'iceluy i lit; — du laiz Jehan le Cendrier viii s.; — de l'aumosne de Jehan de Valdelit, du pais d'Espaigne viii s.; — d'une aumosne secrete faite par ung escuyer, present maistre Michiel Feroud, chappellain de cest hostel viii livres; — du laiz Philippot le Picart vi s.; — du laiz Yvonette de la Rue vi s.; — du laiz Guillaume le Lombart viii s.; — du laiz messire Etoz de Sainte More, chevalier, iiii ʰ; — du laiz Gillette, femme Arnoul Gabien viii s.; — du laiz messire Jehan Renoud, prestre, v s.; — du laiz Jehanne de Trois viii s.; — du laiz Guillemin du Faut v s.; — du laiz Jehanne la Pasqualle viii s.; — du laiz Hanequin More viii s.; — du laiz Guillemette, femme de Perrin Nepveu vi s.; — du laiz Raoulet de la Maye viii s.; — du lais Jehan Clau, du laiz Heliot de la Haye v s.; — du laiz Jehan Caillet l'ainsne, et Jehan Caillet le jeune v s.; — du laiz maistre Mahieu de Linieres, conseillier du Roy nostre sire et maistre de sa chambre des comptes viii ʰ et ung lit fourny; — du laiz Colin Mares valet courdouennier de cest hostel xvi s.; — du laiz messire Hervy Godent trois lis fourniz et une paire de draps, deux couvertures et deux orilliers; — du laiz Julian Lami v s.; — du laiz Guillot Chabasse v s.; — du laiz Denisot Sautel xii s.; — du laiz Perrette, femme Jehan l'Estoffe xvi s.; — du laiz Pierre Poingnant v s.; — du laiz maistre Pierre de Fresnes xvi s.; — de l'aumosne de Jehanne, vefve de feu Guillaume de Grapes xvi s.; — du laiz Robin Goman v s.; — du laiz Jehan Cotart iiii s.; — du laiz Jehan Bigart xx s.; — du laiz Jehan Lambert viii s.; — du laiz Alain l'Estoffe v s.; — du laiz Estienne Boilleau v s.; — du laiz maistre Guy Raoul iiii ʰ; — du laiz Henri Richart v s.; — du laiz Nicolas Ferreboue, procureur ou Chastellet de Paris xvi s.; — de l'aumosne de reverend pere en Dieu, monsieur l'evesque de Paris, par Jehan Colet xxiiii escuz, donnez audit hostel par ledit reverend pere en Dieu pour xii mois passez, a compter le mois de juing iiiiᶜ et xvii, c'est assavoir pour chascun d'iceulx xxxvi s. valent xxii ʰ xii s.; — du laiz Collette la Charronne pour dire vigilles iiii s.; — du laiz Jehan Roger ix s.; — du laiz Marie des Plantes iiii s.; — du laiz Pierre Blanche, pour dire vigilles iiii s.; — du laiz Jehan le Mercier par Hunemen viii s.; — du laiz Symonne la Marchande v s.; — du laiz Gillet Hugdent v s.; — du laiz Colart le Maire x s.; — du residu des biens de feu reverend pere en Dieu monsieur Philippe de Molins, en son vivant evesque de Noyon, par la main de reverend pere en Dieu, monsieur Germain, evesque de Lucon, principal executeur, *pour aidier a soustenir les grans pertes que nous et l'ostel avons souffertes pour et a l'ocasion de la guerre,* secourir a la necessite des povres estans en cest hostel, et pour estre acompaigne et participant aux biensfaiz d'icelluy, pour ce ii ᶜ ʰ; — du laiz messire Jehan le Tondeur x s.; — du laiz Jehanne la Chambellanne iiii s.; — du laiz Jehan de Verdun, sergent d'armes du Roy nostre sire xvi s.; — du laiz Jehan de la Porte xxxii s.; — du laiz Marguerite, en son vivant femme de Estienne Preudomme v s.; — du laiz Perrenette la Marcelle xx s.; — du laiz Jehan Ourre, pour dire vigilles iiii s.; — du laiz Jehan de Rains x s.; — du laiz Conrard de Vaudecheigne v s.; — du laiz Estienne Tibault v s.; — du laiz Katherine d'Orleans viii s.; — du laiz Jehan du Hamel xx s.; — des biens de feu sire Jehan Hamon l'ainsne, general maistre des monnoiz du Roy nostre sire iiii s.; — du laiz Katherine la Jeune xvi s.; — du laiz Guillaume de Bonneval x s.; — du laiz Jehan Philippart v s.; — de l'aumosne Ysabeau la Faiere qui a este malade en cest hostel iiii tt xvi s.; — du laiz Guillaume Cordier v s.; — du laiz Jehanne la Clergesse xlviii s.; — du laiz Thoumasse la Valoise xii s.; — du laiz Jehanne la Victoire, pour dire vigilles iiii s.; — du laiz Jehanne la Herce viii s.; — du laiz Arnoult du Mont v s.; — du laiz Fuligot Dugret v s.; — du laiz maistre Pierre Bernard xx s.; — du laiz messire Jehan le Borgne, prestre, viii s.; — du lais Marion la Michaude viii s.; — de l'aumosne Pierre de Champreloiz demourant en la parroisse de Paloisel, pour estre acompaigne es prieres, oraisons et bienfaiz de cest hostel a tousiours perpetuelment lxiiii s.; — du laiz Collette la Boudiere v s.; — du laiz Jehan des Ormes xvi s.; — du laiz Jehan Moreau v s.; — du laiz Collette de Rains xii s.; — du laiz Guillemette la Courdoenniere v s.; — du laiz Marion Dupre v s.; — du laiz Jehanne la Hugueline v s.; — du laiz Jehanne, femme de Coudry viii s.; — du laiz Gerard du Bel Motel v s.; — du laiz Ysabeau du Goul; — du lais de maistre Emery de Vandelles xl s.; — du lais Jehanne la Rousselle xii s.; — du laiz Jehan Malet, pour dire vigilles iiii s.; — du laiz Noel de Marly v s.; — du laiz Alison Antoinette vi s.; — du laiz Jehanne la Taillemonde iiii s.; — du laiz Jehan de Cambray viii s.; — du laiz Colin l'ainsne xx s.; — du laiz Jehan Rame viii s.; — du laiz Pierre le Clerc v s.; — du laiz Jehan de Hacqueville xl s.; — du laiz Pierre Petit v s.; — du laiz Jehanne la Blonde viii s.; — du laiz Jehan Angelin iiii tt; — du laiz Estienne Louchet xvi s.; — du laiz Marie, femme Pierre Rousseau, hussier de la chambre des comptes xvi s.; — du laiz Jehan Riou v s.; — du laiz Jehanne la Faussarde i lit; — du laiz Guillemette la Francoise v s.; — du laiz Pierre de Neufville xvi s.; — du laiz Jehan Thibaut v s.; — du laiz Jehan Wafre Barbier v s.; — du lays messire Simon Hubelin, prestre, chanoine de l'eglise de Paris xx s.; — du laiz maistre Jehan Lourdinoiz x s.; — du laiz Jehan Seance viii s.; — du laiz Jehan de Hacqueville, pour la pictance xlviii s.; — du laiz Je-

hanne, femme Huet Hermant x s.; — du laiz Pierre Rousseau, huissier de la chambre des comptes xvi s.; — du laiz Marion la Muniere x s.; — des biens de feu maistre Jacques le Blant, maistre es ars, par les mains de maistre Etienne Martin, official de Paris et maistre du colleige d'Ostum xxxii s.; — du laiz feue damoiselle Jehanne la Frisonne, vefve de feu maistre Guillaume Perdriel xx s.; — du laiz Pierre de Neufville viii s.; — du lais Agnes, femme feu Jehan Philippe v s.; — du lais Marion la Ferronne viii s.; — du lais Marion Helye v s.; — du lays Oudinet Hardi v s.; — du lais maistre Jehan Vrien, cirurgien, i lit; — item dudit maistre xx s.; — du lays Jehan du Mais v s.; — du lais Agnesot du Hault Boys viii s.; — du lays Margot du Tain v s.; — du lays Perrin Becart v s.; — du lays Guillaume Prevost viii s.; — du lays messire Anceau de la Corondiere, prestre, xvi s.; — du lais Jehannette, femme de Jehannin Guercant v s.; — du lais Jehanne la Laurence vi s.; — du lais Loise de Villeblanche vi s.; — du laiz Jehanne la Quetine v s.; — du lais Jehanne du Hamel v s.; — du lais Jehanne la Boucharde viii s.; — du laiz Henry Romain v s.; — du laiz Denisot Bergeron v s.; — du lais maistre Jehan Chabot xx s.; — du laiz maistre Denis de Bombille, prestre, paie en son vivant lxiiii s.; — du lais Gignon la Normande v s.; — du laiz Pol d'Albret v s.; — du laiz Jehanne la Herdouyne v s.; — du laiz Catherine la Godarde viii s.; — du lais Guillaume l'Obleier, iiii s.; — du laiz Jehan du Gres v s.; — du lais Hemonnet Jaquin viii s.; — du lais Ouyn Prevost viii s.; — du lays Margot l'Archiere v s.; — du lais Gauthier Petit xxv s.; — du lais Jehan Gauthier x s.; — du lais Guillaume le Fevre v s.; — du laiz Oudine la Dunette v s.; — du laiz Jaquet Picquet v s.; — du laiz Perrin Bailli vi s.; — du laiz messire Jehan Lesglantier, prestre v s.; — du laiz messire Jehan Rogier viii s.; — du lais Guillemette la Grosse v s.; — du laiz Josse Spiz v s.; — du lais Jehan le Flebe v s.; — du lais Lucette la Tailliere v s.; — du laiz Guiot Berthelein v s.; — du laiz Denisot la Rive v s.; — du laiz Jehan le Tissier v s.; — du laiz Jehan Dudoit v s.; — du laiz Jehan Lourdin v s.; — du laiz Jehan Cornan xxxii s.; — du laiz Annesot la Courtoise v s.; — du laiz Pierre Panneree, chasublier, et depuis devenu homme d'armes, ung orfray de satin a azure semes de rainceaux, de brodure d'or, a compas de demi quartier de le, de trois aulnes de long; — item une hueque de satin noir; — du laiz Merlin Belart xx s.; — du laiz Symonnet, varlet de feu Jehan de la Chappelle, pour la pictance des malades xx s.; — du laiz Philippotte la Gillonne viii s.; — du laiz Huet le Charpentier v s.; — du laiz Huet Bechet v s.; — du laiz Marion de Bar sur Seine v s., — du laiz Martine la Harengiere v s.; —

[1418.] DE L'HÔTEL-DIEU DE PARIS.

du laiz Jehan Guillemin viii s.; — du laiz Pierre Tillart viii s.; — du laiz Michaut v s.; — du laiz Margot la Bassette v s.; — du lais Pierre de la Garde v s.; — du laiz Jehanne la Picquarde v s.; — du laiz Katherine la Troullarde, pour dire vigilles iiii s.; — du lais Nicolas Ferre, escuier, x s.; — du laiz Symonne la Noirette xxiiii s.; — du lais maistre Hugues Sebilot v s.; — du lais Marguerite la Pagesse v s.; — du laiz Nicolas Sebile v s.; — du laiz Guillemette du Four viii s.; — item du laiz de laditte Guillemette v s.; — du laiz Ysabeau la Pillotte v s.; — du laiz Jehan Raoulin viii s.; — du laiz Colin des Mares v s.; — du laiz damoiselle Philippe Luilliere xvi s.; — du laiz Jehanne la Royne viii s.; — du laiz Remon Poucin viii s.; — du laiz Jehanne *de biau maintien* v s.; — du lais Jehan Paien, pour dire vigilles iiii s.; — du laiz Jehanne de la Court, pour dire vigilles iiii s.; — du laiz Jehan du Ru v s.; — du laiz Laurens de la Fontaine v s.; — du laiz Harmant de Mandesac v s.; — du laiz Jaquelet la Bedonne v s.; — du laiz Julian de la Court v s.; — du laiz Guillemette la Saliere v s.; — du laiz Noël de Marli v s.; — du laiz Yvonnet Cadiou v s.; — du laiz Jehanne la Toutaine v s.; — du laiz Jehan Girout viii s.; — du laiz Thomas vi s.; — du laiz Jehan Mesticole xvi s.; — du laiz Robine de Lange xvi s.; — du laiz Guillaume de la Taille vi s.; — du laiz Martin Fouassier, pour dire vigilles iiii s.; — du laiz Jehannette Geufosse, pour dire vigilles iiii s.; — du laiz Guillemette la Harde viii s.; — du laiz Gregoire de la Taille viii s.; — du laiz Jehannette la Coustilliere, ditte Caboche viii s.; — du laiz Susanne la Bretonne viii s.; — du laiz Ysabeau la Gostelliere viii s.; — du laiz damoiselle Jehanne de Celest pour dire vigilles iiii s.; — du laiz Robin Gaignepain x s.; — du laiz Pierre Martin x s.; — du laiz Colin Harquin v s.; — du laiz Jaquet Poileue v s.; — du laiz Jaquette de Choisy, pour dire vigilles iiii s.; — du laiz Lucas Barbier v s.; — du laiz Jehanne Marie viii s ; — des executeurs maistre Regnault Germain, en son vivant chanoine de Saint Germain de l'Auxerrois viii liv. parisis; — du laiz Mahyet le Roux v s.; — du lais Marion la Sebillotte v s.; — du laiz Guillemette Baudier v s.; — du laiz Jehan Milet v s.; — du laiz Jehanne la Chotte pour dire vigilles ii s.; — du laiz Felicitas la Fevresse xvi s.; — du laiz maistre Yves Tems, maistre en medicine xx s.; — du laiz Perrette, femme jadiz de feu maistre Jehan Brien, en son vivant procureur du Roy nostre sire ou Chastellet de Paris, pour dire vigilles et messe a note xx s.; — du laiz Alison la Berbiere v s.; — du laiz Jehanne de la Fontaine vi s.; — du laiz Marguerite la Borniere xv s.; — du laiz Jehan Quarre v s.; — du laiz Jehan de la Fontaine viii s.; — du laiz Jehan Fourcant iiii s.; — du laiz Jehanne le Houre le Duc v s.; — du laiz Pierre de Chant viii s.; — du laiz Alison la Royne v s.; — du laiz Henriet Joliz viii s.; — du laiz Robert du Chastel vii s.; — du laiz Perrette de Chiefdeville v s.; — du laiz Jehan Vesle v s.; — du laiz Gerard de Lautre viii s.; — du laiz Jehannette de Mante v s.; — du laiz Gilles Davesne v s.; — du laiz Philippot Tirron viii s.; — du laiz Jehanne la Cousine v s.; — du laiz Arnoullet Guillouy xvi s.; — du laiz Huet Fossart vi s.; — du laiz Jehan le Charbonnier v s.; — du laiz Jehan Raison viii s.; — du laiz Raoullet Guiffosse xvi s.; — du laiz Jehannin le Boulengier xvi s.; — du lays Ysabeau la Tessarde vi s.; — du laiz Guillemin Rouel v s.; — du laiz Jehan Pilot xvi s.; — du laiz Jehan Woures dit Sarazin v s.; — du laiz madame Ysabeau de Mory, dame de Herouville xxxii s.; — du laiz maistre Jehan Lelievre, maistre en medecine xl tt; — du lays Ysabiau la Bouchiere v s.; — des biens de feu Geuffrin Catel, de Marion sa femme x escuz, pour ce ix tt; — du laiz Jaquelot la Forte v s.; — du laiz Jehan de la Pietre viii s.; — du laiz Annesot la Jeune v s.; — du laiz Richard le Chandelier v s.; — du laiz Thiebaut aus ii espeez xvi s.; — du laiz Gabriel Gaillemer, pour dire vigilles iiii s.; — du laiz Martin Monet v s.; — du laiz messire Jehan Brevedane xvi s.; — du laiz Jehanne la Potonniere vi s.; — du laiz Marguerite, femme Denisot le Breton xl s.; — du laiz Ysabeau la Belanciere vi s.; — du laiz Colette des Champs v s.; — du laiz Jehan Cousin pour dire vigilles iiii s.; — du lais Katherine la Pourpencee vi s.; — du laiz Marguerite des Champs viii s.; — du laiz Marion la Poutroire viii s.; — du lays Perrette la Vesye v s.; — du laiz Hucon Jaquin viii s.; — du laiz Marguerite la Bougre v s.; — du lays Ysabeau la Pastourelle viii s.; — du laiz Jehannette la Gironde viii s.; — du laiz Perrette de Saint George xvi s.; — du laiz Jehanne Renne viii s.; — du laiz Gabriel du Jardin viii s.; — du lais Regnauld Davenne v s.; — du lays Perrette de Coudray i lit; — du laiz Guillemin Pinoteau, courdouannier xlviii s.; — du laiz Augustin Poschet xvi s.; — du lais Jehan Nicart xx s.; — du lais Marion Chanteprime xx s.; — du lais dame Roberge de Calleville, femme de messire Robert du Boissay, chevalier, xvi tt; — d'une aumosne secrete faitte par le procureur du Saint Esprit en Greve xxiii tt; — du lais messire Jehannet du Pois, chevalier, ung noble en or, pour ce xlviii s.; — du laiz Jehan de Pussy, pour dire vigilles iiii s.; — d'une aumosne faitte par Laurens Maugarny viii s.; — du laiz Gilet Pale xvi s.; — du lais venerable et discrete personne, maistre Guillaume Cardonnel, en son vivant archediacre de Josas en l'eglise de Paris, et chanoigne en laditte eglise xvi tt; — du laiz Jehanne l'Innocente vi s.; — des executeurs du testament de feu Colette la Charronne par la main de Nicaise Musnier c frans donnez a cest hostel pour Dieu et en aumosne iiii˟ ᵗᵗ; — du laiz Audri de Bouville, escuyer de cuisine de monsieur de Bourgogne xlviii s.; — du lais Guillemette la Compasseresse pour dire vigilles iiii s.; — du residu des biens de feu damoiselle Marguerite Pongelle, par la main de madame Bruysse, vicontesse de Granchiers xxxii s.; — du lais de feu reverand pere en Dieu l'evesque de Meaulx ii liz; — du lais damoiselle Katherine des Mares, en son vivant femme de noble homme Jehan Boitel, escuier et eschancon du Roy nostre sire ung lit fourny; — item de laditte damoiselle x frans qui valent viii ᵗᵗ; — des executeurs de feu messire Jehan de Brien, en son vivant chappelain en l'eglise de Paris viii ᵗᵗ; — des executeurs et heritiers de feu messire Moisse de Ruylly, chevalier, en son vivant seigneur de Pont-Ramier, de Louys et Ytier de Ruilly freres, par la main de monsieur Philippe de Ruilly, conseillier du Roy nostre sire et doyen de Meaulx, pour faire ung service de mors pour lesditz deffuncts ix ᵗᵗ x s.; — du lais feu Nicolas le Gras, en son vivant procureur general ou Chastellet de Paris xxxii ᵗᵗ; — du lais feu reverend pere en Dieu monsieur Germain, evesque de Lucon viii˟ᵉ livres; — du lais maistre Regnauld le Roux, chanoine de Saint Marry et chappellain de Saint Bon ii ᶜ xl livres; — du residu des biens feu Jehan Macart, en son vivant sergent du guet, oublaier et pasticier lxxvi s.; — des executeurs de madame..... de Rully, vefve de feu messire Pierre des Essars, jadiz prevost de Paris iiii ᵗᵗ, bailliez par la main de venerable et discrete personne messire Philippe de Ruilly, doien de Meaulx; — des executeurs messire Symon Hubelin, prestre, lxi livres.....

Huitiesme grosse somme xiiiiᶜ lxxviii ᵗᵗ viii s. cinquante et ung lit, une houppelande...

Recepte des trons, oblacions et questes faittes cestc presente annee iiii˟ vi ᵗᵗ viii s. xi den.

Recepte de la chambre aux coultes et poullerie faitte ceste presente annee par seur Marie la Galeranne, garde et officiere de laditte chambre viii ᶜ xvi ᵗᵗ ii s. iiii den.

Recepte des laines et peaulx vendues ceste presente annee tant des bestes estans es granches et maisons appartenans audit Hostel Dieu, comme des moutons et aultre bestail mengiez et despences oudit Hostel Dieu c.ii ᵗᵗ ix s.

Recepte de la vendiccion de la despeulle et tonture de noz boys pour ceste presente annee ix˟ vi livres xvii s.

Recepte commune iiᵐ xxvi livres x s.; — de venerable homme et saige, maistre Gilles de Clamecy et de Katherine de Clamecy sa seur, heritiere de feu venerable et discrete personne maistre Jehan Chanteprime, en son vivant doyen de l'esglise de Paris, receu ceste annee le xviiiᵉ jour d'octobre la somme de iiiiᶜ escus que ledit deffunct avoit laissie a cest hostel en son testament pour faire ung service ou anniversaire des trespassez, iceulx iiiiᶜ escuz laissiez pour estre emploiez en achat de rentes. Et pour ce que cest hostel estoit en grand povrete et en debte, et auxi pour ce qu'il n'avoit pas peu trouver rentes pour emploier lesdiz iiiiᶜ escuz, lesdiz heritiers nous ont baille iceulx iiiiᶜ escuz pour les emploier en achat de vivres, dont pour lors nous avions grant necessite, par telle condicion que se ou temps a venir cest hostel a chevance et puissance greigneur que de presant, ilz nous pourront contraindre de achetter rentes ou heritaiges montant a laditte somme de iiiiᶜ escus; — des biens du seur Perrenelle la Binette, prieuse et religieuse de cest hostel xviii livres, pour aidier a supporter les affaires et necessites de cest hostel; — des biens de seur Marie la Galeranne iiii˟ᵉ livres; — de maistre Jehan le Conte, cirurgien du Roy nostre sire, iiii cens livres tournois, a nous baillez pour ung certain acort et traitie fait entre nous et luy, par lesquelz ilz doit avoir boire, mengier, feu, lit, chambre et demourance en cest hostel, par l'espace de troiz ans, tant pour luy comme pour ung sien varlet quant il luy plaira a les prandre, a nous baillez ceste presente annee le viiᵉ jour de fevrier; — item dudit maistre Jehan le Conte vi˟ l. livres tournois, par lui a nous baillez et prestes ceste presente annee, le xviiiᵉ jour de juing, pour emploier es necessites de cest hostel, duquel prest il a cedule et lettre seellee du seel de cest hostel, pour ce iiii˟ᵉ xvi ᵗᵗ p.; — de messire Pierre Bourdon, cure et chanoine d'Escouys clviii escus en or par lui a nous prestes ceste presente annee le xᵉ jour de novembre, par lui a nous prestez a emploier es affaires et necessites de cest hostel pour ce ii˟ xxix ᵗᵗ ix s. Vacat, pour ce que laditte somme a este rendue et baillie audit messire Pierre avant la reddition de ce present compte, et il nous a rendu nostre lettre et fait quittance de laditte somme; — de venerable homme et saige maistre Pierre de l'Esclat receu ceste presente annee, le xxviᵉ jour de mars, lxxvi ᵗᵗ t. lesquelles ilz devoit a cest hostel pour le reste de ix˟ᵉ lxxvi ᵗᵗ l. t. en quoy il fut japieca oblige envers ledit Hostel Dieu, comme commissaire jadiz ordonne pour recepvoir les debtes deubz aux Juifz, c'est assavoir des l'an mil cccᵐ˟˟xxiii, le viiᵉ jour de juillet, et laquelle obligacion ledit maistre Pierre avoit eue et receue de mes predecesseurs, maistres de cest hostel, comme quassee et paiee, jusques a laditte somme de lxxvi ᵗᵗ l. t. et laquelle somme de ix˟lxxvi livres tournois, par mesdiz predecesseurs a lui baillee, estoit de la somme de mille frans qui paravant avoient este donnez a cest hostel par le Roy nostre sire pour estre emploiez es reparacions de Petit Pont; — de Colin Colart, varlet boulengier x s. deubz par une amende en quoy il a este condempne pour ce qu'il avoit frape Jehan trop lone, varlet chartier de cest hostel et luy avoit donne deux buffes; — de la vendicion de deux houppellandes et une hugue clouee de clos de cuyvre dores, donne par ung gentilhomme qui morut en la journee de la bataille des francois contre les anglois, venduez ceste presente annee vi ᵗᵗ xvi s.

Somme de toute la recepte du ble viii<sup>xx</sup> xvi muis, demi minot et ung boisseau.

Somme de toute la recepte d'avene xxxiii muis, i sextier i mine et demi boisseau.

Recepte de l'orge ii muis ix sextiers.

Recepte de tout le vin quatre cens lxiii queues lxxix poincons.

Recepte du ver jus viii queues xviii poincons.

Somme totale de toute la *vray recepte*, premierement, en argent vi<sup>m</sup> vii<sup>c</sup> v<sup>tt</sup> xiiii s. v den. deux cens livres d'almendes, ung sextier de chastaines, cinquante ung lit, une houppelande, iiii livres de cire, xxii livres de rente, iii quartiers de vigne, une maison, cent xviii muis ix sextiers, ung minot de ble, xxvii muis, ung sextier, iii minos d'avaine et deux muis d'orge, iiii<sup>c</sup> lxiii queues et lxxix poincons de vin, viii queues, xviii poincons et xvi caques de verjus.

C'est la despence et mise faitte par lesdiz freres pour ledit Hostel Dieu, depuis le jour de Noel l'an mil iiii<sup>c</sup> et xvii inclus, jusques audit jour de Noel l'an mil iiii<sup>c</sup> xviii exclus.

Despence faite pour la solucion et paiement des cens, rentes et autres devoirs que ledit Hostel Dieu doit par chascun an viii<sup>xx</sup> vii livres viii s. vii den.

Despence faitte pour labour de terres et l'aoust, et pour ble achete viii<sup>c</sup> xv<sup>tt</sup> xiiii s. viii den.

Despence faitte pour le labour des vignes et pour escharas mis en icelles vi<sup>c</sup> xxxviii<sup>tt</sup> i s.

Despence faite pour cersiaux, moieus, fustailles, reliaiges et autres choses necessaires pour le fait de vendenges et pour vendengier vi<sup>xx</sup> v<sup>tt</sup> xii s.

Despense pour vin achette iiii<sup>xx</sup> vii<sup>tt</sup>.

Despense faitte pour la cuisine ii<sup>m</sup> ii<sup>c</sup> lxxiii<sup>tt</sup>.

Despense pour buche v<sup>c</sup> xxvi<sup>tt</sup> ii s. xi den.

Despense faitte pour les reparations, tant en cest hostel comme es maisons à Paris, et hors icelle ville ii<sup>c</sup> i<sup>tt</sup> xvi s.

Despense faitte pour salaires et loyers des varletz et serviteurs demourans en cest hostel ii<sup>c</sup> xix<sup>tt</sup> x s.

Despense faitte pour l'esglise et la chevesserye dudit Hostel Dieu xxxiiii<sup>tt</sup> v s.

Despense faitte par seur Marguerite la Pussonne et Jehanne la Grant, tronchyeres et gardes du tronc de l'ymaige Nostre Dame vii<sup>xx</sup> xii<sup>tt</sup> iii s.

Despense faitte pour la penneterye de cest hostel lvii<sup>tt</sup> x s.

Despense faitte pour le celier de cest hostel viii<sup>tt</sup> xiii s. . . . . . . . . . . . . . . . . . . . . . . . . . . . . . . . . . . . . . .

Despense commune iii<sup>c</sup> xlvii<sup>tt</sup> x s. vii den.

Somme totale de toute la despense faitte ceste presente annee mil cccc et xviii, en argent vi<sup>m</sup> iii<sup>c</sup> lxv<sup>tt</sup>...

Auditus fuit presens compotus per nos, Petrum Franchomme, cantorem ecclesie parisiensis, Johannem Voignon, Nicolaum de Dole, et Guillermum de Villaribus, canonicos dicte ecclesie, ad hoc nuper per capitulum eiusdem ecclesie deputatos, in presencia plurium fratrum et sororum dicte domus dei, in mense aprili, anno domini millesimo quadragentesimo vicesimo primo, ante pascha.

## 6<sup>e</sup> REGISTRE IN-4° (90 FEUILLETS, PARCHEMIN).
### CONTENANT LES COMPTES DE LA PRIEUSE POUR LES ANNÉES 1422 À 1427.

### Année 1422.

C'est le compte de seur Jehanne la Page, prieuse de l'Ostel Dieu de Paris, des rentes et revenues appartenant a son office de prieuse, et des receptes et mises par elle faictes pour un an, commencant a Noel mil ccccxxi, et fenissant a Noel mil ccccxxii.

Recepte des maisons de Paris iiii<sup>c</sup> iiii<sup>tt</sup> xix s.; — de la maison qui fut Jehan de la Haye dit Picquet, à la porte du Chaume, en la censive des religieux des Billetes, laquelle est amortie par le Roy et ausdiz religieux franche et quitte, a xii deniers de cens, deux a yceulx religieux pour une salle basse et un petit preau joignnant a ycelle, baillee a maistre Michiel de la Teillaye, secretaire du Roy pour xviii<sup>tt</sup> de rente par chascun an, c'est assavoir a l'office du maistre dudit Hostel Dieu xii<sup>tt</sup> et a l'office de la prieuse vi<sup>tt</sup>; — item pour faire faire deux seaux de lecton pour sceller les quittances dudit office de prieuse xvi s.[1]

Somme toute de la despense viii<sup>xx</sup> iiii<sup>tt</sup> vii s. et la vraie recepte est iiii<sup>c</sup> vi<sup>tt</sup> x s.; ainsi appert que la vraie recepte excede la mise de ii<sup>c</sup> xliii<sup>tt</sup> ii s.

### Année 1423.

C'est le compte du seur Jehanne la Page, prieuse de

---
[1] Des feuillets ont été enlevés à cette place du registre, car cet article de dépense se trouve à la suite du chapitre des recettes «pour les louages de l'Ostel Dieu.»

l'Ostel Dieu de Paris, des rentes et revenues appartenans a son office de prieuse et des receptes et mises par elle faittes pour un an commencant a Noel l'an mil ccccxxii et fenissant a Noel ccccxxiii.

Recepte des maisons de Paris iii<sup>c</sup> iiii<sup>xx</sup> xvii<sup>lt</sup> xix s.

Recepte des rentes prinses tant sur la recepte de Paris, comme sur le Tresor pour ledit an viii<sup>xx</sup> v<sup>lt</sup> vii s.

Du tronc de la chambre aux coultes vi<sup>lt</sup>.

Recepte de laiz et aumosnes; — de Jehan Sanguin, du laiz fait par lui pour le linge aux malades xxxii s. p.; — du laiz fait par Guillaume Forsene xvi s.

Somme toute de la recepte vi<sup>c</sup> i<sup>lt</sup> vii s.

Cy s'ensuit la mise et despense faicte pour ladite prieuse; premierement pour la solucion des cens et rentes que ladite prieuse doit a plusieurs personnes,

A Guiot Fournier, procureur de Jehan du Ru dit Valenciennes, maistre de la maladerie de la banlieue vi s. p.; — pour demi arpent de vigne assise en Haultebonne, donne a cest office par feu messire Ponce de Belleville; — au receveur des revenues de l'hostel de Vicestre, paie pour le terme Saint Martin d'yver a cause de arpent et demi de vigne assiz en Martinet xxiii s.

Despense pour achat de toilles, draps, bureaulx et autres choses; — pour plusieurs et grant quantité de vielz draps, achattez pour faire ensevellissemens, et pour faire autres necessitez aux malades x<sup>lt</sup> xii s. (Somme toute vii<sup>xx</sup> xii<sup>lt</sup>.)

Despense pour les liz des malades; — pour iiii<sup>c</sup> de feurre pour mettre es liz des malades lxiiii s.; — item pour blanchir les murs entour les liz des malades xlviii s.

Autre despense pour reparacions de couvertures et tappiz lxviii s.

Despense commune lxv<sup>lt</sup> xiv s.

Somme toute de la despense ii<sup>c</sup> iiii<sup>xx</sup> xvii<sup>lt</sup>.

## Année 1424.

C'est le compte de sœur Jehanne la Page, prieuse de l'Ostel Dieu de Paris.

Recepte des maisons de Paris ccclxi<sup>lt</sup> xix s.

Recepte de laiz et aumosnes; — de Jehan de Louviers viii<sup>lt</sup>; — de l'aumosne Marguerite de Plaisance, venfve de feu Jaques Jouen lvi s.; — de l'aumosne Guillaume Sanguin xxxii s.; — d'une aumosne secrete lxiiii s.; — du laiz sire Jehan de Dampmartin xvi s. p.

Somme toute de la recepte v<sup>c</sup> lxxiii<sup>lt</sup> xvii s.

Cy s'en suit la mise et despense . . . . . . . iii<sup>c</sup> xlvi<sup>lt</sup> xviii s.

## Année 1425.

C'est le compte de suer Jehanne la Page, prieuse de l'Ostel Dieu de Paris.

Du laiz feue Marguerite de Laillier iiii<sup>lt</sup> p.; — de l'aumosne des maistres des monnoyes xliiii s.; — de l'aumosne de la Royne de France, le jour du grant vendredi lxiiii s.; — de l'aumosne Guillaume Sanguin iiii<sup>lt</sup> p.; — du laiz Jehan Sanguin xvi s.

Somme toute de la recepte vi<sup>c</sup> x<sup>lt</sup> xiii s.

S'en suit la mise et despenses iiii<sup>c</sup> lix<sup>lt</sup> iii s.

## Année 1426.

C'est le compte de suer Jehanne la Page, prieuse de l'Ostel Dieu de Paris.

Des maisons oultre Grant Pont, neant, pour ce qu'elles furent abatues par justice.

Recepte de laiz et aumosnes; — de l'aumosne de Guillaume Sanguin iiii<sup>lt</sup> p.; — de l'aumosne Monsieur le conte de Salisbury, par la dispensacion de reverend pere en Dieu, Monsieur l'arcevesque de Rouen xv escus d'or, valent xxii<sup>lt</sup> iiii s.; — du laiz feu maistre Estienne de la Charite iiii<sup>lt</sup> p.

Somme toute de la recepte vii<sup>c</sup> xiii<sup>lt</sup> v s.

S'en suit la mise et despense; a Berthelot, serrurier, pour mettre a point les marches des couches aux malades viii s. p. . . . .

Somme toute de la despense v<sup>c</sup> xiii<sup>lt</sup> i s.

## Année 1427.

C'est le compte de suer Jehanne la Page, prieuse de l'Ostel Dieu de Paris.

Recepte de laiz et aumosnes; du laiz feu Jehan de Louviers viii<sup>lt</sup> p.; — du don des maistres des monnoies de Rouen ung salut d'or pour ce xxii s. p.; — le jour du grant vendredi, de l'aumosne de la Royne de France iiii<sup>lt</sup>; item ce dit jour, de l'aumosne Madame la Regente xviiii<sup>lt</sup> p.; — item ce jour mesmes de l'aumosne Guillaume Sanguin iiii<sup>lt</sup> p. — de l'aumosne Jehan Marceau, maistre des monnoies de Rouen x saluz d'or valent xi<sup>lt</sup>.

Somme toute de la recepte vi<sup>c</sup> lxxi<sup>s</sup> ix s.

S'en suit la mise et despense . . . . . autre despense pour achat de toilles :

Premierement pour plusieurs pieces de toilles achettees tant au lendit comme ailleurs, les parties plus a plain contenues ou papier journal de ladite prieuse xvi<sup>xx</sup> livres x s.

Somme toute de la despense v<sup>c lt</sup> xii s. ix den. ob.

## 7ᵉ REGISTRE IN-4° (186 FEUILLETS, PAPIER ET PARCHEMIN),
#### CONTENANT LES COMPTES DE LA PRIEUSE POUR LES ANNÉES 1428-1436.

### Année 1428.

C'est le compte de seur Jehanne la Page, prieuse de l'Ostel Dieu de Paris, des rentes et revenues appartenans a son dit office de prieuse et des receptes et mises faittes pour ung an entier, commencant au terme de Noel mil' ccccxxvii inclus, et fenissant audit terme de Noel mil ccccxxviii exclus.

Recepte des maisons de Paris cccliiii ₶ x s.

Recepte des laiz et aumosnes. De l'aumosne de feu messire Baudes de Vauviller, chevalier, par la main de maistre Hugues de Dyci. l'un des executeurs d'icellui xvi ₶ p.; — de l'aumosne de la Royne de France par son confesseur le vendredi aoure iiii ₶ p.; — item de l'aumosne de Madame la Regente ou dudit jour xxiiii ₶; — de l'aumosne Guillaume Sanguin oudit jour; — de l'aumosne Monsieur le Regent quant il fut a Notre Dame de Paris, avant qu'il alast a Chartres, xxxiii ₶.

Somme toute de la recepte vi° lxv ₶ vii s.

Si en suit la mise et despense; — pour ung mire qui a visite une fille qui avoit mal ou bras viii s. p.; — pour ung anniversaire pour feue Emengart la Fourriere, jadiz prieuse viii s. p.; — item pour certains despens faiz secrettement pour parvenir a avoir renonciation de l'opposition du Roy pour certaines causes, et pour une provision de louer par justice une maison au bout de la Vennerie x s. p.

Somme toute de la despense iii° iiiixx vii ₶ iii s. viii den.

### Année 1429.

C'est le compte de Jehanne la Page, prieuse de l'Ostel Dieu de Paris.

Des laiz et aumosnes. Premierement de l'aumosne de la Royne de France le jour du grant vendredi lviii s. p.; — item ce jour de l'aumosne Madame la Regente, xxxii ₶ p.; — item ce jour de l'aumosne Guillaume Sanguin iiii ₶ p.; — de Estienne de Braban quant il fut receu xlviii ₶ p.

Somme toute de la recepte vi° lviii ₶ vii s. iii den.

S'en suit la mise et despense; pour la pension de messire Clement Mellot, pour recevoir les rentes appartenans a icellui office de ladite prieuse, et pour celebrer trois messes la sepmaine oudit Hostel Dieu pour les bienffaiteurs dudit office de prieuse xxxii ₶ p.

Somme toute de la despense iii° xiii ₶ x s. vi den.

### Année 1430.

C'est le compte de suer Jehanne la Page, prieuse de l'Ostel Dieu de Paris.

Des laiz et aumosnes; — du laiz maistre Andry Courtevache iiii ₶; ou moys de fevrier en suivant, pour le vi° denier de xxx f. receuz de maistre Estienne de Breban, et est de l'argent de ses libres iiii ₶ p.; — du laiz de la dame du dieu d'amours, de la porte Baudoier, xl s. p.; — de l'aumosne de la Royne de France lxiiii s. p.; — de l'aumosne Guillaume Sanguin xl s. p.

Somme toute de la recepte vi° x ₶ v s. ii den.

S'ensuit la mise et despense...... iii° lxxv ₶ xii s. iii den.

### Année 1431.

Compte de suer Jehanne la Paige, prieuse de l'Ostel Dieu de Paris.

Recepte de laiz et aumosnes; — le jeudi absolu de l'aumosne de la Royne de France xxv s.; — le mardi des feries de Pasques, de l'aumosne Guillaume Sanguin, provost des marchans xl s.; — de l'aumosne maistre Guillaume Cerveau paie par sa main, pour le linge et ensevelissemens des malades, xx salus d'or, valent xxii livres; — item de l'aumosne de la Royne de France viii ₶ p.

S'en suit la mise et de pense; a maistre Guillaume de Bien procureur des basses merceries, pour avoir visitté le pappier et registre desdittes basses merceries, et avoir sa relacion adrexant au receveur de Paris, par laquelle il certiffioit que ladite maison n'estoit point serve ne obligiee envers le Roy, pour cause desdittes basses merceries, i quarteron de poudre de ii s. p.

### Année 1432.

Compte de suer Jehanne la Paige, prieuse de l'Ostel Dieu de Paris.

Des laiz et aumosnes; — du laiz de Ysabeau de Breban, veufve de feu Gerard de Breban iiii ₶ xvi s. p.; — le vendredi benoist de l'aumosne de Madame la Regente xxii ₶; — item cedit jour de l'aumosne Guillaume Sanguin xl s. p.; — item receu du linge donne par feu Monseigneur maistre Milles de Dangeul, jadis doyen de Chartres, pour six draps de lit, prisez en l'inventaire

8.

vi^tt iiii s.; — idem pour la vendicion d'une chambre de sarges vermeilles escheue en l'inventoire dudit feu Monsieur le doyen a cest office, xvi fr. valent xii^tt xvi s. p.; — item pour la vendicion d'une autre chambre faitte a bergiers et brebis qui fut audit feu Monsieur le doyen xv^tt iiii s.; — item de l'aumosne de feu maistre Guillaume Cerveau, receu par sa main lx saluz d'or, valent lxvi^tt p.

S'en suit la mise et despense; — pour une fermeure de bort dillaude, appelee communement ung porche de chambre, ayant troys huys fermans et ouvrans, lequel avoit autrefoiz servi, achette pour mettre et servir en l'entree de la chambre de la prieuse, pour l'achat seulement et pour l'aportaige iiii^tt vi s.

### Année 1433.

Compte de seur Jehanne la Paige, prieuse de l'Ostel Dieu de Paris.

Recepte de laiz et aumosnes; — premierement le vendredi benoit mil iiii^c xxxii, de l'aumosne de la Royne de France lxiii s. p.; — de l'aumosne Guillaume Sanguin xl s. p.; — du lais Jehan de Compans, changeur, par la main de ses executeurs iiii^tt p.

S'en suit la mise et despense; — pour recreacion a deux suers malades viii s. p.; — a deux filles neccessaires iiii s. p.

### Année 1434.

Compte de seur Jehanne la Paige, prieuse de l'Ostel Dieu de Paris.

Recepte de laiz et aumosnes; de l'aumosne Ysabel de Breban xxvi^tt xiii s.; — de la custode d'un malade, en or iiii nobles, deux demi nobles, cinq quars de noble, trois salus, ung dorderet et en monnoie blanche vi^tt viii s. valent xxiii^tt v s.

### Année 1435.

Compte de suer Jehanne la Page, prieuse de l'Ostel Dieu de Paris.

Recepte de laiz et omosnes pour ledit an; — du laiz de Agnes Dossery, bourgoise de Paris, l aulnes de toille de lin toute neufve, xxx aulnes de nappe de lin, a l'euvre de Paris, xxx aulnes de pesnes de pareille euvre et iiii paires de draps de lits; — du vendredi benoist, receu du don de la Roine de France, par la main de son confesseur xlviii s. p.; — du don de Madame de Bourgoigne, par la main de son osmonnier xxiiii^tt; — du don Guillaume Sanguin le xxv^e d'avril xl s. p.; — du laiz de feu maistre Jaques de Bourges, conseiller du Roy, conseiller du Roy nostre sire aux generaulx et aux requestes du palaiz, qui en son testament avoit donne et laissie a cest hostel huit liv. p.; cest assavoir xlviii s.; distribuez aux malades de ceans, a l'office du mais're lxiiii s. et a cest office xlviii s.

S'en suit la mise et despence; — au colecteur du Roy, pour le fons de terre d'une maison qui fut Alexandre Leboursier, assis en la Vieille Tixerranderie, tenant a la maison qui fut a la Royne Blanche pour ceste annee ix den.

### Année 1436.

Compte de seur Jehanne la Paye, prieuse de l'Ostel Dieu de Paris.

Recepte de laiz et omosnes; — de l'omosne faitte des deniers adieu de la monnoie du Roy par Jehan Trotet xlvi s.; — item receu de la vendicion d'une chambre de tapisserie verte, ou mellieu de laquelle avoit ung lion d'une part, et ung chien d'autre, qui buvoient en une fontaine, vendue par la main Hervy du Bois xl frans xxxii^tt.

S'en suit la mise et despence; — au mire pour guerir une fille iiii s.

## 8^e REGISTRE IN-4° (92 FEUILLETS, PAPIER ET PARCHEMIN).

### Année 1428.

Compte de la recepte des rentes et revenues appartenans a l'Ostel Dieu de Paris pour ung an, commencant le jour de Noel mil ccccxxvii inclus et finissant audit jour de Noel mil ccccxxviii exclus, rendu par freres Jehan Domilliers, maistre dudit Hostel Dieu, et Pierre Luillier, boursier d'icellui.

Recepte des arrerages, premiere grosse somme iiii^c liii^tt iiii s.

Recepte de menus cens ou fons de terre non muables c. xix^tt xi s. ii den.

Recepte des rentes que ledit Hostel Dieu a et prent sur plusieurs maisons et places en la ville de Paris et es faulxbourgs d'icelle xii^c lxxi^tt xv s. x den.

Recepte des rentes prinses sur le tresor du Roy nostre sire v^e xxix^tt x s. iiii den.

Recepte des rentes prinses sur les receptes du demaine du Roy nostre sire a Paris non muables iiii^c lxiii^tt ix s. viii den.

Recepte des rentes non muables prinses sur plusieurs pieces de vignes et autres heritages vᶜ xlix ℔ iii s.

Recepte en argent de plusieurs cens, rentes, dismes et autres possessions, tant en la ville de Paris comme dehors, bailleez a rente ferme a tiltre de loyer, pour pris d'argent muables iiᶜ xxi ℔ iiii s.

Recepte des droitures deues audit Hostel Dieu.....

Recepte des dons laiz et aumosnes, faiz et donnez ceste presente annee;

De l'aumosne maistre Nicolas Fraillon, arcediacre de Paris, ung muis de ble; — des biens de l'execution de feu noble homme messire Baude de Vauvilliers, chevalier, par les mains de maistre Hue de Dicy, l'un des executeurs dudit deffunct xvi ℔; — de l'aumosne Katherine de Beauvaiz ung sestier de ble, une mine de poix, vingt cinq livres d'almendes, trois pains de sucre, cent harencs sors; — de l'aumosne maistre Pierre Dougent, advocat en la cour de Meaulx cx s.; — du laiz maistre Guillaume Marescot, greffier des requestes du Palais Royal a Paris xx s.; — de l'aumosne de reverend pere en Dieu, Monsieur Loys, evesque de Therouenne, chancellier de France iiii ℔; — de l'aumosne de la Royne de France iiii ℔; — de l'aumosne de Guillaume Sanguin iiii ℔; — de l'aumosne de Madame la Regente, qui visita cest hostel le jour du vendredi benoist, et donna iiii livres parisis, c'est assavoir xxiiii ℔ pour l'office de la prieuse et pour l'office du maistre de l'Ostel Dieu lxvi ℔ p.; — du laiz Guillaume Cabarre iiii ℔; — d'une aumosne secrete, une fliche de l'art; — du laiz maistre Honnore de La Porte, docteur en theologie, xx s.; — de l'aumosne de tres excellent prince Monseigneur le duc de Bourgoigne, par les mains de sire Guillaume Sanguin viii ℔ xvi s.; — de l'aumosne de la Royne de France pour les acouchees, vi mosles de buche; — de maistre Pierre de Dyacrey, doyen de la faculté de Théologie x escus d'or, qui valent xi ℔; — du laiz Estienne Arode viii s.; — du laiz Bertran de Montmiral xxxii s.; — de l'aumosne sire Jehan Marcel, par les mains de Robin Climent, changeur et bourgeois de Paris, pour employer es reparacions des aisemens des malades de l'enfermerie de cest hostel lx livres; — des biens de feue Jehanne Loysonne, naigueres malade et trespassee en cest hostel, laquelle estoit parente de seur Perrenelle de la Vigne, religieuse de cest hostel xxxiii ℔; — de l'aumosne Madamoiselle de la Charite ung poincon de vin; — de l'aumosne de la Royne de France v platz et v escuelles d'estaing.

Huitiesme grosse somme iiᶜ lxxviii ℔ ii s. iiii den.

Recepte de l'ouverture des trons et oblacions faictes en cest hostel iiᶜ xxii ℔ x s. x den.

Recepte de la chambre aux coultes et poullerie cx ℔; vii s.

Recepte des laynes et peaulx vendues viiˣˣ ii ℔.

Recepte de la vendicion, tonture et despeullie de boys appartenans a cest hostel xx ℔ iiii s.

Recepte de vin, vendu tant en gros comme en detail, iiᶜ xii ℔ vii s.

Recepte de l'or, vaisselle d'argent, calices, reliquiaires et autre vaisselle d'argent baillee par frere Jehan Charron de Gisors, naigueres et derrerem maistre de l'Ostel Dieu, a frere Jehan Domilliers, nouvel maistre institue oudit Hostel Dieu par Messires de l'esglise de Paris, la vellie de Noel mil iiiiᶜ xxvi.

Premierement en or iiᶜ xi escus d'or; — item dix nobles d'or; — item dix salus d'or; — item sept hanaps d'argent esmaillez, au fons a l'image de Monsieur Saint Jehan Baptiste; — item deux autres hanaps d'argent esmaillez, au fons a l'image Saint Pierre; — item ung autre hanap d'argent esmaille, au fons a ung ours pers; — item trois hanaps d'argent esmaillez, au fons a bichettes veres; — item six tasses d'argent plain, au fons et au dehors a une mouffle; — item ung hanap d'argent vere esmaille, au fons de l'anunciation; — item quatre tasses d'argent verrez et martelees au fons, donnez par seur Gille; — item ung petit hanap d'argent vere et esmaille, au fons a l'image Saint Martin; — item deux petiz hanaps d'argent a pie, verez et esmaillez; — item ung petit hanap d'argent vere et esmaille, au fons de Notre Dame assise en sa chaere, assiz sur oef d'austruche casse, a ung pie d'argent vere et ung petit pommeau ou meilleu; — item ung petit gobellet vere esmaille, au fons a l'image Saint Michel; — item ung petit gobellet d'argent vere a souage; — item une cuvette d'argent blanc; — item deux petites sallieres rondes d'argent, soustenuez chascune de troiz petiz lyons, et chascun ung lyon sur le couvelescle; — item deux petites cuillieres d'argent blanc, de vielle facon, signees a une fleur de liz, et ung escu traverse de deux barres et iiii mollettes; — item ung petit calice vere et le pommeau esmaille par les bocetes; — item ung calice d'argent dore, ung crucefix esmaille ou pie et le Saint Sauveur en la pateine; — item ung autre calice d'argent dore, ung crucefix esmaille ou pie et le Saint Sauveur esmaille en la patene; — item deux burettes sans ances et sans biberons; — item deux burettes d'argent dorees, les ances et les biberons tout esmaillez, sur le couvelescle a trois croisettes et le pommeau esmaille es bocetes; — item une paix d'argent dore a crucefix, Nostre Dame et Saint Jehan esmaillez; — item une petite paix d'argent dore, par devant blanc, par derriere a iii ymages, le crucefix Nostre Dame et Saint Jehan eslevez; — item une nef a mettre encens et une petite cuilliere d'argent veree. *Reliquiaires et croix, tant d'argent comme autrement.* Premierement ung reliquiaire d'argent dore a pilliers, ouquel a plusieurs reliques, et une petite croix, a ung bien petit crucefix atache sur le pie d'icellui reliquiaire; — item ung petit reliquiaire carre d'argent vere, garni de plusieurs reliques, soustenu sur iiii piez petiz; — item ung ymage de Saint Jehan a tout le pie a vi quarres, tout d'argent dore, et tient ung petit reliquiaire quarre dessoubz l'aignel; — item ung chef de Marie Magdelaine, soustenu de deux angeloz d'argent dore, assiz sur petiz lyons, ouquel chef a du test d'icelle benoite Marie; — item une petite croix d'argent doree sur ung pie, faconne de six quarres a ung crucefix entaille; — item une petite croix widee, garnie de plusieurs reliquiaires, de iiii grenetz et cinq petites parles; — item une belle croix d'argent dore, a ung crucefix esleve, et les iiii euvangelistes aux iiii bras d'icelle croix, garnie de plusieurs pierres et parles petites, et le pie garni par bas de plusieurs reliques, au dessus d'icelles viii images, tant d'hommes que de femmes, ledit pie soustenu de iiii lyons, et sur ledit pie, derriere iceulx ymages, a deux petites montaignes; — item une croix double de boys et ung crucefix d'argent dore esleve, couverte devant d'une plataine d'or menuement ouvree et derriere d'une plataine d'argent entaillee, assize sur ung petit pie d'argent entaille, a feullez de vigne; — item une petite croix d'argent dore, a ung cruceffix esleve, et lui fault ung petit pie en son siege; — item une croix de boys couverte de plataine d'argent dore, a ung cruceffix esleve, et iiii petis esmaulx es iiii bras, derriere a iiii euvangelistes eslevez.

Recepte commune; — des margliers de l'esglise Saint Jaques de la Boucherie x s. p. pour dire une messe ou moys de decembre mil ccccxxviii en ladite esglise, pour le salut et remede de l'ame de feu *Nicolas Flamel*, ordonnez et donnez a cest hostel par icellui Nicolas en son testament, par lequel il a charge les diz margliers de paier ladite somme de dix solz parisis audit hostel chascun an, a tousiours perpetuellement; — de Pernelle la Louvette, religieuse de cest hostel, pour le baston de Monsieur Saint Jehan Baptiste, patron de cest hostel, par elle prins l'annee passee, et rendu par elle ceste presente annee, deux burettes d'argent pesant iiii onces et demie; — l'an mil iiii<sup>c</sup> xxvii, le vii<sup>e</sup> jour du moys de novembre, ung des chartiers, ung cheval et le chariot de cest hostel *furent prins et arrestez pour aler en l'ost de Monsieur le Regent*, pour le salaire desquelz nous avons receu par la main de Guillaume de La Mule la somme de iiii<sup>tt</sup>.

Somme toute de la recepte en argent iiii<sup>m</sup> ix<sup>c</sup> lxvii<sup>tt</sup> xi s. x den., dont il en chiet en arrerages mil ix<sup>c</sup> xiii<sup>tt</sup> xiii s. iii den.; — ainsy demeure en vraye recepte iii<sup>md</sup> ix<sup>tt</sup> xviii s. vii den. ob.

Somme totale de tout le ble receu ceste presente annee lxiii muys vii sextiers, mine, minot et demi boisseau ble, ii<sup>c</sup> xlvi douzainez et demie de pain et ii douzainez d'eschaudez.

Somme toute de toute l'avoine receue ceste presente annee xi muis, iii sestiers, mine. minot, i boisseau.

Somme totale de l'orge ii muis, x sextiers, 1 minot.

Somme totale de tout le vin receu ceste presente annee c. iiii queues, xxviii poinçons, i caque et xiiii sestiers de vin.

Despense et mises faites par lesdiz freres Jehan Domilliers, maistre dudit Hostel Dieu, et Pierre Luillier, boursier d'icellui Hostel Dieu, depuis le jour de Noel mil ccccxxvii inclus, jusques audit jour de Noel mil iiii<sup>c</sup> xxvii exclus.

Repparacions faittes pour faire tout de neuf ung vessel, cuve ou pierre de plomb a mettre eaue, appellee la pierre a l'eaue, tenant largement une grant queue d'eau, en laquelle vient l'eaue du puis du treouoir, ou melieu de cest hostel et de la chapelle S<sup>t</sup> Loys, servant a cest hostel pour pour servir d'eaue, et eschever pour peril de feu c. xiiii<sup>tt</sup> ix s.

A maistre Nicole Blanche, pour son salaire d'avoir ceste presente annee instruit et enseigne les enffans de cest hostel xii<sup>tt</sup>.

Despense faitte par seur Perrenelle de la Vigne, religieuse et tronchiere de cest hostel; — pour chappeaux de roses achettes le jour de Monsieur Saint Jehan Baptiste pour les ymages estans au premier et second autelz xxvi s.; — pour le lait des malades achette depuis le jour de Noel mil iiii<sup>c</sup> xxvii, jusques au jour de Noel mil iiii<sup>c</sup> xxviii, c'est assavoir chascune sepmaine dix sestiers et demi, c'est assavoir chascun jour sestier et demi dont le reffretoir aux suers, pour les sales Saint Thomas et Saint Denis, en ont vi pintes, l'enffermerie iii pintes et la salle neuve iii pintes, vault le moys xlviii s., par sepmaine xii s.. dont il y a xiii moys en l'an, a y comprendre le Caresme, ainsy valent xxxi<sup>tt</sup> iiii s. — pour porter depuis cest hostel iii<sup>c</sup> iiii<sup>xx</sup> corps des personnes trespassees en icellui ceste presente annee, c'est assavoir ou moys de janvier xlii, fevrier xvi, mars xxiiii, avril xxxii, mai lxviii, juing xxviii, juillet xxvi, aoust xxiiii, septembre xxxv, octobre xxxvi, novembre xxvi, decembre xxxii. jusques au cimetiere de la Trinité et partie au cimetiere de Saint Innocent lxiii s. iiii den.; — pour ung cent et demy de paelles de terre achette de Jehanne, veufve de feu Jehan Pinte, en son vivant potier de terre, pour servir les malades a faire leurs neccessites lxxii s.

Despense commune; — pour le salaire d'un phisicien et d'un cirurgien lxxii s.; — pour ung cheval gris a chevauchier, achete ou marchie de Paris xv<sup>tt</sup> viii s.; — pour argent donne aux compaignons de Vanves, de Baigneux, de Fontenay et de Clamart, commis, comme ilz disoient, a despecier les embuches ou les adversaires se logoient iii s.; — pour faire par Colin Le Vennier, enlumineur, iii<sup>c</sup> lviii lettres de deux poins et iii<sup>c</sup> xxxii petites

lettres faittes ou breviaire du comptouer du maistre xvi s.;
— pour despens fais pour un proces encommencie en l'encontre de Monsieur le vidame d'Amiens, pour cause de vii sestiers de sel de rente, que cest hostel a droit de prendre par chascun an, sur l'avalage du pont de Picquigny, appartenant audit Monsieur le Vidame, c'est assavoir : pour le mandement royal pour adjourner icellui seigneur iiii s.; — pour le salaire du sergent a cheval qui fut faire et executer ledit adjournement par marchie fait avec lui xxxii s.....

Pour relaches et moderacions pour la povrete et male disposicion du temps de present faittes a plusieurs personnes, proprietaires et detenteurs de plusieurs maisons assizes en la ville de Paris, dont les parties et les personnes ausquelles ont este faictes lesdittes relaches et moderacions sont escriptes et plus a plans declairees ou compte des maisonniers de cest hostel lxxi ₶ xviii ₶.

Somme totale de toute la despense de ce present compte iiii mil lii ₶ iii s. xi den.

(Auditus fuit presens compotus et examinatus per nos P. franchomme, cantorem, P. de Ordeimonte et Johannem Chuffart, canonicos ecclesie parisiensis, ad hoc per capitulum deputatos, in presencia plurium fratrum d.cte domus dei, anno Domini m° cccc° xxxii°, mensis maii die ultima).

## 9ᵉ REGISTRE IN-4° (87 FEUILLETS, PAPIER ET PARCHEMIN).

### Année 1429.

Compte de la recepte des rentes et revenues appartenant a l'Ostel Dieu de Paris pour ung an, comencant le jour de Noel mil ccccxxviii inclus, et finissant audit jour de Noel mil ccccxxix exclus, rendu par freres Jehan Domilliers, maistre dudit Hostel Dieu et Pierre Luillier, boursier d'icellui.

Recepte des arrerages iiii° xxxvii ₶ v s. p.

Recepte de menuz cens ou fons de terre non muables et portans ventes, saisines et admendes, deues a l'Ostel Dieu de Paris, en plusieurs villes et divers termes en l'an cxix ₶ xi s. ii den.

Recepte des rentes que ledit Hostel Dieu a et prent par chascun an a plusieurs et divers termes en l'an, en et sur plusieurs maisons places et autres lieux assis en la ville de Paris et es faulxbourgs d'icelle, dont les parties sont escriptes ou compte de frere Jehan Binet, prestre maisonnier dudit hostel, oy par le maistre, en la presence d'aucuns freres et seurs d'icellui Hostel Dieu xii° xliii ₶ x s. ix den.

Recepte des rentes prinses sur le tresor du Roy nostre sire a Paris v° xxxix ₶ x s. iiii den.

Recepte des rentes prinses sur la recepte du demaine du Roy nostre sire iiii° lxiii ₶ ix s. viii den.

Recepte des rentes non muables prinses sur plusieurs pieces de vignes et autres heritages assiz es faulx bourgs de la ville de Paris et environ icelle, nom comprises es comptes des maisonniers vii ₶ viii s.

Recepte des rentes non muables prinses sur plusieurs heritages assis en plusieurs villes hors la ville de Paris v° xlix ₶ iii s. xi den. (quinte grosse somme).

Recepte en argent de plusieurs cens, rentes, maisons, terres, dismes et autres possessions, tant en la ville de Paris comme ailleurs, hors icelle, baillees a ferme a tiltre de loyer, pour pris d'argent, muables xi° iii ₶ vi s.

Receptes des droitures deues audit Hostel Dieu par chascun an en plusieurs villes et lieux, desquelz, et des heritages sur lesquelz elles sont prinses, la declaracion ne sera pas sy longue, ne prolice, comme elle est es comptes precedens, tant pour l'abreviacion de langaige, chierte de parchemin, comme pour ce que la declaracion d'iceulx est assez declairee es comptes precedens....

Recepte des rentes deues pour la vendicion d'aucuns heritages et possessions situees et assises en la censive et juridicion fonciere de cest hostel, en plusieurs et diverses villes vii ₶ xviii s.

Recepte des dons laiz et aumosnes fais a cest hostel, ceste presente annee; du residu des biens de l'execucion feu maistre Nicolle de Savigny, en son vivant advocat en parlement, par les mains de honnorables et discretes personnes, maistres Jaques Braulart et Guillaume Cotin, conseillers du Roy notre sire x ₶; — du residu des biens de l'execucion de feu Digne Responde, par l'ordonnance de maistre Jehan Haguenin, second president en parlement, et Jaques Responde xxxii s.; — de l'aumosne de la Royne de France v livres d'almendes; — item d'icelle v livres de sucre; — du lais Marguerite la Guiennoise, pour dire vigilles xx s.; — de l'aumosne de tres excellant et puissant prince Monseigneur le Regent iiii°° livres parisis, c'est assavoir pour l'office de la prieuse xl ₶ et pour l'office du maistre d'icellui hostel xl ₶; — de l'aumosne monseigneur le chancellier de France, par son chappellain iiii ₶; — de l'aumosne de la Royne de France iiii ₶ xvi s.; — de l'aumosne sire Guillaume Sanguin, par Jehan Sanguin son filz, pour les affaires de cest hostel iiii ₶; — de l'aumosne madame la Regente, qui visita cest hostel le jour du vendredi adoure, a l'office du maistre xlviii ₶; — du lais Guillaume Helin xvi s.;

— de l'aumosne tres excellant et puissant prince Monseigneur le duc de Bourgoigne, par les mains de frere Jehan Sarrazin, prieur des Jacobins de Paris, vii$^{tt}$ xiiii s.,
— de l'aumosne de Guillaume Marc, pour la pitance des malades ung veau; — du lais damoiselle Ysabel du Palais, pour dire ung service des trespassez xl s. — de l'aumosne maistre Guillaume Cerceau, advocat ou Chastellet de Paris, receu xl$^{tt}$ p. pour la fondacion de l'anniversaire de lui et de Colette sa femme, a tousiours en cest hostel; — du lais sire Jehan de Compans, changeur et bourgois de Paris, paie en son vivant xx$^{tt}$; — de l'aumosne de Monseigneur le prieur de Saint Eloy ii queues de vin; — du lais damoiselle Marguerite d'Atainville ung lit fourny.

Recepte des ouvertures de troncs, dons et oblacions faites en cest hostel ceste presente annee iii$^c$ lxxii $^{tt}$.

Recepte des laynes et peaulx vendues lxviii $^{tt}$ xvii s.

Recepte de la vendicion et tonture des bois xx $^{tt}$.

Recepte des grains vendus par cest hostel xviii $^{tt}$ v s.

Recepte de vin vendu iiii$^c$ iiii$^{xx}$ livres.

Recepte commune; — de venerable homme maistre Nicolle de Noille, pour le baston de Monseigneur Saint Jehan Baptiste, patron de cest hostel, par lui rendu ceste presente annee lvi s.

L'an de grace mil ccccxxix le mardi xxx$^e$ jour du mois d'octobre, Estienne de Breban, bourgoiz de Paris, filz de feu Gerart de Breban et de Ysabel jadis sa femme, et nous maistre, freres et seurs de l'Ostel Dieu de Paris, feismes ensemble les traictiez, dons, cessions, transpors, accors, promesses et convenances qui cy apres s'en suivent. C'est assavoir ledit Estienne, meu de devocion qu'il avoit a cest hostel, se donna, mist et rendi audit Hostel Dieu, avecques tous ses biens, par et sur les conditions, reservacions, modificacions, forme et maniere cy apres declairees, desquelz ses biens il bailla et paia content ledit jour la somme de iiii$^c$ livres tournois, c'est assavoir a l'office de la prieuse la somme de liii $^{tt}$ vi s. viii den. par.; — a l'office du maistre d'icellui hostel iii$^c$ xv $^{tt}$ t. qui valent a Paris ii$^c$ lxvi$^{tt}$ xiii s. iiii den. parisis, —·item donna audit Hostel Dieu pour et en lieu de ses libvres la somme de iiii$^c$ livres tournoiz qui valent iii$^c$ xx $^{tt}$ p., c'est assavoir a l'office de la prieuse liii$^{tt}$ vi s. viii den. et a l'office du maistre iii$^c$ xl$^{tt}$ t. qui valent ii$^c$ lxvi $^{tt}$ xiii s. iiii den. p., sur laquelle somme icellui maistre a receu a deux fois xlvi$^{tt}$ xiii s. iiii den.; — item avecques ce ledit Estienne de Breban a donne audit Hostel Dieu la somme de ii$^c$ livres tournoiz, lesquelz lui sont deux par Jaques de Breban, Jaques de Bergieres et sa femme, qui se doivent paier a divers termes, le premier au terme de Pasques qui sera l'an mil iiii$^c$ xxxii; — item oultre ledit Estienne a donne a icellui Hostel Dieu tel part et portion qui lui puet compecter et appartenir en la somme de xvi$^c$ livres tournoiz, donnez et laissiez par Jehanne de Breban, sa belle mere, femme de feu Philippe de Breban a icellui Estienne et a ses dis freres et seurs, et de ce qui sera receu de ladite part, ledit Estienne vouloit que la vi$^e$ partie en soit baillice a l'office de ladite prieuse, et le surplus a l'office du maistre; en recognoissans desquelz dons, transports et delaissemens, ainsi fais par ledit Estienne de Breban audit Hostel Dieu, nous maistre, freres et seurs dudit Hostel Dieu sommes tenus, par nous et nos successeurs, de bailler et delivrer audit Estienne une chambre et chambrette audit Hostel Dieu, pres de la terresse d'icellui hostel; laquelle chambre et chambrette icellui Estienne aura pour son demeure et tendra sa vie durant, sans ce que on lui puisse oster, muer ne changer, et lui querir, livrer et administrer, durant le cours de sa vie, boire, mengier, feu, lit, hostel, lumiere, linge, vesture et chausseure bonne et convenable, selon son estat et toutes autres neccessitez quelzconques.

Somme toute de la vraye recepte d'argent iii$^m$ v$^c$ iiii$^{xx}$ vii $^{tt}$ ii s. i den.

Recepte de ble iiii$^{xx}$ muis v sestiers ii boisseaux, lxx douzainez de pain et v xii$^{ers}$ eschaudez.

Recepte d'avoine ix muis, v sestiers, i boisseau.

Recepte d'orge vi muis ii sestiers.

Recepte de vin ii$^c$ xix queues, liii poincons, iii caques.

Despense et mises faittes par les diz freres Jehan Domilliers et Pierre Luillier.

Cens et rentes que l'Hostel Dieu doit ix$^{xx}$ xiii $^{tt}$ vi s. xi den.

Despense pour labour des terres et l'aoust lxxii$^{tt}$ viii s.

Despense pour ble achete, pour mouture et pour ouvrage de ble iiii$^{xx}$ ii$^{tt}$ iiii s.

Despense pour le labour des vignes vii$^{xx}$ x$^{tt}$ x s.

Despense pour vin achette et pour labour de vin ii$^c$ lxxiii$^{tt}$ vi s. x den.

Despense pour la cuisine vii$^c$ lxxv$^{tt}$ xviii s. v den.

Despence pour buche achettee ii$^c$ livres v s.

Despenses pour repparations vi$^{xx}$ xv$^{tt}$ iii s. ix den.

Despense pour salaires et loyers de varletz et serviteurs, tant en cest hostel comme ailleurs, vii$^{xx}$xi$^{tt}$ iiii s.

Despense pour plusieurs pensionnaires et conseilliers de cest hostel ii$^c$ iii $^{tt}$ x s.

Despense faitte pour l'eglise et chevererie de l'Hostel Dieu de Paris pour ceste presente annee xxxix$^{tt}$ xi s.

Despense faite par seur Perrenelle de la Vigne, religieuse et tronchiere de cest hostel; — pour porter depuis cest hostel v$^c$ lv corps des personnes trespassez en icellui hostel ceste presente annee, c'est assavoir ou moys de janvier xxxiii corps, fevrier xxiiii, mars xlv, avril lxii, may lii, juing xxxv, juillet xxxvi, aoust l, septembre lix,

[1429-1430.] DE L'HÔTEL-DIEU DE PARIS. 65

octobre lxxviii, novembre l et decembre xxxv, partie jusques au cimetiere de la Trinite et partie au cymetiere de Saint Innocent; — pour ii cens de godetz de terre de Beuvaiz pour donner a boire aux malades x s.

Despense faite par seur Marie la Galerenne, garde et officiere de la chambre aux coultes xx ᵗᵗ xiiii s.

Despense commune; pour le salaire d'un phisicien et cirrurgien xliiii s.; — pour faire l'oceque et funerailles de feue seur Marie de Morguenval, en son vivant religieuse de cest hostel xi ᵗᵗ xiii s.; — pour faire les obseques et funerailles de feue seur Jehanne de Saint Martin vi ᵗᵗ ii s.; — pour faire les offrandes a Saint Eloy, pour les chevaulx de cest hostel par Jaquin, chartier de ceans iiii s.; — pour le louage d'une granche a nous louee par monsieur l'abbe de Sainte Gennevieve pour mettre partie des grains de l'ostel du pressouer, pour la doubte des gens gens d'armes, depuis le mois d'aoust jusques au jour de Noel, pour ce xxxvi s.; — aux compaignons de Vanves qui avoient recours aux gens d'armes adversaires, lesquelz avoient emble et prins par nuit, au pressouoir de Bourges, le bestail a laine appartenant a cest hostel, pour leur vin lxvi s.; — pour le salaire de deux sergens, en alant audit lieu de Vanves pour faire commendement, par monseigneur le prevost de Paris, qu'ilz rendeissent ledit bestail, pour ce xii s.; — notez que nous n'eusmes pas tout nostre bestail, mais en furent perdues dix huit bestes; — aux gens d'armes du cappitaine de Montleherry pour leur vin et peine d'avoir *recours* aux adversaires deux vaches et ung cheval appartenant a cest hostel lxx s.; — aux habitans de la ville de Juifvisy ont este bailliez dix solz, pour aidier a paier une composition qu'ilz avoient faite aux adversaires, pour raison du labour des vignes que nous avons assises audit lieu x s.; — aux habitans de la ville de Fontenay lez le bois de Viciennes furent bailliez xxiiii s.; — pour aidier a paier une composicion faitte par les dis habitans aux adversaires, pour raison des vignes que nous avons audit lieu xxiiii s.; — aux gens de la garnison de la ville de Tramblay, quatre paire d'esperons a eulx baillez pour le rencon d'un cheval prins par les adversaires ou moys de novembre xxvi s.; — a Mignon, pour son vin, affin de impectrer pour l'Ostel Dieu de Paris deux saufs conduis des adversaires estans a la Montjoye, pour nostre bestail estant en nostre hostel du pressouer, pour ce iiii ᵗᵗ viii s.; — au varlet dudit Mignon, pour impectrer ung sauf conduit de Simon du Boys, cappitaine de Neauffle, et pour six bullettes pour son vin xxxii s.; — pour une lettre de monseigneur le duc de Bourgoigne, gouverneur de Paris, du congie a nous donne pour nous aidier, sans prejudice du sauf conduit de *cellui qui se dit dalphin* xiiii s.; — pour relaches et moderacions pour la povrete et male disposicion du temps de present, faites a pluseurs personnes detenteurs de pluseurs maisons a Paris lxxiii ᵗᵗ.

Somme totale de la vraye despense iii ᵐⁱˡ cxxxiiii ᵗᵗ vii s. vii den.

## 10ᵉ REGISTRE IN-4° (87 FEUILLETS, PARCHEMIN).

### Année 1430.

Compte de la recepte des rentes et revenues appartenans a l'Ostel Dieu de Paris, pour ung an commencant le jour de Noel mil ccccxxix inclus, et fenissant audit jour de Noel mil ccccxxx exclus, rendu par frere Jehan Domilliers, maistre dudit Hostel Dieu et Pierre Luillier, boursier d'icellui.

Recepte des arrerages vi ˣˣ xii ᵗᵗ p.

Recepte de menus cens ou fons de terre non muables, portant ventes, saisines et admendes deues a l'Ostel Dieu de Paris, en pluseurs villes et divers termes en l'an, c.xix ᵗᵗ xi s. ii den.

Recepte des rentes sur plusieurs maisons, places et autres lieux en la ville de Paris, et es faulxbourgs d'icelle xii ᶜ xxvii ᵗᵗ x s. iii den..

Recepte des rentes prinses sur le tresor du Roy nostre sire a Paris v ᶜ xxxix ᵗᵗ x s. iiii den.

Recepte des rentes prinses sur la recepte du demaine du Roy nostre sire a Paris, non muables, iiii ᶜ lxiii ᵗᵗ ix s. viii den.

Recepte des rentes non muables, prinses sur pluseurs pieces de vigne et autres heritages, assiz es faulxbourgs de la ville de Paris et environ icelle, non comprinses es comptes des maisonniers vii ᵗᵗ viii s.

Recepte des rentes non muables, prinses sur plusieurs heritages en plusieurs villes hors de la ville de Paris v ᶜ xlix ᵗᵗ iii s. xi den.

Recepte en argent de plusieurs cens, rentes, maisons, terres, dismes et autres possessions, en la ville de Paris comme hors icelle, bailliez a ferme a tiltre de loyer, pour pris d'argent muables ii ᶜ xvii ᵗᵗ xii s.

Recepte des droictures deues audit Hostel Dieu par chascun an en plusieurs villes et lieux.....

Receptes des ventes dues pour la vendicion d'aucuns heritaiges et possessions, situez et assiz en la censive et juridicion fonciere de cest hostel, en plusieurs et diverses villes iiii ᵗᵗ xviii s.

Recepte des dons, laiz et aumosnes faiz a cest hostel ceste presente annee; — de l'aumosne Guillaume Dumont, faitte le iiᵉ jour de janvier, qui ce jour donna deux douzaines de pain blanc, deux brocs de vin et ung mouton par quartiers, pour la reffection et disner des malades estans ce jour en cest hostel; — du laiz maistre Andry Courtevache, maistre des comptes du Roy, nostre sire, pour dire et faire ung obit solempnel en cest hostel iiii ℔ p.; — de l'aumosne du procureur du Roy nostre sire ou chastellet de Paris xviii paires d'empignes de vache, envoiez par luy a cest hostel, comme confisquees au Roy; — de l'aumosne madame de la Cherite i mui de ble; — du laiz maistre Jehan Doucin, chappelain de l'eglise Nostre Dame de Paris vi ℔ p.; — de l'aumosne de monseigneur le Chancellier de France, par les mains de messire Jaques Preudome iiii ℔ p.; — de l'aumosne de la Royne de France, par son aumosnier iiii ℔ xvi s.; — de l'aumosne Guillaume Sanguin, par Jehan Sanguin son filz xxxii s.; — du laiz Hannes de Coulongne v s.; — du laiz maistre Charles de la Cherite iiii ℔ p.; — de l'aumosne de mademoiselle de la Cherite ung poincon de vin; — de l'aumosne de noble homme messire Loys Robertsat, chevalier, chambellan du Roy nostre sire, par la main d'ung nomme Jehan Rosseau, son concierge, ung cheval moreau du pris de cxii s.; — du laiz de feu Jehan Basin, menesterel, x s.; — du residu des biens de l'execucion de feu bonne memoire maistre Michel de Tresnel, jadiz evesque d'Auxerre iiii ℔ p.

Somme toute des dons et laiz vii<sup>xx</sup> xv ℔ xvi s.

Recepte de l'ouverture des troncs et oblacions en cest hostel ceste presente annee ii<sup>c</sup> xviii ℔ xvii s.

Recepte de la chambre aux coultes et poullieres faittes en cest hostel par suer Marie la Galeranne vi<sup>xx</sup> v ℔ xvi s.

Recepte des laines et peaulx vendues lxix ℔ v s.

Recepte de la vendicion et tonture de bois faitte ceste presente annee vi ℔ iiii s.

Recepte des grains venduz iiii<sup>xx</sup> viii ℔ iiii s.

Recepte de vin vendu ii<sup>c</sup> lvxxv ℔ iiii s.

Recepte commune; de messire Estienne de Breban, filz de feu Gerard de Breban et de Ysabel jadis sa femme, ceste presente annee le maistre a receu le reste de la somme deue par lui, qui monte a ii<sup>c</sup> xx ℔ p.; — de honneste femme Ysabel de Breban, bourgoise de Paris, fille de feu Jehan de Louviers lainsne, receu ceste presente annee mil livres tournois a nous donnees et baillees par ladite Ysabel pour la sustantacion, nourrissement et aliment des pouvres et autres personnes estans en cest hostel, pour lequel don et bail ainsi a nous fait, avons promis et sommes tenus celebrer a tousjours perpetuellement chascun jour une messe basse de Requiem, qui se doit dire au grant austel, apres la messe du couvent, et avec ce avons promis, sommes tenus et obligiez dire a tousjours perpetuellement, par trois jours de chascune sepmaine de l'an, c'est assavoir, lundi, mardi et vendredi, vigilles a note pour les trespasses, aux pseaulmes et aux lecons, et par trois jours autres, c'est assavoir lundi, jeudi et samedi, laudes avecques commendacees des trespasses, tout pour le salut et remede des ames des diz Jehan de Louviers, Philippe et Gerard de Breban, et leurs femmes, parens et amis, pour ce viii<sup>c</sup> livres parisis; — de la vendicion de six tasses d'argent plaines, venus des biens de feu maistre Le Compte, en son vivant chanoine de Saint Marcel et cirurgien, pesans ensemble six marcs xli ℔ xv s.; — de la vendicion de la croix d'argent doree, sans y comprendre le pie, donnee a cest hostel par feu maistre Pierre de Pacy, en son vivant doyen de l'eglise de Paris, d'un galice d'argent et deux burettes l ℔ viii s.; — de la vendicion d'un grand hanap d'argent qui fu suer Jehanne la Grant, prins ou reffretouer des seurs pour aidier a supporter les grans affaires et neccessites qui estoient en cest hostel, et par especial, pour achetter du ble vii ℔ vi s.; — le xxii<sup>e</sup> jour d'avril mil ccccxxx furent receuz, prins et empruntez, des biens appartenant a la confrarie Saint Nicolas de cest hostel, les choses qui s'ensuivent, c'est assavoir xxiii ℔ ii s. en monnoye trouves en la boiste d'icelle confrarie, et une tasse d'argent du pris et valeur de vi ℔ p., valent les deux sommes xxix ℔ ii s. ii den., ou lieu duquel emprunt fut baillie par le maistre de cest hostel aux gardes d'icelle confrarie ung libvre messel par maniere de gaige.

Somme totale de la vraye recepte de ce present compte iii<sup>m</sup> v<sup>c</sup> xxxv ℔ i s.

Despense faitte par lesdiz freres Jehan Domilliers, maistre dudit Hostel Dieu, et Pierre Luillier, boursier d'icellui.

Despense pour la solucion et paiement des cens et rentes que ledit Hostel Dieu doit par chascun an a plusieurs et diverses personnes, tant en la ville de Paris comme ailleurs ix<sup>xx</sup> xvi ℔ iii s.

Despense pour labour de terres et l'aoust xxxviii ℔ vii s.

Despense pour ble achete et pour pain achete a destail iiii<sup>c</sup> iiii<sup>xx</sup> i ℔ x s.

Despense pour le labour des vignes vi<sup>xx</sup> xi ℔ vi s.

Despense pour vin achete lxxvi ℔.

Despense pour la cuisine et pour le fait d'icelle vi<sup>c</sup> xlix ℔ xiii s.

Despense pour busche achetee iiii<sup>xx</sup> xvii ℔ ix s.

Despense pour reparacions tant en cest hostel et ailleurs vii<sup>xx</sup> vi ℔; — pour mettre a point une couche de boys pour messire Estienne de Breban et pour vi corbeaulx de boys ii s.; — pour une sonnette achettee pour ledit messire Estienne, mise au dessus d'une chambre basse en Bretaingne v s.; — pour ung orinal de cuivre pour ledit messire v s.

Despense pour sallaires et loyers de varletz et serviteurs de cest hostel vi$^{xx}$ xix$^{lt}$.

Despense pour pluseurs pensionnaires et conseilliers de cest hostel lii$^{lt}$ x s.

Despense faitte par suer Perrelle de la Vigne, tronchiere et garde du tronc de l'ymage Nostre Dame; — pour porter depuis cest hostel vi$^c$ xl corps des personnes trespassees oudit Hostel Dieu, en ceste presente annee, partie jusques au cymettiere des Saints Innocens, partie jusques au cymettiere de la Trinité, et iceulx enterrez par Colin Hardouin, fosseur de cest hostel et ses varletz, chascun corps ii den. valent cvi s. viii den.

Despense commune; despense faitte pour messire Estienne de Breban lxxii s.; — (pour une chemise aspre et dure v s. iiii den.; — pour lettres des ordres de saincte eglise prinses par ledit messire, c'est assavoir dyacre, soubz diacre et prestre iiii s.); — pour ung sauf conduit impetré du capitaine de Chasteauford pour noz maisons du pressouoir, de l'ostel de Bourges, pour les chartiers, bergiers, porchiers, et pour le bestail estant en iceulx hostelx iiii$^{lt}$ viii s.; — au varlet Mignon pour son vin, d'avoir apporté de Chasteaufort six bullettes du cappitaine dudit lieu vii s.; — pour ung sauf conduit impetré de monsieur de l'Isle, par Thomas Tricquet, nostre fermier de nostre hostel de Compans xxxii s.; — au varlet dudit Mignon, pour avoir renouvellé les sauf conduis des cappitaines de Montfort — l'Amaury et de Neauflle-les-vielz iiii$^{lt}$ xvi s.; — pour le vin d'aucuns qui font le guet es villes cy apres declairees, esquelles a certains heritaiges a nous appartenans, c'est assavoir a celluy de Saint Germain des Prez x s. p.; — a celluy qui fait le guet a Nostre Dame des Champs viii s. p.; — pour *appatiz* paiez a certaines personnes demourans es villes qui s'ensuivent, esquelles l'Ostel Dieu de Paris a aucuns heritaiges, pour aidier a paier lesdiz appatiz a ceulx de Fontenay, pres du boys de Vinciennes, pour deux appatissemens faiz au cappitaine de Laigny, pour nous paie a deux foiz lvi s. p.; — et aux heritaiges de la ville de Meudon, pour leur aidier a paier leur appatis xxiiii s. p., valent ensemble iiii$^{lt}$; — pour ung seigneur de prestre angloiz pour sa peine d'estre venu confesser par pluseurs foiz les personnes du paix de Angleterre estans malades en cest hostel viii s.; — a ung varlet loué pour porter hastivement unes lettres a Corbueil, a nostre procureur audit lieu, pour le fait de certain proces meu a l'encontre du prevost de Corbueil, pour cause de certains pescheurs qu'il detenoit prinsonniers es prinsons du Roy vi s.; — pour une aulmusse vermeille envoice a Compans, pour la ranson de noz chevaulx prins audit lieu de Compans par les adversaires lvi s.; — pour deux aulnes de drap verd perdu, envoiees au capitaine de Neaufle, pour avoir dudit capitaine ung sauf conduit et pluseurs bullettes lxiiii s.; — pour trois aulnes de drap vert brun baillies a Mignon, pour porter au cappitaine de Chasteaufort nommé Paullestrac, pour avoir de luy ung sauf conduit et iiii bullettes iiii$^{lt}$ xvi s.; — pour le sallaire d'un commissaire et deux jurez, macon et charpentier, menez par auctorité de justice en l'ostel maistre Michel de la Teyllaye, assiz a la porte du Chaume, sur lequel nous prenons xii liv. par. de rente, *lequel hostel a este donné a ung angloiz*, pour voir et visiter laditte maison et mettre par inventoire les huis, traillez, chassiz, porches de chambre, goutieres et autres choses audit hostel appartenans, affin que de tout ce rien ne fust osté, demoly ni emporté xviii s.; — pour l'escripture d'une lettre royale par laquelle le Roy vouloit que nous feussions paiez des arrerages a nous deuz par maistre Michiel de la Tillaye, sur les liens dudit maistre Michiel confisquez, laquelle lettre fut reffaite trois foiz par maistre Philippe de Saint Germain x s.; — pour avoir du greffier criminel de parlement coppie de la puissance des commissaires sur les confiscacions, et coppie du bannissement dudit maistre Michel viii s.

Somme totale de la vraye despense iii$^m$ v$^c$ xxvii$^{lt}$ viii s.

(Auditus fuit presens compotus et examinatus per nos. P. Franchomme, cantorem, P. de Ordeimonte, et Johannem Chuffart, canonicos ecclesie Parisiensis, ad hoc per capitulum deputatos, in presencia plurium fratrum dicte Domus Dei, anno domini m° cccc° tricesimo, secundo, mensis maii die xiiii$^a$).

## 11$^e$ REGISTRE IN-4° (82 FEUILLETS, PARCHEMIN).

### Année 1443.

Compte de la recepte, despenses et misses pour l'Ostel Dieu de Paris, pour ung an commencant a Noel mil ccccxlii et finissant a Noel ccccxliii rendu par frere Jehan Binet, maistre dudit Hostel Dieu, et frere Pierre Luillier (boursier) d'icellui.

Recepte des arrerages li$^{lt}$ xvi s.

Recepte des menus cens ou fons de terre portans ventes et saisines et admendes deuebz audit Hostel Dieu vi$^{xx lt}$ xv s.

Recepte des rentes que l'Ostel Dieu de Paris a et prent par chascun an en et sur plusieurs maisons, places et autres lieux en la ville de Paris, et es faulxbourgs vi$^c$ iiii$^{xx}$ xii$^{lt}$.

Recepte des rentes prinses sur le tresor du Roy nostre sire a Paris v$^c$ xxxix$^{lt}$ x s.

Recepte des rentes prinses sur la recepte du demaine du Roy nostre sire a Paris iiii$^c$ lxiii$^{lt}$.

Recepte des rentes non muables, prinses sur plusieurs pieces de vigne et autres heritage assiz hors la ville de Paris et environ icelle, vii$^{lt}$ xvi s.

Recepte des rentes non muables prinses sur plusieurs heritages en plusieurs villes et es terrouers d'icelles iii$^c$ lxvi$^{lt}$ xvi s.

Recepte en argent de plusieurs cens, rentes, maisons, terres, dismes et autres possessions, tant en la ville de Paris comme hors icelle, baillees a ferme a tiltre de loier, pour pris d'argent, xxiii$^{lt}$ iiii s.

Recepte des droictures, xxxvi droictures, desquelles on ne recoit aulcune chose de present, pour ce que tous les heritaiges qui les donnent sont en friche.

Recepte de laiz, dons et aumosnes; de l'aumosne reverend pere en Dieu monseigneur de Beauveiz xxii s.; — de l'aumosne monsieur l'arcediacre de Paris xliiii s.; — de l'aumosne maistre Thibault de Vittri xxii s.; — de l'aumosne du cappitainne de la Bastille i seitier ble; — de l'aumosne du seigneur de la Cage, a la porte de Paris, ii boisseaux pois; — de l'aumosne monseigneur le Premier Presidand ii sestiers ble; — de l'aumosne du boulengier monsieur le connestable i minot ble; — de l'aumosne du cappitaine de la Bastille i mine ble; — de l'aumosne des iiii boistes des quartiers de Paris, par sire Jehan de Merille, eschevin viii$^{lt}$; — de l'aumosne monsieur le conte Vendosme en vi royaulx vii$^{lt}$ iiii s.; — de l'aumosne madamoiselle la Vaubellonne ii boisseaux feves; — de la queste faicte en parlement pour cest hostel, par la main de monsieur maistre Guillaume Berthellami, conceillier du Roy en ycellui iiii$^{xx}$ xv$^{lt}$ x s. vi den.; — pour l'ofice de la prieuse xxvii$^{lt}$; — pour l'ofice du maistre lxviii$^{lt}$ ix s.; — de l'ouverture de huit boictes des quartiers des halles faicte par sire Jehan de Merle, eschevin, xvi$^{lt}$; — du laiz de feu maistre Thibault, organiste du pallaiz royal a Paris xx s.; — de la queste faicte pour cest hostel ou chastellet de Paris, par maistre Nicolas Gossemart xviii$^{lt}$ xv s.; — de l'ouverture des boistes des quartiers de Paris par sire Jehan de Merle, eschevin, vii$^{lt}$; — de la queste faitte pour cest hostel en parlement par monsieur maistre Guillaume Berthellemi le iiii$^e$ avril, xxii s.; — de l'aumosne monseigneur maistre Jehan Beloisel lxvi s.; — de l'ouverture des boites des quartiers de Paris faitte le xxv$^e$ jour d'avril par sire Jehan de Merle, eschevin, xvi$^{lt}$; — du laiz de feu messire Anthoyne Greffe, chevalier, lx s.; — de l'aumosne reverand pere en Dieu monseigneur l'evesque de Paris iii sestiers de ble; — des boictes des quartiers de Paris par Jehan de Merlle xxvi s. ii den.;

— du laiz de feu Jacquet de Breban, pour dire vigilles sur son corps et couvrir icellui en terre lx s.; — de l'aumosne madame d'Estampes iiii escus et deux royaulx (pour le maistre iii escus et ung real qui vallent iiii$^{lt}$ x s.); — de l'aumosne reverend pere en Dieu monseigneur de Castres xl escus d'or qui vallent xliii$^{lt}$; — du laiz feu maistre Guillaume Bude lx s.; — item son lit, pour ce i lit; — de l'aumosne de madamoiselle de la Charite i poincon de vin; — de l'aumosne monsieur le Premier Presidend iiii moles buche et ii$^c$ cotteres.

Somme toute des dons, laiz et aumosnes iii$^c$ iiii$^{xx}$ iii$^{lt}$ iiii s. viii den.

Recepte des ouvertures des troncs vii$^{xx}$ ix$^{lt}$ xii s.

Recepte de la chambre aux couites li$^{lt}$ xvi s.

Recepte de vin vendu iii$^c$ liiii$^{lt}$.

Recepte commune; des biens de feu frere Jehan Domilliers, maistre de cest hostel, trepassez le dimenche iii$^e$ jour de fevrier xxii s. (notez qui n'avoit point d'argent monnoye or, ne autre monnoye, ne vecelle d'argent); — de la vendicion de deux coronnes d'argent qui servirent aux ymages de Dieu et Nostre Dame estans sur le tronc, pesans ensemble ung marc et viii estellins d'argent venduz le pris de viii$^{lt}$.

Somma totius recepte presentis compoti iiii$^m$ viii$^c$ xx$^{lt}$ xix s.

Recepte de ble lxvii muis i sextier.

Recepte de l'orge iiii muis i sextier, de l'avoine viii$^m$ vi sextiers.

Recepte de vin vii$^{xx}$ xix queues.

Despense faicte par lesdits messire Jehan Binet, maistre dudit Hostel Dieu, et Pierre Luillier, boursier d'icellui.

A plusieurs personnes qui prenent cens et rentes en cest hostel an et sur plusieurs maisons appartenans a icellui lxxii$^{lt}$ viii s.

Despense commune; — pour despens faiz par les serviteurs et autres personnes qui tourne le mollin a bras durant les gellees viii s.; — pour viii livres de cire ouvree en cerges le iiii$^e$ jour de fevrier pour l'obseque de feu messire Jehan Domilliers, maistre de cest hostel xxxii s.; — pour iiii livres de cire en torches xvi s.; — pour dire vigilles pour les iiii ordes mandians xvi s.; — pour porter le corps en terre vii s. iiii den.; — pour char de beuf viii s.; — pour x douzaines de pain blanc et vi quartes de vin achectez en la ville xxii s. (notez que xx personnes de son amictie disnerent en cest hostel cedit jour); — pour porter en terre iiii$^c$ xxi corps, vallent xlv s. x den.; — a messire Jehan Tulleu, le xx$^e$ jour de mars, pour aller a Romme querir noz bulles donnees par nostre Saint Pere le Pappe, en xix escus d'or xx$^{lt}$ xviii s.; — pour une aulne de drap gris pour les escolliers de Saint Plesir en Bourbonnois pour faire chauses xx s.; — aux escolliers de Bourbonnois pour acheter du drap pour une robbe xxxii s.; — aux gens d'armes de Monsieur de l'Isle, pour la taille assise a Compans, paie pour nostre part xxxi s.; — aux mallades estans en la salle Saint Thomas, pour faire les offrandes a Monsieur Saint Eloy, pour noz chevaulx, aux deux festes vi s.; — a frere Jehan Tulleau, qui se partit le xii<sup>e</sup> jour de septembre pour aller de rechief a Romme, querir et recouvrer noz bulles donnees par nostre Saint Pere le Pappe, qui estoient perdues, si comme en disoit vi<sup>tt</sup> xiii s.; — aux gens d'armes de Pierre Regnaulx qui ont renconne et admene noz voitures de Compans le xiii<sup>e</sup> jour du moys de septembre, en iiii escus d'or et iiii solz en monnoie iiii<sup>tt</sup> xii s.; — pour pluseurs escussons aux armes Monsieur le Daulphin iiii s.; — aux gendarmes de Pontoise, qui ont renconne noz chevaulx dudit lieu de Compans le xx<sup>e</sup> ottobre xxii s.; — au cappitaine de Mantes, Angloiz, pour l'appatis dudit lieu xxii s.; — pour une commission du Chastellet, sur une sentence obtenue par cest hostel, en l'auditoire des requestes de l'ostel du Roy, a l'encontre des religieuses, abbesse et couvent de Saint Anthoine des Champs, par laquelle on a este arrester les dismes appartenans ausdites religieuses a Bernay en Brie ii s.; — pour relaches et moderacions faiz a pluseurs personnes, proprietaires et detenteurs de pluseurs maisons et lieux assiz a Paris, chargez et redevables envers cest hostel de rentes, laquelle moderacion leur a este faitte ceste presente annee, sans aucun prejudice, pour la povrete des personnes, et male disposicion du temps de present lxviii<sup>tt</sup> xii s.

Somma tocius misie presentis compoti est ii<sup>m</sup> ii<sup>c</sup> lxxvi<sup>tt</sup> xiii s. iiii den., sic misia exedit receptam ii<sup>c</sup> xlvii<sup>tt</sup> iiii s. iiii den.

(Auditus fuit presens compotus et examinatus per nos, Johannem Chuffart, cancellarium, Henricum Thibout, penitenciarium et Nicolaum Coufranc, canonicos ecclesie parisiensis, ad hoc per capitulum sancte ecclesie parisiensis deputatos, in presencia magistri et plurium fratrum dicte Domus Dei, anno domini m° cccc° xlvi°, die ultima mensis marcii).

## 12<sup>e</sup> REGISTRE IN-4° (69 FEUILLETS, PARCHEMIN).

### Année 1444.

Compte de la recepte, despenses et mises de l'Ostel Dieu de Paris, pour ung an commencant au jour de Noel mil cccc quarante trois inclus, et finissant au jour de Noel mil cccc quarante quatre exclus, rendu par frere Jehan Binet, maistre dudit Hostel Dieu et frere Pierre Luillier, boursier d'icellui.

Recepte des arrerages xlviii<sup>tt</sup> xiiii s.

Recepte des menus cens ou fons de terre, portans ventes, saisines et admendes, deubz audit Hostel Dieu en plusieurs villes et divers termes en l'an vi<sup>xx tt</sup> xv s.

Recepte des rentes que l'Ostel Dieu de Paris a et prend par chascun an, a plusieurs et divers termes, et sur plusieurs maisons, places et autres lieux assis en la ville de Paris, et es forsbourgs d'icelle, dont les parties sont escriptes et declairees ou compte de frere Jehan Binet, maistre d'icellui hostel et Pierre Petit, procureur dudit hostel vi<sup>c</sup> lxxvi<sup>tt</sup>.

Recepte des rentes prinses sur le Tresor du Roy nostre sire, a Paris, v<sup>c</sup> xxxix<sup>tt</sup> x s. iiii den.

Recepte des rentes prinses sur la recepte du demaine du Roy nostre sire a Paris, non muables, iiii<sup>c</sup> lxiii<sup>tt</sup> ix s. iiii den.

Recepte des rentes non muables, prinses sur plusieurs pieces de vignes et autres heritages assiz hors la ville de Paris et environ icelle, non comprinses es comptes des maisonniers vii<sup>tt</sup> xvi s. iiii den.

Recepte des rentes non muables prinses sur plusieurs heritaiges assiz en plusieurs villes et es terrouer d'icelles hors la ville de Paris, paiez a plusieurs et divers termes en l'an, dont les noms de ceulx qui les tiennent ou souloient tenir s'en suivent icy apres iii<sup>c</sup> lxvi<sup>tt</sup> xvi s. vi den.

Recepte en argent de plusieurs cens, rentes, maisons, terres, dismes, et autres possessions, tant en la ville de Paris comme hors icelle, baillees a ferme a tiltre de loier pour pris d'argent, c. iiii<sup>tt</sup> xiv s.

Recepte de dons, laiz et aumosnes faittes ceste presente annee; — de l'aumosne reverend pere en Dieu, Monsieur l'evesque de Castres, confesseur du Roy nostre sire, le xv<sup>e</sup> jour de janvier xxii<sup>tt</sup>; — de l'aumosne Monsieur le penancier de l'esglise de Paris xxii s.; — d'une aumosne secrette par Benard Sauvaige xl mosles buche; — de l'aumosne Monsieur maistre Estienne Bony vi escus d'or, cinq pour l'office du maistre, valent c. x s. p.; — du laiz de feu maistre Jehan Chouart, procureur du Roy nostre sire xx s.; — des maistres du mestier d'espicerie une livre de pouldre fine; — du don de messeigneurs du Parlement, par feu Nicolas de Louviers viii<sup>tt</sup>; — du laiz de feu venerable et discrette personne maistre Lyenain, docteur en decret xvi s.; — de l'aumosne reverend pere en Dieu Monsieur l'evesque de Paris, par Guillaume Paris viii s.; — de l'aumosne reverend pere en Dieu Monsieur de Castres xxxiii<sup>tt</sup>; — de l'aumosne monseigneur de Bourbon ii escus pour le maistre, vallent xliiii s.; — de l'aumosne Monsieur maistre Philippe de Morviller xxiiii s.—des biens d'une bonne femme demourant a Estampes, nommée Lyce xxvi ₶ vis.; — de l'aumosne maistre Etienne Bougu, aumosnier de Monsieur d'Anjou xliii s.; — de Madamoiselle de la Charite, pour une debte qu'elle devoit et ne savoit a qui la rendre xvi s.; — de l'aumosne Monsieur de Castres, confesseur du Roy nostre sire, xx ₶; — du residu des biens de feu maistre Guillaume Cerveau xi ₶ xii s.; — de l'aumosne de Monsieur le Presidend cent et demi de cotteres; — de l'aumosne Monsieur le doyen de Potiers ii mosles de buche; — de l'aumosne de monseigneur maistre Jehan Beloisel xxii s.

Recepte de l'ouverture du tronc estant en l'entree de cest hostel vi^xx iiii ₶ xix s.

Recepte de l'ouverture du coffret estant devant ledit tronc xxv ₶ iii s.

De l'ouverture du tronc de l'enfermerie et du tronc de Petit Pont vii ₶ ii s.

Recepte de la chambre aux coultes lxi ₶ xv s.

Recepte de la tonture et despueille de bois xxviii ₶ xvi s.

Recepte de vin vendu vii^xx xi ₶ iiii s.

Recepte commune ii^c viii ₶; — de Messeigneurs du Parlement, pour une admende baillee a cest hostel par Nicolas de Louviers, garnetier a Monstereau ou fault Yonne viii ₶; — du vicomte de Tournaire par l'ordonnance de messeigneurs du Parlement, en cent escus d'or qui vallent cx ₶; — de maistre *Marcial d'Auvergne*, a cause de xiii s. p. de rente sur ung arpent de vigne assiz en Martinet.

Recepte de ble xxviii muis, viii sestiers i mine.

Recepte de ble achetté vii muis, vii sestiers, de ble donne v muis vii sestiers.

Recepte de vin vi^xx vii queues lii poinchons.

Somme totalle de la vraie recepte mil vii^c lxix ₶ ii s. ii den.

Despense faitte par lesdit Jehan Binet et Pierre Luillier.

A plusieurs personnes qui prennent cens et rentes en cest hostel, an et sur plusieurs maisons appartenans a icellui assiz a Paris, iiii^xx viii ₶.

Despense faitte pour labour de terres xxviii^c xiii s.

Despense faitte pour labour de vignes iii^c lxxviii ₶ xvii s.

Despense faitte pour vendenger les vignes xlix ₶ xix s.

Despense faitte pour vin achetté vi^xx ii ₶.

Despense pour char achetté ii^c liiii ₶ iii s. ii den.

Autre despense pour le Karesme xii^xx xv ₶.

Despense pour buche achettee lxi ₶ iii s.; — pour cotteres lxxix s.

Despense pour reparacions faittes es maisons a Paris ii^c lxxviii ₶ ix s.; — hors icelle ville de Paris liii ₶.

Despense pour sallaire des valles c. iiii^xx iiii ₶.

Despense faitte par seur Perrenelle de la Vigne, tronchere xxi ₶; — pour avoir fait porter au cimitiere des Innocens iii^c iiii^xx ix corps, chascun ii den. vallent lxiiii s. x den.

Despense commune; aux gens d'armes angloiz pour ung sauf conduit impetre le xvi^e jour de janvier, xvi s.; — a messire Pierre Halle pour aler a Sallins querir noz bulles xxiiii s.; — a messire Jehan Tuleu, qui est retourne de Romme, pour ung pourpoint, une paire de chausses et une paire de soullers xl s.; — pour donner a disner a monsieur maistre Robert Ciboulle, le ix^e jour de janvier, qui ce jour prescha et exposa au pueple, en la court monsieur de Paris, nos bulles, lequel ny vint point et ala avec monsieur de Paris disner xii s.; — pour faire et graver quatre seaulx pour seeller les absolucions iiii ₶; — a messire Martin qui administre les malades xxxii s.; — a maistre Jehan Dugazon, le xxiiii^e jour de fevrier, pour faire escripre plusieurs vidimus des bulles xxxii s.; — pour donner a disner a un prescheur jacobin le xviii^e jour de mars vi s.; — pour donner a disner a ung maistre en theologie qui doit aller en Normandie exposer nostre bulle x s. viii den.; — pour six vidimus de l'Universite de Paris des bulles donneez a cest hostel par nostre saint pere le pape lxiiii s.; — pour ii escrins de bois pour mettre lesdiz vidimus xxii s.; — a messire Jehan Tuleu pour aller a Rouen avec le prescheur vi ₶ xii s.; — a messire Pierre Halle pour aller en Poittou et en Aulvergne lv s.; — a seur Hugues et Pacquette, a plusieurs foiz, pour aller a Compans garder l'ostel pour les gens d'armes xii s.; — a messire Jehan Tuleu et maistre Pierre le Blant, pour aller a Moret aveecques ung messaiger qui a apporte nouvelles du don de xi frans donnez par la Royne de France a cest hostel xxii s.; — a ung cordellier qui va prescher pour nous en Bretaigne xxii s.; — pour ung *donnast* et ung *gressime* pour les enffens vi s.; — pour unes chausses pour Robin qui va a l'escolle iiii s.; — a Robin pour paier sa premiere figure des sommes vi s.

Summa tocius expense presentis compoti est ii^m iii^c liiii ₶ viii s. vii den. et vera recepta est mil vii^c lxix ₶ ii s. ii den.; sic misia exedit receptam v^c iiii^xx vi ₶ v s. iiii den.

(Auditus fuit presens compotus et examinatus per nos Johannem Chuffart, cancellarium, Henricum Thibout, penitenciarium, et Nicolaum Coufrans, canonicos ecclesie parisiensis, ad hoc per capitulum dicte ecclesie commissos, anno domini m° cccc° xlvii°, die x° mensis maii).

## 13ᵉ REGISTRE IN-4° (80 FEUILLETS, PARCHEMIN).

### Année 1445.

Compte de la recepte, despenses et mises pour l'Ostel Dieu de Paris pour ung an, commencant a Noel mil iiii$^c$ xliiii inclus, et finissant a Noel iiii$^c$ xlv exclus, rendu par frere Jehan Binet, maistre de l'Ostel Dieu et frere Pierre Luillier, boursier d'icelluy.

Recepte des arrerages iiii$^{xx}$ xv ₶.

Receptes de menus cens ou fons de terre portans ventes et saisines et amendes, deuz audit hostel en plusieurs villes et divers termes en l'an vi$^{xx}$ xv s. ix den.

Recepte des rentes sur plusieurs maisons, places et autres lieux assiz en la ville de Paris et es faulxbourgs d'icelle, dont les parties sont escriptes et declairees ou compte de frere Jehan Binet, maistre d'icellui hostel et Pierre Petit, procureur dudit hostel vi$^c$ iiii$^{xx}$ xvi ₶ vii s.

Recepte des rentes prinses sur le tresor du Roy nostre sire a Paris v$^e$ xxxix ₶ x s.

Recepte des rentes prinses sur la recepte du demaine du Roy nostre sire iiii$^c$ lxiii ₶ ix s.

Recepte des rentes non muables, prinses sur plusieurs pieces de vignes et autres heritages assiz hors la ville de Paris et environ icelle, non comprinses es comptes des maisonniers vii ₶ xvi s.

Recepte des rentes non muables en plusieurs villes et es terrouers d'icelles, hors la ville de Paris iii$^c$ lxvi ₶ xvi s.

Recepte en argent de plusieurs cens, rentes, maisons, terres, dismes et autres possessions, tant en la ville de Paris comme hors icelle, baillees a ferme, a tiltre de loier, pour pris d'argent xvi ₶ viii s.

Recepte de laiz, dons et aumosnes faite ceste presente annee; du laiz de feu Pierre Emery, par la main de sa fille vi ₶ viii s.; — de l'aumosne Jehan Poullain, de Sant Denis, i sextier de ble; — de l'aumosne maistre Guillaume Berthellemi i minot de ble; — du laiz de feu maistre Jehan Brassereau, chanoine de Beauveiz vii ₶ vi s.; — de l'aumosne monseigneur d'Alencon iiii escus dor, vallent iiii ₶ viii s.; — de l'aumosne damoiselle Ysabeau Quatre-Barbes xliiii s.; — de l'aumosne d'ung homme de guerre xxii s.; — de l'aumosne monseigneur d'Orlians i escu, vault xvii s.; — de l'aumosne monseigneur de Castres, confesseur du Roy xxvi ₶ viii s.; — de l'aumosne monseigneur maistre Jehan Picquart lxvi s.; — du laiz Guillaume Leclerc, d'Auxerre, xvi s.; — de l'aumosne et don de feu maistre Guillaume Cayn iiii ₶ viii s.; — de l'aumosne de monseigneur le connestable de France en xxx escus d'or xxxiii ₶; — du laiz de madame la Chantemelle xvi s.; — de l'aumosne monsieur d'Orlians xxii s.; — de l'aumosne madame d'Estampes xx s.; — de l'aumosne monseigneur l'evesque de Nantes en Bertaigne xxii s.; — de l'aumosne monsieur le Chancellier de Bertaingne xxii s.; — de l'aumosne de feu Jehan Haulsecul, pour vigilles xvi s.; — du laiz de feu Michel Quantin, escuier viii ₶; — de l'aumosne madame de Richemont xviiii s.; — du laiz de feu Michault de Lyancourt v s.; — du laiz de feu Enguerran du Bourquet v s.; — Somme des laiz vii$^{xx}$ xvi ₶ xviii s.

Recepte des ouvertures des troncs iiii$^{xx}$ v ₶ xvii s., en plus xxx ₶ xvi s.

Recepte de la chambre aux coultes lxvii ₶ viii s.

Recepte de vin vendu iiii$^{xx}$ ₶ ix s.

Recepte commune faite ceste annee; premierement de la queste faicte par messire Pierre Halle, nostre procureur general ou pais d'Anjou, a cause des bulles donnees a cest hostel par nostre saint pere le pappe Eugene, receu le xx$^e$ jour du mois de feuvrier ii$^c$ escus d'or, vallent ii$^c$ xx ₶ p.; — item receu pour l'office de la prieuse deux queues plaines de linge, c'est assavoir, draps, nappes et autre linge pesans ensemble iiii$^c$ livres de linge; — item receu pour ladicte prieuse en xii draps de laine, chascun drap contenant xx aulnes, pour faire des bureaux pour les malades, pour ce xii$^{xx}$ aulnes de drap; — des biens seur Marie du Jardin, prieuse, trespassee en cest hostel le xxii$^e$ jour d'avril, receu en iii$^c$ xxv pieces d'or iii$^c$ xlv ₶ v s.; — de la queste faicte ou pais de Poitou et d'Auvergne par messire Pierre Halle, receu le xxv$^e$ jour de juillet en iv$^c$ cinquante escus d'or a xxii s. la piece mil xlv ₶; — item receu audit jour pour l'office du linge ung chariot charge de xiiii balles liez et fardelleez de linge, pesans ensemble par estimation dudit Halle iiii mille ou environ; — de la queste faitte ou pais de Poitou par messire Pierre Halle, receu le v$^e$ d'octobre viii$^{xx}$ x ₶ x s.; — item pour l'office de la prieuse une charlee de linge pesant ensemble ii ou iii mil; — de la queste faitte ou pays de Poittou, par messire Pierre Halle, receu le xxvii$^e$ novembre en viii$^{xx}$ escus d'or viii$^{xx}$ xvi ₶.

Recepte de ble lxxv muis; — recepte d'orge iiii muis; — recepte d'avoine xii muis.

Recepte de vin cent xi queues.

Despense faicte par lesdits messire Jehan Binet et Pierre Luillier.

A plusieurs personnes qui prennent cens et rentes en cest hostel an et sur plusieurs maisons appartenant a icellui assiz a Paris iiii$^{xx}$ vii ₶.

Despense pour labour de terres lxx ₶.
Despense pour ble achete iiii$^{xx}$ xiiii ₶.
Despense pour le labour de vignes iii$^c$ lxviii ₶.
Despense pour vin achete iii$^c$ xxxiii ₶.
Despenses pour char achatee ou marche de Paris et aileurs iii$^c$ l livres xv s.; — autre despence faitte pour le caresme et les jours meigres xi$^{xx}$ xviii ₶ xiii s.
Despense pour buche achetee ceste presante annee iiii$^{xx}$ xi ₶.
Despense pour reparacions faictes ceste presente annee clxvi ₶ xvi s.
Despense pour sallaire de valles et chamberieres viii$^{xx}$ i livres.
Despense pour pensionnaires xliii ₶; — a maistre Enguerran Parenti, medecin viii ₶; — a maistre Pierre Malaisie, sirurgien, c s.; — pour porter de cest hostel a Saint Innocent iiii$^c$ deux corps trespasses ceste presente annee, chascun ii deniers vallent l. s. viii den.
Despense commune; pour emmelleures et medecines pour les chevaulx xxxiiii s.; — pour ung pappier journal pour le comptouer du maistre xii s.; — pour despens faiz aveucques messire Pierre Halle et autres, par vi jours, en soy disposant a retourner ou pays d'Anjou xxiiii s.; — a Jehan Asselin, appoticaire, pour plusieurs medicines par luy bailleez durant ma malladie xliiii s.; — pour xvi livres de cire neufve de Jaquet Derpy pour l'oseque de seur Marie du Jardin, prieuse, qui trepassa le xxi$^e$ d'avril lxiiii s.; — pour les offrandes faictes a Saint Eloy pour les chevaulx de cest hostel iiii s.; — aux gens d'armes de Meaulx pour l'appatiz de nostre hostel de Compans xvi s.; — pour donner a disner a ung bourgois de Vittray en Bertaingne hoste de messire Pierre Halle xviii s.; — a monsieur maistre Climent de Crosses, chanoinne de l'esglise pour paier les sergens qui avoient queste messire Pierre Halle pour emprisonner xxii s.; — pour ung cheval achete de maistre Guillaume Plumeteau pour le maistre, pour aller devers le Roy renouveller aucuns de noz previlleges xiii ₶ xiiii s.; — pour deux bonnes doubles d'escallatte pour donner a deux maistres en theologie qui prescherent pour cest hostel en Poictou xxii s.; — pour avoir fait huit roez de cuivre en deux grans baignoueres de laiton esquelles on baigne les malades lv s.; — pour donner a disner a xvi personnes maistres en theologie, clers et autres notables personnes qui ont este prescher ou pais de Poictou et ailleurs pour cest hostel lx s.; — a maistre Pierre Mauger pour mettre la bulle en francoys xxii s.; — a monseigneur l'evesque de Noyon pour avoir ses lettres, pour prescher en son evesche en xi escus d'or xii ₶ ii s.; — au secretaire de monseigneur de Laon xxii s.; — aux gens d'armes de Meaulx pour nostre hostel de Compans xii s.; — a maistre Pierre Lecuir, docteur en theologie qui a este en normendie pour prescher noz bulles en dix escus d'or xi ₶; — pour donner a disner au maistre de l'Hostel Dieu de Beauvaiz vi s.; — pour l'escripture de iiii grans lettres des congies des evesques par Denis Hourart xxxii s.; — pour une sentence donnee affin de garnir pour nous et a l'encontre de maistre Pierre de Breban et sa femme, par laquelle lesdiz mariez ont este condempnez a garnir deux maisons entretenans, assises en la rue des Arcis, pour vi ₶ x s. parisis de rente, que cest hostel prent sur lesdittes maisons xvi s.

Somma totius expense presentis compoti iii$^m$ x ₶ iii s. ii den. (Auditus fuit presens compotus et examinatus per nos J. Chuffart, cancellarium, H. Thibout, peniteneciarium, N. Coufrant, canonicos ecclesie parisiensis, ad hoc per capitulum commissos, die xii maii, anno domini m° cccc° xlvii°).

## 14$^e$ REGISTRE-IN-4° (107 FEUILLETS, PARCHEMIN).

### Année 1446.

Compte de la recepte, mises et despenses pour l'Ostel Dieu de Paris pour ung an, commencant a Noël mil cccc quarante cinq inclus, et finissant le jour de Noël mil cccc quarante six exclus, rendu par frere Jehan Binet, maistre et Pierre Luillier, boursier d'icellui.

Recepte de menus cens ou fons de terre portans ventes, saisines et admendes deubz audit Hostel Dieu en plusieurs villes, a divers termes en l'an vi$^{xx}$ livres xv s.

Recepte des rentes que l'Ostel Dieu de Paris a et prend par chascun an a plusieurs et divers termes en et sur plusieurs maisons, places et autres lieux en la ville de Paris et es forsbourgs vi$^c$ lxxi ₶ xviii s.

Recepte des rentes prinses sur le Tresor du Roy nostre sire a Paris v$^c$ xxxix ₶ x s.

Recepte des rentes prinses sur la recepte du demaine du Roy nostre sire a Paris, non muables, iiii$^c$ lxiii ₶ ix s.

Recepte des rentes non muables prinses sur plusieurs pieces de vignes et autres heritages hors la ville de Paris xvi ₶ iii s.

Recepte des rentes non muables prinses sur plusieurs heritaiges assis en plusieurs villes, a plusieurs et divers termes en l'an, dont les noms de ceulx qui les tiennent ou souloient tenir s'ensuivent ycy apres v$^c$ xxvii ₶.

Recepte en argent de plusieurs cens, rentes, maisons, terres, dismes et autres possessions, tant en la ville de

Paris comme hors icelle, baillees a ferme a tiltre de loier pour pris d'argent c.ii ₶ x s.

Recepte de laiz, dons et aumosnes; de l'aumosne Jehannot Malingret iii mosles de busche; — du laiz de feu monseigneur maistre Jehan Beloisel, en son vivant chanoine de Paris xxx ₶; — de l'aumosne madamoiselle Laparente xxiiii s.; — du laiz de venerable et discrete personne maistre Jehan Cassot, en son vivant, chanoine de Paris xl s.; — de l'aumosne monseigneur le Premier Presidend iiii ₶ viii s.

Recepte des ouvertures des troncs ix$^{xx}$ xii ₶.

Recepte de la chambre aux coultes lxv ₶.

Recepte de peaulx vendues ceste presente annee liii ₶ xi s.

Recepte de la despueille et tonture de boys xv ₶ xiiii s.

Recepte de vin vendu lxxiii ₶ xix s.

Recepte commune; de la queste faitte par maistre Pierre Halle ou pais de Bertaingne et d'Anjout, le xx$^e$ jour de fevrier, mil escus d'or qui vallent xi$^c$ livres; — item en vi chevaulx en harnages et ung chariot pour aporter du linge lxxvii escus d'or, qui vallent iiii$^{xx}$ iiii ₶ xiiii s.; — item xiiii balles et demie de linge, pesans ensemble ii$^m$ viii$^c$ ₶ de linge ou environ; — de la queste faitte par ledit Halle ou pays de Picquardie ledit jour desus dit, en vii$^c$ xxv escus d'or vii$^c$ iiii$^{xx}$ xvii ₶ x s.; — de la queste faicte oudit pais de Picquardie le xxii$^e$ jour de feuvrier, en vi$^c$ xxi escus d'or vi$^c$ iiii$^{xx}$ iii ₶ iiii s.; — de la queste faicte oudit pays de Picquardie le xiii$^e$ jour de mars iiii balles de linge pesans ensemble viii$^c$ livres de linge; — de la queste faitte audit pays le xix$^e$ jour d'avril, en v$^c$ iii escus d'or v$^c$ liii ₶ vi s.; — de la queste faitte oudit pais le xxx$^e$ jour d'avril, en iiii$^{xx}$ iiii escus d'or iiii$^{xx}$ xii ₶ viii s.; — item en linge la charge d'un cheval pesant ensemble iii$^c$ livres de linge; — item en linge iiii balles et la charge d'un cheval, pesans ensemble xi$^c$ livres de linge; — de la queste faitte ou pais de Poittou, d'Anjou et de Bertaingne, mil iiii$^c$ li escus qui vallent mil iiii$^c$ iiii$^{xx}$ vi ₶; — item iiii balles grans a deux charectes pesans viii$^c$ livres de linge; — de la queste faitte ou pais de Bertaingne, Thourainne, Maine et ailleurs, faitte le xxv juillet par nostre procureur general et ses clercs, xiii$^c$ xiiii escus d'or, qui vallent mil iiii$^c$ xlv ₶ viii s.; — item deux chartees de linge pesans ensemble mil vi$^c$ livres de linge ou environ; — item et avecques ce deux balles de linge pesans ensemble iiii$^c$ livres de linge; — de la queste faicte ou pais de Bretaingne par maistre Pierre Halle, nostre procureur general, en linge baille par les habitans dudit pais pour le pris de iiii$^{xx}$ escus d'or qui vallent iiii$^{xx}$ viii livres; — de la queste faitte ou pais de Bourgoingne par le cousin de la prieuse, la charge d'un cheval de linge pesant ii$^c$ livres, le xiii$^e$ jour

d'aoust; — de la queste faitte ou pays de Champaigne le xxvi$^e$ septembre vii$^{xx}$ xiii escus d'or, qui vallent viii$^{xx}$ viii ₶ vi s.; — item ii petites balles de linge pesans ensemble iiii$^c$ livres de linge; — de la queste faitte ou pays d'Anjou et du Maine le xxx$^e$ novembre vi$^c$ liiii escus qui vallent vii$^c$ xix ₶ viii s.; — item une chartee en iii balles, pesans ensemble vii$^c$ et... livres de linge; — de la queste faitte ou pays de Chappaingne le xix$^e$ jour de decembre, ce qui s'ensuit, premierement xi robes a usage de femme, de plusieurs colleurs, venduees vii ₶ iiii s.; — item vi draps entiers de gros drap gris, noir et blanc, contenans ensemble lxx aulnes; — item viii pieces de drap de gris noir et pers commun, contenans ensemble xi aulnes; — item pour l'office de la prieuse viii grans fardeaulx de linge, advenuz par la riviere de Seine depuis Troes en Champaigne, pesans ensemble mil vi$^c$ livres ou environ de linge; — de la queste faicte ou pais de Soisons en linge bel et bon cent livres et plus; — item en linge v$^m$ vi$^c$ livres de linge.

Somma totius recepte presentis compoti est x$^m$ ii$^c$ lvii ₶ vi s.

Recepte de ble iiii$^{xx}$ i muis ii sestier.

Somme totale du vin receu ceste presente annee iiii$^{xx}$ xi queues lxi poinchons.

Despense de ce present compte.

Despense pour l'office de la cuisine v$^c$ xviii ₶; — autre despense faitte pour laditte cuisine par l'officier d'icelle, pour poisson de mer, d'eau doulce, harengs, ouefz et autres choses ii$^c$ iiii$^{xx}$ ix ₶.

Despense pour buche achetee ii$^c$ xv ₶ iiii s.

Despense faitte ceste presente annee pour reparacions, premierement es maisons situes et assises a Paris, dont les parties sont escriptes ou compte des maisonniers, qui montent a la somme de v$^c$ lxxvii ₶ viii s.

Despense faitte pour sallaire des valles et chamberieres, au clerc du comptouer du maistre viii ₶; — au maistre des enffans viii ₶; — au vallet boullengier qui bullette et cuit iiii fois la sepmaine xi ₶ iiii s.; — a Perrot Manceau, portier de la porte d'en hault c. s.; — a Michault Regnart, portier d'en bas c. s.; — a Jehanne la Chevalle, garde des marez c. s.; — a Martine la Boissarde deuxiesme garde iiii livres.

Despense pour pensionnaires; a maistre Anguerran de Parenti, medicin, pour sa pencion de ceste annee, pour visitter les freres et seurs, filles et gens de ceans viii ₶; — a maistre Pierre Malaisie, cirurgien, aussy pour visitter et curer de sa science lesdittes personnes c s.

Despense faitte par seur Perrenelle de la Vigne, tronchiere; — pour les gauffres du couvent des freres x s.; — pour porter en terre ou cymictiere des Innoçens iii$^e$ corps, chascun ii deniers vallent l s.

Despense commune; pour estraines donnees aux serviteurs et autres personnes de cest hostel, le premier jour de l'an, iiiiᵗᵗ xvi s.; — pour acompaigner a plusieurs fois ceste presente annee aucuns amis de cest hostel aux nopces de leur parens viii ᵗᵗ; — pour herbe vert et may mis entre les malades les jours d'Ascension, de Saint Jehan Baptiste xxxii s.; — pour ung voiage fait par le maistre a Villiers sur Marne, pour iiii arpens de pre dont il estoit proces entre le seigneur dudit lieu et nous viii s.; — pour despens faiz pour la *roiaulte* du couvent des freres, le jour de la Thiphaine xxiiii s.; — aux gens d'armes de la ville de Meaulx pour l'appatiz de Compans viii s.; — pour despens faiz au Pressouer le viiᵉ feuvrier avecques monseigneur d'Amians viii s.; — a messire Pierre Petit pour les proces contre monsieur de Tonnarre, a cause du laiz de feu maistre Jehan de Raines iiii ᵗᵗ viii s.; — pour six chevaulx enharnachez et ung chariot achetez par messire Pierre Halle, ou pays de Poictou, pour admener une partie du linge receu audit pays par les clers dudit Halle lxxvii escus qui vallent iiiiˣˣ vᵗᵗ v s.; — pour donner a disner aux clers qui ont apporte de l'argent des pardons le xxvᵉ feuvrier xxxii s.; — pour donner a disner au Pressouer a monseigneur d'Amians et autres ledit xxᵉ mars xl s.; — a maistre Michiel, scribe de l'Université, pour avoir fait plusieurs vidimus des bulles le vᵉ avril iiii ᵗᵗ viii s.; — pour despens faiz avecques le prevost et autres religieux de Saint Germain et avecques autres notables personnes, pour composer avecques eulx de l'amortissement de nostre hostel et autres heritaiges de Suresnes estans en leur censive xliii s.; — a plusieurs religieux flamens, allemens et brettons, qui ont oy en confession a plusieurs fois ceste presente annee les malades estans en cest hostel xxiiii s.; — pour donner a disner a messire Pierre Halle, et aucuns de ses sermonneurs et clers, le xixᵉ avril xxii s.; — pour donner a disner a maistre Jehan James, maistre Jehan Duchemin, Gilles Poireau et autres pour adviser deffaire le grant pignon sur la riviere xliii s.; — pour faire faire par ung *rettoricien* plusieurs lettres missives en latin, pour envoyer a l'evesque du Liege, au chapitre du Liege, et a autres seigneurs particuliers dudit chappitre xliiii s.; — a maistre Jehan Salmon, clerc de monseigneur le doyen d'Abbeville, qui a apporte lettres de Romme, de par monseigneur le cardinal de Therouenne, au maistre de cest hostel xliiii s.; — au vallet messire Pierre Halle et ung de ses clers qui se partent pour aller au Lyege xvi s.; — a maistre Michiel Herbert, scribe de l'Université, pour avoir escript vi vidimus des bulles le vᵉ may, et pour six autres petites lettres recommendatoires a plusieurs seigneurs d'esglize, soubz le ceau de l'Université de Paris vi ᵗᵗ xii s.; — a ung messager pour porter lettres de par la ville de Paris aux eschevins et bourgoys de Gant et Bruges iiii ᵗᵗ viii s.; — pour faire faire par ung rettorissien deux paire de *lettres regraciatoires*, unes a nostre saint pere le pape, et les autres a monsieur le cardinal de Therouenne xliiii s.; — pour ung estui ferment a clef, achete pour porter plusieurs absolucions ou pais de Picquardie xi s.; — a maistre Jehan Teste d'or, l'un de noz prescheurs, preste xi escus d'or pour aller ou pays du Liege, pour ce xii ᵗᵗ ii s.; — pour donner a disner a deux religieux carmes, du pays de Bertaynne, qui ont presche pour nous oudit pays xii s.; — pour donner a disner a deux bourgois d'Angers et plusieurs autres dudit pais le xiiiᵉ juing xx s.; — pour despens faiz avecques deux religieux Jacobins du pays de Normendie, qui ont impectre du Roy d'Angleterre de quester et publier noz bulles ou pays de Normendie par viii jours xlviii s.; — aux freres pour le service de Oudart de Maucroix, qui ce fait par chascun vendredy de l'an xviii escus d'or, xixᵗᵗ xvi s.; — pour despens faiz le vᵉ jour de juillet, avecques deux religieux prescheurs du pays de Normendie, xxxii s.; — pour l'escripture de ix vidimus de noz bulles de l'Unniversite de Paris, et vi autres lettres recommendatoires, pour porter ou pays de Normendie, viᵗᵗ xii s.; — a maistre Jehan de la Vignolle, pour aller ou pays d'Anjou, pour impetrer du Roy de Cecille congie de exposer et prescher noz bulles ou pays de Bar et de Lorrainne, en vii royaulx et iii escus d'or et xx s. en monnoie, xiii ᵗᵗ xviii s.; — a messire Pierre Petit pour aller a Beauvoiz pour noz pardons xliiii s.; — a François Fanouche, pour bailler une bullette pour cest hostel pour porter a ung banquier a Romme, pour delivrer par dela pour c ducas paie cx escus d'or qui vallent viˣˣ xi ᵗᵗ; — pour despens faiz avecques le maistre de l'Ostel Dieu d'Amians, le xxiᵉ jour d'octobre xxii s.; — a Jehanne la Bergere pour faire des tartes pour les malades a plusieurs fois xxiiii s.; — a François Fanuche lvii vielz escus d'or, par la lettre de mandement de monseigneur le cardinal de Therouenne, pour la proulmugation de noz bulles en la presence de monseigneur maistre David, doyen d'Abbeville, lviii x viii s.; — a maistre Jehan Salmon, clerc de monseigneur le doyen, qui a solicite a Romme par plusieurs foiz, luy estant audit lieu de Romme, nosdites bulles xiii ᵗᵗ vi s.; — au messager qui a apporte la bulle nouvelle, et est serviteur de monsieur de Therouenne en viii escus d'or viii ᵗᵗ xvi s.; — aux Marguilliers de la ville de Genvris, oultre Montlehery, qui des l'an ccccxviii est demouree inhabitee, donne la somme de viii ᵗᵗ parisis pour aidier a refaire l'esglise de ladicte ville, afin que illec retournent demourer les paroissiens, et qu'elle puisse estre habitee de gens, affin que les cens, rentes, droitures et autres drois que nous prenions en ladicta ville puissent retourner en aucune valeur viii ᵗᵗ.

Somma tocius expense presentis compoti est vi^m ix^e iii ^tt vi s. et vera recepta est ix^m v^e lxix ^tt v s., sic apparet quod recepta exedit misian ii^m vi^c lxv ^tt xix s.

(Auditus fuit presens compotus et examinatus per nos Johannem Chuffart, cancellaricum, Henricum Thibouch, penitenciarium et Nicolaum Coufrant, canonicos ecclesie parisiensis, ad hoc per capitulum commissos et deputatos......

### 15ᵉ REGISTRE IN-4° (162 FEUILLETS, PARCHEMIN).
#### ANNÉES 1476 À 1480.

#### Année 1476-1477.

Compte de seurs Hugues du Jardin et Jehanne la Richeuse, successivement prieures de l'Ostel Dieu de Paris, des rentes et revenues appartenans a l'office de prieure et chambre du linge dudit Hostel Dieu, des receptes et mises faittes par elles et Guillaume Paumier, prestre, beneficier en l'eglise de Paris, leur procureur, quant a ce souffisamment fonde par leurs lettres procuratoires, exhibees au commancement du compte des arrerages qui estoient deuz du tems de feu maistre Pierre Rodrigues, en son vivant procureur dudit office, pour ung an commancant au jour saint Remy, premier jour d'octobre l'an mil cccc soixante seze, et finissant au derrenier jour de septembre ensuivant, l'an revolu mil iiii^c lxxvii, c'est assavoir par ladite seur Hugues depuis le premier jour d'octobre cccclxxvi jusques au iii^e jour d'aoust ensuivant, qu'elle se deschargea envers messieurs de chappitre de Paris, administrateurs dudit Hostel Dieu, pour son antiquité et debilitation, jusques au lendemain ensuivant, que ladite seur Jehanne la Richeuse fut par mesdits sieurs et les freres et seurs dudit Hostel Dieu esleue prieuse et receue, ce present compte rendu par ledit Guillaume Paumier, procureur dessusdit, a messieurs les doyen et chappitre de l'eglise de Paris, ou a messieurs les proviseurs dudit Hostel Dieu, commissaires en ceste partie, en la maniere qui s'ensuit, par protestation de toute erreur de get et de compte, et a tout bon compte revenir, tant de plus receu et moins mis, comme de moins receu et plus mis, et d'en faire satisfaction ou recouvrer compensation, telz comme il appartiendra.

Recepte d'arrerages iii^c xxxix ^tt ii s. vi den.

Recepte ordinaire des rentes que ladite prieure a droit de prendre par chascun an a cause de son office, a plusieurs et divers termes en l'an a Paris acoustumez, en et sur plusieurs maisons, places et autres lieux assis a Paris et es faulxbourgs, dont les parties s'en suivent, iii^c xii ^tt xv s.

Recepte des rentes prinses tant sur la recepte de Paris, comme sur le Tresor du Roy nostre sire viii^xx v ^tt vi s.

Recepte du tronc dudit Hostel Dieu iiii ^tt p.; — de la chambre aux coultes xl s. p.

Autre recepte des rentes assises et prinses hors Paris xi ^tt xi s.

Recepte du vin ix ^tt xii s.

Somma totalis recepte viii^c xliiii ^tt viii s., de qua cadunt in arreragiis viii^xx xiiii ^tt xviii s., et sic manet in vera recepta vi^c lxix ^tt x s.

(Auditus et clausus fuit presens compotus per nos Johannem Henrici, Cantorem, Johannem Moneti, Succentorem, et Johannem de Louviers, canonicos ecclesie parisiensis, provisores dicte Domus, per capitulum parisiense, deputatos die xii^a mensis februarii, anno domini m^o cccc^o octuagesimo secundo).

S'en suit la mise de despense faitte pour l'annee de ce present compte.

Despense de graces et moderacions faictes de deniers relachez et quictez, du consentement de ladite prieuse, et par l'ordonnance de messeigneurs les proviseurs, a aucuns des proprietaires, et a ceulx qui demourent es maisons cy apres declairees xxviii ^tt xvi s.

Autre despense muable de toiles de lin, de chanvre, bureaulx, couvertures, fil a couldre que pour blanchissement de linge iiii^xx viii ^tt x s.

Autre despense pour le labouraige de sept quartiers de vigne ou terroir de Meudon, appartenans a l'office de ladite prieuse xvi ^tt iiii s.

Pour avoir fait vendanger les dis sept quartiers iiii ^tt v s.

Despense commune; pour roses a faire eaue pour les malades viii s.; — a messeigneurs les auditeurs qui ont examine, cloz et signe ce present compte pour leur salaire, qui ont este trois, a chascun xxii s. pour ce lvi s. p.

#### Année 1477-1478.

Le compte de seur Jehanne La Richeuse, prieuse de l'Ostel Dieu de Paris, des rentes et revenues appartenans a son office pour ung an, commencant au jour Saint Remy premier jour d'octobre l'an mil cccc soixante dix sept et finissant au dernier jour de septembre en suivant.

Recepte ordinaire des rentes sur plusieurs maisons a Paris et es faulxbourgs iii^c vii ^tt xiiii s.

Sur la recepte de Paris et sur le tresor du Roy nostre sire viii^xx v ^tt vi s.

Recepte du tronc et chambre aux coultes vi ℔.

Recepte des rentes assises et prinses hors Paris xi ℔ xi s.

Recepte de laiz et aulmosnes; — des executeurs de feu Pierre Chainfremeux, en son vivant changeur et bourgois de Paris iiii ₓₓ p. — de honnorable homme sire Germain de Merle, du laiz que sa feue femme avoit laisse audit office iiii ℔ p.; — item de feue seur Perrenelle la Vallee, en son vivant religieuse dudit Hostel Dieu, du laiz qu'elle feist et donna audit office de prieuse, receu a une fois unze escus d'or et aune autre foiz xxiiii s. p. qui vallent xii escus a xxiiii s. p. et a livres parisis vallent xiii ℔ viii s.; — item du laiz fait par Messieurs les provisours et auditeurs qui ont ouy, examine et cloz le compte precedant dudit office de prieuse, ausquelz appartenoit pour leur peine, sallaire et vacacions lxvi s. p., lesquelz ils ont donne audit office.

Somma totalis vero recepte viii<sup>e</sup> iiii<sup>xx</sup> xvii s. et somma expense est iiii<sup>e</sup> lxvij ℔ iiii s.; et sic recepta excedit misiam de iii<sup>e</sup> xxxvii ℔ xiii s.

(Auditus et clausus est presens compotus per nos supra et inferius descriptos, per capitulum deputatos et provisores dicte domus, die xxviii<sup>a</sup> mensis maii, anno domini m° cccc° octuagesimo quinto.).

S'en suit la mise et despence faicte pour l'annee de ce present compte; pour les repparacions faictes par l'ordonnance de Messeigneurs les provisours en une grande chambre estant oudit Hostel Dieu, au dessoubz des chambres aux seurs malades, appellee la chambre aux seurs anciennes, et laquelle a este repparee et mise a point pour loger seur Hugues du Jardin, naguores prieuse dudit Hostel Dieu xxxiiii ℔ ix s.; — pour l'achat d'ung cent de peaulx de chatz sauvaiges, pour recouvrir les couvertures de litz, achetez au lendit huit livres parisis; — item pour trois grans manteaulx de chatz sauvaiges et deux manteaux de pennes xiii ℔; — item pour l'achap d'unes manches de surcot de pennes d'armynes, pour faire repparer sur le devant le grant parement fourre de pennes d'armynes que on meet aux festes solennelles au premier litz des povres mallades, a l'entree dudit Hostel Dieu, et est le drap dudit parement de drap d'or, paie pour les dittes armynes lxiiii s. p.; — item pour quatre manteaulx de pennes blanches pour les robbes neufves pour les veilleresses, pour servir la nuyt, au pris de dix solz parisis le manteau, vallent xl s. p.; — pour l'achapt de soixante huit aulnes de gros draps de bureaulx, au pris de deux sols parisis l'aulne vi ℔ xvi s.; — item pour l'achapt de xxvii aulnes de gros draps pour faire couvertures aux mallades, achectez a la fayre de Saint Denis en France, au pris de six solz parisis l'aulne viii ℔ ii s.; — pour le disner fait la veille des Roys en la chambre de la Prieuse a Messeigneurs les provisours et autres amys dudit Hostel Dieu, comme on a acoustume, pour ce paye lx s. p.; — pour l'achapt d'ung grant pain de sucre pesant environ cinq livres et demye, achette au lendit pour seur Hugues du Jardin, paie ung escu d'or vallant xxv solz huit deniers parisis.

## Année 1478-1479.

Le compte de seur Jehanne la Richeuse, religieuse et prieuse de l'Ostel Dieu de Paris, pour ung an commencant au premier jour d'octobre l'an mil cccc soixante et dix huict, et finissant au dernier jour de septembre ensuivant.

Recepte ordinaire des rentes que ladicte prieuse a droit de prendre sur plusieurs maisons, places et autres lieux a Paris et es faulxbourgs dont les parties s'en suivent.

Et premierement, ou parvis Nostre Dame, de la maison qui fut a Jehan du Temple, apres aux chanoines de Saint Denis du Pas, et depuis a messire Estienne Michel et de present a Jehan Guymer, libraire a Paris, en laquelle pend pour enseigne l'escu de France, assise devant le parvis Nostre Dame, tenant d'une part a maistre Simon Michel, et d'autre part a l'ostel du chasteau, doit par an xx s. p.

*Rue Saint Christofle*, de la maison et ses appartenances, ou souloit pendre pour enseigne la couppe, qui fut Nicolas Gossemart, procureur ou Chastellet de Paris, et de present a Jehan de Milly et a Jehanne la Maysle sa femme, tenant d'une part a la maison du cure Saint Christofle, et a une autre maison qui fut maistre Denis Aymer, et de present appartenant a maistre Adam Donjant, et d'autre part a une ruelle par laquelle on va de l'eglise Saint Christofle en la rue Neufve Notre Dame, et aboutissant a ung jardin ou masure que tient a present Nicolas Galerne, doit par an iiii ℔ p.

De la maison ou pend pour enseigne la Serayne, assise en ladicte rue, pres Marche Pallu, qui fut a la femme feu Jaques de Buymont, et de present appartenant a maistre Jehan Larchier, tenant d'une part aux heritiers de feu Jaques le Maire, d'autre part a ung hostel ou pend pour enseigne l'Escu de France, et a la maison ou pend pour enseigne l'annunciation Nostre Dame, sur laquelle maison ladicte prieuse a droit de prandre par chascun an xii s. xvi den.

*Rue de la Saveterie*. De la maison qui fut Richart le Macon, depuis a maistre Pierre Maugier, et de present a Jehanne la Stephaine, assise en ladicte rue, ou pend pour enseigne l'Estoille, tenant d'une part a ung hostel appartenant aux heritiers feu Pierre Chanfremeur, et d'autre part a une maison qui feu maistre Hector de Coquerel, aboutissant par derriere a la rue aux Feves et pardevant en ladicte rue de la Saveterie, doit par an v s. p.

*Rue de la Vieille Draperie ou Bouteillerie devant le Palaiz.*

De la maison Thibaut Dubois, cordouanier, assise en ladicte rue de la Bouteillerie, tenant d'une part et aboutissant par derriere a l'Ostel du dieu d'amours, et d'autre part a Philipot le Couvreur vi$^{tt}$ p.

*Au chevet de l'eglise Saint Landry.* De la maison qui fut messire Jehan Pierre, depuis a l'office de ladite prieuse, et depuis a este baillee a messire Jehan de Montaudouyn, prestre, a la vie de luy et de ses deux freres, en paiant par chascun an de rente soixante dix solz parisis, tenant icelle maison d'une part a maistre Guillaume Poincot, et d'autre part a Marion la Valerienne.

*Rue des Marmousetz.* De la maison qui fut Jehan Herault, depuis a maistre David de Neufville, apres a ladicte prieuse, et de present a maistre Jehan de la Vignolle, en laditte rue, tenant d'une part aux religieuses de Saint Anthoine des Champs et au maistre dudit Hostel Dieu, et d'autre part a une maison faisant le coing de la rue de Petis Moulins Sainte Katherine, aboutissant par derriere a la rue appellee anciennement les Haulx Moulins iiii$^{tt}$ p.

*Rue du Petit Pont.* De la maison qui fut Guillaume l'Evesque, depuis a Arnoul Raimbault, patinier, de present a Pasquier Bonhomme, libraire, faisant le coing de la rue Neufve Nostre Dame et de la rue du Sablon, tenant d'une part a Jehan Guymer, aussi libraire, et d'autre part faisant le coing de la rue de Petit Pont, aboutissant par derriere a ladite rue du Sablon, doit par an iiii$^{tt}$ p.

De la maison qui fut Jehan le Maire, tenant d'une part ausdits hoirs de feu Jehan le Maire, et d'autre part a l'ostel de Haulte Bruyere, doit par an vi$^{tt}$ x s.

*Oultre Petit Pont, rue de la Bucherie.* De la maison qui fut Regnault du Mons, apres a Estienne Bergierer, depuis a maistre Guillaume de Canteleu, docteur en decret, et de present appartenant a la Faculte de medecine, et y souloit pendre pour enseigne la Couronne de fer, laquelle a este appliequer aux escolles de ladicte Faculte, icelle maison tenant d'une part aux heritiers de Thibault de la Mare, charpentier, et d'autre part aux heritiers dudit de Canteleu, aboutissant par derriere à l'ostel de Celsoy, qui appartient de present a monseigneur l'evesque de Chartres.

*Rue de Sacalye.* De la maison qui fut Laurens du Bois, depuis a Tassin Enceau, et de present a Jehan Mesmes, ou pend pour enseigne la Pomme rouge, tenant d'une part a l'ostel ou pend pour enseigne l'Ange, aussi appartenant audit Mesmes xvi s. p.

*Rue de la Herpe.* De la maison ou souloit pendre pour enseigne l'ymaige Saint Nicolas, qui fut a Estienne de Saint Germain, apres a maistre Jehan Bailly, depuis a Corard de Frise, et apres a Pierre Boree, et de present appartenant a Jaquet de Frise, tenant d'une part a Michel Coquaigne, et d'autre part a l'ostel de la Lanterne, aboutissant par derriere a l'ostel de la Panne vere et par devant faisant fronc de l'ostel du Papegault iiii$^{tt}$ p.

*Prez l'eglise Saint Severin.* De la maison ou pend pour enseigne la Caige, qui fut Nicolas Pitouye, depuis a Raoulet de Saint Andre et de present a Jehan Cousin, bouchier, tenant d'une part a une ruelle qui est au chevet de l'eglise Saint Severin, par laquelle on va au cymetiere d'icelle eglise, et d'autre part a l'ostel ou pend pour enseigne le Cheval blanc xxx s.

*Ou carrefour Saint Severin.* De deux maisons entretenans l'une a l'autre, qui furent Regnault Lyon, depuis a Robin Rogeret, apres a Jehan Moreau, rotisseur, et de present a ses heritiers, tenant d'une part a la maison qui fut Jehan Lefevre, et d'autre part faisant le coing de la grant rue Saint Jacques ix$^{tt}$.

De la maison qui fut Jehan Lefevre, apres a Jehan Moreau, rotisseur, et depuis audit Jaques Potier, rotisseur, de present appartenant a ses heritiers, assise prez dudit carrefour, et prez de l'ostel des Mailletz xvi s. p.

*En la rue Saint Jaques.* De la maison ou pend pour enseigne l'Agnus Dei, qui fut Regnaut Croisset, apres a Pierre Haques, et de present appartenant a Guillaume Berault, tenant d'une part a l'ostel du Saulmon, et d'autre part a Jossequin Tirement, xx s. p.

De deux maisons assises en laditte rue Saint Jacques, en l'une desquelles pend pour enseigne l'Arbaleste et en l'autre la Cloche noire, qui furent Raoulet de Bruyeres, depuis a l'office de ladite prieuse, apres a Pierre de Roussainville, et de present aux heritiers de feu Jehan de la Voirie, tenant d'une part a l'ostel des Trois roys de Coulongne et d'autre part a l'ostel du Chapperon, aboutissant par derriere a l'ostel de la Crosse, assise en la rue de la Gallande xi$^{tt}$ vi s.

*Rue des Lavendieres.* De deux maisons entretenans et ung jardin derriere, assises en laditte rue, qui furent maistre Pierre Joseph et de present appartenant a maistre Michel Depons, procureur du Roy nostre sire, tenant d'une part a maistre Francoys de la Vacquerie, et d'autre part a Guerin de Rencourt, bedeau, aboutissant par derriere a maistre Jehan Chaillou vii$^{tt}$ ii s.

*Oultre Grand Pont. Rue de la Vannerie.* De la maison ou souloit pendre pour enseigne la Chausse rouge, assise en ladite rue, qui fut Estienne Preudomme, et de present a Jehan Fouquelin, drappier, faisant le coing de laditte rue de la Vennerie, tenant d'une part et aboutissant a Jehan Maillard xl s. p.

De la maison qui fut Henry de la Porte, et de present appartenant audit Fouquetin, assise en laditte rue de la Vannerie, tenant d'une part a Guillaume Pele, chaussetier, et d'autre part aux heritiers feu Jehan de la

Porte, aboutissant par derriere a Jehan Gaudeau, tanneur, par an cx s. p.

*Rue de la Mortellerye.* De la maison ou pend pour enseigne la Cloche, a l'opposite de la Teste noire, assise en ladite rue, qui fut maistre Jehan Rapiot, apres a Jehan Gallipel, de present appartenant a Philippes Bouret, tenant d'une part et faisant le coing d'une ruelle par laquelle on descend de ladite rue de la Mortelerye en la riviere de Seine, et d'autre part a une maison appartenant a la chappelle Estienne Haudry, aboutissant par derriere sur laditte riviere de Seine, doit par an l s. p.

De la maison ou pend pour enseigne l'ymaige Saint Christofle, qui fut Guillaume Bourg l'Abbe, depuis Regnault Chasteau, et de present a maistre Loys Chasteau, procureur ou Chastellet de Paris, tenant d'une part a l'ostel de la Nef, et d'autre part a une maison pour pend pour enseigne le Heaulme, aboutissant a maistre Hue de Dicy vii$^{tt}$ x s.

De la maison ou pend pour enseigne la Nef, assise en ladite rue, qui fut a l'ostel du Saint Esperit en greve, depuis a l'office de laditte prieuse, et de present a Gamain Charron, tenant d'une part aux chappellains de Pacy, et d'autre part audit maistre Loys Chasteau, aboutissant par derriere aux heritiers de feu Hue de Dicy, doit par an x$^{tt}$ p.

De la maison ou pend pour enseigne l'imaige Saincte Katherine, assise en laditte rue de la Mortellerie, qui fut au maistre du pont, depuis a Jehan Chastenaye, et de present appartenant a Jehan Delaistre, marchant vendeur de vins, tenant d'une part et faisant le coing d'une ruelle par ou l'en va aux moulins du Temple xxx s. p.

De la maison ou pend pour enseigne le Pot d'estaing assis en laditte rue de la Mortellerye, appartenant a Jaquet Moreau, tenant d'une part a l'ostel de l'ymaige Saint Laurens, et d'autre part aux heritiers Jacob de Marsilly, aboutissant par derriere aux heritiers de feu Pierre de Morvillier c. s. p.

De la maison ou pend pour enseigne la Fleur de lys, assise en laditte rue de la Mortellerye, qui fut Jehan de Ruyt, depuis a Denis du Pont, apres a Pierre le Lorrain et de present appartenant a Anthoine Maufras, marchant et poissonnier a Paris, tenant d'une part a ung chantier appartenant a la vefve et heritiers feu Girauline Gilles, et d'autre part a une ruelle par laquelle on va de laditte rue de la Mortellerye a la riviere de Seine, aboutissant par derriere sur le quay d'icelle riviere, par an xx s. p.

*Rue de Jouy.* De deux maisons joignant l'une a l'autre, appartenant a maistre Jehan Gamelle, procureur ou Chastellet de Paris, dont l'une est a pignon sur rue, ou pend pour enseigne le prescheur, et l'autre est a appentiz joignant, assises en laditte rue de Jouy, tenant la totalite d'icelles deux maisons d'une part a une petite ruelle appelee la ruelle de la Guespine, et aboutissant par derriere audit Gamelle doit par an vi$^{tt}$ p.

*Rue Frogier l'Asnier.* De la maison qui fut Jehan de la Thable, apres a Florence de Marfy, depuis a maistre Mathieu Savary, et de present appartenant a maistre Jehan Lapite, clerc de la Chambre des comptes du Roy nostre sire, assise en laditte rue, tenant d'une part a maistre Jaques Tressart le jeune, et d'autre part a Jehan de Poissy, aboutissant par derriere a l'ostel qui fut messire Jehan des Marez iiii$^{tt}$ p.

*A la Porte Baudoyer.* De la maison ou souloit pendre pour enseigne le Perier, et de present y pend pour enseigne la Croix d'or, qui fut Pierre Girard, depuis a Baudet Chenart et de present a la vefve et heritiers dudit Chenart, tenant d'une part a l'ostel de la Chasse, et d'autre part a l'ostel de l'Omme sauvaige vii$^{tt}$ p.

De la maison ou souloit pendre pour enseigne le Petit heaulme, et de present y pend pour enseigne le Griffon, assise prez laditte porte Baudoyer, devant et a l'opposite de la Vieille rue du Temple, qui fut Jaques de Roye, apres a Pierre le Maire, et de present appartenant a Pierre Barbete, drappier, tenant d'une part a l'ostel ou pend pour enseigne le Coq, aboutissant par derriere a l'ostel de la Longue allee vi$^{tt}$ x s.

*En la Vieille rue du Temple.* De la maison qui fut maistre Guillaume du Sollier, depuis a Guillaume Perlin, tondeur de draps, et de present appartenant Michel Gentilz, hostellier, assise en laditte rue, devant et a l'opposite du Croissant, tenant d'une part et aboutissant par derriere a Pierre Landreau, et d'autre part a Jaquet Toucart c x s. p.

*En la rue des Barres.* De la maison ou pend pour enseigne l'Escu de Bretaigne, qui fut Bertran Quentin, apres a Jehan de la Poterne et a Jehan de la Vielzville, depuis a Philippot le Chassier, et de present appartenant aux offices des maistre et prieuse dudit Hostel Dieu, assise en laditte rue, devant le cymetiere Saint Gervaiz, tenant d'une part a une maison qui fut Philippot Bauduin et d'autre part a une maison qui fut Nicolas Purecte, aboutissant par derriere a Jehan de Calais iiii$^{tt}$ xvi s.

*Rue de la Vieille Tisseranderie.* De la maison ou pend pour enseigne le Barillet, qui fut Jehan Jaques, apres a maistre Etienne Porchier, depuis a l'abbe et couvent de Saint Pharaon de Meaulx et de present appartenant a Mary Bureau, assise en laditte rue, tenant d'une part a une ruelle qui n'a que un bout, appelee la ruelle Violecte, et d'autre part a ung hostel appartenant aux heritiers feu Hugues Bureau, aboutissant par derriere a ung grant hostel qui fu messire Guy du Chatel, doit par an iiii$^{tt}$ p.

De la maison qui fut maistre Guillaume Leduc, depuis a maistre Pierre Hurpin, assise en laditte rue, tenant d'une part a Jehan des Loges, et d'autre part faisant le Coing d'une ruelle par ou l'en va de laditte tisseranderie a Saint Jehan, a descendre en Greve, aboutissant par derriere a Jehan Gillebert, doit par an xx s. p.

De la maison qui fut messire Pierre de Navarre, apres a Alixandre le Boursier, depuis a maistre Girart le Beursier, et de present a maistre Pierre de Voutenay, sirurgien, assise en laditte rue, tenant d'une part a l'ostel de la Roynne Blanche, appartenant de present a Monsieur l'evesque de Besiers, et d'autre part a l'ostel de la Cloche, aboutissant par derriere a la tour de l'ostel de la Roynne Blanche, doit par an xii tt p.

*Ou cymetiere Saint Jehan.* De la maison ou pend pour enseigne la Clef, qui fut Jehanne la Hougarde, apres a maistre Etienne Goutier et a son frere, et depuis a Raymond Daigny, et de present appartenant a Nicolas Martineau et a sa femme, assise oudit cymetiere, tenant d'une part a l'ostel qui fut Robert Doreloe et d'autre part a la maison Jehan Lescuyer, aboutissant par derriere a la rue de la Vieille Tisserenderie doit par an x tt p.

De la maison qui fut Jehan du Four, depuis a Perrin Fouquet, de present appartenant a la vefve et heritiers, assise oudit cymetiere Saint Jehan, tenant d'une part a l'ostel ou pend pour enseigne les deux Haches et d'autre part a l'ostel qui fut Jehan Destas, de present appartenant a Michel Varlot, aboutissant par derriere en la rue de Chartron x tt p.

De la maison qui fut Jehan Destas, apres a Thomas le Beuf, depuis a Colin Gourdin, de present appartenant a Michel Varlot, tenant d'une part audit hostel de Pierre Fouquet et d'autre part a ung hostel appartenant a Gilles Porchet, procureur ou Chastellet de Paris, et aboutissant par derriere a la rue de Chartron iiii tt p.

De la maison qui fut Guillaume de Treleu, appartenant de present a Gilles Porchet, procureur ou Chastellet, assise oudit cymetiere, tenant d'une part a une maison neufve appartenant a Michel Varlot, et d'autre part a Philippot Herny, bouchier, aboutissant par derriere a la rue de Chartron iiii tt p.

De la maison qui fut Guillaume Ciriace, de present appartenant a Pierre Roussin, boulengier, tenant d'une part a l'ostel de Raoulet Pillart et d'autre part faisant le coing de la rue pour ou l'en va dudit cymetiere Saint Jehan en la rue de la Verrerie, aboutissant par derriere a une maison appartenant a Adam Audry xl s. p.

*En la rue de la Voirrerie.* De la maison qui fut Robert le Tirant, depuis a Pierre Audry, et de present appartenant a Adam Audry, bouchier, assise en laditte rue et faisant le coing de laditte rue de Chartron, tenant d'une part a la vefve et heritiers de feu Raoulet Pillart, aboutissant par derriere a Pierre Roussin xl s. p.

De la maison qui fut maistre Estienne de Noviant, depuis a Nicolas de Bertaumont, assise en laditte rue de la Voirrerie, tenant d'une part aux heritiers feu Guillaume Sanguin, et d'autre part a Guillaume Courtin, aboutissant par derriere a ung hostel appartenant a l'Ostel Dieu de Ponthoise lxvii s. p.

De la maison ou souloit pendre pour enseigne l'ymaige Saint Christoffle qui fut Chrestien de Coulongne, depuis a Guillaume Sanguin, et de present appartenant a Charles Leboutillier, tenant d'une part a l'ostel qui fut audit de Bertaumont, et d'autre part faisant le coing de la rue Andre Mallet lv s. p.

*Rue Neufve Saint Marry.* De la maison ou......... qui fut Pierre de Boyenval, de present appartenant a ses heritiers, tenant d'une part a une maison appartenant ausdits heritiers et d'autre part aboutissant a une maison ou pend pour enseigne l'ymaige Saint Jehan, doit xx s. p.

*Rue aux Oes.* De la maison ou pend pour enseigne le Plat d'estaing, appartenant a Pierre Musnier, sergent a verge, assise en ladite rue, tenant d'une part a l'ostel ou pend pour enseigne l'ymaige Saint Martin, qui fut a l'office de laditte prieuse, et de present appartenant a Jehan Daniel, notaire, d'autre part au Beuf couronne, aboutissant par derriere a une grant cour et estables, appartenant de present a Jehan Coulon, xx s. p.

De la maison ou pend pour enseigne l'ymaige Saint Martin, qui fut a l'office de laditte prieuse, de present appartenant a Jehan Daniel, notaire du Roy nostre sire ou Chastellet de Paris, tenant d'une part a l'ostel ou pend pour enseigne l'ymaige Saint Michel, et d'autre part a une maison ou pend pour enseigne le Plat d'estaing, aboutissant par derriere aux hoirs de feu Philippot Aforti iiii tt ii s. p.

*Rue des Escripvains, prez Saint Jaques de la Boucherie.* De la maison ou pend pour enseigne le Barillet qui fut maistre Jehan François, depuis a Ancelot Chardon, et de present appartenant a maistre Jehan Potin, prestre, tenant d'une part et aboutissant par derriere a une maison ou pend pour enseigne le Gril, appartenant a Henry du Boys, orfevre, et d'autre part a une maison ou pend pour enseigne l'ymaige Saint Nicolas, appartenant a Anthoine Gervays lx s. p.

*A la Pierre au Lait.* De la maison ou souloit pendre pour enseigne le Dieu d'Amours, appartenant a Mahiet Langlois, chandelier de suif, assise audit lieu, tenant d'une part et aboutissant par derriere a l'ostel ou pend pour enseigne la Heuze, et d'autre part a une autre maison ou pend pour enseigne les quatre ymaiges Nostre Dame, appartenant a Jehan du Glan xiiii tt p.

*Rue de la Couroyrie.* De la maison qui fut Ambroisin du Palaiz, aprez a Jehan Asselin, depuis a maistre Jehan Mautaint, et de present appartenant a Jehan Asselin, tenant d'une part a une maison qui fait le coing de la rue aux Lombars, appartenant de present a Simon Thaivenay, notaire ou Chastellet et d'autre part a maistre Jehan Clerc, bourgoiz xxxiii s.

*Rue de Troussevache.* De la maison qui fut Jehan Perdriau dit Bataille, apres a Katherine de Beauvais, depuis a Colin Laurens, et de present appartenant a Nicolas Potier, bourgois a Paris, assise en ladite rue, tenant d'une part a l'ostel de la Roze et d'autre part et aboutissant par derriere a Blaymes Seguyer xlvi s. viii den.

*Rue de Beaubourg.* De la maison qui fut Jaquet le Roy huschier, depuis a ses heritiers, et de present appartenant a Jehan Angot, assise en ladite rue, tenant d'une part a la rue des Estuves, et d'autre part et faisant le coing de la rue de la Plastriere, et aboutissant par derriere aux heritiers de feu Jehan Pelet, dit Bourguignon, xxiiii s. p.

*Rue Saint Denis.* De la maison ou pend pour enseigne les Deux Freres, qui fut Jehan de Chassy, apres a Oudin Sante, depuis a Jehan Merlot, et de present appartenant a ses heritiers, assise en ladite rue, et faisant le coing de la rue de la Tableterie, du couste du Chastellet, et d'icelluy couste a l'ostel Germain du Signe, et d'autre part a Martin Bailly vi ♯♯ p.

De la Maison ou pend pour enseigne le Pot d'estaing qui fut Jehan Crochet, depuis a Martin Gruye, marchant, et de present appartenant a Andry Parroisse, devant et a l'opposite de la rue de Mauconseil, tenant d'une part a la maison ou pend pour enseigne la Clef, appartenant a Jehan Coulon, et d'autre part a une autre maison faisant le coing de la rue aux Oes, appartenant a Estienne Falloise, drappier xi ♯♯ p.

*Rue de la Cordoannerie.* De la maison ou pend pour enseigne la Fleur du lis, qui fut Garnot Yvier, apres a Jehan le Maire, depuis a Jehan Chardon et de present, appartenant a la confrairie aux Pelletiers a Paris, fondee en l'eglise des Innocens, tenant d'une part a une masure appartenant a Jehan Bourgois laisne, et d'autre part et aboutissant par derriere a feu Jehan Chardon xxiiii s. p.

*Rue aux Deschargeurs.* De la maison qui fut Margot de Louviers, apres a Jaquet Morelet, tapissier, depuis a Jehan Chardon, assise en ladite rue, devant et a l'opposite des Carneaulx, tenant d'une part a Thomas Bochet, et d'autre part a une maison qui fut maistre Jehan Le Paintre, chanoine de la Sainte Chappelle du Palaiz, aboutissant par derriere a Nicolas Mesnart vii ♯♯ p.

*Rue de la Charronnerie.* De la maison ou souloit pendre pour enseigne la Croix d'or, qui fut Marie de Neufville, depuis a Guillaume Marc, apres a Raouline, veufve de feu Denis le Cornu, depuis a maistre Pierre Parent, tenant d'une part a une maison appartenant a Carin Guerin, et d'autre part a une autre maison appartenant a Colin Potier iiii ♯♯ p.

De la maison ou pendent pour enseigne les deux Signes, qui fut Jehan Compaings, depuis a Robin Marquet et sa femme, apres a Jehan de Villiers, tondeur de draps, et de present appartenant a Guillaume Tibert bouchier, a cause de sa femme, assise en ladite rue, tenant d'une part a une maison appartenant a Jaquet le Moyne, et d'autre part a une autre maison appartenant aux heritiers feu Pierre Lomme, en son vivant drappier, et aboutissant par derriere a l'ostel ou pend pour enseigne le Trepie viii ♯♯ p.

*Rue de la Ferronnerie.* De la maison ou souloit pendre pour enseigne l'Espee qui fut Jehan Toroude, depuis a Audoy du Val, et a maistre Jaques de Rouen, et de present appartenant à Jehan le Gendre drappier, assise en ladite rue, devant le petit huys du cymetiere des Innocens, du couste de la place aux Chatz, et faisant le coing de ladite rue de la Ferronnerie, et de la rue du Siege aux Deschargeurs, tenant d'une part et d'autre aux maisons qui furent Jehan de Louviers et de present appartenant audit Jehan le Gendre, doit par an vii ♯♯ vii s.

*Devant la place aux Chatz.* De la maison qui fut Nicolas de Vaubrisson, depuis a Gervaisot Bonnet, pelletier, et de present a Guillaume Bonnet, aussi pelletier, assise devant ladite place, tenant d'une part a une masure appartenant a Philippot Hardy, et d'autre part a Jacquet le Preux, pelletier, aboutissant par derriere a une maison et jardin appartenant aux heritiers de feu maistre Jaques Bonnet ix s. p.

De la maison ou pend pour enseigne l'Escu de France, qui fut Simon Mennart, depuis a Pierre Brunet, et de present appartenant a Jehan Lasseron, tondeur de draps, assise en ladite rue, tenant d'une part a la maison Jaquet Gaultier, freppier, et d'autre part a la maison qui fut Jehan Brunet, aboutissant par derriere aux Halles ou lon vent le cuyr.

De la maison ou pend pour enseigne l'Adnunciacion Nostre Dame, qui fut Guillaume du Val, cousturier, depuis a Thierry de Millecourt, et de present appartenant a Anthoine Gerie, esturlier, tenant d'une part a la maison ou pend pour enseigne l'ymaige Saint Christofle, et d'autre part a l'ostel de l'ymaige Saint Yves iiii ♯♯ p.

*En la rue des Deux Escuz.* D'une masure ou de present a jardin, qui fut messire Simon Morhier, jadiz prevost de Paris, apres a Colin Marc, depuis a Gilles Henry, et de present a Charles de Mauregard, escuier, assise en ladite rue, et faisant le coing des rues du Four et des Deux Escuz vi s. p.

*En la rue au Feurre.* De la maison ou pend pour enseigne l'ymaige S‍t Jehan Baptiste, qui fut Jaquet le Mareschal, apres a Jehan Menessier, depuis a Jaquet Fromont, et de present appartenant a Audry Dochet, orbateur, assise en laditte rue, tenant d'une part a l'ostel du Croissant, appartenant a l'eglise des Innocens et d'autre part a une maison appartenant a Jehan l'eschevin, aboutissant par derriere a laditte eglise des Innocens vi ʰ p.

De la maison ou pend pour enseigne la Couronne, assise en laditte rue, qui fut Henry Hardy, apres a Marguerite Bataille, depuis a Thevenin Bochet, qui est a present en deux porcions de maisons et deux ouvrouers, assise a Paris devant le petit huys du cymetiere des Innocens, tenant d'une part a la maison Jehan Ferrebourg, marchant, et d'autre part a l'ostel de Sire Guillaume le Jay xi ʰ xi s.

De la maison ou pend pour enseigne l'Escu de France, contenant la moictie d'un pignon, qui fut Jehan Colas, apres a Chrestien Choart, orfevre, et de present appartenant a Robin le Conte, boursier, tenant d'une part a Jehan de la Grigny, et d'autre part a Thevenin Fournier, aboutissant par derriere a Guillaume Rogier vi ʰ p.

De la maison ou pend pour enseigne l'ymaige Saint Jaques de Galice, contenant icelle maison la moictie d'ung pignon et ung porche moitoien qui fut Hannesot la Lorrainne, depuis a Jehan de Donnay, apres a Gilles Leprestre, et depuis a Thierry Chaudiere, apres a Jehan de la Gaigne et depuis a Estienne de Paris, assise en laditte rue au Feurre, tenant d'une part a l'ostel de l'Escu de France, faisant la moictie de l'autre pignon appartenant a Robin le Conte, et d'autre part a une autre maison appartenant a Estienne de la Court, aboutissant par derriere a l'ostel du Chapeau rouge, appartenant a Simon Larget c. viii s. viii den.

*Es Halles aux Porees.* De la maison ou pend pour enseigne la Faulx assise a Paris, devant les Halles aux porees, qui fut a Jehan le Tonnellier, apres a Cardinot Lere, depuis a Guillaume Morellet et de present appartenant a Pierre Langlois, marchant et bourgois de Paris, tenant d'une part a l'ostel du Chasteau, appartenant aux heritiers feu Jehan Lormier, et d'autre a une maison appartenant a Guyot Bare, aboutissant par derriere a la maison ou pend pour enseigne l'ymaige Saint Jaques, appartenant aux heritiers feu Estienne de Paris xl s. p.

*Es Halles de Paris.* De la maison ou pend pour enseigne l'ymaige Saint Andry, assise devant les Halles au pain, soubz les pilliers, qui fut Denisot Mullot, apres a Ymbert Deschamps, et de present appartenant a Jehan Bonnannee, tenant d'une part a une maison appartenant a la Saincte Chappelle du Palaiz Royal a Paris, et d'autre a l'ostel ou pend pour enseigne le Chaulderon, et par derriere a unes establés appartenans a l'ostel du Prescheur, assise en laditte rue aux Prescheurs, et ayant issue en la rue de Mondetour xlv s. p.

De la maison ou pend pour enseigne la Serayne, assise a Paris devant la Tonnellerie, et faisant le coing de la rue par ou l'en va a l'hostel d'Artoys, qui fut Nicolas de Dampmartin, apres a Thomas Lejay, et de present appartenant a Simon Lejay espicier, tenant d'une part a l'ostel Vert xl s. p.

*Rue de la Tonnellerie.* De Jehan Coippel, drappier, pour sa maison assise en laditte rue, en laquelle pend pour enseigne la Poire ou poirier, tenant d'une part a Simon de Neufville, receveur de Paris, et d'autre part a une maison appartenant a la vefve feu Raymond Premery, aboutissant par derriere a la maison du Chariot, sur laquelle laditte prieuse souloit prandre l. s. p. de rente.

*Rue Neufve Saint Martin.* D'une petite maison et appentiz et jardin derriere assise en laditte rue, qui fut Jehan Fouques, apres a Martin Coffry, et a maistre Charles Andrault, et depuis a Drouet Germain, tenant d'une part a maistre Henry Cousin, maistre des haultes euvres a Paris et d'autre part a Jehan Picart xxx s. p.

Somma totalis recepte ix$^e$ xlv ʰ vi den. ob., de qua cadunt in arreragiis ix$^{xx}$ viii ʰ ix s. ii den.; et sic manet in vera recepta vii$^e$ lvi ʰ xi s. iiii den. et misia est iiii$^c$ v ʰ xix s. ii den. et sic recepta excedit missiam de iii$^c$ l ʰ xii s.

(Auditus et clausus fuit presens compotus per nos infra et superius descriptos, provisores, per capitulum commissos, anno domini m$^o$ cccc$^o$ octuogesimo quinto, die iii$^a$ junii.)

S'en suit la mise et despense faitte pour l'annee de ce present compte.

Pour achapt de toilles de lin, de chanvre, de bureaulx... ix$^{xx}$ xiiii ʰ x s. et lix ʰ i s.

Pour les litz des malades, le jour du bouhourdis, que on reffait les litz de feurre nouveau vi ʰ vii s.

Despense commune; — le xi$^e$ jour de novembre baillé a seur Jehanne la Gillette, religieuse dudit hostel, et ordonnee a penser de la seur Hugues du Jardin et a querir ses necessitez iiii s. p.; — item pour luy avoir achapte ung cent de pommes de Ronneau iiii s. p.; — item pour une livre de rys, paye xii den. p.; — pour l'achapt de deux boisseaulx de pois iiii s. p.; — item pour faire seigner une des filles dudit Hostel Dieu qui estoit mallade ii s. p.; — item pour une certifficacion passee par devant deux notaires du Chastellet de Paris, par laquelle messeigneurs et maistres Jehan Monnet et Thibaut de Caigneux, chanoines de l'eglise de Paris et proviseurs dudit Hostel Dieu, certiffient que audit Hostel Dieu a *offices distinguees et sepparees l'une de l'autre*, c'est assavoir l'office du maistre et celluy de laditte prieuse, qui ont diverses charges a supporter, comme plus a plain appert par les comptes et certifficacion qui furent produitz oudit proces, pour ce paie ausdits notaires, pour leurs peines et vacacions d'avoir este par devers mesdits seigneurs, et pour l'escripture iiii s. p.

### Année 1479-1480.

Compte de seurs Jehanne la Richeuse et Jehanne Lasseline, successivement prieuses de l'Ostel Dieu de Paris, des rentes et revenues appartenant a l'office de prieuse, des receptes et mises par elles et Guillaume Paumier, prestre beneficier en l'eglise de Paris, leur procureur, pour ung an commencant au jour Saint Remy premier jour d'octobre l'an mil ccccLXXIX, et finissant au dernier jour de septembre ensuivant.

Recepte des rentes sur plusieurs maisons places et autres lieux a Paris ii$^c$ iiii$^{xx}$ xi $^{tt}$.

Somma totalis vere recepte vi$^c$ xlii $^{tt}$ i s. x den. et misia est ii$^c$ iiii$^{xx}$ xix $^{tt}$ ii den. et sic recepta excedit missiam iii$^c$ xliii $^{tt}$ i s.

(Auditus et clausus fuit presens compotus per nos supra et inferius descriptos provisores, per capitulum commissos, anno domini m$^o$ cccc$^o$ octuagesimo quinto, die decima mensis junii.)

S'en suit la mise et despense; le xxvii$^e$ novembre trespassa seur Hugues du Jardin, ancienne et nagueres prieuse dudit Hostel Dieu, paie pour la recreacion des seurs qui furent environ le corps, pour leur avoir de la chair et autres choses neccessaires pour leur souper viiis.; — pour la despense faicte au Lendit par la prieuse et pour sa compaignee vi s. p.; — autre despense faicte par ladicte prieuse Lasseline pour les provisions et neccessites de l'ancienne prieuse seur Jehanne la Richeuse qui ne povoit partir du lyt, pour plusieurs inconveniens de maladies et debilitacion de son corps, pour avoir fait celebrer une haulte messe du Saint Esperit et avoir fait faire une procession autour des mallades pour laditte ancienne prieuse xiii s. p.; — pour l'achapt d'un muy de vin vermeil pour ladicte Richeuse c. xii s. p.; — pour la facon et minute d'unes lettres obligatoires contre la Faculte de medecine, a cause de xl s. p. de rente que ladicte prieuse a droit de prendre sur une maison qui fut maistre Guillaume de Canteleu, et de present appartenant a ladicte Faculte iiii s. p.

## 16$^e$ REGISTRE IN-4° (179 FEUILLETS, PARCHEMIN).
### COMPTES DE LA PRIEUSE DES ANNÉES 1480 À 1484.

### Année 1480-1481.

Compte de seur Jehanne Lasseline, religieuse et prieuse de l'Ostel Dieu de Paris pour ung an, commencant au jour Saint Remy, premier jour d'octobre l'an mil cccc quatre vingz, et finissant au derrenier jour de septembre ensuivant.

Recepte ordinaire des rentes que ladicte prieuse a droit de prendre par chascun an sur plusieurs maisons a Paris et es faulxbourgs ii$^c$ iiii$^{xx}$ xi $^{tt}$ vii s.

Somma totalis vere recepte vi$^c$ xlii $^{tt}$ x s.

Et misia est iii$^c$ xlv $^{tt}$ xi s. et sic recepta excedit misiam ii$^c$ iiii$^{xx}$ xvi $^{tt}$ xviii s.

S'en suit la mise et despence; — le cinquiesme jour d'octobre mil cccc iiii$^{xx}$ fut paie par la prieuse a Nicolas de Longchamp, demourant a Rouen, la somme de c. i $^{tt}$, et par marchie fait avecques lui pour avoir livre et fait apporter oudit Hostel Dieu cent couvertures de layne pour les bas litz de malades; — pour la despense de la prieuse et de sa compagnie fait au lendit vii s. viii den.;
— item . . . . . . jour de . . . . . que ladicte Richeuse trespassa et ordonna estre distribue ung muy de vin, ledit jour de son trespas, aux malades de l'Ostel Dieu.

### Année 1481-1482.

Compte de seur Jehanne Lasseline, religieuse et prieuse de l'Ostel Dieu de Paris, des rentes et revenues appartenant a l'office de prieuse et chambre du linge pour ung an, commencant au jour sainct Remy, premier jour d'octobre l'an mil iiii$^c$ iiii$^{xx}$ et ung et finissant au derrenier jour de septembre ensuivant.

Recepte ordinaire des rentes sur plusieurs maisons a Paris, ii$^c$ iiii$^{xx}$ xix $^{tt}$ iv s.

Recepte des rentes prinses tant sur la recepte de Paris comme sur le tresor du Roy nostre sire viii$^c$ v $^{tt}$ vi s.

S'en suit la declaracion d'autre linge qui estoit *enfonce en xxxi queues* trouvees a Saincte Genevievve en la possession et garde de maistre Nicolle de Coucy, docteur en decret, et admenees en l'ostel de Monsieur l'arcediacre de Paris, estant ou cloistre de l'eglise de Paris, ouquel hostel, de l'ordonnance de la court du Parlement et de Messeigneurs les doien et chappitre de Paris a este inventorie, presens les religieux et la prieuse de l'Ostel Dieu de Paris, lequel linge a este admene du diocese de Tours, ouquel diocese avoit este recuilly et assemble pour ledit Hostel Dieu, et lequel linge a este baille et delivre a ladicte prieuse le penultieme jour de may mil cccc iiii$^{xx}$ et deux, et il a été trouve ce qui s'en suit : ii$^c$ xviii douzaines de draps et deux draps, clxxix cueuvrechiefz, cxliii napes, iiii$^{xx}$ viii touailles, xii orilliers.

S'ensuit autre linge trouve en certains pacquetz prins et arrestez a Senlis, par vertu de certaines lettres royaulx, et amenez a Paris audit hostel de monsieur l'arcediacre, lequel pareillement a este inventorie et delivre a la prieuse dudit Hostel Dieu, et s'y est trouve xxii douzaines de draps et ix draps, xix napes et x touailles.

Somma totalis vere recepte vii$^c$ vi$^{tt}$ iiii s. xi den. et misia est mil iiii$^{xx}$ iii$^{tt}$ viii den., et sic misia excedit receptam de iii$^c$ lxxvi$^{tt}$ xv s.

(Auditus et clausus est presens compotus per nos superius et inferius descriptos provisores, anno domini m$^o$ cccc$^o$ octuagesimo quinto die vii$^a$ mensis junii.)

S'ensuit la mise et despence.

Despence muable; a une cousturiere en linge, qui a besoingne pour les malades, a couldre les ensevelissemens et plusieurs autres choses necessaires en la chambre aux draps, *pour ce que toutes les seurs et filles qui avoient accoustume besoingner en ladicte chambre aux draps estoient lors malades et occupees pour la grant multitude de malades et de ceulx qui trespassoient chascun jour oudit Hostel Dieu*, et depuis le xxii$^e$ fevrier mil cccciiii$^{xx}$ et ung jusques au xxvi$^e$ jour de juillet, qui a vacque par l'espace de cxvi jours ouvrables, et a eu pour chascun desdits jours xi den. qui vallent iiii$^{tt}$ v s. parisis.

Baille par l'ordonnance de messieurs de chappitre et provisures dudit Hostel Dieu, a maistre Pierre Fabry, *pardonneur* et questeur, qui avoit fait les diligences de amasser le linge dessus declaire, a luy paye x$^{tt}$ p.

Pour plusieurs sortes de appoticairie, espicerie et drogueric pour les pauvres malades baillees et livrees par Denis Megissier, espicier et appoticaire a Paris, et dont les parties sont plus amplement specifiees au papier de la declaracion qu'il a baille a ladicte prieuse ix$^{tt}$ xiii s.

## Année 1482-1483.

Compte de seur Jehanne Lasseline, religieuse et prieuse de l'Ostel Dieu de Paris pour ung an, commencant au jour sainct Remy, premier jour d'octobre mil cccciiii$^{xx}$ et deux, et finissant au derrenier jour de septembre ensuivant l'an revolu mil cccciiii$^{xx}$ et trois.

Recepte des rentes sur plusieurs maisons a Paris et es faulxbourgs ii$^c$ iiii$^{xx}$ xvii $^{tt}$.

Recepte des laiz et aumosnes; des executeurs du testament de honnorable homme sire Nicolas de Louviers, en son vivant seigneur des comptes du Roy nostre sire, par les mains de monsieur maistre Jehan de Louviers, chanoine de l'eglise de Paris, et l'un des proviseurs dudit Hostel Dieu xl s. p.; — des executeurs du testament de feu maistre Jehan Boyvin notaire ou chastellet vii paires de draps.

Somma totalis vere recepte iii$^c$ xxi $^{tt}$ x s. et misia est iii$^c$ xi $^{tt}$ xvi s.

S'ensuit la mise et despence; le xxvii$^e$ jour de fevrier fut fait le bouhourdis audit Hostel Dieu, que on a accoustume faire en karesme, et fut anticipe pour la cause du pardon, et *pour la grant quantite des malades* estans oudit Hostel Dieu, et fut achette par ladicte prieuse la quantite de cinq cens et ung quarteron de gluys de feure pour mectre es litz des povres malades, le cent au pris de xx solz parisis, c.v s. p.; — pour avoir fait dire ung service comme il est de coustumme pour seur Jehanne la Richeuse et ses parens et amys, a cause de l'arpent de vingne assis ou terrouer de Picquepeuse, qu'elle a donne audit office xii s. p.; — le xxix$^e$ jour de juillet, durant que les eaues estoient petites et pour la grande affluance des malades, fut de necessite aler devant l'isle Nostre Dame essaiger et laver la lective, et furent louees six femmes de dehors *pour la grande quantite des religieuses et filles malades dudit Hostel Dieu*...; — le huitiesme jour du mois d'aoust, baille *au barbier qui vient visiter les povres malades oudit Hostel Dieu*, afin qu'il vint visiter et penser desdittes filles de l'abbit blanc qui estoient lors huit malades au lit, de *bosses* et *entractz*, paie audit barbier xxvi s.; — item audit Thomas, le barbier, le xxiii$^e$ jour dudit moys d'aoust, pour visiter lesdittes religieuses et filles malades xiii s. p.; — pour avoir fait faire ung inventoire et doubler plusieurs lettres et admortissemens faisant mencion des rentes que ladicte prieuse, a cause de son dit office, a droit de prendre par chascun an sur la recepte ordinaire de Paris et sur le tresor du Roy nostre sire, pour bailler a monseigneur d'Alby, commis par le Roy nostre sire afin de ordonner paiement pour les arrerages qui sont deubz audit office a cause desdittes rentes, paie a plusieurs escripvaings, pour ce qu'il failloit hastivement les bailler devers mondit seigneur d'Alby xxiiii s. p.

## Année 1483-1484.

Compte de seur Jehanne Lasseline, religieuse et prieuse de l'Ostel Dieu de Paris, pour ung an, commencant le premier jour d'octobre mil cccciiii$^{xx}$ et troys, et finissant au derrenier jour de septembre ensuivant.

Recepte ordinaire des rentes et revenues sur plusieurs maisons a Paris ii$^c$ iiii$^{xx}$ iii $^{tt}$.

Autre recepte des rentes prinses tant sur la recepte de Paris comme sur le tresor du Roy nostre sire viii$^{xx}$ v $^{tt}$.

Recepte des laiz et aumosnes; receu des executeurs du testament de feu Jehan de la Garde xvii draps a lit, telz quelz; — le viii$^e$ jour d'aoust receu par les mains de maistre Denis Martel, notaire et commis a paier les aulmosnes du Roy nostre sire, d'une aumosne faicte par le Roy nostre sire audit office de prieuse, *apres son entiere sante a Paris*, pour emploier en draps pour les povres malades, la somme de cinquante livres tournois qui vallent a livres parisis xl ₶.

Somma totalis vere recepte iii° iiii$^{xx}$ iii livres vi s. iiii den. et somma misiarum est ii° vi ₶ xvi s.

(Auditus et clausus est presens compotus per nos supra et inferius descriptos, provisores dicte domus, anno domini m°cccc° octuagesimo quinto, xxvii$^a$ mensis augusti).

S'ensuit la mise et despence; pour une fille nomme Aubine, fille en habit blanc, qui estoit malade au lit, et avoit ung *escharboucle*, a elle baille pour bailler au serurgien qui la pensoit six onzains, pour ce iiii s. vi den. p.; — a Jehanne Dupuys, aussi fille en habit blanc, qui avoit *l'une de ses mamelles appoustumees*, a elle baille, pour bailler au serurgien qui pensoit d'elle xiii s. vi den. p.; — pour les obseques et service de seur Jehanne la Girarde, fille en chapperon dudit Hostel Dieu, xxxviii s. p.

Compte de seur Jehanne Lasseline, religieuse et prieuse de l'Ostel Dieu de Paris pour ung an, commencant au jour sainct Remy, premier jour d'octobre, l'an mil ccccm$^{xx}$ et quatre, et finissant au derrenier jour de septembre en suivant l'an revolu.

Recepte ordinaire des rentes sur plusieurs maisons a Paris et es faulxbourgs ii° iiii$^{xx}$ x ₶ xi s.

Recepte des laiz et aumosnes; receu par les mains de maistre Jehan Girault, drappier, marchant et bourgoys de Paris, douze manteaulx de groz drap gris faiz a l'usaige des povres malades, pour leur servir durant ce que on refait leurs litz et que honnorable femme feue Gillecte..... en son vivant femme dudit Girault avoit donne et ordonne par son testament estre baillez et distribuez oudit Hostel Dieu; — des biens d'Estiennette la Malingrete, tronchiere dudit Hostel Dieu vi ₶ viii s. p.

Somma vere recepte iii° iiii$^{xx}$ xv ₶ xii s. et somma misiarum est iii° xxvi ₶ xv s.

(Auditus et clausus est presens compotus per nos supra et infra scriptos, provisores dicte domus, anno domini m°cccc° octuagesimo septimo, xxiiii$^a$ jullii).

## 17$^e$ REGISTRE IN-4° (223 FEUILLETS, PARCHEMIN).

### COMPTES DE LA PRIEUSE DES ANNÉES 1485 À 1490.

#### Année 1485-1486.

(Presentatus est presens compos coram nobis, Arturo de Vaudetar, Cantore, et Johanne Quentin et Johanne Louviers, canonicis ecclesie parisiensis, et provisoribus domus dei, commissis per capitulum dicte ecclesie, anno domini m°cccc° octuagesimo septimo, 3$^e$ augusti).

Compte de seur Jehanne Lasseline, religieuse et prieuse de l'Ostel Dieu de Paris, des rentes et revenues appartenans a son office pour ung an, commencant au jour sainct Remy mil cccc quatre vings cinq, et finissant ou derrenier jour de Septembre ensuivant.

Recepte ordinaire des rentes sur plusieurs maisons a Paris et es faulxbourgs ii° iiii$^{xx}$ iii ₶ xix s.

Autre recepte des rentes prinses tant sur la recepte de Paris, comme sur le tresor du Roy nostre sire, viii$^{xx}$ v ₶.

Recepte des laiz et aumosnes; le huitiesme jour de decembre oudit an ccccmi$^{xx}$ et cinq, d'une aumosne faicte par le Roy nostre sire audit office de prieuse, receu par les mains de Denis Marcel la somme de cinq escus d'or, qui vallent vii ₶ parisis; — le xiv$^e$ jour dudit moys fut receu par les mains des executeurs du testament de feue honnorable femme Marguerite, en son vivant femme de feu *maistre Olivier le Dain* lxiiii solz parisis; — le huitiesme jour d'avril mil cccc iiii$^{xx}$ et six fut receu d'une aumosne faicte par le Roy nostre sire audit Hostel Dieu, par les mains de honnorable homme et saige, maistre Michiel Gaillard, general de France, la quantite de xxi manteau et huit robes faictes a usaige d'omme, pour servir aux povres malades, quant ilz se levent de leurs litz, et xvi couvertures aussi de drap pour servir aux petitz litz du rang du *Sain*.

Somma vere recepte iiii$^c$ viii ₶ ix s. et somma misiarum est iiii$^c$ xix ₶ ii s.

S'ensuit la mise et despence; a Jehan Fleuyn, voirrier a Paris, pour avoir fait en la chambre aux draps ung panneau de voirre neuf, ouquel est la resurrexion du ladre xx s.; — pour avoir remis a point deux voirrieres bien dommagees, ou il y a en l'un saint Gregoire et en l'autre une Nostre Dame, servans en la salle neuf, du coste de la riviere, xvi s. p.; — pour l'achapt de deux pennes de regnars esportees, pour refaire les couvertures des litz aux povres malades, achettees de Guillaume Blanche, demourant es halles a Paris, le pris et somme de iiii ₶ xv s. p.; — pour secourir et avoir ses neccessites a seur Jehanne la Perrere, religieuse dudict Hostel Dieu, qui est fort malade et enflee par tout le corps, paye par l'ordonnance du maistre d'icelui hostel a ung medicin ou sirurgien de Sainct Denis en France, qui vint visiter ladicte seur Jehanne audit Hostel Dieu xiiii s. p.; — le iiii° jour d'octobre baille par laditte prieuse a Thomas, le barbier, qui a la charge de visiter les malades dudit Hostel Dieu, pour avoir visite et pense iii filles en habit blanc, *qui est malades de epydimie* xiiii s. p.; — a quatre autres filles en habit blanc qui estoient malades de epidimye, pour leur avoir leurs neccessites xl s. p.

## Année 1486-1487.

(Presentatus coram nobis. Jo. Quentin, penitenciario et Jo. de Louviers, Jo. Picart, canonicis parisiensibus commissis, cum domino cantore absente, die xxiii° aprilis, anno domini m°cccc° octuagesimo nono).

Compte de seur Jehanne Lasseline, religieuse et prieuse de l'Ostel Dieu de Paris, pour ung an commencant au premier jour d'octobre mil cccc iiii×× et six et finissant au derrenier jour de septembre ensuivant.

Recepte ordinaire des rentes sur plusieurs maisons, places et autres lieux, tant en la ville de Paris que es faulxbourgs ii° iiii××xv ♯ xvii s.

Recepte des rentes prinses tant sur la recepte de Paris comme sur le tresor du Roy nostre sire, pour l'annee de ce present compte viii×× v ♯ vi s.

Recepte des laiz et aumosnes; d'une aumosne que le Roy nostre sire a donné xx ♯ p.; — item fut receu aumosne, par l'ordonnance de messeigneurs de la chambre des comptes du Roy nostre sire, au dit office de prieuse la somme de cent livres tournois, pour employer en toilles a faire draps pour servir aux povres malades estans oudit Hostel Dieu; — par les mains des executeurs du testament de feu honnorable homme maistre Martin Guignon, en son vivant procureur et notaire ou chastellet de Paris c.xii s. p.

Somma totalis recepte vi°xxii ♯ xiiii s.

S'ensuit la mise et despence faicte par ladicte prieuse; pour l'obiit de seur Jehanne la Richeuse xii s. p.; — paye a Denis Messiger, appoticaire demourant devant ledit Hostel Dieu, pour cyrops et autres breuvaiges pour Jehanne la Bruyere, fille en habit blanc, v s. p.

Somma expensarum est v°iiii×× ix ♯ viii s.

## Année 1487-1488.

Compte de seur Jehanne Lasseline pour ung an, commencant au jour sainct Remy, premier jour d'octobre l'an mil iiii×× et sept, et finissant au derrenier jour de septembre ensuivant.

Recepte ordinaire des rentes sur plusieurs maisons, places et autres lieux assiz tant en la ville de Paris que es faulxbourgs d'icelle ii° iiii×× xv ♯ xv s.

Recepte des laiz et aumosnes; le xxvi° jour de janvier receut la prieuse par les mains de la vefve feu maistre Regnaut Chasteau, en son vivant garde du seel de la prevoste de Paris, la somme de xx ♯ tournois que ledit defunct avoit donne par son testament pour employer en linge audit Hostel Dieu; — receu des executeurs du testament de feu honnorable homme maistre Hugues Alligret, en son vivant greffier criminel de Parlement, ung escu d'or, xxviii s. p.; — item le quatriesme jour de fevrier oudit an *vint madame de Beaujeu oudit Hostel Dieu et visita les offices des povres malades et donna audit office de prieuse dix escuz d'or, vallent xiiii♯ p.*; — d'un laiz fait par feue seur Helayne en son vivant religieuse d'iceluy Hostel Dieu iiii♯ xvi s.; — d'une aumosne faicte par les mains de maistre Jacques Chevalier, seigneur de la chambre des comptes du Roy nostre sire, la somme de xxviii♯ t.

S'ensuit la mise et despence.

Ladicte prieuse a acheté a la foire et marchié de Sainct Germain des Prez xlviii livres iii quarterons de fil a xxii den. p. la livre, vallent iiii ♯ x s. viii den.

S'ensuit ce qui a esté acheté au Lendit; pour l'achapt de xx douzaines de draps a lit achectees de Colin Marteliere, marchant demourant a Mortaigne, le pris et somme de ii escus d'or la douzaine lvi ♯ p.; — pour l'achapt de iiii douzaines de draps achectez de frere Jacques Veraze, de l'ordre Saint Augustin xvi ♯ viii s. p.; — ...

Item autre despense pour l'arrest et empeschement que avoit fait faire maistre Pierre Poignant, conseillier et maistre des requestes de l'ostel du Roy nostre sire, pour deffault des foy et hommaiges, cens et saisine non faiz et payez en temps et en lieu, dont fut mene et conduit audit lieu d'Athis deux notaires du Chastellet, par le conseil dudit Hostel Dieu, apres le reffuz eu dudit Poignant, pour faire en la presence desdits notaires, audit lieu d'Athis et maison seignouriale, lesdits devoirs desditz foy et hommaige, et payer lesdits cens et saisines, par procureur ayant procuracion expresse ad ce, pour lequel voyage fut paye, pour le louaige de quatre chevaulx la somme de xii solz parisis; — item pour la despense du disner fait audit lieu d'Athis pour lesdiz notaires et assistans, et pour la despence des chevaulx xvi s. p.; — item pour le sallaire et vaccacion des notaires, tant pour estre allé par plusieurs foiz en l'ostel dudit Poignant, avecques ladicte prieuse, procureur et autres pour faire lesdiz devoirs, que pour aller audit lieu d'Athis, paye a chascun desdiz notaires demy escu d'or, pour ce xxviii s. p.; — item en faisant ledit appointement et composicion audit Poignant, a cause des vignes que feu monsieur maistre Jehan Monnet, en son vivant chanoine de Paris et l'un des proviseurs dudit Hostel Dieu, a donnez audit office de Prieuse, assiz oudit lieu d'Athis, ledit Poignant a eu deux muys de vin du creu desdites vignes, rendus en son hostel a Paris, en faisant ledit appointement, et en oultre a eu et receu de ladicte prieuse dix escus d'or, dont il y en avoit vi au souleil, et quatre a la couronne.

Somma totalis vere recepte iiii$^c$ iiii$^{xx}$ viii $^{tt}$ vi s. vi den. et somma misiarum est ix$^c$ xlv $^{tt}$ ix s. xi den.

### Année 1488-1489.

Compte de seur Jehanne Lasseline, religieuse et prieuse de l'Ostel Dieu de Paris pour ung an, commencant au premier jour d'octobre l'an mil quatre cens quatre vings et huit, et finissant au derrenier jour de septembre en suivant l'an revolu.

Recepte ordinaire des rentes sur plusieurs maisons tant en la ville de Paris que es faulxbours iii$^c$ livres xiii s.

Recepte des laiz et aumosnes; le xxviii$^e$ jour de janvier iiii$^c$ iiii$^{xx}$ et viii receut la prieuse de damoiselle Denise la Courtoise, mere de la femme du bailly de Meaulx, une couverture de blanchet fourree de gris qui servoit au lit du Roy nostre sire; — item ce dit jour receut ladite prieuse de ladicte damoiselle trois coutes pointes a couvrir les litz des malades; — le quatorziesme jour de mars oudit an, receut ladite prieuse d'un laiz fait audit Hostel Dieu par Jehanne, vefve de feu Jehan le Lieux, en son vivant marchant et bourgeois de Paris, quatre douzaines de draps et une douzaine de petites couvertures pour servir aux litz des malades; — des executeurs de feue honnorable femme damoiselle Francoise, en son vivant femme de feu Denis Thumery, xl s. p.; — d'un laiz fait audit office de prieuse par les mains de mademoiselle la Heberde, la quantite de six vings et cinq aulnes de toille; — des executeurs du testament de feu honnorable homme et saige monseigneur de Precigny iiii $^{tt}$ p.; — item fut receu par ladicte prieuse des executeurs du testament de feu honnorable homme..... Sainct Homme, en son vivant bourgoys et marchant de Paris, demourant en la rue Aubry le Boucher la quantite de quarante paires de draps a lit de le et demy, tous neufz; — item receut ladicte prieuse par les mains des executeurs de feu Julienne la Paulmiere, demourant en la rue Saint Jacques, a la Cloche perse, trente aulnes de toille de chanvre.

Somme de vraye recepte v$^c$ lvii $^{tt}$ ix s.

S'en suit la mise et despence; le douziesme jour de novembre baille a seur Laurense la Bidaude, religieuse dudit Hostel Dieu, qui se tient au Pressouer, pres des Chartreux, laquelle estoit fort malade de l'une de ses jambes, a elle baille pour paier son sirurgien, demourant a Venves, et pour luy avoir ses necessitez xxxii s. p.; — item pour herbe vert pour semer le jour d'Ascension oudit Hostel Dieu, au devant de la procession de l'eglise de Paris, paye iiii s. p.

Somme de toutes mises viii$^c$ liiii $^{tt}$ vi s.

### Année 1489-1490.

Compte de seur Jehanne Lasselline, religieuse et prieuse de l'Ostel Dieu, pour ung an commencant au premier jour d'octobre mil quatre cens quatre vings neuf, et finissant au derrenier jour de septembre ensuivant.

Recepte ordinaire des rentes sur plusieurs maisons places et autres lieux, tant a Paris que es faulxbourgs d'icelle cccii $^{tt}$ v s.

Recepte des laiz et aumosnes, du maistre dudit Hostel Dieu, par les mains de frere Jehan le Vaicher, religieux dudit Hostel Dieu, la somme de x livres tournoys, de l'argent venu des pardons et de l'ouverture des troncs dudit Hostel Dieu viii $^{tt}$ p.; — receu par les mains de maistre Guillaume Lamy, docteur en medicine, l'un des executeurs de feu reverend pere en Dieu monsieur l'evesque de Besiers, xx $^{tt}$ tournois qui vallent a parisis xvi $^{tt}$.

Somme des receptes ccclv $^{tt}$ ix s. ii den.

S'ensuit la mise et despence; pour six douzaines de fuseaulx pour servir a filer en la chambre aux draps, pour ce iii s. p.

Somme de toutes mises vi$^c$ lxxiii $^{tt}$ viii s. vi den.

## 18$^e$ REGISTRE IN-4$^o$ (166 FEUILLETS, PARCHEMIN).
### COMPTES DE LA PRIEUSE DES ANNÉES 1490 À 1495.

### Année 1490-1491.

Compte de seur Jehanne Lasseline, religieuse et prieuse de l'Ostel Dieu de Paris pour ung an commencant au jour sainct Remy, premier jour d'octobre l'an mil quatre cens quatre vings et dix et finissant au derrenier jour de septembre ensuivant, l'an revolu.

Recepte ordinaire des rentes sur plusieurs maisons places et autres lieux tant en la ville de Paris que es faulxbourgs d'icelle cccv $^{tt}$ xiii s.

Recepte des laiz et aumosnes; le xxviii° jour de septembre mil cccciiii°x, receut ladite prieuse d'une aumosne faicte par le Roy nostre sire audit office de prieuse, par les mains de honnorable homme maistre Denis Marcel, notaire et secretaire du Roy, xx tt p.; — des executeurs de feu honnorable homme sire Nicolas Feret, en son vivant drappier et bourgeoys de Paris xiii tt xii s. p.; — d'un evesque du pays de Portugal qui visitoit les pouvres malades xxviii s. p.; — d'une aumosne faicte comme dessus par le Roy nostre sire xx tt p.; — de honnorable homme maistre *Jehan Bude*, audiencier de la chancellerie de France iii douzaines de draps; — par les mains de honnorable damoiselle, femme de honnorable homme, maistre Pierre Michon, advocat en Parlement cxii s. p.; — par les mains de maistre Jehan de la Folye, greffier des monnoyes, la somme de douze livres parisis, que messieurs les generaulx maistres d'icelles monnoyes avoyent ordonné par sentence estre donne et aulmosne audit office contre Tristan Chartrot xii tt p.

Somma totalis vere recepte vii° ii tt xv s.

S'ensuit la mise et despence; pour l'achapt de groz draps a faire couverture de litz pour les pouvres malades vii°° vi tt xii s.; — a messeigneurs les auditeurs et proviseurs qui ont oy, examine, cloz et signe ce present compte, pour leur sallaire neant, car ilz y ont vacque pour l'amour de Dieu et des pouvres.

Toute la mise de ce present compte monte a la somme de sept cens deux livres xi deniers.

### Année 1491-1492.

Compte de seur Jehanne Lasseline, religieuse et prieuse de l'Ostel Dieu pour ung an, commencant au jour sainct Remy, premier jour d'octobre l'an m.cccciiii°°xi, et finissant au derrenier jour de septembre ensuivant, l'an revolu.

Recepte ordinaire des rentes sur plusieurs maisons en la ville de Paris et es faulxbours d'icelle cccv tt xiii s.

Recepte des rentes prinses tant sur la recepte de Paris comme sur le tresor du Roy nostre sire viii° v tt.

Recepte des laiz et aumosnes; le xxii° jour d'octobre mil cccciiii°°xi, receut ladite prieuse de honnorable homme et saige monseigneur maistre Francoys Halle, arcevesque de Nerbonne, troys douzaines de couvertures pour servir aux litz des povres malades; — d'une aumosne donnee par le Roy nostre sire et payce par maistre Denis Marcel xx tt tournoiz; — par les mains des executeurs du testament de feu venerable et discrete personne maistre Guy Boyleaue, en son vivant conseillier du Roy nostre sire et chanoine en l'eglise de Paris, la somme de xx escus d'or a la couronne; — par les mains de frere Jehan Levachier, religieux et chevecier dudit Hostel Dieu x tt p.; — par les mains de maistre Jehan Auttor, boursier dudit Hostel Dieu la somme de xx tt t. d'une aumosne faitte oudit Hostel Dieu par le Roy nostre sire; — de honneste personne la Brisonnette x tt t.; — par les mains de honnorable homme Nicolas le Vigneron, grenetier de Paris, et l'un des executeurs de feu honnorable homme maistre Hector Turgis, en son vivant conseillier et advocat ou Chastellet de Paris iiii tt p.; — item le xii° jour d'octobre m.cccc.iiii°° et xii fut employe a la foire Sainct Denis par les mains de Thomas, serviteur de noble homme messire Pierre Bureau, en son vivant seigneur de Monglat et tresorier de France, tant en gros draps, couvertures et toilles pour servir aux povres malades, la somme de cent livres tournois, que le feu messire Pierre Bureau et feue honnorable damoiselle Audete, en son vivant femme dudit Bureau avoient donnez par leur testament audit office de prieuse.

Somma vere recepte six cens xv tt xiii s.

S'ensuit la mise et despence....; item s'ensuivent les pieces de toilles que Fremine, blanchisseresse de toilles, demourant au Louvre a blanchy, au pris de deux deniers parisis l'aulne...

Somme de toutes mises ccccxxxiii tt x s.

### Année 1492-1493.

Compte de seur Jehanne Lasseline, religieuse et prieuse de l'Ostel Dieu de Paris pour ung an, commencant au jour sainct Remy premier jour d'octobre l'an mil cccciiii°° et xii, et finissant au derrenier jour de septembre en suivant l'an revolu, l'an mil cccciiii°° et treize.

Recepte ordinaire des rentes sur plusieurs maisons, tant en la ville de Paris que es faulxbourgs d'icelle ccc.iii tt iii s.

Recepte des laiz et aumosnes; receu de la vefve feu ..... Herbelot, en son vivant marchant bonnetier demourant a Paris, en la rue de la Cossonnerie, douze manteaulx de drap gris pour servir aux povres malades quand ilz se levent de leur liet; — item receut ladicte prieuse par les mains dudit Hostel Dieu, au pardon de la chaire sainct Pierre, des aumosnes des troncqs dudit Hostel Dieu x tt t.; — par les mains de honnorable femme madamoiselle Laclutine, vefve de feu..... la somme de xxx livres tournois pour achecter du linge pour les povres malades.

Somme toute de vraye recepte vi° xiiii tt xviii s.

S'ensuit la mise et despence; le troiziesme jour d'aoust a six hommes qui vacquerent ung jour pour oster les immundices qui estoient dedans l'eaue, devant le lieu ou l'on a acoustume a laver la leccive devant ledict Hostel Dieu viii s. p.; — item les vendredi et samedi, xxiii et xxiiii° jour dudict moys d'aoust, furent six hommes a relever les sablon et immundices qui estoient devant la place ou l'en a accoustumee de laver la leccive, pour ce que l'eaue estoit fort basse et petite, qui ont vacque par deux jours, paye a chascun troys douzains qui font xxviii s. viii den.

Somme toute de la mise v° lxvii ## xii s. vi den.

### Année 1493-1494.

Compte de seur Jehanne Lasseline, religieuse et prieuse de l'Ostel Dieu de Paris, pour ung an commencant au jour sainct Remy, premier jour d'octobre l'an mil cccciiii°° et xiii, et finissant au derrenier jour de septembre ensuivant.

Recepte ordinaire des rentes sur plusieurs maisons tant en la ville de Paris que es faulxbourgs d'icelle cccxxix ## xv s.

Recepte des laiz et aumosnes; des executeurs de feu honnorable homme Jehan Boucher, en son vivant marchant et bourgois de Paris lxiiii s. parisis; — par les mains de honnorable homme maistre Loys Leblanc, greffier des comptes du Roy nostre sire, la somme de xl ## parisis que messeigneurs desdits comptes avoient ordonne audit office de prieuse; — des executeurs de honnorable femme Katherine de l'Olive, en son vivant femme de honnorable homme Jehan Legendre, conseiller et tresorier des guerres du Roy nostre sire, iii douzaines de draps de lit de toille neuve; — par les mains de messeigneurs les executeurs de feu honnorable homme Denis Le Breton, en son vivant general de Normandie x ## p.; — par les mains de la vefve de feu Estienne Dutroncq, en son vivant marreglier de l'eglise de Paris xxiii paires de draps que ledict defunct avoit donne et laisse par son testament oudit Hostel Dieu pour servir aux povres malades.

Somme de vraye recepte vii° lix ## x s.

S'en suit la mise et despense v° iiii°° iiii ##.

## 19° REGISTRE IN-4° (171 FEUILLETS, PARCHEMIN).
### ANNÉES 1494 À 1496.

### Année 1494-1495.

Compte de seur Jehanne Lasseline, religieuse et prieuse de l'Ostel Dieu de Paris pour ung an, commencant au premier jour d'octobre l'an mil cccciiii°° xiv, et finissant au derrenier jour de septembre ensuivant.

Recepte ordinaire des rentes que ladite prieuse a droit de prendre sur chascun an sur plusieurs maisons a Paris et es faulxbourgs d'icelle ccc.xxix ## vii s.

Recepte des laiz et aumosnes; receu de la queste faicte en l'evesche de Meaulx, pour les pardons dudit Hostel Dieu xxii draps; — de la queste faicte en l'evesche de Rouen ix nappes; — item neuf douzaines de couvrechiefz, xii douzaines de serviettes; — des aumosnes des pardons dudit Hostel Dieu xx livres parisis; — item des executeurs de feue Marguerite de Trassy, en son vivant bourgoise de Paris la quantite de douze douzaines de draps de chanvre et xxv couvertures de gros drap gris.

Somme de la vraye recepte vi° lvi ## xviii s.

S'en suit la mise et despence; a Estienne le Vavasseur, menuissier, pour avoir fait deux bancs a dossier servans de coffres et de chairez a confesser, avecques les sieges de boys, iiii escuz d'or; — a Audry Kappel, marchant demourant a Toul en Lorraine, pour avoir vendu neuf pieces de toille contenant cccxxviii aulnes, au pris de quinze livres tournois chascun cent vallent en somme la somme de xlix ## t.; — a Jehan Boileaue, marchant et bourgois de Toul en Lorraine, pour xiiii douzaines de draps de lict xl ## p.; — item a Guillemette du Vivier, lavandiere, demourant en la cour Sainct Nicolas du Louvre, pour avoir blanchy les pieces de toille cy apres declairees...; — aux filles en habit blanc qui estoient malades *d'espedemye*, qui couroit lors parmy Paris et oudit Hostel Dieu, a Jehanne Gaultiere, a Perrette la Lucase, a Colette Dicy, a Jehanne Guymiere, a Anthoinette la Poussine, a Denise, a Agnes la Musniere.

Somme toute de la despence vi° xxxix ## xi s.

### Année 1495-1496.

Compte de seur Jehanne Lasseline pour ung an, commencant au premier jour d'octobre mil quatre cens quatre vings et quinze, et finissant au derrenier jour de septembre ensuivant.

Recepte ordinaire des rentes sur des maisons a Paris et es faulxbourgs d'icelle ville ccciiii°° x ## vii s.

Recepte des laiz et aumosnes; receut ladicte prieuse par les mains de Guillaume Gueroult, notaire du Roy ou Chastellet de Paris, la quantite de douze douzaines de draps de lict de chanvre; — du laiz et ordonnance faicte par messeigneurs les provisours dudit Hostel Dieu des aumosnes faictes aux pardons de la feste de la chaire saint Pierre et pour le dimenche de la passion xx ʜ p.; — la somme de xxxii ʜ p. que maistre Denis Marcel, tresorier des aumosnes du Roy nostre sire, avoit baille audit maistre pour employer en toilles et couvertures pour les povres malades; — par les mains de messeigneurs les executeurs de feu honnorable homme et saige monsieur maistre Martin Ruze, en son vivant chanoine de Paris, conseillier et president des enquestes en la court de Parlement la somme de viii ʜ p.; — par les mains de Nicolle Herbellot, receveur des amendes de parlement, x livres parisis faisant moictie et portion de xx ʜ p. en quoy Richard Lepeletier, marchant demourant a Rouen, avoit este condempne par ladite cour; — par les mains de l'executeur du testament de feu maistre Jehan Colombel, en son vivant clerc du greffe de Parlement, la somme de viii ʜ p. pour employer en linge pour les povres.

Somme de la vraye recepte viiiᶜ vii ʜ ii s.

S'ensuit la mise et despence; — item pour avoir fourny oultre les draps et couvertures ordinaires dont elle faict mention en ces comptes, pour les malades *de la grosse verolle de Naples*, et pour refaire la plus part des dix draps et couvertures qui ont este gastez et qui jamais ne serviront, icelle prieuse a endommaige et mis en fraye a plusieurs et diverses fois jusques a la somme de iiiⁱˣ livres parisis; — item pour avoir fourny depuis quinze ans en ca le colleige des dix huit clercs assis devant le parvis Nostre Dame de Paris, c'est assavoir les six mois dudit xviii draps et leurs couvertures es doubles, et toutes les trois sepmaines des moys d'este par an autant de draps et couvertures dont lesdiz escolliers en ont gaste et desire la plus part, et les autres les ont emportees, dont icelle prieuse a eu grans dommaiges et luy a faillu paier en mises dont sans faire ne avoir fait mencion en ces comptes, dont demande icelle prieuse la somme de viˣˣ livres, pour ce cy mis pour mémoire seulement, pour cognoistre ladicte charge.

Somme de la despence iiiiᶜ lxvii ʜ xiii s.

(Auditus et clausus presens compotus per nos subscriptos et ad hoc specialiter per capitulum deputatos, propter certa neccessaria impedimenta duorum provisorum dicto capitulo allegata et demonstrata, octava hujus mensis maii, anno domini mᵒccccᵒ nonagesimo nono. P. Henry, Refuge, Michel.).

## Année 1496-1497.

Compte de seur Jehanne Lasseline, religieuse et prieuse de l'Ostel Dieu de Paris pour ung an, commencant au jour sainct Remy premier jour d'octobre l'an mil ccccⁱⁱⁱⁱˣˣ et seize, et finissant au dernier jour de septembre ensuyvant.

Recepte ordinaire des rentes sur plusieurs maisons tant en la ville de Paris que es forsbourgs d'icelle iiiᶜxxv ʜ xi s.

Recepte des laiz et aulmosnes; le jour et feste sainct Laurens mil ccccⁱⁱⁱⁱˣˣ seize receut ladicte prieuse de feu noble homme messire Simon Bureau, en son vivant seigneur de Monglad, et maistre des comptes du Roy nostre sire, la quantite de xxvi draps de lit; — par les mains de la vefve de feu honnorable homme messire Jehan de Sainct Germain, en son vivant procureur general la somme de xii ʜ p.; — de maistre Nicole Herbelot, changeur et receveur de la court de parlement x ʜ p. par l'ordonnance de ladicte court par arrest contre Guillaume de Mornay et Jehan de la Folie; — des executeurs du testament de feue honnorable damoiselle Denise de Longueul, en son vivant femme de honnorable homme et saige monsieur maistre Jacques Chambellan, conseiller du Roy nostre sire en sa court de Parlement xvi ʜ p.; — de messieurs les executeurs de feu Jacques de Vignancourt, en son vivant controlleur de la chancellerie la quantite de cviii aulnes de toilles; — de madame de Bourbon une piece de toille contenant xxxii aulnes, que ladicte prieuse vendit, pour ce qu'elle estoit trop deliee, pour avoir des draps pour les povres malades, au pris de viii solz parisis l'aulne, qui vallent xii ʜ xvi s. p.; — des mains de maistre Jacque le Roy, receveur des amendes des comptes, la quantite de unze douzaines de draps et cinq draps de lit, par l'ordonnance de mesdits seigneurs des comptes; — par les mains de maistre Guillaume Lamy, docteur en medecine et executeur de feu reverend pere en Dieu monsieur J. Bureau, en son vivant evesque de Beziers, la somme de xx livres parisis pour employer en linge du residu des biens de l'accomplissement du testament dudict deffunct; — par les mains de maistre Denis Marcel, tresorier des aulmosnes du Roy nostre Sire, la somme de xvi livres parisis.

S'ensuit la mise et despense; — a Jehan Syon, blanchisseur de toilles demourant a Paris, pres le port Sainct Bernard, du couste de la Tournelle, pour avoir blanchy pour ladicte prieuse, durant l'annee de ce present compte, la quantite de xxviii vingts dix sept aulnes de toilles ecrues, au pris d'un lyart l'aulne, sept frans trois solz cinq deniers; — item le xxiiᵉ aoustⁱⁱⁱⁱˣˣ xvii bailla ladicte prieuse au notaire de chappitre pour bailler a monsieur Fournier, chanoine de ladicte eglise, pour parachever de paier *celui qui avoit guery les malades de la grosse verolle*, et par l'ordonnance de messieurs de chappitre et de messieurs les proviseurs, la somme de x ʜ viii s. parisis.

Somme de la vraye recepte, m.lxvii ʜ xviii s.

Et la mise monte a viᶜ xxx ʜ iiii s.

## Année 1497-1498.

Compte de seur Jehanne Lasseline, religieuse et prieuse de l'Ostel Dieu de Paris pour ung an, commencant au premier jour d'octobre mil cccc quatre vings dixsept, et finissant au derrenier jour de septembre ensuivant l'an revolu.

Recepte ordinaire des rentes sur plusieurs maisons tant a Paris que es faulxbourgs d'icelle ville cccxxv ₶ xi s.

Recepte des laiz et aumosnes; — receu par les mains des executeurs du testament de feue Perrette, en son vivant, femme de Barbedor, marchant, demourant devant le palais la quantite de deux douzaines et demye de draps de lit que ladicte deffuncte avoit donne; — item le quinziesme novembre iiii<sup>xx</sup> xvii receut ladite prieuse par les mains des executeurs de feue honnorable femme Katherine du Goulet, en son vivant femme de noble homme Claude de Rabodanges, chevalier, la quantite de xv paires de draps de lit, xv lodiers, et xv manteaulx de drap gris pour servir aux neccessitez des povres malades; — par les mains de messieurs les executeurs de feue honnorable damoiselle..... de Baudetar, en son vivant femme de feu honnorable homme maistre Jaques Fournier, en son vivant conseiller du Roy nostre sire, la quantite de cent aulnes de toille.

Somme de la recepte ix<sup>c</sup> xxxiv ₶ ii s.

S'en suit la mise et despense v<sup>c</sup> xxix ₶ xiii s.

## Année 1498-1499.

Compte de seur Jehanne Lasseline, religieuse et prieuse de l'Ostel Dieu de Paris pour ung an, commencant au premier octobre l'an mil quatre cens, iiii<sup>xx</sup> xviii, et finissant au derrenier jour de septembre ensuivant.

Recepte ordinaire des rentes sur plusieurs maisons a Paris et es faulxbourgs ccc xlii ₶ i s.

Recepte des laiz et aumosnes; — receut ladicte prieuse de honnorable homme et sage maistre Jehan de Livres, notaire et secretaire du Roy nostre sire et greffier criminel de la court du Parlement la somme de xx livres parisis, faisant moitie de xl livres parisis ordonne estre baille par ladite court de Parlement le xvii<sup>e</sup> d'aoust ou dict an iiii<sup>xx</sup> xviii, moitie pour le linge des povres malades et l'autre moitie pour l'apothicairerie; — item receut la dicte prieuse par les mains dudit de Livres, comme l'un des executeurs de feue honnorable damoiselle Ysabeau de Byenne, en son vivant femme de noble homme Jehan de la Lande, escuier de l'escurie du Roy nostre sire et cappitaine de Corbeil, la somme de vi livres parisis; — de maistre Robert Morillon, cirurgien, i douzaine de draps de lit tous neufz; — de honnorable homme Nicolle Dupre, receveur des exploiz et amendes de la court de Parlement, la somme de x livres parisis, faisant moitie de la somme de xx ₶, ordonne par ladite court estre baillie audit Hostel Dieu, venue et yssue de la somme de cent livres en laquelle par arrest de ladite court prononce le xxvii<sup>e</sup> jour de novembre mil quatre cens iiii<sup>xx</sup> xviii, Henry Ledoulx, grenetier du grenier a sel de Roye avoit este condamne; — le xv<sup>e</sup> jour de mars mil cccc, iiii<sup>xx</sup> xviii receut ladicte prieuse de maistre Denis Marcel, tresorier des aumosnes du Roy nostre sire la somme de xx ₶ tournoiz; — de damoiselle Marguerite vefve de feu Adam de Hericourt, par les mains de maistre Loys de Loffles xxxii s.; — le x<sup>e</sup> jour d'aoust mil cccc, iiii<sup>xx</sup> xix receut ladicte prieuse 100 livres tournoiz par les mains de maistre Pierre Janveaulx, procureur dudit Hostel Dieu d'une aumosne donnee par le Roy nostre sire sur le grenetier de chasteau Thierry, et ordonne par reverend pere en Dieu Monsieur de Paris et Monsieur le general Gaillard estre baille pour emploier en linge pour les povres malades; — item le xvi<sup>e</sup> jour de septembre receu de honnorable homme Nicolas Dupré, receveur des exploiz et amendes de la court de Parlement la somme de xxx livres parisis que ladicte court avoit ordonne nous estre baille des deniers de ladicte recepte, reservez a l'ordonnance de ladicte court pour emploier et avoir du linge.

S'en suit la mise et despence mil lxxviii ₶ v. s. et la vraye recepte est xiii<sup>c</sup> xxvii ₶ x s.

## 20<sup>e</sup> REGISTRE IN-4° (181 FEUILLETS, PARCHEMIN).

### ANNÉES 1499 À 1505.

## Année 1499-1500.

Compte de seur Jehanne Lasseline pour ung an, commancant au premier jour d'octobre l'an mil cccc iiii<sup>xx</sup> xix, et finissant au derrenier jour de septembre ensuivant.

Recepte ordinaire des rentes sur des maisons a Paris et es faulxbourgs d'icelle ville ccc xxxvii ₶ iiii s.

Recepte des laiz et aulmosnes; — des executeurs de feue honnorable damoiselle Jehanne la Viste, en son vivant femme de honnorable homme maistre Jehan Briconnet xl s. p.; — item receut ladicte prieuse par les mains de reverend pere en Dieu Monsieur de Paris la somme de dix escuz d'or, faisant porcion de cent escuz d'or que Monsieur le general Gaillart avoit envoie a mondit sieur de Paris pour distribuer a la voulente dudit reverend pere en Dieu; — item le derrenier jour d'aoust mil v$^e$ receut icelle prieuse par les mains de honnorable damoiselle, femme de Monsieur maistre Tristan de Fontaines, conseiller du Roy nostre sire, et executeresse du testament de feue honnorable damoiselle de Bracque viii draps de lit; — le xii$^e$ jour de juing receut ladicte prieuse de Monsieur le general Gaillart mil aulnes de toille.

S'en suit la mise et despense; — pour avoir fait une table a gousset en maniere d'escabelle pour mettre les potz de deux ou trois litz des pouvres malades en la salle neufve vi s. p.

Somme de la recepte mil livres xii s. Somme de la mise iiii$^c$ v $^{tt}$ xii s.

### Année 1500-1501.

Compte de seur Jehanne Lasseline, religieuse et prieuse de l'Ostel Dieu de Paris, pour ung an commancant au premier jour d'octobre mil cinq cens, et finissant au derrenier jour de septembre ensuivant, l'an revolu.

Recepte ordinaire des rentes en et sur plusieurs maisons a Paris et es faulxbourgs d'icelle ville cccxiiii$^{tt}$ xiiii s.

Recepte des laiz et aumosnes; — ladicte prieuse a receu par les mains de honnorable homme Jaques Erlant, notaire et secretaire du Roy nostre sire, et executeur du testament ou derreniere volente et ordonnance de feu Jehan Prevost, dit Erlant, en son vivant marchant et mercier a Paris, la somme de cent livres parisis; — item des executeurs de feu honnorable homme et saige Monsieur maistre Philippes Fournier, en son vivant conseiller du Roy nostre sire en sa court de Parlement v douzaines et demye de draps de lit tous neufz; — de Monsieur maistre Jehan de Hacqueville seigneur des comptes du Roy nostre sire, par l'ordonnance de mesdiz seigneurs des comptes iiii$^{tt}$ iiii s.; — de Monsieur maistre Martin Bellefaye, conseillier du Roy nostre sire en sa court de Parlement, la somme de c. s. p.; — du receveur des amendes de la court de Parlement xv $^{tt}$ p.; — des executeurs de feue Vincenotte en son vivant pastissier, demourant au coing de la Vieille rue du Temple, deux escus d'or vallent lvi s.; — du laiz fait par feuz maistre Pierre Chasserat et sa femme iiii $^{tt}$ p.; — item receut la prieuse des executeurs du testament de feue dame Jehanne Viault en son vivant femme de noble homme messire Denis de Bidant, chevalier, president des comptes viii$^{tt}$ p.; — des executeurs de feu honnorable homme Jehan de Villebresme xvi$^{tt}$ p.; — des executeurs de feu noble homme messire Pierre d'Orgemont, en son vivant chevalier, seigneur de Cerbonne et tresorier de France viii$^{tt}$ p.

Somme de la vraye recepte xiiii$^c$ xvii $^{tt}$ iiii s.

S'en suit la mise et despense, pour euvres et reparacions faictes durant l'annee de ce present compte; — item a Jehan Lyonnet macon, la somme de sept cens cinquante livres tournois, pour avoir fait pour ladicte prieuse en deux corps d'ostelz, l'un faisant le coing de la rue Saint Pierre aux Beufs, a l'opposite de l'eglise Saint Christofle, et l'autre en ladicte rue Sainct Pierre aux Beufz, les travaux cy apres declaires....., — item a Anthoine Asselin, charpentier de la grant congnee pour avoir baille et livre tout le bois de la charpenterie desdiz corps d'ostel..... ii$^c$ iiii$^{xx}$ xiiii $^{tt}$; — somme toute de la mise pour euvres et reparacions xi$^c$ lxx livres.

(Misie predicte, tam pro reparacione duarum domorum existencium ante ecclesiam beati christofori, et in vico sancti petri ad boves, quam eciam pro pennis, lineis, licet vise sunt excessive prima facie, tamen transibunt pro hac vice duntaxat, secundum tenorem conclusionis capituli, scripte in fine hujus compoti, per manum notarii capituli parisiensis.)

Somme totalle de ce present compte en vraye recepte xiiii$^c$ xvii $^{tt}$ iiii s.; — et la mise monte a la somme de xviii$^c$ li livres viii s.; — par ce appert que la mise excede la recepte en la somme de iiii$^c$ xxxiii $^{tt}$ iiii s. sur quoy ladicte prieuse demeure comptable de v$^c$..... et est la mise de ce present compte montee a si grand somme au moyen de certaines reparacions, bastimens, et aultres frays faictz par ladicte prieuse a elle allouez par conclusion de chappitre, ci apres inseree et signee de la main du notaire de chapitre.

(Relato per dominos Michel Ruze et Bricot, provisores domus dei parisiensis deputatos, auditores compotorum priorisse ejusdem domus dei, quod dicta priorissa in suis compotis pro anno finiente in festo Sancti Remigii anni millesimi quingentesimi primi ponit duos articulos, videlicet de edificacione duarum domorum sitarum ante ecclesiam Sancti Christofori, pro uno, et de lingio pro alio articulis, quos prima facie noluerunt allocare eidem priorisse, tam pro eo quod summe eorumdem ascendunt ad magnas pecuniarum quantitates, que eis vise sunt excessive, quam pro aliis causis, suplicantes super hoc deliberari per capitulum, super quo deliberatum est et conclusum quod pro hac vice transseant dicti articuli, sed quod inhibeatur tam eidem priorisse, quam magistro bursario, procuratori et maisonnario dicte domus ne a cetero presumant aut corporaliter presumant ultra summam centum francorum in reparacionibus seu edificiis domorum, aut aliarum mercanciarum et neccessitatum ipsius domus dei exponere, absque ordinacione provisorum ejusdem domus dei, pro tempore existencium, et quod hoc pro statuto teneant et habeant, actum in capitulo parisiensi, anno domini millesimo quingentesimo secundo, die jovis post letare, tricessima mensis marcii. Raoulin).

### Année 1501-1502.

Compte de seur Jehanne Lasseline, religieuse et prieuse de l'Ostel Dieu de Paris, pour ung an, commancant au jour Saint Remy mil cinq cens et ung, et finissant au derrenier jour de septembre ensuivant l'an revolu mil cinq cens et deux.

Recepte ordinaire des rentes sur plusieurs maisons, tant en la ville de Paris que es faulxbourgs d'icelle ccc. xiiii $^{tt}$ xiiii s.

Recepte des laiz et aulmosnes; — par l'ordonnance de messeigneurs des comptes de Paris, de venerable et discrete personne maistre Giles de Luxembourg, prothonotaire du Saint Siege appostolique, filz naturel de feu Loys de Luxembourg, conte de Saint Pol, la somme de vingt escus d'or, faisant partie ou porcion de trente escus d'or, c'est assavoir vingt escus a ladicte prieuse pour employer en linge et x escus a l'apothicairerie, que mesdits seigneurs des comptes lui ont compose et ordonne pour sa legitimacion; — de l'aumosne du Roy nostre sire le xxvi° jour de fevrier, pour employer en linge viii $^{tt}$ p.; — des executeurs de feue Jacqueline la Courtillere, en son vivant dame et maistresse des estuves de la rue de Montmartre, huit manteaulx de drap gris et unes braceroles; — des executeurs de feue..... en son vivant femme de honourable homme Jehan de Lolive, eschevin de Paris, cent aulnes de toilles de chanvre; — des executeurs de feu maistre Regnault Briconnet, la quantite de cinq douzaines et demy de draps de lit; — des executeurs de feue honorable femme du general Gaillart, par les mains de maistre Loys Picot son filz, la quantite de vingt six douzaines de draps de lit; — des executeurs de feu maistre Michel Pean, en son vivant chanoine et chancellier de l'eglise de Meaulx, xl livres parisis; — de monsieur maistre Jaques le Roy, receveur general de la chambre des comptes, la quantite de vingt cinq douzaines et quatre draps de lit; — des executeurs du testament de feu noble homme maistre Jehan Bude, en son vivant audiencier de la chancellerie de France, par les mains de maistre Guillaume Durant la quantite de xvii couvertures de litz faittes de gros gris blanc; — par les mains de Madamoiselle Radegonde, vefve de feu honorable homme maistre Pierre Poignant, en son vivant conseillier du Roy nostre sire en sa court de Parlement, la quantite de xx douzaines et trois draps de lit.

Somme totalle de la recepte vi$^c$ xxxvii $^{tt}$ iiii s.

S'en suit la mise et despense ix$^c$ lvii $^{tt}$ xv s.

### Année 1502-1503.

Compte de seur Jehanne Lasseline, religieuse et prieuse de l'Ostel Dieu de Paris pour un an, commancant au jour Saint Remy mil cinq cens et deux, et finissant au derrenier jour de septembre ensuivant l'an revolu mil cinq cens et trois.

Recepte ordinaire des rentes sur plusieurs maisons tant en la ville de Paris que es faulxbourgs d'icelle ccc. xiiii $^{tt}$ xiiii s.

Recepte des laiz et aulmosnes; — des executeurs de feu reverend pere en Dieu Monsieur Simon, en son vivant evesque de Paris, v douzaines et demye de draps de lyt; — de feue honnorable damoiselle Ragunde Simon, vefve de feu honnorable homme, maistre Jehan de Nanterre, en son vivant procureur general du Roy nostre sire en sa court de Parlement, iiii douzaines de draps de lyt; — de Messeigneurs les executeurs de bonne memoire. feu maistre Jehan Milet, en son vivant evesque de Soissons, par les mains de maistre Nicole Migon, chanoine et chantre de la Saincte Chappelle du palais l $^{tt}$ tournoiz; — item le penultieme jour du mois de juillet mil cinq cens et trois a receu ladicte prieuse de maistre Nicole Dupre, receveur des exploiz et amendes de la court de Parlement xx livres parisis.

Somme toute de la vraye recepte v$^c$ xi$^{tt}$ xi s.

S'en suit la mise et despense.

Autre despense extraordinaire faitte par ladicte prieuse pour trois quartiers de vigne tenuz en fief de honnorable homme maistre Nicolle Violle, correcteur en la Chambre des comptes du Roy nostre sire a Paris, et a present seigneur d'Athis, auquel a convenu aller par devers lui, avec le procureur general dudict Hostel Dieu, et le procureur ou Chastellet dudit Hostel Dieu, et le procureur dudict office de prieuse, avec deux notaires de Chastellet, pour lui faire offre a faire foy et hommaige et bailler homme vivant et mourant, et avec ce garny de procuration expresse, lequel ne voulut obtemperer a ladicte offre, et depuis par le conseil dudit Hostel Dieu fut delibere de avoir lettres royaulx du Roy nostre sire, par lesquelles a este dit et ordonne estre receu par souverain a faire lesdictes foy et hommaige, et mis en proces ou Chastellet de Paris, pour ce qu'il vouloit *regaller* et prandre tous les fruiz desdictes vignes.

A maistre Henry Bertran, grant bedeau de la Faculte de theologie en l'Universite de Paris, et procureur d'icelle Faculte pour le rachapt de cent seize solz huit deniers parisis de rente, que mes dits seigneurs de ladicte Faculte avoient droit de prandre par chascun an sur ladicte maison qui fut feu Pierre des Noyers, au bout du pont Saint Michel, devant l'abrevouer Mascon, en la censive du parlouer aux bourgeois, de present appartenant a l'office de ladicte prieuse, a esté paye par ladicte prieuse la somme de iiii$^{xx}$ vii livres tournois.

Somme toute de la mise xv$^e$ lx livres xix s.; ainsi appert qu'il est deu audit office de la prieuse, pour plus avoir mis que receu mil xlix $^{tt}$ viii s.

(Auditus et clausus fuit presens compotus per nos subsignatos, anno millesimo quingentesimo tercio, xxvi$^a$ januarii. Briquot, de Lailly.)

### Année 1503-1504.

Compte de seur Jehanne Lasseline religieuse et *nagueres prieuse* de l'Ostel Dieu de Paris, pour ung an commencant au jour Sainct Remy mil cinq cens et troys et finissant au dernier jour de septembre en suivant l'an revolu mil cinq cens et quatre.

Recepte ordinaire des rentes en et sur plusieurs maisons, tant en la ville de Paris que es faulxbourgs d'icelle, ccc. xiiii $^{tt}$ xiiii s.

Recepte des laiz et aulmosnes; receut ladicte prieuse de Monsieur le general maistre Jacques le Roy la quantite de xv douzaines de draps de lit, pour coucher et ensevelir les povres malades; — de Monsieur maistre Nicole Dupre, receveur des exploiz et amendes de la court de Parlement la somme de xxx$^{tt}$ p.

Autre despence faicte par seur Jehanne de Marle, a present prieuse dudict Hostel Dieu, pour le labour des vignes.....

Somme toute des mises iii$^c$ lv$^{tt}$ i s.

## 21$^e$ REGISTRE, IN-8° (549 FEUILLETS, PAPIER).

#### ANNÉE 1505-1506.

### Année 1505-1506.

*Copie de certain arrest de la court de Parlement, du deuxiesme jour de may l'an mil cinq cens et cincq, par lequel sire Jehan Legendre, maistre Jherosme de Marle, Francoys Cousinot, sires Henry Lebegue, Estienne Huve, Jehan Baudin, Guillaume Lecaron et Millet Lombart, bourgois de Paris ont este commis par ladicte court au regime et gouvernement du temporel de l'Ostel Dieu de Paris, duquel la teneur s'ensuit.*

*Sur ce qu'il est venu a la congnoissance de la Cour que en l'Ostel Dieu de Paris a eu et a de present mauvais ordre, tant au spirituel que temporel, et mesmement ce qui concerne les povres malades, que l'on dit n'y estre receuz ne traictez comme il appartient, combien que, des pieca ladicte court eust commis aucuns des presidens et conseillers en icelle court sur le fait de la reffomacion et gouvernement dudict Hostel Dieu, et sur ce donne plusieurs arrestz et jugemens, et enjoinct par plusieurs et diverses foiz aux doyen et chappitre de Paris de y donner ordre, et pourveoir au fait dudict Hostel Dieu, sur peine de la privacion de la supperiorite et administration qu'ilz en avoyent, pour le fait de laquelle reffomacion le Roy nostre sire eust le huitiesme jour de janvier dernier passe decerne ses lectres patentes adressans a certains commissaires, afin de faire mectre a execution aucuns advis et deliberacions des proviseurs dudit Hostel Dieu, commis par le cardinal d'Amboise, legat en France, que par les doyen et chappitre de l'eglise de Paris, et depuis eust ledict seigneur escript a ladicte court, laquelle auroit deppute et commis de nouvel aucuns des presidens et conseillers en icelle court pour parler et communicquer ausdits proviseurs et les prevost des marchans et eschevins de ceste dicte ville de Paris, touchant le fait de laditte reffomacion, lesquels proviseurs auroient baille certain advis par escript, et entre autres choses touchant le temporel dudit Hostel Dieu, a ce que lesdits prevost des marchans et eschevins de ladicte ville nommassent et esleussent aucuns bourgoiz et marchans d'icelle ville pour estre commis a gouverner et administrer ledit temporel, et y donner bon ordre, et commectre ung ou plusieurs receveurs pour recevoir le revenu dudict Hostel Dieu, pour en rendre compte, selon et en ensuivant les articles cy apres declarez, lesquelz prevost des marchans et eschevins eussent nommez et esleuz pour avoir ledit gouvernement et commission du temporel les personnes dont les noms et seurnoms s'ensuivent, c'est assavoir Jehan Legendre, maistres Jherosme de Marle, Francoys Cousinot, Henry Lebegue, Estienne Huve, Jehan Baudin, Guillaume Lecaron et Millet Lombart, bourgois de Paris.*

*Veuz par la Court lesdictes lectres patentes dudict seigneur, et autres lectres missives escriptes par luy, tant a ladicte court que ausdits commissaires par elle dernierement commis, et tout ce qui a este mis devers icelle court par lesdits vicaires et commis, et oy sur ce iceulx vicaires et commis tant par ledit legat que par lesdits de chappitre de Paris, et tout considere.*

*La Court a commis et commect au regime et gouvernement du temporel d'icelluy Hostel Dieu et autres choses cy dessus declairees, les dessus ditz Jehan Legendre, maistres Jherosme de Marle, Francoys Cousinot, Henry Le Begue, Estienne Huve, Jehan Baudin, Guillaume Lecaron et Millet Lombart pour par eulx faire et acomplir les choses respectivement contenues et declairees qui s'ensuyvent, et premieremernt lesdiz bourgoiz esleuz et commis commectront bonnes et loyalles personnes pour estre receveurs et procureurs a recevoir tout le re-*

venu et entremise dudit Hostel Dieu, ausquelz lesdiz bourgoiz commis pourveoirront de gaiges et pensions raisonnables, ainsi qu'ilz verront estre affaire, et lesquelz procureurs et receveurs rendront compte de leurs receptes et mises chascun an ausditz bourgois commis, present l'un des presidens, et ung ou deux conseillers du Roy en ladicte court y assistera, aussi l'un des chanoines de l'eglise de Paris, qui ad ce sera commis par lesdits doyen et chappitre de l'eglise de Paris, se bon leur semble, et pourveoirront lesdiz bourgoiz commis a ce que tous les deniers qui ont accoustume estre receuz audit Hostel Dieu, tant es corps des diz religieux que des religieuses, et mesmement prieuse de la chambre du linge, de l'appoticairerie et autres semblables, seroient tous receuz et mis en une bourse commune ou lieu commun, ainsi que par les diz bourgois commis sera advise, pour les distribuer par eulx ou leur commis par leur commandement et ordonnance, et a leur discrection, en distribuant toutesvoyes et employant ce qui sera donne et aulmosne ainsi et en la forme et maniere que ceulx qui feront les diz dons et aulmosnes l'auront ordonne, item enjoinct ladicte court ausdiz doyen et chappitre de l'eglise de Paris et autres qu'il appartiendra qu'ilz meettent es mains des diz bourgois commis tous les comptes et receptes, papiers, enseignemens et autres touchant ledit temporel qu'ilz ont dudit Hostel Dieu, afin que les diz bourgois commis soient instruictz et advisez pour mectre ordre a la recepte et autres choses qui concerne ledict temporel dudict Hostel Dieu.

Item et touchant les comptes qu'en dit encores estre a rendre par frere Jehan le Fevre depuis quatorze ou quinze ans, ordonne icelle Court que ledict Lefevre rendera ses diz comptes aus diz bourgois commis, l'un des diz presidens ou ung ou deux conseillers du Roy en icelle court; a laquelle reddicion assistera l'un des dits chanoines qui sera commis par les diz doyen et chappitre, se bon leur semble, comme dessus a este ordonne des autres comptes.

Item touchant les baulx des heritaiges dudit Hostel Dieu, tant des champs que de la ville, qui pourroient avoir este faiz autrement que a point, et aussi touchant les heritaiges qui ont este baillez a vie ou a temps, qui sont ja peult estre expirez, ou expirent et expireront, selon l'exigence des cas.

Item lesdiz bourgois commis auront la charge de mectre ordre et provision touchant les questes des pardons et indulgences dudict Hostel Dieu, et feront recevoir les deniers desdictes questes, comme des autres receveurs dudit Hostel Dieu, et dont ilz ont la charge.

Item lesquelz bourgois commis pourvoirront aux norritures et habillemens des religieux et religieuses qui sont oudict Hostel Dieu, tant de celles qui ont este advenues de nouvel que de cel'es qui y sont de present demourees, et autres qui ont este a temps translatees, ainsy que lesdiz bourgoiz verront estre affaire.

Et feront lesdiz bourgois commis dilligence a eulx possible, afin que lesdiz religieux et religieuses, selon leurs charges et offices faicent ce a quoy elles sont tenues, et principallement touchant les povres malades, et pourvoirront lesdiz bourgoiz commis ausdiz religieux et religieuses de habillemens et couverture, des revenues et deniers dudict Hostel Dieu.

Item enjoinct et commande ladicte Court ausdiz doyen et chappitre de Paris de apporter et mectre es mains desdiz bourgeois ou de leur receveur ou receveurs, qui ad ce par eulx seront depputez, tous les deniers que iceulx doyen et chappitre ou autres de par eulx ont prins et fait prandre es troncqs dudit Hostel Dieu, et des pardons et questes, et d'autres deniers appartenans a icelluy Hostel Dieu. Et de ce que iceulx doyen et chappitre en ont employe bailleront deschargeausdiz bourgois commis.

Item lesdiz bourgois commis feront dilligence touchant la maison qui est assise entre ledict Hostel Dieu et l'Ostel episcopal, pour l'appliequer audict Hostel Dieu, afin de le accroistre pour subvenir a la multitude des powres malades qui y affluent.

Item lesdiz bourgois commis feront fere promptement et le plus tost que faire se pourra inventaire de tous les biens dudict Hostel Dieu, tant argent monnoye ou a monnoyer, vaisselle d'argent, estain, blez, vins, chevaulx, beufz, vaches et autres choses et biens estans a present audit Hostel Dieu et es maisons d'icelle, a ce que plus facillement iceulx bourgois commis ou temps advenir peussent dresser les comptes dudict receveur qui par eulx sera commis.

Item que lesdiz huit commis ou sept, six, cinq ou quatre a tout le moins pourront vacquer en l'absence des autres, et de trois ans en trois ans seront muez quatre d'iceulx huit, afin de supporter les ungs et autres.

Item s'il advenoit que aucun ou aucuns desdiz huit decedast, ou que autrement il fut legitimement empesche, ou que quatre d'iceulx feussent muez, lesdiz prevost des marchans et eschevins en esliront d'autres en leurs lieux qui feront le serment comme les autres l'auront fait.

Item que lesdiz huit commis ensemble s'ilz sont dans cette ville de Paris feront lesdiz baulx et bailleront les quictances neccessaires. Mais s'ilz ne sont tous huit en ceste ville, ou quatre d'iceulx commis du moings feront lesdiz baulx et quictances, selon qu'ilz verront estre affaire pour le proufit dudit Hostel Dieu. Et ce qu'ilz auront faict touchant lesdiz baulx et quictances, le rapporteront aux autres qui n'auront este presens, a la premiere assemblee ou iceulx huit se trouveront.

Item ordonne ladicte Court que s'il advenoit que on pourveust ou lieu d'aucuns desdiz commis aucuns autres, que ceulx qui se entremectroyent plus de ladicte commission eussent aucune chose avance pour le fait dudit Hostel Dieu, ilz seront remboursez de ce qu'ilz auront avance des deniers dudict Hostel Dieu.

Item que si touchant le fait et charge de ladicte commission et les affaires du temporel d'icelluy Hostel Dieu survenoit aucune difficulte entre lesdiz doyen et chappitre ou autres et lesdiz bourgois commis, iceulx bourgois commis auront recours a ladicte Court, afin d'en ordonner par elle. Et feront lesdiz bourgois, tant les dessus nommez que autres qui cy apres y seront commis serment sollemnel en ladicte court de bien et loyaument excercer ladicte commission au prouffit et utilite dudict Hostel Dieu.

Le tout des choses dessus dictes par maniere de provision, et jusques a ce que par ladicte court et justice autrement en soit ordonne.

Item sera enjoinct aux religieux et religieuses dudict Hostel Dieu qu'ilz vivent selon leurs status.

Et ont este mandez lesdiz Legendre, De Marle, Cousinot, Lebegue Huve, Baudin, Lecaron et Lombart, lesquelz ont fait le serment de bien et loyaument administrer ledict temporel, et y faire ce que bons administrateurs doyvent faire. Le tout selon et en ensuivant les articles dessus dietz, dont leur sera baille le double. Signe par le greffier de ladicte Court, fait en Parlement le deuxiesme jour de may, l'an mil cinq cens et cinq. Ainsi signe : Pichon.

Coppie des lectres de procuration par lesquelles lesdiz bourgois commis au gouvernement de l'Ostel Dieu de Paris ont fait et constitue Jehan de la Saunerie leur procureur et receveur general dudit Hostel Dieu, desquelles la teneur s'ensuit.

A tous ceulx qui ces patentes lectres verront, Jaques d'Estouteville, chevalier, conseiller et chambellan du Roy nostre sire et garde de la prevoste de Paris, salut, savoir faisons que par devant Pierre Oraige et Jehan Belin, notaires du Roy nostre sire, de par luy establiz en son chastellet de Paris, furent presens en leurs personnes sire Jehan Legendre, maistres Jherosme de Marle, Francoys Cousinot, sires Henry Lebegue, Estienne Huve, Guillaume Lecaron et Millet Lombart, ou nom et comme commis de par la court de Parlement au regime et gouvernement de l'Ostel Dieu de Paris, eulx assemblez en leur hostel de la Huchecte, lesquelz ont cejourduy fait, nomme, constitue et estably, et encores par la teneur de ces presentes font, nomment, constituent et establissent leur procureur et receveur general honorable homme Jehan de la Saunerie, grenetier du grenier a sel establi pour le Roy nostre sire a Montsaujon, auquel lesdiz gouverneurs constituans oudit nom ont donne et donnent pouvoir et puissance de requerir, demander, recevoir, poursuivre et pourchasser tous et chascuns les deniers, blez, vins, grains et autres choses qui sont et pourront estre deues audit Hostel Dieu, tant en ceste ville de Paris que es faulxbourgs, tant a cause des cens, rentes, louaiges de maisons que de revenu de l'ostel du pressouer que autrement, soit a cause de l'office de maistre d'icelluy Hostel Dieu, de boursier, maisonnier, office de la prieuse, appoticairerie, que autres deniers ordonnez pour ledit Hostel Dieu en ceste ville de Paris et faulxbourgs d'icelle ville, et autres deniers qui lui seront ordonnez recevoir, du receu faire et bailler quictance, une ou plusieurs, a telles personnes et ainsi qu'il appartiendra. Et generalement de autant faire touchant ce que dit est et qui en deppend, comme lesdiz constituans oudit nom feroient et faire pourroient, se presens en leurs personnes y estoient, Jacoit ce que le cas requist mandement plus especial. Et oultre advouent ce que ledict procureur oudict nom a fait et receu par avant luy, touchant la charge a luy des pieca baillee, promectans iceulx constituans par foy et sermant, et soubz l'obligation des biens, revenues et temporel dudict Hostel Dieu, avoir agreable a tousiours tout ce que par ledict Jehan de la Saunerie, leur procureur et receveur, touchant ce que dit est et qui en deppend sera fait.

En tesmoing de ce nous, a la relacion desdits notaires, avons mis ausdictes presentes lectres le seel de ladicte prevoste de Paris, qui furent faictes et passees l'an mil cinq cens et cinq, le jeudy trente et penultieme jour dudict moys d'octobre. Ainsi signe : P. Oraige et J. Belin.

Compte premier[1] de Jehan de la Saunerie, procureur et receveur general de l'Ostel Dieu de Paris, estably par messieurs les bourgois et gouverneurs, commis, au regime et gouvernement du temporel dudict Hostel Dieu, des recepte et despence faictes par ledict receveur, tant a cause des cens, rentes et revenu d'icelluy hostel en ceste ville et faulxbourgs de Paris, que d'autres deniers qui souloient estre receuz tant par le maistre dudict Hostel Dieu, par le boursier, maisonnier, par la prieuse que par la commise a la garde de l'appoticairerie, et ce pour ung an entier commancant au jour saint Jehan Baptiste mil cinq cens et cinq includ et finissant a semblable jour, l'an revolu, mil vᶜ et six exclud, fors et excepte de la recepte et despence faictes a cause de l'office de prieuse, dont en ce present compte n'est faicte mencion que de trois quartiers d'an, commancans a la saint Remy oudict an mil vᶜ cinq, et finissant audit jour sainct Jehan Baptiste mil cinq cens et six exclud, parce que maistre Raouland Bernier, procureur et rece-

---

[1] Nous publions in extenso, à peu de chose près, ce compte de l'année 1505-1506, en raison de son importance et du grand nombre d'années qui séparent le dernier compte de l'Hôtel Dieu proprement dit de celui-ci; en effet, le dernier compte du maître de l'Hôtel Dieu est de l'an 1446.

Soixante années avaient apporté dans le domaine de l'Hôtel Dieu, dans les diverses sources ou dans le produit de ses revenus, des modifications assez sensibles pour qu'il y eût utilité à reproduire en son entier ce premier compte de l'administration laïque de l'Hôtel Dieu. La même raison nous conduira à publier intégralement un registre de notre collection de comptes, après un intervalle de vingt ou vingt cinq années; nous nous bornerons, pour les autres registres, à une analyse à laquelle nous donnerons l'étendue qui sera jugée nécessaire.

veur pour ladicte prieuse dont compte dudict terme escheu audict jour saint Jehan Baptiste mil cinq cens cinq includ, par protestation de cedict present compte augmenter ou diminuer tant en recepte que en despence, se besoing est et le cas le requiert.

Et est assavoir que mesdits seigneurs les bourgois de Paris furent commis au gouvernement du temporel dudict Hostel Dieu, par arrest de la cour de Parlement des le deuxiesme jour de may oudit an mil cinq cens et cinq, lesquelz en ensuivant ledict arrest le penultiesme jour d'octobre mil cinq cens et cinq, commisdrent et establirent leur procureur et receveur general ledict Jehan de la Saunerie, comme il peult apparoir par ledict arrest et lectres de procuration, dont les coppies sont escriptes au comancenent de cedict present compte.

Item, et incontinant apres laquelle commission baillee ausdits bourgois par ladicte Court et par eulx acceptee, firent faire inventaire des biens meubles estans en icellui Hostel Dieu, lesquelz ilz laisserent en la garde du maistre, de la prieuse et de ceulx et celles qui auparavant en avoient la charge, lesquelz de la garde d'iceulx se chargerent.

Item, et pour ce que, en faisant ledict inventaire, ne fut trouvé aucuns deniers contens pour fere la despence dudict Hostel Dieu, ordonnerent a maistre Nicole Noel, lors maistre dudict hostel, recevoir les deniers qui viendroient en icelluy hostel pour faire la despence, ce qu'il a fait par aucun temps des jours maigres seullement, et jusques au xxviii° jour de may oudit an mil cinq cens et cinq, qu'ilz ordonnerent a sire Guillaume Lecaron l'un d'iceulx commis a recevoir losdiz deniers venans en icellui Hostel Dieu, et en fere ladicte despence, ce que ledit Lecaron fist, jusques au jour de . . . . . oudit an mil cinq cens et cinq qu'il rendit son compte a mesdict sieurs ses compaignons, et pour ce que les deniers revenans lors audict hostel ne souffisoient a la despence d'icelluy hostel, et qu'ilz trouveront ledict Hostel Dieu fort despourveu de vivres et autres choses neccessaires a icelluy Hostel Dieu, furent contraintez de bailler et avancer pour fournir a la despence dudict Hostel Dieu grant sommes de leurs deniers et autres choses neccessaires audict Hostel Dieu, dont depuis ledict receveur les en a payez et remboursez, duquel compte ainsy rendu par ledit Lecaron, et aussi des deniers receuz et distribuez depuis son dict compte, tant par luy que par sa vefve, et par l'ordonnance des mesdits sieurs les bourgois, ledit recepveur en faict recepte et despence en ce dict present compte, comme il apperrera cy apres, combien que partie d'icelle recepte et despence ait este faicte auparavant ledict jour sainct Jehan Baptiste mil v° et cinq.

Item et pareillement est assavoir que, au moyen de ce que les receveurs et procureurs particuliers des champs, qui par cy devant ont este commiz par messieurs de chappitre de Paris et proviseurs, n'ont rendu aucun compte, et aussi que les aucuns d'iceulx sont mors, au moyen de quoy mesdiz sieurs les bourgoiz et ledict receveur n'ont peu savoir le revenu dudict Hostel Dieu qui consiste hors Paris, icelluy receveur ne faict recepte ne despence en ce present compte, sinon de ce qu'il a receu et qui en est venu, et peu venir a sa notice et congnoissance, comme il sera dict cy apres ce present compte rendu a messeigneurs.

Recepte ordinaire pour l'annee de ce present compte, a cause des cens, fons de terre et rentes prinses tant sur la recepte ordinaire de Paris, sur le tresor du Roy nostre sire, que sur plusieurs maisons et lieux assis en ceste ville et faulxbourgs de Paris.

Recepte du fons de terre payable au jour sainct Remy. Et premierement, de la maison de la Huchecte, assise devant le parvis Nostre Dame, tenant d'une part a l'ostel du petit chauderon, sur laquelle ledict Hostel Dieu a droit de prandre chascun an quatre deniers parisis de cens, neant, parce qu'elle est en la main dudict Hostel Dieu et *y ont messieurs les bourgois, gouverneurs dudict hostel fait fere ung bureau et comptouer*.

De la maison du Petit Chauderon, assise devant ledict Hostel Dieu, et faisant le coing de la rue neufve Nostre Dame ii deniers parisis de fons de terre; elle est de present en la main dudict Hostel Dieu et est baillee a louage a maistre Jehan Raquel, et a la vefve maistre Estienne Vallon, ainsi que mencion sera faitte ou chappitre des louaiges, pour ce neant.

De la maison de la Marguerite, assise en ladicte rue Neufve, qui fut Jehan Gevrard, et depuis audict Hostel Dieu, ii ob. de fons de terre, elle est de present audict Hostel Dieu et baillee a vie a Anthoine de Tournay.

De la maison de la Croix de fer, assise en ladicte rue Neufve, tenant a la maison dessus dicte, baillee a louaige a Pierre Estrelin, barbier, pour faire la *rature* dudict Hostel Dieu, pour ce neant.

De la maison qui fut Robin Jaquin, assise en ladicte rue Neufve, do l'autre coste d'icelle rue, tenant d'une part a une maison appartenant aux religieux de Sainct Victor lez Paris, et d'autre part a une maison appartenant audict hostel ii den. ob. de fons de terre.

D'une maison assise en la rue Neufve, qui fut a feu maistre Guillaume Le Paige, tenant d'une part à la maison devant dicte et d'autre part a la maison de l'ymaige Saincte Katherine, appartenant audict Hostel Dieu, par an ii den. ob. parisis; elle est de present audict Hostel Dieu et baillee a maistre Geuffroy Gueroust, praticien en court d'eglise.

Des maisons qui furent feu Robert Bernier, assizes

en ladicte rue Neufve, tenant d'une part a la maison devant dicte xii den. p. Lesdictes maisons appartenans de present aux hoirs feu Jehan Le Pelletier, relieur de livres.

De la maison qui fut feu *Hugues de Champdivers*, depuis a Foucques de Rosieres, et de present a la vefve et heritiers de feu maistre Pierre Malaisie, assize en ladicte rue Neufve, tenant d'une part aux maisons devant dictes et d'autre part a une masure ou place vuyde appartenant ausdicts vefve et hoirs, par an xii den.

D'une maison ou place vuyde, ou souloit avoir une masure assise en la rue du Coulon, qui fut et appartint a chappitre de Paris, depuis a feu Nicolas Gossemart, laquelle il fit ediffier tout de neuf, depuis appartint a feu Jehan de Nully, a cause de sa femme, appartenant a maistre Mathurin Tixier, secretaire du Roy nostre sire, tenant d'un coste a maistre Adam Du Jain, a une maison ou il fait une estable cy apres declairee, et d'autre part audict Tixier; par an iiii den.

D'une autre place vuyde, assise en ladicte rue du Coulon, qui fut au cure Saincte Geneviefve la Petite, depuis a feu Audry Musnier, et de present appartient audict maistre Jehan Doujain, greffier ou chastellet de Paris, par an iiii den.; en laquelle de present il n'a fait aucune estable.

D'une maison assise en la rue de Marche Palu, devant la Forge, appellee la maison de Paradis, en laquelle souloit pendre l'enseigne du Heaulme, et de present y pend l'enseigne de saint Marcel et de saincte Geneviefve, tenant d'une part a une maison faisant le coing de la rue aux Fevres, qui fut a feu maistre Enguerrand de Parenty, et de present appartient a Simon Regnault, nepveu de maistre Enguerrant, par an ii den. p.

D'une maison assise en la rue Saint Pierre aux Beufz, en laquelle pend ou souloit pendre pour enseigne le Grand Chauderon, appartenant de present a la prieuse dudict Hostel Dieu, a cause de l'office du linge, pour ce ii den. p.

D'une maison ou masure assise en la rue de la Confrairie, ou souloit pendre l'enseigne de la Belle Estoille qui fut a feu maistre Estienne Greslier, chanoine de Paris, et de present appartient a chappitre de Paris, comme aiant le droit dudit Greslier, a certain temps par an ii s. p. que ledict chappitre a baille a Guy Villezeau.

D'une autre maison assise en ladicte rue, contenant deux pignons, qui fut a feu maistre Pierre de Sargy, depuis a maistre Pierre Cajart, pour six deniers parisis de fons de terre, elle est de present audict Hostel Dieu, et louee comme dit sera cy apres ou chappitre des louaiges.

D'une maison ou souloit avoir une place vuyde, qui fut a Madame de Montagu, assise en la rue de Champrosy, tenant d'une part a une maison et place appartenant audict chappellain de Saincte Katherine, fondee en l'eglise de Paris, par an ii den. p. ladicte maison appartient de present a la vefve et hoirs de maistre Mathurin de la Bare, procureur en Parlement, pour ce icy ii deniers parisis.

D'une maison assise en ladite rue de Champrosy, qui fut au colliege de Laon, depuys a maistre Jehan Bourgoing, seigneur en Parlement, et de present appartient a maistre Nicole Pouart, advocat ou Chastellet de Paris, par an vi den. p.

D'une maison et ses appartenances, assise en la rue des Marmousetz, faisant le coing du petit ymaige Saincte Katherine, qui fut a maistre Jehan de La Viguolle, seigneur en Parlement, et de present est baillee audict maistre Nicole Pouart a longues vies, par an ung denier parisis de fons de terre.

D'une maison assise en la rue du petit ymaige Saincte Katherine, qui fut Aleaume Cachemaree, et de present appartient aux hoirs de feu maistre Jaques Juvenel, par an six deniers parisis.

D'une maison assise en la rue, pres du cymetiere de Sainct Landry, qui fut a feu maistre Gilles Fleury, depuis a messire Mesnart Monthault, cure dudict Sainct Landry, et de present appartient a Jehan Foucault, lequel l'a faicte ediffier tout de neuf, par an vi den. p. de fons de terre.

Sur une maison assise ou chevet Sainct Landry, tenant d'une part a une maison faisant le coing du port de Glatigny, qui fut a feu Guillaume Du Vivier, depuis a Monsieur de la Chapelle, de present a ses hoirs, xii den. p. de fons de terre.

D'une maison assise en la rue du Barsueil, qui fut a feu maistre Jehan Filleul, depuis a ses hoirs ou ayans cause, et de present appartient a maistre Guillaume Poincot, prestre, chanoine du sepulcre, a Paris, par an iii den. p.

D'une autre maison assise en ladicte rue du Barsueil, qui fut a feu maistre Jehan du Lux, depuis a maistre Jehan Fleury, et a maistre Gilles Fleury son filz, et de present appartient au cure de la Magdelaine, par an neuf deniers parisis de fons de terre.

D'une maison assise en la rue de la Coulombe, qui fut a feu maistre Jehan Acart, depuis aux hoirs ou ayans cause dudict maistre Gilles Fleury, et de present appartient a maistre Martin Bellefaye, lequel l'a depuis remise es mains dudict Hostel Dieu, et par eulx louee, ainsi qu'il sera dit au chappitres des louaiges.

D'une maison qui fut a feu Martin Fouassier, assise en la rue de la Buscherie et de Petit Pont, tenant d'une part a une maison appartenant aux hoirs de feu Denisot Travellie, en laquelle maison pend pour enseigne l'Omme sauvaige, et de present appartient a la veufve feu Nicolas Le Paige par an iiii den. p.

D'une maison assise en la rue de la Buscherie, qui fut feu Simon Bureau, depuis a Aymery Pelerin, pelletier, tenant d'une part a la maison devant dicte, a ung archet pour aller a la riviere de Seine, par an iiii den. p. de fons de terre, et elle est de present en la main dudict Hostel Dieu, baillee a Geoffroy Rambault, boucher, a vies, a la charge des reparacions, et dudict fons de terre.

D'une autre maison assise en ladicte rue, qui fut feu Jehan de Bucy, macon, depuis a Jaquet Riant, boucher, et a ses ayans cause, et de present appartient a la vefve et heritiers de feu Gervaisot Larchier, tenant a la maison de l'Escu de France, appartenant a Jehan Arnoul, tainturier de draps, par an xii den. p.

D'une autre maison assise en ladicte rue qui fut Jehan Brillart dit Martin, depuis a Guillaume des Boullons, et de present appartient a Jehan Arnoul, tainturier de draps, tenant aux hoirs de feu Regnault Riant, boucher, par an xii den. p.

Sur les cens du prieur de Sainct Julien le Pauvre, par an xii den. p.

De la maison de la Cloche perse, assise en la Grant rue Sainct Jacques, qui fut a Robin Beguin, depuis a Pierre Boursier, depuis a ses hoirs, par an xii den. p. de fons de terre.

D'une maison a appentis assis en la rue de la Parcheminerie, qui fut a feu Thibault Patier, cordonnier, depuis a Adenet Marceau, et de present a Jehan Girault, drappier, par an vi den. p.

D'une maison, jardin derriere, appelle la maison des Marmousetz, assise en la rue de la Herpe, par hault, qui fut a feu maistre Guy Raoul, depuis aux escolliers de Bayeulx, et de present apartient a maistre Jehan Coustant, procureur en Parlement, le fons de terre est comprins en xxi s. p. de rente.

D'une grant maison et jardin derriere qui fut a feu maistre Jehan Justice, et de present appartient aux escolliers du colliege par luy fonde, appelle le colliege de Justice, assiz en ladicte rue de la Herpe, par hault, par an xlii s. p.

D'une maison contenant deux maisons soubz ung pignon assiz devant la place de la Saulnerie, devant la riviere de Seyne, ou pend pour enseigne le Bœuf couronne, appartenant de present a la vefve et hoirs de feu Jehan le Flamang et Pierre le Flamang, orfevre, par an iiii den.

' D'une autre maison joignant, ou pend pour enseigne l'ymaige saincte Katherine, baillee par ledict Hostel Dieu a feu Jehan Pensart, marchant de poisson d'eau doulce, de present appartenant a la vefve et heritiers de luy, ii den. p. de fons de terre.

D'une maison et ses appartenances assises a la porte Baudoyer, qui ja pieca fut feu Cardot, depuis a Guerin Favart, et de present a ses hoirs ou ayans cause, tenant d'une part a l'ostel du Dieu d'amours, par an vi den. p.

D'une maison ou souloit pendre l'enseigne du Petit Heaulme, et de present y pend l'enseigne du Griffon, assis audit lieu de la porte Baudoyer, qui fut a Collart le maire, et de present appartient a Pierre Barbete, drappier, par an viii den. p.

D'une maison assise audit lieu, ou souloit prendre pour enseigne la Pomme rouge, et de present y pend l'Omme sauvage, tenant a la maison devant dicte, qui fut et appartint a feu maistre Jehan Merault, depuis audict Pierre Barbete, et de present appartient a Jehan Parfait, drappier, iii den. p.

D'une maison assise audit lieu, ou souloit pendre pour enseigne les Pariers, et de present y pend la Croix d'or, qui fut a Pierre Girard et de present appartient a la vefve et hoirs de feu Chenart, tenant d'une part a la maison devant dicte, par an iii den. p.

D'une maison assise audit lieu, ou pend pour enseigne la Teste noire, appartenant au colliege de Laon, tenant d'une part a la maison devant dicte, par an iii ob.

D'une maison assise audit lieu, ou pend pour enseigne l'ymaige Nostre Dame, qui fut a feu Jaques Guerin, depuis a Germain Mutel, barbier, depuis a Simon le Conte, tenant d'une part a une maison ou pend pour enseigne l'Austruche, par an ii den. p.

D'une autre maison, assise audit lieu de la porte Baudoyer, ou pend pour enseigne l'Austruche, qui fut et appartint a feu Ayme Chauvet, depuis audict Germain Mutel, et de present appartient a Regnault Lestolle, drapier, tenant d'une part a la maison devant dicte et d'autre part a la maison de l'Ours, pour ce ii den. p.

De la maison de l'Ours et de toutes ses appartenances, aveecques deux autres maisons qui souloient estre des appartenances d'icelle maison de l'Ours, et de present sont separees, en l'une desquelles pend pour enseigne le Puys, tenant d'une part a la maison feu Jaques Guerin, en toutes lesquelles maisons ledict Hostel Dieu a droit de prandre par an iiii den. p.

D'une maison assise audit lieu, qui fut a feu Oudinet de Neufville, depuis a feu Baudet Chenart, et de present appartient a maistre Adam Chenart, prebtre, ou pend pour enseigne la Banniere de France, par an iii den. p.

De la maison qui fut maistre Guy de Dampmartin, appellee la Belle Estoille assise audit lieu, a l'opposite de la rue Forgier l'Asnier, et de present appartenant a Pierre Peroton, drappier, tenant d'une part a ....... et d'autre part a la maison de l'Aigle et du Barbeau, par an iii pict. parisis.

De la maysou joignant l'Aigle et du Barbeau, appartenant aux Religieux, abbe et couvent de Saint Mor des

Fossez, tenant d'une part a la maison devant dicte, par an iii ob. p.

D'une autre maison, court et jardin derriere, assise en la rue Forgier l'Asnier qui fut a feu maistre Raoul d'Orville, depuis a maistre Jehan Longuejoe, et de present appartient a maistre Jehan de la Picte, clerc des comptes, par an vi den. p.

D'une autre maison, assise en ladicte rue, qui fut a feu maistre Guillaume de Neufville, depuis a la Castelle, et de present appartient au mareschal des logis du Roy nostre sire, par an viii den. p.

D'une autre maison, assise en ladicte rue, qui fut a feu Raoul de Garges, depuis a Gabriel Lesieur, procureur au Chastellet de Paris, et de present appartient a Aignelot de la Croix, par an iii den.

D'une autre maison assise en ladicte rue, joignant a la maison devant dicte, qui fut a feu Alixandre de Guyon, poissonnier, ou sont les douze moys de l'an, de present appartient audit Angelot de la Croix, par an iii den. p.

*Recepte des rentes.* Sur la recepte ordinaire de Paris, la somme de iiii$^c$ lxiii$^{tt}$ ix s. viii den. parisis, que ledict Hostel Dieu a droit de prendre chascun an sur ladicte recepte, a plusieurs et divers termes, a cause de l'office de maistre dudict Hostel Dieu.

Sur le changeur du Tresor du Roy nostre sire, la somme de v$^c$ xxxix$^{tt}$ ii s. iiii den. par. prinse au termes d'Ascension Nostre Seigneur, Toussaints et Chandeleur.

Sur une maison et masure assise devant le parvis Nostre Dame, ou souloit pendre l'enseigne de la Huchette xvii$^{tt}$ p. de rente; neant, pour ce que a present ladicte maison appartient audict Hostel Dieu, et en laquelle messeigneurs les bourgeois font leur *bureau* et comptouer dudict Hostel Dieu.

Sur une maison assise en ladicte rue Neufve Nostre Dame, en la censive de l'Ostel Dieu de Paris, appartenant de present aux Religieux, abbe et couvent de Sainct Victor lez Paris, ou pend pour enseigne l'ymaige sainct Victor, tenant d'une part et d'autre audict Hostel Dieu, quatre livres parisis de rente par an, en ce comprins ung denier parisis de fons de terre.

Sur trois maisons qui furent Robert le Berruyer, en la censive de l'Ostel Dieu, contenant trois petis ouvrouers, tenant d'une part a ladicte maison ou pend pour enseigne saincte Katherine, et d'autre part a la maison ou pend l'enseigne des Trois boytes iiii$^{tt}$ p.

Sur une maison assise en ladicte rue, ou pend pour enseigne lesdictes troys Bouetes, tenant aux masures assises devant l'eglise Saincte Genefiefve des Ardens, aboutissant a la rue du Sablon c. solz p.

Sur une maison assise en ladicte rue Neufve Nostre Dame faisant le coing d'icelle, vers Petit Pont, ou pend l'enseigne saint Christofle, appartenant a Nicolas Charpentier, drappier, par luy acquise des heritiers feu Pasquier Bonhomme iiii$^{tt}$ p.

Sur une autre maison assise rue Saint Christofle, ou pend pour enseigne l'Espee, tenant d'une part a une petite ruelle appellee la rue des XVIII Clercs, et d'autre a la ruelle de Jherusalem iiii$^{tt}$.

Sur une autre maison assise rue du Sablon, faisant le coing d'une ruelle par laquelle on souloit aller aux chambres l'evesque, ou souloit pendre l'enseigne du Veau, baillee a feu Jehan Chiede, pour iiii$^{tt}$ p. de rente.

Sur une maison qui jadis furent deux maisons assises au bout du Petit Pont, qui fut feu Pierre Pichouera, et de present appartient a Jehan Laisne, drappier, tenant d'une part et faisant le coing de ladicte rue du Sablon et d'autre part a une maison appartenant aux chanoines de la Saincte Chapelle, ou pend pour enseigne le chief Sainct Quentin, pour ce lx s. p.

Sur une maison assise sur le Petit Pont, qui fut feu Jaques le maire et de present a la vefve et hoirs de luy, tenant d'une part a la maison de la Haulte Bruyere, aboutissant par derriere sur la riviere de Seyne, par an vi$^{tt}$ p.

Sur une maison assise devant et a l'opposite de la rue Neufve Nostre Dame, qui fut feu Jaques Dorpy, et sur la maison joignant appartenant aux hoirs de feu Jehan Doe, le lieu comme il se comporte de present appartenant a Martin Brisse, tenant d'une part a la maison maistre Marcial d'Auvergne, et d'autre a la maison qui fut Jehan Bouteroue, cousturier, et de present a la vefve feu Jehan Fontaines, aboutissant par derriere au probitaire Sainct Germain le Vielz viii$^{tt}$.

Sur une maison assise rue de la Kalendre, qui fut feu Jehan Duvivier et de present aux heritiers feu maistre Jehan du Fresnoy, conseillier en Parlement, tenant d'une part a une petite ruelle par ou l'en va a la riviere de Seyne, et d'autre part a une maison appartenant audict du Fresnoy, sur laquelle l'Ostel Dieu souloit prendre viii$^{tt}$ p. pieca moderees a iiii$^{tt}$.

Sur une maison assise rue de la Savaterie qui fut feu maistre Pierre Mauger, depuis a Jehanne la Stephanie, sur laquelle ledict Hostel Dieu souloit prandre iiii$^{tt}$ iiii s.; et de present n'y prent que xx s. p.

Sur une maison assise rue de Marche Palu en la censive dudict Hostel Dieu, ou souloit pendre pour enseigne le Heaulme, appellee la maison de Paradis, et y pend de present l'enseigne sainct Marcel et saincte Geneviefve, avec ledict Heaulme, qui fut feu maistre Enguerrant de Parenty, docteur en medecine, et depuis apartient a feu Symon Regnault son nepveu, tenant a une maison faisant le coing de la rue aux Feves, appartenant audict Simon Regnault, et d'autre a la maison appartenant aux hoirs de feu Jehan Blondeau, cirurgien, par an viii$^{tt}$.

Sur une maison assise en ladicte rue Marche Palu, qui fut a Nicolas Galerne, barbier, depuys a Pierre de Cirisay, et depuis a maistre Jehan Archel, tenant a une maison appartenant a la vefve Nicolas Perdriel, espicier, et d'autre a une maison faisant le coing de la rue de la Juerie xviii s. p.

Sur deux maisons assises en Marche Palu, entretenans, ou pend pour enseigne la Seraine, qui furent a feu maistre Jehan Larchier, notaire, de present appartient a la vefve et hoirs dudict feu Nicolas Perdriel, tenant d'une part a une maison qui fut a feu Aymery Pelerin, pelletier, et de present appartient a ladicte vefve et hoirs, faisant le coing de la rue de la Juifrye, aboutissant par derriere a la maison de l'Escu de France, assise en ladicte rue de la Juifrye xl s. p.

Sur une autre maison joignant baillee par l'Ostel Dieu a feu Aymery Pellerin, pelletier, xxx s. p. de rente.

Sur une maison assise en ladicte rue de la Juerye, ou pend pour enseigne le Daulphin, sur laquelle ledict Hostel Dieu souloit prendre c. s. p. depuys a este a Pierre Patier, cordonnier pour lxxv s. p. a la charge de toutes reparacions, depuis acquise par feu Michel le Jeune, pelletier, appartenant de present a la vefve de luy, tenant d'une part a la maison de l'Escu de France, et d'autre part a la maison ou pend pour enseigne l'ymaige Saincte Marguerite, par an lxxv s. p.

Sur une maison assise en la rue de la Licorne, qui fut feu maistre Martin Bellefaye, conseillier en Parlement et de present appartenant a ses heritiers, tenant d'une part a une maison appartenant ausdicts heritiers et d'autre a une autre maison qui fut Jehan de Hauy, pasticier, par an xl s. p.

Sur une maison, place et court assise en la rue Saint Pierre aux Beufz, qui fut feu maistre Jehan Foucault, procureur en Parlement, depuis a maistre Guillaume Greslier, et depuis a feu maistre Jehan Picart, chanoine de Paris et de present..... tenant d'une part a une maison appartenant a chappittre de Paris, aboutissant par derriere a la rue de la Confrairie, par an xxiiii s. p.

Sur une maison assise en ladicte rue, devant et a l'opposite de l'eglise Saint Pierre aux Beufz, qui fut feu maistre Pierre le Flescheur, sur laquelle ledict Hostel Dieu souloit prandre xiiii tt p. de rente, pour laquelle ladicte maison est pieça demouree audit Hostel Dieu, et depuis baillee audict maistre Guillaume Greslyer, avec une masure derriere, assise en la rue de la Confrairie, en la censive dudict Hostel Dieu, ou souloit pendre pour enseigne la Belle Estoille iiii tt p.

Sur une maison assise en ladicte rue qui fut feu maistre Jehan de Nanterre, et depuis baillee a feu messire Estienne Michel, prebtre, pour les fons de terre, et pour iiii livres parisis de rente, et de present appartient a maistre Jehan Carre, prebtre, clerc de la fabrique de Paris, tenant d'une part au probitaire de Saint Pierre aux Beufz, et d'autre a la maison du Chasteau Frilleux, aboutissant par derriere a la maison du Cheval rouge, par an iiii tt p. de rente.

Sur une maison assise en ladicte rue Sainct Pierre aux Beufz, faisant le coing de la rue Saincte Marine, qui fut feu maistre Jehan Misseron, prebtre, a la charge de lx s. p. de rente, et depuis a maistre Regnault Lamoureux, et de present la tient maistre Joachim Besle pour xiiii tt p. de rente viagere, comme il sera dit ou chappitre des rentes viageres.

Sur une maison assise rue de la Confrairie, appartenant aux anciens chappellains de l'eglise de Paris, vi s. p. de rente.

Sur une maison assise rue de Champrosy, en la censive dudict Hostel Dieu, pieça baillee a messire Jehan du Lac, prebtre, sa vie durant, pour viii s. p. de rente, et depuis appartint a la vefve et hoirs feu maistre Mathurin de la Barre, et a present la tient maistre Jehan Chauvin, prebtre, viii s. p.

Sur une maison a trois pignons, assise en la rue des Marmousetz, appellee la maison de la Plastriere, tenant d'une part a une maison qui fust maistre Pierre Andry, et d'autre a une maison baillee par ledict Hostel Dieu a Quentin Dautissant, aboutissant par derriere et ayant yssue a la rue du Petit ymaige Saincte-Katherine, baillee par ledict Hostel Dieu a feu Yvon Thomas, plastrier.

Sur une maison qui fut a Collecte A l'Espee, baillee par ledict Hostel Dieu a Quentin Dautissant, a la charge du cens et de iiii tt p. de rente par an, c'est assavoir aux eleves de matines de l'eglise de Paris xxvi s. p. et audict Hostel Dieu lxiiii s. p.

Sur une maison assise rue des Marmousetz, ou souloit pendre enseigne de la Croix d'or, qui fut maistre Jehan Delfy, tenant d'une part a une maison appartenant a l'eglise de Paris, ayant yssue par derriere et aboutissant en la rue Saincte Marine, baillee par ledict Hostel Dieu a feu maistre Guillaume Cousinot pour vi l. p. de rente, appartenant a present a la vefve et hoirs feu maistre Jehan Hurault, conseiller et president en la court des generaulx, pour ce vi tt p.

Sur une autre maison assise devant et a l'opposite de la devant dicte, qui fut feu messire Pierre Guyart, et a present a maistre Jehan Trousseboys, naguiere chappellain de la chappelle fondee en l'eglise Sainct Pierre des Assis, tenant d'une part a maistre Jacques Barre, et d'autre part faisant le coing de la rue de la Coulombe, par an c s. p.

Sur une maison assise au port Sainct Landry, tenant d'une part a une petite ruelle par ou l'en va a la riviere de Seyne, et d'autre part aux Celestins de Paris et de present baillée a Estienne Bergier, et depuys appartint a Richarde la Longue, et de present la tient Jehan Richard, par an xxxvi s. p.

Sur deux maisons entretenans et ung petit jardin derriere, assis au chevet saint Landry, faisant le coing de la rue du Petit ymaige Saincte Katherine, tenant a une petite ruelle qui va a la riviere de Seyne, qui fut a Guillaume Du Vivier, en la censive dudict Hostel Dieu, depuis baillée a Monsieur de la Chappelle, et depuys a maistre Loys Juvenel, dit des Ursins, archediacre de Champaigne, en l'eglise de Reims, et chanoine de Paris lx s. p.

Sur une maison assise rue du Berseul, qui fut maistre Jehan Filleul, sur laquelle ledict Hostel Dieu souloit prandre c s. p.

Sur une maison assise pres le cymetiere Saint Landry, en la censive dudict Hostel Dieu, pieca baillée a messire Bernard Mouthart, prebtre, pour iiii s. p.

Sur deux maisons entretenans, assises devant Sainct Denis de la Chartre, qui furent a Estienne Certain, tondeur de draps, et depuys a Jehan Jaqueline, bonnetier, ou pend pour enseigne la Couppe d'or, tenant d'une part a une maison faisant le coing de la rue de la Vielle Pelleterie, et d'autre part a une maison appartenant a Hector Abroutil, boulengier, que tient ung chauderonnier x $^{tt}$ p.

Sur une maison assise rue de la Vielle Pelleterie, ou pend pour enseigne l'ymaige Sainct Michel, appartenant a la vefve et hoirs feu Jehan Fregaut, tenant d'une part a la maison de la Tour Roland, et d'autre a l'ymaige Saincte Katherine, aboutissant sur la riviere de Seyne, par an, de rente xx s. p.

Sur une autre maison assise rue Gervais Laurens, qui fut maistre Jehan de la Haye, et depuys baillée par ledict hostel a Guillaume Amaulry, boulengier, a la charge de neuf solz parisis de rente au Roy nostre sire, et audict Hostel Dieu xl s. p. de present appartenant a Hector Habroutil, tenant d'une part a une maison faisant le coing de ladicte rue, et d'autre part tenant et aboutissant par derriere a une maison appellée la maison de la Nasse.

Sur une maison assise rue de la Vielle Drapperie, faisant le coing de ladicte rue, pres et devant Sainct Pierre des Arsiz qui fut feu Jehan Lenfant, pasticier, de present appartenant a Anthoine Martinot, cousturier, sur laquelle ledict Hostel Dieu souloit pieca prandre c s. p. de rente, tenant d'une part a une maison appartenant a Jehan Girard, mercier, et d'autre part faisant le coing d'une petite ruelle qui va derriere l'eglise de Sainct Pierre des Arcis.

Sur une maison, puys et appartenances, assise rue de la Vielle Drapperie, faisant le coing de la rue de la Savaterie, tenant d'une part a Guillaume Le May, graveur, et d'autre part a la maison du Lyon d'or, que souloit tenir maistre Michel Auger, et Geuffroy Mergot, pelletier, c. s. p.

*Recepte des rentes prinses sur plusieurs maisons assises oultre Petit Pont.* Premierement sur une maison assise oultre le Petit Pont, qui fut Estienne de Sainct Germain, depuys aux hoirs ou ayans cause de feu Denisot Travaille et a present Jehan Le Fenier et Loys Gilbert, ou pend pour enseigne l'Homme sauvaige, tenant d'une part a une maison appartenant aux hoirs feu maistre Jehan Pinot, notaire, et d'autre part a unes estuves a femme aboutissant sur la riviere de Seyne lxx s. p. de rente.

Sur une maison joignant, qui fut Jehan de Boyssy, macon, xi $^{tt}$ p. de rente, pour laquelle ladicte maison est demourée audict Hostel Dieu, et depuys baillée a Pillet Riant, bouchier, pour vii livres parisis de rente, et depuys a Jehan Bourgois, marchant, et de present appartenant a maistre Guillaume Moulinet, procureur en la chambre des comptes, tenant d'une part a la maison devant dicte, et d'autre a Jehan Arnoul, tainturier de draps, vii $^{tt}$ p.

Sur une maison joignant la devant dicte, assise en ladicte rue de la Buscherie, qui fut Jehan Arnoul, taincturier, ou pend pour enseigne l'Escu de France, en la censive dudict Hostel Dieu, que tient a present Jehan Arnoul, laquelle est en criée, huit livres parisis de rente.

Sur une autre maison assise illec, tenant a la devant dicte, et d'autre part aux hoirs feu maistre Jehan Anseaulme c s. p. c'est assavoir aux anciens chappellains de l'eglise de Paris xx s. p., aux margliers xl s. p., et audict Hostel Dieu xl s. p. appartient a Simon le Cousturier.

Sur une maison assise a la place Maubert, ou pend pour enseigne la Lanterne, tenant a ung chantier ou buschier appartenant au colliege de la Marche lx s. p. de rente.

Sur une maison assise a ladicte place Maubert, pres la croix Hemond, en laquelle a une forge qui fut Michel Gobert, mareschal, et de present a ses heritiers ou ayans cause, tenant d'une part a la maison de la Penne vere, et d'autre part a la maison de l'ymaige Saint Martin, par an xxv s. p. de rente.

Sur une maison assise a ladicte place Maubert, faisant le coing de la rue des Lavandieres, ou pend pour enseigne la Crosse, qui fut Pierre Besart, barbier, et de present a Ancelot Robineau, ladicte maison tenant et aboutissant par derriere a la maison Pierre Chibre, par an x s. p. de rente.

Sur une maison a deux pignons, avec une place joignant, assise au port Sainct Bernard, tenant d'une part et faisant le coing des grans degrez des Bernardins, et d'autre part a Nicolas Le Goux, baillée par ledict Hostel Dieu audict Le Goux, charpentier, et la tient a present Perrette Lagousse, sa vefve, pour lxx s. p. de rente.

Sur la maison aux religieux Nostre Dame des Carmes xxv ʰʰ x s. p. de rente par an, a present moderez a tournois, des le xiiiᵉ mars mil iiiiᶜ iiiiˣˣ vii.

Sur deux maisons et une place vuyde ou souloit avoir deux maisons assises rue des Angloys, qui fut Noël Sauvaige, a luy baillee par ledict Hostel Dieu pour iiiiʰʰ x s. p. et de present appartiennent a maistre Martin Mesnart et l'autre a maistre Claude Dalmaigne, tenant d'une part et faisant le coing de la rue du Plastre, et d'autre part aboutissant a sire Jehan des Portes, par an iiiiʰʰ x s. p.

Sur une maison assise rue de la Gallende, ou pend pour enseigne la Pomme rouge qui fut Gilles Prunier, tixerrant de toilles, a la charge de iiiiʰʰ p. de rentes par an, c'est assavoir aux chanoines de Sainct Aignen, en l'eglise de Paris xx s. p., et audict Hostel Dieu lx s. p. pour le present appartenant a la vefve feu maistre Claude Poculot, bedeau de la Faculté de decret.

Sur une maison assise en ladicte rue, qui fut maistre Jehan Dessoubz-le-Four, appartenant de present a Pasquier de la Granche, pelletier fourreur, sur laquelle maison ledict Hostel Dieu souloit prandre c s. p. et de present n'y prent que lxx s. p. pour ce que les chanoines de Sainct Aignen y prennent xxx s. p. pour la souffrance et main morte d'icelle, tenant d'une part a la maison de la Levriere, et d'autre part a la maison des Coulons, aboutissant a une maison assise rue du Plastre, par an lxx s. p.

Sur une maison assise ou carrefour Sainct Sevrin, qui fut feu Jehan Moreau, rotisseur, et de present aux hoirs ou ayans cause de feu Jehan Houdan, dit Hanotin, xvi s. p.

Sur deux maisons entretenans assises audit lieu, qui furent audit Moreau et depuys a Jaques Potier et de present ausdits heritiers dudict Hanotin, tenant d'une part a la maison devant dicte, et d'autre part faisant le coing du carrefour de la grant rue Sainct Jaques, par an cxix solz par.

Sur une maison assise rue Saint Sevrin, faisant le coing d'une ruelle par laquelle on va au cymetiere Sainct Sevrin, ou souloit pendre pour enseigne la Caige, qui fut Guillaume Maulevault notaire, et de present appartient a l'eglise dudit Sainct Sevrin, appliquee par eulx a edifier le petit portal de ladicte eglise, par devers le carrefour dudit Sainct Sevrin, tenant a la maison qui fut feu Jehan Pinot, notaire, et d'autre part a ladicte eglise, par an de rente admortie xxx s. p.

Sur une maison assise en ladicte rue Sainct Sevrin, par derriere le Petit Pont ou pend l'enseigne du Peteil, qui fut Regnauldin Morel, espicier, et de present a Adrien de la Marche, boulengier, tenant d'une part a la maison de Denis Megissier, apoticaire, par an de rente xl s. p.

Sur une maison assise en la grant rue Sainct Jaques pres Petit Pont, ou souloit pendre pour enseigne l'ymaige Saincte Katherine, qui fut Robin Paulmier, potier d'estain, appartenant a Richard le Normant, appoticaire, a lui adjugee par decret, comme au dernier encherisseur, tenant d'une part..... et d'autre part a..... par an de rente xlv s. p.

Sur une maison assise en ladicte rue, presque a l'opposite de la devant dicte, ou pend pour enseigne la Crosse, appartenant a la vefve et hoirs Colin d'Asnieres, par bail faict par ledict Hostel Dieu liiii s. iiii den. p.

Sur une maison assise en ladicte rue Sainct Jaques ou souloit pendre pour enseigne le Pan, qui fut audict Robin Paulmier, potier d'estain et de present y pend l'Escu d'argent, appartenant a la fabricque Sainct Sevrin a eulx adjugee par decret xx s. p. de rente.

Sur une autre maison assise en ladicte rue, en la censive dudit Hostel Dieu, ou pend pour enseigne la Cloche perse, devant et a l'opposite de la rue de la Parcheminerie, qui fut Robin Beguyn, depuys Pierre Boursier, et de present a Anthoine Boursier, drappier, tenant d'une part a la maison de la Cloche rouge, d'autre part a une maison qui fut Robert des Roches, aboutissant au colliege de Cornoaille par an xviʰʰ p. de rente.

Sur la maison des Deux anges et ses appartenances, assise en ladicte rue Sainct Jaques, qui fut Jehan Lestore, depuys aux hoirs ou ayans cause dudict feu Pierre Boursier, par an iiiiʰʰ p. de rente.

Sur une maison assise rue du Plastre, qui fut Simon Claveau, depuys a feu Jehan le Boursier, et depuys a Pierre Godeau, tenant et aboutissant a la maison devant dicte, par an xvi s. p.

Sur une autre maison assise en ladicte rue du Plastre, qui fut audit Simon Claveau, macon, et de present a la vefve et hoirs de feu Pierre Godeau, a cause que dessus, tenant d'une part a la maison devant dicte, par an de rente xi s. p.

Sur une maison assise en la rue Saint Jaques, au dessoubz de Sainct Benoist, ou pend l'enseigne Saint Martin, sur laquelle ledict Hostel Dieu souloit prendre xx s. p. ladicte somme pieca moderee a xii s. p. pour les reparacions qu'il y convenoit faire. Ladicte maison appartenant a present a Robine Mauger, pour ce xii s. p.

Sur le colliege de Cluny, assis pres la porte Sainct Michel, entre icelle porte et les Jacobins, par an de rente admortie xxiʰʰ viii s.

Sur une maison assise rue de la Licorne, vers ladicte porte Sainct Michel, en laquelle a ung jardin derriere, devant et a l'opposite du colliege de Bayeulx, en la censive dudict Hostel Dieu, qui fut maistre Pierre Vymont, appartient de present a maistre Jehan Coustant, procureur en Parlement, tenant d'une part aux escolliers de

Justice, d'autre part a maistre Michel des Aulnoys, par an tant pour cens que pour rentes xxi s. p.

Sur une maison qui fut a l'evesque de Clermont, assise rue de la Herpe, tenant d'une part au colliege de Justice, et d'autre part aux Cordelliers xx s. p.

Sur une maison et jardin qui fut maistre Jehan Justice, assis en ladicte rue de la Herpe, en la censive dudict hostel et aussi sur une autre grant maison joignant, de present appartenant aux maistre et escolliers de Justice, avec la devant dicte maison, tenant d'une part a la maison de l'evesque de Clermont, et d'autre part a la maison dessus dicte par an xiii ₶ xviii s.

Sur une maison assise rue de la Herpe, qui fut au duc de Bretaigne, tenant d'une part au grant hostel de Forest, par an de rente xxvii ₶ p.

Sur une maison assise rue Erembourg de Brye, qui fut Jehan le Riche, depuys Jehan de Verdun et a maistre Richard de Verdun, procureur en Parlement, et de present aux heritiers dudict maistre Richard xxviii s. p.

Sur une maison assise en ladicte rue Erembourg de Brye, qui fut Aymery Velut, et de present a maistre Jehan Thibert, tenant d'une part a maistre Adam des Champs, et d'austre aux heritiers de feu maistre Robert Julienne, par an de rente xx s. p.

Sur une maison assise rue de la Parcheminerie, ou pend pour enseigne l'ymaige Sainct Nicholas, en la censive des seigneurs du Temple, qui fut Jehan Theaudet, parcheminier, et aux margliers de Sainct Sevrin, depuys a Jehan Theaudet, et de present a maistre Martin Mocet, procureur en Parlement, a luy baillee par ledict Hostel Dieu, pour cent solz par, de rente,

Sur une grant place vuyde ou souloit avoir maison, assise rue de la Herpe, ou souloit pendre pour enseigne la Seraine, qui fut au colliege de Bayeux, et depuis a Jehan de Merly, huissier en Parlement, et de present a la vefve et hoirs, tenant d'une part a Pierre Doigne, et d'autre tenant et aboutissant a la dicte vefve et hoirs xv s. p. de rente.

Sur une maison assise rue de la Parcheminerie, en la censive dudict Hostel Dieu qui fut Jehan Paulmier, potier d'estain, et de present appartient a Sainct Sevrin, adjugee et cryee, tenant a l'ostel du Croissant d'une part, et d'autre a une maison faisant le coing de ladicte rue de la Parcheminerie, par devers la grant rue Sainct Jaques, aboutissant par derriere a l'Escu d'argent, par an de rente xx s. p.

Sur une maison assise en la rue de la Herpe, ou souloit pendre l'enseigne du Mouton, qui fut Jaques de Frize, et de present a Guillaume Touppin, tenant d'une part et faisant le coing de la rue Poupee, par an vi ₶ p.

Sur deux maisons, de present en une seulle maison, qui furent et appartindrent a Guillaume le Prince, cous-

turier, et depuis a Regnault Poictevin, et de present a Jehan Cheriere, boulengier, assises en ladicte rue de la Herpe, et la rue de Sacalie, tenant d'une part a l'ostel du chief Sainct Denis, d'autre a une maison faisant le coing de ladicte rue Sacalye, par an de rente iiii ₶ x s. p.

Sur deux maisons assises en la rue Neufve Sainct Michel, dicte la Vielle Boucleric, l'une fut a Hugues de Champ Divers, et l'autre fut a Denis Peudebon, cousturier, depuis a Conrad Fromont, pelletier, et depuys a la vefve et hoirs de luy, et a Jaques Fromont, aussi pelletier, sur lesquelles ledict Hostel Dieu souloit prendre par an xx s. p. de rente, desquelz des longtemps a este rachecte x s. p. sur la premiere maison, comme par les papiers dudict Hostel Dieu appert, pour ce x s. p.

Sur une maison assise en la rue des Poictevins, qui fut a Odouart Daussy, tenant a une maison qui fut Michau Courtoys, par an de rente ii s. p.

Sur une maison assise en la rue Poupee, qui fut maistre Jehan Moygnac, prebtre, depuys au cardinal Cramault, et depuis a maistre Ambroyse de Cambray, par an de rente xvi s. p.

Sur une autre maison et ung petit jardin derriere, assis en ladicte Pouppee, qui fut feu maistre Jehan Rabateau, par an vii s. ii den.

Sur une maison assise en ladicte rue, ou souloit pendre pour enseigne les Escureux, qui fut feu maistre Hugues Girault, depuis aux enffans maistre Jaques Cardon, depuis a Jehan Lombart espicier, et depuis a feu maistre Hugues Guerin, par an lx s. p. de rente, moderez pour xl s.

Sur une maison et estuve a femmes, appelee les Estuves des Beufz, assise en la rue de la Huchecte, a l'opposite de la rue Neufve Sainct Michel, dicte de la Bouclerie, qui fut feu Jehan Lombart, espicier, de present a la vefve et hoirs dudict, tenant d'une part et faisant le coing de l'Abrevouer de mascon, et d'autre a l'ostel de l'Arbeleste, aboutissant par derriere a la riviere de Seyne xvi ₶ p.

Sur une maison assise rue de Sacalye, ou pend pour enseigne l'Ange, appartenant a Jehan Mesmes, et a maistre Jehan de la Porte, sur laquelle maison ledit Hostel Dieu souloit prandre trente solz parisis de rente.

Sur deux maisons qui souloient estre masures, assises en ladicte rue Sacalye, adjugees audict Hostel Dieu, et depuys baillees a Thibault Patier, de present appartient a ses hoirs et ayans cause, tenant d'une part et faisant le coing de la rue de Sacalye, par devers ladicte rue Sainct Severin et d'autre part par devers ladite rue de Sacalye, a Gilles Godin, notaire, pour lxi s. p., desquelz la prieuse souloit prendre xx s. p. et pour iceulx luy ont este baillez par eschange autres xx s. p. que prenoit ledit Hostel Dieu sur une maison assise au vielz cymetiere Saint Jehan en Greve, pour ce lxi s. p.

Sur une autre maison assise en ladite rue de Sacalye, qui fut maistre Mace Heron, baillee par les chanoines de Sainct Benoist audit Hostel Dieu pour iiii ᵗᵗ p. de rente, c'est assavoir xl s. p. ausdits chanoines et autres xl s. p. audit Hostel Dieu, ladite maison appartenant de present a maistre Germain Chartelier, conseiller en Parlement.

Sur une autre maison assise rue de la Huchecte, ou souloit pendre pour enseigne le Pot d'estain, qui fut Regnault de Caudeville, depuis a la vefve et hoirs de luy, et de present appartient a la vefve et hoirs de feu Guillaume Lourdet, tenant d'une part et d'autre faisant le coing de ladite rue de Sacalye, par an xl s. p. moderez a tousiours a xxxviii s. p.

Sur une autre maison ou souloit avoir masure, assise en la rue de la Huchecte, qui fut Jehan Havart, depuis escheue audict Hostel Dieu et baillee par icelluy a maistre Guillaume Leriche pour xvi s. p. de rente, et de present appartient a la vefve et hoirs de feu Jehan Lombart, tenant d'une part aux estuves Nostre Dame, par an xvi s. p.

*Recepte des rentes prinses sur les maisons assises oultre le grant pont.*

Premierement, sur une maison contenant trois maisons et trois ouvrouers assises sur le grant pont Nostre Dame, donnant a l'opposite de l'orologe du palais, ou souloit pendre l'Escu de Bretaigne, qui fut a feu Guillaume Leleu, faiseur de peignes, et de present l'une appartient a Christofle Engrenier, l'autre a la vefve Arnoul de Lisle, et l'autre a Bernard Lyemand, brodeur, sur lequel cest hostel souloit prandre xx ᵗᵗ p., desquelles ledit Leleu a rachete viii ᵗᵗ p. de son temps, ainsy n'y prerons que xii ᵗᵗ p.

Sur une maison assise pres l'eglise Sainct Lieuffroy, appelee le Parlouer aux bourgoys de Paris, appartenant au prevost des marchans et eschevins d'icelle ville et sur toutes les rentes de ladite ville, par an xl s. p. de rente.

Sur une maison assise rue de Pie de Bœuf, tenant d'une part a Jehan Chobelet, et d'autre a une maison qui fut a Guillaume Le Galoys, laquelle maison fut feu Jehan de Veres, et a present a Guillaume Le Galoys et a Simon Quatrelivres, sur laquelle ledit Hostel Dieu souloit prandre xl s. p. qui long tems a este moderee a xx s., parcequ'elle est indigente.

Sur une maison assise a l'Escorcherie, qui fut feu Denisot Boucher, depuys aux hoirs feu Oudinet de Neufville, et a present a Guillaume Loisy, boucher, tenant d'une part et faisant le coing de ladite Escorcherie, par an xl s. p.

Sur une maison et ses appartenances assise a la place aux Veaulx ou souloit pendre l'enseigne de l'Iraigne, tenant d'une part a Jehan Boucher, aboutissant par derriere a la rue de Pie de Beuf, qui fut Jehan de Compans, chaussetier, et de present a la vefve et hoirs de feu Hugues d'Auvergne, par an xl s. p. de rente.

Sur une maison assise rue de la Tannerie, ou pend pour enseigne l'ymaige Saincte Katherine, qui fut Odeau Godeau painctre, depuis a Gueffroy Le Maire tanneur, et de present a ses hoirs, aboutissant par derriere a la riviere de Seyne, par an vi ᵗᵗ p.

Sur deux maisons entretenans assises en ladicte rue, qui fut Phelippot Forestier, et depuis a Jehan Mosle, tavernier, tenant d'une part et faisant le coing d'une petite ruelle par laquelle on va a la Riviere de Seyne, et d'autre part a Jehan Mosle, par an x s. p.

Sur une maison assise en ladicte rue, a l'opposite des maisons devant dictes, ou pend pour enseigne le Pot d'estain, qui fut Thenot Mosle et de present aux heritiers ou ayans cause de luy, tenant d'une part a la maison de l'Escu de France, seant en la rue de la Vannerie, et d'autre a une maison faisant le coing d'une petite ruelle par laquelle l'on va de la Tannerie a la Vannerie, baillee pieca audit Mosle, a present appartient a Gilles le Bouvier, a cause de sa femme, par an de rente xxiii ᵗᵗ s. p.

Sur une masure ou souloit avoir maison, et de present y a deux maisons assises en laditte rue, ou souloit pendre l'enseigne des Coulons, adjugee audit Hostel Dieu par decret pour x solz par. de rente, depuis baillee a Jehan Fortier, dit Prevost, pour viii s. p.; l'une desquelles appartient a Benoist de Clichy et l'autre a Nicolas Leprebtre, tavernier.

Sur une maison assise en ladite rue de la Tannerie, appelee la maison des Trois pas de degre, qui anciennement fut a Guillaume de la Fontaine, et de present appartient a l'Ostel Dieu Sainct Gervais, baillee par eulx a Martin Lamoureux, musnier, par an xlviii s. p.

Sur une maison assise en la rue de la Mortellerie, a l'opposite de la maison aux Nonnains d'Yerre, en la censive de l'abbe de Thiron, tenant a une ruelle par laquelle on va sur les ormes et sur le quay de la Riviere de Seyne, et d'autre aux ayans cause de feu maistre Guillaume Gencien, qui fut feu Colin le Maire et a sa femme, a cause d'elle, et depuis escheue audit hostel et baillee a feu Pierre Lyonnet, macon, et de present appartient a la vefve et hoirs de luy par an c. x. s. p. de rente.

Sur une maison assise en la rue des Jardins, pres du Porc epy, tenant d'une part et aboutissant aux hoirs ou ayans cause de feu Robert Boysoy, chevalier, qui fut Jehan Guyot, et de present a Pierre de Versongnes et a Pierre Guiot crieur, par an xx s. p. de rente.

Sur une maison assise en la rue de Jouy qui fut Gilbert de Sainct Simon, depuis maistre Chatart Chambon, secretaire du Roy, depuis a maistre Regnault Desfriches et de present a sa vefve, a present femme de maistre Jaques Piedefer, par an xxv s. iiii den.

Sur une maison assise en la rue Michel Doret, qui respond en la rue Froger l'Asnier, qui fut feu maistre Jehan Bude, audiencier de la Chancellerie, et de present a ses hoirs, par an de rente xlv s. p.

Sur une maison assise rue Geuffroy l'Asnier, ou pend pour enseigne la Corne de cerf, longtemps a baillee par ledit Hostel Dieu a Jehan Du Four, pour viii ℔ p. de rente, depuis a Denis Gillet, tenant d'une part a une maison appartenant aux Celestins de Paris, et d'autre a une maison cy apres declairee, pour ce viii ℔ p.

Sur une maison assise en ladite rue Frogier l'Asnier ou souloit pendre pour enseigne Sainct Gervais et Sainct Prothais qui fut, des longtemps a, baillee a Colin Duperche, pour cent solz par. de rente; c'est assavoir au chappellain de la chappelle Sainct Pierre et Sainct Pol fondee en l'eglise de Paris lxiiii s. p., et audit Hostel Dieu xxxvi s. p. et de present appartient a Gilles Boullier, a la charge de c. iiii s. p. et de toutes reparacions.

Sur une maison assise en ladite rue, qui fut feu Jehan Haussement, tixerrant de toilles et de present a la vefve et hoirs de luy, faisant le coing de la rue Garnier sur l'Eau, et d'autre part a la maison de l'Estoille, par an lx s. p.

Sur une maison assise en ladite rue Garnier sur l'Eau, en laquelle a appentis, qui fut Jehan de Marcilly vefve de feu Jehan Musnier, tenant a la maison devant dicte, et d'autre part et aboutissant a une maison appartenant a l'abbe de Pruylly, et tient de present ladite maison maistre Jaques Jhocidon, par an x s. p.

Sur trois maisons ou louaiges entretenans, assis en ladicte rue Garnier sur l'Eau, appartenans a Monsieur de Montmirail, advocat en Parlement, tenant a la maison qui fait le coing de ladite rue, devers la rue Froger l'Asnier, et d'autre part a une maison cy apres declairee, aboutissant par derriere a l'ostel et jardin du chasteau, par an xliiii s. p.

Sur une maison assise en ladite rue, qui fut feu maistre Hugues Maillart, tenant aux maisons devant dittes, par an xxvi s. p., ladicte maison a present appartient a la vefve et hoirs dudict Maillart, pour ce xxvi s. p.

Sur une maison assise en la rue des Barres, derriere le cymetiere Sainct Gervais, appartenant a maistre Jehan Paucher, maistre d'escolle, ou pend pour enseigne l'ymaige Sainct Michel, tenant et faisant le coing de la rue Garnier sur l'Eau, par an de rente lx s.

Sur une maison assise en ladite rue des Barres, contenant court, puys, jardin et sur une autre maison et jardin derriere, appartenant aux hoirs feu Pierre Guillemeau, notaire et Jacqueline sa sœur, tenant a l'hostel de l'Escu de Bretaigne, appartenant audit Hostel Dieu et d'autre part a l'hostel de la Magdelaine, par an iiii ℔ viii s. p.

Sur une maison assise en ladite rue des Barres, faisant le coing d'icelle rue vers l'aport Baudoyer, de present appartenant a l'Hostel Dieu Sainct Gervais, par an lxx s. p. de rente.

Sur une maison assise a l'aport Baudoyer, ou souloit pendre pour enseigne le Chauderon, qui fut Estienne Du Boys, cousturier, appartenant a present a Jehan Du Boys, pelletier, et autres ses coheritiers, tenant d'une part a la maison du Cerf volant, par an xx s. p. de rente.

Sur une maison assise a la porte Baudoyer, ou pend pour enseigne....... en la censive dudit Hostel Dieu, qui fut Guerin Savart, depuis a ses hoirs et de present a la vefve et hoirs feu Nicolas Maulevault, potier d'estain, tenant d'une part a l'ostel du Dieu d'amours et d'autre..... par an l s. p. de rente.

Pour une autre maison assise audit lieu, ou souloit pendre pour enseigne le Petit heaulme, et a present le Griffon, en la censive dudit hostel, qui fut Pierre le Maire, appartenant a Pierre Barbete, drappier, tenant d'une part a la maison devant dicte, et d'autre a la maison cy apres decleree xvi s. p.

Sur une maison jongnant ou pend pour enseigne l'Omme sauvage en la censive dudit Hostel Dieu, qui fut feu Pierre Barbete, de present appartenant a Jehan Parfaict, drappier, tenant d'une part a la maison devant dicte et d'autre..... par an vi ℔ p. de rente.

Sur une maison assise oudit lieu, ou pend pour enseigne la Teste noire, en la censive dudit Hostel Dieu, de present appartenant au colliege de Laon, tenant d'une part a la maison de la Chasse, par an xl s. p.

Sur une autre maison assise illec, ou souloit pendre pour enseigne l'ymaige Nostre Dame, en la censive dudit Hostel Dieu, qui fut feu Jaques Guerin, depuys a Jehan Leconte, barbier, et de present a la vefve et hoirs de luy, tenant d'une part a une maison estant des appartenances de l'Ours, et d'autre a..... par an lxxiiii s. p.

Sur une maison assise audit aport Baudoyer, en la censive dudit Hostel, ou pend pour enseigne l'Autruche, qui fut Germain Mytel, a present apartenant a Regnault l'Estolle, drappier, tenant et aboutissant de toutes parts audit hostel de l'Ours, l. s. p. par an.

Sur une maison assise audit lieu, en la censive dudit Hostel, ou pend pour enseigne la Banniere de France, qui fut maistre Adam Chenart, prebtre, et de present a Henry Berthelot, tenant et aboutissant de toutes pars a l'Hostel de l'Ours, par an viii ℔ v s. p.

Sur une maison assise audit lieu de l'aport Baudoyer avec toutes ses appartenances, appelle l'ostel de l'Ours en la censive dudit hostel, appartenant aux Religieux d'Ourscamps, que tient a present Philippes le Gendre, drappier, tenant d'une part et faisant le coing de la rue Froger l'Asnier, par an x ʰ xiiii s.

Sur une maison assise audit lieu, oultre la rue Froger l'Asnier, ou pend l'enseigne S¹ Eustace, qui fut Geuffroy Robin, depuys a Denis Saulier, et depuis a Gerard Tillay, drappier, et de present a la vefve et hoirs de luy, tenant d'une part a une maison ou pend pour enseigne l'ymaige Sainct Anthoine, x s. parisis par an.

Sur une maison assise a l'aport Baudoyer, de l'autre coste, devant et a l'opposite de la maison de la Chasse, qui fut Jaquet de Raye, et depuis a Jehan de Marcilly, et de present appartenant a Nicolas Cave, espicier, tenant d'une part a l'ostel du Faulcheur, par an x s. p.

Sur une maison assise audit lieu, qui fut Olivier le Sueur, potier d'estain, et depuis a ses hoirs, et de present a Guillaume Fossart, aussi potier d'estain, tenant d'une part a une maison ou pend pour enseigne l'Ysore et d'autre part a Pierre Jaquet, notaire, par an x s. p.

Sur deux maisons entretenans assises audit lieu, devant et a l'opposite de la place ou l'on vend le poisson de mer, desquelles l'une fut Thibault Guerin, et y pend pour enseigne la Coquille, et l'autre fut a Jaques Grimaude et y pend pour enseigne la Coquille, et de present appartiennent aux hoirs ou ayans cause feu Jehan de Brion, notaire xl s. p.

Sur une maison assise audit lieu de l'aport Baudoyer, qui fut feu Jehan Langlois et depuis a Guyot Montfault, espicier, et depuis a la vefve et hoirs de luy, tenant d'une part et faisant le coing d'une ruelle par laquelle on va au cymetiere Sainct Jehan, par an vii ʰ.

Sur une maison faisant l'autre coing de ladicte ruelle, devant et a l'opposite de ladevant dite, qui fut Guillaume Touppet, et depuis Pierre Poullas, a cause de sa femme, par an ix ʰ viii s. p.

Sur une maison assise audit lieu, au dessoubz de ladevant ditte, ou souloit prendre pour enseigne le Lyon d'or, qui fut feu Colin de Sainct Martin, depuis a feu Guillaume Laurens, barbier, et de present a Pierre de Cerisay, barbier, par an ii s. ix den.

Sur une maison assise, illec pres la devant dicte, qui fut feu Jehan Leblanc, et de present a Guillaume Robert, frepier, tenant d'une part a la maison de la Teste noire, par an v s. p.

Sur une autre maison assise en la rue de la vielle Tixerrànderie, appellee la maison de la Petite clef, qui fut a feue damoiselle de Poupincourt, depuis a maistre Estienne Gaucher, depuis a Raymond Darguy et a Nicolas Martineau et encores depuis a feu maistre Pierre Marcq, procureur aux comptes, et a present a ses hoirs xxx s. p.

Sur une autre maison assise en ladicte rue de la Vielle Tixerranderie, estant a l'opposite de l'Hostel Dieu Sainct Gervais, qui fut Raymond d'Arguy, depuis audit Martineau et de present a maistre Anthoine Lappostolle, tenant d'une part a une place vuyde faisant le coing de la rue de Chartron, par an xvi s. p. de rente.

Sur une maison assise en ladicte rue, de l'autre coste de front de ladite croix de l'aport Baudoyer, faisant le coing d'icelle rue, qui fut feu Jehan Vaillant, et depuis feu Guyot Montfault, et de present a la vefve feu Jehan Charron, espicier, par an xliiii s.

Sur une maison assise en ladite rue de la Tixerranderie, ou souloit pendre pour enseigne la Cloche blanche, qui fut feu Estienne Blez et de present a maistre Jaques le Roy, controlleur general des finances, tenant d'une part a une petite ruelle nommee Violette, par an iiii ʰ xii s.

Sur une maison assise en la rue Sainct Gervais, devant ou pres de l'Orme, qui fut feu Alexandre le Boursier, et depuis maistre Jehan Blondeau, cirurgien, et depuis a Jehan Chacerat, et de present aux heritiers de luy, ou pend pour enseigne le Pot d'estain, tenant d'une part au seigneur de Bry sur Marne, par an x solz parisis.

Sur une maison assise au vielz cymetiere Sainct Jehan, qui fut feu maistre Jehan Achart et depuys aux margliers Saint Gervais, et de present appartient a Jaques Crespin, drappier, et Guillot Dupre, chandelier de suif, par an xviii s. p.

Sur une maison assise au coing de la rue de Chartron, qui fut feu Robin Tiraut, barbier, depuis a Jehan Audry, et de present a Pierre Audry, par an ii s. p.

Sur une maison assise en la rue Neufve Sainct Merry, qui fut maistre Jehan Luillier, advocat en Parlement, depuis aux hoirs feu maistre Jehan de la Porte, lieutenant criminel, et appartient aux hoirs ou ayans cause de luy, tenant d'une part a la maison cy apres declairee et d'autre a..... par an viii s. vi den. par.

Sur une maison assise en ladicte rue, qui fut au viconte d'Acy, et depuis a dame Blanche d'Auvrebruch, fille dudit viconte, tenant d'une part a la maison devant dicte, par an v solz par.

Sur une maison assise en ladicte rue Neufve Sainct Merry, qui fut Richard Cochon, depuis a feu Jehan Poterne, changeur, et de present aux hoirs ou ayans cause de luy, par an iiii s. vi den. par.

Sur une maison assise ou carrefour du Temple, qui fut feu Simon Roussel, depuis Jehan Dupoix, macon et depuis messire Adam de Nautel, prebtre, chappellain de l'eglise Sainct Merry, et depuis a Clery de Provins, et de present a Guillaume Marsenet par an xl s. p.

Sur une autre maison ou place vuyde, assise ou carrefour du Temple, ou souloit pendre l'enseigne de la Heuze, qui fut Guillaume Lefevre, tailleur de pierres, et depuis baillee a Nicolas Bellery notaire, pour xii s. p.

Sur une masure ou maison assise en la rue du Plastre qui fut maistre Jehan Le Begue, depuis a maistre Philippes le Begue, son filz, et de present a maistre Philippes de Berry xliii s. p.

Sur une maison et ses appartenances, ainsi que le lieu le comporte, assis a la porte du Chaulme, qui fut maistre Yves de la Tillaye, et de present a maistre..... de la Haye, par an vi livres parisis.

Sur une maison assise pres de la Fontaine Maubue, vers la rue Sainct Martin, ou pend pour enseigne le Cheval blanc, qui fut Jehan le Moyne, sur laquelle ledict Hostel Dieu souloit prandre lxiiii s. p. de rente, pour laquelle elle est demouree audit Hostel Dieu par criees, et depuis baillee a la vefve et hoirs feu Loys Gaillart, et de present apartient a maistre Clement Guerin, par an xxxii s. p.

Sur une maison assise rue de Troussevache, ou pend pour enseigne la Rose, de present apartient a la vefve et hoirs feu Nicolas Potier, par an xiii s. p. de rente.

Sur une autre maison a present contenant deux corps de maison, en la rue des Assis, en l'une desquelles souloit avoir forge a mareschal, qui fut a Lenequin de Coulongne, et l'autre a Jehan de Lif, armusier, depuis escheue audict Hostel Dieu, et baillee a feu Jehan du Four, tonnelier, pour six liv. parisis, dont l'une d'icelles maisons apartient a Jehan Girault drappier, et l'autre a maistre Jehan Dupre, procureur en Chastellet.

Sur une maison assise rue de Jehan Pain Molet, devant et a l'oposite du chief Sainct Denys, ladicte maison apartenant aux hoirs de feu Estienne Dubois, et de present appartient a Pierre Rousseau, tonnelier, par an xxxii s. p. de rente.

Sur une maison assise en la rue Sainct Bon, qui fut aux margliers de Sainct Jehan en Greve, depuis a Olivier Porcher, et de present appartient a Marie Charmolue, par an viii s. ix den.

Sur une maison assise pres Saint Jaques de la Boucherie, ou souloit pendre l'enseigne du Mouton, qui fut a Jehan Bardin, depuis a Denis Pinet et a Nicolas Ruelle, tonnelier, tenant d'une part aux hoirs feu Gillet Leclert xlv s. p. par an.

Sur une maison assise rue de la Heaulmerie, faisant le coing d'icelle rue et de la rue de la Vielle Monnoye, qui fut feu Estienne Voulacre, et de present a Amyel Mestral, drappier, xlviii s. p.

Sur une maison assise en la rue Sainct Denis, contenant deux maisons reediffiees tout de neuf, qui fut feu Jehan Gosselin, depuis a Mace Compaignon et depuys a Jehan le Comte, et de present a la vefve et hoirs de luy, tenant d'une part a l'ostel des deux Roses, et aboutissant a l'ostel de l'Asne raye, par an lxxiiii s. vi den.

Sur une maison assise en ladicte rue Sainct Denis devant et a l'opposite d'une petite ruelle qui va a Saincte Opportune, ou pend pour enseigne l'Escu de Bretaigne, appartenant a Loys Rogier, marchant, tenant d'une part a la Teste blanche et d'autre a..... xl s. p. de rente, a present moderez a tournois, comme par ses quictances est apparu audict receveur, pour ce xxxii s. p.

Sur une maison assise en ladicte rue, a l'opposite de Sainct Leu et Sainct Gille, ou souloit pendre pour enseigne la Croix de fer, tenant d'une part a la maison Simon Preudomme, qui fut feu Berthault de Lafferte, et de present appartient a Jehan Mauplie, drappier, par an de rente v. s. p.

Sur deux maisons appellees les maisons du Beuf couronne, assises a la rue de la Saunerie, devant les bouticles, en la censive dudict Hostel Dieu, tenant d'une part et faisant le coing de la pierre ou l'en vend le poisson d'eau doulce, qui furent Thierry de Nouy et depuis a Pierre et Jehan le Flamaings, orfevres, et de present a leurs hoirs ou ayans cause, par an viii$^{lt}$ p.

Sur une maison assise en ladicte Saunerie, en la censive dudict Hostel, ou pend pour enseigne saincte Katherine, tenant d'une part et aboutissant a la maison devant dicte, et d'autre à la maison du Cornet, et de present appartient a la vefve et hoirs de luy, par an vi$^{lt}$ p. de rente.

Sur une maison assise en ladicte rue de la Saunerie, ou pend pour enseigne l'ymaige Sainct Eustace, tenant d'une part et aboutissant par derriere a l'ostel de la Couronne, et d'autre couste a l'ostel de la Table Rauland, qui fut Pierre Richer, depuis Jaques Richer pasticier, et de present a Marc Hullin, boullengier, par an vi$^{lt}$ p. de rente.

Sur une place ou souloit avoir maison, assise en la rue Sainct Germain de l'Auxerrois, tenant d'une part a une autre place et masure, ou souloit avoir maison, faisant le coing de la rue Thibault-aux-Dez, par an xxx s. p. de rente, pour laquelle ladicte maison demoura pieca audict Hostel Dieu, et baillee pour ix s. p. de rente par an, de present appartenant aux hoirs ou ayans cause de feu Jehan Poterne.

Sur une maison assise en ladicte rue, ou pend pour enseigne le Daulphin, ayant yssue sur le quey de la riviere de Seyne, qui fut feu Jehan le mareschal, depuis a Jaques Hesselin, contrerolleur du grenier a sel de Paris, et de present a la vefve et hoirs de luy, sur laquelle ledict Hostel Dieu souloit prendre quatre livres parisis de rente, et a present ny prent que xl s. p. car ledict feu Jaques Hesselin en rachecta xl s. p. du temps du maistre Binet.

Sur une maison assise en ladicte rue qui fut feu Jehan Collet, procureur ou Chastellet de Paris, et depuis a Robin Halle, et depuis a Jehan Larcher, tainturier, en laquelle souloit pendre pour enseigne l'Ours et le Lyon, tenant d'une part et aboutissant par derriere a une maison faisant le coing de la rue Thibault aux Dez, par an de rente xxxii s. p.

Sur une maison assise en la rue Perrin Gasselin, devant la maison du Croissant, qui fut Guillaume Perdriel, changeur, et depuys aux hoirs de Guillaume Arrode, a present a maistre Philippes Guesdon, commissaire en Chastellet, xxiiii s. p.

Sur une maison assise aux Sieges aux dechargeurs, dicte rue de Male Parole, tenant et faisant le coing desdite rue de Male Parole et de la place aux Deschargeurs, qui fut feu Audry du Moulin, depuys a Jehan Trotet, depuis a Nicolas Troussel, et de present a la vefve et hoirs de feu maistre Pierre de Lailly, par an xl s. p. de rente.

Sur une maison assise rue de la Tableterie, faisant le coing de la rue de la Harengerie, ou souloit pendre l'enseigne du Chappeau rouge, qui fut a Jehan Picart, pelletier, et de present a ses heritiers ou ayans cause, par an cent solz par.

Sur une maison assise rue des Bourdonnays, qui fut feu Jehan Trotet, depuis a Herment Trotet, depuys maistre Philippes Luillier, advocat du Roy en Parlement, appartenant a maistre Pierre Legendre, tresorier de France, tenant d'une part a la maison Nicolas Roussel, par an xxv s. p.

Sur une maison assise rue de la Cordonnerie, qui fut Berthelot Telon, depuis Mathurin Pelletier, tenant d'une part à la maison du Gril et d'autre part a une maison qui fait le coing de ladicte rue de la Cordonnerie, par an ix s. p.

Sur une maison assise en ladicte rue de la Cordonnerie, entre icelle rue et la rue de la Charronnerie, ou pend pour enseigne l'ymaige Nostre Dame, tenant d'une part à la maison de la Roze, qui fut a Pierre Lhomme, drappier, depuys a Guyot Huppes, pelletier, et depuis a Thierry Myrecourt, depuys a Raoulet Burault, et de present a la vefve et hoirs de luy, par an viii tt p. c'est assavoir a la chappelle Estienne Hauldey xx s. p. et audict Hostel Dieu vii tt p.

Sur une maison assise entre lesdictes rues de la Cordonnerie et de la Charronnerie, de present a Pierre Lhomme, drappier, tenant d'une part a une maison qui fait le coing de la Petite Charronnerie par an lxxviii s. p.

Sur une maison assise illec, faisant le coing de ladicte rue, tenant d'une part a la maison devant dicte, qui fut audit Pierre Lomme, depuis a maistre Pierre Chaligault, et de present appartient a la vefve et hoirs dudit Pierre Lomme, sur laquelle ledit Hostel Dieu a droit de prendre xxxv s. p.

Sur une maison assise en ladicte rue de la Charronnerie, qui fut Hennequin Cuvelays et depuis a Girard d'Espinay, lequel y a renonce, tenant d'une part a Girard de Compans, par an v s. p.

Sur une maison assise audit lieu de la Charronnerie, ou souloit pendre pour enseigne la Seraine (sirène), tenant d'une part a la maison devant dicte, qui fut feu Guillaume Brossin, depuys audit Pierre Lhomme, par an de rente iiii tt viii s.

Sur une maison assise rue de la Charronnerie, qui fut feu Michel du Couldray, en laquelle souloit pendre l'enseigne Sainct Julien, tenant d'autre part a Jehan le Danoys vi s. p.

Sur une maison assise en la rue de la Ganterie, qui fut Guy Toubert, sergent a cheval, par an cent solz par. de rente, c'est assavoir a Sainct Anthoine des Champs xl s. et audit Hostel Dieu lx s., tenant d'une part a une maison appartenant a Gervaisot Bonnet, et d'autre part a la halle au Cordouen.

Sur une maison assise a la place aux Chatz, qui fut Jehan le Prebtre et depuis a Jehan Baucheron, frepier, contenant demy-pignon, tenant et faisant le coing de ladicte place, par an xx s. p.

Sur une maison assise en ladicte place aux Chatz, ou souloit pendre pour enseigne l'Adnunciacion Nostre Dame, qui fut Thierry de Mirecourt, pelletier, et depuis a Anthoine Guerit, tenant d'une part a la maison Simon Salmon, et d'autre a Jehan Cendrin, aboutissant aux halles des Chaudronniers, par an xl s..p.

Sur une maison assise en la rue Sainct Honoré, ou souloit pendre pour enseigne l'ymaige Saint Nicolas, qui fut Guillaume Martin et depuis a feu Jehan Laurens, et de present a la vefve et heritiers de luy, sur laquelle des longtemps ledit Hostel Dieu souloit prandre lxiii s. p. et a present n'y prent que xl s., ladicte maison tenant d'une part a une maison faisant le coing de la rue du Four, appartenant a ladicte vefve et hoirs.

Sur une maison assise en ladicte rue Saint Honoré, vers la Croix du Tirouer, ou pend pour enseigne l'ymaige Saint Jaques, qui fut Thibault Poignart et de present a Gassot Le Veel, marchant de soye, par an xxiiii s. p.

Sur une autre maison assise en ladicte rue Sainct Honore, oultre la Croix du tyrouer, ou pend pour enseigne l'ymaige Nostre Dame, qui fut Jehan Dillaiz, et de present a Charles Dillaiz son filz, tenant d'une part a une maison qui fut feu Jehan Le Riche, et d'autre a une maison ou pend pour enseigne..... par an xx s. p.

Sur une maison assise en ladicte rue Sainct Honoré, faisant le coing de la rue du Four, qui fut feuz Robert Mynguet et sa femme, tenant d'une part a une maison qui fut Jehan Terre Dieu, et d'autre part aux hoirs ou ayans cause de feu Jehan Cendre xxx s. p.

Sur une maison assise en la rue des Poullies, faisant le coing de la rue du Cocq, qui fut a feu Jehan Frepier et depuis a Pierre Robin, et de present apartient a la fabricque de Saint-Germain de l'Auxerrois viii s.

Sur une maison assise en ladicte rue, faisant le coing de la rue Jehan Thiron, appartenant a la communaulté de Sainct Germain de l'Auxerroys, iii s. p.

Sur une maison assise en la rue de Bethisy, qui fut feu Jehan de Dampmartin, depuys Jaques Trotet, et de present a la vefve de Jehan Trotet, tenant d'une part a une maison faisant le coing de la rue de Tirechappe, et d'autre part a une maison appartenant aux hoirs feu Estienne Mollet c. s. p.

Sur une maison assise aussi en ladicte rue, tenant aux maisons qui furent reverend pere en Dieu Monsieur des Moulins, evesque de Paris, et depuis au chappitre de Paris, et de present appartenant a..... vi$^{tt}$ p. de rente, baillees audit Hostel Dieu par maistre Jaques Juvenel, a l'encontre d'autres rentes que ledit Hostel Dieu prenoit sur plusieurs maisons et places assises en Glatigny, en la rue du petit ymaige Saincte Katherine.

Sur une maison assise en la rue de l'Abre Sec, ou pend pour enseigne Sainct Jaques et Sainct Christofle, qui fut a maistre Simon Legras, et de present appartient a Jehan de Clerisy le jeune, tenant d'une part aux hoirs de feu Nicolas Portechef, aboutissant par derriere a la cave de Pontis par an xx s. p.

Sur une maison assise en ladicte rue de Tirechappe, ou souloit pendre l'enseigne du Plat d'estain, qui fut Jehan le Bouge, depuis a Mahiet du Lux, et a present a Phelippot Lasnier, tenant d'une part aux hoirs feu Richard de la Chappelle iiii s. p.

Sur une maison assise en la rue de la Tonnellerie, soubz les pilliers, ou pend l'enseigne de l'Ours et du Lyon, qui fut a la confrairie du Sainct Esprit, fondee en l'eglise Sainct Innocent, en laquelle les gouverneurs d'icelle renoncerent, et depuys fut adjugee audict Hostel Dieu et baillee a maistre Jehan Langrenoys, depuis a Jaques Guybert, et de present appartient a Robin Cossart, drappier, tenant d'une part a une maison qui fait le coing de ladicte rue devers la rue Saint Honoré, et d'autre a..... drappier, par an, de rente lxxii s.

Sur une maison assise en ladicte rue de la Tonnellerie, en laquelle pend pour enseigne les Coulombs, qui fut feu maistre Girard Lecocq, conseiller du Roy aux generaulx, de present appartenant a maistre Girard Lecocq, advocat en Parlement, tenant d'une part a une maison ou est l'enseigne de la Heure de sanglier, et d'autre a la maison de la Fleur de Lis, par an xxxi s. p.

Sur une maison assise en ladicte rue de la Tonnellerie, qui fut Philippot Fouquet, drappier, en laquelle pend l'enseigne du chief Saint Denis, tenant d'une part a la maison de la Cuillier, par an xiiii s. p.

Sur une maison assise en ladicte rue en laquelle est l'enseigne de l'Omme sauvaige, qui fut feu Hennequin de Malines, et de present a Nicolas Patrouillart, tenant d'une part a la maison de l'ymaige Saint Nicolas, par an xxx s. p.

Sur une maison assise rue des Prouvaires, qui fut maistre Jehan de la Croix, depuis a maistre Jehan de Merly, et de present a maistre Simon Belin, tenant aux hoirs de feu Jehan de Bailly, et d'autres aux hoirs de feu Robin de Brisset, pour ce c. solz par.

Sur une maison assise en ladicte rue, qui fut Jehanne Lescripvainne, depuis au colliege de Fortet, sur laquelle ledit Hostel Dieu souloit prendre xiii$^{tt}$ parisis de rente, pieca moderee aux margliers de Sainct Eustace a la somme de vii$^{tt}$ parisis par an.

Sur une maison assise en ladicte rue des Prouvaires, qui fut feu Michel de Langle, depuis a Denisot Galliot, depuis a Jaques Gaultier, et de present a la vefve et hoirs de luy, tenant d'une part a une maison qui fut maistre Henry de la Cloche, par an ii s. p.

Sur une maison assise rue du Four, qui fut feu Jehan Le Coustillet, dit Petit, depuis a maistre Jehan Guyart et de present a..... a cause de sa chappelle de S$^t$ Saturny, fondee en l'eglise de Paris, en laquelle pend pour enseigne Saincte Katherine, tenant d'une part a une maison faisant le coing de ladite rue du Four, par devers la rue Saint Honore, appartenant a Jehan Laurens, drappier, lxiiii s. p.

Sur deux masures ou souloit avoir maison, assise en la rue des Deux Escuz, qui furent feu Philippot de la Chapelle, tenant d'une part aux hoirs dudit Philippot, baillees des pieca a Gillet Henry, pour iiii s. p. de rente, et depuis appartient a la vefve et hoirs de feu maistre Charles de Mauregard, et depuis a maistre Girard Lecocq.

Sur une maison assise rue de la Porte aux Coquilles, autrement dite aux contes de Flandres, tenant d'une part a une masure appartenant a maistre Jehan de Rueil, lieutenant civil, par an xx s. p. de rente, pour laquelle ladicte maison est demouree audit Hostel Dieu, et depuys baillee a maistre Pierre Halle pour 10 s. p. de rente, et de present appartient a la vefve et hoirs feu Jehan Sauve, macon, a cause d'elle, et l'occuppe de present la vefve et hoirs de feu Simon Rose.

Sur une maison a deux pignons, ou souloit avoir masure, assise en la rue de la Porte Montmartre, ou pend pour enseigne le Fer du moulin, qui fut Nicolas de Neufville, et depuis a Robin Rainbault, depuis a la vefve et hoirs de feu Huguet Blandeau, et de present a la vefve et hoirs de feu Thomas Rioust, et a maistre Adam Donjain, tenant a la maison de la Fleur de lys, par an, xxxii s. p.

Sur une maison assise es halles de Paris, soubz les Pilliers ou l'on vend le pain, ou souloit pendre l'enseigne du Dieu d'amours, et a present le Porteur, tenant d'une part a l'Escu de France et d'autre a l'ostel du Chauderon, ayant yssue en la rue de Mondetour, qui fut pieca a Denisot Millon, par an xiiii ₶ p. de rentes, c'est assavoir a l'office de maistre dix livres parisis, et a l'office de prieuse quatre livres par. pour laquelle rente ladicte maison est demouree audict Hostel Dieu, et depuys baillee a feu Jehan Bonneannee pour vii ₶ p. de rente, assavoir est audit office de maistre iiii ₶ xv s., et a ladicte prieuse xlv s. pour lesquelz xlv s. p. a este assigne a icelle prieuse xl s. p. de rente sur la maison de la Couppe, assise en la Cité avec autre argent manuel.

Sur une maison assise soubz les Pilliers, ou pend pour enseigne la Teste noire, faisant le coing de la rue aux Prescheurs qui (fut) Jehanne de Louviers, depuys a Audry Parroisse, depuys Henry Duval et depuis Jehan le Picart, pelletier, et de present a Huguet Le Cantier, potier d'estain, par an iiii ₶ p. de rente.

Sur une maison assise esdictes halles, ou l'en vend les poirees, ou pend l'enseigne de l'Espee, qui fut Richard du Seel, depuys a Guillaume Guespin, depuys Jehan Hardy, depuys Malin Begueulle, et de present aux heritiers ou ayans cause de Hebert de Blandin, tenant d'une part a la maison de l'ymaige S¹ Michel, par an xxv s. p. de rente.

Sur ung estal assis es halles des Merciers, appellee les hautes halles de Champeaux, ouquel pend pour enseigne la Fleur du lis, qui fut feu Philippot Diart, depuis Jehan Gaultier, depuis Jehan le Normant, depuis a Henry Josse, a present a Colin Josse, frepier, tenant a ung estal appartenant aux hoirs feu Guillaume Sauvaige par an xx s. p.

Sur deux estaulx assiz esdictes Halles des Cordouenniers, a l'opposite l'un de l'autre, a present applicquez a estaulx atelliers, l'un d'iceulx tenant d'une part au chemin de la Porte Persee, et d'autre a Guillaume Marc, appartenant aux heritiers ou ayans cause de feu Aubry Garnier, orbateur, par an iiii livres parisis, et lesquelz estaulx tient de present Nicolas Descors, boucher.

Sur une maison assise en la rue au Feurre, ou pend pour enseigne l'ymaige Nostre Dame, tenant d'une part a l'ostel de la Trinite et d'autre a l'ostel des Trois escuz, qui fut feu Guillaume Lucas, depuis a Collas Langlois, sur laquelle ledit Hostel Dieu souloit prandre xxxiiii ₶ s. p. de rente et de present ne prend que vi ₶ par an.

Sur une maison assise en la rue de la Cossonnerie, en laquelle pend pour enseigne le Plat d'estain, qui fut Robert le Doyen, depuys Dimanchot Berthelot et de present a Philippe Foucault, par an xl s. p. c'est assavoir viii solz parisis de rente ancienne, et xxxii s. constituez sur ladite maison pour la fondacion d'une lampe fondee en l'enfermerie dudit Hostel Dieu.

Sur une maison assise en la rue aux Prescheurs, ou pend pour enseigne la Teste de mouton, qui fut feu maistre Hugues Rapioust, depuys a Guillaume Marc, xii ₶ p. de rentes, pour laquelle rente ladicte maison est demouree audict Hostel Dieu, et depuis baillee a Mahiet Godard pour viii ₶ p. et de present appartient aux heritiers ou ayans cause de feu Jehan Bourgois, ladicte maison tenant d'une part a l'ostel des Cinges, et d'autre a ung hostel appartenant aux hoirs feu Guillaume Marc, pour ce viii ₶.

Sur une maison assise en ladicte rue, ou souloit pendre pour enseigne l'Omme sauvaige, depuys l'Enseigne du Barillet, depuis l'Escu de Beauvoys et de present l'Escu d'argent, tenant et aboutissant aux hoirs feu Guillemecte de la Haye, et depuys a Jehan Heurtier, par an vii ₶ p. de rente, c'est assavoir a l'office du maistre iiii ₶ p.; a l'office du linge lx s. p., lesquels lx s. p. ont este baillez par eschange fait audit maistre de l s. p. de rente sur la maison de l'ymaige de Nostre Dame, assise au vielz cymetiere Sainct Jehan, et depuis ladicte maison a ete baillee a Pierre Foing, charpentier, pour iiii ₶ p. de rente, et depuys est eschue a Jehan Roche, et depuis encores a Jehan le Bossu, et de present a la vefve et hoirs de luy, lesdites iiii ₶ p. moderez a tournoiz, pour ce lxiiii s. p.

Sur une maison assise en la rue de la Channoirrie, qui fut feu Jehan Prevost x ₶ p. de rente, qui ont este moderez a e s. p., et depuis est demouree audit Hostel Dieu et baillee au filz dudit Prevost pour xxxii s. p. de rente, depuis a este baille a Jehan le Jeune dit le Lorrain, sergent, depuys a Thibault Porchet, depuys a maistre Jehan des Moulins, et de present a Jehan Rogaiz, pour ce xxxii s.

Sur une maison assise en ladicte rue qui fut maistre Nicole de la Fontaine, depuis a Estienne Contesse, notaire, en laquelle pend pour enseigne la Pomme d'orenge, tenant d'une part a la maison devant dictes aboutissant et ayant yssue en la Grant Truanderie, vers les Halles, appartenant a maistre Jehan des Moulins, par an lx s. p.

Sur une maison et place derriere, assise au coing de la Petite Truanderie, vers les Halles, tenant d'une part au coin de la rue de Vaudetour, aboutissant a ladicte Grant Truanderie, qui fut Jehan Morice, de present appartenant a la fabricque Saint Jehan en Greve, par an xxx s. p.

*Oultre les anciennes portes de Paris.* Sur une grant maison, contenant selier, cave et jeu de paulme, avec une autre petite court entretenant, qui fut au comte de Sainct Paoul, assise oultre l'ancienne porte Sainct Honore, tenant d'une part a Robert Allaire, procureur en Chastelet, aiant ysue en la rue de Richebourg, aboutissant par derriere aux maisons de sainct..... par an xxiiii s. p. de grande anciennete, pour laquelle rente ladicte maison est demouree audit Hostel Dieu, tous autres rentiers deboutez, et depuis baillee a Jehan Cosnel, barbier, pour xvi s. p. de rente, et de present la tient Audry Boucault.

Sur deux maisons entretenans, qui furent anciennement une seulle maison, assises oultre l'ancienne porte Sainct Honore, dont l'une fait le coing de la rue du Cocq et l'autre joignant, qui souloit appartenir au conte de Sainct Pol, depuys a Nicolas de Chesnaye, de present appartiennent l'une desdictes maisons a Mathurin de Montfort, et l'autre a Monsieur de Vendosme, a cause de sa femme, par an x livres parisis.

Sur une maison assise audit lieu ou pend pour enseigne l'Escu de France, qui fut Pierre Foulon, depuys a Pierre Dignocheau et de present aux hoirs de feu Richard Absolut, tenant et faisant le coing de la rue aux Chantres, xii s. p.

Sur une maison assise oultre ladicte porte Sainct Honore, ou pend pour enseigne le Lyon d'or, qui fut feu Jehan Croix, et de present appartient aux hoirs ou aians cause de luy, tenant d'une part et faisant le coing de la rue de Froid Mantel xx s. p.

Sur une maison et jardin assise en la rue Sainct Thomas du Louvre, qui fut Jehan du Moustier, depuys baillee par ledict Hostel Dieu a Jaques Poullain, pour iiii livres parisis de rente, depuys a la vefve et hoirs feu Jehan Choppin, bouchier, et de present a Jehan Delestre, vendeur de vins, tenant d'une part au jardin de Laval et d'autre part a Jaques Poullain.

Sur une maison a present edifice de neuf, cours et jardin, assise devant l'ostel du comte de Flandres, qui fut maistre Charles Challignault, et depuis a Denis Lebreton, tresorier des guerres, et de present a Michel le Riche, bourgois de Paris, par an xxiiii s. p.

Sur une maison et jardin assise rue de la Plastrière, oultre l'ancienne porte de Montmartre, qui fut feu Robert Filleul, depuys Choppin le Leu, depuys maistre Guillaume Gallye et a present a Jaques le Maire, frepier, tenant d'une part au sejour du Roy, et d'autre aux hoirs feu Jehan Leconte, sur laquelle ledit Hostel Dieu souloit prandre vii ᵗᵗ p. de rente, pieça moderez audict Filleul, pour lx solz parisis.

Sur une maison assise en ladicte rue, qui fut Guillaume Leconte, depuys Millet Salmon et Appolin le Jeune, depuys a Monsieur l'evesque de Paris et de present a maistre Jehan de la Croix, secretaire du Roy nostre Sire, tenant d'une part a la maison devant dicte et d'autre a la maison cy apres declairee, par an xl solz parisis.

Sur une autre maison assise rue de la Plastriere, qui fut Jehan de Chelles, depuys Enguerrant de Thumery, depuys a Jehan le Roy, et de present a la vefve et hoirs feu Guyot Plassin, tenant d'une part a la maison devant dicte et d'autre tenant et aboutissant audit sejour du Roy xxxii s.

Sur deux maisons, une masure et jardins, a couste et derriere, court, puys et appartenances assis en ladicte rue, ou pend pour enseigne les Trois corbillons, qui furent feu Robert de Neufville, depuys Thomas Aise, et depuys escheue audit Hostel Dieu par criees et baillee a Michelle la Faciere, frepiere iiii ᵗᵗ xii s.; tenant d'une part, du coste de ladite rue a Jehan le Boullengier, et d'autre part a Jehan Devyn.

Sur une maison et jardin derriere, assise en la rue de Montmartre, oultre l'ancienne porte et l'Egyptienne, qui fut Colin des Maretz, depuys Colin Jacquelin, et de present Pierre Thierry, tenant d'une part a Pierre Jaquelin, et d'autre audit Thierry, par an xlv s. p.

Sur une maison assise oultre l'ancienne porte Sainct Denis, du coste de la Trinite, ou souloit pendre l'enseigne du Fer du moulin, tenant d'une part et aboutissant aux estuves, qui fut Jehan des Alaiz, depuys aux religieux de la Trinite et de present au conte de Dampmartin, par an x s. p.

Sur une maison et jardin derriere, long et estroit, assise en ladicte rue du coste Sainct Sauveur, qui fut feu Hugues Bureau, receveur de Paris, ou pend l'enseigne de la Fleur de lis couronnee, tenant d'une part a la maison Mahiet Painecher, boullengier, appartenant a present a la vefve et hoirs dudit Bureau, par an x s p.

Sur une maison assise en ladicte rue, tenant d'une part a la maison devant dicte, aboutissant par derriere a Jehan Berthe, ou souloit pendre pour enseigne le Pot d'estain, qui fut Lucas des Pilliers, pasticier, de present appartenant a Mahiet Penecher, boulenger xx s. p.

Sur une maison et jardin derriere, assise en ladicte rue Sainct Denis, oultre l'ancienne porte, tenant d'une part a la maison devant dicte, aboutissant par derriere a feu Jehan Berthe, ou souloit pendre pour enseigne Sainct Honore, qui fut Hermant Lefevre, depuys a maistre Jehan Cambray, et de present appartient a Jehan Myete, drappier, par an xxxii s. p.

Sur une maison a pignon et deux appentis sur rue, court et jardin derriere, assis oultre l'ancienne porte Sainct Denis, et oultre les Filles Dieu, qui fut feu Jehan Testart, boulengier, depuys Gillet Restout, et de present a Pierre Aucumelle, ou pend pour enseigne la Levriere blanche, tenant d'une part a l'ostel de la Corne de cerf et d'autre a l'ostel de l'ymaige Saint Sauveur, aboutissant par derriere sur les murs de Paris, par an xiiii s.

Sur une maison et jardin derriere assise oultre l'ancienne porte du Bourg l'Abbe, en laquelle a plastriere et jeu de paulme, qui fut aux enffans de feu Robert Le Caron, depuis a Jehan de Dampont, pasticier, et depuys a Michel de Dampont, son filz, et de present a Jehan Villecart, dit Hues, marchant de chevaulx, tenant d'une part aux vielz murs de Paris et d'autre a l'Asne raye, aboutissant par derriere a la ruelle des Estuves, par an xl s. p.

Sur une masure ou souloit avoir maison, assise oultre l'ancienne porte Sainct Martin, devant Sainct Nicolas des Champs, qui fut Pierre Boucher, a cause de sa femme, par an xxxviii s. p.

Sur une maison assise en la rue des Graveliers, en la censive de l'ostelier de Saint Martin des Champs, ou pend pour enseigne le Beuf couronne, qui fut feu Vincent Jayet, sur laquelle ledit Hostel Dieu souloit prandre iiii tt p., pour laquelle elle luy est demouree, et depuys baillee a Jehan Dische, pour xii s. p. par an de rente, laquelle fut depuis a Quentin de Bethisy, et de present appartient a la vefve et hoirs de feu Jehan de Bucy, sergent a verge.

*Autre recepte de rente non conteuues es comptes precedens.*

Sur une maison assise ou Chevet Sainct Landry, ou pend pour enseigne la Pomme rouge, qui fut a messire Jehan Marcouvel, grant vicaire de l'eglise de Paris, depuys a Alizon la Martine, et de present a Richart le Peleux, macon, par an lxvi s. p.

Sur une maison assise a la place Maubert, ou pend pour enseigne le Cheval blanc, qui fut Jehan Pauceron, et depuys a Nicolas de Corcy, et de present aux heritiers ou ayans cause de luy, par an x s. p.

Sur une maison assise en cloz Bruneau, ou au mont Saint Hillaire, faisant le coing des rues de Froitmantel et de Sainct Jehan de l'Ospital, tenant d'une part aux hoirs feu Adam le Courtillier, et d'autre tenant et aboutissant aux hoirs de feu maistre Adam de Sainct Armand, qui fut maistre Nicole de Crussy, docteur en decret, par luy donnez audit Hostel Dieu, et depuis a frere Nicole Peigne, religieux des Augustins, lxiii s. p.

Sur une maison assise rue du Plastre qui fut feue Jehanne la Bonarde, et de present a Jehan Danjou, sergent a cheval xxiiii s. p.

Sur une maison assise rue de la Mortellerie, ou souloit pendre pour enseigne l'Escrevisse, tenant d'une part aux hoirs de feu Guillaume Aubree et d'autre part a Henry Feret, aboutissant par derriere et ayant yssue soubz les Ormes, qui fut a feue Coline la Marie et Colin Gambelot, et de present appartenant a Charlot Legros, dit le Fort, marchant voicturier par eaue vi tt p.

Sur une maison assise rue des Menestriers qui fut feu maistre Pierre Alexandre, de present appartenant a maistre Pierre Gouppil, maistre de l'Ostel du Pan, rue Saint Martin, par an xlii s. viii den.

Sur une maison assise en la rue de la Megisserie, ou pend pour enseigne la Couronne, appartenant a Jehan Halle, megissier, et a Jehan Larchier, tainturier xl s. p.

de rente donnez audit Hostel Dieu par feue Jehanne la Viarde, ladicte rente non rachetable jusques apres le trespas de feu maistre Jehant Viart, vicaire de Saint Sevrin.

Sur une maison assise en la rue de la Charronnerie, ou pend pour enseigne l'Eschiquier, qui fut feu maistre Guillaume Pommier, de present appartenant a Simon de l'abbaye, frepier, par an liii s. iii den.

Sur une maison a appentis sur rue, court et appartenances, assise oultre l'ancienne porte Saint Martin, en la rue de Darnetal, tenant a la maison du Cocq, appartenant a Jehan Tirain, et d'autre part a la Boudracque, aboutissant par derriere aux hoirs maistre Pierre de Moustiers, par an xl s. p.

Sur une maison et jardin derriere assise en ladicte rue de Darnetal qui fut feu seur Perrinelle du Boys, religieuse dudit Hostel Dieu, baillee a Pierre Chenneviere iiii tt p.

Sur deux maisons entretenans, assises en la Grant rue du Temple, ou pend pour enseigne la Croix de fer, qui furent Simon Jassevain, et depuys a Jehan Trotet, de present aux ayans cause de luy, par an xx s. p.

Sur une maison, jardin et appartenances, assise rue de Frepault, tenant d'une part et aboutissant audit Jehan Trotet et d'autre a Jehan de Mainville, frepier, laquelle de toute anciennete a appartenu en propriete audit Hostel Dieu et depuys baillee audit Mainville, a la charge du fons de terre et de xxviii s. p. de rente.

Sur une maison, court, puys, jardin et appartenances, assise en la rue de l'Erberie, pres Sainct Germain le Viel, tenant d'une part a une maison faisant le coing de la rue aux Feves, et d'autre part a une maison appartenant aux hoirs ou ayans cause de feu maistre Jehan Blondeau, cyrurgien, qui fut et appartient a maistre Enguerrant de Parenty, et de present appartient a Simon Regnault xx liv. p. de rente.

Sur une maison assise rue de la Juifrie, ou pend pour enseigne le Daulphin, appartenant a la vefve et hoirs feu Michel Lejeune, dont cy devant est faicte mencion, la somme de vi tt p.

Sur une maison assise rue Sainct Jaques au dessoubz de Sainct Benoist, tenant d'une part a une maison appartenant audit Hostel Dieu, ou demeure Pierre Auvray, iiii tt p. de rente.

Sur une maison assise devant les bouticles, en la rue de la Saunerie, et sur les autres biens appartenans a Mathieu le Vachier, orfevre, xl tt p. de rente.

Sur une maison assise devant le Palais, appartenant a la vefve et heritiers feu Nicolas Roux, ou est pour enseigne l'ymaige Sainct Michel, xxiiii tt xvi s. p.

Sur une maison assise rue Sainct Germain, appartenant a la vefve et heritiers feu maistre Pierre Darras, tenant d'une part et faisant le coing d'une ruelle par ou l'en va a l'abrevouer Poupin, et d'autre a la maison ou est pour enseigne le Sainct Esperit, qui fut feu Thomas de Ville Lymon xlviii s. p. de rente.

Sur une maison assise rue Porte Bourdelle, ou pend pour enseigne l'ymaige Sainct Sebastien xx s. p., donnee audit Hostel Dieu des l'annee iiii xx dix neuf par feu maistre Jaques des Vaulx par son testament, ladicte maison appartenant a present a maistre Jaques Voilant, prebtre, curé de Sainct Jehan en Greve.

Sur une maison assise rue du Cerf, dicte de la Vieille Monnoye, qui fut a Audry Flamel, depuis a maistre Michel Soly, procureur en Parlement, et depuis a Jehan Lombart, espicier, et a Nicolas Calais, notaire, par an lx s. p. de rente.

Sur une maison assise rue de la Mortellerie, ou pend pour enseigne l'Espee, la somme de xxxii s. p., des pieca moderee de la somme de xl s. p. que ledit Hostel Dieu a droit de prandre sur ladicte maison, appartenant a present a Jehan de Laistre.

Sur deux maisons, l'une assise devant le parvis Notre Dame, ou est pour enseigne l'Escu de France, et l'autre assise rue Neufve Notre Dame, ou est aussi l'enseigne dudit Escu de France, appartenant a Geneviefve Guymiere et a Jehan Tripperel, libraire, c'est assavoir ladite maison devant le Parvis tenant d'une part a l'ostel du chasteau Frileux, et l'autre desdites maisons tenant d'une part a Nicolas Charpentier, et d'autre aux hoirs ou ayans cause feu maistre Pierre Malaisie, la somme de iiii<sup>tt</sup> p. de rente, donnee audit Hostel Dieu en novembre mil cccc<sup>c</sup> iiii<sup>xx</sup> et huit par Tassine, vefve de feu Jehan Guymier, a condicion que d'icelle rente n'en sera paic durant la vie de ladite Tassine, et iiii<sup>xx</sup> xix ans apres son trespas, que la somme de lviii s. p. de rente par chascun an, ou lieu desdites iiii<sup>tt</sup> parisis.

Sur une maison assise derriere Saint Antoine, rue des Juifs, tenant d'une part a Jehan Coichart et d'autre a Jehan Aymery, aboutissant par derriere a messire Jehan de Heriay, chevalier, qui fut feu Jehan Bougris, appartenant a present a Simon Crecy, macon, par an xx s. p.

De Jehan Leclerc, dit de Meaulx, et Simon Dostie xx s. p., a cause de pareille somme de rente qu'ils doyvent par chascun an audit Hostel Dieu sur deux maisons assises entre la porte du Temple et la porte Saint Martin, qui furent feu Anthoine Le Bon.

Autre recepte a cause des rentes viagieres et louaiges de maisons.

Et premierement, sur une maison assise rue Neufve Nostre Dame, ou pend pour enseigne la Marguerite, baillee a Anthoine de Tournay, sa femme et maistre Jehan de Tournay, leur filz, a la charge de toutes reparations, et pour xv<sup>tt</sup> xii s. p. par an, tenant d'une part a une maison appartenant aux religieux de Sainct Victor, aboutissant par derriere a l'ostel de la Huchecte.

Sur une maison joignant la dessus dicte, baillee a Herve Rambault, barbier, et sa femme a leurs vies, pour iiii<sup>tt</sup> p. de rente viagiere, a la charge de la rature des maistre, religieux, chappellains et enffans de cueur dudit Hostel Dieu.

Sur une autre maison assise en ladicte rue Neufve Nostre Dame, aboutissant par derriere a la rue du Sablon, baillee a maistre Pierre Raoulin, notaire de chappitre, xx liv. parisis.

Sur une autre maison joignant la desssus dite, aboutissant a ladite rue du Sablon, baillee a maistre Geuffroy Gueroult pour xvi<sup>tt</sup> p., sur une maison et establé assiz en la rue de la Confrayrie, que souloit tenir feu maistre Jehan Francoys, depuys baillee a maistre Boudier et Jehan Boudier, son frere, hosteliers, pour viii<sup>tt</sup> p.

Sur deux maisons aboutissans l'une sur l'autre, assises rue de Champrosy et de la Confrairie, pieca donnees audit Hostel Dieu par feu messire Pierre de Belleville, prebtre, que nagueres souloit tenir feu maistre Jehan Aumons, cure de Succy en Brie, baillees a maistre Jehan de Morennes, prebtre, a la charge de xx<sup>tt</sup> p.

Sur deux autres maisons assises esdites rues, joignant les dessus dictes, tenant aux maisons faisans les coings desdites rues, escheues audit Hostel Dieu et baillees a feu maistre Regnault de Menegent, clerc des comptes, pour x liv. p.

Sur une petite maison assise joignant Saint Christofle, ou pend pour enseigne l'Espee, tenant et aboutissant a la maison de la Huchecte, baillee a maistre Jehan Payen et Michel Payen, pour iiii<sup>tt</sup> p.

Sur une maison assise rue Saint Pierre aux Beufs, faisant le coing de la rue Saincte Marine, que souloit tenir feu maistre Regnault Lamoureux, baillee a maistre Joachin Besle, scelleur de l'archidiacre de Paris, pour xiii<sup>tt</sup> p,

Sur une maison assise rue des Marmousetz, qui fut messire Jehan de Bonneil, tenant d'une part a la maison de la Plastriere, et d'autre a la maison qui fut Collecte Alespee, baillee a Quentin Dautissant iiii<sup>tt</sup> par an.

Sur deux maisons assises rue de la Coulombe, qui fut maistre Jehan Filleul, baillees a Allain de la Croix viii<sup>tt</sup> p.

Sur une maison assise en la rue de la Buscherie, tenant d'une part a une maison ou a estuves a femmes, et d'autre aux hoirs feu Jaques Ryant, aboutissant a la riviere de Seyne, baillee a Geuffroy Ribault et sa femme pour xvii<sup>tt</sup> xii s.

Sur une maison assise en la rue Neufve Sainct Michel, dicte la Vieille Bouclerie, qui fut feu maistre Nicole

Francoys, baillee a Jehan de Hollande et sa femme pour vi ᶠ viii s. p.

Sur la moitie par indivis d'une maison assise devant le Palais, ou pend l'enseigne de la Coste de balaine, tenant d'une part a l'ostel de l'Olifant, baillee a Jehan Barbedor pour xiii ᶠ par an.

Sur une maison ou souloit avoir deux maisons assises rue des Barres, pres l'apport Baudoyer, ou pend pour enseigne l'Escu de Bretaigne, baillee a Jehan Guymier, pour xxiiii ᶠ p.

Sur une maison assise rue de Marivaulx, en laquelle a estuves a femmes, baillee a Robert Baudry, pour xii ᶠ xvi s.

Sur une maison assise rue de la Ferronnerie, ou pend pour enseigne l'Escrevisse, tenant d'une part a une maison faisant le coing de la rue des Bourdonnoys, baillee a Jehan Heaulme, fondeur, pour xvii ᶠ xii s. p.

Sur une autre maison assise rue Saint Honore, oultre l'ancienne porte, ou pend pour enseigne la Corne de cerf, baillee a Martin de Dampont, pasticier, pour x ᶠ viii s.

Sur une maison assise rue d'Autriche, derriere Bourbon qui fut Jehanne La Maconne, baillee a Perrette de Mezelles, pour vii ᶠ iiii s. p.

*Louages.* Sur une maison assise pres la porte de la court basse dudit Hostel Dieu, contenant plusieurs louages, louees c'est assavoir la chambre du rez de chaussee, joignant ledit Hostel Dieu, que souloit tenir feue Huguecte Michelle, pour xxxii s. p. par an.

Sur une autre chambre joignant, avec une autre chambre au-dessus, lesquelles n'ont point ete louees jusques au jour de Noel, parce qu'elles estoient applicquees, l'une a mectre le charbon dudit Hostel Dieu, et l'autre terme l'a occupee maistre Pierre Seguin, solliciteur dudit Hostel Dieu.

*Autre recepte a cause des rentes deues a l'appoticairerie dudit Hostel Dieu.* Et premierement de la veufve et heritiers feu Nicolas Montfault la somme de xxiiii ᶠ p. de rente sur une maison assise a l'apport Baudoyer, ou pend pour enseigne les troys bourses, et sur les heritaiges dudit defunct et de ladicte vefve, ladicte rente acquise par les executeurs feu maistre Guy Boyleau, pour deux cens escus d'or, et autres deniers contenuz es lectres de ce faictes.

Des prevost des marchans, et eschevins de la ville de Paris la somme de xxxii ᶠ p. faisant moitie de lxiiii ᶠ p. de rente, que l'office de prieuse et ledit office d'appoticairerie ont droit de prendre chascun an sur ladite ville.

De maistre Raoult Videt, procureur ou Chastellet, la somme de iiii ᶠ p. de rente, par luy constituez sur tous ses biens audit office.

De Gacien Quillet, sergent a cheval, la somme de iiii ᶠ p. par luy constituez sur une maison assise rue des Roziers et sur tous ses autres biens.

De Claude de Cezesin, garde de la monnoye de Grenoble, et damoiselle Jehanne Plumart, la somme de xiii ᶠ p. de rente, par eulx constituee sur leur maison assise devant Sᵗ Andry des Ars, et autres leurs heritaiges declarez es lettres sur ce faictes.

Des detenteurs et proprietaires d'une maison assise a Grignon, la somme de xxxii s. p. de rente, donnez audit Hostel Dieu par feue seur Marguerite la Messye, en l'annee mil vᵉ et ung, audit office d'appoticairerie.

*Autre recepte pour vente de suif, peaux et laynes.* Et premierement, c'est assavoir que tout le suif fondu et venu de l'abbatis et tuerie des beufz et moutons, tuez audit Hostel Dieu depuis le jour de Pasques mil v cens et cinq, jusques au jourt Sainct Jehan Baptiste ensuivant, a este vendu par maistre Nicole Noel maistre dudit Hostel Dieu.

Et depuys ledit jour Sainct Jehan Baptiste sont venuz et yssuz dudit abbatis et tuerie de beufz et moutons la quantite de xviiiᶜ lx mesures de suif, dont en a este mis et employe en chandelle pour servir audit Hostel Dieu, la quantite de viᶜ xiiii mesures de suif, et le reste montant xiiᶜ xlvi mesures ont este vendues a plusieurs personnes le pris qui s'en suit, c'est assavoir viᶜ vi mesures au pris de iiii s. p. la mesure; quatre cens vingt mesures au pris de iiii s. iiii den.; cent cinquante mesures au pris de iiii s. viii den.; cinquante mesures au pris de iiii s. ii den. vallans ensemble iiᶜ lxi ᶠ xvi s.

De la vente de la moitié de neuf vingtz toisons de laine, et deux peaux de brebiz, venant des brebiz que tient dudit Hostel Dieu a moitie de croissance Berthelot Chachonyn, de Chaville, venduz a la vefve et heritiers feu Jehan Gilles, megissier, au pris de xxiiii ᶠ t. le cent, vallant, pour la part dudit Hostel Dieu xxi ᶠ t. vallant a parisis xvi ᶠ xvi s.

Item pour la moitie de xiˣˣ toisons venans des brebis que tient dudit Hostel Dieu Guillaume Guyot, demourans a Villacoublay, venduz a la dicte vefve et heritiers dudit Jehan Gilles, audit pris de xxiiii ᶠ t. le cent, qui est pour la part dudit Hostel Dieu xxv ᶠ x s. t. a parisis xx ᶠ viii s.

Pour les laynes delivrees a ladite vefve Jehan Gilles, venant du fermier de Triveau, ix ᶠ vii s. p.

Pour xviiᶜ xii peaux venduz et livrez a ladicte vefve depuys le xᵉ jour d'avril, jusques au jour Sainct Remy m. vᶜ v. au pris de xii ᶠ t. le cent vallent viiiˣˣ vii ᶠ p.

Item ung millier, demi cent et huit peaux de mouton venduz et livrez a icelle vefve depuys la Saint Remy viiiˣˣ ix ᶠ iiii s.

Item pour viiˣˣ iii cuyretz venduz a icelle vefve xiii ᶠ iiii s. p.

*Autre recepte faicte par ledict recepveur, en l'annee de ce compte, des personnes cy apres nommees.* Et premierement de frere Guillaume Stive, religieux dudict Hostel Dieu, la somme de ii<sup>c</sup> xxxi<sup>tt</sup> iiii s. p. qu'il avoit des pieca en ses mains et par luy receuz, c'est assavoir iiii<sup>xx</sup> x<sup>tt</sup> t. pour le rachapt de vi<sup>tt</sup> p. de rente que ledict Hostel Dieu avoit droit de prandre sur une maison assise rue des Graveliers, qui fut Loys Ballay, ledict rachapt faict par M<sup>e</sup> Anthoine Robert, greffier criminel de Parlement, et ii<sup>c</sup> liv. t. que ledict Stive avoit receuz de feue Jehanne Foucquet, vefve de feu Jehan Marcel, et de maistre Geoffroy de la Croix, l'un des tresoriers des guerres, dont en fut par luy baille xx s. t. a deux notaires, et ce pour employer en rente au prouffit dudit Hostel Dieu, aux charges de bailler des douleurs aux chevetaines, pour les malades dudit Hostel Dieu.

De maistre Francoys Clement, receveur de monsieur de Paris et maistre Loys Amyel, receveur des aides a Meleun, le xiiii<sup>e</sup> jour de septembre, la somme de ii<sup>c</sup> iiii<sup>xx</sup> x<sup>tt</sup> t. par eulx baillee, en leur faisant le bail de la maison de la Couppe, que tenoit feu maistre Guillaume Paulmier de la prieuse dudit Hostel Dieu, a parisis ii<sup>c</sup> xxxii<sup>tt</sup>.

De seur Jehanne Deschamps, religieuse et pouilliere dudit Hostel Dieu, la somme de viii<sup>tt</sup> p. qu'elle a baille des deniers venuz de son office.

De maistre Jehan Benoist, en ung recepisse de maistre Jehan Ravary, prebtre, la somme de lxv<sup>tt</sup> iiii den. par luy baillee audit Ravary pour fournir a la despense qu'il a convenu faire pour le recouvrement des religieuses que l'on a fait venir de Flandres et Picardie.

De seur Jehanne de Marle, religieuse et prieuse dudit Hostel Dieu la somme de iiii<sup>xx</sup> p. qu'elle avoit en ses mains, a elle ordonnee estre mise entre les mains dudit receveur.

De Jehan Jambu, musnier, et Jehan Georges, la somme de xxvi<sup>tt</sup> viii s. p. pour la despouille des prez de Cresteil, a eulx vendue par mesdits seigneurs les gouverneurs.

De Denis Peschart, pannetier dudit Hostel Dieu, la somme de viii<sup>tt</sup> xvi s. qu'il avoit en ses mains des deniers dudit office.

De maistre Nicole Noel, naguere maistre dudit Hostel Dieu, la somme de xlviii<sup>tt</sup> sur la somme de cent livres par luy receue pour une annee escheue au jour saint Jehan Baptiste, mil cinq cens et cinq, laquelle somme il a baillee a Martin Baudichon, en l'acquict de ce present receveur.

Des executeurs du testament de feu maistre Simon Michel, chanoine de Paris, par les mains de maistre Jehan Chauvin, prebtre, l'un desdits executeurs, la somme de c. solz p. pour le droit du lit dudict defunct, appartenant audit Hostel Dieu.

Des executeurs de feue Jehanne Hennequin, vefve de feu maistre Guillaume Brinon, en son vivant advocat en Parlement, huit escuz souleil pour les salleres de seur Katherine la Pagevyne, religieuse dudit Hostel Dieu, d'avoir garde ladicte defuncte durant sa maladie, xi<sup>tt</sup> xii s.

De seur Jehanne Deschamps, pouilliere dudit Hostel Dieu, la somme de xl<sup>tt</sup> p. en ce comprins lxiiii s. p. que lui devoit Pierre Salmon, dudit Cresteil.

De la vefve et heritiers de feu Philippes Raymond, drappier, la somme de xxviii s. p. pour la permission de mectre le corps dudit defunct en ung coffre de boys au cymetiere des Saincts Innocens, en la terre dudit Hostel Dieu.

Des executeurs de feu maistre Jehan Raby, prebtre, en son vivant chanoine du Sepulcre, par les mains de maistre Jehan Gillet, pareille somme de xxviii s. pour la permission de inhumer ledit defunct en ung coffre oudit cymetiere.

Des executeurs de feu maistre Cosme Guymier, par les mains de maistre Jehan Luillier, doyen de Paris, la somme de cinquante livres tournois pour l'interest et indempnite que l'Ostel Dieu povoit avoir a cause d'une croix de cuyvre, de nouvel erigee ou cymetiere des Saints Innocens, dont il a este proces entre lesdits executeurs et ledit Hostel Dieu, a laquelle somme de L livres tournois a este compose entre mesdits seigneurs les bourgois et lesdits executeurs.

De Denis Peschart, pannetier dudit Hostel Dieu, la somme de xviii<sup>tt</sup> xix s. p. qu'il avoit entre ses mains, et qu'il a deuz de reste de compte fait a mesdits seigneurs les bourgois.

Ledit receveur fait icy recepte de la somme de vii<sup>xx</sup> x livres x s. par luy receue par les mains de sire Guillaume Le Caron, qu'il avoit receue en plusieurs especes d'or et monnoye de maistre Jehan de Lailly, chanoine de Paris, de l'argent qu'il avoit en ses mains, des religieuses dudit Hostel Dieu, a plain contenu et declaire par le menu ou compte de la recepte dudit Le Caron, pour ce la somme de vii<sup>xx</sup> x<sup>tt</sup> x s.

*Autre recepte a cause des ventes et saisines, reliefz et rachaptz de rentes.* Et premierement de Simon Vostre, libraire, demourant rue Neufve Nostre Dame la somme de vi<sup>tt</sup> viii s. p. pour les ventes et saisines, par luy deues a cause de l'acquisition de trois cinquiesmes en la totalite par indivis d'une petite maison assise en ladite rue, en la censive dudit Hostel Dieu, par luy acquis de Regnault du Saulnoy, painctre, Pierre du Saulnoy et autres, pour le pris de vi<sup>xx tt</sup> tournois, et pour laquelle somme de vi<sup>tt</sup> viii s. p. ledit Vostre a este quicte par messieurs les gouverneurs, *eu regard aux colleures qu'il a cy devant faictes aux indulgences et autres choses dudit Hostel Dieu.*

Des margliers de Sainct Sevrin, par les mains de sire Jehan Hebert, la somme de six livres dix solz p. pour le rachapt de x s. v den. p. de rente sur une maison qui fut Robert Paulmier, rue Sainct Jaques.

De madamoiselle de Bretigny viii ₶ p. pour le relief d'un fief tenu a cause de Puyseletz le Maretz.

De maistre Guillaume du Moulinet, procureur du Roy en sa chambre des comptes xxxii s. p. pour les ventes et saisines de l'acquisition d'une portion de maison rue de la Buscherie.

De Damoiselle Marie Simon, dame de Meudon, et heritiere seulle pour le tout de feu monsieur maistre Jehan Simon, en son vivant evesque de Paris, la somme de ii cens livres parisis pour le rachact de xx ₶ p. de rente, par condicion qu'elle doit faire apparoir du testament dudit deffunct.

*Autre Recepte pour laiz et aumosnes faictes en ladicte annee, vigilles et convoys.* Et premierement par sire Guillaume Le Caron, dont ledit receveur tient compte.

Des executeurs de feu Pierre Legras, en son vivant marchant et bourgois de Paris, par les mains dudit Lecaron, la somme de xxxii ₶ p. qu'il ordonna estre donne par son testament audit Hostel Dieu.

Des executeurs du testament de feu maistre Pierre Gaudin, en son vivant bachelier en theologie, iiii ₶ p.

Des executeurs de feu maistre Pierre Audry, pour laiz fait par ledit defunct audit Hostel Dieu, a este receu la somme de xxxiii ₶ vi solz t.

Des executeurs de feu Guillaume de Chanteus iiii ₶ p; — du cure de S₁ Cosme et de sainct Damyen, par les mains de maistre Jehan Fabry, pour ung perpetuon iii s. iiii den.; — des vigilles de la feue femme maistre Pierre Jaupitre xii s. p.; — des executeurs du testament feue Denise Lomme, vefve de feu sire Guillaume Thibert, par les mains de Jehan Le Sellier, drappier, la somme de iiii ˣˣ ₶ p.; — des executeurs de feu maistre Jehan Lemoyne, chanoine de Paris, vingt escuz couronne, par luy laissez et donnez audit Hostel Dieu; — de Loys de la Rochehemon, frere et heritier de feue Katherine de la Roche Hemon, par les mains de maistre Genest Deluc, procureur en Parlement iiii ₶ p.; — des executeurs de feu maistre Jaques Yvain, chanoine de Noyon, iiii ₶ p.

*Autre Recepte faicte en ladicte annee de ce present compte a cause de la queste des indulgences.* Et premierement par Guillaume Lecaron, de maistre Jehan Maceron, procureur d'icelluy Hostel Dieu es eveschez du Liege et de Cambray, la somme de xx escuz d'or souleil, venant des indulgences de l'evesche du Liege, et au regard de l'eveschie de Cambray ledict Maceron dit n'en avoir aucune chose receu, mais dit l'argent estre entre les mains du seelleur dudit lieu.

De maistre Clement Mancel, Jehan Rivelays, Pierre Peze, et Jehan Riquier, procureurs dudit Hostel Dieu es eveschez de Therouenne, Amyens, Tournay et Arras, la somme de lxiiii ₶ p. venuz de la queste des indulgences desdiz eveschez.

De maistre Pierre Delaage, procureur pour ledit Hostel Dieu en l'evesche de Chartres, xxxii ₶ p.

De monsieur Destoron, pour les indulgences de l'evesche d'Evreux, xl ₶ xix s. p.

De maistre Jehan Ralle dit de Meleun, procureur dudit Hostel Dieu en Lorraine, qui dit n'avoir fait que l'evesche de Metz, xvii escuz souleil, pour ce xxiiii ₶ xvi s. iiii den. p.

De maistre Jehan Beurist, procureur de l'evesche de Poictou et Touraine, la somme de iiii ˣˣ xviii escuz souleil vii ˣˣ vi ₶ i s.

De maistre Pierre Villecocq, secretaire de monsieur d'Avranches, iiii ˣˣ ii ₶ viii s. p.

De maistre Jehan Marquet, procureur en l'evesche de Langres, pour la queste faicte oudite vesche xxiiii ₶ xvi s. p.

De l'abbe de Sainct Lo, vicaire de monsieur de Coustances, trente escuz souleil, venuz de la queste des indulgences dudit Hostel Dieu en l'evesche de Coustances, faictes par ledict abbe.

De maistre Jaques du Teil, procureur dudit Hostel Dieu en l'evesche de Xainctes, xl escuz souleil, dont en fut donne xv s. t. au messagier qui les apporta, pour cecy lviii ₶ p.

*Autre Recepte a cause de l'ouverture des troncs.* De l'ouverture du tronc de la porte du coste devers Nostre Dame, et du tronc du coste de Petit Pont xxv ₶ vii s. p.; — pour une petite vierge d'or trouvee oudit tronc, vendue xxix s. iiii den.; — de l'ouverture du tronc de la porte du coste devers Nostre Dame xlviii ₶ vii s.; — de l'ouverture du tronc de l'enfermerie xiiii ₶ xi s.; — de l'ouverture du tronc de l'appoticarie viii ₶ iiii s.; — de l'ouverture du tronc du coste de la porte de Nostre Dame iii° xliiii ₶ x s. p.; — de l'ouverture du tronc de la porte de Petit Pont, le landemain du pardon de la chaize Sainct Pierre iiii ˣˣ xiiii ₶ v s.; — des oblacions faictes a l'autel de l'ymaige Nostre Dame, durant le pardon ledit jour xxv ₶ viii s.; — des oblacions faictes a l'autel du cueur et table de l'appoticairerie xxvi ₶ x s.; — des perpetuons et lettres absolutoires baillez durant ledit pardon, tant du coste de l'eglise Nostre Dame, que du coste de Petit Pont xiii ₶ x s.; — de l'ouverture du troncq du coste de la porte devers Nostre Dame le dymenche de la Passion iii° lxiii ₶; — ledit jour, de l'ouverture du tronc de la porte de Petit Pont ii° xlix ₶; — autre ouverture des troncs du pardon du jour de Pasques, du tronc de la porte du coste Nostre Dame ii° lviii ₶; — de l'ouverture du tronc, du coste de Petit Pont iiii ˣˣ xii ₶.

## DE L'HÔTEL-DIEU DE PARIS.

*Despense faicte par ledit Jehan de la Saunerie, receveur dessus dit, pour l'année de ce present compte.*

Et premierement, argent baillé a gens qui en doyvent tenir compte pour faire la despense des jours maigres, a maistre Nicolle Noel, lors maistre dudit Hostel Dieu, le xix⁰ jour de may oudit an mil cinq cens et cincq, a Guillaume Alleaume l'ûn des cuysiniers d'icelluy Hostel Dieu et a plusieurs autres, depuis ledit jour jusques au xxvii⁰ jour de juing ensuivant, a esté baillé et payé par les mains de sire Guillaume Lecaron iiii^xx iiii ℔ p. pour la despense des jours maigres, ainsi que plus a plain peult apparoir par le compte que en a rendu ledit Lecaron a messeigneurs les bourgois ses compaignons.

A Michel Charrier, Julien Lucas, Jehan du Gournay, frere Guillaume Stive et frere Raoul Delorme, qui depuys le xxvii⁰ jour de juing mil v⁰ et cincq, jusques au jour de Pasques ensuivant, ont esté commis subsecutivement par mesdis seigneurs les bourgois a faire et tenir le compte de la despense desdis jours maigres, la somme de viii⁰ lvi ℔ parisis.

A Hugues de Neufville, vendeur de maree lxi ℔ xii s. p. pour la vente et delivrance de x barres de harenc cacque.

A sire Millet Lombart la somme de ii⁰ xx ℔ parisis pour troys lez de harenc blanc et pour deux tonnes de harenc sor, qu'il fit acheter pour la provision et despence dudit Hostel Dieu.

*Autre despence pour achapt de blez, orge, avoyne, poix febves et autres graynes.* Et premierement a Monsieur le tresorier sire Jehan Legendre ix ℔ xii s. pour ung muy d'avoyne acheté de luy pour la provision des chevaulx dudit Hostel Dieu.

A sire Jehan Hebert, marchant et eschevin de Paris, la somme de xxxi ℔ pour troys muys de ble froment.

Pour seize sextiers de ble froment achetez au basteau en Greve par sire Estienne Huve xvii ℔ vi s. viii den.

Pour cincq muys de ble froment achetez audit lieu par ledit sire lxiiii ℔ p.

Pour huit sextiers de ble froment achetez aux halles de Paris par sire Millet Lombart et le pannetier dudit Hostel Dieu viii ℔ xvi s.

A Charles Loison, marchant, la somme de ciiii s. p. pour cincq septiers de ble achetez de luy.

Pour neuf sextiers de ble froment achetez aux halles de Paris par sire Millet Lombart ix ℔ xii s.

Pour huit autres sextiers de ble froment achetez aux halles de Paris par ledit sire Millet Lombart viii ℔ xvi s.

A maistre Jehan de Rueil, lieutenant civil, la somme de xiii ℔ p. pour ung muy de ble par luy vendu audit Hostel Dieu.

A Jehan Du Boys, marchant, demourant a Meaulx, la somme de xlv ℔ xii s. pour troys muys de ble froment par luy venduz.

A Robert Desprez, tainturier, demourant a Paris, la somme de c solz p. pour quatre septiers de ble.

A Jehan de l'Olive, marchant demourant a Paris, vii ℔ vi s. pour cinq sextiers troys minotz et demy de ble froment.

Pour xxii setiers, ung minot deux tiers achectez par sire Millet Lombart xiiii ℔ ix s.

A Jehan Tauppin, marchant, demourant a Paris, vii⁰ xiv solz p. pour cinq septiers myne de ble froment.

A Jehan Ferrand, demourant a Paris, vi ℔ p. pour un muy de ble froment achecté de luy.

A Andry de Filly, demourant a Guynes en Brye la somme de xxiiii ℔ xi den. pour deux muys deux minotz et demy ble froment.

A Pierre Lorillon, marchant demourant a Paris xix ℔ xvi s. pour un muy et demy de poix; — pour avoir fait porter les dix pois depuis Greve jusques aux greniers dudit Hostel Dieu ix s.

*Autre despense pour mouture de blez.* A Jehan Jambu, musnier, demourant a Paris, la somme de lxvii ℔ parisis pour la parpaye de cxvi muys de ble qu'il a fait mouldre pour ledit Hostel Dieu, depuys le premier jour de may v⁰ et cinq jusques au viii⁰ jour de may mil v⁰ et six.

*Autres despence pour achapt de vins.* Pour quarante muys de vin tant vermeil que cleret delivrez audit Hostel Dieu par Monsieur le tresorier sire Jehan Legendre, au pris de xl s. p. chascun muy iiii^xx ℔ p.

Pour vingt muys de vin blanc baillez audit Hostel Dieu par sire Estienne Huve, au pris de xxii s. xxii ℔ p.

A Jehan Gardanou, marchant, xxxix ℔ xii s. p. pour xviii muys de vin vermeil achectez de luy en Greve, au pris de xliiii s. p.

A Jehan Dieubon, marchant demourant a Paris, pour dix muys de vin vermeil de l'Auxerrois, achectez de luy par Messieurs les bourgois gouverneurs pour ledit Hostel Dieu xxvi ℔ p.

A Jehan Vallet, marchant demourant a Paris, pour dix muids de vin vermeil qu'il a vendus le xx⁰ jour d'aoust xx ℔ p.

A Mathieu Fragier la somme de cxiiii ℔ viii s. pour xliiii muys de vin vermeil de l'Auxerrois achetez de luy au basteau en Greve, au pris de lii s. p. le muy.

A Claude Delaistre, marchant vendeur de vins a Paris, xxv ℔ iiii. p. pour neuf muys de vin vermeil de l'Auxerrois, achetez le xi⁰ jour d'octobre au pris de lvi s. p. le muy.

A Nicolas de Beaumont, marchant serrurier, xlii s. p. pour deux caques de servoise, achectez de luy pour la provision du jour du Vendredi saint mil cincq cens et cincq.

A Jehan Dieubon dessus nomme unze livres quatre solz p. pour iii muys de vin vermeil de l'Auxerrois.

A Jehan Moreau, laboureur demourant a Victry, la somme de viii ₶ p. pour cincq muys de vin blanc achectez de luy du pris de xxxii s. p. le muy.

*Autre despence pour achapt de moutons, beufz, vaches, pourceaux. Et premierement, moutons.* A Jehan Dinocheau, vendeur de bestail a pie fourchie a Paris, la somme de vi$^{xx}$ v ₶ xviii s. qui deux lui estoient de reste de la somme de viii$^{xx}$ xiii ₶ xviii s. pour la vente de vi$^{xx}$ vi moutons par luy venduz et livrez au marchie de Paris pour la despence dudit Hostel Dieu.

A Martin Baudichon, aussi vendeur de bestail a pie fourchie, demourant a Paris la somme de ii$^{c}$ iiii$^{xx}$ ii ₶ xv s. t. pour viii$^{xx}$ xiiii moutons achectez soubz sa vente au marchie de Paris le x$^{e}$ jour de may ou dit an, valent a parisis ii$^{c}$ xxvi ₶.

A Jehan Thomas, marchant demourant au Bourg la Royne ii$^{c}$ viii ₶ ii s. p. a luy deue pour vente de deux cens moutons, au pris de xxi s. p. piece.

A Jehan le Maire, aussi vendeur, es mains de Jehan Chollet, son clerc et serviteur, a este paie par les mains de sire Guillaume Lecaron la somme de vii$^{xx}$ xiii ₶ p. pour vente de vii$^{xx}$ xviii moutons, au pris de xx s. p. piece.

A Martin Baudichon dessus nomme ii$^{c}$ ix ₶ xiiii s. p. pour xii$^{xx}$ moutons achectez a la foire du Lendit soubz sa vente au pris de xxi s. viii den. t. piece.

A Guillaume Guyot laboureur, demourant a Villacoublay la somme de xxiiii ₶ xi s. a luy deue de reste de plus grant somme et de compte fait a luy par maistre François Cousinot, l'un desdiz bourgois gouverneurs, tant pour quinze moutons et demy faisant moitie de xxxi moutons qui estoient a partir entre l'Ostel Dieu et luy.

A Berthelot Chachouyn, laboureur demourant a Chaville, la somme de xxxviii ₶ x s. p. pour la vente de dix moutons au pris de xiv s. p. piece, et cent brebiz au pris de vi s. p. piece.

A Jehan Dinocheau la somme de cxvii ₶ xviii s. p. pour vente de vi$^{xx}$ xi moutons achectez de luy au marche de Paris, soubz sa vente.

A Jehan Thomas, marchant et demourant au Bourg la Royne ii$^{c}$ lii ₶ p. pour vente et delivrance de xiii$^{xx}$ moutons, au pris de xviii s. piece.

A Pierre Arnoul, marchant demourant a Verrieres, la somme de ii$^{c}$ xiii livres parisis pour vente de xii$^{xx}$ moutons au pris de xxii s. vi den. t. piece.

Audit Martin Baudichon la somme de ix$^{xx}$ xvi livres p., qui deue lui estoit pour ii$^{c}$ xiii moutons achectez de luy le xviii$^{e}$ jour d'octobre mil v$^{c}$ et v au marche de Paris.

A Pierre Arnoul ii$^{c}$ iiii$^{xx}$ ii ₶ p. pour vente de ii$^{c}$ iiii$^{xx}$ xvii moutons, au pris de xx s. p. piece.

Audit Pierre Arnoul la somme de ix$^{xx}$ xv ₶ p. pour ii$^{c}$ moutons achectez de luy le xvii$^{e}$ jour de decembre.

A Jaques Main, marchant demourant pres Estrechy, lxxv ₶ xviii s. p. pour vente de lxix moutons.

A Jehan Dinocheau xxvi ₶ pour xxiiii moutons achectez de luy au marche de Paris.

A Jehan Roze, marchant demourant a Houdan vi$^{xx}$ i livres pour vi$^{xx}$ moutons achectez de luy.

A Guillaume Audry, marchant demourant a Balaigny, la somme de ix$^{xx}$ ii ₶ xvii s. p. pour vente de viii$^{xx}$ quatre moutons.

A Martin Baudichon, vendeur de bestail a Paris, ii$^{c}$ iiii ₶ xi s. p. pour viii$^{xx}$ huit moutons.

A Guillaume Aymery, marchant boucher demourant a Paris xii s. p. pour la chair d'un mouton achecte de luy le xiii$^{e}$ novembre, v$^{e}$ et cincq, *pour le soupper des religieuses qui ledit jour arriverent de Flandres et Picardie, logees en lostel du Chauderon.*

*Beufz.* A Martin Baudichon, vi ₶ xii s. p. pour ung beuf achecte le xxiii$^{e}$ jour de may mil cinq cens et cincq.

Audit Baudichon pour ung autre beuf achecte le xxviii$^{e}$ jour de juing.

A luy pour ung autre beuf achecte le xxvi$^{e}$ jour de juillet iiii ₶ xii s.

A Jehan le Maire aussi vendeur pour ung autre beuf achecte le xxviii$^{e}$ jour d'aoust iiii ₶ viii s.

Audit Martin Baudichon pour ung autre beuf achecte de luy le xiii$^{e}$ septembre vi ₶.

A luy iiii ₶ p. pour ung autre beuf achecte de luy le viii$^{e}$ octobre en suivant.

A luy lxxvi s. p. pour ung autre beuf achecte de luy le xvii$^{e}$ jour du mois d'octobre.

*Veaulx.* Pour les veaulx qui ont este achectez depuis le jour Sainct Jehan mil cinq cens et cinq jusques au premier jour de juillet en suivant n'est cy faicte auscune despence, quant a somme de deniers, pour ce que lesdits veaux ont este paiez par autres personnes que par ledit receveur.

A Pierre Lesseulier, marchant boucher xx s. p. pour ung veau achecte de lui le xxiii$^{e}$ jour de juillet.

Pour deux veaux achectez le jeudi iii$^{e}$ septembre oudit an par Julien Lucas, lors commis a faire la despense des jours maigres pour la fondacion de l'obbit de sainct Eurion.

Pour quatre veaux achectez pour la despence dudit Hostel Dieu cix s. iiii den.

Pour quatre veaux pour la despense dudit Hostel Dieu du jour de la Chandeleur derniere, de Betrand Sergent, marchant boucher ciiii s.

Pour six veaux achectez le xxvii$^{e}$ jour de fevrier pour la despense dudit Hostel Dieu le jour de la chaise sainct Pierre vii ₶ x s.

Pour deux veaulx achetez le ix° jour d'avril pour le jour et feries de Pasques xlii s. viii den.

*Autre despense pour achapt de chevaulx.* A Dominique Quynete, marchant de chevaulx, demourant a Paris la somme de xxi escuz d'or pour un cheval de harnoys de poil gris, achecte de luy a la foire du Lendit.

A Jehan Hebert laisne marchant demourant a Paris, xxxvi ℔ viii s. p. pour vente d'un grand cheval de poil rouen brun, achecte pour messeigneurs les bourgoys, gouverneurs dudit Hostel Dieu.

Audit Dominique Quinete xlv escuz d'or a la couronne pour deux chevaulx de harnoys.

*Autre despense pour sollucions et paiemens de cens et rentes deubz pour les maisons places et lieux assis en ceste ville de Paris et ailleurs.*

A la fabrique de l'eglise de Paris, es mains de maistre Jehan Carre, leur procureur et receveur, la somme de xxvii ℔ p. pour iiii annees d'arrerages escheuz au jour sainct Jehan Baptiste mil cinq cens et cinq, a cause de six livres xv s. p. de rente que ladicte fabrique dit avoir droit de prandre chascun an sur le chappitre et edifices assiz devant le parvis Nostre Dame, jusque a la salle Saint Thomas dudit Hostel Dieu.

A ladicte fabrique la somme de ci solz iii den. parisis pour iiii termes escheuz en l'annee de ce present compte, a cause desdiz vii ℔ xv s. p, sur ledit chappitre et edifice dudit Hostel Dieu.

A la chambre de ladite eglise de Paris la somme de c. v solz parisis, deuz d'arreraiges a ladite chambre pour une annee trois termes escheus audit jour de Pasques m. v° et six, a cause de xii livres parisis de rente que ladite chambre a droit de prandre chascun an sur l'ostel du Chauderon, assis rue Neufve Nostre Dame.

A l'abbaye des religieuses de Longchampt la somme de iiii ℔ parisis, pour quatre annees d'arreraiges escheues au jour de Noel mil v cens cinq, a cause de xx s. p. de rente que ladite abbaye a droit de prandre par chascun an sur l'ostel du Chauderon.

Aux clers de matines de ladite eglise de Paris, la somme de lvi s. pour une annee trois termes escheuz au jour Sainct Jehan Baptiste mil v cens et cinq a cause de xxxii s. p. qu'ilz prennent par an sur une maison assise en ladite rue Neufve Nostre Dame, ou pend pour enseigne l'ymaige Sainte Katherine.

Ausdiz clercs de matines la somme de cv solz parisis pour une annee et trois termes escheuz audit jour Sainct Jehan Baptiste, a cause de lx s. p. de rente qu'ilz prennent sur une maison assise rue Neufve Nostre Dame ou demeure maistre Gueffroy Gueroust.

A maistre Guillaume Denison, prebtre, chappellain de la chappelle Sainct Laurens, fondee en l'eglise de Paris la somme de xii ℔ p. pour une annee escheue a cause de pareille somme qu'il prent sur ledit Hostel Dieu, pour raison de la rente que ledit Hostel Dieu a droit de prandre par chascun an sur l'ostel des Carmes.

Aux anciens chapellains de la communaulte de l'eglise de Paris xxx s. pour une annee, a cause de pareille somme qu'ilz ont droit de prandre par chascun an sur la maison de la Croix de fer assise en la rue Neufve Nostre Dame.

Au prieur de Sainct Julien le Povre xl s. p. a cause de la rente qu'il prent sur une maison faisant le coing d'une ruelle par laquelle on va a la riviere de Seyne.

Au chappellain de la chappelle Saincte Katherine, fondee en l'eglise de Paris la somme de vi ℔ p. pour une annee escheue a cause de la rente qu'il a droit de prandre sur ledict Hostel Dieu.

Au prieur de Sainct Ladre les Paris la somme de.... pour arrerages eschuz a cause de xxx s. p. de rente qu'il a droit de prandre sur une maison assise rue du Sablon, faisant le coing d'une ruelle par laquelle on va aux chambres Levesque.

A l'abbaye Saincte Geneviefve ou Mont la somme de iiii ℔ vi s., pour l'admortissement de souffrance de certaines maisons et lieux appartenans audit Hostel Dieu, assis rue Neufve Nostre Dame et rue du Sablon a cause de pareille somme de rente que ladicte abbaye a droit de prandre sur lesdiz lieux.

Au Pitancier de Sainct Germain des Prez les Paris, la somme de xlvii s. pour trois annees escheues a cause de x sols de rente qu'il prent chascun an sur une maison assise au chevet Sainct Landry et de v s. v den. qu'il a droit de prandre par chascun an sur une maison assise pres Sainct Andry des Ars.

Aux religieuses Cordelieres de Sainct Marcel lez Paris xii ℔ parisis, pour deux annees escheues a cause de vi ℔ p. de rente qu'elles ont droit de prandre chascun an sur une maison rue de la Coulombe.

Au tresorier de Sainct Germain des Prez, la somme de lxvi s. p. par les mains de sire Guillaume Lecaron, pour une annee escheue, a cause de pareille somme qu'il a droit de prandre, tant pour cens que pour rente, sur une maison assise rue de la Coulombe.

A l'office de pitancier de Sainct Victor lez Paris x ℔ parisis, pour deux annees d'arreraiges escheues, a cause de cens solz parisis de rente que ledit office a droit de prandre sur une maison assise rue du Sablon, faisant le coing d'icelle rue, ou souloit avoir escorcherie.

A l'eglise et fabricque de Sainct Germain l'Auxerrois la somme de...... pour...... annee escheue a jour de..... a cause de xx s p. de rente sur une maison assise oultre la fausse porte S¹ Honore, ou est l'enseigne de la Corne de cerf.

Au chappellain de la chappelle Sainct Pierre et Sainct

Pol, fondee en l'eglise de Paris, la somme de vi tt viii s. pour deux annees escheues a cause de lxiiii s. p. de rente qu'il a droit de prandre sur une maison assise rue Geuffroy l'Asnier.

Aux Quinze Vingts aveugles de Paris, la somme de viii tt p. pour quatre annee escheues a cause de xl s. de rente qu'ilz ont droit de prandre sur la maison de l'Escu de Bretaigne assise rue des Barres, pres de l'apport Baudoyer.

A l'abbaye de Sainct Anthoine des Champs lez Paris lxx solz parisis pour une annee et trois termes escheuz a cause de xl s. p. de rente qu'elle a droit de prandre sur une maison assise rue des Marmousetz, qui fut feu maistre Jehan de la Vignolle, et maistre Nicole Pouart.

A l'abbaye de la Saulsoye xxx s. p. pour une annee et demye escheue a cause de xx s. p. de rente que ladicte abbaye a droit de prandre par chascun an sur la maison devant dicte.

A l'abbaye de Longchampt la somme de c. solz p. pour une annee et un terme escheu audit jour, a cause de iiii tt p. de rente qu'ilz ont droit de prandre sur une maison de la rue de la Mortellerie, qui fut maistre Jehan Auctor, ou pend pour enseigne la Serpecte.

A l'abbaye de Montmartre a cause d'une maison assise rue de la Buscherie qui fut Emery Pellerin xxxii s. p.

A la vefve feu Jehan Trotet, la somme de xv tt xii s. p. ou lieu de la somme de xxvi tt. qui deue luy estoit pour sa moictie des arreraiges escheuz au jour Sainct Jehan Baptiste, dont l'autre moictie appartient aux heritiers dudit feu Trotet, a cause de lxiii s. p. de rente que icelle vefve et heritiers ont droit de prandre sur une maison assise en la rue d'Autriche, derriere l'Ostel de Bourbon, appartenant audit Hostel Dieu, et pour laquelle somme de xx tt. valant a parisis xv tt xii s. ladicte vefve a quicte et remis ladicte part desdiz arreraiges.

Au prieur de Sainct Denis de la Chartre iiii s. vi den. p. pour une annee et demye escheue a cause de iiii s. p. de rente qu'il a droit de prandre sur une petite maison joignant la devant dicte.

Audict prieur a cause d'une maison assise derriere ledict Sainct Denis de la Chartre, ou pend pour enseigne Sainct Leu Sainct Gilles, sur laquelle ledit prieur a droit de prandre chascun an xii s. p.

A la fabricque dudict Sainct Leu Sainct Gilles, en ladicte eglise Sainct Denis de la Chartre, a cause de ladicte maison, et d'une autre maison assise en la rue de Vielle Pelleterie donnee par feu Guillaume Le Tellier, a la charge de xii tt p. par an.

Aux chanoines de Sainct Benoist le Bientourne xlv s. p. pour une anne et demye escheue a cause de xxx s. p. de rente qu'ilz ont droit de prandre sur une maison assise rue Sainct Jaques, ou demeure Pierre Aubray,

donnee audit Hostel Dieu par feu maistre Jehan de Montigny.

Aux chappellains de la communaulte de ladicte eglise lx s. p. pour deux annees escheues, a cause de xxx s. p. de rente qu'ilz ont droit de prandre sur ladicte maison.

Aux maistres et gouverneurs de la Confrairie Sainct Claude, fondee en l'eglise de Sainct Anthoine le Petit a Paris viii tt ii s. deubz d'arreraiges par ledit Hostel Dieu, a cause de xxv s. p. de rente que ladicte confrairie a droit de prandre par chascun an sur une maison assise rue du Grant Sentier, pres le Temple, donnee a l'Hostel Dieu par feu Jehan le Maire.

A l'eglise du Temple a Paris, a cause de ladicte maison assise rue du Grant Sentier, sur laquelle ladicte eglise a droit de prandre par chascun an xv s. p.

Au cure de Saincte Geneviefve des Ardens, en la Cité, la somme de s. xii s. p. a luy deuz pour raison des offrandes et oblacions de la chappelle Saincte Agnes fondee audit Hostel Dieu, et a cause des maisons et louaiges appliquez audit Hostel Dieu pour deux annees escheues, a cause de lvi s. par an.

A la fabricque de l'eglise de Paris, x tt ii s. viii den. p. deubz pour cinq annees d'arreraiges a cause de liii s. iiii den. p. faisant moitie de cvi s. viii den. que ladicte fabrique a droit de prandre chascun an sur une maison assise devant le Palaiso ou pend pour enseigne la Coste de balaine, que tient a rente viagere Jehan Barbedor.

Au prieur de Sainct Elloy a Paris ix s. p. faisant moitie de xviii s. p., pour le fons de terre qu'il prend sur l'ostel de la Coste de balaine, assise devant le Palais.

A l'eglise du Temple a Paris, a cause d'une maison assise rue de la Vielle Pelleterie, ou pend pour enseigne l'Escu de France, donnee audit Hostel Dieu par feu Guillaume le Tellier, sur laquelle ladite eglise a droit de prandre chascun an xxxii s. p. de rente.

Aux religieux, prieur et couvent de Sainct Martin des Champs, la somme de cxi s. p. pour une annee, a cause de cent dix sols parisis de rente d'une part, et douze deniers par. de cens d'autre part qu'ilz ont droit de prandre sur une maison assise a Paris rue Sainct Martin, ou pend pour enseigne le Myronier.

A maistre Jehan Hesselin, receveur de l'Ostel de ville de Paris la somme de xxiiii s. p. pour rente de trois annees escheues, a cause du dangier et aisance des anciens murs de ladicte ville, estans sur une maison assise a Paris rue aux Oes, appartenant audit Hostel Dieu, qui fut a la vefve et heritiers feu Guillaume Perieres, et acquise par la prieuse dudict Hostel Dieu.

Au chappellain de la chappelle de l'eglise Nostre Dame de Boulongne, fondee en ladicte eglise par feu Jehan le Mercier, la somme de l s. p. pour demye annee a cause de c solz p. de rente que ledict chappellain a droit de prandre sur la maison de Saincte Martre, devant Sainct Christofle.

A maistre Francoys Clement, receveur de Monsieur l'evesque de Paris xii den. par. pour deux annees escheues au jour Sainct Remy, a cause de vi den. par. de cens qu'il a droit de prandre sur une maison assise rue Pie de Beuf, appartenant a l'office de la Prieuse.

A maistre Adam Doujan, la somme de iiii$^{tt}$ p. pour quatre annees escheues audit jour de Paques, a cause de xx s. p. de rente qu'il a droit de prandre sur une maison assise rue des Prescheurs, ou pend l'enseigne de la Cuillier, appartenant audit Hostel Dieu.

A la grant confrairie aux seigneurs prebtres, bourgois et bourgoises de la ville de Paris, la somme de xxiiii s. p. pour une annee escheue a cause de pareille somme de rente que ladite confrairie a droit de prandre chascun an sur une maison faisant le coing de la rue de la Vielle Bouclerie, qui fut feu Pierre des Noyers, appartenant a la prieuse dudit Hostel Dieu.

A ladite Confrairie aux bourgois la somme de xxiiii s. p. pour une annee escheue, a cause de pareille somme de cens et rente que ladicte confrairie a droit de prandre sur le pressouer et vignes dudit Hostel Dieu, assiz hors la porte Sainct Michel.

Au tablier de l'eglise de Paris pour distribuer a la communaulte de ladicte eglise, a la derniere anthienne de *o virgo virginum* xliiii s.

A ladite eglise pour distribuer a chascun de messieurs de chappitre et autres de ladite eglise, la seurveille de Noel, pour ladicte anthienne xiiii s.

A icelle eglise pour une myne de froment deue par chascun an pour ladicte anthienne.

A Messieurs les doyen et chappitre de l'eglise de Paris la somme de xxvi$^{tt}$ iii s. qui deue leur estoit pour deux annees d'arreraiges escheues au jour Sainct Christofle, pour une stacion qui ledit jour se fait en ladicte eglise Sainct Christofle par l'eglise de Paris.

Au chambrier de ladicte eglise la somme de iiii$^{tt}$ p. qui deue luy estoit pour deux annees d'arreraiges escheues a cause de xl s. p. de rente, qu'il a droit de prandre sur la maison de la Licorne, assise rue de la Licorne, qui fut feu Martin Guignon, dont les autres quarante solz appartiennent a paier a maistre Arnault des Friches.

*Autre despence pour la solucion de cens et rentes et autres droiz seigneuriaulx, qui deuz estoient a plusieurs personnes, a cause d'aucuns heritaiges assiz hors Paris et payez par ledit receveur en l'annee de ce present compte.*

Aux chevecier et chanoines de l'eglise S$^{te}$ Opportune, pour fons de terre, dixmes et admortissemens de l'ostel et terres des grans marais, la somme de l. solz x den. par. pour une annee escheue au jour Sainct Remy.

Au comendeur de Sainct Jehan de Latran xviii s. iii den. pour une annee escheue, a cause de pareille somme qu'il a droit de prandre sur plusieurs terres et vignes.

Aux religieuses de Longchamps iiii$^{tt}$ vi s. pour deux termes d'arreraiges escheues au jour Sainct Martin, a cause de vi den. qu'elles ont droit de prandre chascun an sur iiii$^{xx}$ et ung arpens de terre assiz au terroir d'Antoigny, applicque a la ferme de Villemillan, et de ii s. vi den. p. de rente qu'elles ont droit de prandre sur cinq quartiers de pre assiz oudit terrouer, lesquelles terres et prez sont applicquez es fermes de Villemilland et du Bourg la Royne.

Au penancier de l'eglise de Paris la somme de xxii s. p., pour deux annees escheues au jour Saint Martin d'iver, a cause de xxi s. p. qu'il prent chascun an sur certains heritaiges assiz a Baigneux S$^t$ Herblant.

A l'abbaye de Sainct Germain des Prez lez Paris la somme de xxiii s. p. pour une annee escheue, a cause des cens des terres dudit Hostel Dieu, assises en la seigneurie dudit Sainct Germain des Prez.

A ladicte abbaye vii solz pour une annee escheue audit jour, pour les cens de huit arpens et demy quartier de terre, laissez audit Hostel Dieu par feu maistre Laurens Leblanc.

Au tresorier de ladicte abbaye vii s. vi den. pour cens escheuz a cause de l'ostel du Bourg la Royne, et de neuf arpens iii quartiers, tant terres que vignes, assises ou terrouer de Fontenay, oudit Hostel Dieu appartenant.

A l'abbaye Sainct Victor lez Paris xxii s. p. pour une annee escheue a cause de pareille somme de cens et rente que ladite abbaye a droit de prandre sur l'ostel et terres de l'Ostel Dieu de Bourg la Royne, pour ce par quictance de Michel Mauchausse, prevost fermier de ladicte abbaye.

A l'abbaye de Saincte Geneviefve vi$^{tt}$ xii s. pour une annee escheue, a cause de pareille somme que ladicte abbaye a droit de prandre par chascun an, a cause de l'office de la chambre de ladicte eglise, c'est assavoir lx s. pour les terres assises derriere les Chartreux et xxxvi s. ii den. pour les terres et prez dudit Bourg la Royne, et pour une maison assise a Venves qui fut seur Agnes la Michelle xxxvi s. p.

Au prevost d'Antoigny la somme de xxxvi s. p. pour une annee escheue, a cause de pareille somme qu'il a droit de prandre par chascun an pour les cens appartenant audit Hostel Dieu en ladite prevoste, pour ce par quittance de Jehan Fleury, prevost fermier dudit Anthoigny xxxvi s.

A messire Michel Gaillart, chevalier, seigneur de Chailly et Lonjumel, la somme de ix$^{tt}$ vi s. vi den. pour six annees d'arreraiges qu'il a droit de prandre par chascun an sur toutes les terres assises tant es terrouers de Louans, Wissoubz, que Villemilland, a cause de xxxi s. i den. de cens.

A l'archediacre de Brye x l s. p. pour une annee escheue, a cause de pareille somme qu'il a droit de prandre sur deux arpens de terre assiz pres du jardin de l'ancien hostel de Villemilland, pour ce par quictance de Pierre de Chasteaubriand, archediacre dessus dict xl s. p.

A la communaulte de l'eglise Sainct Marcel lez Paris la somme de xxvi s. p. pour quatre annees d'arreraiges, a cause de vi s. vi den. p. de rente que ladicte communaulte a droit de prandre par chascun an sur ung arpent que pre que saulsaye, assiz audict lieu de S¹ Marcel, pres le moulin de Crosle barbe.

Au chappellain de la chappelle Saincte Anne, fondee en l'eglise de Paris, la somme de xxiiii s. p. pour une annee escheue, a cause de pareille somme qu'il a droit de prandre sur sept quartiers de vigne assis ou terrouer de Surennes.

Aux Celestins de Mente iii s. p. pour deux annees d'arreraiges escheues, a cause de xviii den. p. qu'ilz ont droit de prandre sur une maison assise a Limay, pres Mente, nommee Beauregard.

Au seigneur de Chatou dix solz parisis, pour huit annees d'arreraiges, a cause de xv den. p. de cens sur une ysle assise audit Chatou, appelle l'*Isle de l'Hostel Dieu de Paris*, et deux solz pour certain arrest fait sur ladicte ysle, que tient a louaige Nicolas Huot et Guillaume Le Villain, comme par quictance de Raoulin Le Macon, receveur dudit Chatou, appert.

A l'abbe de Livry en Launoy, la somme de vi ᵗᵗ xii s. pour une annee escheue, pour et au lieu de deux muys d'avoyne qu'il souloit prandre sur la disme et seigneurie de Vert le grant, appartenant audict Hostel Dieu par composition des pieca faicte.

Au cure dudit Ver le Grant pour son gros, qu'il prend sur lesdites dismes, deux muys deux septiers de grain.

A l'abbe de Saint Mor des Fosses la somme de li soult parisis pour trois annees escheues, a cause des cens et autres droiz que ledit abbe a droit de prandre sur plusieurs terres et prez appartenans audit Hostel Dieu, assiz a Melly et a l'environ, donnez audit Hostel Dieu par feu messire Adam de Cambray, premier president, et des terres qui furent Thomassin Viellart.

Au prieur de Nostre Dame de l'Ermitaige, pres Champroze, xii s. p. pour deux annees d'arreraiges, a cause de vi s. p. de cens ou rente qu'il a droit de prandre sur certaines terres assises pres la croix dudit Champroze.

A Messieurs les prebendez de l'eglise de Paris cxii s. p. pour deux annees escheues, tant pour cens que pour rentes, par composition faicte avec eulz pour plusieurs heritaiges que ledit Hostel Dieu a a Cresteil.

A Messieurs les doyen et chappitre de Paris xv s. iiii den. p. pour deux annees escheues, a cause de vii s. viii den. par. de cens, pour les terres et prez qui furent feu Mᵉ Estienne de Paris, appartenant audit Hostel Dieu.

A Messieurs les doyen et chappitre de Sainct Germain de l'Auxerroys ix s. p., pour deux annees escheues, a cause de iiii s. vi den. p. de cens, pour les terres et prez qui furent audit maistre Estienne de Paris, audit Cresteil, appartenant audit Hostel Dieu.

A eulx la somme de viᵗᵗ iiii s. pour deux annees escheues, a cause de lxii s. p. pour les heritaiges qui furent maistre Adam de Cambray, assis audit lieu de Cresteil.

A eulx es mains dudit Viart xlv s. viii den. pour les dismes du vin des annes finies mil cinq cens et troys et cinq cens et cinq, pour les vignes dudit Cresteil.

Aux doyen et chappitre dudit Sainct Germain, la somme de xvviii s. p. pour deux annees escheues, a cause de xxiiii s. p. de cens et rente, qu'ilz ont droit de prandre chascun an sur les terres prez et appartenances qui furent Jehan Rapine, assiz audit Creteil, appartenant audit Hostel Dieu.

Aux maistres et escolliers du colliege de Bayeux, es mains de maistre Nicole Drouet, leur procureur et receveur, la somme de lxx s. p. pour deux annees escheues au jour et terme S¹ Martin d'iver, a cause de xxxv s. p. de rente qu'ilz ont droit de prandre sur troys arpens et demy de vigne, assis ou terrouer de Gentilly, ou lieudit Haultebonne.

A l'abbe de Sainct Victor lez Paris, la somme de cinquante solz iiii den. parisis, par les mains de sire Guillaume Lecaron, qui deue luy estoit, et par appointement fait a luy par ledit Lecaron, tant pour arreraiges de cens que pour dismes, que ledit abbe a droit de prandre chascun an sur les vignes dudit hostel, assises a Fontenay sur le Boys.

A l'aumosnier de ladite abbaye de Sainct Victor xvi s. p. pour tous les arreraiges a luy deubz, a cause dudit office d'aumosnier, sur les vignes qui furent maistre Pierre Juveaux, assises audit Fontenay.

Au chambrier de ladite abbaye Sainct Victor, huit den. parisis deux tourn. a cause de douze annees d'arreraiges de deux deniers tourn. de cens, qu'il a droit de prandre sur treze perches et demye de vigne assiz audit Fontenay.

A maistre Françoys Clement, receveur de Monsieur l'evesque de Paris, ixᵗᵗ p. et iii sextiers d'avoyne, pour trois annees escheues, a cause de lx s. p. et ung sextier d'avoyne de fons de terre et droit seignorial, que mondit sieur de Paris a droit de prandre, a cause de sa haulte justice qu'il a a Wissoubz, sur les terres dudit Hostel Dieu assises audit lieu.

A l'abbe de Sainct Mor des Fosses la somme de lxv s. p. pour l'annee escheue, a cause de pareille somme de cens et rente qu'ilz ont droit de prandre sur les ysles et gors dudit Hostel Dieu, assises en la riviere de Marne.

A l'abbesse Sainct Anthoine des Champs v s. p. pour une annee escheue, a cause de pareille somme qu'elle a droit de prandre sur ung arpent de vigne ou terrouer de Paris, ou lieu dit Piquepusse, appartenant a la prieuse dudit Hostel Dieu.

*Autre despense pour fondacion et obitz.* Pour la messe a note et service que ledit Hostel Dieu est tenu faire dire tous les jeudis de chascune sepmaine de l'an pour l'ame de feu Guyot Bare, ses parens et amys trespassez, en ensuivant la fondacion faicte par ledict Guyot Bare, a este paye pour l'annee de ce present compte la somme de iv ʷ xii s. p.

A maistre Pierre Gruel, par les mains dudit Lecaron iiii s. p. pour un obit, vigilles, recommandacees et une haulte messe pour l'ame de feu maistre Pierre Audry.

Audit Gruel par ledit Lecaron ii s. viii den. p. pour ung obit fait pour Jehan d'Escalle, pasticier.

Aux quatre chevetaines dudit Hostel Dieu viii ʷ par. pour achecter des doulceurs aux pouvres malades gisans oudit Hostel Dieu, et le leur distribuer durant la sepmaine saincte, pour la fondacion faicte par maistre Geuffroy de la Croix, l'un des tresoriers des guerres et feue Jehanne Fouquet, lors vefve de feu Jehan Marcel.

Au couvent des freres dudit Hostel Dieu, a cause de la fondacion de feu maistre Estienne Chevalier, pour recreacion xvi s. p. a deux festes, c'est assavoir le premier vendredi de caresme et la vigille Nostre Dame de mi aoust.

Au couvent des seurs pareille somme de xvi s. p., comme il est contenu en l'article precedent.

A frere Jehan le Fevre, pour une messe par luy dicte en l'annee de ce present compte, chascune sepmaine, pour l'ame de feu Guy Trare, la somme de cent quatre solz parisis.

Paye pour la fondacion faicte audit Hostel Dieu, par les confreres de la confrairie des couvreurs, d'une haulte messe dicte chascune sepmaine de l'an en icelluy Hostel Dieu ciiii s.

A maistre Raouland Bernier, vi ʷ p. pour avoir par luy dit et celebre deux messes basses par chacune sepmaine, dont l'office de prieuse est chargee, et ce depuis le jour Sainct Remy vᵉ et cinq jusques au iiiᵉ jour de may vᵉ six, durant lequel temps sont escheues xxx sepmaines qui font lx messes, lesquelles a ii s. p. vallent lesdites vi ʷ.

*Autre despense pour gaiges et sallaires de serviteurs.* Et premierement, a messire Jehan Leconte, prebtre, et l'un des chappellains servant ordinairement a l'eglise dudit Hostel Dieu cx s. p., pour ses gaiges et sallaires de six moys et demy cette presente annee qu'il a servy audit Hostel Dieu.

A messire Pierre Gruel, dit Longpont, aussi prebtre et l'un desdiz chappellains, la somme de xii ʷ p. pour ses gaiges de l'annee.

A messire Jehan Chesnel, aussi prebtre, chappellain servant ordinairement audit Hostel Dieu xl s. p. pour ses gaiges et sallaire depuys le jour de la Toussainctz jusques au xviiᵉ jour de janvier en suivant.

A messire Jehan Virey, aussi prebtre, servant ordinairement a dire le divin service et a confesser les povres malades iiii ʷ p. pour six moys entiers qu'il a servy oudit Hostel Dieu.

A messire Pierre Fessart, aussi prebtre et servant oudit Hostel Dieu xxvi s. viii den. pour ses gaiges et sallaires d'avoir servy oudit Hostel Dieu l'espace de deux moys en tiers.

A messire Jehan Vigoureux, maistre des enffans de cueur dudit Hostel Dieu, cxii s. p. sur ce qui luy peult estre deu pour ses gaiges de l'annee.

A maistre Francoys Walwin, organiste dudit Hostel Dieu cxii s. p., y comprins xxviii s. p. a luy paiez par feu Lecaron pour ses gaiges et sallere d'une annee, pour avoir joue dedictes orgues aux festes solempnelles et autres jours ordonnez durant ladicte annee.

A Julien Lucas, clerc et serviteur dudit Hostel Dieu, ix ʷ xii s. pour ses gaiges et sallaires.

A Denis Leconte, serviteur et clerc du couvent des freres dudit Hostel Dieu, la somme de lxiiii s. p. pour son sallaire et loyer de huit moys entiers par luy serviz audit Hostel Dieu.

A Micheau Dubourg, serviteur et clerc dudit couvent des Religieuses, la somme de xl s. p. pour ses loyers et services par luy desserviz audit Hostel Dieu.

A Gillot Guyschart, aussi clerc et serviteur du couvent desdites religieuses, la somme de lxii s. pour avoir servy neuf moys.

A Guillaume Ducrocq, serviteur et cordouennier demourant audit Hostel Dieu, la somme de xii ʷ p. pour ses gaiges et sallaires d'une annee et troys moys.

A Olivier Pressot, cousturier, serviteur dudit Hostel Dieu, cxiiii s. p. pour ses loyers et sallaires.

A Guillaume Barbe, portier de la court basse dudict Hostel Dieu, la somme de lxiiii s. p. pour avoir servy oudit Hostel Dieu depuys le premier jour de may mil v cens et cincq jusques au premier jour de janvier en suivant.

A Raoulin Doultremepuys, portier ou lieu dudit Barbe la somme de xxviii s. p. sur ce qui luy peult estre deu de l'annee commancant au premier jour de janvier.

A Audry Bezart, celerier et servitevr dudit Hostel Dieu la somme de..... pour ses gaiges et sallaires d'une annee, fixee au jour de Paques mil v⁴ et six.

A Jehan Peschart la somme de..... pour troys mois qu'il a servy oudit office de celerier avec ledit Bezart.

A Pierre Raphayau, cuisinier dudit Hostel Dieu, la somme de ix¹¹ xii s. pour ses gaiges d'une annee escheue au jour de Paques mil cincq cens et six.

A Jehan Poullain, aussi cuisinier dudit Hostel Dieu la somme de x¹¹ x s. p. pour ses loyers et sallaires de dix moys et demy qu'il a servy oudit Hostel Dieu, durant l'annee de ce present compte.

A Guillaume Alcaume, aussi cuisinier dudit Hostel Dieu la somme de lxiiii s. p. pour ses gaiges et sallaires d'avoir servy audit Hostel Dieu, oudit estat de cuisinier, depuys Pasques mil v cens et cincq, jusques au premier jour de decembre ensuivant.

A Benoist Roussel, aussi cuisinier et serviteur dudit Hostel Dieu, lxxii s. p. pour ses gaiges et sallaires d'une annee.

A Jehan Jourdain, boucher et serviteur dudit Hostel Dieu, la somme de xiiii livres tournois pour ses gaiges et sallaires durant l'annee de ce present compte.

A Rene Foussart, portier dudit Hostel, la somme de xxiiii s. p. pour trois moys qu'il a servy oudit Hostel Dieu a la porte du coste devers Nostre Dame.

A Jehan Brissart, aussi portier et serviteur dudit Hostel Dieu, la somme de xxxii s. p.

A Guillaume Aleaume, aussi portier dudit Hostel Dieu du coste devers Nostre Dame, la somme de lx s. p. sur les gaiges et sallaires de l'annee commancee le premier jour de decembre mil cincq cens et cincq, jusques audit jours de Pasques mil v cens et six.

A Jehan Soreau, dit le Picart, la somme de vi¹¹ viii s. p. pour xiiii moys qu'il a servy oudit Hostel Dieu, a l'office de portier du coste du Petit-Pont.

A Guillaume Rousseau, foussoyeur dudit Hostel Dieu, la somme de liiii s. p. pour ses gaiges et sallaires d'avoir inhumer et porter en terre neuf religieuses.

A Anthoine de Ligny, serviteur en la salle neufve, la somme de lxviii s. p. pour ses gaiges l'espace de neuf moys.

A Jehan Poincon, aussi serviteur en ladite salle neufve, ou lieu dudit Ligny, la somme de lvi s. p. pour sept moys finiz audit jour Saint Jehan Baptiste.

A Jehan Blarru, serviteur de la Grant lavanderie dudit Hostel Dieu, la somme de xx s. p. pour son sallaire de deux moys et demy.

A Jaques Morin, serviteur de ladite lavanderie, la somme de xxviii s. p. sur son sallaire de l'annee commancee le xv⁵ jour de mars.

A Jehan Denisot, pallefrenier et serviteur dudit Hostel Dieu, vi¹¹ viii s. p. pour ses gaiges et sallaires d'une annee.

A Estienne Courtillier, varlet boulengier, demourant a Paris, viii s. p. pour avoir servy oudit Hostel Dieu l'espace de cincq semaines.

A Henry Cairol xii s. p. pour avoir par luy servy a l'appoticairie dudit Hostel Dieu aucun espace de temps.

A Mace Roucaireau, compaignon boucher, xvi s. p. pour avoir par luy garde les moutons dudict Hostel Dieu, durant le temps de Karesme, et aide au boucher dudit Hostel Dieu.

A Katherine Martine, demourant à Paris, la somme de lvi s. p. pour ses peines et sallaires d'avoir vendu et distribue xix muys de vin en detail en l'ostel de la Huchecte pour ledit Hostel Dieu.

A Jehan Brisebourde, maistre chartier et serviteur dudit Hostel Dieu, ix¹¹ xii s. parisis, en ce comprins xxxii s. p. par luy receuz de sire Guillaume Lecaron, pour le reste a payer de ses gaiges et sallaires d'une annee escheue au jour Sainct Martin diver mil v cens et cincq.

A Clement Bricebourde, aussi chartier, servant ou pressouer dudit Hostel Dieu, c iiii s. p. pour la reste et parpaye de la somme de xiiii livres tournois pour son loyer de l'annee.

Audit Clement Bricebourde, la somme de viii¹¹ xvi s. parisis sur son loyer et sallaire de l'annee.

A Jehan Buysson, aussi chartier, la somme de xii¹¹ xvi s. pour ses loyers et services d'une annee entiere.

A Adrien Maugier, aussi chartier, la somme de iiii¹¹ p. pour la reste de ses loyers et sallaires d'une annee.

A luy la somme de xlviii s. p. pour troys moys qu'il a servy oudit Hostel Dieu, commancant audit jour Saint Martin.

A Pierre Audouaire, aussi chartier, au lieu dudit Maugier, la somme de iiii¹¹ parisis pour son loyer et sallaire de quatre moys, finiz audit jour Sainst Jehan Baptiste mil v cens et six.

A Martin Dabour, serviteur et gardien dudit hostel du Pressouer, xl s. p. pour l'annee de ce present compte.

A Denis Compaing, bergier, xxviii s. p. pour avoir garde l'espace de trois sepmaines xii²⁰ moutons a Cresteil durant l'annee de ce compte.

A Audry Pillon, aussi bergier et serviteur dudit Hostel Dieu, xi¹¹ vi s. t. pour ses gaiges et sallaires de huit moys et demy qu'il a (vacque) a la garde des moutons dudit Hostel Dieu.

A Audry Texier, porchier, la somme de lxiiii s. pour ses loyers et serviees de l'annee.

A Jehan Copperier, vacher et serviteur dudit Hostel Dieu, la somme de xx s. p. pour son sallaire l'espace de six moys.

A Julien Darragon, aussi vachier dudit Hostel Dieu, ou lieu dudit Copperier, la somme de xxiiii s. p. sur son loyer et sallaire de l'annee.

A Tiphaine la marchande, la somme de iiii tt xvi s. pour son loyer et sallaire de l'annee de ce present compte.

A Jehan Johanne, vefve de feu Jehan de Launay, servant et garde dudit hostel du Pressouer, vi tt vi s. pour son loyer et sallaire de unze moys qu'elle a servy oudit hostel du Pressouer.

A Jehanne Forecte, chamberiere, servante oudit pressouer, la somme de xlvi s. pour sept moys entiers qu'elle a servi oudit hostel du Pressouer.

A Simone, vefve de feu Jehan Lambert, chamberiere servante oudit Pressouer, la somme de lxiiii s. p. pour la reste et parpaye de deux annees escheues.

A Leonard Prevost, serviteur dudit Hostel Dieu, la somme de c x s. t. pour son loyer et sallaire d'avoir servy oudit hostel du Pressouer.

*Autre despence pour dons et pensions, durant l'annee de ce present compte.* Et premierement a Jehan Retif, clerc de maistre Guillaume Courtin, conterolleur du Tresor, demy escu d'or pour son vin, de avoir expedie les lectres de *debentur* de la rente deue audict Hostel Dieu sur ledict tresor, pour le terme escheu a l'Ascension nostre seigneur.

A maistre Jehan de Fontenay, clerc de maistre Jaques Charmolue, changeur dudit tresor, la somme de xxviii s. p. ainsi qu'on a acoutume de faire a chascun payement qu'il fait des rentes deues audit Hostel Dieu sur ledict tresor.

A maistre Charles Luillier et Loys Froment, clers de maistre Jehan Teste, receveur ordinaire de Paris, le xxiiii° jour de janvier m. v°. et cinq, xxiiii s. p. pour leur vin, ainsi que l'on a acoustume de faire quant ilz font pour ledict receveur paiement audict Hostel Dieu des rentes que iceluy Hostel Dieu a droit de prendre sur ladicte recepte.

Audit maistre Jehan de Fontaines, clerc dudit changeur du Tresor, le x° jour de fevrier mil cinq cens et cinq, xxviii s. p. pour son vin qu'il a acoustume d'avoir en faisant le payement de la rente deue au terme de Toussaincts.

A Anthoine Poyvrier, de Montlehery, vi s. p. pour avoir recouvert audit lieu de Montlehery partie des cens et admortissement deuz audit lieu de Montlehery, le landemain de Noel, et icelles avoir apporte a Paris.

A maistre Nicole Leblanc, Germain Valin, advocatz, Girard Baudart et Guillaume Olivier, procureurs en Parlement, Francoys Cousinot, avocat, Mace Gregoire, Jehan Baudouyn, procureurs ou Chastellet de Paris, tous pensionnaires et du conseil dudict Hostel Dieu, a este baille et donne a chascun d'eulx ceste presente annee ung caque de verjus et ung pourreau gras.

Aux clers de maistre Girard Baudard et Guillaume Olivier, Gregoire et Baudouyn, xvi s. p. pour leurs estraines de l'annee de ce present compte.

A la boyte de l'audencier de Chastellet, pour les estraines dudict audiencier et ses compaignons, sergens de ladicte audience, vi s. p.

A Pierre Lefevre, sergent a verge, et soubz audiencier dudict Chastellet, xvi s. p. que l'on a acoustume luy bailler pour apporter par extraict les maisons criees par le privilege aux bourgois, afin de veoir par ledict Hostel Dieu s'il y a riens qui leur touche, afin de culx opposer a icelles.

A Rogier Le Mercier, praticien en court laye, demourant au val de Rueil xxiii s. p., pour sa pension d'une annee escheue a Noel mil v° et cinq.

*Autre despence pour œuvres et reparacions.* A Jehan Leclerc, sellier, demourant a Paris, l sols parisis pour avoir par luy mis les draps es bureaux sur les comptouers de ladite huchecte, et pour toille, peaux, cloux et lassetz declairez en ses parties.

Pour une grosse fontaine a teste, achetee pour servir aux tuyaulx de plomb des conduitz du trahouer, pour envoyer l'eaue aux offices dudict Hostel Dieu xii s. p.

*Autre despence pour achapt de draps de laine et de linge, de cuyrs, tannerie et baudroyrie d'iceulx.* A Jehan Le Sellier, marchant drappier, demourant a Paris, par les mains de sire Guillaume Lecaron, iv tt parisis, pour quatre aulnes iii quartiers de drap vert pour servir aux deux bureaux de la chambre de la Huchecte.

A Jehan de Launay, aussi marchant drappier demourant a Paris, la somme de liiii s. p. pour trois aulnes quartier et demy de drap vert pour couvrir les hancs d'autour le grant comptouer, et l'un des comptouers de la Huchecte.

Pour trois cens une aulne de drap gris, achete par Monsieur le tresorier sire Jehan Legendre a la foire Sainct Denis mil v cens et cinq, au pris de viii s. p. l'aulne, pour faire des couvertures aux litz des malades, lesquelz draps ont este livrez a la prieure dudict Hostel Dieu par mesditz seigneurs les bourgois, qui vallent audict pris de viii s. p. l'aune la somme de vi xx livres viii s. parisis, de laquelle somme j'ay rembourse mondit sieur le tresorier.

A Jehan Hart, marchant drappier, demourant a Paris, ix tt ii s. pour drap de laine blanc et noir achecte de luy par mesdiz seigneurs les bourgois gouverneurs, le xxx° jour du moys de mars oudit an mil v° et cinq, *pour revestir et faire des habillemens aux religieuses lors nouvellement venues de Flandres et Picardie.*

Pour sept bonnetz noirs achectez la veille de Pasques

par ordre de Messeigneurs les bourgois, pour les enffans de cueuer dudict hostel xliii s.

A Michel Jaloux, marchant taneur, demourant a Sainct Denis en France, la somme de treize livres tournois pour vente et delivrance de douze douzaines de peaux de bazenne de la grant sorte, pour la chaussure des religieux et religieuses dudict Hostel Dieu x$^{tt}$ viii s. parisis.

*Autre despence pour frais de justice.* A Jehan Belin et Pierre Oraige notaires, la somme de xxxiii$^{tt}$ tournoys, tant pour leurs journees, peines, salaires et vaccacions d'avoir vacque durant l'annee de ce present compte a faire l'inventaire des biens meubles dudict Hostel Dieu, a la requeste de mesdits seigneurs, que pour avoir fait mectre au nect en papier et baille a mesdiz seigneurs ledict inventaire, comme par leur quictance appert.

A Guillaume d'Estrichy, sergent royal en la prevoste de Montlehery, xii s. p. pour avoir arreste et mis en la main du Roy, a la requeste dudict Hostel Dieu les grains estans es terres du moulin du Bouchet, a cause de la rente deue audict Hostel Dieu.

Paye par le commandement de mesdiz seigneurs, a ung sergent a verge par eulz admene de Chastelet audict Hostel Dieu, pour faire mectre prisonniere une fille qui conduisoit ung fardeau de biens que faisoit emporter seur Guillecmecte La Hire hors dudict hostel, pour ce ii s. iiii den.

A Noel Bizeau, Jehan Felin et Loys du Chastel, charpentier jurez, et a maistre Mace des Hostelz leur clerc, et a Pierre Lefevre, soubz audiencier du Chastellet, la somme de xxxv s. p. pour leurs sallaires d'avoir prise et estime par lesdiz jurez l'indempnite que ledict Hostel Dieu povoit avoir, a cause de l'erection de la croix de Cuyvre que les executeurs de feu maistre Cosme Guymier ont fait faire au cymetiere des Saincts Innocens.

A six sergens, pour leur sallaire d'avoir prins et constitue prisonnier ung nomme Jehan Brissart, qui avoit servy a la porte et lavanderie dudict Hostel Dieu, et s'estoit absente, la somme de xv s. p.

A deux hommes qui porterent les biens qui furent trouvez en la chambre dudict Brisart en Chastellet ii s. iiii den.

Pour le rapportaige d'iceulx biens de Chastellet en l'hostel de Monseigneur le tresorier sire Jehan Legendre viii den. p.

Au greffier du Chastellet, pour avoir inventorie lesdiz biens iiii s. p.

A Loys Tillet et Jehan Macheco, huissiers en Parlement, six solz tournoiz pour la signifficacion de deux requestres, l'une au doyen et chappitre de l'eglise de Paris de eux trouver ou autres de par eulx a la reddicion du compte de feu Pierre Le Tellier, et aussi pour avoir fait commandement a frere Jehan Lefevre de soy y trouver iiii s. viii den.

A maistre Anthoine Bucelly, bancquier, demourant a Paris, la somme de iii$^e$ livres tournois sur ce qui luy peult estre deu par ledict Hostel Dieu, par obligacion touchant la bulle des indulgences d'icellui, et laquelle somme luy a este ordonnee estre baillee par la court du Parlement.

*Autre despence pour l'appoticairerie, chevecerie et despence extraordinaire.* Et premierement par feu sire Guillaume Le Caron, a este paie pour sucre, huile, pruneaux, amende et autres choses servans a l'appoticairie dudict hostel, la somme de ciii livres sept solz parisis, delivrez depuis le sixieme jour de juing mil cinq cens et cinq, jusques au xxiii$^e$ jour d'octobre en suivant.

A sire Millet Lombart la somme de xxvii p. pour figues, raisins, miel, cire, alun de glace, et autres choses livrees a ladicte appoticairerie.

*Deniers baillez par ledit receveur par le commandement de mesdiz seigneurs, tant a la prieuse dudict Hostel Dieu que autres, en l'annee de ce present compte.* Et premierement a seur Jehanne de Marle, religieuse et prieuse dudit Hostel Dieu, la somme de xxvii$^{tt}$ xiiii s. a elle baillees a plusieurs foiz par le commandement de mesdiz seigneurs pour les affaires dudict Hostel Dieu.

A sire Guillaume Le Caron iiii$^{xx}$ v$^{tt}$ par luy baillees pour fournir au paiement des labours des vignes.

*Autre despence pour les religieuses qu'on a envoye querir en Flandres et en Picardie.* Et premierement, au procureur des freres mineurs de Paris la somme de viii$^{tt}$ t., par les mains de sire Guillaume Le Caron, dont il fait despense en son compte, ou chappitre de depence commune, ordonnee estre baillee par Monsieur le president Carmonne pour aller querir des religieuses refformees en pays de Flandres et Picardie, pour servir audict Hostel Dieu, pour ce par ledict compte et certifficacion de frere Jaques Daultry, gardien du couvent desdiz freres mineurs, vi$^{tt}$ viii s.

A maistre Jehan Ravary, prebtre, la somme de iiii$^{xx}$ livres parisiz, pour fournir a la despence de deux freres mineurs et de deux freres prescheurs envoyez par ordonnance de la court du Parlement es pays de Flandres et de Picardie, querir et amener des religieuses refformees de l'ordre Sainct Augustin, pour servir oudict Hostel Dieu.

A Jehan Petit Bon et Jehan Brayer, marchans de chevaulx, la somme de xviii$^{tt}$ xiiii s. t. pour deux mulles achetees d'eulx, y comprins le vin des courtiers, pour montez lesdiz religieux, pour aller es diz pais querir lesdictes religieuses.

A Frere Jehan de Montigny, religieux de l'ordre des freres Prescheurs, la somme de cent solz t. pour faire sa despense a aller esdicts pays de Flandres et Picardie, apres les autres religieux.

A Pierre Le Pelletier, sergent a cheval, lxiiii s. p. pour aller en court devers Monsieur de Tournay, afin d'avoir lettres adressans a ses vicaires et au chappitre dudict Tournay.

A maistre Jehan Ravary, par les mains de maistre Jehan Benoist, a plusieurs foiz, la somme de iiii$^{xx}$ i livres v s. vi den. dont ledit receveur a tenu compte audit Benoist, pour fournir a la despence de la conduicte desdictes religieuses venans desdiz païs.

A Pierre Lepelletier, dessus nomme, la somme de x$^{tt}$ t. par le commandement de mesdiz seigneurs, pour aller devers Monsieur le Legat, lors estant a Rouen, pour faire reffaire les lectres de dispence qui avoient esté obtenues en court pour le fait desdites religieuses, et les porter en court ausdiz Benoist et Ravary viii$^{tt}$ p.

Audit maistre Jehan Ravary, la somme de xviii$^{tt}$ xvi s. p. pour ses peines, sallaires et vaccacions d'avoir este par troys voyaiges de ceste ville de Paris es pays de Flandres et Picardie, par l'ordonnance de mesdiz seigneurs les gouverneurs, pour admener lesdites religieuses, pour avoir tenu le compte de leur despence.

Paye pour la despence faicte par lesdites religieuses, durant le temps qu'elles ont este logees au Petit chauderon xl s. vii den.

A Jehan Poulain, cuisinier dudict hostel, xiii s. ii deniers parisis, pour plusieurs parties par luy achectees pour lesdictes religieuses. c'est assavoir pommes, poires, beurre et biere, depuys qu'elles vindrent audit Hostel Dieu, jusques au premier jour de decembre ensuivant.

A frere Alart de Vendamme, religieux de l'ordre de sainct Francoys, la somme de xxviii$^{tt}$ viii s. a luy ordonnee par Messieurs les presidens et mesdiz seigneurs les gouverneurs dudit Hostel Dieu, pour deux voyaiges par luy faiz esdiz pays de Flandres et Picardie, pour praticquer et faire venir lesdites religieuses, et pour aucuns fraiz par luy faiz esdicts pays.

A frere Alart Vandasme, Pierre Wenemare et Guillaume Gantoys, demourant a Paris, la somme de cent livres xviii s. a eulx ordonnee par mesdiz seigneurs les gouverneurs, pour les fraiz et mises par eulx faictes ou voyaige dernierement fait.

A Soupplix Galoys, demourant a Tournay, la somme de iiii$^{tt}$ p. a luy tauxee et ordonnee par mesdiz seigneurs les gouverneurs, pour ses peines et sallaires d'avoir conduict et acompaigne lesdites religieuses, qui ont este amenees dudict Tournay par freres Alart de Vendamne et son compaignon.

A Katherine, vefve de feu maistre Estienne Valleton demourant au Chauderon, devant ledict Hostel Dieu, la somme de xlvi s., a quoy a este appointe a elle pour avoir loge par deux voyaiges en sa maison les religieuses venues des pays de Flandres et Picardie, avant qu'elles feussent receues audict Hostel Dieu.

A frere Jaques Dassonville, religieux et prieur des Carmes, la somme de xvi$^{tt}$ p. a luy baillee, par ordonnance et commandement de mesdiz seigneurs les bourgois, pour bailler et distribuer a certain nombre d'oblatz, religieuz, laiz qui estoient venuz des diz pays de Flandres et Picardie pour servir oudit Hostel Dieu, lesquelz ny ont voulu demourer.

*Autre despence a cause des indulgences.* Et premierement au clerc de Monsieur d'Esbron, pour son vin d'avoir apporte avec son dict maistre l'argent qui avoit este receu en l'evesche d'Evreux a cause des indulgences, dont est faicte despence par ledit Lecaron par son compte ou chappitre de despence.

A maistre Pierre de Villecoq, serviteur de Monsieur l'evesche d'Avranches, la somme de deux escus d'or, pour son sallaire d'avoir apporte l'argent des indulgences, receu oudit evesques d'Avrances, laquelle somme a este couchee ou compte dudict Caron.

A Simon Vostre, marchant libraire, demourant a Paris, la somme de iiii$^{tt}$ iiii s. p. pour sept douzaines de parchemin, par luy baillees et livrees durant l'annee de ce present compte, pour faire les perpetuons dudict Hostel Dieu.

A Pierre de Lauge, orfevre, demourant a Paris, la somme de viii$^{tt}$ xvi s. pour l'argent et facon des seaulx que Messieurs les gouverneurs ont fait faire, et pour la graveure d'iceulx.

Pour le facon d'un seel de cuyvre, fait pour seller les perpetuons dudict Hostel Dieu, parce que frere Guillaume Stive avoit emporte l'autre a Amyens xviii s. p.

Pour avoir fait racoultrer et remettre a point ung autre seel pour seller lesditz perpetuons, et y avoir faict mectre deux estoilles ou lieu de deux fleur de lis, par le commandement de mesdiz seigneurs.

A Michel Beaufilz, Jehan Millecent, Thomas Duvivier, Mery, Guychelin, Robin Guerin et Guillaume Ridart, commis avec autres a chasser les belistres hors de l'Ostel Dieu et des portes d'icelle, le jour du pardon.

A six sergens de l'eglise de Paris, la somme de xxiiii s. t., qui est a chascun d'eulx iiii solz, pour avoir par eulx garde es chappelles de ladicte eglise et audict Hostel Dieu les prestres et confesseurs en paix, et leur avoir fait faire place en icelle eglise durant ledit pardon.

A Pierre Le Maire, crieur de corps et de vins vi s. p. pour avoir par luy crie audict Hostel Dieu, la vigille et le jour dudit pardon, autour du tronc devers la porte Nostre Dame lesdictes indulgences.

A Guillaume Bonfilz, maistre sonneur de l'eglise de Paris, la somme de xlvi s. p. c'est assavoir xl s. p. pour la sonnerie par luy faicte la vigille et le jour dudict pardon, et quatre solz par. pour le dimenche precedent, que furent faictes processions generalles, et deux solz par. *pour avoir oste les pierres que les confesseurs avoient laisse en ladicte eglise.*

A maistre Jehan des Granges, imprimeur demourant a Paris, la somme de xi ſt t. pour composicion faicte a luy pour les impressions de plusieurs armes, perpetuons et vidissez par luy faiz pour ledict Hostel Dieu.

Paye pour la facon d'ung perpetucion, escript a la main en lectre bastarde et tiltres d'or et d'azur, armoye aux armes du Roy d'Angleterre, a luy envoye par ung marchant dudit Angleterre, pour luy presenter ou nom dudict Hostel Dieu, afin de obtenir sa begnivolence pour parvenir a la publicacion des indulgences dudict Hostel Dieu estre faicte oudict royaulme d'Angleterre, et pour plusieurs placetz baillez audict marchant pour luy presenter et aux gens de son conseil, pour ce paye par le commandement de mesdiz seigneurs xxxiiii s. p.

Pour le vin envoye querir en la ville, le jour de l'Ascension que ledict marchant d'Angleterre disna audict Hostel Dieu, xvi den. p.

Paye a ung chartier de Noyon, qui amena ung fardeau de linge venu des Indulgences dudict Noyon es mains de frere Raoul Delorme.

A Pierre de Goullons dit Vinot, la somme de x livres xviii s. a luy deue pour la voicture de quatre balles de draps de linge amenez d'Orleans jusques en ceste ville, chargees en sa charrecte, pesans ensemble lesdites balles xviiᵉ livres.

A frere Raoul Delorme iiii livres parisis, pour faire ses despens a aller a Evreux par le commandement de mesdicts seigneurs, devers les procureurs des indulgences d'illec.

*Despence de blez.* Et premierement de la quantite de xviii muys deux septiers de ble, xiii muys v septiers avoyne, iiii muys x septiers orge et ii septiers vesse cueilliz en l'annee de ce present compte es terre du Pressouer en a este baille et delivre a Denis Peschart, pannetier dudict Hostel Dieu, la quantite de xiii muys ung sextier ble, et le reste dudit ble a este seme es terres de l'ostel du Pressouer, et avec ce partie de l'avoyne orge et vesse, et l'oultre plus demeure oudit Hostel Dieu pour la nourriture des chevaulx de harnoys, pourceaux, poulaillers, pigeons et autre bestail.

De tout le grain, tant ble, orge et avoyne que aussi des pourceaux gras, chappons, poulles et autres choses dont est fait recepte cy devant ou chapitre de recepte de grains, en ce comprins l'ostel du Pressouer, declaire ou prouchain article, montans ensemble, c'est assavoir en ble lxiiii muys..... n'en a este aucune chose receu par ledict receveur, mais ont este receuz par ledict Peschart, pannetier.

De la quantite de xxiii muys dix septiers troys minotz de ble froment, achectez durant l'annee de ce present compte, pour la despence et provision dudict Hostel Dieu.

De ung muy et demy de poïs achetez au marche de Paris, pour la despence dudict Hostel Dieu durant les jours maigres et du Karesme, durant l'annee de ce compte.

De ung septier de febves aussi achecte audict marche de Paris, despense audict Hostel Dieu durant le Karesme dernier passe.

*Despence de vins et de verjus.* Et premierement des verjus cueilliz tant es treilles de l'ostel des Porcherons, que es treilles de l'ostel du Pressouer, pres les Chartreux, en ont este baillez aux pensionnaires dudict Hostel Dieu et autres la quantite de x caques de verjus, et le reste a este mene et livre audict Hostel Dieu et baille au celerier d'icelluy hostel.

De tout le vin venu et yssu des vignes dudict Hostel Dieu, en l'annee de ce compte, montant iiiiᶜ xxxv muys, n'en a este aucune chose receu par ledict recepveur, mais ont estez audict Hostel Dieu et delivrez ou cellerier d'icelluy et despensez en icelluy, reserve..... muys qui furent laissez audit hostel du Pressouer pour la despence desdits serviteurs d'icelluy hostel.

Des vins nouveaulx, achectez et prins en paiement de plusieurs personnes, en l'annee de ce present compte montans xxxiiii muys de vin ont este delivrez audit Hostel Dieu, es mains du celerier et despensez en icelluy hostel.

Des vins vielz achectez a plusieurs foys montans la quantite de viiiˣˣ xviii muys, lesquelz vins ont este menez et descenduz ou celier dudit Hostel Dieu, et en icelluy despence.

*Despence de moutons, beufz, vaches, veaulx et pourceaux.* Et premierement, de tous les moutons achectez et donnez en l'annee de ce present compte, et que on a fait venir tant des fermes de Chaville que de Villacoublay, montant en somme iiiᵐ l moutons, ont este receuz par le boucher dudict Hostel Dieu, tuez et despen ez en icelluy hostel.

Des beufz et vaches achectez en ladicte annee, montans sept beufz, ont este receuz par le boucher dudict Hostel Dieu, tuez et despensez en icelluy et au Pressouer.

Des veaulx achectez et donnez en ladicte annee, montants lii ont este baillez et delivrez au boucher d'icelluy Hostel Dieu et despensez en icelluy.

Des pourceaux mis en pature en l'ostel du Pressouer,

a este donne et baille les cincq *aux pensionnaires* et les autres ont este tuez audit Hostel Dieu et a l'ostel du Pressouer.

*Despence pour aucunes menues parties.* Pour sept martinets achetez pour servir audict Hostel Dieu et au Pressouer iiii s. viii den. — Pour la despence des macons jurez et charpentiers qui le iii° novembre visiterent l'Ostel Dieu et y disnerent avec sire Jehan Baudin et Guillaume Le Caron iii s. vi den. — Paye a ung tapissier qui a tendu les tappis contre les chemynees du Bureau le vii° novembre xii den. — A plusieurs manouvriers pour avoir par eulx vuyde plusieurs gravoys et immondices estans en icelluy Hostel Dieu, tant es chambres, greniers, que galleries, y estans des longtemps xvii s. — Pour vin viel envoye querir en la ville le xxii° jour du moys de decembre pour le banquet qui se fait au couvent des freres dudict Hostel Dieu, comme il est accoustume iii s. iiii d. — Pour le disner de maistre Jehan Leclerc et de Messeigneurs les gouverneurs qui, le xxvi° jour de janvier, disnerent a la Huchecte pour vacquer a l'audicion des comptes de maistre Jehan de Lailly, tant en chair de beuf, vin, que autres choses viii s. vi den. — A deux hommes qui ont aide a curer *les estables* dudict Hostel Dieu, et pour une cyviere achetee pour ce faire iiii s. p. — Pour dix huit poulles et six chappons achectez le xxii° jour de fevrier, le jour du pardon de la chaise Sainct Pierre, pour distribuer a disner et a soupper aux malades dudict Hostel Dieu xxxviii s. — A Claude de Paris xxv s. vii den. pour vente et delivrance de sept douzaines d'eschaudez, par elle baillez le jour du vendredi Saint audict Hostel Dieu, comme il est acoustume faire.

## 22° REGISTRE (404 FEUILLETS, PAPIER.)
### ANNÉE 1506-1507.

*Coppie de la requeste par laquelle Messieurs maistre Robert Turquain, conseiller du Roy nostre sire en sa court de Parlement et maistre Jehan Leclerc, clerc et auditeur en la chambre des comptes sont commis par ladicte court a l'audicion des comptes de Jehan de la Saunerie, receveur de l'Ostel Dieu de Paris.* «*A nos seigneurs de Parlement, supplient humblement les bourgeoys commis au gouvernement de l'Ostel Dieu de Paris, comme pour oyr les comptes de Jehan de la Saunerie par lesdicts supplians, commis a la recepte dudict Hostel Dieu, Messieurs maistres Thibault Baillet, conseiller et president, Nicole de Corbie et Robert Turquain, aussi conseillers en ladicte court, maistre Jehan Leclerc, clerc et auditeur de la chambre des comptes, et Jehan Parant, procureur en ladicte chambre, aient este commis par ladicte court, or est il que des pieca aucun de mesdicts sieurs avoient oy et examine l'un des comptes dudict de la Saunerie, prest a clorre. Et au regard de ses autres comptes qui sont tous prestz a rendre, mesdicts sieurs les commissaires n'ont peu et ne peuvent vacquer a l'audicion d'iceulx, comme ilz ont declaire, mesmement mesdicts sieurs le president Baillet, Corbie et Turquain, pour les grands charges qu'ilz ont en ladicte court, et aussi lesdiz Leclerc et Parant pour les charges qu'ilz ont en ladicte chambre, et qu'ilz n'y peuvent vacquer que aux jours de festes ou une fois la sepmaine, ce considere, il vous plaise, pour le bien d'icelluy Hostel Dieu, et abreviacion de ladicte matiere, commectre avec mesdits sieurs les commissaires ou aucuns d'eulx, telz autres personnes qu'il vous plaira, a ce congnoissans, qui puissent vacquer continuellement a l'audicion et examen desdicts comptes, jusques a la closture d'iceulx, et pareillement des comptes de Anthoine Boisserie, Hervy Guerin, Pierre Lepelletier, aussi commis par iceulx supplians a la recepte des cens, rentes et revenu dudict Hostel Dieu hors Paris, et de tous autres qui ont eu soubz lesdiz supplians charge et administracion du revenu d'icelluy Hostel Dieu, et vous ferez bien.*» *Et au dessoubz de ladicte requeste est escript ce qui s'ensuit :* «*Commitantur magister Robertus Turquain, Regis consiliarius, Johannes Leclerc, Regis in Camera Compotorum clericus, cum deputatis seu deputandis per capitulum parisiense et provisoribus domus Dei. Actum in Palatio xvi° die januarii* x° v° *nono.*»

Presente par Jehan de la Saunerie, procureur et receveur de l'Hostel Dieu de Paris apres le serement par luy fait en tel cas, en la presence de maistres Robert Turquain, conseiller du Roy en sa court de Parlement, Jehan Le Clerc, clerc et auditeur du Roy en sa chambre des comptes, Jehan Parent, procureur en ladicte chambre, commissaires en ceste partie par ladicte cour, maistre Jehan de Louviers, chanoine de l'eglise de Paris, ordonne et deppute de par chappitre de ladicte eglise de Paris, et de sires Henry Le Begue, Estienne Huve, Jehan Hebert, gouverneurs dudict Hostel Dieu, et de Millet Lombart, naguieres l'un desdicts gouverneurs le xxi° jour de janvier l'an mil v cens et neuf.

Compte des grains et revenu de l'Hostel Dieu de Paris, pour ung an entier, commencant au jour et feste de Pasques, mil v cens et six exclud et finissant a semblable jour mil cinq cens et sept exclud, et semblablement des foings et feurres, et aussi des vins et verjus appartenans audict Hostel Dieu, tant a cause des dismes, du revenu des granches, fermes et dismes que autrement; ce present compte rendu a Court par Jehan de la Saunerie, procureur et recepveur dudict Hostel Dieu, ainsi qu'il sera declaire cy apres ou compte ordinaire en deniers de ceste dicte annee.

Est assavoir que combien qu'il soit cy apres faict recepte par ce present recepveur, desdits grains et autres choses dessus dictes, ce neant moins n'en a par luy este aucune chose receu, mais ont este receuz par les pannetier et cellerier dudict Hostel Dieu, qui les ont baillez et distribuez pour la despense d'icelluy Hostel Dieu, par quoy proteste ce dict présent recepveur que ce ne tournera en son prejudice, car seullement il en faict cy recepte et specificacion pour tenir ordre de compte, proteste en oultre de y augmenter ou diminuer s'il y a aucun erreur.

(Il a este ordonne que ce present compte sera receu en la forme et maniere qu'il est couche, mais que pour le temps advenir, il sera donne l'ordre pour les comptes en suivans, ainsy qu'il est declaire cy apres en la fin et apres l'estat et clausture de cedict present compte, et en tant que touche le contenu en ce present chappitre, qui est de grains, vins, verjus, foings, pourceaulx, chappons et poulles que, combien que ledict recepveur n'en ait aucune chose receu, fors et excepte une partie des verjus, et que neanmoins il en fait recepte, a este ordonne que doresnavant ledict recepveur, ou autre qui sera cy apres, sera tenu et fera la recepte, et non autre desdicts vins, grains et autres choses y declairez, pour les deliver incontinant aux pannetier et cellerier dudict hostel, pour par lesdiz pannetier et cellerier et autres les distribuer et en tenir compte audit recepveur, presens les gouverneurs dudit hostel ou aucuns d'eulx).

*Recepte des blez de dismes* xvi muys; — autre recepte des blez venans des granches et fermes dudict Hostel Dieu et baulx de rentes a temps iiii$^{xx}$ iiii muys; — autre recepte de pourceaux, chappons, fromaiges, foing et feurre, a cause desdictes fermes, lii chappons, vi pourceaux, ii cochons, vi cens gluys feurre, i chartee de foing, vi fromages.

Recepte de vins et verjus, ii$^c$ iiii muys de vin, ii muys xv caques verjus.

Compte deuxiesme de Jehan de la Saunerie des receptes et despenses par luy faictes tant a cause des cens rentes et revenus d'icelluy Hostel Dieu en ceste ville et fauxbourgs de Paris, que d'aucuns deniers qui souloient estre receuz tant par les maistre, la prieuse, le boursier et par la garde commise a l'appoticairerie dudit Hostel Dieu...; et est assavoir que, *au moyen de ce qu'il ne s'est trouve audict Hostel Dieu aucuns comptes precedans depuis dix ou douze ans en ça des receptes du revenu d'icelluy hostel qui consiste hors Paris*, et aussi que mesdiz seigneurs les bourgois gouverneurs d'icellui Hostel Dieu y ont commis

et estably aucuns procureurs et receveurs particuliers a la recepte des rentes et revenu hors Paris, lesquelz n'ont encores rendu aucun compte, pourquoy ce present recepveur n'en pourroit faire recepte, mais fait recepte seullement dudict revenu estant hors Paris, de ce qu'il en a receu, et qui est venu a sa notice et cognoissance.

Recepte ordinaire a cause du fons de terre, cens et rentes prinses tant sur le tresor du Roy nostre sire que sur la recepte ordinaire de Paris, que aussi sur plusieurs maisons, lieux et places assises en ceste ville et es faulxbourgs de Paris.

Recepte de fons de terre lxi s. v den.

Recepte sur le tresor du Roy vii$^c$xxv ₶.

Recepte des rentes sur plusieurs maisons en la cité c.xvii ₶; — oultre Petit-Pont ix$^{xx}$iiii ₶; — oultre le grant Pont iii$^c$xxii ₶; — oultre les anciennes portes de Paris xliii ₶.

Autres rentes qui n'estoient point contenues es comptes anciens et precedens ii$^c$xxii ₶.

Autre recepte a cause des rentes viageres ii$^c$ iiii$^{xx}$xi ₶.

Autre recepte a cause des louaiges de maisons, places a vendre beurre et autres choses iii$^c$lxiiii ₶.

Autre recepte a cause des rentes deues a l'apothicairerie dudict Hostel Dieu lxix ₶.

Recepte des rentes deues a cause de l'office de prieuse, prinses sur plusieurs maisons et heritaiges, assis tant en ceste ville de Paris que ailleurs, et ce pour l'annee de ce present compte finie au jour Sainct Jehan Baptiste mil cinq cens sept exclud, iii$^c$xxxvii x.

Autre recepte a cause des rentes prinses tant sur la recepte ordinaire de Paris que sur le Tresor du Roy nostre sire pour la prieuse, a cause de l'office du linge, viii$^{xx}$v ₶.

Autre recepte a cause des rentes viageres appartenant audit office de Prieuse xxi ₶.

Autre recepte muable a cause des louaiges des maisons appartenans audit office de Prieuse ii$^c$ii ₶.

Autre recepte a cause des rentes appartenans audit office de Prieuse, prinses sur plusieurs maisons et heritaiges assis hors Paris xxvi ₶ xix s.

Autre recepte faicte par cedict recepveur durant l'annee de ce compte, a cause de partie des cens et rentes hors Paris cy apres declairez, qui souloient estre receuz par le maistre dudit Hostel Dieu et dont il tenoit compte, avecques les autres cens et rentes hors Paris iiii$^c$xxi$^c$ii ₶.

Autre recepte a cause du fief, droit et seigneurie que ledict Hostel Dieu a sur la riviere de Seine, autour de Corbueil, icelle recepte faicte audict lieu de Corbueil le dimanche d'apres l'Ascension Nostre Seigneur xxxvi ₶.

Autre recepte a cause des aulboynes et forfaictures advenues et escheues sur ladicte riviere durant l'annee de ce present compte xix s.

Autre recepte a cause d'aucuns louaiges et bail a ferme, a pris d'argent, des heritaiges assis hors Paris vii$^{xx}$xi ₶.

Autre recepte a cause des ventes, saisines et rachaptz de rentes ix$^{xx}$xviii ₶.

Autre recepte pour vente de grains xx ₶.

Autre recepte pour vente de vins vii$^{xx}$ ₶.

Autre recepte pour vente de suif, peaulx et laynes v$^c$xvii ₶.

Autre recepte faicte a cause de la Poullerie dudict Hostel Dieu xxiiii ₶ p.

*Autre recepte faicte a cause de la queste des pardons et indulgences.*

De monseigneur l'evesque de Lizieux le xx$^e$ jour de juing oudit an v$^c$.vi, par les mains des curez de Sainct Fresville et prieur de Tillaires, ses secretaires et serviteurs domesticques, la somme de ii$^c$ livres tournoiz venant des indulgenses et questes faictes par ledict Hostel Dieu audict evesche de Lizieux en l'annee mil v$^c$ v.

De maistre Jehan Benoist, l'un des procureurs dudict Hostel Dieu, la somme de v cens escus d'or au soleil, sur les deniers par luy receuz a cause des indulgenses des arcevesches et eveschez dont il a la charge, et lesquelz cinq cens escus d'or ont este receuz par ledict receveur le unziesme jour de janvier oudit an v$^c$vi, par les mains de messieurs les bourgeoys gouverneurs dudict Hostel Dieu, y comprins ung recepisse de Jehan Duval, marchant de Paris, montant cent escus d'or soleil, qui luy avoient este baillez pour emploier a Rouen en haren pour ledict Hostel Dieu, et lesquelz v cens escuz d'or soleil ledict Benoist avoit envoye a mesdiz seigneurs les gouverneurs auparavant ledict xi$^e$ jour de janvier, et dont sire Millet Lombart l'un desdiz gouverneurs avoit fait recepisse audict Benoist, lequel luy a este rendu moiennant le recepisse que ledict receveur en a fait audit Benoist; pour cecy lesdiz v cens escuz soleil vallent la somme de vii$^c$xxv ₶.

De maistre Jehan Cornet, prebtre, procureur pour ledict Hostel Dieu touchant lesdictes indulgences en l'evesche de Bayeulx, a este receu par mesdiz seigneurs les gouverneurs, le vi$^e$ jour de may oudit an v cens vi, la somme de quarente livres tournoiz pour la queste par luy faicte audict evesche de Bayeulx, en ladicte annee, comme il peult apparoir par l'estat que mesdiz seigneurs les gouverneurs en ont fait et baille audit receveur.

De frere Guillaume Stive, prebtre, religieux dudict Hostel Dieu et procureur d'icelluy hostel en l'evesche d'Amiens, a este receu par mesdiz seigneurs les gouverneurs a deux fois la somme de iii$^c$iiii$^{xx}$x ₶.

De Jacques Chantre, procureur dudict Hostel Dieu en l'evesche de Troyes a este receu par mesdiz seigneurs les gouverneurs la somme de vi$^{xx}$xvi ₶ venant des questes et indulgences dudict evesche de Troyes.

De maistre Jehan Benoist, cy devant nomme, procureur dudict Hostel Dieu, es archeveschez de Bourges et Tours, et eveschez de Poictiers, Angiers, Lucon, Clermont en Auvergne et Nevers, a este receu la somme de xii$^c$lv ₶ parisis venant des questes desdiz arcevesches et eveschez a cause des indulgenses.

De maistre Pierre de Laage, procureur dudict Hostel Dieu en l'evesche de Chartres, a este receu par mesdiz seigneurs les gouverneurs le xix$^e$ jour de may oudit an ciiii ₶ parisis, venant des questes et indulgenses dudict evesche de Chartres.

De maistre Pierre de Bourgoigne, procureur pour ledict Hostel Dieu, en l'evesche de Langres, a este receu la somme de lxiiii ₶ parisis, venant des indulgenses et questes dudict evesche de Langres.

De maistre Jehan Chamboret, procureur pour ledict Hostel Dieu es arceveschez de Reims et eveschez de Chaalons en Champaigne, a este receu la somme de vi$^{xx}$ livres parisis.

De maistre Bertrand Bonnet et Jehan Blancpain, procureurs pour ledict Hostel Dieu es eveschez de Laon, Noyon, Soissons, Beauvoys, a este receu la somme de cxviii ₶ parisis.

De monsieur l'evesque de Coutances, par les mains de monsieur de Sainct Lo, son vicaire, a este receu la somme de iii$^c$xxviii ₶ parisis, qu'il a envoyee par Pierre de Moucy, drappier, demourant a Paris.

De maistre Guillaume Solier, procureur pour ledict Hostel Dieu en Ytalie, a este receu la somme de vii$^{xx}$ii ₶ par. dont il y a soixante deux ducatz du pape Ligiers.

De maistre Arthus Deshayes, procureur pour ledict Hostel Dieu es eveschez de Limoges et Maglonne, a este receu la somme de xx ₶ parisis.

De maistre Guy Marchant, procureur pour ledict Hostel Dieu, es archeveschez de Bourdeaulx, Thoulouze, et es eveschez de Perigeux, Agien, Cahors, Condom, Monthauban, Thules, Lestore, Bazas, Aire, Dax, Baionne, Panpelune et autres eveschez du Roiaulme de Navarre a este receu vii$^{xx}$x ₶ parisis.

De maistre Jehan Halbanet, procureur dudict Hostel Dieu es eveschez de Sarlat, Albi et Thule, a este receu la somme de c.ii livres vi s.

De maistre Jehan de Lauda, procureur pour ledict Hostel Dieu es arceveschez de Lion, Narbonne, Vienne, et es eveschez d'Ambrun, Nisse et autres a este receu la somme de ii$^c$xliii ₶ p.

De maistre Mathurin Gaudin, prebtre, et procureur pour ledict Hostel Dieu au pays de Bretaigne a este receu la somme de iiii$^{xx}$ liv. par.

*Autre recepte faicte par mesdiz seigneurs les gouverneurs,* tant de l'ouverture des troncs que des tables et baisemains xviii°lx livres parisiz.

*Autre recepte a cause des laiz, aumosnes, vigilles, et convoys, et pour la permission de enterrer corps en coffres de boys au cimetiere de Sainct Innocent sur la terre dudict Hostel Dieu.*

Premierement, de maistre Jehan Ruze, receveur general, la somme de iiii$^{xx}$ $^{tt}$ p. a luy ordonnee estre baillee en aumosne audict Hostel Dieu par monsieur le general Hurault, a ce que les povres gisans en icelluy hostel fussent enclins prier Dieu pour la bonne sante du Roy, paix et union de son royaulme; — des executeurs de feu Jehan Postel, de Briosne en Normandie xvi s. p.; — par feu maistre Nicole Briconnet, en son vivant controlleur general des finances de Bretaigne, la somme de xvi livres parisis; — du laiz de feu noble homme maistre Pierre Baillet, en son vivant seigneur de Villiers le Rigault, par les mains de reverend pere en Dieu monsieur l'evesque d'Auxerre viii $^{tt}$ p.; — du lays faict oudit Hostel Dieu par feu Nicolas Halouet, en son vivant, grant canonnier du Roy nostre sire, la somme de xxv escus d'or au soleil, pour cecy xxxvi livres; — du laiz de feu noble homme Oudart de Coupret, en son vivant seigneur de Meullan iiii $^{tt}$ p.; — de maistre David Chambellan, advocat en Parlement, a esté receu par mesdiz seigneurs les gouverneurs le xviii$^e$ jour de mars oudict an v$^e$ six la somme de vii cens livres tournoiz par ledict Chambellan delivre en aumosne, pour estre luy et sa feue femme participans es prieres, oraisons et bienffais dudict Hostel Dieu, et a la charge de dire et faire ung obit sollempnel oudict Hostel Dieu, avec le luminaire qu'il fault sur l'autel et *faire procession autour des malades d'icelluy hostel le premier jour du moys d'aoust chascun an,* et a la charge de bailler ledict jour a tous les malades estans en icelluy hostel double porcion de vin, comme il appert par les lectres de ce faictes et passees; — des executeurs de feu noble homme Jaques de Cotier, en son vivant chevalier et premier president de la Chambre des comptes xl s. p.; — des executeurs de feu noble homme Jaques de Vendosme, en son vivant vidame de Chartres, le xviii$^e$ jour dudict moys de decembre iiii $^{tt}$ p.; — des executeurs de feu maistre Michel Saligot, en son vivant scribe de la conservacion des previlleiges de l'Universite de Paris, iiii $^{tt}$ p.; — du laiz faict par feu *Philbert Gobelin*, taincturier, demourant a Sainct Marceau xx s. p.; — pour laiz fait oudit Hostel Dieu par feu monsieur maistre Jehan Robineau, en son vivant tresorier de France la somme de iiii$^{xx}$ livres parisis.

*Recepte commune.* De messiurs les prevost des marchans et eschevins de la ville de Paris, par les mains de maistre Jehan Hesselin, receveur de ladicte ville de Paris le xviii$^e$ jour de decembre oudict an v cens six, la somme de xxxii livres parisis, par eulx ordonnee audit Hostel Dieu par maniere daulmosne et par leur mandement et descharge, pour et en recompance des deniers que ledict Hostel Dieu a payez a ladicte ville pour l'entree du pied fourche qui est de vi den. p. pour chascun mouton.

De la vefve et heritiers de feu noble homme messire Jehan de Monceaux, en son vivant chevalier, seigneur de Bellay, a esté receu par messieurs les bourgeoys, gouverneurs dudict Hostel Dieu, le xvii$^e$ jour d'octobre oudict an v cens six, la somme de vi cens livres tournois sur la somme de mil livres a quoy ladicte vefve et heritiers ont appoincte avec mesdicts seigneurs les gouverneurs, touchant certain grain et autres choses que ledict Hostel Dieu avoit levees des terres de Villacomblay, et pour les despens en quoy icelle vefve et heritiers avoient este condempnez par messeigneurs des requestes du palais envers ledict Hostel Dieu.

Somme totalle de la recepte de ce present compte xv mil v$^e$xliii livres.

## 23$^e$ REGISTRE (469 FEUILLETS, PAPIER.)

### ANNÉE 1506-1507.

Despence faicte par ledict Jehan de la Saunerie, receveur dessus dict, pour l'annee de ce present compte.

Et premierement, argent baillé a gens qui en doivent tenir compte pour faire la despence des jours maigres, a frere Raoul de Lorme, frere Julien Lucas et Jehan du Gournay, commis subsecutivement a faire la despence des jours maigres, depuis le jour de Pasques mil cinq cens six jusques au jour de Pasques ensuivant includ, la somme de viii$^e$ xviii livres parisis.

A Jehan Duval, marchant demourant a Paris la somme de viii$^{xx}$xvi $^{tt}$ pour achapt de haren.

*Achapt de blez, orges, avoynes, pois et febvres* iiii$^e$xxviii *livres p.*

Autre despence pour achapt de vins, verjus et servoise xiii$^e$lxxvi livres.

Autre despence pour achapt de moutons, beufz, vaches, veaulx, pourceaulx et chevaulx xix$^e$ iiii$^{xx}$ xix livres parisis.

Autre despence pour achapt de busche, couppe de

boys, facon de busche, fagotz et voicture d'iceulx, achapt de charbon et ouvraiges de tonnellier iiii\*xlvi livres.

Scaiges de blez et faulchaige d'avoynes, prez, botelaige, achapt de foing et bateurs en granche lx livres ii s.

Autre despence pour labours de terres et vignes v°lxxii livres.

Autre despence pour vendanges de vins et verjus. lxxiii ₶.

Autre despence pour solucions de cens et rentes deux pour les maisons, places et lieux assis en ceste ville de Paris et aillieurs durant l'annee de ce compte vi<sup>xx</sup>xv ₶.

Autres solucions de rentes deues a cause des maisons et heritaiges assis hors Paris xlvi ₶ xix s.

Autre despence pour messes, obitz et fondacions ii<sup>c</sup> xvii ₶.

Autre despence pour gaiges et sallaires de serviteurs iii<sup>c</sup>iii ₶; — a Hugues Gallet, clerc du comptouer dudict Hostel Dieu, retenu par mesdiz seigneurs les bourgeoys, gouverneurs d'icelluy hostel, aux gaiges de cent livres tournois par an, pour servir tant oudict comptouer avec ung clerc qu'il est tenu entretenir a ses despens, pour composer et parfaire ung repertoire des biens, revenues et possessions dudict hostel, qu'il avoit en commance a faire, et pour mynuter et mectre au nect toutes les lectres missives, et doubler toutes les lectres qu'il conviendra escripre et doubler pour ledict Hostel Dieu, et aussi pour solliciter les causes et proces d'icelluy hostel, comme plus a plain est contenu es lectres de retenue qui pour ce luy ont este baillees par mesdiz seigneurs les bourgeoys, signees de leurs mains des le premier jour de may oudit an v<sup>c</sup>vi, dont le vidimus d'icelles est cy rendu, par. vertu duquel a este paye audit Gallet par ledict receveur la somme de iiii<sup>xx</sup> douze livres tournois, sur ses gaiges et sallaires de l'annee de ce compte, finie audict jour de Pasques mil cinq cens sept.

A maistre Guillaume Forget, docteur en medecine a Paris, pensionnaire dudict Hostel Dieu, aux gaiges de xx livres tournois par an, a este paye la somme de x livres pour demye annee.

A mestre Pierre Rosee, docteur en medecine, demourant a Paris la somme de x escus d'or pour ses peines, sallaires et vaccacions d'avoir visite les religieuses et malades dudict Hostel Dieu l'espace de cinq moys durant.

A la boicte de l'audiancier de l'auditoire du Chastellet pour les estraines dudict audiancier et ses compaignons sergens, ainsi qu'on a acoustume faire vi s. parisis.

Autre despence pour achapt de draps de layne, de linge, toilles, fil, pannes, sarges, bonnetz, cuyrs, tannerie et baudrayrie de cuyrs, v<sup>c</sup>xi ₶.

Facon et blanchissage et taincture de toilles v<sup>c</sup>lv ₶.

Autre despence pour fraiz de justice ii<sup>c</sup>xli ₶; — paye pour une douzaine de pigeons donnez a maistre Simon Morise, commis de Monsieur le greffier des requestes du palais, le deuxiesme jour de may mil cinq cens six...; — paye pour une commission levee par frere Raoul le xxviii<sup>e</sup> may pour informer et rapporter touchant les boys de Clamart, qui avoient este couppez et des basteures faictes es gardes d'iceulx iii s. p.; — pour ung double de la production faicte en Parlement par messieurs les doyen et chappitre de Paris contre l'Ostel Dieu, *touchant la requeste baillee contre lesdicts de chappitre qui est a ce qu'ilz payent les debtes par eulx faictes durant leur gouvernement;* — a Jehan de Riviers et Martin Maupin, notaires, pour ung vidimus escript en ung cahyer de papier des quitances et payemens faiz par frere Jehan Lefevre a Messieurs du chappitre a sa destitution et apres, qu'il a fallu lever pour produire contre mesdiz seigneurs du chappitre xxiiii s.; — pour quatre attestations faictes par seur Katherine la Thiroulde, l'autre par Martin Dahou, l'autre par Jehan Bricebourde, et l'autre par frere Guillaume Stive pour monstrer et faire apparoir que au temp que ledit frere Jehan Lefevre fut destitue, il laissa la maison dudit Hostel Dieu bien fournie de tous biens, et sans ce qu'on demandast, demy an apres, aucune chose audict Hostel Dieu xvi s. parisis; — paye le neufiesme jour de septembre oudit an cinq cens six au greffier de Sainct Germain des Prez, pour l'escroue de la delivrance du verrat et autres pourceaulx dudict Hostel Dieu, qui avoient blesse ung enfant es faulxbourgs dudict Sainct Germain, ii s. p.; — a Jehan Chesnart, pere dudict enfant et Jehan Boucher, barbier, demourans es faulxbourgs dudict Sainct Germain, la somme de xxvii s. vi den. t. pour faire guerir ledict enfant, et aussi pour eviter proces; — a maistre Bertrand Bonnet, l'un des procureurs dudict Hostel Dieu, la somme de xxxvi s. p. a luy ordonnee par mesdiz seigneurs les gouverneurs pour son remboursement de pareille somme qu'il a payee pour la facon et expedicion de certaines lectres royaulx, obtenues au nom du procureur general du Roy, touchant les abbuz qui se font en ce royaulme d'aucuns pardons, pour empescher le cours des indulgenses et pardons dudict Hostel Dieu, pour ce cy, par ordonnance de mesdiz seigneurs et quittance dudit Bonnet xxxvi s.; — a Jacques de Mailly, huissier en Parlement, iiii s. parisis pour son sallaire d'estre alle par l'ordonnance de Monseigneur le president Baillet signiffier a Messieurs les doyen et chappitre de Paris eulx trouver et assister, si bon leur sembloit a la presentacion et reddicion de ce present compte, comme il appert par la signifficacion signee dudict de Mailly.

*Autre despence pour appothicairerie.* A seur Guillemecte du Guischet, religieuse dudict Hostel Dieu, commise a la charge et gouvernement de l'appothicairerie dudit Hostel Dieu la somme de xvi tt parisis, tant pour le rabillaige des chappelles a distiller les eaues que pour achapter des herbes, roses et cerises pour confire, et plusieurs autres choses necessaires a faire eaues et confitures. . .

Pour ung panier de coings achapte et baillee a l'appothicairerie pour faire du coingdinac pour les povres malades xvi s. p.

*Autre despence pour deniers extraordinaires.* A frere Jacques Dessonville, docteur en theologie, prieur du couvent de Nostre Dame des Carmes a Paris, la somme de xx tt t. a luy ordonnee par le commendement des Messeigneurs les bourgeoys, pour bailler et distribuer a certains nombres de religieux laiz et autres serviteurs qui estoient venuz des pays de Flandres pour servir audit Hostel Dieu, *qui n'y ont voulu demourer;* — a Julien Lucas, clerc, par le commendement de mesdiz seigneurs les bourgeoys, la somme de xix tt iiii s. p. pour faire la despence des religieuses et filles qui s'en sont retournees par le conge de la court de Parlement a Tournay et en Flandres, de laquelle somme n'a este despendu par ledit Julien Lucas que xiii tt vi s. p.; — a Arnoul Chevret, voicturier par terre, demourant a Bruxelles la somme de xvii tt vii s. a quoy a este marchande a luy, par mesdiz seigneurs les bourgeoys, pour mener en son chariot, de ceste ville de Paris, jusques a Tournay et Audenerde, oudit pays de Flandres, xii religieuses qui, des pieca, avoient este amenees dudit pays pour servir oudit Hostel Dieu; — audit Julien Lucas dessus nomme la somme de xxxvii tt xvi s. a luy baillez par le commendement de mesdiz seigneurs les bourgeoys pour faire la despense de certains nombres de religieuses et filles, depuis ceste ville de Paris jusques a Tournay et en Flandres, qui partirent le xxv<sup>e</sup> jour de juillet mil cinq cens six pour eulx en aller audit pays; — aux religieulx, prieur et couvent de Nostre Dame des Carmes, a Paris, la somme de x tt t. pour la despence qui a este faicte oudict couvent par certains oblaz et religieulx laiz, qui estoient venuz dudict pays de Flandres pour servir oudict Hostel Dieu; — a seur Francoise du Pappe, religieuse de l'ordre Sainct Augustin, du pays de Flandres, x livres tournoiz tant pour faire les despens d'elle, de seur Jehanne du Boys, et Martine Dumont, pour leur en retourner en leur pays, par le conge et licence de la court de Parlement, et pour payer le chartier qui les mayne; — a Marguerite de Flandres, la somme de xl s. t. pour faire ses despens a s'en retourner audict pays, et payer ledict chartier qui l'a ramenee avec ladicte Francoise du Pappe; — a Pierre Gillet, geollier des prisons de Messieurs du chappitre, la somme de vi livres t. a quoy a este appointe a luy par messieurs les bourgeoys pour le geoillaige de seur Anthoinecte la Poussine, religieuse

dudict Hostel Dieu; de douze moys ou environ que mesdiz sieurs du chappitre l'ont faict tenir prisonniere; — a frere Guillaume Stive, religieux dudict Hostel Dieu, par ordonnance de mesdiz seigneurs, la somme de cl escuz d'or a luy ordonnez estre baillez, tant pour fournir aux fraiz qu'il lui conviendra faire pour lever certaines bulles nagueres impetrees par ledict Hostel Dieu, qui sont es mains de Rene Dei, marchant banquier, demourant a Lion, que aussi pour fournir aux fraiz qu'il conviendra faire pour plusieurs vidissez que luy avons ordonnez faire, soubz le plomb de la chambre appostolicque d'Avignon et autres fraiz.

*Autre despence faicte touchant les indulgenses.* A maistre Jehan Desgranches, imprimeur, demourant a Paris, la somme de vi tt xvii s. pour plusieurs escussons d'armes du Pappe, par luy faiz pour ledict Hostel Dieu, qui ont este attachez aux portes des eglises et es rues de Paris et en l'evesche dudict Paris, au dessus des articles faiz pour les pardons dudict hostel; — a Guillaume Bonfilz, maistre sonneur des grosses cloches de l'eglise de Paris, xlviii s. p. pour avoir sonne durant le pardon de la chaize sainct Pierre oudict an; — a Simon Vostre marchant libraire, demourant a Paris, la somme de xxxvii s. viii den. t. pour xxviii peaulx de parchemin achaptees de luy par mesdiz sieurs les gouverneurs, pour faire imprimer des perpetuons.

*Autre despence pour menues parties.* A Jehan de Cormont, paintre, demourant a Paris, la somme de xvi s. p. qui deue luy estoit pour avoir enrichy ung tableau, des pieca a luy baille, appartenant a seur Gilles La Bourrecte; — pour ung bonnet noir a long collet achapte par le commandement de mesdiz sieurs les gouverneurs pour maistre Anthoine Naelier, maistre dudict Hostel Dieu xxii s. p.; — paye pour ung grant baston de lance, achapte le xxi<sup>e</sup> jour de fevrier, pour pendre a la porte dudict Hostel Dieu la banniere du pardon des indulgenses ii s. p.; — paye par mesdiz seigneurs, pour quatre septiers de chaulx pour blanchir les pilliers dudict Hostel Dieu, pour le jour du pardon, et pour le portaige et mesurraige d'icelle xxx s. t.

*Despence commune.* A Jehan de la Saunerie, receveur de ceste presente recepte, la somme de v tt p. pour ses gaiges et sallaires d'avoir tenu le compte des recepte et despence dessus transcriptes, pour la minute et grosse de ce present compte contenant viii<sup>c</sup> lxxii feuillets de papier qui au pris de xii den. p. chascun feuillet, vallent xliii tt xii s.; — item pour avoir fait relier cedit present compte, avec le double d'icelluy en deux grans peaulx de parchemin xii s. p.

Somme totalle de la despence de ce present compte xiiii<sup>m</sup> v<sup>c</sup> xxxviii tt.

Ce present compte cloz au bureau dudict Hostel Dieu

devant l'eglise de Paris, par les commissaires ordonnez a ce par la court de Parlement, assistans et presens les deleguez de chappitre de Paris et les gouverneurs dudict Hostel Dieu, aussi ordonnez par ladicte court de Parlement, tous nommez en la fin du compte prouchain precedent et cy soubz signez, le xiii° jour de septembre l'an mil cinq cens et treize. *Turquain. Leclerc. Parent.*

## 24° REGISTRE. — (552 FEUILLETS, PAPIER.)
### PÂQUES 1508. — NOEL 1509.

*Nicole Brachet, conseiller du Roy nostre sire en sa court de Parlement, commissaire commis par ladicte court a l'audicion examen et closture des comptes de l'Hostel Dieu de Paris, au premier huissier de ladicte court ou autre sergent royal sur ce requis, salut, de la partie des commis a present au regime et gouvernement du temporel dudict Hostel Dieu de Paris nous a este donne a entendre que des les diz et dixseptieme jours de decembre mil cinq cens et quatorze dernier passez, maistre Jehan Bude et maistre Robert Laer, procureurs des heritiers de feu sire Jehan Legendre, Estienne Huve, Thomas du Ru, Jehan Le Begue, fils et procureur de Henri Le Begue, Gaucher Herbert, filz et heritier de feu Jehan Herbert, maistre Charles Poucet, advocat au Chastellet de Paris, procureur de Guillemecte Colletier, vefve de feu Jehan Herbert, et Audry Le Gay, procureur de Marguerite Targier, vefve de feu Dominique Quinette et de Guillaume Quinette, filz et heritier dudict feu Dominique Quinette, presenterent au Bureau dudit Hostel Dieu, tenu en l'hostel de la Huchecte, devant le parviz Nostre Dame, l'estat ou compte particullier desdiz feu Jehan Legendre, Jehan Herbert et Dominique Quinette, commis au regime et gouvernement du temporel dudict Hostel Dieu, Estienne Huve, Henri Le Begue, lors et encores a present commis audit regime et gouvernement, et Thomas du Ru pareillement alors aussi commis a icellui regime et gouvernement d'aucunes parties et sommes de deniers par eulx receues, mises et frayees depuis le jour de Pasques mil cinq cens et huit jusques au jour de Nael mil cinq cens et neuf, lequel estat ou compte a este en partie oy et examine, et ne reste que a wider aucunes difficultez, et icellui clorre, nous requerant par les diz a present commis, que leur voulsissions sur ce pourveoir, et faire faire commandement esdiz Bude, Laer, esdits noms, Estienne Huve, Thomas du Ru, Henry Le Begue, Gaucher Herbert, maistre Charles Poucet, oudit nom, et Audry Legay, aussy oudit nom, de comparoir a certain jour par devant nous, pour proceder au parachevement dudit estat, ou compte et closture d'icellui. Pour ce est il que nous, a la requeste desdiz a present commis, vous mandons et commectons que vous, qui requis en serez, faites expres commandement de par le Roy nostre dit sire et nous, ausdits Bude, Laer, Huve, du Ru, Henry Le Begue, Gaucher Herbert, Poncet et Legay, de comparoir dimanche prochain, a une actendant deux heures apres midy, et autres jours et heures qui par nous ou nos commis seront continuez, et que vacquerons audit affaire par devant nous audit bureau dudit Hostel Dieu, devant le parviz Nostre Dame, ou pend pour enseigne la Huchecte, pour proceder au parachevement de l'audicion examen et closture dudict estat ou compte. Et y soient appellez les doien et chappitre de l'eglise de Paris, a eulx y comparoir si bon leur semble, intimacion que viennent ou nom, et non obstant leur absence procederons ausdits audicion, examen et closture dudit estat ou compte. Donne soubz nos seel et seing manuel cy mis, le premier jour d'aoust l'an mil cinq cens et quinze, ainsi signe Brachet.*

*A mon tres honore seigneur, Monsieur maistre Nicolle Brachet, conseiller du Roy nostre sire, en sa court de Parlement, commissaire de par icelle en ceste partie, Estienne Perier, sergent a verge du Roy nostre dit sire ou Chastellet de Paris, monsieur, plaise vous scavoir que par vertu de voz lectres de commission, ausquelles ce present mon rapport est atache, et a la requeste des commis a present au gouvernement et regime du temporel de l'Ostel Dieu de Paris, je, les vendredy et samedy, tiers et quart jours de ce present moys d'aoust mil cinq cens quinze, me suis transporte par devers et aux personnes de honnorables hommes, maistre Jehan Bude, Robert Laer, Estienne Huve, Thomas du Ru, Henry le Besgue, Gaucher Herbert, maistre Charles Poucet et Audry Legay, ausquelz et a chascun d'eulx je fis commandement de par le Roy, et vous mondit sieur, de comparoir le dimanche prochain en suivant, heure d'une heure actendant deux, apres midy, par devant vous mondit sieur, au bureau dudit Hostel Dieu, et autres jours, lieux et heures qui par vous ou voz commis seront continuez, et que sera vacque au negoce pour proceder au parachevement de l'audicion, examen et closture de l'estat ou compte dont, en voz dictes lectres de commission est faicte mencion, en parlant, c'est assavoir aus personnes desdiz Huve et Laer, aus femmes desdicts du Ru, et le Besgue, et Jehan Carre, serviteur dudit Bude, a Nicolas Blondel, frere dudit Gaucher Herbert et a de sa belle mere, a Marin Haucron, clerc, demourant en l'ostel dudict Poucet et a Marion, chamberiere dudict Legay, le tout en leurs hostelz et domicilles, par chascun desquelz jours de vendredi et samedi me suis transporte ou cloistre Nostre Dame de Paris, et pour ce que en iceulx jours n'a este tenu chappitre en icelle eglise, je me suis transporte par devers et aux personnes de Monsieur le Doyen en son hostel et de Messieurs de Louviers et de Chasteaupers,* chanoines en ladicte eglise, en parlant aus personnes desquelz je adiourne Messieurs les doyen et chappitre d'icelle esglise et leur siguiffiay qu'ilz soient et comparent, si bon leur semble, ausdiz jour, lieu et heure, par devant vous, mondit sieur, pour veoir proceder ausdicts audicion, examen et closture et non obstant leur absence sera pour vous procede oudit negoce, ainsi qu'il appartiendra par raison. Lesquelz Doyen et de Chateaupers me firent response qu'ilz n'acceptoient ledit exploit, et que j'attende si bon me semble ung jour capitulaire, et ce mondit sieur je vous certiffie estre vray et par moy avoir ainsy este faict. Tesmoing mon seing manuel cy mis, l'an et jour dessus dicts, signé Perier.

Nicole Brachet, conseiller du Roy nostre sire en sa court de Parlement, commissaire commis par ladicte court a l'audicion, examen et closture des comptes de l'Hostel Dieu de Paris, au premier huissier de ladicte court ou autre sergent royal sur ce requis, salut. De la partie des commis a present au regime et gouvernement du temporel dudit Hostel Dieu de Paris nous a esté donné a entendre que des dix et dixseptiesme jour de decembre mil cinq cens et quatorze derrenier passez, maistre Jehan Bude et maistre Robert Laer, procureurs des heritiers de feu sire Jehan Legendre, Estienne Huve, Thomas du Ru, Henry le Besgue ou Jehan le Besgue son filz et procureur, Gaucher Herbert, filz et heritier de feu Jehan Herbert, maistre Charles Poucet, advocat ou Chastellet de Paris, procureur de Guillemecte Colletier, vefve de feue Jehan Herbert, et Audry Legay, procureur de Marguerite Targier, vefve de feu Dominique Quinecte et de Guillaume Quinecte, filz et heritier dudit feu Dominique Quinecte, presenterent au bureau de l'Hostel Dieu tenu en l'hostel de la Huchecte, devant le parviz Nostre Dame, l'estat ou compte particullier desdiz feu Jehan Legendre, Jehan Herbert, et Dominicque Quinecte commis au regime et gouvernement du temporel dudit Hostel Dieu, Estienne Huve, Henry Lebesgue, lors et encores a present commis audit regime et gouvernement, et Thomas pareillement alors aussi commis a icellui regime et gouvernement, d'aucunes parties et sommes de deniers par eulx receues, mises et frayees depuis le jour de Pasques mil cinq cens et huit jusques au jour de Noel mil cinq cens et neuf, lequel estat ou compte a esté oy et examiné, et ne reste que a proceder a la fin et conclusion d'icellui et le cloire, nous requerans par lesdiz a present commis que leur voulsissions sur ce pourveoir et faire faire commandement ausdicts Bude, Laer, esdicts noms, Estienne Huve, Henry Lebesgue, Thomas du Ru, Gaucher Herbert, maistre Charles Poucet oudit nom et Audry Legay, aussi oudit nom, de comparoir a certain jour par devant nous pour proceder a la fin, conclusion et closture dudit estat ou compte, pour ce est-il que nous, a la requeste desdicts a present commis vous mandons et commectons que vous, qui requis en serez, faictes expres commandement de par le Roy nostre dit seigneur et nous ausdits Bude, Laer, Huve, Le Begue, Gaucher Herbert, Poucet et Legay de comparoir au $xxi^e$ jour de may prochain a deux heures apres midy, et autres jours et heures qui par nous et noz commis seront continuez, et que vaquerons audict affaire par devant nous audit bureau dudict Hostel Dieu, devant le parviz Nostre Dame, ou pend pour enseigne la Huchecte, pour proceder a ladicte fin, conclusion et closture dudict estat ou compte, et y soient appellez les doyen et chappitre de l'eglise de Paris a eulx y comparoir si bon leur semble, nonobstant leur absense procederons ausdictes fin conclusion et closture dudict estat ou compte. Donne soubz noz seel et seing manuel cy mis le $xiii^e$ jour demars l'an mil cinq cens et quinze; ainsi signé Brachet.

A mon tres honnoré seigneur, Monsieur maistre Nicole Brachet, conseiller du Roy nostre sire ou Chestellet de Paris et le vostre, mon tres honnoré seigneur, plaise vous savoir que par vertu de certaines voz lectres de commission cy atachees, obtenues et impetrees de la partie des commis au regime et gouvernement de l'Hostel Dieu de Paris et a leur requeste, le mardy $xx^e$ jour de may mil cinq cens seize, me suis transporté es hostelz et domicilles de maistre Jehan Bude, maistre Robert Laer, Estienne Huve, Thomas du Ru, Henry Lebesgue, la vefve Gaucher Herbert, maistre Charles Poncet et Audry Legay, ausquelz en parlant et a chascun d'eulx j'ay fait commandement de par le Roy et vous mondit sieur, que le jour de demain $xxi^e$ jour de ce present mois de may ilz soient et comparent par devant vous, mondit sieur, heure de deux heures, actendant trois de releveé, en l'ostel ou pend pour enseigne la Huchecte, devant le parvis Nostre Dame, ou a accoustumé de tenir le bureau dudit Hostel Dieu et autres jours, lieux et heures qui par vous ou voz commis seront continuez pour proceder au parachevement de l'audicion, examen et closture de l'estat ou compte dont en vos dictes lectres de commission est faicte mencion, et ledict $xxi^e$ jour dudict moys de may me suis transporté par devers Messieurs les doyen et chappitre, ausquelz en parlant a leurs personnes je leur ay fait pareil commandement que dessus qu'ilz soient et comparent ausdits jour, lieu et heure, se bon leur semble, en leur signiffiant et a tous les dessus dits intimacion qu'ilz y comparent ou non, et non obstant leur absence sera par vous ou voz commis procede a ladicte fin, conclusion et closture desdiz etat ou compte, et tout selon le contenu de voz dictes lectres de commission, et tout ce vous certifie estre vray et par moy avoir ainsy este fait les an et jour dessus, dicts. Ainsy signé Loys Lecellier.

S'en suit la teneur de la suspension de feu Jehan de la Saunerie, en son vivant par aucun temps receveur general du temporel de l'Ostel Dieu de Paris.

En la presence des notaires soubzscripz, honnorables hommes et saiges, maistre Arthus Deschamps, sire Jehan Legendre, sire Estienne Huve, sire Henry Lebegue, sire Jehan Hebert, Thomas du Ru et Dominicle Quinecte, bourgeois commis au gouvernement du temporel de l'Ostel Dieu de Paris ont dit et remonstré a honnorable homme Jehan de la Saunerie, commis de par eux a la recepte des rentes et revenues dudit Hostel Dieu pour ce present, que a l'occasion de ce qu'il ne parachevoit de rendre ses comptes de ladicte administration et entremise, comme il estoit tenu de faire, et pour aucunes causes a ce les mouvans, que leur vouloir et intencion n'estoit pas qu'il exercast ne se entremist doresenavant de recevoir, ne soy entremectre de faire ladicte recepte, et neantmoins, en tant que mesteer seroit, lui firent expressement deffenses, des povoir a eulx donne, de soy ingerer de ce faire, ains des maintenant, pour lors et des lors pour maintenant revocquoient et revocquent tout ce que faict y auroit. Et jusques a ce qu'il eust paracheve de rendre ses dicts comptes protestent, dont et desquelles choses lesdicts commis dessus nommez ont requis et demande lectres ausdicts notaires. Ce fut fait, dit, proteste le lundi neufiesme jour d'octobre l'an mil cinq cens et huit. Ainsi signe Toupin et Decostes.

S'en suit la teneur de la delivrance faicte par religieuses personnes frere Jehan Lefevre, maistre de l'Ostel Dieu de Paris, Guillaume, procureur d'icelluy hostel et maistre Jehan Fyault, prevost d'Elleville, executeurs du testament et ordonnance de derniere voulente de feu maistre Pierre Delaage, en son vivant maistre es ars, aus gouverneurs du temporel dudict Hostel Dieu de tous et chascuns les biens, tant meubles que heritaiges demourez par le trespas et decez dudict feu Delaage, quelque part qu'ilz soient situez et assiz, audict Hostel Dieu donnez et delaissez par ledict defunt et par son dict testament.

Furent present en leurs personnes religieuses freres Jehan Lefevre, maistre de l'Ostel Dieu de Paris, Guillaume Stive, procureur d'icelluy hostel et maistre Jehan Fyault, prevost de Alleville, executeurs du testament et ordonnance de derniere voulente de feu maistre Pierre Delaage, en son vivant maistre es ars, lesquels en tant que a eulx est, et en ensuyvant la clause contenue oudit testament, datte du penultieme jour de decembre dernier, passe et signe. J. Le Tessier, de laquelle clause la teneur suit.

« Item residum omnium bonorum suorum, tam mobilium quam immobilium legavit loci hospitali et domo dei parisiensi, quecunque et ubicunque fuerint situata », comme est apparu aux notaires soubscripts, ont fait et par ces presentes font et mettent a plaine delivrance aux maistres, gouverneurs du temporel dudict Hostel Dieu tous et chascuns les biens, tant meubles que heritaiges demourez par le trespas et deces dudict feu Delaage, quelque part qu'ilz soient situez et assiz. Soit tant audict lieu de Helleville que ailleurs. Et veulent et consentent par ces presentes que lesdicts maistres et gouverneurs en soient mis et receuz en bonne et souffisante saisine, foy, hommaige ou souffrance, par celluy ou ceulx et ainsy qu'il appartiendra par raison. Presens a ce noble homme Jehan Legendre, seigneur de Villeroy et des Montrelletz, honnorable homme maistre Arthus Deschamps, conseiller du Roy nostre dit seigneur oudict Chastellet, et sire Jehan Hebert, maistres dudict Hostel Dieu, lesquelz, pour et ou nom d'icelluy Hostel Dieu ont accepte ladicte delivrance, selon le contenu en icellui testament. Fait le samedi xiiie jour de janvier l'an mil cinq cens et huit. Ainsi signe Belin et Viple.

S'en suit la teneur d'aucuns brevetz de procuracion, par lesquelz appert du pouvoir donne aux denommez en iceulx de presenter, rendre, clorre et affiner ce present estat ou compte.

Nobles personnes messires Pierre Legendre, Loys de Poncher, chevaliers, tresoriers de France, ledict Poncher a cause de sa femme, maistres Pierre Legendre, conseiller du Roy nostre sire en sa court de Parlement, Robert Turquan, aussi conseiller en ladicte court a cause de sa femme, Johan et Pierre les Raullins, Margueritte Legendre, vefve de feu sire Pierre de la Poterne, et Genefiefve Legendre, vefve de feu maistre Laurens Guyart, tous heritiers de feu sire Jehan Legendre, qui en son vivant avoit este commis par ladicte court de Parlement au gouvernement et administracion de l'Ostel Dieu de Paris, avecques aucuns bourgeois de ladicte ville, font et constituent leurs procureurs noble homme maistre Jehan Bude et maistre Robert Laer, ausquels a chascum d'eulx seul et pour le tout portant ces lectres, lesdits constituans ont donne et donnent plain pouvoir, puissance, auctorite et mandement especial de assister et comparoir pour eulx, par devant noble homme et saige maistre Jehan Briconnet, conseiller en ladicte court, a la presentacion, redicion et closture de certains comptes que les gouverneurs et administrateurs dudict Hostel Dieu, et qui avoient este commis a icellui gouvernement avec ledict defunc Legendre, entendent presenter et rendre par devant ledict Briconnet, comme commissaire commis par ladicte court a oyr, clore et affiner ledict compte, et oultre, de dire et declairer par devant ledict Briconnet, et partout ailleurs ou il appartiendra, que lesdits constituans ne sont aucunement tenuz de rendre compte de ladicte administracion, obstant que ledict deffunct n'a aucune chose receue du receveur dudict Hostel Dieu, et se aucun reliqua y avoit a paier par la fin et closture dudict compte, de protester n'en paier aucune chose, mais de reppeter tout ce (qui) par ledict deffunct pourroit avoir este baille et avance pour les affaires d'icelluy Hostel Dieu, et de faire toutes autres protestations pertinentes au cas, et generalement d'autant faire comme lesdicts constituans feroit et faire pouroit, se presens y estoient. Faict l'an mil cinq cens et quatorze, c'est assavoir par lesdicts Alligret et Pierre Raulin le samedi seize, et par autres constituans le dimanche dix septiesmes jours de decembre. Ainsi signe, D. Contesse et J. Contesse.

Honnorable homme Henry le Begue, marchant et bourgeois de Paris, nagueres l'un des gouverneurs de l'Ostel Dieu de Paris, en son nom fait et constitue son procureur honnorable homme Jehan le Begue, aussi marchant et bourgeois de Paris, son filz, auquel il a donne et donne plain povoir, puissance et auctorite pour estre et assister ou lieu dudit Lebegue tant a veoir presenter, rendre, clorre et affiner certain compte ou estat avec messieurs ses compaignons, bourgeois, qui pour lors commis estoient de certaine recepte et mise durant et pendant le temps qu'il n'y avoit point de receveur oudit hostel, qui est depuis le jour Sainct Remy v° huit a Nœl v° neuf includ, avoir pour agreable tout ce qui sera faict par son dict filz es choses dessus dictes. Fait et passe l'an mil v° et quatorze, le dimanche dix septiesme jour de decembre. Ainsi signe. F. de Larche et L. de Larche.

Honnorable femme Guillemette Coletier, vefve de feu sire Jehan Hebert, en son vivant bourgeois de Paris, en son nom, fait et constitue son procureur honnorable homme et saige maistre Charles Poucet, advocat ou Chastellet de Paris, pour plaider, opposer, appeller, substituer, et par especial pour assister par devant Messieurs les commissaires commis par la court de Parlement a l'audicion du compte de l'administracion que ledict deffunct a eue avec feu sire Jehan Legendre, en son vivant tresorier des guerres, et honnorables hommes sires Estienne Huve, Thomas du Ru et autres, nagueres commis de par ladicte court au gouvernement du temporel de l'Ostel Dieu de Paris, presenter ledit compte et pour et ou non d'elle proceder a la reddicion d'icellui. Faict le lundi xi° jour de decembre v° quatorze. Ainsi signe E. Rousseau et P. de Thamenay.

Honnorables personnes Marguerite Targer, vefve, et Guillaume Quinette, marchant et bourgeois de Paris, filz et heritier de feu Dominique Quinecte, en son vivant aussi marchant et bourgeois de Paris, maistre et gouverneur de l'Hostel Dieu de Paris en leurs noms, tant conjoinctement que divisement, font et constituent leur procureur Audry Legay ausquelz et chascun d'eulx ilz donneront povoir et mandement especial de assister pour eulx a la reddicion des comptes qui se rendent par les comaistres et gouverneurs dudict Hostel Dieu, qui ont este avec icellui deffunct, et ce pour le temps qu'ilz ont eu le magniment avec ledict deffunct du revenu d'icellui Hostel Dieu, rendre cloz et affinez iceulx comptes, y presenter tous acquis a ce y necessaires, et y faire tout ce que, en matiere de compte appartient. Faict et passe l'an mil cinq cens quatorze, le dimanche dixieme jour de decembre. Ainsi signe F. de Larche et F. Bastonneau.

A nos seigneurs du Parlement, suplient humblement les commis au regime et gouvernement de l'Ostel Dieu de Paris, comme pour oyr et examiner, clorre et affiner les comptes des receveurs generaulx dudict Hostel Dieu, ayt este commis par ladicte court Monsieur maistre Jehan Briconnet, l'un de vous, noz dicts seigneurs appellez avec luy aucuns auditeurs de la chambre des comptes, lequel puis nagueres est absent de ceste ville de Paris, et soit ainsi que iceulx comptes ne soient encores du tout cloz ne arrestez, obstant l'absence dudit Briconnet, ce considere, il vous plaise commectre et subroguer ou lieu dudit Briconnet tel autre de vous nozdicts seigneurs qu'il vous plaira, tant pour clorre et affiner lesdits comptes, ja encommancez a rendre par devant ledict sieur Briconnet, que aussi pour ceulx de Pierre Perseval, nagueres receveur general dudict Hostel Dieu, et semblablement ceulx du receveur qui est a present, et vous ferez bien et au dessoubz estoit escript ce qui s'en suit :

« Loco dicti Briconnet subrogatus est magister Nicholaus Brachet, Regis consiliarius, qui committitur super auditione compotorum, secundum tenorem arresti. Actum in Parlamento xi° julii m° v° xv°. »

A nos seigneurs du Parlement, supplient humblement les maistres et gouverneurs de l'Ostel Dieu de Paris, comme, pour oyr et examiner les comptes des receveurs generaulx dudit Hostel Dieu qui par cy devant ont este, et aussi d'autres personnes qui ont eu et ont administracion des deniers et revenu d'icellui hostel, soit le besoing avoir ung auditeur et un procureur de la chambre des comptes pour, de ce qu'ilz trouveront en difficulte, en faire leur rapport au Bureau dudict Hostel Dieu par devant Monsieur maistre Jehan Brachet, conseiller du Roy nostre sire en ladite court, et commissaire depputé de par icelle en ceste partie, pour par luy icelles difficultez vuider audict bureau, ou autrement en appoincter les parties. Ces choses consideréees, il vous plaise a ce commectre maistre Pierre Michon, clerc et auditeur du Roy nostre dit sire en ladicte chambre et Thomas de Vigny, procureur en icelle, qui par cy devant ont este commiz par ladicte court a l'audicion des comptes de feu Jehan de la Saunerie, en son vivant par aucun temps receveur general d'icelui Hostel Dieu, ou telz autres qu'il vous plaira, et vous ferez bien. Et au dessoubz estoit escript ce qui s'en suit : « Fuit actum in Parlamento xi° februarii m° v° xv°. »

Presente au Bureau de l'Ostel Dieu de Paris tenu en l'ostel de la Huchecte, devant le parvis Nostre Dame, les x° et xvii° jours de decembre mil cinq cens quatorze, par lesdicts Bude, Laer, esdites qualitez, sire Estienne Huve, Thomas du Ru, Gaucher Herbert, maistre Charles Poucet, Le Begue et Legay.

Estat ou compte particulier de feuz sires Jehan Legendre, Jehan Herbert et Dominique Quinette, en leur vivant bourgeois commis au regime et gouvernement du temporel de l'Ostel Dieu de Paris, sires Estienne Huve et Henry Le Begue, des lors, comme encores de present aussi bourgeois commis audit regime et gouvernement d'icellui temporel, Thomas du Ru, des parties et sommes de deniers que pour aucunes causes a ce les mouvans leur a convenu recevoir, mectre et fraier pour ledict Hostel Dieu, tant depuis le jour de Pasques mil cinq cens et huit jusques au lundi ix° jour d'octobre en suivant oudit an, que iceulx gouverneurs dirent et remonstrerent en la presence de deux notaires du Chastellet de Paris a feu Jehan de la Saunerie, lors procureur et receveur general du revenu et temporel d'icellui hostel es ville et faulxbourgs de Paris que, parcequ'il ne parachevoit de rendre ses comptes d'icelle administration et entremise, ainsi qu'il estoit tenu de faire, et pour autres causes a ce les mouvans, que leur intention n'estoit pas qu'il exersast ne se entremist plus de faire ladicte recepte, et que neantmoings en tant que mestier seroit, lui faisoient expressement deffenses, du povoir a eulx donne, de se ingerer deslors en avant du fait d'icelle recepte, et des lors revocquoient tout ce que fait il en auroit jusques ce qu'il eust parachevé de rendre ses dicts comptes. Ainsi qu'il est plus a plain contenu et declairé ou brevet sur ce faict et passé par iceulx gouverneurs, present ledit de la Saunerie, par devant lesdits notaires, le ix° jour dudit moys d'octobre l'an dessus dit mil cinq cens huit, cy devant transcript au commencement de ce dit estat ou compte, que depuis ledit ix° jour de ce dict moys d'octobre oudit an jusques au jour de Noël en suivant mil cinq cens neuf, que Pierre Parceval a este commis a icelle recepte generalle, tant esdictes ville et faulxbourgs de Paris que dehors es champs, ouquel temps y a une annee et trois quars d'an, pendant lequel temps a convenu a iceulx gouverneurs, *parcequ'ils ne povoient avoir de personne capable qui se voulsist charger de faire et exercer icelle recepte generalle*, recevoir et distribuer lesdictes parties et sommes de deniers contenues en cedit estat ou compte a messieurs les commis a present audict regime et gouvernement d'icelui temporel dudict Hostel Dieu, par noble homme maistre Jehan Bude et maistre Robert Laer, procureurs suffisamment fondez quant ad ce par brevet de procuration fait et passé par devant deux notaires du Chastellet de Paris, les xvi° et xvii° jours de decembre mil v° xiiii, cy devant rendu et transcript au commencement de ce dict compte, de nobles personnes messires Pierre Legendre et Loys de Poncher, chevaliers, tresoriers de France, maistres Pierre Legendre et Robert Turquan, conseillers du Roy nostre sire en sa court de Parlement, Olivier Aligret, advocat en ladite court, lesdicts de Poncher, Turquan et Aligret a cause de leurs femmes, Jehan et Pierre les Raoullins, Marguerite Legendre, vefve de feu sire Pierre de la Poterne, Geneviefve Legendre, vefve de feu maistre Laurens Guiart, et encore ledit Bude en personne, a cause de sa femme, tous heritiers dudit feu sire Jehan Legendre, lesdicts Huve et du Ru en personne, Jehan le Begue, marchant et bourgeois de Paris, filz et procureur dudit sire Henry le Begue suffisamment fondé quant ad ce par autre brevet de procuracion fait et passé ledict xvii° jour de decembre oudit an, aussi rendu et transcript cy devant, Gaucher Herbert, filz et heritier, seul et pour le tout, dudit feu sire Jehan Herbert, en personne, maistre Charles Poucet, advocat ou Chastellet de Paris, procureur de Guillemette Colletier, vefve de feu sire Jehan Herbert, aussi souffisamment fondé quant ad ce par autre brevet de procuration, par elle passé le lundi xi° jour dudit moys de decembre oudit an semblablement rendu, transcript cy dessus, Audry Legay, procureur de Marguerite Targer, vefve, et Guillaume Quinette, marchant bourgeois de Paris, filz et heritier dudit feu Dominique Quinette, souffisamment fondé quant a ce,

par devant vous, Messieurs maistres Nicole Brachet, Pierre Michon, clerc des comptes ordinaire en la chambre des comptes a Paris, et Thomas de Vigny procureur en icelle chambre, commissaires depputez en ceste partie par ladicte court de Parlement, ainsi qu'il s'en suit :

Recepte faicte a cause d'arreraiges et rachapts de rentes dedans Paris, dans le temps dessus dict vii° l livres.

Autre recepte d'arreraiges, a cause des rentes hors Paris v° lxxiii $^{\text{lt}}$.

Autre recepte a cause du louaige de maisons iii$^{\text{m}}$ iii° lv$^{\text{lt}}$.

Autre recepte a cause d'aucuns baulx de fermes a pris d'argent (arreraiges) vi$^{\text{xx}}$ xviii $^{\text{lt}}$.

Autre recepte pour vente de vins ii° lxiiii $^{\text{lt}}$.

Autre recepte a cause de la vente des peaulx et laines durant ledict temps viii° lviiii $^{\text{lt}}$.

Vente de suif vii$^{\text{xx}}$ xviii $^{\text{lt}}$.

Autre recepte a cause de la Pouillerie, de seur Jehanne Fleurence et Jacqueline la Metaille, le xvi° jour de juing mil cinq cens neuf, la somme de iiii$^{\text{xx}}$ livres t. venue et par elle receue a cause de la recepte de ladicte poullerie.

Deniers venuz de la chambre aux couttes lx$^{\text{lt}}$.

Autre recepte faicte a cause des deniers venuz de la queste des pardons et indulgences dudict Hostel Dieu, faicte es archeveschez et eveschez cy apres declairez :

De frere Julien Lucas et Hugues Leblanc, procureurs dudict Hostel Dieu es eveschez de Meaulx, Senlis et Soissoins, a este receu le xv° jour de may mil cinq cens huit la somme de iiii$^{\text{xx}}$ iiii $^{\text{lt}}$ pour la queste par eulx faicte esdits lieux en l'annee finie mil cinq cens huit.

De maistre Jehan Cornet procureur d'icellui Hostel Dieu es eveschez de Bayeux et Evreux, receu le xxvi° jour de may v° viii, cent dix livres tournois.

Dudit maistre Jehan Cornet receu le xxiii° jour de juing en suivant oudit an x$^{\text{lt}}$ t. pour la queste de l'evesche de Seiz.

De maistre Bertrand Bonnet, procureur des eveschez de Laon et Noyon, pour les deux tiers du revenu desdits eveschez, a este receu le xx° jour de may cx livres.

De maistre Jehan Chabouret, procureur pour ladicte annee es esveschez de Reims et Chaalons la somme de viii$^{\text{xx}}$ livres x s.

De Roquet Barat a este receu pour l'evesche d'Arras xxix$^{\text{lt}}$ t.

De maistre Jehan Albanet, procureur des eveschez de Roddes et Mande, par les mains de maistre Marcial Jambrault a este receu la somme de ii cens livres tournois.

De maistre Pierre Heuze, procureur des eveschez de Sens et Auxerre, la somme de ii° x $^{\text{lt}}$, avec certaine quantite de fil et de linge.

De messire Anthoine Solier, procureur es eveschez de Millin, Navarre, Versay et autres eveschez a este receu xviii ʰ iii s.

De maistre Pierre de Bourgongne, procureur en l'evesche de Langres, a este receu xlv ʰ t.

De maistre Pierre de Laage, procureur pour ladicte annee en l'evesche de Chartres, la somme de iiii$^{xx}$ livres t.

De maistre Mathurin Crestin et Emery Guerin, procureurs de plusieurs eveschez en Castelongne iiii$^{xx}$ vii ʰ xiii s.

De maistre Guillaume Cryon, procureur de l'evesche de Mascon xlix ʰ x s.

De maistre Julien de Lauda vi$^{xx}$ xv ʰ t.

De François Bruynas, procureur es eveschez de Bordeaulx, Barras et autres xlvii ʰ.

De maistre Arthus des Hayes, procureur des eveschez d'Angoulesme et Lymoges xvii ʰ.

De maistre Jehan Benoist, procureur es eveschez et archeveschez de Bourges, Tours, Poitiers, Angiers et autres viii$^c$ lxv livres.

De lui ledict jour, pour les indulgences des eveschez de Xainctes et Maillerez de l'annee precedente, dont lors il n'en avoit rendu son compte, et en estoit demoure en souffrance iii$^c$ iiii$^{xx}$ vi ʰ.

De Jehan Regnier et Jehan Revelai, procureurs es eveschez d'Amiens, Tournay et Therouenne c. ii ʰ vi s.

De reverend pere en Dieu Monsieur l'evesque de Beauvais, par les mains de maistre Jehan Lambin, en plusieurs especes de monnoyes et billons c. iii ʰ ii s.

De reverend pere en Dieu Monsieur l'evesque de Coutances, la somme de ii$^c$ lv ʰ.

De maistre Pierre de Villecocq, maistre de l'ostel de reverend pere en Dieu Monsieur l'evesque d'Avranches, a este receu la somme de ii$^c$ xl livres tournois.

De reverend pere en Dieu Monsieur l'evesque de Coustances la somme de ii$^c$ li ʰ.

De maistre Pierre Hure, procureur des dioceses de Sens et Auxerre, a este receu ledict jours la somme de ii$^c$ xliiii livres.

De maistre Jehan Cornet, procureur pour ledict Hostel Dieu es dioceses d'Evreux et Sees, iiii$^{xx}$ xix ʰ xix s.

De maistre Pierre Rossignol, commis a recevoir les deniers des indulgenses de l'evesche de Chartres, lxx ʰ tournois.

De maistre Marcial Jabrault procureur, avec feu maistre Jehan Albanet, des eveschez d'Alby, Roddes, Mande, Lymoges et Tulle iiii$^{xx}$ x ʰ xiii s.

De maistre Jehan Chabouret, procureur de l'arcevesche de Reims et evesche de Chaalons en Champaigne, viii$^{xx}$ ʰ iii s.

De l'evesque de Beauvais, en la maison de Monsieur le tresorier Legendre a este receu la somme de vi$^{xx}$ xviii livres.

De tres reverend pere en Dieu Monsieur l'arcevesque de Bourges, par les mains de Jehan Tappereau, chanoine dudit Bourges, ii$^c$ liv. t.

De Jehan Riquier et Jehan Ryvelois, procureurs des dioceses d'Amiens et Therouenne, ii$^c$ iiii ʰ.

De maistre Pierre Bourgongne procureur dudit Hostel Dieu en l'evesche de Langres la somme de cent livres tournois.

De Rogues Barat, procureur de l'evesche d'Arras, xxxix ʰ vi s.

De frere Jehan Lucas, procureur es eveschez de Meaulx et Senlis iiii$^{xx}$ ix s.

De Julien de Lauda et Jehan Champion, procureurs des arceveschez cy apres declairees, c'est assavoir Narbonne, Alect, Carcassonne, Sainct Pont, Beziers, Maguelonne, Nysmes et Uses xxxvii ʰ vi s.

Dudict Julien de Lauda, procureur des arceveschez et eveschez qui s'ensuivent, c'est assavoir Lyon, Grenoble, Gab, Sisteron, Valence, Dye..... a este receu la somme de ii$^c$ livres tournois.

De maistre Jehan Benoist et Anthoine Gaultier, procureurs des arceveschez et eveschez de Poictiers, Lucon, Angiers et Tours, a este receu la somme de iiii$^c$ xv ʰ iii s.

De maistre Bertrand Bonnet et Raouland Blancpain, procureurs des eveschez de Soissons, Noyon et Laon, cxiii ʰ xix s.

De maistre Jehan Ralin procureur des arceveschez et eveschez de Thoulouse, Aux et Sainct Bertrand de Comminges a este receu la somme de iiii$^{xx}$ xiii livres.

De maistre François Brivas, procureur des arceveschez et eveschez de Bordeaulx, Bazax, Mailleretz et Xainctes a este receu la somme de vi$^{xx}$ xiiii livres.

De maistre Pierre Rossignol, procureur en l'evesche de Chartres, la somme de lx livres tournois.

De maistre Loys Chantereau, procureur de l'evesche d'Orleans, la somme de lxiii ʰ xi s.

De reverend pere en Dieu Monsieur l'evesque de Condon en plusieurs especes d'or la somme de ii cens xxxviii livres, qui avoient este consignees et arrestees en ses mains des deniers venuz de la queste des pardons dudit Hostel Dieu en l'an mil cinq cens six, et lesquels ont este receues par feu Monsieur le tresorier sire Jehan Legendre, en son vivant l'un desdits gouverneurs.

Somme de la queste des pardons et indulgenses vi$^m$ iiii$^c$ xvi ʰ.

Autre recepte faicte a cause de l'ouverture des troncs, tables et baisemains dudict Hostel Dieu ii$^c$ c. xxvi ʰ.

Autre recepte faicte a cause des perpetuons baillez durant le temps de ce present compte lxiii livres.

Autre recepte faicte a cause des dons, laiz, aulmosnes, vigilles et convois. — De frere Pierre Gruel dit Longpont, religieux oudit Hostel Dieu, la somme de lxvi ₶ xv s. des laiz et aulmosnes faiz oudit Hostel Dieu et par lui receuz depuis, le xii⁰ jour d'avril mil v⁰ sept avant Pasques jusqu'au premier jour d'icelluy moys de juillet mil cinq cens huit. — De Monsieur maistre Jehan Picart, notaire et secretaire du Roy nostre sire, le xxvi⁰ jour du mois de novembre v⁰ viii la somme de cinq, cens quatre vingtz quinze livres, qui par luy donnee et aulmosnee a esté audict hostel, et laquelle somme a este apporte audit Hostel par maistre Jehan Coignet, l'un des maistres d'icellui; — de frere Pierre Gruel, religieux cy devant nomme, le cinquiesme jour de may mil cinq cens neuf, la somme de cvii ₶ pour les laiz par luy receuz depuis le xiiii⁰ jour de decembre v⁰ viii jusqu'au cinquiesme jour de may v⁰ ix.; — des executeurs du testament et ordonnance de derniere voulente de feu Nicolas Perrichon, en son vivant vendeur de bestail a Paris, la somme de vi^xx v ₶ t. que ledict deffunct avoit laisse par son testament audit Hostel Dieu pour employer en achapt de coustilz.

Somme des dons, aumosnes, vigilles et convoys xiiii⁰ iiii^xx xii ₶.

Somme de la succession de feu maistre Pierre de Laage xii⁰ iiii^xx xviii ₶.

Somme des deniers receuz de la dame Prieuse, venuz des religieuses *qui ont garde aucuns malades* iiii^xx viii livres.

Somme totale de la recepte de ce present compte xvii^m viii⁰ xl livres.

Despense de ce present estat ou compte.

Solutions de cens et rentes, de dismes, ventes et saisines, amendes, et autres droiz seigneuriaulx ii⁰ xlvi ₶ iiii s.

Autre despense faicte par lesditz gouverneurs, tant pour la nourriture et alimentation des freres et seurs, povres malades et serviteurs dudict Hostel Dieu, que pour autres leurs necessitez xv⁰ lii ₶.

Achapt de hareng tant blanc que sor ii⁰ xx ₶.

Achapt de pois, feves et oignons xxxvii ₶.

Achapt d'uille de noix, moustarde et facon de chandelle xxvi ₶ xviii s.

Achapt de beurre (pour les jours maigres) xxi livres.

Achapt de moustons, beufz, vaches, veaulx et pourceaulx, tant pour la provision et despense dudit Hostel Dieu, que autrement pour les affaires d'icellui iiii^m vi⁰ xv ₶.

Achapt de vins, verjus, vinaigre et servoise, avec aucuns fraiz faictz pour et a l'occasion de ce, xi⁰ xxvi ₶.

Achapt de busche ii⁰ i livres.

Facon de busches et falourdes, arrivaige, comptaige et entaissaige d'icelles ou buscher dudit Hostel Dieu iii⁰ iiii^xx xii ₶.

Achapt de charbon xl ₶ xiiii s.

Mises faictes pour la chevecerie et apothicairerie vii⁰ xlii ₶.

Mises faictes pour la chambre aux coultes ii⁰ ii ₶.

Achapt de plumes lxiiii ₶; — de couvertures de litz et facon de couttepoinctes cxix ₶, — de toilles, serviettes, draps linge et fil a faire toilles viii⁰ iiii^xx ix ₶; — facon de toilles xlvi ₶; blanchissage de toilles xii ₶; — achapt de draps de laine, bonnetz, chausses, etc., ii⁰ lxx ₶; — achapt de fourreure lxiii ₶; — achapt et courroyement de cuyrs xxix ₶; — facon et eschange de vaisselle d'etain vii ₶ iii s.; — achapt de cendres xxviii ₶; — ouvraige de boisselier et vennier vi^xx xv s.; — chauderonnerie xxx ₶; — achapt de fustaille et autres ouvraiges de tonnellier ii⁰ ii livres; — deniers baillez a sire Jehan Herbert, l'un desdicts gouverneurs et commis a faire les fraiz des labours des vignes appartenans audit Hostel Dieu et des vendenges d'icelles xi⁰ vliii ₶; — frais faiz pour et a l'occasion des indulgences et pardons dudict Hostel Dieu lix ₶ v s.; — despense pour messes, fondations et obitz xvi ₶; — gaiges et salaires de chapellains et serviteurs dudict Hostel Dieu, tant en ceste ville que dehors, li ₶; — clercs du comptouer de messieurs les gouverneurs liiii ₶; — clercs et serviteurs du couvent lvii ₶; — cuysiniers xxxxiiii; — . . . . . ; — achapt de chevaulx vii^xx xii ₶; — charronnerie xxiii ₶; — ouvraige de mareschaux lxxv ₶.

Deniers baillez pour aucunes necessitez des religieux et religieuses dudict Hostel Dieu; — a maistre Jehan Gontier, inciseur jure a Paris pour ses peines et sallaires d'avoir taille, incise et guery d'une rompure Estienne Bardet, nepveu du feu maistre dudict Hostel Dieu lxxs.; — pour faire mener seur Robine Lemberge, religieuse dudict Hostel Dieu qui, passe douze ans a, estoit *encensee* a Monsieur Sainct Mathurin de Larchant, faire sa neufvaine c solz tournois; — a ung tumbier, pour avoir rasé par le commandement de Monsieur le doyen de Paris la pourtraicture d'une religieuse estant sur une tumbe assise en la chappelle dudict Hostel Dieu x s. t.; — pour avoir fait remener une fille de Tournay, nommee Perrette Gringnedure, qu'on avoit amenee avec autres dudict lieu de Tournay, par ordonnance de la court de Paris, audit Hostel Dieu, pour y demeurer, laquelle n'y a sceu perseverer, ne endurer la peine, a este baille xv s. t.

Menuz frais et mises communes. — A Godeffroy Stive, marchant huillier et chandellier de suif a Paris, pour le rembourser de iiii s. p. par luy baillez par ordonnance desdiz gouverneurs a Pasques v⁰ sept aux maistres du Preaux-Clercs pour une xii⁰ de pijons qu'on a acoustume leur donner par chascun an pour la souffrance du pasturaige des moustons dudit Hostel Dieu oudit pre; — pour l'achapt d'une roue qui sert a sonner quant on lyeve le corps nostre seigneur, achette au lendit de Jehan Doissepin, marchant demourant a Paris rue Sainct Martin, xxxv s.; — pour l'achapt de six cymballes pour mettre en ladilte roue xvii s. vi den.; — a une povre femme malade de la maladie dicte de Napples, et pour la renvoyer en sa maison vi s. t.; — a ung autre mallade d'icelle maladie qui vouloit loger par force donne ii s. pour s'en retourner; — item a ung autre ma'ade gisant a Sainct Thomas, qui estoit de longtemps oudit hostel, et ne le povoit on mettre dehors, et lui faillut faire une brouette par l'ordre de Messieurs pour le faire mener iiii s. t.; — le x$^e$ decembre pour ung estuy de cuir noir

pour mettre le chef de la benoiste Magdaleine par le commandement du sieur Estienne Huve ix s. t.

Dons et pensions; — a maistre Guillaume Forget, docteur regent en la Faculte de medecine a Paris, la somme de vii livres tournois, a quoy lesdicts gouverneur sont appoincte avec luy pour demye annee de sa pension escheue au jour de Noel mil v$^c$ huit, que despieça ilz lui avoient ordonnee pour visiter et penser les religieux et religieuses et serviteurs domesticques dudit Hostel Dieu.

Despense pour la succession de feu maistre Pierre De Laage, en son vivant seigneur viaiger d'Elleville, procureur familier et domestique dudit Hostel Dieu vi$^{xx}$ iiii $t$.

Somme totale de la despence de ce present compte xix$^m$ vii$^c$ xl livres ix s.

## 25° REGISTRE. — (576 FEUILLETS, PAPIER.)
### ANNÉES 1511 À 1512 (JUSQU'À PÀQUES).

Compte deuxiesme de Pierre Perseval, receveur des aydes et tailles ordonnez pour le fait des guerres du Roy nostre sire en l'election de Tonnerre, et commis a l'office de procureur et receveur general des cens, rentes, droiz et revenues appartenans audit Hostel Dieu, a cause du revenu prouffit et emolument dudit Hostel Dieu de Paris, pour ung an commencant au jour et feste de Noel mil cinq cens et dix, et finissant la vigille d'icelle feste l'an revolu mil cinq cens et unze, cedit compte rendu par devant noble, venerable et discrette personne maistre Nicole Brachet, conseiller du Roy nostre sire en sa court de Parlement, maistre Pierre Michon, clerc et auditeur des comptes du Roy nostre sire en sa chambre des comptes et Thomas de Vigny, procureur en icelle.

Somme des cens et fons de terre xxxi s ix den.

Somme des rentes prinses tant sur le tresor du Roy nostre sire, que sur sa recepte ordinaire de Paris, xi$^e$ lvi livres.

Louaiges de maisons esdictes villes et faulxbourgs v$^c$ iiii$^{xx}$ xix livres.

Cens deuz hors Paris clii livres.

Somme des rentes deues hors Paris ii$^c$ lxix livres.

Somme des ventes et saisines, ensemble des rachaptz de rentes ii$^c$ iiii$^{xx}$ livres.

Vente de vins, ozier et tonneaux vuides ii$^c$ liii livres.

Vente de peaulx et laynes venues des moutons v$^c$ xxxix livres.

Autre recepte a cause du revenu des Indulgenses ii$^m$ viii$^c$ xvi livres.

Somme de l'ouverture des troncs, des tables, baise-

mains, oblations et offrandes de l'eglise d'icellui Hostel Dieu xviii$^c$ xxxviii livres.

Autre recepte du prouffit et emolument des perpetuums distribuez pour ledit Hostel Dieu durant l'annee de ce present compte xlviii $t$.

Autre recepte a cause des laiz, aulmosnes, vigiles et convoiz; — de frere Pierre Gruel, prebtre, religieux dudict Hostel Dieu, commis par messeigneurs les gouverneurs d'icellui hostel a recevoir et tenir le compte par le menu du prouffit et emolument desdis laiz, aulmosnes, vigiles et convois, receu la somme de iiii$^c$ lxxii livres xl s.; — de maistre Hugues Chauveau, advocat ou Chastellet de Paris, executeur du testament de feue Marie Langles, en son vivant femme de feu maistre Raoul du Hamel, procureur oudit Chastellet, la somme de cent livres tournois; — de maistre Philippe Baillehache, bachelier en decret demourant a Paris, pour et ou nom de messire Guillaume Destain, prieur de Calonne c s. t.

Recepte commune; — de messeigneurs les gouverneurs dudit Hostel Dieu la somme de cent livres tournois en quatre tauxations, donnee et aulmosnee oudit Hostel Dieu par messieurs les quatre generaulx de France, pour subvenir aux indigences et affaires d'icellui hostel.

Somme totale de la recepte de ce present compte ix$^m$ viii$^c$ lvii livres.

Despence de ce present compte.

Deniers payez pour cens et rentes deuhz chascun an par ledict Hostel Dieu, a cause de plusieurs maisons, places et lieux en icelle ville de Paris vi$^{xx}$ xvii $t$.

Autres deniers payez pour cens, rentes dismes et aultres redevances hors de la ville de Paris xlvi$^{lt}$ xviii s.

Autre despense faicte par ce present receveur pour labeur de terres et vignes appartenans a l'Hostel Dieu de Paris vii°viii ᵗᵗ.

Autre despense pour façon et achapt de cerceaulx, eschallatz, achapt de fustaille, etc. lii ᵗᵗ.

Autre despense faicte pour vendenges de vins et verjus prins es treilles et vignes appartenans audit Hostel Dieu iiii ˣˣ vi ᵗᵗ.

Autre despense faicte pour scaiges de bledz, faulxchaiges d'avene et prez, achaptz et botellaiges de foyn iiii ˣˣ xii livres.

Deniers payez et delivrez par ce present receveur, a gens qui en doivent compte et a autres personnes, pour convertir a la despence dudit Hostel Dieu es jours mesgres de l'année, mil lxxiii ᵗᵗ.

Autre despense pour achapt de bledz, poix, feves et moultures de bledz xi ᵗᵗ.

Autre despense pour achapt de vins, verjus, cervoises et autres beuvraiges pour la provision et despense dudit hostel ii° iiii ˣˣ xiiii ᵗᵗ.

Autre despense faicte pour achapt de moustons, bestes a laine, beufz, veaulx et autres bestes a pied fourche et lars sallez, pour la provision dudit Hostel Dieu, xvi° iiii ˣˣ viii livres.

Autre despense pour achapt, façon, voicture, arrivaige et entaissage de boys pour la provision dudit Hostel Dieu ii° lviii ᵗᵗ; — pour achapt de charbon xix ᵗᵗ; — pour achapt de draps, plume, laine, linges, toille peintes v° lx ᵗᵗ; — pour façon, blanchissaige et taincture de toilles et bauldroyaiges de cuyrs lxxi ᵗᵗ; pour achapt de cendres vii ᵗᵗ; — pour façon de chandelle lxv ᵗᵗ; — pour l'apothicairerie et cheveccrie iiii° l livres; pour les indulgenses et pardons lvii ᵗᵗ.

OEuvres et reparacions faictes durant l'année de ce present compte, tant de maconnerie et achapt de pierre, couverture, charpenterie ii ᵐ clxviii ᵗᵗ; achapt de merrain, latte, tuille et clou ii° xxvi ᵗᵗ.

Autre despense pour ouvraiges et parties de menuyserie, serrurerie, mareschallerie, etc. vii° xx ᵗᵗ

Autre despense pour fraiz de justice ii° ix ᵗᵗ.

Autre despense pour plusieurs menues parties; — pour la despense faicte le mercredi deuxiesme jour d'avril cinq cens et diz avant Pasques, pour le disner fait au bureau de l'Hostel Dieu de Paris par messeigneurs les gouverneurs, a Messieurs maistre François Cousinot, advocvocat ou Chastellet, Marin Bureau, Bastien Rapoil, bourgeois de Paris et a maistre Mathieu Macheco, huissier en Parlement, qui illec estoient assemblez, cuydans appoincter le proces meu entre ledict Hostel Dieu et icellui Macheco, touchant certain different de la succession de feue dame Nicole Macheco, sa sœur trespassee oudict Hostel Dieu, c. ii. s. v den. tournoiz.

Autre despense faicte pour messes, obitz et fondations durant ladicte annnee vii ᵗᵗ iiii s.

Autre despense faicte par cedit recepveur pour aucunes debtes payees en acquit dudict Hostel Dieu v° xix ᵗᵗ; — a Henry Planche, marchant bourgeois de Paris la somme de lxiii livres qui deue luy estoit pour la parpaye de vi° ᵗᵗ t. pour la vente d'une maison estant devant l'eglise Saincte Geneviefve des Ardans, en laquelle a de present trois corps d'ostel appartenans audit Hostel Dieu; — au receveur de monseigneur l'evesque de Paris la somme de xii ᵗᵗ v. s. en sept escuz d'or, qui payez luy ont este pour les permissions par luy faictes audit Hostel Dieu de mettre et eriger trois auvents et faire trois estables es trois maisons nouvellement construictes devant l'eglise Saincte Geneviefve des Ardans, et une allee par hault traversant par dessus la rue du Sablon, pour aller aux maisons opposites appartenans a icelluy hostel.

Autre despense faicte pour achapt et rachapt de rentes et nouvelles acquisitions d'heritaiges pour ledit Hostel Dieu vii° lxx ᵗᵗ; — a maistre Michel de Colonia, docteur en medecine, maistre du colliege des Bons enfans lez Sainct Honnore, la somme de cxiv livres, qui payee lui a este pour le rachapt de lx s. p. de rente que ledit colliege a droit de prendre chascun an, sur une maison assise a Sainct Germain des Prez.

Moderations de rentes, louaiges, baulx de fermes faictz par Messieurs les gouverneurs. . . . .

Gaiges et salaires de gens d'eglise et autres serviteurs dudit Hostel Dieu de Paris ii° lxxxviii livres.

Dons et pensions xliii ᵗᵗ; — a maistre Pierre Rozee, docteur en medecine, la somme de xxxvi ᵗᵗ, pour sa pension d'avoir visite les religieulx et religieuses et pouvres malades dudit Hostel Dieu.

Pour la facon et escripture de ce present compte xlv ᵗᵗ.

Somme totale de la despense de ce present compte x ᵐ viii° lxxv livres.

Compte troisiesme et dernier de Pierre Perseval, des recepte et despense que ledict receveur a faictes, a cause du revenu dudit Hostel Dieu de Paris, depuis le jour de Noel mil cinq cens unze jusques a la veille de Pasques, x° jour d'avril ensuivant.

Recepte des rentes prinses en ceste ville de Paris.

Somme des pardons, baisemains, offrandes et oblacions xiiii° li livres.

Somme totale de la recepte xv° lxxii ᵗᵗ.

Despense de ce present compte.

Pour la nourriture et alimentacion des freres et sœurs, povres malades dudit Hostel Dieu iii° lxxvi ᵗᵗ; — achapt de harenc tant blanc que sor v° iiii ᵗᵗ; — achapt de vins, verjus, servoises et autres beuvraiges iiii° vii livres; — achapt de moutons, beufz, vaches, veaulx, etc. vii° xvi ᵗᵗ;

— achapt, façon, voicture, arrivaige et entassaige de boys viii^xx xi tt.

Mises faictes pour la chevecerie et apothicaireric d'icellui Hostel Dieu iii^c ix tt.

Façon, blanchissaige et tainture de toilles xv tt vii s.

Gaiges et sallaires de ce receveur, a Pierre Parseval, présent receveur, la somme de six cens trente sept livres, a laquelle a este composé par messeigneurs les gouverneurs aveccques ledit Parseval, par l'advis de maistre Pierre Michon et Jehan Fraguier, clercs et auditeurs des comptes du Roy nostre sire, prins pour arbitres en ceste partie par lesdicts procureurs et icellui Parseval, en suyvant la transaction faicte et passee par lesdictes parties le xxviii° jour de janvier mil cinq cens douze, tant pour ses gaiges et salaires d'avoir exercé le fait d'icelle recepte, aussi pour tous voyaiges qu'il povoit avoir faiz sur les champs, achepter du bestail et autre marchandise pour ledit Hostel Dieu, a quoy ledit Parseval disoit n'estre tenu, et generalement pour toutes les autres choses quelzconques dont il eust peu ou pourroit demander aucun salaire, pour le temps de deux annees et trois mois.

Pour avoir minute ce present compte et icellui grossoye xx tt t.

Somme totale de la despence de ce present compte iiii^m ix^c lxxix tt.

## 26^e REGISTRE (296 FEUILLETS, PARCHEMIN).

### ANNÉE 1512.

Copie de lectres de commission de ce present receveur, par lesquelles appert messeigneurs les commis par la cour de Parlement au regime et gouvernement de l'Hostel Dieu, avoir commis icelluy receveur a l'office de procureur et receveur general des cens rentes et autre revenu appartenant audit Hostel Dieu, ainsi qu'il est plus a plain contenu es dictes lectres de commission desquelles la teneur s'en suit : « A tous ceulx qui ces presentes lectres verront, Jaques de Coulligny, chevalier, seigneur de Chastillon sur Loing, Aillans et de Dampnemarie en Puysaye, conseiller, chambellan du Roy nostre sire et garde de la prevoste de Paris, salut. Savoir faisons que par devant Jehan Augirard et Pierre de Jouy, notaires du Roy nostre dit sire, furent presens en leurs personnes nobles hommes messire Jehan Briconnet, chevalier, Johan Legendre, seigneur de Villeroy, maistre Denis Pesquet, seigneur de Chastignon, notaire et secretaire du Roy, greffier des presentacions de la court de Parlement, Mary Bureau, seigneur de la Houssaye et honorables hommes sires Henry le Begue, Estienne Huve, Simon Barbedor et Ymbert Grenier, tous bourgeois de Paris, ou nom et comme ordonnez et commis par la court de Parlement au regime et gouvernement du temporel de l'Ostel Dieu de Paris, disans que pour le prouffit faire et dommaige eschever dudit Hostel Dieu, et pour et afin de pourveoir a la recepte du revenu d'iceluy, ilz, par vertu et en ensuivant le povoir a eulx donne par ladicte court de Parlement, avoient et ont esleux establiz, constitue, commis et par ces presentes lectres constituent et commectent receveur general de tout le revenu dudit Hostel Dieu, tant dehors que dedans, honnorable homme Jehan Beranjon, bourgeois de Paris, et contrerolleur du grenier a sel establiz a Provins, a ce present, pour recevoir et faire venir les droiz et choses quelzconques appartenans audit Hostel Dieu, hors et reservé les deniers venans des Pardons, et qu'il ne fera aucuns baulx a ferme, a louaige, ne autrement, ne recevra aucuns en foy et hommaige, tenant en fief du dit Hostel Dieu ne aucuns rachaptz de rentes, ne fera aucunes compositions de ventes, saisines, debtes, ne autres droitz sans le conge et consentement desdiz commis, aussi ne fera aucunes mises, sinon par leur ordonnance; laquelle charge recepte et procuration ledit Beranjon a prinse et acceptee, et icelle a promis et promect faire et exercer bien et loiaument au prouffit dudit Hostel Dieu, pour laquelle charge excercer lesdiz commis lui ont passe procuration, et si querra ledit Beranjon clercs a ses despens, pour le fait de ladicte recepte, sera tenu faire ses comptes, et si a promis et promect rendre compte et reliqua de sa dicte recepte, et presenter sondict compte en forme deue par chascun an, deux moys apres l'an revolu, ausdits commis et leurs successeurs, et leur montrer son estat de ladite recepte par chascun moys, si bon semble ausdits commis, le tout a ses propres coustz et despens, aux gaiges de trois cens livres tournois par an, dont il se paiera par ses mains sur ladite recepte, a ce faire vint et fut present honnorable homme maistre Claude de Savignac, bourgeois de Paris, qui se constitua et constitue pleige et caucion pour ledit Jehan Beranjon, envers ledit Hostel Dieu, de la somme de deux mil livres tournois, promectans lesdictes parties esdicts noms, chascune endroit soy toutes les choses dessus dites........ Obligeans pour ce que dit est garder, tenir et acomplir, c'est assavoir lesdiz commis les biens et revenu dudit Hostel Dieu, et ledit Jehan Beranjon et sondit pleige tous et chascuns leurs biens, et ceux de leurs hoirs, qu'ilz soubzmectent pour ce d'utout a la juridiction et contraincte de ladicte prevoste de Paris et de toutes autres cours, justice et juridictions ou trouvez seront, et mesmement ledit Jehan Beranjon son propre corps a tenir prison fermee, oultre le guichet des prisons dudit Chastellet et partout ailleurs, a ses coutz et despens, et renoncerent en ce faisant expressement lesdictes parties a toutes exceptions, deceptions, fraudes, baratz, erreurs, cautelles, cavillations, raisons, defenses, oppositions a toutes lectres d'Estat, de grace, de respictz, de reliefz.... et generalement a toutes autres choses quelzconques que l'en pourroit faire, dire et proposer contre ces presentes,...... En tesmoing de ce nous avons mis le seel de ladicte prevoste de Paris a ces lectres, qui ainsi furent faictes le lundi cinquiesme jour du moys d'avril l'an de grace mil cinq cens et unze, avant Pasques, ainsi signe Augirard et de Jouy.

Temporel de l'Ostel Dieu de Paris pour une annee finie a Noel mil cinq cens douze.

Compte de Jehan Beranjon, commis et estably a l'office de procureur et receveur general de l'Ostel Dieu de Paris, comme par la copie des lectres de sa dicte commission cy devant transcripte appert, par vertu desquelles iceluy Beranjon a baille et octroye a maistre Claude de Savignac tel povoirs que baille luy avoit este par messeigneurs les bourgois commis au regime et gouvernement dudit Hostel Dieu, comme appert par autre copie des lectres dudict povoir aussi cy devant transcripte, des recepte et despense par ledit de Savignac oudit nom faictes, a cause du revenu, prouffit et emolument dudit Hostel Dieu, c'est assavoir quant a la recepte, pour ung an entier commencant au jour et feste de Noel l'an mil cinq cens et unze, et finissant la vigille d'icelle feste de Noel ensuivant, jours includz, fors et excepte de la despense des moutons achectez pour la provision dudict Hostel Dieu, dont ledit Savignac faict despence pour ung an entier, commencant le unziesme jour d'avril v° douze et finissant le jour de Caresme prenant ensuivant, par protestation de ce present compte augmenter ou diminuer, si besoing est, et le cas le requirent, iceluy compte rendu a mesdits seigneurs les bourgeois par ledit de Savignac en personne, par devant noble, venerable et discrete personne, maistre Nicole Brachet, conseiller du Roy nostre sire en sa court de Parlement, et maistres Pierre Michon, clerc et auditeur des comptes, et Thomas de Vigny procureur en la chambre des comptes, a ce commis et depputez par ladicte court.

Messire Jehan Briconnet, chevalier, president des comptes.

Sire Jehan Legendre, seigneur de Villeroy,
Maistre Denis Pesquet, notaire et secretaire du Roy,
Macy Bureau, seigneur de la Houssaye,

Sire Henry Le Begue,
Sire Estienne Huve,
Simon Barbedor,
Et Ymbert Grenier,

Tous commis au regime et gouvernement dudit temporel d'iceluy Hostel Dieu, durant le temps de cedict compte.

Somme des rentes prinses sur le tresor du Roy nostre sire et sur sa recepte ordinaire de Paris xi° lxi livres.

Autre recepte faicte des rentes prinses en ceste ville de Paris, tant a cause des offices de maistre, de prieure, de l'appothicairerie, que autrement, xii° iiii$^{xx}$ xi livres.

Autre recepte a cause des rentes viagieres que cest hostel a droit de prandre en ceste ville de Paris iii° lvii livres.

Autre recepte a cause des louaiges des maisons assises tant en ceste ville que es forsbourgs v° iiii$^{xx}$ xvii livres.

Autre recepte a cause des cens, surcens, fons de terre et admortissement hors la ville de Paris ix$^{xx}$ livres.

Autre recepte a cause des rentes annuelles sur plusieurs maisons, terres, vignes, prez, boys et autres heritaiges hors la ville de Paris, es lieux et villaiges cy apres declerez vii° xxviii$^{lt}$.

Autres rentes hors la ville de Paris, a cause des offices de prieure, appothicairerie, rentes nouvellement acquises que autres rentes, dont par les comptes precedans n'est faicte aucune mencion, mais seulement par les vielz papiers et repertoirs dudict Hostel Dieu, dont cedit present receveur a peu avoir congnoissance cccliiii $^{lt}$.

Autre recepte a cause des rentes viagieres que ledit Hostel Dieu a droit de prandre sur plusieurs maisons assises hors la ville de Paris cx livres.

Autre recepte a cause d'aucuns louaiges, services et baulx faiz a pris d'argens de plusieurs maisons, terres, prez, boys, vignes et autres choses hors la ville de Paris iiii° viii livres.

Autre recepte a cause des ventes, saisines et amendes advenues et escheues audit Hostel Dieu durant l'annee de ce present compte x$^{lt}$ vi s.

Recepte a cause de vente de vin xxxi$^{lt}$; — vente de peaulx et laines des brebis, moutons, aignaulx, nourriz et tuez tant aux fermes et autres lieux appartenans audit Hostel Dieu, que en la boucherie d'icelluy, iii° vii livres; — vente de suif vi$^{xx}$ v$^{lt}$; — du prouffit de la chambre aux coultes lx livres; — des troncs, pardons et indulgences ensemble des tables et baisemains iii° lii livres; — des pardons et indulgences hors l'evesche de Paris iii$^{m}$ lxvii livres; — recepte des dons et laiz ii° iiii$^{xx}$ xii livres; — recepte commune vii$^{xx}$ iiii livres.

Somme totale de la recepte de ce present compte ix mil ix° lviii livres.

Despense de ce present compte.

Solucion de cens, rentes, dismes et autres devoirs deux chascun an a plusieurs personnes, a cause de plusieurs maisons, places et lieux, terres, vignes, prez, boys et autres solucions de cens et rentes dont les aucunes ne se trouvent payees par les comptes precedans, combien qu'elles soient deues par ledict Hostel Dieu et les autres nouvellement payees a cause de la succession de feue dame Nicole Macheco, tant en ceste ville que hors ii<sup>e</sup> iiii<sup>xx</sup> x <sup>ti</sup>.

Autre despense pour messes, obitz et fondacions vii <sup>ti</sup>.

Autre despense pour labour de terres et vignes iii<sup>c</sup> iiii<sup>xx</sup> xiiii livres.

Autre despence a cause des vendanges lxxvi <sup>ti</sup>; — pour achapt de fustailles, façon et achapt deschallatz etc. xliiii <sup>ti</sup>; — pour scaiges de bleds, faulchaiges d'avoines et prez, achapt et boctellaige de foing et bacteurs en granche iiii<sup>xx</sup> ix <sup>ti</sup>.

Achapt de vins, verjus, cervoises et autres beuvraiges mil xxxv livres.

Achapt de moutons, bestes a laine, beufz, veaulx, porceaulx, lars et chevaulx xix<sup>c</sup> v livres.

Deniers paiez et delivrez par cedit present recepveur à gens qui en doivent compter et autres personnes pour convertir a la despense dudit Hostel Dieu es maigres jours viii<sup>c</sup> iiii<sup>xx</sup> vii.

Autre despence pour achapt, façon, voieture et arrivaige de boys iii<sup>c</sup> xxxii livres; — autre despense pour charbon xxx <sup>ti</sup>.

Autre despense pour draps de layne, de linge, toiles, fil, plumes, pennes et autres choses ii<sup>e</sup> lxxiiii livres.

Autre despence pour façon, blanchissaige et taincture de toilles et draps de laines, courroiaige et bauldroiaige de cuyrs et achapt de cendres xlv livres.

Autre despense pour l'appothicairerie et cheveccerie iiii<sup>xx</sup> viii <sup>ti</sup>.

Achapt de mesrien, late, tuille, clou, pierre, chaulx, plastre iii<sup>c</sup> xli <sup>ti</sup>.

OEuvres et reparacions faictes durant l'annee de ce present compte iiii<sup>c</sup> xxii <sup>ti</sup>.

Autre despense pour ouvraiges et parties de tonnelier, menuysier, serrurier, mareschal, charron, sellier, bourrelier, cordier chaulderonnier, barbier, bonnetier, boisselier, vannier, nactier, cousturier, chaussetier, potier d'estain et de terre ii<sup>c</sup> xxxii <sup>ti</sup>.

Autre despense pour aucunes menues parties xli <sup>ti</sup>; — pour despense faicte par frere Raoul de Lorme, religieux dudit Hostel Dieu, Guillaume Geoffroy, sergent a cheval et clerc du bureau dudit Hostel Dieu, ce present recepveur et son homme, le samedi au soir xxii<sup>e</sup> jour de may v<sup>c</sup> douze, dimanche et lundi au matin en suivans, allant, sejournant et retournant a Corbeil, pour faire tenir l'assise accoustumee estre tenue chascun an le dimanche prochain d'apres l'assension nostre seigneur, de la justice, seigneurie et juridiction que ledit Hostel Dieu a, audit lieu de Corbeil, ou lieu appelle la Mothe, a cause de la riviere de Seine, et sur les pescheurs en icelle, et pour le disner qu'on a acoustume faire ledit jour aux officiers de la diete justice iiii <sup>ti</sup> v s. ii den. p.; — a Jehan Boyvin, demourant a Clamart, la somme de xxviii s. p. pour iiii<sup>xx</sup> boctes et deux grans branches de mays par luy livrez pour mectre autour des litz des malades le jour du Sainct Sacrement, ainsi qu'on a acoustume faire; — a Claude de Paris, vefve de feu Jehan d'Escaille, pasticiere, iiii <sup>ti</sup> t. pour xxxv tartes tant pour les religieux, religieuses, que pour les povres malades le jour sainct Jehan Baptiste; — pour herbe achetee le jour de l'Assumption Nostre Dame pour mectre en l'eglise et a l'entour des litz des malades viii s. p.

Autre despense faicte pour aucunes debtes payees en acquit dudit Hostel Dieu et autres deniers baillez par ordonnance de messeigneurs les gouverneurs xl <sup>ti</sup> xv s.; — aux beaux peres confesseurs qui ont acoustume confesser les prieuse, religieuses et filles dudict Hostel Dieu, la somme de viii <sup>ti</sup> tournois, pour leur sallaire d'avoir oy en confession lesdites religieuses et filles durant le temps de ce present compte.

Autre despense pour achapt et rachapt de rentes nouvelles, acquisitions de heritaiges, ventes, saisines et autres droitz et devoirs seigneuriaux ii<sup>c</sup> ix <sup>ti</sup>.

Fraiz de justice vi<sup>xx</sup> xiii livres.

Gaiges et sallaires de gens d'eglise et autres serviteurs iiii<sup>c</sup> lxv livres; — a Estienne Hemet, barbier cirurgien dudit Hostel Dieu, aux gaiges de xii <sup>ti</sup> par an . . . . . ; — a Jaqueline Gaillart, saige femme dudit Hostel Dieu, au pris de xiii <sup>ti</sup> par an;

Dons et pensions lviii <sup>ti</sup>; — a maistre Pierre Rozee, docteur regent en la Faculté de medicine xxii <sup>ti</sup> iiii s. p. pour trois termes de sa pension, pour venir journellement veoir, visiter et penser les religieux, religieuses et filles malades oudit Hostel Dieu; — a Leon de Laborde, greffier de la justice de Corbeil viii s. p. pour sa pension de ladicte annee;

Voiaiges et tauxacions ii<sup>c</sup> xxxvii livres.

Somme totale de la despense viii<sup>m</sup> v<sup>c</sup> xxiii livres.

Ce present compte a este veu et examine par nous, Pierre Michon, clerc et auditeur des comptes du Roy et Thomas de Vigny, procureur en ladicte chambre, a ce commis et depputez par la court de Parlement, et depuis par nous rapporte au bureau dudit Hostel Dieu, tenu en l'ostel du Chasteau frilleux, devant le parvys Nostre Dame, a plusieurs et diverses journees.

## 27ᵉ REGISTRE (367 FEUILLETS, PARCHEMIN).
### ANNÉE 1513.

Compte deuxiesme de maistre Claude de Savignac pour une annee entiere, commancant au jour et feste de Noel mil cinq cens et douze, et finissant la vigille d'icelle feste l'an revolu mil cinq cens et treize.

Somme des rentes prinses sur le tresor du Roy nostre sire et sur sa recepte ordinaire de Paris xiᶜ lxi ₶.

Autre recepte a cause des rentes deues chascun an en ceste ville et faulxbourgs de Paris xiiᶜ lxxxvii ₶.

Autre recepte a cause des rentes viagieres que cest hostel a droit de prandre chascun an en ceste ville de Paris iiiᶜ lvii livres.

Autre recepte a cause des louaiges de maisons tant en ceste ville de Paris que es faulxbougs viiiᶜ vᵗᵗ.

Autre recepte a cause des cens, surcens, fons de terre et admortissemens que ledit Hostel Dieu a droit de prandre hors la ville et faulxbourgs de Paris viiiˣˣ ii liv.

Autre recepte a cause des rentes annuelles sur plusieurs maisons, terres, vignes, prez etc. mil xxix livres.

Autres rentes deues chascun an audit Hostel Dieu non couchees es comptes precedens, tant a cause de aucuns baulx nouvellement faits par Messieurs les gouverneurs, que a cause des acquisicions par eulx faictes durant l'annee de ce present compte x ₶ xiiii s.

Autre recepte a cause des rentes viagieres que ledit Hostel Dieu a droit de prandre chascun an, a plusieurs termes, sur plusieurs maisons et autres heritaiges hors la ville de Paris viˣˣ ii livres.

Autre recepte a cause d'aucuns louaiges, fermes et baulx faiz a pris d'argent de plusieurs maisons, terres, prez, bois, vignes et autres choses hors la ville de Paris iiiiᶜ xxx livres.

Autre recepte pour les droitz de pescherie, aubeynes, amendes et forfaictures deues audit Hostel Dieu sur la riviere de Seyne, a cause du fief de la Mothe, assis a Corbueil xxxii livres.

Autre recepte a cause des ventes, saisines et amendes advenues a cest hostel xiiii ₶.

Autre recepte a cause des rachaptz des rentes tant en ceste ville de Paris que hors icelle iiᶜ xxxiii livres.

Autre recepte pour vente de grain viˣˣ vi livres.

Autre recepte a cause de vente, de peaulx et laynes des brebis, moutons et aigneaulx vᶜ viᵗᵗ, — vente de suif ixˣˣ xvii livres; — vente de beufz, veaulx, pourceaulx, moutons et chevaulx xiiii livres; — somme du prouffit de la chambre aux coultes, et gardes de malades par la ville de Paris viiiˣˣ xvii ₶.

Autre recepte a cause de l'ouverture des troncs des pardons et indulgenses dudict Hostel Dieu xviiᶜ xlvi livres.

Autre recepte faicte a cause du revenu desdits pardons hors l'evesche de Paris iiiiᵐ iiᶜ xxᵗᵗ.

Autre recepte a cause des dons et laiz mil xlii livres.

Recepte commune xiiiiᶜ liii livres.

Somme totale de la recepte de ce present compte xiiiᵐ clxviii livres.

Despense de ce present compte.

Solucions de cens, rentes, dixmes et autres devoirs deuz chascun an a cause de plusieurs maisons, places et lieux, tant en ceste ville et faulxbourgs que hors icelle viiˣˣ x livres.

Cens et rentes hors ladicte ville de Paris lxiii ₶.

Autres solucions de cens, rentes, dixmes et autres devoirs, les aucuns ne se trouvent estre paiez par les comptes precedens, combien qu'ilz soient deuz d'ancienneté par ledict Hostel Dieu, et les autres nouvelles paiez a cause de la succession de feue dame Nicole Macheco, tant en ceste ville de Paris que hors icelle iiᶜ xxxii ₶.

Autre despense pour messes, obitz et fondacions viᵗᵗ viii s.

Autre despense pour labour de terres et vignes viᶜ iiiiˣˣ xix ₶.

Autre despense faicte par cedit receveur, a cause des vendanges de vins et verjus cueilliz es vignes et treilles appartenant audict Hostel Dieu lii ₶.

Achapt de fustaille, facon et achaptz d'eschallatz, ozier et ployon, perches et autres boys pour treilles lxv ₶.

Autre despense pour scaiges des blez, faulchaiges d'avoine et prez, achapt de botteaulx de foing, et bateurs en granches lvvi ₶.

Autre despense pour achapt et moultures de blez et achapt de pois, febves et autres menuz blez xxix ₶.

Achapt de vins, verjus, cervoizes et autres bruvaiges xiiiiᶜ xxiii ₶.

Achapt de moutons, bestes a layne, beufz, veaulx, pourceaulx, lars et chevaulx iiᵐ viiᶜ xi ₶.

Deniers payez a gens qui en doivent compter, et autres personnes pour convertir a la despense dudict Hostel Dieu es jours maigres durant l'annee de ce present compte xvᶜ xxix ₶.

Achapt, facon, voicture et arrivaige de boys iiᶜ iiiiˣˣ ix livres.

Autre despense pour charbon xxvi ₶; — achapt et facon de chandelle lxi ₶; — autre despense pour draps de layne, de linge, toilles, fil, plume, pennes ix° xxxix ᵗᵗ; — facon, blanchissaige et tainctnre de toilles, de draps de layne, couroiaige et braudroiaige de cuirs et achapt de cendres lxviii ᵗᵗ.

Autre despense pour l'appoticairerie et chevecerie vi° xxxix ᵗᵗ; — achapt de merrien, lacte, thuille, clou et gros boys esquarry v° iiii ˣˣ \iiii ᵗᵗ.

OEuvres et reparacions durant l'annee de ce present compte ii ᵐ v° xv livres.

Ouvraiges et parties de tonnellier, menuisier, serrurier, mareschal, charron etc. v° lxv ᵗᵗ.

Autre despense pour aucunes menues parties xliiii; — pour une chesne de fer mise a la herse estant en la ruelle descendant a la basse court dudict Hostel Dieu vii s. viii den.; — pour l'achapt de deux getz et ung coustumier de la prevoste de Paris, pour les affaires dudict Hostel Dieu xii s. p.; — pour avoir fait rompre la glace de la riviere de Seine, a l'endroit de la grant lavanderie, durant les grans gelees de ceste presente annee xiiii s.

Autre despense faicte par cedit present receveur pour aucunes debtes payees en acquit dudict Hostel Dieu, et autres deniers baillez par ordonnance de messeigneurs les gouverneurs viii ˣˣ viii livres; — a la vefve de feu maistre Berthelemy Laurens vi s. p., a elle ordonnee par mesditz seigneurs pour luy subvenir a avoir du boys, et ce en faveur des bienfaiz par elle faiz audict Hostel Dieu.

Autre despense pour achapt et rachapt de rentes, nouvelles acquisicions de heritaiges, ventes, saisines et autres droictz et devoirs seigneuriaulx c. iii ᵗᵗ.

Fraiz de justice et deniers baillez a gens qui en doivent compter pour convertir et emploier esdiz fraiz iii°

xviii ᵗᵗ; — a Jehan le Seneschal et Berthelemy Perrault, notaires du Roy nostre sire, la somme de xii s. p. a eulx ordonne par mesdicts seigneurs pour les lectres de transport faict audict Hostel Dieu par maistre Simon Amer, comme stipulant et soy faisant fort de Mᵉ Loys Merlin, general des finances de la royne de Secille, de viii livres vi s. viii den. t. de rente, par lui acquise sur les Ferres et seigneuries de la court d'Ormeaulx et de la Forrest pres Rozay en Brie a luy vendues par nostre homme Jaspart Fourny, seigneur desdicts lieux, et par luy donnees audict Hostel Dieu par cedit receveur.

Autre despense faicte pour les pardons et indulgenses dudict Hostel Dieu xviii livres.

Gaiges et salleres des gens de l'eglise et serviteurs v° lxiiii ᵗᵗ; — a Jehan Bigault, Jehan Rossignol, Pierre Perdrian et Robert Perdreau, gardes des bois de Clamart appartenans audict Hostel Dieu vi ᵗᵗ viii s. p.; — a ce present receveur la somme de ii° xl liv. parisis pour ses gaiges et sallaires.

Dons et pensions de l'annee vi° xxxix ᵗᵗ.

Voyaiges et tauxacions xvii ᵗᵗ; — a simon Guynart, messagier, la somme de xxviii s. p., a luy tauxez et ordonnee par messeigneurs les gouverneurs pour avoir este au pont de Larche, par ordonnance de mesdits seigneurs, porter lectres missives envoyees par mesdicts seigneurs aux officiers dudit lieu, pour s'enquerir de la valleur du peaige que ledit Hostel Dieu a sur la riviere d'Eure, a cause de la terre et seigneurie de val de Rueil, et de ce en avoir apporte la response, affin de baillier iceux peaige et terre au mieulx qu'on pourroit, au prouffit dudict Hostel Dieu.

Somme totale de la despense de ce present compte xiiii ᵐ xxxvii ᵗᵗ.

## 28ᵉ REGISTRE (343 FEUILLETS, PARCHEMIN).
### ANNÉE 1514.

Compte troisiesme de maistre Claude de Savignac, commis a l'office de procureur et receveur general de l'Hostel Dieu de Paris, pour une annee commançant au jour et feste de Nœl mil cinq cens et treize, et finissant la vigille d'icelle feste l'an revolu mil cinq cens et quatorze; fors et excepte la despense des moutons achaptez pour la provision dudit Hostel Dieu dont ledit receveur faict despense d'une annee commançant a Pasques cinq cens quatorze et finissant le jour de Karesme prenant ensuivant.

Recepte des cens et fons de terre deuz en ceste ville de Paris lxii s. vii den.

Autre recepte a cause des rentes sur le tresor du Roy et sur son dommaine a Paris xi° lxi livres.

Autre recepte a cause des rentes deues en ceste ville et faulxbourgs de Paris, tant a cause des offices de maistre, de prieure, de l'appothicairie xii° lxv ᵗᵗ.

Autre recepte a cause des rentes viagieres que cest hostel a droit de prandre chascun an en ceste ville de Paris iii° lxviii livres.

Autre recepte a cause des louaiges de maisons assises tant en ceste ville de Paris que es faulxbourgs d'icelle xii° vii ᵗᵗ.

Autre recepte a cause des cens surcens fons de terre et admortissemens hors la ville et forsbourgs de Paris vii ˣˣ x livres.

Autre recepte a cause des rentes annuelles que ledict

Hostel Dieu a droit de prandre chascun an sur plusieurs maisons hors la ville de Paris mil xvi livres.

Autre recepte a cause des rentes viagieres que ledit Hostel Dieu a droit de prandre chascun an sur plusieurs maisons hors la ville de Paris vi$^{xx}$ xi ##.

Autre recepte a cause d'aucuns louaiges, fermes et baulx faiz a pris d'argent de plusieurs maisons, terres, prez etc. iiii$^c$ iiii$^{xx}$ v##.

Autre recepte pour les droiz de pescherie, aubeines, amendes et forfaicteurs deues audit Hostel Dieu sur la riviere de Seyne, a cause du fief de la Mothe, assis a Corbueil xlii ##.

Autre recepte a cause des rachaptz de rentes tant en ceste ville de Paris que hors icelle iii$^c$ lxxvi ##.

Recepte pour vente de vins xxvi ##.

Autre recepte tant a cause de la vente des laynes du bestail blanc que Messieurs les gouverneurs ont baillé a moictie de croist de cens, que a cause de la vente des peaulx v$^c$ li livres; — vente du suif vi$^{xx}$ xvii ##; — recepte des prouffitz venus audit Hostel Dieu, a cause de la chambre aux coultes, que a cause des religieuses qui ont ete garder des malades par la ville vii$^{xx}$ viii ##.

Autre recepte de l'ouverture des troncs et des pardons en ceste ville de Paris ii$^m$ c. iiii$^{xx}$ iii ##.

Autre recepte a cause de la queste des pardons et indulgences faicte es eveschez, arceveschez et lieux cy apres declairez ii$^m$ iiii$^c$ lxvi ##.

Autre recepte a cause des laiz, vigilles et convoiz, dons et aulmosnes mil iiii$^{xx}$ v##; — des executeurs du testament de feu maistre Jaques de la Croix, chanoine de l'eglise Saint Germain de l'Auxerrois c ## p.; — des executeurs du testament de feue Marguerite le Lievre, en son vivant femme de feu Estienne Huve iiii$^c$ ## parisis pour convertir et employer aux reparacions du refectouer des religieuses dudit Hostel Dieu; — de frere Jehan Lefevre la somme de lxvi ## p., a luy baillee par maistre Thierry Boffremez, conseiller de l'archeduc en la ville de Gand, pour subvenir a l'entretenement des pouvres dudit hostel.

Autre recepte a cause de la vente et couppe de plusieurs bois apartenans audit hostel vi$^c$ lxii ##.

Recepte commune iiii$^c$ iiii$^{xx}$ xi livres.

Somme totale de la recepte de ce present compte xiii$^m$ iii$^c$ iiii$^{xx}$ iii ##.

Despence de ce present compte.

Solucions de cens, rentes, dixmes et autres droiz et devoirs deuz chascuns an a cause de plusieurs maisons, places et lieux, terres, vignes etc., tant en ceste ville et forsbourgs que hors icelle vii$^{xx}$ xi ##.

Autres solucions de cens et rentes hors ladicte ville lvi ## x s.

Despence faicte par cedict receveur pour messes, obitz et fondacions vi ## xii s.

Autre despence pour les scaiges de blez, faulchaiges d'avoyne et prez lxiii ## v s.

Autre despense pour labour de vignes vi$^c$ iiii$^{xx}$ ix liv.

Autre despense pour facon et achapt d'eschallatz, ozier, perches, boys etc. ix$^{xx}$ xiiii livres.

Autre despense a cause des fraiz des vendenges c. iiii ## xiiii s.

Autre despense pour achapt de vins et cervoise xiii$^c$ lix livres.

Autre despense pour achapt de moutons, beufz, pourceaulx, veaulx, vollaille et autres doulceurs pour la provision des mallades ii$^m$ vi$^c$ iiii $^{xx}$ xiiii ##.

Despence des jours maigres xvi$^c$ xli ##.

Autre despense pour l'appoticquererie, medicamens et chevecerye iiii$^c$ iiii$^{xx}$ xi ##.

Autre despense pour facon, arrivaige, voicture et achapt de boys, falourdes et charbon iiii$^c$ xxii ##.

Achapt de huille et facon de chandelle lxxv ##.

Autre despence pour achaptz de blanchetz, draps de layne, penne, bonnetz, draps et couvertures de lictz ix$^c$ xxx ##.

Autre despense pour taincture et pressure de draps, facon de coultilz et de toilles, et blanchissaige d'icelles iiii$^{xx}$ xii ##.

Autre despense pour achapt de peaulx de basenne, de cordouen et de cuyr, tannaige, courroiage et bauldroiage d'icelles xl ## iiii s.

Ouvraiges et parties de potier d'estain, vanier, boisselier, chauderonnier et cordier lxvi ##.

Autre despense pour ouvraiges de charrons, mareschaulx, selliers, bourreliers iiii$^{xx}$ xiii ##.

OEuvres et reparations xix$^c$ lxiii livres.

Autre despense pour deniers baillez a gens qui en doivent compter, pour emploier ou faict des proces dudict Hostel Dieu et autres fraiz de justice ii$^c$ iii$^{xx}$ viii ##.

Autre despense pour aucunes debtes paiees en acquit dudict Hostel Dieu, et autres deniers baillez pour aucunes necessitez des religieux et religieuses iiii$^{xx}$ xviii ##.

Autre despense pour aucuns menuz fraiz et mises communes cxvi ##; — a Jehan Camus, demourant a Clamart, la somme de xliiii s. p. pour avoir bactu les noiers dudict Hostel Dieu estans es prez et jardins d'iceluy hostel audit Clamart, cueille toutes les pommes et poires et fruictz du jardin dudit Hostel Dieu audit lieu; — a Guillaume Rousseau, *fossoyeur dudit Hostel Dieu*, xxvi s. p. c'est assavoir x s. pour quatorze boisseaulx de croye, et xvi s. pour la peine de lui et ses compaignons d'avoir blanchi autour des litz des mallades.

Autre despense pour les pardons et indulgences dudict Hostel Dieu lxxi ##.

Pour achapt et rachapt des rentes nouvelles, iii$^c$ iiii$^{xx}$ viii ##.

Dons et pensions iiii.xx xi tt; — a maistre Pierre Rozee, docteur regent en la Faculté de medecine xxx tt xvi s. parisis.

Autre despense pour gaiges et sallaires des gens de l'eglise, serviteurs dudit Hostel Dieu et autres vi.c xlii tt.

Voyaiges et tauxations xxxii tt — a frere Pierre Gruel, religieux dudit Hostel Dieu et Francois de Rochefort, sergent a cheval, la somme de xxxi s. pour leur despense du voiaige par eulx faict au villaige de Genvris, de l'ordonnance de mesdicts seigneurs les gouverneurs, pour informer des malles versacions d'un nommé Mathurin Fagault et autres, qui gastoient et occupoient les boys et tailliz dudit lieu appartenant audict hostel; a Cloud Gerbe, serviteur dudit Hostel Dieu, la somme de vi tt x s. t. pour estre allé, de l'ordonnance de mesdicts seigneurs les gouverneurs, chercher des vins en Bourgongne et Champaigne, pour la provision des pouvres dudit Hostel Dieu, en quoy faisant a esté par luy vacque l'espace de quinze jours.

Moderacions et diminucions de cens, rentes et louaiges de maisons liiii tt.

Deniers renduz et non receuz par cedit present receveur, tant a cause des cens, fons de terre et admortissemens ii.c lxxii tt; de la somme de lxii s. p. dont cedit receveur faict cy devant recepte, a cause des cens et fons de terre que ledit Hostel Dieu a droit de prandre chascun an au jour Sainct Remy sur plusieurs maisons et places assises en ceste ville de Paris, cedit present receveur n'en a receu ceste dicte presente annee que la somme de lxiiii s. p. parceque ledit Hostel Dieu est a present proprietaire d'aucunes maisons redevables a ladicte censive, et aussi que le receveur de Paris dit partie desdites maisons estre en la censive du Roy, et a mis les proprietaires desdites maisons en proces par devant Messieurs de la justice du Tresor, pour lesquelz ledit Hostel Dieu a prins la cause et garantie et cependant ne veullent payer lesdits proprietaires, jusques a ce qu'il soit discute desdits proces.

Autres deniers renduz et non receuz tant a cause des rentes viaigeres que louaiges de maisons de ceste ville de Paris xvi tt.

Somme totale de la despense xiii.m ii.c xiii tt.

## 29e REGISTRE (368 FEUILLETS, PARCHEMIN).

### ANNÉE 1515.

Compte quatriesme de maistre Claude de Savignac des recepte et despense par ledit de Savignac faictes, a cause du revenu, prouffit et emolument dudict Hostel Dieu pour une annee, commencant au jour de Noel mil cinq cens et quatorze, et finissant la vigille d'icelle feste l'an revolu mil cinq cens et quinze.

Somme des rentes prinses sur le tresor du Roy nostre sire a Paris, et sur sa recepte ordinaire xi.c lxi.xx xviii s.

Autre recepte a cause des rentes en ceste ville et forsbourgs de Paris, tant a cause des offices de maistre, de prieur, de l'appothicairerie qu'autrement xii.e lxv tt.

Autre recepte a cause des rentes viaigeres en ceste ville de Paris iii.c lxiii tt.

Autre recepte a cause des louaiges de maisons, assises tant en ceste ville que es forsbourgs vii.c xi tt.

Autre recepte a cause des cens, surcens, fons de terre et admortissement hors la ville et forsbourgs de Paris m. xlvii tt.

Autre recepte a cause des rentes viaigeres sur plusieurs maisons et autres heritaiges hors la ville de Paris vi.xx xii tt.

Autre recepte a cause d'aucuns louaiges, fermes et baulx faiz a prix d'argent de plusieurs maisons, terres, prez, bois, vignes etc. iiii.c iiii.xx xvi tt.

Autre recepte pour les droitz de pescherie, aubeynes, amendes, lxiiii tt.

Autre recepte a cause des deniers venuz extraordinairement audit Hostel Dieu vii.xx ix tt.

Autre recepte a cause de la vente des laynes et peaulx v.c iiii.xx xi tt.

Autre recepte a cause de la vente du suif fondu audit Hostel Dieu viii.xx iii tt.

Autre recepte faicte a cause de la vente et couppe de bois iii.c xlvii tt.

Somme des deniers venuz de la chambre aux coultes et des religieuses qui ont garde les malades par la ville ix.xx xii tt.

Autre recepte tant a cause des deniers precedans de l'ouverture des troncs, des pardons et indulgences dudit Hostel Dieu (à Paris), des tables et baisemens desdits pardons, que a cause des perpetuons distribuez durant iceulx xv.c lxiii tt.

Autre recepte a cause de la queste desdits pardons publiez es eveschez, arceveschez, pays et lieux cy apres declairez ii.m vi.c xix tt.

Autre recepte a cause des laiz, vigilles et convoiz, dons et aulmosnes xii.c xxx tt; — des executeurs du testament de feu maistre Pierre de Refuge, en son vivant president des enquestes de la cour de Parlement et archediacre de Brye en l'eglise de Paris iiii$^e$ livres parisis, donnee par ledit deffunt audit Hostel Dieu ; — des executeurs du testament de feu maistre Pierre Fanuche, en son vivant conseiller en la court de Parlement, la somme de cent livres tournois donnee par ledit deffunct pour subvenir aux necessitez des povres d'icelluy Hostel Dieu; — de monseigneur de Lautrec, grant mareschal de France, xl$^{tt}$ p. pour l'entretenement des pouvres ; — d'un gentilhomme loge a la Levriere, rue Sainct Anthoine, par les mains de sire Jehan Croquet, l'un des gouverneurs dudict Hostel Dieu xxx ii s. p.; — de dame Marguerite de Torcenay, douaiziere de Arzillieres xx$^{tt}$ p.

Somme de recepte commune ii$^c$ xlii$^{tt}$ p.; — de Philippe de Thay, grant escuier de Madame de Vendosme, xii$^{tt}$ t. qu'il devoit par sa cedulle a feu Guillaume Le Tellier, qui se donna luy et ses biens audit Hostel Dieu.

Somme totale de la recepte xiii$^m$ iii$^c$ lxxii$^{tt}$.

Despense de ce present compte.

Despense faicte a cause des cens, rentes, dixmes, admortissement que ledit Hostel Dieu doit par chascun an pour plusieurs maisons et autres heritaiges tant en ceste ville de Paris que hors icelle vii$^{xx}$ xiiii livres p.

Autre despense a cause des cens et rentes que ledit Hostel Dieu doit chascun an pour raison des heritaiges assis hors ladite ville de Paris ii$^c$ xi$^{tt}$.

Autre despense a cause des messes, obitz et fondacions deues par ledit Hostel Dieu c. xiiii s. p.

Autre despense pour les pardons et indulgences dudit Hostel Dieu durant l'annee de ce present compte viii$^{xx}$ i livres p.

Autre despense pour faulchaige, fanage, arrivage et achapt de foing iiii$^{xx}$ viii$^{tt}$.

Autre despense pour achapt et façon de perches, boys a treilles et eschallatz lxv$^{tt}$.

Autre despense pour le labour des vignes vii$^c$ xxxvi$^{tt}$.

Autre despense par les fraiz des vendenges, des verjus lxxi$^{tt}$.

Autre despense pour achapt de merrien a fustaille, façon d'ozier, cerceaulx, fustaille xxiiii$^{tt}$.

Autre despense pour achapt de vin faict pour la provision dudit Hostel Dieu iiii$^c$ liii livres.

Autre despense pour achapt de moutons, beufz, pourceaulx, veaulx, volailles etc. ii$^m$ viiii$^c$ lxxvii$^{tt}$.

Autre despense pour la despense des jours meigres xviii$^c$ lxx$^{tt}$.

Achapt de huille et façon de chandelle lxvi$^{tt}$.

Antre despense pour façon, arrivaige, voicture et achapt de boys, bourrees et charbon viii$^c$ ix$^{tt}$.

Autre despense pour l'appothicairerie et chevecerie iiii$^c$ xxvlii$^{tt}$.

Autre despense pour achapt de draps de laine, blanchectz, pelleterie, coultiz, plume, draps de lict, etc. mil lx$^{tt}$.

Autre despense pour tanneure, couture et pressure de draps, achapt et façon de fillasse, façon de toilles et blanchissaige d'icelles, achapt de cendres lxix$^{tt}$.

Achapt de peaulx de cordouen et de cuyr, tannaige et bauldroyage d'icelle xxii$^{tt}$.

Autre despense pour ouvraiges et parties de potier d'estain, chauderonnier, vanier, boisselier et cordier vi$^{xx}$ ii$^{tt}$.

Autre despense pour parties et ouvraiges de charron, mareschal, sellier et bourrelier c. vi$^{tt}$.

Autre despense pour achapt de chevaulx et bestes a layne baillees a moistie de croist ix$^{xx}$ xix$^{tt}$.

Autre despense pour acquisition de heritaiges et de rentes lx$^{tt}$.

Autre despense pour œuvres et reparacions xi$^c$ xxxix$^{tt}$.

Autre despense faicte par ce present receveur pour deniers par luy baillez pour convertir et employer ou faict des proces dudit Hostel Dieu ix$^{xx}$ xi$^{tt}$; — a Loys, seigneur de Graville, admiral de France, la somme de xxiiii$^{tt}$ ii s. tournois a luy payee par ce present receveur pour certains despens tauxez a la somme de xxv$^{tt}$ par messeigneurs des requestes du palais, esquelz ledit Hostel Dieu avoit este condanne par mesdits seigneurs.

Autre despense pour aucunes debtes payees en acquit dudit Hostel Dieu, et autres deniers baillez, tant pour subvenir aux necessitez des religieuses et filles mallades, que pour convertir ou faict de la despence des serviteurs servans en l'ostel du Pressouer pres les Chartreux xxxix$^{tt}$; — a la prieuse lxxvi s. pour payer les gardes et femmes qui ont gardé les mallades pendant le temps que lesdites filles estoient et ont este mallades *de peste*.

Autre despense pour aucuns menuz fraiz et mises communes payees par ce present recepveur xxxiiii$^{tt}$; — pour avoir faict aprocher de la terre pres de la fosse aux pouvres a la Trinite, a este paye par cedit receveur la somme de lx s. t. en vertu de certaine ordonnance de mesdits seigneurs les gouverneurs; — a Didier Chastellet, charpentier jure de ceste ville de Paris, la somme de xxiii s. ix den. t. pour la cirographe et devis de la maison du *Chasteau Frilleux*, appartenant audit Hostel Dieu, laquelle il convient reeddifier de neuf, au moyen de la ruyne estant de present en icelle; — pour ung cirographe ou placte forme de la maison dudict Hostel Dieu, pour trouver le moyen d'icelle accroistre et elargir, parce qu'elle est trop petite, et ne peult contenir les pouvres journellement affluans xiiii s. parisis.

Autre despense pour voyaiges et tauxacions xvii$^{tt}$.

Autre despence pour dons et pensions c. v$^{tt}$; — pour une cornete de velours, de l'ordonnance de mesdits seigneurs les gouverneurs, a maistre Michel Poynet, procureur dudit Hostel Dieu ou bailliage d'Estampes, pour le recompenser aucunement du service qu'il a faict audit Hostel Dieu oudit bailliage, dont il ne veult prandre dudit Hostel Dieu aucun sallaire xxxii s. p.

Autre despense pour gaiges et sallaires de gens d'eglise, serviteurs et autres v$^c$ xlix $^{tt}$; — a ce present receveur la somme de ii$^c$ xl $^{tt}$ pour ses gaiges et sallaires durant l'annee de ce present compte.

Moderacions et diminucions de cens et rentes lxiiii $^{tt}$.

Deniez renduz et non receuz vi$^c$ xiii $^{tt}$.

Somme totale de la despense de ce present compte xii$^m$ cxxxi $^{tt}$.

## 30$^e$ REGISTRE (391 FEUILLETS, PARCHEMIN).

### ANNÉE 1516.

Compte cinquiesme de maistre Claude de Savignac, commis a la recepte generalle de l'Ostel Dieu de Paris pour une annee, commencant au jour et feste de Noel mil cinq cens quinze, et finissant le jour de Noel ensuivant l'an revolu mil cinq cens seize.

Recepte faicte a cause des rentes que ledict Hostel a droict de prendre sur le tresor du Roy nostre sire et sur son dommaine a Paris xi$^c$ lxi $^{tt}$.

Autre recepte a cause des rentes en ceste ville et forsbourgs de Paris, tant a cause des offices de maistre, de prieure, de l'appothicairerie que autrement xii$^c$ xxviii $^{tt}$.

Autre recepte a cause des rentes viageres que ledict Hostel Dieu a droict de prandre en ceste ville de Paris iii$^c$ xlix $^{tt}$.

Autre recepte a cause des louaiges de maisons tant en ceste ville de Paris que es forsbourgs vii$^c$ lx $^{tt}$.

Autre recepte a cause des cens, surcens, fons de terre et admortissemens hors la ville et forsbourgs de Paris viii$^{xx}$ xiiii $^{tt}$.

Autre recepte a cause des rentes annuelles que ledict Hostel Dieu a droict de prandre par chascun an, a plusieurs termes, sur plusieurs maisons, terres, vignes, prez, etc. mil xxxiii $^{tt}$.

Autre recepte a cause des rentes viageres sur plusieurs maisons et autres heritaiges hors la ville de Paris vi$^{xx}$ xviii $^{tt}$.

Autre recepte a cause d'aucuns louaiges, fermes et baulx de plusieurs maisons, terres, prez, bois, vignes, assis hors la ville de Paris iii$^c$ lxxi $^{tt}$.

Autre recepte pour les droitz de pescherie, aubeynes et espaves, sur la riviere de Seyne, a cause du fief de la Mothe assis a Corbueil li $^{tt}$.

Autre recepte a cause des deniers venuz extraordinairement oudit Hostel Dieu (rachaptz de rentes, etc.) viii$^c$ xxv $^{tt}$; — des heritiers de feue damoiselle Ragonde de Nanterre, en son vivant femme de feu maistre Christofle de Nanterre, en son vivant president en la court de Parlement, pour le rachapt et sort principal de xxvii s. p. de rente donne a l'appoticairerie par ladicte defuncte sur une maison seant rue des Roziers, a elle appartenant, xix $^{tt}$ iiii s. p.

Autre recepte a cause du vin vendu lxxvii $^{tt}$.

Autre recepte, tant a cause de la vente des laynes, des peaulx vi$^c$ lix $^{tt}$.

Autre recepte a cause de la vente de suif iii$^c$ xviii $^{tt}$.

Autre recepte, tant a cause de la chambre aux coultes, que de religieuses d'iceluy Hostel Dieu qui ont este garder des mallades par la ville c viii $^{tt}$ xv s.

Autre recepte, tant a cause des deniers procedans de l'ouverture des troncs, des pardons et indulgences, et publiez ceste presente annee en l'evesche de Paris, des tables et baisemains, que a cause des perpetuons distribuez durant iceulx pardons xvii$^c$ lxvi $^{tt}$.

Autre recepte a cause des deniers procedant du Jubille obtenu par ledit Hostel Dieu de nostre Sainct Pere le pappe pour ung an, commencant la vigille de Penthecoste, temps de ce present compte, et finissant a semblable jour l'an revolu mil cinq cens dix sept, pour les diz deniers, venans desdiz pardons, estre convertiz et emploiez *en l'elargissement dudit Hostel Dieu, affin de doresenavant separer les malades actainctz de peste des autres malades survenans oudit Hostel Dieu chascun jour*, xii$^c$ xxviii $^{tt}$; — de Jehan Fiault, fermier dudit Hostel Dieu en la terre et seigneurie d'Elleville, pres Mante, appartenant audit Hostel Dieu a este receu par cedict receveur la somme de x $^{tt}$ t. qu'il a donnez audit Hostel Dieu pour aider a faire ledict acroissement.

Autre recepte a cause des deniers procedans des pardons dudit Hostel Dieu publiez ceste presente annee es arcevesches, eveschez et lieux cy apres declaires iii$^m$ viii$^c$ xvii $^{tt}$.

Autre recepte a cause des perpetuons xxxiii $^{tt}$.

Autre recepte faicte a cause des laiz, vigilles et convoiz, dons et aulmosnes ii$^m$ viii$^c$ iiii$^{xx}$ xviii $^{tt}$.

Des executeurs du testament de feu maistre Pierre, en son vivant docteur en theologie, et maistre du college de Cornouaille, par les mains de maistre Christofle Hennequin, conseiller du Roy nostre sire en sa court de Parlement, la somme de vii$^{xx}$ livres tournois donnez audit Hostel Dieu par ledit deffunct pour estre participant aux prieres et bienfaiz d'iceluy; — des executeurs du testament de feu damoiselle Jehanne la Follemarie, en son vivant dame d'Athilly, la somme de liii ℔ t.; — du lays de feu maistre Jehan Saulay, chanoine de l'eglise de Paris, pour subvenir aux affaires dudit Hostel Dieu mil xxv ℔ t.; — du lays de feu frere Jehan Lefevre, en son vivant maistre dudit Hostel Dieu, la somme de ii<sup>c</sup> v ℔ t. pour subvenir au payement des affaires dudit Hostel Dieu; — de messire Jehan Briconnet, chevalier, seignenr du Plessis-Rideau, president en la chambre des comptes, l'un des gouverneurs dudit Hostel Dieu ii<sup>c</sup> lxxix ℔ vii s. tournois, faisant moictie de la somme de vii<sup>c</sup> lviii ℔ xiiii s. t., a laquelle somme montent les parties de despense du chapiteau faict sur la porte dudit Hostel Dieu, estant du coste du parvis Nostre Dame, laquelle somme de ii<sup>c</sup> lxxix ℔ il a donnee audit Hostel Dieu des deniers de l'execution du testament de feu monsieur le cardinal de Nerbonne son pere, pour aider a faire ledit chappiteau; — de mondit sieur le president Briconnet a este receu pareille somme de ii<sup>c</sup> lxxix ℔ vii s. t. pour l'autre moictie de despense dudit chapiteau, qu'il a semblablement donnee audit Hostel Dieu, des deniers de ladite execution; — de luy encores la somme de iii<sup>c</sup> v ℔ iii s. t. qu'il a pareillement donnee des deniers de ladite execution pour la *Tournelle qui a este faicte au coing de l'ostel du chasteau Frilleux, ou se tient a present le bureau dudit Hostel Dieu.*

Recepte commune iii<sup>c</sup> v ℔.

Somme totale de la recepte xvii<sup>m</sup> iii<sup>c</sup> ii ℔.

Despence de ce present compte.

Et premierement a cause des cens, rentes, dixmes, indemnitez et admortissemens, tant en ceste ville de Paris que hors icelle viii<sup>xx</sup> livres.

Autre despense a cause des cens, rentes et dixmes que ledit Hostel Dieu doit pour raison des heritages assis hors la ville de Paris lvii ℔.

Autre despense pour autre solucion de cens et admortissemens, dont les aucuns sont deuz d'anciennete par ledit Hostel Dieu, et les autres a cause des heritages nouvellement advenuz c.iii ℔.

Autre despense a cause des messes, obitz et fondacions xxvi s. p.

Autre despense pour les pardons et indulgences iiii<sup>c</sup> lxvii ℔.

Autre despense pour faulchaige et fanage, botellaige et arrivage de foing xi ℔.

Autre despense pour achapt et facon d'ozier, boys a treilles et eschallatz lx ℔.

Autre despense pour achapt et facon de fustaille cviii ℔.

Autre despense pour le labour des vignes dudit Hostel Dieu vii<sup>c</sup> xli ℔.

Autre despense pour fraiz de vendenges de vins et verjus lxxi ℔.

Autre despense pour achapt de vin faict pour la provision dudict Hostel Dieu xi<sup>c</sup> iiii<sup>xx</sup> xiiii ℔.

Autre despense pour achapt de moutons, beufz, pourceaulx, veaulx, volaille et autres doulceurs iii<sup>m</sup> ix<sup>c</sup> xxix ℔.

Autre despense des jours maigres xvii<sup>c</sup> iiii<sup>xx</sup> viii ℔.

Autre despense pour achapt de huille et facon de chandelle xxxviii ℔.

Autre despense pour facon, arrivage, voicture et achapt de boys et charbon iii<sup>c</sup> lxxi ℔.

Autre despense pour l'appoticairerie et chevecerie iiii<sup>c</sup> iiii<sup>xx</sup> xvi ℔.

Autre despense pour achapt de draps de laine, blanchetz, pelleterie, coultiz, plume, draps de lict, couvertures, toilles, etc., viii<sup>c</sup> xxiiii ℔.

Autre despense pour taincture, tonture et pressure de draps, facon et blanchissaige de toilles et achapt de cendres vii<sup>xx</sup> i ℔.

Autre despense pour achapt de cuyrs, tannage, bauldroiaige et courroiage d'iceulx et de peaulx xxxvi ℔.

Autre despense faicte pour ouvraiges et parties de poctier d'estain, chauderonnier, vanier et cordier vi<sup>xx</sup> x ℔.

Autre despense pour parties et ouvraiges de charron, mareschal, sellier et bourrelier ii<sup>c</sup> xlvii ℔.

Autre despense pour achapt de chevaulx cxii ℔.

Autre despense pour aucuns menuz fraiz et mises communes xxvi ℔.

Autre despense pour acquisicion de heritages, admortissemens d'iceulx et de rentes ix<sup>xx</sup> vi ℔.

Autre despense pour œuvres et reparacions iiii<sup>m</sup> iiii<sup>c</sup> lviii ℔.

Autre despense faicte par ce present receveur pour le chappiteau de nouvel erige et faict sur la grant porte dudict Hostel Dieu estant du coste du parvis Nostre Dame, et ce des deniers donnez audit Hostel par monseigneur messire Jehan Briconnet, president en la chambre des comptes, de l'execution du testament de feu monsieur le cardinal de Narbonne.

Et premierement, a Pierre Abbe, serrurier, la somme de ii<sup>c</sup> xxx livres tournois pour avoir faict de neuf, de fer, ledit chappiteau estant sur ledit portal dudit Hostel Dieu, pesant ii<sup>m</sup> ix<sup>c</sup> xlii livres de fer, et ce tant pour ledit fer que pour ledit chappiteau, a luy payé la somme de ix<sup>xx</sup> iiii ℔ parisis; — a luy encores la somme de xxxvi s. p. pour avoir par luy faict trois barreaulx de fer, pour tenir les escripteaux dudict chapiteau; — a Jehan le Vavasseur, marchant plombier la somme de cviii ℔ pour ii<sup>m</sup> c. l. xxviii livres de plomb en dix tables pour couvre et revestir ledict chapiteau, et pour la facon iiii<sup>xx</sup> vi ℔; — a Jaques Bronchet, marchant fondeur, demourant a Paris, la somme de lxvii ℔ p. a luy payee pour avoir faict et livre une croix de sept piedz de hault ou environ, garnie d'un crucifix et des images de Nostre Dame et de Sainct Jehan, le tout de cuyvre, pesans ensemble iiii$^c$ xiiii livres, lesquelz ont esté mis et assiz sur ledict chapiteau; — a Estienne Barillet, aussi fondeur, la somme de vii$^{tt}$ vii s. t. pour deux entrepiedz de cuyvre pesans ensemble trente sept livres, mis et assis soubz lesdites ymages; — a Nicolas Petit, chauderonnier, la somme de xviii$^{tt}$ x s. t. pour avoir par luy faict tous les rouleaux qui ont este mis et assis audit chappiteau; — a Drouet Dancher, marchant orbateur, demourant a Paris, la somme de xiiii$^{tt}$ t. pour avoir par luy livre a Jehan Patin, painctre, cinq cens d'or fin double, pour dorer le crucifiement de cuyvre assiz sur ledict chapiteau; — a Jehan Patin, marchant painctre, demourant a Paris, la somme de x livres tournois pour ses peines et sallaires d'avoir dore le crucifiement declaire en l'article prochain precedent, ou a esté par lui employe et assis les cinq cens d'or fin double; — a luy encores la somme de lxxi$^{tt}$ xv s. t. pour les ouvrages de son mestier par lui faiz et estoffes et matieres livres pour ledit chapiteau, le tout ci apres declaire, c'est assavoir xxxv s. pour le cyrographe ou devis dudit chapiteau, xxxv$^{tt}$ pour avoir dore d'or fin et estoffe le comble d'icelluy chapiteau, xvii$^{tt}$ pour avoir aussi dore les crestes a fleurons et daulphins, avec le couronnement estant au feste dudit chapiteau, ensemble les cleres voyes estans aux costez d'icelui, vii$^{tt}$ pour avoir aussi dore deux entrepiedz ou soubzbassemens de cuyvre servans sous les ymages de Nostre Dame et de sainct Jehan du crucifiement dudit chapiteau, avoir aussi faict sous la couverture d'iceluy huit escussons armoiez, c'est assavoir quatre aux armes du Roy et quatre aux armes de feu M. le cardinal de Narbonne, des deniers duquel a este faict ledit chapiteau, autres vii$^{tt}$ pour avoir semblablement painct la muraille estant derriere ledict chapiteau, en similitude de damas figure d'or, et iiii$^{tt}$ pour avoir pareillement faict les patrons des roulleaux, mis et assis contre ledict chapiteau, et iceulx painct a huille; laquelle somme de lxxi$^{tt}$ xv s. a este payee audit Patin par ce present receveur, en vertu et en ensuivant le mandement de mesdits seigneurs les gouverneurs; — audit Patin la somme de xxviii$^{tt}$ t. pour avoir par luy painct ung dieu de majesté, seant en son trosne, avec les euvangelistes, et pour ce faire avoir fourny d'or fin, asur et autres matieres a ce necessaires, et ce par marché faict avec luy.

Autre despense faicte pour deniers baillez pour convertir et employer ou faict des proces dudict Hostel Dieu ii$^c$ iiii$^{xx}$ iii$^{tt}$; — ce present receveur faict ci despense de la somme de xlvi$^{tt}$ xv s. par luy desboursee, de l'ordonnance de mesdits seigneurs les gouverneurs, *pour l'accroissement qu'il convient faire audit Hostel Dieu, a ce que le temps advenir les malades ne soient tant pressez comme ilz sont a present, et que les malades de maladie contagieuse soient separez des autres mallades non infectz de maladie contagieuse;* — c'est assavoir xl s. p. a maistre Jehan de Lantier, advocat en parlement, pour avoir veu les *lectres du Roy* de la permission dudit acroissement, pour savoir comment l'on se devoit gouverner sur l'enterinement d'icelles; — xix s. a maistre François Cousinot, advocat ou Chastellet de Paris, qui assista avec Messieurs de la cour de Parlement, macons et charpentiers jurez de ceste ville de Paris, qui visiterent en la presence desdiz seigneurs la riviere de Seyne, du coste Petit-Pont, pour savoir si commodement sur icelle se pourroit faire ledit acroissement; — xl s. p. pour le sallaire desdiz macons et charpentiers jurez; — x s. p. a deux bateliers pour les avoir mene sur ladite riviere; — cxvii s. audit de Lantier, maistre Jaques Disome et Pierre Duvivier, aussi advocatz en ladite court de Parlement, pour une collacion faicte au Bureau dudit Hostel Dieu, pour reformer lesdites lettres de commission d'acroissement; — xl s. ausdiz macons et charpentiers jurez, lesquelz pour seconde foiz visiterent ladite riviere, pour savoir ou se feroit ledit acroissement; — xii s. aux basteliers qui les menerent; — v s. a un autre bastelier qui y mena Messieurs les prevotz et eschevins de ceste ville; — lxxviii s. en deux escuz couronne payez audit Disome et maistre Jehan Bouchart, pour une autre collacion faicte au Bureau de l'Ostel Dieu touchant l'information qu'il convenoit faire de la commodite dudit acroissement; — iiii$^{tt}$ xii s. a l'advocat Chartier, pour avoir faict les articles de ladite informacion, qu'il convenoit faire; — viii$^{tt}$ iiii s. audit Disome pour avoir plaidoye en ladite court de Parlement pour ledit Hostel Dieu contre lesdits prevost et eschevins de ladite ville, qui auroient voulu empescher que ladicte informacion ne se fist; — iiii$^{tt}$ ii s. ausditz Duvivier et Chartier qui assisterent avec ledit Disome a ladicte plaidoirie; — iiii s. a un clerc du greffe qui escrivit l'arrest intervenu sur ladite plaidoirie.....; — a Pierre des Hostelz, clerc des macons et charpentiers jurez de cette ville de Paris, la somme de lx s. t. tant pour les sallaires de Jehan Desclin et Jehan Lebreton, macons jurez et Jehan Belot, charpentier, bachelier oudit mestier, comme dit des Hotelz pour le rapport de visitacion faict de l'ordonnance de maistre Robert Turquain, couseiller du Roy nostre sire, en sa court de Parlement, commissaire d'icelle en ceste partie, pour raison d'une *tournelle* que mesdiz seigneurs les gouverneurs dudit Hostel Dieu entendent et desirent faire au coing d'une maison audit Hostel Dieu appartenant, encommencee a edifflier de neuf, assise a Paris pres l'eglise et devant le parvis Nostre Dame.

Autre despense pour aucunes debtes payees en acquit

dudit Hostel Dieu, et autres deniers baillez tant pour subvenir aux neccessitez des religieuses et filles mallades, que pour convertir ou faict de despense des serviteurs servans en l'ostel du grant Pressouer pres les Chartreux vi$^c$ lxi tt.

Autre despense pour voyaiges et tauxacions durant l'annee de ce present compte xlviii tt; — a Aymar Berthelot xx tt t. pour la despense et fraiz par luy faiz a Lion, pour obtenir lectres du Roy, adressans a messieurs de la chambre des comptes touchant *certain pont* que mesdiz seigneurs les gouverneurs de l'Ostel Dieu veullent edifflier pour l'acroissement dudit Hostel Dieu.

Autre despense faicte pour dons et pensions iiii$^{xx}$ xvii tt.

Autre despense pour gaiges et sallaires de gens d'eglise, serviteurs dudit Hostel Dieu v$^c$ lii tt; — a maistre Robert Pienouel, organiste la somme de lxiiii s. p. pour avoir joue des orgues oudit Hostel Dieu depuis le jour de Noel mil v$^c$ xv jusques au jour sainct Jehan Baptiste ensuivant v$^c$ seize; — a maistre Jehan Mansac, maistre es ars et regent des enfans de cueur dudit Hostel xii tt t., pour ses gaiges et sallaires d'avoir instruit et enseigne lesdiz enfans en l'art de grantmaire ung an durant.

Somme totale de la despense de ce present compte xviii$^m$ ii$^c$ lxxiiii tt.

## 31$^c$ REGISTRE (393 FEUILLETS, PARCHEMIN).

### ANNÉE 1517.

Compte sixiesme de maistre Claude de Savignac, commis a la recepte generalle de l'Ostel Dieu de Paris, pour une annee entiere commancant au jour et feste de Noel mil cinq cens seize, et finissant le jour de Noel ensuivant mil cinq cens dix sept.

Somme des rentes prinses sur le Tresor du Roy nostre sire et sur sa recepte ordinaire xi$^c$ lxi tt.

Autre recepte a cause des rentes deues en ceste ville et forsbourgs, tant a cause des offices de maistre, de prieure, de l'appoticairerie que autrement xii$^c$ xviii tt.

Autre recepte a cause des rentes viaigeres que ledit Hostel Dieu a droit de prandre en ceste ville de Paris, tant a cause desdiz office de maistre, prieure, apothicairerie que autrement iii$^c$ xlvi tt.

Autre recepte a cause des louaiges de maisons, tant en ceste ville que es forsbourgs viii$^c$ ii tt.

Autre recepte a cause des cens, surcens, fons de terre et admortissemens viii$^{xx}$ xvi tt.

Autre recepte a cause des rentes annuelles sur plusieurs maisons, terres, vignes, prez, boys, hors Paris mil xxxi tt.

Autre recepte a cause des rentes viageres sur maisons et autres heritaiges hors la ville de Paris vi$^{xx}$ xv tt.

Autre recepte a cause d'aucuns louaiges, fermes et baulx faiz a pris d'argent de plusieurs maisons, terres, prez, boys, vignes, hors la ville de Paris v$^c$ xx tt.

Autre recepte pour les droiz de pescherie sur la riviere de Seyne a Corbueil lxi tt.

Autre recepte a cause des deniers venans extraordinairement audit Hostel Dieu c. xix tt.

Autre recepte pour vente de boys; — de maistre Robert Piedefer, advocat du Roy ou Chastellet, par les mains de Simon Cordeau son fermier, la somme de iiii$^c$ xxx tt. 'faisant la perpaye de la somme de viii$^c$ xxx tt. qu'il devoit audit Hostel Dieu pour la couppe, vente et delivrance de lxx arpens de boys de haulte fustaye, appelez les boys de la masure de Saincte Geneviefve des Boys.

Autre recepte de la vente de trois muys de vin vermeil, venduz aux orfevres de ceste ville, pour le disner qu'ilz ont faict le jour de Pasques aux pouvres dudit Hostel Dieu xix tt iiii s. p.

Autre recepte a cause de la vente des laynes et des peaulx v$^c$ xxxvi p.

Autre recepte de la vente de suif ii$^c$ xvi tt.

Autre recepte tant a cause des deniers trouvez a plusieurs foiz es troncs dudit Hostel Dieu, comme des baisemains d'icellui en *l'annee de ce present compte, durant laquelle et l'annee prochaine ensuivant, les pardons dudit Hostel Dieu ne ont eu lieu et ne ont este publiez, obstant le pardon de la cruciade* qui a cours en ce royaulme par l'espace de deux annees v$^c$ iiii$^{xx}$ xiii tt.

Autre recepte faicte a cause de la queste faicte par les parroisses de ceste ville de Paris, ou lieu que les pardons dudit Hostel Dieu ont este suspenduz durant l'annee de ce present compte et l'annee prochaine ensuivant, au moyen du pardon de la Cruciade, lequel durant lesdites deux annees a eu cours par tout ce royaulme de France vii$^c$ xv tt.

Autre recepte a cause des deniers procedans des pardons dudit Hostel Dieu publiez en certaines eveschez cy apres declairees, es quelles le pardon de la Cruciade, mencionne ou chappitre prouchain precedent, n'avoit encores lieu ou temps de la publicacion desdits pardons dudit Hostel Dieu iiii$^c$ xxiiii tt p.

Autre recepte faicte a cause des deniers que le Roy nostre sire a ordonnez estre baillez audit Hostel Dieu pour et en recompense de ce que les pardons d'iceluy

20.

ne ont eu cours durant l'annee de ce present compte, obstant le pardon de la Cruciade dudit seigneur ix$^e$ lx ħ.

Autre recepte faicte par ce present receveur a cause des laiz, vigilles et convoiz, aulmosnes et dons faitz audit Hostel Dieu xvi$^c$ li ħ; — de madame la duchesse d'Alencon, par les mains de monsieur Briconnet, president en la chambre des comptes, l'un des gouverneurs dudit Hostel Dieu la somme de cent livres tournois, donnee audit Hostel Dieu par ladite dame; — cedit present receveur faict cy semblablement recepte de la somme de xx ħ xv s. t., par luy receue le xvii$^e$ jour dudit moys d'avril, *donnee par le Roy nostre sire a celuy qui fist pour ledit Hostel Dieu l'un des treize pouvres a la cene dudit seigneur, luy estant a Sainct Mor des Fossez le jeudi absolut, temps de ce present compte*; — de messire Jaques Zacarie, tresorier des offrandes du Roy nostredit seigneur, a este par ce present receveur receu, le xxix$^e$ jour du moys de may, la somme de c. livres tournois ordonnee audit Hostel Dieu par l'aulmosnyer d'iceluy seigneur; — le xviii$^e$ jour du mois de septembre, de maistre Nicole de Neufville, seigneur de Villeroy, l'un des secretaires des Finances et audiencier de France, la somme de ii$^c$ ħ tournois en cent escuz d'or au soleil, par luy donnee audit Hostel Dieu pour l'alimentacion des pouvres, et pour estre participant aux prieres et bienffaiz d'iceluy Hostel.

Autre recepte faicte a cause du prouffit venu oudit Hostel Dieu, tant de la chambre aux coultes, comme des religieuses qui ont este garder des malades ii$^c$ lxxvi ħ.

Recepte commune de l'annee de ce present compte iii$^m$ cli livres.

De maistre Jaques Charmoulue, changeur du tresor du Roy nostre sire, receu la somme de ii$^c$ livres tournois deue a l'office de prieuse dudit Hostel Dieu pour les arrerages des annees mil iiii$^{xx}$ lxii, lxvi, lxvii, lxviii, lxix, lxx, iiii$^{xx}$ ii, iiii$^{xx}$ iii, iiii$^{xx}$ v et vi, a cause de xvi ħ p. de rente que ledit Hostel Dieu a cause dudit office de prieuse a droit de prendre chascun an sur ledit tresor; — *de Messieurs les doyen, chanoines et chappitres de l'eglise de Paris le xxiii$^e$ jour du moys d'octobre ensuivant oudit an mil cinq cens dix sept, a este par cedit receveur receu la somme de deux mil livres tournois, en mil escuz d'or au soleil, en laquelle lesdits doyen, chanoines et chappitre ont este condempnez par deux arrestz de ladite Court envers ledit Hostel Dieu, par provision, et jusques a ce qu'ilz ayent rendu compte a icelui Hostel de dix annees qu'ilz en ont eu l'administration, pour ce* xvi$^c$ ħ parisis; — de Jehan Desbrucille, escuyer, bailly de Sainct Pierre le Moustier, a este par ce present receveur receu la somme de iiii$^c$ livres tournois sur la somme de..... en laquelle il a este condanne par le Roy nostre sire, pour avoir par lui vendu certaine office de judicature que ledit seigneur luy avoit donnee, vallent a parisis iii$^c$ xx ħ.

Somme totale de la recepte de ce present compte xiiii$^m$ iii$^c$ xli ħ.

Despense de ce present compte.

Despense faicte a cause des cens, rentes, dixmes, indemnitez et admortissemens que ledit Hostel Dieu doit par chascun an pour plusieurs maisons, places, terres, prez, vignes, etc., tant en ceste ville que hors icelle vii$^{xx}$ livres.

Autre despense a cause des cens, rentes et dixmes que ledit Hostel Dieu doit par chascun an pour raison des heritaiges hors la ville de Paris[1].....

Autre despense pour achapt et facon d'ozier, boys a treilles et eschallatz lv ħ.

Autre despense pour achapt et facon de cerceaulx, fustaille et avallage de vin xxi ħ.

Autre despense pour labour de vignes vi$^c$ iiii$^{xx}$ v ħ.

Autre despense pour fraiz de vendanges, de vins et verjus creuz et cueilliz es treilles et vignes dudit Hostel Dieu xxvi ħ.

Autre despense pour achapt de vin et verjus ii$^m$ vi$^c$ vii ħ.

Autre despense pour achapt de moutons, beufz, porceaulx, veaulx, vollaille iii$^m$ c. xlv ħ.

Autre despense pour la despense des jours meigres dudit Hostel Dieu xvii$^c$ lxxiiii ħ.

Autre despense pour achapt de boys et charbon viii$^c$ ii ħ.

Autre despense pour achapt de huille et facon de chandelle lxxiiii ħ.

Autre despense pour l'appothicairerie comme pour l'epicerie et chevecerie v$^c$ xxv ħ.

Autre despense pour l'achapt de draps de laine, blanchetz, pelleterie, coultiz, plume, draps de lit, couvertures, toilles viii$^c$ lxxi livres.

Autre despense pour facon et blanchissaige de toilles et achapt de cendres xxxv ħ.

Autre despence pour achapt de cuyrs, tannaige, bauldoiaige d'iceulx, et aussi pour achapt de fillasse a couldre les boctes et soulliers des religieux et religieuses xxiii ħ.

Autre despense pour ouvraiges et parties de potier d'estain, chauderonnier, fondeur, vanier et cordier ciii ħ.

Autre despense pour parties et ouvrages de charron, mareschal, sellier et bourrelier iiii$^{xx}$ xviii ħ.

Autre despense pour aucuns menuz fraiz et mises communes xxvii; — a ung jeune enfant qui fut pour ledit Hostel Dieu a la cene du Roy nostre sire le jeudi absolut, a Sainct Mor des Fosses x s. t.; — pour l'achapt de deux coffres ou bieres qui ont este achaptez pour ledit Hostel Dieu, pour porter les corps au cymitiere des

---

[1] Il manque ici quatre feuillets qui ont été arrachés à une époque qu'il est impossible de déterminer.

Saincts Innocens xxiiii s. p. ; — a seur Audrie la Tirevie, religieuse dudit Hostel Dieu, x s. t. pour avoir faict nectoyer les privez des pouvres estans sur la riviere, parceque l'eau estoit petite viii s. p.; — pour avoir faict une ymage de Nostre Dame d'argent a un crucifiement, estant en ung reliquaire estant a l'œuvre dudit Hostel Dieu, du coste du parvis Nostre Dame xx s. p.

Autre despense pour œuvres et reparacions m. iiii$^{xx}$ xi l.

Autre despense pour deniers baillez et convertiz ou faict des proces dudit Hostel Dieu et autres fraiz de justice ix$^{xx}$ ix livres; — pour avoir leve la sentence de Monsieur Brachet, conseiller en la court de Parlement, pour ledit Hostel Dieu contre les doyen et chappitre de l'eglise de Paris, pour raison des comptes que lesdits de chappitre ont a rendre audit Hostel Dieu pour dix annees qu'ils ont eu l'administration d'iceluy hostel xxxii s. p.

Autre despense pour aucunes debtes payees en acquit dudit Hostel Dieu et autres deniers par luy baillez tant pour subvenir ou faict de la despense des serviteurs, servans en l'hostel du Pressouer pres les Chartreux, comme a la necessite des religieuses et filles malades dudit Hostel Dieu xii$^c$ liii $^{tt}$ ; — a Estiennette de Lantier, vefve de feu Jehan de la Saulnerie, en son vivant receveur dudit Hostel Dieu, tant en son nom que comme tutrice et curatrice des enfans mynuers d'ans dudit defunct et d'elle, la somme de v$^c$ lxxvi$^{tt}$ t., en laquelle somme ledit Hostel Dieu est demoure redevable envers ladite vefve, par la fin et closture des comptes par elle renduz audit Hostel Dieu de la charge, recepte et entremise que ledit defunct de la Saulnerie a eue en son vivant du revenu et temporel dudit Hostel Dieu.

Autre despense pour voyaiges et tauxations durant l'annee de ce present compte lxi$^{tt}$ ; — pour avoir faict mesurer les isles de Crestueil appartenant audit Hostel Dieu, et icelles avoir faict crier es villaiges de Sainct Mor et dudit Crestueil, affin d'estre louees au plus offrant et dernier encheriseur xiiii s. vi den. p.; — a Cloud Gerbe, serviteur dudit Hostel Dieu, la somme de cxviii s. t. a luy payee par ce present receveur pour despense par luy faicte en faisant par luy ravir pour ledit Hostel Dieu et mener en l'ostel et ferme du Petit Villizy, appartenant audit Hostel Dieu, la vesse qui estoit en huit arpens de terre estans des appartenances de ladicte ferme, lesquelz sont contencieux entre ledit Hostel Dieu et les doyen, chanoines et chappitre de l'eglise de Paris, en quoy faisant a convenu audit Gerbe mener avec luy de ceste ville de Paris pour faire ledit ravissement et garder la possession dudict Hostel Dieu *huit compagnons aventuriers;* — a Pierre Duham, marchant de Lisle les Flandres la somme de xii $^{tt}$ t., pour ramener et conduire Katherine de Neufville, nagueres demourant oudit Hostel Dieu, au lieu de Bruges ou Tournay, et la bailler a ses parens, dont elle est venue, et luy faire ses despens et la traicter honnestement et aussi pour ses peines et sallaires, pour ce que ladite Katherine n'est pas bien sensee et que, a l'occasion de ce, il est cuyde par deux foiz advenir inconvenient irreparable audit Hostel Dieu, ainsi que avons este advertiz par le maistre dudit Hostel Dieu; — a frere Raoul Delorme, religieux dudit Hostel Dieu, la somme de xxvi$^{tt}$ t., pour despense par luy faicte pour avoir este a Tours, devers le Roy nostre sire, pour les affaires dudit Hostel Dieu, ou a este vacque par luy depuis le vi$^e$ jour de novembre, temps de ce present compte, jusqu'au vii$^e$ jour de janvier ensuyvant.

Autre despense pour dons et pensions durant l'annee de ce present compte ci$^{tt}$ p.

Autre despense pour gaiges et sallaires de gens d'eglise et autres serviteurs dudit Hostel Dieu vi$^c$ iiii$^{xx}$ ii$^{tt}$ ; — a Mathurine Corbin la somme de xii s. vi den. t. a elle payee pour avoir par elle alecte les petiz enfans estans oudit Hostel Dieu depuis le xxi$^e$ jour de may jusques au xvi$^e$ jour de juing qui sont xxvii jours au pris le moys de xv s. t. ; — a Francoise Bonnyer, vefve de feu Jehan Bonnyer, *commise nourisse* desdiz petiz enfans, la somme de lxx s. t. pour ses sallaires d'avoir servy oudit estat depuis la feste Sainct Jehan Baptiste jusques au jour de Noel ensuivant; — a Robert Charlot, *barbier et cirurgien ordinaire dudit Hostel Dieu*, la somme de xxvi $^{tt}$ x s. t. a lui payee, c'est assavoir xxiiii $^{tt}$ t. pour ses gaiges et sallaires d'avoir medicamente, pense et servy oudit estat de barbier, les pouvres malades dudit Hostel Dieu, par lespace d'une annee entiere et l s. t. pour le louaige de sa chambre que ledit Hostel Dieu est tenu de luy fournir.

Somme totale de la despense de ce present compte xv$^m$ ii$^c$ xxx livres.

## 32$^e$ REGISTRE (341 FEUILLETS, PARCHEMIN).

### ANNÉE 1518.

Compte septiesme de maistre Claude de Savignac, commis a la recepte generalle de l'Hostel Dieu de Paris, pour une annee entiere commencant au jour et feste de Noel mil cinq cens dix sept et finissant le jour de Noel ensuivant l'an revolu mil cinq cens dix huit.

Recepte a cause des rentes que ledit Hostel Dieu a

droit de prandre chascun an sur le tresor du Roy nostre sire et sur son dommaine a Paris xi$^e$ lxi$^{lt}$.

Autre recepte a cause des rentes deues en ceste ville et forsbourgs de Paris xii$^c$ xxx $^{tt}$.

Autre recepte a cause des rentes viaigeres que ledict Hostel Dieu a droit de prandre en ceste ville de Paris îii$^c$ xxxvi $^{tt}$.

Autre recepte a cause des louaiges de maisons assises tant en ceste ville de Paris que es forsbourgs d'icelle viii$^c$ lix$^{tt}$.

Autre recepte a cause des cens, surcens, fons de terre et admortissemens que ledit Hostel Dieu a droit de prandre hors la ville et forsbourgs viii$^{xx}$ xvi$^{tt}$.

Autre recepte a cause des rentes annuelles sur plusieurs maisons, terres, vignes, prez, boys viii$^c$ xxxi$^{tt}$.

Autre recepte a cause des rentes viaigeres sur plusieurs maisons et autres heritaiges hors la ville de Paris vi$^{xx}$ xi$^{tt}$.

Autre recepte a cause d'aucuns louaiges, fermes et baulx faiz a pris d'argent de plusieurs maisons, terres, prez, boys, vignes hors la ville de Paris v$^c$ xix$^{tt}$.

Autre recepte faicte par ce present receveur a cause des rentes et autres droitz que ledict Hostel Dieu a droit de prandre chascun an es lieux et villaiges cy apres declairez, a la recepte desquelz mesdits seigneurs les gouverneurs ont commis et estably procureurs et receveurs particuliers, c'est assavoir Guillaume Geuffroy, clerc du bureau dudit Hostel Dieu pour le villaige de Clamart et autres villaiges circonvoisins, Jehan Fiault, fermier d'iceluy Hostel Dieu en la terre et seigneurie d'Elleville, pour la ville et quartier de Mante et Jehan Bouteillier, dit Raouland, ou lieu de feu Hugues Leblanc pour le quartier de France ix$^{xx}$ xix$^{tt}$.

Autre recepte tant a cause d'aucunes nouvelles acquisitions, nouveaulx baulx, comme d'aucunes rentes nouvellement donnees audit Hostel Dieu iiii$^{xx}$ iii $^{tt}$.

Autre recepte pour les droiz de pescherie a cause du fief de la Mothe assis es forsbourgs de Corbueil pres du chastel dudit lieu lix$^{tt}$.

Recepte extraordinaire, autre recepte a cause des deniers procedans du rachapt de certaines rentes deues audict Hostel Dieu ii$^c$ xlv $^{tt}$.

Vente de boys xxxviii$^{tt}$; — vente de vins xxviii$^{tt}$.

Autre recepte a cause de la vente des laines et des peaulx iiii$^c$ iiii$^{xx}$ xvii$^{tt}$.

Autre recepte pour vente de suif ii$^c$ lxxi$^{tt}$.

Autre recepte faicte tant a cause des deniers trouvez a plusieurs foiz es troncs dudit Hostel Dieu, comme des baisemains d'icelui en l'annee de ce present compte, durant laquelle, et l'annee prochaine precedente, les pardons dudict Hostel Dieu n'ont eu lieu, ne este publiez, obstant le pardon de la Cruciade qui a eu cours en ce royaulme, par l'espace de deux annees finissant au jour de Noel exclud, temps de ce present compte iii$^c$ xxi$^{tt}$.

Autre recepte tant a cause de la queste faicte par les parroisses et diocese de Paris, comme en certains autres dioceses de ce royaulme, durant laquelle annee, ne semblablement l'annee prochaine precedente, les pardons de l'Hostel Dieu n'ont eu lieu, obstant le pardon de la Cruciade ix$^c$ lxxiii$^{tt}$.

Autre recepte a cause des deniers que le Roy nostre sire a ordonnez estre baillez audict Hostel Dieu sur la recompense que ledit seigneur entend faire audit Hostel Dieu, au moyen de ce que les pardons d'icelluy hostel n'ont en cours durant l'annee de ce present compte, obstant le pardon de la Cruciade ii$^m$ iiii$^c$ iiii$^{xx}$ x $^{tt}$ p. (de maistre Jehan Grossier, commis a recevoir les deniers du pardon de ladite Cruciade, par les mains de maistre Jehan Bertrand, son commis en l'evesche de Paris, a este receu la somme de xii$^c$ lix$^{tt}$ tournois etc.).

Autre recepte a cause de publicacion des pardons dudict Hostel Dieu pour les stations de Romme, publiez le jour de Noel mil cinq cens dix sept par le diocese et evesche de Paris, auquel jour le pardon de la Cruciade expiroit oudit evesche, lequel avoit eu cours en icelui par deux ans finissans audict jour, durant lesquelz deux ans lesdiz pardons dudict Hostel Dieu n'ont este publiez iiii$^c$ xiii $^{tt}$.

Autre recepte a cause des laiz, vigilles et convoiz, dons et aumosnes xiii$^c$ xiiii $^{tt}$; — des executeurs du testament de feu maistre David Chambellan, en son vivant doyen et chanoyne de l'eglise de Paris, la somme de ix$^{xx}$ xv$^{tt}$ t. pour l'entretenement de certaine fondation par lui faicte en icelluy Hostel Dieu; — de maistre Jehan Bertrand, grenetier de Sens, la somme de ii$^c$ $^{tt}$ tournois en cent escuz d'or au soleil, donnez audit Hostel Dieu par Monsieur le grant maistre de France.

Autre recepte faicte par ce present receveur a cause du prouffit venu audict Hostel Dieu, tant a cause des religieuses dudict Hostel Dieu qui ont este garder des malades par ceste ville de Paris, comme a cause de l'office de la chambre aux coultes v$^c$ xxxviii $^{tt}$.

Recepte commune xvi$^c$ iiii livres; — de messire Jehan Briconnet, chevalier, seigneur du Plessis Rideau, conseiller du Roy nostre sire, l'un des gouverneurs dudit Hostel Dieu, a este par ce present receveur receu, le xxiiii$^e$ jour du mois d'avril, la somme de mil douze livres tournois par icelui seigneur receu comme procureur de la vefve de feu Pierre Girardot, laquelle s'est donnee audit Hostel Dieu avec ses biens, par les mains du greffe criminel du Chastellet de Paris, et recouverte d'aucuns malfaicteurs, lesquelz avoient mal prins et desrobé ladicte somme, pour lequel larrecin et delict depuis auroient estez executez a mort, pour ce a parisis viii$^c$ ix$^{tt}$ p.; —

de maistre Philippe Bellebache a esté receu la somme de iiii⁽ˣˣ⁾ xᵗᵗ p. par composicion faicte avec lui par mesdiz seigneurs les gouverneurs, et pour laquelle ilz ont quitté ledit Bellebache pour toutes les commissions qu'il a eues dudit Hostel Dieu par cy devant, pour le fait des pardons d'icelui hostel, et dont il n'avoit rendu aucun compte a iceulx seigneurs gouverneurs; — de la vente d'une bouete qui avoit servy pour la queste qui a esté faicte par les parroisses de ceste ville de Paris durant le pardon de la Cruciade viii s. p.

Somme totalle de la recepte de ce present compte xiii^m vi^c iiii^xx xviii livres.

Despense de ce present compte.

Premierement, a cause des cens, rentes, dixmes, indemnitez pour plusieurs maisons, places, terres etc. tant en ceste ville de Paris que hors icelle ix^xx ii^ᵗᵗ p.

Autres charges et redevances payees par ce present receveur, lesquelles sont deues par ledit Hostel Dieu les unes d'ancienneté et les autres de nouvel ii^c xvi^ᵗᵗ.

Autre despense pour messes, obitz et fondacions deues chascun an xx s. p.

Autre despense pour faulchaige, fanaige, botelaige, arrivaige et achapt de foing iiii^xx vi^ᵗᵗ.

Autre despense pour façon et achapt d'eschallatz et boys a treilles xxvii^ᵗᵗ.

Autre despense pour achapt et façon de douves, enfonceures, cerceaulx et ozier, façon de fustaille et avallaige de vin lxxi^ᵗᵗ.

Autre despense pour labour de vignes vii^c xlvi^ᵗᵗ.¹

Autre despense pour fraiz de vendanges de vins et verjustz viii^xx iii livres.

Autre despence pour achapt de vin, verjus et servoise pour la provision dudit Hostel Dieu xi^c xxviii^ᵗᵗ.

Autre despense pour achapt de moutons, beufz, pourceaulx, veaulx et volailles pour la provision et despense des povres dudit Hostel Dieu iii^m viii^ᵗᵗ.

Autre despense des jours maigres xvii^c xlvi^ᵗᵗ.

Autre despense pour achapt de boys et de charbon vi^c xxxvi^ᵗᵗ.

Achapt de huille et façon de chandelle lxxiii^ᵗᵗ.

Autre despense tant pour l'appothicairerie comme pour l'espicerie et chevecerie iiii^c lvi^ᵗᵗ.

Autre despense pour achapt de draps de laine, blanchetz, taincture d'iceulx, pelleterie, coutilz, plume, draps de lict etc. vii^c lxxvi^ᵗᵗ.

Autre despense pour achapt de cuyrs, tannaige et bauldroiage d'iceulx xxiii^ᵗᵗ.

Autre despense pour ouvraiges et parties de potier d'estain, chauldronnier, vanier et cordier lxxii^ᵗᵗ.

Autre despense pour parties et ouvraiges de charron, mareschal, bourrelier et scellier ix^xx v^ᵗᵗ.

Autre despense pour achapt de chevaulx, bestes blanches baillees a moietie de croist, vaches et veaulx et chevres mises au pressouer dudit Hostel Dieu ix^xx xii^ᵗᵗ.

Autre despense pour aucuns menuz fraiz et mises communes xix^ᵗᵗ.

Autre despense pour acquisicion d'heritaiges, rachaptz de rentes, ventes et saisines vii^c lxxvi^ᵗᵗ.

Autre despense pour euvres et reparacions vi^c iiii^xx vii^ᵗᵗ; — a Estienne Hardy, tailleur de pierre, la somme de iiii^ᵗᵗ t. a lui payee pour les parties qui s'ensuivent : c'est assavoir avoir fait les troux dedans le mur de pierre de taille, pour faire les eschaffaulx pour le chappiteau fait de neuf au petit portail dudit Hostel Dieu......, item pour avoir retaille et restably la taille des ogives et pendans de la chapelle Saincte Agnes, et refait les cornettes a la forme sur l'autel etc.

Autre despense pour deniers bailliez pour employer ou fait des proces dudit Hostel Dieu iii^c xlviii^ᵗᵗ.

Autre despense faicte pour aucunes debtes payees en l'acquit dudit Hostel Dieu, et autres deniers baillez pour subvenir aux necessitez des religieuses et filles malades dudit Hostel Dieu ii^c xlvii^ᵗᵗ; — a monseigneur le president Briconnet la somme de ii^c iiii^xx ix^ᵗᵗ t. a lui remboursee pour pareille somme desboursee par mondit seigneur, pour les parties de fraiz de despense qui s'ensuivent, qu'il a convenu faire a la poursuite de ceulx qui avoient desrobe la vefve de feu Pierre Girardot, laquelle s'est et ses biens donnee audit Hostel Dieu, c'est assavoir x s. t. aux notaires qui ont passe la quictance par laquelle mondit seigneur le president comme procureur de ladicte Girardote confesse avoir receu que les deniers qui avoient este derobez a ladicte Girardote lui ont este renduz; — vi^ᵗᵗ t. a deux femmes qui ont avoue a mesdiz seigneurs les gouverneurs ou l'en trouveroit l'un desdiz larrons nomme Pochet; — xxxv^ᵗᵗ t. a Jehan Longuejoue, sergent a verge, pour ses vaccacions par luy faictes avec Cloud Gerbe, serviteur dudit Hostel Dieu pour prandre les diz larrons; — x^ᵗᵗ t. a quatre sergens qui ont este en garnison en la maison de Clement Briquet, recelleur desdiz larrons; — xxx^ᵗᵗ t. au greffier criminel, qui lui ont este tauxez par Monsieur le lieutenant criminel pour son sallaire d'avoir fait et redige par escript le proces criminel d'iceulx larrons; — iiii^ᵗᵗ t. aux clercs dudit greffier; — xl s. t. au geollier pour son sallaire d'avoir garde lesdiz prisonniers; — l s. t. audit greffier pour quatre tesmoings qui sont venuz de loing pour estre interroguez sur le faict desdiz prisonniers; — xix^ᵗᵗ xv s. audit Gerbe pour despense faicte avec ledit Longuejoue par l'espace de xlvii journees pour prandre lesdiz larrons; — c s. a Jehan Maulevault, clerc de ce presant receveur, pour sa despense de dix journees qu'il a vacque avec lesdiz Longuejoue et Gerbe a la prinse desdiz larrons; — vi^xx viii^ᵗᵗ a cedit present receveur pour le rembourser de pareille somme par lui advancee pour plusieurs fraiz qu'il a convenu faire pour la poursuite desdiz larrons; — x ᵗᵗ a la prieuse dudit Hostel Dieu a deux foiz pour distribuer par le menu a ladite vefve dudit Girardot. . . . . ; — xiiii ᵗᵗ iiii s. pour despense faicte par ledit Gerbe et autres pour avoir este tant a Rouen sercher le filz de l'un desditz larrons, qui avoit la part de l'argent que sondit pere avoit eu dudit larrecin. . . . .

Au clerc des orfevres, pour recommander ausdits orfevres la vaisselle d'argent de ladicte vefve Pierre Girardot que lesdiz larrons ont desrobee.

Autre despense faicte par ce present receveur pour la taille d'aucuns povres, lesquelz ont este taillez, les aucuns de la pierre et les autres de rompure et greveure, durant l'annee de ce present compte xxv ᵗᵗ; — a maistre *Jehan Gonthier, dict d'Orleans, inciseur juré a Paris*, la somme de viii ᵗᵗ t. a lui payee pour ses peines et sallaires d'avoir taillé audit Hostel Dieu plusieurs mallades de la greveure et rompure etc.

Autre despense pour les pardons et indulgences dudit Hostel Dieu publiez ou diocese de Paris lxxix ᵗᵗ.

Autre despense pour voyaiges et taxacions xlvi; — a Cloud Gerbe, serviteur dudict Hostel Dieu, la somme de ix ᵗᵗ t. pour la despense de lui et de son cheval, d'avoir este de l'ordonnance de mesdicts seigneurs les gouverneurs tant a Amboise devers le Roy comme a Tours, pour aucunes affaires dudit Hostel Dieu.

Autre despense pour dons et pensions iiiiˣˣ xvi ᵗᵗ.

Autre despense pour gaiges et sallaires de gens d'eglise et autres serviteurs dudict Hostel Dieu, le service desquelz a este certifie par frere Guillaume Stive, religieux et maistre dudit Hostel Dieu, en la fin des acquitz renduz sur chascun article de ce present chappitre viiᵉ lxv ᵗᵗ; — a seur Gilles Labourete, religieuse aiant la charge des femmes acouchees dudit Hostel Dieu, la somme de xx livres tournois, c'est assavoir xiiii ᵗᵗ t. pour les sallaires de la saige femme qui recoit les enfans desdites femmes accouchees, et vi ᵗᵗ t. pour les sallaires de la chamberiere qui a servy a icelles acouchees; — a Francoise Bonniere, nourrisse servant audit Hostel Dieu vii ᵗᵗ t. pour ses gaiges d'un an entier; — a Robert Charlot, cirurgien et barbier dudit Hostel Dieu xviiii ᵗᵗ t. pour ses gaiges et sallaires.

Somme totale de la despense xiiiᵐ lxiii ᵗᵗ.

## 33ᵉ REGISTRE (367 FEUILLETS, PARCHEMIN).

### ANNÉE 1519.

Compte huitiesme de maistre Claude de Savignac pour une annee commancant au jour et feste de Noel mil cinq cens dix huit et finissant le jour de Noel ensuivant mil cinq cens dix neuf.

Recepte faicte a cause des rentes que ledit hostel Dieu a droit de prendre chascun an sur le tresor du Roy nostre sire et sur son dommaine a Paris xiᵉ lxi ᵗᵗ.

Autre recepte a cause des rentes que ledit Hostel Dieu a droit de prendre en ceste ville et faulxbourgs de Paris xiiᵉ iiii ᵗᵗ.

Autre recepte a cause des rentes viaigeres iiiᶜ xxix ᵗᵗ.

Autre recepte a cause des louaiges de maison tant en ceste ville de Paris que es faulxbourgs d'icelle ixᶜ i ᵗᵗ.

Autre recepte a cause des cenz, surcens, fons de terre et admortissemens hors la ville et faulxbourgs de Paris xviiiˣˣ xvi ᵗᵗ.

Autre recepte a cause des rentes sur plusieurs maisons, terres, prez, vignes, boys et autres heritaiges hors la ville de Paris viiiᶜ xl livres p.

Autre recepte a cause des rentes viaigeres sur plusieurs maisons et autres heritaiges hors la ville de Paris viˣˣ xi ᵗᵗ.

Autre recepte a cause d'aucuns louaiges, fermes et baulx faiz a pris d'argent de plusieurs maisons, terres, prez, boys, vignes hors la ville de Paris iiiiᶜ xxiiii ᵗᵗ.

Autre recepte a cause des rentes es lieux et villaiges cy apres declairez ixˣˣ xix ᵗᵗ.

Autre recepte pour les droiz de pescherie, les aubaines et espaves xxxiii ᵗᵗ.

Autre recepte a cause des deniers procedans de reliefs, vente de heritaiges et rachapt de rentes iiiiˣˣ vi ᵗᵗ; — de maistre Nicole de Neufville, seigneur de Villeroy, l'un des secretaires des commandemans du Roy nostre sire, receue la somme de iiᶜ xliiii ᵗᵗ p. pour la vente de trois petites maisons assises rue d'Austriche, derriere l'ostel de Bourbon, *servans a filles amoureuses*, lesquelles ledit Hostel Dieu a este contrainct de vendre, pour le fait et bien de la chose publique, a moyen des scandalles et inconveniens qui en advenoient chascun jour.

Vente de vin xi ᵗᵗ xiii s.

Autre recepte a cause des peaulx et des laynes vendues vᶜ xxxi ᵗᵗ.

Vente de suif iiᶜ xxxviii ᵗᵗ.

Autre recepte a cause des deniers trouvez es troncs dudit Hostel Dieu apres la publicacion des pardons d'iceluy publiés en l'evesche et diocese de Paris, comme des baisemains et perpetuons distribuez en iceluy hostel iiᵐ vᶜ xxxv ᵗᵗ.

Autre recepte a cause des deniers venuz de la publicacion des pardons es dioceses et lieux hors ladite evesche et ville de Paris $v^m$ $vi^c$ lxiii ʄ p.

Autre recepte a cause des deniers aulmosnes et laiz faiz audict Hostel Dieu $xii^c$ viiiʄ; — et premierement de messeigneurs les gouverneurs dudit Hostel Dieu a este par ce present receveur receu, le $xiiii^e$ jour de janvier mil cinq cens dix huit, la somme de $vi^c$ livres tournois pour la tierce partie d'un naufraige ou debris d'une navire nommee Saincte Anne d'Anvers perie en la mer, en la coste de Pannemart, ou pais de Bretaigne, en l'evesche de Cornouaille, la confiscacion de laquelle appartenoit au Roy, nostre sire, de la quelle confiscacion ledit seigneur a donne audict Hostel Dieu la tierce partie, qui a este par mesdiz seigneurs les gouverneurs transportee a messire Alain de Guingant, chevallier, seigneur dudit lieu, moyennant ladite somme de $iiii^c$ $iiii^{xx}$ʄ parisis, pour obvier aux grans fraiz qu'il eust convenu faire par ledit Hostel Dieu a la poursuicte d'icelle tierce partie de confiscacion de ladite navire, au moyen de ce que le lieu ou est advenu ledict debriz est distant de ceste ville de Paris de plus de deux cens lieues; — le $xivi^e$ jour de janvier, de Monsieur de Villeroy la somme de cl livres tournois donnee audit Hostel Dieu, c'est assavoir $c^{tt}$ t. par Madame la duchesse d'Allencon et l livres par mondit sieur de Villeroy, pour l'entretenement des pauvres dudit Hostel Dieu; — de Monsieur de Villebe a este receu la somme de xiiʄ t. donnee par monseigneur le bastard de Savoie, pour prier Dieu pour l'ame de feu sire Jehan Jaques, en son vivant son compaignon d'armes; — de maistre Jehan Vivien, grenetier de Paris, la somme de $xv^{tt}$ tournois, ordonnee audit Hostel Dieu par Messieurs les generaulx des finances de ce royaume, affin que les pauvres dudit Hostel Dieu prient Dieu pour la sante du Roy et prosperite de son royaume; — des executeurs du testament de feu messire Loys de Clerebourg, en son vivant chevallier, seigneur du moulin Basset, pres Sainct Denis en France, la somme de xlviiiʄ p. donnee pour l'entretenement des pauvres d'icelui hostel.

Autre recepte a cause du prouffit venu audict Hostel Dieu, tant a cause des religieuses dudit Hostel Dieu qui ont este garder des malades par ceste ville de Paris, comme a cause de l'office de la chambre aux coultes $iii^c$ xlv ʄ.

Recepte commune $xvi^c$ xxixʄ.

Somme totale de la recepte $xv^m$ $iiii^c$ xxii ʄ.

Despense de ce present compte.

Despence a cause des cens, rentes, dismes, indemnitez et admortissemens, tant en ceste ville de Paris que hors icelle $viii^{xx}$ xiiiʄ.

Autres rentes deues sur tout le revenu temporel dudit Hostel Dieu xxiiiʄ.

Autres charges et redevances payees par ce present receveur, lesquelles sont deues par ledit Hostel Dieu, les unes de nouvel, les autres d'anciennete, selon et ainsi qu'il sera cy apres declaire xiʄ.

Autre despense pour facon et achapt d'eschallatz et boys de treilles iiii$^{xx}$ xʄ.

Autre despense pour achapt et facon de douves, enfonceures, serceaulx et osier, fustaille et advallaige de vin cxviiiʄ.

Autre despence faicte pour labour de vignes vii$^c$ iiii$^{xx}$ xiiiʄ.

Autre despense pour fraiz de vendanges, de verjuz viii$^{xx}$ xiʄ.

Autre despense pour achapt de vins et verjus v$^c$ iiii$^{xx}$ viii ʄ.

Autre despense pour achapt de moutons, beufz, pourceaulx, veaulx etc. iii$^m$ iiii$^{xx}$ xiiiʄ.

Autre despense faicte pour despense des jours meigres xix$^c$ xxxi ʄ.

Autre despense pour achapt de boys et de charbon vii$^c$ iiii$^{xx}$ xixʄ.

Autre despense pour achapt de huille et facon de chandelle lxixʄ.

Autre despense tant pour l'appoticairerie comme pour l'epicerie et chevecerie vi$^c$ xxxviiʄ.

Autre despense pour achapt de draps de laine, blanchetz, taincture d'iceulx, pelleterie, coustilz, plume, draps de lict, couvertures, tant pour les pauvres comme pour les religieux et religieuses vii$^c$ xiʄ.

Autre despense pour facon et blanchissage de toilles et achapt de cendres xxxvʄ.

Autre despense pour achapt de cuyrs, tannaiges et bauldroyaiges d'iceulx vii$^c$ lxʄ.

Autre despense pour ouvraiges et partie de potier d'estain, chauderonnerie, vennier et cordier iiii$^{xx}$ iiiʄ.

Autre despense pour partie et ouvraiges de charron, mareschal, bourrelier et sellier cv ʄ.

Autre despense pour fauchaige, fenaige, botelaige et achapt de foing lxxi ʄ.

Autre despense pour certains menuz fraiz et mises communes xliii; — *pour avoir faict resoulder et dorer deux biberons d'argent servant pour les mallades* xxiii s. p.

Autre despense pour acquisicions de heritaiges, rachaptz de rentes, ventes et saisines ii$^c$ iiii$^{xx}$ xvii ʄ.

Autre despense pour ouvraiges et reparacions xviii$^c$ iiii$^{xx}$ iiʄ; — a Auger Bacquet la somme de iiiiʄ t. pour avoir este querir au grenier aux farines dudit Hostel Dieu le boys des barrieres servans les jours des pardons d'iceluy, tant en l'eglise, comme ou chappitre dudit Hostel Dieu, et icelles barrieres avoir assises les jours de Noel m. v$^c$ xvii et dimanche de la Passion ensuivant et en avoir faict six neufves, et le tout avoir rapporte oudit grenier apres lesdiz pardons, avoir aussi despendu troys cloches les deux du clocher de l'eglise et l'autre appellee le *sainct*, joignant la chambre au dras.

Autre despense pour deniers par luy baillez, pour convertir et employer ou faict des proces et autres fraiz de justice iii$^c$ v$^{lt}$.

Autre despense faicte pour aucunes debtes paiez en l'acquit dudict Hostel Dieu, et autres deniers baillez pour subvenir aux neccessitez des religieuses et filles malades vii$^{xx}$ ii $^{lt}$.

Autre despense pour la taille d'aucuns pouvres, lesquelz ont este taillez, les aucuns de la pierre et les autres de greveure et rompeure xviii $^{lt}$ viii s.

Autre despense faicte par ce present receveur pour les pardons et indulgences dudit Hostel Dieu xlvii $^{lt}$.

Autres despense pour voiaiges et tauxacions xxxvii$^{lt}$.

Autre despense pour pensions et dons durant l'annee de ce present compte iiii$^{xx}$ xiii $^{lt}$.

Autre despense pour gaiges et sallaires de gens d'eglise et autres serviteurs dudict Hostel Dieu vii$^c$ vi $^{lt}$; — a Jehanne Vincenne, nourisse des petitz enfans estans gisans audit Hostel Dieu, vii $^{lt}$ t. pour avoir servy et nourry desdiz petis enfans; — a maistre Robert Charlot, cirurgien et barbier ordinaire dudict Hostel Dieu xxiiii $^{lt}$ pour ses gaiges et sallaires.

## 34$^e$ REGISTRE (94 FEUILLETS, PARCHEMIN).

### ANNÉE 1520.

Compte de l'edifice encommencé, a faire pour l'*ostel de la Charité*, pres Paris et hors la porte Sainct Germain des Prez, fini le xv$^e$ jour d'octobre mil cinq cens vingt [1].

Copie du vidimus de certaines lectres patentes du Roy nostre sire, signees de sa main et de Neufville, son secretaire signant en finances : A tous ceulx qui ces presentes lectres verront, Gabriel, seigneur et baron d'Aleigre, Sainct Just, Meillan, Torzet, Sainct Dier et de Pussol, conseiller, chambellan du Roy nostre sire et garde de la prevoste de Paris salut, savoir faisons, nous, l'an de grace mil cinq cens dix neuf, le samedi xxvii$^e$ jour d'aoust, avoir veu, tenu et leu de mot a mot les lectres patentes du Roy nostredit sire, scellees de son seel en cire jaulne sur simple queue, desquelles la teneur ensuit : Francoys par la grace de Dieu roy de France, a noz amez et feaulx les generaulx conseillers, par nous ordonnez sur le fait et gouvernement de noz finances, salut et dilection; comme pour eviter a la contagion de maladie de peste qui peut avenir quant les malades et actainiz de peste sont portez en l'Ostel Dieu de nostre bonne ville et cite de Paris, logez et couchez avec les autres malades de diverses maladies qui y affluent journellement, nous ayans advise, pour l'onneur et reverence de Dieu nostre createur et de sa douloureuse passion, et pour l'amour naturelle que chascun fidelle et catholique doit avoir l'un a l'autre, faire bastir et construire *une grant closture de maison qui se nommera la Charité*, hors et au dessoubz de nostre dicte ville de Paris, et le plus pres d'icelle que faire se pourra, et sur la riviere de Seine, en laquelle seront portez et logez doresnavant lesdiz pestillencieux, quant le cas y aviendra, pour laquelle Charité en commancer, nous avons cejourduy ordonne estre baille aux gouverneurs de nostredit Hostel Dieu de Paris, lesquelz voulons avoir la superintendance et gouvernement de ladite maison de la Charité, comme dudict Hostel Dieu, la somme de *dix mil livres tournois*, par nostre ame et feal conseiller maistre Lambert Mesgret, tresorier de l'extraordinaire de noz guerres, si vous mandons, commandons et expressement enjoignons par ces presentes, que par ledict maistre Lambert Mesgret, et des deniers a luy ordonnez pour convertir ou fait de sadicte commission, vous faictes payer, bailler et delivrer comptant ladicte somme de dix mil livres tournois ausdits gouverneurs de nostredit Hostel Dieu, ou au receveur general d'icelui, ou autre qui sera par eulx a ce faire commis, pour icelle somme payer et distribuer par ordonnance et commandement desdits maistres et gouverneurs d'icelui Hostel Dieu, et par rapportant par ledit Maigret cesdictes presentes, que nous avons pour ce signees de nostre main, et quictance d'iceulx maistres, receveur general ou autre a ce commis sur ce seulement, nous voulons ladicte somme de dix mil livres tournois estre passee et allouee es comptes dudict Maigret, et rabatuz de sa recepte par noz amez et feaulx gens de noz comptes, ausquelz nous mandons ainsi le faire, sans difficulte, car tel est nostre plaisir, nonobstant que ladicte partie ne soit couchee en l'estat general de noz finances, descharge ne soit levee selon et en ensuivant l'ordre d'icelles et quelzconques ordonnances, restrinc-

---

[1] Bien que ce compte ne s'applique pas à l'Hôtel Dieu de Paris, nous avons cru devoir le publier ici, à sa date et sous son numéro d'ordre, pour ne pas interrompre la série des registres des comptes de l'Hôtel-Dieu, aussi parce que le receveur de l'Hôtel Dieu, Claude de Savignac, fut le comptable chargé de la recette et de la dépense relatives à l'édification de cet hôpital, destiné aux maladies contagieuses, qui fut démoli avant d'être achevé, mais dont la nécessité s'imposait à ce point que, moins de cent ans plus tard, il reparaissait sous le nom d'hôpital Saint-Louis. Henri IV reprenait le projet de François I$^{er}$ et, cette fois, le menait à entière exécution.

tions, mandemens ou defenses a ce contraires. Donné a Corbueil le xiii° jour d'aoust, l'an de grace mil cinq cens dix neuf et de nostre regne le cinqiesme. Ainsi signé Francoys. Par le Roy le bastard de Savoye, conte de Villars, present de Neufville, et nous a ce present transcript ou vidimus, en tesmoing de ce, nous (avons) mis le seel de ladicte prevoste de Paris, les an et jour dessus dictz. Ainsi signé Seneschal.

Francoys, par la grace de Dieu roy de France, a noz chers et bien amez les gouverneurs de l'Ostel Dieu de nostre ville et cite de Paris salut, comme puis nagueres, meuz de pitie et devotion, ayons ordonne estre construit, basti et ediffie une maison que avons nommee et intitulee la Charité, pres et au dessoubz de nostre dicte ville, sur la riviere de Seine, pour en icelle estre mis, portez et menez les malades de peste que par cy devant on avoit acoustume mectre et porter audict Hostel Dieu, dont il avenoit tres grande contagion aux malades des autres maladies, qui y sont et affluent quotidiennement, pour en commancer lequel bastiment et ediffice vous avons fait bailler et delivrer, puis nagueres, la somme de dix mil livres tournois, et pour la distribucion et tenir le compte de ladicte somme, et des autres sommes de deniers que pour ladicte cause nous et autres y pourrons cy apres donner et ordonner, soit besoing et commectre ung ou plusieurs receveur ou receveurs, et pareillement contrerolleur ung ou plusieurs, pour contreroller tant ledit bastiment que les achaptz et provisions de matieres qui y seront necessaires, savoir vous faisons que nous, confians de voz personnes, loyaultez, preudhommies et bonnes diligences, vous avons commis, ordonnez et depputez et par ces presentes commectons, ordonnons et depputons a tenir le compte et faire les payemens necessaires pour le fait dudit bastiment, construction et ediffice, si bonnement, et sans pretermission des autres affaires dudict Hostel Dieu, que savons estre tres grans et penibles, y povez vacquer, et si le cas est que vous ensemblement ou l'un de vous n'y povez vacquer ou entendre, vous avons donne et donnons povoir par ces mesmes presentes de y commectre ung ou plusieurs receveurs et contrerolleurs, pour contreroller ledict bastiment, lesquelz en voz loyaultez et consciences vous y commecterez, et seront tenuz lesdictz receveurs commis faire les payemens desdictes euvres et repparacions par voz ordonnances et mandemens, et lesquelz seront contrerollez par les contrerolleurs a ce par vous commis et ordonnez comme dit est, a telz gaiges, tauxations, et bien faiz par vous le seront pour ce tauxez et ordonnez, et desquelz payemens qui ainsi seront faiz par lesdiz receveurs voulons, et vous mandons a chascun de vous et aux trois ou deux de vous en l'absence des autres, en bailler et expedier acquitz signez de voz mains, et contrerollez pour quictance par lesdiz contrerolleurs audit receveur ou receveurs, en rapportant lesquelz acquitz ainsi contrerollez pour quictance, comme dit est, nous voulons toutes les parties et sommes de deniers ainsi payees, baillees et delivrees pour le fait dudit bastiment, construction et ediffice de ladicte maison et lieu de la Charité estre passez et allouez es comptes, et rabatuz de la recepte de celui ou ceulx desdicts receveurs qui auront fait lesdits payemens et pareillement leurs gaiges, sallaires et tauxacions, par nos amez et feaulx les gens de noz comptes a Paris, ausquelz nous mandons passer et allouer lesdictes parties, ainsi signees et contrerollees, comme dit est, sans aucune dificulte, car ainsi nous plaist il estre fait, nonobstant quelzconques ordonnances, mandemens, restrinctions ou deffenses a ce contraires. Donne a Corbueil le xiii° jour d'aoust, l'an de grace mil cinq cens dix neuf et de nostre regne le cinqiesme, ainsi signé, par le Roy, de Neufville.

Francoys, par la grace de Dieu roy de France, a tous ceulx qui ces presentes lectres verront, salut. Comme noz predecesseurs roys de France, ayans regard a la grant estendue et circuit de nostre bonne ville et cite de Paris, principalle et capital de nostre Royaume et qui, grace a Dieu nostre createur, croist, augmente et multiplie chascun jour, et en laquelle est et habite de present si grant multitude de peuple que de toutes pars icelle ville reediffiee et construicte de nouveaulx edifices, iceulx nos predecesseurs, pour subvenir aux necessitez, pouvretez et indigence des pouvres habitans d'icelle, funderent et feirent par ci devant construire et edifier ung *noble, devost et sumptueulx Hostel Dieu*, et ou quel estoient et sont encores de present hebergez, recueilliz, pensez et alimentez, non seulement les pouvres indigens, souffreteux et necessiteux de ladicte ville, mais aussi toutes autres pouvres creatures humaines de la chrestienté, de quelz conques lieux qu'ilz soient, et pour quelques malladies, necessitez et affaires qu'ilz ayent et puissent avoir. Touteffoiz par cy devant, les freres et seurs, maistres et gouverneurs d'icelui Hostel, par pitie et compassion, et en voulant recueillir humainement tous povres malades, de quelque malladie qu'ilz peussent estre touchez et frappez, comme membres de nostre Seigneur, ont tousiours receu et hebergez oudit Hostel Dieu les povres touchez de mauvaiz air, peste, epidymie et autres malladie pestillencielles, comme ilz ont fait les autres malladies et indigens, sans aucunement les esconduyre, au moyen de quoy et que lesdicts povres mallades pestifereux estoient ja touchez et frappez a mort, ilz sont decedez oudit Hostel Dieu, et l'ont tellement infecte et gaste que les autres povres malades d'autres maladies, aussi les religieux et religieuses d'icelui, femmes ensainctes et petis enfans en ont este saisiz et frappez, tellement que le plus souvent, lorsqu'ilz estoient sanez et gueriz, et prestz a eulx en aller, et prendre conge, ont este frappez de peste et sont decedez, dont sont advenuz et adviennent plusieurs grans inconveniens oudit Hostel Dieu et en nostre dicte ville et cite de Paris; pour ce quoy obvyer, et afin que cy apres telz perilz et inconveniens ne adviennent en icelui Hostel Dieu, Nous, par bonne et meure deliberacion, avons advise et delibere faire construire, bastir et edifier de noz propres deniers ung grant hostel, cloistre et maison, lequel sera scitue et assiz hors nostre dicte ville de Paris, au plus convenable et prouche lieu d'icelle que faire se pourra et sur la riviere de Seine, au dessoubz dudit Hostel Dieu, lequel Hostel, cloistre, logeis et maison sera pour y dresser et establir lictz, meubles, ustencilles de maison et toutes autres choses necessaires, pour en icelui lieu retirer loger et heberger toutes manieres de gens malades frapez de mauvais air et entachez de peste, quant les cas y adviendra et non autres. Auquel lieu, cloistre et hostel avons donne le nom de la Charité pour en icelui lieu les traicter, penser et bailler leurs necessitez, au mieulx que possible sera, par ceulx qui seront a ce depputez par lesdicts religieux, freres et seurs, maistres et gouverneurs dudict Hostel Dieu de nostre dicte ville de Paris, sans plus les porter ne recevoir en icelui Hostel Dieu, en quelque maniere que ce soit, et ausquelz maistres et gouverneurs dudit Hostel Dieu de Paris en avons donne la charge, gouvernemens et superintendance pour le commancement duquel edifice avons ordonne a maistre Lambert Meigret par nous commis a l'extraordinaire de noz guerres, bailler et delivrer promptement comptant la somme de dix mil livres tournoiz, dont luy avons faict expedier acquict, et *pour ce que avons este advertiz que aucuns se sont ventez, et efforcez dire qu'ilz donneront empeschement a la construction, edifice et bastiment dudit lieu de la Charité, par nous ainsi establiy et ordonne, soit par opposition ou appellacion, ou autrement*, que seroit en ce faisant entreprins sur noz vouloir et intencion, et retardé l'edifice que nous avons ordonne et establiy pour bonne et juste cause, pour heberger les povres membres de Dieu, savoir faisons que nous, voulans a ce pourveoir, et afin que l'ouvraige ne soit aucunement empesché ne retardé, mais construict et edifie promptement et a toute diligence, sans riens y espargner, actendu que c'est pour le bien universel, avons dit, declairé et ordonné, disons declairons et ordonnons de nostre grace especial, pleine puissance et auctorite royal, par ces presentes voulons et nous plaist que les terres et possessions ou n'y aura aucuns edifices esquelz seront faiz et constructz lesdiz hostel, closture, edifices et maisons dudit lieu de la Charité, soient pour ce faire *prins royaument et de faict et sans figure de proces*, en recompensant promptement et raisonnablement les interessez, au dit de gens de bien a ce congnoissans, de leurs pertes, dommaiges et interestz, nonobstant opposicions ou appellacions quelzconques, et sans prejudice d'icelles, pour lesquelles ne voulons estre differé, actendu mesmement que c'est pour le bien, proufit et utilite d'eulx et de toute la chose publique, tant des habitans de nostre dicte ville de Paris que d'autres, affluans chascun jour en icelle, ordonnons en mandement par ces mesmes presentes a noz amez et feaulx conseillers les gens de nostre court de Parlement a Paris, ausquelz nous avons de ce donné et donnons la totalle charge et cognoissance, que noz presens declaracions, vouloir, ordonnance, et tout le contenu en cesdites presentes, ilz facent incontinant, et sans delay mettre a execucion, selon leur forme et teneur, en contraignant ou faisant contraindre royaument et de faict les tenanciers desdictes possessions, heritages et choses sur lesquelz seront ordonnez lesdiz edifices de la Charité estre faiz, ou n'y a de present edifices de maisons, en prendre la juste, vraye et raisonnable valleur, et en leur reffuz, faire proceder oudit edifice de la Charité, en consignant par lesdiz religieux, maistres, freres et seurs, ou par ledict receveur dudict Hostel Dieu, les deniers de l'apreciacion et vraye valleur d'iceulx heritages en main de justice, et d'iceulx edifices et de tout ce qu'il en despendra avons a nosdiz conseillers donne toute la jurisdicion et congnoissance, *en l'interdisant a nostre Prevost de Paris ou a son lieutenant et a tous autres*, et a ce faire et souffrir contraignent ou facent contraindre tous ceulx qu'il appartiendra, et qui pour ce seront a contraindre, nonobstant comme dessus, et quelzconques ordonnances, mandemens ou deffenses a ce contraires. En tesmoing de ce nous avons faict mectre nostre seel a ces presentes. Donné a Corbueil le XII<sup>e</sup> jour d'aoust, l'an de grace mil cinq cens dix neuf, et de nostre regne le cinquiesme. Ainsi signe sur le reply desdictes lettres, par le Roy, de Neufville, et scellé en cire jaune sur double queue.

Les commis au regime et gouvernement de l'Ostel Dieu de Paris, a tous ceulx qui ces presentes lectres verront, salut. Comme puis nagueres le Roy nostre sire, par deux ses lectres patentes signees de Neufville, donnees a Corbueil le XIII<sup>e</sup> jour de ce present mois d'aoust, meu de pitio et devocion, ait ordonne estre construit, basti et edifie une maison qu'il a intitulee et nommee la Charité, pres et au dessoubz de ladicte ville de Paris, pour en icelle estre mis et hebergez les malades actainctz de peste, qui par cy devant ont acoustumé estre hebergez audict Hostel Dieu, dont en est advenu tres grant inconvenient aux malades des autres maladies y affluans chascun jour, duquel bastiment ledit seigneur nous ait baillé la charge, gouvernement et superintandance, et pour icelui commencer ait ordonne a maistre Lambert

Meigret, commis a l'extraordinaire de ses guerres, bailler et delivrer promptement comptant la somme de x mil livres tournois, dont icelui seigneur nous a fait expédier acquict, pour recevoir et distribuer laquelle somme, et tenir le compte et des autres sommes de deniers que pour ladicte cause ledict seigneur et autres y pourront cy apres donner et aulmoner, soit besoing commectre ung ou plusieurs receveur ou receveurs, et pareillement ung controlleur ou plusieurs, pour controller tant ledict bastiment que les achaptz et provisions de matieres qui seront pour ce faire necessaires, savoir faisons que nous, et par vertu du povoir a nous donné par le Roy nostre sire, commectons et depputons a tenir le compte et faire les payemens necessaires pour le faict dudict bastiment et edifice de la Charité, maistre Claude de Savignac, receveur general dudict Hostel Dieu, lesquelz payemens signez et expediez de nous ou de trois ou deux de nous en l'absence des autres contrerollez, aux gaiges de neuf deniers pour livre, tant pour iceulx gaiges recouvrer des deniers de son assignation, que pour façon de compte et des acquitz necessaires et servans a la reddition desdiz comptes, et autres escriptures et vaccacions qu'il lui conviendra faire pour le fait d'icelle commission; lesquelz nous consentons estre prins et retenuz par ses mains des deniers de sadicte recepte et commission, et iceulx, ensemble tous autres payemens par lui faiz par la maniere que dessus, estre allouez en ses comptes et rabatuz de sa recepte dudict fait, partout ou il appartiendra, lesquelz comptes il sera tenu rendre en la chambre des comptes, sitost et incontinant que par Messieurs desdiz comptes ou nous lui sera ordonné, et neantmoins sera tenu nous montrer son estat des receptes et despense d'icelle charge, de trois mois en trois mois ou plus tost si par nous lui est ordonné. En tesmoing de ce nous avons signé ces presentes et seellees du seel dudit Hostel Dieu, le xvi⁰ jour d'aoust, l'an mil cinq cens dix neuf. Ainsi signé Briconnet, Bureau, de Marle, Anthoullet, Pesquet.

Noble et discrecte personne maistre Anthoine de la Vernade, prebtre, licencie en chascun droit, doyan et curé de Chelle, confesse avoir vendu, ceddé transporté du tout des maintenant a tousiours, et promect acquicter et garentir de tous troubles et empeschemens quelzconques aux maistres et gouverneurs de l'Ostel Dieu de Paris, ayans la superintendance de la *maison de la Charité que se fera* pres Sainct Germain des Prez, pour loger et heberger les povres malades de peste de la ville de Paris, achepteurs et acquesteurs, pour applicquer a ladicte maison de la Charité sept arpens de terre en deux pieces, les pieces comme elles se comportent, assises ou terrouer dudict Sainct Germain, que ledict vendeur affirme a lui appartenir de son propre heritaige, l'une piece contenant deux arpens, *tenant d'une part a la riviere de Seine*, d'autre part aux terres de ladicte eglise Sainct Germain, aboutissant d'un bout a ung fossé, par lequel l'eaue des fossés de ladicte eglise se vuide en ladicte riviere de Seine, et d'autre bout au chemin par lequel l'on va de ladicte abbaye en ladicte riviere de Seine, l'autre piece contenant cinq arpens assis prez desdiz deux arpens, oultre ledict grant fossé, tenant d'une part tout du long audit grant fossé, d'autre part au curé dudict Sainct Soulpice, aboutissant d'un bout a ladicte riviere de Seine et d'autre bout au Pré aux Clers, le tout en la censive de ladicte abbaye Sainct Germain des Prez, et chargé de trois solz quatre deniers parisis de cens payables chascun an au jour Sainct Remy pour toutes les charges quelz conques; ceste vente faicte a la charge dudict cens, et pour et parmy le pris et somme de huit vingtz livres tournois, monnoye courant a present, que ledit vendeur en confesse avoir euz et receuz desdiz maistres et gouverneurs, par les mains de honorable homme maistre Claude de Savignac, receveur general dudict Hostel Dieu, aiant la charge de faire les payemens de l'edifice de ladicte maison de la Charité et par lequel de Savignac ladicte somme lui a esté payee comptant, en la presence des notaires cy soubz escriptz, en escuz d'or a la couronne et monnoye courant a present... Fait et passé l'an mil cinq cens dix neuf le vendredi *second jour de septembre*. Ainsi signé Pichon et Pichon.

Honnorable homme Jehan Pichore, historieur, et bourgeois de Paris, de son bon gre confesse avoir vendu, cedé, transporté, delaissé des maintenant a tousiours, et promect garentir de ses faictz, promesses et obligacions, et pour toute autre garantie a baillé les lectres qu'il avoit de ce qui s'ensuit : aux maistres et gouverneurs du revenu et temporel de l'Hostel Dieu de Paris, ayans la charge et superintendance, de par le Roy nostre sire, de l'ediffice et hostel de la Cherité lez Paris, present a ce maistre Claude de Savignac, receveur general dudict Hostel Dieu, pour et ou nom d'icelui hostel de la Charité une piece de terre contenant cinq arpens et ung quartier, audict vendeur appartenans, par bail a lui fait par les religieux, abbé et couvent de Sainct Germain des Prez, lez Paris, assis ou terrouer dudict Sainct Germain, au long du fossé de la ville de Paris, tenant d'une part audit fossé et d'autre part au chemin tendant au pré ou pré au clercs, aboutissant d'un bout a la riviere de Seine, et d'autre bout a l'aumosnier dudict Sainct Germain, en la censive desdits de Sainct Germain, et chargez envers eulx de cinquante solz tournois de cens, payables au jour sainct Remy, sans autres charges. Ceste vente faicte a la charge dudit cens et outre, moiennant la somme de quarente livres tournois, monnoye courant a present, que pour ce ledict Jehan Pichore, vendeur, en confesse avoir eu et receu desdicts achepteurs et qui payée comptée et nombrée lui a esté par les mains dudict de Savignac, presens les notaires cy soubscriptz, dont quictance. Fait et passé l'an mil cinq cens dix neuf, le lundi dix neufiesme jour de septembre. Ainsi signe Perault et Le Seneschal.

(Compotus particularis magistri Claudii de Savignac, commissi ad tenendum compotum et faciendum solutiones neccessarias pro facto edificamenti domus dei scitæ prope civitatem Parisiensem, nominatæ *la Sanitat*.
Traditus ad Burellum per receptorem die i$^e$ septembris m° quingentesimo xxviii°. Sic signatum Dupre.)

Compte premier de maistre Claude de Savignac, commis par messeigneurs les gouverneurs de l'Ostel Dieu de Paris a tenir le compte et faire les payemens pour le fait du bastiment et edifice d'un hostel que ledit seigneur ordonne estre construict au dessoubz de ladicte ville de Paris, qu'il a intitulé la Charité.

Et premierement, recepte :

De maistre Lambert Meigret, conseiller du Roy nostre sire et tresorier de l'extraordinaire de ses guerres, la somme de dix mil livres tournois ordonnee par le Roy nostre sire.

Autre recepte faicte par ce present receveur, a cause d'aucuns deniers procedans de la vente faicte par messeigneurs les gouverneurs d'aucunes matieres qui avoient este preparees pour l'edifice de la Charite, lesquelles ont este vendues, obstant que ledit edifice a este delaissé, apres ce que la somme de x$^m$ $^{tt}$ t. donnee et octroyee par le Roy nostre sire pour commancer ledit edifice y a este employee, et que pour proceder au parachevement d'icelui ledit sire n'a ordonné aucuns deniers, aussi qu'il convenoit paier aucunes restes pour raison de ce, comme il appert par les parties d'icelle vente signees et certifiees en la fin d'icelles par mesdiz seigneurs.

Et premierement des marguilliers de l'euvre et fabrique de l'eglise Monsieur Sainct Gervais a Paris, la somme de lx$^{tt}$ t. pour la vente et delivrance a eulx faicte, en tasche et en bloc, d'aucune quantité de chaulx estaincte, demouree en l'astellier, dudict edifice apres ce que on eut donne conge aux macons y besongnans, laquelle se deperissoit, pour ce cy lx$^{tt}$ t.

De noble homme Mary Bureau, seigneur de la Houssaye, la somme de xv$^{tt}$ t. pour la vente aussi a lui faicte en tasche et en bloc d'un cent de merrien dudict edifice.

De Monsieur le receveur general maistre Jehan Ruzé la somme de lviii$^{tt}$ xiiii s. pour la vente et delivrance de cent douze quartiers de pierre au pyé, xviii chariotz et demy de carreaulx doubles et sangles, et pour la taille d'aucunes desdictes pierres.

De monsieur l'arcediacre de Paris, messire Rene du Bellay, la somme de ix$^{xx}$ x$^{tt}$ t. pour la vente de vi$^c$ xxxiii piez de pierre et xxv chariotz et demy de carreaulx, en ce comprins la taille de partie de ladicte pierre.

De Jehan Beausault, macon, la somme de cxi$^{tt}$ pour la vente et delivrance de mil ix piez de pierre au pris de xviii den. chascun pyé et de xl chariotz de carreaulx.

Dudit Beau Sault la somme de xxv$^{tt}$ pour la vente et delivrance de dix chariotz de carreaulx doubles, et unze chariotz de carreaulx sangles.

De la vente et delivrance de ii$^c$ iii quarterons et demy de merrien qui disperisoit et se gastoit, la somme de xlii$^{tt}$.

Somma totalis recepte presentis compoti x$^m$ iiii$^c$ iiii$^{xx}$ xvi$^{tt}$.

Despense de ce present compte.

Et premierement, deniers payez pour acquisicions d'eritaiges ii$^c$ l$^{tt}$ t.

Autres deniers payez pour et a cause du bastiment et edifice dudit hostel.

Et premierement, achapt de pierre et moillon. A Estienne Leblanc, Jehan Troche, Angelot Becquet et Nicolas Lecourt, carriers demourans a Nostre Dame des Champs, iii$^c$ xxxiii$^{tt}$ qui deue leur estoit pour avoir par eulx, depuis le lundi iii$^e$ jour de septembre, v$^e$ xix, jusques au samedi premier jour d'octobre en suivant, livré les parties de pierre cy apres declairees, c'est assavoir iiii$^c$ iiii$^{xx}$ iiii quartiers de pierre de cliquart, tezez ensemble a ii$^m$ vi$^c$ lviii piez, au pris de xviii den. chascun pyé, valans ensemble ix$^{xx}$ xix$^{tt}$ vii s. iiii den.

Item une pierre de liais *en laquelle sont eslevees les armes du Roy*, qui est la premiere pierre dudict edifice lix s. vii den.

Item vi$^{tt}$ xii quartiers de pierre libaige, tezez ensemble vii$^c$ iiii$^{xx}$ v piez xlix $^{tt}$ i s, vi den.

Item quatre vingt six chariotz et demy de carreaulx doubles, au pris de xvii s. vi den. t. chascun chariot, lxxv$^{tt}$ xiii s.

Item pour viii chariotz de moillon au pris de vii s. vi den. chascun chariot, lx s. t.

A Jehan Cirot, carrier, iiii$^{xx}$ xviii $^{tt}$ pour avoir par lui livre depuis un mois en ça pour icelui edifice la quantite de ii$^c$ iiii$^{xx}$ iii quartiers de pierre de libaige tezez a xv$^c$ xxii pyez et demi.

Item quatre voyes de carreaulx de libaige, a raison de xv s. t. chascune voye lx s. t.

A Angelot Becquet, Jehan Troche, Jehan Cyrot et leurs compaignons iiii$^{xx}$ xvi $^{tt}$ pour avoir livre les parties de pierre cy apres declairees, c'est assavoir vii$^{xx}$ quartiers de pierre de cliquart, tezez ensemble a vii$^c$ xlvi piez et trois quars de pye, pour cecy lvi$^{tt}$ i den.; — item xx quartiers de pierre de libaige tezez ensemble a cent dix huit piez et demy, au pris de ung solt trois den. t. chascun pye, vii tt viii s. i den.; — item xxxvi charriotz carreaulx doubles, au pris de xvii s. vi den. chascun chariot, dont viii carreaulx pour chariot, xxxi tt xiii s. xi deniers ob.

Item deux grans hyes a piloter et ficher pieux, et six manches a hoyaulx a pyonniers, livrez par les dessus dix carriers xxiii s. ix den.

A Jehan Cirot, Angelot Becquet, Jehan Troche, carriers et leurs compaignons ix xx tt xii s. qui deue leur estoit pour avoir livré les parties de pierre cy apres declairees : iii c lxxi quartiers de pierre de cliquart, tezez ensemble a xviii c lix pyez, vi xx xix tt ix s. vii den.; — item dix quartiers de pierre de libaige tezez ensemble a lxx piez et demy iiii tt viii s.; — item quarante deux charriotz de carreaulx doubles, au pris de xviii s. xxxvi tt xv s.

A Jehan Troche, Angelot Bequet, Estienne Leblanc et leur compaignons, la somme de ii c iiii xx i tt pour avoir livré les parties de pierre cy apres declairees, c'est assavoir iiii c iiii xx ix quartiers de pierre de cliquart, tezez ensemble a la quantite de ii m v c lxxix pyez, ix xx xiii tt ; — item iiii xx ii quartiers de pierre de libaige, tezez ensemble a la quantite de iiii c liiii piez xxviii tt vii s.; — item lxviii chariots et demi de carreaulx doubles lx tt.

Somme totale ds la despense pour achapt de pierre et moillon iiii m l tt.

Achap de chaulx.

A Estienne du Temple et Jehan Legris, chauffourniers, demourant a Bresolles, parroisse de Boys le Roy, la somme de xxx tt vi s. iii den. pour avoir par eulx livré pour ledit edifice la quantite de vii muys troys mynotz de chaulx, au pris de lxxvii s. vi den. le muy, valent ensemble xxvii tt vii s.; — item pour le mesuraige au pris de v s. chascun muy xxxv s.; — item pour avoir fait porter icelle chaulx du basteau jusques au lieu dudit edifice xxxiii s.

Somme totale de la despense pour achapt de chaulx iiii c xxxii tt.

Achap de sablon xii tt vi s.

Maconnerie. A Loys Poireau, Estienne Hardi, Nicolas Gilles et Jehan du Bersel, macons, tailleurs de pierres, demourans a Paris, la somme de iiii c iiii xx xv tt pour six vingtz trois toizes et demye unze pyez, a quoy se montent les ouvraiges de maconnerie encommancee a faire oudit edifice de la Charité qui est au feur de iiii tt t. la toise et selon et en ensuivant le toise de ce fait le xvi e jour de septembre mil cinq cens vingt par Jehan de Felin, macon juré du Roy, nostre sire, en l'office de maconnerie.

A Jehan Beausault, macon, la somme de vi xx xv tt, qui aussi deue lui estoit pour les parties de maconnerie par lui faictes en la loge faicte de neuf ou lieu dit le Pre aux Clercs pour les ouvriers besongnans oudit edifice de la Charite.

A Loys Poireau, Estienne Hardi, Nicolas Gilles et Jehan du Bersel la somme de vii c iiii xx xiii tt, pour trois mil sept cens trente deux toises, a quoy se montent tous et chascuns les ouvraiges de taille par eulz faiz en la pierre estant sur le preparatif et hastelier dudit edifice, au feur de iiii s. iii den. t. chascune toise.

Summa operum xiiii c lxx tt.

Achap de merrien.

A Jehan Colin, cappitaine de la Ferté au coul et Claude Cariton, la somme de c. xi tt xv s. qui deue leur estoit c'est assavoir audit Colin la somme de iiii c xix tt xv s. pour avoir livré la quantite de quatre cens trois quarterons de boys carre de plusieurs sortes, pour employer oudit edifice de la Charité et audit Careton la somme de xii tt pour avoir par lui et ses gens mene et descharge ledit boys sur l'astelier dudit edifice.

A Baudichon Drouyn et maistre Jehan Duval, marchans, demourans a Nogent Larthault la somme de iii c xii tt pour avoir livré la quantite de xv c et demy quarteron de merrien, du pris de xx tt t. le cent.

A Michel Regnault, marchant de merriens, la somme de iiii xx v tt pour avoir livré v c lxx pieces de bois d'aulne, pour faire les pillotitz dudit edifice, chascune piece de xii piez de long.

Audit Regnault la somme de ix tt qui deue lui estoit pour cinq milliers et demy de latte, qui ont este employez en la couverture ou loges dudit edifice de la Charité.

A icelui Regnault la somme de ix xx ix tt pour avoir livre pour ledit edifice ung millier et demy cent d'aulnes carrez de xii piez de long.

A Jaques de Bonnillier, marchant de merrien lxxiiii tt, pour avoir livré sur l'caue, pres dudit edifice, iii c xxvi pieces de boys d'aulne et lxxix chevrons de plusieurs longueurs.

A Michel Regnault la somme de c tt t. pour avoir vendu et livré au port des Celestins (le xxvi e jour de may m. v c xx) vingt poultres, chascune de quatre toises de long et de seze a vingt poulces de fourniture, pour faire les plattes formes dudit edifice, a raison de c solz tournois chascune poultre.

A Robert Boutet, marchand de boys de merrien, et Jehan Zacharie, deschargeur de merrien, ciii tt t. pour avoir vendu iii c xxxiiii pieces de boys de merrien, et avoir descendu a flote ledit merrien depuis le boulevart jusques a l'endroit ou se fait ledit edifice, et l'avoir descharge en l'atelier.

A Michel Regnault, marchant et Jehan Zacharie la somme de ciii tt pour avoir livré le xii e jour de juing la quantite de v c xxx pieces de boys d'aulne pour faire les pillotiz dudit edifice, et audit Zacharie vii$^{xx}$ xvii s. pour avoir deschargé ledit boys.

A Michel Regnault la somme de ix$^{xx}$ iiii ₶ pour avoir livré xxv poultres de chesne, dont xi de cinq toises, une de iii et xiii de quatre toises de long ou environ, sur la largeur de seze a vingt poulces de fourniture en tous sens; — item demi millier de latte a ardoise a *tringler* le bacquetaige dudit edifice, au pris de xl s. t. le millier xx s. t.

Audit Regnault la somme de vii$^{xx}$ ix ₶ pour avoir livré viii$^c$ xxxi pieces de boys d'aulne de xii pied de long, pour les pillotiz d'icelui, qui est au pris de xviii ₶ le cent.

A Gillet Amyet, marchant demourant a Gravon sur Seine, xxxix ₶ vii s. pour avoir livré la quantité de ii$^c$ xx pieces de boys d'aulne.

A Michel Regnault la somme de ii$^c$ lxxix ₶ pour avoir livré le xiii$^e$ jour du mois d'aoust xv$^c$ et demy de bois d'aulne rond et carre de xii pyez de long.

A Gilles Amyet la somme de lxxiiii, pour avoir fourny le xxvii$^e$ jour d'aoust iiii$^c$ xiii pieces de boys d'aulne.

Somme totale pour achapt de merrien xviii$^c$ iiii$^{xx}$ xiiii ₶.

Cyaige d'aiz et autre merrien vii$^{xx}$ xii ₶.

Charpenterie.

A Michel Salmin, charpentier demourant a Paris, la somme de vi$^{xx}$ viii ₶ t. de laquelle mesdiz seigneurs les gouverneurs ont composé avec lui, pour les parties de son mestier par lui faictes pour les loges par lui faictes dudit edifice de la Charité, c'est assavoir, le comble de la charpenterie desdites loges servant pour les macons, tail leurs de pierres et autres, contenans dix travees, ou ont este mis et assis unze tirans, chascun tirant garny de deux poteaulx, chascun poteau garny de trois liens, les deux coctieres desdites loges contenant xx toises de long.....

Audit Salmin la somme de xlvi ₶ pour une grue de charpenterie fournye de roues, moises, lyaisons, de tout ce qu'il appartient, icelle avoir levee et rendue preste a besongner au lieu et place ou se fait ledit edifice, et trois mantheaulx de chemynees que ledit Salmyn a fourniz pour les chambres de la loge dudit edifice.

A Michel Regnault la somme de c ₶ t. qui deue lui estoit, pour avoir assis pour ledit ediffice une platte forme de quatre toises de long sur dix pyez de large, preste a asseoir la maconnerie des fondemens d'icelui edifice, et entretenu les eaues jusques au dessus de trois assiettes de pierre de taille, ladite platte forme pillottee et assise bien et duement.

Audit Michel Regnault semblable somme de cent livres tournois, pour avoir semblablement fait et assis une autre platte forme de quatre toises de long sur dix pieds de large, bien et duement pillottee, et entretenu les eaues jusques a trois assiettes de pierre de ladicte maconnerie.

A lui encore la somme de cent livres pour une autre platte forme de quatre toises de long sur dix piez de large, et tenu les eaues basses jusques a trois assiettes de pierre de taille des fondemens dudit edifice.

A Bastien de Caumont, maistre des euvres de charpenterie de la ville de Paris, cv s. t. c'est assavoir iiii ₶ t. pour avoir vacqué par l'espace de quinze jours a faire conduire et ordonner grant quantite de pieux a queue d'aronde a faire les bastardeaux dudit edifice, a l'endroit ou sont les sablons boullans, et xxv s. pour avoir fait faire la ferrure de l'un desdiz pieux.

A Michel Regnault la somme de c ₶ t. pour avoir assis, en la sepmaine commencant le lundi xxix$^e$ jour de juillet m. v$^c$ xx, et finissant le samedi iiii$^e$ jour d'aoust, une platte forme de quatre toises de long et de dix pyez de le, bien et deuement pillottee, et entretenu les eaues basses jusques a ce que la maconnerie dudit edifice ait este hors de danger desdites eaues.

A Julien Regnault la somme de vi$^{xx}$ ₶ xvi s. viii deniers pour avoir par lui et ses gens assis, pour la continuacion dudit edifice, une autre platte forme de iiii toises cinq piez de long et de dix piez de large, a l'alignement et nyveau de quatre autres par luy faictes par cy devant.

A lui semblable somme de vi$^{xx}$ ₶ xvi s. viii den. pour avoir assis la sixiesme platte forme pour asseoir les fondemens d'icelui edifice de iiii toises v piez de long et x pyez de large.

A Michel Salmyn, charpentier, la somme de c s. t., par composition faicte avec lui pour avoir charié, remué et rollé a quatre foiz la grue servant aux macons de lieu en autre.

Somme totale de la despense pour charpenterye viii$^c$ xxvi ₶.

Menuyserie.

A Lambin Baillet, maistre menuysier a Paris la somme de xiiii ₶ t. pour avoir fait pour ledit edifice les parties de menuyserie cy apres declairees, c'est assavoir deux huys pour servir aux deux petitz caveaulx, quant l'on commanca a faire ledit edifice, pour serrer des oustilz des ouvriers; — item quatre huys d'aiz pour les chambres, tant pour Messieurs que aux autres chambres des ouvriers; — item ung autre huys a la cave de iii pyez de large et de v pyez de long xvi s. t.; — item deux fenestres doubles en la chambre des controrelleurs, de v pyez de long, et chascune fenestre de deux pyez de large xvi s. t.; — item une autre fenestre de deux piez et demy de large et de v piez de long, en la chambre des charpentiers viii s. t.; — item quatre autres fenestres d'aiz servans en la chambre des tailleurs de pierre xxviii s. t.; — item trois chassis a voirre et a *guichet*, servans en la chambre de Messieurs en hault xlviii s.; — item une table, deux tresteaulx a deux paremens pour servir en la chambre de Messieurs xlv s. t.; — item deux chaires a asseoir a table pour chascune chaire xii s. vi den.; — item quatre scabelles pour la chambre de Messieurs xviii s. t.

Achapt de thuille.

A Thomas Aucombert, thuillier, demourant a Sainct Germain des Prez, la somme de iiii$^{xx}$ xix $^{tt}$ t. pour avoir delivré pour ledit edifice la quantite de xxii milliers de thuille du grant mosle de Paris, pour couvrir la granche ou loges d'icelui edifice, au pris de iiii $^{tt}$ x s. le millier.

Couverture de maisons.

A Pierre Chardon, couvreur de tuille, la somme de vi $^{tt}$ xv s. pour xxiiii milliers de cloud a latte au pris de v s. t. le millier.

Audit Pierre Chardon et a Loys Brisart xxvi $^{tt}$ v s. pour avoir couvert lesdites granche ou loges de ladite Charité, contenans xx toises de long sur trois toises et demye de hault d'un costé, qui est pour les deux costez vii$^{xx}$ toises.

Serrurerie et ouvrages de mareschal xx $^{tt}$ x s. iiii deniers.

Ouvraige de charron xv $^{tt}$ xi s.

Achapt de cordes et cuyvre liii $^{tt}$ xiiii s.

Pyonnerie iii$^c$ lxii $^{tt}$ xv s. A Girart Lerbier, Noël Clouet, Jehan de Merault, Jehan Claude, Bertrand Caillou, Simon de Nest, Jehan Denis et Nicolas des Jardins, pyonniers, la somme de ii$^c$ xxxii $^{tt}$ xv s. t. qui deue leur estoit pour les vuidanges des fossez et fondemens dudit edifice de la Charité, par eulx faicte du costé de l'ostel de Nesle, tezez par Loys Poireau, juré du Roy nostre sire, en l'office de maconnerie de la ville de Paris, pour les parties et *espaulletees* cy apres declairees, c'est assavoir l'espaulletee du bout d'embas devers la riviere, contenant six toises de long, cinq toises de large, sur ung pye hault, a esté avallue a v toises a compter ii$^e$ xvi pyez pour chascune toise, — item la ii$^e$ espaulletee, contenant xii toises de long sur v toises de large et ix pyez de hault, a esté avalue a iiii$^{xx}$ x toises, pour ce cy iiii$^e$ x$^{tt}$ t.; — item la iii$^e$ espaulletee, contenant xviiii toises de long, trois toises de large, sur deux toises, deux piez et demy de hault a esté avallue a viii$^{xx}$ xiiii toises; — item la iiii$^e$ espaulletee contenant l toises de long sur trois toises de large, sur deux toises de hault, a esté avallue a iii$^e$ toises; — la v$^e$ et derniere espaulletee, contenant trois toises de long, trois toises de large et deux toises de hault, avalluee a xiii toises et demie, lesquelles cinq parties montent ensemble a la quantité de v$^c$ iiii$^{xx}$ii toises et demy, dont fault desduire, rabatre et deffalquer cent dix sept toises faictes aux journees de mesdicts seigneurs les gouverneurs dudit Hostel Dieu, et la reste montant

iiii$^c$ lxv toises et demye a esté fait par les dessusdicts pionniers, a leur tasche de x s. t. par chascune toise, par marche fait avec eulx, valent ladite somme de ii$^c$ xxxii livres.

Semblablement ausdiz pionniers la somme de cx $^{tt}$ t., pour avoir parachevé de faire une espaulletee de vuidanges d'eaue et sablon du premier bastardeau.

Charroys et voictures vi$^{xx}$ $^{tt}$ viii s.

Autre despense pour journees de macons, charpentiers, pyonniers et autres ouvriers qui ont besongné oudit edifice mil v $^{tt}$ v s.

Fraiz et mises de proces xxxix $^{tt}$ xv s.; — le troisiesme jour de septembre mil cinq cens vingt, baillé a monsieur de Lantier, advocat en Parlement, pour avoir veu le sac et pieces pour plaider en la court contre maistre Anthoine de la Vernade, curé de Chelles Saincte Baulteur, pour ce qu'il ne voulloit faire pris raisonnable des terres pour edifier ledit lieu de la Charité, ung teston valant x s. t.; — item a esté vendu a Jehan Bertheau, serviteur de monseigneur le president Briconnel, iii s. t. qu'il avoit baillez *pour le saisissement du chasteau de Bicestre parce que le Roy a donné la pierre d'icelui pour edifier ledit lieu de la Charité*; — item ledit jour, rendu a monsieur le receveur, maistre Claude de Savignac, iiii s. t. qu'il avoit baillez pour la copie des exploictz et *deffenses faictes par Messieurs de Sainct Germain des Prez a Messieurs les gouverneurs de ne besongner a ladicte maison de la Charité* iiii s. t.; — item le ix$^e$ jour dudit mois a Estienne Canto, huissier en Parlement, qui par vertu de certaine requeste presentee a la court par Messieurs les gouverneurs tendant afin de faire deffenses au prevost de Paris de ne congnoistre du differend d'entre eulx et Messieurs de Sainct Germain, de les poursuivre ailleurs que en la court, a esté payé audit Canto pour avoir esté faire lesdictes deffenses au lieutenant civil et ausdiz de Sainct Germain en ladicte abbaye xv s. t.; — item le x$^e$ jour dudit mois a maistre Fabien Ponce, advocat en ladite court, pour avoir esté ledit jour playdé en la court d'entre mesdiz sieurs les gouverneurs et lesdiz de Sainct Germain, fut payé ung escu soleil, et fut ordonné que deux de Messieurs les presidens et deux conseilliers yroient sur les lieux, et fut aussi ordonné informer du remplissaige des fossez dedans le lendemain ensuivant xl s. t.; — item le xi$^e$ jour dudit mois, pour le disner de huit tesmoings, qu'ilz ont esté examinez par ordonnance de la court en ladicte informacion contre lesdiz de Sainct Germain sur ledit remplissaige des fossez et autres exces, fut payé x s. t.; — item ce jour, a l'apres disnee, fut despendu par lesdiz tesmoings, en attendant la despesche l'un de l'autre sur l'huissier bachelier qui fit ladite informacion iiii s. t.; — au clerc dudict huissier qui auroit minuté et grossoyé toute la nuyt ladite informacion pour le lendemain matin mectre devers icelle court, fut payé pour sa peine ung teston vallant x s. t.; — a maistre Philippe Rubentel, clerc du greffe civil du Parlement, pour par lui avoir fait le *dictum* de la sentence de Messieurs les presidens de Parlement vaccant, contre lesdiz de Sainct Germain, icelui mis au net par plusieurs fois, qui contenoit deux feuilles de papier, et icellui porté par diverses fois sur les presidens Baillet et Guillart pour le veoir et corriger, pour icelui envoyer devers le Roy, et aussi avoir esté sur monsieur le president Briconnet, et pour autres peines, vaccacions qu'il se plaignoit avoir eues en la court pour ledit affaire, lui fut baille ung phillipus vallant xxvi s. vi den.; — item le xxvii° jour de decembre pour avoir achepté ung sac qui a este baille a monsieur le Roux, par ordonnance de monsieur le president Briconnet, pour mectre les pieces de la Charité, qu'il avoit par devers lui, et encores ung autre sac pour mectre les attestations faictes par les seurs et barbiers de l'Ostel Dieu de Paris, playdoie fait par les gens du Roy, Sainct Germain et l'Universite, et inventaire desdictes pieces; — au clerc de monsieur le procureur general du Roy x s. t. qu'il avoit baillez a Mathurin Baudu, huissier de la court, qui s'estoit transporté plusieurs foiz au chappitre de Paris, leur signifier l'evocation faicte par la court de certain *proces intente par lesdiz de chappitre au tresor, pour raison de la pierre dudit casteau de Bicestre, donnee par le Roy pour edifier ledit lieu de la Charité;* — item le vii° jour de janvier pour avoir levé le plaidoye fait en ladite court pour ladite Charité contre lesdiz de Sainct Germain des Prez et l'Universite de Paris xxx s. t.; — item le xxv° jour dudit mois de janvier m. v°xix, baillé a maistre Pierre le Breton... procureur de l'Ostel Dieu de Paris en Parlement, pour ses peines et vaccacions qu'il avoit eues pour ledit affaire xl s. t.; — item ledit jour pour avoir levé l'arrest de la court pour ladite Charité contre lesdicts de Sainct Germain et Universite de Paris, donné le xxiiii° dudit mois, confirmatif de la sentence donnee par Messieurs les presidens, le Parlement vaccant, et au clerc que icelui a grossoyé vii s. vi deniers.

Ce present commis prent cy en despense la somme de lxx s. t. qu'il a payee, c'est assavoir lx s. t. a maistres Jehan de Montelon et Pierre Julien, advocatz, pour une collacion cejourdhuy faicte au bureau dudict Hostel Dieu, es presences de mesdiz seigneurs pour raison des ventes, saisines et indemnité que demandoient les religieux, abbé et couvent de Sainct Germain des Prez, pour les terres acquises par mesdiz seigneurs pour faire ledit edifice, lesquelles terres sont situes en la censive et seigneurie desdiz de Sainct Germain, et x s. t. pour l'extrait de certain plaidoye fait en la court de Parlement, entre le Procureur general du Roy d'une part et les doyen, chanoines et chappitre de l'eglise de Paris d'autre, pour raison des pierres du castel de Bicestre, lesquelles le Roy nostre sire avoit donnees pour estre employees oudit edifice de la Charité.

A maistre Jehan de Montelon et Jehan de Lantier, advocatz en Parlement et Pierre Julien, advocat ou Chastellet de Paris viii ℔ t., cest assavoir audit de Montelon iiii ℔ t., pour avoir par lui esté avec mesdiz seigneurs, puis huit jours en ca, a Saint Germain des Prez, pour composer avec les religieux, abbe et couvent dudit lieu des droitz seigneuriaulx et indemnité qu'ilz demandoient pour raison des terres acquises par mesdiz seigneurs, pour faire ledit edifice, lesquelles ilz pretendoient estre en leur censive, justice et seigneurie, et de ce avoir fait cedit jour son rapport, es presences de mesdiz seigneurs, et consulté ladicte matiere, avec lesdiz de Lantier et Julien, et ausdits de Lantier et Julien iiii ℔ pour leur sallaire de la collacion qui a este faicte de ladicte matiere, pour lequel differend vuider, *mesdiz seigneurs et lesdiz religieux se seroient soubmiz a ce qui en seroit ordonne par maistre Roger Barnie, president en la cour de Parlement, et ledit maistre Pierre Juillien,* de laquelle matiere avoit este faicte une autre collacion par lesdiz Montelon et Julien le xvii° jour de may derrenier passé, ainsi qu'il est contenu en la certificacion de mesdiz seigneurs les gouverneurs donnee le xiii° jour de juillet l'an mil cinq cens vingt.

Mise commune lxxv ℔ xiiii s.; — a Jehan de Montjay, laboureur, demourant a Sainct Germain des Prez, la somme de xxx s. t. pour ses dommaiges et interestz d'avoir labouré et fumé ceste annee ung arpent de terre appartenant a la cure de Sainct Supplice, qui a este prins pour ledit edifice de la Charité, du labour duquel arpent de terre ledit de Montjay s'est desisté moyennant ladite somme.

A Julien Pice, marchant tumbier, demourant a Paris, la somme de lxv s. x den. t. pour avoir gravé les armes du Roy, avec une salmendre au dessoubz d'icelles armes, en deux pierres de liais, l'une desquelles a este assise en la premiere platte forme dudit edifice, et l'autre en la cinquieme platte forme faisant l'encongneure d'icelui edifice, du costé de la tour de Nesle, allant le long de la riviere de Seine.

Gaiges et sallaires d'officiers v° xxv ℔; — a maistre Claude de Savignac iii° iiii˟˟ xii ℔.

Summa totalis expensarum presentis compoti x<sup>m</sup> viii° xlii ℔ iii s. vi den.

(Auditus et ad Burellum clausus die xii° mensis novembris, anno millesimo quingentesimo xxviii°, dominis ac magistris compotorum Nicolai Millite ac presidencium, nec non Jo. Luillier, Jo. Brinon, Jo Desallat, Jo. de Pommereu et N. Dupre, me refferente Gayart).

Francoys, par la grace de Dieu, Roy de France, a tous ceulx qui ces presentes lectres verront, salut. Noz chers et bien amez les bourgeois, commis au gouvernement du temporel de l'Hostel Dieu de nostre bonne ville et cité de Paris, noz ont faict dire et remonstrer que, comme des l'an mil cinq cens dix neuf, nous, meuz de pitie et devotion, eussions ordonné estre basty, construict et ediffié une maison que avons nommée et intitulée la *Charité*, pres et au dessoubz de nostre dicte ville et cité de Paris, sur la riviere de Seine, pour en icelle maison estre mis, portez et menez les mallades de peste que par cy devant on a acoustume mectre et porter audit Hostel Dieu, dont plusieurs foiz en est advenu tres grande coutagion aux mallades des autres malladies qui journellement y estoient et affluoient, pour laquelle maison faire faire et construire, eussions commis et depputez lesdiz exposans, et leur eussions donné la superintendence et gouvernement de ladite maison de la Charité, comme ilz ont dudit Hostel Dieu, et pour icelluy bastiment encommancer a faire, et acquerir lieu commode pour en icelluy le construire et bastir, leur eussions donné la somme de dix mil livres tournois, laquelle ilz avoient et ont employée et beaucoup davantage, tant a commencer ledit bastiment que en achapt de matieres par eulx achaptées de provision pour icelluy bastiment, esperans que leur feissions par apres autre assignation pour la continuation dudit ediffice, *que n'avons peu ne pouvons faire, obstant les grans et insupportables charges et affaires que avons tousiours eu et avons encores de present a supporter en plusieurs et maintes manieres*, dont iceulx exposans estoient demeurez en arriere de beaucoup. A cause de quoi, et aussi que les aucunes desdites matieres se gastoient et perissoient sur l'astellier, comme font de present les autres y estans encores en nature, non mises en euvre, et que pour nostre absence, ilz n'eussent peu si promptement recouvrer nos lectres de permission de vendre, sur ce requises, et qu'il leur convenoit parpayer aucuns leurs creanciers, et mesmement ceulx qui avoient fourny lesdites matieres, leur avoit et a convenu vendre aucunes d'icelles matieres les plus perissables, jusques a la somme de iiii<sup>c</sup> liiii <sup>lt</sup> xix s. ix den. Mais ilz doubtent que pour ce que ladite vente n'a esté faicte de noz congié et licence, et par nostre ordonnance, que en la reddicion des comptes de leur receveur, du faict d'icelle charge, les gens de noz comptes luy facent difficulté sur ladicte vendicion d'icelles matieres, sans avoir sur ce noz lectres d'auctorisation et ratiffication, humblement nous requerant icelles, et aussi que, consideré les grans charges que icelluy Hostel Dieu a supporter, leur voullons donner et octroyer lesdiz lieux pour eulx acquiz pour construire et edifier icelle maison, ensemble le reste desdites matieres estant encores de present en nature sur ledit hostellier, non mises en euvre, pour convertir et emploier es euvres et repparacions dudit Hostel Dieu, maisons et fermes d'icelluy. Pourquoy nous, ces choses considerees, et que lesdiz exposans se sont tres bien et honnestement gouvernez et acquittez en ladicte charge, voullans par ce les rellever de peine et travail, et leur dit receveur, avons pour agreable ladite vente d'icelles matieres, et l'avons autorisee et ratiffiee, autorisons et ratiffions par ces presentes, voullans icelle estre admise es comptes dudit receveur d'icellui Hostel Dieu, du faict d'icelle commission, par nosdiz gens des comptes, ausquelz nous mandons ainsi le faire sans difficulté, en rapportant par icelluy receveur sur sesdiz comptes, cesdictes presentes, avec les parties d'icelle vente signees et certiffices par lesdiz exposans, ou des quatre d'iceulx tant seullement, et oultre, nous semblablement meuz de pitié et devotion, considerans lesdictes grosses charges et affaires que icelluy Hostel Dieu a a supporter chascun jour, desirans luy subvenir de tout nostre pouvoir en ses affaires et necessitez, *et que pour le present ne pouvons faire proceder a la continuation dudit ediffice de la Charité, pour noz autres grans et urgens affaires, comme dit est, et que avons esté advertiz que au moien de la contagion qui pourroit estre oudit hostel de la Charité, durant le temps de peste, en pourroit advenir inconveniant en nostre hostel et chastel du Louvre, qui nous tourneroit a grant prejudice*, aussi que cependant ledit surplus desdites matieres demourees sur ledit hostellier, et non mises en euvre, pourroit estre totallement pery et gasté, robbé et amblé avant que estre mises en euvre. Nous a icelluy Hostel Dieu avons donné et octroyé, donnons et octroyons par cesdictes presentes signees de nostre main lesdiz lieux, ainsi par eulx acquis pour l'edificacion et construction d'icelle maison, ses appartenances et appendences, ensemble ledit surplus d'icelles matieres estans encores en nature sur ledit hostellier et non mises en euvres comme dit est, pour desdiz lieux faire le prouffict dudit Hostel Dieu, icelles matieres estre converties et employees es euvres et repparations dudit Hostel Dieu, maisons et formes d'icelluy, et non ailleurs. En mandant aussi a nosdites gens des comptes laisser joyr et user lesdiz supplians de noz presens, don et octroy et d'iceulx lieux et matieres, en tenir quicte et deschargé leurs dit receveur en la reddition de sesdiz comptes. Car ainsi nous plaist-il, et voullons estre faict. Nonobstant que lesdiz lieux et matieres ne soient cy declairees ne speciffiees par le menu ne la valleur d'icelles, et quelzconques ordonnances, restrinctions, mandemens ou deffenses a ce contraires. Pourveu toutesvoies que ne demeurions redevables envers ledit receveur, par la fin et closture de sesdiz comptes, et que si *debetur* y a a luy, que icelluy Hostel Dieu soit tenu nous en acquicter et garentir. En tesmoing de ce nous avons fait mectre nostre scel a cesdites presentes. Donné a Paris le xiii° jour de decembre l'an de grace mil cinq cens vingt sept, et de nostre regne le treziesme. Françoys. Sur le reply, par le Roy, de Neufville [1].

## 35° REGISTRE (337 FEUILLETS, PARCHEMIN).

### ANNÉE 1520.

Compte neufviesme de maistre Claude de Savignac, commis a la recepte generalle de l'Ostel Dieu de Paris, pour une aunee commencant au jour et feste de Noel mil cinq cens dix neuf exclut, et finissant le jour de Noel ensuivant l'an revolu mil cinq cens vingt inclut, rendu a messeigneurs les gouverneurs par ledit Savignac en personne, par devant noble et discrete personne monsieur maistre Nicole Brachet, conseiller du Roy nostre sire en sa court de Parlement, et commissaire depputé de par icelle en ceste partie, et noble homme maistre Simon de Machault, clerc et auditeur ordinaire du Roy nostre sire en sa chambre des comptes a Paris, et maistre Georges de la Goute, procureur en icelle chambre, aussy a ce commis et subrogez par icelle court.

Recepte faicte a cause des rentes que ledit Hostel Dieu a droit de prandre sur le tresor du Roy nostre sire et sur son dommaine a Paris xi° lxi ℔.

Autre recepte a cause des rentes en ceste ville et forsbourgs de Paris xi° iiii$^{xx}$ xvi ℔.

Autre recepte a cause des rentes viaigeres que ledit Hostel Dieu prend en ceste ville de Paris iii° xvi ℔.

Autre recepte a cause des louaiges de maisons ix° xx ℔.

Autre recepte a cause des cens, surcens, fons de terre et admortissemens hors la ville et forsbourgs de Paris ix$^{xx}$ j ℔.

Autre recepte a cause des rentes annuelles sur plusieurs maisons, terres, vignes, prez, boys et autres heritaiges hors la ville de Paris viii° xlv ℔.

Autre recepte a cause des rentes viaigeres sur plusieurs maisons et autres heritaiges assis hors la ville de Paris v° lvii ℔.

Autre recepte a cause des rentes es lieux et villaiges cy apres declairez xliii ℔.

Recepte du droit de pescherie xlviii ℔.

Autre recepte a cause des deniers procedens du rachapt des rentes qui ont este rachettees durant l'annee de ce present compte ix$^{xx}$ ii ℔.

Autre recepte pour vente de vin ii° xxviii ℔.

Autre recepte pour vente de boys lvi ℔.

Autre recepte a cause des peaulx et laynes vendues iiii° iiii$^{xx}$ xviii ℔.

Autre recepte pour vente de suif ii° xxxiii ℔.

Autre recepte des deniers provenans des pardons publiez en l'evesché et diocese de Paris mil v° liiii ℔.

Autre recepte des deniers provenans des pardons publiez es dioceses hors Paris v$^m$ vi° xxv ℔.

Autre recepte a cause des dons, aulmosnes et laiz viii° liiii ℔; — de noble et discrete personne maistre Loys du Bellay, conseiller du Roy notre sire en sa court de Parlement, et grant archidiacre en l'eglise de Paris xl ℔ t.; — de monsieur l'archidiacre d'Amiens, maistre Pierre Briquet, vicaire general de Cambray iiii$^{xx}$ ℔ t. par luy donnees pour l'alimentation et nourriture des povres; — le vii° jour du moys de decembre, des executeurs du testament de feu noble homme et saige maistre Loys Juvenel des Ursins, en son vivant conseillier en la court de Parlement, chanoine en l'eglise de Paris et archidiacre en l'eglise de Reims l ℔ t., — autre recepte a cause du prouffit venu audict Hostel Dieu, tant a cause des religieuses dudict Hostel qui ont este garder les malades, comme a cause de l'office de la chambre aux coultes viii$^{xx}$ xv ℔.

Recepte commune c. x ℔; — de monseigneur monsieur le president Briconnet, l'un de messeigneurs les gouverneurs, la somme de x ℔ t. pour recompenser icelluy Hostel d'aucune despense de bouche faicte en icelluy par mondit seigneur, en vacant aux affaires d'icelluy.

Somme totale de la recepte de ce present compte xiii$^m$ iii° xvii ℔.

Despense de ce present compte.

Despense faicte a cause des rentes, indemnitez et admortissemens que ledit Hostel Dieu doit par chascun an pour plusieurs maisons, places, lieux et terres, prez, vignes, etc., ix$^{xx}$ iiii ℔.

Autres rentes deues par ledict Hostel sur tout le revenu et temporel d'iceluy xxiiii ℔.

Autre despense pour nouvelles charges et redevances deues par ledict Hostel Dieu iiii ℔ vi s.

Autre despense pour aucuns arreraiges par ledit receveur paiez durant ceste presente annee, a cause de certains cens et rentes deuz par ledit Hostel Dieu sur les maisons et heritaiges assis tant en ceste ville de Paris

---

[1] Ces lettres patentes ne se trouvent pas en copie, dans le compte relatif à la Charité dont nous venons de donner la substance; l'original est conservé dans la liasse 74 du fonds de l'Hôtel Dieu; nous avons reproduit ici cette pièce pour compléter la série des documents relatifs au projet (avorté) de construction d'un hôpital de la Charité au xvi° siècle.

que hors icelle, dont n'est faicte aucune despense es comptes precedens ii$^c$ xxx tt.

Autre despense pour façon et achapt d'eschallatz et bois a treilles lxxix tt.

Autre despense pour achapt et façon de douves, enfonceures, serceaulx, ozier, fustaille et avallaige de vin xxii tt.

Autre despence pour labours de vignes vii$^c$ lxi tt.

Autre despense pour fraiz de vendanges, de verjus, et solucions de disme, lxxiii tt.

Autre despense pour achapt de vins et verjus iiii$^c$ lxxiii tt.

Autre despense pour achapt de moutons, beufz, porceaulx, lard, veaulx et volailles ii$^m$ vi$^c$ iiii$^{xx}$ xix tt.

Despense des jours maigres xvii$^c$ xxxii tt.

Autre despense pour achapt de bois et de charbon iiii$^c$ xlvi tt.

Achapt de huille et façon de chandelle liii tt.

Autre despense pour l'appothicairerie, comme pour l'espicerie et chevecerie v$^c$ xxxiiii tt.

Autre despense pour achapt de drapz de layne, blanchetz, taincture d'iceulx, pelleterie, coutilz, plume, draps de lict, couvertures, toilles vii$^c$ iiii$^{xx}$ ix tt.

Autre despense pour façon et blanchissaige de toilles et achapt de cendres xlvii tt.

Autre depense pour achapt de cuyrs, tannaige et bauldroiaige d'iceulx xxviii tt.

Autre despense pour ouvraiges, parties de potier d'estain, chauderonnier, vannier et cordier c. xi tt.

Autre despense pour parties et ouvraiges de charron, mareschal, scellier et bourrelier vi$^{xx}$ xiii tt.

Autre despense pour achapt de chevaulx iiii$^{xx}$ xiii tt.

Autre despense pour certains menuz fraiz et mises communes xxvii tt; — pour l'achapt de trois geetz par ledict receveur, achettez pour l'audicion et examen des comptes que rendent les doyen, chanoines et chappitre de l'eglise de Paris de l'administracion qu'ilz ont eue du revenu dudict Hostel Dieu xviii s. t.

Autre despense faicte par le receveur pour œuvres et reparacions xiiii$^c$ xxii tt.

Autre despense faicte par ce present receveur pour deniers par luy baillez pour convertir et employer ou fait des proces dudit Hostel Dieu iii$^c$ iiii$^{xx}$ viii tt.

Autre despense pour la taille d'aucuns pouvres qui ont este taillez, les aucuns de la pierre et les autres de greveure et rompure xxviii tt xvi s.

Autre despense faicte pour les pardons et indulgences xlvii tt.

Autre despense faicte pour voiaiges et tauxacions ix$^{xx}$ iiii tt; — au gruyer de la forest de Sequigny iiii tt. pour le recompenser tant des services qu'il fait chascun jour audit Hostel Dieu, en conservant les droitz et gardant les bois que icelluy Hostel a en ladicte forest, comme aussi pour ce qu'il s'est departi du droit qu'il pretendoit en certains arbres que le vent avoit nagueres abbatuz en ladicte forest, esdits bois dudit Hostel Dieu, et qu'il maintenoit a luy appartenir a cause de son office de gruyer.

Autre despense pour dons et pensions iiii$^{xx}$ xiii tt.

Autre despense pour gaiges et sallaires de gens d'eglise et autres serviteurs vii$^c$ xxxviii tt; — a Suzanne, vefve de feu Mathurin Poullain, nourrisse des petis enfans estans oudit Hostel Dieu xxviii s. p.; — a maistre Robert Charlot, chirurgien et maistre barbier ordinaire dudit Hostel Dieu xxx tt x s. t.

Somme totalle de la despense de ce present compte xi$^m$ viii$^c$ ix tt.

*Ce present compte a este oy, cloz et affiné au Bureau de l'Hostel Dieu de Paris, tenu en l'hostel nommé le chasteau Frilleux, devant le parvys Nostre Dame, avec les quatre comptes ensuyvans, finissans mil cinq cens xxi, xxii, xxiii et xxiiii, par nous commissaire et auditeurs cy devant nommez en l'audicion de cedit compte, et cy soubzsignez, presens nobles personnes, messire Jehan Briconnet, chevalier, seigneur du Plessis-Rideau, conseiller du Roy nostre sire, et president en sa chambre des comptes, maistre Germain de Marle, aussi conseiller dudit seigneur et general de ses monnoyes, Mary Bureau, Robert Le Lyeur, bourgeois de Paris, maistre Nicolle Seguyer, receveur des aides en l'ellection de Paris, Nicolas Hennequin, aussi bourgeois de Paris et Regnault Anthoillet, pareillement bourgeois de Paris, tous maistres et commis au gouvernement dudit Hostel Dieu, maistre Jehan, chanoine de l'eglise Nostre Dame de Paris, representant le chappitre de ladicte eglise et frere Guillaume Stive, religieulx et maistre d'icelluy Hostel Dieu, a ce appellez, le dimenche xxix$^e$ jour d'aoust l'an mil cinq cens vingt neuf.* Brachet, Demachault, Delagoute.

## 36$^e$ REGISTRE (348 FEUILLETS, PARCHEMIN).

### ANNÉE 1521.

Compte dixiesme de maistre Claude de Savignac, des recepte et despense a cause du prouffict, revenu et emolument dudict Hostel Dieu pour une annee, commencant au jour et feste de Noel mil cinq cens vingt exclut, et finissant le jour de Noel ensuivant l'an revolu mil cinq cens vingt ung inclut.

Recepte a cause des rentes sur le tresor du Roy nostre sire et sur son dommaine a Paris xi$^e$ lxi ₶.

Autre recepte a cause des rentes en ceste ville et forsbourgs de Paris xi$^e$ iiii$^{xx}$ x ₶.

Autre recepte a cause des rentes viaigeres en ceste ville de Paris ii$^e$ iiii$^{xx}$ ix ₶.

Autre recepte a cause des louaiges de maisons assises tant en ceste ville que es faulxbourgs ix$^e$ iiii$^{xx}$ ii ₶.

Autre recepte a cause des cens, surcens, fons de terre et admortissemens hors la ville et forsbourgs de Paris ix$^{xx}$ xvi ₶.

Autre recepte a cause des rentes annuelles que ledit Hostel Dieu a droit de prendre sur plusieurs maisons, terres, vignes, prez, boys, hors la ville de Paris viii$^e$ xli ₶.

Autre recepte a cause des rentes viaigeres sur plusieurs maisons et autres heritaiges hors la ville de Paris vi$^{xx}$ xv ₶.

Autre recepte a cause d'aucuns louaiges, fermes et baulx de plusieurs maisons, terres, prez, boys, hors la ville de Paris iiii$^e$ xxxiii ₶.

Autre recepte a cause des rentes et autres droiz es lieux et villaiges cy apres declairez xxiiii ₶.

Autre recepte a cause des deniers procedans des ventes et saisines xxxv ₶.

Autre recepte des deniers procedans de l'office de panneterie iiii$^{xx}$ xvi ₶; — vente de vin xxvi ₶.

Autre recepte a cause des peaulx et laines vi$^e$ iiii$^{xx}$ ii ₶; — vente de suif iii$^e$ lxiiii ₶.

Deniers trouvez es troncs dudict Hostel Dieu, apres la publication des pardons d'icelluy, en l'evesche et diocese de Paris, comme a cause des baisemains et perpetuons distribuez ii$^m$ ii$^e$ xlvi ₶.

Deniers yssuz de la publication des pardons es dioceses et lieux cy apres declairez v$^m$ xxv ₶.

Dons, aulmosnes et legs xiiii$^e$ viii ₶; — de venerable et discrete personne M$^e$ Michel de Colonia, chantre et chanoine de l'eglise de Paris, receu par les mains de Simon Barbedor, l'un de messeigneurs les gouverneurs, la somme de iii$^e$ ₶ t. par luy donnee pour la fundacion par luy faicte en icelluy pour ung obit et certains repas qu'on fait, aucuns jours par luy ordonnez en l'an, aux povres dudict Hostel Dieu; — le xvii$^e$ jour de may des heritiers de feu Raoulequin le Feron en son vivant marchant et bourgeois de Paris, la somme de v$^c$ ₶ tournois, que ledit Feron a donne audit Hostel Dieu a prendre sur la somme de vi$^c$ ₶ t. qu'il avoit prestee au Roy nostre sire; — des executeurs du testament de feu messire Loys Poncher, en son vivant seigneur de Maincy, conseiller du Roy nostre sire et tresorier de France ii$^c$ ₶ t.; — des executeurs du testament de la vefve de Simon Vostre, en son vivant marchant libraire, par les mains de maistre Gilles de Verly, maistre cirurgien c. ₶ t.

Autre recepte a cause du prouffit venu a cause des religieuses qui ont este garder des malades hors ledict Hostel Dieu, comme a cause de l'office de la chambre aux Coultes ii$^c$ lxix ₶.

Recepte commune ix$^{xx}$ xiiii ₶; — de Nicolas Papillon, seigneur du Ruau, la somme de x ₶ t. pour certains despens tauxez a ladicte somme, es quelz par sentence de messieurs les gens tenans les requestes du palays, il a este condemné envers ledit Hostel Dieu, pour la poursuitte que ledict Hostel Dieu a faicte a l'encontre de luy, pour raison de cent livres parisis de rente qu'il doibt par chascun an audict Hostel Dieu, au moyen du don fait a icelluy par noble homme maistre Jaques Le Roy, seigneur de Saint Fleurent en Berry, conseiller du Roy nostre sire, et contrerolleur general de ses finances.

Somme totale de la recepte de ce present compte xiii$^m$ iii$^e$ iiii$^{xx}$ xxi ₶.

Despense de ce present compte.

A cause des cens, rentes, indemnitez et admortissemens que ledit Hostel Dieu doit pour plusieurs maisons, places, lieux, terres, prez, etc., en ceste ville de Paris et hors icelle viii$^{xx}$ xvi ₶.

Autres rentes deues sur tout le revenu et temporel dudit Hostel Dieu xxiiii ₶.

Autre despense pour nouvelles charges et redevances deues par ledit Hostel Dieu ii$^c$ xxiii ₶.

Façon et achapt d'eschallatz et boys a treilles iiii$^{xx}$ xiiii ₶.

Achapt et façon de douves, enfonceures, serceaulx, ozier, fustaille et avallaige de vin xxviii ₶.

Autre despense pour labours de vignes vii$^c$ liiii ₶.

Autre despense pour fraiz de vendenges, de verjus et vins vi$^{xx}$ ii ₶.

Autre despense pour achapt de vins et verjus pour la provision dudit Hostel Dieu ii$^m$ viii$^c$ xxxv ₶.

Autre despense pour achapt de moutons, beufz, veaulx, porceaulx, lard et vollaille iiii$^m$ iiii$^c$ lxii ₶.

Autre despense pour la despense des jours meigres xviii$^c$ iiii$^{xx}$ xi ₶.

Autre despense pour achat de boys et de charbon vii$^c$ iiii$^{xx}$ livres.

Achapt d'huille et façon de chandelle lxi ₶.

Autre despense, tant pour l'appothicairerie dudit Hostel Dieu comme pour l'espicerie et chevecerie vi$^c$ ix livres.

Achapt de draps de laine, blanchetz, taincture d'iceulx, pelleterie, coultilz, plume, draps de lict, couvertures, toilles vii$^c$ xliii ₶.

Autre despense pour façon et blanchissaige de toilles et achapt de cendres lxiii ₶.

Autre despense pour achapt, tannaige et bauldroiage de cuyrs viii$^c$ xxvii ₶.

Autre despense pour ouvraiges et parties de potier d'estain, chauderonnier vanier et cordier iiii$^{xx}$ ᵗᵗ.

Autre despense pour parties et ouvraiges de charron, mareschal, sellier et bourrelier vi$^{xx}$ vi ᵗᵗ.

Achapt de chevaulx et bestes a laine vi$^{xx}$ xvii ᵗᵗ.

Autre despense pour certains menuz fraiz et mises communes xix ᵗᵗ.

Autre despense pour acquisicion d'heritaiges, rachaptz de rentes, ventes et saisines c. iii ᵗᵗ.

Autre despense pour œuvres et reparacions xiii$^c$ liiii ᵗᵗ.

Autre despence par ledit receveur pour deniers par luy baillez pour convertir et employer ou fait des proces dudit Hostel Dieu et autres fraiz de justice iiii$^c$ xix ᵗᵗ.

Autre despence pour aucunes debtes payees et autres deniers baillez pour subvenir aux necessitez des religieuses et filles malades xxiiii ᵗᵗ.

Autre despense pour la taille d'aucuns pouvres qui ont este taillez, les ungs de la pierre et les autres de greveure et rompure lxii ᵗᵗ; — a Herve Rambault, maistre barbier a Paris, la somme de l livres tournois, pour avoir par luy fait plusieurs seignees, baillé plusieurs breuvaiges preservatifz, et avoir pensé plusieurs religieux, religieuses, filles et enfans de cueur dudit Hostel Dieu, depuis le dernier compte fait avecques lui, qui fut le xiii$^e$ jour de fevrier mil v$^e$ quinze, jusques xxii$^e$ jour de mars mil v$^e$ xx, avant Pasques, *tant pour la peste* que pour autres maladies.

Autre despense faicte pour les pardons et indulgences dudit Hostel Dieu xl ᵗᵗ.

Autre despense pour voiages et tauxacions vi$^{xx}$ x ᵗᵗ; — a maistre Thomas de Vigny, procureur en la chambre des comptes a Paris, la somme de cx livres tournois a luy tauxee et ordonnee par mesdiz seigneurs les gouverneurs pour ses peines, vaccacions et sallaires d'avoir, comme procureur dudit Hostel Dieu, *assisté et esté present en l'hostel de maistre Jehan Audry a l'examen et audicion du compte rendu par Messieurs du chappitre de Paris, du revenu et temporel dudit Hostel Dieu de dix annees, finies le ii$^e$ jour de may mil v$^e$ cinq, selon l'arrest de la court du xvi$^e$ juing v$^e$ huit, non cloz ne affiné, pour raison des debatz par ledit Hostel Dieu faiz sur icelui, tant a cause de plusieurs obmissions de receptes, que d'aucunes parties de despense non verifiees, les aucunes couchees deux fois audit compte, desquelles il n'a encore esté discuté par ladite court*, en quoy faisant ledit de Vigny a vacque a plusieurs et diverses foiz, depuis le xxvii$^e$ jour de janvier mil v$^e$ xvii jusques a present, par le temps et espace de sept mois et plus, tant en l'ostel dudit Andry, a assister audit examen, que en son hostel a visiter le double dudit compte, pour en estre plus prompt devant l'audicteur d'icelui, comme aussi a visiter la recepte des papiers journaulx, que iceulx de chappitre ont produitz sur ledit compte, que ledit de Vigny a fait doubler, tant par le clerc dudit receveur que par les siens en l'ostel dudit Andry, pour soy regler a faire et drecer certaines replicques, dupplicques, tripliques et quadruplicques, par luy faictes sur aucunes responses desdiz de chappitre, sur aucuns debatz par luy faiz sur certaine obmission de recepte oudit compte, affin de monstrer evidemment que nonobstant les choses par leurs dites responses alleguees, ilz n'ont fait aucune recepte en leur dit compte des sommes contenues esdiz debatz, qui estoient couchees en la despense du compte de M$^e$ Jehan Fabry fini iiii$^{xx}$ xv, ou chappitre de deniers baillez a gens qui en doivent compter, et que par ainsy ilz estoient et sont tenuz en faire recepte selon le contenu oudit chappitre. *Et souffert de grandes peines et labeurs, tant es choses dessus dites, que a visiter aussi les lectres, memoires, registres, quictances et autres acquitz renduz et produitz par iceulx de chappitre sur icelui compte, lesquelz il a convenu a toute heure veoir et reveoir et a iceulx avoir recours, parce que ledit compte est si brief que ce n'est que ung sommaire si trouble que nul n'y peut ou pourroit aucune chose congnoistre, au moyen de ladite abreviacion d'icelle, sans avoir tousjours lesdiz acquitz au poing, et recourir a iceulx.*

Autre despense pour dons et pensions iiii$^{xx}$ xv ᵗᵗ.

Autre despense pour gaiges et sallaires des gens d'eglise et autres serviteurs dudit Hostel Dieu vi$^c$ l ᵗᵗ; — a Marion, vefve de feu Jehan Gausselin, nourrice des petis enfans, la somme de vii ᵗᵗ t. pour ses gaiges d'avoir pensé et nourry de mammelle lesdiz petis enfans durant ceste presente annee; — a Jehan Pierrart, *commis par Messieurs les gouverneurs a avoir esgard sur le traictement des pouvres dudit Hostel Dieu* la somme de xx ᵗᵗ t.; — a maistre Robert Charlot, barbier et cirurgien ordinaire dudit Hostel Dieu, xxx ᵗᵗ x s. t.

Somme totalle de la despense de ce present compte xvi$^m$ v$^c$ iiii$^{xx}$ ᵗᵗ parisis.

## 37$^e$ REGISTRE (357 FEUILLETS, PARCHEMIN).

### ANNÉE 1522.

Compte unziesme de maistre Claude de Savignac pour une annee commencant au jour et feste de Noel mil cinq cens vingt un exclut et finissant le jour de Noel ensuivant l'an revolu mil cinq cens vingt deux inclut.

Recepte faicte a cause des rentes sur le tresor du Roy nostre sire et sur son dommaine a Paris xi$^e$ lxi $^{tt}$.

Autre recepte a cause des rentes que ledit Hostel Dieu a droit de prendre en ceste ville et forsbourgs de Paris xi$^e$ iiii$^{xx}$ x$^{tt}$.

Autre recepte a cause des rentes viaigeres en ceste ville de Paris ii$^e$ iiii$^{xx}$ ii $^{tt}$.

Autre recepte a cause des louaiges de maisons tant en ceste ville que es faulxbourgs ix$^e$ iiii$^{xx}$ xviii $^{tt}$.

Autre recepte a cause des cens, surcens, fons de terre et admortissemens ii$^e$ iii $^{tt}$.

Autre recepte a cause des rentes annuelles que ledit Hostel Dieu prend chascun an sur plusieurs maisons, terres, vignes, prez, bois et autres heritaiges viii$^c$ xxxvi$^{tt}$.

Autre recepte a cause des rentes viageres sur plusieurs maisons et autres heritaiges hors la ville de Paris vi$^{xx}$ vi$^{tt}$.

Autre recepte a cause d'aucuns louaiges, fermes et baulx faictz a pris d'argent de plusieurs maisons, terres, prez, bois, vignes hors la ville de Paris iiii$^c$ iiii$^{xx}$ xi$^{tt}$.

Autre recepte a cause des autres droiz que ledict Hostel Dieu prend chascun an es lieux et villaiges cy apres declairez xxxviii$^{tt}$.

Autre recepte pour les droiz de pescherie, a cause du fief de la Mothe xxiiii$^{tt}$.

Autre recepte a cause des deniers procedans des ventes et saisines advenues audict Hostel Dieu durant l'annee de ce present compte viii$^{xx}$ v$^{tt}$.

Autre recepte a cause des deniers procedans de l'office de panneterie v$^e$ xlv $^{tt}$.

Autre recepte a cause de vente de vin xlix$^{tt}$; — pour vente et couppe de boys ix$^{xx}$ xii$^{tt}$.

Autre recepte a cause des peaulx et laines iiii$^c$ lix$^{tt}$; — pour vente de suif ii$^c$ iiii$^{xx}$ iii$^{tt}$.

Autre recepte a cause des deniers trouvez es troncs dudict Hostel Dieu apres la publicacion des pardons en l'evesche et diocese de Paris ii$^m$ clxi $^{tt}$.

Autre recepte a cause des deniers yssuz de la publication desdiz pardons es dioceses cy apres declairez iiii$^m$ cxlvi$^{tt}$.

Autre recepte a cause des dons, aulmosnes et legs iii$^m$ iiii$^c$ iiii$^{xx}$ vi$^{tt}$; — de Nicolas de Bezanne, esleu pour le Roy nostre sire en l'eslection de Reims, a este receu le x$^e$ jour du moys de janvier la somme de c$^{tt}$ t. par luy donnee audit Hostel Dieu, a la charge d'obtenir par ledict Hostel Dieu, du Roy nostre dit sire, congé et permission de resigner ledit office au prouffit dudict de Bezanne, laquelle resignation a este admise par ledit seigneur, a la priere et requeste de monseigneur messire Jehan Briconnet, president en la chambre des comptes, — de noble homme et saige M$^e$ Thibault Baillet, conseiller du Roy nostre sire et president en sa court de Parlement, executeur du testament de feu Monsieur l'evesque d'Auxerre, son frere, a este receu la somme de ii$^c$ livres tournois que mondit sieur Baillet a donnee des biens de ladicte execution; — de maistre Jehan Le Vaire, la somme de xx l. t. donnee par ung quidam qui ne se nomme point, pour subvenir a la nourriture des povres estans en icelluy en grant nombre, a cause de la sterilité de l'annee; — de honnorable homme et saige maistre Jehan Papillon, conseiller du Roy, nostre sire, en sa court de Parlement, executeur du testament de feu maistre Anthoine Robert, en son vivant greffier criminel de ladite court, a este receu la somme de ii$^m$ $^{tt}$ t. que ladite Papillon a aulmosnee audict Hostel Dieu des biens de ladicte execution, en ensuivant certain arrest et ordonnance de ladicte court; — de maistre Jaques Ragueneau, commis a recevoir les deniers des admortissemens levez sur les gens d'eglise, communaultez et gens tenans en main morte, ou royaulme de France, a este receu la somme de v$^c$ $^{tt}$ tournois que le Roy, nostre sire, a donnee et aulmosnee desdiz deniers audit Hostel Dieu, pour subvenir a avoir du linge, et aux autres necessitez des povres estans en icelluy en grant nombre, *pour la famine qui a este durant ladite annee*; — de monseigneur l'admiral de France, la somme de ii$^c$ xxiiii $^{tt}$ t. en cent douze escutz au souleil, qu'il a donnee et aulmosnee audict hostel pour subvenir a la nourriture et autres necessitez des povres; — de maistre Jehan Ribier, tresorier de la Faulconnerie et Venerie du Roy la somme de xx$^{tt}$ t. — de maistre Jehan Prevost, tresorier de l'extraordinaire des guerres la somme de ix$^{xx}$ xii$^{tt}$ tournois, ordonnee audit Hostel Dieu par le Roy nostre sire, a ce que aucuns chevaliers de son ordre, qui sont allez de vie a trespas, soient participans aux prieres et bienffaictz dudict Hostel Dieu.

Autre recepte a cause du prouffit venu audict Hostel Dieu, tant a cause des religieuses qui ont este garder des malades hors ledict Hostel Dieu, comme a cause de l'office de la chambre aux coultes ix$^{xx}$ xv$^{tt}$.

Autre recepte commune iiii$^c$ liiii$^{tt}$; — du greffe criminel de la court de Parlement la somme de viii$^{tt}$ t., pour certaine amende en laquelle ung nomme maistre Claude Mignet, nagueres prevost du fort de Monsieur l'evesque de Paris, a este condemné par arrest de ladicte court, et laquelle amende icelle court a ordonnee estre baillee audict Hostel Dieu; — des religieux, prieur et couvent de Nostre Dame des Carmes a Paris la somme de iii$^c$ iiii$^{xx}$ vii $^{tt}$, qu'ilz devoient d'arreraiges escheuz au jour de Noël oudict an, a cause de xxv $^{tt}$ x s. parisis de rente que ledit Hostel Dieu a droit de prendre par chascun an sur leur maison et eglise assise a Paris, pres la place Maulbert, laquelle rente des longtemps leur avoit este moderee de parisis a tournoys par feu frere Jehan Lefevre, en son vivant religieux et maistre dudit Hostel Dieu, au moyen de quoy les diz religieux et couvent avoient este mys en proces par ledict Hostel Dieu par devant messeigneurs des requettes du palais en matiere de rescision de contract, ou tant a este procede que ledit Hostel Dieu a obtenu sentence a son prouffit, laquelle depuis a este confirmee par arrest de la court de Parlement, et ont este lesdiz religieux condemnez a payer ladicte rente a parisis, nonobstant ladite moderation.

Somme totale de la recepte de ce present compte xv$^m$ iiii$^c$ xxxiiii ℔.

Despense de ce present compte.

Despense faicte a cause des cens, rentes, indemnitez et admortissemens pour plusieurs maisons, places, terres, vignes, etc viii$^{xx}$ xiii ℔.

Autres rentes deues par ledict Hostel Dieu sur tout le revenu et temporel d'iceluy xxiii ℔.

Autre despence pour nouvelles charges et redevances deues par ledict Hostel Dieu en l'annee de ce present compte iiii ℔ ii s.

Autre despence pour messes, obitz et fondacions xv s. p.

Autre despense pour facon et achapt d'eschallatz et bois a treilles cvii ℔.

Autre despense pour labours de vignes vii$^c$ xxix ℔.

Autre despense pour fraiz de vendenges, de verjus et vins iiii$^{xx}$ ix ℔.

Autre despense pour achapt de vins et verjus ii$^m$ lxx livres.

Autre despense pour achapt de moutons, beufz, veaulx, porceaulx, lard et volaille iii$^m$ v$^c$ iiii$^{xx}$ xviii ℔.

Autre despense pour la despense des jours meigres ii$^m$ clv ℔.

Autre despense pour achapt de bois et de charbon v$^c$ v ℔; — achapt d'huille et facon de chandelle lx ℔ xiiii s.

Autre despense pour achaptz de blez ix$^c$ xxii ℔.

Autre despense tant pour l'appothicairerie comme pour l'espicerie et cheveccerie v$^c$ xv ℔.

Autre despense pour achapt de drapts de laine, blanchetz, taincture d'iceulx, pelleterie, coutilz, plume, draps de lict, couvertures, toilles etc. vi$^c$ lxx ℔.

Autre despense pour facon et blanchissage de toilles et achapt de cendres xxxiiii ℔.

Autre despense pour achapt, tannaige et bauldroiage de cuyrs vii$^c$ xxv ℔.

Autre despense pour ouvraiges et parties de potier d'estain, chauderonnier, vanier et cordier lxv ℔.

Parties et ouvraiges de charron, mareschal, sellier et bourrelier vi$^{xx}$ xvi ℔.

Autre despense pour achapt de chevaulx et bestes a laine cxv ℔.

Autre despense pour certains menuz fraiz et mises communes xxxi ℔; — pour l'achapt de six layectes de bois pour mectre plusieurs lectres et tiltres dudict Hostel Dieu, a este paye par ledict receveur xv s. vi den. t.; — a Jehan Aquart, compaignon menuisier a Paris, la somme de vi ℔ xv s. pour avoir enterre ou cymetiere de la Trinite les pouvres decedez oudit Hostel Dieu, depuis le x$^e$ jour de decembre jusqu'au jour des mors ensuivant.

Autre despense pour acquisicion de heritaiges, rachaptz de rentes, ventes et saisines lxix ℔.

Autres despenses pour œuvres et reparacions iii$^c$ xxvii livres.

Autre despense pour deniers baillez pour convertir ou fait des proces et autres fraiz de justice iii$^c$ xxxviii ℔; — pour les espices d'un proces pendant ou Chastellet de Paris entre messire Jehan Blosset, chevalier, seigneur du Plessis Paste d'une part, et ledit Hostel Dieu d'autre part, pour raison de cent arpens de terre estant des appartenances de la ferme des Noues, appartenant audit Hostel Dieu, ouquel proces ledit Hostel Dieu a obtenu sentence a son prouffit.

Autre despense faicte pour aucunes debtes payees en l'acquit dudit Hostel Dieu, et autres deniers baillez pour subvenir aux neccessitez des religieuses et filles malades dudit Hostel Dieu lxx ℔.

Autre despense pour la taille d'aucuns pouvres xv s. parisis.

Autre despense pour les pardons et indulgences xliiii livres; — ce present receveur fait ci despense de la somme de xx ℔ xii s. vi den. tournois, c'est assavoir pour le jour de la chair Sainct Pierre l s. t. pour deux rames d'articles de grant papier a xxv s. t. la rame; — xxxv s. pour une rame d'armes de marrionetes painctes; — xv s. t. aux compaignons chantres de l'eglise de Paris, pour avoir aide a chanter les deux vespres dudit pardon; — l s. t. pour deux autres rames d'articles de grant papier, pour le pardon du dimanche de la Passion; — lxx s. t. pour deux rames d'armes de marrionetes painctes; — vi s. t. pour le vin des compaignons imprimeurs qui ont imprimez lesdiz articles desdiz deux pardons; — xv s. t. aux compaignons chantres de l'eglise de Paris qui ont aide a dire les deux vespres dudit pardon de la Passion, et vi ℔ x s. qui ont este distribuez aux curez ou vicaires de plusieurs paroisses de ceste ville de Paris, a chascun x s. t. pour avoir publie lesdiz pardons; — xxiiii s. t. pour une rame et demye d'articles de petit papier pour les pardons des stacions du jour de Pasques......; — xii s. vi den. au sonneur des petites cloches pour avoir sonné durant les pardons; — vii ℔ x s. au sonneur des grosses cloches; — xl ℔ viii s. t. a six compaignons qui ont fait arrenger le peuple venant gaigner lesdiz pardons pour obvier a la presse; — lx s. t. a trois sergens qui se sont donnez garde des manans, garsons, couppeurs de bourses; — xxv s. t. au crieur estant a la grant porte de Petit Pont, pour avoir crié lesdiz pardons; — lii s. vi den. t. pour une rame et demye de grandes armes du pape painctes; — ii s. vi den. pour les compaignons qui ont atache lesdites armes par la ville; — a Albert Salviati, marchant florentin et bancquier demourant a Paris, vii escuz d'or soleil pour l'expedicion des bulles de confirmacion des previlleges des pardons dudit Hostel Dieu.

Autre despense pour voiaiges et tauxacions cxiii ᵗᵗ; — a Cloud Gerbe, sergent a cheval, pour avoir este a Compiegne vers Monsieur le cardinal du Mans, qui lors estoit audit lieu, pour obtenir son *placet* pour faire publier en son diocese du Mans les pardons et indulgences dudit Hostel Dieu.

Autre despense pour dons et pensions iiii$^{xx}$ x ᵗᵗ.

Autre despense pour gaiges et saillaires de gens d'eglise et autres vi$^c$ iiii$^{xx}$ ii ᵗᵗ; — a Marion, vefve de feu Jehan Gosselin, nourrisse des petis enfans, pour ses sallaires depuis le jour de Noel jusques au xiii$^e$ jour de septembre en suivant; — a maistre Robert Charlot, barbier et cirurgien ordinaire dudit Hostel Dieu xxx ᵗᵗ x s. t.

Somme totalle de la despense de ce present compte xiiii$^m$ iii$^c$ iiii$^{xx}$ ix ᵗᵗ.

## 38ᵉ REGISTRE (363 FEUILLETS, PARCHEMIN.)
### ANNÉE 1523.

Compte douziesme de maistre Claude de Savignac, pour une annee commencant au jour et feste de Noel mil cinq cens vingt deux exclut, et finissant le jour de Noel ensuivant mil cinq cens vingt trois inclut.

Recepte faite a cause des rentes que ledit Hostel Dieu a droit de prandre chascun an tant sur le tresor du Roy nostre sire que sur son domaine a Paris xi$^c$ lxi ᵗᵗ.

Autre recepte a cause des rentes que ledit Hostel Dieu prend en ceste ville et forsbourgs de Paris xi$^c$ iiii$^{xx}$ x livres.

Autre recepte a cause des rentes viageres en ceste ville ii$^c$ lxxix ᵗᵗ.

Autre recepte a cause des louages de maisons, tant en ceste ville de Paris que es forsbourgs mil lv ᵗᵗ.

Autre recepte a cause des cens, surcens, fons de terre et admortissemens ii$^c$ xxxiiii ᵗᵗ.

Autre recepte a cause des rentes annuelles sur plusieurs maisons, terres, vignes, prez, bois, hors la ville de Paris vi$^{xx}$ vi ᵗᵗ.

Autre recepte a cause d'aucuns louaiges, fermes et baulx a pris d'argent hors la ville de Paris iiii$^c$ iiii$^{xx}$ xiiii ᵗᵗ.

Autre recepte a cause des rentes et autres droitz es lieux et villaiges cy apres declaires lx ᵗᵗ; — recepte du droit de pescherie iiii$^{xx}$ i ᵗᵗ; — ventes et saisines qui sont escheues durant l'annee xxxii ᵗᵗ; — recepte pour vente de vin ii$^c$ xxxvii ᵗᵗ.

Autre recepte a cause des peaulx procedant de l'abbatiz des moutons iiii$^{xx}$ xii ᵗᵗ; — vente de suif viii$^{xx}$ ᵗᵗ.

Deniers trouvez es troncs apres la publicacion des pardons en l'evesche et diocese de Paris ii$^m$ iiii$^c$ lii livres.

Deniers venuz et issuz de la publicacion des pardons hors Paris v$^m$ iii$^c$ iiii$^{xx}$ viii ᵗᵗ.

Autre recepte a cause des dons, aulmosnes et legs xxi$^c$ xxiii ᵗᵗ; — de Madame la duchesse d'Angoulesme la somme de vi$^{xx}$ livres tournois, par elle donnee audit Hostel Dieu pour subvenir a achecter du vin pour la provision des pouvres; — de Madame la duchesse d'Alencon la somme de iiii$^{xx}$ livres tournois pour subvenir a la necessite declairee en l'article prochain precedent; — de noble homme messire Nicole de Neufville, seigneur de Villeroy, la somme de ii$^c$ livres tournois, par luy semblablement donnee audit Hostel Dieu pour les causes declairees es deux articles prochains precedens; — le xxvi$^e$ jour du moys de mars, de maistre Jaques Viart, receveur ordinaire du conte de Blois, la somme de ii$^c$ livres tournois donnee audit Hostel Dieu par la Royne de France, a ce que le Roy notre sire, elle et leurs enfans soient participans aux prieres et bienffaiz dudit Hostel Dieu; — de maistre Pierre Habert, advocat en Parlement, executeur du testament de feu maistre Claude Hedin, en son vivant advocat a ladite court, la somme de ix$^{xx}$ xv ᵗᵗ i en cent escuz d'or a la couronne que ledit defunct par son testament a donnez audit Hostel Dieu; — le derrenier jour de juillet, des executeurs du testament de feu reverend pere en Dieu messire ....... Roberlet, en son vivant evesque d'Alby et chanoine en l'eglise de Paris, la somme de c solz tournois par composition faicte avec maistre ........ Merlin, docteur en theologie et chanoine de ladite eglise, l'un desdiz executeurs, pour le droict deu audit Hostel Dieu pour le lict dudit defunct; — de noble homme et saige, maistre Thibault Baillet, conseillier du Roy nostre sire et president en sa court de Parlement, executeur du testament de feu messire Baillet son frere, en son vivant evesque d'Auxerre, a este receu la somme de ii$^c$ livres tournois, que ledit Baillet a aulmosnee audit Hostel-Dieu des biens dudit defunct.

Autre recepte a cause du prouffit yssu des religieuses qui ont este garder des malades hors ledit hostel, comme a cause de l'office de la chambre aux coultes ix$^{xx}$ xii ᵗᵗ.

[1523.]  DE L'HÔTEL-DIEU DE PARIS.

Autre recepte commune iiii<sup>e</sup> xxxv <sup>tt</sup>.
Somme totale de la recepte de ce present compte xiii<sup>m</sup> ix<sup>c</sup> iiii<sup>xx</sup> iii <sup>tt</sup>.

Depense de ce present compte.

Despense faicte a cause des cens, rentes, dismes, indemnitez et admortissemens que ledit Hostel Dieu doit pour plusieurs maisons, places, lieux, terres, prez, vignes, boys, tant en ceste ville de Paris que hors icelle viii<sup>xx</sup> x<sup>tt</sup>; — autres rentes deues sur tout le revenu temporel d'icelluy Hostel Dieu xxxi <sup>tt</sup>; — autre despense tant a cause d'aucunes charges et redevances, dont les aucunes sont deues d'anciennete et les autres de nouvel, au moyen des dons faiz a iceluy par les cy aprez nommez xviii <sup>tt</sup>; — despense pour messes, obitz et fondations xvii s. p.

Autre despense pour facon et achapt d'eschallatz et boys a treilles et oziers vii<sup>xx</sup> vii <sup>tt</sup>.

Autre despense pour facon et achapt de serceaux, achapt de merrien et fustailles et ouvraige de tonnelier lxvii<sup>tt</sup>.

Autre despense pour labours de vignes vii<sup>c</sup> xxi <sup>tt</sup>.

Autre despense pour fraiz de vendenges, de verjus et vins creuz et cueilliz es treilles et vignes dudit Hostel Dieu ix<sup>xx</sup> v<sup>tt</sup>.

Autre despense pour achapt de vins pour la provision d'iceluy Hostel Dieu xvi<sup>c</sup> xlix<sup>tt</sup>.

Autre despense pour achapt de moutons, beufz, veaulx, porceaulx, etc., ii<sup>m</sup> v<sup>c</sup> l livres.

Autre despense des jours maigres xviii<sup>xx</sup> iii <sup>tt</sup>.

Autre despense pour achapt de bois et de charbon viii<sup>c</sup> xiiii<sup>tt</sup>.

Achapt d'huille et facon de chandelle lxxvi <sup>tt</sup>.

Autre despense, tant pour l'appothicairerie comme pour l'espicerie et chevecerie v<sup>c</sup> lii <sup>tt</sup>.

Autre despense pour achapt de draps de laine, blanchetz, pourpointz, chausses, bonnetz, pelleterie, coultiz, plumes, draps de lict, couvertures vi<sup>c</sup> lxxiiii <sup>tt</sup>.

Autre despense pour facon et blanchissaige de toilles, et achapt de cendres cxiiii <sup>tt</sup>.

Autre despense pour achapt, tannaige, courroiaige et bauldroiaige de cuyrs xxi<sup>tt</sup>.

Autre despense pour ouvraiges et parties de potier d'estain, chauderonnier, vanier et cordier vii<sup>xx</sup> i <sup>tt</sup>.

Autre despense pour parties et ouvraiges de charron, mareschal, bourrelier et sellier vii<sup>xx</sup> ii <sup>tt</sup>.

Autre despense pour certains menuz fraiz et mises communes xxvii <sup>tt</sup>; — a Pierre Prise, tumbier, demourant a Paris, la somme de x<sup>tt</sup> t. a luy payee pour avoir fait et gravé en une table de cuyvre la fondacion faicte par messire Jaques Le Roy, seigneur de Sainct Florent en Berry, et damoiselle Marie Briconnet sa femme audit Hostel Dieu, et ce tant pour ladicte table de cuyvre comme pour la graveure pour icelle table ou epitaphe estre mise et atachée audit Hostel Dieu; — pour l'achapt de six layettes de bois pour mettre des lectres et tiltres dudit Hostel Dieu xii s. p.

Autre despense pour acquisitions de heritaiges et rachaptz de rentes iiii<sup>c</sup> lxxiiii <sup>tt</sup>.

Autre despense pour œuvres et reparacions mil iiii<sup>xx</sup> vii <sup>tt</sup>; — a Gilles de Saulty, painctre, la somme de xx s. t. pour avoir painct de noir et blanc le chariot fait de neuf pour porter les corps des trespassez audit Hostel Dieu au cymetiere de la Trinité.

Autre despense pour deniers baillez pour convertir et employer ou fait des proces dudit Hostel Dieu, et autres fraiz de justice iii<sup>c</sup> xxxvii <sup>tt</sup>.

A Guillaume Pillemy, sergent royal en la prevosté et chastellenie de Montlehery, xx s. p. a lui payee pour son sallaire d'avoir esté commis au gouvernement du fief de Sainct Remy assis a Ver le Grant, appartenant audit Hostel Dieu, saisi a la requeste du Roy nostre sire ou de son procureur, par faulte de foy et hommaige non faiz.

Autre despense pour aucuns deniers pour subvenir aux necessitez des religieuses et filles malades dudit Hostel Dieu vii <sup>tt</sup> iiii s.

Autre despense pour les seignees des religieux et religieuses et filles dudit Hostel Dieu, que pour la taille d'aucuns povres enfans xxxii <sup>tt</sup>.

Autre despense pour les pardons et indulgences dudit Hostel Dieu des jours de la chaire Sainct Pierre, dimanche de la Passion, stacions de Pasques et du jour de Noel xxxii <sup>tt</sup>.

Autre despense pour voyaiges et tauxacions vii<sup>xx</sup> xv <sup>tt</sup>; — a Cloud Gerbe, sergent a cheval ou Chastellet de Paris et serviteur dudit Hostel Dieu, iiii s. vi den. pour avoir este a Chatou pour cuyder prendre au corps ung acheteur de biens nomme Guillaume Langlois.

Autre despense pour dons et pensions lxxix; — a maistre Pierre Eschart, docteur en medecine, la somme de xxx <sup>tt</sup> t. pour trois termes pour avoir par luy visité et pensé les religieux, religieuses malades dudit Hostel Dieu.

Autre despense faicte pour gaiges et sallaires de gens d'eglise et autres serviteurs dudit Hostel Dieu v<sup>c</sup> iiii<sup>xx</sup> ix <sup>tt</sup>; — a maistre Robert Charlot, barbier et cirurgien ordinaire dudit Hostel Dieu, la somme de xxx <sup>tt</sup> x s. t. pour ses gaiges d'une annee.

Somme totale de la despense de ce present compte xiii<sup>m</sup> iiii<sup>c</sup> lxviii<sup>tt</sup>.

## 39ᵉ REGISTRE (376 FEUILLETS, PARCHEMIN).

#### ANNÉE 1524.

Compte treiziesme de maistre Claude de Savignac, pour une année commançant au jour et feste de Noel mil cinq cens vingt trois exclut, et finissant le jour de Noel en suivant l'an revolu mil cinq cens vingt quatre inclut.

Recepte faicte a cause des rentes tant sur le tresor du Roy notre sire que sur son domaine a Paris xi<sup>e</sup> lxi<sup>tt</sup>.

Autre recepte a cause des rentes de l'Hostel Dieu en ceste ville et forsbourg de Paris xi<sup>e</sup> iiii<sup>xx</sup> vi<sup>tt</sup>.

Autre recepte a cause des rentes viaigeres en ceste ville de Paris ii<sup>e</sup> lxii<sup>tt</sup>.

Autre recepte a cause des louaiges de maisons tant en ceste ville de Paris que es forsbourgs mil xlix<sup>tt</sup>.

Autre recepte a cause des cens, surcens, fons de terre et admortissemens hors la ville et forsbourgs de Paris ii<sup>e</sup> xxxvii<sup>tt</sup>.

Autre recepte a cause des rentes annuelles sur plusieurs maisons, terres, vignes, prez, boys viii<sup>e</sup> ix<sup>tt</sup>.

Autre recepte a cause des rentes viaigeres sur plusieurs maisons et autres heritaiges hors la ville de Paris vi<sup>xx</sup> iii<sup>tt</sup>.

Autre recepte a cause d'aucuns louaiges, fermes et baulx faictz a pris d'argent de plusieurs maisons, terres, prez, bois, vignes hors la ville de Paris.....

Vente de vin xviii<sup>tt</sup>; — vente des peaulx et laynes iii<sup>e</sup> iiii<sup>xx</sup> ii<sup>tt</sup>.

Autre recepte a cause des deniers trouvez es troncs dudit Hostel Dieu, apres la publication des pardons publiez en l'evesche et diocese de Paris mil viii<sup>c</sup> xlvii<sup>tt</sup>.

Autre recepte a cause des deniers venuz et yssuz de la publicacion des pardons hors Paris v<sup>m</sup> iiii<sup>e</sup> v<sup>tt</sup>.

Autre recepte a cause des dons, aulmosnes et legs vi<sup>e</sup> lx<sup>tt</sup>; — des executeurs du testament de feu noble homme Jaspard Bureau, en son vivant bourgeois de Paris, par les mains de noble homme Marin Bureau, seigneur de la Houssaye, son frere, la somme de xxv<sup>tt</sup> t.

Autre recepte a cause du prouffit venu audit Hostel Dieu, tant a cause des religieuses qui ont este garder des malades hors ledit Hostel Dieu, comme a cause de l'office de la chambre aux coultes d'iceluy hostel ii<sup>e</sup> xxxix livres.

Somme totalle de la recepte xiii<sup>m</sup> ii<sup>e</sup> xlv<sup>tt</sup>.

Despense de ce present compte.

Despense faicte a cause des cens, rentes, indemnitez et admortissemens pour plusieurs maisons, places, lieux, terres et autres heritaiges situez et assis en ceste ville de Paris et hors icelle viii<sup>xx</sup> xi<sup>tt</sup>.

Autre despense pour façon et achapt d'eschallatz, bois a treilles et ozier ii<sup>e</sup> xiiii<sup>tt</sup>.

Façon et achapt de serceaulx, merrien a fustaille et ouvraige de tonnelier xi<sup>tt</sup> v s.

Autre despense pour labours de vignes vii<sup>e</sup> xvii<sup>tt</sup>.

Autre despense pour fraiz de vendanges des vins et verjus creuz et cueilliz es vignes et treilles dudit Hostel Dieu iiii<sup>xx</sup> xv<sup>tt</sup>.

Autre despense pour achapt de vins ix<sup>e</sup> livres.

Autre despense pour achapt de moutons, beufz, veaulx, porceaulx, lard et volaille iii<sup>m</sup> iii<sup>e</sup> xix<sup>tt</sup>.

Autre despense pour les jours maigres ii<sup>m</sup> xlvii<sup>tt</sup>.

Autre despense pour achapt de bois et de charbon vi<sup>e</sup> xlvii<sup>tt</sup>; — achapt d'uille et façon de chandelle lxviiii livres.

Autre despense tant pour l'appothicairerie, comme pour l'espicerie et cheveccerie vi<sup>e</sup> iiii<sup>xx</sup> iii<sup>tt</sup>.

Autre despense pour achapt de draps de laine, blanchetz, pourpointz, chausses, bonnetz, pannes, coutilz, plumes, drap de lict, couvertures, toilles et autres choses vi<sup>e</sup> lvi<sup>tt</sup>.

Autre despense pour façon et blanchissaige de toilles et achapt de cendres viii<sup>xx</sup> i livres.

Autre despense pour achapt, tannage, courroiage et bauldroyaige de cuyrs xlii livres.

Autre despense pour ouvraiges et parties de potier d'estain, chauderonnier, vanier et cordier iiii<sup>xx</sup> xiiii<sup>tt</sup>.

Autre despense pour parties et ouvraiges de charron, mareschal, bourrelier et sellier viii<sup>xx</sup> xiiii<sup>tt</sup>.

Autre despense pour achapt de chevaulx et bestes a layne baillees a moictie de croist cvii livres.

Autre despense pour certains menuz fraiz et mises communes xxi<sup>tt</sup> x s.; — a Guillaume Carmyen, voicturier par eaue, la somme de vii<sup>tt</sup> t. pour la vuydange par luy faicte de huit bastellees de immondices qui estoient soubz ledict Hostel Dieu, et ou celier du bois et au lavouer, au pris de xvii s. vi den. la bastellee; — a Sevestre Marion, laboureur de vignes, la somme de cent solz tournois, pour avoir arrache et fagoté, deferré les eschallatz de deux arpens de vigne, appartenans audict Hostel Dieu, et avoir icelle vigne arachee, pour en faire terre labourable, parce qu'elle ne valloit riens en vigne, assise au lieudict le *cloz au bourgeois*, pres et hors la porte Sainct Michel.

Autre despense pour acquisicions de heritaiges, rachaptz de rentes lvii<sup>tt</sup> xiiii s.

Autre despense pour œuvres et reparacions xvi° i ᵗᵗ; — a Estienne Hardi, macon tailleur de pierres, la somme de six livres v s. a luy payee pour xxv journees par luy vacquees tant en faisant plusieurs ouvraiges de son mestier *que en aidant a charger la pierre de taille de la Charité pour amener audit Hostel Dieu.*

Autre despense pour deniers baillez pour convertir et employer ou faict des proces et autres fraiz de justice iiii° xxxi ᵗᵗ; — a Jehan Chalumeau, sergent a cheval ou Chastelet de Paris, la somme de iiii ᵗᵗ t. a luy payee par ledict receveur, pour ses sallaires d'avoir esté au chasteau du Ryau pres Moulins en Bourbonnois, mectre a execution certaine sentence des requestes du palais pour ledit Hostel Dieu, a l'encontre de Nicolas Popillon, seigneur dudit lieu du Ryau, pour les arreraiges de c ᵗᵗ parisis de rente que ledit Hostel Dieu a droit de prendre chascun an sur ledit Popillon et ses biens; — a maistres Jehan Poyet, Fabien Ponce, advocatz et Aignan Sarrazin, procureur en court de Parlement, la somme de xv ᵗᵗ xvi s. a eulx payee pour leurs sallaires d'avoir cejourduy plaide en ladite court la cause d'entre ledit Hostel Dieu, demandeur en matiere petitoire, pour raison de la succession universalle de feu messire Jaques Cottier, en son vivant vipresident en la chambre des comptes, contre maistre Jacques Leclerc defendeur pour ceey, par vertu du consentement de mesdiz seigneurs.

Autre despense pour aucuns deniers baillez pour subvenir aux necessitez des religieuses et filles malades dudit Hostel Dieu xl livres xvi solz.

Autre despense tant pour les seignees des religieux, religieuses, et filles dudit Hostel Dieu, que pour la taille d'aucuns pouvres enfans qui ont este taillez xxiiii ᵗᵗ.

Autre despense pour les pardons et indulgences xl ᵗᵗ.

Autre despense pour voiaiges et tauxacions liii livres.

Autre despense faicte par ledit receveur pour dons et pensions iiii ˣˣ v ᵗᵗ; — a maistre Pierre Eschart, docteur en medicine a Paris, la somme de xl livres tournois pour sa pension d'une annee.

Autre despense pour gaiges et sallaires de gens d'eglise et autres serviteurs vi° i livres.

Somme totalle de la despense de ce present compte xiii<sup>m</sup> viii° iiii<sup>xx</sup> v ᵗᵗ.

## 40° REGISTRE (377 FEUILLETS, PARCHEMIN).

### ANNÉE 1525.

Gouverneurs dudit Hostel Dieu durant l'annee de cedit compte :

Messire Jehan Briconnet, president en la chambre des comptes;

Messire Nicole de Neufville, seigneur de Villeroy, trésorier de France;

Maistre Germain de Marle, notaire et secretaire du Roy et general de ses finances;

Noble homme, Marin Bureau, seigneur de la Houssaye;

Maistre Nicole Seguier, Esseigneur de l'estang, receveur des aydes de l'ellection de Paris;

Sires Regnault Anthoillet, Robert Le Lieur.

Compte quatorziesme de maistre Claude de Savignac, pour une annee commencant au jour et feste de Noel mil cinq cens vingt quatre exclud, et finissant le jour de Noel ensuivant l'an revolu mil cinq cens vingt cinq includ, cedit compte rendu a mesdicts seigneurs les gouverneurs par devant maistres Nicole Brachet, conseiller du Roy nostre sire en sa court de Parlement, Symon Machault, clerc et auditeur en la chambre des comptes et Georges La Goutte, procureur en ladicte chambre, a ce commis par ladicte court, ainsi qu'il appert par la requeste cy apres transcripte : A nosseigneurs du Parlement, supplient humblement les commis au regime et gouvernement du temporel de l'Ostel Dieu de Paris, comme pour oyr et examiner les comptes du receveur de l'Hostel Dieu aient este par ci devant commis maistre Pierre Michon, clerc et auditeur du Roy nostre sire en sa chambre des comptes, et feu maistre Thomas de Vigny, en son vivant procureur en icelle chambre, lequel est alle de vie a trespas puis huict mois en ca, et a veu et examine cinq comptes dudit Savignac finissans a Noel mil cinq cens vingt quatre, lesquelz n'ont este cloz, obstant son trespas, et aussi pour ce que ledit Michon n'y a peu et ne pourroit plus vacquer, a cause des grans affaires qu'il a a present pour le Roy, esquelz il est ordinairement empesche, ces choses considerees il vous plaise, ou lieu desdiz Michon et de Vigny, commectre maistres Simon Machault, clerc et auditeur, et Georges La Goutte, procureur en ladicte chambre des comptes, tant pour clorre les comptes dessus declairez, comme pour oyr et examiner les autres que ledit Savignac veult presentement rendre et rendra pour le temps advenir, et pareillement pour oyr et examiner les comptes d'autres gens qui ont eu et ont administracion des grains et autre revenu dudit Hostel Dieu, et que lesdiz Machault et Lagoutte puissent proceder a l'audicion desdiz comptes, l'un en l'absence de l'autre, et de ce qui se trouvera en dificulté, en faire leur rapport au bureau dudit Hostel

Dieu, par devant maistre Nicole Brachet, conseiller en ladicte court, a ce par elle commis pour par luy vuyder lesdictes dificultez, ou autrement appoincter les parties, ou, au lieu desdiz Machault et La Goutte, commectre telz autres qu'il vous plaira, et vous ferez bien... — « Loco dictorum Michon et de Vigny, surrogati sunt dicti Machault et de La Goutte. Actum in Parlamento xii° marcii, millesimo quingentesimo vigesimo octavo. »

Recepte non muable des cens et fons de terre deuz chascun an le jour sainct Remy a l'Ostel Dieu de Paris lvii s. i den.

Recepte des rentes tant sur le tresor du Roy nostre sire que sur son dommaine a Paris xi$^c$ lxi ₶.

Autre recepte a cause des rentes en ceste ville et faulxbourgs de Paris xi$^c$ iiii$^{xx}$ iiii ₶.

Autre recepte a cause des rentes ou pensions viageres ii$^c$ lx ₶.

Autre recepte a cause des louages de maisons, tant en ceste ville de Paris que es faulxbourgs xi$^c$ xxix ₶.

Autre recepte a cause des cens, surcens et fons de terre hors la ville et faulxbourgs de Paris ii$^c$ xxxi ₶.

Autre recepte a cause des rentes annuelles sur plusieurs maisons, terres, vignes, prez, bois et autres heritages assis hors la ville de Paris vii$^c$ iiii$^{xx}$ xviii livres.

Autre recepte a cause des rentes viaigieres sur plusieurs maisons et autres heritages hors la ville de Paris c.xv ₶.

Autre recepte a cause d'aucuns louages, fermes et baulx faictz a pris d'argent hors la ville de Paris iiii$^c$ iiii$^{xx}$ xiiii ₶.

Autre recepte a cause des rentes es lieux et villaiges cy apres declairez xxxviii ₶ — droit de pescherie xix ₶; — vente de heritaiges et rachaptz de rentes lxxvii ₶; — vente de pois et de blé ii$^c$ lxxvi ₶; — vente de peaulx et de laynes iiii$^c$ lxv ₶.

Autre recepte a cause des deniers trouvez es troncs dudit Hostel Dieu apres la publication des pardons en l'evesche et diocese de Paris ii mil ii$^c$ xlvii ₶.

Autre recepte a cause des pardons publiez hors l'evesche de Paris iii$^m$ clvii ₶.

Autre recepte a cause des legs, vigilles et convoiz et autres dons et aulmosnes faictz audict Hostel Dieu ii mil iiii$^c$ lxix ₶; — de noble homme messire Jaques de Montigny, chevalier, seigneur du Fresne, receu a plusieurs fois la somme de iiii$^c$ livres tournois, que feu noble homme Francois de Montigny son frere, par son testament, a donnee et aulmosnee audit Hostel Dieu pour l'entretenement des pouvres d'icelluy; — de messire Nicole de Neufville, seigneur de Villeroy la somme de c livres tournois qu'il a donnee pour *subvenir a la norriture des pouvres d'icelluy, qui y sont a present en grant nombre, a cause de la povreté et sterilité de l'année;* — de maistre Jehan de la Rouge Roye, clerc du greffe criminel de la court de Parlement, la somme de lxii ₶ x s. t. ordonnee audit Hostel Dieu par ladicte court d'une amende de ii$^c$ l livres tournois en laquelle messire Jehan Arthault, chevalier, bailly de Gastine, a este condamné par arrest de ladicte court, donné le vi$^e$ jour de mars mil cinq cens vingt quatre, au prouffit de damoyselles Guyonne et Catherine Benars, seurs, pour la reparacion de l'omicide par luy commis en la personne du feu Pierre Benard, en son vivant escuier, seigneur de la Courtiere; — de madame la generalle de Normandie la somme de iiii ₶ x s. t. qu'elle a donne audit Hostel Dieu *pour subvenir a la norriture des pauvres d'icelluy, qui y sont a present en nombre de quatorze et quinze cens, a cause de la sterilité de l'année;* — des executeurs du testament de feu noble homme maistre Estienne Petit, en son vivant conseiller du Roy nostre sire, et maistre ordinaire en sa chambre des comptes, la somme de ii$^c$ livres tournois, que ledit defunct par sondict testament a donné audit Hostel Dieu; — des exécuteurs du testament de feu Guillaume Seguier, en son vivant marchant espicier et bourgeois de Paris la somme de lxxv s. t.; — de frere Guillaume Stive, religieux et maistre dudit Hostel Dieu la somme de xxiiii livres ii s. vi den. t. venue de la vente d'une petite chesne d'or, pesant i once viii estellins, donnee audit Hostel Dieu par Dame Catherine de Suze, vefve de feu messire Francois de Beaumont, en son vivant chevalier, seigneur de Rieu, ou diocese de Xaintes; — du vicaire de l'eglise Sainct Germain l'Auxerrois la somme de iiii ₶ t. qu'il a donné pour son nepveu qui a esté incisé de la pierre audit Hostel Dieu.

Recepte commune de ce present compte xi$^c$ ix ₶; — le quinziesme jour de fevrier mil cinq cens vingt quatre, temps de cedit compte, du maistre de la Monoie de ceste ville de Paris la somme de xi$^c$ viii ₶ ii s. vi den. t. pour la vente et dellivrance de iiii$^{xx}$ v marcs de vaisselle d'argent de plusieurs sortes estant au bureau dudit Hostel Dieu, laquelle a esté vendue de l'ordonnance la la court de Parlement, pour subvenir a faire le paiement de la quantité de..... de bled qui a esté achapté *pour subvenir ceste annee a la norriture des pouvres dudit Hostel Dieu, pour ce que l'année precedente, ledit Hostel Dieu n'a este paie des grains des fermes d'icellui, a cause que en ladite annee ilz avoient esté gellez en terre;* — de seur Helene La Petite, religieuse et prieuse dudit Hostel Dieu, la somme de vii$^{xx}$ xii ₶ par elle receue des autres religieuses qui ont esté garder des mallades par ceste ville de Paris.

Somme total de la recepte de ce present compte xiii$^m$ c.xxx ₶.

Despense de ce present compte.

Despense faicte a cause des cens, rentes, dismes, indemnitez et admortissemens que ledit Hostel Dieu doit pour plusieurs maisons, places, lieux, terres, prez, vignes, boys et outres heritaiges, tant en ceste ville de Paris que hors icelle viii$^{xx}$ xii livres.

Autres deniers payez a cause d'aucunes charges et redevances, dont les aucunes sont deues d'anciennete et les autres de nouvel, a cause des dons faitz audit Hostel Dieu xi ₶.

Façon et achapt d'eschallatz, boys a treille et ozier xliii ₶; — façon et achapt de serceaulx, merrien a fustaille et ouvraige de tonnelier, xxxix ₶.

Autre despense pour labour de vignes vi$^c$ iiii$^{xx}$ iiii livres.

Fraiz de vendenges de vins et verjus creuz et cueilliz es vignes et treilles dudit Hostel Dieu et sollucion des dixmes desdiz vins vi$^{xx}$ xix ₶.

Autre despense pour achapt de vins pour la provision dudit Hostel xvii$^c$ iiii$^{xx}$ xvii ₶; — achapt de blez xv$^c$ lxxvii ₶.

Autre despense pour achapt de moutons, beufz, porceaulx, lard, veaulx et vollailles iii$^m$ iiii$^c$ lxxvii livres.

Despense des jours maigres ii$^m$ i livres.

Achapt de sel xlvi ₶; — achapt de bois et de charbon vi$^c$ xlvi ₶; achapt de huille, façon de chandelle lxiiii ₶.

Autre despense tant pour l'appothicairerie, comme pour l'espicerie et chevecerie v$^c$ iiii$^{xx}$ ii livres.

Achapt de draps de laine, blanchetz, taincture d'iceulx, pelleterie, coutilz, plume, draps de lict, couvertures, toilles et autres choses achetees tant pour les pouvres comme pour les religieux et religieuses iiii$^c$ lv livres.

Facon et blanchissaige de toilles et achapt de cendres iiii$^{xx}$ xiiii ₶.

Achapt de cuyrs, tannaige et bauldroiaige d'iceulx xxi ₶.

Ouvraiges et parties de potier d'estain, chauderonnier, vannier et cordier lxv ₶.

Parties et ouvraiges de charron, mareschal, bourrelier et scellier viii$^{xx}$ livres.

Achapt de chevaulx et bestes a layne iiii$^{xx}$ iiii livres.

Autre despense pour certains menuz fraiz et mises communes xix ₶; — a Laurens Bricquet, maistre passeur a Paris, la somme de x s. t. pour avoir par luy avec son bateau mené et ramené de l'isle Nostre Dame audit Hostel Dieu, a plusieurs foiz par une journee la quantite de xii a xiii cens draps de lict des lexives de la grant lavanderie; — pour l'achapt de deux douzaines de forces pour tondre les malades xxiiii s.; — pour l'achapt de iii douzaines de layectes a mectre les lectres et tiltres dudit Hostel Dieu estans au tresor d'icelluy iiii ₶ viii s.

Despense faicte pour acquisicions de heritaiges, rachaptz de rentes, ventes et saisines payees durant l'annee de ce present compte iiii$^{xx}$ xiiii livres.

Autre despense pour ouvraiges et reparacions vi$^c$ lxiii ₶.

Deniers baillez pour employer ou faict des proces iii$^c$ ii ₶.

Autre despense pour aucunes debtes payees en acquit dudit Hostel Dieu et autres deniers baillez pour subvenir aux neccessitez des religieuses et filles malades dudit Hostel Dieu lxxvii ₶.

Autre despense pour la taille d'aucuns pouvres vii ₶ xii s.

Autre despense pour les pardons et indulgences xxxiii ₶.

Autre despense pour voiaiges et tauxacions iiii$^{xx}$ xii ₶; — a Thomas Morant, portier de la porte de Sainct Germain des Prez, la somme de 1 solz tournois a luy ordonnee pour consideracion du contenu en certaine requeste par luy a eulx presentee, et pour avoir gardé le bois de merrien et pierres estans a la Cherité, et pour ce faire avoir prins des aydes pour la seureté de sa personne; — a Jehan Aubry, jardinier et marescher xx s. t. pour avoir par luy et deux autres dudit mestier visité dès le xii$^e$ jour de fevrier les treilles et aulvens des grans marestz, pres les Porcherons, appartenant audit Hostel Dieu, affin de savoir en quel estat ilz estoient, et le merrien et ozier qu'il fauldroit pour les remonter et entretenir bien et deuement.

Autre despense pour dons et pensions iiii$^{xx}$ vi ₶.

Autre despense pour gaiges et sallaires v$^c$ iiii$^{xx}$ xv livres; — a Robert Charlot, barbier et cirurgien ordinaire dudit Hostel xxiii ₶ vii s. t.; — a Jacques Petit autre barbier et cirurgien la somme de xii ₶ x s. pour ses gaiges et sallaires d'avoir servy oudit Hostel Dieu ou lieu de Robert Charlot, qui estoit allé de vie a trespas.

Somme totalle de la despense de ce present compte xiiii$^m$ vii$^c$ lviii livres.

## 41$^e$ REGISTRE (377 FEUILLETS, PARCHEMIN).

### ANNÉE 1526.

Compte quinziesme de maistre Claude de Savignac, pour une annee commencant au jour et feste de Noel mil cinq cens vingt cinq exclud et finissant le jour de Noel ensuyvant mil cinq cens vingt six includ.

Ensuyvent les noms de messeigneurs les gouverneurs dudict Hostel Dieu, c'est assavoir :

Messire Jehan Briçonnet;
Messire Nicole de Neufville;
Maistre Germain de Marle;
Maistre Nicole Seguier;
* Noble homme Marin Bureau;
Sires Regnault Anthoullier; Robert Le Lieur;
Et Nicolas Hennequin, marchans et bourgeois de Paris.

Recepte faicte a cause des rentes tant sur le tresor du Roy nostre sire que sur son domaine a Paris xi$^e$ lxi tt.

Autre recepte a cause des rentes que ledit Hostel Dieu a droit de prendre en ceste ville et forsbourgs xi$^e$ lxxv tt.

Autre recepte a cause des rentes viaigieres en la ville de Paris ii$^e$ lvi livres.

Autre recepte a cause des louages de maisons assises tant en ceste ville de Paris que es faulxbourg xi$^e$ iiii$^{xx}$ i livres.

Autre recepte a cause des cens, surcens, fons de terre et admortissemens hors la ville de Paris ii$^e$ xxvii tt.

Autre recepte a cause des rentes annuelles sur plusieurs maisons, terres, vignes, prez, boys et autres heritages assis hors la ville de Paris, vii$^e$ iiii$^{xx}$ xviii livres.

Autre recepte a cause des rentes viageres sur plusieurs maisons et autres heritaiges hors la ville de Paris cxv tt.

Autre recepte a cause d'aucuns louaiges, fermes et baulx, faictz a pris d'argent, de plusieurs maisons, terres, prez, boys, vignes hors la ville de Paris v$^e$ iii tt.

Autre recepte a cause d'aucunes rentes, maisons et autres heritaiges nouvellement donnez audit Hostel Dieu viii$^e$ iiii$^{xx}$ ii tt.

Autre recepte a cause des rentes es lieux et villaiges cy apres declairez lii tt; — recepte du droit de pescherie lxxiiii tt — deniers procedans des ventes et saisines advenues audit Hostel Dieu lxv tt; — deniers procedans d'aucunes rentes qui ont este rachertees, comme de vente d'heritaiges qui ont este venduz iiii$^e$ iiii$^{xx}$ xix tt; — vente de vin vi$^{xx}$ i tt; — vente de boys lxxii tt.

Autre recepte a cause de la vente des peaulx et laynes, comme aussi du suif vii$^e$ xvii tt.

Autre recepte a cause des deniers trouvez es troncs dudit dudit Hostel Dieu'apres la publicquation des pardons en l'evesche et diocese de Paris ii$^m$ iii$^e$ xxxvi tt.

Autre recepte a cause des pardons publiez hors l'evesche de Paris iii$^m$ v$^e$ iiii$^{xx}$ xvii livres.

Autre recepte a cause des legs, vigilles et convoiz, dons et aulmosnes vii$^e$ v tt; — de messeigneurs les chevaliers de l'ordre du Roy nostre sire, par les mains de monsieur de Villeroy leur secretaire, tresorier de France, et l'un de messeigneurs les gouverneurs dudit Hostel Dieu la somme de cent livres tournois pour subvenir a la norriture des pouvres d'icelluy; — de dame Jehanne Saucuse, vefve de feu messire Leon de Brie, en son vivant de Condon, executeresse du testament dudit defunct la somme de xx tt t.; — des executeurs du testament de feu messire Thomas Pascal, en son vivant docteur ès droictz, conseiller du Roy nostre sire en sa court de Parlement, et president des enquestes de ladite court, la somme de l.livres tournois qu'il a aumosnee audit Hostel Dieu; — des executeurs du testament de feue damoiselle Marie Rogier, en son vivant femme de noble homme et saige maistre Estienne de Montmirail, conseiller du Roy nostre sire en sa court de Parlement x liv. tournois.

Recepte commune ii$^e$ iiii$^{xx}$ xvi livres; — de messire Jehan Le Blanc, prebtre habitué en l'eglise Sainct Jacques de la Boucherie, la somme de lii s. pour certaine amende tauxee a ladite somme par l'official de Paris, pour aucunes parolles injurieuses qu'il avoit maldictes dudit Hostel Dieu; — de maistre Jaques Le Couvreur, *greffier da la Foy*, la somme de vi tt v s. d'une amende tauxee a ladite somme *par Messieurs les commissaires commis par nostre Sainct Pere le pape sur le faict des heresies regnans a present;* — de la prieuse dudit Hostel Dieu la somme de cxiii livres par elle receue des religieuses qui ont esté garder des mallades par la ville.

Somme total de la recepte xiiii$^m$ viii$^e$ xliiii livres.

Despense de ce present compte.

Despenses faicte a cause des cens, rentes, dixmes, indempnitez et admortissemens que ledit Hostel Dieu doit par chascun an pour plusieurs maisons, places, lieux, prez, vignes, etc., tant en ceste ville de Paris que hors icelle viii$^e$ xvi tt.

Autres rentes deues par ledit Hostel Dieu sur tout le revenu et temporel d'iceluy xxiiii tt.

Autre despense a cause d'aucunes charge. et redevances dont les aucunes sont deues d'ancienneté et les autres de nouvel, a cause d'aucuns heritaiges nouvellement donnez audit Hostel Dieu xxxi tt.

Autre despense pour façon et achapt d'eschallatz et boys a treilles lxxviii tt; — achapt et façon de douves, enfonseures, serceaulx, ozier et merrien a fustaille xlvii tt.

Autre despense pour labour de vignes vi$^e$ iiii$^{xx}$ xiiii livres.

Autre despense pour fraiz de vendenges, de verjus et vins creuz et cueilliz es treilles et vignes dudit Hostel Dieu vi$^{xx}$ vi tt.

Autre despense pour achapt de vins et verjus pour la provision dudit Hostel Dieu viii$^e$ xvii livres.

Autre despense pour achapt de moutons, beufz, veaulx, porceaulx, lard et volaille, pour la provision et despense des pouvres iii$^m$ v$^e$ viii livres.

Autre despense pour sel prins au grenier a sel de Paris xliiii tt xii s.

Despense des jours maigres xiiii$^e$ xlix tt.

[1526-1527.] DE L'HÔTEL-DIEU DE PARIS. 185

Achapt de boys et de charbon v° xxxiiii livres.

Autre despense pour achapt de huille et façon de chandelle lxviii ℔.

Autre despense tant pour l'appothicairerie, comme pour la chevecerie et espicerie iiii° lxxi ℔.

Autre despense pour achapt de draps de layne, blanchetz, taincture d'iceulx, plume, coutilz, draps de lict, toilles, couvertures et autres neccessitez ix×× iii livres.

Achapt de cuyrs, tannaige et bauldroiage d'iceulx xxiii ℔.

Façon et blanchissaige de toilles et achapt de cendres vi×× xix livres.

Autre despense pour ouvraiges et parties de potier d'estain, chauderonnier, vanier et cordier vi×× i livres.

Autre despense pour parties et ouvraiges de charron, mareschal, bourrelier et sellier viii×× ii ℔.

Achapt de chevaulx et bestes a layne xxvii ℔.

Autre despense pour certains menuz fraiz et mises communes xvi ℔ vi s.; — a Jehan Bouverel, painctre demourant a Paris, la somme de xxxii s. tournois pour avoir painct a huille huit croix servans aux pouvres malades, quant ilz sont en extremité de maladie; — a Robert Fayet, faiseur de layettes c.viii s. t. pour avoir livré deux douzaines de layettes neufves et en avoir rabillé seize vielles.

Autre despense pour acquisicion de heritaiges, rachaptz de rentes, ventes et saisines vi° xlvi ℔.

Autre despense pour œuvres et reparacions xvi° viii livres; — a Jehan Jamet, pyonnier, lxi s. pour avoir fait lxxiiii toises de fossez a l'entour d'un arpent de vigne assis pres la *maison de la Rapee*, au dessus de Sainct Anthoine des Champs; — a Jehan Huart, painctre, la somme de xi livres tournois pour avoir painct le coffre du cheriot des trespassez, et painct et doré le tabernacle de fer qui soustient la poulye du puys dudict Hostel Dieu.

Autre despense pour deniers baillez pour employer ou fait des proces dudit Hostel Dieu et autres fraiz de justice vii° viii livres.

Autre despense pour aucunes debtes payées en l'acquiet dudit Hostel Dieu, et autres deniers baillez pour subvenir aux neccessitez des religieuses et filles malades xxix ℔.

Autre despense faicte pour la taille d'aucuns pouvres xv ℔.

Autre despense faicte pour les pardons et indulgences vi×× xi livres.

Autre despense pour voyaiges et tauxacions xliiii ℔ xix s.

Autre despense pour dons et pensions iiii×× xiii livres; — aux crieurs de corps et de vins a Paris, la somme de xl s. t. qui payee leur a esté pour leur peine d'avoir anoncé et faict assavoir audict Hostel Dieu les convois et vigilles *des trespassez qui ont ordonné que l'on les convoyent jusques a leurs sepultures;* — a maistre Pierre Eschart, docteur régent en la Faculté de medicine xl ℔ t., pour avoir visité et pensé les religieux, religieuses et filles malades dudit Hostel Dieu.

Autre despence pour gaiges et sallaires de gens d'eglise et autres serviteurs dudit Hostel Dieu vii° xlvii livres; — a Jehanne, vefve de feu Jehan Lesac, nourrisse des petis enfans la somme de xxxviii s. t. pour ses sallaires d'avoir servy dudit estat de nourrisse oudit Hostel Dieu, pendant l'espace de trois mois et sept jours; — a Jehanne, vefve de feu Jehan le Fossoyeur, autre nourrisse ou lieu de la dessusdicte xxx s. t.; — a Vincent Coincterel, barbier et cirurgien ou lieu de Jehan Petit qui estoit allé de vie a trespas x ℔ p.

Somme totalle de la despense de ce present compte xii<sup>m</sup> vii° xxvii livres.

## 42° REGISTRE (380 FEUILLETS, PARCHEMIN).
### ANNÉE 1527.

Compte seiziesme de maistre Claude de Savignac, pour une annee commencant au jour est feste de Noël mil cinq cens vingt six exclud et finissant le jour de Noël ensuyvant mil cinq cens vingt sept includ.

Gouverneurs dudict Hostel Dieu.
Messire Jehan Briçonnet;
Messire Nicole de Neufville;
Maistre Germain de Marle;
Noble homme Marin Bureau;
Maistre Nicole Seguier;

Sires Regnault Anthoulliet, Robert Lelieur, Nicolas Hennequin.

Recepte a cause des rentes que ledit Hostel Dieu a droit de prendre chascun an, tant sur le tresor du Roy nostre sire que sur son domaine a Paris xi° lxi ℔.

Autre recepte a cause des rentes en ceste ville et faulxbourgs de Paris xi° lxxv livres.

Autre recepte a cause des rentes ou pensions viagieres, tant a cause des offices de maistre, prieuse et appothicairerie ii° lx ℔.

Autre recepte a cause des louaiges de maisons, assises tant en ceste ville de Paris que es faulxbourgs d'icelle xiii⁶ lxxviii livres.

Autre recepte a cause des cens, surcens et fons de terre hors la ville et faulxbourgs de Paris ii⁶ lix ♯.

Autre recepte a cause des rentes annuelles sur plusieurs maisons, terres, vignes, prez, bois et autres heritaiges hors la ville de Paris viii⁶ lvi.

Autre recepte a cause des rentes viagieres sur plusieurs maisons et autres heritaiges assiz hors la ville de Paris c.xv ♯.

Autre recepte a cause d'aucuns louaiges, fermes et baulx faictz a pris d'argent de plusieurs maisons, terres, prez, bois, vignes et autres choses assises hors la ville de Paris v⁶ xix ♯.

Autre recepte tant a cause d'aucunes maisons, heritaiges et rentes nouvellement donnees audit Hostel Dieu, comme a cause d'aucuns nouveaulx baulx faictz par mesdiz seigneurs les gouverneurs ix^xx viii ♯; — recepte du droit de pescherie xlviii ♯; — rentes qui ont este rachectees cii ♯; — vente de grain iiii^xx xxviii ♯; — vente des peaulx et laynes v⁶ xxviii♯; — vente de suif procedant des moutons despensez audict Hostel Dieu ii⁶ xxx ♯.

Autre recepte a cause des deniers trouvez es troncs dudit Hostel Dieu apres la publication des pardons d'icellui ii^m v⁶ lxv ♯.

Autre recepte des pardons publiez hors l'evesché de Paris ii^m v⁶ lxvii livres.

Autre recepte a cause des legs, vigilles et convois, dons et aulmosnes xvii⁶ lxvii livres; — de Jehan Guynard, marchant demourant a' Yssouldun et sa femme x♯ t.; — des executeurs du testament de feue noble femme Denyse le Moustardier, en son vivant vefve de maistre Jehan Delivre, jadiz premier huissier de la court de Parlement viii♯ x s.; — de messire Pierre Marin, prebtre, demourant a Breval, pres Mante, la somme de iii^c♯ t. qu'il a donnee audit Hostel Dieu, a la charge que ledit Hostel Dieu luy doit bailler une chambre en l'une des maisons d'icelluy hostel, pour soy loger quant il yra et viendra en ceste ville de Paris, et, cependent qu'il y sera, luy livrer son boire et son manger; — de damoyselle Jehanne Dubetz, nagueres servante de feu maistre Denys Pesquet en son vivant notaire et secretaire du Roy, et l'un de Messieurs les gouverneurs dudit Hostel Dieu, la somme de six cens quinze livres t. qu'elle a donnee audit Hostel Dieu, a la charge que ledit Hostel Dieu sera tenu sa vie durant la loger, luy fournir son boire et son menger et de sa chamberiere, luy querir aussi feu et lumiere; — de messire Fleurimont Robertet, chevalier, tresorier de France, la somme de cent livres tournois qu'il a donnee audit Hostel Dieu pour l'entretennement des pouvres d'icelluy.

Recepte commune ii⁶ lv livres; — du fermier du peaige du pont de Sens la somme de xl s. t., qu'il avoit prinse et extorquee d'un voicturier par eaue qui admenoit audit Hostel Dieu cent muys de vin achectez ou pais de l'Auxerrois pour la provision dudit Hostel.

Somme totalle de la recepte xv^m viii⁶ xxi ♯.

Despense de ce present compte.

Depense faicte par ce present receveur a cause des cens, rentes, dixmes, indemnitez et admortissemens pour plusieurs maisons, places, lieux, terres, vignes, bois et autres heritaiges tant en ceste ville de Paris que hors icelle xiii^c xvii ♯.

Autres rentes deues sur tout le revenu et temporel d'icelluy hostel xxiiii ♯.

Achapt d'eschallas, boys a treille et ozier iiii^xx vii ♯; — façon et achapt de cerceaulx, merrien a fustaille et ouvraiges de thonnellier xxxix♯; — labour des vignes vii⁶ xxii ♯.

Fraiz de vendenges iiii^xx vi♯; — achapt de vin et verjus xvi⁶ li♯; — achapt de moutons, beufz, pourceaulx, lards, veaulx et vollailles iii^m ix⁶ iiii^xx iii livres.

Autre despense des jours maigres et achapt de sel xiii⁶ iiii^xx livres.

Achapt de boys et charbon v⁶ iiii^xx xiii ♯; — achapt d'huille et façon de chandelle cii♯.

Achapt de draps de laine et blanchetz, pelleterie, coultiz, plume, draps de lict et couvertures iiii⁶ iiii^xx xvii♯.

Autre despense pour façon, blanchissaige de toilles et achapt de cendres ix^xx xviii livres.

Autre despense pour achapt de cuyrs, peaulx et bazennes, tannaige et bauldroiaige d'iceulx xlv♯.

Autre despense pour l'appothicairerie, comme pour l'espicerie et chevecerie dudit Hostel Dieu vi⁶ liiii ♯.

Ouvraiges et parties de potier d'estaing, chauderonnier, vannier et cordier vi^xx xvii livres.

Autre despense pour autres parties et ouvraiges de charron, mareschal, bourrelier et sellier ciiii ♯.

Achapt de bestes a layne baillees a moietie de croist cxv♯.

Autre despense pour certains menuz fraiz xxviii♯; — a maistre Jehan Charpentier, escripvain, demourant a Paris, la somme de lx s. t. pour avoir faict les escripteaulx qui ont este mys es layettes estans au tresor dudit Hostel Dieu; — pour l'achapt de trois peaulx de cordouen pour faire des chausses a clisteres pour les malades dudit Hostel Dieu xix s. ii den.; — a Jehan Huart dit de Beauvais, painctre, demourant a Paris, la somme de iiii♯ x s. a luy deue, et qui paiee luy a esté pour avoir painct a huille et a verjus six croix de boys a ung crucefix d'un costé et une nostre dame de l'autre, pour servir aux mallades dudict Hostel Dieu.

Autre despense pour acquisitions de heritaiges, rentes et rachaptz de rentes, ventes et saisines xiii$^c$ iiii$^{xx}$vii ₶.
Autre despense pour ouvraiges et reparations xvii$^c$ xxxix ₶.
Deniers baillez et livrez pour emploier au faict des proces dudit Hostel Dieu et autres fraiz de justice iii$^c$ i ₶.
Autres despens pour aucuns deniers paiez pour subvenir aux neccessitez des religieuses et filles malades xliiii ₶.
Taille d'aucuns pouvres x ₶ xvi s.
Autre despense pour les pardons et indulgences dudit Hostel Dieu lvii ₶.
Autre despense pour voiages et tauxations xxxix ₶; — a Jehan Goulard, voyer de reverend pere en Dieu Monsieur l'evesque de Paris, la somme de lxv s. t. pour ses peines et vaccacions de leur avoir baillé les alignemens d'un quay a quatre pieds sur la riviere de Seine, pour servir a une maison assise rue de la Buscherie, en laquelle pend pour enseigne la Croix noire, aboutissant sur ladicte riviere.
Autre despense pour dons et pensions ciiii livres; — a maistre Pierre Eschart, docteur regent en la Faculté de medecine xl livres tournois; — aux crieurs de vins et des corps trespassez xl s. t., a eulx payee le jour Sainct Martin, auquel jour ils tiennent leur sieige et confrairie, pour avoir signiffié audit Hostel Dieu d'aller aux vigiles et convoys, et aucunes fois exhorté les executeurs d'envoier querir ledit Hostel Dieu pour aller aux convoys.
Gaiges et sallaires de gens d'eglise et autres serviteurs dudit Hostel Dieu vi$^c$ xli livres.

## 43$^e$ REGISTRE (347 FEUILLETS, PARCHEMIN).

### ANNÉE 1528.

En suyvent les noms de Messeigneurs les gouverneurs de l'Hostel Dieu de Paris.
Messire Jehan BRIÇONNET;
Messire Nicole de NEUFVILLE;
Maistre Germain DE MARLE;
Maistre Nicole SEGUIER;
Noble homme Marin BUREAU;
Sires Regnauld ANTHOULLIET, Robert LE LIEUR;
Nicolas HENNEQUIN.
Compte dix septiesme de maistre Claude de Savignac pour une annee, commencant au jour et feste de Noel mil cinq cens vingt sept exclud, et finissant le jour de Noel ensuivant mil cinq cens vingt huict includ.
Rentes prinses sur le tresor du Roy nostre sire a Paris xi$^c$ lxi livres.
Rentes que ledict Hostel Dieu a droit de prendre en ceste ville et faulxbourgs de Paris, tant a cause des offices de maistre, prieuse, de l'appothicairerie que autrement xi$^c$ lxxiii ₶.
Autre recepte a cause des rentes ou pensions viagieres sur plusieurs maisons assises en ceste ville de Paris, tant a cause des offices de maistre, prieuse et appothicairerie ii$^c$ iiii$^{xx}$ xvi ₶.
Autre recepte a cause des louaiges de maisons tant en ceste ville de Paris que es faulxbourgs xiiii$^c$ xliii ₶.
Autre recepte a cause des cens, surcens et fons de terre que ledit Hostel Dieu prend hors la ville et faulxbourgs de Paris iii$^c$ xix ₶.
Autre recepte a cause des rentes annuelles sur plusieurs maisons, terres, vignes, prez, bois et autres heritaiges viii$^c$ xlvii livres.
Autre recepte a cause des rentes viagieres sur plusieurs maisons et autres heritaiges hors la ville de Paris c.xv ₶.
Autre recepte a cause d'aucuns louaiges, fermes et baulx faitz a pris d'argent de plusieurs maisons, terres, prez, boys, vignes, et autres choses hors la ville de Paris v$^c$ xiii ₶.
Droit de pescherie xlvi ₶; — deniers provenans des ventes et saisines durant l'annee de ce compte vi$^{xx}$ livres; — deniers procedans a cause d'aucunes rentes qui ont esté rachettees ii$^c$ v ₶.
Autre recepte tant a cause de la vente des peaulx comme de la vente des laines vi$^c$ xxv ₶; — vente de suif ii$^c$ lxx livres.
Deniers trouvez es troncs dudit Hostel Dieu apres la publication des pardons en l'evesché et diocese de Paris ii$^m$ v$^c$ vi ₶.
Autre recepte a cause des pardons publiez hors l'evesché de Paris iii$^m$ xiii livres.
Autre recepte a cause des legs, vigilles et convoys, dons et aulmosnes durant l'annee de ce compte iii$^m$ iiii$^c$ ₶; — de messire Nicole de Neufville, l'un de messeigneurs les gouverneurs, la somme de iii$^c$ livres tournois, ordonnee audit Hostel Dieu par le Roy nostre sire, pour subvenir au paiement des vins qu'il a convenu achecter en l'annee de ce present compte, pour la provision des pouvres dudit Hostel Dieu; — de maistre Michel de Colonia, chantre et chanoine de l'eglise de Paris la somme de ii$^c$ i livres tournois (a parisis xvi$^c$ xl livres) qu'il a donnee audit Hostel Dieu pour l'entretennement des pouvres d'icelluy; — de maistre Pierre Dapestigny, tresorier des finances extraordinaires et casuelles du

Roy, la somme de l livres tournois ordonnee audit Hostel Dieu par ledit seigneur, a ce que les pouvres d'icelluy prient pour sa santé et prosperité, paix et union de son royaulme; — des executeurs du testament de feu Henry de Bethisi, en son vivant bourgeois de Paris, la somme de xx livres tournois; — de maistre Pierre Dapestigny la somme de mil livres tournois ordonnee par ledit seigneur a ce que les pouvres dudit Hostel Dieu prient pour sa santé, prosperité, paix et union de son royaulme.

Autre recepte a cause des deniers receuz des religieuses, lesquelles ont este garder les mallades par ceste ville de Paris, comme a cause de l'office de la chambre aux coultes vi$^{xx}$ vii livres.

Recepte commune v$^c$ xxx$^{lt}$; — de Jehan Trudaine, marchant orfevre demourant a Paris, ii$^c$ xxv$^{lt}$ venue de la vente de neuf gobelletz, une petite tasse, dix cuillers d'argent, plusieurs aneaulx et patenostres d'or et d'argent, et autres menues bagues estans au tresor dudit Hostel Dieu.

Somme totalle de la recepte de ce present compte xvii$^m$ c.lxxii $^{lt}$.

Despense de ce present compte.

Despense a cause des cens, rentes, dixmes, indempnitez et admortissemens que ledit Hostel Dieu doit pour plusieurs maisons, places, lieux, terres, prez, etc., tant en ceste ville de Paris que hors icelle ix$^{xx}$ viii $^{lt}$.

Autres rentes deues sur tout le revenu et temporel xxiiii $^{lt}$ v s.

Autre despense, pour achapt et plantaige d'arbres plantez au cloz du grant pressouer dudit Hostel Dieu prez les chartreux, jardin de la ferme de Crestueil et vignes de Gentilly xxix $^{lt}$ parisis; — c'est assavoir le xvi$^e$ jour de decembre mil cinq cens vingt sept fut acheté sur le *Pont au change* quatre douzaines d'amandiers xx s.; — item pour huit pruniers de Damas noir iiii s.; — item pour iii douzaines d'abricotz xxx s.; — item pour ung cent de pruniers de damas, prins au jardin de l'ostel Sainct Denis xlv s.; — le xxi$^e$ dudit mois pour seize cerisiers et une botte de noysetiers vii s. vi den.; — item pour ung cent d'autres cerisiers xxv s.; ..... item pour marquottes mises ausdites vignes de Gentilly xiii s. vi den.; — item pour une douzaine de noyers xii s. vi den.; — item pour six pruniers de damas blanc ii s. vi den.; — item pour dix hemptes de pommiers xii s. vi den.; — item pour ung cent de marquotes de complant bourdelloys, plantez au jardin dudit pressouer xl s......; — a Thomas Le Roy, jardinier, demourant a Paris, la somme de vi $^{lt}$ vi s. t. pour quarente deux journees qu'il a vacqué a faire le jardin et planter plusieurs des arbres dessus declairez es diz cloz du pressouer.

Autre despense pour façon et achapt d'eschallatz et ozier lxxvii $^{lt}$; — façon et achapt de cerceaulx, enfonceures de fustaille et ouvraiges de tonnellier xl livres.

Labour des vignes vii$^c$ xi $^{lt}$.

Fraiz de vendenges cxix livres.

Autre despense pour achapt de vin iii$^m$ c.xxii $^{lt}$.

Autre despense pour achapt de moutons, beufz, pourceaulx, lard, veaulx et volaille iiii$^m$ ii$^c$ $^{lt}$.

Autre despense des jours meigres xvi$^c$ iiii$^{xx}$ xvi livres.

Achapt de bois et charbon pour la provision dudit Hostel Dieu ix$^c$ lxxvi $^{lt}$.

Achapt d'huille et façon de chandelle iiii$^{xx}$ xviii livres.

Autre despense pour achapt de draps de laine, blanchitz, pelleterie, coutilz, plume, draps de lict et couvertures vii$^c$ lxxiiii livres; — a Nicolas Lescallopier, marchant demourant a Paris, la somme de lxviii livres pour xv douzaines neuf draps de lict.

Façon, blanchissaige de toilles et achapt de cendres ix$^{xx}$ xiii livres.

Tannaige et bauldroiaige de cuirs et peaulx et achapt de filasse a faire *chefs gros*, le tout pour servir a la chaussure et a faire bottes pour les religieux et religieuses xi $^{lt}$.

Autre despense, tant pour l'appothicairerie, comme pour l'espicerie et chevecerie v$^e$ li livres; — a Jehan Trudene, maistre orfevre, la somme de xii$^{lt}$, cest assavoir lxx s. pour deux onces d'argent neuf emploié avec autre argent vieil au crucifiement Nostre Seigneur, clouz et couverture du livre a chanter les euvangilles; — xlv s. pour ung ducat d'or emploie adorer les ymaiges estans sur ledit livre...

Autre despense pour ouvraiges et parties de pothier d'estaing, chauderonnier et cordier iiii$^{xx}$ xiii livres.

Autre despense pour parties et ouvraiges de charron, mareschal, bourrellier et sellier ix$^{xx}$ xv livres.

Autre despense pour certains menuz fraiz xxv $^{lt}$; — pour avoir fait reffaire les helles de deux anges estans au reliquaire qui est du costé de Petit Pont, et pour avoir faict redorer et rebrunir ledit reliquaire cv s. t.

Autre despense pour acquisitions d'heritaiges, rentes et rachaptz de rentes, ventes et saisines ii$^c$ ix $^{lt}$.

Autre despense pour reparacions faictes pour ledit Hostel Dieu xiii$^c$ lxiii livres.

Autre despense pour l'edifice du moulin a vent de nouveau edifié aupres du grant Pressouer pres les chartreux, appartenant audit Hostel Dieu, xiiii$^c$ xix livres, — a Estienne Hardi, tailleur de pierres, la somme de xxiii livres, c'est assavoir lxxii s. *pour les manouvriers qui ont chargé les cheriotz de la pierre de l'edifice de la Charité, pour mener au moulin du Pressouer.*

Autre despense pour aucuns deniers par cedit receveur avancez pour *subvenir a faire la parpaie des ouvriers* qui ont besoigné a l'edifice de la Charité, encommancé a faire hors la ville, pres Sainct Germain des Prez, apres ce que les deniers ordonnez par le Roy pour le faict dudit edifice ont este employez ii<sup>e</sup> lxxvi ʰʰ.

Autre despense pour deniers livrez de l'ordonnance de messeigneurs les gouverneurs pour convertir au faict des proces dudit Hostel Dieu et autres fraiz de justice ii<sup>e</sup> lxxv ʰʰ.

Autre despense pour aucuns deniers baillez pour subvenir aux neccessitez des religieuses et filles mallades dudit Hostel Dieu xxxvi ʰʰ.

Autre despense pour la taille d'aucuns pouvres xlv ʰʰ.

Autre despense pour les pardons et indulgences xxx ʰʰ.

Autre despense pour voiaiges et tauxations lii ʰʰ; — a François Giraudeau, manouvrier, la somme de xxx s. t. pour avoir porté des lectres missives envoiees par mesdiz seigneurs les gouverneurs a madamoiselle de la Rocheguyon, audit lieu, afin d'estre paiez de sa part des arreraiges qu'elle doit audit Hostel Dieu a cause de ii cens livres t. de rente qu'elle et ses coheritiers du feu conte de Brienne doyvent audit Hostel Dieu; — cedit receveur faict cy despense de la somme de six livres x s. t. par luy paiee, c'est assavoir cx s. a Thomas le Roy, manouvrier, pour avoir par luy esté, de l'ordonnance de mesdiz seigneurs les gouverneurs, pour trois voiages a Fontenebleau par devers' monsieur de Villeroy, pour avoir lectres du Roy adressans a la court de Parlement et a Messieurs les presidens d'icelle, afin qu'ilz teneissent la main pour ledit Hostel Dieu, *afin d'avoir une maison' appartenant a chappitre de Paris, assise entre l'ostel episcopal de Paris et ledit Hostel Dieu, pour l'accroissement d'icelluy* . . .

Autre despense pour dons et pensions iiii<sup>xx</sup> xi ʰʰ; — a maistre Pierre Eschart, docteur regent en la Faculté de medecine xl livres tournois pour avoir visité et pensé les religieux, religieuses et filles mallades.

Autre despense pour gaiges et sallaires de gens d'eglise et autres serviteurs vii<sup>c</sup> ii ʰʰ; — a Vincent Coincterel, cirurgien et barbier dudit Hostel Dieu, la somme de xxx livres tournois pour ses gaiges et sallaires ung an durant.

## 44<sup>e</sup> REGISTRE (327 FEUILLETS, PARCHEMIN).

### ANNÉE 1529.

Ensuyvent les noms de messeigneurs les gouverneurs de l'Ostel Dieu de Paris, c'est assavoir :

Messire Jehan Briçonnet ;
Messire Nicole de Neufville ;
Maistre Germain de Marle ;
Maistre Nicole Seguier ;
Noble homme Marin Bureau ;
Sires Regnault Anthoulliet, Robert Lelieur
Et Nicolas Hennequin.

Compte dix huictiesme de maistre Claude de Saviguac, pour une annee commençant au jour et feste de Noel mil cinq cens vingt huict exclud et finissant le jour de Noel ensuyvant mil cinq cens vingt neuf includ.

Rentes prinses sur le tresor du Roy nostre sire a Paris et sur la recepte ordinaire dudit sire oudit lieu xi<sup>c</sup>lxi ʰʰ

Autre recepte des rentes en ceste ville et faulxbourgs de Paris, tant a cause des offices de maistre, prieuse, de l'appothicairerie, que autrement xi<sup>c</sup> lx ʰʰ.

Autre recepte a cause des rentes ou pensions viageres que ledit Hostel Dieu prend en ceste· ville de Paris ii<sup>e</sup> iiii<sup>xx</sup> xvi livres.

Autre recepte a cause des louaiges de maisons assises tant en ceste ville de ·Paris que es faulxbourgs d'icelle xiii<sup>c</sup> xlii livres.

Autre recepte a cause des cens, surcens et fons de terre hors la ville et faulbourgs de Paris ii<sup>e</sup> iiii<sup>xx</sup> xii livres.

Autre recepte a cause des rentes annuelles sur plusieurs maisons, terres, vignes, prez, bois et autres heritaiges hors la ville de Paris viii<sup>c</sup> xxxix ʰʰ.

Autre recepte a cause des rentes viageres sur plusieurs maisons et autres heritaiges assis hors la ville de Paris cxv ʰʰ.

Autre recepte a cause d'aucuns louaiges, fermes et baulx faitz a pris d'argent de plusieurs maisons, terres, prez, bois, vignes et autres choses hors la ville de Paris v<sup>c</sup> lxvii ʰʰ.

Autre recepte pour les droitz de pescherie a cause du fief de la Mothe xxxiii ʰʰ; — deniers procedans d'aucunes rentes qui ont esté rachetees, comme pour vente d'heritaiges qui ont este venduz par auctorité de justice ii<sup>m</sup> vi<sup>c</sup> xlix ʰʰ; — de noble et discrette personne maistre Lois Seguier, conseiller du Roy en sa court de Parlement, a esté receu le xi<sup>e</sup> jour du mois d'aoust la somme de v<sup>c</sup> xlv ʰʰ t. pour les vente et transport a luy faitz d'une petite maison en forme d'appentis assise rue de Mascon, *servant a filles amoureuses*, laquelle par sentence de M. le Prevost de Paris, veues les informations faittes a la requeste des voisins de ladite maison, ledit Hostel Dieu a esté condemné vendre a cause des inconveniens et scandales qui y advenoient tous les jours.

Vente de vin ii$^e$ vii $^{tt}$; — vente de bois xi$^e$ lxxvi $^{tt}$; — vente des peaulx et laynes vi$^e$ lvii $^{tt}$; — vente de suif provenant des moutons despensez audit Hostel Dieu v$^e$ x $^{tt}$.

Autre recepte des deniers trouvez es troncs dudit Hostel Dieu apres la publication des pardons en l'evesché et diocese de Paris ii$^m$ vi$^e$ lxxv $^{tt}$.

Recepte des pardons publiez hors l'evesche de Paris ii$^m$ iii$^e$ $^{tt}$.

Autre recepte a cause des legs, vigilles et convois, dons et aulmosnes xv$^e$ xxviii $^{tt}$; — de maistre Victor Berguyn, tresaurier et receveur general des finances de madame la Regente, le vi$^e$ jour de fevrier, la somme de c livres tournois que maditte dame a donnee audit Hostel Dieu, a ce que les pouvres d'icelluy prient Dieu pour la santé et prosperité du Roy et d'elle, paix et unyon de son roiaulme; — de haulte et puissante damoiselle Marie d'Estampes, vefve de hault et puissant seigneur feu Jehan Larcevesque, en son vivant baron et seigneur de Soubize, du Parc et de Monchamp, par les mains de maistre Guillaume Barthelemy, contrerolleur general des finances du Roy, en ses pais et duche de Bretaigne, la somme de c livres tournois, donnee audit Hostel Dieu par ledict defunct; — des vefve et heritiers de feu noble homme et saige, messire Francois de Medulla, en son vivant conseiller du Roy nostre sire en sa court de Parlement, xx $^{tt}$ t. qu'il a donnee audit Hostel Dieu par son testament; — de maistre Francois Charbonnier, tresorier des offrandes du Roy, ii$^e$ $^{tt}$ t. que ledit seigneur a donnee audit Hostel Dieu, a ce que les pouvres d'icelluy prient pour sa santé, prosperité, paix et union de son roiaulme; — de Marguerite Jossete, vefve de feu Robin Galle, en son vivant maistre cordouennier, demourant a Paris rue de la Huchecte, iii$^e$ iiii$^{xx}$ xix $^{tt}$ t. qu'elle a donnee audit Hostel Dieu, a la charge que ledit Hostel sera tenu de la loger, luy fournir son boire et menger, et pareillement luy querir feu et lumiere; — de maistre Pierre Dapestigny, receveur general des finances extraordinaires et parties casuelles du Roy nostre sire, la somme de c $^{tt}$ t. que ledit seigneur a donnee et aulmosnee audit Hostel Dieu, a ce que les pouvres d'icelluy prient pour sa santé, prosperité, paix et union de son roiaulme, *et oultre afin qu'il plaise a Dieu que messeigneurs les Enfans de France, prisonniers en Espaigne, puissent tost revenir en France*.

Recepte des deniers provenans des religieuses, lesquelles ont esté garder les malades par ceste ville, comme de la chambre aux coultes ii$^e$ xxxix $^{tt}$.

Recepte commune xii$^e$ xxi $^{tt}$; — de la vente d'une robe de tafectas fourree, par les paremens de devant et par le collet, de peaulx de loups fermees, et par derriere de regnardeaulx, appartenant a ung gentilhomme, nommé monsieur de la Chappelle, lequel a esté malade audit Hostel Dieu depuis deux ans en ça par l'espace de trois mois, laquelle a esté vendue par auctorité de justice, pour aider a paier la despense par luy et deux chevaulx faicte audit Hostel Dieu, cependant qu'il estoit mallade, xv $^{tt}$ tournois.

Somme totalle de la recepte xix$^m$ ii$^e$ iiii$^{xx}$ ix $^{tt}$.

Despense de ce present compte.

Despense a cause des cens, rentes, dixmes, indempnitez et admortissemens que ledit Hostel Dieu doit pour plusieurs maisons, places, lieux, terres, prez, vignes, bois et autres heritaiges tant en ceste ville de Paris que hors icelle ix$^{xx}$ iiii$^{tt}$.

Facon et achapt d'eschallatz et ozier, durant l'annee de ce present compte l livres; — facon et achapt de cerceaulx, enfonceures de fustaille et ouvraige de tonnellier xvii $^{tt}$; — labour des vignes vii$^e$ xxxv $^{tt}$.

Fraiz de vendenges iiii$^{xx}$ iii $^{tt}$.

Achapt de vin pour la despense dudit Hostel Dieu ii$^m$ iiii$^e$ lxxii $^{tt}$.

Achapt de moutons, beufz, pourceaulx, lards, veaulx, volaille v$^m$ iii$^e$ lxii livres.

Autre despense des jours meigres xvi$^e$ iiii$^{xx}$ vii $^{tt}$.

Achapt de sel xlii $^{tt}$; — achapt de bois et charbons vii$^e$ iiii$^{xx}$ x $^{tt}$; — achapt d'huille et facon de chandelle xl $^{tt}$.

Autre despense pour achapt de draps de laine, blanchetz, pelleterie, coutilz, plume, draps de lict et couvertures viii$^e$ lxvii $^{tt}$.

Facon, blanchissaige de toilles et achapt de cendres vi$^{xx}$ $^{tt}$.

Tannaige et bauldroiaige de cuirs, peaulx, xxix $^{tt}$.

Ouvraiges et parties de potier d'estaing, chauderonnier, cordier et vannier ciiii $^{tt}$

Autre despense tant pour l'appothicairerie, comme pour l'espicerie et chevecerie v$^e$ xxvii $^{tt}$.

Parties et ouvraiges de charron, mareschal, bourrelier et sellier viii$^{xx}$ iiii $^{tt}$.

Menuz frais et mises communes xliii $^{tt}$; — pour deux figures ou *plates formes* d'une maison que ledit Hostel Dieu pretend avoir pour l'accroissement d'icelluy, appartenant au chappitre de Paris, laquelle tient audit Hostel Dieu du coste de l'ostel episcopal de Paris, le long de la riviere de Seyne d'une part et de la rue du parviz d'autre, l solz tournois.

Autre despense pour acquisitions d'heritaiges et paiemens de droictz seigneuriaulx xii$^e$ xxxvii $^{tt}$.

Reparations faites pour ledit Hostel Dieu durant l'annee de ce present compte xi$^e$ xliii $^{tt}$.

Deniers baillez et livrez pour employer au faict des proces dudict Hostel Dieu et autres fraiz de justice ii$^e$ xxxix $^{tt}$.

Autre despense pour deniers baillez pour subvenir aux neccessitez des religieuses et filles malades xxxii tt.

Autre despense pour la taille d'aucuns pouvres xvii tt.

Autre despense pour les pardons et indulgences ii$^e$ ix tt.

Autre despense pour voiaiges et tauxations xli tt.

Autre despense pour dons et pensions cxv livres; — a maistre Pierre Eschart, docteur regent en la Faculté de médecine, la somme de xl livres tournois pour visiter et penser les religieux, religieuses et filles malades.

Autre despense pour gaiges et sallaires de gens d'eglise et autres serviteurs dudit Hostel Dieu ii$^e$ xxxv tt; — a Vincent Coincterel, cyrurgien et barbier dudit Hostel Dieu, la somme de xxx tt t. pour avoir servy esdits estatz de cirurgien et barbier audit Hostel Dieu, et pour le louaige de sa chambre durant l'annee de cedit compte; — a Nicole Carandel, vefve de Symon Le Roux, saige femme, commise a recevoir les enfans audit Hostel Dieu, la somme de x livres tournois pour ses gaiges depuis le jour de Noel mil v$^c$ xxviii jusqu'au xxii$^e$ octobre apres ensuyvant.

Gaiges d'officiers iii$^c$ xlv tt.

Somme totalle de la despense xvii$^m$ viii$^c$ iiii$^{xx}$ xiii tt.

## 45$^e$ REGISTRE (314 FEUILLETS, PARCHEMIN).

### ANNÉE 1530.

Sensuyvent les noms de messeigneurs les gouverneurs de l'Ostel Dieu de Paris. C'est assavoir :

Messire Jehan BRIÇONNET;
Messire Nicolas DE NEUFVILLE;
Maistre Germain DE MARLE;
Maistre Nicolas SEGUIER;
Noble homme Marin BUREAU;
Sires Regnault ANTHOULLIET, ROBERT LE LIEUR;
Nicolas HENNEQUIN.

Compte dix neufiesme de maistre Claude de Savignac pour une annee commencant au jour et feste de Noel mil cinq cens vingt neuf, et finissant le jour de Noel ensuyvant mil cinq cens trente.

Recepte des rentes tant sur le tresor du Roy nostre sire que sur son dommaine a Paris xi$^c$ lxi tt.

Autre recepte des rentes en ceste ville et faulxbourgs de Paris xi$^c$ l livres.

Autre recepte a cause des rentes ou pensions viagieres en ceste ville de Paris ii$^c$ iiii$^{xx}$ xvi tt.

Autre recepte a cause d'aucuns louaiges de maisons tant en ceste ville de Paris que es faulxbourgs, xiii$^c$ iiii$^{xx}$ v livres.

Autre recepte a cause des cens, surcens et fons de terre hors la ville et faulxbourgs de Paris ii$^c$ lxxiii livres.

Autre recepte a cause des rentes annuelles sur plusieurs maisons, terres, vignes, prez, bois et autres heritaiges hors la ville de Paris viii$^c$ xxxviii livres.

Rentes viagieres sur plusieurs maisons et autres heritaiges hors la ville de Paris cxv tt.

Autre recepte d'aucuns louaiges, fermés et baulx faictz a pris d'argent de plusieurs maisons, terres, prez, bois, vignes hors la ville de Paris v$^c$ lxvi tt.

Droitz de pescherie xxxvii tt; — vente de grain ii$^c$ iiii$^{xx}$ livres; — vente de vin vii$^{xx}$ iiii livres.

Vente des peaulx et laines v$^c$xxxv tt; — vente de suif iii$^c$ xli tt.

Autre recepte a cause des deniers trouvez es troncs dudit Hostel Dieu apres la publication des pardons en l'evesché et diocese de Paris ii$^m$ ix$^c$ vii tt.

Pardons publiez hors l'evesché de Paris ii$^m$ viii$^c$ lii tt.

Autre recepte a cause des legs, vigilles et convoys, dons et aulmosnes xv$^c$ vii tt; — des executeurs du testament de feue damoiselle Anne de Marle, en son vivant femme de noble homme maistre Gaillard Spifame, conseiller du Roy et general de ses finances, receu la somme de cent livres tournois, qu'elle a donnee audit Hostel Dieu par sondit testament; — des executeurs du testament de feue damoiselle Genevlefve Legendre, en son vivant vefve de feu Nicolas de Neufville, dame des Mousselletz lx tt tournois que ladicte defuncte a aumosnee audit Hostel Dieu; — de Yvon Bourte, boucher, la somme de c. s. t. qu'il a baillee audit Hostel Dieu, ou lieu de xx mesures de suif, lesquelles par sentence du prevost de Paris avoient este ordonnees estre baillees audit Hostel Dieu, comme non loialles ne marchandes; — le xix$^e$ jour d'aoust receu de noble homme maistre Jaques Charmolue, changeur du tresor du Roy nostre sire, et maistre Jehan de Fontaines, clerc des comptes dudit seigneur a Paris, executeurs du testament de feu maistre Guillaume Duchesne, en son vivant docteur en theologie et curé de Sainct Jehan en Greve, iiii$^c$ livres tournois qu'ilz ont donnee audit Hostel Dieu du reliqua des biens de ladite succession.

Deniers venuz tant a cause des religieuses qui ont esté garder les malades par ceste ville de Paris, comme a cause de l'office de la chambre aux coultes dudit Hostel Dieu ii$^c$ xxxvii tt.

Recepte commune m. xlv tt parisis; — de messire

Charles Dangennes, chevalier, seigneur de Remboullet, le viii° jour de juillet receu la somme de ii° xl ₶ t. pour les fruitz des heritaiges assis audit Remboullet qui furent a feu Andre Lasne et par luy donnez audit Hostel Dieu, lesquelz ledit Hostel Dieu a cejourd'huy cedez et transportez audit Dangennes, a l'encontre d'autres heritaiges assis a Trappes, lesquelz il a aussi transportez audit Hostel Dieu; — receu de madame la presidente Briconnet la somme de mil livres tournois qu'elle a prestee audit Hostel Dieu de ses deniers, pour subvenir aux affaires dudit Hostel Dieu, laquelle somme de mil livres messeigneurs les gouverneurs luy ont promis rendre dedans ung an.

Somme totalle de la recette xv<sup>m</sup> viii° iiii<sup>xx</sup> vii livres.

Despense de ce present compte.

Despense faicte a cause des cens, rentes, dixmes, indempnitez et admortissemens pour plusieurs maisons, places, lieux, terres, prez, vignes, bois et autres heritaiges tant en ceste ville de Paris que hors icelle ix<sup>xx</sup> vi ₶.

Autre despense pour certains arreraiges, lesquelz ne se trouvent paiez par les comptes precedens lxxvi s.

Labour des vignes vii° xvi ₶.

Facon et achapt d'eschallatz et ozier lxxii ₶; — facon et achapt de serceaulx xvi ₶; — fraiz de vendenges iiii<sup>xx</sup> xi ₶.

Autre despense pour achapt de vin et verjus iii<sup>m</sup> v° lxvii ₶.

Achapt de moutons, beufz, pourceaulx, lards, veaulx, volaille, iiii<sup>m</sup> xliii livres.

Despense des jours meigres xvi° xl livres.

Achapt de bois et charbon viii° lii lvres; — achapt d'huille et facon de chandelle vii<sup>xx</sup> xi ₶.

Achapt de draps de laine, blanchetz, pelleterie, coutilz, plume, draps de lict et couvertures iii° xxiiii livres.

Facon et blanchissaige de toilles et achapt de cendres viii<sup>xx</sup> xiii ₶.

Tannaige et bauldroiaige de cuirs, peaulx, xxxiiii ₶.

Ouvraiges et parties de potier d'estaing, chauderonnier, cordier et vannier c.iii livres.

Autre despense tant pour l'appothicairerie comme pour l'espicerie et chevecerie m. xl livres; — a seur Perrenelle La Tache, religieuse aiant la charge de l'appothicairerie, la somme de xl s. t. pour subvenir a avoir du laict pour faire du riz pour les malades; — a ladite seur x ₶ t. pour subvenir a achecter des herbes pour faire des eaues pour la provision de ladite appothicairerie; — cedit present receveur faict cy despense de xii ₶ xiiii s. t. pour l'achapt de deux cens livres de *beurre de may* pour la provision de l'appothicairerie; — a ladite seur encores x ₶ t. pour achecter des cerises pour confire, et autres neccessitez de ladicte appothicairerie.

Parties et ouvraiges de charron, mareschal, bourrellier, sellier vi<sup>xx</sup> xi ₶.

Autre despense pour certains menus fraiz et mises communes lxix ₶.

Est faict despense de la somme de xxi livres t. pour l'achapt d'une monstre d'orloge servant au bureau dudit Hostel Dieu.

Reparations faites en plusieurs maisons assises a Paris appartenans audit Hostel Dieu ix° lxvii livres.

Autre despense pour deniers baillez pour convertir et employer au faict des proces dudit Hostel Dieu et autres fraiz de justice ii° viii livres.

A maistre Pierre Huon, inciseur juré a Paris lxx s. t. pour avoir taillé de la rompure ung petit enfant, et pour avoir taillé et incisé ung autre enfant de la pierre.

Autre despense pour les pardons et indulgences xxxvii ₶.

Autre despense pour voiaiges et tauxations vi<sup>xx</sup> viii livres; — a la vefve de feu maistre Thomas de Vigny en son vivant procureur en la chambre des comptes a Paris, en son nom et comme tutrice des enfans mineurs dudit defunct et d'elle, la somme de c. ₶ parisis, a eulx deue pour avoir par ledict defunct veu et examiné les comptes de cedict present receveur des années finies M.V.XX, XXI, XXII, XXIII, XXIIII.

Dons et pensions c.iiii livres; — Catherine Pompon, vefve de feu honnorable homme maistre Pierre Eschart, en son vivant docteur regent en la Faculté de medecine, la somme de xl livres tournois pour une annee des gaiges et sallaires dudit defunct.

Autre despense pour gaiges et sallaires iii° xlvi livres; — a maistre Hugues Sailly, prebtre, la somme de xii ₶ tournois pour avoir instruict et enseigné de granmaire les enfans de cueur dudit Hostel Dieu par l'espace d'un an; — a Anthoinete, vefve de feu Lois Jehannequin, nourrisse des petis enfans vii ₶ t.

Gaiges d'officiers iii° xlvi ₶.

Somme toute de la despense xvi<sup>m</sup> viii° iiii<sup>xx</sup> iii livres.

## 46° REGISTRE (300 FEUILLETS, PARCHEMIN).

### ANNÉE 1531.

Sensuyvent les noms de messeigneurs les gouverneurs de l'Ostel Dieu de Paris :

Messire Jehan Briçonnet;
Messire Nicolas de Neufville;

Maistre Germain de Marle;
Maistre Nicolas Seguier;
Maistre Guillaume Ribier, nagueres tresorier de la faulconnerie du Roy;
Sires Robert Anthoillet, Robert Lelieur;
Nicolas Hennequin.

Compte vingtiesme de maistre Claude de Savignac, pour une annee commencant au jour et feste de Noel mil cinq cens trente exclud, et finissant le jour de Noel ensuyvant mil cinq cens trente et ung includ.

Rentes prinses sur le tresor du Roy nostre sire et sur la recepte ordinaire dudit sire a Paris xi$^e$ lxi $^{tt}$.

Rentes prinses en ceste ville de Paris xi$^e$ xxxvi $^{tt}$.

Rentes ou pensions viagieres tant a cause des offices de maistre, prieuse et appothicairerie ii$^c$ iiii$^{xx}$ livres.

Autre recepte a cause d'aucuns louaiges de maisons tant en ceste ville de Paris que es faulbourgs d'icelle xv$^e$ lxxviii $^{tt}$.

Autre recepte a cause des cens, surcens et fons de terre hors la ville et faulxbourgs de Paris mil xxii livres.

Autre recepte a cause des rentes viagieres sur plusieurs maisons et autres heritaiges hors la ville de Paris c. xv $^{tt}$.

Autre recepte a cause d'aucuns louaiges, fermes et baulx faictz a pris d'argent de plusieurs maisons, terres, prez, bois, vignes hors la ville de Paris v$^e$ iiii$^{xx}$ v livres.

Deniers procedans a cause d'aucunes rentes qui ont este rachectees en l'annee de cedit compte xlviii $^{tt}$.

Vente des peaulx et laynes vii$^c$ xxvi livres; — vente de suif ii$^c$ iiii$^{xx}$ iii livres.

Deniers trouvez es troncs dudit Hostel Dieu apres la publication des pardons en l'evesche et diocese de Paris ii$^m$ ix$^c$ iiii$^{xx}$ ix livres.

Recepte des pardons publiez hors l'evesche de Paris ii$^m$ v$^c$ xxxii $^{tt}$.

Autre recepte a cause des legs, vigilles, convois, dons et aulmosnes iiii$^m$ vi$^c$ xxvii livres; — de maistre Leon Garnier, *doien de la crestienneté de Provins*, exécuteur du testament de feu messire Jehan Girard, en son vivant prebtre, demourant audit Provins, la somme de xx $^{tt}$ tournois que ledit defunct a aulmosnee audit Hostel Dieu; — de maistre Francois Charbonnier, tresorier des offrandes du Roy, la somme de cent livres tournois que monsieur l'evesque de Lizieux, grant aulmosnier de France, a ordonné estre baillee audit Hostel Dieu, a ce que les pouvres d'icelluy prient pour la santé et prosperité du Roy, paix et union de son roiaulme; — de maistre Claude Aligre, tresorier des menuz plaisirs du Roy la somme de xii livres ix s. t. que ledit sire a aulmosnee audit Hostel Dieu; — de monseigneur monsieur de Villeroy, l'un de messeigneurs les gouverneurs dudit Hostel Dieu la somme de vi$^c$ viii livres xi s. aulmosnee audit Hostel Dieu par le Roy et messeigneurs les chevaliers de son ordre, pour subvenir a la nourriture des pouvres d'icelluy, afin qu'ilz facent prieres pour ledit sire et pareillement pour lesdiz chevaliers de l'ordre; — du colleige de messieurs les secretaires du Roy cinquante $^{tt}$ tournois, pour aider a subvenir aux pouvres d'icelluy Hostel Dieu; — des executeurs du testament de feu noble homme maistre Jaques Charmolue, changeur du tresor du Roy, la somme de x $^{tt}$ t. qu'il a aulmosnee audit Hostel Dieu; — de maistre Jehan Hourdel, docteur en medecine et chanoine en l'eglise de Beaulvais, executeur du testament de feu maistre Jehan de Sommereux, en son vivant chantre et chanoine en ladicte eglise de Beaulvais, la somme de c. livres tournois, pour la sixiesme partie des biens dudit defunct qu'il a donné audit Hostel Dieu, sondit testament acomply; — des executeurs du testament de feu noble et discrete personne maistre Thomas Pascal, en son vivant, docteur es droitz, conseiller du Roy en sa court de Parlement et president des enquestes d'icelle court, par les mains de maistre Nicole Charmolue, seigneur de Garges, advocat en Parlement, receu la somme de trois cens livres tournois; — de maistre Victor Berguin, tresorier de madame la Regente mère du Roy, la somme de mil livres tournois que madite dame a aulmosnee audit Hostel Dieu, a ce que les pouvres d'icelluy prient pour sa santé et prosperité; — de Nicolas Courtin, l'un des receveurs et tresoriers du roiaulme de la Bazoche, x s. t. prins en une amende, en laquelle Martin David a este condemné par arrest tenant le grant conseil dudit roiaulme de la Bazoche, le Roy seant en icelluy; — de maistre François Mige, lieutenant general de Nyvernois, la somme de ii$^c$ livres tournois, que le Roy, lui a ordonné bailler audit Hostel Dieu en octroiant par ledit sire audit Mige certaines lectres patentes, et pour les causes contenues en icelles; — de monsieur le tresorier Ribier, la somme de cent livres tournois qu'il a donne audit Hostel Dieu pour subvenir aux affaires d'icellui.

Deniers venuz de la queste faitte par les parroisses de ceste ville pour ledit Hostel Dieu, durant l'annee de cedit compte, *pour la grant abondance des pouvres qui estoient audit Hostel Dieu en ladite annee* iii$^c$ lxvi $^{tt}$.

Deniers venuz tant a cause des religieuses qui ont este garder les malades par ceste ville, comme a cause de l'office de la chambre aux coultes ix$^{xx}$ xviii livres.

Recepte commune xv$^e$ xxvii $^{tt}$ p.; — des heritiers de feu monsieur le conte de Brayne et Roussy, la somme de xviii$^c$ lxxviii $^{tt}$ t. pour les arrerages escheuz au jour de Pasques m. v$^c$ xiiii, a cause de ii cens livres tournois de rente que ledict Hostel Dieu a droict de prendre par chascun an sur les terres et seigneuries qui furent audit conte, par compte faict avec M° Nicole Bayeulx et Jehan Groussart, procureurs de feu mondit sieur le conte.

Somme toute de la recepte xix<sup>m</sup> iiii<sup>c</sup> iiii<sup>xx</sup> viii ₶.

Despense de ce present compte.

Despense a cause des cens, rentes, dixmes, indempnitez et admortissemens pour plusieurs maisons, places, lieux, terres, prez, vignes, bois et autres heritaiges tant en ceste ville de Paris que hors icelle ix<sup>xx</sup> xii livres.

Labour de vignes vi<sup>c</sup> iiii<sup>xx</sup> livres.

Facon et achapt d'eschallatz, ozier et bois a faire treilles xliiii ₶.

Facon et achapt de serceaulx, enfonceures de fustailles et ouvraiges de tonnellier xii ₶; — fraiz de vendenges iiii<sup>xx</sup> vi ₶.

Achapt de vin et verjus iii<sup>m</sup> c.iiii<sup>xx</sup> xii ₶.

Achapt de moutons, beufz, pourceaulx, lards, veaulx, vollaille iiii<sup>m</sup> iii<sup>c</sup> xlv ₶.

Despense des jours meigres ii<sup>m</sup>clxxii livres.

Achapt et facon de bois et charbons m. lxxv ₶; — achapt d'huille et facon de chandelle iiii<sup>xx</sup> xii ₶.

Achapt de draps de laine, blanchetz, coutilz, plume, draps de lict, couvertures et tiretaines vi<sup>c</sup> xxx livres.

Facon, blanchissaige de toilles et achapt de cendres xiiii livres.

Tannaige et bauldroiaige de cuirs, peaulx et achapt de fillasse pour servir a la chausseure et a faire bottes pour les religieux et religieuses dudit Hostel Dieu lx ₶.

Ouvraiges et parties de potier d'estaing, chauderonnier, cordier et vannier lxiiii livres.

Autre despense pour l'appothicairerie vi<sup>c</sup> iiii<sup>xx</sup> xv ₶.

Parties et ouvraiges de charron, mareschal, bourrellier et sellier viii<sup>xx</sup> i livres.

Autre despense pour certains menuz fraiz et mises communes v<sup>c</sup> lxviii ₶; — pour l'achapt de xxxiv aulnes de treilliz acheptez le xxvii<sup>e</sup> jour de janvier pour le moulin a vent dudit Hostel Dieu assis pres les Chartreux vi ₶ xviii s. t.

Acquisitions d'heritaiges v<sup>c</sup> lxviii ₶ p.

Reparations faictes tant audit Hostel Dieu que en plusieurs maisons d'icellui lxiiii ₶.

Deniers baillez et delivrez par ledit receveur pour employer au faict des proces dudit Hostel Dieu et autres fraiz de justice ii<sup>c</sup> xxxviii ₶; — aux sergens qui gardent le guischet du chastellet pour leurs estraines a eulx accoustumees bailler, pour laisser entrer et yssir a toutes heures les religieux et soliciteurs dudit Hostel Dieu pour le faict des proces pendens audit Chastellet v solz t.

Autre despense pour les pardons et indulgences xxxvi ₶.

Autre despense pour voiaiges et tauxations xxxi livres.

Autre despense pour dons et pensions cent une livres.

Gaiges et sallaires de gens d'eglise et autres serviteurs dudit Hostel Dieu ii<sup>c</sup> lxxii livres; — a Vincent Coincterel, barbier et cirurgien xxx ₶ t.; — a Symonne Chrestienne, vefve de feu Francois Crau, saige femme xii ₶ t.

Gaiges d'officiers iii<sup>c</sup> lxxvii ₶.

Somme totale de la despense xviii<sup>m</sup> iiii<sup>xx</sup> ii livres parisis.

## 47° REGISTRE (287 FEUILLETS, PARCHEMIN).

### ANNÉE 1532.

Sensuyvent les noms de messeigneurs les commis au regime et gouvernement de l'Ostel Dieu de Paris :

Messire Jehan BRICONNET;
Messire Nicolas DE NEUFVILLE;
Maistre Germain DE MARLE;
Maistre Nicolas SEGUIER;
Maistre Guillaume RIDIER;
Sires Regnault ANTHOULLIET, Robert LE LIEUR;
Nicolas HENNEQUIN.

Compte vingt ungniesme de maistre Claude de Savignac, pour une annee commencant au jour de Noel m. v<sup>c</sup> xxxi et finissant le jour de Noel ensuyvant m. v<sup>c</sup> xxxii.

Rentes sur le tresor du Roy nostre sire et sur son dommaine a Paris xi<sup>c</sup> lxi ₶.

Autre recepte a cause des rentes que ledit Hostel Dieu a droit de prendre en ceste ville et faulbourgs de Paris xi<sup>c</sup> lxxi ₶.

Autre recepte a cause des rentes ou pensions viageres en ceste ville de Paris ii<sup>c</sup> iiii<sup>xx</sup> livres.

Autre recepte a cause d'aucuns louaiges de maisons assises tant en ceste ville de Paris que es faulbourgs d'icelle, appartenans audit Hostel Dieu xv<sup>c</sup> xxxix ₶.

Cens, surcens, fons de terre hors la ville et faulbourgs de Paris ii<sup>c</sup> iiii<sup>xx</sup> xiii ₶.

Rentes annuelles sur plusieurs maisons, terres, prez, boys, vignes hors la ville de Paris cxv livres.

Autre recepte a cause d'aucuns louaiges, fermes et baulx faitz a pris d'argent de plusieurs maisons, terres, prez, boys, vignes hors la ville de Paris vi<sup>c</sup> lxxi ₶.

Droitz de pescherie xxx ₶; — ventes et saisines xxxvi ₶; — deniers provenans a cause d'aucunes rentes qui ont este rachettees xi$^e$ xvii ₶; — de messire Jehan de la Tour, chevalier, seigneur dudit lieu, le penultieme jour d'aoust, a este receu la somme de mil livres tournois pour le rachapt et sort principal de cinquante livres t. de rente qu'il devoit, donnee a icellui Hostel Dieu par feu messire Christofle de la Tour, en son vivant aussi chevalier, seigneur dudit lieu, et sans préjudice de xii annees d'arrerages.

Autre recepte pour vin vendu iiii$^{xx}$ vi ₶; — vente de bois ix$^{xx}$ viii ₶; — vente des peaulx et laynes iiii$^c$ iiii$^{xx}$ iii livres; — vente de suif ii$^c$ xlvii ₶.

Autre recepte tant a cause des deniers trouvez es troncs dudit Hostel Dieu apres la publication des pardons en l'evesche et diocese de Paris ii$^m$ iiii$^c$ iiii$^{xx}$ i livres.

Pardons publiez hors l'evesche de Paris ii$^m$ v$^e$ iiii$^{xx}$ iiii livres.

Legs, vigilles et convois, dons et aulmosnes ii$^m$ xvii ₶; — le iii$^e$ jour de mars, de monsieur le grant aulmosnier du Roy, monsieur l'evesque de Lizieux, par les mains de monsieur de Villeroy, cvi liv. tournois donnee audit Hostel Dieu des deniers dudit seigneur; — le xix$^e$ jour dudit mois de mars, receu de maistre Guillaume Preudhomme, conseiller du Roy, general de ses finances et tresorier de son espargne, la somme de cv livres i s. iii den. en lii escuz et demy soleil, lesdiz escuz au feur de xl s. tournois piece, *provenans du nombre de iiii$^{xx}$ vi qui ont este trouvez estre tant faulx que de bas or sur le paiement que le Roy nostre dit sire a nagueres ordonné estre faict aux depputez de l'empereur en la ville de Vallenciennes, pour le racquit des terres de madame de Vendosme et du sieur de Fleurenges, qui avoient esté engaigees audit empereur pour partie de la rençon dudit seigneur*, et laquelle somme de cv livres qui est revenue de bon en faisant la fonte desdiz escus, le Roy nostredit sire a donnee et aulmosnee audit Hostel Dieu, pour subvenir a la nourriture et entretenement des pouvres dudit Hostel Dieu; — de sire Nicolas Hennequin, marchant et bourgeois de Paris la somme de ii$^c$ ₶ tournois qu'il a donnee audit Hostel Dieu pour subvenir aux affaires d'icelluy; — le iii$^e$ jour de juillet, de la vente d'un manteau violet contenant vingt deux aulnes, lequel a servy au Roy a faire le dueil de feue madame la Regente sa mere, que Dieu absoille, lequel manteau ledit sire a donne audit Hostel Dieu, lequel a este vendu la somme de lxvi livres tournois, qui est au feur de lx s. t. l'aulne; — de sire Regnault Anthoulliet, bourgeois de Paris, receu la somme de ii$^c$ ₶ tournois que ledit Anthoulliet par son testament a donnee et aulmosnee audit Hostel Dieu.

Deniers venuz de la queste faicte par les parroisses de ceste ville par ledit Hostel Dieu pour la grant abondance des pouvres qui estoient audit Hostel Dieu en ladite annee iii$^c$ xxvi ₶.

Autre recepte des deniers venuz tant a cause des religieuses qui ont esté garder les malades par ceste ville, comme aussi de l'office de la chambre aux coultes cxiiii livres.

Recepte commune xviii$^c$ iiii$^{xx}$ livres; — de monsieur de la Tour en Anjou vi$^e$ l. livres tournois pour treize annees d'arreraiges escheues au jour de Pasques m. v$^c$ xi a cause de l livres de rente qu'il doit par chascun an audit Hostel Dieu sur sadite terre et seigneurie.

Somme totalle de la recepte xv$^m$ vi$^c$ lxii livres.

Despense de ce present compte.

Cens, rentes, dixmes, indempnitez et admortissemens pour plusieurs maisons, places, lieux, terres, prez, bois, vignes et autres heritages situez et assis tant en ceste ville de Paris que hors icelle viii$^{xx}$ xvii ₶.

Labour des vignes vii$^c$ xxiii livres.

Facon et achapt d'eschallatz, ozier et bois a faire treilles vi$^{xx}$ ix ₶.

Facon et achapt de serceaulx, enfonceures de fustaille et ouvraiges de tonnellier vii$^{xx}$ xiiii livres.

Fraiz de vendenges ix$^{xx}$ livres.

Achapt de vin xvii$^c$ iiii$^{xx}$ iii ₶.

Achapt de moutons, beufz, pourceaulx, lards, veaulx et vollaille iiii$^m$ ix$^c$ xxix ₶.

Despense des jours meigres ii$^m$ lvii livres.

Achapt et facon de bois et charbon iiii$^c$ iiii$^{xx}$ xi livres.

Achapt d'huille et facon de chandelle iiii$^{xx}$ xvi ₶.

Achapt de draps de layne, blanchetz, coutilz, plumes, draps de lict, couvertures et pennes blanches iiii$^c$ xxi livres.

Facon, blanchissaige de toilles et achapt de cendre ii$^c$ liii ₶.

Tannaige et bauldroiaige de cuirs xxxviii ₶.

Ouvraiges et parties de chauderonnier, cordier et vannier ci ₶.

Appothicairerie dudit Hostel Dieu iii$^c$ xi ₶.

Autre despense pour parties et ouvraiges de charron, mareschal, bourrelier et sellier vii$^{xx}$ xi ₶.

Autre despense pour certains menuz fraiz et mises communes xxxix ₶; *pour deux registres servans au bureau pour enregistrer les deliberations*, baulx a ferme et louaiges de maisons xxii s.

Achapt de chevaulx ci ₶ xv s. t.

Autre despense pour plusieurs reparations faittes tant audit Hostel Dieu que en plusieurs maisons d'icelluy hostel a Paris xvii$^c$ iiii$^{xx}$ xiiii ₶.

Autre despense pour deniers baillez pour emploier au faict des proces dudit Hostel Dieu ii$^c$ xxv livres; — xi ₶ v s. t. pour les espices de certain proces pendent par devant le conservateur des privileiges appostolicques de l'Universite de Paris, entre ledit Hostel Dieu demandeur et le curé de Compans defendeur, pour raison des dixmes de la paroisse dudit Compans.

Autre despense pour deniers paiez a la descharge dudit Hostel Dieu viii$^c$ viii livres parisis; — a noble dame Loyse Raguier, femme de noble homme messire Jehan Briconnet, la somme de mille livres tournois qui deue luy estoit de pur et loial prest, par elle faict a messeigneurs les gouverneurs pour et au nom d'icelluy Hostel Dieu, pour subvenir aux urgens affaires d'icelluy.

Autre despense pour voiaiges et tauxations ix$^{xx}$ i$^{tt}$.

Autre despense pour dons et pensions iiii$^{xx}$ xv.

Autre despense pour gaiges et sallaires ii$^c$ lxxi livres a maistre Urban Reversey, maistre es ars et regent ou colleige de Harcourt, la somme de iiii$^{tt}$ t. qui deue luy estoit pour avoir par luy joué des orgues audit Hostel Dieu par l'espace de deux termes; — a Vincent Coincterel, barbier et cirurgien dudit Hostel Dieu la somme de xxx livres tournois pour ses gaiges et sallaires d'une annee; — a Simonne Chrestienne, vefve de feu Francois Crau, saige femme de xii$^{tt}$ t.; — a Marguerite, vefve de feu Pierre Seneschal, nourrisse des petitz enfans xlviii s. t. depuis le jour de Noel jusques au vii$^e$ jour de may; — a Catherine Bonnesonne, vefve de feu Jehan de Longchamp, en son vivant foulon de bonnetz, nourrisse ou lieu de ladicte Marguerite xxiii s. t.

Gaiges d'officiers iii$^c$ lxi livres p.

Somme total de la despense xvi$^m$ iiii$^c$ iiii$^{xx}$ ii livres.

## 48$^e$ REGISTRE (276 FEUILLETS, PARCHEMIN).

### ANNÉE 1533.

S'ensuyvent les noms de messeigneurs les commis au regime et gouvernement de l'Ostel Dieu de Paris.

Messire Jehan Briconnet;
Messire Nicolas de Neufville;
Maistre Germain de Marle;
Maistre Guillaume Rubier;
Maistre Nicolas Seguier;
Sire Regnault Anthouillier;
Robert Le Lieur;
Nicolas Hennequin;

Compte vingt deuxiesme de maistre Claude de Savignac pour une annee, commencant au jour de Noel mil cinq cens trente deux exclud et finissant le jour de Noel en suyvant.

Recepte des rentes que ledit Hostel Dieu a droit de prendre tant sur le tresor du Roy nostre sire que sur son dommaine a Paris xi$^e$ lxi$^{tt}$.

Autre recepte des rentes en ceste ville et faulxbourgs de Paris xii$^e$ iiii$^{tt}$.

Autre recepte a cause des rentes ou pensions viagieres en ceste ville de Paris ii$^c$ iiii$^{xx}$ livres.

Autre recepte a cause d'aucuns louaiges de maisons tant en ceste ville de Paris que es faulxbourgs d'icelle vv$^e$ xxxiiii livres parisis.

Autre recepte a cause des cens, surcens et fons de terre ii$^c$ iiii$^{xx}$ livres.

Autre recepte a cause des rentes annuelles sur plusieurs maisons, terres, prez, bois, vignes et autres heritaiges hors la ville de Paris viii$^c$ xxxiiii livres.

Autre recepte a cause des rentes viagieres sur plusieurs maisons et autres heritaiges hors la ville de Paris cxv$^{tt}$.

Autre recepte a cause d'aucuns louaiges, fermes et baulx faictz a pris d'argent de plusieurs maisons, terres, prez, bois, vignes et autres choses hors la ville de Paris vi$^c$ xxxvii$^{tt}$.

Vente de grain vi$^{xx}$ xiiii livres.

Autre recepte pour vente de vin vii$^{xx}$ vi livres p.; — vente des peaulx et de laynes v$^c$ v livres; — vente du suif ii$^c$ lx livres.

Deniers trouvez es troncs dudit Hostel Dieu, apres la publication des pardons d'icelluy en l'evesché et diocese de Paris ii$^m$ vii$^e$ l livres.

Autre recepte a cause des pardons publiez hors l'evesché de Paris iiii$^m$ lxiii livres.

Autre recepte a cause des legs, vigilles et convois, dons et aulmosnes faitz audit Hostel Dieu xviii$^c$ lxxvi livres; — des executeurs du testament de feu reverend pere en Dieu Monsieur l'arcevesque de Reims, par les mains de frere Jehan Petit, religieux et maistre dudit Hostel Dieu, le xii$^e$ jour de fevrier, receu la somme de iii cens livres que ledit defunct a aulmosnee audit Hostel Dieu, ii$^c$ xl livres parisis; — des executeurs du testament de feu noble homme Jehan de la Roche, seigneur de Corron et de La Boullaie iiii liv. p.; — de Estienne de Brie, bourgeois d'Auxerre, executeur du testament de feu Estienne de Brie son pere, par les mains de frere Jehan Petit, la somme de l livres tournois; — des executeurs du testament de feu noble et discrete personne maistre Pierre Clutin, en son vivant seigneur de Villeparisi, conseiller du Roy notre sire, et president es enquestes de sa court de parlement xii$^{tt}$ t.; — des executeurs du testament de feu noble homme et saige maistre Lois Donjac, en son vivant advocat du Roy en son grant conseil

[1533-1534.] DE L'HÔTEL-DIEU DE PARIS. 197

c livres tournois; — de noble et discrete personne maistre Arthus Daunoy, archidiacre en l'eglise de Rouen et chanoine de la Saincte Chapelle du palais c livres tournois; — de noble homme et saige maistre François Olivier, conseiller du Roy notre sire, en son grant conseil, et chancellier d'Alençon, executeur du testament de feu noble et discrete personne maistre Jehan Olivier, en son vivant archidiacre de Blois et d'Angiers, et chanoine de Paris, la somme de v cens livres tournois.

Autre recepte des deniers venuz tant a cause des religieuses qui ont este garder les mallades par ceste ville de Paris, comme a cause de l'office de la chambre aux coultes vi$^{xx}$ vi livres.

Recepte commune vi$^{xx}$ xii livres.

Somme toute de la recepte de ce present compte xvi$^m$ v livres.

Despense de ce present compte commencant et finissant comme dessus.

Despense a cause des cens, rentes, dixmes, indempnitez et admortissemens pour plusieurs maisons, places, lieux, terres, prez, bois, vignes et autres heritaiges, tant en ceste ville de Paris que hors icelle, ix$^{xx}$ livres.

Autre despense pour le labour des vignes vii$^c$ lxxvi livres.

Autre despense pour façon et achapt d'eschallatz, ozier et bois a faire treilles cxv$^{tt}$; — achapt de serceaulx, enfonceures de fustaille et ouvraiges de tonnellier cent une$^{tt}$ — fraiz de vendenges ix$^{xx}$ i livres.

Autre despense pour achapt de vin et vinaigre iiii$^c$ lxxviii livres.

Autre despense pour achapt de moutons, beufz, pourceaulx, lards, veaulx, volailles iii$^m$ viii$^c$ iiii$^{xx}$ viii livres.

Autre recepte pour despense des jours meigres xix$^c$ iiii$^{xx}$ xviii livres.

Achapt et façon de bois et charbon pour la provision dudit Hostel Dieu iv$^c$ iiii$^{xx}$ xii livres.

Achapt d'huille et facon de chandelle de suif vi$^c$ liv.

Achapt de draps de laine, blanchetz, coutilz, plume, draps de lict et couvertures iiii$^c$ iiii$^{xx}$ xvi livres.

Autre despense, pour façon, blanchissaige de toilles et achapt de cendres ii$^c$ xxi livres.

Tannaige et bauldroiaige de cuirs xvi$^{tt}$ vii s.

Ouvraiges et parties de potier d'estaing, chauderonnier et vannier lxxviii livres.

Autre despense pour l'appothicairerie vii$^c$ xi$^{tt}$.

Autre despense pour parties et ouvraiges de charron, mareschal et sellier vi$^{xx}$ iiii livres.

Autre despense pour certains menuz fraiz et mises communes xli; — xvi s. t. pour deux peaulx de cordouen gras pour faire quatre bourses a clisteres pour les *quatre offices dudit Hostel Dieu des malades* et x s. t. pour les quatre canons desdites bourses.

Autre despense pour plusieurs reparations faittes, tant audit Hostel Dieu, en plusieurs maisons d'icelluy en ceste ville de Paris, que en autres lieux hors Paris vii$^c$ xxix livres.

Deniers baillez pour employer au faict des proces dudit Hostel Dieu et autres fraiz de justice vii$^{xx}$ xii livres.

Autre despense pour deniers baillez pour subvenir aux neccessitez des religieuses et filles mallades xxxvi livres parisis.

Autre despense pour les pardons et indulgences xliii livres.

Voiages et tauxations xli$^{tt}$ viii s.

Dons et pensions iiii$^{xx}$ ii livres.

Gaiges et sallaires de gens d'eglise et autres serviteurs dudit Hostel Dieu ii$^c$ iiii$^{xx}$ vi livres; — a Vincent Coincterel, barbier et cirurgien dudit Hostel Dieu xxx livres tournois; — a Symonne Chestienne, vefve de feu Francois Crau, saige femme de l'Hostel Dieu xii livres tournois.

Gages d'officiers iii$^c$ iiii$^{xx}$ xiiii livres.

Somme toute de la despence xiii$^m$ vi$^c$ xxxiiii livres.

## 49$^e$ REGISTRE (276 FEUILLETS, PARCHEMIN).
### ANNÉE 1534.

Sensuyvent les noms de messeigneurs les commis de par la court de Parlement au regime et gouvernement du temporel de l'Hostel Dieu de Paris.

Messire Jehan BRICONNET;
Messire Nicolas DE NEUFVILLE;
Maistre Germain DE MARLE;
Maistre Guillaume RIBIER;
Maistre HOUDARD, contreroleur general en la charge d'oultre Seyne.

Sires Regnauld ANTHOUILLET, Robert LE LIEUR et Nicolas HENNEQUIN.

Compte vingt troysiesme de maistre Claude de Savignac pour vnne année, commencant au jour et feste de Noel mil cinq cens trente trois exclud et finissant au jour de Noel ensuyvant mil cinq cens trente quatre includ.

Somme des rentes prinses sur le tresor du Roy nostre sire et sur la recepte ordinaire du dommaine a Paris xi$^c$ lxi livres.

Autre recepte a cause des rentes en ceste ville et faulxbourgs de Paris xi° iiii^xx ix livres.

Autre recepte a cause des rentes ou pensions viagieres en ceste ville de Paris ii° iiii^xx livres.

Autre recepte a cause d'aucuns louaiges de maisons, tant en ceste ville de Paris que es faulxbourgs d'icelle xv° xlii livres.

Autre recepte a cause des cens, surcens et fons de terre hors la ville et faulxbourgs de Paris iii° iiii^xx xv tt.

Autre recepte a cause de rentes annuelles sur plusieurs maisons, terres, prez, bois, vignes hors la ville de Paris viii° xxxi liv. p.

Autre recepte pour les rentes viagieres sur plusieurs maisons et autres heritaiges hors la ville de Paris cxix livres.

Autre recepte a cause d'aucuns louaiges, fermes et baulx de plusieurs maisons, terres, prez, bois, vignes hors la ville de Paris vi° iiii^xx xiii livres.

Autre recepte a cause du droitz de pescherie li tt; — vente de bois v° xl livres; — vente de grain iii° lx tt; — vente de vin viii^xx i livres.

Autre recepte a cause de la vente des peaulx et des laines v° lxxiii livres; — vente de suif ii° xxvi tt.

Autre recepte a cause des deniers trouvez es troncz dudit Hostel Dieu apres la publication des pardons d'icelluy en l'evesche et diocese de Paris ii^m vii° lxiii livres.

Autre recepte a cause des pardons publiez hors l'evesché de Paris iii^m vi° iiii^xx xvi livres.

Autre recepte a cause des legs, vigilles et convois, dons et aulmosnes ii^m cix livres; — receu de Estienne de Ladehors, en son vivant l'un des maistres de la grant boucherie de Paris, la somme de xlvi livres t. que feu Pierre Morin a donnee et aulmosnee audit Hostel Dieu; — des executeurs du testament de feu noble et discrete personne maistre Arthus Daunoy, en son vivant grant archidiacre de l'eglise de Rouen, et chanoine de la Saincte Chapelle a Paris, par les mains de M. le President Nicolas, ii cens liv. tourn. que lesdits executeurs ont aulmosnee audit Hostel Dieu des biens de ladite execution; — de maistre Jehan Jondeau, scelleur de feu Monsieur l'evesque de Paris, commis a tenir le compte de la portion du diocese de Paris, de l'ayde et subvention de xii cens mille livres t. accordee au Roy nostre sire par le clergé du royaulme de France, en l'annee mil v° xxiii, la somme de iiii° lxx liv. tourn. que ledit sire a donnee et aulmosnee audit Hostel Dieu pour la nourriture et entretenement des pouvres d'icelluy hostel, et laquelle somme ledit Jondeau devoit audit sire par le compte qu'il en a rendu par devant Monsieur l'arcevesque d'Aix, Messieurs Violle clerc des comptes dudit sire, et Fragier, clerc et auditeur desdits comptes; — des executeurs du testament de feu maistre Gilles Foliart, en son vivant, chanoine du Vivier en Brie, la somme de vi° lxxv livres tournois que ledit defunct par son dit testament a aulmosnee audit Hostel Dieu; — de maistre Eloy Acarie, tresorier des offrandes du Roy, la somme de cl liv. tournois ordonnee audit Hostel Dieu par monseigneur le cardinal Le Vanneur, evesque de Lizieux et grant aulmosnier de France, pour subvenir a la nouriture et entretenement des pouvres; — des executeurs du testament de feu Jehan de Neufville, en son vivant bailly de Aplaincourt et praticien demourant a Peronne, par les mains de Jacques de Neufville son frere, xlv tt. qu'il a aulmosnee audit Hostel Dieu.

Deniers venuz tant a cause des religieuses qui ont esté garder les mallades par ceste ville, comme a cause de l'office de la chambre aux coultes ciii livres.

Somme toute de la recepte xvii^m ii° iiii^xx iii livres.

Despense de ce present compte.

Cens, rentes, dixmes, indempnitez et admortissemens que ledit Hostel Dieu doit pour plusieurs maisons, places, lieux, terres, prez et autres heritaiges tant en ceste ville que hors icelle viii^xx xiiii livres.

Autre despense pour labour des vignes vii° lxi livres; — facon et achapt d'eschallatz, ozier et bois a faire treilles iiii^xx viii livres; — facon et achapt de serceaulx, enfonceures de fustaille et ouvraiges de tonnellier xl livres.

Autre despense pour fraiz de vendenges vii^xx v livres.

Achapt de vin pour la provision dudit Hostel Dieu iiii° iiii livres.

Achapt de moutons, beufz, pourceaulx, lards, veaulx et volailles iiii^m vi° vi livres.

Despense des jours meigres xviii° lxxii livres.

Achapt, facon, arrivaiges de bois et charbon pour la provision dudit Hostel Dieu vii° xxvi livres; — achapt d'huille et facon de chandelle de suif lxvii livres.

Achapt de draps de layne, coutilz, plume, draps de lict et couvertures acheptez pour la provision des pouvres ix^xx xviii livres.

Tannaige et bauldroiaige de cuyrs lxxxix livres.

Autre despense pour ouvraiges et parties de chanderonnier, vannier et cordier cent une livres.

Autre despense pour l'appothicairerie ii° lxix tt.

Autre despense pour parties et ouvraiges de charron, mareschal, bourrelier et sellier viii^xx ii livres.

Autre despense pour certains menuz fraiz et mises communes liiii tt.

Autre despense pour reparations iii mil ii cens xlii livres.

Autre despense pour deniers bailliez pour emploier au faict des proces et autres fraiz de justice vii^xx xv livres; — a maistre Jehan Bouchier, praticien en court d'eglise et a son clerc la somme de xlvii s., c'est assavoir xlii s. t. en quatre testons, pour avoir par luy faict les memoires pour envoier a Romme pour ledit Hostel Dieu, afin de obtenir bulles du pape, par lesquelles ledit Hostel Dieu pourra faire publier leurs pardons accoustumez en l'evesche d'Angiers, et que ledit sainct pere le pape n'entend ledit Hostel Dieu estre comprins es bulle des pardons par luy octroiez a l'evesché d'Angiers pour cinq ans.

Autre despense pour les pardons et indulgences xxxvi livres parisis.

Autre despense pour voiaiges et tauxations viii ħ.

Autre despense pour dons et pensions lxix ħ.

Autre despense pour solutions de gaiges et sallaires de gens d'eglise iii<sup>c</sup> iiii<sup>xx</sup> ii livres; — a Jehan Acart et a Guillaume Dufresne, manouvriers demourans a Paris, la somme de xi livres t. pour cinq mois et demy escheuz au jour Saint Remy, a cause de xxiiii ħ qui leur a este ordonnee durant six ans, commencans a la my-avril temps susdit, par marché faict avec eulx pour inhumer les corps mors qui trespasseront et ystront dudit Hostel Dieu; — a maistre Vincent Coincterel, barbier et cirurgien dudit Hostel Dieu xxx ħ t. a Simonne Chrestienne, saige-femme en l'office des accouchees ix ħ xii s.

Gaiges d'officiers iii<sup>c</sup> lxvii ħ.

Somme toute de la despense xiii mil viii cens iii livres.

## 50<sup>e</sup> REGISTRE (304 FEUILLETS, PARCHEMIN).

### ANNÉE 1535.

Compte vingtquatriesme de maistre Claude de Savignac, pour une annee commencant au jour de Noel mil cinq cens trente quatre exclud, et finissant au jour de Noel ensuyvant mil cinq cens trente cinq includ.

Recepte a cause des rentes tant sur le tresor du Roy nostre sire que sur son dommaine a Paris xi<sup>c</sup> lxi livres.

Autre recepte a cause des rentes en ceste ville et faulxbourgs, tant a cause des offices de maistre, prieuse, de l'appothicairerie que autrement xi<sup>c</sup> iii<sup>xx</sup> ix ħ.

Autre recepte a cause des rentes ou pensions viagieres ii<sup>c</sup> lxxvi ħ.

Autre recepte a cause d'aucuns louaiges de maisons tant en ceste ville de Paris que es faulxbourgs d'icelle xvi<sup>c</sup> lxi ħ.

Autre recepte a cause des cens, surcens et fons de terre que ledit Hostel Dieu prend hors la ville et faulxbourgs de Paris iii<sup>c</sup> iiii<sup>xx</sup> xiii ħ.

Autre recepte a cause des rentes annuelles sur plusieurs maisons, terres, prez, bois, vignes et autres heritaiges hors la ville de Paris viii<sup>c</sup> lxxv livres.

Autre recepte a cause des rentes viagieres sur plusieurs maisons et autres heritaiges hors la ville de Paris vi<sup>xx</sup> i livres.

Autre recepte a cause d'aucuns louaiges de fermes et baulx faictz a pris d'argent de plusieurs maisons, terres, prez, bois, vignes et autres choses hors Paris viii<sup>c</sup> iii livres.

Autre recepte a cause d'aucuns heritaiges et rentes acquises par ledit Hostel Dieu ii<sup>c</sup> lxi ħ.

Ventes et saisines d'aucuns heritaiges estans en la censive dudit Hostel Dieu, lesquelz ont este venduz en l'annee de ce dit present compte lviii ħ.

Vente de bois iiii<sup>c</sup> xxxi livres; — vente de vin ix<sup>xx</sup> xix ħ.

Vente de bois iiii<sup>c</sup> xxxi livres; — vente de vin ix<sup>xx</sup> xix ħ; — vente des peaulx et laynes vii<sup>c</sup> iiii<sup>xx</sup> iii livres; — vente de suif venu et yssu des moutons despensez audit Hostel Dieu iii<sup>c</sup> xvii livres.

Deniers trouvez es troncz dudit Hostel Dieu apres la publication des pardons en l'esvesché et diocese de Paris iii<sup>m</sup> iiii<sup>xx</sup> ii ħ.

Pardons publiez hors l'evesché de Paris iii<sup>m</sup> xxxiii livres.

Autre recepte a cause des legs, vigilles et convoys, dons et aulmosnes xvii<sup>c</sup> lxvii livres; — des executeurs du testament de feu Thomas Pinceverre, en son vivant sergent heredital de Vernueil ou Perche, la somme de l liv. tournois que ledit defunct a aulmosneé audit Hostel Dieu; — des executeurs du testament de feu noble et discrete personne maistre Artus Daulnoy, en son vivant chanoine de la Saincte Chapelle du Palais a Paris, la somme de ii cens livres tournois que lesdits executeurs ont aulmosneé audit Hostel Dieu; — de maistre Jehan Bau, chanoine de Beauvais, la somme de vii<sup>xx</sup> xviii livres t. qu'il a aulmosnee; — de la vente d'une chesne d'or, pesant unze onces, donnee audit Hostel Dieu par Monsieur l'archidiacre de Therbes, maistre Mathurin du Poirier ii<sup>c</sup> xviii ħ xv s. t.; — de Monsieur le general Preudhomme c ħ t. ordonnee audit Hostel Dieu par le Roy nostre sire a ce que les pauvres dudit Hostel Dieu prient pour sa santé et prosperité; de monseigneur de L'Esperrot, par les mains de Jehan Mallart, son secretaire, la somme de iiii<sup>c</sup> l livres tournois que ledit seigneur a aulmosneé audit Hostel Dieu; — de maistre Jehan de Mailly, docteur en theologie, maistre dudit Hostel Dieu commis par messeigneurs les gouverneurs a recevoir les legs et convois dudit Hostel Dieu, ou lieu de frere Jehan Petit, religieux et nagueres maistre dudit Hostel Dieu, lequel ce dit jour a *este mis hors d'icelluy hostel* (xxvi° jour de decembre) la somme de vii° xlviii livres.

Autre recepte des deniers venuz tant a cause des religieuses qui ont esté garder les malades par ceste ville de Paris, que a cause de l'office de la chambre aux coultes ii° lxv ᵗᵗ.

Recepte commune v° xxxiii ᵗᵗ; — de la vente des fruitz estans au jardin du Pressouer, pres les Chartreux, xi ᵗᵗ v s. t.; — de Pierre Dupont, lequel doit audit Hostel Dieu la somme de vᵉᵗᵗ t. restans a paier de la somme de viii° xxxix ᵗᵗ donnee audit Hostel Dieu par les executeurs du testament de feu Monsieur de Quercu.

Somme toute de la recepte xixᵐ iii° iiii¹ˣ vi livres.

Despense de ce present compte.

Cens, rentes, dixmes, indempnitez et admortissemens pour plusieurs maisons, places, lieux, terres, prez, bois, vignes et autres heritaiges, tant en ceste ville de Paris que hors icelle viii° xv ᵗᵗ.

Labour des vignes viii° vi ᵗᵗ; — façon et achapt d'eschallatz, ozier et bois a faire treilles iiii²ˣ iii livres; — façon et achapt de serceaulx, enfonceures de fustailles et ouvraiges de tonnellier iiii²ˣ xvi ᵗᵗ; — fraiz de vendenges cxii ᵗᵗ.

Achapt de vin pour la provision dudit Hostel Dieu xvii° xlv ᵗᵗ.

Autre despense pour achapt de moutons, beufz, pourceaulx, lards, veaulx, vollaille vᵐ iiii° xxxviii livres.

Despense des jours meigres ii mil iiii²ˣ xiiii livres.

Achapt, façon et arrivaiges de bois et charbon xii° xii ᵗᵗ; — achapt d'huille et façon de chandelle lxxiiii ᵗᵗ.

Autre despense pour achapt de drapts de layne, coutilz, plume, draps de lict et couvertures iiii° xxvi ᵗᵗ.

Façon, blanchissaige de toilles et achapt de cendres vi²ˣ vii ᵗᵗ.

Autre despense pour tannaige et bauldroiaige de cuirs xlix ᵗᵗ.

Autre despense pour ouvraiges et parties de potier d'estaing, chauderonnier, vannier et cordier ii° xl livres.

Autre despense pour l'appothicairerie v° xlvii ᵗᵗ.

Autre despense pour parties et ouvraiges de charron, mareschal, bourrelier et sellier ciii ᵗᵗ.

Menuz frais et mises communes xxxvi ᵗᵗ.

Acquisition d'heritaiges en l'annee de ce compte xii° iiii livres.

Autre despense pour plusieurs reparations, tant audit Hostel Dieu, en plusieurs maisons d'icelluy en ceste ville de Paris, que en autres lieux hors ladite ville iiᵐ vi° xxxvii ᵗᵗ.

Deniers baillez pour convertir et emploier au faict des proces et autres frais de justice ii° xxii ᵗᵗ.

Autre despense pour les pardons et indulgences xxxiii livres.

Autre despense pour voiaiges et tauxations xxxv ᵗᵗ.

Dons et pensions lviii ᵗᵗ.

Solucions de gaiges et sallaires iii° xxii; — a maistre Vincent Coincterel, barbier et cirurgien dudit Hostel Dieu la somme de xxx liv. t.; — a Symone Chrestienne, saige femme lviii s.; — a Magdelcine vefve de feu Robert dele Salle, saige femme en place de ladite Symonne iiii ᵗᵗ xvi s.

Gaiges d'officiers ix° v livres; — a ce present receveur la somme de ii° xl livres par. pour ses gaiges et sallaires durant l'annee de cedit compte; — a luy la somme de iiii²ˣ ᵗᵗ p. que mesdiz seigneurs les gouverneurs luy ont ordonnee par chascun an *au moyen de ce que le dommaine dudict Hostel Dieu est fort augmenté*, ainsi qu'il est contenu et declaré en certaine requeste par luy presentee ausdits gouverneurs; — a luy encores la somme de six cens livres tournois que mesdiz seigneurs les gouverneurs luy ont aussi ordonne pour le temps passé, eu esgard aux annees precedentes que ledit dommaine est augmenté.

Somme toute de la despense xixᵐ vi° v ᵗᵗ.

SE TROUVE À PARIS

CHEZ

ALPHONSE PICARD, LIBRAIRE ÉDITEUR,

RUE BONAPARTE, 82.

# COLLECTION DE DOCUMENTS

POUR SERVIR

# A L'HISTOIRE DES HÔPITAUX DE PARIS,

COMMENCÉE

SOUS LES AUSPICES DE M. MICHEL MÖRING,

CONTINUÉE

PAR M. CHARLES QUENTIN,

DIRECTEUR DE L'ADMINISTRATION GÉNÉRALE DE L'ASSISTANCE PUBLIQUE,

PUBLIÉE

PAR M. BRIÈLE,

ARCHIVISTE DE L'ADMINISTRATION.

## TOME TROISIÈME.

COLLECTION DES COMPTES DE L'HÔTEL-DIEU DE PARIS.

SECOND FASCICULE.

PARIS.

IMPRIMERIE NATIONALE.

M DCCC LXXXIV.

# PRÉFACE.

Nous conformant au programme que nous nous sommes tracé, et continuant avec persévérance l'œuvre commencée dans les derniers mois de l'année 1879, nous publions le tome III de la collection des Documents pour servir à l'histoire des hôpitaux de Paris. Ce volume est consacré entièrement à la publication, par extraits, des comptes de l'ancien Hôtel-Dieu de Paris, depuis l'année 1364 jusqu'à l'année 1581; il embrasse donc une période de deux cent dix-sept années.

Quand nous disons : «comptes de l'Hôtel-Dieu de Paris», il importe d'établir dès l'abord une distinction et de faire observer (c'est l'objet de la note placée au bas de la page 13) que sur les vingt premiers registres de la collection, les seuls qui nous soient restés pour la période comprise entre 1364 et 1505, date de ce qu'on a appelé la sécularisation de l'Hôtel-Dieu, dix ne renferment que les comptes de l'office de la prieure, laquelle possédait sa *manse* distincte de celle de l'Hôtel-Dieu. Mais l'office de la prieure ne constituait pas à lui seul toute l'administration de l'Hôtel-Dieu; il n'en représentait au contraire qu'une faible partie, et ce n'est que dans les comptes des années 1416 à 1418 inclusivement, 1428, 1429, 1430, 1443, 1444, 1445 et 1446, rendus par le maître et par le boursier, c'est-à-dire par les deux délégués du Chapitre de Notre-Dame, chargés de l'administration de l'Hôtel-Dieu, que l'on pourra trouver des renseignements assez complets sur la recette et sur la dépense du vieil hôpital.

C'est pour cette raison que nous avons donné de grands développements au compte de l'année 1416.

Nous verrons tout à l'heure que le Chapitre de Notre-Dame ne s'acquittait que très incomplètement de la mission qui lui incombait de surveiller la gestion financière de l'hôpital placé sous sa direction, et l'on est amené à penser que si, pour une période de plus d'un siècle, dix comptes seulement présentés par le maître figurent dans notre collection, c'est qu'en effet il n'en fut pas rendu d'autres.

Il faut, nous l'avons dit ailleurs, arriver à l'époque où l'Hôtel-Dieu sera *véritablement* administré par un Bureau régulièrement constitué, c'est-à-dire à l'année 1505, pour avoir, dans une suite qu'interrompent seules de rares lacunes (les années 1509, 1510 et 1557 manquent), une collection de comptes tenus avec soin et comprenant les moindres détails de la recette et de la dépense.

## PRÉFACE.

Nous avons donc publié presque *in extenso* le compte de l'année 1505-1506, le premier de l'administration laïque de l'Hôtel-Dieu, et celui de l'année 1536, qu'un intervalle de temps suffisamment long sépare du premier, pour qu'il y eût utilité à le reproduire en entier. Ceux qui s'occupent de la topographie de l'ancien Paris liront avec profit les feuilles que nous avons consacrées à la publication de ces deux comptes; cette partie de notre troisième volume ne ferait-elle qu'ajouter quelques renseignements nouveaux à ceux qu'on trouve déjà dans les livres de Berty et de Bonnardot, nous n'aurions pas à regretter notre peine.

Il nous paraît utile de passer maintenant en revue, dans un résumé aussi rapide que possible, quelques-uns des faits particuliers à l'histoire de l'Hôtel-Dieu que nous apprennent les cent trente et un registres analysés dans le présent volume; nous aurons aussi à relever, chemin faisant, des indications nombreuses se rattachant à l'histoire générale du pays.

A partir de l'année 1416, et pour un certain nombre d'années, les statisticiens trouveront dans les comptes le nombre des malades décédés dans l'année à l'Hôtel-Dieu; le fossoyeur et ses valets recevaient 3 deniers pour l'inhumation de chaque corps. La mortalité à l'Hôtel-Dieu fut, en 1416, de 2,077 personnes; il y eut, en 1417, 1,430 décès; en 1428, 380, etc.

Les comptes des années 1429 et 1430 fournissent nombre de petits faits intéressants qui se relient, nous venons de le dire, à l'histoire générale. Ces deux années furent, on le sait, particulièrement néfastes; on était au plus fort de la lutte contre les Anglais qui occupaient Paris; Jeanne d'Arc allait tenter de leur reprendre la capitale; les «Armignacs» se répandaient dans toute la campagne aux portes de Paris, y commettant mille excès. «Le vingt-cinquiesme jour d'aoust 1429, dit le Journal d'un bourgeois de Paris, fut prinse par les Arminaz la ville de Saint-Denis, et landemain couroient jusques aux portes de Paris, et n'osoit homme yssir pour vendanger vignes ou verjus, ne aller aux marays rien cueillir, dont tout enchery bientost.»

Nous trouvons, au compte de l'année 1429, plus d'une preuve du trouble et du désarroi jetés dans la population parisienne; ce sont les grains de la ferme du Pressoir, située alors hors des murs, qu'il faut déménager à la hâte et emmagasiner jusqu'au mois de décembre dans une grange louée à l'abbaye de Sainte-Geneviève; c'est le bétail de l'hôpital enlevé par les gens d'armes ennemis et qu'il faut à chaque instant racheter d'eux; les vignes dont la récolte est menacée et pour lesquelles on doit «paier composition aux adversaires»; enfin le pauvre maître de l'Hôtel-Dieu, fort empêché entre les deux factions rivales, les Armagnacs et les Bourguignons, pousse la prudence jusqu'à se faire donner double sauf-conduit par le duc de Bourgogne et par «celui qui se dit Dalphin». Il faut noter ce dernier trait; il s'agit ici du jeune Henri d'Angleterre qui se disait Dauphin de France; frère Jehan Domilliers, alors maître de l'Hôtel-Dieu, ne semble pas bien convaincu de cette légitimité, et emploie cette formule tout empreinte d'une réserve patriotique : «celui qui se dit Dalphin» (p. 65).

L'année 1430 fut plus sombre encore, plus difficile pour l'Hôtel-Dieu, malgré une aumône, importante pour le temps, de 1,000 livres tournois faite par « honneste femme », Ysabel de Breban; il fallut vendre une partie de l'argenterie de l'hôpital, une croix d'argent dorée donnée par Pierre de Pacy, un hanap d'argent pris au réfectoire des sœurs, pour « aidier à supporter les grans affaires et nécessités qui estoient en cest hostel, et par especial pour achester du blé ».

Pendant cette triste première moitié du xv<sup>e</sup> siècle, des villages avaient été entièrement dépeuplés. En 1446, après la conclusion de la paix, les maîtres de l'Hôtel-Dieu donnèrent une somme de viii livres parisis pour aider à relever l'église de Janvry, près de Montlhéry, afin que, l'église une fois rebâtie, des habitants vinssent de nouveau se fixer dans ce village, et que l'Hôtel-Dieu pût recouvrer ainsi les droits seigneuriaux qu'il y percevait; notre compte nous apprend que depuis l'année 1418 ce village était resté inhabité (p. 74).

La situation de l'Hôtel-Dieu était critique; ses fermes avaient été ravagées, ses greniers pillés ou incendiés, et l'on devait songer à créer de nouvelles ressources pour faire face à des besoins que la misère publique rendait chaque jour plus impérieux. Nos comptes nous montrent en cette année 1446 le maître de l'Hôtel-Dieu se donnant de très grands mouvements pour tirer tout le profit possible des *Pardons* annuels, publiés à Paris et en province en faveur des malades et des pauvres de l'Hôtel-Dieu; ces pardons vont être publiés, des quêtes seront faites jusque dans les pays étrangers, à Liège, à Gand, à Bruges, en Lorraine, au pays Barrois. Ne quittons pas ce compte de l'année 1446 sans observer que c'est le seul document de nos Archives où se trouve mentionné le service célébré en souvenir d'Oudart de Mocreux, dont la fondation au profit de l'Hôtel-Dieu et l'épitaphe sont rapportées par Piganiol de la Force (t. I, p. 398 et suiv.), et après lui par Rondonneau de la Motte (p. 37 et 38).

L'année 1482 éprouva cruellement les religieuses et les filles blanches; il y est, à diverses reprises, fait mention de « la grande quantité de religieuses et filles malades »; plusieurs offices se trouvèrent privés des religieuses qui y étaient occupées, et il fallut « louer des femmes de dehors » (p. 83).

Au compte de 1485-1486, se trouve la mention du testament de Marguerite, veuve du trop fameux Olivier le Dain, et d'un legs de 64 sols parisis fait par elle au profit de l'Hôtel-Dieu.

Le compte de l'année 1495-1496 est le plus ancien de nos documents qui mentionne la syphilis; c'est au chapitre de la lingerie que l'on rencontrera cette indication précieuse pour l'histoire de la médecine (p. 89).

Le compte de l'année 1500-1501 est rendu par la prieure Jehanne Lasseline; les proviseurs de l'Hôtel-Dieu chargés de l'examen de ce compte blâment les dépenses excessives que fait la prieure pour son office; ils passent, disent-ils, condamnation pour cette fois, mais à l'avenir aucune dépense dépassant 100 livres parisis ne pourra être engagée, soit par la prieure, soit par le maître, sans une autorisation expresse des proviseurs de l'Hôtel-Dieu (p. 91).

Nous arrivons enfin à l'année 1505, à cette date mémorable de l'histoire de l'Hôtel-Dieu de Paris.

# PRÉFACE.

Le compte de cette année 1505-1506 s'ouvre par une copie de l'arrêt du Parlement qui enlève l'administration du temporel de l'Hôtel-Dieu au Chapitre de Notre-Dame, pour en charger huit bourgeois de Paris. Cet arrêt, avec toute la mesure qui convient dans un document officiel, fait allusion à la mauvaise gestion du Chapitre. « *Sur ce qui est venu à la congnoissance de la Cour que en l'Ostel Dieu de Paris a eu et a de présent mauvais ordre, et mesmement en ce qui concerne les povres malades, que l'on dit n'y estre receuz ne traictez comme il appartient.* »

Il faut bien le dire, un désordre extrême était dans toutes les affaires de l'Hôtel-Dieu, et les huit bourgeois qui recueillirent cette succession embarrassée eurent grand'peine à y voir clair.

Un document indiscutable établit que depuis plus de dix ans, le Chapitre avait cessé d'inscrire la recette des biens ruraux. « *Il ne s'est trouvé audict Hostel Dieu aucuns comptes précédans, depuis dix ou douze ans en ça, des receptes du revenu d'icelluy hostel qui consiste hors Paris* » (p. 130). Douze ans après la sécularisation de l'Hôtel-Dieu, en 1517, le Chapitre n'avait pas encore rendu ses comptes aux nouveaux administrateurs. Deux arrêts du Parlement le condamnent à payer à l'Hôtel-Dieu une somme « *de deux mil livres tournoiz en mil escuz d'or au soleil jusques à ce qu'ilz (les chanoines) ayent rendu compte à icelui hostel de dix années qu'ilz en ont eu l'administration* » (p. 156).

En 1521, le Chapitre, sans doute sous la menace d'une nouvelle amende, s'exécute enfin; il rend ses comptes. Mais quels comptes! Il faut lire les doléances naïves des pauvres administrateurs qui, aidés cependant par M. de Vigny, procureur en la Chambre des comptes, un homme « à ce congnoissant », sont chargés de reviser la comptabilité des chanoines. « Ilz ont souffert de grandes peines et labeurs, tant ès choses dessus dites, que a visiter aussi les lectres, memoires, registres, quittances et autres acquitz renduz et produitz par iceulx de chappittre sur icelui compte, lesquelz il a convenu a toute heure veoir et revoir, et a iceulx avoir recours, *par ce que ledit compte est si brief que ce n'est que ung sommaire, si trouble que nul n'y peut ou pourroit aucune chose congnoistre, au moyen de ladite abréviacion d'icelle, sans avoir toujours lesdiz acquitz au poing et recourir a iceulx* » (p. 175).

D'ailleurs, au moment même où allait s'opérer la transformation du régime de l'Hôtel-Dieu, quelques jours seulement avant l'édit du Roi (du 11 avril 1505) qui prescrivait au prévôt des marchands et aux échevins de procéder sans retard à la réformation de l'Hôtel-Dieu, les chanoines composant le Chapitre de Notre-Dame prennent les devants avec une habileté que l'on doit reconnaître. Dans une requête adressée au Corps de Ville, ils confessent « *quilz ne sont pas fort expers, ne bons négociateurs pour gouverner les biens et veoir les fautes que l'on faisoit et que l'on povoit faire en iceluy Hostel-Dieu* », et ils demandent eux-mêmes « *qu'il soit esleu aucuns notables bourgois de ladite ville pour avoir le gouvernement et administration du temporel d'icelui hostel* ». (Voir le tome I des *Délibérations du Bureau de la Ville de Paris*, publié par François Bonnardot, p. 104.)

Nous devons ici appeler l'attention sur l'intérêt que présentent les registres du Parlement pour cette période de l'histoire de l'Hôtel-Dieu. L'Administration de l'Assistance Publique, qui veut réunir tous les documents de nature à jeter quelque lumière sur l'histoire de nos anciens hôpitaux, aura le

## PRÉFACE.

soin, quand le moment lui en paraîtra venu, de faire dépouiller tous les registres des actes du Parlement de Paris pour les xv$^e$ et xvi$^e$ siècles; c'est une source précieuse d'informations qu'elle n'aura garde de négliger.

Revenons à nos Registres des comptes.

Le premier receveur général de l'Hôtel-Dieu fut Jehan de la Saunerie, grènetier du grenier à sel à Montsaujon; son premier compte va de la Saint-Jean 1505 à la Saint-Jean de l'année 1506.

C'était une tâche malaisée que l'administration financière d'un grand établissement comme l'Hôtel-Dieu, et il fut d'abord difficile de trouver un bon receveur. Jean de la Saunerie ne resta en fonction que jusqu'en 1508; il fut remplacé par Pierre Parceval, qui eut lui-même pour successeur, en 1512, Jean Béranjon, contrôleur de la gabelle à Provins; mais c'est à peine si ce dernier entra en fonction, car le compte de l'année 1513 est déjà indiqué comme le deuxième rendu par Claude de Savignac.

Les administrateurs de l'Hôtel-Dieu, qui, quelques années auparavant, se plaignaient *« qu'ilz ne povoient avoir de personne capable qui se voulsist charger de faire et exercer icelle recepte generalle »*, avaient fait cette fois un meilleur choix, car Claude de Savignac fut pendant vingt-huit ans receveur général de notre hôpital (1512-1540), et il eut pour successeur son fils Jean de Savignac, notaire et secrétaire du Roi; Jean de Savignac demeura seize ans en fonctions (1540-1556) et il fut remplacé par Claude Coynart, bourgeois de Paris.

Claude Coynart conserva jusqu'à sa mort, en 1573, la charge de receveur de l'Hôtel-Dieu qui, après lui, fut confiée à Ambroise Baudichon (1573-1580); citons ensuite Jacques de Besze, bourgeois de Paris (1580-1588), et Pierre de Besze (1589 et 1590).

En 1591, François Hyeraulme fut choisi par le Bureau pour remplir cette charge et la conserva pendant trente-sept ans, jusqu'en 1627; son fils François Hyeraulme lui succéda alors et demeura en fonction jusqu'en 1643.

Nous n'allongerons pas davantage cette liste des receveurs généraux de l'Hôtel-Dieu; nous y avons d'ailleurs dépassé les limites chronologiques malheureusement fixées à notre publication des comptes de l'Hôtel-Dieu, puisque nous n'avons sauvé des incendies de mai 1871 que jusqu'à l'année 1599 de cette collection.

Dans quelles conditions les receveurs de l'Hôtel-Dieu exerçaient-ils leur charge? C'est ce que l'on pourra voir à la page 144 de ce volume, dans les lettres de commission données en 1512 à Jean Béranjon. Nous y lisons qu'ils faisaient la recette de tous les revenus de l'hôpital sauf des *Pardons*; qu'ils ne pouvaient signer les baux à ferme ou à loyer, recevoir la foi et hommage des vassaux de l'Hôtel-Dieu, sans une autorisation spéciale des administrateurs; qu'ils devaient fournir un cautionnement, fixé, en 1512, à 2,000 livres tournois, payer leurs clercs de leurs deniers et rendre leur compte chaque année, deux mois après la clôture de l'exercice, etc.

Le compte de l'année 1505-1506 est, croyons-nous, le premier où soit indiquée la perception du droit dit « des lits de chanoines », redevance établie au profit de l'Hôtel-Dieu par un acte remontant à l'année 1168. Devons-nous croire que la perception de ce droit avait été négligée jusqu'alors? Ce n'est guère probable; il semble toutefois que le privilège fût tombé en désuétude, car dans le cours du xvi<sup>e</sup> siècle, un certain nombre d'arrêts furent rendus par le Parlement, qui condamnèrent les exécuteurs testamentaires des chanoines de Notre-Dame à délivrer à l'Hôtel-Dieu les lits garnis de ces chanoines, ou à payer une somme représentative, qu'un acte du Chapitre de Paris lui-même avait en 1430 fixée à 100 sols parisis.

En même temps qu'il s'occupait activement à introduire l'ordre et la régularité dans l'administration du temporel de l'Hôtel-Dieu, le Parlement de Paris, d'accord avec l'autorité ecclésiastique, songeait aussi à la réformation religieuse de l'hôpital. Bien avant l'année 1536 que cette réforme fut accomplie, non sans une vive lutte de la part des religieux et des religieuses, les nouveaux administrateurs avaient recruté en Picardie et dans les Flandres des frères et des sœurs de l'ordre de Saint-Augustin, pour remplacer ceux que le Bureau avait jugé prudent d'éloigner de l'Hôtel-Dieu, où ils entretenaient un esprit de rébellion contre le nouvel ordre de choses.

On lira sur ce point, aux pages 125, 126, 127, 134, un certain nombre de renseignements très particuliers qui, joints à ceux qui seront certainement trouvés dans les registres du Parlement, fourniront au futur historien de l'Hôtel-Dieu la matière d'un curieux chapitre sur cette période encore mal connue des annales de notre vieil hôpital.

Nous noterons seulement ici que la plupart de ces frères et de ces sœurs ne purent ou ne voulurent pas s'assujettir au régime de l'Hôtel-Dieu de Paris, et reprirent le chemin des Flandres « par le congé et licence de la court de Parlement ».

Le compte de l'année 1506-1507 enregistre la fondation, d'une nature assez singulière, faite par David Chambellan, avocat au Parlement : il donna, cette année, une somme de 700 livres tournois, à charge d'un *obit* solennel « *et de faire procession autour des malades d'icelluy hostel le premier jour du mois d'aoust, chascun an* ».

Le compte de l'année 1508-1509 est un des rares documents manuscrits où soit mentionné le pèlerinage de Saint-Mathurin de Larchant, où étaient menés, pour y suivre un traitement assez peu médical, les malheureux aliénés. Voici l'article du compte : « Pour faire mener sœur Robine Lemberge, religieuse dudit Hôstel-Dieu qui, passé douze ans a, estoit encensée, à monsieur sainct Mathurin de Larchant, faire sa neufvaine, cent solz tournois » (p. 141). La commune de Larchant est située dans le département de Seine-et-Marne, à 2 petites lieues de Nemours.

Nos comptes nous fournissent encore, à deux époques très éloignées l'une de l'autre, l'indication d'un autre pèlerinage, sous l'invocation de saint Hildevert ou Hildebert, où l'on conduisait les fous. Ce pèlerinage était situé à Gournay. On lit au compte de l'année 1378 : « Le xxii<sup>e</sup> jour d'avril que la prieuse fu en pèlerinage à monsieur saint Hildevert de Gournay, elle fist chanter une messe pour sœur Houdée, et ses offerandes et nouvenne, pour ce xxviii solz. » Au compte de l'année 1566 : « A

## PRÉFACE.

Nicolas Fesely, garde des malades de Sainct-Yldevert, la somme de x livres tournois, pour avoir par luy pencé et faict la neufvaine d'un nommé Nicolas Fougart qui estoit malade et alyéné de son esprict, en ensuivant l'arrestz de la court de Parlement » (p. 328).

Le registre du compte de l'année 1516 présente un grand intérêt pour l'histoire de l'Hôtel-Dieu. La peste faisait alors de grands ravages à Paris et dans l'Hôtel-Dieu ; nombre de religieuses en étaient atteintes ; les salles de l'hôpital ne suffisaient pas à contenir la quantité des pestiférés ; les administrateurs se préoccupent alors des moyens d'agrandir l'hôpital ; ils obtiennent du Pape un Jubilé spécial, qui dura un an, et dont le produit devait être consacré à « l'élargissement dudict Hostel-Dieu, affin de doresnavant séparer les malades actaintz de peste des autres malades » (p. 152).

Des lettres patentes sont obtenues de François I$^{er}$; on projette de construire une salle nouvelle sur la Seine, « du costé de Petit-Pont » ; le prévôt des marchands et les échevins montent en bateau avec les administrateurs et visitent la rivière pour savoir « où se feroit ledit accroissement » (p. 154). Mais de tout ce mouvement il ne résulta rien ; le prévôt et les échevins firent échec aux projets du Bureau de l'Hôtel-Dieu, et ce ne fut que plus d'un siècle plus tard que ces projets furent repris et menés à bonne fin. Le Pont-au-Double fut alors construit (1626-1632) et sur ce pont fut assise la salle du Rosaire.

En 1517 et 1518, les Turcs menaçaient fort l'Espagne et l'Italie. Les quatre grands souverains d'Occident, dit Henri Martin, s'étaient engagés par l'entremise du Pape à unir leurs armes contre le Turc. On parla beaucoup de croisade. Nos comptes de l'année 1517 en parlent beaucoup aussi ; le Pardon de la croisade, ou, comme disent les documents du temps, de la *Cruciade*, fut publié par tout le royaume de France pendant ces deux années 1517 et 1518, et empêcha la publication des Pardons de l'Hôtel-Dieu (p. 155). La croisade n'eut pas lieu ; l'argent reçu par les collecteurs de cette imposition extraordinaire fut versé au Trésor public, mais François I$^{er}$ voulut indemniser l'Hôtel-Dieu des pertes que lui avait fait subir la suspension de ses Pardons. Par ses ordres, Jehan Grossier, « commis a recevoir les deniers du Pardon de la Cruciade », versa entre les mains du receveur de l'Hôtel-Dieu une première somme de 960 livres tournois en 1517, et l'année suivante une seconde somme de 1,259 livres (p. 158).

Nous ne quitterons pas ce Registre des comptes de l'année 1517 sans mentionner un fait, de peu d'importance en lui-même, curieux toutefois comme trait de mœurs de l'époque. Le Chapitre de Notre-Dame possédait à Velizy 8 arpents de terre que l'Hôtel-Dieu de son côté revendiquait comme lui appartenant; il y avait de ce chef procès engagé entre eux, mais les administrateurs de l'Hôtel-Dieu, trouvant un peu lentes à leur gré les formes de la procédure, firent enlever à main armée et conduire à leur ferme du Petit-Velizy la récolte de ces 8 arpents. Cloud Gerbe, serviteur de l'Hôtel-Dieu, fut chargé de cette expédition pour laquelle il recruta « huit compagnons aventuriers » (p. 157).

Au compte de 1518 est ouvert pour la première fois un chapitre spécial pour les frais d'opération

# PRÉFACE.

de la pierre. Le premier opérateur cité dans notre document est Jehan Gonthier, dit *d'Orléans*, qualifié d'« inciseur juré ».

L'année 1520 vit reprendre le projet, abandonné quatre ans auparavant, d'un agrandissement de l'Hôtel-Dieu, pour permettre aux médecins de combattre plus efficacement les ravages causés par la peste, qu'augmentait encore l'entassement malsain des malades dans des salles trop peu nombreuses.

Par ses lettres patentes, datées de Corbeil le 13 août 1519, François I$^{er}$ ordonna à maître Lambert Mesgret, trésorier de l'extraordinaire des guerres, de payer au receveur de l'Hôtel-Dieu une somme de 10,000 livres tournois. Cet argent devait être employé à l'édification « d'une grant closture de maison qui se nommera la Charité, en laquelle seront portez et logez doresnavant les pestillencieux » (p. 162).

Les administrateurs de l'Hôtel-Dieu furent chargés de surveiller cet hôpital de pestiférés; c'est ainsi que le compte spécial de cette « Charité », qu'on appela aussi « le Sanitat » du faubourg Saint-Germain, a été conservé dans la collection des comptes de l'Hôtel-Dieu et publié dans le présent volume à sa date (p. 162 et suiv.).

Les 10,000 livres tournois dépensées, François I$^{er}$ ne put en donner d'autres. Il avait tant guerroyé que le Trésor public se trouvait à peu près vide. Les travaux cessèrent, la construction à peine sortie de terre resta inachevée.

De nouvelles lettres patentes furent alors données à Paris le 13 décembre 1527. Il y était dit : « Pour le présent, nous ne pouvons faire procéder à la continuation dudit édifice de la Charité, pour noz autres grans et urgens affaires, et que avons esté advertiz que, au moien de la contagion qui pouvet estre oudict hostel de la Charité durant le temps de peste, en pourroit advenir inconveniants en nostre hostel et chastel du Louvre, qui nous tourneroit a grand préjudice » (p. 171).

Le prétexte était heureusement trouvé; le nouvel hôpital, ou du moins ce qui en avait été édifié, s'élevait sur la rive gauche de la Seine, vis-à-vis du Louvre, et l'on pouvait concevoir que François redoutât, pour lui et pour sa cour, le voisinage d'un foyer pestilentiel.

Les pierres du vieux château de Bicêtre qui avaient été données par le Roi pour servir à la construction de la Charité (p. 169 et 170) furent descendues de leurs assises; une partie conduite au moulin du Pressoir qu'elles servirent sans doute à réédifier (p. 188), l'autre vendue à Christophe Aubery et à Henri Guyot, bourgeois de Paris, pour la somme de 675 livres (1544, p. 278). Vingt ans plus tard, les terrains achetés d'Antoine de la Vernade, curé de Chelles, et de Jehan Pichore, historieur et bourgeois de Paris, furent vendus au même Aubery, les fondations furent soigneusement comblées, et il ne resta plus traces de cet hôpital projeté qui reparut toutefois moins d'un siècle plus tard et sous le même nom, à peu de distance de l'emplacement choisi pour le premier.

François I$^{er}$ donna beaucoup aux pauvres et aux malades de l'Hôtel-Dieu. Il fit en 1522 une aumône de 500 livres tournois « pour subvenir », dit le compte de cette année, « a avoir du linge et aux autres necessitez des povres estans en icelluy hostel en grant nombre, *pour la famine qui a esté durant ladite année* » (p. 176). Douze ans plus tard, le même Roi, atteint d'une fièvre violente à Melun, envoya à l'Hôtel-Dieu une somme de 1,200 livres tournois qui fut employée, disent nos comptes, « à certains banquetz faitz aux pauvres ». C'était vraisemblablement ce que nous appellerions aujourd'hui des distributions extraordinaires de vivres (p. 263).

Le Registre des comptes de 1525 nous autorise à ajouter cette année au nombre des mauvaises années dont la France eut à souffrir. L'hiver précédent avait été si rude que les grains avaient gelé en terre. Quinze cents pauvres et malades encombraient l'hôpital. Les administrateurs demandèrent au Parlement et obtinrent de lui l'autorisation de vendre 85 marcs de vaisselle d'argent; cette vente produisit 1,108 livres tournois qui servirent à acheter du blé.

Après la mort de sa mère, Louise de Savoie, et à l'expiration de son deuil, François I$^{er}$ fit porter à l'Hôtel-Dieu et vendre au profit des malades le manteau violet qui lui avait servi; les 22 aunes de ce manteau furent vendues 66 livres tournois. Nous ne mentionnons ce petit fait que pour rappeler que c'était là un usage assez généralement suivi par nos anciens rois. Quelquefois c'étaient des berceaux qu'on allait prendre à l'Hôtel-Dieu pour servir aux enfants de France (voir années 1365, p. 4, et 1372, p. 13) et qui revenaient à l'Hôtel-Dieu si ces enfants mouraient; « le xvi$^e$ jour de février, pour la despense de ladite prieuse et de sa compagnie, qui ala a Conflans par devers la Royne en un chariot pour charrier le barsseul de la fille du Roy qui estoit lors nouvellement trespassee » (1389, p. 12); ou bien encore c'était la *chambre* de quelque reine dont, après son décès, les tapisseries et la literie étaient envoyées à l'Hôtel-Dieu et rachetées, au profit de l'hôpital, par des courtisans empressés ou par quelque membre de la famille (année 1371, p. 8).

Nous relèverons, dans le compte de l'année 1532, au chapitre de la dépense pour menus frais, l'inscription d'une dépense de 22 solz t. pour l'achat de « deux registres servans au Bureau pour enregistrer les délibérations ».

Ce petit détail a son importance pour l'histoire de nos Archives hospitalières. C'est pour la première fois que semblable mention se rencontre dans nos comptes, et nous y voyons la preuve que le Bureau de l'Hôtel-Dieu ne commença qu'en cette année 1531 à tenir régulièrement registre des délibérations prises par ses membres. C'est, en effet, à cette date que s'ouvre dans le dépôt de nos Archives la collection des registres des délibérations du Bureau de l'Hôtel-Dieu, analysés dans les deux premiers volumes de notre collection de Documents.

Le compte de l'année 1536 que nous avons publié presque *in extenso* présente un grand intérêt. Qu'il nous soit donc permis d'insister sur quelques points qu'il nous paraît utile de mettre en relief. Ceux qui connaissent un peu l'histoire de Paris savent que le quartier de la Porte-Saint-Antoine présentait autrefois, à certaines époques, une animation extraordinaire. C'est là que se donnaient, au xvi$^e$ siècle, ces fameux tournois, dont l'un fut si fatal à Henri II. Il y avait à cet endroit de la rue Saint-Antoine, vis-à-vis *du Beautreillis*, une maison à l'enseigne du Matelas, appartenant à l'Hôtel-Dieu. Les administrateurs de l'hôpital avaient grand soin, à chaque renouvellement du bail de cette maison, de « se réserver la chambre de devant de ladite maison quant on fait les jouxtes ou autres actes solempnelz ».

Un médecin du xvie siècle, qui fut l'archiatre de Louis XII et de François Ier, Guillaume Cop, habitait rue des Prouvaires une maison de l'Hôtel-Dieu; or le compte de l'année 1536 (p. 223) nous le montre payant cette même année le loyer de sa maison, tandis que tous les biographes le font mourir en 1532. Il faut donc admettre ou que les biographes se trompent, ce qui n'est pas rare, ou que le receveur de l'Hôtel-Dieu, par une longue habitude, continua d'inscrire cette recette au nom de Guillaume Cop, bien que celui-ci fût mort depuis plusieurs années déjà et que le loyer fût payé par ses héritiers; notre document pourrait bien avoir raison contre les biographes.

Cette année 1536 fut marquée par la lutte qu'eut à soutenir le Bureau de l'Hôtel-Dieu pour achever la réforme religieuse de l'hôpital; on trouvera au chapitre : « Depence pour certains menuz fraiz et mises communes » et dans d'autres passages de ce compte de 1536 des renseignements intéressants à ajouter à ceux que donnent Félibien et Rondonneau de la Motte.

A propos d'un article de la dépense en linge pour cette même année, il ne sera pas sans utilité d'entrer dans quelques détails au sujet de la syphilis et des malades atteints de cette affection.

Nous avons dit plus haut qu'il en est fait mention pour la première fois à l'Hôtel-Dieu en 1495. Un document de nos Archives, daté des premières années du xvie siècle, qui a péri dans l'incendie de mai 1871, mais que M. le docteur A. Chéreau avait, peu de temps auparavant, publié dans l'*Union médicale*, donnait la liste nominative des malades, hommes et femmes, en traitement à l'Hôtel-Dieu pour cette maladie. Il semble que bientôt l'opinion s'établit que la syphilis était contagieuse, qu'on devait soigner dans un hôpital spécial ceux qui en étaient atteints, et les portes de l'Hôtel-Dieu leur furent fermées. Au compte de 1508-1509, il est parlé d'« une povre femme malade de la maladie dicte de Napples », à laquelle on donna vi s. t. « pour la renvoyer en sa maison ».

Un arrêt du Parlement, dont nous publierons plus tard le texte, enjoignit aux administrateurs de l'Hôtel-Dieu de renvoyer à l'hôpital Saint-Eustache les syphilitiques qui se présenteraient à l'Hôtel-Dieu pour y être soignés. Le compte de l'année 1536 nous fournit à cet égard les indications les plus précises et les plus formelles : « pour dix coutilz de Bretagne et cinq autres couctils, le tout livré à l'ospital Saint-Eustache, pour loger et coucher les verolez qui estoient gisans audit Hostel-Dieu, et illec les avoir faict guerir aux despens dudit Hostel-Dieu, en ensuyvant l'arrest de la cour de Parlement sur ce donné » (p. 258 et 264).

Le soin des syphilitiques fut plus tard, par un autre arrêt du Parlement dont nous avons la date certaine (27 octobre 1569), confié au grand Bureau des pauvres. Le compte de l'année 1570-1571 nous fait connaître que l'Hôtel-Dieu payait pour ces malades au grand Bureau des pauvres une sorte d'abonnement qui était alors de 260 livres tournois pour treize mois. Le Registre des délibérations de l'année 1700 nous apprend même qu'avant de les envoyer au grand Bureau, on administrait aux syphilitiques une verte correction.

## PRÉFACE.

Le compte de l'année 1538 est le premier où il soit fait mention d'un inventaire des titres de l'Hôtel-Dieu, mais il serait bien surprenant que les administrateurs n'eussent pas pris soin, dès leur entrée en fonction, de faire dresser un récolement des Archives, telles qu'elles leur étaient livrées par le Chapitre de Notre-Dame.

Le compte de l'année 1540 renferme la mention d'un fait assez rare pour que nous le signalions : une autopsie pratiquée officiellement et par ordre. Antoine de la Fontaine, maître au spirituel de l'Hôtel-Dieu, étant mort, le Bureau donna l'ordre à Race des Noues, chirurgien du Roi et de l'Hôtel-Dieu, et à Jehan Dupuis, barbier, « d'assister à l'ouverture et visiter le corps mort du deffunct » (p. 272).

Si l'on songe qu'une autopsie était alors considérée presque comme un sacrilège, que près de deux siècles plus tard, en 1706, le maître chirurgien de l'Hôtel-Dieu ne pouvait user, pour son cours d'anatomie, des corps déposés à l'amphithéâtre qu'*avec le consentement par écrit de la mère prieure* (*Délibérations*, t. I, p. 257), il y a lieu de penser que quelque circonstance extraordinaire put seule motiver la grave décision prise par le Bureau, et que nous venons de rapporter.

En cette même année 1540 se produisit un nouvel épisode de cette lutte, tantôt sourde, tantôt ouverte, mais incessante entre le Chapitre de Notre-Dame et le Bureau de l'Hôtel-Dieu. Les administrateurs avaient choisi pour sous-prieur un religieux de Saint-Victor, Nicole de Beauquesne. Ce choix déplaisait au Chapitre qui ne voulut pas le ratifier. Le Parlement intervint alors, comme il faisait toujours quand des conflits semblables s'élevaient, et par un arrêt contraignit le Chapitre à « bailler vicariat à frère Nicole de Beauquesne » (p. 272). Le règlement arrêté d'un commun accord entre le Chapitre et la congrégation de Saint-Victor donnait d'ailleurs tort au premier.

Le compte de l'année 1541 nous montre les administrateurs engagés dans un procès contre Antoine Duprat. Quoi! va-t-on dire, contre Antoine Duprat le chancelier, contre celui qui fit, de ses deniers, construire la belle et vaste salle du Légat, en un mot contre un bienfaiteur de l'Hôtel-Dieu! Non pas, mais contre Antoine Duprat son fils, qui fut quelques années plus tard prévôt de Paris, et voici quelles circonstances donnèrent naissance à ce procès.

Lorsque le chancelier Duprat fit construire la salle du Légat, presque un hôpital nouveau dans l'ancien, il eut besoin de quelques maisons faisant partie du domaine de l'Hôtel-Dieu, situées dans la rue Neuve-Notre-Dame. Il demanda et obtint l'autorisation de les faire abattre, promettant d'en payer la valeur à l'Hôtel-Dieu. Mais la salle neuve n'était pas encore achevée que le légat mourait, sans avoir remboursé à l'Hôtel-Dieu le prix des maisons abattues. Nous ne pensons pas que ce fait, ignoré jusqu'ici, soit aucunement de nature à porter la moindre atteinte à la réputation de bienfaiteur de l'Hôtel-Dieu, dont le cardinal Duprat continuera de jouir; il n'en est pas moins vrai que les administrateurs, ne pouvant obtenir du fils l'exécution de la promesse faite par le père, durent recourir à la justice.

Nous trouvons dans nos comptes qu'en 1546 le procès n'était pas fini; qu'en 1556 Duprat

# PRÉFACE.

donna à l'Hôtel-Dieu 100 livres de rente; qu'en 1568 il fut condamné envers ce même Hôtel-Dieu à 250 livres tournois d'amende, mais nous ne pouvons voir dans ces indications la terminaison naturelle du procès, c'est-à-dire le payement du prix des maisons abattues pour l'édification de la salle du Légat, et nous ignorons encore quelle fut la fin de cette curieuse procédure. (Voir p. 274 et *passim*.)

Le compte de l'année 1545 nous apprend (p. 281) que, suivant un arrêt du Parlement, des billets étaient délivrés aux malades sortant guéris de l'Hôtel-Dieu. Qu'était-ce que ces billets? Les convalescents se rendaient-ils, munis de ces billets, à quelque caisse pour y recevoir un secours en argent? Nous en sommes sur ce point réduit aux conjectures; celle que nous venons d'indiquer n'a rien de trop hasardé si l'on songe que quelques années plus tard, en 1555, des secours de route étaient délivrés aux convalescents sortant de l'Hôtel-Dieu (p. 300) : *Nil sub sole novi.*

Nos comptes donneront, à ceux qui auront la patience de les y chercher (et nos tables des matières les y aideront), des renseignements sur les vignes que possédait l'Hôtel-Dieu et sur le produit de ces vignes. La campagne, aux environs de Paris, était autrefois couverte de vignes nombreuses qui ont disparu pour faire place à la culture maraîchère. Nous apprenons par le compte de l'année 1546 que le vin blanc de Champrosay avait une grande réputation, que les sommeliers du Dauphin en venaient acheter au cellier de l'Hôtel-Dieu, et aussi le maître du cabaret de la Truie qui file.

Nous noterons dans le compte de l'année 1549 le produit considérable des Pardons de l'Hôtel-Dieu qui fut cette année, tant en province qu'à Paris, de plus de 10,000 livres. Quelques années plus tard, les guerres de religion vont sinon tarir du moins bien affaiblir cette source des revenus de l'hôpital; plus d'une fois nous rencontrerons dans nos comptes des plaintes comme celle-ci : « On n'a sue faire faire la queste desdicts Pardons esdictz archeveschez et eveschez a cause des séditions qui se sont meue esdictz lieux a raison de la nouvelle religion » (p. 315).

Le compte de l'année 1551 mentionne un fait d'une assez grande rareté et que nous avons, pour cette raison, relevé dans l'analyse du Registre. On lit au compte de la dépense pour payement des gages et salaires qu'un certain Jacques Destra, de Turin, reçut cette année 12 écus d'or et une seconde somme de 86 livres tournois pour avoir soigné à l'Hôtel-Dieu quelques malades réputés incurables, pendant l'espace de deux mois. On remarquera que ce Jacques Destra n'est pas, dans notre document, qualifié de médecin; c'était donc un empirique, mais un empirique qui arrivait en France précédé d'une grande réputation, car les administrateurs de l'Hôtel-Dieu se sont toujours montrés peu prodigues d'autorisations de ce genre, et ils n'accordèrent certainement une telle autorisation qu'à un homme qu'une véritable renommée de guérisseur recommandait à l'attention publique[1].

La peste fit encore des ravages à Paris en l'année 1554, les externes en chirurgie furent nourris

---

[1] Les biographies sont muettes sur le compte de Jacques Destra. M. Achille Chéreau, bibliothécaire de la Faculté de médecine, que nous avons consulté, n'a pu, malgré sa compétence bien établie, nous fournir aucun renseignement. Peut-être le scribe a-t-il tellement dénaturé l'orthographe véritable du nom qu'il l'a rendu méconnaissable.

à l'Hôtel-Dieu pendant le temps qu'elle dura, et le receveur retrancha sur le traitement du maître chirurgien Richard Hubert les frais de nourriture des externes.

L'année 1563 fut une année difficile pour l'Hôtel-Dieu; ses fermes avaient été détruites ou pillées pendant les guerres de religion; le receveur devait une somme de 15,000 livres qu'il ne pouvait payer et il ne savait à l'aide de quelles ressources il achèterait les choses de première nécessité, telles que le blé et le vin; il fallut vendre des rentes et des maisons pour 20,000 livres.

Nous remarquerons, au sujet du compte de 1568, que c'est le premier de notre collection qui s'ouvre au 1er janvier, bien que l'ordonnance royale qui fixait le commencement de l'année à cette date du 1er janvier fût déjà rendue depuis quatre ans.

Ce même compte mentionne une visite faite à l'Hôtel-Dieu par le roi Charles IX, le jour du jeudi saint. Le Roi fit, paraît-il, ce jour-là une visite générale des églises et des hôpitaux de Paris; il remit à la prieure une aumône de 45 livres tournois et cette première aumône fut bientôt suivie de deux autres qui s'élevèrent à la somme de 3,000 livres tournois.

Nous avons plus haut, au sujet d'un médecin connu du xvie siècle, un peu médit des biographes et des dictionnaires biographiques. Nous les prenons encore en faute, et cette fois il s'agit d'un homme célèbre, de l'architecte Philibert Delorme. Philibert Delorme n'est pas mort en 1577, date qu'on lit dans tous les dictionnaires biographiques, mais en 1570. Notre Registre des comptes de cette année 1570 confirme absolument ce que M. de Montaiglon dans les *Anciennes archives de l'art français* (11e série, t. II, année 1860) et M. Lance (*Dictionnaire des architectes français*, t. II, p. 211, année 1872) ont dit de la mort du grand architecte. Il y a donc plus de vingt ans que la date véritable de la mort de Philibert Delorme est connue. Nous espérons que les sources que nous venons de rappeler et la présente publication seront mises à profit par les nouveaux éditeurs des dictionnaires biographiques les plus répandus, et qu'ils rétabliront sur ce point la vérité et l'exactitude historique. Voici l'article de notre compte: «de messieurs le premier président Tambonneau et maistre Jehan de Bredas, prête chanoyne en l'église Nostre Dame de Paris, ou non et comme exécuteurs du testament de feu révérend père en Dieu Messire Phillebart de Lorme, luy vivant abbé de Sainct Siergue et chanoyne en ladicte église de Paris, la somme de iiii cens livres tournois, laiguée par ledict deffunct pour aider à noury et subtenter les pauvres malades d'icelluy Hostel-Dieu» (p. 337).

Nous devons inscrire au nombre des bienfaiteurs de l'Hôtel-Dieu Louis Guillard, qui fut successivement évêque de Châlons, de Chartres et de Senlis. Son testament portait donation de tous ses biens à l'Hôtel-Dieu, et les comptes des années 1564 à 1574 enregistrent la recette de plus de 10,000 livres tournois qui entrèrent dans la caisse de l'Hôtel-Dieu. Le nom de l'évêque Guillard figurera sur les plaques commémoratives qui bientôt seront placées, par les soins de l'Administration de l'Assistance Publique, dans la salle dite *des Bienfaiteurs* au nouvel Hôtel-Dieu. L'Administration veut ainsi payer une dette de reconnaissance envers ceux, et ils sont nombreux, qui, pendant plusieurs siècles, ont contribué, par des donations et des fondations importantes, au soulagement des malades et des pauvres. En même temps elle inscrira sur les murs neufs du jeune Hôtel-Dieu de brèves mentions qui résumeront les principaux faits de l'histoire de l'antique Maison-Dieu.

Nouvelle peste à Paris, et conséquemment à l'Hôtel-Dieu en 1580. En l'absence du Registre des délibérations pour les années 1579 à 1582, le Registre des comptes offre un intérêt particulier. Il est à remarquer que les pestiférés furent alors soignés par les chirurgiens et non par les médecins. Du moins il n'est parlé dans le compte de 1580 que du maître chirurgien et de ses aides qui reçurent « dix écuz soleil pour avoir par eulx pensé et médicamenté les malades de la maladie contagieuse estans audict Hostel-Dieu » (p. 366).

Nous voici parvenu à la fin des cent trente et un registres analysés dans ce tome III° de nos Documents, dont nous n'avons voulu faire qu'un rapide résumé, en notant au passage quelques traits saillants.

Nous parlions il n'y a qu'un instant des bienfaiteurs de l'Hôtel-Dieu; nous ne voulons pas clore cette préface sans donner une liste aussi complète que possible des médecins, des chirurgiens et des sages-femmes de l'Hôtel-Dieu depuis 1364 jusqu'en 1581.

Les bienfaiteurs ont donné leur argent, ces derniers ont donné leurs soins, leur dévouement, consacré leur science aux générations de malades qui se sont succédé dans les salles de l'ancien Hôtel-Dieu. Il est facile aujourd'hui de sourire, lorsqu'on parle de la science des médecins et surtout des chirurgiens d'autrefois, mais si la science progresse chaque jour, le dévouement ne progresse pas; il est dès le premier jour de l'Hôtel-Dieu ce qu'il sera au dernier. C'est envers ce dévouement que nous voulons nous montrer reconnaissants, en faisant revivre à cette place les noms de ceux qui ont secondé avec tant de zèle et de charité l'ancienne administration hospitalière.

### MÉDECINS.

1446. Enguerrand de Parenti [1].
1507. Guillaume Forget.
1523. Pierre Eschart.
1536. Mathurin Tabouët.
1537. Jean Guydo.
1546. Jean Levasseur.

1556. Jean Le Paulmier.
1558. Philippe Alain.
1568. Simon Malmedy.
1569. Nicolas Legros.
1573. Robert Croson.
1573. Jacques Maran.

### CHIRURGIENS.

1446. Pierre Malaisie.
1482. Thomas.
1517. Robert Charlot.
1525. Jacques Petit.
1526. Vincent Coincterel.

1535. Barbas ou Barbais.
1539. Jacques Le Normand.
1540. Jean de May.
1551. Antoine Dumas.
1551. Antoine Baudoin.

[1] Le compte de l'année 1428 mentionne un physicien et un chirurgien attachés à l'Hôtel-Dieu, mais sans donner leur nom.

## PRÉFACE.

1553. Richard Hubert.
1555. Gaspard Martin.
1559. Cosme Roger.
1562. Vincent Hamelin.

1568. Balthasar Delaistre.
1579. Augustin Ymbault.
1580. Claude Le Couturier.

### SAGES-FEMMES.

1378. Juliette (ventrière des accouchées).
1385. Jeanne Dupuis.
1512. Jacqueline Gaillart.
1529. Nicolle Carandel.
1531. Simonne Chrétienne, veuve Crau.
1535. Madeleine de la Salle.
1537. Édeline, veuve Robert Baesle.
1540. Nicolle Guérin.
1543. Marie Robert.
1546. Catherine la Guillemarde.
1547. Jehanne Closière, Perrette Lavoyne.

1552. Marguerite Godefroy, Barbe Caby.
1553. Perrine Dupuis.
1556. Anne Bregil.
1558. Perrette Coyon.
1559. Nicolle Salle.
1560. Françoise Simon.
1564. Pasquette Remy.
1565. Madeleine Medot ou Nodo.
1570. Oportune Destas, Claude Merienne.
1572. Hubarde Mere (Méré?).
1573. Marie Thibaut.

## 51ᵉ REGISTRE (256 FEUILLETS, PARCHEMIN).

### ANNÉE 1536[1].

S'ensuyvent les noms de messeigneurs les commis de par la court de Parlement au regime et gouvernement de l'Ostel Dieu de Paris.

Et premierement, messire Jehan Briconnet, chevalier, seigneur du Plessis-Rideau, conseiller du Roy nostre sire, et president en sa chambre des comptes.

Messire Nicolas de Neufville, aussi chevalier, seigneur de Villeroy et de Chantelou, conseiller dudit seigneur, et secretaire de ses finances.

Maistre Germain de Marle, seigneur de Tilloy, notaire et secretaire du Roy.

Maistre Guillaume Ribier, seigneur de Villebrosse.

Maistre Oudart Hennequin, contrerolleur general de la charge d'oultre Seyne.

Sires Robert Le Lieur, Nicolas Hennequin et Jehan Laubigeois tous marchans et bourgeois de Paris.

Temporel de l'Hostel Dieu de Paris pour une annee finie au jour de Noel mil cinq cens trente six.

Compte vingt cinquiesme de maistre Claude de Savignac, commis a la recepte generalle de l'Ostel Dieu de Paris, par messeigneurs les commis par la court de Parlement au regime et gouvernement dudit Hostel Dieu, des recepte et despense faittes a cause du prouffit, revenu et esmolumens dudit Hostel Dieu, pour une annee commencant au jour et feste de Noel mil cinq cens trente cinq exclud, et finissant au jour de Noel ensuyvant mil cinq cens trente six includ, par protestation de ce present compte augmenter ou diminuer si besoing est, et le cas le requiert. Ce compte rendu a mesdiz seigneurs les gouverneurs par ledit de Savignac en personne, par devant maistres Nicole Brachet, conseiller du Roy nostre sire en sa court de Parlement, Simon de Machault, clerc et auditeur dudit seigneur en sa chambre des comptes et Claude Le Prevost, procureur en ladite chambre ad ce commis et deputez pour ladite court, comme contenu est es comptes precedens.

Recepte non muable en la ville et faulxbourgs de Paris.

Recepte des cens et fons de terre deuz par chascun an, le jour sainct Remy, a l'Ostel Dieu de Paris, en ladite ville de Paris.

Et premierement, *rue du Parvis Nostre Dame*. De la maison de la Huchete, assise devant le Parvis Nostre Dame, tenant d'une part a l'ostel du Chauderon, d'autre a l'eglise Sainct Christofle, une ruelle entre deux, sur laquelle ledit Hostel Dieu soulloit avoir droit de prendre par chascun an au jour sainct Remy quatre deniers parisis de cens, neant, cy ne doresnavant, pour ce que ledit Hostel Dieu dès longtemps est proprietaire d'icelle maison, laquelle est a present louee a la vefve de feu Eloy Le Begue, ainsi qu'il sera cy apres declairé ou chappitre de louaiges de maisons.

*Rue Neufve Nostre Dame.* De la maison du petit Chauderon, assise devant ledit Hostel Dieu, faisant le coing de ladite rue Neufve Nostre Dame, tenant d'une part a la maison dessus declairee, d'autre a l'ostel de Sainct Victor, sur laquelle maison ledit Hostel Dieu a droit de prendre par chascun an deux deniers parisis de cens et fons de terre, neant, cy, pour ce que des longtemps ledit Hostel Dieu est proprietaire de ladicte maison, et est louee au prouffit dudit Hostel Dieu, ainsy qu'il sera cy apres dit ou chappitre de louaiges de maisons.

Des religieux, abbé et couvent de Sainct Victor lez Paris, pour une maison assise en ladicte rue, tenant d'une part a ladicte maison du Chauderon, d'autre a la maison declairee en l'article prochain ensuyvant, sur laquelle ledit Hostel Dieu a droit de prendre par chascun an audit jour ung denier parisis de cens et fons de terre.

De la maison de la Marguerite, assise en ladicte rue Neufve Nostre Dame, tenant d'une part a ladite maison Sainct Victor, d'autre a la maison declairee en l'article prochain ensuyvant, sur laquelle ledict Hostel Dieu soulloit avoir droit de prendre par chascun an deux deniers obole parisis de cens et fons de terre, neant, cy ne doresnavant, pour ce qu'il y a longtemps que ledict Hostel Dieu est devenu proprietaire de ladicte maison, et est baillee a maistre Jehan de Tournay, sa vie durant seullement, a la charge de xiiii # p. de rente par chascun an.

De la maison de la Croix de fer, assise en ladicte rue, tenant d'une part a la maison dessusdicte, d'autre a la maison de la Couronne, sur laquelle maison ledit Hostel Dieu soulloit avoir droit de prendre par chascun an deux deniers parisis de cens, neant cy, pour ce que ledit Hostel Dieu, dès longtemps a, est proprietaire de la-

---

[1] Nous publions le compte de l'année 1536 dans tous ses développements; le lecteur se fera ainsi une idée exacte de la gestion financière de l'ancienne administration de l'Hôtel-Dieu, de son budget des recettes et des dépenses.

Nous appelons tout particulièrement l'attention sur l'intérêt que pourraient offrir les chapitres des cens et rentes (actifs et passifs) pour la topographie du vieux Paris.

dite maison, et est baillee aux vies de feu Herve Rambault, barbier, et de sa femme, a la charge de faire les ratures des religieux, religieuses et filles dudit Hostel Dieu, et de dix livres parisis de rente envers ledit Hostel Dieu.

De la maison de la Couronne, assise en ladicte rue, tenant a la maison de la Croix de fer, declerce en l'article prochain precedent, et d'autre faisant le coing d'une ruelle par ou l'en va a Sainct Christofle, qui fut a la vefve et hoirs feu maistre Pierre Malezie, sur laquelle ledit Hostel Dieu soulloit avoir droit de prendre par chascun an douze deniers parisis de cens, neant cy ne doresnavant, pour ce que ledit Hostel Dieu est de present proprietaire de ladicte maison, et est louee a Jehan Vivien, chandelier de suif.

De la maison qui fut Robin Jaquin, assise en ladicte rue Neufve Nostre Dame, de l'autre costé de ladicte rue, tenant d'une part a une maison appartenant aux religieux de Sainct Victor lez Paris et d'autre a une maison appartenant audit Hostel Dieu, sur laquelle maison icelluy Hostel Dieu soulloit avoir droit de prendre par chascun an deux deniers obole parisis de cens et fons de terre, neant cy, pour ce que ledit Hostel Dieu est proprietaire de ladite maison, laquelle, dès longtemps, a esté baillee a la vie de feu maistre Pierre Raoulin, notaire de chappitre de Paris, a sa vie seullement, a la charge de vingt livres parisis de rente ou pension viaigere. dont sera faicte recepte cy apres.

D'une autre maison assise en ladite rue, qui fut feu maistre Guillaume Le Paige, tenant d'une part a la maison devant dite et d'autre a la maison de l'Ymaige Saincte Catherine, appartenant audit Hostel Dieu, et chargee envers icelluy de deux deniers obole parisis de cens, laquelle a esté baillee, des longtemps, a vies a maistre Francois Mingault, et depuis a maistre Francois de Vaupulair, prebtre, a charge de seize livres parisis de rente envers ledit Hostel Dieu, neant cy, pour ce que les heritiers dudit defunct Vaupulaire, dès le xvii jour de fevrier m. v° xxx remisrent ladite maison es mains dudit Hostel Dieu.

D'une maison en laquelle pend pour enseigne l'ymaige saincte Catherine, assise en ladite rue, de present appartenant audit Hostel Dieu, sur laquelle icelluy Hostel Dieu soulloit prendre par chascun an douze deniers parisis de cens et fons de terre, neant cy, pour ce qu'elle est louee.

De deux maisons qui furent feu Robert Beignier, assises en ladicte rue, tenant d'une part a la maison devant dite, d'autre aux hoirs Symon Vostre, sur lesquelles maisons ledit Hostel Dieu avoit droit de prendre par chascun an xii den. parisis de cens et fons de terre, lesquelles deux maisons appartiennent a present a Robin Charlot, et aux hoirs dudit Symon Vostre, neant, cy ne doresnavant, pour ce que ledit Hostel Dieu a eschangé lesdits xii den. avec les religieux, abbé et couvent de Sainct Victor lez Paris, dès Pasques m. v° xviii, a l'encontre d'autres douze deniers que lesdits religieux avoient droit de prendre sur une maison assise en ladite rue, faisant le coing de la ruelle descendant en la court basse dudit Hostel Dieu, laquelle maison ledit Hostel Dieu a depuis acquise de Nicolas Dugué et sa femme, du louaige de laquelle sera respondu cy apres.

D'une maison qui fut maistre Pierre Maleisie, assise en ladite rue, depuis appartenant audit Symon Vostre et de present a ses hoirs, en laquelle soulloient pendre pour enseigne les Trois Boucles, et de present y pend l'ymaige sainct Jehan l'evangeliste, tenant d'une part aux maisons devant dites et d'autre a une place vuyde, audit Hostel Dieu appartenant, en laquelle de present sont edifiees trois maisons neufves, sur laquelle maison ledit Hostel Dieu soulloit prendre xii deniers parisis de cens, neant cy, pour ce que ledit cens a esté eschangé a xiii den. parisis de cens que les religieux, abbé et couvent de Saincte Geneviefve avoient droit de prendre sur ladite place vuyde.

Desdites trois maisons neufves qui soulloient estre masure, laquelle soulloit devoir lesdits xiiii den. p. neant cy, pour ce que ledit Hostel Dieu en est de present proproprietere et les a baillees a louaige, dont sera respondu cy apres.

*Rue du Coulon.* D'une maison ou soulloit avoir masure, assise en ladite rue du Coulon, qui fut feu Nicolas Gossemart, depuis a maistre Francois Tixier, secretere du Roy, tenant a la maison qui fut a feu maistre Adam Drujan, d'autre audit Tixier, laquelle maison est de present appartenant audit Hostel Dieu, a cause de l'office de prieuse d'icelluy, laquelle maison soulloit devoir par chascun an audit Hostel Dieu quatre deniers p. de cens et fons de terre, neant cy, pour ce que ledit Hostel Dieu en est proprietaire, et est louee a Guillaume Eustace, libraire, du louaige de laquelle sera respondu cy apres.

D'une autre maison assise en ladite rue, qui fut a M° Audry, menuysier, et de present appartenant aux heritiers de feu maistre Adam Drujan, laquelle doit par chascun an quatre deniers parisis de cens et fons de terre.

*Rue de Marché Palu.* D'une maison qui fut maistre Enguerrant de Parenty, en son vivant medecin, assise en ladite rue de Marché Palu, devant la Forge, appellee *la maison de Paradis*, en laquelle soulloit pendre pour enseigne le Heaulme, et y pendent de present les ymaiges sainct Marcel et saincte Geneviefve, tenant d'une part a une maison faisant le coing de la rue aux Febves, depuis appartenant a feu Symon Regnauld, nepveu dudit

Enguerrant, et de present, a Augustin Regnauld, bonnetier, son filz, sur laquelle ledit Hostel Dieu a droit de prendre deux deniers parisis de cens.

*Rue Sainct Pierre aux beufz.* D'une maison assise en ladite rue Saint Pierre aux beufz, en laquelle pend pour enseigne l'ymaige saincte Marthe, et paravant y soulloit pendre pour enseigne le grant Chauderon, appartenant a l'office de prieuse dudit Hostel Dieu, qui l'a faicte ediffier de neuf, avecques d'autres maisons assises en ladite rue, sur laquelle ledit Hostel Dieu soulloit prendre par chascun an six den. parisis de cens, neant cy, pour ce que ladicte maison est louee au prouffit dudit Hostel Dieu, dont sera respondu cy apres.

D'une maison ou masure assise en ladite rue, en laquelle soulloit pendre pour enseigne la belle Estoille, qui fut a maistre Estienne Greslier, chanoine de Paris, depuis a chappitre de Paris, comme aiant droit dudit Greslier, sur laquelle maison ledit Hostel Dieu soulloit prendre par chascun an deux solz parisis de cens et fons de terre, neant cy ne doresnavant, pour ce que ledit Hostel Dieu est a present proprietaire de ladite masure, laquelle est louee avec une maison joignant a maistre Anthoine Martin, procureur en Parlement, dont sera respondu cy apres ou chappitre de louaiges de maisons.

*Rue de la Confrarie.* D'une autre maison contenant deux pignons, assises en ladite rue, qui fut a feu maistre Pierre Sargy, depuis a maistre Jehan de Morennes, ou lieu de maistre Pierre Canappe, sur laquelle maison ledit Hostel Dieu soulloit prendre par chascun an six deniers parisis de fons de terre, neant cy, ne doresnavant, pour ce que ledit Hostel Dieu est a present proprietaire de ladicte maison, laquelle est baillee a maistre Pierre Coignet.

*Rue de Champrozy.* D'une maison ou soulloit avoir place vuyde, qui fut a madame de Montagu, depuis a maistre Jehan Chanin, et de present a maistre Guillaume Vincent, l'un des chaufecires de la chancellerie de France, laquelle maison est assise en ladite rue de Champrozy, tenant a une maison et place appartenant au chappelain de Saincte Catherine, fondée en l'eglise de Paris, sur laquelle maison ledit Hostel Dieu a droit de prendre par chascun an deux deniers parisis de cens et fons de terre.

D'une maison assise en ladicte rue de Champrozy, qui fut au colleige de Laon, depuis a maistre Jehan Bourgoing, et de present appartenant aux hoirs feu maistre Nicole Pouart, en son vivant advocat ou chastellet de Paris, sur laquelle maison ledit Hostel Dieu a droit de prendre par chascun an six deniers parisis de cens.

*Rue des Marmouzetz.* D'une maison et ses appartenances en ladite rue des Marmouzetz, faisant le coing du petit Ymaige Saincte Catherine, qui fut a feu maistre Jehan de la Vignolle, et de present aux hoirs dudit feu maistre Nicole Pouart a longues vies, laquelle maison est chargee envers ledit Hostel Dieu d'un denier parisis de cens et fons de terre.

*Rue du petit ymaige Saincte Catherine.* D'une maison assise en ladicte rue du petit ymaige Saincte Catherine, qui fut a ..... Aleaulme Cachemaree, et de present appartenant aux hoirs maistre Jaques Juvenel dit des Ursins, sur laquelle maison ledit Hostel Dieu a droit de prendre par chascun an six deniers parisis de cens et fons de terre.

*Rue du cymetiere Sainct Landry.* D'une maison assise pres du cymetiere Sainct Landry qui fut feu maistre Gilles Fleury, depuis a maistre Mesnart Mouchault, curé dudit Sainct Landry, au moien du bail a luy faict par ledict Hostel Dieu, a la charge de quatre solz parisis, tant de cens et fons de terre comme de rente, et de present appartenant a Tassin Clement, sergent a verge, ou lieu des hoirs ou aians cause de feu Jehan Foucault, sur laquelle maison ledit Hostel Dieu a droit de prendre par chascun an six deniers parisis de fons de terre.

*Rue du Chevet Sainct Landry.* D'une maison assise en la dicte rue du Chevet Sainct Landry, tenant a une maison faisant le coing du port de Glatigny, qui fut a feu Guillaume du Vivier, depuis a maistre Lois Juvenel dit des Ursins, conseiller en la court de Parlement et chanoine de Paris, et de present a ses heritiers, sur laquelle maison ledit Hostel Dieu a droit de prendre par chascun an xii deniers parisis de cens et fons de terre.

*Rue du Barseul.* D'une maison assise en ladicte rue du Barseul, qui fut a maistre Jehan Filleul, depuis a ses hoirs, et depuis a feu maistre Guillaume Poinçot, en son vivant chanoine de l'eglise du Sepulcre, tenant a une maison appartenant aux hoirs maistre Gilles Fleury, d'autre a la maison decleree en l'article prochain en suyvant, sur laquelle maison ledit Hostel Dieu soulloit prendre trois deniers parisis de cens et fons de terre, neant cy ne doresnavant, pour ce que ledict Hostel Dieu est a present proprietere de ladicte maison.

D'une autre maison assise en ladicte rue du Barseul, qui fut a maistre Jehan Dulis, depuis a maistre Jehan Fleury, et a maistre Gilles Fleury, son filz, et de present appartenant a maistre Jehan Bagereau, conseiller ou baillage de Paris, ou lieu de feu maistre Jaques Bagereau, son pere, en son vivant procureur en parlement, sur laquelle maison ledict Hostel Dieu a droit de prendre par chascun an six deniers parisis de cens et fons de terre.

*Rue de la Coulombe.* D'une maison assise en ladite rue de la Coulombe, qui fut a maistre Jehan Acart, depuis aux heritiers ou aians cause dudit maistre Gilles Fleury, apres a maistre Martin Bellefaie, lequel des longtemps l'a remise es mains dudit Hostel Dieu, neant.

*Rue de la Buscherie.* D'une maison assise en ladicte rue de la Buscherie, qui fut a Aymery Pelletier, tenant d'une part a la maison ou pend pour enseigne l'Homme Sauvaige, ung archier pour aller a la riviere de Seyne entre deux, sur laquelle maison ledit Hostel Dieu soulloit avoir droit de prendre par chascun an quatre deniers parisis de cens et fons de terre, neant cy ne doresenavant, pour ce que ledit Hostel Dieu est a present proprietaire de ladite maison, au moien de la renonciation qui en a esté faicte, es mains dudit Hostel Dieu, par les hoirs feu Geoffroy Rambault, qui la tenoient a vies dudit Hostel Dieu, laquelle a esté depuis reediffiee de neuf par icelluy Hostel Dieu.

D'une autre maison assise en ladicte rue de la Buscherie, en laquelle pend pour enseigne le Coupperet, qui fut a feu Jehan de Bucy, maison depuis a Jaques Riant et a ses aians cause, et de present appartient a la vefve feu maistre Guillaume Molinet, en son vivant procureur du Roy en sa Chambre des Comptes, ou lieu de feu Gervaisot Larchier, son pere, tenant a la maison devant dite et d'autre a la maison de l'Ecu de France, sur laquelle maison ledit Hostel Dieu a droit de prendre par chascun an douze deniers parisis de cens et fons de terre.

D'une autre maison assise en ladicte rue, qui fut a Jehan Boulart dit Martin, depuis a Guillaume des Boulons, et apres a Jehan Arnoul, taincturier de draps, de present a maistre Jehan de la Porte, procureur au Chastellet de Paris, tenant d'une part a la maison devant dicte et d'autre aux hoirs feu Regnauld Riant, bouchier, sur laquelle maison ledit Hostel Dieu a droit de prendre par chascun an douze den. parisis.

*Sainct Julien le Pouvre.* Du prieur de Sainct Julien le Pouvre, lequel doit par chascun an audit Hostel Dieu xii den. par. de cens, sur les cens estans des appartenances dudit prioré de Sainct Julien le Pouvre.

*Rue Sainct Jaques.* De la maison de la Cloche perse, assise en ladicte rue Sainct Jaques, qui fut a Robert Baguyn, depuis a Pierre Boursier, apres a Anthoine Boursier, et de present aux heritiers dudit Anthoine Boursier, sur laquelle maison ledit Hostel Dieu a droit de prendre par chascun an xii den. p. de cens.

*Rue de la Parcheminerie.* D'une maison assise en ladicte rue, qui fut a Jehan Girault, drappier, et de present a l'eglise Sainct Severin et a maistre Jehan Guedon, a cause de sa femme, tenant a une maison faisant le coing de ladicte rue, par devers la rue Sainct Jaques, sur laquelle maison ledit Hostel Dieu a droit de prendre par chascun an vi den. p.

*Rue de la Harpe.* D'une maison et jardin derriere, appellee la maison des Marmousetz, assise en ladicte rue, qui fut a maistre Girault, depuis aux escolliers de Baieulx, et depuis a maistre Nicole Constant, procureur en Parlement, neant cy, pour ce que les cens et fons de terre sont comprins en xxi s. p. de rente dont sera faicte recepte cy apres.

D'une grant maison et jardin derriere qui fut a maistre Jehan Justice, et de present aux escolliers et boursiers du colleige par luy fondé, appellé le colleige de Justice, assis en ladicte rue de la Herpe, tenant d'une part a la maison dessus decleree, d'autre a l'hostel de Clermont, aboutissant par derriere au couvent des Cordelliers, sur laquelle maison ledit Hostel Dieu a droit de prendre par chascun an xlii s. p. de cens et fons de terre.

*Rue de la Place de la Saulnerie.* D'une maison contenant deux maisons soubz ung pignon, assise devant la place de la Saulnerie, devant la riviere de Seyne, en laquelle pend pour enseigne le Beuf Couronné, qui fut anciennement aux vefve et heritiers de feu Jehan Le Flament et Pierre le Flament, freres, et de present aux heritiers de feu maistre Mathieu Macheco, en son vivant huissier en parlement, tenant d'une part et faisant le coing de la ruelle de la pierre au poisson d'eau doulce, d'autre a la maison decleree en l'article prochain en suyvant, sur laquelle ledit Hostel Dieu a droit de prendre par chascun an iiii den. p. de cens.

D'une autre maison joignant la dessusdite, en laquelle pend pour enseigne l'ymaige Saincte Catherine, baillee par ledit Hostel Dieu a feu Jehan Pensart, marchant de poisson d'eau doulce, et de present appartenant aux vefve et heritiers de feu Jaques Mare, tenant d'une part a la maison dessus dicte, d'autre a la place de la Saulnerie, aboutissant par derriere auxdits heritiers dudit feu Macheco, sur laquelle maison ledit Hostel Dieu a droit de prendre et parcevoir par chascun an deux den. p. de cens.

*Rue de l'Apport Bauldoyer et de Sainct Anthoine.* D'une maison et ses appartenances, assise a l'apport Baudoyer, en laquelle pend pour enseigne le Coq, laquelle pieça fut a feu Cadot de Condé, depuis a Guerin Savart, apres a ses heritiers, et de present a la vefve Nicolas Maulevault, potier d'estaing, tenant d'une part a l'ostel du Griffon, d'autre a l'ostel de Longue Allee, sur laquelle maison ledit Hostel Dieu a droit de prendre par chascun an ii den. p. de cens et fons de terre.

D'une autre maison joignant la dessus dicte, en laquelle soulloit pendre pour enseigne le Petit Heaulme et de present y pend le Griffon, assise en ladicte rue, qui fut a feu Colas le Maire, et de present a Pierre Barbete, drappier, tenant d'une part a la maison dessus dicte, d'autre a la maison decleree en l'article prochain en suyvant, sur laquelle maison ledit Hostel Dieu a droit de prendre par chascun an viii den. p. de cens.

D'une autre maison assise en ladicte rue, appartenant a Jehan Forfaict, en laquelle soulloit pendre pour enseigne la Pomme rouge, et de present y pend l'Homme sauvaige, tenant d'une part a la maison devant dicte, d'autre a la maison de la Croix d'or, sur laquelle maison ledit Hostel Dieu a droit de prendre par chascun an iiii den. p. de cens et fons de terre.

D'une autre maison assise en ladicte rue, en laquelle soulloit pendre pour enseigne le Poirier, et de present y pend la Croix d'or, qui fut a Pierre Girard et depuis a Henry Barthelot, drappier, a cause de Catherine Chenart, sa femme, fille et heritiere de feu Baudet Chenart, tenant d'une part a la maison devant dicte, d'autre a la maison declaree en l'article prochain en suyvant, sur laquelle maison ledit Hostel Dieu a droit de prendre par chascun an iiii den. p. de cens.

D'une autre maison assise en ladicte rue, en laquelle pend pour enseigne la Teste noire, *appartenant au colleige de Laon*, tenant a la maison devant dicte, d'autre a la maison declaree en l'article prochain en suyvant, sur laquelle maison ledit Hostel Dieu a droit de prendre par chascun an trois den. obole parisis de cens et fons de terre.

De la maison Dupuis, assise en ladicte rue, qui fut a Nicolas Quelubier, cousturier, et de present a Pierre Lalouete, aussi cousturier, tenant d'une part a la maison de la Teste noire, d'autre a la maison declaree en l'article prochain en suyvant, sur laquelle maison ledit Hostel Dieu a droit de prendre par chascun an ii den. p. de cens et fons de terre.

Sur une autre maison assise en ladicte rue, en laquelle pend pour enseigne l'ymaige Nostre Dame, qui fut a feu Jaques Guerin, depuis a Germain Martel, barbier, apres a Symon le Conte, aussi barbier et a sa femme, et depuis a Raoulin Parin, pelletier, tenant d'une part a la maison dessus dicte, d'autre a la maison de l'Autriche, declaree en l'article en suyvant, sur laquelle maison ledit Hostel Dieu a droit de prendre par chascun an ii deniers p. de cens et fons de terre.

D'une autre maison assise en ladicte rue, en laquelle pend pour enseigne l'Autriche (*sic*), qui fut a Germain Martel et sa femme, et de present appartient aux hoirs feu Regnault Lestelle, en son vivant drappier, a cause de sa femme, tenant a la maison devant dicte, d'autre a l'ostel de l'Ours, sur laquelle maison ledit Hostel Dieu a droit de prendre par chascun an ii den. p. de cens et fons de terre.

De l'ostel de l'Ours et ses appartenances, lequel est separé en plusieurs demeures, et y pend pour enseigne l'Ours, tenant d'une part a la maison dessus dite, d'autres, et aboutissant par derriere a maistre Jehan Fragier, clerc des comptes, sur toutes lesquelles maisons ledit Hostel Dieu a droit de prendre par chascun an viii den. parisis.

D'une autre maison qui fut anciennement a feu Oudinet de Neufville, depuis a Henry Barthelot, en son vivant drappier et Catherine Chesnart sa femme, fille de feu Oudinet Chesnart et de present a leurs hoirs, en laquelle pend pour enseigne la Baniere de France, tenant de toutes pars et aboutissant par derriere a l'ostel de l'Ours, sur laquelle maison ledit Hostel Dieu prend iii den. p.

De la maison qui fut a maistre Guy de Dampmartin, assise en la dicte rue Sainct Anthoine, de l'autre costé de ladite rue, a l'opposite de la rue Frogier Lasnier, appellée la maison de la Belle Estoille, qui fut a Pierre Perroton, en son vivant drappier, adjugee par decret du Chastellet de Paris a Pierre Dupuis, marchant de vins, tenant a la maison de l'Aigle, sur laquelle maison ledit Hostel Dieu prend iii den. p. de cens.

De la maison de l'Aigle et du Barbeau, assise en ladicte rue appartenant aux religieux, abbé et couvent de Sainct Mor des Fossez, tenant d'une part a la maison devant dicte, sur laquelle maison ledit Hostel Dieu a droit de prendre iii den. ob. de cens.

*Rue Froigier Lasnier.* D'une maison, court, puitz et jardin derriere, assiz en ladicte rue, qui fut a feu maistre Raoul Dorville, depuis a maistre Jehan Longuejoue et derrenierement a maistre Jehan La Picte, clerc et auditeur du Roy nostre sire en sa chambre des comptes, et de present a la vefve de luy, sur laquelle maison ledit Hostel Dieu prend vi den. p. de cens.

D'une autre maison assise en ladite rue, qui fut a maistre Guillaume de Neufville, depuis a la Chastelle et de present au mareschal des logis du Roy nostre sire, tenant a la maison devant dite, sur laquelle maison ledit Hostel Dieu a droit de prendre viii den. p. de cens et fons de terre.

D'une autre maison assise en la dicte rue, qui fut a Raoul de Gorges, depuis a maistre Gabriel Le Sueur, procureur ou Chastellet de Paris, et de present appartenant aux hoirs Angelot de la Croix, a cause de sa femme, fille dudit feu Le Sueur, tenant d'une part a la maison devant dite, sur laquelle maison ledit Hostel Dieu a droit de prendre iii den. p.

D'une autre maison assise en ladicte rue, joignant la maison devant dicte, qui fut a Alixandre Guyon, poissonnier, en laquelle soulloient pendre pour enseigne les douze mois de l'an, de present appartenant audit Angelot de la Croix, a cause de sa dicte femme, sur laquelle maison ledit Hostel Dieu prend iii den. p.

*Rue de la Pierre au Lait.* D'une maison assise en ladicte rue et faisant le coing d'icelle, en laquelle pend pour enseigne le Dieu d'Amours, tenant d'une part, c'est assavoir du costé devers l'eglise Sainct Jaques de la Boucherie a une maison ou pend pour enseigne l'ymaige Nostre Dame, et d'autre part, du costé de la vieille monnoye, a la maison de la Huchette qui fut a Jehan Guillart, hostellier, laquelle maison du Dieu d'Amours fut a Robert Aulart, chandelier de suif, et de present a maistre Guillaume Diguet, procureur au Chastellet de Paris, sur laquelle maison ledit Hostel Dieu prend xii den. p. de cens.

Somme des cens et fons de terre lvii. s. i den. parisis.

Autre recepte a cause des rentes que ledit Hostel Dieu a droit de prendre par chascun an a plusieurs termes, tant sur le tresor du Roy nostre sire, que sur son dommaine a Paris, a cause des offices de maistre et de prieuse d'icelluy et autrement, durant l'annee de ce present compte.

Et premièrement, a cause de l'office de maistre.

Du changeur du Tresor du Roy nostre sire a Paris, la somme de v$^e$ xxxiii$^{tt}$ ii s. iiii den. p. pour une annee escheue aux termes de Chandeleur, d'Assention noztre Seigneur et de Toussainctz, a cause de pareille sommes de rente que ledit Hostel Dieu, a cause dudit office de maistre, a droit de prendre par chascun an, entre les rentes admorties dudit tresor, aux termes dessus declerez, cest assavoir au terme de la Chandeleur xxix$^{tt}$ vi s. viii den. p., au terme d'Assention nostre Seigneur ii$^e$ lxxi$^{tt}$ vi s. viii den. et au terme de Toussainctz ii$^e$ xxxii$^{tt}$ ix s.

A cause de l'office de prieuse.

Dudit changeur a esté encores receue la somme de xvi$^{tt}$ p. pour une annee de la rente deue audit hostel sur ledit tresor, a cause dudit office de prieuse.

A cause dudit office de maistre.

Du receveur ordinaire pour le Roy nostre sire la somme de iiii$^e$ lxiii$^{tt}$ ix s. viii den. p. pour une annee escheue au jour Sainct Jehan Baptiste, a cause de pareille somme de rente deue audit office de maistre dudit Hostel Dieu, sur ladicte recepte ordinaire et dommaine dudit seigneur.

A cause de l'office de prieuse.

Dudit receveur la somme de vii$^{xx}$ ix$^{tt}$ vi s. xi den. ob. parisis pour une annee escheue comme dessus.

Somme des rentes prinses sur le tresor du Roy nostre sire, et sur la recepte ordinaire dudit seigneur a Paris xi$^c$ lxi. xviii s.

Autre recepte a cause des rentes que ledit Hostel Dieu a droit de prendre en ceste ville et faulbourgs de Paris, tant a cause desdiz offices de maistre, prieuse, de l'appothicairerie que autrement.

Et premierement, *rue Nostre Dame.* Des religieux, abbé et couvent de Sainct Victor lez Paris, pour une maison assise en ladicte rue, en la censive de l'Ostel Dieu, en laquelle pend pour enseigne l'ymaige Sainct Victor, tenant d'une part a la maison du Petit Chauderon, faisant le coing de ladicte rue, appartenant audit Hostel Dieu, d'autre a l'ostel de la Marguerite, aboutissant par derriere a l'hostel de la Huchete, sur laquelle maison ledit Hostel Dieu a droit de prendre par chascun an iiii$^{tt}$ p. de rente, en ce non comprins ung den. p. de cens et fons de terre que doit par chascun an ladicte maison audit Hostel Dieu.

Des hoirs feu Simon Vostre, en son vivant libraire, pour une autre maison assise en ladicte rue, en laquelle pend pour enseigne l'ymaige Sainct Jehan l'evangeliste, tenant d'une part a une maison neufve appartenante audit Hostel Dieu, d'autres ausdits hoirs, aboutissant par derriere a la rue du Sablon, sur laquelle maison ledit Hostel Dieu a droit de prendre par chascun an ausdits quatre termes c. solz par. de rente.

De Geneviefve Guymier, vefve de feu Jehan Triperel, en son vivant aussi libraire, pour une maison assise en ladicte rue, ou pend pour enseigne l'Escu de France, tenant d'une part a Nicolas Charpentier, drappier, d'autre a une autre maison appartenant audit Hostel Dieu, aboutissant par derriere a la rue du Sablon, sur laquelle maison ledit Hostel Dieu a droit de prendre xxix s. p. de rente.

De Nicolas Charpentier, drappier, pour une maison assise en ladite rue, en laquelle pend pour enseigne l'ymaige Sainct Christofle, tenant d'une part et faisant le coing de ladicte rue Neufve Nostre Dame, du costé de Petit Pont, d'autre a la maison declerce en l'article prochain precedent, sur laquelle maison ledit Hostel Dieu prend viii$^{tt}$ p. de rente.

*Rue Sainct Pierre aux Beufz.* De maistre Pierre Du Mousoy, procureur en parlement, ou lieu des hoirs feu maistre Jehan Carré, en son vivant prestre, clerc de la fabricque de l'eglise de Paris, pour une maison seant en ladite rue, tenant d'une part au presbitere dudit Sainct Pierre au Beufz, d'autre a l'hostel du Chasteau Frilleux appartenant au dit Hostel Dieu, sur laquelle maison icelluy Hostel Dieu a droit de prendre par chascun an ausdits quatre termes iiii liv. p. de cens et rente.

*Rue de la Confrarie et de Champrozy*, a cause de l'office de maistre.

Des anciens chappellains de l'eglise de Paris, pour une maison seant en ladite rue, tenant d'une part et faisant le coing de ladicte rue de la Confrarie, d'autre audit Hostel Dieu, sur laquelle maison icelluy Hostel Dieu prend vi s. p. de rente.

De Michel Vincent, l'un des chaufecires de la chancellerie de France, ou lieu de feu maistre Jehan Chauvin, prebtre, en son vivant curé d'Autueil, pour une maison seant en ladicte rue de Champrozy, sur laquelle maison ledit Hostel Dieu a droit de prendre viii s. p.

*Rue des Marmouzetz.* Des hoirs feu maistre Jehan Hurault, en son vivant president de la justice des aydes a Paris, pour une maison seant en ladite rue devant et a l'opposite de la maison devant dicte, tenant a une maison appartenant a chappitre de Paris, a plain decleree es comptes precedens, sur laquelle maison ledit Hostel Dieu a droit de prendre vi$^{lt}$ p. de rente.

De maistre Jehan Dautissant, procureur au Chastellet de Paris, pour une maison seant en ladicte rue, tenant d'une part et faisant le coing *de la rue du Petit Ymaige Sainete Catherine des Haulx Moulins*, d'autre aux vefve et heritiers de feu maistre Pierre Hochet, en son vivant notaire audit Chastellet, sur laquelle maison est deu par chascun an audit Hostel Dieu lxiiii s. p. de rente.

Des vefve et hoirs feu maistre Pierre Hochet, en son vivant notaire ou dit Chastellet, pour une maison seant en ladite rue, appellee la maison de la Plastriere, laquelle est a trois pignons, tenant d'une part aux hoirs feu maistre Pierre Jourdain, en son vivant greffier de l'election de Paris, d'autre a la maison decleree en l'article prochain precedent, aboutissant et aiant yssue par derriere en la dite rue du Petit Ymaige Saincte Catherine, sur laquelle maison ledit Hostel Dieu a droit de prendre par chascun an la somme de iiii$^{lt}$ x s. p. de rente.

Du chappellain de la chappelle fondee en l'eglise Sainct Pierre des Arcis, pour une maison assise en ladicte rue, tenant d'une part et faisant le coing de ladite rue et de la rue de la Coulombe, d'autre a maistre Jaques Barré, sur laquelle maison est deu par chascun an audit Hostel Dieu c solz parisis.

*Rue Sainct Landry.* Des heritiers ou aians cause de feu maistre Lois Juvenel dit des Ursins, en son vivant conseiller en la court de Parlement et chanoine de Paris, pour deux maisons entretenans et ung petit jardin derriere, seant en ladite rue et faisant le coing de la rue du Petit Ymaige Saincte Catherine, dicte des Haulx Moulins, tenant a une petite ruelle par ou l'en va a la riviere de Seyne, sur lesquelles deux maisons ledit Hostel Dieu a droit de prendre lx s. p. de rente.

*Rue du Chevet Sainct Landry.* De la vefve de feu Richard Le Pilleux, en son vivant maçon, pour une maison seant en ladicte rue, en laquelle pend pour enseigne la Pomme rouge, tenant d'une part a la maison de la Barbe d'or, d'autre a la maison de la Souche, aboutissant par derriere a la maison de feu maistre Pierre Preudhomme, en son vivant conseiller en la court de Parlement, sur laquelle maison ledit Hostel Dieu prend lxvi s. p. de rente.

*Rue du Barseul.* De maistre Jehan Bagereau, advocat en Parlement, pour une maison seant en ladicte rue, tenant d'une part et faisant le coing d'une ruelle qui n'a poinct de bout, d'autre et aboutissant par derriere audit Hostel Dieu, sur laquelle maison icelluy Hostel Dieu prend c solz p. de rente.

*Rue des Haulx Moulins.* Des heritiers feu maistre Lois Juvenel des Ursins, en son vivant chanoine de Paris et archidiacre de l'eglise de Reims, ou lieu de Tassin Clement, sergent a verge, et paravant messire Jehan Touchart, prebtre, pour une maison seant en ladite rue, tenant d'une part au cymetiere Sainct Landry, d'autre aux heritiers de feu maistre Regnault Le Roy, sur laquelle maison ledit Hostel Dieu a droict de prendre iiii s. p. de cens et rente.

D'une maison assise en ladicte rue, tenant d'une part a la maison de la Plastriere, baillee par ledit Hostel Dieu audit feu maistre Lois Juvenel dit des Ursins, pour lx s. p. de rente, rachectable en baillant par ledit Juvenel audit Hostel Dieu iiii$^{tt}$ parisis de rente admortie, lesquelz ont esté assignez sur l'ostel des Carneaulx, rue de Bethizy, dont sera respondu cy apres.

D'une autre maison et masure, *ou soulloit avoir des filles amoureuses*, assise en Glatigny, qui fut audit feu maistre Lois Juvenel, sur laquelle ledit Hostel Dieu soulloit prendre xlv s. p., d'une autre place assise en ce lieu, ou ledit Hostel Dieu soulloit prendre xl s. p. et d'une autre place assise en ce lieu, ou icelluy hostel soulloit aussi prendre autres xl s. p., et encores d'une autre place assise en ladicte rue ou ledit hostel soulloit prendre xxxii s. p. le tout de rente, neant cy, pour ce que lesdictes rentes ont esté baillees par eschange avec lesdits lx s. p. de rente decleroz en l'article prochain précédent, et ont esté assignez sur ledit hostel des Carneaulx, rue de Bethizy.

*Rue Gervaise Laurens.* De la vefve feu Gilles Bonnier, en son vivant appoticaire, ou lieu de la vefve Nicolas Malleville, jadiz drappier, pour une maison assise en ladicte rue, tenant d'une part a une maison faisant le coing d'icelle rue, d'autre a la maison de la Couppe d'or, aboutissant par derriere a la maison de la Nasse, sur laquelle maison ledit Hostel Dieu, a droit de prendre xl s. p. de rente.

De la vefve feu Nicolas Lefevre, en son vivant bonnetier, ou lieu des hoirs feu Jehan Jaqueline, pour deux maisons assises en ladicte rue, en l'une desquelles pend pour enseigne la Coupe d'or, tenant d'une part à la maison déclérée en l'article prochain précédent, sur lesquelles deux maisons ledit Hostel Dieu a droit de prendre x $^{tt}$ p. de rente.

De ladicte vefve la somme de iiii livres seize solz p. pour une année escheue audit jour de Noel temps susdit, a cause de vi$^{tt}$ p. de rente moderée à tournois, que ledit Hostel Dieu a droit de prendre sur la maison dessus declerée, constituee par feu Jehan Jaqueline, pere de ladite vefve Sédille Jaqueline, à feu maistre Jehan Chenart, oncle de Claude Chenart et Denis Chenart, en son vivant marchant et bourgeois de Paris, laquelle a donné ladicte rente audit Hostel Dieu.

*Rue de la Vieille drapperie.* De la fabricque Sainct Pierre des Arcis, ou lieu des hoirs feu Anthoine Martinat, en son vivant cousturier, pour une maison assise en ladicte rue, tenant d'une part et faisant le coing d'icelle rue et d'une autre ruelle allant derriere l'eglise dudict Sainct Pierre des Arcis, d'autre aux hoirs feu Pierre Girard, sur laquelle maison ledit Hostel Dieu a droit de prendre lx s. p. de rente.

De la vefve feu Symon Chopin, en son vivant marchant et bourgeois de Paris, ou lieu des enfans et heritiers de feu Geoffroy Mynguot, pour une maison et ses appartenances en ladite rue, faisant le coing de la rue de la Savaterie, tenant d'une part et aboutissant par derriere a Guillaume Demay, graveur, d'autre à la maison dudit lion d'or, sur laquelle maison ledit Hostel Dieu prend c. solz p. de rente.

*Rue de la Vieille Pelleterie.* De la vefve de feu Jehan Fregant, en son vivant taincturier de draps, pour une maison seant en ladite rue, en laquelle pend pour enseigne l'ymaige Saint Michel, tenant d'une part à la maison de la Tour Raoulland, d'autre à la maison Saincte Catherine, aboutissant par derriere a la riviere de Seyne, sur laquelle maison ledit Hostel Dieu a droit de prendre par chascun an xx s. p. de rente.

*Rue de Marché Palu.* De Girard Davisson, marchant mercier, demourant a Paris, ou lieu de Augustin Regnauld, bonnetier, ou lieu de feu Symon Regnault son pere, pour une maison seant en ladite rue, estant en la censive dudit Hostel Dieu, appellée la maison du Paradis, en laquelle pendent pour enseigne les ymaiges Sainct Marcel et Saincte Geneviefve, avec le Heaulme, tenant d'une part à une maison faisant le coing de la rue aux Febves d'autre aux hoirs ou aians cause de feu maistre Jehan Blondeau, sur laquelle maison ledit Hostel Dieu prend viii liv. p. de rente.

De Claude Chouart et Jaques du Crocq, marchans de draps de soye, ou lieu de Augustin Regnauld, bonnetier dessus nommé, lequel vendit et constitua a trois fois à feu frere Pierre Laurens, en son vivant religieux dudit Hostel Dieu, tant sur ladicte maison du Heaulme dessus declerée, dont ledit Chouart est a present proprietaire, comme sur ladicte maison Sainct Marcel et Saincte Geneviefve, la somme de xx ᴴ p. de rente.

De Jaques Convers, drappier, a cause de sa femme, par avant femme de feu Robert Danez, ou lieu de maistre Jehan Larchier, pour une maison assise en ladicte rue, tenant d'une part a une maison appartenant a la vefve feu Nicolas Perdriel, et d'autre a une maison faisant le coing de la rue de la Juifvrie, aboutissant par derriere audit Claude Chouart, sur laquelle maison ledit Hostel Dieu prend xviii s. p.

Des hoirs feu Guillaume Perdriel, en son vivant marchant appothicaire et bourgeois de Paris, l'un des heritiers de feu Nicolas Perdriel, pour deux maisons assises en ladicte rue de Marche Palu, esquelle pend pour enseigne *la Seraine*, tenant d'une part à une maison qui fut a feu Aymery Pelerin, en son vivant pelletier, faisant le coing de ladite rue de la Juifrie, aboutissant par derriere à la maison de l'Escu de France, sur lesquelles deux maisons ledit Hostel Dieu a droit de prendre xl s. p.

Desdits hoirs, pour une maison qui souloit estre en ladicte rue, tenant d'une part à la maison declerée en l'article prochain précédent, d'autre faisant le coing de ladicte rue et de la rue de la Juifrie, sur laquelle maison ledit Hostel Dieu prend xxx s. p. de rente, laquelle maison a esté abbatue et desmolie pour *l'eslargissement de ladite rue de la Juifrie.*

*Rue de la Calendre.* Des vefve et enfans de feu Jehan Tixier, en son vivant greffier de l'ellection de Paris, et maistre Charles d'Albiac, esleu de ladite ellection, tuteur et curateur de....... Defresnoy, mineur d'ans, filz de feu maistre Jehan de Fresnoy, en son vivant conseiller en la court de Parlement, pour une maison séant en ladicte rue, en laquelle pendent pour enseigne les Trois roys, tenant d'une part à une ruelle descendant à la riviere de Seyne, d'autre à la maison de....., aboutissant par derriere a ladite riviere, sur laquelle maison ledit Hostel Dieu souloit avoir droit de prendre viii liv. par. de rente, dès pieça moderee à quatre liv. par.

*Rue de la Savaterie.* Des religieux, prieur et couvent des Chartreux lez Paris, pour une maison séant en ladite rue, qui fut a feu maistre Pierre Mauger, depuis a feue Jehanne La Stephaine, en laquelle pend pour enseigne l'Estoille, de laquelle Stephaine lesdits chartreux ont a present le droict, sur laquelle maison ledit Hostel Dieu souloit prendre iiii ᴴ xiii s. iiii den. p. de rente, et de present ny prend que xx s. p., c'est assavoir xvi s. p. a cause de l'office de maistre et iiii s. p. a cause de l'office de prieuse.

*Rue de la Juifrie.* Des vefve et heritiers de feu Michel le Jeune, en son vivant pelletier, pour une maison séant en ladicte rue, en laquelle pend pour enseigne le Daulphin, tenant d'une part a la maison de l'Escu de France, d'autre part a la maison en laquelle pend pour enseigne l'ymaige Saincte Marguerite, sur laquelle maison ledit Hostel Dieu prend lxxv s. p. de rente.

*Rue des Oblaiers dicte de la Licorne.* De maistre Jaques de Vaulx, procureur en Parlement, au lieu de maistre Pierre Henry, et paravant feu maistre Martin Bellefaye, pour une maison séant en ladicte rue, tenant d'une part aux héritiers dudit Bellefaye, d'autre à une maison qui fut de Jehan Hemery, pasticier, sur laquelle maison ledit Hostel Dieu prend xl s. p. de rente.

*Rue de la Barillerie.* De Henry Le Riche, barbier, Denis Pierre coultepoinctier, ou lieu de feu Gervais Coignart, en son vivant libraire, et Jehan Le Faie, mareschal, pour une maison assise en ladicte rue, contenant plusieurs corps d'ostelz, qui fut aux vefve et hoirs feu Nicolas Le Roux, en laquelle soulloit avoir estuves a hommes, appellees les estuves Saint Michel, tenant d'une part à..... aboutissant d'un bout, par derriere, et aiant yssue sur la riviere de Seyne, sur laquelle maison ledit Hostel Dieu a droit de prendre xii$^{lt}$ p. de rente.

*Rue du Petit Pont.* De Jehan Picquot et Jaqueline Brice sa femme, paravant femme de feu Guillaume Roussel, ou lieu de Martin Brice, pour une maison séant en ladite rue, devant et a l'opposite de la rue Neufve Nostre Dame, et pour une autre maison joignant la dessus dite, tenant d'une part à une maison appartenant aux hoirs de feu maistre Marcial Dauvergne, en son vivant procureur en Parlement, d'autre à la vefve feu Jehan Fontaine, aboutissant par derriere a la maison du presbitere de Sainct Germain le Vieil, sur lesquelles deux maisons ledit Hostel Dieu prend viii$^{lt}$ p. de rente.

De Symon Bocquet, marchant de draps de soye, Gillette Le Maire et la vefve feu maistre Michel Chartier, en son vivant procureur en la chambre des comptes, ou lieu de feu Philippes du Chastel, a cause de sa femme, fille de feu Jaques le Maire, pour une maison seant en ladite rue, *devant et a l'opposite du portal dudit Hostel Dieu,* de present separee en deux demeures, qui fut audit Jaques le Maire, esquelles soulloient pendre pour enseigne le Croissant et l'Annunciation Nostre Dame, et de présent l'Empereur et le Porc Espit, tenant d'une part aux hoirs Jehan Bruval, d'autre a Pierre Richevillain, aboutissant par derriere sur la rivière de Seyne, sur laquelle maison ledit Hostel Dieu prend xiii$^{lt}$ parisis de rente.

*Rue de la Buscherie.* De Jehan Lescuyer, taincturier de draps, pour une maison assise en ladite rue, en laquelle pend pour enseigne l'Homme sauvaige, qui fut aux hoirs de feu Denisot Travaille, tenant d'une part aux hoirs feu maistre Jehan Pinot, en son vivant notaire ou Chastellet de Paris, d'autre à une maison applicquee a estuves a femmes, aboutissant par derriere sur la rivière de Seyne, sur laquelle maison ledit Hostel Dieu prend lxx s. p. de rente.

De Marie Larchier, vefve de feu maistre Guillaume Colinet, en son vivant procureur du Roy en sa chambre des comptes, pour une maison assise en ladicte rue, en la censive dudit Hostel Dieu, en laquelle pend pour enseigne le Couperet, tenant d'une part à une maison appartenant audit Hostel Dieu, d'autre a une maison qui fut à feu Jehan Arnoul, en son vivant taincturier de draps, aboutissant par derriere a la riviere de Seyne, sur laquelle maison ledit Hostel Dieu prend vii$^{lt}$ parisis de rente.

De Mathurin de Mauves, ou lieu de maistre Jehan de la Porte, procureur ou Chastellet de Paris, et paravant feu Jehan Arnoul, pour une maison assise en ladicte rue, en laquelle pend pour enseigne l'Escu de France, tenant d'une part a Jehan Bourgeois, d'autre a une maison qui fut a feu Symon le Cousturier, en son vivant taincturier de draps, aboutissant par derriere sur la riviere de Seyne, sur laquelle maison ledit Hostel Dieu prend viii livres parisis.

Des vefve et enfans de feu maistre Pierre Julien, en son vivant advocat ou Chastellet de Paris, ou lieu de la vefve feu Symon le Cousturier, en son vivant taincturier de draps, pour une maison assise en ladicte rue, en laquelle pend pour enseigne l'ymaige Sainct Jehan, tenant d'une part a la maison devant dicte, d'autre aux hoirs feu maistre Jehan Anteaulme, sur laquelle maison ledit Hostel Dieu prend xl s. p. de rente.

De la Faculté de medecine, pour une maison assise en ladite rue, appartenant a ladite Faculté, ou soulloit pendre pour enseigne la Couronne de fer, tenant d'une part aux heritiers de feu Thomas de la Mare, d'autre aux hoirs feu maistre Guillaume Cantelou, aboutissant par derriere a l'ostel de l'evesque de Chartres, sur laquelle maison ledit Hostel Dieu prend xl s. p. de rente.

*Rue de la Place Maubert.* Des proviseurs et boursiers du colleige de la Marche, par une maison assise en ladite rue, pres la Croix Hemond, en laquelle pend pour enseigne la Lanterne, tenant d'une part a ung chantier, d'autre a l'ostel du Croissant, sur laquelle maison ledit Hostel Dieu a droit de prendre lx s. p. de rente.

De Ancellot Robineau, boulengier, demourant a Paris, pour une maison séant en ladite rue, faisant le coing de la rue des Lavandieres, et aboutissant par derriere a la maison Jehan Tibre, sur laquelle maison ledit Hostel Dieu prend, x s. p. de rente.

De Estienne Pinault, sergent a verge ou Chastellet de Paris, ou lieu des hoirs de feu Nicolas Corcy, pour une maison assise en ladicte rue, en laquelle pend pour enseigne le Cheval blanc, tenant d'une part a la maison de l'Eschiquier, d'autre à la maison du Daulphin, sur laquelle maison ledit Hostel Dieu prend x s. p. de rente.

Des religieux, prieur et couvent de Nostre Dame des Carmes a Paris, pour leur maison et couvent, qui s'extend depuis la rue Sainct Hillaire jusques la moictié de la nef de leur eglise, et pour partie de leur dicte eglise estant du côté de la rue des Noiers, ou sont edifiées plusieurs chapelles, mesmement la chappelle de Nostre Dame de Recouvrance, sur lesquelz lieux, et generallement sur tout le revenu et temporel de leur couvent, ledit Hostel Dieu a droit de prendre xxv$^{lt}$ x s. p. de rente.

*Rue des Lavandieres.* De maistre Robert Fuzee, fils et

heritier en partie de feu maistre Guillaume Fuzee, en son vivant procureur en Parlement, pour deux maisons assises en ladicte rue, avec ung jardin derriere, tenant d'une part a maistre François de la Vacquerie, d'autre a Guerin Rencourt, aboutissant par derriere a maistre Jehan Caillou, sur lesquelles deux maisons ledit Hostel Dieu prend vi livres parisis de rente.

*Rue du Port Sainct Bernard.* De Jehan Tousson, dit d'Escosse, marchand voicturier par eau, ou lieu de Parrete Legoux, vefve de feu Vincent Le Creant, pour une maison a deux pignons, avec une place joignant icelle maison, assise en ladicte rue, tenant d'une part et faisant le coing des grans degrez du port des Bernardins, d'autre a maistre Nicole Legoux, aboutissant par derriere a la rivière de Seyne, sur laquelle maison et place ledit Hostel Dieu a droit de prendre lxx s. p. de rente.

*Rue des Angloys.* De maistre Pierre Mesnart et Claude d'Allemaigne, praticien en court d'eglise, pour deux maisons et une place vuyde ou soulloit avoir maison, icelles maison et place séparées en deux corps d'ostel, tenant d'une part et faisant le coing de la rue du Plastre, d'autre et aboutissant par derriere a Jehan des Portes, sur lesquelz lieux ledit Hostel Dieu prend iiii ʰʰ x s. p. de rente.

*Rue de Galende.* Des vefve et heritiers de feu maistre Pierre Gehe, en son vivant procureur ou Chastellet de Paris, ou lieu de Pasquier de la Granche pour une maison assise en ladite rue, tenant d'une part a la Levriere, d'autre a la maison des Coulombs, sur laquelle maison ledit Hostel Dieu prend c s. p. de rente et de present ny prend que lxx s., pour ce que les chanoines de Sainct Aignen, pres l'eglise de Paris, en prennent xxx s. p. pour la souffrance et main morte dudit Hostel Dieu.

De maistre Loys Paulmier, chanoine de l'eglise de Paris, ou lieu de feu maistre Claude Preulot, en son vivant bedeau de la Faculte de decret, pour une maison assise en ladite rue tenant, d'une part a la Maison rouge, d'autre a l'hostel du Plat d'estaing, sur laquelle maison ledit Hostel Dieu a droit de prendre lx s. p. de rente.

*Rue Sainct Severin.* De Jehan Lefevre dit Picart, cousturier, et Pierre Berthault, cordouennier, ou lieu de Julien Frustreau, sergent a cheval ou Chastellet de Paris, pour une maison assise en ladicte rue, du costé de Sainct Severin, en laquelle pend pour enseigne la *Dame a cheval aiant ung oisel sur le poing*, tenant d'une part a Denis Mesgissier, espicier et appothicaire, d'autre a l'ostel du Faulcon, aboutissant par derriere a l'ostel du Barillet, sur laquelle maison ledit Hostel Dieu prend xl s. p. de rente.

De Henry Bardou, pelletier, et Pierre Coulon, chauderonnier, ou lieu de Jehan Houdan dit Hennotin, Thibault Dugué, rôtisseur, et Nicolas Patrouillart, tondeurs de draps, a cause de leurs femmes, pour deux maisons de present édiffices de neuf, contenant trois corps d'ostel, tenant d'une part et faisant le coing de ladicte rue Sainct Severin, d'autre a..... aboutissant par derriere a l'ostel de la Crosse, en la rue Saint Jaques, sur lesquelles trois maisons ledit Hostel Dieu prend xvi s. p. de rente.

Des dessus dits Bardou et Coulon, pour les maisons declerees en l'article prochain precedent, sur lesquelles ledit Hostel Dieu prend cxix s. p. de rente.

D'eulx encores, lesquelz doyvent par chascun an audit Hostel Dieu, a cause de l'office de prieuse d'icelluy hostel ix ʰʰ p. de rente sur lesdites maisons.

Des dessus diz, lesquelz a cause dudit office doyvent semblablement audit Hostel Dieu xvi s. p. de rente sur les lieux dessus declerez.

Des marguilliers de l'œuvre et fabricque Sainct Severin a Paris, pour une maison seant en ladite rue, qui soulloit faire le coing de la ruelle de Chailliz, icelle maison de present applicquee a l'edifice du portal de l'eglise dudit Saint Severin, en laquelle soulloit pendre pour enseigne la Caige, sur laquelle maison ledit Hostel Dieu, a cause de l'office de maistre, a droit de prendre xxx s. p. de rente.

Desdiz marguilliers, lesquelz doivent pareillement semblable somme de xxx s. p. de rente a cause dudit office de prieuse, sur la maison declairee en l'article prochain précédent.

*Rue Sainct Jaques.* De Richard Le Normand, marchant espicier et bourgeois de Paris, pour une maison seant en ladite rue, pres Petit Pont, tenant d'une part et aboutissant d'un bout a une maison faisant l'un des coings du carrefour de ladite rue, du costé de l'eglise Sainct Severin, en laquelle maison ledit Hostel Dieu prend xlv s. p. de rente.

De Robert et Pierre d'Asnieres, drappier, pour une maison assise en ladite rue, devant et a l'opposite de la maison devant dicte, en laquelle pend pour enseigne la Crosse, tenant d'une part aux hoirs ou aians cause de feu Jehan Houdan dit Hennotin, d'autre a..... aboutissant par derriere ausdis hoirs Hennotin, sur laquelle maison ledit Hostel Dieu prend liiii s. iiii den. p.

Des heritiers ou aians cause de feu Anthoine Boursier, en son vivant marchant et bourgeois de Paris, pour une maison assise en ladicte rue, en la censive dudit Hostel Dieu, en laquelle pend pour enseigne la Cloche perse, tenant d'une part a la Cloche rouge, d'autre a une maison qui fut maistre Robert des Roches, aboutissant par derriere au colleige de Cornouaille, sur laquelle maison ledit Hostel Dieu prend la somme de xvi ʰʰ p.

De Philipot Gouzeau, bourgeois de Paris, ou lieu des hoirs feu Pierre Godeau, pour une maison et ses appartenances en ladicte rue, en laquelle pendent pour enseigne les Deux anges, tenant d'une part a une maison en laquelle pend pour enseigne le Cerf, d'autre a....., aboutissant par derriere audit Gouzeau, sur laquelle maison ledit Hostel Dieu a droict de prendre iiii tt p. de rente.

De maistre Anthoine Parceval, procureur du Chastellet de Paris, ou lieu des vefve et heritiers de feu maistre Jehan Senestre, pour une maison seant en ladite rue, en laquelle pend pour enseigne *l'Agnus Dei*, contenant trois demeures, tenant d'une part a l'ostel du Faulcon, d'autre a l'ostel des Trois pucelles, sur laquelle maison ledit Hostel Dieu prend xx s. p. de rente.

De la vefve feu Arnoul de Lisle, ou lieu de Robine Mauger, pour une maison assise en ladite rue, au dessoubz de Saint Benoist, en laquelle pend pour enseigne l'ymaige Sainct Martin, tenant d'une part et aboutissant d'un bout a l'ostel des Crochets, l'autre a l'hostel des Faucilles, sur laquelle maison ledit Hostel Dieu prend xii s. p. de rente.

De Thibault Pathier laisne et Thibault Patier le jeune, ou lieu de feu Pierre Patier, pour deux maisons assises en ladicte rue, en l'une desquelles pend pour enseigne la Cloche noire et en l'autre l'Arbaleste, tenant d'une part a l'ostel des Trois rois de Coloigne, d'autre a l'ostel du Chaperon, aboutissant par derriere a l'hostel de la Cloche, sur lesquelles deux maisons ledit Hostel Dieu prend xi tt vi s. p.

*Rue de la Parcheminerie.* Des marguilliers de l'œuvre et fabricque de l'eglise Sainct Severin, à Paris, pour une maison assise en ladite rue, qui fut Robin Paulmier, potier d'estaing, a eux adjugee par decret, sur laquelle maison ledit Hostel Dieu a droict de prendre xx s. parisis.

Des marguilliers de ladite eglise Sainct Severin, ou lieu de feu Jehan Girault, en son vivant drappier, pour une maison assise en ladite rue, tenant d'une part a l'allée entrant a l'ostel de l'Escu d'argent, d'autre a une maison faisant le coing de la rue de la Parcheminerie, du costé de la rue Sainct Jaques, sur laquelle maison ledit Hostel Dieu a droict de prendre xx s. p.

*Rue de Erambourg de Brye.* De maistre Jehan d'Estampes, procureur en la court de Parlement, pour une maison assise en ladicte rue, qui fut a maistre Richard Verdun, tenant d'une part a maistre Germain Regnault, d'autre a une autre maison, faisant le coing de la rue de la Parcheminerie, aboutissant par derriere à Jehan Legris, sur laquelle maison ledit Hostel Dieu a droict de prendre par chascun an xxviii s. p. de rente.

De maistre Jehan Lefevre, procureur au Chastellet de Paris, ou lieu de maistre Jehan Thibort, pour une maison assise en ladite rue, qui fut a Aymery Belut, tenant d'une part a maistre Jehan Deschamps, d'autre aux hoirs feu maistre Robert Julienne, sur laquelle maison ledit Hostel Dieu prend xx s. p. de rente.

*Rue du Plastre.* De Claude Vailly, drappier, tuteur des enfans mineur d'ans de luy et de feue Marguerite Godeau, en son vivant sa femme, pour une maison assise en ladite rue, tenant d'une part et aboutissant par derriere à la maison des Deux anges, d'autre a la maison decleree en l'article prochain en suyvant, sur laquelle maison ledit Hostel Dieu prend xvi s. p. de rente.

De Geneviefve Godeau, vefve de feu Pierre Patrice, en son vivant sergent ou Chastellet de Paris, pour une maison assise en ladicte rue, tenant d'une part à la maison devant dicte, d'autre au colleige de Cornouaille, aboutissant par derriere à la maison des Deux anges, sur laquelle maison ledit Hostel Dieu prend xi s. p.

*Rue de la Herpe, hault et bas.* Des maistre et boursiers du colleige de Cluny, pour leur maison seant en ladite rue, pres la porte Sainct Michel, entre icelle porte et les Jacobins, sur lequel hostel et appartenances d'icelluy ledit Hostel Dieu prend xxi tt viii s. vi den. parisis de rente.

Des hoirs ou aians cause de feu maistre Nicole Constane, en son vivant procureur au Parlement, pour une maison et jardin derriere assise en ladite rue, vers la porte Sainct Michel, devant et à l'opposite du colleige de Baieulx, tenant d'une part au colleige de Justice, d'autre a maistre Michel des Aulnois, sur laquelle maison et jardin ledit Holtel Dieu prend xxi s. p.

Des maistres, proviseur et boursiers du colleige de Justice, fondé a Paris, pour leur colleige maison et jardin derriere, assise en ladite rue, estant en la censive dudit Hostel Dieu, tenant d'une part a la maison devant declairee, d'autre a l'hostel de Clermont, sur laquelle maison ledit Hostel Dieu prend xiii tt xviii s. p. de rente.

De l'ostel et appartenances de Clermont, assis en ladite rue, tenant d'une part au colleige de Justice, d'autre et aboutissant par derriere au couvent des Cordelliers, sur lequel hostel et appartenance ledit l'Hostel Dieu a droict de prendre xx s. p. de rente.

Des hoirs feu Jehan de Merly, en son vivant huissier en Parlement, pour une maison et place vuyde, assise en ladite rue, en laquelle soulloit pendre pour enseigne *la Seraine*, et de present y pend la Roze, tenant d'une part aux hoirs feu maistre Nicole François, d'autre et aboutissant par derriere ausdiz hoirs, sur laquelle maison ledit Hostel Dieu prend xv s. p. de rente.

De François Philbert, sellier, et Jaques Guespin, esperonnier, ou lieu de feu Jehan le Bastard, en son vivant mareschal pour une maison et ses appartenances, faisant le coing de ladite rue de la Herpe et de la Parcheminerie, en laquelle y a forge, et y pend pour enseigne l'ymaige Notre Dame, sur laquelle maison ledit Hostel Dieu prend lxiiii s. p. de rente.

De Thomas Cadier, appothicaire, et Jaques Turpin, notaire du Chastellet de Paris, pour une maison assise en ladite rue, en laquelle pend pour enseigne le Mouton, qui fut Jaques de Frize, tenant d'une part et faisant le coing de la rue Poupée, d'autre à l'ymaige Nostre Dame, sur laquelle maison ledit Hostel Dieu a droit de prendre vi ʰ p. de rente.

De la vefve feu Milet Berthault, vendeur de vins, ou lieu de feu Jehan Don, en son vivant orfevre et sa femme, fille de feu Jaques de Frize, pour une maison assise en ladite rue, de présent edifiée de neuf, en laquelle pend pour enseigne l'ymaige Sainct Nicolas, tenant d'une part à maistre Jehan Caigne, d'autre à la maison de la Levrière, aboutissant par derriere à la maison du Papegault, sur laquelle maison ledit Hostel Dieu prend iiii ʰ p. de rente.

*Entre la rue de la Herpe et la rue de Sacalie.* De Jehan Maillart, boulengier, ou lieu des vefve et heritiers de feu Pierre Rousseau, pour une maison assise en ladite rue, tenant d'une part à l'ostel de Sainct Denis, d'autre à une maison faisant le coing de la rue de Sacalie, sur laquelle maison ledit Hostel Dieu a droit de prendre par chascun an iiii ʰ p. de rente.

*Rue de Sacalie.* De la vefve feu maistre Germain Chartelier, en son vivant conseiller du Roy, nostre sire, en sa court de Parlement, pour une maison assise en ladite rue, tenant d'une part a la maison de feu Fleurent Luillier, d'autre à l'ostel Sainct Nicolas, sur laquelle maison ledit Hostel Dieu a droit de prendre par chascun an xl s. p. de rente.

De Thibault Pathier le jeune, ou lieu de feu Pierre Pathier, son pere, en son vivant cordouennier, les vefve et heritiers de feu maistre Thibault Lourdel, en son vivant, procureur ou Chastellet de Paris, et Michel Boutevillain ou lieu de Guillaume Langlois, pour trois maisons qui soulloient estre en masure, dont chacun des dessusdicts en tient une, tenans d'une part et faisans le coing de ladite rue de Sacalie, d'autre à la vefve feu maistre Germain Chartelier, sur lesquelles trois maisons ledit Hostel Dieu a droit de prendre lxi s. p. de rente.

Des heritiers feu maistre Jehan de la Porte, en son vivant procureur ou Chastellet de Paris, pour une maison séant en ladite rue, tenant d'une part à l'ostel de l'Ange, d'autre a Oudry Boucault, sur laquelle maison ledit Hostel Dieu prend xvi s. p. de rente.

*Rue de la Bouclerie, dicte rue Neufve Sainct Michel.* Des heritiers de feu François Rioust, en son vivant marchant pelletier, pour une maison assise en ladite rue, tenant d'une part a luy mesmes, d'autre aux vefve et heritiers feu maistre Jehan Nicolas, aboutissant par derriere a la maison ou pend pour enseigne l'ymaige Sainct Eustace, sur laquelle maison ledit Hostel Dieu prend x s. p. de rente.

*La vieille rue Sainct Germain des Prez, dicte rue Sainct Andry des Ars.* De maistre Jehan Baudesson, procureur ou Chastellet de Paris, tuteur et curateur des enfans mineurs d'ans de luy et de feue Catherine Guerin, en son vivant sa femme, fille et heritiere de feu maistre Hugues Guerin, pour une maison séant en ladicte rue, devant et a l'opposite de Sainct Andry des Ars, sur laquelle maison ledit Hostel Dieu soulloit prendre lx s. p. de rente, depuis moderez a xl s. p.

*Rue de la Huchete.* De maistre Claude Ferault, procureur en Parlement, Pierre Rabache, à cause de leurs femmes, et Jehan Bourlon, drappier, pour une maison qui fut feu Jehan Lombart, depuis a Anthoine Mynart, appellée les estuves des beufz, assise en ladicte rue, devant et à l'opposite de la rue Sainct Michel, dicte de la Bouclerie, tenant d'une part et faisant le coing de l'abreuvoir de Mascon, d'autre à l'ostel de Nostre Dame, aboutissant par derrière à la rivière de Seyne, sur laquelle maison ledit Hostel Dieu prend xvi ʰ p. de rente.

Des vefves feuz Jehan Triperel et Jehan Jehannot, en leurs vivans libraires, ou lieu des hoirs feu maistre Jehan Dugué, pour une maison contenant deux corps d'ostel assise en ladicte rue, tenant d'une part et faisant le coing d'une petite ruelle descendant en la rivière de Seyne, d'autre à la maison des estuves, en laquelle y a pour enseigne l'ymaige Nostre Dame, aboutissant par derriere à ladite rivière de Seyne, sur laquelle maison ledit Hostel Dieu prend xvi s. p. de rente.

Des vefve et heritiers de feu maistre Guillaume Lourdel, en son vivant procureur ou Chastellet de Paris, pour une maison, masure et corps d'ostel derriere, assise en ladite rue, tenant d'une part à une maison ou soulloit pendre pour enseigne la Nasse, d'autre a l'ostel du Chasteau, aboutissant par derriere à certaines masures qui furent à feu maistre Macé Héron, assises en la rue de Sacalie, sur lesquelz lieux ledit Hostel Dieu prend xxxviii s. p. de rente.

*Rue des Noiers.* Des hoirs feu Michel Genevois, en son vivant mercier et esguilletier, pour la tierce partie par indiviz d'une maison assise en ladicte rue des Noiers, en laquelle pend pour enseigne l'*Agnus Dei*, faisant le coing d'icelle rue et de la rue Sainct Jehan de Beauvais; item pour une autre maison assise a Sainct Denis en France, en laquelle pend pour enseigne l'ymaige Nostre Dame, tenant d'une part à Jehan de Bethemont, d'autre à la maison de l'Estoille, sur lesquelles maisons ledit Hostel Dieu prend viii ʰ p. de rente.

*Rue de la Porte Bordelle.* Des marguilliers de l'œuvre et fabricque de Saint Jehan en Greve, ou lieu des hoirs feu maistre Jaques Volant, en son vivant curé dudit Sainct Jehan en Grève, pour une maison séant en ladicte rue, en laquelle pend pour enseigne l'ymaige Sainct Sebastien, sur laquelle maison ledit Hostel Dieu prend xx s. p. de rente.

Du colleige de Boncourt, ou lieu de feu Nicolas Lardonnoys, en son vivant, barbier, pour une maison, court et jardin derriere, assise en ladite rue, tenant d'une part aux hoirs de feu maistre François de Genillac, en son vivant docteur en médecine, d'autre audit colleige de Boncourt, aboutissant par derriere a icelluy colleige, sur lesquelz lieux ledit Hostel Dieu prend xii $^{lt}$ xvi s. p. de rente.

*Rue du Bon Puytz.* De Pierre Lesperon, ou lieu de la vefve feu Pierre Poulain, pour une maison faisant le coing de la rue du Bon Puitz, pres le champ Gaillart, sur laquelle maison ledit Hostel Dieu a droit de prendre xlviii s. p. de rente.

*Oultre et sur le Grant Pont aux Changeurs.* De Pierre Haste, saincturier, ou lieu des marguilliers de l'œuvre et fabricque de Sainct Barthelemy, Nicolas Le Peuple et sa femme, paravant femme de feu Jaques Hottement, en son vivant aussi orfevre, ou lyeu de Lyenard Lyepinault et Guillaume Godart, libraire, ou lieu de feu Arnault de Lisle, pour trois maisons qui soulloient estre en une, assises sur le grant Pont aux Changeurs, devant l'orloge du palais, sur lesquelles maisons ledit Hostel Dieu a droit de prendre xii $^{lt}$ p. de rente.

*Pres le Grant Chastellet.* Des prevost des marchans et eschevins de la ville de Paris, pour une maison assise pres l'eglise Sainct Liefroy, appellee le *parlouer aux bourgeois de Paris*, tenant d'une part aux hoirs feu Symonnet Aguyton, d'autre aux vendeurs de poisson d'eau doulce, sur laquelle maison ledit Hostel Dieu a droit de prendre xl s. p. de rente.

Desdicts prevost des marchans et eschevins de ladicte ville, sur le revenu de laquelle ledit Hostel Dieu a droit de prendre par chascun an lxiiii livres parisis de rente, constituee par lesdits prevost et eschevins a feue noble femme Gillette Hennequin, en son vivant vefve de feu sire Jaques de Hacqueville, laquelle a donné ladite rente audit Hostel Dieu.

D'eulx encores la somme de xl livres p., pour une annee escheue au jour de Noel, a cause de pareille somme de rente que ledit Hostel Dieu, comme aiant droict par transport de sire Jehan Paluau, bourgeois de Paris, a droit de prendre sur la ferme du pied fourché, vendu tant en ceste ville de Paris, faubourgs et marchez d'icelle que hors ladicte ville, comprins Sainct Laurens lez ladicte ville de Paris et aussi sur le huictiesme du vin vendu en destail ou quartier de Grève, faisant l'une des quatre fermes de ladite ville, ensemble surtout le droit et revenu annuel desdites deux fermes, a ladite ville appartenant, au moien de l'acquisition que lesdiz prevost des marchans et eschevins de ladite ville en ont faict, pour et au nom d'icelle, des commissaires commis a ce faire par le Roy nostre sire, ladite rente donnée audit Hostel Dieu par sire Jehan Paluau, bourgeois de Paris, le xxvii$^e$ jour de fevrier m. v$^c$ xviii.

D'une place ou souloit avoir maison, devant et a l'opposite de la maison dessusdite, joignant les murs dudit Chastellet, qui fut a Jehan Maugé, sur laquelle maison ledit Hostel Dieu a droit de prendre par chascun an x s. p. de rente.

*D'une pierre ou place a vendre poisson et autres menues denrees*, assise pres la grosse tour dudit Chastellet, sur laquelle ledit Hostel Dieu a droit de prendre xvi s. p. de rente, *neant cy, pour ce que les procureur et receveur du Roy nostre sire l'ont applicquée et louee au prouffit dudit seigneur*.

D'une autre place ou soulloit avoir maison, assise devant Sainct Liefroy, sur laquelle ledit Hostel Dieu a droit de prendre lx s. p. de rente.

*Rue de la Petite Saulnèrie.* Des vefve et heritiers de feu maistre Mathieu Macheco, en son vivant huissier en la court de Parlement, et des hoirs feu Mathieu le Vachier, en son vivant orfevre, pour deux maisons assises en ladite rue, appellées les maisons du Beuf couronné, tenant d'une part et faisant le coing de la place ou l'en vend le poisson d'eau doulce, d'autre a la maison de Saincte Catherine, l'une appartenant aux heritiers dudit Macheco et l'autre ausdiz heritiers dudit Le Vachier, sur lesquelles deux maisons ledit Hostel Dieu prend viii $^{lt}$ p.

Desdicts hoirs Mathieu Le Vachier, lequel vendit et constitua des longtemps audit Hostel Dieu vi$^{xx}$ xvi s. p. de rente sur la maison dessus decleree, a luy appartenant, sur tous et chascuns ses autres biens immeubles, pour cecy pour ladicte année de ce compte vi$^{xx}$ xvi s.

D'eulx encore, ou lieu dudit Le Vachier, lequel des longtemps vendit et constitua a feu maistre Jehan Quentin, en son vivant docteur en theologie, chanoine et penitencier de l'eglise de Paris, la somme de xl $^{lt}$ p. de rente, tant sur ladicte maison du Beuf couronné que sur une autre maison, et viii$^{xx}$ arpens de terre assis au Val de Galye, laquelle rente ledit feu Quentin donna audit Hostel Dieu pour l'entretenement des pouvres malladès d'icelluy.

Des enfans mineurs d'ans de feu Jacques Marc, ou lieu de la vefve et heritiers de feu Jehan Pensart, pour une maison estant en la censive dudit Hostel Dieu, assise en ladite rue, en laquelle pend pour enseigne l'ymaige Saincte Catherine, tenant d'une part et aboutissant a ladite maison du Beuf couronné, d'autre a la maison du Serent et du Cornet, sur laquelle maison ledit Hostel Dieu prend vi $^{lt}$ p. de rente.

De la vefve feu Jehan Robineau, ou lieu de Ancelot Robineau, boulengier, et Martin Le Riche, pasticier, pour une maison séant en ladite rue, en laquelle pend pour enseigne l'ymaige Sainct Eustache, tenant d'une part et aboutissant par derriere à la maison de la Couronne, d'autre à la maison de la table Raouland, sur laquelle maison ledit Hostel Dieu prend vii ₶ p. de rente.

Des enfans mineurs d'ans de feuz Lois de Tilly, en son vivant marchant pelletier et bourgeois de Paris, et Saincte Bouvart, sa vefve, la somme de xxv liv. t. pour une annee, a cause de pareille somme de rente que ledit Hostel Dieu prend, au moien de transport qui en a esté faict à icelluy Hostel Dieu le premier jour de juillet m. v<sup>c</sup> xxvii, par maistre Macé Grégoire, procureur ou Chastellet de Paris et Anne Veillart, sa femme, et par eulx acquise de maistre Gilles de Verly, cirurgien à Paris, lequel le v<sup>e</sup> jour de decembre m. v<sup>c</sup> xxi acquist ladicte rente desdits de Tilly et sadite femme, sur les heritaiges cy apres declerez a eulx appartenant tant de leur propre comme de leur conquest, c'est assavoir sur une maison et ses appartenances assises en ladite rue de la Petite Saulnerie, en laquelle pend pour enseigne l'Espee, contenant icelle maison deux corps d'ostel dont l'un a pignon sur rue contenant cave, et l'autre corps d'ostel en forme d'appentiz, auquel y a cuisine et estables, tenant d'une part aux heritiers de feu M. Jaques de Grant Rue, d'autre à une maison ou soulloit pendre pour enseigne la caige, aboutissant par derriere à l'ostel de la Table Raouland, et par devant à ladite rue; item sur cinquante arpens de terre labourable assis ou terrouer de Verlegrant et es environs, en plusieurs pieces.

*Rue de la Megisserie.* De l'œuvre et fabricque de l'eglise des Sainctz Innocens a Paris, ou lieu de feu Jehan Halle, en son vivant mégissier, pour une maison seant en ladite rue, en laquelle pend pour enseigne la Couronne, sur laquelle maison ledit Hostel Dieu soulloit avoir droit de prendre xl s. p. de rente, au moien du don faict a icelluy hostel par feue Jehanne La Binarde.

*Rue Sainct Germain de l'Auxerroys.* De maistre Arnoul Hesselin, pour une maison assise en ladicte rue, en laquelle pend pour enseigne le Daulphin, ayant yssue sur le quay de la riviere de Seyne, sur laquelle ledit Hostel Dieu a droit de prendre xl s. p. de rente.

De Marguerite Legendre, vefve de feu Pierre de la Poterne, en son vivant marchant et bourgeois de Paris, ou lieu de André Asle, pour une maison assise en ladite rue, tenant d'une part et aboutissant par derriere a une maison faisant le coing de la rue Thibault aux Detz, sur laquelle maison ledit Hostel Dieu a droit de prendre xxxii s. p. de rente.

De Guillaume Mygnot, ou lieu dit de la Poterne, pour une place ou soulloit avoir maison, qui fut Andry Asle, tenant a une autre place ou soulloit avoir maison, qui fut audit Andry Asle, faisant le coing de la rue Thibault aux Detz, sur laquelle maison ledit Hostel Dieu a droit de prendre vi s. p. de rente.

Des vefve et heritiers de feu maistre Pierre d'Arras, en son vivant procureur ou Chastellet de Paris, pour une maison assise en ladite rue, et faisant le coing d'une ruelle par ou l'on va a l'abreuvoir Popin, d'autre a la maison du Sainct Esperit, sur laquelle maison ledit Hostel Dieu prend xlviii s. p. de rente.

*Rue de l'Escorcherie.* De Guillaume Loisy, bouchier, pour une maison assise en ladicte rue, tenant d'une part et faisant le coing de ladite rue de l'Escorcherie, sur laquelle maison ledit Hostel Dieu a droit de prendre xl s. parisis de rente.

*Rue de la Vieille Tannerie.* De Vincent Sergent et Guillaume Sanglier, pour une maison assise en ladicte rue, en laquelle pend pour enseigne l'ymaige Saint Nicolas, tenant d'une part a Étienne Picart, d'autre au long de la ruelle allant au moulin de l'Escorcherie, qui fut Nicolas Robert, item sur une autre court et eschauldoir derriere estant au bout de ladite maison, aboutissant sur la riviere de Seyne sur lesquelz lieux ledit Hostel Dieu a droit de prendre lxx s. p. de rente, donnee audit Hostel Dieu par Claude Chesnart, vefve de feu Denis Megissier, en son vivant marchant appothicaire et bourgeois de Paris.

*Rue de la Tannerie.* De Jehan Biliad, marchant de draps de soye a Paris, ou lieu des hoirs Geuffroy le Maire, pour une maison séant en ladite rue, en laquelle pend pour enseigne l'ymaige Saincte Catherine, tenant d'une part a une maison qui fut a Adam Perier, d'autre a l'ostel de l'ymaige Sainct Jehan, aboutissant par derriere sur la riviere de Seyne, sur laquelle maison et appartenances ledit Hostel Dieu a droit de prendre vi ₶ de rente.

De Marc Heron appothicaire et sa femme, paravant femme de feu Jaques Pichot, en son vivant orfevre, ou lieu de Estienne Charpentier, aussi orfevre, et de la vefve feu Estienne Guillore, pour deux maisons entretenans, seans en ladite rue, esquelles pend pour enseigne la Roze, tenant d'une part a la maison de la Caige, d'autre faisant le coingt d'une petite ruelle descendant en la riviere de Seyne, sur lesquelles maisons ledit Hostel Dieu prend x s. p. de rente.

De la vefve feu Gilles Bonnier, en son vivant marchant appothicaire à Paris, pour une maison seant en ladite rue, devant et a l'opposite des maisons dessus dites, en laquelle pend pour enseigne le Pot d'estaing, tenant d'une part a la maison de l'Escu de France, d'autre a une maison faisant le coing d'une ruelle par laquelle l'on va de ladite rue de la Tannerie en la rue de la

Vannerie, sur laquelle maison ledit Hostel Dieu prend xxiiii s. p. de rente.

De Jehan Le Prebtre, ou lieu de feu Nicolas le Prebtre son pere, pour une maison assise en ladicte rue, en laquelle soulloient pendre pour enseigne les Coulombs; tenant d'une part a Benoist de Clichy, d'autre audit Le Prebtre, piega adjugee par decret audit Hostel Dieu pour x s. p. de rente, et depuis baillee pour viii s. p. de rente.

De l'Ostel Dieu de Sainct Gervais fondé à Paris, pour une maison assise en ladite rue, appelee la maison des Trois pas de degrez, tenant d'une part a une maison qui fut a Pierre La Myette, d'autre a Jehan Chasserat, aboutissant par derriere aux heritiers feu Jehan Thioust, sur laquelle maison ledit Hostel Dieu prend par an xlviii s. p. de rente.

D'une masure ou soulloit avoir maison, assise en ladite rue et faisant le coing d'une ruelle allant en la riviere de Seyne, sur laquelle ledit Hostel Dieu prend c s. p. de rente.

*Rue de la Vannerie.* De Guille, espicier, ou lieu de feu Pierre Drouynet, en son vivant drappier et bourgeois de Paris, pour une maison seant en ladite rue, en laquelle soulloit pendre pour enseigne la Chausse rouge, faisant le coing de ladite rue de la Vaunerie, tenant et aboutissant de toutes pars a Jehan Maillart, sur laquelle maison ledit Hostel Dieu prend xl s. p. de rente.

De Denis Porret, marchant de draps de soye, ou lieu de Nicolas le Prebtre, pour une maison assise en ladite rue de la Vannerie, en laquelle pend pour enseigne l'ymaige Sainct Philippe, tenant d'une part a Guillaume Pelé, chaussetier, d'autre aux hoirs feu Jehan de la Porte, aboutissant par derriere a Jehan Godeau, sur laquelle maison ledit Hostel Dieu prend cx s. p. de rente.

*Rue de la Mortellerie.* De maistre Symon Machault, clerc et auditeur du Roy nostre sire, en sa Chambre des Comptes a Paris, ou lieu de Charlot Legros, dit le fort, pour une maison assise en ladite rue, en laquelle pend pour enseigne l'Escrevisse, tenant d'une part aux hoirs feu Symon le Faulcheur, d'autre a Jehan Cappel, drappier, aboutissant par derriere et ayant yssue au quay des Ormes sur la riviere de Seyne, sur laquelle maison ledit Hostel Dieu soulloit prendre vi$^{tt}$ p. de rente.

Des vefve et heritiers feu Pierre Lionnet, pour une maison seant en ladite rue, devant et a l'opposite des Nonnains d'Iarre, tenant d'une part a la ruelle par ou l'en va soubz les ormes de la riviere de Seyne, d'autre aux aians cause de feu Guillaume..... sur laquelle maison ledit Hostel Dieu a droit de prendre cx s. p. de rente.

De Estienne Clement, ou lieu des hoirs feu Philippes Bouret, pour une maison assise en ladicte rue, separee en deux demeures, en l'une desquelles pend pour enseigne l'Escu de Bourbon, et l'autre la Cloche, tenant d'une part et faisant le coing d'une ruelle par ou l'en descend en la riviere de Seyne, d'autre a une maison appartenant a la chapelle Estienne Hauldry, sur lesquelz lieux ledit Hostel Dieu prend l solz p. de rente.

De Pierre Chasteau, drappier, demeurant a Ponthoise, pour une maison assise en ladicte rue, en laquelle est pour enseigne sur la porte l'ymaige Sainct Christofle, tenant d'une part à la maison de la Nef d'argent, d'autre à une maison ou pend pour enseigne le Heaulme, sur laquelle maison ledit Hostel Dieu prend vii$^{tt}$ x s. p. de rente.

Des hoirs feu Mathieu Crespin, en son vivant drappier, et Girard Maujart, pour une maison seant en ladite rue, en laquelle pend pour enseigne l'ymaige Saincte Catherine, depuis separee en deux demeures, tenant d'une part et faisant le coing d'une ruelle allant aux Moulins, sur laquelle maison ledit Hostel Dieu prend cx s. p. de rente.

De Jehan Richier, Olivier Richier, et Jehan Brusle, ou lieu de feu Ursin Le Preux, pour une maison seant en ladite rue, en laquelle pend pour enseigne la Fleur de lis, de present separee en trois demeures, tenant d'une part et faisant le coing d'une ruelle descendant au quay de la riviere de Seyne, d'autre a la maison du Roy priant, sur lesquelz lieux ledit Hostel Dieu prend xx s. p. de rente.

*Rue des Jardins.* De Pierre Perrin, ou lieu de feu Pierre Guyot, pour une maison assise en ladite rue, en laquelle pend pour enseigne l'ymaige Nostre Dame, tenant d'une part à la maison de Luzarches, d'autre a la maison de Jehan Belin, faiseur de basteaulx, sur laquelle maison ledit Hostel Dieu prend xx s. p. de rente.

*Rue des Nonnains d'Yarre.* Des vefve et heritiers de feu Jehan Philippes, maistre des œuvres de charpenterie, la somme de iiii$^{tt}$ p. pour une annee escheue a cause de pareille somme qu'ilz doivent sur deux maisons assises en ladite rue, esquelles pend pour enseigne l'ymaige Sainct Jehan Baptiste.

*Rue de Jouy.* Des heritiers feu maistre Pierre Le Roy, pour une maison assise en ladite rue, en laquelle pend pour enseigne le Croissant, tenant d'une part a la maison de Jehan Perceval, ou est pour enseigne l'ymaige Sainct Christofle, d'autre a la maison de l'Hermitaige, sur laquelle maison ledit Hostel Dieu prend xxvi s. viii den. p. de rente.

De maistre Jehan Hennequin, conseiller du Roy nostre sire en sa court de Parlement, ou lieu de la vefve feu maistre Jaques Piedefer, en son vivant avocat en ladicte court, et paravant maistre Jaques la Picte, jadis clerc et auditeur du Roy en sa Chambre des Comptes a Paris pour une maison assise en ladicte rue, tenant d'une part a..... d'autre a..... aboutissant par derriere a..... sur laquelle maison ledit Hostel Dieu prend xxv s. p. de rente.

De Pierre Bourgoudis, drappier, pour deux maisons joignans l'une a l'autre, dont l'une a pignon sur rue et y soulloit pendre pour enseigne le Prescheur, et l'autre a appentiz, tenant la totalité desdites deux maisons a une petite ruelle appellee la Guespine, d'autre et aboutissant par derriere a maistre Jehan Gamelle, sur lesquelles maisons ledit Hostel Dieu prend vi$^{lt}$ p. de rente.

*Rue Frogier Lasnier.* De Jehan des Haies, serrurier, ou lieu de feu Jehan Haulsement, en son vivant tixerrant en toilles, pour une maison assise en ladite rue, tenant d'une part et faisant le coing de la rue Garnier sur l'Eaue, d'autre a la maison de l'Estoille, sur laquelle maison ledit Hostel Dieu a droit de prendre lx s. p. de rente.

De maistre Jehan Hennequin, conseiller du Roy nostre sire en sa court de Parlement, ou lieu de la vefve feu maistre Jaque Piedefer, en son vivant avocat en Parlement, et paravant feu maistre Jehan La Picte, pour une maison assise en ladicte rue qui fut audit La Picte, tenant d'une part a maistre Jaques Tiessart le jeune, d'autre a une maison en laquelle pend pour enseigne la Corne de cerf, aboutissant par derriere a l'ostel qui fut maistre Jehan des Maresz, sur laquelle maison ledit Hostel Dieu a droit de prendre iiii livres parisis de rente.

*Rue Garnier sur l'Eau.* De Jehan Laillier, ou lieu des heritiers de feu Jehan de Montmiral, en son vivant avocat en Parlement, pour trois maisons assises en ladite rue, tenant d'une part et faisant le coing de la rue Frogier Lasnier, d'autre a la maison decleree en l'article prochain ensuyvant, aboutissant par derriere à l'ostel du Chasteau, sur lesquelles maisons ledit Hostel Dieu soulloit avoir droit de prendre par chascun an cii s. p. de rente.

De la vefve feu maistre Hugues Maillart, pour une maison assise en ladite rue, tenant d'une part aux maisons devant dictes, d'autre aux hoirs dudit feu Maillart, aboutissant par derriere ausdits hoirs, sur laquelle maison ledit Hostel Dieu a droit de prendre xxvi s. p. de rente.

*Rue Michel Doret.* De maistre *Dreux Budé*, seigneur de Villiers, notaire et secretaire du Roy nostre sire et *tresorier de ses chartres*, pour une maison assise en ladite rue, ayant issue en la rue Frogier Lasnier, laquelle soulloit anciennement tenir a une granche qui fut a Jehan Fourreau, d'autre aux hoirs feu maistre Guillaume Budé, sur laquelle maison ledit Hostel Dieu a droit de prendre xlv solz p. de rente.

*Rue des Barres.* De l'eglise et fabricque Sainct Gervais a Paris, ou lieu de feu maistre Jehan Gaucher, en son vivant prebtre habitué en ladite eglise, pour une maison assise en ladite rue, derriere le cymetiere Sainct Gervais, en laquelle pend pour enseigne l'ymaige Sainct Michel, tenant d'une part et faisant le coing de la rue Garnier sur l'Eaue, d'autre a la veuve et heritiers feu maistres Hugues Maillart, sur laquelle maison ledit Hostel Dieu prend lx s. p. de rente.

De Jehan Prevost et Jehan Coquet, marchant demourant a Paris, ou lieu de feu Guillaume Charron, pour une maison assise en ladite rue, contenant deux corps d'ostel sur rue, esquelles pendent pour enseigne l'Estoille et la Chaine, et pour une autre maison et jardin, derriere les dessus dicts, tenant d'une part a l'ostel de la Magdelaine, d'autre a l'Escu de Bretaigne, sur lesquelles maisons ledit Hostel Dieu prend iiii livres viii s. p. de rente.

*Rue d'Espaigne dicte Jehan Beausire.* De Jaques Valencon, sergent de la douzaine, ou lieu des hoirs feu Henry Buisson, et paravant Pierre Chicot, pour une maison, cour, puitz moictoien, et jardin derriere, assis en ladite rue, sur la porte de laquelle y a pour enseigne la Teste du Marmouset, donnee audit Hostel Dieu par feu maistre Jehan Gerbe, en son vivant prebtre, et baillee par messeigneurs les gouverneurs dudit Hostel Dieu audit Chicot, pour xvi s. p. de rente envers ledit Hostel Dieu, tenant d'une part a Valeran Hardy, d'autre a Jehan Adet, aboutissant par derriere a l'ostel des Tournelles.

Des vefve et heritiers de feu maistre Denis Marcel, pour cinq quartiers de maraiz et jardin assiz en ladite rue, peuplez de treilles et arbres qui soulloient estre en deux pieces, a present joinc'es et unyes ensemble, tenant de toutes pars audit Marcel, aboutissant par devant a ladite rue et par derriere *aux vieilz agoutz* de ceste ville de Paris, sur lesquelz cinq quartiers de marestz et jardin ledit Hostel Dieu prend lxvi s. p. de rente, comme ayant droit par transport de Jehan de Lespine, sergent a verge ou Chastellet de Paris.

*Rue Sainct Paoul.* De la fabricque de ladite eglise monseigneur Sainct Paoul a Paris, sur le revenu et temporel de laquelle ledit Hostel Dieu prend viii livres parisis de rente, donnee a icelluy par feu messire Pierre Bureau, en son vivant chevalier, seigneur de Montglat et tresorier de France, et par feue dame Heude Chauvet, en son vivant sa femme, pour l'entretenement d'une lampe par eulx fondee audit Hostel Dieu.

*Rue du Roy de Cecille.* De Pierre Monyn dit Maldisne, ou lieu de feu Guillaume Perier et paravant Gaultier Bordeau, pour une maison, court et cave assise en ladite rue, devant et a l'opposite de la Cloche perse, tenant d'une part aux hoirs de feu maistre Philippe Symon, d'autre a la vefve Pierre Rabassin, aboutissant par derriere ausdits hoirs, baillée audit Bordeau par messeigneurs les gouverneurs dudit Hostel Dieu, aux charges qu'elle doit, et de xx s. p. de rente envers ledit Hostel Dieu.

*Rue Sainct Anthoine.* Des hoirs ou aians cause de feu Estienne Du Bois, pour une maison seant en ladite rue, en laquelle pend pour enseigne le Chauderon, tenant d'une part a la maison du Cerf volant d'autre aux..... drapiers, sur laquelle maison ledit Hostel Dieu a droit de prendre xx s. p. de rente.

De la vefve feu Nicolas Maulevault, en son vivant potier d'estaing, pour une maison assise en ladite rue, en laquelle pend pour enseigne le Coq, en la censive dudit Hostel Dieu, tenant d'une part a la maison du Griffon, d'autre a la maison de la Longue Allée, sur laquelle maison ledit Hostel Dieu prend l s. p. de rente.

De Pierre Barbete, drappier, pour une maison assise en ladicte rue, en laquelle pend pour enseigne le Griffon, en la censive dudit Hostel Dieu, tenant d'une part a la maison du Coq, d'autre a Jehan Parfaict, drappier, sur laquelle maison ledit Hostel Dieu, a cause de l'office de prieuse d'icelluy, a droit de prendre xvi s. p. de rente.

Dudit Barbete, pour la maison dessus declairée, sur laquelle ledit Hostel Dieu prend vi$^{tt}$ x s. p. de rente, a cause de l'office de maistre d'icelluy, oultre les xvi s. dessus declairez.

De Jehan Parfaict, aussi drappier, pour une maison assise en ladicte rue en la censive dudit Hostel Dieu, en laquelle pend pour enseigne l'Homme sauvage, tenant d'une part a la maison devant declairée, d'autre a Catherine Barthelot, vefve de feu Jehan Tambonneau, sur laquelle maison ledit Hostel Dieu a droit de prendre vi$^{tt}$ p. de rente.

Dudit Parfaict ou lieu de Catherine Barthelot, vefve dudit feu maistre Jean Tambonneau, en son vivant receveur des tailles et aides de Nemours, fille et heritière de feue Catherine Chesnart, sa mère, pour une maison seant en ladite rue, en la censive dudit Hostel Dieu, en laquelle maison pend pour enseigne la Croix d'or, tenant d'une part a la maison declairée en l'article prochain precedent, d'autre a l'ostel de la Chasse, sur laquelle maison ledit Hostel Dieu prend vii$^{tt}$ p. de rente.

Du college de Laon, pour une maison assise en ladite rue, en laquelle pend pour enseigne la Teste noire, d'autre a l'ostel de l'Ours, sur laquelle maison ledit Hostel Dieu prend xl s. p. de rente.

De René Lestelle, drappier, ou lieu des vefve et heritiers de feu Raoulin Parin, en son vivant pelletier, et paravant feu Claude Leconte, jadis barbier, pour une maison assise en ladite rue, estant en la censive dudit Hostel Dieu, tenant d'une part a une maison estant des appartenances de l'ostel de l'Ours, d'autre a Jehan Belut,

sur laquelle maison ledit Hostel Dieu a droit de prendre lxxiiii s. p. de rente.

Des vefve et heritiers de feu Regnault Lestelle, en son vivant drappier, pour une maison assise en ladicte rue, en laquelle pend pour enseigne l'Autruche, estant en la censive dudit Hostel Dieu, tenant d'une part et aboutissant par derriere a l'hostel de l'Ours, d'autre part audit René Lestelle, sur laquelle maison ledit Hostel Dieu prend l s. p. de rente.

Des religieux, abbé et couvent d'Orcamp lez Noion, Jehan Chandelier, drappier, et la vefve feu Guillaume Chandelier son frere, en son vivant aussi drappier, pour l'ostel et appartenances de l'Ours, estant en la censive dudit Hostel Dieu, contenant plusieurs demeures et corps d'ostel, tenant d'une part et faisant le coing de la rue Froigier Lasnier, d'autre a la maison de l'Autruche, sur lesquelz lieux ledit Hostel Dieu prend x$^{tt}$ xiiii s. p. de rente.

De Catherine Barthelot, vefve de feu Jehan Tambonnel, pour une maison assise en ladite rue, en laquelle pend pour enseigne la Baniere de France, estant en la censive dudit Hostel Dieu, tenant et aboutissant de toutes pars a l'ostel de l'Ours, sur laquelle maison ledit Hostel Dieu prend viii$^{tt}$ v s. parisis de rente.

De Pierre Quillay, bourgeois de Paris, ou lieu des heritiers feu Robin Quillay, en son vivant drappier, pour une maison assise en ladite rue, en laquelle pend pour enseigne l'ymaige Sainct Eustache, tenant d'une part a l'ymaige Saincte Catherine, d'autre a une maison appartenant aux hoirs feu maistre Jaques Teste, aboutissant par derriere a la maison de la Souche, sur laquelle maison ledit Hostel Dieu prend x s. p. de rente.

De la vefve feu Guillaume Faussart, en son vivant potier d'estaing, pour une maison assise en ladite rue, tenant d'une part a la maison de l'Ysore, d'autre a la Truye qui fille, aboutissant par derriere a ladite maison de l'Ysore, sur laquelle maison ledit Hostel Dieu prend x s. p. de rente.

De Nicolas Cave, espicier, pour une maison seant en ladite rue, devant et a l'opposite de l'ostel de la Chasse qui fut a feu Johan Marcilly, en laquelle pend pour enseigne la Croix blanche, tenant d'une part a l'ostel du Faulcheur, d'autre aux hoirs feu Guillaume Angot, sur laquelle maison ledit Hostel Dieu a droit de prendre x s. p. de rente.

De maistre Jehan Brion, advocat en Parlement, pour deux maisons assises en ladite rue, devant et a l'opposite ou l'en vend le poisson de mer, en l'une desquelles pend pour enseigne la Coquille, et en l'autre le Griffon, tenant d'une part a la vefve feu Guyot Mouffault, sur lesquelles deux maisons ledit Hostel Dieu a droit de prendre xl s. p. de rente.

De la vefve feu Pierre Gastellier, en son vivant chandelier de suif, Ysaac Aubery, aussi chandelier de suif, tuteur et curateur des enfans mineurs d'ans de feue Marguerite Dupré, en son vivant sa femme, ou lieu de feu Jehan Naydes, pour une maison assise en ladite rue, tenant d'une part et faisant le coing d'une ruelle allant au cymetiere Sainct Jehan, d'autre a maistre Pierre Lebrun, procureur ou Chastellet de Paris, sur laquelle maison le dit Hostel Dieu a droit de prendre ix ℔ viii s. p. de rente.

Des vefve et heritiers de feu Jehan Paulmier, en son vivant marchant demourant a Paris, et paravant Pierre Cerisay dit Galerne, pour une maison assise en ladite rue, tenant d'une part a l'ostel des Bourses, d'autre a l'ymaige Sainct Nicolas, aboutissant par derriere a l'ostel de l'Ange, sur laquelle maison ledit Hostel Dieu prend ii s. ix den. p. de rente.

De Guillaume Pinart, chandelier de suif, ou lieu de Robert Huissier, pour une maison assise en ladite rue, en laquelle pend pour enseigne l'ymaige Sainct Nicolas, tenant d'une part a l'ostel de la Teste noire, d'autre a la maison dessus declairee, sur laquelle maison ledit Hostel Dieu prend v s. p. de rente.

*Rue de la Vieille Tixerranderie.* De Jehan Seneschal, esperonnier, ou lieu des vefve et heritiers de feu Jehan Charron, pour une maison assise en ladicte rue, tenant d'une part a Denis Boué, d'autre aux heritiers de feu Michel Le Moyne, pasticier, aboutissant par derriere a l'ostel Dieu Sainct Gervais, sur laquelle maison ledit Hostel Dieu prend xliiii s. p. de rente.

Des vefve et heritiers de feu maistre Anthoine Lapostolle, en son vivant advocat en Parlement, pour une maison assise en ladite rue, estant a l'opposite de l'Ostel Dieu Sainct Gervais, tenant d'une part a une place vuyde faisant le coing de la rue du Charton, dicte des Mauvais Garçons, d'autre aux vefve et heritiers de feu M° Thomas de Vigny, en son vivant procureur en la Chambre des Comptes, sur laquelle maison ledit Hostel Dieu prend xvi s. p. de rente.

De Gilles Marc, ou lieu des vefve et heritiers dudit Lapostolle, pour une autre maison seant en ladite rue, appellee le Petit Cerf, tenant d'une part a une maison qui fut Robert Dorlot, d'autre à la maison Jehan Lescuyer, sur laquelle maison ledit Hostel Dieu prend xxx s. p. de rente.

Des enfans et heritiers de feu noble homme Marin Bureau, en son vivant seigneur de la Houssaye, pour une maison assise en ladite rue, ou souloit pendre pour enseigne le Barrillet, tenant d'une part a une ruelle nommee Violette, d'autre a la maison de la vefve Hugues Bureau, aboutissant par derriere a ung hostel qui fut messire Guy du Chastel, sur laquelle maison ledit Hostel Dieu a droit de prendre iiii ℔ p. de rente.

De maistre Pierre de la Porte, conseiller du Roy nostre sire en sa court de Parlement, ou lieu des hoirs feu maistre Jehan Pillois, pour une maison assise en ladite rue, qui fut aux heritiers de feu maistre Pierre Boulenay, en son vivant cirurgien, tenant d'une part a maistre Pierre Daunet, aussi conseiller en ladite court, d'autre a maistre Jaques le Roy, seigneur de Sainct Fleurent, aboutissant par derriere audit Daunet, sur laquelle maison ledit Hostel Dieu prend xii ℔ p. de rente.

*Rue du Monceau Sainct Gervais.* De maistre Pierre Pichon le jeune, notaire du Chastellet de Paris, ou lieu de la vefve feu maistre Jehan Cardon, et paravant feu maistre Lois de Chaville, pour une maison assise en ladite rue, devant et a l'opposite de l'orme, en laquelle pend pour enseigne le Pot d'estaing, tenant d'une part au seigneur de Brie sur Marne, d'autre a Jehan Prevost, marchant, aboutissant par derriere à la rue de la Vieille Tixerranderie, sur laquelle maison ledit Hostel Dieu prend x s. p. de rente.

*Le vieil cymetiere Sainct Jehan.* De Nicolas Crespin, drappier et Pierre Gastellier, chandelier de suif, pour une maison seant en ladite rue, tenant d'une part à la maison du Dieu d'Amour, d'autre a la maison appartenant à la vefve feu Jehan Le Benf, sur laquelle maison ledit Hostel Dieu prend xviii s. p. de rente.

Des enfans et heritiers de feu maistre Thomas de Vigny, en son vivant procureur en la Chambre des Comptes et des vefve et heritiers de feu maistre Anthoine Lapostolle, pour une maison assise en ladite rue, en laquelle pend pour enseigne la Clef, tenant d'une part a une maison qui fut Robert Dorlot, d'autre à la maison Jehan Lescuyer, aboutissant par derrière a la rue de la Vieille Tixerranderie, sur laquelle maison ledit Hostel Dieu prend x ℔ p. de rente.

De la fabricque de l'eglise Sainct Jehan en Greve, et les vefve et heritiers feu maistre Jehan Broultesaulge, en son vivant procureur en Parlement, pour une maison assise en ladite rue, tenant d'une part a la maison declairee en l'article prochain ensuyvant, d'autre a l'ostel des deux Chasses, aboutissant par derriere a la rue des Mauvais Garçons, sur laquelle maison ledit Hostel Dieu prend xl s. p. de rente.

Des vefve et heritiers dudit feu maistre Jehan Broultesaulge, pour une autre maison seant en ladite rue, qui fut a feu maistre Jehan Malingre, tenant d'une part a maistre Pierre Le Brun, procureur ou Chastellet de Paris, d'autre a la maison declairee en l'article prochain precedent, aboutissant par derriere a la rue des Mauvais Garçons, sur laquelle maison ledit Hostel Dieu prend iiii liv. p. de rente.

De maistre Pierre Lebrun, procureur ou Chastellet de Paris, pour une maison assise en ladite rue, tenant d'une part a la maison declairee en l'article prochain precedent, d'autre a luy mesmes; et paravant Philippot Henry, aboutissant par derriere a ladite rue des Mauvais Garçons, sur laquelle maison ledit Hostel Dieu prend iiii liv. p. de rente.

De Denis Gerault, boulengier, filz de feu Estienne Gerault, pour une maison assise en ladite rue, faisant le coing dudit cymetiere Sainct Jehan et de la rue de la Voirrerie, tenant d'une part et faisant le coing de la rue des Mauvais Garçons, appartenant a Marguerite Le Jay, a present femme de maistre Jehan Boutin, procureur ou Chastellet de Paris, et Guillaume Lelong, sur laquelle maison ledit Hostel Dieu prend xl s. p. de rente.

*Rue de la Voirrerie et du Charton.* De Guillaume Lelong et maistre Jehan Boutin, procureur ou Chastellet de Paris, a cause de Geneviefve Le Jay, sa femme, ou lieu de la vefve feu maistre Robert le Roux, pour une maison assise en ladite rue, qui fut a Adam Audry, faisant le coing de ladite rue des Mauvais Garçons, tenant d'une part aux vefve et heritiers de feu Raoulet Pillart, aboutissant par derriere a Denis Girault, sur laquelle maison ledit Hostel Dieu prend xl s. p. de rente.

Des hoirs feu Huguelin Carat, en son vivant cordouennier, pour une maison assise en ladite rue, en laquelle pend pour enseigne l'ymaige Sainct Christofle, tenant d'une part a maistre Jehan Rigollet, procureur en la Chambre des Comptes, d'autre, et faisant le coing de la rue du Coq, sur laquelle maison ledit Hostel Dieu prend lv s. p. de rente.

*La Porte du Chaulme.* De maistre Jehan Prevost, conseiller du Roy nostre sire en sa court de Parlement, ou lieu de feu Guerin Hugue, et paravant maistre Hugues de la Tillaye, pour une maison contenant plusieurs corps d'ostel devant et derriere, court et jardin, qui fut audit feu maistre Yves de la Tillaie, tenant d'une part et faisant le coing de la rue de la Vieille Parcheminerie, d'autre aux maisons de la Clef et de la Croix de fer, aboutissant par derriere a la rue Moslart, sur laquelle maison et appartenances ledit Hostel Dieu prend vi liv. p. de rente.

*Rue des Roziers.* Des hoirs feu Gracien Guillet, en son vivant sergent a cheval du Chastellet, pour une maison assise en ladite rue, tenant d'une part a Jehan Maillart, d'autre a la maison qui fut a Alexandre Le Jay, sur laquelle maison ledit Hostel Dieu prend iiii ₶ p. de rente.

*Rue du Plastre.* De maistre Pierre Huault, notaire et secretere du Roy nostre sire, au lieu de feu maistre Guillaume Paillart, en son vivant advocat en Parlement, et paravant feu maistre Philippes Bery, pour une maison assise en ladite rue a present ediffiee de neuf, tenant d'une part et aboutissant d'un bout a luy mesmes,

d'autre aux hoirs feu maistre Symon Aisne, sur laquelle maison ledit Hostel Dieu prend xliii s. p. de rente, dont on ne trouve aucuns tiltres ne perception.

*Rue du Temple dicte rue S<sup>te</sup> Avoye.* De Guillaume du Tertre, vendeur de buis, demourant a Paris, ou lieu de la vefve feu Guillaume Marcenet, pour une maison seant en ladite rue, tenant d'une part a luy mesmes, et a la vefve feu maistre Jehan Courtin, en son vivant procureur ou Chastellet de Paris, aboutissant par derriere a une ruelle appelee *Becq Yonne*, sur laquelle maison ledit Hostel Dieu prend xl s. p. de rente.

De Catherine Tostee, vefve de feu M<sup>e</sup> Guillaume Courtin, en son vivant procureur ou Chastellet de Paris, ou lieu des hoirs feu Nicolas Villeroy, pour une maison assise en ladite rue, avec une place vuyde, court, cave et jardin, tenant d'une part a maistre Jehan de la Place, conseiller en la court de Parlement, d'autre aux hoirs feu maistre Pierre Desmons, aboutissant par derriere et aiant yssue a une ruelle nommee *Becq Yonne*, sur laquelle maison ledit Hostel Dieu prend xii s. p. de rente.

De Jaques Chauveau, marchant de la ville de Feletin en Lymosin, pour une maison assise en ladite rue, en laquelle souloit pendre pour enseigne le Cerf, tenant d'une part a l'ostel de Laigny, d'autre a une maison et jeu de paulme appartenant aux Chartreux, aboutissant par derriere a la rue du Cul de Sac, sur laquelle maison et appartenances ledit Hostel Dieu prend iiii ₶ p. de rente.

*Rue de la Vieille Parcheminerie.* De Jehan du Val et Jehan Chamiet pour une maison et ses appartenances assise en ladite rue, qui fut Charles de Salesart, tenant d'une part a la maison de Pierre Bourdon, d'autre a la maison de feu Pierre Allequin, sur laquelle maison ledit Hostel Dieu prend iiii livres xi s. p.

*La Vieille rue du Temple.* Des vefve et enfans de feu Raoulin Parin, en son vivant pelletier, pour une maison assise en ladite rue, devant a l'opposite du Croissant, tenant d'une part aux enfans de feu maistre Jehan du Moulin, en son vivant advocat en Parlement, a cause de feue Perrete Chaucidon leur mere, d'autre a Jehanne Du Moustier, vefve de feu Symon Barbedor.

*Oultre l'ancienne porte de la Grant rue du Temple.* De honnorable femme Magdelaine Demarle, vefve de feu sire Nicolas Potier, en son vivant marchant et bourgeois de Paris, ou lieu des hoirs feu Jehan Trotet, pour deux maisons assises en ladite rue, en l'une desquelles pend pour enseigne la Croix de fer, tenant d'une part a . . . d'autre a . . . sur lesquelles maisons ledit Hostel Dieu prend xx s. p. de rente.

*Rue Neufve Sainct Merry.* Des enfans et heritiers de feu maistre Guillaume *de Besze*, en son vivant procureur en Parlement, ou lieu de feu maistre Pierre Caillart, jadis prebtre beneficié en l'eglise de Sainct Merry, pour une maison assise en ladite rue, en laquelle soulloit pendre pour enseigne l'ymaige Nostre Dame, tenant d'une part a la maison de l'Escu de Bretaigne, d'autre a une maison en laquelle pend pour enseigne la Gibeciere, sur laquelle maison ledit Hostel Dieu prend xx s. p. de rente.

Des hoirs feu maistre Jehan de la Porte, ou lieu de feu maistre Jehan Luillier, pour une maison assise en ladite rue, qui fut au viconte d'Assy, tenant d'une part a la maison devant dicte, sur laquelle maison ledit Hostel Dieu prend chacune annee viii s. vi den. p. de rente.

De dame Blanche d'Annebourg, pour une maison seant en ladite rue, qui fut au viconte d'Assi, tenant a la maison devant dite, sur laquelle maison ledit Hostel Dieu prend v s. p. de rente.

Des hoirs feu Jehan Poterne, en son vivant changeur, pour une maison assise en ladite rue, qui fut Richard Cochon, sur laquelle ledit Hostel Dieu prend par chascun an iiii s. vi den. p. de rente.

*Rue de la Boucherie Sainct Jaques.* De Gaultier Couldray, peaulcier, ou lieu de feu Jehan le Sellier, en son vivant drappier, pour ung tiers de maison assise en ladite rue, en laquelle pend pour enseigne l'ymaige Sainct Nicolas, tenant d'une part aux hoirs feu Henry le Begue, d'autre a Jehan Parent et Guillaume Guymier, sur lequel tiers de maison ledit Hostel Dieu prend xiiii s. p. de rente.

De l'œuvre et fabricque de l'eglise monseigneur Sainct Jaques de la Boucherie, a Paris, sur le revenu et temporel de laquelle ledit Hostel Dieu a droit de prendre x s. p. de rente, en ensuyvant la fondation faicte par feu Nicolas Flamel, d'une messe que ledit Hostel Dieu faict dire et cellebrer en ladite eglise en l'autel dudict Sainct.

*Rue des Arcis.* De maistre Jehan Tronçon, conseiller du Roy nostre sire en sa court de Parlement, ou lieu de maistre Jehan du Pré, procureur ou Chastellet de Paris, et Jehan Turquain, ou lieu de feu Jehan Girault, en son vivant drappier, pour une maison assise en ladite rue, contenant deux corps d'ostel et partie en deux demeures, esquelles pendent pour enseigne l'ymaige Sainct Jaques et la *Pie aux piars*, sur laquelle maison ledit Hostel Dieu prend vi lt x s. p. de rente.

*Rue Jehan Pain Molet.* De maistre Nicole Aurillot, seigneur de Champlastreux et greffier des presentations de la court de Parlement, ou lieu des hoirs feu Pierre Rousseau, pour une maison seant en ladite rue, devant et a l'opposite du chief Sainct Denis, tenant d'une part a la maison du Barrillet, d'autre faisant le coing de la rue Sainct Bon. aboutissant par derriere audit Aurillot, sur laquelle maison ledit Hostel Dieu prend xxxii s. p. de rente.

*Rue Sainct Bon.* De maistre Nicole Pernet, filx et heritier en partie de Marie Charmolue, en son vivant vefve de feu maistre Pierre Pernet, jadiz procureur en Parlement, pour une petite maison seant en ladite rue, tenant d'une part a une maison faisant le coing de ladite rue, devant l'eglise Sainct Bon, d'autre a une maison appartenant aux hoirs feu maistre Nicole Dupré, sur laquelle maison ledit Hostel Dieu prend viii s. ix den. p. de rente.

*Rue de la Pierre au laict.* De la vefve feu Guillaume Tostee, en son vivant orfevre, pour une maison seant en ladite rue, en laquelle pend pour enseigne le Mouton, tenant d'une part a Estienne Gervais, d'autre a Huguet Benoist, aboutissant par derriere a l'ostel de la Heuze, sur laquelle maison ledict Hostel Dieu prend xlv s. p. de rente.

De maistre Jehan Diguet, procureur ou Chastellet de Paris, ou lieu de la vefve feu Robin Gaulart, en son vivant chandelier de suif, pour une maison assise en ladite rue, estant en la censive dudit Hostel Dieu, en laquelle pend pour enseigne le Dieu d'Amours, tenant d'une part et aboutissant par derriere a l'ostel ouquel pend pour enseigne la Heuze, d'autre a la maison des quatre ymaiges Nostre Dame, sur laquelle maison ledit Hostel Dieu prend xiiii lt p. de rente.

*Rue de la Savonnerie.* De maistre Henry Bertrand, procureur ou Chastellet de Paris, et Germaine Bonneœuvre, sa femme, paravant femme de feu Ursin Girault, pour deux maisons assises en ladite rue, en l'une desquelles y a pour enseigne la Couppe, tenant d'une part a l'ostel de la Cuiller, d'autre a l'ostel du Cardinal, et en l'autre y pend pour enseigne la Cuiller, tenant d'une part a la maison devant dicte, d'autre a la Corne de cerf, aboutissant par derriere au presbitere Sainct Jaques de la Boucherie, sur lesquelles deux maisons ledit Hostel Dieu prend iiii liv. p. de rente pour la fondat'on faicte audit Hostel Dieu d'une basse messe des Trepassez, ung *Salve Regina* au commancement, et ung *De Profundis* en la fin d'icelle, que icelluy Hostel Dieu faict dire les premiers dimanches de chascun mois.

*Rue de la Heaulmerie.* Des enfans mineurs d'ans de feu Amyel Mestiol, en son vivant drappier, pour une maison faisant le coing de ladicte rue de la Heaulmerie, tenant d'une part a maistre Jehan Picot, d'autre a maistre Jehan Benard, procureur, sur laquelle maison ledit Hostel Dieu prend xlviii s. p. de rente.

*Rue Sainct Denis.* De Jaques Boursier, ou lieu de la vefve feu Jehan Lecoincte, pour une maison seant en ladicte rue, contenant deux corps d'ostel, en laquelle pend pour enseigne *la Grimace*, tenant d'une part a l'ostel des Rozes, d'autre a *l'Asne rayé*, aboutissant par derriere a la vefve feu Raymond Guillot, sur laquelle maison ledict Hostel Dieu prend lxxiiii s. vi den. p. de rente.

Des hoirs feu Loïs Arroger, a cause de sa femme, fille de feu Jehan Bleigny, en son vivant bonnetier, pour une maison séant en ladicte rue, devant et a l'opposite d'une petite ruelle qui va a Saincte Opportune, en laquelle pend pour enseigne l'Escu de Bretaigne, tenant d'une part a la vefve feu Rogerin Lelieur, d'autre a la maison de la Teste blanche, aboutissant par derriere a l'ospital Saincte Catherine, sur laquelle maison ledit Hostel prend xl s. p. de rente.

De la vefve feu Jehan Mauparlier, a present femme de Guillaume Chouart, drappier, pour une maison assise en ladicte rue, devant et a l'opposite de l'eglise Sainct Leu et Sainct Gilles, en laquelle soulloit pendre pour enseigne la Croix de fer, tenant d'une part a la maison de Symon Preudhomme, sur laquelle maison ledit Hostel Dieu prend v s. p. de rente.

De Claude Augrain, pelletier, filz de feu Claude Augrain, en son vivant aussi pelletier, ou lieu de Gillet le Bossu, changeur, pour une maison assise en ladicte rue, en laquelle pendent pour enseigne les deux freres, faisant le coing de la rue de la Tableterie, du costé de Chastellet, tenant d'une part a ... Augrain son frere, d'autre a Germain Bailly, sur laquelle maison ledict Hostel Dieu prend vi $^{tt}$ p. de rente.

*Rue de la Tableterie.* Des vefve et heritiers de feu Jehan Le Picart, pour une maison assise en ladicte rue, en laquelle pend pour enseigne le Chapeau rouge, faisant le coing de la rue de la Harengerie, tenant d'une part a ... d'autre a ... sur laquelle maison ledict Hostel Dieu prend c. solz p. de rente.

*Rue Perrin Gasselin.* De maistre Estienne Tubourg, medecin, ou lieu de maistre Philippe Guedon, pour une maison seant en ladite rue, devant et a l'apposite du Croissant, tenant d'une part aux hoirs ou aians cause de feu Guillaume Le Gendre, d'autre a maistre Jehan Malabry, chanoine de Paris, sur laquelle maison ledict Hostel Dieu prend xxiiii s. p. de rente.

*Rue du Sieige aux Deschargeurs, dicte la rue de Maleparolle.* Des vefve et heritiers de feu maistre Pierre de Lailly, pour une maison faisant le coing de la rue aux Deschargeurs, tenant d'une part aux hoirs feu maistre Cathelin Salart, en son vivant procureur en Parlement, sur laquelle maison ledict Hostel Dieu prend xl s. p. de rente.

*Rue aux Deschargeurs.* De Milet Lombart, marchant espicier et bourgeois de Paris, ou lieu de feu Jehan Heudre, en son vivant pelletier, pour une maison assise en ladicte rue, devant et a l'opposite des Carneaulx, tenant d'une part a Thomas Bouchet, d'autre a maistre Jehan Lepainctre, aboutissant par derriere a Nicolas Mesnart, sur laquelle maison ledict Hostel Dieu prend vii $^{tt}$ p. de rente.

*Rue de la Cordouennerie.* Des enfans mineurs d'ans de feu Jaques Le Bret et paravant les vefve et heritiers de feu Mathurin le Pelletier, pour une maison assise en ladicte rue, en laquelle pend pour enseigne la Cramiliere, tenant d'une part a la maison du Gril, d'autre a la maison du Trepied, sur laquelle maison ledit Hostel Dieu prend lx s. p. de rente.

De Guillaume Harlay, drappier, ou lieu de feu Guillaume Breant, en son vivant pelletier, a cause de sa femme, pour une maison assise entre ladite rue de la Cordouennerie et la Charronnerie, en laquelle pend pour enseigne la Corne de dain, tenant d'une part a l'ostel de l'ymaige Nostre Dame, d'autre a l'ostel de la Roze, aboutissant par derriere a l'ostel des Deux Cynes, sur laquelle maison ledict Hostel Dieu prend vii $^{tt}$ p. de rente.

*Rue de la Charronnerie.* De Robert Augrain, drappier, ou lieu de vefve et heritiers de feu Guillaume Chefdeville, en son vivant orfevre, et paravant Cardin Chefdevile, son frere, pour trois maisons, de present edifliees et appliquees en une maison, assise et faisant le coing de la dicte rue de la Charronnerie et du sieige aux deschargeurs, qui furent a Pierre Lhomme, tenant d'une part aux hoirs feu Pierre Dameil, en son vivant taincturier en toilles, d'autre audict Guillaume Harlay, ou lieu de feu Guillaume Breant, a cause de sa femme, sur laquelle maison ledict Hostel Dieu prend lxxvii s. ix den. p. de rente, iiii $^{tt}$ viii s. p. d'une autre part, et xxxv s. p. d'autre, le tout montant ensemble a la somme de x $^{tt}$ i s. ix den.

Dudit Robert Augrain, ou lieu de feu Claude Augrain, son pere, en son vivant pelletier, pour une maison assise en ladicte rue, en laquelle soulloit pendre pour enseigne l'Eschiquier, tenant d'une part a M$^e$ Anthoine..... eslen de Paris, d'autre a la fabricque de l'eglise des Sainctz Innocents, sur laquelle maison ledict Hostel Dieu prend liii s. iiii den. p. de rente.

Des enfants mineurs d'ans de feu Barthelemy Daniel, en son vivant taincturier en toilles, pour une maison assise en ladicte rue de la Charronnerie, en laquelle pendent pour enseigne les deux Cynes, tenant d'une part audit Augrain, d'autre a une maison appartenant a la Confrarie aux Pelletiers, aboutissant par derriere a l'ostel du Trepied, sur laquelle maison ledict Hostel Dieu prend viii $^{tt}$ p. de rente.

D'une maison assise en ladite rue de la Charronnerie, qui fut a Girard d'Espinay, tenant d'une part a Girard de Compans, sur laquelle maison ledict Hostel Dieu prend v s. p. de rente, lesquelz des longtemps sont en nonvalloir, neantmoings cy, en suyvant les comptes precedens v s. p.

D'une autre maison assise en ladicte rue, ou soulloit pendre pour enseigne l'ymaige Sainct Julien, qui fut Michel de Couldray, sur laquelle maison ledit Hostel Dieu prend vi s. p. iiii den. t. de rente.

*La Place aux Chatz.* Des vefve et enfans de feu Jehan Finet, en son vivant drappier, ou lieu de maistre Olivier Aligret, advocat en Parlement, fille de feu Jehan Legendre, en son vivant tresorier des guerres, pour une maison assise en ladicte rue, devant et a l'opposite du petit Huiz des Sainctz Innocents, tenant d'une part a une maison faisant le coing de ladicte place aux Chatz, d'autre aux maisons qui furent Jehan de Louviers, sur laquelle maison ledit Hostel Dieu prend vii$^{tt}$ vii s. p. de rente.

De la vefve feu maistre Estienne Richard, en son vivant procureur en Parlement, par avant vefve de feu Jehan Boscheron, en son vivant freppier, pour une maison assise devant ladicte place aux Chatz, tenant d'une part et faisant le coing de ladite rue, sur laquelle maison ledit Hostel Dieu soulloit avoir droit de prendre xx s. p. de rente.

*Rue de la Farronnerie.* De la vefve feu maistre Estienne Richard, en son vivant procureur en Parlement, par avant vefve de feu Jehan Boscheron, en son vivant freppier, pour une maison assise en ladicte rue, en laquelle pend pour enseigne l'Annunciacion Nostre Dame, tenant d'une part a la maison de Michel Salmon, d'autre a Jehan Sandrin, aboutissant par derriere aux halles des cordouenniers, sur laquelle maison ledit Hostel Dieu prend vi$^{tt}$ p. de rente.

Des hoirs feu maistre Mathieu de Saulsoy, pour une maison assise en ladicte rue, tenant d'une part a Philippot Hardy, d'autre a Jaquet Lepreux, pelletier, aboutissant par derriere a une maison et jardin appartenant aux hoirs feu Jaquet Bonneul, sur laquelle maison ledit Hostel Dieu prend lx s. p. de rente.

Des heritiers de la vefve feu Guillaume Musnier, en son vivant marchant drappier, pour une maison assise en ladicte rue, en laquelle pend pour enseigne l'Escu de France, tenant d'une part a Jaquet Gaultier, d'autre a Jehan Bonnet, aboutissant par derriere a la halle ou l'on vend le cuir, sur laquelle maison ledit Hostel Dieu prend iiii$^{tt}$ p. de rente.

*Rue de la Ganterie.* De Jaques Aubery, marchant peaulcier, ou lieu de feu Jehan Riboleau, dit Corbueil, en son vivant pelletier, pour une maison assise en ladite rue, tenant d'une part a luy mesmes, ou lieu de feu Gervaisot Bonnet d'autre aux halles des cordouenniers, sur laquelle maison ledit Hostel Dieu prend lx s. p. de rente.

*Rue Sainct Honnoré.* De Jehan Laurens, drappier, pour une maison assise en ladicte rue en laquelle soulloit pendre pour enseigne l'ymaige Sainct Nicolas, tenant d'une part a une maison faisant le coing de la rue du Four, d'autre a une maison en laquelle pend, pour enseigne le Cerf, sur laquelle maison ledit Hostel Dieu prend xl s. p. de rente.

De Guillaume Montdenis, aussi drappier, et Anthoine de Rubempré, ou lieu de feu Gassiot Le Veel, en son vivant marchant de draps de soy, pour une maison assise en ladicte rue, vers la Croix du tirouer, en laquelle pend pour enseigne l'ymaige Sainct Jaques, qui fut Thibault Poignart, tenant d'une part a..... d'autre a..... sur laquelle maison ledit Hostel Dieu prend xxiiii s. p. de rente.

De Jehanne Desasses, vefve de feu Charles Dilas, en son vivant drappier, pour une maison assise en ladicte rue, en laquelle pend pour enseigne l'ymaige Nostre Dame, joignant a l'ostel de la Fontaine de Jouvance, sur laquelle maison ladict Hostel Dieu prend xx s. p. de rente.

D'une maison assise en ladicte rue, faisant le coing de la rue du Four, qui fut a Robert Marquet et sa femme, tenant d'une part et d'autre aux aians cause de feu Jehan Sandre, sur laquelle maison ledict Hostel Dieu soulloit avoir droit de prendre xxx s. p. de rente dont ledict Hostel Dieu a esté debouté par sentence du prevost de Paris ou son lieutenant, confirmee par arrest de la court de Parlement.

*Rue des Poulies.* De l'œuvre et fabricque de l'eglise Sainct Germain l'Auxerrois a Paris, pour une maison assise en ladicte rue, faisant l'un des coings de la rue Daveron, tenant d'une part et d'autre a la communaulté dudict Sainct Germain, sur laquelle maison ledit Hostel Dieu prend viii s. p. de rente.

*Rue Daveron.* D'une maison et place vuyde assise en ladicte rue, faisant le coing de la rue Jehan Tiron, appartenant a la communaulté et fabricque de Sainct Germain de l'Auxerrois, sur lesquels lieux ledit Hostel Dieu prend vi s. p. de rente.

*Rue de Bethizy.* De honnorable femme Magdelaine Demarle, vefve de feu sire Nicolas Potier, en son vivant marchant et bourgeois de Paris, ou lieu de la vefve feu Jehan Trotet, pour une maison assise en ladicte rue, anciennement appellée la rue Guillaume Bourdin, tenant d'une part et faisant le coing de la rue de Tirechappe, d'autre a une maison appartenant aux hoirs feu Estienne Mosle, sur laquelle maison ledict Hostel Dieu prend c s. p. de rente.

De ladicte vefve, pour une maison assise en ladicte rue, qui fut aux hoirs feu maistre Jaques Juvenel dit des Ursins, tenant d'une part a une maison qui fut anciennement a monsieur des Moulins, en son vivant evesque de Paris, de present appartenant a ladicte vefve, sur laquelle maison ledict Hostel Dieu prend vi$^{tt}$ p. de rente, baillee en contreschange d'autre rente que ledict Hostel Dieu soulloit prendre sur plusieurs maisons et places assises rue de Glatigny, derriere Sainct Denis de la Chartre, et du petit ymaige Saincte Catherine, laquelle maison ladicte vefve dit luy avoir esté baillee par chappitre de Paris, a la charge de vi$^{tt}$ p. de rente envers eulx et non envers ledict Hostel Dieu.

*Rue de l'Arbre Secq.* De maistre Nicole Plancy, procureur en la Chambre des Comptes, ou lieu de la vefve feu maistre Jehan de Cerisy le jeune, pour une maison et ses appartenances, assise en ladicte rue, en laquelle soulloient pendre pour enseigne les ymaiges Sainct Jaques et Sainct Christofle, tenant d'une part aux hoirs feu Nicolas Porte Clef, d'autre et aboutissant par derriere a la cave de Pontilz, sur laquelle maison ledit Hostel Dieu prend xx s. p. de rente.

De Nicolas de la Vigne, sergent fieffé, ou lieu de Estienne Chantereau, Audry et Pierre Leguet, et paravant les hoirs Audry Romie, en son vivant pasticier, pour les trois pars par indivix d'une maison et appartenances en ladicte rue, en laquelle pend pour enseigne l'Escu de France, tenant d'une part a l'ostel de l'Arbre secq, d'autre a l'ostel de Jehan le Fevre, aboutissant par derriere aux hoirs feu maistre Jehan Durand, sur laquelle maison le ledit Hostel Dieu prend viii$^{tt}$ p. de rente.

*Rue de Tirechappe.* De Philippot Lasnier, tondeur de draps, pour une maison assise en ladicte rue, en laquelle pend pour enseigne le Plat d'estaing, tenant d'une part a..... d'autre a..... sur laquelle maison ledit Hostel Dieu prend iiii s. p. de rente.

*Rue de la Tonnellerie.* De Jehanne Cossart, vefve de feu Jehan Suippe, fille de feu Robert Cossart, en son vivant drappier et bourgeois de Paris, pour une maison assise en ladicte rue, soubz les pilliers d'icelle, en laquelle pendent pour enseigne l'Ours et le Lion, qui fut a la confrarie du Sainct Esperit, fondee en l'eglise des Saincts Innocens, tenant d'une part a une maison faisant le coing de la rue Sainct Honnoré, d'autre a..... sur laquelle maison ledit Hostel Dieu prend lxxii s. p. de rente.

De maistre Girard Lecoq, seigneur d'Aigrenay, conseiller du Roy nostre sire, et maistre des requestes ordinaire de son hostel, ou lieu de feu Jehan Beluche, pour une maison assise en ladicte rue, en laquelle pendent pour enseigne les Coulombes et la *Housse Gillet*, tenant d'une part a la maison de la Heure de sanglier, d'autre a la Fleur de Lis, sur laquelle maison ledit Hostel Dieu prend xxxi s. p. de rente.

De maistre Andre Guillart, conseiller du Roy nostre sire, et president en sa court de Parlement, a cause de damoiselle Marie de la Croix, sa femme, fille de feu maistre Geoffroy de la Croix, en son vivant conseiller dudit seigneur et tresorier de ses guerres, ou lieu de feu Jehan Marcel, jadiz drappier, pour une maison assise en ladite rue, en laquelle pend pour enseigne le chef Sainct Denis, tenant d'une part a la maison de Saincte Catherine et a une allée appartenant a Aymé Tillet, marchant demeurant a Lyon d'autre, et aboutissant par derriere a une maison en laquelle pend pour enseigne les Deux Boulles, appartenant aux heritiers de feu Jehan Marcel, sur laquelle maison ledit Hostel Dieu prend viiii s. viii den. p. de cens et fons de terre.

De l'eglise et hospital Sainct Jaques, fondee a Paris, et Claude Patrouillart, orfevre, pour une maison assise en ladite rue, en laquelle pend pour enseigne l'Homme sauvaige, tenant d'une part a l'ymaige Sainct Nicolas d'autre a..... sur laquelle maison ledit Hostel Dieu prend xxx s. p. de rente.

*Rue des Prouvaires.* Des hoirs ou aians cause de feu maistre Jehan de Merly, pour une maison assise en ladicte rue, tenant d'une part aux hoirs feu Jehan de Bailly, d'autre aux hoirs feu Robin Boissart, sur laquelle maison ledit Hostel Dieu prend c s. p. de rente.

De maistre *Guillaume Cop, docteur en medecine*, pour une maison assise en ladicte rue, tenant d'une part et faisant le coing de la rue des Deux Escuz, d'autre a maistre Jehan Laffille, aussi medecin, aboutissant par derriere audit Laffille, sur laquelle maison ledit Hostel Dieu prend viii$^{tt}$ p. de rente.

De maistre Guillaume Boissellet, notaire ou Chastellet de Paris, ou lieu de Guillaume Gaultier, a cause de sa femme, paravant femme de feu Jaques Brayer, pour une maison assise en ladite rue, tenant d'une part a la maison de la Cornemuse, d'autre a la maison de feu Claude Augrain, sur laquelle maison ledit Hostel Dieu prend ii s. p. de rente.

*Rue du Four.* De Jehan Laurens, drappier, ou lieu de la Chappelle Sainct Saturnin, fondee en l'eglise de Paris, pour une maison assise en ladicte rue, laquelle soulloit appartenir a ladicte chappelle, en laquelle maison pend pour enseigne l'ymaige Saincte Catherine, tenant d'une part a une maison faisant le coing de ladicte rue, devers la rue Sainct Honnore, appartenant audit Laurens, sur laquelle maison ledit Hostel Dieu prend lxiiii s. p. de rente.

*Rue des Deux Escuz.* De maistre Mathieu Chartier, advocat en Parlement, pour deux masures assises en ladicte rue, ou soulloit avoir maisons, qui furent a Philippe de la Chappelle, tenant d'une part aux hoirs dudit Philippe de la Chappelle, d'autre a..... sur lesquelles masures ledit Hostel Dieu prend iiii s. p. de rente.

Dudit maistre Mathieu Chartier, pour une autre maison de present estant en jardin, assise en ladicte rue qui fut maistre Anthoine de Paris, faisant le coing de la rue du Four, tenant d'une part a..... d'autre a..... sur laquelle maison ledit Hostel Dieu prend vi s. p. de rente.

*La Porte aux Coquillards.* De la vefve feu Jaques Philippe, en son vivant freppier, ou lieu de la vefve feu Symon Roze, pour une maison seant en ladite rue *Près la Croix neufve*, tenant d'une part a Symon Havon, sergent a cheval, d'autre a l'eglise Sainct Eustache, aboutissant par derriere aux anciens murs de la ville de Paris et a la maison du Chapeau d'or, sur laquelle maison ledit Hostel Dieu prend x s. p. de rente.

De maistre Jehan Bachelier, huissier en la court du Parlement, a cause de Catherine Le Riche, sa femme, paravant femme de feu Pierre Boursier, en son vivant procureur en ladite court, ou lieu des hoirs feu Michel le Riche, pour une maison assise en ladite rue, qui fut a maistre Charles de Chalignault, et depuis a feu Denis Le Breton, en son vivant tresorier des guerres, sur laquelle maison ledit Hostel Dieu prend xxiiii s. p. de rente.

*Rue de Montmartre.* Des hoirs ou aians cause de feue damoiselle Marie Donjan, en son vivant vefve de feu maistre Anthoine Disome, pour une maison a deux pignons, assise en ladite rue, en laquelle pend pour enseigne le Fer du moulin, tenant d'une part a la maison de la Fleur de lis, d'autre a l'ymaige Sainct Michel, sur laquelle maison ledit Hostel Dieu prend xxxii s. p. de rente.

*Soubz les Pilliers des Halles.* De Pierre Vinot et sa femme, paravant femme de feu Estienne des Fossés, pour une maison assise en ladite rue, en laquelle pend pour enseigne la Roze blanche, tenant d'une part à la maison de l'Escu de France, d'autre a l'enseigne du Chauderon, aiant yssue en la rue de Maudestour, sur laquelle maison ledit Hostel Dieu prend vii lt p. de rente.

De Macé Berthelin, en son nom, et Jehan Villeron, sergent a cheval, tuteur et curateur des enfans mineurs d'ans de luy et de feue Perrete Barthelin, ou lieu de feu Hugues Guestier, en son vivant potier d'estaing, pour une maison assise en ladite rue, contenant deux corps d'ostel, l'un devant et l'autre derrière, et court au meillieu, en laquelle pend pour enseigne la Teste noire, tenant d'une part a une maison faisant le coing de la rue aux Prescheurs, en laquelle pend pour enseigne le chief Sainct Jehan, d'autre aux hoirs feu Girard Sauxon, aboutissant par derriere a Jehan Eschars, sur laquelle maison ledit Hostel Dieu prend iiii lt p. de rente.

*Rue de la Halle aux Poirees.* De Guillaume Parent et sa femme, ou lieu des hoirs feu Robert Blandin, pour une maison assise en ladite rue, en laquelle pend pour enseigne l'ymaige Sainct Michel, d'autre a la maison du Chapeau rouge, sur laquelle maison ledict Hostel Dieu souloit prendre xxv s. p. de rente.

De la vefve feu Jehan Le Blanc, en son vivant apoticaire, pour une maison assise en ladicte rue, en laquelle pend pour enseigne la Faulx, tenant d'une part a une maison faisant le coing de ladicte rue et de la rue au Feurre, d'autre a l'ymaige Sainct Jacques, sur laquelle maison ledit Hostel Dieu prend xl s. p. de rente.

*Rue au Feurre pres Sainctz Innocens.* Des enfans et heritiers de feu Dreulx Doulchet, en son vivant orbateur, pour une maison assise en ladite rue, en laquelle pend pour enseigne l'ymaige Sainct Jehan Baptiste, tenant d'une part a l'ostel du Croissant, d'autre a une maison appartenant a Jehan Chenu, aboutissant par derriere a l'eglise des Sainctz Innocens, sur laquelle maison ledit Hostel Dieu prend vi lt p. de rente.

Des heritiers feu Jaques Paris, en son vivant boursier, pour une maison assise en ladite rue, en laquelle pend pour enseigne l'ymaige Sainct Jaques, tenant d'une part a la maison de l'Escu de France, d'autre a Estienne Lecourt, aboutissant par derriere a l'ostel du Chapeau rouge, sur laquelle maison ledit Hostel Dieu prend cviii s. p. de rente.

*La Halle aux Freppiers.* De Jaques Gaultier, freppier, ou lieu de feue Jehanne Gaultiere, vefve de feu Mathieu Bordier et paravant Nicolas Josse, aussi freppier, pour ung estal a freppier ouquel pend pour enseigne la Fleur de lis, tenant d'une part a ung estal appartenant aux hoirs feu Guillaume Sauvaige, d'autre a..... sur lequel estal ledct Hostel Dieu a droit de prendre xx s. p. de rente.

De Gervais Gourlin, aussi freppier, ou lieu des vefve et heritiers de feu Jehan Boucheron, en son vivant aussi freppier, pour ung autre estal assis esdictes halles, devant la halle aux poirees, sur lequel estal ledict Hostel Dieu prend ii s. p. de rente.

*Rue de la Cossonnerie.* De maistre Jaques Marcel, notaire et secretaire du Roy, a cause de sa femme, fille de feu Philippes Foucault, en son vivant marchant et bourgeois de Paris, ou lieu de feuz Barthelot Dimanche et sa femme, pour une maison seant en ladicte rue, en laquelle pend pour enseigne le Plat d'estaing, tenant d'une part a la maison ou pend pour enseigne le Chevalier au cyne, d'autre a une autre maison ou pend pour enseigne le Bœuf couronné, aboutissant par derriere a....., sur laquelle maison ledit Hostel Dieu a droit de prendre xl s. p. de rente.

*Rue des Prescheurs.* De Gervais Larchier, marchant drappier et bourgeois de Paris, pour une maison séant en ladicte rue, en laquelle pend pour enseigne la Teste de mouton, qui fut a Mahiet Godart, tenant d'une part aux aians cause de feu Jehan Eschart, d'autre a.....

sur laquelle maison ledict Hostel Dieu prend viii ᵗᵗ p. de rente.

Des vefve et heritiers de feu Jaques le Bossu, en son vivant marchant et bourgeois de Paris, ou lieu des hoirs feu Denis le Bossu, pour une maison assise en ladicte rue, en laquelle soulloit pendre pour enseigne le Barrillet, et de present y pend l'Escu de Beauvais, tenant d'une part a l'ostel des Cynes, d'autre aux hoirs feu Guillaume de la Haye, sur laquelle maison ledit Hostel Dieu prend iiii ᵗᵗ p. de rente.

*Rue de la Chauverrerie.* Des vefve et heritiers de feu Jehan Rogais, en son vivant sergent a cheval ou Chastellet de Paris, pour une maison assise en ladicte rue, qui fut a maistre Jehan des Moulins, en son vivant procureur en Parlement, tenant d'une part a l'ostel ouquel pend pour enseigne l'ymaige Nostre Dame, d'autre a la maison declairee en l'article prochain en suyvant, aboutissant par derriere a une maison appartenant au petit Sainct Anthoine, sur laquelle maison ledit Hostel Dieu prend xxxii s. p. de rente.

D'eulx encores, ou lieu dudict Des Moulins, pour une autre maison assise en ladicte rue, qui fut a Estienne Contesse, en son vivant notaire ou Chastellet de Paris tenant d'une part a la maison devant dicte, d'autre a . . . . . aboutissant par derriere et ayant yssue en la grant rue de la Grant Truanderie, sur laquelle maison ledit Hostel Dieu prend lv s. p. de rente.

*Le coing de la Petite Truanderie.* De l'œuvre et fabrique de l'eglise monsieur Sainct Jehan en Greve, pour une maison et place derriere, seant au coing de ladicte rue de la Petite Truanderie, vers les Halles, tenant d'une part au coing de la rue de Vaudestour, aboutissant par derriere a la Grant Truanderie, sur laquelle maison ledit Hostel Dieu prend xxx s. p. de rente.

*Rue Neufve Sainct Martin dicte du Vertboys.* De Estienne de Milly et sa femme, paravant femme de feu Jehan Lheritier, pour une petite maison et ses appartenances assise en ladicte rue, contenant jardin et puitz derriere, avec une enclave et allee, pour aller dudit jardin, par le jardin qui fut a Jehan Lauson, jusques a la grant rue devant l'ostel du Temple, tenant d'une part aux hoirs feu maistre Henri Cousin, d'autre a Jehan Picart, sur laquelle maison l'Hostel Dieu prend xxxiiii s. p. de rente.

*Rue de Trousse-Vache.* De maistre Lois de Besancon, conseiller du Roy nostre sire en sa cour de Parlement, et damoiselle Marie Potier, sa femme, ou lieu de la vefve feu Nicolas Potier, en son vivant marchant et bourgeois de Paris, pour une maison assise en ladicte rue, en laquelle pend pour enseigne la Roze, tenant d'une part a la maison declairee en l'article prochain en suyvant, sur laquelle maison ledict Hostel Dieu prend xiiii s. p. de rente.

De luy ou lieu de ladicte vefve, pour une maison assise en ladicte rue, tenant d'une part a ladicte maison de la Roze, d'autre et aboutissant par derriere a Blavot Seguier, sur laquelle maison ledict Hostel Dieu prend xlvi s. viii den. p. de rente.

*Rue de la Courroierie.* De Girard Brochet, marchant chauderonnier, demourant a Paris, ou lieu de feu maistre Symon de Thamenay, en son vivant notaire du Chastellet de Paris, pour une maison assise en ladite rue, tenant d'une part et faisant le coing de la rue aux Lombars, d'autre aux hoirs feu maistre Lois de Clerbourg, aboutissant par derriere audit Clerbourg, sur laquelle maison ledit Hostel Dieu prend xxx iii s. iiii den. p. de rente.

*Rue de la Bauldroirie.* Des vefve et heritiers de feu sire Regnault Anthoulliet, bourgeois de Paris, ou lieu de la vefve feu Pierre Gaumont, pour une maison assise en ladicte rue, pres la fontaine Maubué, en laquelle pend pour enseigne le Cheval blanc, laquelle maison fut a maistre Clement Guerin, sur laquelle ledit Hostel Dieu soulloit avoir droit de prendre lx s. p. de rente, pour laquelle elle a este anciennement adjugee par decret audit Hostel Dieu, et depuis baillee par icelluy hostel aux vefve et heritiers de feu Lois Gaillart, pour xxxii s. p. de rente.

*Rue des Menestriers.* Des vefve et heritiers de feu maistre Anthoine Goupil ou lieu de feu maistre Anthoine Alixandre, pour une maison assise en ladicte, sur la porte de laquelle est pour enseigne l'ymaige Sainct Martin, tenant d'une part a . . . . . d'autre a . . . . . aboutissant par derriere a l'ostel du Paon, sur laquelle maison ledit Hostel Dieu prend xlii s. viii den. p. de rente.

*Rue des Petitz Champs et de Beaubourg pres Sainct Julien le Menestrier.* De Jehan Mercier, appothicaire, filz de feu Jehan Mercier, ou lieu de feu Anthoine Matinat, en son vivant custurier, pour une maison assise en ladicte rue, tenant d'une part a la rue des Estuves, d'autre faisant le coing de la plastriere, sur laquelle maison ledit Hostel Dieu prend xxiiii s. p. de rente.

De maistre Charles de Raouville, notaire ou Chastellet de Paris, a cause de sa femme paravant femme de feu maistre André Charpentier, en son vivant docteur en medecine, pour une maison assise en ladicte rue des Petitz Champs, et ayant issue en ladicte rue de Beaubourg, tenant d'une part aux hoirs feu Jehan Rengeur dit Loison, d'autre aux hoirs feu Hugues Aligues, aboutissant par derriere aux vefve et hoirs feu Jehan Tallois, sur laquelle maison ledict Hostel Dieu prend ix ᵗᵗ xii s. p. de rente.

*Rue Michel le Comte.* Des vefve et heritiers de feu Jehan Levavasseur, dit Nollet, en son vivant plastrier, pour deux maisons assises en ladicte rue, esquelles pendent pour enseigne l'Ours et le Lion, tenant d'une part aux enfans de feu Jehan Aymery, d'autre aux hoirs feu Christophe de la Planche et a Simon Julien, aboutissant par derriere a une ruelle nommee la Court au Villain, sur laquelle maison ledit Hostel Dieu prend xl s. p. de rente.

*Rue aux Oues.* Des vefve et heritiers de feu maistre Jaques du Tueil, pour une maison assise en ladicte rue, en laquelle pend pour enseigne l'Escriptoire, tenant d'une part à la Belle Estoille, d'autre a l'ostel de la Pie, aboutissant par derriere aux anciens murs de la ville de Paris, sur laquelle maison ledict Hostel Dieu prend viii tt p. de rente.

Desdites vefve et heritiers, lesquelz doyvent par chascun an pareille somme de viii tt p. de rente, constituee par ledict defunct du Tueil a feu maistre Jehan Maceron sur la maison dessus declairee, laquelle rente ledit Maceron a donnee audict Hostel Dieu.

De Thibault Dugué, rotisseur, ou lieu de feu maistre Jaques Damel et Lazare Beaufilz, pour une maison assise en ladicte rue, tenant d'une part a l'ostel ouqel pend pour enseigne l'ymaige Sainct Martin, d'autre a la maison du Plat d'estaing, aboutissant par derriere aux hoirs feu Philippot Afferlin, sur laquelle maison ledit Hostel Dieu prend iiii tt p. de rente.

*Oultre l'ancienne Porte Sainct Honnoré.* De maistre Jehan Dupré, procureur ou Chastellet de Paris, ou lieu des hoirs de feu Audry Boucault, pour une maison contenant celier, cave et jeu de paulme derriere, tenant d'une part a Robert Alaire et aiant issue a la rue de Richebourg, aboutissant par derriere aux maisons de l'ostel Sainct Pol, sur laquelle maison ledict Hostel Dieu prend xvi s. p. de rente.

De deux maisons entretenans oultre ladicte ancienne porte, dont l'une faict le coing de la rue au Coq et l'autre joignant, qui soulloit appartenir au conte Sainct Pol, a cause de madame sa femme, et Thomassin de Montfort, sur lesquelles deux maisons ledict Hostel Dieu prend x tt p. de rente admortie.

Des hoirs feu Regnard Absolu, pour une maison assise en ladicte rue, en laquelle pend pour enseigne l'Escu de France, tenant d'une part et faisant le coing de la rue au Chantre, sur laquelle maison ledict Hostel Dieu prend xii s. p. de rente.

De maistre Francois Courtaurel, prebtre, ou lieu de la fabricque Sainct Germain de l'Auxerrois, pour une maison assise en ladicte rue, en laquelle pend pour enseigne le Lion, tenant d'une part et faisant le coing de la rue Sainct Michel, d'autre a . . . . . sur laquelle maison ledit Hostel Dieu prend xv s. p. de rente.

*Rue de Guernelles.* De Robert de la Fosse, fils de feu Jehan de la Fosse, demeurant a Poissy, ou lieu des hoirs feu Jehan des Roches, pour une maison, court et jardin derriere assis en ladite rue, tenant d'une part et faisant le coing de la rue de Poileron, d'autre a Gilles Debomy,

sur laquelle ledict Hostel Dieu prend xxiiii s. p. de rente.

*Rue Sainct Thomas du Louvre.* De maistre Pierre Michel, prebtre, chanoine de l'eglise de Paris, doyen de l'eglise dudict Sainct Thomas du Louvre, ou lieu de Jehan de Laistre, pour une maison et jardin derriere seant en ladicte rue, tenant d'une part au jardin de Laval, d'autre a Jaques Poulain, sur laquelle maison ledict Hostel Dieu prend iiii tt p. de rente.

*Rue Jehan de Sainct Denis.* De Gabriel Viviot, bouchier, pour deux maisons entretenans, assises en ladicte rue et aiant yssue en la rue du Chantre, en l'une desquelles y a pour enseigne sur le portal l'Escu de Berry, sur lesquelles maisons ledict Hostel Dieu prend lii s. p. de rente.

*Rue du Chantre.* De maistre Jehan Aubery, ou lieu de la vefve feu Guillaume Bernard, pour une maison assise en ladicte rue, en laquelle pend pour enseigne l'ymaige Sainct Jaques, tenant d'une part aux hoirs feu Thomas de Montfort, d'autre aux Quinze-Vingts de Paris, aboutissant par derriere a Jehan Viviot, sur laquelle maison ledict Hostel Dieu prend xlvi s. viii den. p. de rente.

*Rue de Champfleury.* De Nicolas de La Fontaine, marchant demeurant a Paris, pour une maison assise en ladicte rue, qui fut a maistre Thomas Dossaige dit Cadet, tenant des deux costez et aboutissant par derriere aux vefve et heritiers de feu Robin Donchin, sur laquelle maison ledict Hostel Dieu prend xxxii s. p. de rente.

*Rue de la Plastriere, oultre l'ancienne porte Montmartre.* De Denis Boué, marchant de chevaulx, ou lieu des hoirs feu maistre Jehan de la Croix, en son vivant notaire et secretaire du Roy nostre sire, pour une maison seant en ladicte rue, tenant d'une part a la maison devant dicte, d'autre a la maison declairee en l'article prochain ensuyvant, sur laquelle maison ledict Hostel Dieu prend xl s. p. de rente.

De Michel de Fresnes, freppier, ou lieu des vefve et heritiers de feu Claude Platin, pour une maison assise en ladicte rue, tenant d'une part a la maison devant dicte, aboutissant au sejour du Roy, sur laquelle maison ledict Hostel Dieu prend xxxii s. p. de rente.

De Anthoine Bonhommeau, ou lieu des hoirs feue Guillemete Fiacre, pour deux maisons masures reediffiés de neuf, esquelles pendent pour enseigne les trois Corbillons, tenant d'une part a Jehan Le Boulengier, d'autre a Jehan Douyn, aboutissant par derriere a Jehan Girard, lesquelz lieux des longtemps furent adjugez par decret audit Hostel Dieu, et depuis baillez a ladicte Fiacre pour iiii tt xii s. p. de rente.

*Rue de Montmartre, oultre l'ancienne Porte et de l'Egiptienne.* De maistre Jehan Don, notaire ou Chastellet de Paris, ou lieu des heritiers de feu Pierre Thierry, pour une maison et jardin derriere assise en ladicte rue, tenant d'une part a Pierre Jaquelin, d'autre a Pierre Thierry, sur laquelle maison ledict Hostel Dieu prend xlv s. p. de rente.

*Oultre l'ancienne Porte Sainct Denis.* Des enfans et heritiers de feu noble homme Marin Bureau, en son vivant seigneur de la Houssaye, pour une maison et jardin derriere assise en ladicte rue, pres du Ponceau, en laquelle pend pour enseigne la Fleur de lis couronnee et deux Anges, tenant d'une part a la maison de la Housse trapu, aboutissant par derriere a ung jardin ou piece de terre aiant yssue en la rue de Montorgueil, sur laquelle maison ledict Hostel Dieu prend x s. p. de rente.

De Michel Vidault, peaulcier, tuteur des enfans mineurs de feu Mathurin de la Mothe, ou lieu de feu Thomas Guenart, a cause de sa femme paravant femme de feu Pierre Thibauldry, en son vivant bourselier, pour une maison, court et jardin derriere pres duedit Ponceau, tenant d'une part a l'ostel des Ratz, d'autre a une maison faisant le coing de la rue Guerin Boisseau, aboutissant par derriere a Jehan Thenart, sur laquelle maison ledict Hostel Dieu prend xxxv s. p. de rente.

D'une maison assise oultre ladicte ancienne porte, du costé de la Trinité, ou soulloit pendre pour enseigne la Fleur de lis, appartenant comme l'en dit au conte de Dampmartin, sur laquelle maison ledict Hostel Dieu a droict de prendre x s. p. de rente.

De Mahiet Pennechier, boulengier, pour une maison ou soulloit pendre pour enseigne le plat d'Estaing, estant oultre et du costé de Sainct Saulveur, tenant d'une part a la maison du Corbeau, d'autre a l'Escu de France, aboutissant par derriere aux jardins qui furent au conte de Dampmartin, sur laquelle maison ledict Hostel Dieu prend xx s. p. de rente.

De Jehan Myette, drappier, pour une maison et jardin derriere, en laquelle pend pour enseigne l'ymaige Sainct Yves, tenant d'une part a la maison devant dite, d'autre a et aboutissant par derriere a feu Jehan Berthe, sur laquelle maison ledict Hostel Dieu prend xxxii s. p. de rente.

De maistre Germain Du Val, notaire et secretaire du Roy nostre sire, ou lieu de Pierre Euqueville, pour une maison a pignon assise oultre les Filles Dieu, en laquelle pend pour enseigne la Levriere blanche, tenant d'une part a la Corne de Cerf, d'autre a l'ymaige Sainct Saulveur, aboutissant par derriere sur les murs de la ville de Paris, sur laquelle maison ledict Hostel Dieu prend xiiii s. p. de rente.

Des heritiers feu maistre Jehan Legendre, en son vivant conseiller du Roy nostre sire en sa court de Parlement, ou lieu de feu sire Jehan Le Gendre, son pere, en son vivant tresorier des guerres dudit seigneur, pour une maison assise en ladicte rue, joignant la porte du cymetiere de la Trinité, en laquelle pend pour enseigne la Bachouee, tenant d'une part a..... d'autre a..... aboutissant par derriere a..... sur laquelle maison ledict Hostel Dieu prend xii s. p. de rente.

*Oultre l'ancienne Porte du Bourg l'Abbé.* De Pierre Duchesne et Marguerite Villetard, sa femme, comme aians droit de feu Jehan Savart pour une maison et place joignant, ou soulloit avoir plastriere et jeu de paulme, assise pres et oultre ladicte porte, tenant d'une part aux vieilx murs de la ville de Paris, d'autre a la maison de l'Asne rayé, aboutissant par derriere a une ruelle sans chef appellee la ruelle des Estuves, sur la quelle maison ledict Hostel Dieu prend xl s. p. de rente.

*Oultre l'ancienne Porte Sainct Martin.* D'une masure ou soulloit avoir maison, assise devant Sainct Nicolas des Champs, qui fut Nicolas Bouchier et sa femme, sur laquelle maison ledict Hostel Dieu soulloit prendre xxxiii s. p. de rente.

*Oultre l'ancienne Porte du Temple, et la Porte Sainct Martin sur les murs.* De Jehan de Rieux, maistre cousturier, demourant a Paris, ou lieu de Jehan Le Clerc, dit de Meaulx, et Jaques Dostie, sergent de Sainct Martin des Champs, pour deux maisons assises entre deux portes, qui furent Anthoine Le Bon, tenant d'une part a Jehan Marquote, d'autre a maistre Nicole Dostie, aboutissant par derriere aux aigoutz de ladicte ville, sur lesquelles deux maisons ledict Hostel Dieu prend xv s. p. de rente.

*Rue des Gravelliers.* Des enfans et heritiers de feu Jehan Le Vavasseur, en son vivant fontainier de la ville de Paris, et Hebert de la Tour, ou lieu de Perrete, veufve de feu Jehan de Bucy, jadiz sergent a verge, pour une maison assise en ladicte rue, en laquelle pend pour enseigne le Beuf couronné, tenant d'une part a une maison en laquelle pend pour enseigne Sainct Joseph, d'autre a... sur laquelle maison ledict Hostel Dieu prend xii s. p. de rente.

*Rue de Frepault.* De Nicolas Gasteau, maçon, ou lieu de Nicolas Petit et Pierre Paquelin, manouvrier de bras, et paravant les hoirs feu Durant Saulnier, ou lieu de Jehan Guille, espicier, pour une maison assise en la dicte rue, tenant d'une part et aboutissant d'un bout aux hoirs feu Jehan Trotet, d'autre aux hoirs feu Jehan Moireau, sur laquelle maison ledict Hostel Dieu prend xxviii s. p. de rente.

*Rue Darnestal.* De Pierre Du Moustier, mareschal, pour une maison et appentiz, tenant d'une part a la maison du Coq, d'autre a la *Boudaire*, sur laquelle maison ledict Hostel Dieu prend xl s. p. de rente.

D'une masure et jardin assise en ladicte rue, tenant d'une part aux religieux, abbé et couvent de Sainct Magloire, aboutissant par derriere au cymetiere de la Trinité, qui fut aux hoirs feu Pierre Cheneviere, baillee par ledict Hostel Dieu a feu Guillaume Dupont, a la charge de iiii $^{tt}$ x s. p. de rente.

*Rue du Coq et de la Calendre.* De François Gastellier, marchant drappier et Nicolas Pot, bouchier, demourans a Paris, pour les heritaiges cy apres declaires, c'est assavoir sur le fief, terres et seigneurie de Maingues, assis en la paroisse de Daumont pres Montmorancy, lequel consiste en manoir, terres, prez, estangs et jardins, le tout contenant cent arpents de terre ou environ, mouvant en fief du seigneur de Daumont; item sur une maison assise a Paris en la rue du Coq, parroisse de Sainct Jehan en Greve, contenant deux corps d'ostel et court au meillieu, tenant d'une part et aboutissant par derriere aux hoirs feu maistre Nicole Charmoluc, en son vivant lieutenant civil de la prevosté de Paris; item sur une autre maison assise a Paris rue de la Calendre, en laquelle soulloit pendre pour enseigne le petit Cyne, tenant d'une part et aboutissant par derriere au grant Cyne et d'autre part a maistre Anthoine Patouillet, et sa femme a cause d'elle; item sur la tierce partie par indiviz d'une autre maison contenant pressouer, foullerie, jardin et douze arpens de vigne cloz a murs, assis a Nostre Dame des Champs, devant et a l'opposite du *Moulin des Gobelins*; item sur une grant maison contenant deux corps d'ostel, assiz a Paris, rue de la Buscherie, ou ledict Pot est a present demeurant, en laquelle pendent pour enseigne les Marmouzetz, tenant d'une part a Pierre Amy, d'autre a maistre Raoul Lefaulcheur, procureur oudit Chastellet, aboutissant par derriere a la riviere de Seyne; item sur une maison assise rue Sainct Jaques pres le petit Chastellet, tenant d'une part et aboutissant d'un bout aux hoirs feue Robine Gasse, d'autre a Bernard Jouvyn, charpentier, sur tous lesquels heritaiges et generallement sur tous et chacuns leurs autres biens ledit Hostel Dieu prend c livres parisis de rente.

*Somme des rentes prinses en ceste ville de Paris* xiii$^c$ ix $^{tt}$.

Autre recepte faicte par ce present receveur, a cause des rentes ou pensions viagieres que ledict Hostel Dieu prend en ceste ville de Paris.

Et premierement, *rue Veufve Nostre Dame.* De maistre Jehan de Tournay, prebtre, filz de feu Jehan de Tournay, en son vivant boulengier, demeurant a Paris, pour une maison assise en ladicte rue, en laquelle pend pour enseigne la Marguerite, tenant d'une part a la maison de Sainct Victor. aboutissant par derriere a l'ostel de la Huchete, pour laquelle maison ledit de Tournay doit audit Hostel Dieu xiiii $^{tt}$ p. de rente ou pension viagiere.

De maistre Pierre Raoullin, notaire de chappitre de l'eglise de Paris, pour une maison assise en ladicte rue Veufve, tenant d'une part aux hoirs de feu Jehan Guimyer, demourant en une maison appartenant audit Hostel Dieu, aboutissant par derriere a la rue du Sablon, a luy baillee a la charge de xx livres parisis de rente ou pension viagiere.

De la vefve feu Hervé Rambault, en son vivant maistre barbier, demeurant a Paris, pour une maison assise en ladite rue, en laquelle pend pour enseigne la Croix de fer, tenant d'une part à la maison de la Marguerite, d'autre a l'ostel de la Couronne, baillee aux vies dudit Rambault et de sadite femme, a la charge de x $^{tt}$ p. de rente ou pension viagiere.

*Rue Sainct Christofle.* De maistre Jehan Richier, procureur en la justice de l'ellection de Paris, ou lieu de feu maistre Jehan Richier, son pere, pour une maison assise en ladicte rue, en laquelle pend pour enseigne la Couppe, tenant d'une part a la maison du presbitere Sainct Christofle, d'autre faisant le coing de la rue de Venise, aboutissant par derriere a la maison declairee en l'article prochain ensuyvant, laquelle maison ledit Richier a prinse dudit Hostel Dieu a la charge de x $^{tt}$ p. de rente ou pension viagiere.

*Rue de Venise.* De maistre Jehan Malabry, chanoine de l'eglise de Paris, ou lieu de feu maistre Francois Clement, pour une maison assise en ladicte rue, laquelle, et la maison dessus declairee ne soulloient estre que ung corps d'ostel et de present sont en deux separez, tenant d'une part a ladite maison declairee en l'article prochain precedent, d'autre et aboutissant par derriere a la maison de l'Agnus Dei, appartenant audit Hostel Dieu, a luy baillee a la charge de xvi $^{tt}$ p. de rente ou pension viagiere.

*Rue Sainct Pierre aux Beufz.* De maistre Jehan Mondinot, prebtre, chanoine et chevecier de Sainct Merry, a Paris, ou lieu de feu maistre Jehan Baisle, en son vivant chanoine de l'eglise de Paris, pour une maison assise en ladite rue, faisant le coing de la rue Saincte Marine, baillee audit Mondinot a la charge de xiiii $^{tt}$ p. de rente ou pension viagiere.

*Rue de la Confrarie et de Champrosy.* De maistre Pierre Coignet, prebtre beneficié en l'eglise de Paris, ou lieu de maistre Jehan de Morennes, chanoine de Sainct Honnoré, pour deux maisons aboutissans l'une a l'autre, assises esdites rues de la Confrarie et de Champrozy, ou soulloit pendre pour enseigne l'ymaige Sainct Martin et de present y pend le Prescheur, piece donnee audit Hostel Dieu par feu messire Pierre de Belleville, en son vivant prebtre, curé de Sucy en Brie, baillee audit Coignet sa vie durant, a la charge de xx livres parisis de rente.

De Christofle Fourrier, pour deux autres maisons aussi aboutissans l'une a l'autre, seans esdictes rues, joignans les dessus dites, d'autre a une maison faisant le coing desdites rues, baillees par ledict Hostel Dieu a feu maistre Regnault de Menegent, en son vivant clerc de la Chambre des Comptes, duquel de Menegent, ledit Fourrier a espousé la fille bastarde, qu'on dit avoir esté legitimée, a la charge de x livres p. de rente viagere.

*Rue des Marmouzetz.* De la vefve feu maistre Pierre Preudhomme, en son vivant conseiller du Roy nostre sire, en sa court de Parlement, fille de feu maistre Nicole Poart, pour deux maisons assises en ladicte rue, en l'une desquelles soulloient pendre pour enseigne les Coulombs, tenant d'une part a la maison de la Barbe d'or, d'autre a une maison qui fut aux religieux de Sainct Anthoine des Champs, aboutissant par derriere a une ruelle qui n'a point de bout, l'autre tenant d'une part et faisant le coing de la rue du Petit Ymaige Saincte Catherine, dicte des Haults Moulins, aboutissant par derriere a une ruelle ayant yssue en la rue du Chevet Sainct Landry, lesquelles furent baillees par ledit Hostel Dieu a feu maistre Nicole Poart, duquel ledit feu Preudhomme a espousé l'une des filles, a la charge de x liv. p. de rente ou pension viagiere.

De maistre Jehan Dautissant, procureur ou Chastellet de Paris, pour une maison seant en ladicte rue, tenant d'une part a une maison ou soulloit avoir plastriere, appartenant aux vefve et hoirs feu maistre Pierre Hochet, en son vivant notaire oudit Chastellet, et paravant feu Jehan le Maistre, d'autre a une maison qui fut a Colette l'Espée, baillee par ledit Hostel Dieu a feu maistre Quentin Dautissant, son pere, a la charge de iiii $^{tt}$ p. de rente ou pension viagiere.

*Rue de la Coulombe.* Des vefve et hoirs feu maistre Christofle de la Croix, en son vivant advocat en Parlement, ou lieu de feu Alain de la Croix, son pere, pour deux maisons entretenans, assises en ladicte rue, tenans d'une part a une maison appartenans audit Hostel Dieu, d'autre a une autre maison et establo appartenans aux hoirs feu maistre Guillaume Dannet, faisant le coing de ladicte rue de la Coulombe, sur laquelle maison ledit Hostel Dieu prend viii livres parisis de rente ou pension viagiere.

*Rue Sainct Jaques.* De Jehan Royer, marchant hostellier, demeurant a Paris, filz de feu Maurice Royer, pour une maison seant en ladite rue, devant et a l'opposite des Mathurins, en laquelle pend pour enseigne la Mulle, tenant d'une part a une maison qui fut a feu maistre Francois Ferrebourg, d'autre aux heritiers de feu Hillaire Fournier, huissier des requestes du Palais, aboutissant par derriere au jardin de Sainct Jehan de Latran, baillee par messeigneurs les gouverneurs dudit Hostel Dieu, a la charge de xlviii liv. p. de rente.

*Rue de la Parcheminerie.* De maistre Jehan Mocet, procureur en Parlement, ou lieu de feu maistre Martin Mocet son pere, en son vivant aussi procureur en ladite court, pour une maison assise en ladite rue, en laquelle pend pour enseigne l'ymaige Sainct Nicolas, tenant d'une part a maistre Anthoine Cardon, baillee par ledit Hostel Dieu audit defunct, a la charge de cent solz p. de rente ou pension viagiere.

*Rue de la Vieille Bouclerie, dicte l'abreuvoir de Mascon.* De Ysaac Pinchon, cousturier, pour une maison assise et faisant le coing desdites rues, devant ledit abreuvoir de Mascon, en laquelle pend pour enseigne l'Ange, tenant et aboutissant de toutes pars a Jaques de Lassus, a luy baillee, a la charge de xxiiii liv. p. de rente ou pension viagiere.

*Rue de la Mortellerie.* Des vefve et heritiers de feu Bernard Nesle, dit Lubin, pour une maison assise en ladicte rue, en laquelle pend pour enseigne la Nef d'argent, separée en deux maisons, tenant d'une part a une maison appartenant a la chappelle de Passy, d'autre a Pierre Chasteau, et paravant a feu maistre Lois du Chasteau, aboutissant par derriere aux hoirs feu maistre Hue Dicy, sur laquelle maison ledit Hostel Dieu prend x liv. p. de rente viagiere.

*Rue Froigier Lasnier.* De Huguete Boullier, fille de feu Gilles Boullier, en son vivant voicturier par eaue, pour une maison assise en ladicte rue, tenant d'une part a la maison de la Croix blanche, d'autre a la maison des Serpettes, appartenant audit Hostel Dieu, baillée par icelluy hostel a la charge de viii $^{tt}$ p. de rente ou pension viagiere.

*Rue des Barres.* De Nicolas Sablon, ou lieu de feu Guillaume Sablon son père, en son vivant pelletier, pour une maison assise en ladicte rue, contenant trois corps de maison, en laquelle pend pour enseigne l'Escu de Bretaigne, tenant d'une part a la maison de l'Estoille, d'autre a la maison de la Boulle, aboutissant par derriere aux hoirs feu Tristand Beranjon, appothicaire, baillee par ledit Hostel Dieu a la charge de xxiiii $^{tt}$ p. de rente.

*Rue des Juifz, derriere le Petit Huis Sainct Anthoine le Petit.* Des heritiers feu maistre Pierre Lapie, en son vivant prebtre, pour une maison assise en ladicte rue, en laquelle pend pour enseigne le Plat d'estaing, tenant d'une part a une maison appartenant aux heritiers de feu monsieur le conte de Brayne, baillee par ledit Hostel Dieu audit La Pie, a la charge de xlviii s. p. de rente.

*Rue aux Oues.* De maistre Jehan Hector, curé de Montrouge, pour une maison assise en ladicte rue, en laquelle pend pour enseigne la Couronne, tenant d'une part a la maison du Soufflect, d'autre a... aboutissant par derriere aux anciens murs de la ville de Paris, a luy baillee par messeigneurs les Gouverneurs dudit Hostel Dieu, a la charge de lxiiii s. p. de rente ou pension viagiere.

Dudit maistre Jehan Hector, auquel ladite maison a este baillee a-la charge de l s. p. de rente envers maistre Philippe Valangelier, receveur des tailles de l'ellection de Meaulx, laquelle rente il a donnee et aulmosnee audit Hostel Dieu pour l'entretenement des pouvres d'icelluy hostel.

« *Rue Sainct Honnoré*. D'une maison assise en ladicte rue, en laquelle pend pour enseigne l'Escrevisse, tenant d'une part a la maison faisant le coing de la rue des Bourdonnais, baillee par ledit Hostel Dieu a Jehan Heaulme, tondeur de draps, a la charge de xvii ## xii s. p. de rente ou pension viagiere.

*Somme des rentes viaigieres en la ville de Paris ii° lxiii livres parisis.*

*Autre recepte faicte par cedict present receveur, a cause d'aucuns louaiges de maisons assises tant en ceste ville de Paris que es faulxbourgs d'icelle, appartenans audit Hostel Dieu.*

Et premierement, *rue Neufve Nostre Dame*. De maistre Jehan Rogemaille, prebtre, beneficié en l'eglise de Paris, la somme de xxvii ## iiii s. p. a cause de pareille somme qu'il doit audit Hostel Dieu, pour le louaige d'une maison assise en ladite rue, devant et a l'opposite de la grant porte d'icelluy Hostel Dieu, en laquelle pend pour enseigne le Chauderon, faisant le coing de ladicte rue et du Parvis Nostre Dame.

De Jehan Vivien, chandelier de suif, la somme de lvi ## p. pour le louaige d'une maison assise en ladicte rue, en laquelle pend pour enseigne la Couronne, tenant d'une part a la maison de la Croix de fer, d'autre faisant le coing de la rue de Venise, aboutissant par derriere a l'ostel de la Huchete, appartenant audit Hostel Dieu.

De la vefve feu Guillaume Eustace, libraire, la somme de lvi ## p. pour le louaige d'une maison assise en ladicte rue, en laquelle pend pour enseigne l'*Agnus Dei*, tenant d'une part et faisant le coing de la rue de Venise, d'autre a Robin Charlot, aboutissant par derriere a la maison de la Couppe.

De Pierre Dubois, *tailleur d'ymaiges*, la somme de xviii ## p. pour le louaige de l'une de trois maisons entretenans, assises en ladicte rue Neufve Nostre Dame, devant et a l'opposite de Saincte Geneviefve des Ardans, appartenans audict Hostel Dieu, tenant d'une part a la maison declairee en l'article prochain ensuyvant, d'autre a l'Escu de France.

De maistre Nicole Plantin, praticien en court d'eglise, pour le louaige de deux corps d'ostel desdites trois maisons, moiennant et parmy la somme de xxvii ## iiii s. p.

De la vefve feu Pierre Rouffect, libraire, xl liv. parisis pour le louaige d'une autre maison, assise en ladicte rue, en laquelle pend pour enseigne le Faulcheur.

De Jehan Chauveau, *enlumineur*, pour le louaige de portion d'une maison contenant trois louaiges, assise en ladicte rue, en laquelle pend pour enseigne l'ymaige Saincte Catherine, a luy louee moiennant la somme de x ## xvi s. p.

De Jehan Valeton, brodeur, ou lieu de maistre Ponce Musnier, praticien en court d'eglise, pour le louaige de la deuxiesme portion de ladicte maison Saincte Catherine, moiennant et parmy la somme de xxiiii ## p.

De la vefve feu maistre Pierre Eschart, en son vivant docteur en medecine, pour le louaige de la troisieme porcion de la maison Saincte Catherine, xxxii livres parisis.

De maistre Jaques Gilbert, praticien en court d'eglise, pour le louaige d'une maison assise en ladicte rue, devant et a l'opposite de la maison de l'Agnus Dei xl livres parisis.

De Jehan de Presles, horologier, pour le louaige d'une maison assise en ladicte rue, faisant le coing de la rue descendant en la court basse dudit Hostel Dieu xxviii ## p.

De maistre Jehan Lecoq, praticien en court d'eglise, pour le louaige d'une maison assise en ladicte ruelle, aboutissant par derriere a la maison declairee en l'article prouchain precedent, la somme de xxiiii livres parisis.

*Rue du Parvis Nostre Dame*. De Eloy Lebegue, libraire, pour le louaige d'une maison assise en ladicte rue, en laquelle pend pour enseigne la Huchette, avec une autre maison assise derriere ladicte maison de la Huchette, naguerres acquise par ledict Hostel Dieu des boursiers du colleige des dix huit, avec les places a vendre pain et lard estans devant lesdictes maisons, la somme de lxxiiii liv. p.

De maistre Anthoine Lhostellier, praticien demeurant a Paris, la somme de xvi ## p. pour le louaige d'une petite maison assise en ladicte rue, joignant la dessus dite.

Du premier corps d'ostel de la maison *du Chasteau Frilleux* assise en ladite rue, c'est assavoir celui qui faict le coing de la rue Sainct Pierre aux Beufz, *auquel y a une tournelle*, néant cy, pour ce que mesdicts seigneurs les gouverneurs y tiennent le bureau dudict Hostel Dieu.

Du deuxiesme corps d'ostel dudit Chasteau Frilleux, néant cy, pour ce qu'il est baillé a damoiselle Jehanne Du Bez et a la vefve feu Jehan du Mortier, sans aucune chose en paier, pour ce qu'elles se sont donnees avec leurs biens audit Hostel Dieu.

De Benoist Augirard, marchant joiaulier, demeurant a Paris, la somme de xxvii ## iiii s. p. a cause de semblable somme qu'il doit pour le louaige d'une maison assise en ladicte rue, en laquelle pend pour enseigne l'Escu de France, joignant la maison dessus dicte et d'autre costé au Cheval rouge.

*Rue Sainct Pierre aux Beufz.* De maistre Anthoine Martin, procureur en la court de Parlement, la somme de xxiiii ʰ p. pour le louaige d'une maison assise en ladicte rue.

De maistre Jehan Favereau, procureur en Parlement, pour le louaige d'une maison assise en ladicte rue, tenant d'une part a la maison declairee en l'article prochain ensuyvant, d'autre a la maison de maistre Pierre du Mousoy, aussi procureur en ladicte court xxiiii ʰ p.

De Thomas Morin, pour une maison assise en ladicte rue, en laquelle pend pour enseigne l'ymaige Saincte Getrudy, la somme de xxvi ʰ viii s. p.

De maistre Pierre Boulioult, procureur en Parlement, pour le louaige d'une maison assise en ladicte rue, xxvi ʰ p.

*Rue Sainct Christofle.* De Jehan de la Garde, libraire juré en l'Université de Paris, pour le louaige d'une maison assise en ladicte rue, faisant le coing de la rue Sainct Pierre aux Beufz, en laquelle pend pour enseigne l'ymaige Saincte Marthe, xxxii ʰ p.

*Rue de Venise.* De maistres Gilles Folliart et Guillaume Augrain, prebtres, ausquelz mesdiz seigneurs les gouverneurs ont loué une maison assise en ladicte rue, en laquelle pend pour enseigne l'Espee xv ʰ parisis.

*Rue de la Confrarie.* De Cloud Gerbe, sergent a cheval ou Chastellet de Paris, la somme de xiiii liv. p. pour le louaige d'une petite maison assise en ladite rue.

*Rue du Chevet Sainct Landry.* De maistre Lienard Ulericq, pour le louaige d'une maison assise en ladicte rue, tenant d'une part a maistre Jehan Bagereau, advocat en Parlement, aboutissant par derriere aux vefve et hoirs feu maistre Christofle de la Croix, en son vivant aussi advocat en ladicte court, la somme de xxiiii liv. p.

*Rue de la Coulombe.* De la vefve feu maistre Symon Morise, en son vivant procureur en Parlement, pour le louaige d'une maison assise en ladicte rue xxii ʰ viii s. p.

*Rue du Port Sainct Landry.* De Jehan Boudin, foullon de bonnetz, pour le louaige du premier corps d'ostel d'une maison assise en ladicte rue xvii ʰ xii s. p.

De Henriet Mathis, aussi foullon de bonnetz, ix ʰ xii s. pour le louaige du deuxieme corps d'ostel de la maison declairee en l'article prochain precedent.

De Symon Langlois, voicturier par eaue, pour le louaige du troisiesme et derrenier corps d'ostel de la maison dessus dicte xii ʰ xvi s. p.

*Rue de la Vieille Pelleterie.* De Jehan Coinctet, orfevre, pour le louaige d'une maison assise en ladicte rue, en laquelle pend pour enseigne l'Escu de France, tenant d'une part a l'ostel de la Cloche, d'autre a Nicolas Chastellain xx ʰ xvi s. p.

*Rue Sainct Denis de la Chartre.* De maistre Francois de Rochefort, pour le louaige d'une maison assise en ladicte rue, en laquelle pendent pour enseignes les ymaiges Sainct Leu et Sainct Gilles xxxii ʰ. p.

*Rue des Oblayers, dicte de la Licorne.* De maistre Hugues de la Coppelle, examinateur ou Chastellet de Paris, pour le louaige de deux grans corps d'ostelz d'une maison assise en ladicte rue, en laquelle pend pour enseigne la Licorne lxiiii ʰ p.

De Germaine Foucault, vefve de feu maistre Jehan Charlot, en son vivant procureur en Parlement, et maistre Gilles Mulart son gendre, aussi procureur en ladicte court, ausquelz mesdiz seigneurs les gouverneurs ont loué une petite maison estant des appartenances de la maison de la Licorne, xxii ʰ p.

*Rue de Petit Pont.* De Guillaume Hemond, lequel a prins, a tiltre de loier d'argent, dudict Hostel Dieu la premiere place ou estal a vendre beurre et autres denrees séant contre la grant porte dudit Hostel Dieu, du costé du petit Chastellet, moiennant et parmy la somme de x ʰ viii s. p.

De Jehan Habert et sa femme, paravant femme de feu Nicolas Dugué, pour le louaige d'une autre place estant a l'autre porte dudict Hostel Dieu, *pres la salle Neufve*, la somme de viii ʰ p.

*Rue de la Buscherie.* De Yvon Quillevaire, libraire, pour le louaige d'une maison assise en ladicte rue, en laquelle pend pour enseigne la Croix noire xxxiiii liv. p.

De Gillet Retor, maçon, la somme de xliiii liv. p. pour le louaige d'une maison assise en ladicte rue, nagueres edifiiée de neuf par ledict Hostel Dieu l. p.

*Rue des Bernardins.* De Gregoire Lefevre, cousturiere, pour une maison assise en ladicte rue, en laquelle est pour enseigne l'ymaige Saincte Catherine xxviii ʰ p.

*Le Mont Saincte Geneviefve.* De Gilles Blondeau, appothicaire, pour le louaige d'une maison seant en ladicte rue, en laquelle pend pour enseigne le Berceau, tenant d'une part aux hoirs feu maistre Martin du Chesne, d'autre a Pierre Guymier, maçon, xx liv. par.

*Rue Sainct Jaques.* De maistre Olivier Mallart, libraire, pour le louaige d'une maison assise en ladicte rue, du costé de Sainct Benoist, en laquelle pend pour enseigne l'Ange, tenant d'une part a une maison, en laquelle pend pour enseigne le Regnard farré, d'autre a Lois Drouart, cordouennier, xxiiii ʰ p.

De Perrete Lefevre, vefve de feu Nicolas Hary, en son vivant libaire, auquel ce present receveur, comme prestant son nom audit Hostel Dieu, a loué une petite maison assise en ladicte rue, en laquelle pend pour enseigne le Croissant, pour ce que ledict Hostel Dieu a esté condemné a vuyder ses mains de ladicte maison, et l'a laissée en main vivant et mourant, a la requeste des chanoines de Sainct Benoist le bien tourné, louee audit deffunct moiennant et parmy la somme de xviii ℔ viii s. p.

*Rue de Erambourg de Bryc.* De Jehan Raoulland, chaussetier, pour le louaige d'une petite maison assise en ladicte rue xxiiii ℔ p.

*Rue du Pont au Change.* De sire Jaques Pinel, marchant et bourgeois de Paris, tuteur de Jehan Lejay, mineur d'ans, filz de feu Jehan Lejay et Jaqueline Barbedor, lxviii liv. parisis, pour le louaige de la moietié par indivis d'une maison assise en ladicte rue, en laquelle pend pour enseigne la Coste de ballaine.

*Rue de la Saulnerie.* De Cosme Charron, marchant de poisson, pour le louaige d'une maison assise en ladicte rue, en laquelle pend pour enseigne le Lion d'or, appartenant audit Hostel Dieu a cause de feue dame Nicole Macheco, xlviii liv. parisis.

*Rue de Pied de Beuf.* De Nicolas Gilbert, bouchier, lequel a prins dudit Hostel Dieu a tiltre de loier d'argent, la somme de xxxviii ℔ viii s. p.

*Rue Sainct Honnoré.* De Guillaume Creton, marchant drappier, pour le louaige d'une maison assise en ladicte rue, pres la place aux Chatz, lvi livres parisis.

De Jehan de Soubz le Moustier, drappier, la somme de xxxii liv. par. pour le louaige d'une maison assise en ladicte rue.

*Rue Sainct Denis.* De Jehan Quevis, marchant de draps de soie a Paris, pour le louaige d'une maison assise en ladicte rue, en laquelle pendent pour enseigne les deux Cynes viii˟˟ xvi livres parisis.

*Rue de la Mortellerie.* De Estienne de Plancy, marchant voicturier par eaue, pour le louaige d'une maison assise en ladicte rue, en laquelle pendent pour enseigne les Serpettes, et d'une autre maison assise rue Froigier Lasnier, aboutissant a ladicte maison des Serpettes lii liv. parisis.

*Rue Froigier Lasnier.* De Jehan Olivier, voicturier par eaue, pour le louaige d'une petite maison assise en ladicte rue xvi ℔ p.

*Rue Sainct Anthoine.* De Estienne Loiseau, laboureur, xxviii l. xvi s. par. pour le louaige d'une maison assise en ladicte rue, contenant deux corps d'ostel, en laquelle pend pour enseigne le Materat, devant et a l'opposite du *beautreilliz*, louee du jour de Noel m. v˟ xxxii jusques a neuf ans apres ensuyvant, a *la reservation de la chambre de devant quant on fait les jouxtes ou autres actes solempnelz*.

*Rue de Marivaulx.* De maistre Jaques le Saige, procureur en Parlement, xvi liv. par. pour le louaige d'une petite maison assise en ladicte rue.

*Rue Sainct Martin.* De Nicolas Bourdin, chandelier de suif, pour une maison assise en ladicte rue, contenant trois corps d'ostelz, en laquelle pend pour enseigne le Mirouer, aboutissant par derriere a une petite maison appartenant audit Hostel Dieu, comprinse ou louaige de ladite maison du Mirouer xxxviii liv. parisis.

*Oultre l'ancienne Porte Sainct Honnoré.* De Guillaume Cheriot, bourrellier, pour le louaige d'une maison assise en ladicte rue xxxii ℔ p.

*Rue de Champfleury.* De maistre Jehan Damery, bourgeois de Paris, pour le louaige d'une maison assise en ladicte rue, en laquelle pend pour enseigne l'Estreille xix ℔ iiii s. p.

*Rue de Frepault.* De Guillaume Doué, orfevre, pour le louaige d'une petite maison assise en ladicte rue vii ℔ iiii s. p.

*Rue du Vertboys.* De Nicolas Janvier, marchant poullaillier, xvi liv. parisis pour le louaige d'une maison contenant deux corps d'ostelz, assise en ladicte rue.

Somme des louaiges de maisons a Paris xvii˟ lxvii livres xvi s. parisis.

*Autre recepte faicte par cedit receveur, a cause des cens, surcens et fons de terre que ledit Hostel Dieu a droit de prendre hors la ville et faulbourgs de la ville de Paris.*

Et premierement, entre *Nostre Dame des Champs et Sainct Marcel*. Des velve et hoirs Guillaume Boudis et Thomas Ferrand, pour sept quartiers de vigne assiz oudict terrouer de Nostre Dame des Champs, sur lesquelz ledict Hostel Dieu prend i den. p. de cens.

*Argenteuil.* Des cens que ledict Hostel Dieu a droit de prendre par chascun an sur plusieurs maisons et heritaiges assis audit lieu, montans selon les comptes anciens dudit Hostel Dieu a la somme de xx s. xi den.

*Boschet.* Des cens que ledict Hostel Dieu a droit de prendre audict lieu, montans selon les comptes anciens a la somme de xlviii s. viii den. p. par chascun an, néant cy, pour ce qu'ilz sont affermez avec les cens des fiefz de Boyteaulx et Bethisy, audit Hostel Dieu appartenans.

*Baigneux, Chastillon et Fontenay soubz Baigneux, a cause du fief de Gatende, Sucy en Brie et Villète Sainct Ladre.* Des cens, rentes, ventes saisines, amendes et autres droictz seigneuriaulx que ledict Hostel Dieu prend es dicts lieux de Baigneux, Sucy en Brie et Villete Sainct Ladre, affermez par mesdiz seigneurs les gouverneurs a Guillaume Baudart, bourgeois de Paris, à la charge d'exercer ou faire exercer bien et duement la justice que ledict Hostel Dieu a esdiz lieux, a cause desdiz fiefs, par gens ydoines et suffisans, en faire bons et loiaulx registres, et semblablement ung bon et vray papier censier et autenticque desdiz cens et rentes, moiennant la somme de xxxiiii ℔ t.

*Boyteaulx, Bethizy et Vert le Petit.* Des cens que ledict Hostel Dieu prend par chascun an a cause des fiefz

[1536.]   DE L'HÔTEL-DIEU DE PARIS.

dessus declairez, affermez avec les rentes que ledict Hostel Dieu a esdict lieux a Germain Regnoult, fermier dudit Hostel Dieu a Ver le Grant, moiennant la somme de cinquante s. p.

*Braye Conte Robert.* Des cens que ledict Hostel Dieu a droit de prendre par chascun an audit lieu, montans anciennement a la somme de xi s. ob. lesquelz sont en non valloir, comme appert par les comptes anciens.

*Chaville et Versailles.* Des cens et sur-cens que ledict Hostel Dieu a droict de prendre par chascun an audict lieu, montans anciennement a la somme de iiii liv. iiii s. iiii den. par. affermez a Aleaume Guibault, fermier dudict Hostel Dieu audict lieu, avec la tierce partie des ventes, ensemble toutes les rentes deues audict lieu audict Hostel, moiennant et parmy la somme de vi ᵗᵗ viii s. p. et oultre a la charge de recueillir le pappier censier desdiz cens, par nouveaulx tenans et aboutissans.

*Crestueil.* Des cens et surcens que ledict Hostel Dieu a droict de prendre par chascun an, montans anciennement a la somme de iiii ᵗᵗ x s. vi den. p., affermez avec la moietié des ventes et saisines a Pierre Salmon, laboureur, demeurant audict lieu, moiennant et parmy la somme de lx s. p.

*Corbueil.* Des cens que ledict Hostel Dieu a droit de prendre audict lieu, montans anciennement a xi s. iii den. ob. p. lesquelz des longtemps sont en non valloir.

*Chastenay.* Des cens deubz chascun an audict Hostel Dieu, montans anciennement a iiii s. vi den. lesquelz semblablement sont en non valloir.

*Champrozé et Mainville.* Des gros et menuz cens deuz audict Hostel Dieu esdiz lieux, montans selon les comptes anciens a la somme de iiii ᵗᵗ vii s. iii den.

*Courtdimanche et Messe en Beauce.* Des cens que ledict Hostel Dieu a droict de prendre, montans, selon les comptes anciens, a la somme de xxviii s. parisis, affermez a Jehan Allart, marchant d'Estampes, avec les dixmes que ledict Hostel Dieu a en la parroisse de Courtdimanche.

*Clamart, Gentilly, Arcueil et autres lieux.* Des cens et rentes que ledict Hostel Dieu prend audit lieu, tant a cause de feu maistre Guillaume Colombel que aultrement, montans anciennement a la somme de viii ᵗᵗ i s. p. lesquelz, avec les rentes deues audit lieu, ont esté baillees a renouveller par mesdiz seigneurs les gouverneurs, a maistre Francois de Rochefort, ou lieu de Guillaume Geuffroy, clerc du bureau dudict Hostel Dieu, et desquelz cens, ensemble lesdites rentes, a este receu la somme de iiii^{xx} xv ᵗᵗ xiii s.

*Escharcon.* Des cens deuz audit lieu, montans anciennement a la somme de vii ᵗᵗ iii s. x den. neant cy pour les causes contenues es comptes precedens.

*Estampes.* Des cens deuz audit Hostel Dieu, montans anciennement a li s. ix den. p., lesquelz, avec les rentes et autres droictz que ledit Hostel Dieu a audit lieu d'Estampes, ont pieça esté affermez a maistre Pierre Huré, prebtre, curé de Sainct Jehan d'Ormoy, parmy la somme de iiii ᵗᵗ p.

*Engueville et Lardy.* Des cens deuz audit Hostel Dieu esdiz lieux, montans, selon les comptes anciens dudict Hostel Dieu, a la somme de xiiii liv. iiii s. p. neant cy, pour ce que, des pieça, ilz ont esté baillez avec autres rentes et heritaiges assiz esdiz lieux, appartenans audit Hostel Dieu, a feuz Charles Dubuz et sa femme, aux vies d'eulx et de leurs enfans naiz et a naistre, parmy xxii s. p. de rente viagiere, dont recepte sera faitte cy apres au chappitre de rentes viagieres.

*Elleville.* Des cens que ledit Hostel Dieu a droit de prendre audit lieu, montans anciennement a la somme de x ᵗᵗ xviii s. ii den.

*Fontenay et Monstereul sur le boys de Vincennes.* Des cens que ledict Hostel Dieu a esdiz lieux, montans a xiii s. ii den affermez a Pierre Berault, demeurant audit lieu de Fontenay, parmy vi s. p. chascun an.

*Forges, pres Bris et Genvris.* Des gros et menuz cens que ledict Hostel Dieu a droict de prendre par chascun an esdiz lieux, montans a la somme de xvii ᵗᵗ xvii s. ii den. affermez a Guillaume Mazalon, marchant demeurant a Montlehery, avec le droit de ventes, saisines et amendes, ensemble neuf arpens de terre labourables, et xxix arpens et ung quartier de bois taillix assis audict lieu de Genvris, le tout appartenant audit Hostel Dieu, ledit bail fait a la charge de bailler en la fin dudit temps la declaration desdiz cens et rentes, et semblablement rendre lesdictes terres en bon estat et labour, moiennant et parmy la somme de xxiiii ᵗᵗ p. pour la premiere annee, et pour chascune des autres annees ensuyvans, moiennant la somme de xxxii ᵗᵗ p.

*Gersis en Brye.* Des cens que ledict Hostel Dieu prend par chascun an audit lieu, montans iii s. parisis, neant cy, pour ce que recepte en sera faitte cy apres avec les cens deuz a cause du fief de Launay et Tournant.

*Louans, Rungy et Villemilland.* De Pierre d'Estampes, laboureur, demourant audit lieu de Louans, auquel mesdiz seigneurs les gouverneuis ont baillé, a tiltre de ferme et loier d'argent, les cens que ledict Hostel Dieu prend par chascun an esdiz lieux, ensemble xxiiii s. p. de rente deue audit Rungy d'une part, et xxii s. p. aussi de rente deue a Wissoubz d'autre, avec les ventes, saisines et amendes, moiennant et parmy la somme de xviii ᵗᵗ t. par chascun an.

*Liers, Saincte Geneviefve des Bois et Gevisy.* De Guillaume Sevyn, laboureur, demeurant audit lieu de Liers, Saincte Geneviefve des Bois et Gevisy, xxxii liv. p. pour les fermes

III.  30

des cens et rentes, deubz audit Hostel Dieu, ensemble pour la moictié des ventes, saisines et amendes de une douzaine de vollaille par chascun an a luy affermez.

*Launay, Favieres les Jarris et Tournant en Brye.* Des cens que ledict Hostel Dieu prend esdiz lieux, affermez a maistre Jehan Frolo, advocat ou Chastellet de Paris, avec la moictié des ventes, saisines et amendes, moiennant la somme de iiii$^{tt}$ p.

*Meudon.* Des cens et dixmes que ledict Hostel Dieu a audit lieu de Meudon, affermez a Guillaume Parains, audit lieu, avec la moictié des ventes et saisines parmy la somme de lxiiii s. p.

*Montlehery, la ville du Boys et Chastres soubz Montlehery.* De Guillaume Mazalon, marchant, demourant audit lieu de Montlehery, lequel a pris a ferme et loier d'argent les cens, admortissemens et rentes deues chascun an audit lieu avec les ventes, saisines et amendes, et pareillement deux arpens de pré assis en la prarie dudit Chastres, le tout moyennant et parmy la somme de xx$^{tt}$ p. par chascun an.

*Nanterré.* Des cens deuz audit Hostel Dieu audit lieu, montans anciennement a la somme de xxxviii s. ob.

*Puyselletz le Marestz.* De maistre Jehan Helies, prebtre, auquel messieurs les gouverneurs dudict Hostel Dieu ont renouvellé les cens dudict Puiseletz, a la charge d'en rendre et faire ung pappier cencyer, nouveau et hautenticque, a la fin dudict temps, avec les ventes et saisines qu'il prendra a son prouffict, et oultre parmy et moyennant la somme de lxi liv. p., avec deux douzaines de vollaille, assavoir douze chappons et douze poulles.

*Sainct Ouyn pres Ponthoise l'Aulmosne, Giraulcourt et Moucy le Perreux.* Des cens, dixmes et admortissemens que ledict Hostel Dieu a audit lieu, affermez a Nicolas Mosnier, praticien, demeurant a Pontoise, ou lieu de feu maistre Guillaume Charton, la somme de xx livres parisis, auquel messeigneurs les gouverneurs ont baillé, a tiltre de loier d'argent, les cens que ledit Hostel Dieu a en la paroisse de Sainct Ouyn, avec la tierce partie des dixmes que ledit Hostel Dieu a aussi audit lieu, ensemble le droict de dixme, que ledict Hostel Dieu a a Moussy le Perreux, avec le droict de rente deu audict Hostel Dieu sur ung fief assis au villaige de Giraulcourt, appartenant a Claude Guibert, moiennant et parmy la somme de xx liv. p.

*Villiers soubz Longpont.* Des cens que ledict Hostel Dieu a droit de prendre audict lieu, montans anciennement a la somme de xxxv s.

*Villejuifve.* Des cens deuz chascun an audict Hostel Dieu audit lieu, montans a la somme de xix s. p. lesquelz ont esté affermez a Jehan Porchet, marchant et bourgeois de Paris, moiennant et parmy viii s. p. par chascun an.

*Somme des cens, sur cens, fons de terre et admortissemens* iii$^e$ xlvi$^{tt}$ xii s. v. den.

*Autre recepte faicte par cedict receveur a cause des rentes annuelles que ledit Hostel Dieu a droit de prendre par chascun an, a plusieurs termes, sur plusieurs maisons, serres, prez, bois, vignes et autres heritaiges assiz hors la ville de Paris.*

Et premierement, *ou chemin de Charonne et Sainct Anthoine des Champs.*

De l'ostel et hospital Sainct Gervais a Paris, ou lieu de Michel Hureau, et paravant Jehan Sevin, pour ung quartier et six perches de terre qui soulloient estre en vigne, assiz ou terrouer dudict Sainct Anthoine des champs, ou lieu dit la Croix Faulbin, tenant d'une part au chemin allant dudict Saint Anthoine des Champs a la Courtille, d'autre aux hoirs Charlot Rengeur dit Loison, aboutissant par hault en hache a Jehan Barbedor, et par bas au chemin dudit Charronne, sur lequel quartier six perches ledict Hostel Dieu prend vi s. ix den. par.

De Pierre Huvé, marchant et bourgeois de Paris, ou lieu des hoirs feu Charlot Rengeur, et paravant Dominique Ferrebourg, pour deux arpens et demi six perches de terre, lesquelz soulloient estre en vigne, assis oudit terrouer de la croix Faulbin, tenant d'une part du costé de Paris a la piece decleree en l'article prochain precedent, d'autre aux aians cause de feu maistre Guy Le Lievre, sur lesquels deux arpens et demi six perches ledit Hostel Dieu soulloient prendre xxx s. viii den. p. de rente, des longtemps moderez a xxii s. p.

Dudit Pierre Huvé, ou lieu de Jehan Versongues lejeune, pour ung arpens defriché de vigne, assis oudit terrouer, tenant d'une part audit Huvé ou lieu des hoirs feu Charles Loison, d'autre a la *grenetiere de Paris*, baillé audit Versongnes a la charge du cens que doit ledict arpent de terre.

Des vefve et heritiers de feu Jourdain Valeton, en son vivant appothicaire, ou lieu de Regnauld Thierry, pour demi arpent de terre qui soulloit estre en vigne, assis oudit terrouer, tenant a Jehan Goret, balancier, sur lequel demi arpent ledit Hostel Dieu prend vii s. ix den. p.

Desdites vefve et heritiers Jourdain Valeton, ou lieu de Jehan Goret, aussi pour ung autre demy arpent de terre qui soulloit estre en vigne, assis oudit terrouer, aboutissant d'un bout par hault au vicomte Charmolue et par bas au chemin de Charronne, baillé parmy vii s. ix den. p. de rente.

D'iceulx vefve et heritiers ou lieu de feu Jehan Lelong, pour ung autre demy arpent de terre, qui soulloit aussi estre en vigne, assis oudit terrouer, tenant d'une part et d'autre aux hoirs feu M$^e$ Robert Tessier, sur lequel demy arpent de terre ledit Hostel Dieu a droit de prendre vii s. ix den.

D'eulx encore, ou lieu de Pierre Fromentin et paravant Raoulin le cousturier, pour ung arpent de terre qui soulloit estre en vigne, assis audit lieu, sur lequel arpent ledit Hostel Dieu a droit de prendre xv s. vi den.

De maistre Germain Teste et Guyon Talloys, demourans a la Folie Regnauld, ou lieu de Nicolas Le Coincte, laboureur, demeurant a Charonne, pour demy arpent de terre qui soulloit estre en vigne assis oudit terrouer, vii s. ix den.

De Jehan de la Chastre dit le Bistoqueur, laboureur, demeurant a Paris et Jehan Obe, maçon, ou lieu des hoirs ou aians cause de feu Robert Villain, en son vivant sergent a cheval ou Chastellet de Paris, pour ung arpent de vigne, a present en terre labourable, assis oudit terrouer, aboutissant par derriere a maistre Jaques Charmolue, changeur du Tresor a Paris, sur lequel ledit Hostel Dieu prend xii s. p.

De Nicolas de Villes, demeurant a Charonne, ou lieu de maistre Jehan Longueil, pour une piece de terre qui soulloit estre en vigne, contenant quartier et demy, assis oudit terrouer iii s. p. de rente.

De Pierre Huvé, ou lieu de Jehan Le Camus, et la vefve feu Jehan Lefevre, ou lieu des vefve et hoirs feu Millet de Rouvres, en son vivant tixerrant en linge, demeurant a Paris, pour demy arpent de vigne assis oudit terrouer, qui fut a maistre Jehan Bureau et Jehan Neret, vii s. ix den.

De Jehan Durand, ou lieu de Robert Saguiere, jardinier, ou lieu de Jehan Barbe, pour ung arpent de terre qui soulloit estre en vigne, assis oudit terrouer, tenant d'une part a Jehan Duval, d'autre a maistre Jehan Helye xv s. vi den.

De Jaquet Girault, a cause de sa femme, fille et heritiere de feu Jehan Duval, en son vivant archier de la ville de Paris, pour demy arpent de vigne assis a la croix Faulbin viii s. p.

De Claude Cressy, Jehan Lorin, ou lieu de maistre Christofle de la Flache, pour demy arpent de vigne qui fut a feue Catherine La Bourdine, en son vivant religieuse dudit Hostel Dieu, assis oudit terrouer, du costé de la porte Sainct Anthoine, au dessus du val de Fécamp xii s. p.

*Oultre la porte du Temple.* Des hoirs ou aians cause de feu Jehan Pelé, pour demy arpent assis oultre ladite porte, qui fut Richard Guerin, aboutissant d'un bout, par bas, a la ruelle par ou l'en va de Paris a Poictronville; sur lequel demy arpent ledit Hostel Dieu prend iiii s. p.

Des hoirs ou aians cause de feu maistre Jehan Bureau, pour demy arpent de vigne assis audit lieu iiii s. p.

Des hoirs ou aians cause de feu Jehan Grant-Rue, pour trois quartiers de vigne assis en ce lieu, sur le chemin de la ruelle qui va au petit pressouer, xvi s. p.

*Oultre la Justice de Paris.* Des hoirs feu Pierre Souvyn, ou lieu de feu Jehan Donde, jadis sergent a verge ou Chastellet de Paris, pour une piece de terre ou plastriere contenant trois quartiers ou environ, assis oultre la Justice de Paris, ou lieu dit le Val Sainct Martin, aboutissant d'un bout aux *Montaignes de ladicte Justice* viii s. p.

*Ou chemin de Montmartre.* De Jehan Severin, ou lieu de Jehan de la Pierre, pour demy arpent de marestz qui fut Guillaume des Marestz, tenant d'une part au chemin par ou l'en va a Louvencourt vi s. viii den. p.

Des hoirs feu maistre Jehan Tueleu, et paravant les hoirs feu maistre Estienne Lallemand, en son vivant advocat en Parlement, pour un arpent de vigne assis sur les marestz, tenant d'une part a Bernard Duperier xii s. p.

*Au dessoubz de Montmartre.* De Michellet Gillain, laboureur de vignes, demeurant a Montmartre, au lieu de Pierre Lecomte, pour demy arpent de vignes assis oudit terrouer de Montmartre, sur les marestz de Paris, ou lieu dit les Désers x s. p.

Des hoirs feu maistre Pierre Myette, en son vivant esleu de Paris, pour trois quartiers de vigne assis audit lieu, pres la porte Blanche desdits marestz, qui furent a Jehan Le Fort vi s. p.

*Au dessoubz des Martirs.* De Pierre Le Pesque pour trois arpens de vigne, ung chemin passant parmy, assis audit lieu, piece donnez audit Hostel Dieu par feu Jehan Moireau et autres xxxii s. p.

*Ou chemin de Clichy et de Montmoyen.* Des hoirs feu Jehan Faulcon, en son vivant laboureur, demourant a la Ville l'Evesque, pour demy arpent de vigne, aboutissant d'un bout par hault a maistre Thomas de Milly et par bas au grant chemin de Clichy viii s. p.

Des hoirs feu Jehan Dambounet, pour demy arpent de vigne assis audit lieu, qui fut Colin Nœl iiii s. p.

Des hoirs ou aians cause de feu Jehan Potin, en son vivant saincturier, demeurant a Paris..... pour ung arpent de vigne tenant d'une part et d'autre a Jehan Duval, orfevre, d'autre aux hoirs feu Jehan Trotet, aboutissant par hault a Jehan de l'Olyve, et par bas a Jaquet Gorgeron viii s. p.

*Ou chemin allant de Clichy aux carrières de Montmartre et de Montmoien.* Des hoirs feu Guillaume Fourcault pour demy arpent de vigne assis audit lieu viii s. p.

Des hoirs ou aians cause de feu Colin de Courcy, pour ung autre demy arpent de vigne assis audit lieu des carrieres iiii s. p.

*Oultre les Chartreux.* De maistre Audrigot, prebtre, curé de Mory ou diocèse de Meaulx, ou lieu de maistre Hugues Cheval, barbier, pour cinq quartiers de vigne assis oultre lesdiz Chartreux, ou lieu dit les Plantes xii s. p.

*Entre Nostre Dame des Champs et Sainct Marcel.* Des hoirs ou aians cause de feu Jehan Hennotin l'aisné, en son vivant rotisseur, et frere Jehan Parrin, religieux de l'ordre des Carmes a Paris, pour trois quartiers et demy de vigne assis oudit terrouer, ou lieu dit contesse ou les poteries, aboutissant d'un bout aux fossez des poteries xvi s. p.

De Jaquete, vefve de feu Jehan Lasne, pour cinq quartiers de vigne assis oultre et pres le moulin a vent de Nostre Dame des Champs, ou lieu dit Piquehoue ou Haultbonne, aboutissant par hault au chemin au prebtre, sur lesquelz cinq quartiers de vigne ledict Hostel Dieu prend xi s. p.

*Argenteuil.* Des hoirs feu Gillet Feuillet, pour la moictié de cinq quartiers de vigne ou terrouer dudit lieu, ou lieu dit Vaugirart xii s. p.

De Philippot Avoil, pour trois quartiers de vigne assis ou lieu dit le cloz Berault et la Luyette, iii s. p.

De maistre Jaques Landry, procureur ou Chastellet de Paris, ou lieu de Regnauld Lemoyne, pour une maison assise oudit lieu, sur le quay de la riviere de Seyne v s. p.

De Jehan Blondis, ou lieu des vefve et heritiers de feu Denis Turgis, pour une maison, court et jardin oudit lieu, en laquelle y a jeu de paulme, sur laquelle maison ledit Hostel Dieu a droit de prendre iiii s. p. de rente, et oultre d'avoir une selle a l'huis de ladite maison, pour recevoir les cens deubz a icelluy Hostel Dieu audit lieu.

De maistre Jehan Pommereu, maistre des comptes a Paris, pour la moictié de iii arpens et demy quartier de vigne ou terrouer dudit Argenteul, ou lieu dit le Val Besancois x s. viii den. p.

Dudit maistre Jehan Pomereu, ou lieu de Guillaume Gombert, pour l'autre moictié desdiz iii arpens et demy quartier de vigne x s. viii den. p.

De Pierre Certain, ou lieu des Chaslis, et paravant Denis le Mercier, pour une maison, cour, puitz assis oudit lieu, en la rue des Galardons, iiii s. p.

*Arcueil.* Des rentes que ledit Hostel Dieu a droit de prendre audit lieu d'Arcueil, néant cy, pour ce que messeigneurs les gouverneurs les ont baillees a recevoir avec les arrérages d'icelles a François de Rochefort, clerc du bureau dudit Hostel Dieu.

*Athis.* De Oudin Boudin, pour ung arpent de vigne assis ou lieu dit Grant Rue, tenant au prieur d'Athis v s. p.

De Regnauld et Jehan Badrans, freres, demeurans a Wissoubz, pour demy arpent de vigne ou terrouer dudit lieu, ou lieu dit Sainct Denis, tenant d'une part aux prés d'Athis, d'autre a la voie de la Grant Rue xii s. p.

*Ablon.* De Pierre Berthois, pour ung quartier de vigne assis oudit lieu, ou lieu dit les Closeaulx, aboutissant d'un bout a la terre au Gentil, d'autre a Gaigny de Montrolle iii s. p.

De Jehanne Dumoustier, vefve de feu Symon Barbedor, en son vivant marchant et bourgeois de Paris, pour ung quartier et demy de vigne, assis oudit terrouer, aboutissant d'un bout a Denis Rouveau et d'autre aux Gentilz iii s. p.

De Pierre Berthois, ou lieu de Pierre Maigneau, pour ung quartier de vigne ou lieu dit les Closeaulx, appellé le quartier du Cerisier, tenant à la chappelle d'Ablon ii s. p.

Des hoirs feu Jehan Cevesme, pour demy arpent de vigne assiz audit lieu, tenant d'une part a Pierre Berthois, d'autre ausdiz hoirs Cevesme iiii s. p.

De Jehan Merrien et Noël Merrien, laboureurs, pour ung quartier et demy de vigne, ou lieu dit Fleury, tenant d'une part aux ruelles dudit Fleury, d'autre aux hoirs feu Mathurin Brazeaux ii s. p.

De maistre Jehan de Tournay, pour ung quartier de vigne ii s. p.

De Michel Naveret, demeurant a Villeneufve le Roy, pour ung quartier de vignes ou lieu dit les Vignes Cesves, tenant aux hoirs feu Jehannot Prentout ii s. p.

*Baignollet.* De Estienne Le Cousteux, pour les deux tiers d'un arpent de vigne assis ou terrouer dudit lieu, ou lieudit Montaigre ii s. viii den. p.

De Robinet Bouquet, pour l'autre tiers d'un arpent de vigne dessus declairé ii s. p.

De Nicolas Le Coincte, laboureur demeurant a Paris, rue du Port au foin, pour ung quartier et demy de friche de vigne assis oudit terrouer, ou lieudit La Mothe Guyon vi s. p.

*Beaumont sur Oyse.* Du receveur ordinaire dudit lieu de Beaumont sur Oise, la somme de xl livres parisis, que ledict Hostel Dieu a droit de prendre chascun an sur la prevosté dudit lieu de Beaumont, au moien du don faict audit Hostel Dieu par feu de bonne mémoire Philippe roi de France, que Dieu absoille, filz de monsieur Sainct Louis, en son vivant aussi roy de France l'an mil ii$^e$ lxv, pour la substentation, norriture et entretenement des pouvres dudit Hostel Dieu.

*Bruyeres.* De Mathurin Feron, demourant audit lieu, pour une maison et ses appartenances audit lieu xvi s. p. de rente.

*Bourg la Royne.* De Thibault Pathier, marchant demourant a Paris, pour sept quartiers de pré qui furent a Thevenin Cadier, assis pres Cacheus, ou terroir du Plessis Picquet, ou lieudit la Fontaine Daveau, tenant d'une part a Pierre Soingnac, aboutissant d'un bout aux hoirs de feu maistre Thibault Baillet, en son vivant seigneur de Sceaulx, et president en la court de Parlement, et d'autre part audit Pathier vi s. parisis.

De Jehan Lizoart et Claude David, demourans audit lieu pour une maison assise a Bourg la Royne en laquelle pend pour enseigne le plat d'Estaing, devant et a l'opposite du Cyne, tenant a une maison ou soulloit pendre le Chapeau rouge xx s. p.

De Robert Falentin demourant a Paris, rue de la Herpe, pour ung quartier de terre a présent en vigne, ou terrouer dudit lieu, ou lieudit les dames de Montmartre, aboutissant d'un bout a la ruelle du Moustier ii s. p.

De Jaquet Balorget, laboureur demourant audit lieu, pour ung arpent de terre a present planté en vigne xvi s. p.

*Boschet.* De Jehan Aubin le jeune, pour une maison, jardin et cheneviere, qui fut aux hoirs Guillaume Caillier, en la censive de l'Hostel Dieu xviii s. p.

*Bosne et Boigny pres la Ferté Aleps.* De Jehan et Thomas de Launay, laboureurs demourans audit lieu de Bosne, pour une maison, court, jardin et prez ou terrouer de Boigny, en la parroisse dudit Bosne; item pour une autre piece de terre oudit terrouer, ou lieudit Manjouppee, aboutissant a la Fontaine Manjouppée vi s. p.

Des vefve et heritiers de feuz Alain le Saige et Vincent Boutet pour une piece de terre contenant quatre arpens assis ou lieudit la voie Garrou, aboutissant au grant chemin de Melun xl s. p.

*Braye-Conte-Robert.* De toutes les parties declairees soubz ce villaige néant cy, pour ce qu'elles ont esté baillees a recouvrer a Jehan Brossart, fermier dudit Hostel Dieu a son prouffict, en luy faisant le bail a ferme de la ferme que ledict Hostel Dieu a audict lieu.

*Boissy Sainct Ligier.* Des enfans et heritiers de feuz Ligier le Roy et Pierre Barbotin, pour une maison, court, granche, jardin et foullerie, assis audit lieu, en la rue du Moustier; item pour cinq quartiers de terre ou environ, fossoiez a l'entour; item pour quartier et demy de terre ou lieudit Boisset; item pour trois quartiers de vigne en deux pieces, ou lieudit Sainct Babolin, sur tous lesquelz heritaiges ledit Hostel Dieu, a cause de feu Guibert, en son vivant marchant espicier et bourgeois de Paris prend xlviii s. p.

*Bourgneuf, parroisse de Rochefort.* De Jaquet Roux pour une maison et jardin audit lieu, tenant d'une part au Ru du moulin, d'autre a Jehan le Lorrain xvi s. p.

*Brayne et Roussy.* Des heritiers de feu messire Ayme de Sarrebruche, en son vivant conte de Brayne et de Roussy, la somme de ii cens livres tournois, a cause de pareille somme faisant moictié de iiii<sup>c</sup> livres de rente que ledit Hostel Dieu soulloit avoir droict de prendre, sur toutes et chascunes les terres dudict defunct, mesmement sur les contez de Brayne et de Roussy, de laquelle rente messieurs de Chappitre de Paris, *pour lorsqu'ilz avoient l'administration dudit Hostel Dieu de Paris*, vendirent et transporterent a feu maistre Mathieu Lelieur,

en son vivant chantre et soubz chantre de ladite eglise, deux cens livres tournois de ladite rente de iiii<sup>c</sup> livres, ainsi qu'il est declairé es comptes precedens.

*Bailly sur Marne, parroisse des Champs.* De maistre Jehan de Villiers, procureur en Parlement et Magdelaine Alixandre sa femme, pour l'ostel, court, granche et ung jardin assis pres dudit hostel, entre Champs sur Marne et l'abbaie de Malenoue, et pour six vings douze arpens de terre labourables en plusieurs pieces, huit arpens et demy de pré en la prarie dudit Champs, et iiii s. p. de rente sur certaines vignes, le tout a eulx baillé par ledit Hostel Dieu pour la somme de viii<sup>tt</sup> p. de rente.

*Boissy la Rivière.* De Bertrand Villemaire, musnier, pour une maison sise a Mynas, pres le Moulin aux Clercz, parroisse dudit Boissy, tenant d'une part au chemin allant dudit Boissy a Estampes, d'autre au chemin qui meyne audit moulin, donnee audit Hostel Dieu par feu Estienne Loriart lxiiii s. p.

*Belleville sur Sablon.* De Estienne Loisceau, laboureur demourant a Paris, pour une piece de vigne en friche assise oudit lieu, ou lieudit les longs Renaiges, tenant d'un bout au chemin du *Mesnil Mautemps*, d'autre bout au grant sentier des carrieres tendant a Baignollet, iiii s. p.

*Chailleau.* De maistre Jehan Thumery, conseiller en la court de Parlement, pour les deux pars d'une maison a present en deux maisons entretenans, assise audit lieu de Chailleau, en la grant rue, devant l'ostel d'Orléans, qui fut a Symonnet Riou, aboutissant par derriere aux aigoutz de Paris xv s. p.

De maistre Jehan Thuart, ou lieu de maistre Nicole Godin, conseiller du Roy et audicteur des causes d'embas du Chastellet de Paris, pour demy arpent de jardin et saulsoye qui fut a Estienne de la Fontaine iiii s. p.

*Chappelle Sainct Denis.* De maistre Pierre Cyvot, pour une masure avec ung petit jardin derriere, tenant à la ruelle du Four Bannier, et pour demy arpent de terre ou terrouer dudit lieu, ou lieudit le sentier, aboutissant par bas a maistre Regnauld de Besze xviii s. p.

De Pierre Hardouyn l'aisné, pour ung arpent et demy de terre oudit terrouer, ou lieudit Rapine, aboutissant d'un bout au chemin allant de Montmartre a Sainct Denis en France xi s. p.

*Charronne.* Des hoirs feu Blaise Tartarin et Pierre Musnier, pour ung arpent de vigne assis ou terrouer dudit lieu, ou lieudit Montibeuf xl s. p.

De Regnauld Lecoq, *conducteur ordinaire de l'artillerie du Roy*, pour trois quartiers de vigne oudit terrouer, ou lieudit la Folie Regnauld, xxiiii s. p. de rente.

*Champrozé.* Des vefve et hoirs feu Pierre Bretin, en son vivant laboureur, pour une maison, court, jardin et arpent et demy de terre derriere, aboutissant d'un bout au chemin du Roy, d'autre aux bois dudit Hostel Dieu viii s. p.

Des enfans mineurs d'ans de feu Christofle Perdriel et de feue Marie Aumont sa femme, pour une masure avec deux arpens de terre derriere, tenant au puis au feurre, aboutissant par derriere a la fosse dudit Hostel Dieu, et par devant au chemin du Roy iiii s. p.

Desdiz mineurs, pour cinq quartiers de terre en une piece oudit terrouer, ou lieudit les Preaulx xvi s. p.

De Thomas Fournier, Claude Fournier, Claude Lepelletier et Jehan Maurice, a cause de leurs femmes, pour deux arpens et demy de vigne; item pour huit arpens de terre en plusieurs pieces xxx s. p.

*Corbueil et Essonne.* De Pierre Dauvergne, voicturier par eaue, pour une maison et jardin derriere assise ou vieil Corbueil, pres le chasteau d'icelle ville, ou lieu appellé la maison du fief de la Mothe, en laquelle l'en tient les plaictz de la riviere de Seyne, a cause dudit fief xx s. ii den. p.

Des hoirs feu Jehan Fouchier, pour une maison, court et jardin seant audit vieil Corbueil, pres l'eglise Sainct Jaques xxiiii s. p.

De Symon Quentin, praticien en court laye, ou lieu de Valentin Berry, bouchier, pour une maison assise en la rue Sainct Spire, anciennement appellee la maison de la Forge, en laquelle pendent pour enseigne les trois Rois, qui fut a feu Audry Parroisse, bourgeois de Paris xl s. p.

Des hoirs feu maistre Guillaume Denison, en son vivant prebtre beneficié en l'eglise de Paris, pour ung moulin a papier assis sur la riviere de Seyne, appellé le Moulin de Chiot qui fut a Martin Lefevre xxx s. p.

*Chaville.* Des rentes que ledict Hostel Dieu prend audict lieu néant cy, pour ce qu'elles sont affermees avec les cens dudict lieu a Alleaulme Guiboust, fermier dudict Hostel Dieu audict lieu.

*Chastillon et Baigneux.* Des rentes que ledict Hostel Dieu a droit de prendre audict lieu de Chastillon et terrouer d'environ néant cy, pour ce que recepte en est faicte cy devant avec les rentes de Baigneux.

*Chevilly.* Des hoirs de feu Jehan Baugis, pour une masure et deux arpens et demy de vigne ou terrouer dudit lieu, ou lieudit le Tertre, en la grant rue, iiii ₶ p.

Des hoirs feu Jaques de la Roue, pour ung arpent et demy de vigne oudit terrouer viii s. p.

*Champlant.* Des rentes que ledit Hostel Dieu prend audit lieu en plusieurs parties, néant cy, pour ce que, en l'année du compte finy M. V$^c$xxix elles ont esté baillées a Macé Lois et Jehan Les Royers, avec la ferme que ledict Hostel Dieu a audit lieu, pour en joir par les dessusdiz.

*Champigny sur Marne.* De Lyonnette Leclerc et Jehan de Beauquesne, pour ung arpent et demy de vigne ou terrouer dudict lieu x s. vi den. p.

De Jaquet Beauseporte et Guillaume Le Roy, ou lieu des hoirs Guillot Bourdin, pour deux arpens et demy de vigne, ou lieudit les Glesieres et la Voirie xvii s. vi den. p.

De Jehan Thomas, pour cinq quartiers de vigne vi s. p.

De Jehanne Crue, vefve de feu Estienne Savalle, ou lieu de feu messire Jehan Lenfroigne dit Gastebois, pour ung quartier de vigne ou lieudit les Haulx Boyaulx iiii s. p.

*Chastenay.* De Bernard Boisseau, ou lieu des hoirs Estienne Pietrequin, pour la moitie de six arpens de terre et cinq quartiers de pré donnez audit Hostel Dieu l'an mil iiii$^c$ lxxv par Tassin Rondeau, en son vivant demourant a Corbueil, a la charge de faire dire pour luy ung anniversaire audict Hostel Dieu xxxii s. p.

Des hoirs feu Audry Aucoq pour trois arpens de pré et trois quartiers de terre ou terrouer dudit lieu, ou lieudit Bernier, et lesdiz trois quartiers de terre vers le bourg la Royne, qui furent a maistre Nicole de Vieil Fueillet xxxiiii s. p.

*Chenevieres sur Marne.* De Vincent de Longny pour une maison court et jardin assis audit lieu devant la Fontaine, tenant d'une part au chasteau dudit lieu; item pour ung quartier de vigne assis ou lieudit Violette x s. p.

*Crestueil.* De Andre Morvent ou lieu de Jehan Vidal, pour une maison, court, jardin et terre derriere assis en la rue de la Voirrerie, vers le *Mesche*, tenant au seigneur de la dehors ou a ses hoirs xxxii s. p.

De Macé Cadoc, pour une maison terre et jardin xl s. p.

De Colin Perodeau, pour trois quartiers de vigne ou lieudit les Sablons, tenant d'une part aux hoirs feu Jehan Potin, en la censive de Sainct Germain de l'Auxerrois xix s. p.

De Barthélemy Fossart pour ung petit jardin, contenant environ quatre perches de terre, qui soulloit estre des appartenances de l'une des fermes dudit Hostel Dieu audit Crestueil viii s. p.

De la vefve feu Anthoine Dorleans, en son vivant sergent du parlouoir aux bourgeois de Paris, pour ung arpent et demy de vigne ou lieudit le Petit Mont xiiii s. p.

De David Ligier, demourant a Sucy, ou lieu de Jehan Chevret, pour une maison, court, jardin, seant oudit lieu, en la grant rue, sur le chemin allant de Paris a Braye Conte Robert xl s. p.

*Clamart.* De plusieurs parties de rentes deues audit Hostel Dieu audit lieu de Clamart, néant cy, pour ce que recepte en est cy devant faicte avec les cens dudit lieu.

*Coypeaulx.* De Colin Guillebon pour demy arpent de vigne, ou terrouer de Sainct Marcel, au dessoubz dudit Coypeaulx v s. p.

*Croissy en Brie.* De Raoulequin le Gambier, pour deux arpens de terre ou terrouer dudit lieu ou lieudit Tirebarbe, aboutissant d'un bout a la terre de la dame dudit Croissy viii s. p.

*Challo Sainct-Mars.* De messire Robert Vallee, prebtre, et Martin de Chaulles, escuier, seigneur de Tronchay pour une maison, court et jardin, tenant a la chapelle Sainct Nicolas viii s. p.

*Clichy la Garenne.* De Richard du Mur, pour les trois quartz de deux maisons entretenans, aboutissant par derriere au chemin de la Procession, et par devant à la voirie xxiiii s. p.

*Courtdimanche en Beausse.* Des vefve et hoirs feu Pierre Petit, demourant a Coignempuis, pour une maison couverte de tuille, court et jardin viii s. p.

*Duigny les Sainct Denis en France.* De Jaquete, vefve de feu....... Richier ou lieu de Jehan Moireau et Jehan Tavernier, laboureurs, pour trois quartiers et demy de vigne oudit lieu, ou lieudit l'Orme de la Vallee xxxvi s. p.

De Jehan La Chevre, pour demy arpent de vigne oudit terrouer, ou lieudit Marcroy, aboutissant d'un bout a la ruelle de Paluet et d'autre bout sur le chemin de Gonnesse xxviii s. p.

De Mathurin Moireau, pour demy arpent de vigne ou lieudit les Larris, aboutissant a la ruelle des Escuiers xvi s. p.

De Estienne Nicolas, pour ung arpent de vigne et la moictié d'une saulsoie ou lieudit le Noyer, aboutissant d'un bout a la riviere de Cresne et d'autre bout a la vieille mer ix s. p.

*Dixmontz.* De Loise Lenfant, vefve de feu maistre Lois Vincent, en son vivant greffier de l'ellection de Sens, et Andree Vincent sa fille, vefve de feu Adam Tournebraulle, lesquelles le xi$^e$ may m. v$^c$ xiii vendirent et constituerent a feu maistre Pierre Lapie, en son vivant prebtre bénéficié en l'eglise de Paris, iiii l. t. de rente, en et sur la huictiesme partie de tout tel droict. part et portion que ladicte Andree a et peult avoir en la terre et seigneurie de Dixmontz, assise au villaige de Sens, a elle appartenant de son propre.

*Evesquemont.* De Noel Cocteret, laboureur, pour une maison, court et jardrin, assise oudit lieu, ou lieudit le fief du Mesnil Regnard, aboutissant d'un bout au chemin de Bruyeres, d'autre au carrefour dudit Evesquemont xl s. p.

De Pierre du Bois, pour demy arpent de vigne ou terrouer de Meulant, ou lieudit les Glays, aboutissant d'un bout au chemin de l'Espinete, tendant dudit Meulant audit Ponthoise xxxiii s. viii den. p.

*Fontenay les le Boys de Vincennes.* Des hoirs feu Pierre de la Baste, pour ung arpent et demy de terre en deux pieces ou terrouer dudit lieu, ou lieudit la Mothe, tenant d'une part aux chanoines de Sainct Honnoré, l'autre assis ou Rieux iii s. p.

De Germain Regnard, pour quatre arpens de terre a present en vigne ou terrouer dudit lieu, ou lieudit les Larris, aboutissant d'un bout au grant chemin de Meaulx, d'autre ou terrouer de Ruffin viii s. p.

De Lois Regnard, pour une maison, court et jardrin, audit lieu de Fontenay, en la rue de devant le Moustier xxxii s. p.

De la vefve feu Estienne Prevost, pour trois quartiers et demy de vigne, pres du pressouer Sainct Victor, et ou lieudit Trouet xvi s. p.

De André Hericourt, pour demy arpent et iii perches de vigne, ou terrouer dudit lieu, ou lieudit le Trouet iiii s. p.

De Jehan Prevost, Pierre Joyveaulx, et Pierre Mynguet, pour la moictié de xviii perches de vigne ou lieudit le Jardrin iii s. p.

De Jehan Mynguet, pour une maison et la moictié d'un jardrin; item pour demy arpent et demy quartier de vigne lxxx s. p.

De Guillaume Chauvin pour deux arpens de vigne ou lieudit le Val des pressouers; item pour une autre piece de terre ou lieudit le Ru commun; item pour une autre piece de terre ou lieudit le Rieux v s. p.

De Pierre Aubours, pour une maison et ung petit jardrin audit Fontenay, en la rue Sainct Germain, aboutissant par derriere a la sente des vignes lii s. p.

Des vefve et heritiers feu Germain Houzeau, pour une maison couverte de tuille, court et jardin xvi s. p.

D'eulx encores pour pareille somme de xvi s. p. de rente, par ledict defunct vendue et constituee audit Hostel Dieu et sur les heritaiges dessus declairez xvi s. p.

De Pierre Berault, pour une maison assise audit lieu en la grant rue, devant l'ostel des quatre filz Aymond xvi s. p.

De Jaquet Perrichard et Jehan Prevost, laboureurs, pour demy arpent de terre ou lieudit le Jardrin iiii s. parisis.

De la vefve feu Germain Perrichart, pour une maison, court et jardin tenant aux religieux, abbé et couvent de Sainct Victor lez Paris; item pour demy arpent de vigne assis à la malladerie dudit lieu de Fontenay; item pour ung quartier de vigne ou lieudit le Solier lxvi s. viii den. p.

Des vefve et hoirs feuz Jehan Prevost et Colin Prevost

xxi s. p. de rente a prendre sur tous et chacuns leurs biens.

De Jehan Guerin, appothicaire demourant a Paris, pour une maison, court et la moictie d'ung jardrin audit lieu de Fontenay, en la rue Sainct Germain, faisant le coing de la rue Loret; item pour ung arpent de vigne iiii$^{lt}$ viii s.

De Claude Symon ou lieu des vefve et hoirs de feu Jehan Joyveaulx, pour une petite maison, court, foullerie, audit lieu en la grant rue; item pour ung petit jardin ou lieudit la Planche, lesquelz heritaiges furent a frere Pierre Joyveaulx, en son vivant religieux dudit Hostel Dieu, duquel icelluy Hostel Dieu a le droit par son trespas, a moien de quoy mesdiz seigneurs les gouverneurs dudit Hostel Dieu le xx$^e$ jour de juing m. v$^c$ xi les baillerent audit defunct Jehan Joyveaulx le jeune, lxxii s.

De Jehan Prevost, pour ung arpent de terre ou lieudit les Marchaiz et ou lieudit la Hyraye x s. p.

De Guerin Joyveaulx, Jehan Joyveaulx le jeune, dit grant Vidiart pour demy arpent de vigne, aboutissant d'un bout au grant chemin allant a Laigny et au grant fossé iiii s. p. de rente.

De Pierre et Claude Hericourt, pour cinq quartiers de vigne ou lieux dicts *Espinain*, le *Courant*, les *Sablons* xxv s. p.

*Fontenay soubz Baigneux.* Des rentes que ledit Hostel Dieu a droit de prendre par chascun an en plusieurs parties audit lieu de Fontenay soubz Baigneux, a plain declairez es comptes precedens néant cy, pour ce que recepte en est faicte cy devant avec les cens de Baigneux, sous le nom de Guillaume Baudart.

*Franconville.* De Pierre Gentilz, pour douze arpens de terre en une pièce ou terrouer dudit lieu, ou lieudit l'Orme Sainct Yves, aboutissant d'un bout au chemin allant dudit lieu de Franconville a Armont x s. p.

*Groslay.* Des hoirs de feu Robin Fournier, pour trois arpens et demy de vigne ou terrouer dudit lieu xx s. p.

*Gentilly et Haultebonne.* Des rentes que ledit Hostel Dieu a droit de prendre par chascun audit lieu de Gentilly, néant cy, pour ce que messeigneurs les gouverneurs les ont baillees a recevoir a Francois de Rochefort.

*Guyencourt.* Des hoirs ou aians cause de feu Jehan Fel, pour une maison et jardin audit lieu de Guyencourt, en la rue de la ruelle viii s. p.

*Glatigny.* Des cens deubz chascun an au seigneur dudit lieu de Glatigny, sur lesquelz ledict Hostel Dieu a droit de prendre par chascun an v s. p. de rente, lesquelz sont en non valloir.

De Noel de Soubz le Four, seigneur de Malassiz, et Barbe des Roches sa femme, fille de feu Claude des Roches, en son vivant escuier, et Guillaume Carrel, marchant, changeur et bourgeois de la ville de Paris, lesquelz Desroches et Carrel vendirent et constituerent audit Hostel Dieu la somme de iiii liv. p. de rente, tant sur ladicte terre et seigneurie de Glatigny, appartenances et dépendances, comme sur tous leurs autres biens.

*Gennevilliers.* De Symon le Dennoys, marchant demourant a Poissy, pour une maison assise audit lieu de Gennevilliers, en la grant rue, devant l'eglise dudit lieu xxxii s. p.

De Pierre Lasson, tonnelier, demourant a Argentueil, pour trois quartiers de terre ou terrouer de Gennevilliers, ou lieudit Macquay, iiii s. p.

De Pierre Aymery, laboureur, pour une maison audit lieu, aboutissant au grant chemin de Sainct Denis en France xiiii s. p.

De luy encores pour une granche audit lieu xxiiii s. p.

De Jehan Leclerc, pour une maison et cinq quartiers de terre, assise audit lieu, ou lieudit le Puis Billet xlviii s. p.

*Gaigny.* Des hoirs ou aians cause de feu Symonnet Savart, pour cinq quartiers de vigne ou lieudit les Plastrieres vi s. p.

*Grignon, a cause de l'appoticairerie.* De Jehan Moirier pour une maison, court et jardin audit lieu, en la grant rue xxxii s. p.

*Haubervilliers.* De Jehan Andelle laisné, pour trois quartiers de terre ou terrouer dudit lieu, ou lieudit la Mothe; item pour ung arpent de terre ou lieudit Montfort; item pour ung autre arpent de terre xxxii s. p.

Des heritiers feu Pierre Boyveau, demourans audit lieu, pour une maison, court, jardrin, en la rue par laquelle l'en va a Noisy le Secq, aboutissant par derriere sur le chemin du Vivier xii s. p.

D'eulx encores pour trois quartiers de terre, ou terroir dudit lieu, ou lieudit la Croix blanche; item pour ung quartier de vigne ou lieudit sur le Puis xvi s. p.

De Pierre Huet, pour une maison, court, granche et jardrin, assis audit lieu de Haubervilliers, en la rue aux Roynes, aboutissant par derriere au Ru qui va dudit Haubervilliers a Sainct Denis xlviii s. p.

De Pierre Grimperel, pour ung quartier de terre, aboutissant d'un bout a la rue de Flandres xvi s. p.

*Louvres en Parisis.* De Pierre Gomme pour une petite maison assise audit lieu, ou lieudit la Bassecourt, aboutissant par derriere *au Four de Sainct Martin des Champs*, xxiiii s. p.

*La Ville du Boys, pres Montlehery.* De cinq solz parisis de rente que ledit Hostel Dieu prend sur ung arpent de terre labourable ou terrouer dudit lieu, néant cy, pour ce que recepte en est cy devant faicte avec les cens dudict lieu de Montlehery.

*Liers.* De maistre Claude de Savignac, bourgeois de Paris, ou lieu de feu Hugues Rosnel, en son vivant changeur a Paris, pour ung fief assis oudit lieu de Liers, lequel consiste en deux maisons, cent arpens de terre labourable, quinze arpens de bois tailliz appelez les grandes Molieres, et autres appartenances declairees es comptes precédens, le tout tenu en *mouvant et arriere fief* dudit Hostel Dieu, a cause de la terre et seigneurie de Saincte Geneviefve des Bois, lequel fief fut a feu maistre Pierre Alixandre, lequel dès l'an mil iiii<sup>c</sup> LXXIII le bailla a Vincent Fouques et Vincent Bernard, en leurs vivans laboureurs audit lieu, moiennant et parmy la somme de vi <sup>tt</sup> xvi s. p. de rente chascun an envers lui, laquelle rente ledit Alixandre a depuis donnee et transportee audit Hostel Dieu, pour certaine fondation par luy faicte en icelluy, comme il est contenu et declairé es comptes precedens, laquelle a esté moderee audit de Savignac a tousiours a cxii s. p. de rente.

*Lisle Sainct Denis.* De Pierre Musnier, pour une maison assise audit lieu sur la riviere de Seyne x s. p. de rente.

*Lambresy.* De la vefve de feu maistre Jehan Godin, en son vivant auditeur des causes d'embas du Chastellet de Paris, pour ung hostel et certaines terres labourables seans audit lieu, qui souloient appartenir audit Hostel Dieu iiii <sup>tt</sup> xvi s. p.

*Lymay en Brie.* De Thomas Turpin, au lieu de feu Richard Turpin, demourant oudit lieu, pour une maison, jardin et appartenances, le tout assis audit Lymay, qui fut maistre Raoul du Hamel, en son vivant procureur ou Chastellet, lesquelz heritaiges ledit Duhamel bailla audit Turpin pour trente deux solz parisis de rente annuelle et perpetuelle, laquelle rente ledit defunct par son testament a aulmosnee audit Hostel Dieu, pour estre participant aux bienffaitz d'icelluy.

*Le terrouer de Trappes* a cause de feue seur Pernelle la Duchesse, en son vivant religieuse dudit Hostel Dieu.

De la vefve feu Jehan Vincent, demeurant a Satorry, parroise de Versailles, pour sept arpens de terre en une piece assise oudit terrouer, ou lieu dit la voie traversine, item pour une piece de terre contenant vingt arpens ou environ, pres la malladerie dudit Trapes, sur le grant chemin de Paris, en la censive de Sainct Denis en France, lesquelz heritaiges furent a feue Pernelle la Duchesse et par elle en l'an M. IIII<sup>c</sup> IIII<sup>xx</sup> VI baillez a Jehan Vincent, a la charge des cens et droictz seigneuriaulx qu'ils doyvent, et oultre, pour et parmy 1 s. p. de rente, desquelz heritaiges les dessuzdiz ne joissent que de dix arpens, qui est xx s. p.

*Lyon sur le Rosne.* Des maistres et administrateurs de l'ostel Dieu de Lion, pour une maison et ses appartenances assise en ladite ville de Lion, en la rue du bourg Chavil? pres le pont du Rosne, qui fut a M<sup>e</sup> Julien de Lauda, en son vivant procureur dudit Hostel Dieu de Paris, tenant d'une part a l'ostel de la Levriere, d'autre a la maison de Ambroise du Verrier, en laquelle pend pour enseigne *l'ymaige Sainct Nicolas devers le vent marin,* a la charge de iiii <sup>tt</sup> parisis de rente envers ledit Hostel Dieu de Paris.

*La court d'Ormeaulx.* De noble homme Jaspard Fourny, seigneur dudit lieu, lequel doit par chascun an audit Hostel Dieu viii liv. p. de rente, par luy vendue et constitue a icelluy Hostel Dieu, le IX<sup>e</sup> jour de juillet l'an mil v<sup>e</sup> XIII, tant sur ladite terre et seigneurie de la court d'Ormeaulx que sur tous et chascuns ses austres biens.

*Lonjumel.* De Jehan Richier l'aisné, laboureur demourant audit lieu, pour une maison en laquelle pend pour enseigne le Lion d'or, assise audit lieu, aboutissant a la ruelle des Soliers, item pour iiii arpens et demy de pré assis en la prarie dudit lieu, ou lieu dit les maraiz, item pour ung arpent de vigne en deux pieces viii <sup>tt</sup> p.

*Le Mesnil Aubery.* De Thibault Richard pour une masure, granche et jardin ou lieu dit la Neufville xv s. p.

*Le Mesnil Mautemps.* De Julien Le Meignen, pour une maison court et jardin et vigne derriere, sur lesquelz heritaiges ledit Hostel Dieu, a cause de la vefve feu Jaques Regnauld, qui s'est donnee et ses biens audit Hostel Dieu, a droit de prendre lxxii s.

*Le petit Pressouer dit l'ostel de Bourges,* oultre la porte Sainct Michel. Des vefve et enfans de feu maistre Francois Rogier, en son vivant conseiller et procureur general du Roy nostre sire en sa court de Parlement, la somme de lxiiii livres parisis pour une annee eschue au jour de Noel, a cause de pareille somme de rente annuelle et perpetuelle a prendre sur tous et chascuns les biens dudit defunct, jusqu'a ce qu'ilz auront trouvé lieu a dix lieues pres de Paris, vallant semblable somme de lxiii l. p. de rente admortie, ou lieu de l'ostel dudit Petit Pressouer, anciennement appellé l'ostel de Bourges avec ses appartenances, ensemble la quantité de..... terre derriere ladite maison, qui ont esté transportez audit defunct par messeigneurs les gouverneurs dudit Hostel Dieu.

*Malenoue.* Des religieuses, abbesse et couvent de Malenoue, ou lieu de Robert Marveau, pour certaines masures et appartenances audit lieu, donnees audit Hostel Dieu par feu messire Jehan le Boulengier, en son vivant premier president en la court de Parlement, a la charge de les pourchasser a l'encontre de monsieur de la Queue et autres, et de cellebrer par chascun an audit Hostel Dieu six basses messes des trespassez, lesdites masures et appartenances d'icelles closes a murs, contenans treize travees, tant en estables, granche que maison avec autres masures, terres, prez et bois, le tout baillé par ledit Leboulengier l'an mil iiii<sup>e</sup> iiii<sup>xx</sup> i a Pierre Demont pour lxvii s. p. de rente, lequel depuis renonça ausdiz heritaiges, au moyen de quoy furent rebaillez par ledit Hostel Dieu audit Robert Marveau, le xxiie jour de septembre m v[e] iiii parmy xxviii s. p. de rente.

*Monstereul lez le boys de Vincennes.* De Estienne Beuzet et Jaques de la Fouchiere, pour une masure, a present maison et jardrin seant audit lieu de Monstereul, en la censive dudit Hostel Dieu, et chargez envers icelluy de xii den. p. de cens et de ix s. p. de rente.

De Perrette, vefve de feu Estienne Michel, pour une maison, court, puitz, jardrin, estables et foullerie oudit lieu de Monstereul, en la rue Marchande et pour autres heritaiges oudit Monstereul vi liv. parisis.

De Gillet Savart pour cinq quartiers de terre a la *Croix Feudon*, tenant d'une part au grant chemin par lequel l'en va de la Pissote a Paris iii s. p.

Des vefve et heritiers de feu Charlot Cocouvier pour une maison, court, jardrin assis oudit lieu, en la rue du Meillieu xi s. p.

De Regnard Gaudin, pour ung quartier et demy de terre oudit terrouer, ou lieu dit Loschede, aboutissant au chemin allant de l'eglise de Monstereul a Sainct Victor ii s. p.

De Denis Prevost pour demy arpent et demy quartier de vigne ou terrouer dudit lieu ou lieu dit Guymont v s. p.

De Guillaume Levroue pour ung autre demy arpent et demy quartier de vigne x s. p.

De maistre Pierre Huault pour ung quartier de vignes ou lieu dit les Grans Plantes, tenant d'une part a Jehan de la Varenne, d'autre aux hoirs Jehan le Larron ii s. p. aboutissant d'un bout a la ruelle allant de Monstereul au bois de Vincennes ii s. p.

De la vefve feu Nicolas Adet, pour demy arpent de vigne ou lieu dit les Bas Cailleaulx, autrement Passart viii s. p.

De Guillaume Lesueur, pour ung arpent et demy et demy quartier de vigne ou lieu dit Savart vi s. p.

De Baste Virart pour trois quartiers de vigne, ou lieu dit le Luas, vi s. p.

De Guillaume Levroue le jeune, pour une maison assise audit lieu en la rue du Meillieu vii s. vi den. p.

De Marceau Galinieres, pour une maison et jardrin, en la rue Marchande vi s. p.

De maistre Pierre de Vichy, prebtre, ou lieu des vefve et hoirs feu Guillaume Maillet, pour une maison en la rue du Meillieu xviii den. p.

Des hoirs feu Jehan Gaudin pour une maison audit lieu v s. p.

De la vefve feu Pernet Savart pour une maison et ses appartenances devant l'eglise dudit lieu sur le Ru v s. parisis.

De Nicolas Girard pour une autre maison, court et jardrin, assis audit lieu sur le Ru xx s. p.

De Jehan Liberge, mousleur de bois, pour demy arpent de vigne assis oudit terrouer, ou lieu dit le Grant Noier ii s. vi den.

De la vefve feu Symon Regnard pour une maison court et jardrin, en la rue du Meillieu xx s. p.

De Pierre Preaulx pour trois quartiers de vigne ou lieu dit Guymont, aboutissant au grant sentier de Guymont xx s. p.

De Guillaume Lardin pour ung quartier et demy de vigne ou lieu dit Guymont vii s. p.

De Jehan Larron Laisné pour demy arpent de vigne ou lieu dit *Maritouche* xii s. p.

De maistre Claude de Savignac bourgeois de Paris, pour ung arpent de vigne audit Monstereul ou lieu dit *sur leppe*, aboutissant au chemin allant dudit Monstereul aux plastrieres xxiiii s. p.

De la vefve feu Jehan Aubin, pour demy arpent de vigne ou lieu dit le Clos Lallemand xxvi s. p.

De la vefve feu Colas Gercier, pour demy quartier de vigne vi s. p.

*Messe en Beausse.* De Pierre Moireau pour une maison, vignes et appartenances sis audit lieu, qui furent a Jehan de Joye, lequel print lesdiz heritaiges dudit Hostel Dieu, le xvi[e] jour d'avril l'an mil iiii[c] lxxviii, pour quarante solz parisis de rente depuis moderez a xvi s. p.

*Montmorancy.* Du seigneur dudit lieu de Montmorancy, a cause de sa terre et seigneurie dudit lieu xxx s. p.

*Meudon*, a cause de feu Bernard Sauvaige, en son vivant franc sergent en l'eglise de Paris.

De Martin Paris, pour une maison court jardrin, et appartenances scant audit lieu de Meudon, en la rue des Menestriers, qui furent a Guillaume Farmel et Henriette sa femme, tenant d'une part au cymetiere dudit Meudon, en la censive des religieux, abbé et couvent de Sainct Germain des Prez, item pour trois quartiers et demy de vigne assis ou terrouer dudit lieu, ou lieu dit Balisy, item pour ung quartier et demy de vigne assis es haultes Cerisaies dudit Meudon xlviii s. p.

De Catherine de Marne, vefve de feu Pierre Caperon en son vivant demourant audit lieu de Meudon, ou lieu des hoirs de feu Anthoine Caperon pour une maison, court et jardrin en la rue des Sablons, tenant d'une part a Jehan Savary, d'autre a Philippot Duval, aboutissant par derriere au chastel dudit lieu xxii s. p.

De Guillaume Richard ou lieu des hoirs feu Guyon de Guetteville, pour une maison granche et jardrin assis au val dudit Meudon, tenant d'une part aux religieux de Sainct Germain des Prez, aboutissant par derriere a la ruelle qui va de Fleury aux Molyneaulx xxiiii s. p.

De Jehan Langlois le jeune, pour une maison, jardrin et appartenances, assis audit Meudon en la rue du Four, qui fut Pierre de Marenne, aboutissant par devant a la rue de la Masure, en la rue du seigneur de Meudon vi liv. p.

De Robert de Biencourt et sa femme pour ung arpent de vigne assis au cloz pres le pressouer, tenant d'une part au grant chemin de Cotignis, d'autre audit Hostel Dieu xx s. p.

De Guillaume Boville pour demy arpent de vigne ou lieu dit le Larris de Fleury xx s. p.

De Julien Mestaier pour l'autre demy arpent xx s. p.

De Pierre Richard pour ung quartier de vigne ou lieu dit Jolive, aboutissant par hault aux vignes de l'abbaïe de Sainct Germain des Prez vi s. p.

De Jehan Lucquet pour ung autre quartier de vigne, aboutissant par hault *aux vignes de Sainct Germain des Prez* x s. p.

Des hoirs de feu Jehan Dessay pour ung autre demy arpent et demy quartier de vigne, ou lieu dit les Carrieres, aboutissant par hault au chemin de Cotignys xx s. p.

De Phillippe Lasnier, tondeur, pour ung quartier et demy de vigne ou lieu dit le Clos Moyreau, aboutissant par bas a l'abbaye de Sainct Germain des Prez, et par hault a la ruelle dudit Clos Moireau ii s. p.

De la vefve feu Robert Couldray, pour demy arpent de vigne ou lieu dit les Champs, aboutissant par hault au chemin des Closeaulx xx s. p.

De maistre ..... Benedicti, advocat ou grant conseil, pour trois quartiers de vigne ou lieu dit le Pressouer de Voves xiiii s. p.

Dudit Benedicti pour trois autres quartiers de vigne xii s. p.

De Colin Perrault pour ung arpent et demy de vigne ou lieu dit les Champs, xlviii s. p.

De Guillaume Boville pour une maison et appartenances audit lieu de Meudon en la rue Neufve xvi s. p.

De maistre Gilles Berthe, notaire ou Chastellet de Paris, pour ung arpent de vigne ou lieu dit Jolive, aboutissant d'un bout au chemin tendant de Paris au val de Galye xvi s. p.

De Jehan Chachouyn, laboureur, pour ung arpent de vigne en deux pieces, l'une ou lieu dit Champront, l'autre au lieu dit Geuffrine, tenant aux hoirs Jehan de Messieres xii s. p.

De Pierre Barthelot pour trois quartier de vigne ou lieu dit Champront vii s. p.

De Yvon le Roux, libraire, pour une maison, jardrin et appartenances, rue de l'Orme du Faist, aboutissant par derriere a la ruelle du chasteau de Meudon x s. p.

Des vefve et hoirs de feu Jehan Coutent, pour demy arpent et demy quartier de vigne ou terrouer de Fleury, parroisse dudit Meudon, ou lieu dit les Plains, item pour une maison, court et jardrin, assis audit Meudon, en la rue du Four xvi s. p.

Desdicts vefve et heritiers pour la moictié d'une autre maison en ladite rue, item pour ung quartier et demy de vigne ou lieu dit les Plains xvi s. p.

De Jehan Chachouyn, filz de feu Berthelot Chachouyn, pour trois quartiers de vigne ou lieu dit les Plantes ou les champs, qui furent anciennement aux Oliviers xxiiii s. p.

*Montmaignye.* De Jehan Wriet, pour demy arpent de vigne ou terrouer dudit lieu ou lieu dit Passon xii s. p.

*Merly le Chastel.* De maistre Jehan Gerberoy, voier et receveur ordinaire de Mante, pour ung jardrin, pré et saulsoye contenant environ trois arpens de terre, tout cloz de muraille, donné audit Hostel Dieu par feu Jehan Lhomme, tenant au chemin allant dudit Merly a la croix de Maupertuis, en la censive du seigneur de Merly, viii s. p.

*Mons sur Orge.* Des hoirs feu Jehan le Cordouennier, pour trois quartiers de vigne ou lieu dit sur le pré et la voye d'Ablon vi s. p.

De Thomas Marie, laboureur, demourant a Athis sur Orge, pour demy arpent de vigne ou terrouer dudit lieu anciennement appellé Loreau et le pré Chambely, et de present la Noue, tenant a la voie allant du moulin a Ablon iiii s. p.

De Bastien de la Folie, pour demye travee de maison assise audit lieu, en la rue allant a Ablon xxviii s. p.

*Mesnil soubz Longpont.* Des hoirs feu Symon Jubeline, pour sept quartiers de friche de vigne, tenant au chemin allant de Longpont a Longjumel viii s. p.

*Montlehery.* Des rentes que ledit Hostel Dieu a droit de prendre par chascun an audit lieu, néant cy, parce que recepte en est faicte cy devant avec les cens et admortissemens dudit lieu.

*Melun la Forest.* Du receveur ordinaire de Melun la Forest, la somme de cent livres parisis, a cause de pareille somme de rente, que ledit Hostel Dieu a droit de prendre par chascun an audit lieu, sur le peaige de ladite ville de Melun, tant par eaue que par terre, par acquisition faicte par ledit Hostel Dieu l'an mil iiii viii de feue noble dame, Anne d'Arthe.

Dudit receveur pour quarente huit quarterons de busche de mousle, que ledit Hostel Dieu de toute ancienneté a droit de prendre sur la forest de Biere, estant des appartenances de ladite recepte, des pieca appreciez a douze deniers parisis le mousle, qui vallent audit pris lxx liv. p. moderee a xxxv livres par an.

*Maisons sur Seyne.* Des vefve et hoirs feu Pierre Coisnon, pour trois quartiers de vigne ou terrouer dudit lieu, ou lieu dit la Haye de l'Eschac, aboutissant au chemin allant de Maisons a Crestueil xiiii s. p.

Desdite vefve et hoirs pour une maison assise au bout de la ville qui fut Pierre Marie xvi s. p.

De Jehan Poulain pour une maison, court et jardrin seans au carrefour et pres l'eglise dudit lieu, aboutissant par derriere aux hoirs de la presidente Boulengier, item pour trois quartiers et demy de saulsoye, aboutissant a l'abbaïe de Sainct Mor xi s. p.

*Merlou pres Clermont en Beauvoisin.* De Martin Lymosin, drappier, demourant audit lieu, pour une maison assise audit lieu pres et joignant la *Porte de Cire,* en laquelle pend pour enseigne l'ymaige Sainct Nicolas, tenant a la grant rue du Moulin xlviii s. p.

*Orly.* De Jehan Berthe, laboureur, pour une maison, court et jardrin, assis audit lieu, au carrefour du Thueil vi s. p.

De Jehan Villaine, pour demy arpent de vigne assis ou terrouer dudit lieu, ou lieu dit le Petit Sentier ii s. p.

De Colin Villaine pour demy arpent de vigne ou lieu dit le Grant Sentier iiii s. p.

De Guillaume Langlois, chandelier de suif, pour ung arpent de vigne ou lieu dit le Cloz de la Costure, aboutissant sur le chemin de la Croix du Roolle iiii s. p.

*Pierrefricte.* Des hoirs de feu Lois Langlois, pour une piece de vigne ou terroir dudit Pierre Fricte, ou lieu dit la Fosse ii s. p.

Des hoirs feu Jehan Chabart pour ung arpent de vigne, ou lieu dit les Coudoz, en la censivé de Sainct Denis en France, chargé envers *l'office des charitéz* de v s. p. de cens xliiii s.

*Poissy.* De Guillot Barrillet, charpentier, pour une maison et appartenances, en la rue du Bourg, anciennement appellée la rue de la Boucherie, tenant d'une part et faisant le coing de la rue de la Heuze xlvi s. p.

Des hoirs ou aians cause de feu Guillaume Charron, pour une place vuyde appellee la Croix Rouge iiii s. p. de rente.

Des hoirs feu Jehan Nicolas pour ung quartier de terre ou environ, ou lieu dit Espongne v s. iiii den. parisis.

De Vincent Bricet, pour une masure et jardrin, assis au bout de la chaussee du pont dudit lieu, devers la ville xl s. p.

*Panthin.* De Jehan Maignie, pour demy arpent de vigne assis ou terrouer dudit lieu, ou lieu dit Monthiboust x s. p.

*Piquigny.* De monseigneur le vidasme d'Amyens, lequel doit par chascun an audit Hostel Dieu, au jour et terme Sainct Jehan Baptiste, sur le port et passaige dudit lieu de Piquigny, a luy appartenant, la quantité de neuf muyds de sel.

*Puteaulx.* De Jehan Poncet l'aisné, pour ung arpent de vigne, ou lieu dit Champrochart vi s. p.

De la vefve feu Georges Parent, pour demy arpent de vigne ou lieu dit Puisselin et ou lieu dit Bonnet x s. p.

*Pomponne.* De Guillaume Oppietre, pour une maison, court, granche, assise audit lieu, pres la Fontaine vi s. p.

*Puyselletz le Marestz.* De Pierre Petit, demourant a Coignempuis, pour ung fief appellé le fief de la Grant Court, deux arpens d'ousche ou jardrin et lxxi arpens de terre vii$^{lt}$ vi s. p.

*Roye en Vermendois.* Du receveur ordinaire dudit lieu la somme de xl livres parisis sur le peaige dudit lieu de Roye.

*Rosny.* Des hoirs feu Pierre Le Flament, en son vivant orfevre, pour ung arpent de vigne audit lieu xx s. p.

*Rueil en Parisi.* De Michel Rossignol, pour une maison, court et granche, pres l'eglise dudit lieu, pres la Croix du cymetiere, tenant a la rue du Moustier xvi s. p.

*Seaulx le Grant.* De Jehan Sovignac le jeune, demourant audit lieu, pour ung quartier de terre ou lieu dit la Muterelle, en la censive du seigneur dudit lieu ii s. p.

De Guillaume Pinault pour ung quartier de vigne assis ou terrouer dudit Seaulx, ou lieu dit Maillard, tenant a la voie Sainct Jehan x s. p.

*Sainct Marcel.* De Eustace Frere, pour ung arpent de vigne ou terrouer dudit lieu, ou lieu dit Piquehoue xi s. vi den.

Dudit Eustace Frere pour ung autre arpent de vigne assis oudit terrouer, ou lieu dit le Sentier aux Trippes, aboutissant par bas au chemin d'Ivry, en la censive de l'eglise Sainct Marcel xv s. iiii den. p.

De Nicolas Roignon, pour demy arpent de vigne vii s. viii den.

De Jaqueline Pastoureau, pour demy arpent de vigne ou lieu dit les Reculletes, tenant au chemin de Gentilly v s. p.

De Guillaume Barbier pour ung arpent de vigne xv s. iiii p. den.

De Pierre Foliot, demourant a Coipeaulx, pour ung quartier de vigne ou lieu dit la Potence, sur le chemin d'Ivry vi s. p.

De Gillet Ganellet pour demy arpent de vigne ou lieu dit les Reculletes, tenant au chemin allant de Sainct Marcel a Gentilly, aboutissant par bas a une ruelle allant au moulin de Crouslebarbe.

De la vefve feu Lois Pleau pour ung arpent de vigne ou lieu dit Piquehoue, pres le moulin a vent de Nostre Dame des Champs xxvi s. p.

Des vefve et hoirs feu Quentin Gaultier, en son vivant taincturier, pour une maison assise en la grant rue dudit lieu, en laquelle pend pour enseigne le Haulme, tenant a une maison faisant le coing de l'allee par ou l'en va au grant moulin xxx s. p.

*Sucy en Brie.* Des rentes deues audit Hostel Dieu audit lieu de Sucy en Brie, neant cy, pour ce qu'elles sont affermees avec les cens dudit lieu.

*Sainct Clou.* Des hoirs ou aians cause de feu Jehan le Blant, pour deux pieces de vignes ou terrouer dudit lieu, l'une piece contenant ung tierceau assis ou lieu dit Tenerolles, l'autre piece contenant demy arpent assis entre deux croix, tenant au chemin de Vaucresson iiii s. parisis.

Des hoirs de feu Guillaume des Guerres, pour demy arpent de vigne ou lieu dit Villemain v s. p.

De maistre Estienne Contesse pour deux pieces de vigne oudit terrouer ou lieu dit Caillou, l'une piece contenant trois quartiers, tenant d'une part a la ruelle Girauldin, d'autre a Guillaume Montaubert, aboutissant au chemin de Sainct Germain en Laye iiii s. p.

De Philippot Poteron pour ung arpent et un tierceau de vigne ou lieu dit Villermain vi s. p.

Des hoirs de feu Pierre des Haies pour une maison, jardrin et masure cloz a murs, en la censive de monsieur l'evesque de Paris, item pour une piece de vigne ou lieu dit Tenerolles, lesquelz heritaiges appartindrent a feue Jehanne Lamoureuse, laquelle trespassa audit Hostel Dieu et les donna a icelluy Hostel x s. p.

*Sainct Michel soubz Longpont.* De Bernard Sire pour ung arpent de vigne en deux pieces seant en la rue des Potiz ii s. iiii den. p.

*Sainct Ouyn pres Pontoise.* Du curé parrochial dudit lieu, lequel, ou lieu des oblations dudit lieu, et autres droictz que ledit Hostel Dieu a droit de prendre par chascun an en l'eglise parrochial dudit lieu, composa avec ledit Hostel Dieu a lx s. p. de rente.

*Soissons.* Du peaige et travers du pont de la riviere de Soissons, nommee Aisne, appartenant au Roy nostre sire, et au conte de Merle par moictie, xii livres parisis de rente.

*Sanois.* De Jehan Marchant pour une maison et jardrin assise audit lieu en la grant rue, par laquelle l'en va a Franconville, item pour trois quartiers de vigne ou lieu dit les Alleures, aboutissant aux sentiers allant au val de Conflans xl s. p.

*Sainct Denis en France.* De messire Jehan Huet, prebtre, pour demy arpent de vigne ou lieu dit Vielz Port ou les Caves iiii s. p.

De Mahiet Petit, tanneur de cuirs, pour une maison, court, et jardrin au carrefour de la Tannerie, tenant *aux aigoutz*, item pour une tannerie assise en ce lieu, item pour ung arpent de vigne en deux pieces dont l'une assise ou lieu dit l'*Orme au messier*, item pour une maison et ses appartenances ou lieudit *Basseron* lxiiii s. p.

*Stains pres Sainct Denis en France.* Des hoirs de feu Jehan de Cerisy pour une maison et ses appartenances appellee la Maison rouge, assise sur le fief de la Mareschaucee de Sainct Denis xl s. p.

*Sainct Manne pres le chastel de Vire en Normandie.* Des hoirs de feu messire Richard Davoyne, en son vivant prebtre, pour une maison et ses appartenances assise audit lieu de Saincte Manne iiii s. p.

*Sercelles.* De Jehan Jourdel, demourant a Groslay, pour demy arpent de vignes ou lieudit le champ Sainct Denis iii s. iiii den. p.

*Suresnes.* De Gillet le Tire pour une maison et grange audit lieu, en la rue Feuilleuse, pres l'eglise dudit lieu xx s. p.

De noble homme maistre Germain de Marle, seigneur de Tilloy, notaire et secretaire du Roy, pour ung arpent de vigne es lieuxdits de la Belluette et Berthault vi s. p.

De luy ou lieu de Guillot Paste pour demy arpent d'autre vigne ou lieudit Belluette ii s. p.

Des heritiers de feu Cosme Charron, marchant de Poisson, pour demy arpent de vigne en ce lieu ii s. p.

De Pierre Guillot pour demy arpent de vigne ii s. p.

De Guillaume Couldray pour demy arpent de vigne assis audit terrouer de Suresnes ou de Rueil, ou lieudit le Rozier xvi s. p.

De Estienne Gault pour ung quartier et demy de vigne ou terrouer de Nanterre, ou lieudit Poinçon, en la censive de Saincte Geneviefve de Nanterre, vi s. p.

De Guillaume Gault pour demy arpent et demy quartier de vigne tenant d'une part au prieur de Rueil x s. p.

De Jehan Poncet pour demy arpent de vigne ou terrouer de Suresnes, item pour ung autre demy arpent de vigne assiz es terrouers de Suresnes et de Sainct Clou, ou lieudit Tourne Roche xvi s. p.

*Saint Maixant en Poictou.* Des hoirs de feu Marie Laisnee, laquelle par legs testamentaire faict le III$^e$ jour de janvier l'an m iiii$^c$ iiii$^{xx}$ xvi donna audit Hostel Dieu iii s. p. de rente sur les deux tierces parties de ses biens audit lieu, dont ne se recoit aucune chose, neantmoings cy iiii s. p.

*Soisy sous Escolle.* De Henry Blanchard pour trois pieces de pré en la prairie dudit lieu, tenant a la riviere d'Escolle, en la censive de feu Drouyn de Villiers, xii s. p.

*Senlices oultre Chevreuse.* Des vefve et hoirs feu Robin Geoffroy pour une maison et appartenances audit lieu, ou lieu nommé les planches xvi s. p.

*Sainct Ouyn les Sainct Denis en France.* Des hoirs feu Pierre de la Croix, pour une maison assise audit lieu, et environ cinq quartiers de terre ou lieudit la Mothe, aboutissant a l'aumosnier de Sainct Denis x s. p.

De Jehan Nicou pour une maison, court et jardrin assis oudit lieu sur la grant rue xvi s. p.

De Nicolas Godet et sa femme, ou lieu de feu messire Marcel du Moustier, en son vivant prebtre, pour ung arpent de terre tenant au chemin des Poisonniers viii s. parisis.

De Jehan Bassin, cousturier, demourant audit lieu, pour ung quartier de terre ou lieudit la Croix au conte, autrement les Carreaulx, aboutissant aux terres de l'aulmosnier de Sainct Denis iii s. p.

*Soisy sur Seyne.* A cause de Raoulete la Malicorne, vefve de feu Pierre Gillet.

De Jehan Laurens, marchant drappier demourant a Paris, pour une maison et jardin derriere en la grant rue allant du chasteau a la riviere, item pour ung quartier de vigne ou lieudit Augrez, aboutissant par bas sur la riviere du Grez, et par hault sur le chemin qui va dudit Soisy a Champrozé, item pour ung autre quartier de vigne ou lieudit Lievreville; pour demy arpent et demy quartier de vigne ou lieudit Tignon iiii ʜ p.

De Claude Giroult, sergent a cheval de Chastellet de Paris, pour la moictie d'une maison contenant trois travees court et jardrin, avec la moictié d'une petite masure assise sous l'aigoutz de ladicte maison, le tout assis audit lieu de Soisy lvi s. p.

Dudit Giroult pour une autre maison court et jardrin, assis en la rue de la Riviere, item pour trois arpens de terre labourable ou lieudit le Grez, item pour trois arpens et ung quartier de vigne es lieuxdits Chenevieres, Richier, Herville; item pour une petite ysle assise dedans la riviere de Seyne, sur lesquelz heritaiges ledit Hostel Dieu, comme aiant droit de ladite Malicorne prend xii ʜ parisis par an.

*Trieil.* Des vefve et heritiers de feu Francois Drujon, pour la moictie par indivis du *port et passaige* dudit Trieil, anciennement appartenant audit Hostel Dieu, avec une piece de pré contenant trois quartiers, seant devant ledit port, ou lieudit l'Isle de l'Enguille, le tout donné audit Hostel Dieu en l'an M iiiiᶜ lvi par Estiennete, vefve de feu Estienne Paillet, en son vivant demourant audit Poissy, laquelle moictie de port et passaige, avec lesdiz trois quartiers de pre, ledit Hostel Dieu des longtemps bailla audict Drujon pour et parmy xxiiii s. p. de rente.

*Triveau lez Clamart.* Des vefve et heritiers Guillaume Furet, en son vivant *huissier d'armes du Roy*, pour quarante quatre arpens de terre ou environ en plusieurs pieces ou terrouer dudit Triveau, sur tous lesquelz heritaiges ledit Hostel Dieu prend pour chascun an xlviii s. parisis de rente annuelle.

*Tour soubz Montmorancy.* De Thomas Fournier et Berthault de la Cour, pour une maison, court et jardin en la rue qui meyne de Ruble a l'eglise dudit lieu, en laquelle maison pendent pour enseigne les Trois rois, tenant a Monsieur des Masliers, aboutissant par derriere a Denise d'Eaubonne lxiiii s. p.

*Valenton.* Des heritiers de feu maistre Gilles Porchet, en son vivant procureur ou Chastellet de Paris, pour ung arpent de vigne ou terrouer de Valenton, joignant au Ru d'icelluy villaige, item pour trois quartiers de saulsoy, tenant aux chanoines de Sainct Benoist xvi s. p.

*Vanves.* Des rentes que ledit Hostel Dieu a droit de prendre audit lieu de Vanves, neant, pour ce que Messeigneurs les gouverneurs les ont baillees a recevoir a maistre Francois de Rochefort.

*Villete Sainct Ladre.* Des parties de rentes declairees par les comptes precedens, deues audit lieu, neant cy, pour ce que recepte en est faicte cy devant avec les cens et rentes de Baigneux et Sucy en Bry.

*Villetanneuse.* Des marguilliers de l'eglise et parroisse dudit lieu pour vii quartiers de terre assiz près le cymetiere dudit lieu v s. p.

*Villemeneur.* Des hoirs feu Estienne Langlois, pour une maison audit lieu xii s. p.

*Villebon.* De Anthoine Thibault demourant audit lieu de Villebon, parroisse de Meudon, lequel l'an mil iiiiᶜ iiiiˣˣ ix le xviiᵉ jour de mars vendit et constitua audit Hostel Dieu xxiiii s. p. de rente sur ung hostel, ferme et appartenances, assis audit lieu, qu'il avoit prins de feu Jehan des Portes a trois vies, et pour ung arpent de vigne assis ou terrouer de Clamart, duquel des Portes feu maistre Guillaume Suzee, en son vivant procureur en Parlement fut heritier, a cause de sa femme, au moien de quoy il expulsa et meist hors ledit Anthoine Thibault de ladite ferme, sans autre esgard de ladite rente.

*Vaugirard.* Des rentes que ledit Hostel Dieu prend audit lieu, neant, pour ce que Messeigneurs les gouverneurs les ont baillees a recevoir a Francois de Rochefort.

*Vernueil sur Aisne.* De Nicolas Delehegue, pour ung estang, jardrin et moulin a huille assis ou villaige de Beaulne, pres ledit Verneuil xvi s. p.

*Villeneuve le Roy.* De Jehan le Lanternier, pour une maison, court, cave et petit jardrin, assis audit lieu, en la rue des Carneaulx, en la censive des Chartreux, xlviii s. p.

*Verlegrant.* Des hoirs de feu Thomas Bonnart pour ung arpent de vigne ou lieudit Grillon xl s. p.

*Somme des rentes hors la ville de Paris* viiˣˣ lix livres xiii s. parisis.

Autre recepte faicte par cedit receveur, a cause des rentes viagieres que ledit Hostel Dieu prend sur plusieurs maisons et autres heritaiges hors la ville de Paris.

Et premierement. *Argeville en Beausse.* De Jehan Perdijon, pour l'ostel, terres et appartenances d'Argeville, avec les maisons et masures dudit lieu, lesquelz hostel, terres et appartenances ledit Jehan Perdijon print dudit Hostel Dieu l'an mil iiiiᶜ iiiiˣˣ xvi, moiennant et parmy la somme de xxxii ʜ p. de rente ou pension viagiere.

*Chastenay.* De maistre Claude Hillaire, notaire et secretaire du Roy, auquel Messieurs les gouverneurs dudit Hostel Dieu ont baillé a tiltre de rente viagiere ung arpent, et demy quartier de pre, ou terrouer dudit lieu de Chastenay, ou lieudit *Mer morte*, tenant d'une part et d'autre a chappitre de l'eglise de Paris, aboutissant aux vignes de Sceaulx xxxvi s. p.

*Clichy la Garenne.* Des enfans de feu Durant Chauvin, pour ung arpent et trois quartiers de saulsoie es lieuxdiz les Petiz maretz et les adjoustz xvi s. p.

*Crestueil.* De Pierre Salmon pour une maison audit lieu, en la rue du Mesche, item pour deux arpens de vigne ou lieudit Chastrechien lxiiii s. p.

De Barthelemy Fossart, pour une maison et appartenances xlviii s. p.

*Eschareon.* Des vefve et heritiers feu maistre Jaques du Tueil, pour un grant hostel, court, pressouer, estable, granche, tout cloz a murs, ledit grant hostel couvert de tuille et le surplus de chaulme, assis audit lieu d'Eschareon, appellé l'Hostel Dieu, item pour ung cloz joignant, contenant quatre arpens de vigne et ung arpent de terre, item pour quatre arpens de terre labourable, item pour quatre arpens de pré, et generallement tout ce que ledit Hostel Dieu a audit lieu et ès environs, excepté ung moulin assis audit lieu xii livres xvi s. p.

*Gentilly.* De maistre Guillaume Augrain, escollier, estudiant en l'Université de Paris, pour une maison et jardrin faisant le coing de la grant rue et de la ruelle du Four, avec ung arpent et demy de vignes ou lieudit Longueroye iiii<sup>tt</sup> s.

*Igny.* De Nicolas Dupuis, escuier, demourant audit lieu, pour ung hostel cloz a murs, court, granche, estables, audit lieu de Igny, avec les cens, rentes, prez, aulnois, friches, coustumes, droictures, et pareillement la justice et tous les droitz seigneuriaulx que ledit Hostel Dieu a audit lieu de Igny xvi livres parisis.

*Lardy.* De noble homme Abel Dubuz, pour deux fiefz audit Hostel Dieu appartenans l'un assis audit lieu de Lardy appellé le fief de la Mothe, qui est admorty et l'autre assis a Engueville en Beausse, lequel consiste en viii<sup>tt</sup> p. de menuz cens par chascun an xxii s. p.

*Launay pres Tournant en Brye.* De Anthoine Nepveu, lequel print dudit Hostel Dieu a tousjours un fief contenant maison, court, granche, estable et environ iiii<sup>xx</sup> arpens de terre labourable, prez, bois, excepte touteffois la justice, censive et autres droitz seigneuriaulx appartenant audit fief, lesquelz ledit Hostel Dieu auroit a luy reservez x liv. parisis de rente.

*Les Petitz maretz, oultre la porte Montmartre.* De Jehan Bergier, marchant taincturier de toiles a Paris, pour une maison, court et jardrin, contenant huit arpens de terre ou environ, appellé les Petits maraiz, assiz oultre la porte Montmartre, au long des aigoutz de la ville de Paris, auquel lieu, c'est assavoir a l'endroit de ladite maison, y a ung petit pont, lesquelz lieux soulloient tenir dudit Hostel Dieu a tiltre de louaige Guillaume Bergier et Jehanne, frere et sœur dudit Jehan Bergier xvi livres parisis.

*Morville en Beausse.* De Pierre Dupuis et Marquet Huteau pour tous les cens et rentes deues audit Hostel Dieu en la paroisse dudit Morville, ensemble toutes les terres, a la reservation touteffois des dixmes des grains et des vins avec les lotz, ventes et saisines qui peuvent et pourront advenir esdits lieux, item lxx arpens de terres labourables xii<sup>tt</sup> xvi s. p.

*Rieu en Beauvoisis.* De Denis Dusable, escuier, seigneur de la Mothe au Bois en Vallois, pour une maison et ses appartenances audit lieu appellé l'*Ostel Dieu du Rieu*, avec toutes les terres, prez, bois, vignes, saulsoies et appartenances, le tout assis audit lieu iiii livres parisis.

*Baigneux Sainct Erblanc.* De noble homme Guillaume Ribier, seigneur de Villebrosse pour trois pieces de vignes assise ou terrouer dudit Baigneux xlviii s. p.

*Somme des rentes viaigieres hors Paris vi<sup>xx</sup> livres ii s.*

*Autre recepte faicte par cedict receveur, a cause d'aucuns louaiges de fermes et baulx faictz a pris d'argent de plusieurs maisons, terres, prez, bois, vignes et autres heritaiges hors Paris, es lieux et villaiges cy apres declairez.*

Et premierement, *Baigneux Sainct Erblanc.* De Jehan de la Salle ou lieu de Guillaume Caigneux xii liv. parisis pour le louaige de l'ostel seigneurial, court, granche, coulombier, pressouer et jardrin.

*Belleville sur Sablon.* D'une maison contenant deux corps d'ostel, pressouer et roue foullerie, estables, court, puis, jardrin et vigne, faisant le coing du chemin allant aux Bruyeres, louee a Mathurin Leriche et Estienne Gaultier xxii livres.

*Champrozé.* De Jehan et Nicolas Bourdon pour une petite maison, appellee la maison de la Cloiserie, appartenant audit Hostel Dieu iiii<sup>tt</sup> xvi s.

*Crestueil.* De maistre Louis Braillon, docteur regent en la Faculté de medecine, la somme de xxii liv. viii s. p. pour le louaige des ysles et gors que ledit Hostel Dieu a audit lieu sur la riviere de Marne, a luy louez a la charge de les entretenir de plantatz bien et deuement, et oultre moiennant et parmy ladite somme de xxii<sup>tt</sup> viii s.

*Clamart.* De Claude Courteheuze, auquel mesdiz seigneurs les gouverneurs ont baillé a tiltre de ferme et loier d'argent l'ostel seigneurial dudit lieu contenant maison, court, granche, estables, *geolle*, pressouer, foullerie, coulombier, deux jardrins, trois quartiers de vigne, seize arpens de terre, avec les noiers, regains, saulsoies estans es prez dudit Hostel Dieu joignant ledit hostel seigneurial, a la reservation d'une chambre pour lesdits seigneurs et leur receveur quant ils yront audit lieu xxxii l. p.

*Chatou.* De Philippot Marchant pour deux pieces de ysles assises audit lieu, sur la riviere de Seyne ix livres xii s. p.

*Estampes.* Des cens et rentes que ledit Hostel Dieu a audit lieu, neant cy, pour ce que recepte en est faicte ou chappitre des cens, soubz le nom de maistre Jehan Helis, prebtre, procureur dudit Hostel Dieu ou quartier dudit Estampes.

*Elleville.* De Jehan Fiault, laboureur, pour l'hostel seigneurial et appartenances scituez audit lieu, le bail a lui faict a la reservation des bois de ladite seigneurie d'Elleville, et oultre et a la charge de faire dire et cellebrer par chascune sepmaine durant le temps de ladicte ferme une messe en l'eglise Sainct Martin d'Elleville, en laquelle Pierre de Laaige qui a donné lesdits heritaiges a l'Hostel Dieu a esté inhumé, moiennant et parmy la somme de lxiiii liv. parisis.

*Gennevilliers.* De Jehan Leclerc et Thibault Gossier, laboureurs, pour le louaige de viii a ix$^{xx}$ arpens de terre qui furent a feue dame Nicole Macheco, et par elle donées audit Hostel Dieu xxvi liv. p.

*Haubervilliers.* De Macé Royer, marchant et bourgeois de Paris xxxii liv. parisis pour le louaige d'une maison, xxxi arpens de terre, vii quartiers de vigne et vii quartiers de pré.

*Les grans Marestz, pres les Porcherons.* De Mathurin Lasne, laboureur mareschier, demourant audit lieu, pour l'ostel des grans Marestz, et jardin contenant vii arpens de marestz, fossoicz a l'entour de grans fossez peuplez de Saulx et iiii arpens de terre, a la reservation des verjuz croissans es treilles desditz marestz et jardin pour la provision dudit Hostel Dieu vi$^{tt}$ viii s.

*Montlehéry.* De Jehan Cavelier, demourant audit lieu, auquel mesdiz seigneurs les gouverneurs ont loué le Four bannier que ledit Hostel Dieu a audit lieu avec sept quartiers de pré, moiennant la somme de ix$^{tt}$ xii s. p.

Du louaige de cinq arpens de pré que ledit Hostel Dieu a en la prairie dudit lieu de Montlehery viii$^{tt}$ parisis.

*Montrouge.* De Girard Mynard, laboureur, pour une petite maison assise audit lieu, parmy la somme de vi$^{tt}$ viii s. p.

*Sainct Wast de Longmont lez Verberie.* De Nicolas Feart, laboureur, auquel a este baillé a tiltre de loier d'argent la ferme que ledit Hostel Dieu a audit lieu, moiennant la somme de xlviii livres parisis.

*Puyselletz le Marestr.* De Anthoine Charpentier, laboureur, xxvvi$^{tt}$ p. pour le louaige d'une maison, court,

bergerie, estables et jardrin, partie cloz a murs et partie a fossez; item pour lxii arpens et demy de terres labourables.

*Suresnes.* De Anthoine Herault, laboureur, pour une maison, court et jardrin près l'eglise dudit lieu viii liv. p.

*Sainct Germain des Prez.* De la vefve feu Jaques Frilleux, pour le louaige d'une maison, court et jardrin en la rue du Four, avec xix arpens de terre labourable assis ou terrouer dudit lieu de Sainct Germain des Prez xvi liv. p.

*Val de Rueil.* De Jehan Meslin, laboureur, pour lxii acres de terre, avec les cens et rentes deues chascun an audit Hostel Dieu audit lieu, ensemble le droit de passaige que ledit Hostel Dieu prend pour chascun vaisseau de vin passant en la riviere d'Euze audit lieu du Val de Rueil ii$^e$ xl livres parisis.

*Victry.* D'une queue de vin de rente deue chascun an audit Hostel Dieu oudit lieu sur plusieurs vignes assises ou terrouer dudit Victry, néant cy, pour ce que mesdiz seigneurs les gouverneurs l'ont baillée a recevoir a François de Rochefort.

*Vernueil sur Aisne.* De Jehan Fournier, laboureur, demourant a Pontercy, auquel a esté baillé a tiltre de ferme et loier d'argent les maison, granche, pourpris assis audit lieu de Vernueil, a la reservation d'un moulin, vivier assis ou terrouer de Beaulue xl livres parisis.

*Elleville.* De Cloud Gerbe, sergent a cheval, auquel messeigneurs les gouverneurs ont baillé a ferme le fief d'Escauville avec ses appartenances assis audit lieu d'Elleville, contenant manoir, court, granche, coulombier, jardrins, terres, préz, moiennant la somme de xxiiii livres parisis.

Somme d'aucuns louaiges, fermes et baulx faictz a pris d'argent vii$^e$ xx liv. p.

*Autre recepte faicte par cedit receveur pour les droiz de pescherie a cause du fief de la Mothe a Corbueil.*

Du droit de pescherie que ledit Hostel Dieu a sur la riviere de Seyne, a cause dudit fief de la Mothe, lequel a sept lieues d'estendue sur ladicte riviere, a commencer depuis le villaige de Villeneufve Sainct George, a l'endroit d'une ruelle appellée la ruelle du Four, jusques au villaige de Soisy sur Escolle au dessus dudict Corbueil, et pour lequel droit les peschers peschans en ladite riviere, dedans les fins et mettes dudit fief dessus declairees, sont tenuz de paier chascun an, le jour du dimanche d'apprez l'Assention Nostre Seigneur, ou lieu dudit fief de la Mothe, auquel jour est tenue l'assise dudit fief, c'est assavoir quatre solz par. de cens sur peine de cinq solz p. d'amende et xxiiii s. p. de rente, et de pescher deux fois l'an pour ledit Hostel Dieu sur peine de lx s. p. d'amende, dont une fois a la fare et une autre fois au chaslon, a esté par cedit recepveur receu en l'année de ce compte la somme de xlv ʳʳ ii s.

*Autre recepte faicte par ce present recepveur a cause des deniers procedans d'aucunes rentes qui ont esté rachectees durant l'année de cedit compte.*

Le xxiiiᵉ jour de fevrier m.v.c.xxxv, de maistre Germain Javeau, examinateur ou Chastellet de Paris, commis a distribuer les deniers d'une masure seant rue Darnestal, adjugee par decret dudit Chastellet a Casin Coffry, de la proprieté de laquelle maison a esté receu la somme de xviiiʳʳ viii s. p.

De Guillaume et Gabriel Auger, laboureurs, demourans a Moucy le Neuf, la somme de xii liv. p. pour le rachapt et sort principal de xx s. t. de rente.

De Michel Bastonnier, taincturier de draps, la somme de ix ʳʳ xii s. p. pour le rachapt de xii s. p. sur trois quartiers de vigne a Gentilly.

*Vente de bois.* De la vente et couppe des bois des Noues ii mil neuf cens soixante seize livres tournois.

*Vente de certain grain.* De maistre Pierre Mabillote, prebtre, commis a la panneterie dudit Hostel Dieu, a esté par cedit receveur receu la somme de viiˣˣ xvi liv. t. venue de la vente de grain estant es greniers dudit Hostel Dieu.

Dudit Mabillote la somme de iiᶜ xvii l. t. venue de la vente de xii muydz et demye d'avoyne estant es greniers dudit Hostel Dieu.

*Autre recepte pour vin vendu.* De la vente de iii muydz de vin vermeil, venduz aux orfevres de Paris pour le disner qu'ilz servent aux pouvres dudit Hostel Dieu, le jour de Pasques de l'année de cedit compte, ainsi qu'ilz ont acoustumé faire par chascun an xxxiii ʳʳ xii s. p.

Le xxiiᵉ jour de novembre ensuyvant a esté receu de l'eschançon de monsieur de Humyeres la somme de iiiiˣˣ livres parisis, pour la vente de dix muydz de vin blanc prins es celliers dudit Hostel Dieu, du creu des vignes dudit Hostel Dieu a Champrozé.

*Autre recepte de la vente des peaulx procedans de l'abbatiz des moutons acheptez pour la provision dudit Hostel Dieu.*

De..... marchant megissier, demourant aux faulxbourgs Sainct Marceau lez Paris, la somme de ixᶜ x liv. ix s. c'est assavoir pour iiᵐ viiᶜ iii quarterons dix peaulx de moutons, fournies de quatre peaulx sur chascun cent, venues de l'abbatis des moutons despensez audit Hostel Dieu depuis le jour de Pasques m. vᶜ xxxvi includ jusques audit jour de Pasques ensuyvant, a raison de xxx livres t. pour cent, fourny comme dessus, la somme de viiiˣ xxxvʳʳ vii s. vi den. t.; item pour deux cens sept peaulx de moutons lymosins despensez audit Hostel Dieu durant ladite annee lixʳʳxvii s. t., et pour iiᶜ xliiii cuiretz au pris de xii den. p. piece xvʳʳ v s., qui est pour tout la somme de viiᶜ xxviii ʳʳ vii s. parisis.

III.

De la vendicion des laynes yssues des bestes blanches estans en la ferme de Crestueil vi ʳʳ xii s. p.

*Autre recepte a cause des deniers procedans de la vente du suif venu et yssu des moutons despensez audit Hostel Dieu.*

De feu maistre Guillaume Riboult, en son vivant prebtre, despensier dudit Hostel Dieu, la somme de c.xiii liv. iiii s. ii den. t. laquelle est venue de la vente de iiiᶜ viii mesures de suif venu des moutons despensez audit Hostel Dieu, depuis le jour de Pasques m. vᶜ xxxvi jusques au jour sainct Jehan Baptiste ensuyvant; outre ce et par dessus lxvi mesures d'autre suif qui a esté mis en œuvre de chandelle durant ledit temps pour la provision dudit Hostel Dieu . . . . .

*Somme de deniers provenuz de la vente du suif iiiᶜ lxxiii ʳʳ xiii s. p.*

*Autre recepte tant a cause des deniers trouvez es troncz dudit Hostel Dieu, apres la publication des pardons d'icelluy publiez en l'eveche et diocese de Paris, es jours cy apres declairez, comme a cause des baisemens dudit Hostel Dieu et perpetuons distribuez en icelluy.*

Du pardon du premier dimanche de caresme vᵉ jour de mars m. vᶜ xxxv, de l'ouvertvre des troncz dudit Hostel Dieu, faicte le viiᵉ jour dudit mois de mars apres ledit pardon, esquelz fut trouvee la somme de ixᶜ xviii ʳʳ xi den. t., vault a parisis viiᶜ xxxiii ʳʳ viii s. viii den.

De la vente d'une chesne d'or, trouvee au grant tronc dudit Hostel Dieu xxʳʳ x s. t.

Des tables et baisemens desdits pardons a aussi esté receu viˣˣ xiii ʳʳ vi s. p.

*Du dimanche de la Passion iiᵉ jour d'avril.* De l'ouverture de diz troncs le iiiiᵉ jour dudit mois d'avril viᶜ lxii ʳʳ parisis.

Des tables et baisemens dudit pardon viiˣˣ i ʳʳ p.

*Du pardon des stacions de Pasques xviᵉ jour dudit mois d'avril.* De l'ouverture desdiz troncs faicte le xxᵉ jour dudit mois d'avril apres ledit pardon, esquelz fut trouvee la somme de iiiᶜ xliʳʳ xv s. p.

De l'ouverture du tronc de l'appoticairerie dudit Hostel Dieu, ouquel a esté trouvée la somme de lx ʳʳ p.

Des baisemens dudit pardon la somme de lxxxviii ʳʳ parisis.

Desdiz pardons publiez ledit jour de Pasques par les villaiges du diocese de Paris iiiiˣˣ ii livres parisis.

*Du pardon des stacions du jour de Noel.* De l'ouverture desdiz troncz faitte le penultieme jour de decembre, dedans lesquelz fut trouvee la somme de iiiᶜ lxi ʳʳ p.

Des tables et baisemens dudit pardon lix ʳʳ p.

Des perpetuons distribuez durant les pardons du dimenche de la Passion xviiiʳʳ p.

De la vente d'un aneau d'or, une chesne et une petite bague trouvez es troncs dudit Hostel Dieu iiiiˣˣ liv. p.

*Somme totale des pardons a Paris iiᵐ viiᶜ lxxv liv. par.*

3a

*Autre recepte a cause desdiz pardons publiez hors l'evesché de Paris es lieux cy apres declairez.*

Et premierement, *Sens et Auxerre*. Le xvii° jour de may de maistre Jehan Helis, prebtre, procureur dudit Hostel Dieu es diz lieux ix·· ix livres parisis.

*Orléans.* De Nicolas Sert, procureur dudit Hostel Dieu oudit evesché xli ♰.

*Ostun, Mascon et Chalon.* De maistre Anthoine Gazon pour lesdiz pardons publiez par lesdiz dioceses vii·· xvi ♰ ix s.

*Coustances et Avranches.* De maistre Gilles Beaussieu, prebtre, procureur dudit Hostel Dieu esdiz lieux lxx ♰ ix s.

*Bourges, Poictiers et Xainctes.* De Cloud Gerbe, serviteur et procureur dudit Hostel Dieu esdiz lieux vii° xx ♰ parisis.

*Bordeaulx, Carcassonne, Bayonne, Dast.* De maistre Francois Poivre, procureur dudit Hostel Dieu ès archevesché et dioceses dessus diz ii° iiii ♰ p.

*Reims et Chaalons.* De maistre André Potier, procureur dudit Hostel Dieu viii·· xvi ♰.

*Tours, Angiers, Luçon et Maillezais.* De maistres Julien Jouslain et Anthoine Gaultier, procureurs dudit Hostel Dieu iiii° xvi ♰ parisis.

*Troyes, Langres, Beauvais, Laon, Noyon, Soissons et Senlis.* De frere Julien Lucas, relligieux dudit Hostel Dieu vii° lx ♰ p.

*Amyens, Therouenne, Arras et Cambray.* De Jehan Riveloys, procureur dudit Hostel Dieu c ♰ vi s. parisis.

*Bayeulx, Lizieulx et Evreux.* De maistre Philippe Bellehache, procureur dudit Hostel Dieu esdiz lieux iiii·· xi ♰.

*Bretaigne.* De maistre Philippe Chuault viii·· iiii livres p.

*Chartres.* De frere Julien Lucas viii·· livres vi s. parisis.

*Clermont, Alby et Cahors.* De maistre Jehan Damery c livres xvi s. p.

*Nevers.* De maistre Andre Perin xvi ♰ ii. s.

*Limoges, Perigueux, Sarlat et Tulle.* De maistre Marcial Froadesson iiii ♰ xiiii s. p.

*Somme des Pardons hors Paris iii·m iiii° xx ♰ ix s. p.*

*Autre recepte a cause des legs, vigilles et convoiz, dons et aulmosnes faictz audit Hostel Dieu durant l'annee de cedit compte.*

De Roze, vefve de feu Robert de Serlin, en son vivant laboureur, demourant a Ysancy, par les mains de Albert Serpart, marchant demourant a Paris, la somme de xxvi ♰ xiii s. iiii den. p., faisant la tierce partie de la somme de cent livres tournois que ledit defunct par son testament a aulmosnee audit Hostel Dieu, a paier dedans trois ans; — de plusieurs aulmosnes faites audit Hostel Dieu lxxii liv. p.; — de plusieurs laboureurs demourans a Sainct Cloud xxi ♰ parisis, qu'ilz devoient a

feue Marguerite Galloise, en son vivant demourant a Paris, laquelle elle a donnee audit Hostel Dieu; — des executeurs du testament de feue Anthoinette Eschart, en son vivant femme de maistre Thibault Charlet, procureur en Parlement iiii ♰ p.; — de honnorable femme Jehanne Daubray, vefve et executeresse du testament de feu honnorable homme Pierre Cherault, en son vivant marchant et bourgeois de Paris, la somme de cent livres tournois, laquelle ledit defunct par sondit testament a donnee et aulmosnee audit Hostel Dieu; — de honnorable femme Alips Matisson vefve de feu Jehan Allart, en son vivant huissier en Parlement, par les mains de maistre Jaques Merlin, penitencier de l'eglise de Paris, la somme de ix·· xiiii ♰ p. qu'elle a baillee audit Hostel Dieu, et laquelle ladite vefve disoit estre demouree es mains dudit defunct son mary de reste de plus grant somme par luy receue a cause d'une commission a luy baillee par la court pour régir et gouverner les terres et seigneuries du feu duc de Nemours, laquelle vefve n'a sceu trouver qui sont les heritiers d'icelluy seigneur, ce don faict a la charge touteffois que ledit Hostel Dieu sera tenu rendre ladite somme s'il advenoit que les heritiers dudit seigneur la demandassent; — de monsieur le prothonotaire d'Aulnay, archidiacre de Brie en l'eglise de Soissons, xl liv. p. qu'il a aulmosnee audit Hostel Dieu; — de noble homme et saige, maistre Claude Levoys, conseiller en la court de Parlement, la somme de iii° lv livres; — de monsieur le maistre dudit Hostel Dieu, maistre Jehan de Mailly, docteur en theologie, commis a recevoir les legs et convois dudit Hostel Dieu, la somme de iiii° xxx l. tournois, pour lesdiz legs et convoys.

Le neufiesme jour de juing de seur Pernelle La Tache, religieuse prieure dudit Hostel Dieu, la somme de lxxviii ♰ t. venue de la garde des mallades de ceste ditte ville gardez par les religieuses dudit Hostel Dieu.

*Somme de ce chappitre xi° xxxiii livres.*

*Recepte commune de ce present compte.*

De dame Marie Malingre, femme de monsieur de Goys, la somme de iiii° x livres tournois, sur la somme de ii cens livres tournois restans a paier de la somme de iii° l. t., par composicion faicte avec elle tant pour le rachapt et le sort principal de xxv l. de rente qu'elle devoit audit Hostel Dieu, comme pour les arreraiges de ladite rente.

Le xix° jour de janvier, de messeigneurs Briconnet, de Villeroy, De Marle, Lelieur, Nicolas Hennequin, Oud'art Hennequin, Ribier et Laubigeois, tous gouverneurs dudit Hostel Dieu, la somme de xiiii° xl livres parisis en huit cens escuz d'or soleil, qu'ilz ont prestee et advancee audit Hostel Dieu, pour subvenir a achecter du vin pour la provision dudit Hostel Dieu.

Des heritiers de feu maistre Pierre Raoulin, en son vivant chanoine et notaire de l'eglise de Paris, la somme de xl liv. t. par composicion faicte avec eulx pour les reparations que ledit defunct estoit tenu faire en une maison assise rue Neufve Nostre Dame.

De la bouete estant en la boucherie dudit Hostel Dieu, en laquelle a esté trouvee la somme de xxxii liv. xii s. t. venue de la chair qui a esté baillee pour ceulx qui estoient malades par la ville.

De la vente des fruictz du jardrin du Pressouer lxxii s. p.

De Pierre Du Pont, marchant, lequel doit audit Hostel Dieu iiii$^c$ l. t. restant a paier de viii$^c$ xxxix livres donnes audit Hostel Dieu par les executeurs du testament de feu monsieur de Quercu.

De Cloud Gerbe, commis a recevoir les rentes deues audit Hostel Dieu ou quartier de Mante et es environs xxxiii$^{tt}$ p

De Cloud Gerbe viii$^{xx}$ xv liv. tournois, par luy receue des officiers de monsieur de Xaintes, pour les deniers que ledit evesque avoit exigé par cy devant des procureurs dudit Hostel Dieu, pour bailler son *placet*, pour publier les pardons dudit Hostel Dieu par son diocese.

*Somme toute de la recepte de ce present compte* xix$^m$ ix$^c$ iiii$^{xx}$ xiii *livres parisis.*

*Despenses de present compte.*

*Despense faicte pour ce present receveur a cause des cens, rentes, dixmes, indempnitez, admortissemens que ledit Hostel Dieu doit pour plusieurs maisons, places, lieux, terres, prez, bois, vignes scituez et assis tant en ceste ville de Paris que hors icelle.*

*Et premierement, la ville et faulxbourgs de Paris. Rue Neufve Nostre Dame.*

A la fabricque de l'eglise de Paris, laquelle a droit de prendre vi$^{tt}$ xv s. parisis de rente sur deux maisons appellees l'ostel du Plomb, des longtemps appliquees a l'ediffice du chappitre dudit Hostel Dieu.

A l'office de la chambre de ladite eglise vii$^{tt}$ p. de rente sur une maison faisant le coing de ladite rue Neufve Nostre Dame, ou soulloit pendre pour enseigne le Chauderon, appartenant audit Hostel Dieu.

Aux religieuse, abbesse et couvent de Longchamp, la somme de xx s. p. pour une annee de la rente qu'elles prennent sur la maison declairee en l'article prochain precedent.

A l'ancienne communauté des chappellains, fondez en l'eglise de Paris, xxx s. p. de rente sur une maison en ladite rue, en laquelle pend pour enseigne la Croix de Fer, audit Hostel Dieu appartenant.

A l'abbaie de Sainct Victor lez Paris xlviii s. p. tant de cens comme de rente sur une maison en ladite rue, ou soulloit pendre pour enseigne le Gros Tournois et de present y pend l'Agnus Dei.

A l'office des clercz des matines de l'eglise de Paris iiii s. p. de rente sur la maison dessus declairee.

Audit office, auquel est deu ix s. p. de rente sur une autre maison assise en ladite rue devant et a l'opposite de la maison declairee es deux articles prochains precedens.

A icelluy office xxxii s. p. sur une maison joignant la dessusdicte, que soulloit tenir a tiltre de rente viagiere Pierre Raoulin, notaire de chappitre de l'eglise de Paris.

A l'eglise et abbaie madame Saincte Genevieve ou Mont de Paris, xxviii s. p. de cens et souffrance sur une maison en ladite rue appartenant audit Hostel Dieu.

A ladite abbaie, a laquelle est semblablement deu viii den. p. de cens sur une autre maison en ladite rue, appartenant audit Hostel Dieu.

A monsieur l'evesque de Paris v s. p. pour les souffrances des estables et auvens de cinq maisons en ladite rue appartenant audit Hostel Dieu.

*Rue du Parvis Nostre Dame.* A monsieur l'evesque de Paris xii den. p. pour la souffrance de l'auvent d'une maison assise en ladite rue, en laquelle pend pour enseigne la Huchette, audit Hostel Dieu appartenant, néant cy.

A mondit sieur l'evesque de Paris, auquel est deu ii den. parisis pour la souffrance de la saillie de la tournelle estant en l'ostel du Chasteau Frilleux, néant cy.

A l'office de la chambre de l'eglise de Paris xx s. p. sur une maison assise en ladite rue, en laquelle pend pour enseigne l'Escu de France, qui fut a feue Genevielve Guymier, et de present appartenant audit Hostel Dieu.

*Rue du Sablon.* A l'abbaye madame Saincte Genevielve ou Mont de Paris, a laquelle est deu par chascun an iiii den. parisis de cens sur une maison en ladite rue du Sablon, audit Hostel Dieu appartenant.

A ladite abbaie a esté paié dix solz deux den. parisis pour une annee de la rente sur une autre maison en ladite rue, appartenant audit Hostel Dieu et paravant aux religieuses de la Saulsoye.

A icelle abbaye la somme de xx s. p. sur une autre maison assise en ladite rue, appartenant audit Hostel Dieu.

A ladite abbaie xxv s. p. sur une maison assise en ladite rue qui fut feu Jaques Le Breton et de present audit Hostel Dieu.

A elle encores ii s. iiii den. p. de cens sur une autre maison en ladite rue appartenant audit Hostel Dieu.

A l'abbaie de Sainct Victor lez Paris c s. p. a cause de pareille somme de rente que ladite abbaie prend sur une maison ou soulloit avoir escorcherie, faisant le coing de ladite rue du Sablon.

Au prieur de Longpont, lequel a cause de Sainct Julien le Pouvre a droit de prendre et parcevoir par chascun an xl s. p. de rente sur une maison assise en ladite rue appartenant audit Hostel Dieu, pour cecy, pour une annee eschue, par quictance de maistre Thomas Vatier, prebtre, procureur et fermier dudit prioré de Sainct Julien le Pouvre.

A l'eglise et prioré de Sainct Ladre lez Paris xxx s. p. sur une autre maison faisant le coing d'une reulle allant de ladite ruelle du Sablon aux chambres de l'evesque, appartenant audit Hostel Dieu.

A l'eglise et abbaie de Montmartre xxiiii s. p. sur certaines estables estans en ladite rue, audit Hostel Dieu appartenans, nagueres desmolies pour faire la *Salle Neufve* qui a esté ediffice de neuf, joignant ledit Hostel Dieu.

*Rue Sainct Pierre aux Beufz.* Au chappellain de la chappelle de l'Annunciation Nostre Dame, fondee en l'eglise Nostre Dame de Boulogne, pres Sainct Cloud c solz parisis de rente sur une maison faisant le coing de ladite rue, en laquelle pend pour enseigne l'ymaige Saincte Marthe, appartenant audit Hostel Dieu.

*Rue du Chevet Sainct Landry.* A l'eglise et abbaie de Sainct Germain des Prez les Paris x s. vi den. de cens et rente sur une maison assise en ladite rue, audit Hostel Dieu appartenant.

A l'eglise du Temple, a laquelle est deu xl s. p. de rente sur la maison declairee en l'article prochain precedent.

*Rue du Port Sainct Landry.* A l'office de la chambre de l'eglise de Paris x den. p. de cens sur une maison contenant trois corps d'ostel en ladite rue, appartenant audit Hostel Dieu.

*Rue de la Coulombe.* Aux religieuses Cordelieres de Sainct Marcel lez Paris la somme de vi ## p. sur une maison assise en ladite rue, audit Hostel Dieu appartenant.

A l'office de tresorier de l'abbaie de Sainct Germain des Prez lez Paris lxvi s. p. de cens et fons de terre sur une autre maison seant en ladite rue, que ladite vefve feu maistre Christofle de la Croix tient dudit Hostel Dieu.

*Rue des Marmouzetz.* A l'abbaie de Sainct Anthoine des Champs lez Paris xl s. p. de rente pour une annee eschue au jour de Pasques sur une maison assise en ladicte rue, que la vefve feu maistre Pierre Preudhomme tient dudit Hostel Dieu.

A l'eglise et prioré de Nostre Dame de la Saulsoye xx s. p. de rente sur la maison declairee en l'article prochain precedent.

*Rue des Oblaiers, dicte de la Licorne.* Au prieur de Sainct Eloy a Paris xxii den. p. de cens sur une maison en ladite rue, en laquelle pend pour enseigne la Licorne, appartenant audit Hostel Dieu.

Audit prieur de Sainct Eloy xl s. p. sur la totalité de ladite maison de la Licorne.

A l'office de la chambre de l'eglise de Paris iiii ## parisis de rente sur la maison declairee en l'article prochain precedent.

*Rue de Champrozy.* A ladite eglise de Paris xxiiii s. ix den. p. de cens et rente sur une maison en ladite rue, en laquelle pend pour enseigne le Prescheur, audit Hostel Dieu appartenant.

*Rue Sainct Denis de la Chartre.* Au prieur de Sainct Denis de la Chartre xii s. p. de rente sur une maison en ladite rue, en laquelle pendent les enseignes des ymaiges Sainct Leu et Sainct Gilles, appartenant audit Hostel Dieu, comme appert par quittance de maistre Toussainctz de l'Espinay, prebtre prieur dudit prioré.

*Rue de la Vieille Pelleterie.* A l'eglise du Temple xxxii s. vi den. p. de cens et rente sur une maison en ladite rue en laquelle pend pour enseigne l'Escu de France.

*Rue du Petit Pont.* Au Roy nostre sire, auquel est deu par chascun an x solz parisis pour la souffrance de certaines places a vendre beurre, œufz, fromaiges, le long de la grande porte dudit Hostel Dieu, néant cy pour ce que en l'année de cedit compte n'en a esté aucune chose paié.

A l'abbaie de Sainct Germain des Prez lez Paris xx s. parisis sur une maison nagueres desmolie pour l'ediffice de la salle neufve qui a este faicte joignant ledit Hostel Dieu, pour l'accroissement d'icelluy, en laquelle pendoit pour enseigne le Chat qui pesche, acquise par ledit Hostel Dieu de la vefve feu Nicolas de Villiers.

A la chappelle Saincte Marguerite, fondée en l'eglise Sainct Jehan en Greve xx s. p. de rente sur tout le revenu et temporel dudit Hostel Dieu, et laquelle rente estoit constituee sur la maison declairee en l'article prochain precedent.

*Rue de la Buscherie.* A Monsieur l'evesque de Paris iiii s. p. de cens sur le quay fiché sur quatre pieux estans au derriere d'une maison assise en ladite rue de la Buscherie appartenant audit Hostel Dieu.

A l'abbaie de Montmartre xxxii s. p. de rente sur une maison assise en ladite rue appartenant audit Hostel Dieu.

A l'abbaie Madame Saincte Geneviefve ou Mont de Paris lxiiii s. p. de rente sur une autre maison assise en ladite rue, en laquelle pend pour enseigne la Croix noire, appartenant audit Hostel Dieu.

*La place Maubert.* A la chapelle Sainct Laurens, fondee en l'eglise de Paris xii liv. parisis sur certaines maisons des longtemps appliquees a l'ediffice de l'eglise Nostre Dame des Carmes.

*Le Mont Saincte Geneviefve.* A l'abbaie dudit lieu xiii s. iiii den. p. de cens sur une maison en ladite rue, en laquelle pend pour enseigne le Berceau.

A ladite abbaie, laquelle prend semblablement xxviii s.

parisis de rente sur la maison declairee en l'article prochain precedent.

*Rue des Bernardins.* A icelle abbaie xviii s. iii den. p. sur une maison assise en ladite rue, en laquelle pend pour enseigne l'ymaige Saincte Catherine, appartenant oudit Hostel Dieu a cause de feue Raoulete la Malicorne, qui se donna et ses biens audit Hostel Dieu.

*Rue Sainct Jaques.* A la ville de Paris c solz ii den. ob. parisis de cens et rente sur une maison en ladite rue, en laquelle pend pour enseigne la Mulle, appartenant audit Hostel Dieu.

A l'eglise de Sainct Jehan de Latran xii s. p. de rente sur la maison declairee en l'article prochain precedent.

Aux chanoines de Sainct Benoist le bien tourné a Paris, xxx s. iiii den. p. sur une maison en ladite rue, en laquelle pend pour enseigne l'Ange, et paravant y soulloit pendre le Regnard farre, audit Hostel Dieu appartenant.

A la communaulté desdits chanoines et chappellains de ladite eglise Sainct Benoist xxx s. p. sur la maison declairee en l'article prochain precedent.

A iceulx chanoines xlviii s. p. sur une autre petite maison en ladicte rue, en laquelle pend pour enseigne le Croissant, appartenant audit Hostel Dieu.

*Rue de la Parcheminerie.* A l'eglise du Temple a Paris iii s. p. de rente sur une maison en ladite rue, laquelle maistre Jehan Mocet, procureur en Parlement, tient dudit Hostel Dieu a titre de rente viagiere.

A l'eglise et fabricque de Sainct Severin a Paris xx s. parisis de rente sur une maison en ladite rue, donnee audit Hostel Dieu par feu maistre Richard Ferrand, en son vivant vicaire de ladite eglise de Sainct Severin.

*Rue de la Bouclerie.* A la Grant confrairie aux bourgeois de Paris xxiiii s. p. de rente sur une maison faisant le coing de ladite rue, que tient dudit Hostel Dieu a tiltre de rente viagiere Ysaac Pinchon, cousturier.

*Devant l'orloge du Palais.* A l'eglise et prioré de Sainct Eloy a Paris liii s. iiii den. p. de cens et fons de terre sur une maison en ladite rue, en laquelle pend pour enseigne la coste de Baleyne.

A la fabricque de l'eglise de Paris liii s. iiii den. sur la maison declairee en l'article prochain precedent.

*Rue de Pied de Beuf.* A monsieur l'evesque de Paris iiii den. p. de cens et fons de terre sur une maison assise en ladite rue, appartenant audit Hostel Dieu.

*Rue de la Saulnerie.* A mondit sieur l'evesque de Paris vi den. p. de cens sur une maison assise en ladite rue, en laquelle pend pour enseigne le Lion d'or.

*Rue Sainct Honnoré.* A icellay sieur vii den. p. de cens sur une maison assise en ladite rue devant la boucherie de Beauvais, audit Hostel Dieu appartenant.

*Rue Sainct Denis.* A l'eglise et hospital Saincte Catherine a Paris v s. p. de cens sur une maison assise en ladite rue, en laquelle pendent pour enseigne les Deux cynes.

A l'office des clercz de matines de l'eglise de Paris xl s. p. de rente sur la maison declairee en l'article prochain precedent.

Au Roy nostre sire xii den. p. pour la souffrance de l'auvent de la maison declairee en l'article prochain precedent.

*Rue Darnestal.* A l'eglise et hospital de la Trinité l s. parisis de cens et rente sur une masure assise en ladicte rue.

*Rue Sainct Martin.* A l'eglise et prioré de Sainct Martin des Champs cxi s. p. de cens et rente sur une maison en ladicte rue, en laquelle pend pour enseigne le Myrouer, appartenant audit Hostel Dieu.

*Rue Froigier Lasnier.* A la chapelle de Bracque ii s. p. de rente sur une maison en ladite rue, appartenant audit Hostel Dieu.

A la chappelle Sainct Pierre et Sainct Pol, fondee en l'eglise de Paris, lxiiii solz p. de rente sur deux autres maisons en ladite rue.

*Rue de la Mortellerie.* A l'abbaie de Longchamp lez Paris iiii liv. p. de rente sur une maison en ladite rue, en laquelle pendent pour enseigne les Serpettes, appartenant audit Hostel Dieu.

*Rue des Barres.* A l'ospital des Quinze vings de Paris xl s. p. de rente sur une maison en ladite rue, en laquelle pend pour enseigne l'Escu de Bretaigne.

*Rue du Vert Boys.* A l'eglise de Sainct Martin des Champs x s. p. de cens et fons de terre sur une maison et jardrin derriere en ladite rue, qui fut maistre David Millet, et de present audit Hostel Dieu.

*Rue de Frepault.* A Christofle Carul, bourgeois de Paris, xxx s. p. sur une maison en ladite rue, donnee audit Hostel Dieu par Alizon Goulle.

*Rue de Champfleury.* A Monsieur l'evesque de Paris xii d. parisis de cens sur une maison en ladite rue appartenant audit Hostel Dieu.

*Hors Paris.* — *Oultre la Porte Montmartre.* A l'eglise collegiale Saincte Opportune a Paris, l s. x den. p. sur les maisons et terres des grans et petitz marestz pres la porte Montmartre.

A l'abbaie de Montmartre, xvi s. p. pour la dixme de quatre arpens de terre appliquez a l'ostel desdiz Grans marestz dessus declairez.

*Le Grant Pressouer pres les Chartreux.* Au Roy nostre sire ii s. vi den. p. de cens sur trois arpens de terre seans ou terrouer de Nostre Dame des Champs.

A l'abbaie Madame Saincte Geneviefve ou Mont de Paris lx s. p. sur partie des terres dudit Grant pressouer.

A l'eglise et commanderie de Saint Jehan de Latran, a Paris, xviii s. ii den. p. de cens sur sept arpens et ung quartier de terre oudit terrouer derriere les Chartreux.

A l'abbaie de Sainct Germain des Prez xxx s. p. sur quatre arpens de terre ou terrouer dessus dit, applicquez a ladite ferme.

*Sainct Germain des Prez.* A ladite abbaie ix s. p. de cens et fons de terre sur une maison court et jardrin audit Sainct Germain, appartenant audit Hostel Dieu.

A icelle abbaie, a cause de l'office de chantre d'icelle xx s. p. de rente.

A icelle encore, a cause de l'office de pitancier d'icelle x s. p. de rente.

A ladite abbaye iii s. iiii den. p. de cens sur sept arpens de terre oudit terrouer, qui *ont este emploiez a l'ediffice de la Charité encommencee a faire audit Sainct Germain.*

A Guillaume Chevalier, bourgeois de Paris xv s. p. pour le louaige de ii arpens et demy de terre entre Vaugirard et les Chartreux, applicquez audit hostel dudit Grant pressouer.

*Sainct Marcel lez Paris.* Aux doyen, chanoines et chappitre dudict Sainct Marcel vi s. vi den. parisis sur sept quartiers de pré et saulsoie ou terrouer dudict Sainct Marcel, ou lieu dit les Adjoustez.

A Monsieur l'evesque de Paris ix den. p. de cens sur ung quartier de saulsoie ou lieudit Premain.

*Athis sur Orge.* A maistre Pierre Viole, seigneur dudit lieu en partie, vi den. par. de cens sur deux arpens de vigne.

A maistre Anthoine de Loynes, procureur en Parlement, ou lieu de Hervé de Milly, aussi seigneur dudit lieu en partie, ix s. iii den. par. sur cinq quartiers de vigne ou lieu dit la Folie.

*Baigneux.* Au penitencier de l'eglise de Paris xi s. p. de cens sur les granche et terres dudit Hostel Dieu audit lieu.

A l'eglise de Paris xlvi s. par. pour la dixme de xi arpens et demy de vigne oudit terrouer.

Aux enfans de feu Michel Chevalier, en son vivant seigneur de Baigneux en partie, iii s. iii den. par. de cens sur iii arpens et ung quartier de terre ou terrouer dudit lieu.

*Bourg la Royne.* A l'abbaie de Sainct Victor lez Paris, xv s. viii den. p. de cens sur une maison, masure et terres audit lieu.

A l'eglise de Paris xii s. p. de cens et rente ou lieu de iiii sextiers avoyne sur ledit Hostel Dieu et ferme du Bourg la Royne.

A l'eglise et commanderie de Sainct Jehan de Latran xxii den. p. de cens sur cinq arpens de terre au terrouer dudit lieu du Bourg la Royne, ou lieu dit Blagis, applicquez a ladicte ferme.

A l'abbaie Madame Saincte Geneviefve ou Mont de Paris xxxii s. ii den. p. de cens sur plusieurs terres et prez ou terrouer dudit lieu.

*Belleville sur Sablon.* Aux marguilliers de l'eglise et fabricque de Sainct Nicolas des Champs xx s. p. de rente sur une maison, pressouer et vignes audit lieu.

*Crestueil.* A l'eglise de Paris lxiii s. viii den. p. et xiiii sextiers de vin appreciez a xlii s. p., qui est pour tout cv s. viii den. p. de cens sur plusieurs heritaiges audit Crestueil et ou terrouer d'environ.

A l'eglise Sainct Germain l'Auxerrois lxii s. p. de cens et dixme sur plusieurs terres et vignes ou terrouer dudit Crestueil.

Au couvent de l'abbaie de Sainct Mor des Fossez xxvi s. viii den. p. de cens sur certaines autres terres et vignes assis ou terrouer dudit Crestueil et ou Mont de Mesly.

A ladite abbaie la somme de lxv s. p. de cens et rente sur les gors dudit Hostel Dieu assis sur la riviere de Marne, ou lieudit Brisepain.

*Champrozé.* Aux religieuses, prieuse et couvent de Poissy xxxvi s. vi den. p. de cens et rente ou terrouer dudit Champrozé.

A l'eglise et abbaie Madame Saincte Geneviefve xxiii s. parisis de cens sur certaines terres et prez audit lieu.

Au prieuré de *Nostre Dame de l'Hermitaige de Senart*, vi s. p. pour les cens de plusieurs heritaiges estans des appartenances de ladicte ferme.

*Fontenay sur le boys de Vincennes.* A l'abbaie de Sainct Victor lez Paris x s. ii den. ob. p. de cens sur ix quartiers iiii perches de vignes audit terrouer.

*Fontenay soubz Baigneux.* A l'abbaie de Sainct Germain des Prez, a cause de l'office de tresorier d'icelle xv s. iiii den. obole p. de cens sur neuf arpens de terre ou terrouer dudit lieu, ou lieudit Blagis.

*Gentilly.* Au colleige de Baieulx xxxv s. p. de rente sur iii quartiers de vigne et autres heritaiges audit lieu et ou terrouer d'environ.

*Gennevilliers.* A la prevosté de la Garenne, membre deppendent de l'abbaie Sainct Denis en France, viii liv. parisis tant pour les cens que pour l'indemnité des masures, terres et prez que ledit Hostel Dieu a audit lieu de Gennevilliers et ou terrouer d'environ.

*Haubervilliers.* A Adrien Augier, escuier, seigneur en partie dudit lieu, vii s. x den. par. de cens sur vi arpens de terre ou terrouer dudit lieu, lesquelz sont applicquez a la ferme dudit Hostel Dieu audit lieu.

A maistre François de Monthelon, conseiller du Roy nostre sire et president en sa court de Parlement, ou lieu de damoiselle Valentine Lhuillier, vefve de feu maistre Bertrand Lorfevre, en son vivant seigneur d'Armenonville et du Vivier, lez ledict Haubervilliers, xv s. iii den. parisis pour deux arpens et demy de pré, iii quartiers de vigne et vii quartiers de terre, ou terrouer dudit lieu.

A Frere Thibault de Marle, religieux et maistre des charitez de l'abbaie de Sainct Denis en France, a cause de son dit office, iii s. ix den. par. sur deux arpens et demy de terre ou terrouer dudit lieu.

*Lay.* A l'eglise de Paris ii s. p. de cens sur deux arpens de pré en la prairie dudit Lay.

Au seigneur de Fresnes ii s. ix den. p. de cens sur ii arpens et trois quartiers de pré en la prairie dudit Läy.

*Montlehery.* Au prieur de Sainct Pierre de Montlehery xii s. p. de rente sur le four bannier dudit lieu de Montlehery.

*Montrouge.* Au curé de Montrouge xv s. p., et demye douzaine de pigeons appreciez a ii s. par. le tout de rente sur une maison assise audit lieu, appartenant audit Hostel Dieu.

*Piquepuce.* A l'abbaie de Sainct Anthoine des Champs v s. p. de rente sur ung arpent de vigne ou terrouer dudit lieu appartenant audit Hostel Dieu.

*Puyselletz le Marestz.* A l'abbaie de Nostre Dame d'Yarre xvi s. p. de cens sur xxiiii arpens de terre audit lieu, estans des appartenances de la ferme dudit lieu, appartenant audit Hostel Dieu.

*Suresnes.* A l'abbaie de Sainct Denis en France iii s. p. de cens sur les ysles dudit Hostel Dieu sur la riviere de Seyne audit lieu.

A la prevosté dudit lieu de Suresnes ii s. ix den. pour une maison et iiii arpens et demy de vigne ou terrouer dudit lieu.

A la chappelle Madame Saincte Anne, fondee en l'eglise de Paris, xxiiii s. p. de rente sur cinq quartiers de vigne ou terrouer dudit lieu.

*Sainct Mandé.* Au prieuré de Sainct Mandé, viii s. p. de cens et dixme sur ung arpent de vigne ou terrouer dudit lieu, ou lieudit la Cousture.

*Triveau.* A Jehan de Calvy, escuier, seigneur des Loges xviii den. p. de cens sur vi arpens de pré audit lieu, appartenans audit Hostel Dieu.

*Villemilland.* A Monsieur l'evesque de Paris ix s. p. de cens sur plusieurs pieces de terre estans des appartenances de la ferme que ledit Hostel Dieu a audit lieu.

A l'abbaie de Sainct Germain des Prez xxxvi s. p. de cens sur lxxii arpens d'autres terres estans des appartenances de ladicte ferme.

A l'abbaie de Longchampt xxxiiii den. p. de cens sur certaines autres terres estans des appartenances de ladicte ferme, assis ou terrouer d'Anthoigny.

*Ver le Grant.* A l'abbaie de Notre Dame de Livry xii s. p. de rente ou lieu de deux muydz d'avoyne sur les dixmes de la parroisse dudit lieu de Verlegrant, appartenant audit Hostel Dieu.

*Villeneufve le Roy.* A l'eglise et abbaie de Sainct Victor lez Paris iii den. p. de cens sur ung quartier de vigne audit lieu.

Autres rentes dues par ledit Hostel Dieu sur tout le revenu et temporel d'iceluy.

A la chappelle Saincte Catherine fondee en l'eglise de Paris vi livres par. de rente.

Aux doyen, chanoines et chappitre de l'eglise de Paris xviii s. parisis, lesquelz ont esté baillez a maistre Jehan Mailly, docteur en theologie et maistre dudit Hostel Dieu.

A l'office de la chambre de ladite eglise de Paris xiii$^{tt}$ i s. vi deniers. pour la procession et station que les chanoines font le jour Sainct Christofle en ladite eglise.

Au tablier de ladite eglise, le jour que l'on chante l'antienne de *O virgo virginum* xviii s. p. de rente.

Au curé de Saincte Geneviefve des Ardans xlviii s. p., par composition faicte avec ledict curé pour les offrandes de la chappelle Saincte Agnez, nagueres estant audit Hostel Dieu, du costé de Petit Pont, *laquelle a este abbatue pour l'edifice de la salle neufve* qui a esté faicte de neuf, joignant ledit Hostel Dieu, laquelle chappelle estoit assise dedans les fins et mettes de laditte parroisse de Saincte Geneviefve des Ardans.

A l'abbaie de Sainct Victor lez Paris xx s. p. de rente sur tout le revenu et temporel dudit Hostel Dieu, par composition faicte par Messeigneurs les gouverneurs avec les religieux, abbé et couvent de ladicte abbaie...

*Autre despense faicte par cedit receveur pour le labour des vignes dudit Hostel Dieu.*

A Sevestre Marion, laboureur de vignes, demourant a Paris xlvii$^{tt}$ x s. t. pour avoir labouré en l'année de ce compte cinq arpens de vigne estans au cloz du Pressouer pres les Chartreux.

*Athis.* A Jehan Beauvoisin, laboureur de vignes, xlii$^{tt}$ xiii s. pour avoir labouré iii arpens ung quartier et demy de vigne, ou terrouer dudit lieu.

*Baigneux.* A Berthelot Bonnet, laboureur de vignes, xli livres xix s. vii den. t. pour avoir labouré de toutes façons ii arpens iii quartiers et demy de vigne ou terrouer dudit lieu, pour la facon de ii$^m$ vi$^c$ i quarteron de provins, oultre le bouge vi$^{tt}$ xi s., pour le fumaige de ii$^{tt}$ v$^c$ et demy d'autres prouvains vi$^{tt}$ vii s. et pour vii gerbes de feurre pour lier lesdites vignes v s. x den.; esquelles vignes il a certifié avoir emploié iiii$^{xx}$ xviii javelles d'eschallatz de quartier.

A la vefve feu Jehan Le Maire xxxviii$^{tt}$ xii s. deue audit defunct.

A Estienne Bonnet, aussi laboureur de vignes xxxi$^{tt}$ xii s. vi den. pour avoir labouré de toutes facons ii arpens et ung quarteron de vigne oudit terrouer.

A Mathurin Morjau, laboureur audit lieu, xxx$^{tt}$ t. pour les labours de ii arpens et ung quarteron de vigne.

A Jehan de la Salle, laboureur audit lieu, xxiii$^{tt}$ v s. pour avoir labouré de toutes façons ii arpens de vigne audit lieu.

*Belleville sur Sablon.* A Mathurin Le Riche et Estienne Gaultier, laboureurs de vignes, xii$^{tt}$ t. pour le labour d'ung arpent de vigne de toutes façons.

*Crestueil.* A Pierre Salmon, laboureur de vignes audit lieu xxiii$^{tt}$ xii s., pour avoir labouré de toutes façons ii arpens de vigne; — a Jehan Salmon, aussi laboureur de vignes, xlii$^{tt}$ vi den. pour avoir labouré de toute façon iii arpens et iii quartiers de vigne; — a Jehan Fossart, laboureur audit lieu, xxix$^{tt}$ vi s. pour les labours de deux arpens et demy et demy quartier de vigne; — a André Morvent, aussi laboureur audit lieu, xi$^{tt}$ xv s. pour avoir labouré de toutes façons ung arpent de vigne; — A Cathelin Coullart, pareillement laboureur audit lieu, xix$^{tt}$ iv s. pour avoir labouré de toutes façons ung arpent et demy de vigne.

*Champrozé.* A Guillaume Langlois, laboureur de vignes audit lieu, xxxiiii livres xiii s. pour les labours de ix quartiers et demy de vigne ou terrouer dudit lieu; — a Colas Bourdon, laboureur de vignes, xxvii$^{tt}$ xi s. pour le labour de deux arpens et demy quartier de vigne; — a Jehan Bourdon, aussi laboureur demourant audit lieu, xxx livres ix s. pour les labours de neuf quartiers de vigne oudit terrouer, pour la façon de quinze cens et demy de prouvins etc.; — a Jehan Payen, pareillement laboureur audit Champrozé, xiii s. iii s. pour avoir labouré de toutes façons ung arpent de vigne oudit lieu . . . . . ; — a Jehan Barville, aussi laboureur audit lieu, viii$^{tt}$ viii s. pour avoir labouré de toutes façon trois quartiers de vigne audit lieu; — a Bernard Thibault, dudit estat, xx$^{tt}$ x s. pour les labours de sept quartiers de vigne . . . . . ; — a Pierre Guillon xxvi$^{tt}$ pour avoir labouré sept autres quartiers de vigne; — a Jehan Hemy xxi$^{tt}$ xv s. pour les labours d'ung arpent et demy de vigne . . . . . ; — a Michellet Nau, aussi dudit estat, cxv s. t. pour avoir labouré demy arpent de vigne audit lieu.

*Fontenay sur le boys de Vincennes.* A Pierre Berault, laboureur, xxxvi$^{tt}$ xii s. pour les labours de iii arpens et cinq perches de vigne . . . . .

*Meudon.* A Pierre Duval, laboureur de vignes, xxxi$^{tt}$ iii s. pour avoir labouré de toutes façons ii arpens et demy de vigne.

*Montrouge.* A Yvon Guillart, laboureur de vignes, xvii$^{tt}$ viii s. pour avoir labouré de toutes façons ung arpent et demy de vigne ou terrouer dudit lieu.

*Nostre Dame des Champs.* A Girard Metige, laboureur de vigne, xxi livres xiii s. pour avoir labouré de toutes façons ii arpens de vigne; — a Pierre Aigu, aussi laboureur audit lieu, xxv$^{tt}$ xii s. pour les labours de deux arpens ung quartier et demy de vigne esdits lieux de Haultebonne et des Poteries.

*Picquepuce.* A Estienne Loiseau, laboureur de vignes a Paris, xxx$^{tt}$ viii s. p. pour avoir labouré de toutes façons trois arpens de vigne audit terrouer.

*Suresnes.* A Anthoine Herault, laboureur de vignes, cix$^{tt}$ t. pour avoir par luy labouré de toutes façons six arpens et trois quartiers de vigne oudit terrouer . . . . .

*Vanves.* A Jehan Lemaire, laboureur de vignes, xviii$^{tt}$ vi s. t. pour les labours de sept quartiers de vigne ou terrouer dudit lieu . . . . . ; — a Hector de Brye, aussi laboureur de vignes, xv$^{tt}$ xix s. pour les labours de cinq quartiers de vigne . . . . .

*Villeneufve le Roy.* A Denis Guyot, xxiii$^{tt}$ iiii s. t. pour avoir labouré de toutes façons deux arpens de vigne oudit terrouer . . . . . ; — a Lois Boscheron, xxiiii$^{tt}$ iii s. t. pour les labours de deux arpens de vigne audit lieu.

*Wissolz.* A Guillaume Rastron, laboureur de vignes, xxv$^{tt}$ x s. pour avoir labouré de toutes façons ung arpent et demy et demy quartier de vigne.

*Villejuifve.* A Pierre Dissay vi$^{tt}$ vii s. t. pour les labours de demy arpent de vigne audit lieu.

*Clamart.* A Claude Courtebeuze, laboureur de vignes, xvii$^{tt}$ x s. pour les labours d'un arpent et demy de vigne audit lieu.

*Escharcon.* A Germain Regnoult, laboureur a Ver le Grant, vii$^{tt}$ iii s. t. pour les fraiz des vendenges de cinq quartiers de vigne audit lieu d'Escharcon, appartenant audit Hostel Dieu; — a Thomas Le Roy, laboureur de vignes a Paris, xv$^{tt}$ t. *pour ses peines et sallaires de visiter par chascun an les vignes dudit Hostel Dieu declairées en ce present chappitre, tant pres que loing, aux façons ordinaires, compter les prouvins d'icelles et en apporter le compte au Bureau.*

Autre despense pour façon et achapt d'eschallatz, ozier et bois a faire treilles vii$^{xx}$ livres x s. parisis.

Autre despense pour façon et achapt de cerceaulx, enfonceures de fustailles et ouvraiges de tonnellier liii livres vi s.

Autre despense pour fraiz de vendenges durant l'annee de cedict compte vii$^{xx}$ ix livres; — a Jehan Hennepin, commis par messeigneurs les gouverneurs a faire les vendenges des vignes que ledit Hostel Dieu a es lieux cy apres declaireez, c'est assavoir au cloz de l'ostel du pressouer, Picquepuce, Vanves, les Poteries, les Marjolaines, Clamart, Haultebonne, Meudon, Sainct Mandé, Belleville sur Sablon, Sainct Marcel, Fontenay sur le boys de Vincennes, Crestueil, Villejuifve, Baigneux et Villemillant lxvii$^{tt}$ xiii s. t. pour subvenir aux fraiz desdites vendanges.

Aux religieux, abbé et couvent de Sainct Victor lez Paris la somme de lx s. t. a cause de xx s. t. que l'Ostel Dieu doit par chascun an a ladite abbaye pour les dixmes des vignes que ledit Hostel Dieu a a Fontenay sur le bois de Vincennes.

A Pierre Henry, fermier de Sainct Eloy a Paris, x s. t. pour la dixme du vin que ledit Hostel Dieu a cuilly en l'annee de cedit compte en deux arpens de vigne es terrouers de Picquepuce et Reuilly.

A maistre Pierre Malillote, prebtre, panetier dudit Hostel Dieu cvi$^{tt}$ x s. t. pour subvenir aux fraiz des vendenges des Porcherons, que pour les vignes es terrouers de Champrozé, Athis, Villeneufve le Roy et Suresnes.....

Somme toute vii$^{xx}$ ix livres xiii s. parisis.

*Autre despense pour achapt de vin et verjus achepté pour la provision dudit Hostel Dieu.*

Cedit present recepveur faict cy despense de la somme de xviii cens iiii$^{xx}$ v$^{tt}$ t. pour l'achapt et fraiz de vin cy apres declairé, achepté pour la provision dudit Hostel Dieu, tant a Sainct Florentin que a Avrolles, c'est assavoir pour l'achapt de iii cens deux muydz de vin a divers pris xvi$^c$ ii$^{tt}$; — pour despense faicte en achaptant ledit vin, allant et venant en faisant ledit achapt, cheriaige dudit vin jusques au port de la riviere, deniers a dieu et sallaire des courretiers des lieux dessus ditz vii$^{xx}$ ix$^{tt}$; — pour le sallaire de Thomas Heron, courretier de vin a Paris, d'avoir esté avec son homme pour choisir et boire lesdits vins viii$^{tt}$; — pour la voicture dudit vin depuis le port de la Roche jusques en ceste ville de Paris iiii$^{xx}$ ix livres, et pour l'achapt de quatre autres muydz de vin amenez avec les vins dessus ditz xxv$^{tt}$ xv s.; pour cecy xv$^e$ viii$^{tt}$ parisis.

A Nicolas Barbier, marchant de vins a Paris, iii$^c$ xlviii livres pour la vente et delivrance de xlv muydz de vin cleret et vermeil pour la provision dudit Hostel Dieu, au pris de vii$^{tt}$ xv solz le muy.

A Raoulet Aubé, marchant, la somme de ix$^{xx}$ vii$^{tt}$ pour la vente de vingt cinq muydz de vin par luy livrez au cellier dudit Hostel Dieu, au pris de vii$^{tt}$ x s. chascun muyd.....

A Nicolas Barré et Jaques Vaudois, laboureurs, demourans a Villejuifve xvi$^{tt}$ x s. pour troiz muydz de vin blanc du creu dudit lieu.

.............................................................

Somme pour achapt de vins, verjus et vinaigres ii$^m$ iii$^c$ iiii$^{xx}$ vi livres.

*Autre despense pour achapt de moutons, beufz, pourceaulx, lardz, veaulx et vollaille acheptez pour la provision et despense des pouvres, religieux, religieuses et serviteurs dudit Hostel Dieu.*

A Guillaume Champaignac, marchant, la somme de xxii$^{tt}$ xiiii s. t. pour la vente et delivrance faicte audit Hostel Dieu de iii$^c$ lxxix livres de lard gras a larder pour la provision dudit Hostel Dieu, au pris de vi livres le cent.

A Guillaume Baudichon, vendeur de bestial a Paris, la somme de ix$^{xx}$ viii livres pour la vente de cent moutons par luy livrez le xii$^e$ jour d'avril au pris de xxxviii s. p. chascun mouton.

Somme de ce chappitre iiii$^m$ vii$^c$ xx livres.

*Autre despense pour despense des jours maigres.* A Nicolas Baillet, marchant a Paris, la somme de lxxviii$^{tt}$ iiii s. t., c'est assavoir pour la vente et delivrance de diz potz de beurre pesans iii cens six livres, au pris de vii$^{tt}$ ii s. vi den. t. le cent; pour deux muydz et demy de poix a xxii$^{tt}$ x s. t. le muyd.

A Denis Beguin, marchant a Paris, la somme de viii$^{tt}$ v s. t. pour la vente de ii$^c$ liv livres de beurre au pris de vii$^{tt}$ iiii s. t. le cent.

A Mathurin Huberson, marchant a Belesme, xxvii$^{tt}$ xv s. t. pour la vente de iiii$^c$ xxx livres de beurre, au pris de vi$^{tt}$ x s. t. le cent.

Audit Huberson xxviii$^{tt}$ v s. t. pour la vente de iiii$^c$ xx livres d'autre beurre, au pris de vi$^{tt}$ v s. le cent.

Ce present recepveur faict cy despense de la somme de iii$^c$ iiii$^{tt}$ viii s. t. pour les parties qui s'ensuyvent; c'est assavoir pour avoir acheté a Rouen en janvier mil v$^c$ xxxvi deux *lez*, unze barilz harenc au pris de iii$^{xx}$ iiii$^{tt}$ t. le *let*, pour une tonne de harën sor contenant trois milliers, au pris de iiii$^{xx}$ livres le let xxiiii$^{tt}$; pour deux ambours saulmon a xiii$^{tt}$ le ambour xxvi$^{tt}$; pour la voicture de Rouen a Paris, et pour les compagnons voicturiers cvi s., et pour autres fraiz et despense iiii$^{tt}$ ii s.

A la vefve de feu Jehan Gibray, marchande a Paris, la somme de xxiiii$^{tt}$ t. pour la vente de trois caques de haren blanc, pour parachever le caresme de ladite annee.

A maistre Guillaume Riboult, prebtre, despensier dudit Hostel Dieu la somme de iii$^c$ xl livres xix s. t. pour convertir au faict de ladicte despense des diz jours meigres pour les pouvres, religieux et religieuses dudit Hostel Dieu.

Audit Riboult la somme de iiii$^c$ l livres pour subvenir a la despense dudit Hostel Dieu durant le caresme, en ce comprins l'achapt de xiii veaulx acheptez pour les griefz mallades dudit Hostel Dieu.

A luy encores la somme de iii$^c$ xxix$^{tt}$ pour ladicte despense des jours meigres.

A maistre Estienne du Just, prebtre, despensier dudit Hostel Dieu, ou lieu dit Riboult, iiii$^c$ iiii$^{xx}$ viii$^{tt}$ t.; audit du Just vi$^c$ i$^{tt}$ xix s. pour subvenir a ladicte despense.

Somme de ce chappitre ii$^m$ clvii livres.

*Autre despense pour achapt, façon et arrivaiges de bois et charbon pour la provision dudit Hostel Dieu.*

A Claude Aubry et Guillaume Grantvillain, a Paris, ii$^c$ xxviii$^{tt}$ iii s. t. pour la vente de lxxviii voie de bois, a trois mousles pour voie, au pris de xl s. t. chascune voie, et trois milliers huit cens de falourdes au pris de xxxv s. t.

chascun cent montent lxvii$^{lt}$ x s. t., le tout livré pour la provision dudit Hostel Dieu; item xxviii s. vi den, au juré, et aux desbardeurs iiii$^{lt}$ v s. vi den.

A Pierre Moisy, voicturier par terre, xlv s. t. pour la voicture de xxx voies de bois amenees depuis le terrain Nostre Dame jusques audit Hostel Dieu.

A Ignocent Guynant, marchant de bois a Paris, la somme de ii$^c$ vii livres pour la vente de ciii voies de bois de mousle au pris de xl s. t. chascune voie.

. . . . . . . . . . . . . . . . . . . . . . . . . . . . . . . . . . . . . . .

Somme de ce chappitre xvii$^c$ xl livres.

*Autre despense pour achapt d'huille et façon de chandelle de suif vi$^{xx}$ ii livres vii s.*

*Autre despense pour achapt de draps de layne, coutcilz, plume, draps de lict, pannes et couvertures pour la provision des pouvres, religieux et religieuses.*

A Guillaume Richier, marchant a Paris, xx$^{lt}$ x s. t. c'est assavoir xiiii$^{lt}$ x s. pour dix couctilz de Bretagne, au pris de xix s. t. piece, et vi$^{lt}$ pour cinq autres couctils a xxiiii s. piece, le tout livré a l'ospital Saint Eustache pour loger et coucher les verolez qui estoient gisans audit Hostel Dieu, et illec les avoir faict guerir aux despens dudit Hostel Dieu, en ensuyvant l'arrest de la cour de Parlement sur ce donné.

Cedit receveur faict cy despense de la somme de cviii$^{lt}$ iii s. t. pour les parties qui s'ensuyvent; c'est assavoir pour une douzaine de coutilz de la Ferté dont iiii a dix raies a lx s. t. piece vallent xii$^{lt}$, autres quatre de neuf raies a l s. t. piece vallent x$^{lt}$ et les autres quatre a huit rayes a xl s. t. piece vallent viii$^{lt}$ . . . . . ; à la prieuse de l'Ostel Dieu pour avoir des doys et aiguilles xlv s. t., le tout achapté a la foire du Lendit.

Pour l'achapt de douze douzaines de peaulx d'aigneaulx de gresse, pour faire pelissons aux religieuses, achaptees au pris, c'est assavoir vi douzaines a xxx s. t. la douzaine, iiii douzaines a xxxvi s. t. et les deux autres douzaines a xxiiii s. t. la douzaine.

A Adrien Duval, cordouennier dudit Hostel Dieu, lxv s. t. pour l'achapt de xx livres de fillasse achaptee a la foire Sainct Germain des Prez, et xx s. t. pour avoir faict filler autres xx livres de filasse.

A Gilles Legay, marchant bonnetier a Paris, xii$^{lt}$ vii s. t. pour la vente et delivrance de xiiii bonnetz rondz, c'est assavoir neuf pour les enfans de cuer a x s. t. piece, et cinq autres pour cinq des religieux au pris de xxii s. vi den. t. piece. . . . . .

Somme de ce chappitre vii$^{xx}$ v livres xix s. parisis.

*Autre despense pour façon, blanchissaige de toilles, et achapt de cendres durant ladite annee de ce compte.*

A Henoc Cadin, tisserrant en toilles, lviii s. vi den. t. pour la façon de deux pieces de toilles contenant ensemble lviii aulnes et demye, au pris de xii den. chascune aulne.

A Guillaume Ganier, marchant a Paris, lix$^{lt}$ xvi s. t. pour la vente de treize tonnes de cendre pour les lavendieres dudit Hostel Dieu, au pris de iiii$^{lt}$ xii s. t. chascune tonne; pour dix autres tonnes de cendre xlvi$^{lt}$ t.

A Pierre Ganier, marchant demourant a Rigny le Ferron, la somme de lxxiii$^{lt}$ s. t. pour la vente de seize tonnes de cendre.

. . . . . . . . . . . . . . . . . . . . . . . . . . . . . . . . . . . .

Somme de ce chapitre ii$^c$ xli$^{lt}$.

*Autre despense pour tannaige et bauldroiaige de cuirs, pour servir a la chausseure et a faire des bottes pour les religieux, religieuses et filles dudit Hostel Dieu.*

A Jehan Lebeau, garde de la halle au cuir a Paris, la somme de xviii$^{lt}$ t. pour la vente de xii douzaines de cuirs de bazennes, pour la provision de la chausseure des religieux et religieuses d'icelluy hostel.

A Jaques Benard le jeune, bauldroieur, c s. iiii den. t., cest assavoir viii s. iiii den. pour avoir bauldroyé iiii doz de cuir de beufz gras, au pris de ii s. i den. chascun doz, xx s. t. pour avoir bauldroié douze peaulx de veaulx, au pris de xx den. piece, et lxii s. t. pour avoir bauldroié douze douzaines de peaulx de bazannes, au pris de vi s. t. la douzaine.

A Pierre Audry, tanneur, vii$^{lt}$ v s. t.; c'est assavoir lxx s. t. pour avoir tanné vii cuirs de beuf, au pris de x s. t. chascun cuir, et lxxv s. t. pour avoir tanné trois douzaines neuf peaulx de veaulx, au pris de xx s. t. la douzaine.

A Jehan Regnier, courroieur de cuirs a Paris, xxxv$^{lt}$ xv s. t. pour la vente par luy faicte de douze peaulx de vaches grasses pour la provision de la chausseure que dessus, et deux peaulx de cordouen gras a faire bourses a clisteres.

. . . . . . . . . . . . . . . . . . . . . . . . . . . . . . . . . . . .

Somme toute de ce chappitre iiii$^{xx}$ xiii$^{lt}$ xvii s. parisis.

*Autre despense pour ouvraiges et parties de potier d'estaing, chauderonnier, vannier et cordier.*

A Geoffroy Loriot, potier d'estaing a Paris, xlvi$^{lt}$ vii s. pour plusieurs parties et ouvraiges de son mestier par luy livrez audit Hostel Dieu.

A Jehan le Viste, chauderonnier a Paris, la somme de xlii livres t. a laquelle se montent les parties de sondit mestier par luy livrees tant pour la cuisine et offices dudit Hostel Dieu et autres lieux.

A Pierre de la Riviere, vannier, la somme de xlix$^{lt}$ t. pour les parties de son mestier livrees pour ledit Hostel Dieu.

A Claude Aubert, cordier, la somme de xxiiii$^{lt}$ t. pour plusieurs parties et ouvraiges de sondit mestier qu'il a baillees a plusieurs fois, tant pour ledit Hostel Dieu que pour les chevaulx et harnois de l'ostel du Pressoner.

Somme toute de ce chappitre cxiiii[tt] ii s. p.

*Autre despense pour l'appothicairerie durant l'année de ce present compte.*

A seur Ysabeau Perou, religieuse, aiant la charge de l'appoticairerie dudit hostel, la somme de xl s. t. qui luy a esté baillée par cedit receveur pour subvenir a avoir du laict pour les mallades estans audit Hostel Dieu.

A ladite Perou la somme de c s. t. pour subvenir a achapter des herbes a faire des eaues pour l'appothicairerie dudit Hostel Dieu.

A elle encores pareille somme de c s. t. qui luy a esté baillée pour subvenir a achapter des cerises pour confire, et autres choses neccessaires pour ladicte appoticairerie.

A icelle seur Ysabeau Perou semblable somme de c s. t. pour subvenir a achapter des coings pour la provision de ladite appothicairerie.

A Guillaume Bery, marchant demourant a la Ferté-Bernard, la somme de xvi[tt] t. pour la vente de deux cens livres de beurre nect pour la provision de ladite appoticairerie.

*Chevecerie.* A Pierre Galart, pasticier, ix[tt] x s., cest assavoir iiii[tt] xii s. vi den. pour avoir baillé et fourny unze milliers et ung cent de pains à chanter a la cène et iiii[tt] xviii s. pour avoir fourny dudit pain durant une autre année.

A Mahiet de Laistre, chasublier, xxvi[tt] t. pour plusieurs parties et ouvraiges de son mestier.

Somme de ce chappitre liiii[tt] xvi s.

*Autre despense pour parties et ouvraiges de charron, mareschal et bourrellier.*

A Jehan Prune, charron, x[tt] t. pour les harnois de l'ostel du Pressouer; audit Prune xx[tt] t. pour plusieurs autres ouvraiges de sondit mestier qu'il a faictz pour ledit hostel du Pressouer.....

Somme de ce chappitre iiii[xx] vi[tt].

*Autre despense pour certains menuz fraiz et mises communes.*

A Jehan de Presles, horlogier a Paris, x[tt] x s. t. pour avoir abillé et arrondy les rouaiges tant des mouvemens que de la sonnerie de l'orloge dudit Hostel Dieu et y avoir faict ung paignon neuf a remonter les contrepoix.

A maistre Jehan Deschamps, clerc de monsieur le Penitencier de l'eglise de Paris xxiii[tt] t. *pour les parties de despense faicte en la maison de mondit seigneur le penitencier par messieurs les commis par la cour de Parlement a la reformation dudit Hostel Dieu.*

Pour la façon de douze gros gouppillons pour servir a blanchir allentour des mallades xlv s. t.

A maistre Jehan Mailly, docteur en theologie et maistre dudit Hostel Dieu lxiiii s. t. que cedit receveur luy a remboursee, a cause de pareille somme par ledit Mailly paiee pour ledit Hostel Dieu, pour les parties qui s'ensuyvent, c'est assavoir a ung bastellier qui a menné par eaue la lecyve au terrain, *pour ce qu'il n'y avait eaue au lavoir dudit Hostel Dieu* x s. t.; pour avoir faict curer les deux puitz dudit Hostel Dieu, celluy de la court pres la cuisine et celuy qui est sur la riviere xxix s. t.

Ce present receveur faict cy despense de la somme de iv s. vi den. t. qu'il a, de l'ordonnance de mesdiz seigneurs, paiee pour certaines parties de *despense faicte par messieurs les réformateurs dudit Hos'el Dieu pour deux jours qu'ilz se sont assemblez pour le faict de ladicte reformacion.*

A maistre Guillaume Michel, escolier et translateur en l'université de Paris, la somme de vi[tt] x s. t. *pour ses peines et sallaires d'avoir translaté de latin en francois les statuz dudit Hostel Dieu de nouveau faictz par messieurs les reformateurs d'icelluy.*

Au painctre qui a painct le chariot ou coffre ouquel on mect les corps trespassez audit Hostel Dieu xxxv s. t.

Somme de ce chappitre iiii[xx] ix livres.

*Autre despense pour acquisition d'heritaiges* xliii[tt].

*Autre despense pour reparations faictes tant audit Hostel Dieu, en plusieurs maisons d'icelluy assises en ceste ville de Paris, que en autres lieux hors ladite ville.*

*Et premièrement, maçonnerie.* A Jehan Fournier, fermier dudit Hostel Dieu a Verneuil sur Aisnes x[tt] xvii s. pour ouvraiges faits a ladite ferme.

A Yvonnet Hallecourt manouvrier pescheur, demourant a Choisy la somme de xxvii[tt] x s. pour avoir faict faire de neuf, cloz et couvert ung auditoire estant contre l'ostel du fief de la Mothe, pres Corbueil, appartenant oudit Hostel Dieu, *ouquel auditoire se tiennent lest plaitz et assises dudit Hostel Dieu a cause du droit et propriété de pescherie que icelluy Hostel Dieu a en la riviere de Seyne* . . . .

*Charpenterie.* A Jehan Grantremy xl[tt] tournois pour les ouvraiges de charpenterie par luy et ses aydes faictz pour rabiller et mettre a point le pressouer de la ferme de Champrozé.

A maistre Jehan Morel menuysier vii[xx] x[tt], a laquelle se montent plusieurs parties de menuyserie par luy faictes pres et joignant l'eglise dudit Hostel Dieu, qui est le lieu ou les religieuses se mettent pour oir le service qui se faict en ladicte eglise, ledict lieu avoir faict plancheir d'aiz et avoir faict les confessionaulx pour oir de confession lesdictes religieuses.

Somme toute de ce chappitre xiiii[c] xxii livres.

*Autre despense faicte par cedit receveur pour deniers par luy baillez et delivrez de l'ordonnance de messeigneurs les gouverneurs dudit Hostel Dieu pour convertir et employer au faict des proces dudit Hostel Dieu et autre fraiz de justice.*

A maistre Jaques Gilbert, procureur dudit Hostel Dieu en court d'eglise, la somme de xi livres v s. t. en cinq escuz soleil, pour les espices d'un procès pendent par devant aucuns commissaires deleguez par Nostre Sainct Pere le Pape, pour raison des dixmes de Compans.

Pour les espices du proces pendent aux requestes du

Palais entre ledit Hostel Dieu demandeur d'une part, et maistre Nicole Berault, notaire et secretaire du Roy, pour raison du legs faict audit Hostel Dieu par feue madamoiselle de Pomponne sa belle mere.

Somme de ce chappitre ix$^{xx}$ xiiii livres.

*Autre despense faicte par cedit present receveur pour les pardons et indulgences dudit Hostel Dieu publiez durant l'annee de ce present compte.*

Et premierement a André Rouffect, libraire et imprimeur a Paris, la somme de viii$^{lt}$ x s. pour l'achapt de soixante peaulx de parchemin achapté pour faire et imprimer la quantité de quarente douzaines de perpetuons pour le pris de ii s. t. chascune peau, vallent vi$^{lt}$ et pour la composicion et impression d'iceulx perpetuons 1 s. t.

Cedit receveur faict cy despense de la somme de liii livres xviii s. pour les parties et frais des pardons et indulgences publiez en l'evesché et diocese de Paris, c'est as. avoir pour le pardon des stacions du jour de Noël, au secretaire de monsieur de Paris, pour quatre mandemens envoiez par le diocese de Paris pour la publication des pardons d'icelluy Hostel Dieu xlv s. t., a son clerc x s. t.; pour deux rames d'articles xlviii s.; pour une rame d'armes du Pape painctes xl s. t.; pour une autre rame d'armes du Pape painctes, de petit volume, xxxv s. t.; pour le vin des compaignons imprimeurs iii s. . . . . ; a ung sergent a verge pour avoir assisté durant les diz pardons avec les autres gardes commis a eulx se donner garde des mauvais garçons et coppeurs de bourse xx s. t.; a celluy qui a gardé le tronc du petit pont xx s. t.

A Richard d'Albeyne, bancquier, auquel a esté paié la somme de xxxvi$^{lt}$ t. en seize escuz d'or soleil pour la confirmation des pardons dudit Hostel Dieu, du pape qui est a present.

Somme de ce chappitre lxxviii$^{lt}$ xiiii s.

*Autre despense pour voiaiges et tauxations xxiiii$^{lt}$.*

A sire Robert Le Lieur, l'un de mesdiz seigneurs les gouverneurs dudit Hostel Dieu, la somme de vi$^{lt}$ iiii s. t. que cedit receveur luy a remboursee a cause de pareille somme que ledit Lelieur avoit desboursee a monsieur le prieur de Sainct Labre, pour les parties de despense faictes pour avoir esté querir pour ledit Hostel Dieu deux religieux a Chasteaulandon, et iceulx avoir renvoiez, ainsi qu'il est contenu par les parties de ladicte despense.

*Autre despense pour dons et pensions.*

A Frere Jehan Baranton prebtre, religieux de l'ordre Sainct Augustin, vi livres tournois pour avoir presché et faict prescher audit Hostel Dieu, par aucuns jours de l'annee.

A maistre Pierre de Morennes, prebtre, vi$^{lt}$ xv s. t. pour avoir oy de confession et administré le sainct sacrement aux religieuses dudit Hostel Dieu.

A Alizon Goulle, veufve de feu Pierre Regnault, laquelle s'est donnée et ses biens audit Hostel Dieu la somme de iiii$^{lt}$ t. de pension viagiere, pour subvenir a ses menues necessitez.

. . . . . . . . . . . . . . . . . . . . . . . . . . . . . . . . . . . . . . . . .

Somme de ce chappitre lxii livres.

*Autre despense pour solutions de gaiges et sallaires de gens d'eglise et autres serviteurs et officiers dudit Hostel Dieu.*

A messire Anthoine Thomas, prebtre, chappellain dudit Hostel Dieu iiii$^{lt}$ t. pour demye année de ses gaiges, pour avoir servy durant ledit temps en l'eglise dudit Hostel Dieu.

A maistre Jehan Bonnier, aussi prebtre, chappellain dudit Hostel Dieu pareille somme de iiii$^{lt}$ pour demye annee de ses gaiges.

A maistre Christophe le Roy, prebtre, chappellain dudit Hostel Dieu viii$^{lt}$ t. pour une année de ses gaiges.

Audit le Roy, xxiiii s. t. pour avoir celébré quatre haultes messes de la confrarie de la Trinité fondee audit Hostel Dieu, et ii s. pour avoir assisté a ung service.

A maistre Laurens Gueroult, prebtre, chappellain dudit Hostel Dieu viii$^{lt}$ t. pour une annee de ses gaiges.

A maistre Jehan Lefebvre, aussi prebtre et chappellain vi$^{lt}$ v s. pour ses gaiges pendant trois termes de l'annee.

A maistre Sulpice Gasse, prebtre, maistre en grammaire des enfans de cueur xiii$^{lt}$ x s. pour une annee de ses gaiges.

A maistre Gerard Garnier, organiste demourant a Paris, x livres tournois pour ses gaiges d'une année.

A Michel Bray serviteur bouchier xi$^{lt}$ iiii s. t.; a Hugues Richard, premier serviteur cuisinier xii$^{lt}$ p.; a Jehan Pasquier, deuxiesme serviteur cuisinier pour ses gaiges de partie de l'année, a Noël Jaquin....; troisiesme serviteur cuisinier lx s. t. pour demye année de ses gaiges; a maistre Guillaume Riboult, prebtre, commis a faire la despense de la cuisine xxii$^{lt}$ par. pour une année de ses gaiges; a Pierre Conseil, serviteur cellerier dudit Hostel Dieu xii$^{lt}$ p. pour ses gaiges de trois termes; a Jehan Choquelin, clerc, serviteur du couvent des maistres et freres dudit Hostel Dieu iiii$^{lt}$ xvi s. p. pour ses gaiges de trois termes; a Jehan Maupoil, serviteur du couvent des religieuses dudit Hostel Dieu xxx s. t.; a Pierre Degrain, serviteur dudit Hostel Dieu en l'office de la salle neufve aux femmes lx s. t. pour ses services de demye annee; a Jherosme Caboche, serviteur des salles, xxii s. vi den. pour ses services de neuf sepmaines; a Gabriel Coste, serviteur cendrier xxx s. t. pour ses services depuis le jour de Noël, jusques au xii$^e$ jour d'avril; a Jehan Acart et Guillaume Dufresne, fossoiers du cymetiere de la Trinité a Paris xxiiii$^{lt}$ t. pour une annee de leurs gaiges; a Barbe Harle cousturiere vii$^{lt}$ x s. t. pour ses gaiges d'avoir servy audit Hostel Dieu dudit estat depuis le jour de Noël jusques au jour Sainct Remy en suivant; a Adrien Duval, serviteur cordouennier dudit Hostel Dieu x$^{tt}$ t. pour ses gaiges l'espace de dix mois; a Michel Piconnet, serviteur palefrenier xl s. t. pour ses services depuis Noel jusqu'au jour de Paques; a maistre Vincent Coincterel, barbier et cirurgien dudit Hostel Dieu la somme de xxx$^{tt}$ t. pour une année de ses gaiges; a Catherine, vefve de feu Guillaume Gournay, saige femme, commise a recevoir les enfans des acouchees xii$^{tt}$ t. pour ses gaiges d'une année; a Philippe, vefve de feu Michel Thomas, chambriere en l'office des accouchees, vi$^{tt}$ t. pour ses sallaires d'une année; a Anthoine Rousset pour avoir servy a garder la porte dudit Hostel Dieu du costé du parvis Nostre-Dame; a Mathurin Berchault, serviteur portier dudit Hostel Dieu cxvii$^{tt}$ t. pour avoir gardé ladicte porte par l'espace de dix neuf moys et demy; a Mahiet Choquet, serviteur portier, la somme de vi$^{xx}$ vi$^{tt}$ t. pour avoir gardé la porte du costé du petit Pont par l'espace de xxi mois; a Jehan Grejois, sergent a verge ou Chastellet lxii s. vi den. t. pour avoir garde la porte du costé du Petit Pont l'espace de dix jours; a Pierre Lourdereau serviteur portier de la court basse viii$^{tt}$ xv s. t. pour ses sallaires d'avoir gardé ladite porte de la court basse par l'espace de trois termes et demy; a Jehan Hennepin, commis par messeigneurs les gouverneurs dudit Hostel Dieu a la garde de l'ostel du Pressouer pres les Chartreux xxv$^{tt}$ t. pour une annee de ses gaiges; a Marguerite, fille de Jacolin Poiret, chambriere servant oudit ostel du Pressouer ciiii s. t.; a Mathurin Leduc, premier serviteur chartier oudit ostel du Pressouer xxiiii$^{tt}$ t. pour une annee de ses gaiges; a Jehan Deleaue, deuxiesme serviteur charretier vi$^{tt}$ t.; a Pierre Poiret, deuxiesme serviteur charretier, au lieu dudit Deleaue lxxx s. t.; a Colin Lambert pareillement deuxiesme serviteur charretier xiiii s. t.; a Jehan Pesier, troisiesme serviteur charretier et porte sac xxxvi s. t.; a Jehan Eustace aussi troisiesme serviteur charretier et portesac xvi s. p.; a Martin de Bourdigny, serviteur bergier oudit ostel du Pressouer ix$^{tt}$ xvii s. t.; a Pierre Lambert serviteur vachier iiii$^{tt}$ p.; a Germain Morin, serviteur porchier oudit ostel du Pressouer; a Jehan Chaudet, laboureur demourant a Saincte Geneviefve des Bois, garde des bois dudit Hostel Dieu en la forest de Sequigny, xxx$^{tt}$ t.; a Nicolas Le Mestaier, garde des bois et tailliz de l'Hostel Dieu a Elleville vi$^{tt}$ t.

*Gaiges d'officiers.* A maistre Jehan Mailly, docteur en theologie, nagueres maistre dudit Hostel Dieu, la somme de cent cinquante livres tournois pour une annee et demye de ses gaiges, escheue le deirenier jour de septembre mv$^{c}$ xxxvi, a cause de cent$^{tt}$ t. que mesdiz seigneurs les gouverneurs lui ont ordonnez pour avoir servy et faict l'estat de maistre d'icelluy Hostel Dieu, ou lieu de frere Jehan Petit,

et s'estre donné garde de la conduicte des religieux, religieuses et serviteurs dudit Hostel Dieu et regardé comment les pouvres estoient pensez; a maistre Estienne du Just, prebtre chappellain dudit Mailly, la somme de xxxvii$^{tt}$ x s. t. pour une annee et ung terme de ses gaiges, a cause de xxx$^{tt}$ t. que mesdiz seigneurs luy ont ordonnee, tant pour aider a servir l'eglise dudit Hostel Dieu que pour servir ledit Mailly en ses affaires; a Guillaume Geoffroy, clerc et concierge du bureau de mesdiz seigneurs les gouverneurs xii$^{tt}$ x s. pour ses gaiges et sallaires de demyan; a Jehan Carteau, huissier dudit bureau x$^{tt}$ t.; a Cloud Gerbe sergent a cheval du Roy nostre sire, et serviteur domestique dudit Hostel Dieu, la somme de xxv$^{tt}$ t. pour une annee de ses gaiges; a maistre François de Rochefort, soliciteur des proces dudit Hostel Dieu pendans au Chastellet de Paris xl livres t. pour une annee de ses gaiges; a maistre Anthoine Lhostellier, aussi serviteur dudit Hostel Dieu en la court de Parlement et aux requestes du Palais xx$^{tt}$ t. pour une annee de ses gaiges; a maistre Jaques Canterel, bailly du fief de la Molhe et a Nicolas le Sainctier, greffier dudit fief xxxii s. p. pour une annee de leurs gaiges; a maistre Estienne Gamberelle, procureur du baillage d'Estampes lx s. p. pour une annee de ses gaiges, pour avoir exercé la justice de la seigneurie que ledit Hostel Dieu a a Puiselletz le Maretz; a Jehan Bourgeois, praticien en court laye, demourant a Riz, maire dudit Hostel Dieu en la terre et seigneurie de Champrozé, appartenant audit Hostel Dieu, la somme de xlv s. t. pour une annee de ses gaiges; a ce present receveur la somme de ii$^{c}$ xl parisis pour ses gaiges et sallaires de la presente annee; a luy la somme de iiii$^{xx}$ livres parisis. que mesdiz seigneurs les gouverneurs luy ont ordonné chascun an, a moien de ce que le dommaine dudit Hostel Dieu est fort augmenté.

Somme des pensions, dons, gaiges et sallaires des gens d'eglise, serviteurs dudit Hostel Dieu xii$^{c}$ xxiiii livres.

Somme toute de la despense de ce present compte xvi$^{m}$ viii$^{c}$ lvii $^{tt}$.

Ce present compte oy et examiné, cloz et affiné avec les deux precedens au bureau de l'Hostel Dieu de Paris, en l'hostel anciennement nommé le Chasteau frilleux, devant le parvys de l'eglise Nostre Dame, par nous commissaires et auditeurs nommez en l'intitulation de ce present compte et soubzsignez, presens et y assistans nobles personnes messire Jehan Briçonnet, chevalier, maistre Germain de Marle, Guillaume Ribier, sires Robert Lelieur et Jehan Laubigeois, marchans, bourgeois de Paris, commis au gouvernement dudit Hostel Dieu, le 11$^{e}$ jour de mars mil cinq cens trente huit. Signé : De Macbault, Le Prevost.

## 52ᵉ REGISTRE (382 FEUILLETS, PARCHEMIN).
### ANNÉE 1537.

Ensuivent les noms de messeigneurs les commis de par la court de Parlement au regime et gouvernement de l'Hostel Dieu de Paris.

Messire Jehan Briconnet, messire Nicolas de Neufville, maistre Germain de Marle, maistre Guillaume Ribier, maistre Oudart Hennequin; sires Robert Le Lieur, Nicolas Hennequin et Jehan Laubigeois, tous marchans et bourgeois de Paris.

Compte vingt sixiesme de maistre Claude de Savignac, commis a la recepte generalle de l'Hostel Dieu de Paris, pour une annee commencant au jour et feste de Noël mil cinq cens trente six exclud, et finissant au jour de Noël ensuyvant mil cinq cens trente sept.

Recepte non muable en la ville et faulxbourgs de Paris. Recepte des cens et fons de terre deubz par chascun an a l'Hostel Dieu de Paris en ladicte ville de Paris lvii s. i den.

Autre recepte a cause des rentes que ledict Hostel Dieu a droict de prendre tant sur le tresor du Roy nostre sire que sur son dommaine a Paris xiᶜ lii livres xviii s.

Autre recepte a cause des rentes que ledict Hostel Dieu a droict de prendre en ceste ville et faulxbourgs de Paris xiiiᶜ iii ℔ p.

Autre recepte a cause des rentes et pensions viagieres en ceste ville iiiᶜ viii ℔ p.

Autre recepte a cause d'aucuns louaiges de maisons tant en ceste ville de Paris que es faulxbourgs d'icelle xixᶜ xiiii ℔ parisis.

Autre recepte a cause des cens, surcens et fons de terre hors la ville et faulxbourgs de Paris iiiᶜ ii ℔ s.

Autre recepte a cause des rentes annuelles sur plusieurs maisons, terres, prez, boys, vignes et autres heritaiges hors la ville de Paris viiᶜ lviii ℔ p.

Autre recepte a cause des rentes viageres sur plusieurs maisons et autres heritaiges assiz hors la ville de Paris viˣˣ liv. ii s.

Autre recepte a cause d'aucuns louages de fermes, et baulx faictz a pris d'argent, de plusieurs maisons, terres, prez, boys, vignes et autres heritaiges assis hors Paris viᶜ iiiiˣˣ iii ℔.

Autre recepte a cause d'une masure, jardin et terres labourables assises ou terrouer de Trappes, appartenant audit Hostel Dieu, au moyen de l'eschange faict avec messire Jaques d'Angenne, chevallier, seigneur de Rambouillet xvi ℔ parisis; — de maistre Lucas Roujon, advocat en Parlement, pour une grand masure et jardin planté en arbres, avec deux creux ou traverses d'estables, le tout entretenans, qui fut a feu Jehan Lasne, assis oudict villaige de Trappes, tenant d'une part a la rue tendant dudit Trappes a Chevreuse, d'autre aux hoirs maistre Gilles Lepaire, aboutissant d'un bout a la grant rue, et d'autre aux terres du grand cloz; — item une cinqiesme partie en la moictié d'une grant maison et estables couvertes de thuille et de la granche dudit lieu, qui fut audit Lasne, le tout a partir par indivis avec les hoirs dudit Lepaire et les religieux du Val de Sernay; — item douze arpens de terre en trois pieces assises au dedans dudit grand cloz.....

Autre recepte pour les droictz de pescherie a cause du fief de la Mothe, es faulxbourgs de Corbueil pres le chastel dudict lieu, sur la riviere de Seyne xliiii ℔ xiii s.

Autre recepte a cause des deniers proceddans d'aucunes rentes qui ont esté racheptees durant l'année de ce present compte viˣˣ xviii ℔.

Autre recepte a cause d'aucuns deniers venuz et procedans de la vente de certain grain vendu durant ceste presente annee iiiᶜ xxxv ℔.

Autre recepte pour vin vendu viiiˣˣ iii ℔.

Autre recepte a cause de la vente des peaulx procedans de l'abbatiz des moutons acheptez pour la provision de l'Hostel Dieu viiᶜ iiii liv.

Deniers procedans de la vente du suif iiiiᶜ v livres xvii s.

Autre recepte a cause des deniers trouvez es troncs de l'Hostel Dieu, apres la publication des pardons en l'evesché et diocese de Paris iiᵐ iiiiᶜ i livres.

Autre recepte faicte a cause des pardons hors l'evesché de Paris iiiᵐ vᶜ lvi livres.

Autre recepte a cause des legs, vigilles et convoys, dons et aumosnes faictz audit Hostel Dieu iiᵐ iiiiˣˣ lviii livres; — des héritiers et executeurs du testament de feu maistre Jehan Luillier, en son vivant conseiller du Roy nostre sire en sa court de Parlement xlv liv. t. pour la permission de pouvoir faire mectre une tumbe sur le corps dudit deffunct, entre le pillier de la chappelle d'Orgemont et le pillier de la chappelle de monsieur de Villeroy, nagueres ediffiée de neuf, de la longueur de cinq piedz de long, et de largeur desditz pilliers; — des executeurs du testament de feu maistre Jehan du Moulin, en son vivant procureur ou Chastellet, iiᶜ livres tournois; — de maistre Jehan D'Aulnoy, archediacre de Brye en l'esglise de Soissons, la somme de viˣˣ vi ℔ t., venue de la vente de troys tasses d'argent qu'il a donnees audict Hostel Dieu; — des executeurs du testament de feu maistre Mathurin de Poroier? en son vivant archediacre de Thebes, la somme de deux cens vingt cinq livres tournois; — de Berthelemy Symeon, prisonnier es prisons de Lyon, la somme de vingt cinq livres tournois sur la somme de cent livres parisis d'amende, en laquelle il a esté condempné par arrest de la court de Parlement, et laquelle ladicte court a ordonnée estre baillée audict Hostel Dieu, et du surplus de ladicte somme Jehan Girard, marchant demeurant a Paris en a faict sa propre debte; — le xxv° jour de juillet, de monsieur le general Preudomme la somme de xii cens livres tournois que *le Roy estant mallade* a donnee aux povres dudict Hostel Dieu, pour convertir et employer à leur nourriture, et affin qu'ilz prient Dieu pour sa santé et prosperité; — de noble personne maistre Anthoine Daulnay, archediacre de Brye, en l'esglise de Soissons, la somme de cent livres tournois qu'il a donnée audict Hostel Dieu pour les pauvres; — receu de frere Anthoine de la Fontaine, *religieux de Sainct Victor*, maistre dudit Hostel Dieu la somme de vi° xlix livres parisis sur les legs et convoyz dudit Hostel Dieu; — de luy encore la somme de cxvi livres parisis.

Autre recepte a cause des deniers venuz de l'office de la chambre aux coultes, receu de seurs Anne la Roslie et Jehanne Heudrye, religieuses, la somme de xlii livres parisis.

Recepte commune de ce present compte vii° lii livres p.; — le vii° jour de mars m.v° xxxvi, de l'ouverture de la bouette estant en la boucherie dudict Hostel Dieu, en laquelle a esté trouvé la somme de xxv l. p. venue des mallades de la ville qui ont envoyé querir de la chair durant le caresme; — de la vefve de feu maistre Thomas de Vigny, en son vivant procureur en la Chambre des Comptes, la somme de iii° ᵗᵗ t. pour les arrerages escheuz depuis le jour de Pasques v° i jusques au jour de Pasques dernier passé, a cause de x ᵗᵗ p. de rente deue audict Hostel Dieu sur l'hostel et appartenances de la Clef, a ladicte vefve maistre Charles Helin, conseiller en Parlement appartenant, rue du Cymetiere Sainct Jehan.....

Somme toute de la recepte de ce present compte xvii^m v° lxxiiii livres parisis.

Despense de ce present compte.

Despense faicte par ce present receveur durant l'annee de ce present compte a cause des cens, rentes, dixmes, indempnitez et admortissemens que ledict Hostel Dieu doit par chascun an pour plusieurs maisons, places, lieulx, terres, prez, boys, vignes et autres heritaiges tant en ceste ville de Paris que hors icelle ix^xx x livres parisis.

Autres rentes deues sur tout le revenu et temporel dudit Hostel Dieu xxiiii ᵗᵗ.

Autre despence pour le labour des vignes dudit Hostel Dieu viii° iiii^xx l. p.

Autre despence pour achapt et façon d'eschallatz, ozier et boys a faire treilles iiii°ˣˣ xvii liv. p.

Autre despense pour achapt et façon de serceaulx, enfonceures de fustailles et ouvraiges de tonnellier xli ᵗᵗ xiiii s.

Autre despense pour fraiz de vandanges ix^xx viii ᵗᵗ p.

Autre despense pour achapt de vin et verjus pour la provision dudit Hostel Dieu xvii° lxxii livres.

Autre despense pour achapt de moutons, beufz, pourceaulx, lardz, volaille, etc., iiii^m ix° iiii^xx xviii livres.

*Autre despense faicte par ce present receveur a cause de certains banquetz faitz aux pauvres dudit Hostel Dieu, de l'ordonnance du Roy nostre sire.*

Et premierement, ce present receveur faict cy despense de la somme de iii° xlii ᵗᵗ tournois qu'il a, de l'ordonnance de messeigneurs les gouverneurs, baillee a maistre Estienne du Just, prebtre despensier d'icelluy hostel, pour convertir et employer en la despense d'aucuns banquetz faictz aux pauvres dudit Hostel Dieu, de l'ordonnance du Roy nostre sire, es jours cy apres declairez, c'est assavoir les xxvii°, xxviii°, xxix°, xxx° et dernier jour de juillet, et les premier, ii°, iii°, iiii°, v°, vi°, vii°, viii°, ix°, x°, xi°, xii° jours d'aoust ensuivant, en ce non comprins les moutons, lard, vin, boys, charbon, chandelle et autres choses declairez oudit estat, le tout achepté pour la provision dudit Hostel Dieu; plus faict cy despense le receveur de la somme de iiii^xx livres x s. t. qu'il a, de l'ordonnance de messeigneurs les gouverneurs paiée pour l'achapt de troys muydz iiii septiers ung minot de bled froment, achepté au pris de xx liv. t, le muy pour subvenir a faire du pain blanc, pour les banquetz que le Roy nostre sire a faict faire aux pauvres dudit Hostel Dieu, par l'espace de quinze jours consecutifz, ou moys d'aoust mil cinq cens trente sept, moyennant la somme de xii° livres tournoiz que ledict seigneur a pour ce faire faict delivrer. audict Hostel Dieu.

Autre despense des jours maigres ii^m ii° lxiii livres.

Autre despense pour achapt de sel xliiii ᵗᵗ.

Autre despense pour achapt, façon et arrivaige de boys et charbon pour la provision dudit Hostel Dieu vii° lxxi livres.

Autre despense pour achapt d'huille et façon de chandelle de suif iiii^xx ix ᵗᵗ.

Autre despense pour achapt de draps de layne, coutilz, plume, draps de lict, etc., iiii° xxiii liv.

Autre despense pour façon, blanchissaige de toilles et achapt de cendres ii° iiii^xx ix ᵗᵗ.

Achapt de bottes et soulliers pour les religieux et religieuses et filles de l'Hostel Dieu vi$^{xx}$ xix livres.

Autre despense pour ouvraiges et parties de potier d'estain, chauderonnier, vannier et cordier vi$^{xx}$ xvii liv.

Autre despense pour l'apothicairerie xvi $^{tt}$ viii s.; — chevecerie xviii $^{tt}$ iv s.

* Autre despense pour parties et ouvraiges de charron, mareschal et bourrellier lxxv$^{tt}$.

Autre despense pour certains menuz fraiz et mises communes lxii $^{tt}$ iiii s. parisis; — xx s. t. payés au maistre des haultes œuvres de la ville de Paris pour avoir amené à l'Hostel Dieu ung pourceau qu'il a prins dedans ladicte ville, pour ce qu'il n'est des pourceaulx de Sainct Anthoine le Petit, lequel a esté mené au Pressouer; — iiii $^{tt}$ xviii s. t., cest assavoir xxxii s. t. pour quatre lanternes de boys, xl s. t. pour huict lanternes de fer, pour servir a l'esglise de l'Hostel Dieu.....

Autre despense pour ouvraiges de basses œuvres et pyonnerie lviii $^{tt}$.

Autre despense pour acquisitions d'heritaiges li $^{tt}$.

Autre despense pour plusieurs repparacions tant en l'Hostel Dieu, en plusieurs maisons d'icellui assises en la ville de Paris, que en autres lieux hors ladicte ville xxiiii $^{tt}$.

Autre despense pour deniers par cedict receveur baillez et delivrez pour couvertir ou faict des procès dudit Hostel Dieu vi$^c$ iiii$^{xx}$ iii l. p.; — xl s. t. que ce present receveur, de l'ordonnance de messeigneurs les gouverneurs, a payee a *Raoul de Thamenay, huyssier en Parlement, pour avoir, de l'ordonnance de la court de Parlement prins et constitué prisonniers freres Claude de Paris et Pierre Benard, religieux de l'Hostel Dieu, et a iceulx religieulx avoir signiffié l'ordonnance de ladicte court pour estre translatez es lieux ordonnez par icelle, dont ledict huissier a fait son rapport;* — a *Pierre Regnault, sergent a verge ou Chastellet de Paris la somme de ix $^{tt}$ ix s. t.* qui deue luy estoit tant pour la despense par luy faicte en menant frere Claude de Paris, religieulx de l'Hostel Dieu, accompaigné de Jacques Duchemyn, aussi sergent a verge, depuis la ville de Paris jusques en l'abbaye de Chaage lez Meaulx, par ordonnance de la court de Parlement, *que aussi pour son sallaire;* — ce present receveur faict cy despense de la somme de xlv s. t. qu'il a paiée aux sergent et trompette qui ou mois de septembre mil v$^c$xxxvi, firent ung bannissement contre Christofle Huvé, de Compans, qui avoit esté poursuivy pour aucuns excez et pilleries, par luy et ses complices avanturiers faictz en la ferme de l'Hostel Dieu audict lieu de Compans.

Autre despense faicte par cedit receveur pour les pardons et indulgences de l'Hostel Dieu publiez durant l'année de cedit compte xxxv$^{tt}$.

Autre despense pour aucuns mallades de verolle trouvez en l'Hostel Dieu, lesquelz ont esté pensez par ordonnance de Messieurs de la court de Parlement, et obmis a coucher ou compte precedent cestuy; — a Jehan Toret, Nicolas Langlois, Nicolas Le Boun et Symon Le Boun, barbiers cirurgiens a Paris la somme de xii $^{tt}$ x s. t. pour avoir par eulx guery de la grosse verolle Magdalene Pleneuse, Jehanne Bardane etc.; — aux dessus diz barbiers la somme de xvi $^{tt}$ v s. t. qui deue leur estoit et a eulx paiee par cedict receveur pour avoir pensé et guery de la grosse verolle *en l'hospital Sainct Eustace*, Martine La Hache etc.; — a eulx encore la somme de vii $^{tt}$ x s. pour avoir pensé et guery de la grosse verolle en *l'Hostel Dieu Sainct Eustace six personnes envoyees de l'Hostel Dieu de Paris pour estre guery en icelluy hostel.*

Autre despense faicte par ledict receveur.pour deniers remboursez a messeigneurs les gouverneurs de l'Hostel Dieu et autres deniers baillez pour les necessitez des povres dudit Hostel Dieu.

A Monsieur le general de Marle la somme de cent escuz soleil, qui deue luy estoit et a luy paiee par ledict receveur, a cause de pareille somme qu'il presta a l'Hostel Dieu le x$^e$ jour de l'annee mil cinq cens trente cinq, pour sa part et portion de viii$^c$ escuz d'or soleil que messeigneurs les gouverneurs ensemblement presterent ledit jour audict Hostel Dieu, pour subvenir a achepter du vin pour la provision d'icelluy.

A sire Jehan Laubigois, l'un des gouverneurs, pareille somme de cent escuz d'or soleil.

Plus faict cy despense ledict receveur de la somme de lxvi s. t. paiee a maistre de Barra, docteur en medecine, pour ses peines et vacacions d'avoir visité a plusieurs foys le maistre de l'Hostel Dieu et la soubz prieure durant leurs malladies.

Est cy faict despense de la somme de xx liv. t. payee a maistre Pierre Colier (?), docteur en medecine, pour ses peine et vacacions d'avoir pensé et visité les povres, religieulx et religieuses de l'Hostel Dieu, nonobstant qu'il y ait audit Hostel Dieu ung medecin ordinaire.

A sire Robert Le Lieur, l'un des gouverneurs, semblable somme de cent escuz d'or soleil.

Autre despense faicte par ledict maistre Claude de Savignac pour voiaiges et tauxations durant l'année de ce présent compte.

A Pierre de Lysle et Jaques Denys, sergens a verge ou Chastellet de Paris, la somme de xxxi $^{tt}$ qui deue leur estoit pour leurs sallaires, journées et vacacions d'avoir *mené et conduict frère Pierre Benard, religieulx de Paris, a Sainct Sanxon d'Orléans.*

Ce present receveur faict cy despense de la somme de cxviii s. t. qu'il a paiée, tant pour la despense faicte par frere Benard, religieulx de l'Hostel Dieu, ung cheval et ung homme de pied en ramenant ledit religieulz a Sainct Sanxon d'Orleans, ou il a esté renvoié par Messieurs les refformateurs.

A Jehan Hennequin, la somme de vi ꝉꝉ xv s. vi den. qui deue luy estoit pour avoir esté, luy ii<sup>eme</sup>, porter et presenter aux curez et vicaires de touttes les parroisses de la ville et faulxbourgs de Paris, et de trente six autres parroisses des villaiges a l'entour de ladite ville de Paris, les coppies d'une admonition et excommuniement de Monsieur l'official de Paris contre ceulx qui detiennent des biens meubles ou immeubles et heritaiges appartenans a l'Hostel Dieu de Paris.

Autre despense pour dons et pensions ix<sup>xx</sup> ix ꝉꝉ. Ce present receveur faict cy despense de la somme de xxv ꝉꝉ tournois qu'il a, de l'ordonnance de Messeigneurs les gouverneurs, payee aux religieulx et couvent de l'abbaye de Nostre Dame de Chaaige lez Meaulx, pour demye annee de la pension de frere Claude Paris, religieulx de l'Hostel Dieu, qui escherra le xxv<sup>e</sup> jour de juillet prochainement venant.

Au prieur de Sainct Sanxon d'Orléans xiii ꝉꝉ x s. t. pour la pension et vestement de frere Pierre Benard, religieulx dudit Hostel Dieu, envoyé audit lieu par Messieurs les refformateurs.

A l'eglise et hospital Madame Saincte Katherine a Paris, la somme de xxx ꝉꝉ tournois qui paiee a esté par cedit receveur pour une annee de la pension de seur Jaqueline de Vieuville, religieuse professe de l'Hostel Dieu, envoyee audit hospital *pour quelque temps*, par auctorité de la court de Parlement.

Aux religieuses de l'hospital Saincte Anastaize, pres Sainct Gervais, la somme de xxxvii livres x s. pour la pension de seur Jehanne de Cauteleux, religieuse de l'Hostel Dieu, de quinze mois escheux le vii<sup>e</sup> jour de janvier m v<sup>c</sup> xxxvii payee a seur Magdelaine Norry, religieuse et humble mere des religieuses dudict hospital.

A Alizon Goulle, vefve de feu Jacques Regnault, laquelle c'est donnee et ses biens a l'Hostel Dieu, la somme de iiii ꝉꝉ t. pour une annee escheue au jour de Noel, a cause de pareille somme a elle ordonnee chascun an, pour luy aider a avoir ses menues necessitez.

A maistre Jehan Guido, docteur en la Faculté de medecine et *medecin de l'Hostel Dieu*, la somme de cinquante livres tournois pour dix mois dix jours de sa pension.

A maistre Guillaume Poussepin, audiencier du Roy nostre sire ou Chastellet de Paris, xxx s. t. pour bailler par chascun an la coppie de touttes les criées qui se font audict Chastellet.

A maistre Mathurin Taboué, docteur en la Faculté de medecine, la somme de x livres tournois pour avoir par luy visité les povres mallades de l'Hostel Dieu, et ordonné les medicamens a eulx convenables, par l'espace de troys moys escheuz le dernier jour de febvrier, temps de cedict compte.

Autre despense pour solucions de gaiges et sallaires de gens d'esglise et autres serviteurs et officiers dudit Hostel Dieu, iiii<sup>c</sup> lxvii livres; a maistre Jullian Lambert, apothicaire, insiseur de la ville de Paris, constitué oudit Hostel Dieu, vii ꝉꝉ x s. pour avoir servy oudit Hostel Dieu par l'espace de quatre mois et demy.

A maistre Vincent Coincterel, barbier cirurgien dudit Hostel Dieu, la somme de xxx l. t. pour ses gaiges et sallaires d'avoir servy dudit estat de cirurgien les pauvres d'icelluy hostel par l'espace d'un an entier.

## 53<sup>e</sup> REGISTRE (307 FEUILLETS, PARCHEMIN).

### ANNÉE 1538.

Ensuivent les noms de Messeigneurs les commis de par la court de Parlement au regime et gouvernement de l'Hostel Dieu de Paris.

Messire Jehan Briçonnet, messire Nicolas de Neufville, maistre Germain de Marle, maistre Guillaume Ribier, maistre Oudart Hennequin, sires Robert Le Lieur, Nicolas Hennequin, Jehan Laubigoys, marchans et bourgeois de Paris.

Compte vingt septiesme de maistre Claude Savignac, commis a la recepte generalle de l'Hostel Dieu de Paris, pour une annee commencant au jour et feste de Noel mil cinq cens trente sept, et finissant audit jour de Noel en suyvant mil cinq cens trente huit.

Recepte non muable. Recepte des cens et fons de terre en ladicte ville de Paris lvii s. i den. p.

Autre recepte a cause des rentes tant sur le tresor du Roy nostre sire que sur son dommaine a Paris xi<sup>c</sup> lxi livres p.

Autre recepte a cause des rentes en ceste ville et faulxbourgs de Paris xii<sup>c</sup> iiii<sup>xx</sup> viii l. p.

Autre recepte a cause des rentes et pensions viagieres en ceste ville de Paris ii<sup>c</sup> lviii ꝉꝉ p.

Autre recepte a cause d'aucuns louaiges de maisons assises tant en ceste ville de Paris que es faulxbourgs d'icelle ii<sup>m</sup> xlvi liv. parisis.

Autre recepte a cause des cens, surcens et fons de

terre que ledict Hostel Dieu a droict de prendre hors la ville et faulxbourgs de Paris iii$^c$ lxxvii liv. xii s.

Autre recepte a cause des rentes annuelles sur plusieurs maisons, terres, prez, bois, vignes et autres heritaiges hors la ville de Paris vii$^c$ l livres ix s.

Autre recepte a cause des rentes viaigieres sur plusieurs maisons et autres heritaiges hors la ville de Paris vi$^{xx}$ l. p.

Autre recepte a cause d'aucuns louaiges de fermes, et baulx faictz a pris d'argent de plusieurs maisons, terres, prez hors Paris vii$^c$ xxxvii liv. p.

Autre recepte pour les droictz de pescherie a cause du fief de la Mothe xliiii l. p.

Autre recepte a cause des deniers procedans d'aucunes rentes qui ont esté racheptees iii$^c$ xlvii tt.

Autre recepte a cause d'aucuns deniers procedans de la vente de ertain grain vendu durant ceste presente annee iii$^c$ xlix l. p.

Autre recepte pour vin vendu ii$^c$ xi tt.

Autre recepte a cause de la vente des peaulx procedans de l'abbatiz de moutons acheptez pour la provision dudit Hostel Dieu vi$^c$ iiii$^{xx}$ viii l. p.

Autre recepte a cause de deniers procedans de la vente du suif iii$^c$ xi tt.

Autre recepte a cause des deniers trouvez es troncz de l'Hostel Dieu, apres la publication des pardons d'icelluy en l'evesché et diocèse de Paris ii$^m$ v$^c$ iiii$^{xx}$ xvi tt.

Autre recepte a cause des pardons publiez hors l'evesché de Paris iii$^m$ vii$^c$ xxii tt p.

Autre recepte a cause des legs, vigilles et convoys, dons et aulmosnes faictz audict Hostel Dieu xi$^c$ xxx l. p., — le xv$^e$ jour du moys de fevrier de dame Claude Picot, femme separee de messire Henry Bohier, chevallier, seigneur de Chesnaye, a esté receu la somme de v cens livres tournois, pour la vente, cession et transportz faictz par ledict Hostel Dieu a ladicte dame Claude Picot de la dixiesme partie de la terre et seigneurie de la Roche Bourdel, et de la dixiesme partie des immeubles de feu maistre Jehan Bourdin, le tout donné audict Hostel Dieu par feu maistre Jaques Bourdin, en son vivant notaire et secretaire du Roy; — de Guillaume Ribier, seigneur de Villebrosse, executeur du testament de feu Guillaume Durant, en son vivant tresorier des mortespayes de Picardye, la somme de vi tt xv s. t. que ledit Ribier a donnee audict Hostel Dieu, des biens de ladite execution; — de Jehan Rivellois bourgeois d'Amiens, viii$^{xx}$ tt t. pour le rachapt de unze journaulx de terre assis au villaige de Fiefz pres Amiens, lesquelz auparavant huy il avoit donnez audict Hostel Dieu, a la charge dudict réméré; — d'une jeune fille grosse, laquelle ne se nomme, la somme de xlv s. t. que ses parens ont donnee audict Hostel Dieu, affin qu'elle y soit receue pour y gésir.

Autre recepte a cause des deniers venuz de l'office de la chambre aux coultes lxxi tt.

Recepte commune de ce present compte v$^c$ xv tt p., — de maistres Estienne et Pierre des Friches, pere et filz, advocatz en Parlement, la somme de ii$^c$ livres t. sur et tantmoings de la somme de v$^c$ xxxv tt t., en laquelle ilz ont esté condempnez par arrestz de ladicte court pour la moictié des fraicz et dixme de Soisy sur Escolle.

Somme toute de la recepte de ce present compte xvi$^m$ ix$^c$ xlii tt parisis.

Despense de ce compte.

Despense faicte a cause des cens, rentes, dixmes, indempnitez et admortissemens pour plusieurs maisons, places, lieulx, terres etc. tant en la ville de Paris que hors icelle ii$^c$ livres vi s.

Autre despense pour certains arreraiges lesquelz ne se trouvent paiez par les comptes precedens xlii tt.

Autre despense pour le labour des vignes dudit Hostel Dieu viii$^c$ xxxii tt.

Autre despense pour facon d'eschallatz, ozier et boys a faire treilles iiii$^{xx}$ xix tt.

Autre despense pour facon et achapt de serceaulx, enfonceurs de fustaille et ouvraiges de tonnellier iiii$^{xx}$ i tt.

Autre despense pour fraiz de vandanges xli tt.

Autre despense pour achapt de vins et verjus pour la provision dudit Hostel Dieu xv$^c$ xxix livres.

Autre despense pour achapt de moutons, beufz, pourceaulx, veaulx et vollailles etc. iiii$^m$ iiii$^{xx}$ xviii livres.

Autre despense faicte par ledict receveur pour la despense des jours maigres xviii$^c$ iiii$^{xx}$ ix l. p.

Autre despense pour achapt de sel xlviii tt.

Autre despense pour achapt, façon et arrivaige de boys et charbon, pour la provision dudit Hostel Dieu ix$^c$ lviii tt; — achapt d'huille et façon de chandelle xlix tt.

Achapt de draps de layne, coutiz, plumes, drapz de lict et couvertures iiii$^c$ xv livres.

Autre despense pour façon, blanchissaige de toilles et achapt de cendres vii$^{xx}$ tt xv s.; — achapt de bottes et soulliers pour les relligieulx et religieuses et filles dudit Hostel Dieu cxii tt xvii s.

Autre despense pour ouvraige de potier d'estain, chauderonnier, vannier et cordier vi$^{xx}$ xviii tt.

Autre despense pour l'appothicairerie viii$^c$ iiii$^{xx}$ xv tt p.; — chevecerie lxxiii tt xi s.

Autre despense pour parties et ouvraiges de charron, mareschal et bourrellier cxix tt iiii s.

Autres despenses pour certains menuz fraiz et mises communes faictz pour ledict Hostel Dieu ii$^c$ i livres viii s. parisis; — est faict despense de la somme de l solz tournois pour la façon de deux panneaulx de fil d'archal qui ont esté mis a la porte dudit Hostel Dieu, du costé de Petit Pont, pres le tronc, ad ce que les pauvres ne autres ne puissent rien desrober, ne passer aucune chose parmy les barreaulx de ladicte porte; — lxxviii s. ix d. tournois a Robert Duboys, maistre espinglier a Paris, pour ung treillis de fil de laiton contenant xxxi piedz et demy, pour mettre aux portes d'icelluy Hostel Dieu, du costé de Petit Pont, pour garder qu'il ne se transporte aucuns biens hors d'icelluy hostel, qui est au pris de ii s. vi den. le pied, et vii s. vi den. t. a ung serrurier pour xv pattes de fer pour attacher ledict treillis ; — xv l. t. pour vii$^e$ et demy de gluys de feurre pour mettre es lictz des mallades; lxiii $^{tt}$ xvi solz tournois qu'il a paiee a Roc Desmons et Jehan Germain, voicturiers par eaue, pour la vuydange de cinquante quatre bastellees de cendres et immondices, estans a l'entour des murailles dudict Hostel Dieu, qui est au feur de xxiiii s. t. la bastellee; — pour la paincture de six croix de boys pour servir a la salle neufve de feu Monsieur le Legat xxiiii s. t.; — pour une rame de grant pappier pour faire l'inventaire des tiltres d'icelluy Hostel Dieu xxvi. s. p.; pour le mesuraige de quatre muydz et demy de charbon qui a esté delivré aux mendiens de Paris, suivant l'ordonnance de feu sire Estienne Huvé ix s. vii den. p.

Autre despense pour ouvraiges de basses euvres et pyonnerie lxx$^{tt}$ x s.

Autre despense faicte pour plusieurs repparations tant en l'Hostel Dieu, plusieurs maisons d'icelluy assises en la ville de Paris, que és autres lieulx hors ladicte ville ii$^m$ vii$^{tt}$ xix s.

Autre despense pour deniers par luy baillez et delivrez de l'ordonnance de Messeigneurs les gouverneurs dudict Hostel Dieu, pour convertir et emploier ou faict des proces d'icelluy hostel v$^e$ viii$^{tt}$; — xxxiii $^{tt}$ xv s. t. pour les espices d'un proces pendant en la court de Parlement, pour raison de la propriete de la seigneurie d'Escharcon, ouquel proces ledict Hostel Dieu a obtenu arrest a son proffict.

Autre despense pour les pardons et indulgences dudict Hostel Dieu publiez durant l'année de ce present compte xxx$^{tt}$ vi s. p.

Autre despense faicte pour deniers remboursez a Messeigneurs les gouverneurs dudict Hostel Dieu, par eulx baillez pour la necessité des pauvres d'icelluy; — a Monsieur de Villebrosse, l'un des gouverneurs dudict Hostel Dieu cent escuz d'or soleil (ix$^{xx}$ livres parisis); — a sire Nicolas Hennequin, pareille somme de cent escuz d'or soleil.

Autre despense pour voiaiges et tauxations vi$^{xx}$ xiiii$^{tt}$ p.; — a Jaques Larroudie, clerc demourant a Paris, la somme de vii$^{xx}$ x livres tournois, qui deue luy estoit pour trois annees trois termes escheuz au jour de Pasques a cause de xl$^{tt}$ t. que mesdiz seigneurs les gouverneurs luy ont ordonnee par chascun an pour assister ordinairement au bureau dudit Hostel Dieu, aux jours accoustumez, et en icelluy faire le registre des baulx des fermes et maisons dudit Hostel Dieu, ensemble des marchez et autres matieres concernant les affaires d'icelluy, solliciter les notaires de rendre les besongnes incontinant qu'elles sont faictes et passees.

Autre despense pour dons et pensions viii$^{xx}$ iiii$^{tt}$ p.; — a frere Pierre Guynet, prieur vicaire de l'abbaye Nostre Dame du Chaage lez Meaulx, pour demye annee de la pension de frere Claude Stive, religieux dudict Hostel Dieu xxv$^{tt}$ t.; — a frere Chretien de Hert, prieur de Sainct Saulveur de Melleun, a cause de la pension de frere Pierre Bernard, relligieux dudict Hostel Dieu, envoyé audit lieu par Messieurs les refformateurs d'icelluy hostel.

Aux relligieuses de l'hospital Saincte Anastaize la somme de xxx$^{tt}$ t. pour une annee de la pension de seur Jehanne de Quautelleux, religieuse dudit Hostel Dieu, envoyee audit lieu par Messieurs les refformateurs d'icelluy, laquelle somme a esté payee par cedict receveur a seur Magdelaine Norry, prieuse dudit hospital.

A maistre Jehan Guydo, medecin de l'Hostel Dieu, la somme de lx.$^{tt}$ t. pour une annee de sa pension.

Autre despense pour solucion de gaiges et sallaires de gens d'eglise et autres serviteurs et autres officiers dudict Hostel Dieu iii$^e$ lxix$^{tt}$; — a maistre Vincent Coincterel, barbier et cirurgien dudict Hostel Dieu, la somme de xxx $^{tt}$ t. pour ses gaiges d'avoir servy dudict estat de cirurgien les pauvres d'icelluy hostel par l'espace d'un an entier.

A Edeline, vefve de feu Robert Baesle, saige femme servant a l'office des acouchees dudict Hostel Dieu, la somme de xii $^{tt}$ t. pour une année de ses gaiges.

Gaiges d'officiers iiii$^e$ xxiiii$^{tt}$ p.

*Somme toute de la despense de ce present compte xvi$^m$ v$^c$ xxxv livres xvii s. parisis.*

## 54$^e$ REGISTRE (364 FEUILLETS, PARCHEMIN).

### ANNÉE 1539.

Ensuyvent les noms de Messeigneurs les commis de par la court de Parlement au regime et gouvernement de l'Hostel Dieu de Paris; — messire Jehan Briçonnet, chevalier, seigneur du Plessis Rideau, conseiller du Roy nostre Sire, président en sa chambre des comptes; — messire Nicolas de Neufville, maistre Germain de Marle, maistre Guillaume Ribier, maistre Oudart Hennequin, sires Robert Lelieur, Nicolas Hennequin et Jehan Laubigoys, tous marchans et bourgeoys de Paris.

Compte vingt huictiesme et dernier de maistre Claude de Savignac, pour une annee commançant au jour et feste de Noel mil cinq cens trente huict, et finissans audict jour de Noel mil cinq cens trente neuf.

Recepte non muable en la ville et faulxbourgs de Paris.

Recepte des cens et fons de terre deubz par chascun an en la ville de Paris lvii s. i den.

Autre recepte a cause des rentes tant sur le trésor du Roy que sur son dommaine a Paris xi$^e$ lxi l. p.

Autre recepte a cause des rentes que ledict Hostel Dieu a droict de prandre en ceste ville et faulxbourgs de Paris xii$^e$ xxiiii $^{tt}$ viii s. p.

Autre recepte faicte par cedit receveur de certains arreraiges qu'il a trouvez estre deubz au jour de Noel mil cinq cens unze, qu'il fut commis a la recepte dudict Hostel Dieu, a cause des rentes sur plusieurs maisons assises en ceste ville de Paris v$^c$ lxiii $^{tt}$ p.

Autre recepte a cause des rentes et pensions viaigieres que ledict Hostel Dieu prend en ceste ville de Paris ii$^c$ xliii $^{tt}$.

Autre recepte a cause d'aucuns louaiges de maisons, tant en ceste ville de Paris que es forsbourgs d'icelle, ii$^m$ lxxiii $^{tt}$ p.

Autre recepte a cause des cens, surcens et fons de terre hors la ville et forsbourgs de Paris iii$^c$ iiii$^{xx}$ viii l.

Autre recepte a cause des rentes annuelles sur plusieurs maisons, terres, prez, boys, vignes et autres heritaiges vii$^c$ lviii livres.

Autre recepte a cause des rentes viaigieres sur plusieurs maisons et autres heritaiges assis hors la ville de Paris cxvii$^{tt}$ xiiii s. p.

Autre recepte a cause d'aucuns louaiges de fermes et baulx faicz a pris d'argent de plusieurs maisons, terres, prez, boys, vignes vii$^c$ xliii $^{tt}$.

Autre recepte faicte a cause de deniers venuz des lotz et ventes pour plusieurs acquisitions d'heritaiges en la censive dudict Hostel Dieu, depuis l'annee xv$^c$ xxiii jusques en l'annee de cedict compte iiii$^{xx}$ i $^{tt}$.

Autre recepte pour les droictz de pescherie a cause du fief de la Mothe xxv $^{tt}$.

Autre recepte a cause des deniers procedans d'aucunes rentes qui ont esté racheptées viii$^c$ xvi $^{tt}$; — recepte de vin vendu ii$^c$ xvi $^{tt}$; — a cause de la vente du suif yssu des moutons despensez audict Hostel Dieu iiii $^c$ iiii$^{xx}$ xiiii $^{tt}$; — recepte de la vente des peaulx viii$^c$ xlvii livres.

Autre recepte a cause des deniers procedans de la vente des boys vii$^{xx}$ iiii $^{tt}$ p.

Autre recepte tant a cause des deniers trouvez en troncz de l'Hostel Dieu, apres la publication des pardons publiez en l'evesché et diocese de Paris ii$^m$ v$^c$ iiii$^{xx}$ ix $^{tt}$

Autre recepte a cause des pardons publiez hors l'evesché de Paris es lieulx cy apres declairez iii$^m$ cxi $^{tt}$ parisis.

Autre recepte faicte a cause des legs, vigilles et convoys, dons et aulmosnes faictz audict Hostel Dieu durant ceste presente annee iiii$^m$ vi$^c$ lxxix $^{tt}$; — le cinquiesme jours de mars d'une aulmosne secrette par les mains de Monsieur le contrerolleur Hennequin, l'un des gouverneurs dudict Hostel Dieu, iiii$^{xx}$ xvi $^{tt}$ p.; — le x$^e$ jour dudict moys de mars de Monsieur le tresorier La guette la somme de ii$^m$ livres tournois, donnee audict Hostel Dieu par le Roy nostre sire, a prandre sur les deniers du Jubillé des eglises de Gailhac et Conches; — des executeurs du testament de feu sire Jehan Reollan en son vivant bourgeoys d'Amiens, par les mains de sire Jehan Laubigoys iiii$^{xx}$ xvi $^{tt}$ p.; — de noble homme Pierre de Hemard, seigneur de Denouville en Beausse la somme de cxii $^{tt}$ x s. t. en cinquante escuz d'or soleil que ledict de Hemard a aumosnee audict Hostel Dieu; — de honnorable femme Laurence Fourcault, vefve de feu honnorable homme maistre Henry Barbeau, en son vivant advocat en Parlement, la somme de vi$^c$ liv. tournois, qu'elle a donnee audict Hostel Dieu a la charge que icelluy Hostel Dieu sera tenu de l'emploier en rente pour le prouffict qui en viendra, l'emploier en linge pour les pauvres dudict Hostel Dieu; — de honnorable femme vefve de feu Jehan Brice, en son vivant marchant bourgeois de Paris, la somme de xvi$^e$ livres parisis que ledict deffunct par son testament a aumosnee audict Hostel Dieu.

Autre recepte a cause des deniers venuz de l'office de la chambre aux coultes lxxviii $^{tt}$ xviii s.

Recepte commune de ce present compte xiii xii $^{tt}$ — le xxiii$^e$ jour d'avril mil cinq cens trente neuf, de Mathieu Lefevre, marchant, demeurant a Clermont; somme lvi $^{tt}$ t. faisant partie de la somme de ii$^c$ xxiiii$^{tt}$ donnee audict Hostel Dieu par les executeurs du testament de feu scientificque personne maistre Guillaume Duchesne, en son vivant docteur en theologie, curé de Sainct Jehan en Grève; — le penultime jour dudit moys ensuivant, de la vente d'un viel basteau donné audict Hostel Dieu par le Roy nostre sire viii livres parisis; — de noble homme Loys de Pontbriant, seigneur des Bordes par les mains de maistre Honnoré de la Croix, la somme de xxvii $^{tt}$ t. qu'il debvoit par sa cedulle a feu frere *Guillaume Stive, en son vivant religieulx et maistre dudit Hostel Dieu.*

Somme toute de la recepte de ce present compte xxi mil viii° lxxix livres.

**Despense de ce present compte.**

Despense faicte a cause des cens, rentes, dixmes, indempnitez et amortissement pour plusieurs maisons, places, lieulx, terres, prez, boys etc. scituez et assis tant en la ville de Paris que hors icelle viii<sup>xx</sup> xii ₶ p.

Autre despense pour certains arreraiges xxxvii ₶.

Autre despense pour le labour des vignes viii° xliii livres.

Autre despense pour façon d'eschallatz, ozier et boys a faire treillés vi<sup>xx</sup> xvi ₶.

Autre despense pour façon et achapt de serceaulx, enfonceurs de fustaille et ouvraiges de tonnellier iiii<sup>xx</sup> xv ₶.

Autre despense pour fraiz de vandanges ii° xxv ₶.

Autre despence pour achapt de vin et verjus ii<sup>m</sup> v° xlvi ₶.

Autre despense pour achapt de moutons, beufz, pourceaulx, lardz, veaulx etc. iiii<sup>m</sup> viii° lviii livres.

Autre despense pour la despense des jours maigres ii mil neuf cens trente neuf livres.

Autre despense pour achapt, façon et arrivaige de boys pour la provision dudict Hostel Dieu viii° xiiii ₶ parisis; — achapt d'huille et façon de chandelles de suif viii <sup>xx</sup> xiiii ₶ p.

Autre despense pour achapt de draps de laynes, coutilz, plumes, draps de lict ix° lxvi l. p.

Autre despense pour façon, blanchissaige de toille et achapt de cendre cix ₶ iiii s.; — achapt de bottes et soulliers pour les religieulx, religieuses et filles dudict Hostel Dieu lxii ₶ viii s. p.; — ouvraiges de potier d'estain xxxvi livres v s.

Autre despense pour l'apothicairerye vii° lxxviii ₶.

Autre despense pour parties et ouvraiges de charron, mareschal et bourrelier vi<sup>xx</sup> xi ₶.

Autre despense pour certains menuz fraiz et mises communes viii<sup>xx</sup> xiiii l. p.; — est faict despense par cedict receveur de la somme de xvii s. vi den. t. pour avoir faict oster les pierres de taille estant a la porte Sainct Michel, devant les maisons que l'on faict bastir de nouveau hors ladicte porte, parce qu'elles empeschoient ledict bastiment.

Autre despense pour acquisitions d'heritaiges xiiii° xxxvi l. p.

Autre despense pour ouvraiges de basses euvres et pyonnerie iiii<sup>xx</sup> xiii ₶.

Autre despense pour plusieurs repparations faictes tant en l'Hostel Dieu, plusieurs maisons d'icelluy assises en la ville de Paris, que en autres lieux hors ladicte ville ii<sup>m</sup> vi° lxii l. p.

Autre despense pour deniers baillez et delivrez pour emploier au faict des proces d'icelluy hostel et autres menuz fraiz de justice iiii° ii l. p.

Ce present receveur faict cy despense de la somme de vi cens livres tournois qu'il a mise au coffre du tresor et espargne dudit Hostel Dieu, laquelle avoit esté donnée par honnorable femme, la vefve de feu maistre Henry Barbeau, pour estre convertie et employee en rente au prouffict dudict hostel.

Autre despense pour les pardons et indulgences de l'Hostel Dieu lxii ₶ ix s. p.

Autre despense pour deniers remboursez, — a Monsieur le contrerolleur Hennequin la somme de cent escuz d'or soleil, a cause de pareille somme qu'il a prestee audict Hostel Dieu.

A Monseigneur de Villeroy pareille somme de cent escuz d'or soleil.

A messire Jehan Briçonnet la somme de ii° xxv livres tournois qui payee luy a esté pour son remboursement.

Autre despense pour voiaiges et tauxacions ci liv. parisis; — ce present receveur faict cy despense de la somme de lxx s. t. qu'il a payee a Quentin Jouart pour son sallaire d'avoir porté de ceste ville de Paris en la ville d'Angers ung arrest de la court de Parlement, donné au prouffict dudict Hostel Dieu, contre le chappitre de l'eglise de ladicte ville d'Angers, pour raison des pardons; — a Cloud Gerbe, sergent a cheval, la somme de lxxv l. t. a luy ordonnee par mesdits seigneurs les gouverneurs, pour ses peines, fraiz, sallaires, journees et vaccacions d'avoir, a la requeste du procureur general, esté en plusieurs villes et lieulx de Picardie et Champaigne, et en vertu de la commission de la court, avoir empesché la publication de certain jubillé, obtenu par maistre Mathieu Brisset, soy disant doyen de Gailhac et de Conches, de Albigeois et de Rouergue, et faict deffense de ne le publier, ne delivrer aucuns deniers provenuz a cause de ce audict Brisset, ne ses commis, ains les apporter par devers ladicte court, pour en ordonner a la bonne discretion du Roy nostre sire, et iceulx avoir saisiz et mis en main de justice, *desquelz deniers ledit seigneur en a faict distribuer en aumosne deux mil livres tournois audict Hostel Dieu.*

Autre despense pour dons et pensions; — ii° lx ii l. p. pour troys mois de la pension de frere Claude Stigue (Stive), religieulx dudict Hostel Dieu, payé au prieur vicaire de l'abbaye du Chaage x livres parisis; — pour troys mois de la pension de seur Jehanne de Cautelleux vi livres parisis; — pour la pension de frere Pierre Benard envoyé a Sainct Saulveur de Melleun x livres parisis; — pour demye annee de la pension de frere Jehan Clement, au prieur de Sainct Sanguyn (Sanxon) d'Orléans xx l. par.; — pour une annee et demye de la pension de Noel Duboys, enffant de cueur dudict Hostel Dieu, *estant au colleige de*

*Saincte Barbe* xxiiii l. parisis; — a maistre Jehan Guydo, medecin de l'Hostel Dieu, pour une annee de sa pension xlviii liv. parisis; — a noble homme maistre Charles Le Coq, conseiller du Roy nostre sire et president en sa Chambre des monnoyes, la somme de iiii$^{xx}$ x livres tournois, a cause de pareille somme a luy deue par chascun an sa vye durant, ou lieu de la moictié de la dixme du villaige et terrouer de Garges, que ledict Lecoq a pieça donnee audit Hostel Dieu, a la charge d'en joyr le cours de sa vye, laquelle depuis a esté transportee par lecdiz gouverneurs dudict Hostel Dieu a maistre Nicole de Hacqueville, seigneur d'Athichy, et damoiselle Marie Charmolue sa femme, moyennant ladite somme de iiii$^{xx}$ x tt.

Autre despense pour solution de gaiges et sallaires de gens d'eglise et autres serviteurs et officiers dudict Hostel Dieu v$^c$ iiii l. p.; — a Girande Vireé, vefve de feu maistre Vincent Coincterel, en son vivant maistre cirurgien a Paris et cirurgien dudict Hostel Dieu, xii tt parisis; — a maistre Georges Barbais, cirurgien dudict Hostel Dieu ou lieu dudict Coincterel, pour ses gaiges de demye annee escheue le jour de Noel xii tt p.; — a Adeline, vefve de feu Robert Besle, saige femme servant aux acouchees, pour une annee de ses gaiges ix tt xii s. p.

Gaiges d'officiers v$^c$ iiii tt p.

Somme toute de la despense de ce present compte xxiiii$^m$ iii$^c$ iiii$^{xx}$ vi tt.

## 55$^e$ REGISTRE (400 FEUILLETS, PARCHEMIN).

### ANNÉE 1540.

En suivent les noms de messeigneurs les commis par la court de Parlement au regime et gouvernement du temporel de l'Hostel Dieu de Paris, messire Jehan Briçonnet, messire Nicolas de Neufville, maistre Germain de Marle, maistre Guillaume Ribier, *maistre Bertrand de Kerquifmen, seigneur de Hardivellier en Picardie*, sires Robert Le Lieur, Nicolas Hennequin et Jehan Laubigoys, marchans et bourgeoys de Paris.

*A tous ceulx qui ces presentes lectres verront, Jehan de Tousteville, chevallier etc., garde de la prevosté de Paris, salut. Scavoir faisons que par devant Claude Le Normant et Mathieu de Lollive, notaires du Roy nostre sire en son Chastellet de Paris, furent presens en leurs personnes, nobles hommes messire Jehan Briçonnet, Nicolas de Neufville, Germain de Marle, Guillaume Ribier, sires Robert Le Lieur, Nicolas Hennequin, Jehan Laubigoys et Bertrand de Kerquifmen, tous bourgeoys de Paris, ou nom et comme commis par la court du Parlement au regime et gouvernement du revenu et temporel de l'Hostel Dieu de Paris, lesquelz a plain confians des sens, loyaulté, expérience et bonne dilligence de honorable homme maistre Jehan de Savignac, notaire et secretaire du Roy nostre sire, fils de maistre Claude de Savignac, ont icelluy maistre Jehan de Savignac, des le premier jour de janvier dernier passé faict, nommé, constitué et estably procureur et receveur general d'icelluy Hostel Dieu, auquel maistre Jehan de Savignac lesdits seigneurs, constituans oudit nom, ont donné et donnent plain pouvoir, auctorité et mandement especial de recevoir, recouvrer, poursuivre, pourchasser et faire venir ens touttes et chascunes les sommes de deniers generalement quelzconques qui de present sont et seront cy apres deues audict Hostel Dieu, tant pour une foys payer, que a cause des arreraiges des cens et rentes, revenuz, louaiges, fermes, maisons et autrement, par quelques personnes et en quelque sorte et maniere que ce soit, estant en ceste ville de Paris que partout ailleurs, contraindre par justice tous redevables a en faire sollution et payement, du receu soy tenir pour contant, en bailler quittance, tant, telles et si amples que ou cas appartiendra, a la charge toutes voyes d'en rendre bon compte et reliqua, et ainsi qu'il est acoustumé de faire, et de deux annees escheues une, et de coucher en chascun de ses comptes ung article faisant mention de la closture du compte que rend le pannetier des grains dudict Hostel Dieu, et aussi de se trouver au Bureau dudict Hostel Dieu, aux jours ordinaires d'icelluy bureau, d'exercer ladicte recepte bien et deuement, au myeulx que faire ce pourra, et generalement d'autant faire en tout ce que dessus, et ce qui en despend, comme feroient et faire pourroient lesdiz seigneurs constituans, si presens en leurs personnes y estoient, jaçoit que le cas requis mandement plus especial, promectans iceulx seigneurs constituans en bonne foy oudict nom, soubz obligation des biens, revenu et temporel dudict Hostel Dieu avoir agreable, tenir ferme et estable a tousiours tout ce qui par ledict maistre Jehan de Savignac sera faict, receu, quitté et besongné en ce que dict est, et ce qui en despend. En tesmoing de ce nous, a la relation desdiz notaires, avons faict mestre le scel de ladicte prevosté de Paris a ces dictes presentes lectres, qui furent faictes et passees l'an mil cinq cens quarante, le mercredi trente unginiesme et dernier jour de mars apres Pasques.*

Compte premier de maistre Jehan de Savignac, notaire du Roy nostre sire, commis a la recepte generalle de l'Hostel Dieu de Paris, pour une annee commançant au jour et feste de Noel mil cinq cens trente neuf exclud et finissant audict jour de Noel en suivant.

Recepte non muable. Recepte des cens et fons de terre deubz par chascun an au jour Sainct Remy lvii s. ii deniers p.

Autre recepte a cause des rentes tant sur le tresor du Roy nostre sire que sur son dommaine a Paris xi° lxi$^{tt}$ p.

Autre recepte a cause des rentes en ceste ville et faulxbourgs de Paris xvii$^c$ xliii livres.

Autre recepte a cause des rentes et pensions viaigieres en ceste ville de Paris ii$^c$ xx$^{tt}$ xviii s. p.

Autre recepte a cause d'aucuns louaiges de maisons assises tant en ceste ville de Paris que es faulxbourgs d'icelle ii mil iii$^c$ xxix$^{tt}$.

Autre recepte a cause des cens, surcens et fons de terre que ledict Hostel Dieu prend hors la ville et faulxbourgs de Paris iii$^c$ lxxiii livres.

Autre recepte a cause des rentes annuelles sur plusieurs maisons, terres, prez, boys, vignes et autres heritaiges hors la ville de Paris ix$^c$ lxxvii$^{tt}$ p.

Autre recepte a cause des rentes viaigieres sur plusieurs maisons et autres heritaiges assis hors la ville de Paris cxiii$^{tt}$ vi s. p.

Autre recepte a cause d'aucuns louaiges de fermes et baulx faictz a pris d'argent de plusieurs maisons, terres, prez, boys, vignes et autres heritaiges hors Paris viii$^c$ iiii$^{xx}$ iiii liv. parisis.

Autre recepte pour les droictz de pescherie liii$^{tt}$ p.

Autre recepte a cause des deniers venuz des lotz et ventes pour plusieurs acquisicions d'heritaiges estans en la censive de l'Hostel Dieu lxiiii$^{tt}$ p.

Deniers venuz des rachaptz de rentes ii$^m$ v$^c$ xi$^{tt}$ p.

Autre recepte a cause de la vente de certain grain ii$^c$ iiii$^{xx}$ v$^{tt}$.

Autre recepte a cause du vin vendu c$^{tt}$ iiii s. p.

Autre recepte a cause de la vente du suif yssu des moutons despensez audict Hostel Dieu ii$^c$ iiii$^{xx}$ xii$^{tt}$ p.

Autre recepte a cause de la vente des peaulx vi$^c$ xxii$^{tt}$.

Autre recepte a cause des deniers trouvez es troncz dudit Hostel Dieu apres la publication des pardons d'icelluy en l'evesché et diocese de Paris ii$^m$ v$^c$ liiii livres parisis.

Autre recepte faicte a cause des pardons publiez hors l'evesché de Paris iii mil viii cens livres parisis.

Autre recepte a cause des legs, convoys, dons et aumosnes, ix$^c$ lxxviii liv. par.; — de Monsieur maistre Anthoine Daulnoy, archediacre de Brye en l'église de Soissons, seigneur de Goussonville et de Louvres, la somme de ii cens livres tournois aumosnez audict Hostel Dieu; — de seur Jehanne La Rostie et seur Ysabeau Peron, relligieuses dudict Hostel Dieu aiant la charge de l'office de la pouillerye ciiii$^{tt}$ xviii s. t.; — des executeurs du testament de feue noble damoiselle Marie Ruzé, vefve de feu noble homme *Monsieur de Sainct Blancay*, le xiii$^e$ dudit moys de juillet, la somme de xlv s. t. donnee par ladicte deffuncte aux pauvres dudict Hostel Dieu; — des executeurs du testament de feu Nicolas Mabiet, en son vivant marchant joyaulier, demourant a Paris x$^{tt}$ t.; — de Monsieur Chartier, avocat en la cour de Parlement la somme de lxxv$^{tt}$ t. par luy aumosnee audict Hostel Dieu pour la nourriture des pauvres; — de frere Nicole Beauquesne, religieulx de Sainct Victor et maistre de l'Hostel Dieu, la somme de vi$^c$ iiii$^{xx}$ xvii$^{tt}$ t. venue des legs, convoys, vigilles et perpetuons, depuis le xv$^e$ jour de l'année mil cinq cens trente neuf jusques au jour de Noel mil cinq cens quarante.

Recepte commune durant l'annee de ce present compte xvi$^c$ lxviii$^{tt}$ p.; — de Guillaume Baillier, solliciteur de Monsieur de la Tour, chevallier, baron de Chasteauroux, la somme de xxix$^{tt}$ v s. t. pour les despens faictz a l'encontre dudict seigneur, tant en la court de Parlement que au Chastellet, pour avoir payement de la somme de v$^c$ livres tournois qu'il debvoit a l'Hostel Dieu, par composition faicte avec luy; — de maistre Claude de Savignac, nagueres receveur general dudict Hostel Dieu, le ii$^e$ jour de juillet la somme de iiii$^{c tt}$ t. pour convertir aux affaires de l'Hostel Dieu, venue des deniers de sadicte recepte; — de maistre Claude de Savignac la somme de vi$^c$ iiii$^{xx}$ vi$^{tt}$ t. venue des deniers de sa recepte.

Somme toute de la recepte de ce present compte xx$^m$ vii$^c$ xlix$^{tt}$ p.

Despense de ce present compte.

Despense faicte a cause des cens, rentes, dixmes, indempnitez et admortissemens pour plusieurs maisons, places, lieulx, terres, prez, boys etc. tant en ladicte ville que hors icelle ix$^{xx}$ vii l. p.

Autre despense faicte a cause d'autres rentes deues par ledict Hostel Dieu sur tout le revenu et temporel d'icelluy xxiii$^{tt}$ p.

Autre despense pour le labour des vignes, ensemble des fraiz des vandanges xi$^c$ xxxviii$^{tt}$ p.

Autre despense pour façon d'eschallatz, ozier, boys a faire treilles, facon et achapt de serceaulx, enfonceures de fustailles et ouvraiges de tonnelier lxxv$^{tt}$ p.

Autre despense pour achapt de vin et verjus iiii$^{x tt}$ p.

Autre despense pour achapt de moutons, beufz, pourceaulx, volailles etc. vi$^m$ xxviii$^{tt}$ parisis.

Autre despense faicte par cedict receveur pour la despense des jours maigres xviii$^c$ xxxiv$^{tt}$ p.; — pour achapt de sel xlii$^{tt}$ p.

Autre despense pour achapt, facon, arrivaige de boys et achapt de cendres pour la provision dudict Hostel Dieu xi$^c$ xl livres.

Autre despense pour achapt d'huylle et facon de chandelle de suif cxix$^{tt}$ p.

Autre despense pour achapt de draps de layne, coustilz, plumes, draps de lict, pennes et couvertures, acheptez pour la provision dudict Hostel Dieu v$^c$ xlviii$^{tt}$ p.

Autre despense pour façon, blanchissaige de toilles et achapt de fil durant ceste presente annee iiii<sup>c</sup> xxxiii <sup>tt</sup> p.; — achapt de bottes et soulliers vi<sup>xx</sup> iii <sup>tt</sup> p.

Autre despense pour ouvraiges de postier d'estaing, chauderonnier, vannier et cordier viii<sup>xx</sup> v<sup>tt</sup> p.

Autre despense pour l'appothicairerie iii<sup>c</sup> lxi <sup>tt</sup> p.

Autre despense pour ouvraiges de charron, mareschal et bourrelier iiii<sup>xx</sup> xii <sup>tt</sup> p.

Autre despense pour menuz fraiz et mises communes vii<sup>xx</sup> xii <sup>tt</sup> p.; — a maistre Race des Nouez, cirurgien, et Jehan Dupuis, barbier, bourgeois de Paris, la somme de lx s. t. pour leur sallaire d'avoir par eulx assisté a l'ouverture et visité le corps mort de deffunct frere Anthoine de la Fontaine, nagueres maistre et prieur dudict Hostel Dieu, par mandement de messeigneurs les gouverneurs du III<sup>e</sup> mars mil cinq cens trente neuf.

Autre despense pour plusieurs repparacions faictes tant en l'Hostel Dieu, plusieurs maisons d'icelluy, assises en la ville de Paris que en autres lieux hors ladicte ville xvi<sup>c</sup> lxxviii<sup>tt</sup> p.

Autre despense pour deniers convertiz et employez ou faict des proces et autres fraiz de justice ii<sup>c</sup> xi <sup>tt</sup> p.; — ce present receveur fait cy despense de xxx solz tournois, qu'il a payee par ordonnance du dixiesme mars m.v<sup>c</sup>xxxix a Jaques de Launoy, huissier en la court de Parlement, pour avoir signiffié le contenu en deux requestes presentees a ladicte court par monsieur le Procureur general du Roy, a l'encontre de messieurs du chappitre de Paris, affin de bailler vicariat a frere Nicole de Beauquesne, soubz prieur de l'Hostel Dieu, selon et ensuivant les arrestz de ladicte court; — cxii solz vi den. t. pour les espices d'un proces par ledict Hostel Dieu obtenu ou Chastellet de Paris, a l'encontre de Jehanne de Vicardel, dame en partie de Clamart, pour raison des censives que ledict Hostel Dieu a audict lieu de Clamart.

Autre despense pour les pardons et indulgences de l'Hostel Dieu et fraiz d'iceulx xxxv <sup>tt</sup> ii s.

Autre despense pour voiaiges et tauxations xxiiii <sup>tt</sup> p.

Autre despense pour dons et pensions ix<sup>xx</sup> xvi <sup>tt</sup> p.; — a maistre Jehan Guydo, docteur en la Faculté de medecine la somme de xlv <sup>tt</sup> t. pour trois termes de sa pension pour la visitation des pauvres, religieulx et religieuses; — audict maistre Jehan Guydo xxv <sup>tt</sup> t. pour ung terme de sa pension, a cause *de cent livres* tournois a luy ordonnee par chascun an.

Autre despense pour sollution de gaiges et sallaires de gens d'eglise, et autres serviteurs et officiers dudict Hostel Dieu iiii<sup>c</sup> xxx <sup>tt</sup> p.; — a maistre Adrian Monginot, escollier a Paris, executeur du testament de feu maistre Georges Barbas, en son vivant cirurgien de l'Hostel Dieu, la somme de c s. t. deue audict deffunct pour deux moys escheuz le xxi<sup>e</sup> febvrier, a cause de ses gaiges qui estoient de xxx <sup>tt</sup> t.; — a Jaspart Le Normant, cirurgien de l'Hostel Dieu, la somme de xxxi <sup>tt</sup> v s. t. pour ses gaiges d'avoir servy douze moys et demy, escheuz le xv<sup>e</sup> jour de mars m.v<sup>c</sup>xl; — a Edelline, vefve de feu Robert Besle, saige femme de l'Hostel Dieu, lxvii s. t. pour ses gaiges depuis le jour de Noel m.v<sup>c</sup>xxxix jusques au huictiesme jour d'avril mil cinq cens quarante; — a Nicole Guerine, aussi saige femme dudict Hostel Dieu, viii <sup>tt</sup> xii s. vi den. t. pour ses gaiges de huict moys dix neuf jours.

Gaiges d'officiers iiii<sup>c</sup>lxxi <sup>tt</sup> p.; — a Francoys de Rochefort, clerc et concierge du Bureau de messeigneurs les gouverneurs l <sup>tt</sup> t. pour une annee de ses gaiges.

Somme toute de la despense de ce present compte xvi<sup>m</sup>ix<sup>c</sup>iiii<sup>xx</sup>ix <sup>tt</sup> par

## 56<sup>e</sup> REGISTRE (438 FEUILLETS, PARCHEMIN).

### ANNÉE 1541.

Compte deuxiesme de maistre Jehan de Savignac pour une année, commencant au jour et feste de Noel mil cinq cens quarante et finissant audict jour de Noel ensuyvant.

Recepte non muable. Recepte des cens et fons de terre en ladicte ville de Paris lvii s. i den.

Autre recepte a cause des rentes tant sur le tresor du Roy nostre sire que sur son dommaine a Paris xi<sup>c</sup>lxi <sup>tt</sup> p.

Autre recepte a cause des rentes en ceste ville et faulxbourgs de Paris xv<sup>c</sup> viii <sup>tt</sup>.

Autre recepte a cause des rentes et pensions viaigieres en ceste ville de Paris ix<sup>xx</sup>xix <sup>tt</sup> p.

Autre recepte a cause d'aucuns louaiges de maisons tant en ceste ville de Paris que es faulxbourgs d'icelle ii<sup>m</sup> iii<sup>c</sup>liiii <sup>tt</sup> p.

Autre recepte a cause des cens, surcens et fons de terre hors la ville et faulxbourgs de Paris iii<sup>c</sup>xxiii <sup>tt</sup> p.

Autre recepte a cause des rentes annuelles sur plusieurs maisons, terres, prez, boys et autres heritaiges hors la ville de Paris ix<sup>c</sup>lxiii <sup>tt</sup> p.

Autre recepte a cause des rentes viaigieres sur plusieurs maisons et autres heritaiges hors la ville de Paris iiii<sup>xx</sup>xiii <sup>tt</sup> p.

Autre recepte a cause d'aucuns louaiges de fermes et

baulx faictz a pris d'argent de plusieurs maisons, terres, prez, bois, vignes et autres heritaiges hors Paris ix$^c$ liii $^{tt}$ p.

Autre recepte pour les droictz de pescherie a cause du fief de la Mothe xxxix $^{tt}$ p.

Autre recepte a cause des deniers venuz des lotz et ventes xlii $^{tt}$ xix s. p.

Autre recepte a cause des deniers venuz des rachaptz des rentes iiii$^{xx}$xii $^{tt}$ p.

Autre recepte a cause de la vente de certain grain ii$^c$lvii $^{tt}$ p.

Autre recepte a cause de vin vendu lxxviii $^{tt}$ p.

Autre recepte a cause de la vente du suif iii$^c$v $^{tt}$; — de la vente des peaulx v$^c$xii $^{tt}$; — de la vente des boys ii$^c$iiii$^{xx}$xv $^{tt}$ p.

Autre recepte tant a cause des deniers trouvez es troncz dudict hostel, apres la publication des pardons en l'evesché et dioceze de Paris ii$^m$lv $^{tt}$ p.

Autre recepte a cause des pardons publiez hors l'evesché de Paris, es lieux cy apres declairez vi$^m$ iii$^c$ lxxi $^{tt}$ parisis.

Autre recepte a cause des legtz, convoys, dons et aumosnes iiii$^m$xliiii $^{tt}$ p.; — receu la somme de ix$^{xx}$xviii $^{tt}$ t. des deniers trouvez apres Pasques de feu frere Anthoine de la Fontaine, en son vivant maistre de l'Hostel Dieu, procedans des legtz faictz a icelluy Hostel Dieu par plusieurs personnes, lesquelz estoient en ses mains; — de mesdiz seigneurs les gouverneurs receu la somme de mil iiii$^{xx}$x $^{tt}$ t. venue d'aucuns deniers trouvez en la tournelle du Bureau de l'Hostel Dieu, et donnez par plusieurs personnes pour subvenir aux necessitez des pauvres d'icelluy Hostel Dieu; — de maistre Jehan Duval, conseiller du Roy nostre sire, et tresorier de son espargne, le xviii$^e$ jour de mars mil cinq cens quarente, la somme de iiii$^c$l livres tournois, aulmosnee par le Roy audict Hostel Dieu pour la substantation et nourriture des pauvres d'icelluy; — de madamoyselle de Sainct Michel, vefve de feu noble homme Guillaume Sanguyn, en son vivant seigneur de Baulmont, par les mains de scientificque personne maistre Guerin Sanguyn, grand doyen d'Avranches, la somme de ii$^c$xxv $^{tt}$ t. aulmosnee par ledict deffunct aux pauvres de l'Hostel Dieu; — de puissant seigneur René de Laval, seigneur de Boys Daulphin, la somme de iiii$^e$ $^{tt}$ t. pour la composition faicte par messeigneurs les gouverneurs a cause du legtz faict par feu noble et puissant seigneur Jehan de Laval, pere dudict René, pour la substantation des pauvres dudict Hostel Dieu; — de seur Anne La Rostie et seur Ysabeau Peron, religieuses dudict Hostel Dieu, la somme de ii$^c$ livres tournois, venue de la vente des habillemens des trepassez; — de la Royne de Navarre, seur unicque du Roy nostre sire, la somme de xi$^c$xxv $^{tt}$ t. donnee par ladicte dame audict Hostel Dieu pour l'entretenement et nourriture des pauvres d'icelluy.

Recepte commune vi$^c$xviii $^{tt}$ p.

Somme toute de la recepte xx mil ii cens xvii livres parisis.

Despense de ce present compte.

Despense faicte a cause des cens, rentes, dixmes, indempnitez et admortissemens ix$^{xx}$v $^{tt}$ p.

Autre despense a cause d'autres rentes deues par ledict Hostel Dieu sur tout le revenu et temporel d'icelluy xxiiii $^{tt}$ p.

Autre despense pour le labour des vignes mil lxiiii $^{tt}$ p.

Autre despense pour façon d'eschallatz, ozier, boys a faire treilles, façon et achapt de serceaulx, enfonçures de fustailles et ouvraiges de tonnellier lxiiii $^{tt}$ p.

Autre despense pour achapt de vin pour la provision dudict Hostel Dieu v$^c$ii liv. p.

Autre despense pour achapt de moutons, beufz, pourceaulx, veaulx et vollailles iiii mil ii cens ix l. p.

Autre despense pour la despense des jours maigres ii mil ii cens viii livres par.; — achapt de sel liiii $^{tt}$.

Autre despense pour achapt de boys et charbon xv$^c$lii $^{tt}$ p.; — achapt d'huille et façon de chandelle iiii$^{xx}$vi $^{tt}$.

Autre despense pour achapt de draps de layne, coustilz, plumes, draps de lict, pennes et couvertures xii$^c$ iiii$^{xx}$viii $^{tt}$ p.

Achapt de cendres, de toilles et de fil, mil iiii$^{xx}$ liv. parisis.

Autre despense pour l'appoticairerie iii$^c$ xxxv$^{tt}$ p.

Autre despense pour ouvraiges de charron, mareschal, bourrellier, vannier vii$^{xx}$ i livres parisis.

Autre despense pour menus fraiz et mises communes iiii$^c$ iiii$^{xx}$ xi$^{tt}$ p.; a Richard Delbenne, marchant bancquier demourant a Paris, la somme de viii$^{xx}$ escuz soleil (ii$^c$ iiii$^{xx}$ l. parisis), de marché faict avec luy pour l'expédition de certaines bulles qu'il a faict expédier en court de Romme, touchant le faict de reformation dudict Hostel Dieu.

Autre despense pour plusieurs reparations faictes tant en l'Hostel Dieu et plusieurs maisons d'icelluy, assises en la ville de Paris, que en autre lieu hors de ladicte ville xvii$^c$ xlvii $^{tt}$ p.

Autre despense faicte par cedict receveur pour deniers par luy baillez pour convertir et emploier ou faict des procès d'icelluy Hostel Dieu v$^c$ lxvii $^{tt}$ p.

*A maistre Anthoine Lhostellier, solliciteur dudict Hostel Dieu en la court de Parlement, par mandement du septiesme jour de septembre l'an mil cinq cens quarante ung, signé de Marle et Laubigeois, la somme de xvi livres xi s, t. qu'il a fraiez pour ledict Hostel Dieu pour l'enqueste et examen a futur pour ledict Hostel Dieu contre messire Anthoine Du*

*Prat, chevallier, seigneur de Nantouillet, héritier, seul et pour le tout, de feu messire Anthoine Du Prat, en son vivant chancellier et légat en France, pour raison des promesses par ledict deffunct faictes a messeigneurs les gouverneurs dudict Hostel Dieu, de recompenser et rendre indemne ledict Hostel Dieu des maisons qu'ilz ont abattues et desmolies, audict Hostel Dieu appartenant, pour construire, bastir et edifier la salle neuf dudict Hostel Dieu, ainsi qu'il appert par les parties de ce faictes;* faict cy despense ledict receveur de la somme de lxv s. t., c'est assavoir xlv s. t. *pour les espices paiees a monsieur Gilbert, conseiller en Parlement, pour son rapport faict sur les informacions faictes contre les pardonneurs ultramontains, pour les abbuz qu'ilz commectent journellement en ce Roiaulme; xv s. t. pour lever ledict arrest de la court sur ce intervenu;*

Autre despense pour gaiges et pensions d'officiers ii$^e$ xiii$^{tt}$ p. a maistre Jehan Guydo, docteur en la Faculté de medecine, la somme de cent livres tournois, pour une annee de la pension a luy ordonnee pour la visitation des paouvres, religieulx et religieuses dudict Hostel Dieu.

Autre despense faicte par cedict receveur pour solucion de gaiges et sallaires de gens d'eglise, et autres serviteurs et officiers dudict Hostel Dieu iii$^e$ lxxv$^{tt}$ p.; a maistre Jehan de May, cirurgien dudict Hostel Dieu, la somme de vii$^{tt}$ x s. t. pour trois mois eschuez le neufiesme jour de juing, a cause de ses gaiges dudict estat.

Gaiges d'officiers iiii$^e$ iiii$^{xx}$ xv$^{tt}$ p.; a ce present receveur la somme de quatre cens livres tournois, pour ses gaiges et sallaires d'avoir tenu le compte et faict veoir (venir?) les deniers dudict Hostel Dieu durant ceste presente annee.

Somme toute de la despense de ce present compte xix mil sept cens liii$^{tt}$ parisis.

## 57$^e$ REGISTRE (313 FEUILLETS, PARCHEMIN).

### ANNÉE 1542 [1].

En suyvent les noms de messeigneurs les commis par la court de Parlement au regime et gouvernement du temporel de l'Hostel Dieu de Paris : Messire Nicollas de Neufville, Messire Emard Nicolas, aussi chevallier, seigneur de Goussainville, conseiller du Roy nostre sire, et premier president en sa chambre des comptes; Maistre Germain de Marle, seigneur du Tilloy, notaire et secretaire du Roy; Maistre Guillaume Ribier, seigneur de Villebrosse; Maistre Bertrand de Kerquifmen, seigneur d'Hardivillier; Sires Robert Le Lieur; Nycollas Hennequin; Jehan Laubigeois, tous marchans et bourgeois de Paris.

Compte troysiesme de noble homme maistre Jehan de Savignac, pour une annee commencant au jour et feste de Noel mil cinq cens quarante ung, et finissant audict jour de Noel ensuyvant mil cinq cens quarante deux.

Recepte non muable en la ville et faulxbourgs de Paris, recepte des cens et fons de terre deubz en ladicte ville de Paris lvii s. i den.

Autre recepte tant sur le Tresor du Roy nostre sire que sur son dommaine xi$^e$ lxi$^{tt}$ xviii s.

Autre recepte a cause des rentes a prendre par chascun an en ceste ville et faulxbourgs xv$^e$ xviii$^{tt}$ viii s.

Autre recepte faicte par ce present recepveur a cause des rentes ou pensions viageres en ceste ville de Paris viii$^{xx}$ xiiii$^{tt}$ p.

Autre recepte a cause d'aucuns louaiges de maisons tant en ceste ville de Paris que es faulbourgs d'icelle ii$^e$ v$^e$ xxii$^{tt}$ p.

Autre recepte a cause des cens, surcens et fons de terre hors la ville et faulxbourgs de Paris iii$^e$ lxx$^{tt}$.

Autre recepte a cause des rentes annuelles sur plusieurs maisons, terres, prez, boys, vignes et autres heritaiges ix$^e$ lxx$^{tt}$ p.

Autre recepte a cause des rentes viaigieres sur plusieurs maisons et autres heritaiges hors la ville de Paris iiii$^{xx}$ xiiii$^{tt}$ p.

Autre recepte a cause d'aucuns louaiges des fermes et baulx faictz a pris d'argent de plusieurs maisons, terres etc. hors Paris ix$^e$ xlix$^{tt}$ p.

Autre recepte pour les droietz de pescherie a cause du fief de la Mothe a Corbueil liiii$^{tt}$ p.

Autre recepte a cause des deniers venuz des lotz et ventes pour plusieurs acquisitions d'heritaiges estans en la censive de l'Hostel Dieu xxiii$^{tt}$ vii s.

Autre recepte a cause des deniers procedans d'aucunes rentes qui ont esté racheptees durant l'annee de ce present compte xv$^e$ xxxiiii$^{tt}$ p.

Autre recepte a cause d'aucuns deniers venuz et procedans de la vente de certain grain vendu durant ceste presente annee iiii$^e$ iiii$^{xx}$ xix$^{tt}$ p.

Autre recepte a cause du vin vendu iii$^e$ liiii$^{tt}$ p.;

---

[1] A partir de l'an 1542 jusqu'à la fin de la partie de la collection des comptes qui a été préservée de l'incendie de mai 1871 (sauf toutefois pour les années 1543 et 1544, 1564 et 1565), nous avons, pour chaque exercice financier, un registre des recettes et un registre des dépenses; la recette et la dépense ne se trouvent plus réunies dans le même registre.

vente du suif yssu des moutons despensez audict Hostel Dieu ii° iiii^xx iiii livres.

Deniers procedans de la vente de certains boys appartenans a l'Hostel Dieu vii° ix^tt p.

Autre recepte a cause des deniers trouvez es troncz dudict Hostel Dieu apres la publication des pardons en l'evesché et diocese de Paris ii^m vii° iiii^xx xv^tt.

Autre recepte a cause des pardons de l'Hostel Dieu hors l'evesché de Paris iii^m viii° lxxvi^tt p.

Autre recepte a cause des legtz, vigilles, convoys, dons et aumosnes xix° xxxiii^tt p.; de noble homme maistre Pierre de Hemond, seigneur de Denonville, recue la somme de cent dix huict livres tournois, pour la nourriture des pauvres; — de maistre Jehan Duval, conseiller du Roy nostre sire et tresorier de son espargne, la somme de ix cens livres tournois, aumosnee audict Hostel Dieu par le Roy nostre sire pour la nourriture et entretenement des pauvres, et ad ce qu'il soit participans es prieres et bienffaictz d'icelluy; — de honnorable femme feue Jehanne Le Brun, en son vivant lingere du corps du Roy nostre sire, xxii^tt x s. t.; — de honnorable homme feu maistre Raoulland Bernier, en son vivant chanoyne de Noyon xvi^tt t.; de noble damoyselle Guillemette Boschart, vefve de feu noble homme maistre Guillaume de Badonvilliers,

en son vivant secretaire du Roy et greffier en sa chambre des comptes ii° xxv^tt t.; — de frere Nycolle de Pymont, maistre de l'Hostel Dieu, la somme de lvii^tt xii s. tournois; — de monsieur le president Briçonnet la somme de lx^tt tournois, pour troys annees escheues le xix° jour d'octobre, a raison de xx^tt t. par an donnez et aulmosnez audict Hostel Dieu par feue madame la presidente sa femme, jusques a cinquante ans finiz et accompliz.

Recepte commune ii^m cxxiii^tt p.; de sire Jehan Jourdain, appothicaire, demourant a Paris, la somme de lvii^tt parisis pour les despens obtenuz a l'encontre de luy par devant monsieur le Prevost de Paris ou son lieutenant civil, a cause de xxx s. parisis de rente que l'Hostel Dieu a droict de prendre par chascun an sur ung moullin a pappier assis a Essonne lez Corbueil, appellé le moullin du Chyot, a luy appartenans; de noble damoiselle Jehanne de Bezanson vefve de feu noble homme maistre Claude de Savignac, en son vivant recepveur general de l'Hostel Dieu de Paris, la somme de xiii° v livres tournois qu'elle et les heritiers dudict deffunct peuvent devoir a cause de l'administracion que icelluy deffunct a eue de ladicte recepte.

Somme toute de la recepte de ce present compte xxii^m iiii° lxvii^tt p.

## 58° REGISTRE (193 FEUILLETS, PARCHEMIN).

### ANNÉE 1542.

Despense faicte par ce present recepveur pour une annee commancant et finissant comme dessus.

Despense a cause des cens, rentes, dixmes et admortissemens pour plusieurs maisons, places, terres et autres heritaiges tant en la ville de Paris que hors icelle ix^xx xix l. p.

Autre despense a cause d'aultres rentes deues par ledict Hostel Dieu sur tout le revenu et temporel d'icelluy xxvi^tt xii s.

Autre despense pour le labour des vignes de l'Hostel Dieu, viii° lviii l. p.

Fraiz de vandanges ii° xiiii^tt p.

Autre despense pour façon d'eschallatz, ozier, boys a faire treilles, façon et achapt de serceaulx, enfonceures de fustaille et ouvraiges de tonnellier xl^tt p.

Autre despense pour achapt de vin pour la provision dudict Hostel Dieu ii^m v° lvi^tt p.

Autre despense pour achapt de moutons, beufz, pourceaulx, vollaille ii^m iiii^xx x^tt p.

Despense des jours maigres et achapt de sel ii^m clv^tt parisis.

Autre despense pour achapt de boys, charbon et cendres pour la provision dudict Hostel Dieu xii° i^tt p.; — achapt d'huille et façon de chandelle de suif cii^tt p.

Achapt de draps de layne, coustilz, plume, draps de lict, pennes et couvertures vii° xxxix^tt p.

Autre despense pour achapt de toilles et fil, et facon de toilles durant ceste presente annee vi° v^tt p.

Autre despense pour achapt de vesselle d'argent, pothier d'estaing et chauderonnier ii° iiii^xx vi^tt p.

Autre despense pour ouvraiges de charron, mareschal, bourrelier, cordier et vennier cxi^tt x s. p.

Autre despense pour menuz fraiz et mises communes et fraiz faictz pour les pardons dudict Hostel Dieu ii° xv^tt p.; — xxi s. iii den. a Jehan Blanchon, *housseur de chemynees*, pour avoir housse et ramonné xvii chemynees audict Hostel Dieu.

Autre despense pour acquisitions de rentes et autres heritaiges iii^m ii° liii^tt p.

Autre despense pour plusieurs reparations tant en l'Hostel Dieu, plusieurs maisons d'icelluy, tant en la ville de Paris que autres lieux xiiii° xxvii^tt p.

Autre despense pour deniers pour convertir et employer au faict des proces d'icelluy Hostel Dieu et autres fraiz de justice iii<sup>c</sup> xxiii livres parisis; — vii s. vi den. t. a Nicolas Girard, arpenteur du Roy nostre sire, pour son sallaire d'avoir mesuré les fossez des boys de Clamart appartenant audict Hostel Dieu.

Autre despense pour dons et pensions durant ceste presente annee iii<sup>c</sup> iiii<sup>xx</sup> vii<sup>tt</sup> p.; — a maistre Jehan Guydo, docteur regent en la Faculté de medecine c<sup>tt</sup> t. pour une annee de sa pension; — xxx<sup>tt</sup> tournois a frere Nicolle Beauquesne, religieux de Sainct Victor, nagueres maistres dudict Hostel Dieu, pour et ou lieu de sa nourriture, que ledict Hostel Dieu estoit tenu luy faire en l'une des fermes d'icelluy Hostel Dieu, par l'espace de six sepmaines, suyvant le contenu des lectres de revocacion de ce faictes; — a frere Francoys Cocoly, religieux de Sainct Victor, compagnon de frere Nicolle Beauquesne, dessus nommé, xxvii<sup>tt</sup> t. pour subvenir a sa nourriture et necessitez, pendant le temps qu'il sera aux champs a prendre le bon air, avant que retourner audict lieu de Sainct Victor.

Autre despense pour sollution de gaiges et sallaires de gens d'eglise et autres serviteurs et officiers dudict Hostel Dieu iii<sup>c</sup> iiii<sup>xx</sup> xviii<sup>tt</sup> p.; — a maistre Jehan Demay, cirurgien dudict Hostel Dieu, xxx<sup>tt</sup> t. pour une annee de ses gaiges.

Gaiges d'officiers iiii<sup>c</sup> lxxiiii<sup>tt</sup> p.

Somme toute de la despense de ce present compte xx<sup>m</sup> viii<sup>c</sup> xliiii livres parisis.

## 59<sup>e</sup> REGISTRE (459 FEUILLETS, PARCHEMIN).

### ANNÉE 1543.

Compte quatriesme de maistre Jehan de Savignac, notaire et secrétaire du Roy nostre sire, pour une annee commenceant au jour et feste de Noel mil cinq cens quarante deux et finissant audict jour de Noel mil cinq cens quarante troys.

Recepte non muable des cens et fons de terre deubz a l'Ostel Dieu en ceste ville de Paris lvii s. i den.

Autre recepte a cause des rentes tant sur le tresor du Roy nostre sire que sur son dommaine a Paris xi<sup>c</sup> lxi<sup>tt</sup> p.

Autre recepte a cause des rentes en ceste ville et faulxbourgs de Paris xv<sup>c</sup> iiii<sup>xx</sup> xvi<sup>tt</sup> p.

Autre recepte a cause des rentes ou pensions viaigieres en cette ville de Paris viii<sup>xx</sup> ii<sup>tt</sup> p.

Autre recepte a cause d'aucuns louaiges de maisons tant en ceste ville de Paris que hors icelle ii<sup>m</sup> vi<sup>c</sup> xlviii<sup>tt</sup> parisis.

Autre recepte a cause des cens, surcens et fons de terre hors la ville et faulxbourgs de Paris iiii<sup>c</sup> iiii<sup>xx</sup> iii<sup>tt</sup> p.

Autre recepte a cause des rentes annuelles sur plusieurs maisons, terres, prez, boys, vignes et autres heritaiges hors la ville de Paris xii<sup>c</sup> iiii<sup>xx</sup> iiii<sup>tt</sup> parisis.

Autre recepte a cause des rentes viaigieres sur plusieurs maisons et autres heritaiges hors la ville de Paris iiii<sup>xx</sup> xiii<sup>tt</sup> p.

Autre recepte a cause d'aucuns louaiges de fermes et baulx faictz a pris d'argent de plusieurs maisons, terres, prez et autres heritaiges hors Paris ix<sup>c</sup> xlv<sup>tt</sup> p.

Autre recepte pour les droizt de pescherie sur la riviere de Seyne, a cause du fief de la Mothe lxv<sup>tt</sup> xvi s. p.

Autre recepte a cause des deniers venuz des lotz et ventes pour aucunes acquisicions d'heritaiges estans en la censive de l'Hostel Dieu de Paris xxxix<sup>tt</sup> i s. p.

Autre recepte a cause des deniers procedans d'aucunes rentes qui ont esté racheptees ii<sup>c</sup> lix<sup>tt</sup> parisis.

Autre recepte a cause d'aucuns deniers venuz et procedans de la vente de certain grain v<sup>c</sup> iiii<sup>xx</sup> xiiii<sup>tt</sup> p.; — autre recepte a cause de vin vendu xlviii<sup>tt</sup> p.; — vente de suyf iii<sup>c</sup> xi<sup>tt</sup> p.; — vente des peaulx procedans de l'abbatis des moutons despensez audict Hostel Dieu viii<sup>c</sup> lv<sup>tt</sup> parisis.

Autre recepte a cause des deniers procedans de la vente de certain boys appartenant a l'Hostel Dieu de Paris ix<sup>c</sup> xxii<sup>tt</sup> p.

Autre recepte tant a cause des deniers trouvez es troncz dudict Hostel Dieu apres la publication des pardons en l'evesché et diocese de Paris ii<sup>m</sup> v<sup>c</sup> xxx<sup>tt</sup> p.

Autre recepte a cause des pardons publiez hors l'evesché de Paris vi<sup>m</sup> xliiii<sup>tt</sup> p.

Autre recepte a cause des legtz, vigilles et convoys, dons et aumosnes faictz audict Hostel Dieu durant ceste presente annee ii<sup>m</sup> i livres parisis; — de feu maistre Jaques Piedefer, seigneur de Sainct Marc, xxx<sup>tt</sup> t. que ledict deffunct a aulmosnée audict Hostel Dieu; — de maistre Loys Lassere, executeur du testament de feu maistre Pierre de Victry, en son vivant curé de la Villette, cinquante livres tournois, leguee audict Hostel Dieu pour estre participant es prieres et bienffaictz d'icelluy; — de Monsieur de Noyon, par les mains de Raoul Paradis xlv<sup>tt</sup> t. qu'il a aumosnez; — de Monsieur le trésorier de l'espargne, le xxvi<sup>e</sup> may, a este receu la somme de xii cens livres tournois aumosnee par e Roy nostre sire, audict Hostel Dieu pour la nourriture et entretenement des pauvres.

Recepte commune xviii<sup>c</sup> lxxi livres parisis; — de la vefve de feu maistre Claude de Savignac, en son vivant receveur general de l'Hostel Dieu, la somme de vi$^c$ iiii$^{xx}$ xv $^{tt}$ t.; — sur ce qu'elle doit a cause du relicqua en quoy ledict deffunct est demeuré redevable par son dernier compte; — des boullengiers de l'Hostel Dieu xxx s. t. pour et en restribution d'un pot de beurre qu'ilz avoient mallicieusement desrobbé dedan la despense dudict Hostel Dieu; — de madame de Rambouliiet la somme de cx s. t. pour troys petitz cochons de laict qui ont esté prins au pressouer de l'Hostel Dieu, joignant les Chartreulx.

Somme toute de la recepte xxi$^m$ iii$^c$ iiii$^{xx}$ xii $^{tt}$ p.

Despense de ce present compte.

Despense a cause des cens, rentes, dixmes, indempnitez et admortissemens pour plusieurs maisons, places, terres, prez, boys, tant en la ville de Paris que hors icelle xxiiii$^{tt}$ iii s.

Autre despense pour labour des vignes ix$^c$ liv l. p.; — fraiz de vandenges iii$^c$ lxvi l. p.

Autre despense pour achapt de vins et verjus iii$^m$ iii$^c$ lxix l. p.

Autre despense pour facon d'eschallatz, ozier, boys a faire treilles, façon et achapt de serceaulx, enfonceures de fustailles et ouvraige de tonnellier xxiiii $^{tt}$.

Autre despense pour achapt de moutons, beufz, pourceaulx, veaulx, volailles etc ii$^m$ iii$^c$ iiii$^{xx}$ l. par.; — pour achapt de sel lvii $^{tt}$; — pour achapt de boys et charbon viii$^c$ lxxiii l. p.; — pour achapt d'huille et façon de chandelle de suif iiii$^{xx}$ xix $^{tt}$ p.

Autre despense pour achapt de draps de layne, coustilz, pleumes, couvertures et ouvraige de cordouennier iiii$^c$ iiii$^{xx}$ xix $^{tt}$ p.

Autre despense pour achapt de toiles et fil, façon et blanchissaige de toilles vii$^c$ iiii$^{xx}$ xiii $^{tt}$ p.

Autre despense pour achapt de vaisselle d'argent, pothier d'estaing et chauderonnier cviii $^{tt}$ p.

Autre despense pour ouvraiges de charron, mareschal, bourrelier, cordier, vannier vii$^{xx}$ xvi $^{tt}$ p.

Autre despense pour l'appothicairerye iii$^c$ lv $^{tt}$ parisis.

Autre despense pour menuz fraiz et mises communes et fraiz faictz pour les pardons dudict Hostel Dieu iiii$^c$ xviii $^{tt}$ parisis; — xlv s. t. pour cinquante toyses de fossez faictz au bout d'une terre contenant quatre arpens, assise au Pré aux Clercs, des terres qui avoient esté acheptees pour *faire la maison de la Sanitat;* — a la vefve feu *Pierre du Boys*, en son vivant *tailleur d'ymaiges*, la somme de xxii $^{tt}$ t. *pour un crucifiment* par elle baillé et livré pour mettre sur la porte du cueur de l'eglise dudit Hostel Dieu, — *a Pierre Revet, painctre, demourant a Paris xi $^{tt}$ t. tant pour avoir faict xxiiii thableaulx en boys de noyer, esquelz y a ung crucifix painct a huylle, sur champ de gueulles,* au dessoubz duquel est escript : «*c'est aux pauvres mallades»*, au pris de viii s. t....

Autre despense pour acquisition d'heritaiges xvii$^c$ xxx $^{tt}$ p.

Autre despense pour plusieurs repparations faictes tant en l'Hostel Dieu, plusieurs maisons d'icelluy, tant en la ville de Paris que autres lieux xix$^c$ xxxv liv. parisis.

Autre despenses pour deniers baillez pour convertir et employer au faict des proces et autres fraiz de justice v$^c$ lx l. parisis; — xv s. t. pour faire commandement a frere Georges Combes, religieulx general de l'abbaye Sainct Amable, messires Symon Girard et Jehan Bertrand, baillifz de la communaulté de ladicte religion, et les contraindre a rendre et restituer les deniers par eulx prins et retenuz de la queste des pardons d'icelluy Hostel Dieu ou diocèse de Clermont en Auvergne; — xii s. vi den. tant au greffier que a son clerc, pour une commission de la court de Parlement levee affin de contraindre tous ceulx ou les aucuns d'eulx qui ont questé en ce royaulme aucuns pardons, sans preallablement avoir monstré et exibé aux gens du Roy les bulles desdiz pardons, suyvant l'arrest de ladicte court, apporter les deniers par eulx receuz a cause de ce, et iceulx mettre au greffe d'icelle court pour estre baillez et delivrez a qui il appartiendra, a la discretion de ladicte court; — est encore cy faict despense de la somme de liiii $^{tt}$ t. payee a Damy, sergent roial en Enjou, pour son sallaire et de ses aydes d'avoir amené de la ville d'Angiers es prisons de la conciergerie du Pallais messires Anthoine Vierlonnet et Roc Parent prebtres, prisonniers, suyvant la commission de la court de Parlement, obtenue par le procureur general du Roy et lesdiz gouverneurs pour aucunes causes; — v s. t. pour le sallaire d'ung sergent a verge d'avoir porté au berseau de l'eglise de Paris ung petit enffant qui avoit esté laissé à la porte dudict Hostel Dieu.

Autre despense pour dons et pensions durant ceste presente annee ii$^c$ xxv $^{tt}$ p.; — a maistre Jehan Guydo, docteur régent en la Faculté de medecine, la somme de cent livres tournois pour une annee de sa pension.

Autre despense pour solution de gaiges et sallaires de gens d'eglise et autre serviteurs et officiers dudict Hostel Dieu iii$^c$ iiii$^{xx}$ xiiii l. parisis; — a maistre Jehan de May, cirurgien de l'Ostel Dieu, xxx livres tournois pour une annee de ses gaiges; — a Marie, vefve de feu Aubry Robert, saige femme servant a l'office des acouchees xii livres tournois.

Gaiges d'officiers iiii$^c$ xliiii liv. parisis; — a ce present recepveur la somme de iiii$^c$ livres tournoys pour ses gaiges et sallaires d'avoir tenu compte et faict venir ens les deniers d'icelluy Hostel Dieu.

Somme toute de la despense de ce present compte xxi$^m$ ii$^c$ iiii$^{xx}$ xi l. p.

## 60ᵉ REGISTRE (626 FEUILLETS, PARCHEMIN).

### ANNÉE 1544.

En suyvent les noms de messeigneurs les commis par la court de Parlement au regime et gouvernement du revenu et temporel de l'Ostel Dieu de Paris; — messire Nicolas Neufville; messire Emard Nicolas, seigneur de Goussyuville, premier président en la chambre des comptes; maistre Germain de Marle; maistre Guillaume Ribier; maistre Bertrand de Kerquifmem; sires Robert Le Lieur; Nicolas Hennequin; Jehan Laubigeois; Jaques Pinel et Jehan Moussy, tous marchans et bourgeois de Paris.

Compte cinquiesme de maistre Jehan de Savignac, pour une annee commancant au jour et feste de Noël mil cinq cens quarante trois et finissant audit jour de Noël mil $v^c$ xliiii.

Recepte non muable des cens et fons de terre en ceste ville de Paris lvii s. i den.

Autre recepte a cause des rentes sur le trésor du Roy nostre sire et sur son dommaine a Paris $xi^c$ lxi l. parisis.

Autre recepte a cause des rentes en ceste ville et faulxbourgs de Paris $xv^c$ liiii liv. par.

Autre recepte a cause des rentes ou pensions viaigieres en ceste ville de Paris $viii^{xx}$ l. p.

Autre recepte a cause d'aucuns louaiges de maisons tant en ceste ville de Paris que hors icelle $ii^m vii^c$ lviii l. parisis.

Autre recepte a cause des cens, surcens et fons de terre hors la ville et faulxbourgs de Paris $iii^c iiii^{xx}$ xviii l. p.

Autre recepte a cause des rentes annuelles sur plusieurs maisons, terres, prez, boys et autres heritaiges hors la ville de Paris $xiii^c$ xxxiii l. p.

Autre recepte a cause des rentes viaigieres sur plusieurs maisons et autres heritaiges hors la ville de Paris $iiii^{xx}$ ix liv. parisis.

Autre recepte a cause d'aucuns louaiges de fermes et baulx faictz a pris d'argent de plusieurs maisons, terres, prez, boys et autres heritaiges hors Paris $ix^c$ xlvii l. parisis.

Autre recepte a cause des deniers venuz des lotz et ventes pour plusieurs acquisicions d'heritaiges estans en la censive de l'Hostel Dieu $iiii^{xx}$ iiii l. par.

Autre recepte a cause des deniers procedans d'aucunes rentes qui ont esté rachaptees durant l'annee de ce present compte $iii^c iiii^{xx}$ x l. par.

Vente de grain $v^c$ $xxix^{ll}$ p.; — vente de vin $v^c$ $iiii^{xx}$ $xix^{ll}$ p.; — vente du suyf $iiii^c$ $xx^{ll}$ p.; — vente des peaulx et abbatiz des moutons despensez audict Hostel Dieu $ix^c$ lxxiiii liv. par.

Autre recepte a cause des deniers procedans de la vente de certain bois $xiiii^c$ lxxvi liv. par.

Autre recepte tant a cause des deniers trouvez es troncs dudict Hostel Dieu, apres la publication des pardons en l'evesché et diocese de Paris $ii^m$ cix liv. par.

Des pardons publiez hors l'evesché de Paris $iii^m iii^c iiii^{xx} xiii$ liv. par.

Autre recepte a cause des deniers procedans des legtz, vigilles et convoys, dons et aumosnes $ii^m v^c$ xvii liv. parisis; — de maistre Jehan Chappelin, docteur en medecine, $xii^{ll}$ t.; — de reverend pere en Dieu monsieur l'evesque de Troies la somme de $ii^c$ liv. tournois qu'il a aumosnez audict Hostel Dieu; — de monsieur le Tresorier de l'Espargne la somme de ii mil livres tournois, que le Roy nostre sire a aumosnez audict Hostel Dieu; — de frere *Claude Stive*, religieulx et maistre dudict Hostel Dieu $iii^c$ xvi $^{ll}$ xv s. pour les legtz, vigilles et convoys.

Recepte commune $iii^m iiii^c$ xlii livres parisis; — de la bouëste estant en la boucherie de l'Hostel Dieu durant le caresme $viii^{xx}$ livres xii solz tournois, a cause des deniers qui ont esté baillez par ceulx qui ont prins de la chair audict Hostel Dieu durant ledict temps; — de *Henry Guyot et Christofle Aubery, bourgeois de Paris, receu la somme de $vi^c$ lxxv livres tournois, en trois cens escuz d'or soleil, pour la composition faicte avec eulx par messeigneurs les gouverneurs, en faisant le bail a rente des terres appartenant audit Hostel Dieu, assises a Sainct Germain des Prez, ou lieu dit la Sanitat*, et ce pour la mace de pierres et gros mur qui est despieca encommancee audict lieu; — de la vefve feu maistre Claude de Savignac, en son vivant receveur general dudict Hostel Dieu, la somme de mil livres tournois, sur ce que ledict deffunct debvoit audict Hostel Dieu par la fin de ses comptes.

Somme toute de la recepte $xxiiii^m iiii^c$ lxviii liv. parisis.

*Despense de ce present compte :*

Despense a cause des cens, rentes, dixmes, indempnitez et admortissemens pour plusieurs maisons, terres, prez, etc., tant en la ville de Paris que hors icelle $ix^{xx}$ xiiii l. p.

Autre despense a cause d'autres rentes deues sur tout le revenu temporel d'icelluy Hostel Dieu $xxiiii^{ll}$ p.

Autre despense pour le labour des vignes $viii^c iiii^{xx}$ $^{ll}$ p.

Fraiz de vendanges $iii^c$ xxxii l. p.

Autre despense pour achapt de vin v mil cxxix l. p.

Autre despense pour façon d'eschallatz, ozier, boys a faire treilles, etc., iiii$^{xx}$x tt t.

Autre despense pour achapt de moutons, beufz, pourceaulx, vollailles vi mil iii$^c$xix l. parisis.

Autre despense pour la despense des jours maigres et achapt de sel ii mil ix cens lxix l. p.

Autre despense pour l'achapt de boys et charbons ix$^c$xvii tt p.

Autre despense pour achapt d'huille et façon de chandelle de suif vi$^{xx}$ix tt p.

Autre despense pour achapt de draps de layne, coustilz, plumes, couvertures et ouvraiges de cordouennier iii$^c$xxxvi l. p.

Autre despense pour achapt de toilles et fil, façon et blanchissaige de toilles xv$^{xx}$iiii$^{tt}$ix tt p.

Achapt de vaisselle d'argent, pothier d'estain et chauderonnier cx tt iiii s. p.

Autre despense pour ouvraige de charron, mareschal, bourrellier, cordier et vannier vii$^{xx}$xii tt p.

Autre despense pour l'appoticairerye ii$^c$lxvii l. parisis.

Autre despense pour menuz fraiz et mises communes v$^c$xxxiiii tt p.; — a Jehan Philippe, laboureur, demourant a Chaville lvi tt v s. t. par forme de prest, pour subvenir a curer et nettoyer ung estang estant en la ferme dudict Hostel Dieu audit lieu de Chaville, et faire la chaussée et une bonde; — a Pierre Mauger, greffier du Bureau de l'Hostel Dieu, c solz t. pour son sallaire d'avoir escript et grossoyé, faict relier et avoir faict couvrir et fourny de parchemin le statut, sur la refformation, tant au chef que aux membres, dudict Hostel Dieu; — vi tt t. baillees a seur Pernelle La Tache, tronchiere et ayant la charge du baisemain du costé Nostre Dame, pour employer en achapt d'herbes a semer dedans l'eglise les dymanches et jours des festes, que aussi pour bailler aux amballeurs a chascune fois qui mainent les corps mortz d'icelluy Hostel Dieu a la Trinité.

Autre despense pour acquisitions d'heritaiges iiii$^{xx}$xix l. parisis.

Autre despense pour plusieurs reparations tant en l'Hostel Dieu, plusieurs maisons d'icelluy, assises tant en la ville de Paris que aultres lieux iii$^m$v$^c$xi tt p.

Autre despense pour deniers baillez et delivrez pour convertir et employer au faict des proces et autres fraiz de justice ii$^c$lxxi liv. parisis; — xiii tt i sol ii den. pour mises faictes par maistre Anthoine Lhostellier, sollicteur de l'Hostel Dieu, au faict de l'enqueste faicte apres l'examen futur pour ledict Hostel Dieu, contre messire Anthoine Duprat, chevallier, seigneur de Nantoillet, heritier seul et pour le tout de feu messire Anthoine Duprat, en son vivant chancellier et legat en France, pour raison des promesses que ledict deffunct a faictes aux maistres et gouverneurs dudit Hostel Dieu, de recompenser et indempner ledict Hostel Dieu des maisons qu'ilz ont abatues et desmolyes, appartenant audict Hostel Dieu pour instruyre, bastir et edifier la salle neufve, ainsi qu'il est contenu et declairé es parties de ce faictes pour cecy.

Autre despense pour dons et pensions durant ceste presente annee vii$^{xx}$vii liv. parisis; — a maistre Jehan Guydo, docteur regent en la Faculté de medecine, la somme de cent livres tournois pour une annee de sa pension.

Autre despense pour sollution de gaiges de gens d'eglise, et autres serviteurs et officiers dudict Hostel Dieu iii$^c$iiii$^{xx}$xv tt p.; — a maistre Jehan de May, cyrurgien de l'Hostel Dieu de Paris xxxii tt xvi s. parisis pour une annee de ses gaiges; — a Marye, vefve de feu Aubery Robert, saige femme servant a l'office des accouchees xii tt t. pour une annee de ses gaiges.

Gaiges d'officiers iiii$^c$lix tt p.

Somme toute de la despense de ce present compte xxv$^m$vi$^c$xi tt p.


## 61ᵉ REGISTRE (199 FEUILLETS, PARCHEMIN).

### ANNÉE 1545.

Ensuivent les noms de messeigneurs les commis par la court de Parlement au régime et gouvernement du revenu et temporel de l'Hostel Dieu de Paris : Messire Nicolas de Neufville, messire Emard Nicolas, maistre Germain de Marle, maistre Guillaume Ribier, maistre Bertrand de Kerquifmen, sires Robert Le Lieur, Nicolas Hennequin, Jehan Laubigeoys, Jacques Pinel et Jehan de Moussy.

Compte sixiesme de maistre Jehan de Savignac, pour une annee commanceant au jour et feste de Noel mil cinq cens quarante quatre et finissant audict jour de Noel mil cinq cens quarante cinq.

Recepte non muable des cens et fons de terre en ladicte ville de Paris lvii s. i den.

Autre recepte a cause des rentes tant sur la recepte d'oultre Seyne et Yonne, ou lieu du tresor du Roy nostre sire, que sur le dommaine dudict seigneur a Paris xi$^c$ lxi tt p.

Autre recepte a cause des rentes que ledict Hostel Dieu prend en ceste ville et faulxbourgs de Paris xviii$^c$ lxxi l. p.

Autre recepte a cause des rentes ou pensions viaigieres en ceste ville de Paris viii$^{xx}$ ix l.

Autre recepte a cause d'aucuns louaiges de maisons assises tant en ceste ville de Paris que hors icelle et faulxbourgs ii$^m$ ix$^c$ xvii l. p.

Autre recepte a cause des cens, surcens et fons de terre que ledict Hostel Dieu prend hors la ville et faulxbourgs de Paris iiii$^c$ xxiii l. p.

Autre recepte a cause des rentes annuelles sur plusieurs maisons, terres, prez, boys et autres heritaiges hors la ville de Paris xiii$^c$ iiii$^{xx}$ vii $^{tt}$ p.

Autre recepte a cause des rentes viaigieres sur plusieurs maisons et autres heritaiges hors la ville de Paris iiii$^{xx}$ v $^{tt}$ p.

Autre recepte a cause d'aucuns louaiges de fermes et baulx faictz a pris d'argent de plusieurs maisons, terres, et autres heritaiges hors Paris mil xxxiii l. p.

Droitz de pescherie a cause du fief de la Mothe liiii $^{tt}$ xvi s. p.

Autre recepte a cause des deniers venuz des lotz et ventes pour plusieurs acquisitions d'heritaiges en la censive de l'Hostel Dieu de Paris xix $^{tt}$ vii s.

Autre recepte des deniers proceddans d'aucunes rentes qui ont estée racheptees durant l'annee de ce present compte xiiii$^e$ vii $^{tt}$ p.

Vente de vin iiii$^c$ xviii $^{tt}$ p.; — vente de suyf iiii$^c$ iiii$^{xx}$ xi l. p.

Deniers proceddans des peaulx et abbatiz des moutons despensez audict Hostel Dieu xi$^c$ xv l. p.

Deniers proceddans de la vente de certain boys viii$^c$ xiii $^{tt}$ p.

Autre recepte a cause des deniers trouvez es troncs de l'Hostel Dieu apres la publication des pardons en l'evesché et diocese de Paris ii$^m$ ii$^c$ iiii$^{xx}$ xix $^{tt}$ p.

Deniers des pardons publiez hors de l'evesché de Paris v$^m$ iiii$^c$ iiii$^{xx}$ xiii $^{tt}$ parisis.

Autre recepte a cause des deniers proceddans des dons et legtz ii mil lii $^{tt}$ p.; — de feu maistre Toussaintz de l'Espinay, en son vivant prieur commandataire de Sainct Denis de la Chartre, la somme de iiii$^{xx}$ livres tournois faisant le reste et parpaie de cent livres tournoys, laissee audict Hostel Dieu par feu maistre Loys de Martigny, en son vivant notaire du sainct siege apostolicque; — de dame Eleonore de Ferrieres, dame de Montfort le Rotrou, par les mains de Jaques Bretheau, receveur dudict lieu, receu la somme de cinquante livres tournois, sur et tant moins de la somme de ii cens livres tournois que ladicte dame doibt bailler en l'acquipt d'ung quidam, ainsi que ledict Bretheau a declairé au bureau dudict Hostel Dieu; — de monsieur le reverendissime cardinal de Chastillon, et haulte et puissante dame Loyse de Montmorency, dame de Chastillon sur Loyn, executeurs des testaments de deffunctz David de Villemoret, en son vivant archer de la garde du Roy, et Simone Guillemine sa femme, cent livres tournois aumosnee audict Hostel Dieu; — des executeurs du testament de feu monsieur Rebours, seigneur de Plailly, la somme de cent livres tournois aumosnée audict Hostel Dieu; — de monsieur le president de Boullencourt, la somme de xl $^{tt}$ t. qu'il a aumosnee pour estre participant es prieres et bienffaitz d'icelluy Hostel Dieu; — de damoiselle Leonord de Ferrieres, dame de Nogent le Rotrou, l livres t. aumosnez audict Hostel Dieu; — de maistre Pierre Charron, clerc juré en l'audience de Chastellet xlv s. t. qu'il a donnez audict Hostel Dieu; — de frere Claude Stive, religieulx dudict Hostel Dieu, la somme de ii$^c$ xxv $^{tt}$ t. venue des legtzt, vigilies et convoys; — de seur Anne La Rostye et Ysabeau Peron, ayant la charge de l'office de la Poullerye iiii$^{xx}$ iii $^{tt}$, venue des deniers par elles receuz a cause des habillemens qui ont este venduz durant ledict temps.

Recepte commune iiii$^{xx}$ lxvii $^{tt}$ p.; — de la bœste estant atachee en la boucherie de l'Hostel Dieu lxiiii $^{tt}$ p.

Somme totalle de la recepte de ce present compte xxi mil iii cens iiii$^{xx}$ ix livres parisis.

## 62$^e$ REGISTRE (199 FEUILLETS, PARCHEMIN).

### ANNÉE 1545.

Despense de ce present compte :

Despense faicte a cause des cens, rentes, dixmes et admortissemens que ledict Hostel Dieu doibt pour plusieurs maisons, terres, prez, boys et autres heritaiges, tant en la ville de Paris que hors icelle ii$^c$ xxiiii $^{tt}$ p.

Autre despense a cause d'autres rentes sur tout le revenu et temporel dudict Hostel Dieu xxiiii $^{tt}$ v s.

Autre despense pour le labour des vignes, ensemble des fraiz de vendanges, etc., xv$^c$ xii $^{tt}$; — achapt de vin et verjus ii$^m$ ii$^c$ xiii l. p.

Autre despense pour achapt de moutons, beufz, pourceaulx, volailles viii$^m$ ii$^c$ lvii l. parisis.

Autre despense pour la despense des jours maigres et achapt de sel iii$^m$ c.iiii$^{xx}$ ii l. p.

Autre despense pour achapt de boys et charbon vi<sup>c</sup> lii l. p.

Autre despense pour achapt d'huille et façon de chandelle de suyf vii<sup>c</sup> lxxvi tt p.

Autre despense pour achapt de draps de layne, coustilz, plumes, couvertures et ouvraiges de cordouennier ii<sup>c</sup> xvii tt p.

Autre despense pour achapt de toilles et fil, façon et blanchissaige de toilles mil lxxvi tt p.

Autre despense pour achapt de vaisselle d'argent, potier d'estain et chauderonnier xiiii tt p.

Autre despense pour ouvraiges de charron, mareschal, bourrelier, cordier et vannier ii<sup>c</sup> iiii tt p.

Autre despense pour l'apothicairerie v<sup>c</sup> xxxiii tt parisis.

Autre despense pour menuz fraiz et mises communes et fraiz faictz pour les pardons dudict Hostel Dieu iii<sup>c</sup> lxxvi tt.

A sire André Rouffet, libraire, demourant rue Neufve Nostre Dame, lx s. t. *pour la façon de vi cens billetz qu'il a faitz et livrez audict Hostel Dieu pour distribuer aux povres sortans gueris d'icelly hostel, suivant l'ordonnance des gens du Roy;* — xlviii s. t. pour la façon et paincture de douze croix de boys, painctes d'un crucifix d'un costé et une Nostro Dame de l'autre, pour les griefz malades dudict Hostel Dieu.

Autre despense pour plusieurs reparations faictes tant en l'Hostel Dieu, plusieurs maisons d'icelluy, assises tant en la ville de Paris que hors icelle xix<sup>c</sup> xliiii livres parisis.

Autre despense pour deniers baillez pour convertir et employer aux fraiz des proces d'icelluy Hostel Dieu et autres fraiz de justice iiii<sup>xx</sup> xlv l. p.; — ce present receveur faict cy despense de la somme de x s. t. qu'il a payee pour la coppie du proces verbal, interrogatoires, coppies de lettres-missives, confessions, faictes par maistre Estienne Contour, huissier des requestes du Palais, a la requeste de *messire Anthoine Duprat, seigneur de Nantoillet,* a l'encontre des maistres de l'Hostel Dieu de Paris.

Autre despense pour dons et pensions ii<sup>c</sup> iiii<sup>xx</sup> livres xii solz; — a maistre Jehan Guido, docteur régent en la Faculté de medecine, la somme de cent livres tournois pour une annee de sa pension, pour visiter les povres malades, relligieulx et relligieuses dudict Hostel Dieu.

Autre despense pour solution des gaiges et salaires des gens d'eglise et autres serviteurs et officiers dudict Hostel Dieu iii<sup>c</sup> lxxi livres parisis; — a maistre Jehan de May, cirurgien de l'Hostel Dieu de Paris, la somme de xxx l. p. pour une annee de ses gaiges; — a Marie vefve de feu Aubry Robert xii tt t.

Gaiges d'officiers iiii<sup>c</sup> l livres parisis.

Somme toute de la despense de ce present compte xxii<sup>m</sup> iiii<sup>c</sup> iiii<sup>xx</sup> xiii livres parisis.

## 63<sup>e</sup> REGISTRE (360 FEUILLETS, PARCHEMIN).

### ANNÉE 1546.

Ensuyvent les noms de messeigneurs les commis par la court de Parlement au regime et gouvernement du revenu et temporel de l'Hostel Dieu de Paris : Messire Nicollas de Neufville, messire Emard Nicollay, maistre Germain de Marle, maistre Guillaume Ribier, maistre Bertrand de Kerquefmen, sires Robert Lelieur, Nicollas Hennequin, Jehan Laubigeoys, Jacques Pynel et Jehan de Moussy.

Compte septiesme de maistre Jehan de Savignac, commis a la recepte generalle de l'Hostel Dieu de Paris, pour une annee commancant au jour et feste de Noel cinq cens quarante cinq, et finissant audict jour mil cinq cens quarante six.

Recepte non muable en la ville et. faulxbourgs de Paris des cens et fons de terre lvii s. i den.

Autre recepte a cause des rentes que ledict Hostel Dieu prend tant sur la recepte generalle d'oultre Seyne et Yonne, ou lieu du trésor du Roy nostre sire, que sur son dommaine à Paris xi<sup>c</sup> lxi l. parisis.

Autre recepte a cause des rentes que ledict Hostel Dieu a droict de parcevoir en ceste ville et forsbourgs de Paris xvi<sup>c</sup> xxxiiii l. p.

Autre recepte a cause des rentes ou pentions viaigieres en ceste ville de Paris vi<sup>xx</sup> l. p.

Autre recepte a cause d'aucuns louaiges de maisons tant en ceste ville de Paris que hors icelle iii<sup>m</sup> ciiii<sup>xx</sup> v l. parisis.

Autre recepte a cause des cens, surcens et fons de terre hors la ville et forsbourgs de Paris iiii<sup>c</sup> xxx tt xv s. parisis.

Autre recepte a cause des rentes annuelles sur plusieurs maisons, terres, prez, boys, vignes et autres heritaiges hors la ville de Paris xiii<sup>c</sup> viiii l. p.

Autre recepte a cause des rentes viaigeres sur plusieurs maisons et autres heritaiges assis hors la ville de Paris iiii<sup>xx</sup> v liv. parisis.

Autre recepte a cause d'aucuns louaiges de fermes et baulx faictz a pris d'argent de plusieurs maisons, terres, prez, boys, vignes et autres heritaiges hors Paris mil i livres iiii solz parisis.

Autre recepte a cause du fief de la Mothe, es faulxbourgs de Corbeil xxxviii ₶ p.

Autre recepte a cause des deniers venuz et proceddans des lotz et ventes pour plusieurs acquisitions et heritaiges estant en la censive de l'Hostel Dieu viii×× vi ₶ parisis.

Autre recepte a cause des deniers proceddans d'aucunes rentes qui ont esté racheptees durant l'annee de ce present comptes ii<sup>m</sup> iii<sup>c</sup> xlviii ₶ p.

Autre recepte a cause d'aucuns deniers procedans de la vente de certain grain xiii<sup>c</sup> iiii×× xii ₶ p.

Autre recepte a cause du vin vendu vi<sup>c</sup> xxxvii ₶ p.; des sommeilliers de monsieur le Daulphin receu la somme de vi×× ₶ t., pour six muys de vin blanc et deux muys de vin clairet qu'ils ont prins au sellier dudict Hostel Dieu; de monsieur le president Bertrand la somme de xxix ₶ t. pour deux muys de vin blanc du creu de Champ-Rozé; du maistre de la Truye qui fille, rue de Venise pres la rue Sainct Martin, 1 liv. t. pour cinq muys de vin blanc du creu de Champ-Rozé.

Autre recepte a cause de la vente du suif iiii<sup>c</sup> lxxvi ₶ p.; vente des peaulx et habis des moutons despensez audict Hostel Dieu vii<sup>c</sup> lxi ₶ p.; — vente de certain bois vi<sup>c</sup> ₶ p.

Autre recepte a cause des deniers trouvez es troncs, apres la publication des pardons en l'evesché et diocese de Paris ii<sup>m</sup> v<sup>c</sup> xxxi ₶ p.

Autre recepte des pardons publiez hors l'evesché de Paris ii<sup>m</sup> viii<sup>c</sup> lxiiii ₶.

Deniers procedans des legtzt, vigilles et convois, dons et aulmosnes, iiii mil ix livres parisis; de maistre Estienne Le Tellier, docteur en medecyne en l'université de Bourges,

xlv s. t. leguez par ung quidem qui ne se nomme; — des executeurs du testament de feu sir Robert Merlas, en son vivant marchant et bourgeois de Paris la somme de v<sup>c</sup> ₶ t. qu'il a léguee audict Hostel Dieu; — de feu honnorable homme Mathieu de Brissocourt, seigneur de Villaceaulx, xvi ₶ parisis; — de monsieur le Tresorier de l'Espergne, la somme de ii mil livres tournois, aulmosnee par le Roy nostre sire pour la nourriture, substantation et entretenement des pouvres malades; — de Nicolas Certain, megissier, demourant au port de Neuly, executeur du testament de feu maistre Jehan Boucher, en son vivant conseiller du Roy, ii<sup>c</sup> livres tournois; — de damoiselle Bernart de Ferrieres, dame de Montfort le Rotrou xl ₶ p.; — de feu maistre Pierre de Garrois, en son vivant doyen de crestienté d'Arcy, diocese de Troye, iiii<sup>xx</sup> xiii ₶ t.; — de damoiselle Merle Boubers, executeresse du testament de feu noble homme Claude de Meaulx, receu par les mains de feu noble homme Lois de Boubers la somme de cinquante livres tournois; — de la vefve feu noble homme Anthoine d'Angleure, en son vivant seigneur de Bonnecourt pres Langres, par les mains de sire Jehan Roussart, marchant, bourgeois demourant audict Langres, la somme de vi×× x ₶ t. aulmosne audict Hostel Dieu.

Recepte commune durant l'année de ce present compte xix<sup>c</sup> xlvii ₶ p.; de la boueste estant en la boucherie dudit Hostel Dieu, durant le karesme ii<sup>c</sup> iiii×× xvi livres tournois; — de la vefve et heritiere de feu maistre Claude Savignac la somme de v<sup>c</sup> ₶ t. sur et tant moings de ce qu'elle doibt audict Hostel Dieu pour le dernier compte dudict defunct; item de ladicte vefve encores v<sup>c</sup> ₶ t.

Somme totalle de la recepte xxvi<sup>m</sup> vii<sup>c</sup> xxvi livres parisis.

## 64<sup>e</sup> REGISTRE. (256 FEUILLETS, PARCHEMIN).

### ANNÉE 1546.

Despense de ce present compte.

Despense faicte par ce present recepveur a cause des cens, rentes, dixmes pour plusieurs maisons et aultres heritaiges, tant en la ville de Paris que hors icelle, ii<sup>c</sup> xi livres parisis.

Autre despense a cause d'aultres rentes deues par ledict Hostel Dieu sur tout le revenu et temporel d'icelluy, xxi ₶ p.

Autre despense pour le labour des vignes dudit Hostel Dieu, ensemble des fraiz de vandanges, v<sup>c</sup> xii ₶ parisis.

Autre despense pour achapt de vins, verjus et vinaigre xiiii<sup>c</sup> lxiiii ₶ p.

Autre despense pour achapt de moutons, beufz, pourceaulx, veaulx et vollailles vi<sup>m</sup> vii<sup>c</sup> l ₶ p.

Autre despense pour la despense des jours maigres et achapt de sel ii<sup>m</sup> iii<sup>c</sup> xlv l. p.

Autre despense pour achapt de boys et charbon xvii<sup>c</sup> iii ₶ p.; — pour achapt d'huille et façon de chandelle cx ₶ p.

Autre despense pour achapt de draps de layne, coustilz, plumes, couvertures et ouvraiges de cordonnier ii<sup>c</sup> xliii ₶ p.; — achapt de toilles, de fil, façon et blanchissaige de toilles xv ₶ p.; — achapt de vaisselle d'argent, poltier d'estaing et chauldronnier viii×× xix ₶ p.

Autre despense pour ouvraiges de charron, mareschal, bourrellier, cordier ii<sup>c</sup> lxii ₶ p.

Autre despense pour menuz fraiz et mises communes ii<sup>e</sup> x\ix<sup>tt</sup> p.; — a Henry Hardy, relieur de livres, la somme de xii s. vi den. t. tant pour avoir par luy faict les chassis de la chambre du Bureau, que avoir collé et ataché des epithafes sur les layettes esquelles sont les rentes que ledict Hostel Dieu a en la ville de Paris; — a noble homme Gervais de Victry, seigneur de Rueilly, pres Sainct Anthoine des Champs, vi<sup>tt</sup> xv s. t. pour les arreraiges de quinze annees de iii s. p. de rente que ledict Hostel Dieu luy doibt par chascun an sur demy arpent de vigne.

Autre despense pour plusieurs reparations faictes tant en l'Hostel Dieu, plusieurs maisons d'icelluy, assises tant en la ville de Paris que autres lieulx ii<sup>m</sup> ii<sup>c</sup> xxxii<sup>tt</sup> p.

Autre despense pour deniers baillez pour convertir et employer au faict des proces, et autres fraictz de justice iii<sup>c</sup> xi<sup>tt</sup> parisis; — a maistre Jehan David, clerc de monsieur Roujon, advocat en Parlement xv s. t. pour avoir faict les addicions pour icelluy Hostel Dieu contre *messire Anthoine Duprat*, chevallier; — ce present recepveur faict cy despence de la somme de quatre livres sept solz, c'est assavoir quarante solz tournois pour lever troys arrestz en forme contre les archevesques, evesques et prelatz de ce Royaulme, pour raison des deffenses a eulx faictes par lesdiz arrestz de ne rien pretendre, ne exiger, pour la permission de la queste des pardons dudict Hostel Dieu.

Autre despense pour dons et pencions durant ceste presente annee vi<sup>xx</sup> xviii<sup>tt</sup> parisis; — a maistre Jehan Guydo, docteur regent en la Faculté de medecyne en l'Université de France, cent livres tournois pour une annee de sa pension, x.

Autre despense pour sollution de gaiges et sallaires de gens d'eglise et autres serviteurs et officiers dudit Hostel Dieu iii<sup>c</sup> iiii<sup>xx</sup> i<sup>tt</sup> p.; — a maistre Jehan Demay, cirurgien de l'Hostel Dieu xxx<sup>tt</sup> t.; — a Katherine La Guillemarde, saige-femme servant pour l'Hostel Dieu de Paris en l'office des accouchees lx s. t. pour ung terme de ses gaiges; — a Perrette Lavoynne, aussi saige-femme audict Hostel Dieu ix<sup>tt</sup> t.

Gaiges d'officiers iiii<sup>c</sup> lxxii<sup>tt</sup> p.

Somme totalle de la despense xix<sup>m</sup> iiii<sup>c</sup> i livres parieis.

## 65<sup>e</sup> REGISTRE (381 FEUILLETS, PARCHEMIN).

### ANNÉE 1547.

Ensuivent les noms de messeigneurs les commis par la court de Parlement au regime et gouvernement du revenu et temporel de l'Hostel Dieu de Paris.

Et premierement messire Nicollas de Neufville, messire Emard Nicollay, maistre Germain de Marle, maistre Guillaume Rabier (sic), maistre Bertrand de Kerquefymen, sires Robert Lelieur, Nicolas Hannequyn, Jehan Laubigeoys, Jacques Pinel et Jehan de Moussy.

Compte huictiesme de maistre Jehan Savignac, pour une annee commençant au jour et feste de Noel mil cinq cens quarante six, et finissant audict jour de Noel mil cinq cens quarante sept.

Recepte non muable des cens et fons de terre en la ville de Paris lvii s. i den. — Autre recepte a cause des rentes tant sur la recepte generalle d'oultre Seynne et Yonne que sur le dommaine du Roy a Paris xi<sup>c</sup> lxi<sup>tt</sup> p.

Autre recepte a cause des rentes en ceste ville et forsbourgs de Paris xvi<sup>c</sup> xlix<sup>tt</sup> p.

Autre recepte a cause des rentes ou pencions viaigeres en ceste ville de Paris lxxvi<sup>tt</sup> p.

Autre recepte a cause d'aucuns louaiges tant en ceste ville de Paris que hors icelle iiii<sup>m</sup> iii<sup>c</sup> lxviii<sup>tt</sup> p.

Autre recepte a cause des cens, surcens et fons de terre hors la ville et forsbourgs de Paris iiii<sup>c</sup> xv<sup>tt</sup> p.

Autre recepte a cause des rentes annuelles sur plusieurs maisons, terres, prez, boys, vignes et autres heritaiges hors la ville de Paris xiii<sup>c</sup> xxx livres parisis.

Autre recepte a cause des rentes viaigeres sur plusieurs maisons et autres heritaiges hors la ville de Paris iiii<sup>xx</sup> v<sup>tt</sup> p.

Autres receptes a cause d'aucuns louaiges de fermes et baulx faictz a pris d'argent de plusieurs maisons, terres, prez, boys, et autres heritaiges hors Paris ix<sup>c</sup> iiii<sup>xx</sup> i livres parisis.

Droictz de pescherie a cause du fief de la Mothe l livres vii s. p.

Autre recepte a cause des deniers venuz des lotz et vente xxxiii l. xvi s. p.

Autre recepte a cause des deniers proceddans d'aucunes rentes qui ont esté rachaptees xviii<sup>c</sup> xvii<sup>tt</sup> p.

Autre recepte a cause du vin vendu ix<sup>xx</sup> iii<sup>tt</sup> p.; — vente du suif iii<sup>c</sup> lvii<sup>tt</sup> p.; — deniers proceddans de la vente des peaulx et abatis des moutons despencez audict Hostel Dieu vii<sup>c</sup> xxx<sup>tt</sup>; — vente de boys vi<sup>c</sup> l. par.

Autre recepte des pardons publiez en l'evesché et diocese de Paris ii<sup>m</sup> v<sup>c</sup> iiii<sup>xx</sup> l. p.

Autre recepte a cause des deniers procedans des pardons publiez hors l'evesché de Paris vi<sup>m</sup> iiii<sup>xx</sup> xi<sup>tt</sup> parisis.

Autre recepte a cause des deniers procedans des legtz, vigilles, convoys, dons et aulmosnes xiii<sup>c</sup> liii<sup>tt</sup> parisis; —

de feue damoyselle Anne de Sainct Ciergue, dame de Fredeville, par les mains de maistre Anthoine de Fredeville son filz, iiii$^{tt}$ parisis; — de monsieur de Coustances, grand aulmosnier, par les mains de monsieur de Sainct Germain son vicaire general xx$^{tt}$ t.; — de monsieur le prevost de Barbelle xx$^{tt}$ x s. t. aulmosne par une damoiselle de la Royne; — d'un quidem par les mains de monsieur le president Nicolaï cxii$^{tt}$ x s. t.; — de maistre Guillaume Le Dennoys, procureur en Parlement, executeur du testament de feu Ogier le Dennoys, son frere xx$^{tt}$ t.; — de madame d'Estampes, par les mains de Claude Stive xx$^{tt}$ t. qu'elle a aulmonez audict Hostel Dieu pour estre particeppante es prieres et bienffaictz d'icelluy.

Recepte commune mil iiii$^{tt}$ p.; — du tronc qui a esté mis a la boucherie durant le karesme iii$^e$ xvi$^{tt}$ vi solz.

Somme totalle de la recepte de ce present compte xxi mil ii cens iiii$^{xx}$ xiiii livres parisis.

## 66$^e$ REGISTRE (187 FEUILLETS, PARCHEMIN).

### ANNÉE 1547.

Despence de ce present compte commencant et finissant comme dessus.

Despence a cause des cens, rentes, dixmes et amortissemens que ledict Hostel Dieu doibt par chascun an ii$^e$ xvii l. p.

Autre despense a cause d'autres rentes deues sur tout le revenu et temporel d'icelluy Hostel Dieu xxviii$^{tt}$ p.

Autre despense pour le labour des vignes, ensemble des fraiz de vendenges, xiiii$^e$ xxxiii livres parisis.

Autre despense pour achapt de vin, verjus et vinaigre xiiii$^e$ xii$^{tt}$ p.; — est encores faict cy despence de la somme de xiii$^e$ xlvii l. tournois pour l'achapt de iii cens dix muyds et demy de vin achapté au pays d'Auxerre.

Autre despence pour achapt de moutons, beufz et pourceaulx, lardz, veaulx et vollailles vi$^e$ lxvi l. p.

Autre despence pour achapt d'huille et façon de chandelle de suif cxiii$^{tt}$ p.

Achapt de draps de layne, coustilz, plumes, couvertures et ouvraiges de cordonnier ii$^e$ lv l. p.; — achapt de toilles et fil, façon et blanchissaige de toilles v$^e$ iiii$^{xx}$ x$^{tt}$ p.; — achapt de vesselle d'argent, pothier d'estaing, chauderonnier lxix$^{tt}$ p.

Autre despense pour ouvraiges de charron, mareschal, bourrellier, cordier, vannier viii$^{xx}$ ii l. p.

Autre despence pour l'appothicairerie ii$^e$ iiii$^{xx}$ viii$^{tt}$ p.

Autre despense pour menuz fraiz et mises communes viii$^{xx}$ xiiii$^{tt}$ p.; — a Jehan de Presles, orlogeur du pallois, vi$^{tt}$ t. pour avoir racoustré l'orloge de l'Hostel Dieu.

Autre despense pour acquisitions d'heritaiges xvi$^e$ xxxiii$^{tt}$ p.

Autre despense pour plusieurs reparations tant en l'Hostel Dieu, plusieurs maisons d'icelluy, assises tant en la ville de Paris que autres lieux hors ladicte ville xiv$^e$ xlii l. parisis.

Autre despense pour deniers employez au faict des proces d'icelluy Hostel Dieu et autres fraiz de justice, viii$^e$ xxv l. parisis; — lxx s. t. tant pour les espices d'un deffault jugé aux requestes du pallais, que pour avoir levé ledict deffaut en forme, tant pour le greffier que clerc, a l'encontre de Jehan le Mercier, heritier par benefice d'inventaire de feu monsieur l'evesque de Troyes, dernier decceddé, poursuivy a fin d'avoir payement de xii cens tant livres deubz par ledict deffunct evesque, a raison de vin par luy prins et achapté audict Hostel Dieu; — xiii$^{tt}$ vii s. pour mises faictes pour l'Hostel Dieu en l'enqueste faicte a l'encontre de *messire Anthoine Duprat*, chevalier, seigneur de Nantouillet, prevost de Paris pour raison du bastiment et ediffice de la salle neufve faicte par feu monsieur le Légat son pere; — a Jacques Geoffroy, marchant demourant a Paris, ii$^e$ xxxviii$^{tt}$ t. pour son remboursement de semblable somme qu'il a frayee et deboursee de ses deniers pour plusieurs fraiz et mises par luy faictz touchant la donation faicte a l'Hostel Dieu de la terre et seigneurie de Buz; — a Nicolas Picart, sergent a cheval ou Chastellet de Paris, xxx$^{tt}$ t. pour ung voiaige par luy faict en la terre et seigneurie du Buz et Dreux, faire les offres de foy et hommaige d'icelle terre a madame de Dreux; — vi$^{tt}$ xv s. t. a maistre Michel Bertrand, procureur dudict Hostel Dieu au grand Conseil, tant pour ses peines et sallaires, que pour faire plaider la cause audict conseil, a l'encontre d'un nommé maistre Raoul Bouchery, advocat a Rouen, et soydisant seigneur de la motyé, pour raison du trouble par luy faict en la ferme du val de Rueil.

Autre despense pour dons et pentions durant ceste presente annee vi$^{xx}$ iiii$^{tt}$ p.; — a maistre Jehan Levasseur, regent en la faculté de medecine, lxxv$^{tt}$ t. pour troys termes escheuz, a cause de cent livres tournois de pention a luy ordonnee, pour visiter les pauvres mallades, religieux et religieuses dudict Hostel Dieu.

Autre despense pour sollution de gaiges et sallaires de gens d'eglise et autres serviteurs et officiers dudict Hostel Dieu iii$^e$ xxvii$^{tt}$ p.; — a maistre Jehan de May, cirurgien de l'Ostel Dieu xxx$^{tt}$ t. pour une annee de ses gaiges; —

a Jehanne Closiere et Perrette Lavoyne saiges femmes, servans en l'office des accouchees, xii tt t. pour avoir servy consecutivement audict Hostel Dieu.

Gaiges d'officiers iiii° vi tt p.
Somme totalle de la despense de ce present compte xv<sup>m</sup> ix° lxii tt par.

## 67ᵉ REGISTRE (349 FEUILLETS, PARCHEMIN).

### ANNÉE 1548.

Ensuyvent les noms de messeigneurs les commis par la court de Parlement au regime et gouvernement du revenu et temporel de l'Hostel Dieu de Paris; — messire Nicolle de Neufville, messire Emard Nicolay, premier president en la Chambre des comptes; maistre Germain de Marle, maistre Guillaume Ribier, maistre Bertrand de Karquefmen, sires Robert Le Lieur, Nicollas Hennequin, Jehan Laubigeoys, Jacques Pynel et Jehan de Moussy.

Compte neufiesme de maistre Jehan de Savignac, pour une annee commancant au jour et feste de Noel mil cinq cens quarante sept et finissant au jour de Noel mil cinq cens quarante huit.

Recepte non muable de cens et fons de terre en la ville et faulxbourgs de Paris lvii s. i den.

Autre recepte a cause des rentes, tant sur la recepte generalle d'oultre Seynne et Yonne, que sur le demaine du Roy nostre sire a Paris xi° lxi tt xviii s.

Autre recepte a cause des rentes en ceste ville et faulxbourgs de Paris xvii° xlv l. p.

Autre recepte a cause des rentes et pencions viaigeres en ceste ville de Paris lxiii tt vi s. p.

Autre recepte a cause d'aucuns louaiges de maisons tant en ceste ville de Paris que hors icelle iii<sup>m</sup> iiii° xxvii l. p.

Autre recepte a cause des cens, surcens et fons de terre hors la ville et forsbourgs de Paris ii° lxxv tt p.

Autre recepte a cause des rentes annuelles sur plusieurs maisons, terres, prez, boys et autres heritaiges hors la ville de Paris xii° iiii<sup>xx</sup> iiii tt parisis.

Autre recepte a cause des rentes viaigeres sur plusieurs maisons et autres heritaiges hors la ville de Paris iiii<sup>xx</sup> xvii tt p.

Autre recepte a cause d'aucuns louaiges de fermes et baulx faictz a pris d'argent de plusieurs maisons, terres, prez et autres heritaiges assis hors Paris mil xvii tt p.

Droitz de pescherye a cause du fief de la Mothe xli tt xiiii s. p.

Autre recepte a cause des deniers venuz des lotz et ventes, pour plusieurs acquisicions d'heritaiges estans en la censive de l'Hostel Dieu de Paris iiii<sup>xx</sup> iii l. p.

Autre recepte a cause des deniers proceddans d'aucunes rentes qui ont este racheptees durant l'annee de ce present compte vi° lvi tt p.

Autre recepte a cause d'aucuns deniers proceddans de la vente de certain grain iii° xv tt p.; — recepte du vin vendu vi° xii tt p.; — vente du suif yssu des moutons despensez audict Hostel Dieu ii° lviii l. parisis.

Autre recepte a cause de la vente de certain boys vii° xl livres viii s. par.

Autre recepte a cause des deniers trouvez es troncqz dudit Hostel Dieu, apres la publication des pardons en l'evesché et dyoceze de Paris ii<sup>m</sup> v° xli tt p.

Autre recepte a cause des pardons publiez hors l'evesché de Paris, es lieulx cy apres declarez vi<sup>m</sup> xliiii tt p.

Autre recepte a cause des deniers proceddans des laiz, vigilles et convoys, dons et aulmosnes faictz audict Hostel Dieu ii<sup>m</sup> viii° xx tt par.; — du Roy nostre sire, par les mains de monsieur le Trezorier de l'Espergne, la somme de ii mil livres tournois; — de noble damoyselle Allienor de Ferrieres, dame de Montfort le Rotrou, vefve de feu noble homme messire Jacques de Montigny l livres tournois, faisant parpaye de la somme de ii° livres tournois, aulmosnee audict Hostel Dieu par ledict deffunct; — de noble damoyselle Ypolithe Vyolle, vefve et executaresse de feu monsieur le viconte de Carentem xx tt t.; — de monsieur de Montigny, varlet de chambre du Roy, iiii tt x s. t.

Recepte commune xiii° li livres parisis; — du tronc estant en la boucherye de l'Hostel Dieu durant le karesme, ii° iiii<sup>xx</sup> xii tt tournois; — de monsieur de Nanthoillet, prevost de Paris, la somme de xxxii tt v s. t. pour certains despens obtenuz contre luy aux requestes du pallais.

Somme totalle de la recepte de ce present compte xxiii<sup>m</sup> xv l. xii s., parisis.

## 68ᵉ REGISTRE (242 FEUILLETS, PARCHEMIN).
### ANNÉE 1548.

Despence de ce present compte :

Despense faicte a cause des cens, rentes, dixmes, indempnitez et admortissemens pour plusieurs maisons, places, prez, boys et autres heritaiges tant en la ville de Paris que hors d'icelle ixˣˣvi ꝉꝉ p.

Autre despence a cause d'aucunes rentes deues sur tout le revenu et temporel dudict Hostel Dieu xxiiii ꝉꝉ parisis.

Autre despence pour le labour des vignes ixᶜix ꝉꝉ p.; — fraiz de vandanges iiiiᶜxv ꝉꝉ.

Autre despence pour achapt de vin, vinaigre et verjus iiᶜxxix ꝉꝉ par.

Autre despence pour achapt de moutons, beufz, pourceaulx, veaulx, vollailles achetez pour la provision des pouvres mallades vi<sup>m</sup>clxv ꝉꝉ p.

Autre despence faicte par cedict receveur pour la despence des jours maigres et achapt de scel mil iiiiˣˣ xiiii ꝉꝉ p.

Autre despence pour achapt d'huille et façon de chandelle de suif viˣˣviii ꝉꝉ p.

Autre despence pour achapt de draps de layne, coustilz, plume, couvertures et ouvraiges de cordonnier iiiiᶜ xxv ꝉꝉ p.

Autre despence pour achapt de toilles et fil, façon et blanchissaige de thoilles iiiiᶜxv ꝉꝉ.

Autre despence pour ouvraiges de charron, mareschal, bourrellier, cordier et vannier iiᶜxviii ꝉꝉ p.

Autre despence pour l'apoticairerie cxii ꝉꝉ p.

Autre despence pour menuz fraiz et mises communes iiiᶜxxv ꝉꝉ p.; — a frere Jehan Clement, naigueres religieulx dudict Hostel Dieu, la somme de iiiiˣˣ tournois a luy payee par ledict receveur, ou nom de mesdiz seigneurs les gouverneurs, a laquelle somme lesdiz seigneurs et ledict Clement ont composé et acordé avec ledict Clement, pour raison de sa nourriture et entretenement, et generallement de toutes ses autres neccessitez qu'ilz estoyent tenuz luy fournir sa vye durand, parce qu'il a esté envoyé hors dudict Hostel Dieu, ou il avoit deservy tout son jeune aige par l'espasse de xx ans ou environ, et qu'il n'avoit aucun beneffice pour son vivre et soy entretenir; — a frere Pierre de la Mare, prieur et vicaire de l'abbaye Nostre Dame de Livry en Laulnoy, la somme de xxii ꝉꝉ t. pour necessitez par luy fournies et livrees pour frere Nicolle Berthelot, naigueres religieulx dudict Hostel Dieu.

Autre despence pour acquisitions d'heritaiges durant ceste presente annee iii<sup>m</sup>vᶜ ꝉꝉ p.; — a sires Jehan de Bredatz et sa femme, Claude de Bredatz, seigneurs de Suresnes, Loys Saulsoyes et sa femme, tous bourgeoys de Paris, la somme de iiii<sup>m</sup>viᶜ ꝉꝉ tournois, pour l'acquisition par lesdiz seigneurs faictz de iiiᶜ ꝉꝉ tournois de rente, par les dessus dictz constituez audict Hostel Dieu, le xxiiᵉ aoust, sur la maison du grant Serf, rue Sainct Denis, la moictié de la maison ou pend pour enseigne le Cerf d'or, en ladicte rue, la terre et seigneurie de Suresnes pres Braye Conte Robert, et une maison et ses appartenances pres dudict Braye Conte Robert.

Autre despence pour plusieurs reparacions faictes tant en l'Hostel Dieu, plusieurs maisons d'icelluy assises tant en la ville de Paris que autres lieulx hors ladicte ville ii<sup>m</sup>viiᶜlxv ꝉꝉ parisis.

Autre despence pour deniers baillez et delivrez pour convertir et employer aux faictz des proces d'icelluy et autres fraiz de justice xiiiᶜiiiiˣˣxv ꝉꝉ p.; — a sire Jehan Le Roy, marchant orfevre, bourgeoys de Paris, la somme de iiiiᶜl livres tournoys a luy ordonnee par messeigneurs les gouverneurs *pour les bons et agreables services* qu'il a faictz audict Hostel Dieu, a cause du don et legtz faict a icelluy Hostel Dieu par feu Jehan de Habert, en son vivant seigneur de Buz, de la terre et seigneurie dudict lieu de Buz, et ce suyvant la promesse qui luy avoit esté faicte par lesdiz seigneurs; — audict maistre Estienne du Just, la somme de xv ꝉꝉ t. pour les fraiz par luy faictz a la poursuite du proces contre Pierre Days, fermier du passaige de Sens, et Francoys Le Beuf, aussy fermier du passaige de Joigny, affin d'apporter les lectres et exploictz en vertu desquelles ilz avoient faict procedder par voye d'arrest sur troys cens muytz de vin appartenant audict Hostel Dieu; — a Anthoinne Lhostellier, soliciteur dudict Hostel Dieu en la court de Parlement, la somme de iiii ꝉꝉ x s. t. pour avoir par luy faict deux coppies du compte des receptes, fraiz, mises et despens *du bastiment et ediffice de la salle de feu monsieur le Légat*; — est ycy faict despence de la somme de xlviii ꝉꝉ xv s. t. pour les fraiz faictz tant pour les necessitez de freres Pierre Bernard, Nicolle Berthellot, Noël Duboys, et seur Jehanne de Katheleuze, tous religieulx dudict Hostel Dieu, que pour la despence faicte en les menant es lieulx a eulx ordonnez par la court de Parlement; — est ycy faict despence de la somme de xxi ꝉꝉ t. pour plusieurs fraiz faictz ou proces intenté a l'encontre de Jehan de la Fosse, pour raison des malversacions et injures par luy dictes et commises contre l'honneur des religieulses dudict Hostel Dieu.

Autre despence pour dons et pentions ix$^{xx}$xvii ₶ p.; — a maistre Jehan Levasseur, docteur regent en la Faculté de medecine, la somme de cent livres tournois pour une annee de sa pencion.

Autre despence pour solution de gaiges et sallaires de gens d'eglise et autres serviteurs et officiers dudict Hostel Dieu v$^c$xxiiii ₶ p.; — a maistre Jehan de May, cirurgien a Paris, la somme de xxx ₶ t. pour avoir par luy visité les pouvres malladdes dudict Hostel Dieu.

Gaiges d'officiers iiii$^c$xl livres parisis.

Somme totalle de la despence de ce present compte xvii$^m$ lxvii ₶ p.

## 69$^e$ REGISTRE (449 FEUILLETS, PARCHEMIN).
### ANNÉE 1549.

Compte dixiesme de maistre Jehan de Savignac, recepveur et payeur des gaiges et droictz de messieurs les generaulx des monnoyes, commis a la recepte generalle de l'Hostel Dieu de Paris, pour une annee commencant au jour et feste de Noel mil cinq cens quarante huict et finissant au jour de Noel mil cinq cens quarante neuf.

Recepte non muable des cens et fons de terre deub$^z$ audict Hostel Dieu en la ville de Paris lvii s. i den.

Autre recepte a cause des rentes que ledict Hostel Dieu prend sur la recepte generalle d'outre Seynne et Yonne, ou lieu du trezor du Roy nostre sire, et sur le dommaine dudict seigneur a Paris xi$^c$lxi ₶ p.

Autre recepte a cause des rentes en ceste ville et faulxbourgs de Paris ii$^m$ ii$^c$lxxiiii ₶ p.

Autre recepte a cause des rentes ou pencions viaigieres en ceste ville de Paris lvii ₶ vi s.

Autre recepte a cause d'aulcuns louaiges de maisons, tant en ceste ville de Paris que hors icelle iii$^m$vi$^c$ iiii$^{xx}$ii ₶ p.

Autre recepte a cause des cens, surcens, et fons de terre hors la ville et faulxbourgs de Paris iii$^c$iiii ₶ p.

Autre recepte a cause des rentes annuelles sur plusieurs maisons, terres, prez, boys et aultres heritaiges, hors la ville de Paris xiii$^c$xvi ₶ p.

Autre recepte pour plusieurs partyes de rentes deues a l'Hostel Dieu de Paris en plusieurs villaiges viii$^c$iiii$^{xx}$ xviii ₶ p.

Autre recepte a cause des rentes viaigieres sur plusieurs maisons et aultres heritaiges hors la ville de Paris iiii$^{xx}$xvii ₶ p.

Aultre recepte a cause d'aulcuns louaiges de fermes, et baulx faictz a pris d'argent, de plusieurs maisons, terres, prez, boys et, aultres heritaiges assiz hors Paris xvi$^c$lxi ₶ p.

Autre recepte pour les droictz de pescherye a cause du fief de la Mothe lxvii ₶ x s. t.

Autre recepte a cause des deniers venuz des lotz et ventes, a cause des acquisicions d'heritaiges estans en la censive de l'Hostel Dieu de Paris viii$^{xx}$xiiii ₶ p.

Autre recepte a cause des deniers proceddans d'aulcunes rentes qui ont esté rachaptees durant l'année de ce present compte iii$^m$xvi ₶ p.; — de madame la contesse de Brayne et Roussy, la somme de ii mil ix cens quatre vingtz treize livres, pour le rachapt et forte monnoye de rente que ledict Hostel Dieu avoit droict de prandre sur lesdictes contez de Brayne et Roussy.

Autre recepte a cause d'aucuns deniers venuz de la vente de certain grain vendu durant ceste presente annee ii$^c$xxxvii ₶ p.; — recepte a cause du vin vendu lvi ₶ p.; — vente du suif v$^c$viii ₶ p.

Autre recepte a cause de la vente des peaulx et abbatiz des moutons despencez audict Hostel Dieu xiiii$^c$ cinquante livres.

Deniers proceddans de la vente de certain boys iiii$^m$ ix$^c$lxxvii livres parisis.

Autre recepte a cause des deniers trouvez es troncs dudict Hostel Dieu apres la publication des pardons d'icelluy publié en l'evesché et diocese de Paris iii$^m$ cxviii ₶ p.

Autre recepte a cause des pardons publiez hors l'evesché de Paris vii$^m$iiii$^c$xviii ₶ p.

Autre recepte a cause des legs, vigilles et convoys, dons et aulmosnes faictz audict Hostel Dieu durant ceste presente annee ii$^m$vi$^c$ii livres parisis; — des executeurs du testament de feu monsieur l'archediacre de Soissons, maistre Guillaume Paris, la somme de xx ₶ t. aulmosnee par ledict deffunct; — de noble homme et saige maistre Emart Nicolai, president en la Chambre des Comptes, vi$^{xx}$i livres qu'il a aulmosnee audict Hostel Dieu; — de dame Lyenor de Ferrieres, vefve de feu messire Jaques de Montigny, la somme de l livres tournois, par ledict deffunct aulmosnee audict Hostel Dieu; — de monsieur le secretaire Huault, *recepveur general des pauvres de ceste ville de Paris*, la somme de ii cens livres tournoys faisant partye de la somme de xii cens livres tournoys, ordonnee aux pauvres dudict Hostel Dieu par arrest de la court, dont le surplus se prandra sur maistre Jehan du Bost, demourant a Rouen, heritier pour une dixiesme partye de feu maistre Jehan Badonvillier, en son vivant maistre des comptes, a cause de feue... de Badonvillier sa femme, — de feu maistre Laurens Brethel, en son vivant chanoyne d'Auxerre, la somme de cent livres tournoys qu'il a aulmosnee audict Hostel Dieu; — des executeurs du testament de feu noble homme maistre Guy de Victry, curé de Nostre Dame d'Autheilles, xlv ## t.

Recepte commune durant ceste presente annee ii mil clviii ## p.; — de monsieur de Mailly, la somme de mil livres tournois, sur ce qu'il peult debvoir a cause de la terre et seigneurie de Sainct Liger, dont est proces au grand Conseil, a cause de certain transport faict audict Hostel Dieu par feu monsieur le doyen de Sainct Germain de l'Auxerrois.

Somme totale de la recepte de ce present compte xxxvi$^m$ iiii$^c$ liii livres tournois.

## 70° REGISTRE (252 FEUILLETS, PARCHEMIN.)

### ANNÉE 1549.

Despence de ce present compte :

Despence faicte a cause des cens, rentes, dixmes, indempnitez et admortissemens que ledict Hostel Dieu doibt pour plusieurs maisons, places, lieulx, terres et aultres heritaiges tant en la ville de Paris que hors icelle ii$^c$xlvi liv. parisis.

Autre despence a cause d'aultres rentes deues sur tout le revenu et temporel d'icelluy Hostel Dieu xxviii ##.

Autre despence pour le labour des vignes dudict Hostel Dieu ix$^c$xliiii ## p.

Autre despence pour achapt de vin et verjus pour la provision des pauvres mallades ii mil v$^c$iiii$^{xx}$xvii l. p.

Autre despence pour achapt de moutons, beufz et pourceaulx, lardz, veaulx et vollailles achaptez pour la provision et despence des pauvres mallades xi$^m$ viii$^c$ lxviii ## p.

Autre despence pour la despence des jours maigres et achapt de sel iii$^m$vii$^c$lvii l. parisis.

Autre despence pour achapt de boys et charbon pour la provision des pauvres mallades iii$^m$ v$^c$ xviii livres parisis; — achapt d'huille et façon de chandelle de suif ii$^c$ i l. p.

Autre despence pour achapt de draps de layne, coustilz, plumes, couvertures et ouvraiges de cordouennier, achaptez pour la provision des pauvres mallades, relligieulx et relligieuses v$^c$lxvi l. parisis.

Autre despence faicte par ledict recepveur pour achapt de toilles et fil, façon et blanchissaige de toilles xii$^c$iiii$^{xx}$ ii livres parisis.

Autre despence pour achapt de vaisselle d'argent, potier d'estain et chauderonnier durant ceste presente annee vii$^{xx}$ix l. parisis.

Autre despence pour ouvraiges de charron, mareschal, bourrelier, cordier et vannier ii$^c$iiii$^{xx}$xv ##.

Autre despense faicte par cedict recepveur pour l'apothicairerie ii$^c$xxxviii l. parisis.

Autre despense pour menuz fraiz et mises pour les pardons dudict Hostel Dieu viii$^{xx}$xix ## p.; — plus est cy faict despense de la somme de xii ## t. payee a Jehan de Verdelay, pour avoir par luy faict les adjonctions et epitaffes en parchemin, pour mectre et actacher sur les lectres et tiltres de l'inventaire des champs, et iceulx veriffier tant audict inventaire que repertoire d'icelluy; — ce present recepveur faict cy despense de la somme de lxx s. tournois qu'il a payee pour l'achapt de quatre estuys de cuyr pour mectre les relicques de Saincte Agnes, deux calipces et deux sallieres, le tout d'argent, appartenant audict Hostel Dieu.

Autre despense pour acquisitions d'heritaiges durant ceste presente annee vii$^m$ ix$^c$ xxvii livres parisis; — ce present recepveur faict cy despense de la somme de iiii$^m$ l livres t. qu'il a de l'ordonnance desdiz seigneurs gouverneurs payee a hault et puissant seigneur Loys de Silly, seigneur de la Roche-Guyon et de Rochefort, conseiller, chambellan et gentilhomme ordinaire de la chambre du Roy et damoiselle Anne de Laval son espouze, et a noble homme et saige maistre René Baillet, seigneur de Seaulx et de Tremes, conseiller du Roy en sa court de Parlement, pour l'acquisition par lesdiz seigneurs gouverneurs faicte de cent cinquante escuz d'or soleil de rente par eulx constituee audict Hostel Dieu sur lesdites seigneuries, et generallement sur tous et chascuns leurs aultres heritaiges et biens.

Autre despense pour plusieurs reparations faictes tant en l'Hostel Dieu, plusieurs maisons d'icelluy assizes tant en la ville de Paris que aultres lieux hors ladicte ville iiii$^m$xxvii l. parisis.

Autre despense pour deniers baillez et delivrez pour convertir et employer aux fraiz des proces et aultres fraiz de justice ii mil iii l. parisis; — a Jehan de Verdelay, *concierge du bureau dudict Hostel Dieu*, la somme de xx livres tournois, sur la besongne et vaccation faicte par ledict de Verdelay de l'inventaire des champs; — ii ## xix s. t. que ledict recepveur a payee pour plusieurs fraiz et mises qu'il a convenu faire en faisant l'enqueste contre les abbé et couvent Nostre Dame de Longpont, touchant les prez de Montlehery, appartenant audict Hostel Dieu.

Autre despense pour dons et pensions iii$^c$ xvi livres parisis; — a maistre Jehan le Wasseur, docteur regent en la Faculté de medecine, la somme de cent livres tournois pour une annee de sa pension.

Autre despense pour sollution de gaiges et sallaires de gens d'eglise et aultres serviteurs et officiers dudict Hostel Dieu vii$^c$xi$^tt$ p.; — a Didier Voyrin, organiste de l'Hostel Dieu, la somme de xii l. t. pour une annee de ses gaiges; — a venerable et discrette personne maistre Anthoine Brunel, prebtre, docteur en theologie, maistre dudict Hostel Dieu xlv$^{tt}$ t. pour quatre moys et demy de ses gaiges; — a Perrette Lavoyne, saige femme des acouchees xii$^{tt}$ t.; — a maistre Jehan de May, maistre cyrurgien xxx$^{tt}$ t. pour une annee de ses gaiges.

Gaiges d'officiers v$^c$ iiii$^{xx}$ xvi livres parisis; — a Jehan de Verdelay, clerc et concierge du bureau dudict Hostel Dieu, cinquante livres tournois pour une annee de ses gaiges.

Somme totalle de la despense de ce present compte xliiii mil iii$^c$ xxxix livres tournois.

## 71$^e$ REGISTRE (436 FEUILLETS, PARCHEMIN).

### ANNÉE 1550.

Compte onziesme de maistre Jehan de Savignac, pour une annee commencant au jour de Noel mil cinq cens quarante neuf, et finissant audit jour de Noel mil cinq cens cinquante.

Recepte non muable des cens et fons de terre deubz a l'Hostel Dieu de Paris en ladicte ville de Paris lxxi s. tournois.

Autre recepte a cause des rentes, tant sur la recepte generalle d'oultre Seynne et Yonne, que sur le demmaine du Roy nostre sire a Paris xiiii$^c$ lii livres tournois.

Autre recepte a cause des rentes en ceste ville et faulxbourgs de Paris ii$^m$ iiii$^c$ xxxv livres parisis.

Autre recepte a cause des rentes ou pensions viaigieres en ceste ville de Paris liiii $^{tt}$.

Autre recepte a cause d'aulcuns louaiges de maisons, assizes tant en ceste ville de Paris que hors icelle, iii mil vi cens xxxiiii livres parisis, qui valent à tournois iiii mil v cens xliii livres; — de Hugues de la Fontaine et Jaques de la Croix, marchans vendeurs de poisson de mer a Paris, ausquelz messeigneurs ont baillé a tiltre de loyer et ferme a pris d'argent, le reste du temps qui restoit a echeoir, a cause du bail a eulx faict par feue Marguerite de Neufville, vefve de feu sire Pierre Fragier, de tel droict qu'elle avoit droict de prandre par chascun an sur le poisson de mer sallé a cause du *fief d'Albie*, a elle appartenant en partye, ledict bail du jour sainct Jehan Baptiste mil cinq cens quarante six jusques a neuf ans, moyennant la somme de iiii$^{xx}$ l. t. chascun an, demy baril harenc blanc et ung cent harenc sor, lequel fief ladicte deffuncte avoit donné audict Hostel Dieu, a la reservation a elle l'usufruict sa vye durant, laquelle est deceddee au moys de juillet mil cinq cens quarante sept, pour ce cy, pour une annee escheue au jour de Noel, temps de cedict compte, la somme de iiii$^{xx}$ livres tournois.

Autre recepte a cause des cens, surcens et fons de terre que ledict Hostel Dieu a droict de prandre hors la ville et faulxbourgs de Paris v$^c$ lxxviii livres tournois.

Autre recepte a cause des cens, surcens et fons de terre hors la ville et faulxbourgs de Paris v$^c$ lxxviii livres tournois.

Autre recepte a cause des rentes annuelles sur plusieurs maisons, terres, prez, boys et autres heritaiges hors la ville de Paris xviii$^c$ xix l. tournois.

Autre recepte sur plusieurs maisons et autres heritaiges hors la ville de Paris (rentes viaigieres) iiii$^{xx}$ xvii parisis qui vallent a tournois vi$^{xx}$ i livres.

Autre recepte a cause d'aulcuns louaiges de fermes et baulx faictz a pris d'argent de plusieurs maisons. terres, prez, boys et aultres heritaiges hors Paris xiiii$^c$ lxxviii livres tournois.

Autre recepte pour les droictz de pescherye a cause du fief de la Mothe lii$^{tt}$ t.

Autre recepte a cause des deniers venuz des lotz et ventes pour plusieurs acquisitions d'heritaiges estans en la censive de l'Hostel Dieu lxxiii l. t.

Deniers proceddans d'aulcunes rentes qui ont esté rachaptees durant l'annee de ce present compte ii$^c$ xxxvi$^{tt}$; — vente du grain xii$^c$ iiii$^{xx}$ ii $^{tt}$; — autre recepte a cause du vin vendu iii$^c$ l livres t.

Autre recepte a cause de la vente du suif venu et yssu des moutons despensez audict Hostel Dieu v$^c$ lxi l. t.

Vente des peaulx et abatiz des moutons despensez audict Hostel Dieu xii$^c$ iiii$^{xx}$ viii$^{tt}$ t.

Deniers proceddans de la vente de certain boys iiii$^m$ vi$^c$ xlii$^{tt}$ t.

Autre recepte a cause des pardons publiez en l'evesché et diocese de Paris ii$^m$ iiii$^c$ xxi$^{tt}$ t.

Autre recepte a cause des pardons publiez hors l'evesché de Paris xvii$^c$ xlii$^{tt}$ t.

Deniers receuz du billon des pardons publiez ceste presente annee tant en ceste ville de Paris, hors icelle, que des deniers extraordinaires durant ceste dicte presente annee ii$^m$ lv$^{tt}$ ix s.

Autre recepte a cause des deniers proceddans des legz, vigilles et convoys, dons et aulmosnes faictz audict Hostel Dieu ii$^m$ cxliiii$^{tt}$ t.; — de monsieur le tresorier de l'espargne, a esté receu la somme de ii$^c$ xxx$^{tt}$ t. en cent escuz d'or so'eil, aulmosnee audict Hostel Dieu par le Roy; — de damoyselle Ysabeau de Faucilles, vefve de feu noble homme maistre Thierry de Bauffremen viii$^{xx}$ vi livres tournois, leguez par ledict deffunct; — de maistre Jaques Clement, soubz-chantre de Luçon xxvii$^{tt}$ tournois; — de seur Ysabeau Peron, prieure dudict Hostel Dieu, nagueres pouilliere d'icelluy receu la somme de lxxii livres tournois, yssue des legtz par elle recevz audict Hostel Dieu et des habillemens par elle venduz des pauvres mallades deceddez en icelluy Hostel Dieu; — de feu monsieur Mondinot, en son vivant chevecier en l'eglise Monsieur Sainct Merry, par les mains de honnorable homme Guychart Courlin ii$^{ctt}$ tournois que ledict deffunct a aulmosnee audict Hostel Dieu.

Recepte commune ii$^m$ v$^c$ l livres tournois; — de feu Nicolas Cabient et Jehanne de la Mare sa vefve lvi livres viii s. t., pour le droict dudict Hostel Dieu depuys le m$^e$ janvier mv$^c$ xlvii jusques au premier de fevrier dernier passé, a cause de l'ouverture des fosses qui ont esté faictes durant ledict temps en la terre dudict Hostel Dieu au cymetiere des Sainctz Innocens, dont ledict deffunct a eu la charge; — du tronc estant en la boucherie dudict Hostel Dieu durant le caresme ix$^{xx}$ ix$^{tt}$ t. venue des personnes qui ont envoyé querir de la chair audict Hostel Dieu, en ce non comprins les douzains, dixains et pieces rongnees; — de maistre Jehan Turquan, recepveur et voyer ordinaire pour le Roy de la prevosté et viconté de Paris v$^c$ xlix$^{tt}$ parisis pour les arreraiges escheuz au jour sainct Jehan Baptiste mil cinq cens trente cinq, deubz par Loys Le Blanc, lors recepveur ordinaire, a cause de six cens dix livres tournois que ledict Hostel Dieu a droict de prandre sur ladicte recepte, et dont a esté baillé assignation par le Roy, par lettres donnees a Sainct Germain en Laye le premier juing mil cinq cens quarante sept.

Somme totalle de la recepte de ce present compte xxxi$^m$ v$^c$ xvi$^{tt}$.

## 72$^e$ REGISTRE (240 FEUILLETS, PARCHEMIN).

### ANNÉE 1550.

Despence de ce present compte, commencant et finissant comme dessus :

Despense faicte par ce present recepveur a cause des cens, rentes, dixmes, indempnitez et admortissemens que ledict Hostel Dieu doibt pour plusieurs maisons, terres, prez et aultres heritaiges tant en la ville de Paris que hors icelle iii$^c$ ix$^{tt}$ t.

Autre despence a cause d'aultres rentes deuez par ledict Hostel Dieu sur tout le revenu et temporel dudict Hostel Dieu xxxi$^{tt}$ v s.

Autre despense pour le labour des vignes dudict Hostel Dieu ii$^m$ iii$^c$ lix livres.

Autre despense pour achapt de vin et verjus pour la provision des pauvres mallades xviii$^e$ lxiii l.

Autre despense pour achapt de moutons, beufz et pourceaulx, lardz, veaulx et vollailles pour la provision et despence dudict Hostel Dieu ix$^{xx}$ viii$^c$ iiii$^{xx}$ v liv. t.

Autre despense pour la despence des jours maigres et achapt de sel iii$^m$ vi$^c$ xxxvii l. t.

Autre despense pour achapt de boys et charbon ii$^m$ ii$^c$ xli liv. t.

Autre despense pour achapt d'huille et facon de chandelle de suif vii$^{xx}$ xi liv. t.

Autre despense pour achapt de draps de layne, coustilz, plumes, couvertures et ouvraiges de cordouennier iii$^c$ iiii$^{xx}$ xviii livres.

Autre despense pour achapt de toilles et fil, façon et blanchisseure de toilles xiiii$^e$ xxxii l. t.

Autre despense pour achapt de vaisselle d'argent, potier d'estain et chauderonnier vii$^{xx}$ xvi l. t.

Autre despense pour ouvraiges de charron, mareschal, bourrelier, cordier et vannier iiii$^c$ xxxv l. t.

Autre despense pour l'apoticairerye de l'Hostel Dieu iii$^c$ lxxii$^{tt}$ t.

Autre despense pour menuz fraiz et mises communes iiii$^e$ iiii$^{xx}$ xvii l. t.; — ce present recepveur faict cy despence de la somme de cent solz tournois qu'il a, de l'ordonnance de messieurs les gouverneurs, baillee a seur Francoise Culot, relligieuse dudict Hostel Dieu, tronchere a la porte du parvis Nostre Dame, pour distribuer aux amballeurs a chascune foiz qu'ils maynent les corps des trespassez a la Trinité quinze deniers tournois; — est cy faict despence pour ouvraiges de la somme de x$^{tt}$ t. que ledict recepveur a baillee et delivree a seur Jehanne Fourniere, relligieuse dudict Hostel Dieu ayant la charge de l'apoticairerie, pour employer en achapt de rozes et herbes pour faire de la conserve, cyrotz et candiz pour les malades.

Autre despense pour acquisitions dheritaiges durant ceste presente annee iiii$^{xx}$ xix l. t.

Autre despense pour plusieurs reparations faictes tant en l'Hostel Dieu, plusieurs maisons d'icelluy assizes tant en la ville de Paris que aultres lieux hors ladicte ville.

Autre despense pour deniers baillez pour convertir et employer aux fraiz des procez d'icelluy et aultres fraiz de justice xvii$^c$ xlvi livres tournoiz; — est encore cy faict despence de la somme de iiii$^{tt}$ xii s. t. que ledict recepveur a payee a maistre Nicole Ezelin, procureur dudict Hostel Dieu ou Chastellet de Paris, pour deux journees qu'il a vacquees au bureau, en la presence d'aulcuns desditz gouverneurs, a visiter les tiltres dudict Hostel Dieu, ensemble les estatz de toutes les partyes qui sont en proces audict Chastellet, a ce qu'il donne ordre de les faire poursuyvre pour en avoir expedition; — est cy faict despence de la somme de xv$^{tt}$ t. payee a maistre Francois Courtin, greffier des pauvres de la ville de Paris, pour ses peines, sallaires et vacacions et remboursement des fraiz par luy faictz pour faire insinuer la donnation faicte aux pauvres par la dame de Vallery; — est cy faict despence de la somme de xxxviii$^{tt}$ que ledict recepveur a payee a maistre Anthoine Lhostellier, solliciteur dudict Hostel Dieu, par certificacion du troisiesme jour de septembre M. v$^c$ L signee Gayant et Ribier, pour son remboursement des fraiz par luy faictz *a faire sortir hors dudict Hostel Dieu freres Nicolle Berthelot et Noel Du Boys, naguores relligieulx dudict Hostel Dieu, suyvant l'arrest de la court, ainsi qu'il est contenu et declairé es partyes de ce faictz*; — x$^{tt}$ x s. tournois payés a maistre Francois Bastonneau, huissier en la court de Parlement, pour avoir par luy faict une informacion, de l'ordonnance de ladicte court, sur les *abbuz commis par les relligieux et relligieuses dudict Hostel Dieu.*

Autre despense pour dons et pensions durant ceste presente annee iiii$^c$ iiii$^{xx}$ ii $^{tt}$ t.; — a Ysabeau Marion, vefve de feu Francois de Rochefort, en son vivant consierge de l'hostel du bureau dudict Hostel Dieu, la somme de xv$^{tt}$ t. pour trois termes escheuz au jour sainct Remy a cause de xx livres tournois a elle ordonnez de pension par chascun an, sa vye durant, pour subvenir a sa nourriture et aultres necessitez, eu esgard a sa pauvreté, aux bons et agreables services que sondict feu mary a faictz par l'espace de quarente ans au service d'icelluy Hostel Dieu; — a maistre Jehan Levasseur, docteur regent en la Faculté de medecine, la somme de cent livres tournois, a cause de pareille somme de pension a luy ordonnee.

Autre despense pour sollution de gaiges et sallaires de gens d'eglise et aultres serviteurs et officiers dudict Hostel Dieu viii$^c$ xii $^{tt}$ t.; — a maistre Jehan de May, maistre cirurgien a Paris, la somme de xxv $^{tt}$ xii s. t. pour ses gaiges escheuz depuys le jour de Noel mil v$^c$ xlix jusques au huictiesme jour de novembre ensuyvant; — a Perrette Lavoyne, saige-femme des acouchees dudict Hostel Dieu xii $^{tt}$ t.

Gaiges d'officiers ix$^c$ xxxi livres tournois; — a ce present recepveur la somme de quatre cens livres tournois a luy ordonnee par Messieurs les gouverneurs pour ses gaiges et sallaires.

Somme totalle de la despense de ce present compte xxxiii mil c xxviii livres tournois.

## 73° REGISTRE (398 FEUILLETS, PARCHEMIN).

### ANNÉE 1551.

Compte douziesme de maistre Jehan de Savignac pour une annee commencant au jour de Noel mil cinq cens cinquante et finissant a pareil jour mil cinq cens cinquante et ung.

Recepte non muable de cens et fons de terre deubz a l'Hostel Dieu de Paris en la ville de Paris lxxi s. iiii den. tournois.

Autre recepte a cause des rentes tant sur la recepte generalle d'oultre Seynne et Yonne que sur le domaine du Roy nostre sire a Paris xiiii$^c$ lii livres tournois.

Autre recepte a cause des rentes en ceste ville et faulxbourgs de Paris lxviii $^{tt}$ xii s. tournois.

Autre recepte a cause d'aucuns louaiges de maisons tant en ceste ville de Paris que hors icelle iiii$^m$ v$^c$ lxxvii l. tournois.

Autre recepte a cause du fief d'Albic iiii$^{xx}$ livres tournois.

Autre recepte a cause des cens, surcens et fons de terre hors la ville et faulxbourgs de Paris iiii$^c$ xli livres tournois.

Autre recepte a cause des rentes annuelles sur plusieurs maisons, terres, prez, boys et autres heritaiges hors la ville de Paris xviii$^c$ lxiii livres tournois.

Autre recepte a cause des rentes viaigeres sur plusieurs maisons et autres heritaiges hors la ville de Paris vi$^{xx}$ i livres tournois.

Autre recepte a cause d'aulcuns louaiges de ferme et baulx faictz a pris d'argent de plusieurs maisons, terres, prez et autres heritaiges assis hors Paris xiiii$^e$ lxxiii liv. tournois.

Autre recepte pour les droictz de pescherie a cause du fief de la Mothe lx$^{tt}$ xiii s. t.

Autre recepte a cause des deniers venuz des lotz et ventes pour plusieurs acquisitions d'heritaiges estans en la censive de l'Hostel Dieu de Paris xlvi$^{tt}$ t.

Autre recepte a cause des deniers proceddans d'aulcunes rentes qui ont esté rachaptees iiii$^c$ iiii$^{xx}$ iii$^{tt}$ t.

Deniers venuz de la vente du grain et son xvi$^c$ iiii$^{xx}$ xvi$^{tt}$ tournois.

Autre recepte a cause du vin vendu ii$^c$ xlii l. tournois; — vente du suif vii$^c$ lii$^{tt}$ t.

Autre recepte a cause des deniers procedans de la vente des peaulx et abbatiz des moutons ii$^m$ ii$^c$ liii l. t.; — vente de certain bois appartenant audict Hostel Dieu lxxv l. t.

Autre recepte a cause des deniers trouvez es troncs dudict Hostel Dieu apres la publication des pardons en l'evesché et diocese de Paris ii$^m$ vii$^c$ lxiii l. t.

Autre recepte a cause des pardons publiez hors l'evesché de Paris ii$^m$ vii$^c$ liv$^{tt}$ t.

Deniers receuz du billon tant des pardons hors Paris que des deniers extraordinaires xi$^c$ xxviii$^{tt}$ t.

Autre recepte a cause des deniers procedans des legs, vigilles et convois, dons et aulmosnes ii mil iii cens xxii$^{tt}$ tournois; — de feue Marie Frolo, vefve de feu maistre Pharon Charpentier, en son vivant advocat en la court de parlement xv$^{tt}$ t.; — de Monsieur le conterolleur Hennequin la somme de ii cens xxx liv. tournois par luy donnez et aulmosnez audict Hostel Dieu; — de Francoise Vallet, vefve de feu Jehan Mondre, receu la somme de vi cens livres tournois aulmosnee par ladicte deffuncte ausdits pauvres; — de sire Pierre de Louvencourt, demeurant a Amyens, la somme de xviii l. tournois pour la permission d'une croix en la terre de l'Hostel Dieu au cymetiere des Saincts Innocens; — de Madame la présidente Dacy xiii$^{tt}$ t. qu'elle a aulmosnez; — de Monsieur l'Esleu Violle, executeur du testament de feu Monsieur l'Esleu Charpentier xxv$^{tt}$ t.; — de Ysabeau d'Asnyeres, vefve de feu maistre Jehan de Longueval, comme executeresse du testament de feu Monsieur de Ryveron, en son vivant auditeur des comptes, receu la somme de ii cens livres tournois sur ce qu'il sera due audict Hostel Dieu a cause du legs faict par ledict deffunct.

Recepte commune xv$^e$ xix l. t.; — du tronc de la boucherye le premier jour d'avril iii$^c$ li$^{tt}$ t.

Somme totalle de la recepte de ce present compte xxviii$^m$ iiii$^c$ lii livres tournois.

## 74$^e$ REGISTRE (257 FEUILLETS, PARCHEMIN).

### ANNÉE 1551.

Despense de ce present compte commencant au jour et feste de Noël mil cinq cens cinquante et finissant a semblable jour de Noël mil cinq cens cinquante ung.

Despense a cause des cens, rentes, dixmes, indempnitez et admortissemens que ledit Hostel Dieu doibt chascun an pour plusieurs maisons, places, lieux et autres heritaiges scituez et assiz tant en la ville de Paris que hors icelle ii$^c$ lxviii l. t.

Autre despense a cause d'autres rentes sur tout le revenu et temporel d'icelluy Hostel Dieu xxvi$^{tt}$ ii s.

Autre despense pour les labours des vignes, ensemble des fraiz de vendanges ii$^m$ cxxii$^{tt}$ t., — achapt de vin, verjust et vinaigre ii$^m$ v$^c$ viii$^{tt}$ t.

Autre despense pour l'achapt de moutons, beufz, pourceaulx, lardz, veaulx et vollailles x$^m$ vi$^c$ vii livres tournois.

Autre despense pour la despense des jours maigres et achapt de sel iiii$^m$ cxxi l. t.

Autre despense pour achapt de bois et charbon ix$^c$ xxxiii liv. tourn.

Autre despense pour achapt d'huille et facon de chandelle de suif mil lxii$^{tt}$ t.

Autre despense pour achapt de draps de layne, coustilz, plumes, couvertures et ouvraiges de cordouennier, façon, blanchissaige et achapt de toilles xiii$^c$ xxxiii$^{tt}$ tournois.

Autre despense pour achapt de vaisselle d'argent, potherie et vaisselle d'estaing iiii$^c$ vi$^{tt}$ t.

Autre despense pour les drogues de l'appothicairerye de l'Hostel Dieu viii$^c$ iiii$^{xx}$ xiiii$^{tt}$ t.

Autre despense pour menuz fraiz et mises communes ii$^c$ lxix liv. tournois; — ix$^{tt}$ x solz tournois pour la despense faicte durant six jours de quatre hommes de cheval qui ont vacqué pour ledict Hostel Dieu a marqué baillyvé et mesurer la quantité de iiii$^{xx}$ iiii arpens et demy de boys de haulx tailliz assis en la forest de Sequigny, appartenant a icelluy Hostel Dieu, pour mettre en vente, a la reservacion de certaine quantité de gros chesnes et jeunes chesnes qui demeurent esdits bois pour croistre et parvenir en bois de haulte fustaye.

[1551-1552.]

Autre despense pour acquisitions d'heritaiges et rentes durant ceste presente annee mil xii l. t.

Autre despense pour plusieurs grosses et menues reparations faictes tant en l'Hostel Dieu que a plusieurs maisons d'icelluy, assises tant en la ville de Paris que autres lieux hors ladicte ville iii mil v<sup>e</sup> xxviii<sup>tt</sup> t.

Autre despense par cedict recepveur pour deniers par luy baillez et delivrez par mandement de messeigneurs les gouverneurs, pour convertir et employer au faict des proces d'ycelluy, et autres fraiz de justice xiii<sup>c</sup> xxxv <sup>tt</sup> t. ; — xx <sup>tt</sup> v s. t. pour plusieurs fraiz faictz en ung proces pendant par devant Messieurs les prevost des marchands et eschevins de ceste ville de Paris a l'encontre de Jehan Bellye le jeune, fermier du pied fourché a Paris, pour raison de l'interest par luy faict sur cent dix huit moutons appartenans audict Hostel Dieu, ensemble pour les exceps faictz au berger dudict Hostel Dieu gardans lesdits moutons ; — a Nicolas Picard, sergent a cheval au Chastellet de Paris, xii<sup>tt</sup> xv s. t. pour ung voiaige par luy fait en Champaigne pour la donnation et laiz fait a l'Hostel Dieu par feu noble homme maistre Lancellot des Vignes, cherché et levé son testament et articles faisant mention dudit legs ; — audit Nicolas Picard viii <sup>tt</sup> t. pour plusieurs fraiz faictz contre les manans et habitans de Grigny et leurs alliez et complisses, qui ont battu et oultragé les bergiers et moustons de l'Hostel Dieu ; — xlv solz tournois payez a Jaques Lheritiers, par trois diverses journees qu'il a vacquees, tant a aller sejourner que retourner au villaige d'Igny, pour faire publier par trois dimenches consecutifz audit Igny unes lettres de *significant* de Romme pour admonester tous ceulx et celles qui detiennent terres et autres heritaiges appartenans audit Hostel Dieu assis audit Igny, qu'ilz ayent a le reveller ; — a maistre Jehan Mauger, prebtre, la somme de cinquante livres tournois, par mandement du vendredi xix<sup>e</sup> juing mil cinq cens cinquante ung, pour ses sallaires et vaccations d'avoir vacqué a la perfection de l'inventaire tant des champs que de la ville, des tiltres dudict hostel ; — a maistre Jehan Lhostellier, greffier du bureau de l'Hostel Dieu, la somme de xxx <sup>tt</sup> t. pour ses sallaires et vaccations d'avoir vacqué a la perfection de l'inventaire des tiltres dudict Hostel Dieu.

Autre despense pour dons et pensions ix<sup>xx</sup> xviii <sup>tt</sup> t. ;

DE L'HÔTEL-DIEU DE PARIS. 293

— a Alizon Goulle, pensionnaire de l'Hostel Dieu, demourant en la ferme du Pressouer pres les Chartreulx, laquelle c'est donnee et ses biens audict Hostel Dieu la somme de iiii <sup>tt</sup> t. pour une annee de sa pension, pour subvenir a ses menues necessitez ; — a maistre Jehan Le Vasseur, docteur regent en la Faculté de medecine, la somme de cent livres tournois pour une annee de sa pension.

Autre despense pour solution de gaiges et sallaires de gens d'eglise et autres serviteurs et officiers dudict Hostel Dieu ix<sup>c</sup> iiii<sup>xx</sup> xv <sup>tt</sup> t. ; — a maistre *Anthoine du Mas, maistre cirurgien a Paris*, et cirurgien de l'Hostel Dieu la somme de cent livres tournois pour demye annee de ses gaiges escheue le *xviii<sup>e</sup> may mil cinq cens cinquante ung, pour ses peines et sallaires et vaccations de luy et de ses serviteurs d'avoir pensé visité et medicamenté par chascun jour les pauvres mallades dudict Hostel Dieu* ; — a maistre Anthoine Baudouyn, aussi cirurgien dudict Hostel Dieu, ou lieu de maistre Anthoine du Mas, la somme de iiii<sup>xx tt</sup> tournois pour ses gaiges de huit mois escheuz le xv<sup>e</sup> jour dudit moys de janvier, a raison de vi<sup>xx tt</sup> tournois de gaiges par chascun an, pour visiter et penser par chascun jour les pauvres mallades ; — *a Jehan Jaques Destra, de Thurin, la somme de xii escuz d'or soleil par mandement du mercredy xxix<sup>e</sup> jour d'avril mil cinq cens cinquante ung pour ses peines, sallaires et vaccations d'avoir seullement pensé et medicamenté plusieurs mallades incurables estans audict Hostel Dieu, et en ce faisant ledict Destra a donné ausdits pauvres mallades toutes les drogues, onguans, et autres choses qu'il avoit employez pour penser iceulx mallades* ; — audit Jehan Jaques Destra, la somme de iiii<sup>xx tt</sup> t. par mandement du mercredy viii<sup>e</sup> juillet mil cinq cens cinquante ung, tant pour ses peines, sallaires et vaccations et sallaires de serviteurs et chambrieres qui lui a convenu avoir, pour penser et medicamenter plusieurs mallades de mallades incurables estans audict Hostel Dieu, depuis deux mois commancans le premier jour de may et finissant le iiii<sup>e</sup> juillet ensuyvant ; — a Perrette Ladvoyne, saige femme servant en l'office des acouchees xii <sup>tt</sup> tournois.

Gaiges d'officiers vii<sup>c</sup> vii <sup>tt</sup> tournois.

Somme totalle de la despense de ce present compte xxxi<sup>m</sup> viii<sup>c</sup> lxxii livres xii solz tournois.

## 75<sup>e</sup> REGISTRE (394 FEUILLETS, PARCHEMIN).

### ANNÉE 1552.

Compte treiziesme de maistre Jehan de Savignac pour une annee commancé au jour de Noel mil cinq cens cinquante ung et finissant a pareil jour mil cinq cens cinquante deux.

Recepte non muable des cens et fons de terre en ladicte ville de Paris lxxi s. iiii den. tournois.

Autre recepte a cause des rentes que ledit Hostel Dieu prend tant sur la recepte generalle oultre Seynne et

Yonne que sur le dommaine du Roy nostre sire a Paris xiiii$^e$ lii livres tournois.

Autre recepte a cause des rentes en ceste ville et faulxbourgs de Paris ii$^m$ iiii$^c$ lxv $^{tt}$ t.

Autre recepte a cause des rentes ou pensions viaigeres en ceste ville de Paris lxviii $^{tt}$ xii s. t.

Autre recepte a cause d'aucuns louaiges de maisons, tant en ceste ville de Paris que hors icelle et faulxbourgs appartenans audict Hostel Dieu iii$^m$ vii$^c$ xxii $^{tt}$ t.; — somme du fief d'Albic iiii$^{xx}$ $^{tt}$ t.

Autre recepte a cause des cens, surcens et fons de terre hors la ville et faulxbourgs de Paris iii$^c$ lxvii $^{tt}$ t.

Autre recepte a cause des rentes annuelles sur plusieurs maisons, terres, prez, boys, vignes et autres heritaiges hors la ville de Paris xvii$^c$ lix livres tournois.

Autre recepte a cause des rentes viaigeres sur plusieurs maisons et autres heritages hors la ville de Parys vi$^{xx}$ i $^{tt}$ t.

Autre recepte a cause d'aucuns loages de fermes et baulx faictz a pris d'argent de plusieurs maisons, terres, prez, boys, et autres heritaiges hors Paris xv$^e$ xxix $^{tt}$ tournois.

Autre recepte pour les droictz de pescherie deubz a l'Hostel Dieu a cause du fief de la Mothe xliiii $^{tt}$ xiii s. tournois.

Autre recepte a cause des deniers venuz des lotz et ventes pour plusieurs acquisitions d'heritaiges scituez et assis en plusieurs lieux tant en la censive de l'Hostel Dieu de Paris... lxii $^{tt}$ xviii s.

Autre recepte a cause des deniers procedans d'aucunes rentes qui ont este rachetees durant l'annee de ce present compte iii$^c$ xxxix $^{tt}$ t.

Autre recepte a cause du vin vendu cxiii $^{tt}$ t.; — vente du suif yssu des moutons despensez audict Hostel Dieu viii$^c$ xxx $^{tt}$ t.

Autre recepte a cause des deniers procedans de la vente des peaulx et abbatiz des moutons despensez audict Hostel Dieu xii$^c$ iiii$^{xx}$ i $^{tt}$ t.; — vente de certain boys appartenant audict Hostel Dieu mil xlviii $^{tt}$ t.

Autre recepte a cause des pardons publiez en l'evesché et diocese de Paris ii$^m$ vii$^c$ iiii$^{xx}$ xiiii $^{tt}$ t.

Autre recepte a cause des deniers procedans des pardons de l'Hostel Dieu publiez hors l'evesché dudit lieu iii$^m$ ciiii$^{xx}$ xi $^{tt}$ t.

Autre recepte a cause des deniers procedans de certain billon yssu tant des pardons de l'Hostel Dieu hors l'evesché de Paris que autres deniers extraordinaires iii$^c$ xi $^{tt}$ t.

Autre recepte a cause des deniers procedans des legtz, vigilles et convoys, dons et aulmosnes faictz audict Hostel Dieu xvii$^c$ xxxix $^{tt}$ t.; — de monsieur le bailly et capitaine de Sedan, la somme de cent solz tournois que sa femme a aulmosnee audict Hostel Dieu; — de seur Jehanne la Haudoye, religieuse de l'Hostel Dieu, ayant la charge de la poullerye iii$^c$ x $^{tt}$ xvi s. t. venue et yssue tant des testamens faictz par les pauvres mallades, que des habillemens par elle venduz; — des religieuses qui ont gardé les mallades en ceste ville vi$^{xx}$ xvii $^{tt}$ t.

Recepte commune iiii$^m$ viii$^c$ xxi $^{tt}$ t.; — des heritiers feu monsieur l'evesque de Troyes Oudart Hennequin, la somme de ix$^{xx}$ xv $^{tt}$ t. faisant moictié de la somme de iii$^c$ iiii$^{xx}$ xi $^{tt}$ en quoy ilz ont este condamnez par arrest de la court, tant pour certaine quantité de vin prins par ledict deffunct au cellier dudict Hostel Dieu, que pour les despens de la poursuyte faicte a l'encontre d'eulx pour avoir payement dudict vin; — de monsieur le general Faulcon ii mil livres tournois sur et tant moings de la somme de vingt mil livres tournois pour et ou lieu du legtz faict aux pauvres malades de l'Hostel Dieu par feu noble homme Jehan de Habert, en son vivant escuyer, seigneur de Buz, de ladicte terre et seigneurie de Buz.

Somme totalle de la recepte de ce present compte xxxiiii$^m$ iii$^c$ iiii$^{xx}$ xi $^{tt}$ tournois.

## 76$^e$ REGISTRE (242 FEUILLETS, PARCHEMIN).

### ANNÉE 1552.

Despense de ce present compte commancant au jour et feste de Noel mil cinq cens cinquante et ung et finissant a semblable jour de Noel mil cinq cens cinquante deux.

Despense faicte a cause des cens, rentes, dixmes, indempnitez que ledict Hostel Dieu doibt sur plusieurs maisons, places, lieux, terres, prez, boys, vignes et autres heritages tant en la Ville de Paris que hors icelle ii$^c$ lvi $^{tt}$ t.

Autre despense a cause d'autres rentes sur tout le revenu et temporel d'icelluy Hostel Dieu xxxiii $^{tt}$ t.

Autre despense pour le labour des vignes xviii$^c$ lxii $^{tt}$ t.

Autre despense pour l'achapt de vin, verjus et vinaigre xix$^c$ iiii $^{tt}$ t.

Autre despense pour l'achapt de moutons, beufz, veaulx, vollailles pour la provision des pauvres mallades ix$^m$ iiii$^c$ iiii$^{xx}$ v liv. tournois.

Autre despense pour la despense des jours maigres et

achapt de sel iii<sup>m</sup> ii<sup>c</sup> v <sup>tt</sup> t.; — ce present recepveur fait cy despense de la somme de lxii <sup>tt</sup> iiii s. t. delivree a la prieuse dudict Hostel Dieu pour employer en achapt de laict, pommes et poires *pour les deux enfermeryes* des griefz mallades dudict Hostel Dieu.

Autre despense pour achapt de boys et charbon mil lxviii livres tournois; — achapt d'huille et façon de chandelle de suif ii<sup>c</sup> v <sup>tt</sup> t.

Autre despense pour achapt de draps de laynne, coustilz, plumes, couvertures, ouvraige de cordouennier et achapt de toilles xiiii<sup>c</sup> xxxv <sup>tt</sup> t.; — pour l'achapt de xi aunes troys quartz et demy de drap noir, pour faire des robbes aux freres de l'Hostel Dieu xxxv <sup>tt</sup> xii s. t.; — a Estienne de Fauville, tondeur de draps, lxviii s. t. pour avoir par luy vendu la quantité de lxviii aulnes drap gris pour servir aux religieuses dudict Hostel Dieu; — pour l'achapt de xv aulnes blanchet au pris de xxvii solz vi den. t. l'aulne, pour faire des chausses aux religieuses xx <sup>tt</sup> xii s. t.; — a Guillaume de France, marchant tapissier a Paris, lxxii <sup>tt</sup> tournois pour l'achapt de quatre cens troys livres de plume neufve, a raison de xviii <sup>tt</sup> t. le cent; — pour l'achapt de lx douzaines de draps de lict pour la provision des pauvres mallades, a raison de viii <sup>tt</sup> v s. t. la douzaine iiii<sup>c</sup> iiii<sup>xx</sup> xv <sup>tt</sup> t.

Autre despense pour achapt de vaisselle d'argent, pothier d'estain, chauderonnier, charron, mareschal, bourrellier, cordier, vannier v<sup>c</sup> xxxvi <sup>tt</sup> t.

Autre despense pour les drogues de l'appothicairerye de l'Hostel Dieu vii<sup>xx</sup> xxiiii <sup>tt</sup> t.

Autre despense pour menuz fraiz et mises communes iii<sup>c</sup> xlii <sup>tt</sup> t.; — a Jehan Perret, marchant hostellier, la somme de lxx s. t. pour avoir logé maistre Jehan Mauger, prebtre, lequel Mauger, durant sept moys, avoit besongné au faict de l'inventaire des tiltres dudict Hostel Dieu; — a Pierre Gilles, sergent de l'hostel de la ville et fermier des herbaiges des fossez, du costé de l'Université, la somme de xlvi s. t. pour souffrir et laisser pasturer le bestail dudict Hostel Dieu de la ferme du Pressouer, pres les Chartreulx, durant une annee; — a seur Johanne Fourniere, religieuse dudict Hostel Dieu ayant la charge de l'appoticarye, la somme de viii liv. tournois pour convertir et employer en achapt de plusieurs herbes pour servir a faire des eaues distillees en chappelle et syrotz pour les pauvres mallades dudict Hostel Dieu.

Autre despense pour acquisicions d'heritaiges et rentes v<sup>m</sup> clxvii <sup>tt</sup> t.; — plus faict cy despense ledict recepveur de la somme de xiii cens cinquante livres tournois, qu'il a paiee a noble homme Denis d'Angennes, escuyer, seigneur de la Louppe, d'Angennes, de la Ferté et Maison pres Chartres, escuyer tranchant du Roy nostre sire, et noble homme et saige maistre Vincent de la Louppe, advocat en la court de Parlement, seigneur de Meulsaut, demourant a Paris en l'hostel de Ramboullet, rue Sainct Honnoré, pour l'acquisition faicte par messeigneurs les gouverneurs dudict Hostel Dieu, des dessus dictz, de la somme de cinquante escuz d'or soleil de rente, par eulx constituée audict Hostel Dieu sur lesdites terres et seigneuries, et generallement sur tous et chascuns leurs biens meubles et immeubles.

Autre despense pour plusieurs grosses et menues reparations faictes tant en l'Hostel Dieu, plusieurs maisons d'icelluy, assises tant en la ville de Paris que autres lieux hors ladicte ville iii<sup>m</sup> cxxii <sup>tt</sup> tournois.

Autre despense pour deniers baillez et delivrez pour convertir et employer au faict des proces d'icelluy Hostel Dieu ix<sup>c</sup> iiii<sup>xx</sup> xviii <sup>tt</sup> t.

Autre despense pour dons et pensions ix<sup>xx</sup> vii <sup>tt</sup> t.; — a maistre Jehan Le Vasseur, docteur regent en la Faculté de medecine, la somme de cent livres tournois pour une annee de ses gaiges et pension.

Autre despense pour solucion de gaiges et sallaires de gens d'eglise et autres serviteurs vii<sup>c</sup> xxix <sup>tt</sup> t.; — a Perrette Lavoyne saige femme servant a l'office des acouchees xl s. t. pour deux moys qu'elle a servy oudit Hostel Dieu dudict estat; — a Margueritte Godeffroy saige femme servant en l'office des acouchees xxv s. t.; — a Barbe Caby aussi saige femme ix <sup>tt</sup> t.

Gaiges d'officiers vii<sup>c</sup> i livres tournois.

Somme totalle de la despense de ce present compte xxxii<sup>m</sup> iiii<sup>c</sup> iiii<sup>xx</sup> xiiii livres tournois.

## 77<sup>e</sup> REGISTRE (396 FEUILLETS, PARCHEMIN).

### ANNÉE 1553.

Compte quatorziesme de maistre Jehan de Savignac pour une annee commancant au jour de Noel mil cinq cens cinquante deux et finissant a pareil jour mil cinq cens cinquante trois.

Recepte non muable des cens et fons de terre en ladicte ville de Paris lxxi s. iiii den.

Autre recepte a cause des rentes tant sur la recepte generalle oultre Seine et Yonne que sur le domaine du Roy nostre sire a Paris xiiii<sup>c</sup> lii <sup>tt</sup> t.

Autre recepte a cause des rentes en ceste ville et faulxbourgs de Paris iii<sup>m</sup> lxii l. t.

Autre recepte a cause des rentes ou pensions viaigeres en ceste ville de Paris lxviii <sup>tt</sup> xii s. t.

Autre recepte a cause d'aucuns louaiges de maisons assizes tant en ceste ville de Paris que hors icelle et faulxbourgs iiii<sup>m</sup> vi<sup>c</sup> xi <sup>tt</sup>; — recepte du fief d'Albic lxiiii <sup>tt</sup> t.

Aultre recepte a cause des cens, surcens et fons de terre que ledict Hostel Dieu a droict de prandre hors la ville et forsbourgs de Paris iii<sup>c</sup> lxvi <sup>tt</sup> t.

Aultre recepte a cause des rentes annuelles sur plusieurs maisons, terres, prez, boys, vignes et aultres heritaiges hors la ville de Paris ii<sup>m</sup> cxi <sup>tt</sup> t.

Autre recepte a cause des rentes viaigeres sur plusieurs maisons et autres heritaiges hors la ville de Paris vi<sup>xx</sup> j <sup>tt</sup> t.

Autre recepte a cause d'aucuns louaiges de ferme et baulx faictz a pris d'argent de plusieurs maisons, terres, prez, et autres heritaiges assis hors Paris xv<sup>c</sup> xlvii l. t.

Aultre recepte a cause du fief de la Mothe, assis es faulxbourgs de Corbueil xlvi <sup>tt</sup> t.

Autre recepte a cause des deniers venuz des lotz et ventes pour plusieurs acquisitions d'heritaiges estans en la censive de l'Hostel Dieu xviii <sup>tt</sup> t.

Autre recepte a cause des deniers proceddans d'aucunes rentes qui ont esté racheptees ii<sup>m</sup> xxx <sup>tt</sup> t.; — vente de certain grain et son xii<sup>c</sup> x <sup>tt</sup> t.; — vente de vin iiii<sup>c</sup> ix <sup>tt</sup> t.; — vente du suif vi<sup>c</sup> lxxv <sup>tt</sup> t.

Autre recepte a cause des deniers proceddans de la vente des peaulx et abattiz des moutons despensez audict Hostel Dieu xviii<sup>c</sup> lxxix <sup>tt</sup> t.

Vente de bois xix cens livres tournois.

Autre recepte a cause des pardons publiez en l'evesché et diocese de Paris ii<sup>m</sup> vii<sup>c</sup> xii <sup>tt</sup> t.

Recepte des pardons publéez hors de l'evesché de Paris vi<sup>m</sup> cxli livres tournois.

Autre recepte a cause des deniers proceddans des legtz, vigilles et convoys, dons et aulmosnes ii<sup>m</sup> vii<sup>c</sup> xxxviii <sup>tt</sup> t.; — des executeurs du testament de feu noble homme maistre Jacques Chevallier, en son vivant secretaire du Roy x <sup>tt</sup> t. que ledict deffunct a aulmosnez audict Hostel Dieu; — de honnorable femme Yolande Vymont, veufve de feu Denis Beguyn, en son vivant marchant bourgeois de Paris, executeresse du testament de feue honnorable femme Alix Matisson, jadiz femme de maistre Jehan Allart, quant il vivoit seigneur de Vignolles, v cens livres tournois que ladicte deffuncte a aulmosnee audict Hostel Dieu; — du testament de feu noble homme Hector de Sainct Blaise, en son vivant chevalier de l'ordre de Sainct Jehan de Jerusalem xii <sup>tt</sup> t.; — de monsieur le doyen de Saint Quiriace, de Provins, ou nom et comme executeur du testament de feu maistre Anthoine Mygourdin, la somme de iii cens <sup>tt</sup> t. que ledict deffunct a aulmosnez audict Hostel Dieu; — de maistre Pierre Maupeou, procureur en la Chambre des Comptes, xxv s. t. que feue Jehanne Petit, sa mere, a donnée audict hostel.

Recepte commune iii mil lxv livres tournois; — du tronc estant en la boucherie dudict Hostel Dieu durant le karesme vii<sup>c</sup> iiii<sup>xx</sup> j <sup>tt</sup> t.

Somme totale de la recepte de ce present compte xxxii<sup>m</sup> viii<sup>c</sup> lxvii <sup>tt</sup> tournois.

## 78<sup>e</sup> REGISTRE (196 FEUILLETS, PARCHEMIN).

### ANNÉE 1553.

Despense de ce present compte :

Despense faicte a cause des cens, rentes, dixmes, indemnitez et admortissemens que ledict Hostel Dieu doibt chascun an pour plusieurs maisons, places, lieux, terres, prez, boys, et aultres heritaiges tant en la ville de Paris que hors icelle ii<sup>c</sup> lxxviii <sup>tt</sup> t.

Aultre despense a cause d'aultres rentes sur tout le revenu et temporel d'icelluy Hostel Dieu xxiii <sup>tt</sup> tournois.

Autre despense pour le labour des vignes, ensemble des fraiz de vendenges ii<sup>m</sup> ii<sup>c</sup> iiii<sup>xx</sup> iiii <sup>tt</sup> t.

Autre despense pour achapt de vin, verjus et vin aigre lvi <sup>tt</sup> t.

Autre despense pour achapt de moutons, beufz et pourceaulx, lartz, veaulx et vollailles pour la provision des pauvres mallades x<sup>m</sup> lvii <sup>tt</sup> t.

Autre despense pour la despense des jours maigres et achapt de sel iii<sup>m</sup> viii<sup>c</sup> lxxvi <sup>tt</sup> t.

Autre despense pour achapt de boys et charbon xiii<sup>c</sup> iiii<sup>xx</sup> v <sup>tt</sup> t.

Autre despense pour achapt d'huille et façon de chandelle de suif xiiii<sup>c</sup> lxxviii <sup>tt</sup> t.

Autre despense pour achapt de draps de layne, coustilz, plumes, couvertures, ouvraiges de cordouennier xiii<sup>c</sup> lvi <sup>tt</sup> t.

Autre despense pour achapt de vaisselle d'argent, pothier d'estaing, chaudronnier, charron, mareschal, bourrelier, cordier, vannier vi<sup>c</sup> xl <sup>tt</sup> t.

Autre despense pour les drogues de l'appoticairerie v<sup>e</sup> viii ₶ t.

Autre despense pour les menuz fraiz et mises communes iiii<sup>c</sup>xlvii ₶ t.

Autre despense pour acquisition d'heritaiges et rentes durant ceste presente annee xix<sup>e</sup> ₶ t.

Autre despense pour plusieurs grosses et menues reparations faictes tant en l'Hostel Dieu que plusieurs maisons d'icelluy, tant en la ville de Paris que hors icelle iiii<sup>m</sup> v<sup>c</sup>xxxii ₶ t.

Autre despense et mises faictes par cedict receveur pour deniers par luy baillez pour convertir et employer au faict des proces et aultres fraiz de justice; — xl s. t. pour avoir faict adjourner aux requestes du Palais, a la requeste dudict Hostel Dieu, ung nommé Mangin d'Anglures, escuier, demourant a Langres, tuteur des enfans myneurs d'ans de feu Anthoine d'Anglure, afin de monstrer et exiber audict Hostel Dieu le testament dudict deffunct Anthoine d'Anglure; — lv s. t. pour les fraiz faictz des emprisonnemens des vaches de la ferme du Pressouer, a raison du degast faict par lesdictes vaches es vignes du terrouer de Sainct Germain des Prez; — ce present receveur faict cy despense *de la somme de lviii ₶ xi s. t. par luy payee pour la despense faicte a la court, ou moys de juillet dernier passé, par deux desdits gouverneurs, a la poursuicte faicte envers le Roy pour l'exemption des deniers mis et cotisez par les prevost des marchans et eschevins de ceste ville de Paris sur toutes les maisons dudict Hostel Dieu assizes en la ville et faulxbourgs de Paris, pour le regard des fortificacions d'icelle, dont ledit sire par ses lettres patentes a exempté ledict Hostel Dieu.*

Autre despense faicte par cedict receveur pour dons et pensions durant ceste presente annee; — a maistre Jehan Le Vasseur, docteur regent en la Faculté de medecine, la somme de cent livres tournois pour une annee de sa pension; — somme toute viii<sup>xx</sup> v liv. t.

Autre despense pour solution de gaiges et sallaires de gens d'eglise, officiers, etc., viii<sup>c</sup> iiii<sup>xx</sup> xvii ₶ t.; — a maistre Richard Hubert, barbier cirurgien en ceste ville de Paris, la somme de iii cens livres tournois pour une annee et demye de ses gaiges escheuz au jour de Noel temps de cedict compte, a cause de ii cens livres tournois a luy ordonnees chascun an par messeigneurs les gouverneurs pour ses peines, sallaires et vaccations de luy et ses serviteurs, de traicter, penser et medicamenter continuellement les pauvres malades dudict Hostel Dieu; — a Perrine Dupuis, saige femme servant a l'office des acouchiees xii ₶ t. pour une annee de ses gaiges.

Gaiges d'officiers pour l'annee de ce present compte vi<sup>c</sup> iiii<sup>xx</sup> vi ₶ t.

Somme totalle de la despense de ce present compte xxx<sup>m</sup> iii<sup>c</sup> lxxvi livres tournois.

## 79<sup>e</sup> REGISTRE (361 FEUILLETS, PARCHEMIN).

### ANNÉE 1554.

Compte quinziesme de maistre Jehan de Savignac, pour une annee commencant au jour de Noel mil cinq cens cinquante trois et finissant a pareil jour mil cinq cens cinquante quatre.

Recepte non muable des cens et fons de terre en ladicte ville de Paris lxi s. ii ₶ tournois.

Autre recepte a cause des rentes tant sur la recepte generalle oultre Seine et Yonne que sur le domaine du Roy nostre sire a Paris xiiii<sup>c</sup> lii livres tournois.

Autre recepte a cause des rentes en ceste ville et faulxbourgs de Paris iii<sup>c</sup> cviii liv. tournois.

Autre recepte a cause des rentes ou pensions viaigeres en ceste ville de Paris iii<sup>c</sup> viii ₶ t.

Autre recepte a cause d'aulcuns louaiges de maisons assises tant en ceste ville de Paris que hors icelle iiii<sup>m</sup> viii<sup>c</sup> xlviii livres tournois.

Recepte du fief d'Albic iiii<sup>xx</sup> ₶ t.

Autre recepte a cause des cens, surcens, fons de terre hors la ville et faulxbourgs de Paris iii<sup>c</sup> lxxi ₶ t.

Autre recepte a cause des rentes annuelles sur plusieurs maisons, terres, prez, boys, vignes et autres heritaiges hors la ville de Paris xix<sup>c</sup> xxxiiii ₶ t.

Autre recepte a cause des rentes viageres que ledict recepveur a droict de prandre sur plusieurs maisons et autres heritaiges hors la ville de Paris iiii<sup>xx</sup> xvii ₶ parisis qui vallent a tournois vi<sup>xx</sup> i livres.

Autre recepte a cause d'aulcuns louaiges de ferme et baulx faictz a pris d'argent de plusieurs maisons, terres, prez, boys, vignes et autres heritaiges hors Paris xv<sup>c</sup> xxxviii ₶ t.

Autre recepte a cause des droictz de pescherie a cause du fief de la Mothe lviii ₶ xvi s.

Autre recepte a cause des deniers venuz des lotz et ventes durant ceste presente annee, pour plusieurs acquisitions d'heritaiges assis en plusieurs lieux estans en la censive de l'Hostel Dieu de Paris xiii ₶ t.

Deniers proccedans d'aulcunes rentes qui ont esté racheptees durant ceste presente annee ii<sup>c</sup> iiii<sup>xx</sup> i l. t.; — de *maistre Rasse des Noues, cirurgien du Roy,* demourant en ceste ville de Paris, pour le rachapt de cent solz parisis de rente que ledict Hostel Dieu soulloit avoir droict de prandre sur une maison assise rue du Barseul, laquelle rente fut racheptee ledit jour en l'Hostel de Ville au denier vingt, suyvant l'ecdict du Roy, néant cy parceque recepte en est faicte cy devant soubz le nom de Messieurs les prevosts des marchans et eschevins de la ville de Paris.

Deniers venuz de la vente de certain grain et saon mil xl<sup>tt</sup> t.; — somme de la vente du vin lviii<sup>tt</sup> t.

Autre recepte a cause de la vente de suif venu et yssu des moutons despensez audict Hostel Dieu v<sup>c</sup> xlvi<sup>tt</sup> t.

Autre recepte a cause des deniers proceddans de la vente des peaulx et abbatiz de moutons despensez audict Hostel Dieu xviii<sup>c</sup> xxx<sup>tt</sup>; — vente de certain boys c<sup>tt</sup> t.

Autre recepte a cause des pardons publiez en l'evesché et diocese de Paris ii<sup>m</sup> v<sup>c</sup> iiii<sup>xx</sup> xiii<sup>tt</sup> t.

Autre recepte a cause des deniers proceddans des pardons publiez hors l'evesché de Paris vi<sup>m</sup> cxlii<sup>tt</sup> t.

Deniers venuz des relligieuses qui ont gardé des mallades en ceste ville lxviii<sup>tt</sup> t.

Autre recepte a cause des deniers proceddans des legtz, vigilles et convoys, dons et aulmosnes iii<sup>m</sup> clxxiiii<sup>tt</sup> t.; — des executeurs du testament de feu maistre Nicole Carant en son vivant, huissier en la court de Parlement, la somme de cent livres tournois que ledict deffunct a aulmosnee audict Hostel Dieu; — de Madame la presidente Nicolay la somme de cent quinze livres tournois; — du Roy nostre sire, par les mains de Monsieur le tresorier de l'Espargne v cens liv. tournois; — des executeurs du testament de feu dame Charlotte Briçonnet, en son vivant dame douairiere de la terre et seigneurie d'Allincourt c<sup>tt</sup> t.; — des executeurs du testament de feu messire Nicolas de Neufville, seigneur de Villeroy, iiii<sup>c</sup> lx<sup>tt</sup> t.; — de Monsieur le maistre des comptes Oudart Hennequin, executeur du testament de feu Nicolle Hennequin son filz xxv<sup>tt</sup> t.; — de Madame Allyenor de Ferrieres, dame de Montfort le Rotrou, comme executeresse du testament de deffunct messire Jacques de Montigny, chevallier, son mary, xxv<sup>tt</sup> t.; — de Monsieur du Drap, conseiller en la court de Parlement, executeur du testament de feu Monsieur de Baudeville c liv. tourn.

Recepte commune ii<sup>m</sup> vii<sup>c</sup> xxxviii<sup>tt</sup> t.; — du tronc estant a la boucherie dudict Hostel Dieu, durant le Karesme derrenier passé viii<sup>c</sup> xxxi<sup>tt</sup> t.; — de Jaspart Martin, barbier et cirurgien xiii<sup>tt</sup> xvi s. t. qu'il a donnee en luy faisant le bail d'une maison audit Hostel Dieu appartenant, assise au port Sainct Landry; — des habillemens venduz des pauvres qui sont mortz audict Hostel Dieu ccc<sup>c</sup> liv. tournois.

Somme totalle de la recepte de ce present compte xxix<sup>m</sup> ii<sup>c</sup> lii<sup>tt</sup> t.

## 80<sup>e</sup> REGISTRE (196 FEUILLETS, PARCHEMIN).

### ANNÉE 1554.

Depense de ce present compte.

Cens, rentes, dixmes, indempnitez et admortissemens que ledict Hostel Dieu doibt pour plusieurs maisons, places, prez, boys, vignes et autres heritaiges tant en la ville de Paris que hors icelle ii<sup>c</sup> lxii<sup>tt</sup> t.

Autre despense a cause d'autres rentes deues sur tout le revenu et temporel dudict Hostel Dieu xxx<sup>tt</sup> tournois.

Autre despense pour le labour des vignes, ensemble des fraictz de vendanges ix<sup>c</sup> iiii<sup>xx</sup> xi<sup>tt</sup> t.

Autre despense pour l'achapt de vin et vin aigre vi<sup>c</sup> lxxiiii<sup>tt</sup> t.

Autre despense pour achapt de moutons, beufz, pourceaulx, lartz, vollailles vi<sup>m</sup> clvii liv. t.

Autre despense pour la despense des jours meigres et achap de sel iiii<sup>m</sup> ii<sup>c</sup> iiii<sup>tt</sup> t.

Autre despense pour achapt de boys, charbon et cendre vi<sup>c</sup> lxi<sup>tt</sup> t.; — achapt d'huille et façon de chandelle de suif vi<sup>xx</sup> x<sup>tt</sup> t.

Autre despense pour achapt de draps de laine, coustilz, plumes, couvertures, ouvraiges de cordouennier, achapt de toilles viii<sup>c</sup> iiii<sup>xx</sup> iii<sup>tt</sup> t.

Autre despense pour achapt de vaisselle d'argent, pothier d'estain, chaudronnier, charron, mareschal, bourrellier, cordier et vannier vi<sup>c</sup> xxvi<sup>tt</sup> t.

Autre despense pour les drogues de l'appoticairie vii<sup>xx</sup> xiii livres tournois.

Autre despense pour les menuz fraictz et mises communes durant l'année de ce present compte ii<sup>c</sup> lxxi<sup>tt</sup> tournois.

Autre despense pour acquisitions d'heritaiges et rentes iii<sup>c</sup> lxxvi<sup>tt</sup> t.

Autre despense pour plusieurs grosses et menues reparations, tant en l'Hostel Dieu de Paris que plusieurs maisons d'icellui, tant en la ville de Paris que autres lieulx v<sup>m</sup> ii<sup>c</sup> iiii<sup>xx</sup> viii<sup>tt</sup> t.

Autre despense pour deniers baillez et delivrez pour convertir au faict des proces et autres fraictz de justice ii<sup>c</sup> iiii<sup>xx</sup> xvi<sup>tt</sup> t.; — a Gilles des Noues, huissier en la Chambre des comptes, vii<sup>tt</sup> vii s. t.; — pour ung voiage par luy faict a Rouem pour mectre a execution une lectres patentes du Roy expediees ou grand sceau contre la vefve feu Monsieur Remon, en son vivant premier president en la court de Parlement audict Rouem, pour raison de lxiiii livres parisis de rente que elle et ses enffans doibvent chascun an a l'Hostel Dieu sur plusieurs maisons assises oultre la porte Sainct Michel.

Autre despense pour dons et pensions vii$^{xx}$ xiiii $^{tt}$ t.; — a maistre Jehan Levasseur, docteur regent en la Faculté de medecine cent livres tournois pour une annee de sa pension.

Autre despense pour solution de gaiges et sallaires de gens d'église, officiers domestiques et serviteurs dudict Hostel Dieu vi$^c$ lxxv$^{tt}$ t.; — a Richard Hubert, cirurgien a Paris, la somme de xl livres tournois pour demye annee de ses gaiges qui sont de deux cents livres tournois par chascun an, *parceque ses serviteurs ont este nourriz durant ledict tempz audict Hostel Dieu, a cause de la malladye contagieuse qui regnoit pour lors, au moyen de quoy luy a esté modéré et rabatu desditz gaiges;* — a Peronne Dupuis saige femme de l'Hostel Dieu xii $^{tt}$ t. pour une annee de ses gaiges.

Gaiges d'officiers vii$^c$ xxvii$^{tt}$ t.

Somme totalle de la despense de ce present compte xxiii$^m$ v$^c$ iiii$^{xx}$ xix livres tournois.

## 81$^e$ REGISTRE (332 FEUILLETS, PARCHEMIN).
### ANNÉES 1555. — MARS 1556.

Compte seiziesme de maistre Jehan de Savignac pour une annee et troys moys commançaut au jour de Noel mil v$^c$ liiii et finissant le xxviii$^e$ jour de mars ensuyvant mil cinq cens cinquante cinq.

Recepte non muable des cens et fons de terre en ladicte ville de Paris lxx s. ii den.

Autre recepte tant sur la recepte generalle oultre Seine et Yonne que sur le domaine du Roy nostre sire à Paris xix$^c$ xxxvi$^{tt}$ t.

Autre recepte a cause des rentes en ceste ville et faulxbourgs de Paris iii$^m$ cv$^{tt}$ tournois.

Autre recepte a cause des rentes ou pensions viaigeres en ceste ville de Paris iiii$^{xx}$ viii$^{tt}$ t.

Autre recepte a cause des louaiges de maison tant en ceste ville de Paris que hors icelle iiii$^m$ ix$^c$ xlii $^{tt}$ tournois.

Autre recepte a cause du fief d'Albic iiii$^{xx tt}$ tournois.

Autre recepte a cause des cens, surcens et fondz de terre iii$^c$ lxiii $^{tt}$ tournois.

Autre recepte a cause des rentes annuelles sur plusieurs maisons et autres heritaiges hors la ville de Paris ii mil li livres tournois.

Autre recepte a cause des rentes viaigieres sur plusieurs maisons et autres heritaiges hors la ville de Paris vi$^{xx}$ i livres tournois.

Autre recepte a cause d'aucuns louaiges de ferme et baulx faictz a pris d'argent de plusieurs maisons, terres, prez et autres heritaiges hors Paris xvii$^c$ xiiii$^{tt}$ tournois.

Autre recepte a cause des droitz de pescherye lvii $^{tt}$ tournois.

Autre recepte a cause des lotz et ventes pour plusieurs acquisitions d'heritaiges en plusieurs lieux estans en la censive de l'Hostel Dieu xiiii $^{tt}$ t.

Autre recepte a cause des deniers procedans d'aulcunes rentes qui ont esté rachaptees iii$^c$ lxii $^{tt}$ t.

Autre recepte procedant de la vente de certain grain et son xix$^c$ lvii $^{tt}$ t.; — vente de vin lxxi$^{tt}$ t.

Autre recepte a cause de la vente du suif yssu des moutons despensez audict Hostel Dieu vi$^c$ xiii $^{tt}$ t.

Autre recepte a cause des deniers provenans de la vente des peaulx et abbatiz de moutons ii mil lxxi$^{tt}$ t.; — vente de certain bois ix$^c$ xix$^{tt}$ t.

Autre recepte a cause des deniers trouvez es tronctz dudict Hostel Dieu apres, la publication des pardons d'icelluy en l'evesché et diocese de Paris ii$^m$ v$^c$ xlii $^{tt}$ t.

Autre recepte a cause des pardons publiez hors l'evesché de Paris iii$^m$ iii$^c$ iiii$^{xx}$ xii $^{tt}$ t.

Autre recepte a cause des deniers venuz des religieuses qui ont gardé des mallades en ceste ville xliii $^{tt}$ t.

Autre recepte a cause des legs, vigilles, convoys et aulmosnes durant l'annee de ce present compte ii$^m$ vii$^c$ xliii$^{tt}$ t.; — du principal de l'*Ave Maria*, executeur de feu scientificque personne, maistre Anthoine Brunet, docteur en theologye, maistre dudict Hostel Dieu la somme de cent livres tournois; — de Madame la presidente Nicolay la somme de cxvii $^{tt}$ t.; — de Monsieur le connestable, le dernier jour dudict mois de mars ix$^{tt}$ t., — de scientificque personne maistre Nicolle de Fresnay, chapnoine et tresorier de l'eglise de Soissons ii cens liv. tournois; — des executeurs du testament de feue Thomasse Lelorrain, vefve de feu Jehan Hotman, c liv. tourn.; — de la vente des habillemens des pauvres trespassez ii$^c$ xl liv. tourn.; — de maistre Jehan Gillebert, prebtre demourant a Poissy iii cens livres tournois; — de Monsieur Hennequin, conseiller du Roy et maistre ordinaire de ses comptes xxx$^{tt}$ t.; — du Roy nostre sire le xxix$^e$

jour de janvier (1556) x$^{tt}$ t.; — des executeurs du testament de feu Monsieur de Vicourt ii$^e$ xx$^{tt}$ t.
Autre recepte commune ii mil iiii cens lxxiiii$^{tt}$ t.; — de Anthoine Vast, maistre menusier, lxxv$^{tt}$ t. pour la vente a luy faicte de plusieurs troncz de noyers estans es ysles dudict Hostel Dieu au villaige de Crestueil; — du tronc de la boucherye viii$^e$ iiii$^{xx}$ ix$^{tt}$ xviii s. t.
Somme totale de la recepte de ce present compte xxxi$^m$ lxx$^{tt}$ tournois.

## 82$^e$ REGISTRE (149 FEUILLETS, PARCHEMIN).
### ANNÉES 1555. — MARS 1556.

Despence faicte par ce present recepveur durant l'année de ce present compte, a cause des cens, rentes, dixmes, indempnitez et admortissemens que ledict Hostel Dieu doibt pour plusieurs maisons, places, terres, prez et autres heritaiges tant en la ville de Paris que hors icelle ii$^c$ xlvi$^{tt}$ t.

Autre despense a cause d'autres rentes sur tout le revenu et temporel xxxi$^{tt}$ t.

Autre despense pour le labour des vignes dudict Hostel Dieu, ensemble des fraiz des vendanges ii mil vii cens lxx$^{tt}$ t.

Autre despense pour achapt de vin, verjus et vinaigre xxxviii$^{tt}$ t.

Autre despense pour achapt de moutons, beufz, veaulx et vollailles xii$^m$ vi$^c$ xxxiii$^{tt}$ t.

Autre despense pour la despense des jours maigres et achapt de sel iiii$^m$ vi$^c$ lxxix$^{tt}$ t.

Autre despense pour achapt de boys, charbon et cendres ii$^m$ ii$^c$ xviii$^{tt}$ t.

Autre despense pour achapt d'huille et façon de chandelle de suif ii$^c$ $^{tt}$ xvi s.

Autre despense pour achapt de draps de layne, coustilz, plumes, couvertures, ouvraiges de courdouennyer, façon, blanchissaige et achapt de thoilles acheptees pour la provision des pauvres mallades iiii$^c$ iiii$^{xx}$ i liv. t.; — a Jehan Baillet l'aisné, maistre savetier à Paris, la somme de x$^{tt}$ v s. t. pour l'achapt de iiii douzaines de soulliers semellez, par luy venduz et livrez a raison de lii s. vi den. t. chascune douzaine de paires de huict jusques a douze poinctz, *pour donner et aulmosner aux pauvres convalescens sortans dudict Hostel Dieu.*

Autre despense pour achapt de vaisselle d'argent, pothier d'estain, chauldronnier, charron, mareschal, bourrellier, cordier et vannier viii$^c$ lviii$^{tt}$ t.; — ix$^{tt}$ xvii s. payees tant pour l'achapt de iiii douzaines de sabotz de boys pour distribuer aux pauvres dudict Hostel Dieu, trouvez convalescens a la visitation qui fut faicte en icelluy Hostel Dieu les dix et douzieme jours de decembre derrenier passez, *que pour avoir distribue ausditz pauvres quelques deniers pour ayder a leur en retourner en leur pays.*

Autre despense pour les drogues de l'appothicairerie de l'Hostel Dieu xiii$^c$ xli$^{tt}$ t.

Autre despense pour les menuz fraiz et mises communes durant l'annee de ce present compte iii$^c$ lix$^{tt}$ t.; — plus faict despense cedict recepveur de la somme de vii$^{tt}$ t. pour la cotisation faicte *pour le faict des fortifications de ceste ville* sur ung nommé Emard Grand-Jehan, jardinier, demourant a une maison assize a Sainct Germain des Prez, *lequel s'en seroyt fuy, sans avoir payé ladicte cotisation*, ne les fouaiges audict Hostel Dieu d'icelle maison.

Autre despense pour acquisition d'heritaiges et rentes vii$^c$ xxxi$^{tt}$ t.

Autre despense pour plusieurs grosses et menues reparations faictes tant en l'Hostel Dieu de Paris que plusieurs maisons d'icelluy, tant en la ville de Paris que aultres lieulx v$^m$ cxiiii$^{tt}$.

Autre despense pour deniers baillez pour employer au faict des proces et autres fraiz de justice xvii$^{xx}$ x$^{tt}$ t.; — ce present recepveur faict cy despense de la somme de lxxv s. t. pour le sallaire et vaccation d'un homme qui a esté expres a Fontainebleau, pour faire expedier les lectres patentes par lesquelles le Roy a exempté ledict Hostel Dieu de la contribution des fortifications de la ville, et ce pour sept jours et demy, a raison de dix solz tourn. par chascun jour; — a Nicolas Picart, huissier sergent a cheval ou Chastellet de Paris, la somme de ix s. t. pour son sallaire d'avoir esté au lieu de la Louppe, près Chartres, pour executer le seigneur dudict lieu, pour la somme de iiii$^{xx}$ xv$^{tt}$ t. d'arreraiges, a cause de xxv escuz d'or soleil de rente; — cinquante solz tourn. a Guillaume Henault, sergent a cheval ou Chastellet de Paris, pour son sallaire d'avoir esté exprès en la ville de Beauvais, pour adjourner les tresorier et chappitre dudict lieu, pour venir proceder sur l'entherinement d'unes lectres royaulx obtenues par ledict Hostel Dieu touchant le peaige de Roys; — ce present recepveur fait cy despence de la somme de vi$^{xx}$ v$^{tt}$ t. qu'il a payee a Nicolas Cachouyn, ayant la charge du Pressouer, près les Chartreulx, pour retirer les chevaulx dudict Hostel Dieu qu'ilz ont este prins par execution, a la requeste des gens du Roy, sur la reformation des eaues et forestz.

[1555-1556.] DE L'HÔTEL-DIEU DE PARIS. 301

Autre despence pour dons et pensions ix$^{xx}$ iii $^{tt}$ t.; — a maistre Jehan Le Vasseur, docteur régent en la Faculté de medecine, la somme de c $^{tt}$ tournois pour une annee de ses gaiges.

Autre despence pour solution de gaiges et sallaires de gens d'eglise, domesticques et serviteurs vii$^{c}$ xxii $^{tt}$ t.; — a Richard Hubert, cirurgien a Paris et nagueres cirurgien de l'Hostel Dieu, la somme de xv $^{tt}$ t. a cause de vi$^{xx}$ $^{tt}$ t. par an, pour ung moys et demy de ses gaiges;

— a Jaspart Martin, cirurgien dudict Hostel Dieu, la somme de lxvii $^{tt}$ x s. t. pour quatre moys et demy de ses gaiges; — a Perrine Dupuy, saige-femme de l'Hostel Dieu, vi $^{tt}$ t. pour demye annee de ses gaiges.

Gaiges d'officiers vii$^{c}$ lxxviii $^{tt}$ t.; — a Jehan Perret, huissier du Bureau de l'Hostel Dieu xii $^{tt}$ t.

Somme toute de la despence de ce present compte xxxviii$^{m}$ iiii$^{c}$ iiii$^{xx}$ix livres tournois.

## 83$^{e}$ REGISTRE (344 FEUILLETS, PARCHEMIN).
### ANNÉE 1556.

Coppie des lectres de commission de ce present recepveur, par lesquelles appert messeigneurs les commis au regime et gouvernement de l'Hostel Dieu de Paris avoir commis icelluy recepveur a l'office de procureur et recepveur general du revenu appartenant audit Hostel Dieu, ainsi qu'il est plus a plain contenu ès dictes lectres de commission, desquelles la teneur s'ensuict.

A tous ceulx qui ces presentes lectres verront Anthoine Duprat, chevallier, baron de Thiert et de Vitcaulx, seigneur de Nanthoïllet et de Precy, conseillier du Roy nostre sire, gentilhomme ordinaire de sa chambre et garde de la prevosté de Paris, salut, scavoir faisons que par devant Pierre Le Conte et Claude Le Normant, notaires du Roy nostre dict sire en son Chastellet de Paris, fut present et comparant en sa personne honorable homme maistre Claude Coynart, bourgeois de Paris, lequel liberallement et de sa bonne volunté recongnut et confessa avoir accepté, prent et accepte en sa charge la recepte generalle de l'Hostel Dieu de Paris, laquelle charge et recepte ledict Coynart a promis et promect faire et exercer bien et loyaulment, au prouffict dudict Hostel Dieu, suivant la procuration a luy faicte et passee cejourd'huy par devant lesdits notaires soubz signez, par noble homme messire Jehan Grollier, chevallier, conseillier du Roy nostre sire en son privé conseil, tresorier de France, maistre Francois Gayant, sires Jehan Laubigeoys, Nicolas Perrot, Jehan Crocquet, Denys Berthelemy, Guillaume Choart et Jehan Delent, tous bourgeois de Paris, commis par la court de Parlement au regime et gouvernement du revenu et temporel dudict Hostel Dieu, a ce presens, stipullant et acceptant pour les pauvres affluans audict Hostel et maison Dieu, aux charges contenues en ladicte procuration, reservé par lesdiz gouverneurs les droictz seigneuriaux, lotz et ventes, dont, des deniers qui en proviendront, sera faict registre par le greffier du bureau dudict Hostel Dieu, et les ensaisinemens faitz par lesdits gouverneurs ou l'un d'eulx, et aussi a la charge que ledict Coynart sera tenu et promect rendre compte et reliqua de sadicte recepte troys moys apres l'an revolu ausdits gouverneurs et leurs successeurs, et leur montrer son estat de ladicte recepte par chascun moys si bon leur semble, lesquelz comptes se feront aux despens dudict Hostel Dieu, aux gaiges de quatre cens soixante livres tournois par an, qui retiendra par ses mains sur ladicte recepte, pour toutes choses quelzconques, tant pour luy que ses clercs, a commancer ladicte recepte du jour de Noel derrenier passé, a ce faire vindrent et furent presens honorable homme maistre Ponthus Guillot, huissier du Roy nostre sire, en sa court de Parlement, et sire Jehan Descamyn, marchant et bourgeois de Paris, lesquelz l'un pour l'autre, seul et pour tout, sans division, fidejussion, ordre de droict et de discution, renonceans a chacun des beneffices d'iceulx, se sont constituez et constituent pleiges et cautions pour ledict Coynart envers ledict Hostel Dieu, jusques a la somme de quatre mil livres tournois, promirent oultre lesdictes partyes oudict nom rendre et payer l'une d'elles a l'autre tous coustz, fraiz, mises, despens, dommaiges et interestz qui faictz, ensouffers, soustenuz et encouruz seroient, par faulte des choses susdites ou d'aucunes d'icelles non faictes, entretenues et non deuement acomplies, et en ce prouchassant et requerant soubz l'obligation et ypothecque de tous et chacuns les biens, revenu et temporel dudict Hostel Dieu, meubles et immeubles, presens et advenir dudict Coynart et desdictz Guillot et Descamyn, qu'ilz chacun en droict soy, lesdicts gouverneurs oudict nom, lesdictz Guillot et Descamyn l'un pour l'autre, seul pour le tout, sans division, fidejussion, ordre de droict et de discution, pour ladicte somme de quatre mil livres tournois, et ledict Coynart seul et pour le tout, en ont soubmy et soubzmectent enthier de du tout a la justice et contraincte de ladicte prevosté de Paris, et de toutes autres justices et jurisdictions, où sceuz et trouvez seront, l'une non cessant pour l'autre, pour le contenu en cesdictes presentes lectres du tout par lesdictes partyes acomplir, ainsi et par la maniere que dict est, et renoncerent en ce faisant lesdictes partyes par leurs foy et serment a toutes choses et aydes generallement quelzconques qui, tant de faict que de droict, et autrement en aulcune maniere, l'on pourroit dire, proposer et alleguer contre l'effect et execution de cesdictes presentes, et au droict disant generalle renonciation non valloir, en especial lesdictz Guillot et Descamyn aux beneffices de division, fidejussion, ordre de droict et de discution, en tesmoing de ce, a la relation desdits notaires, nous avons faict mectre le scel de ladicte prevosté de Paris a cesdictes presenctes lectres qui furent faictes et passees doubles, cestes pour ledict maictre Claude Coynart l'an mil cinq cens cinquante six, le vendredy dixiesme jour d'apvril apres Pasques, et le mardi quatorziesme jour dudict moys d'apvril ensuyvant oudit an comparut en sa personne noble homme Claude Guyot, aussi conseiller dudict seigneur, et maistre ordinaire en sa Chambre des Comptes, seigneur de Charmeau, aussi gouverneur dudict Hostel Dieu, lequel a ratiffié et eu pour agreable le contenu en cesdictes presentes, soubz les mesmes promesses, obligations et renonciations y contenues. Ce fuct faict les jour et an derrenierement dictz.

Ensuivent les noms et seurnoms de messeigneurs les commis par la court de Parlement au regime et gouvernement du revenu et temporel de l'Hostel Dieu de Paris.

Et premierement, messire Jehan Grolier, chevallier, conseillier du Roy nostre sire, tresorier de France; maistre Claude Guyot, aussi conseiller du Roy nostre dict seigneur et maistre ordinaire en sa Chambre des Comptes, seigneur de Charmeau; maistre Francois Gayant, naguieres receveur de Gisors; sires Nicolas Perrot, a present prevost des marchans de ceste ville de Paris, Jehan Laubigoys, Jehan Croquet, Guillaume Choart, Jehan Delent, Claude Lesueur, Jehan Messier, maistre Pierre Le Maçon, advocat en la court de Parlement, et sire Claude Marcel, tous bourgeois de Paris.

Compte premier de maistre Claude Coynart pour une annee commancant au jour de Noel mil cinq cens cinquante cinq et finissant en pareil jour ensuyvant mil cinq cens cinquante six.

Recepte non muable des cens et fons de terre deubz a l'Hostel Dieu de Paris en ladicte ville lxx s. ii den.

Autre recepte a cause des rentes que prand ledict Hostel Dieu tant sur la recepte generalle oultre Seyne et Yonne, au lieu du tresor du Roy nostre sire, que sur le domaine dudict seigneur a Paris ix$^c$ lxv ₶ t.

Autre recepte a cause des rentes en ceste ville et faulxbourgs de Paris ii$^m$ iii$^c$ xviii ₶ t.

Autre recepte a cause des rentes constituees a l'hostel de la ville de Paris, soubz le nom des prevostz des marchans et eschevins d'icelle, tant les rachaptz des rentes qu'ilz ont esté racheptees par plusieurs personnes, que ledict Hostel Dieu avoit droict de prandre sur plusieurs maisons assises à Paris, suyvant l'edict du Roy au denier vingt que autrement. — *Somme des rentes deues par la ville de Paris* vii$^c$ iiii$^{xx}$ i liv. tournois.

Autre recepte a cause des rentes ou penssions viaigeres que ledict Hostel Dieu a droict de prandre en ceste ville de Paris iiii$^{xx}$ viii ₶ t.

Autre recepte a cause d'aucuns louaiges de maissons assise tant en ceste ville de Paris que es faubourg d'icelle iiii$^m$ ix$^c$ lx ₶ t.

Somme du fief d'Alby iiii$^{xx}$ viii ₶ t.

Autre recepte a cause des cens, surcens et fons de terre hors la ville et faubourgs de Paris ii$^c$ xxxvii ₶ t.

Autre recepte a cause des rentes annuelles sur plusieurs maisons, terres, prez, boys, vignes et autres heritaiges hors la ville de Paris xix$^c$ iiii ₶ t.

Autre recepte a cause des rentes viaigeres sur plusieurs maisons et autres heritaiges hors la ville de Paris vi$^{xx}$ i ₶ t.

Autre recepte d'aucuns louaiges de fermes et baulx faictz a pris d'argent de plussieurs maisons, terres, prez et autres heritaiges hors Paris xvii$^c$ xlvii ₶ t.

Droitz de pescherie en la riviere de Seyne lix ₶ t.

Autre recepte a cause des deniers venuz des lotz et ventes pour plussieurs acquisitions d'heritaiges en la censive dudict Hostel Dieu de Paris xix ₶.

Autre recepte a cause des deniers proceddens d'aucunes rentes qu'ilz ont esté racheptées durant ceste presente annee lii ₶ t.

Autre recepte a cause du vin vendu ii$^c$ vi ₶ t.; — de Regnault Noel, marchant de vins demourant à Paris, la somme de cent quatre vingt saize livres tournois pour l'achapt par luy faict de quatorze muis de vins cleret, qu'ilz luy ont esté baillez a livrer dedens le vilaige de Suresnes.

Autre recepte a cause de la vente du suif yssu des moutons despensés audict Hostel Dieu vii$^c$ xliiii ₶ t.; — vente des peaulx et abatiz de moutons vii$^c$ iiii$^{xx}$ iii ₶ t.

Deniers procedans de la vente de certain boys xvii$^c$ xxi ₶ t.

Autre recepte a cause des deniers des pardons pubiez en l'evesché et diocese de Paris ii$^m$ cxiii ₶ t.

Autre recepte a cause des deniers procedans des pardons de l'Hostel Dieu, publiez et declairez par les archevesches cy aprez nommez v$^m$ cxvi ₶ t.

Deniers venuz des religieuses qui ont garder les malades en ceste ville de Paris ii$^c$ lxi ₶ t.

Autre recepte faicte a cause des deniers procedans des aulmosnes, laictz testamentaires, vigilles et convoys xix$^c$ iiii$^{xx}$ xviii ₶ t.; — de Madame la presidente Nicollay la somme de vi$^{xx}$ ₶ t. par ladicte dame donnez aux pauvres dudict Hostel Dieu pour estre participant aux prieres qui se font par chascun jour audict Hostel Dieu; — de Jehan de la Vanne, seigneur de Tourouze, au Perche, comme executeur du testament et ordonnance de derniere voullonté de feu Jehan Libertre, en son vivant seigneur de la Pilletiere, audict pays, la somme de cent livres tournois par ledict deffunct donnez audict Hostel Dieu pour ayder a nouryr les pauvres; — de maistre Baptiste de Machault, filz et exsecuteur du testament de feu maistre Symon de Machault, son pere, la somme de cent livres tournois; — des enfans et executeurs du testament de feu honnorable homme Nicolas Hanequin, en son vivant marchant bourgeois de Paris, et l'un des gouverneurs dudit Hostel Dieu, le xx° jour du moy de may la somme de ii° xl livres tournois; — de honorable femme Claude Reveze, vefve de feu maistre Jehan d'Argouge, en son vivant leicentier en loys, seigneur de Morillon, demourant a Vendosme lvii<sup>tt</sup> tourn.; — de noble et puissant seigneur messire Anthoine du Prat, chevallier, seigneur de Nantoulet, prevost de Paris, par les mains de maistre Nicolle Boreau, notaire ou Chastellet de Paris, le xxvii° jour d'octobre м v° lvi, la somme de xxv<sup>tt</sup> t. pour ung terme escheu a cause de cent livres tournois de rente que ledict seigneur a donnez et aulmosnez aux pauvres dudict Hostel Dieu par chascun an; — de noble homme Robert de la Vanne, viconte du Perche, la somme de xxiii<sup>tt</sup> t. par les mains de damoyselle Marie de Brevedant, vefve de feu noble homme maistre Jehan Henault, en son vivant medecin du Roy.

Recepte commune pour l'annee de ce present compte iii<sup>m</sup> viii<sup>c</sup> liiii<sup>tt</sup> t.; — du tron estant a la boucherye dudict Hostel Dieu vii<sup>c</sup> x<sup>tt</sup> t. provenant de la cher qui a esté baillee aux mallades estant a la ville de Paris, *suivant le raport des medecins*; — de seur Jehanne Hoverye, religieuse, ayant la charge de la poullerye ii<sup>c tt</sup> t. de la vente des habillemens provenant des pauvres; — de maistre Jehan de Savignac, naguiere recepveur general dudit Hostel Dieu, receu la somme de iiii<sup>c</sup> xxii<sup>tt</sup> t. pour demeurer quitte envers ledict Hostel Dieu de la somme de vi<sup>c</sup> lxxii<sup>tt</sup> t. faisant moytié de la somme de xiii<sup>c</sup> xlv<sup>tt</sup> t. qui deubz estoient audict Hostel Dieu par deffunct maistre Claude de Savignac, son pere, en son vivant recepveur dudict Hostel Dieu, et pour le reste de ladicte somme de vi<sup>c</sup> lxxii<sup>tt</sup> t.; ledict de Savignac a baillé aux gouverneurs dudict Hostel Dieu xx<sup>tt</sup> t. de rente qu'il avoit droict de prandre chascun an sur l'hostel de la ville; — de noble homme maistre Jehan de Baillon, conseillier du Roy nostre sire et tresorier de son Espargne, seigneur de Janvrix, a esté receu la somme de ii° xl<sup>tt</sup> t. que ledit sieur de Baillon avoict promis bailler audict Hostel Dieu en faveur et consideration du bail, cession et transport a luy faict par Messieurs les gouverneurs dudict Hostel Dieu de la terre et seigneurie de Janvris, du droict que ledict Hostel Dieu y povoit avoir.

Autre recepte a cause des vins venuz et yssus des vignes appertenans audict Hostel Dieu, néant, pour ce que lesdits vins ont esté menez et mis es caves dudict Hostel Dieu pour la provision des pauvres; — des vignes d'Athis treze muis de vin; — de xxxviii muis de vin yssu de unze arpens et demy de vigne assis ou terrouer de Baigneulx; — de dix muis de vin yssu de ii arpens et quartier et demy de vigne ou terrouer de Clamart; — de xxxii muis yssu de douze arpens au terrouer de Crestel; — de cent douze muis de vin de xxii arpens ou terrouer de Champrozé; — de xxxiii muys de vin issu de sept arpens ou terrouer d'Escharcon; — de vii muis de vin de troys arpens viii perches ou terrouer de Fontenay sur le boys de Vincennes; — de saize muis et demy de vin yssu de trois arpens troys quartiers ou terrouer de Juvisi; — de cinq muis de vin yssu de sept quartiers et demy ou terrouer de Nostre Dame des Champs; — de sept muis de vin yssu de iii arpens i quartier et demy de vigne ou terrouer de Picquepusse; — de quatorze muis de vin yssu de quatre arpens ung quartier ou terrouer de Suresne; — de six muis de vin yssu de deulx arpens trois quartiers ou terrouer de Meudon; — de quatre muys de vin yssu d'un arpent demy quartier ou terrouer de Wuissoubz; — de sept muis de vin yssu de iii arpens ou terrouer de Vanves; — de xxii muys et demy de vin yssu de quatre arpens de vigne ou terrouer de Villeneufve le Roy.

Somme totalle de la recepte de ce present compte : xxviii<sup>m</sup> xlii<sup>tt</sup> t.

## 84° REGISTRE (209 FEUILLETS, PARCHEMIN).

### ANNÉE 1556.

Despense de ce present compte commencant et finissant comme dessus.

Cens, rentes, dimes, indempnitez, admortissemens pour plussieurs maisons, places, lieux, terres, pres, boys et autres heritaiges tant en la ville de Paris que hors icelle viii<sup>xx</sup> xiii<sup>tt</sup> t.

Autre despense a cause d'autres rentes deubz par ledict Hostel Dieu sur tout le revenu temporel d'icelluy Hostel Dieu xxviii<sup>tt</sup> t.

Autre despense pour les labours des vignes, ensemble des fraictz de vandanges ii<sup>m</sup> iiii<sup>c</sup> lxii<sup>tt</sup> t.

Autre despense pour rachapt de vin et vinaigre v° lv<sup>tt</sup> tournois.

Autre despense pour l'achapt de moutons, beufz,

pourceaulx, veaulx et vollailles xii<sup>m</sup> v<sup>c</sup> xxxi livres tournois

Autre despense pour la despense des jours maigres iiii<sup>m</sup> ciiii<sup>xx</sup> vi<sup>tt</sup> t.; — a la religieuse qui a la charge des acouchez iiii<sup>tt</sup> x s. tourn. pour convertir et employer a l'achapt du laict pour les acouchez.

Autre despenses pour l'achapt de boys, charbon et cendre pour la provision des pauvres malades, fraires et sœurs dudict Hostel Dieu xi<sup>c</sup> xliiii<sup>tt</sup> t.; — achapt d'huille et façon de chandelle xlvi<sup>tt</sup> t.

Autre despense pour l'achapt de draps de laine, coustilz, pennes, couvertures, ouvraige de cordonnier, fason, blanchissaige et achapt de toilles vii<sup>c</sup> xxiii<sup>tt</sup> t.; — autre despense pour rachapt de vecelle, polier d'estain, chouderonnier, vannyer vi<sup>c</sup> xxiiii<sup>tt</sup> t.

Autre despense pour l'apoticairerye vi<sup>c</sup> iiii<sup>xx</sup> iii<sup>tt</sup> t.

Autre despense pour les menuz fraictz et mises communes iii<sup>c</sup> xxxii<sup>tt</sup> t.; — a Pierre Du Boys, maistre ymagier a Paris ix<sup>tt</sup> t. pour avoir par luy faict et livré deux douzainne d'armoyries du Roy pour mectre aux fermes dudict Hostel Dieu, suivant les lectres patentes du Roy nostre sire de ne loger ny fouraiger esdictes ferme.

Autre despense pour acquisition d'heritaiges et rentes durant l'année de ce present compte iii<sup>c</sup> lx<sup>tt</sup> t.

Autre despense pour plussieurs grosses et menus reparations tant audict Hostel Dieu que plusieurs maisons d'icelle tant a la ville de Paris que hors ladicte ville xvii<sup>c</sup> li<sup>tt</sup> t.

Autre despence pour les deniers delivrez pour employer aux affaires des proces et autres fraictz de justice v<sup>c</sup> xi<sup>tt</sup> t.; — a maistre Jehan Lhostellier, greffier et consierge du bureau dudict Hostel Dieu la somme de xviii<sup>tt</sup> x s. t. pour les fraictz et mises par luy faictz en faisant la visitation du sanitat de Sainct Germain des Prez, ainsi qu'il est declaré par ces partyes escriptes par le menu; — a maistre Jehan Lhostellier xx<sup>tt</sup> t.; — par mandement du mercredy troysiesme jour de juing pour ses paynes, salaires, vacations d'avoir vacqué par plussieurs jours pour asembler Messieurs les prevostz des marchans et eschevins, bourgeois et autres personnes de ladicte ville *pour la visitation faicte au sanitat assis a Sainct Germain des Prez.*

Autre despense pour dons et pensions viii<sup>c</sup> xv<sup>tt</sup> t.; — a maistre Jehan Levasseur, docteur régent en la Faculté de medecine xxv<sup>tt</sup> t. pour ung terme de ses gaiges; — a maistre Jehan Le Paulmier, docteur regent en la Faculté de medecine xxv<sup>tt</sup> t. pour ung terme de ses gaiges.

Autre despense pour solutions de gaiges et salaires de gens d'eglises, officiers domesticques et serviteurs vi<sup>c</sup> iiii<sup>xx</sup> xix<sup>tt</sup> t.; — a Japart Martin, maistre barbier et cirurgien a Paris ix<sup>xxtt</sup> t. pour une annee de ses gaiges, pour penser et medicamenter les pauvres malades dudict Hostel Dieu; — a Pierre Setaine, barbier dudict Hostel Dieu x<sup>tt</sup> t. pour servir dudict estat de barbier a faire les ratures des religieulx, chapellains et enfans de cueur; — a Anne Bregil, saige femme dudict Hostel Dieu xii<sup>tt</sup> t. pour une annee de ses gaiges.

Gaiges d'officiers vi<sup>c</sup> lv<sup>tt</sup> tournois.

Somme totalle de la despense de ce present compte xxvii<sup>m</sup> viii<sup>c</sup> ii livres tournois.

## 85<sup>e</sup> REGISTRE (216 FEUILLETS, PARCHEMIN).

### ANNÉE 1558[1].

En suivent les noms et seurnoms de messeigneurs les commis par la court de Parlement au régime et gouvernement du revenu et temporel de l'Hostel Dieu de Paris.

Messire Jehan Grolier, chevallier, Monsieur maistre Claude Guyot, seigneur de Charmeau, maistre François Gayant, sires Nicolas Perrot, Jehan Croquet, Guillaume Choart, Jehan Delent, maistre Pierre Le Maçon, advocat en la court de Parlement, sires Claude Lesueur, Jehan Messier et Claude Marcel.

Compte troysiesme de maistre Claude Coynart, receveur general de l'Hostel Dieu de Paris, pour une annee commencant au jour de Noel mil cinq cens cinquante sept et finissant a pareil jour mil cinq cens cinquante huit.

Recepte non muable des cens et fons de terre en la ville de Paris lxxx s. t.

Autre recepte a cause des cens surcens et fons de terre hors la ville et faulxbourgs de Paris iii<sup>c</sup> xxiiii<sup>tt</sup> tournois.

Autre recepte a cause des rentes tant sur la recepte generalle oultre Sayne et Yonne, que sur le domaine du Roy a Paris xiii<sup>c</sup> xlviii<sup>tt</sup> t.

Autre recepte a cause des rentes en ceste ville et faulxbourgs de Paris viii<sup>c</sup> xi<sup>tt</sup>.

Autre recepte a cause d'autres rentes que ledict Hostel Dieu a droict de prendre chascun an sur ledict Hostel de Ville au moyen du don faict a icelluy Hostel Dieu par

---

[1] Les deux registres du compte de l'année 1557 étaient déjà en déficit lors de la rédaction de l'inventaire, en 1868.

messire François de Rasse[1], en son vivant seigneur de la Hargerie ii$^m$ xxiii ₶ t.; — de Messieurs les prevostz des marchans et eschevins de la ville de Paris la somme de ii mil livres tournois, pour une annee escheue le dernier jour de decembre, temps de cedict compte, donnez et laigez a icelluy Hostel Dieu par feu messire Francoys de Rasse en son vivant chevallier, maistre d'hostel ordinaire du Roy nostre sire, seigneur de la Hargerie, Tilloloy, Lancourt, etc., gouverneur usuffruictier de Crevecueur, Harleux, Rumilly et Sainct Suplet, que ledict seigneur avoit droict de prandre chascun an sur les magazins et greniers a seel de Senlix, Creil, Mantes, Estempes, Melun, Meaulx, Ponthoise, au moyen de l'acquisition que ledict messire Francoys de Rasse avoit faicte desditz prevostz des marchans et eschevins, des le vingtiesme jour de may mil cinq cens cinquante deux, pour en jouir par icelluy Hostel Dieu du premier jour de janvier mil cinq cens cinquante sept, a la charge que Messieurs les commis par la court de Parlement au regime et gouvernement du revenu et temporel dudict Hostel Dieu, seront tenuz aulmosner tous les ans aux pauvres prisonniers criminels de la consiergerie du Palais, et ce le jour du grand vendredi et le dimanche de Pasques communiaulx, et a chascun desdits jours, la somme de cinquante livres tournois, qui est cent livres tournois par chascun an, soict en veture ou allimant, le tout par ordonnance de Monsieur le premier president de la court de Parlement a Paris, et aussi de bailler par lesdictz gouverneurs dudict Hostel Dieu, ou leur receveur, la somme de cinq cens livres tournois a damoyselle Anthoinette de Rasse, sa vie durant seullement, sur le quartier de apvril, may et juing, qu'il luy sera baillee a ung seul payement soubz la simple quictance de ladicte damoyselle, pour icelle somme estre par icelle damoyselle distribuee aux pauvres subgetz de Telloloye et autres pauvres estant aux terres dudict deffunct et filles a marier, et aux gens d'eglise qui feront le service divin que ledict sieur avoict accoustumé dire durant sa vye, et aussi de bailler et payer a noble homme maistre Jehan de Lut, notaire et secretaire du Roy, conseiller et procureur général de la Royne, la somme de xx ₶ t. aussi sa vye durant seullement, et le reste de ladicte somme desdictz deux mil livres tournois veult ledict donnateur estre employer a la nourriture des pauvres malades dudict Hostel Dieu et non a autre chose, par l'advis et deliberation de mondict sieur le premier president, procureurs et advocatz du Roy, doyen de Nostre Dame de Paris et des gouverneurs dudict Hostel Dieu, et où ladicte rente seroit racheptee, ledict donateur veult et entend que les deniers seront remployez en pareille nature de rente pour la nouriture desdictz pauvres, par l'advis et deliberation des dessus nommez, ainsy qu'il est plus au long decript par la lectre et delivrance dudict

don et legtz passez pardevant maistre Nicolas Le Camus et maistre Guillaume de Nectz, notaires du Roy nostre sire ou Chastellet de Paris, dactee de mercredy douziesme jour de jhanvier mil cinq cens cinquante sept. — Desdictz prevost des marchans et eschevins de ladicte ville la somme de xxiii ₶ vi s. vi den. t. pour huict moys douze jours escheuz le dernier jour de decembre, temps de cedict compte, de la somme de xxxiii ₶ vi s. viii den. de rente, constituee par mesdictz seigneurs les commis par la court de Parlement au regime et gouvernement du revenu et temporel dudict Hostel Dieu, dès le xviii$^e$ jour d'apvril m v$^c$ lviii apres Pasques, sur le revenu des impositions de douze deniers pour livre sur le boys merrien et iii s. t. sur ung minot de seel, venduz es magazins et greniers a seel de Paris, ladicte rente constituee des deniers provenant de la vecelle d'argent donnee par deffunct messire Francoys de Raisse, seigneur de la Hargerie, a Messieurs le doyen de l'eglise de Paris, premier president, gens du Roy et ausdictz commis au regime et gouvernement dudict Hostel Dieu, lesquelz ensemblement ont donné ladicte somme pour constituer ladicte rente, affin que les deniers provenant d'icelle rente soient employez a dire, champter et celebrer ung service audict Hostel Dieu pour l'âme dudict deffunct messire Francois de Raisse, par chascun an au jour Sainct Ylaire, auquel service se treuvent lesdictz doyen, premier president de la court, gens du Roy, et lesdictz commis, apres lequel service se assemblent lesdictz dessus nommez au bureau d'icelluy Hostel Dieu pour, regarder a quoy sera employer pour la nourriture des pauvres malades dudict Hostel Dieu le reste desdictz deux mil livres tournois de rente donnee a icelluy hostel par ledict deffunct de Raisse, auquel lieu leurs est distribue a ung chascun des dessus nommez une bource garnie d'un cent de gettons de cuivre, portant les armes dudict seigneur de Rasse d'ung costé et de l'autre costé les armes dudict Hostel Dieu, et demy cent au premier huissier de ladicte court de Parlement, pour les paines de conduire lesdictz premier president et gens du Roy jusques audict hostel et maison Dieu, et au receveur pareille distribution, comme audict premier huissier, aussi pour ses paines de assembler la compaignie et leurs faire sçavoir le jour dudict service, le tout en mémoire perpetuelle du don faict audict Hostel Dieu par ledict deffunct de Raisse.

Autre recepte faicte par ce present recepveur a cause des rentes ou pentions viaigeres en ceste ville de Paris iiii$^c$ viii ₶ t.

Autre recepte a cause d'aucuns louaiges de maisons tant en ceste ville de Paris que es faulxbourgs v$^m$ iii$^c$ xviii ₶ t.

---

[1] Alias Raisse et Raissie.

Autre recepte a cause du fief d'Albic iiii$^{xx}$ viii ♯ t.

Autre recepte a cause des rentes annuelles sur plusieurs maisons, terres, prez, boys, vignes et autres heritaiges hors la ville de Paris ii$^m$ xii ♯ t.

Autre recepte a cause des rentes viaigere sur plusieurs maisons hors la ville de Paris cxv ♯ t.

Autre recepte d'aucuns louaiges de ferme et baulx faictz a pris d'argent de plusieurs maisons, terres, prez, boys, etc. hors Paris ii$^m$ lxxviii ♯ t.

Autre recepte pour les droicts de pescherye lxxv ♯.

Autre recepte a cause des deniers venuz des lotz et ventes de ceste presente annee, pour plusieurs heritaiges en la censive dudict Hostel Dieu lxiiii ♯ t.

Deniers proceddans d'aucunes rentes qui ont esté racheptees durant ceste presente annee vii$^{xx}$ iii ♯ t.

Vente de certain grain tant pour l'annee mil cinq cens cinquante sept que pour ceste presente annee viii$^c$ xliii ♯ tournois.

Autre recepte a cause du vin et vergus qui a esté vendu iiii$^c$ lxii ♯ t.; — vente de suif et gresse ix$^c$ xi ♯ t.

Autre recepte de la vente des peaulx et abatiz de moutons despencez audict Hostel Dieu durant l'an de ce present compte xvi$^c$ lxxiiii ♯ t.

Autre recepte de la vente de certain boys ii$^m$ v$^c$ xviii ♯ tournois.

Autre recepte a cause des deniers trouvez au tron dudict Hostel Dieu apres la publication des pardons d'icelluy hostel en l'evesché, diocese de Paris ii$^m$ ciiii$^{xx}$ xv ♯ tournois.

Autre recepte a cause des deniers proceddans des pardons et indulgences publiez et declairez par les archeveschez et eveschez cy apres nommez v$^m$ cxxx ♯ t.

Autre recepte a cause des deniers venuz des religieuses qu'ilz ont garder les malades en ceste ville de Paris viii$^{xx}$ x ♯ t.

Autre recepte a cause des deniers proceddans des aulmosnes, legtz testamentaires, vigilles et convoys iii$^m$ cl liv. t.; — de noble homme maistre Adrien du Drac, conseiller du Roy nostre sire en sa court de Parlement, la somme de l liv. tourn. provenant d'aucunes adjudications faictes par ladicte court au prouffict des pauvres malades dudict Hostel Dieu pour, prier Dieu pour la prosperité du Roy nostre dict sire et pour la paix de son royaulme; — du Roy nostre dict sire, par les mains de noble homme maistre Pierre de Masparrault, greffier de Guienne, la somme de x ♯ t. donnez et aulmosnez aux pauvres, le vi$^e$ jour de janvier; — le x$^e$ jour dudict moys, du Roy nostre sire, la somme de x ♯ t.; — du Roy nostre sire x ♯ t. donnez audict Hostel Dieu pour rendre grace a Dieu de la victoire de la ville et chasteau de Guignes; — de noble homme maistre..... Le Camus, l'un des quatre secrétaire du Roy nostre sire en la court de Parlement a Paris, la somme de xxv ♯ t. provenant de certaine adjudication faicte au prouffit dudict Hostel Dieu et Madamoyselle de Longeumeau; — de dame Anne Baillet, dame de Goussainville, vefve de feu messire Emard Nicolay, en son vivant seigneur de..... conseiller du Roy nostre sire et premier president en sa chambre des comptes vi$^{xx}$ ♯ tournois; — de maistre Martin Labbé, aulmosnier de Madame la duchesse de Montpancier, xiiii ♯ t.; — de maistre Françoys Crozon, notaire ou Chastellet de Paris, ou nom et comme exsecuteur du testament et ordonnance de derniere voullenté de feu maistre Jehan Bryconnet, en son vivant advocat en la court de Parlement vi$^{xx}$ ♯ t. laigez aux pauvres malades dudict Hostel Dieu; — de honnorable homme Jehan Pocquelin, marchant demeurant a Beauvais, ou nom et comme exsecuteur du testament et ordonnance de derniere voullenté de feu maistre Guillaume Dorsans x ♯ tournois; — de Nicolas Dozio marchant a Paris, ou nom et comme exsecuteur du testament de feu Guillaume Dozio, son frere, iii$^c$ livres tournois; — de maistre Loys Biguier, aulmosnier de haulte et puissante dame Madame de Vallentynois xi ♯ tourn. aulmosnez par ladicte dame; — du Roy nostre sire x ♯ t., le xii$^e$ jour de may donnez pour faire prieres a Dieu pour la paix et estat de son royaulme et exsecutions de ces debvostes intencions et de celle de la Royne; — du testament de noble homme Pierre de Sainct Jullien, seigneur dudict lieu xl ♯ t.; — de Richart Bizet, marchant de draps de soye, ou nom et comme exsecuteur du testament et ordonnances de derniere voullonté de feu Jehan Bizet, son père, cent liv. tourn.; — de messire Anthoine Boier, chevallier, conseiller du Roy nostre sire, tresorier de France et general de ces finances, estably a Bourges, comme exsecuteur du testament et ordonnance de derniere voullonté de feu dame Hanequin, jadis sa femme, la somme de cinq cens livres tournois; — de damoyselle Francoyse Martel, vefve de feu noble homme Jehan de la Souvre (Souvré), seigneur dudict lieu et de Courtenvau, l'un des cens gentilshommes de la maison du Roy nostre sire, la somme de cinquante livres tournois, laigez par ledict deffunct; — de Madame la presidante de Boullencourt l liv. tournois.

Autre recepte a cause des questes faictes par les paroisses de ceste ville de Paris pour les pauvres malades dudict Hostel Dieu viii$^{xx}$ x ♯ t.

Autre recepte faicte par cedit recepveur, a cause des deniers provenant des taxes des despens, domaiges et interestz venuz de plusieurs personnes, lesquelz tant en demandant que en deffendant contre ledict Hostel Dieu, dont il est issu arrestz au prouffict d'icelluy Hostel Dieu vi$^{xx}$ viii ♯ tournois; — de noble homme maistre Claude Barguyn, tresorier et recepveur general de Madame, seur du Roy, xiiii ♯ t. pour certains despens contre ledict Barguyn obtenuz pour raison du proces faict es requestes du palais a cause de xxv ᵗᵗ t. de rente audict Hostel Dieu appartenant, donnee audict Hostel Dieu par feu noble homme Mathurin Pinguet.

Recepte commune xix^m ix^c xxv ᵗᵗ t.; — de maistre Jehan de Savignac, naguiere receveur dudict Hostel Dieu, la somme de iii^c ᵗᵗ t. sur et intemmoings de ce qu'il doibt audict Hostel Dieu de reste et reliqua de ce compte dernier rendu; — de noble homme maistre Nicolas Absolu, receveur de la conté de Dreux et commissaire par la court de Parlement au regime et gouvernement des boys de la terre et seigneurye de But, a esté receu par cedict receveur, des le septiesme jour de mars mil cinq cens cinquante sept, la somme de vi mil livres, venuz de la vente desdictz boys de But, sur et intemmoings de la somme de xx mil livres t. a quoy Messieurs les commis de par la court du Parlement au regime et gouvernement du revenu temporel dudict hostel ont composé avecq les heritiers de feu noble homme Abel du But, seigneur dudict lieu, qui avoit donné ladicte terre et seigneurye audict Hostel Dieu; — du tron estant en la boucherye dudict Hostel Dieu durant le Karesme la somme de xviii^c iii^xx x ᵗᵗ t.; — de seur Jehanne Fournyer, religieuse dudict Hostel Dieu, ayant la charge de la pouillerye, la somme de viii^xx xi ᵗᵗ t. venuz de la vente des habitz depuis le dix-septiesme jour de juing mil cinq cens cinquante sept jusques au quinziesme jour de juing mil cinq cens cinquante huit; — d'un qui n'a voulu nommer son nom receu la somme de vii cens cinquante livres, en troys cens escuz soleil donnez audict Hostel Dieu a la charge de faire dire une messe par chascun vendredi de l'an pour les trespassez; — du droict du lict de Monsieur le chaunptre Moreau vi ᵗᵗ v. s. t.; — de maistre Nicolle Absolu, receveur de la conté de Dreux vi^m v^c lvii liv. tournois, sur et intemmoings de la somme de xx mil livres tournois; — de noble homme Jacques de Crevecueur le xvi^e jour de decembre ii^c ᵗᵗ t. receuz pour la vente a luy faicte par Messieurs les gouverneurs dudict Hostel Dieu, de quinze arpens de terre assis a Jouys en Gatinoys, donnez audict Hostel Dieu par feu Pregen Huchet.

Somme totalle de la recepte de ce compte liii mil cxlviii ᵗᵗ xvii s. tournois.

## 86ᵉ REGISTRE (333 FEUILLETS, PARCHEMIN).

### ANNÉE 1558.

Despence de ce present compte.

Cens, rentes, dismes, indampnitez et admortissemens que ledict Hostel Dieu doibt chascun an pour plussieurs maisons, places, terres, prez, boys et autres heritaiges situez et assis tant en la ville de Paris que hors icelle iiii^c xxvi ᵗᵗ t.

Autre despence faicte a cause d'autres rentes sur tout le revenu et temporel xxxii ᵗᵗ t.

Autre despense pour le labour des vignes, ensemble des frais de vandenges ii^m v^c iiii^xx ᵗᵗ t.

Autre despense pour l'achapt de vin et vin aigre ix^c xxx ᵗᵗ t.

Autre despense pour l'achapt de moutons, beufz, pourceaulx, veaulx et vollailles xii mil iiii^xx xvii ᵗᵗ t.

Autre despense pour la despense des jours maigres v^m ix^c lxxvii ᵗᵗ t.

Achapt de boys, charbon et cendre ii^m vi^c xxxii ᵗᵗ t.

Autre despense pour l'achapt d'huille, façon de chandelle de suif viii^c vii ᵗᵗ t.

Autre despense pour achapt de draps de layne, coustilz, plumes, couvertures, ouvraige de cordonnier, façon, blanchissaige, achaptz de toilles viii^c lxi ᵗᵗ t.

Autre despence faicte pour achapt de vecelle d'estain, chaudronnier, charron, mareschal, bourrelier, cordier, vannier vi^c xxiiii ᵗᵗ t.

Autre despense pour les drocgues de l'apoticairerye vi^c xix ᵗᵗ.

Autre despense pour les deux mil livres tournois de rente donnez audict Hostel Dieu par feu messire Francoys de Raisse ii^m xxxvii ᵗᵗ t.

Autre despense pour achapt de blé pour la provision des pauvres malades dudict Hostel Dieu viii^c xxxiiii ᵗᵗ

Autre despense pour les menus fraiz et mises communes viii^c xxxviii ᵗᵗ t.; — a Gabriel Dargilliers, feseur d'orgues a Paris la somme de lxxii ᵗᵗ xvi s. t. pour faire les orgues dudict Hostel Dieu.

Autre despense pour acquisitions d'heritaiges et rentes durant ceste presente annee iiii^c lxxiii ᵗᵗ t.

Autre despense pour plussieurs grosses et menuz reparations tant a l'Hostel Dieu de Paris que plussieurs maisons d'icelles, tant en ladicte ville de Paris que autres lieux hors d'icelle vi^m ciiii^xx ii ᵗᵗ t.

Autre despense pour deniers baillez et livrez pour employer au faict des proces dudict Hostel Dieu et autres fraiz de justice v^c iiii^xx xii ᵗᵗ t.

Autre despence pour pentions et rentes viageres viii^xx vi ᵗᵗ t.; — a maistre Philippes Allain, docteur regent en la Faculté de medecine, la somme de cent livres tournois pour une annee de sa pention pour visiter les pauvres malades, freres et seurs dudict hospital.

Autre despence pour payement des gaiges et salaire des gens d'eglise, officiers domesticques, serviteurs dudict Hostel Dieu vi$^c$ iiii$^{xx}$ vii$^{tt}$ t.; — a Jaspart Martin, maistre sirurgien a Paris, la somme de ix$^{xx}$$^{tt}$ t. pour pencer et medicamenter les pauvres navrez, ulcerez dudict Hostel Dieu; — a Perrette Coyon qui a servi de saigefemme audict Hostel Dieu durant l'annee de ce present compte xii$^{tt}$ t.

Gaiges d'officiers pour l'annee de ce present compte xiii$^c$ iiii$^{xx}$ iii$^{tt}$ t.

Somme totalle de la despense de ce compte xl$^m$ ix$^c$ lvi$^{tt}$ t.

## 87$^e$ REGISTRE (321 FEUILLETS, PARCHEMIN).

### ANNÉE 1559.

Compte quatriesme de maistre Claude Coynart, receveur general de l'Hostel Dieu de Paris, pour une annee commançant au jour de Noel mil cinq cens cinquante huit et finissant a pareil jour mil cinq cens cinquante neuf.

Recepte non muable des cens et fons de terre en la ville de Paris lxxi s. iiii den.

Autre recepte a cause des cens, surcens et fons de terre hors la ville de Paris ii$^c$ iiii$^{xx}$ xi$^{tt}$ t.

Autre recepte a cause des rentes que ledict Hostel Dieu a droict de prandre tant sur la recepte generalle oultre Seyne et Yonne que sur le domaine du Roy nostre sire a Paris xiiii$^c$ xlviii$^{tt}$ t.

Autre recepte a cause des rentes en ceste ville de Paris ii$^m$ iiii$^c$ lv$^{tt}$ t.

Autre recepte a cause des rentes constituees a l'hostel de la ville de Paris, soubz le nom des prevostz des marchans viii$^c$ iiii$^{xx}$ xviii$^{tt}$ t.

Autre recepte a cause d'autres rentes sur l'hostel de la ville au moyen du don faict a icelluy Hostel Dieu par messire Francoys de Rasse ii$^m$ xxxiii$^{tt}$ t.

Autre recepte a cause des rentes ou pentions viagere en ceste ville de Paris iiii$^{xx}$ viii$^{tt}$ t.

Autre recepte a cause d'aucuns louaiges de maisons, tant en ceste ville de Paris que es faulxbourgs d'icelle, v mil iiii cens iii livres tournois.

Recepte du fief d'Albic iii$^{xx}$ viii$^{tt}$ t.

Autre recepte a cause des rentes annuelles sur plusieurs maisons, terres, prez, vignes et autres heritaiges hors la ville de Paris xix$^c$ iiii$^{xx}$ ix$^{tt}$ t.

Autre recepte a cause des rentes viaigeres hors la ville de Paris cxxv$^{tt}$ xvii s. t.

Autre recepte d'aucuns louaiges de fermes et baulx faictz a pris d'argent de plusieurs maisons, terres, prez, boys, vignes et autres heritaiges assis hors Paris ii$^m$ lvii$^{tt}$.

Autre recepte a cause des droictz de pescherye a Corbeil lix$^{tt}$ xii s.

Autre recepte a cause des deniers venuz des lotz et ventes liii$^{tt}$.

Autre recepte a cause des deniers proceddant d'aucunes rentes qui ont este racheptees vi$^c$ xxxvii$^{tt}$ t.

Vente de certain grain et son viii$^{xx}$ iii$^{tt}$ t.; — vente de vin iiii$^c$ iiii$^{xx}$ xviii$^{tt}$ t.; — vente de suif ix$^c$ lviii$^{tt}$.

Autre recepte a cause de la vente des peaulx et abatis de moutons xv$^c$ xxvii$^{tt}$ t.

Autre recepte a cause des deniers proceddens de la vente de certain boys xvi$^c$ lxxiii$^{tt}$ t.

Autre recepte a cause des deniers trouvez au tron dudict Hostel Dieu, apres la publication des pardons d'icelluy Hostel Dieu en l'evesché et diocese de Paris, ii$^m$ ii$^c$ xliiii$^{tt}$ t.

Autre recepte a cause des deniers procedans des pardons de l'Hostel Dieu de Paris, publiez et declairez par les eveschés et eveschés cy apres nommez v$^m$ iiii$^c$ lv$^{tt}$ t.

Deniers venuz des religieuses qui ont garder les malades en ceste ville de Paris vii$^{xx}$ v$^{tt}$ t.

Autre recepte a cause des deniers procedans des aulmosnes, lectz testamentaires iii$^m$ v$^c$ iiii$^{xx}$ xi$^{tt}$ p.; — de dame Anne Baillet, vefve de feu messire Marc Nicollay, la somme de cxiiii$^{tt}$ t. aulmosnez aux pauvres dudict Hostel Dieu; — de maistre Nicolle Bouchart, advocat en la court de Parlement, comme executeur du testament de maistre Estienne Bouchart, en son vivant docteur regent en la Faculte de theaulogie ii$^c$$^{tt}$ t.; — de messire Francoys Voucart, chevallier, seigneur de..... gentilhomme ordinaire de la chambre du Roy, lieutenant general pour ledict sire a Verdun, es pays de Vermandois, comme executeur du testament de feu dame Jehanne de Lattre, en son vivant dame d'honneur de la Royne, vefve de feu messire René Darpajot, en son vivant chevallier cinquante livres t.; — de dame Alienor de Freche, dame de Montfort le Retors xxx$^{tt}$ t.; — du testament de feu noble homme maistre Gilles Allard, en son vivant conseillier en la court de Parlement cv$^{tt}$ t.; — du testament de Nicolas de Cocquereil, bourgeois de Paris iii$^c$$^{tt}$ t.; — de noble homme maistre Guillaume de Marle, seigneur de Versigny, executeur du testament de derniere voullonte de deffuncte damoyselle Ragon de Brudelot jadis sa femme lx$^{tt}$ t.; — des executeurs du testament de feu maistre

Jehan Pardieu en son vivant chanoyne de l'eglise de Paris xii° l livres tournois; — de noble homme Louis de Marle et de noble damoyselle Nicolle de Marle, frere et seur, la somme de xxv ₶ t. par eux donnez pour prier Dieu pour l'ame de feu maistre Arnoul de Marle.

Recepte commune vii mil ii c. lvi livres tournois; — du tron de la boucherie de Karesme ii^m vii^c lxxviii ₶ t.; — de plusieurs petites bagues tant d'or que d'argent trouvez es tronctz dudict Hostel Dieu les jours des pardons viii^xx xv ₶ t.; — de seur Jehanne Fournier, poulliere dudict Hostel Dieu vii^xx viii ₶ t. venuz de la vente des abiz des pauvres deceddez; — de noble homme maistre Nicolas de Fert, receveur pour le Roi au pais de..... la somme de iii mil iiii cens livres tournois, venuz et yssus de la vente a luy faicte de la maison et ferme de Verneuil sur Aisne, apartenant audict Hostel Dieu, a luy vendue par Messieurs les gouverneurs pour ce que ladicte ferme estoit innutille et de petite valeur audict Hostel Dieu, au moyen des guerres qui journellement ont esté au pais de Picquardie, et les deniers d'icelle vente ont esté mis en rente a l'hostel de la ville au prouffict des pauvres malades, ainsi qu'il appert au chappitre des rentes de la ville soubz le nom des prevostz des marchans et eschevins de ladicte ville, folio....; — du droict du lict de feu maistre Jehan Richevillain en son vivant chanoyne et chantre en l'eglise de Paris vi ₶ v s. t.

Autre recepte a cause des deniers provenant des taxes de despens, domaiges et interestz venuz de plusieurs personnes, lesquelz, tant en demandant que en deffendant contre ledict Hostel Dieu, dont il est issu arrestz au prouffict d'icelluy Hostel Dieu ii° lxxiii ₶ t.

Somme total de la recepte de ce compte xl^m viii^c iiii^xx x ₶ tournois.

## 88ᵉ REGISTRE (250 FEUILLETS, PARCHEMIN).
### ANNÉE 1559.

Despence de ce present compte commançant et finissant conmé dessus.

Cens, rentes, dismes, indampnitez et admortissemens pour plusieurs maisons, places, lieux, terres, prez, boys et autres heritaiges tant en la ville de Paris que hors icelle ii^e xliiii ₶ t.

Autre despence a cause d'autre rente deubz par ledict Hostel Dieu sur tout le revenu et temporel d'icelluy Hostel Dieu xxxii ₶.

Autre despence pour les labours des vignes, ensemble des fraictz de vendanges ii^m iiii^c lxiii ₶ t.

Autre despence pour l'achapt du vin et vin aigre ix^xx iii ₶ t.

Autre despence pour l'achapt de moutons, beufz, pourceaux, veaulx et vollailles xiii^m v^c xxxiii ₶ t.

Autre despense pour la despense des jours maigres et achapt de scel iiii^m viii^c lxxiii ₶ t.

Autre despence pour l'achapt de boys, charbon et sendre xvi^c lxxiii ₶ t.

Autre despence pour l'achapt d'huille et façon de chandelle de suif vii^c vii ₶ t.

Autre despence pour l'achapt de draps de laine, coustilz, plumes, couvertures, ouvraige de cordonnier, façon et blanchisaige et achaptz de toilles v^c iiii^xx xiii ₶ t.

Autre despence pour l'achapt de vecelle d'estain, chauderonnier, charron, mareschal, bourrelier, cordier, vannier vi^c iiii^xx xiii ₶ t.

Autre despence pour les drogues et l'apothicairerye viii^c xxiii ₶ t.

Autre despence pour les menuz fraictz et mises communes iiii^c xliiii ₶ t.; — cedit receveur faict cy despence de la somme de xl ₶ t. qu'il a de l'ordonnance de Messieurs les gouverneurs paye aux procureurs de quatre ordres mandiens de ceste ville de Paris, qui deubz leurs estoient pour leurs par et portion des arreraiges des rentes et rachaptz d'aucunes desdictes rentes deubz sur plusieurs heritaiges a Juvisi, a eulx, audict Hostel Dieu et a la communaulte des pauvres de ceste ville de Paris donnez par deffunct maistre Pierre Fournier.

Autre despence pour acquisitions d'heritaiges et rentes durant l'annee de ce present compte v^m clxx ₶ t.; — a Pierre Parmentier, boucher, et Pierre Aigremont, demeurant au part de Pierre, vi^xx i ₶ t. par mandement du vendredi x° jour de novembre m v° lix pour l'acquisition de neuf arpens assis au terrouer de Saincte Geneviefve des Boys, venduz a Messieurs les gouverneurs pour l'acroissement de leur maison et ferme assise audict lieu.

Autre despence pour plusieurs grosses et menuz reparations tant a l'Hostel Dieu de Paris que plusieurs maisons d'icelluy, assises tant en la ville de Paris que autres lieux hors d'icelle vi^m iiii^c xlii ₶ t.

Autre despence pour plusieurs deniers baillez et livrez pour convertir et employer aux fraictz des proces dudict Hostel Dieu et autres fraictz de justice vi^c liii ₶ t.; — a maistre Regnard, greffier du chappitre de Paris xi ₶ x s. t. pour plusieurs procedures par luy faictes a l'encontre de plusieurs delinquant qui ont robbé en ladicte maison Dieu.

Autre despense pour pentions et rentes viaigere viii<sup>xx</sup> liv. tourn.; — a maistre Philippe Allain docteur regent en la Faculté de medecine la somme de cent livres tournois pour une annee de sa pention.

Autre despence pour payement des gaiges et salaires des gens d'eglise, officiers domestiques et serviteurs dudict Hostel Dieu vi<sup>c</sup> iiii<sup>xx</sup> viii<sup>tt</sup> t.; — a maistre Cosme Roger, maistre sirurgien a Paris la somme de ix<sup>xx tt</sup> t. pour une annee de ses gaiges; — a Perrette Coyon et Nicolle Salle qui ont servi de saige femme durant l'annee de ce present compte xii<sup>tt</sup> t.

Gaiges d'officiers vi<sup>c</sup> iiii<sup>xx</sup> viii<sup>tt</sup> t.

Somme total de la despense de ce present compte xliiii<sup>m</sup> viii<sup>c</sup> lxi<sup>tt</sup> t.

## 89<sup>e</sup> REGISTRE (325 FEUILLETS, PARCHEMIN).

### ANNÉE 1560.

Compte cinqiesme de maistre Claude Coynart, receveur general de l'Hostel Dieu de Paris, pour une annee commancant au jour de Noel mil cinq cens cinquante neuf et finissant a pareil jour mil cinq cens soixante.

Recepte des deniers renduz et non receuz des comptes precedans vi<sup>m</sup> lxvii<sup>tt</sup> t.

Recepte non muable des cens et fons de terre en la ville de Paris lxxi s.

Autre recepte a cause des cens, surcens et fons de terre hors la ville et faulxbourgs de Paris ii<sup>c</sup> iiii<sup>xx</sup> vi<sup>tt</sup> t.

Autre recepte a cause des rentes tant sur la recepte generalle oultre Seyne et Yonne que sur le domaine dudit seigneur a Paris xiiii<sup>c</sup> xlviii<sup>tt</sup> t.

Autre recepte a cause des rentes que ledict Hostel Dieu a droict de prandre chascun an en ceste ville et faulxbourgs de Paris ii<sup>m</sup> iiii<sup>c</sup> iiii<sup>xx</sup> ix<sup>tt</sup> t.

Autre recepte a cause des rentes constituees a l'hostel de la ville de Paris, tant sur les rachaptz des rentes qui ont esté racheptees par plusieurs personnes, que ledict Hostel Dieu avoit droict de prendre sur plusieurs maisons assises a Paris, suyvant l'esdict du Roy au denier vingt, que autrement xii<sup>c</sup> xxxi<sup>tt</sup> t.

Autre recepte a cause d'autres rentes sur ledict hostel de ville au moyen du don faict par messire Francoys de Rasse.

Autre recepte a cause des rentes ou pentions viaigeres en ceste ville de Paris iiii<sup>xx</sup> viii<sup>tt</sup> t.

Autre recepte a cause d'aucuns louaiges de maisons tant en ceste ville de Paris que es faulxbourgs d'icelle v<sup>m</sup> iiii<sup>c</sup> lxxiii<sup>tt</sup> t.

Recepte du fief d'Albic iiii<sup>xx</sup> viii<sup>tt</sup> t.

Autre recepte a cause des rentes annuelles sur plusieurs maisons, terres, prez, boys, vignes et autres heritaiges hors de Paris ii<sup>m</sup> xxvi<sup>tt</sup> t.

Autre recepte a cause des rentes viaigeres hors la ville de Paris cxv<sup>tt</sup> t.

Autre recepte a cause d'aucuns louaiges de ferme et baulx faictz a pris d'argent de plusieurs maisons et autres heritaiges hors la ville de Paris xix<sup>c</sup> xxvii<sup>tt</sup> t.

Droict de pescherye a cause du fief de la Mothe li<sup>tt</sup> tournois.

Autre recepte a cause des deniers venuz des lotz, ventes, pour plusieurs acquisitions d'heritaiges estant en la censive dudict Hostel Dieu lxiiii<sup>tt</sup> t.

Deniers procedans d'aucunes rentes qui ont esté racheptees xviii<sup>c</sup> lxxi<sup>tt</sup> t.

Autre recepte a cause d'aucuns deniers procedans de la vente de certain grain et son vendu vii<sup>c</sup> xxxi<sup>tt</sup> t.

Autre recepte a cause du vin et vergus vendu vi<sup>c</sup> iiii<sup>xx</sup> xv<sup>tt</sup> t.; — vente du suif et gresse issus des moutons et beufz despencez audict Hostel Dieu vii<sup>c</sup> xlviii<sup>tt</sup> t.

Vente des peaulx et abatis des moutons despancez audict Hostel Dieu xviii<sup>c</sup> v<sup>tt</sup> t.

Autre recepte a cause de la vente de certain boys appartenant audict Hostel Dieu xii<sup>c</sup> xliii<sup>tt</sup> t.

Autre recepte a cause des deniers trouvez au tron dudict Hostel Dieu, apres la publication des pardons en l'evesché et dioceze de Paris iii<sup>m</sup> clxxvi<sup>tt</sup> t.

Autre recepte a cause des deniers procedans des pardons hors de l'evesché de Paris ii<sup>m</sup> vi<sup>c</sup> xix<sup>tt</sup> t.

Autre recepte a cause des deniers venuz des religieuses qui ont garder les malades en ceste ville de Paris vii<sup>xx</sup> xix<sup>tt</sup> t.

Autre recepte a cause des deniers procedans des aulmosnes, legs, testamentaires, vigilles et convoys ii<sup>m</sup> iii<sup>c</sup> xiii<sup>tt</sup> t.; — de dame Alienor de Freche, dame de Montfort le Retor xxx<sup>tt</sup> t.; — de noble homme maistre Loys Hanequin, procureur du Roy en sa court des monnoyes, executeur du testament de feu damoyselle Marie Hanequin sa seur iii<sup>c tt</sup> t.; — de seur Jehanne Heudry, commise par messieurs les gouverneurs a la porte de Petit Pont a esté receu la somme de vi<sup>xx</sup> v<sup>tt</sup> t. venuz et issus des legs et aulmosnes faicts en ladicte porte de Petit-Pont; — de dame Anne Baillet, vefve de feu noble homme messire Emard Nicollay vi<sup>xx tt</sup> t.; — des executeurs du testament de feu maistre Nicolle de Mandeville, en son vivant conseiller du Roy et maistre ordinaire en sa Chambre des Comptes c<sup>tt</sup> t.; — de noble dame Anne de Sezizay, vefve de feu messire Francoys Olivier, en son vivant chevallier et chancellier de France, comme executaresse du testament dudict defunct viii ʈʈ t.; — de maistre Jacques Tuault, ministre des quinze-vingtz de ceste ville de Paris, cent livres tournois, comme executeur du testament de feu maistre Martin Tuault son frere; — de maistre Jacques Guyon, curé de Nostre Dame la Grand, de la ville de Poictiers, comme executeur du testament de feu maistre Jehan Cochet, en son vivant curé de Dorin, audict Poictiers, cent livres tournois; — de noble homme Jacques du Fay, seigneur de Chasteau-Rouge, par les mains de sire Claude Marcel, l'un des gouverneurs dudict Hostel Dieu a esté receu la somme de cent livres tournois pour composition du legz faict audict hostel par feu noble homme Jehan Du Fay, en son vivant seigneur dudict lieu de Chasteau Rouge; — de noble femme Marie Bureau, ou nom et comme executaresse du testament de feu maistre Pierre Bureau, en son vivant advocat en la cour de Parlement, la somme de iii cens liv. tourn. laigez aux pauvres malades; — de honnorable homme sire Symon Cresse l'aisné, la somme de quarente escuz soleil donnez audict Hostel Dieu, et en l'acquict d'un noble catolicque personnaige; — de dame Claire de Choiseur, dame de Restaille, vefve de feu messire Geuffroy Rochebaron, en son vivant eschanson ordinaire du Roy cent solz tournois.

Recepte commune ii<sup>m</sup> iiii<sup>c</sup> liiii liv. t.; — du tron de la boucherie estand audict Hostel Dieu durant le caresme, la somme de xii<sup>c</sup> iiii<sup>xx</sup> v ʈʈ tournois; — de seur Jehanne Fournyer, poullière dudict Hostel Dieu, la somme de lxxii ʈʈ t. venuz de la vente des abbis; — de noble homme Claude Faucault, escuyer, la somme de xii ʈʈ x s. fesant le reste de la somme de xxv ʈʈ t. a quoy il a esté condampné a l'amande, par arrestz de la court de Parlement, envers les pauvres dudict Hostel Dieu, datté du vii<sup>e</sup> jour de may mil v cens l sept; — de Jehan Liegard, maistre balancier a Paris, la somme de xxviii ʈʈ t. venuz et yssus des corps innumez au cymetiere des Sainctz Innocens, en la terre dudict Hostel Dieu, depuis le xvii<sup>e</sup> jour de febvrier mil v<sup>c</sup> lix jusques au septiesme febvrier m. v<sup>c</sup> lx.

Autre recepte a cause des deniers provenant des taxe de despens, domaiges et interestz venuz de plusieurs personnes lesquelz tant en demandant que en deffendant contre ledict Hostel Dieu, dont il est issu arrestz au prouffict d'icelluy Hostel Dieu, vii<sup>xx</sup> x ʈʈ t.

Somme totalle de la recepte de ce present compte xli<sup>m</sup> iii<sup>c</sup> lxi livres tournois.

## 90ᵉ REGISTRE (207 FEUILLETS, PARCHEMIN).

### ANNÉE 1560.

Despance de ce present compte commancant et finissant comme dessus.

Cens, rentes, dismes, indampnitez et admortissemant que ledict Hostel Dieu doibt pour plusieurs maisons, places, lieux, terres et autres heritaiges tant en la ville de Paris que hors icelle ii<sup>c</sup> xxix ʈʈ t.

Autre despence a cause d'autres rentes deuz sur tout le revenu et temporel d'icelluy Hostel Dieu xi ʈʈ xviii s. t.

Autre despence pour le labour des vignes dudict Hostel Dieu, ensemble des frais de vandanges ii<sup>m</sup> cxxi ʈʈ t.

Autre despence pour l'achapt de vin et vinaigre achepté pour la provision des pauvres malades iii<sup>m</sup> ii<sup>c</sup> iiii<sup>xx</sup> xix ʈʈ t.

Autre despence pour l'achapt de moutons, beufz, pourceaulx, veaulx, vollailles xi<sup>m</sup> viii<sup>c</sup> iiii<sup>xx</sup> iii ʈʈ.

Autre despence pour la despence des jours maigres et achapt de scel iiii<sup>m</sup> lv ʈʈ t.

Autre despence pour l'achapt de boys et charbon et cendre xiii<sup>c</sup> li ʈʈ t.

Autre despence pour l'achapt d'huille, facon de chandelle de suif viii<sup>xx</sup> v ʈʈ t.

Autre despence pour achaptz de draps de laine, coustilz, plumes, couvertures, ouvraiges de cordonnier, achapt de toilles, iiii<sup>c</sup> xxxi ʈʈ t.

Autre despence pour achapt de vecelle d'estain, chauderonnier, charron, mareschal, bourrelier, cordier, vannier, viii<sup>c</sup> xvii ʈʈ t.

Autre despence pour les drocgues de l'apoticairerye vii<sup>c</sup> iiii<sup>xx</sup> xix ʈʈ t.

Autre despence pour les deux mil livres tournois de rente donnez par messire Francoys de Rasse; — a *Jehan Beaucousin, tailleur de la monnoye a Paris*, la somme de xxviii ʈʈ t. pour avoir par luy faict deux mil de getons de cuyvre, garniz de leurs bources de satin de burge vert, a raison de xxviii s. t. chacun cent, pour distribuer a messieurs le premier president, gens du Roy, etc.; — pour l'achapt du laict qu'il a convenu avoir a faire le ris pour les pauvres malades durant le caresme x ʈʈ t.; — a dame Anthoinette de Rasse, dame do Chaune, fille de Francoys de Rasse, la somme de v cens ʈʈ tournois sur ladicte somme de ii mil livres pour estre distribué par ladicte dame aux pauvres de Tillioloy et autres terres et seigneuries dudict deffunct; — a Didier Coulomb, despencier dudict Hostel Dieu, lx ʈʈ xii s. t. pour convertir en achaptz de chevereaulx, poulles, peigeons et autres gibier pour les griefz malades; — pour l'achapt de laict, pomes, poires et autres douceurs pour les griefs malades xxxii tt t.

Autre despense pour les menuz frais et mises communes viii' iiii^xx ix tt t.; — pour l'expedition des lectres de confirmation des pardons dudict Hostel Dieu confirmez par le Roy cxv s. t.; — a Jean Essemont, *geolier des prisons du chappitre de Paris*, la somme de xvii tt x s. t. pour tous les geoliages et necessitez baillez *a frere Pierre Benart*, depuis le xxviii° jour de janvier jusques au vendredi quatorziesme jour de juing M. v° LX.

Autre despence pour acquisitions d'heritaiges et rentes durant ceste présente annee xv° lxxv tt t.

Autre despence pour plusieurs grosses et menuz reparations faictes tant a l'Hostel Dieu de Paris que plusieurs maisons d'icelle, assises tant en ladicte ville de Paris que autres lieux hors icelle ville iii^m iii° ix tt t.

Autre despence pour deniers baillez pour convertir et employer au faict des proces dudict Hostel Dieu et autres fraiz de justice vii° iiii^xx xix tt t.; — ce present recepveur faict cy despence de la somme de xv tt i s. qu'il a payé pour lever des monitions contre ceux et celles qui detiennent et recellent les censives et rentes deues audict Hostel Dieu, pour faire publier lesdictes monitions a Montlehery et es environs, et pour la despence faicte audict Montlehery pour faire le papier terrier des censives deues audict lieu de Montlehery audict Hostel Dieu; — cent solz tournois payez pour avoir faict adjourner le sieur de Visinet et damoyselle Jehanne Olivier, sa femme, fille de defunct le chancellier Olivier; — a Jehan de la Vacherie, sergent royal en la prevosté de l'hostel et Francoys Robin, archer de la garde du Roy, soubz la charge de M. le prevost de l'hostel, la somme de xii livres tournois, pour avoir esté en plusieurs fermes appartenant audict Hostel Dieu faire deloger les gens de court, et pour les faire payer pour la despence faicte pour leurs chevaulx qui ont logé ausdictes fermes.

Autre despence pour pentions et rentes viaigeres ii° lxii tt t.; — a maistre Philippes Allain, docteur-regent en la Faculté de médecine, la somme de cent livres tournois pour une annee de sa pention.

Autre despence pour payement des gaiges et salaire des gens d'eglise, officiers, domesticques et serviteurs dudict Hostel Dieu vii° xvi tt t.; — a maistre Cosme Roger, maistre sirurgien a Paris, la somme de ix^xx tt t. pour une annee de ses gaiges; — a Francoyse Simon et Nicolle Salle qui ont servi de saiges-femmes audict Hostel Dieu, la somme de xii tt t. pour une annee de leurs gaiges.

Somme total de la despence de ce compte xli^m v° v tt tournois.

## 91° REGISTRE (315 FEUILLETS, PARCHEMIN).

### ANNÉE 1561.

Compte sixiesme de maistre Claude Coynart pour une annee commancant au jour de Noel mil cinq cens soixante et finissant a pareil jour cinq cens soixante ung.

Somme des deniers renduz et non receuz du compte precedent vi^m ii° tt t.

Recepte non muable des cens et fons de terre dubz au jour sainct Remy en ladicte ville lxxi s. v den.

Autre recepte a cause des cens, surcens et fons de terre hors la ville et faubourgs de Paris ii° iiii^xx ii tt t.

Autre recepte a cause des rentes tant sur la recepte generalle oultre Seyne et Yonne, que sur tout le domaine du Roy a Paris xiiii° xlviii tt t.

Autre recepte a cause des rentes en ceste ville de Paris ii^m v° xxxi tt t.

Autre recepte a cause des rentes constituees a l'hostel de la ville de Paris, suivant l'esdict du Roy, au denier vingt iiii^m ii° lxxiiii tt t.

Autre recepte a cause des rentes ou pentions viaigeres en ceste ville de Paris iiii^xx v tt t.

Autre recepte a cause d'aucuns louaiges de maisons tant en ceste ville de Paris que es fauxbourgs d'icelle v^m iiii° lxvi tt t.

Autre recepte a cause du fief d'Albic iiii^xx viii tt t.

Autre recepte a cause des rentes annuelles et perpetuelles sur plusieurs maisons, terres, boys, vignes et autres heritaiges hors la ville de Paris ii^m clxi tt t.

Autre recepte a cause des rentes viaigeres sur plusieurs maisons et autres heritaiges hors la ville de Paris cxv tt t.

Autre recepte a cause d'aucuns louaiges de fermes et baulx faictz a pris d'argent de plusieurs heritaiges assis hors Paris xiv° ii tt t.

Somme de droict de pescherye iiii^xx viii tt t.

Autre recepte a cause des deniers venuz des lotz et ventes, pour plusieurs acquisitions d'heritaiges assiz en la censive dudict Hostel Dieu cxvii tt t.

Deniers proceddans de la vente de certain grain iii^m ii° ix tt t.; — vente de vin et verjust vi° xxx tt t.; — vente

[1561.]

du suif et gresse issue des moutons despensez audict Hostel Dieu xi$^c$ xvi $^{tt}$ t.

Autre recepte a cause de la vente des peaulx et abatis de moutons xvi$^c$ xxxviii $^{tt}$ t.

Autre recepte a cause des deniers procedans de la vente de certain boys appartenant audict Hostel Dieu vi$^c$ iiii$^{xx}$ i $^{tt}$ t.

Autre recepte tant a cause des deniers trouvez au tron dudict Hostel Dieu, apres la publication des pardons d'icelluy Hostel Dieu publiez en l'evesché et diocese de Paris, ensemble des baisemains dudict Hostel Dieu, et autelz et chappelles ou sont les reliques et perpetuons distribuez en icelluy Hostel Dieu ii$^m$ iii$^c$ iiii$^{xx}$ $^{tt}$ t.

Deniers procedans des pardons publiez par les archeveschez et eveschez cy apres declairez ii$^m$ iii$^c$ xix $^{tt}$ t.

*Autre recepte a cause des deniers provenant du jubilé questé pour l'Hostel Dieu de Paris es archeveschez et eveschez cy apres nommez* ii$^m$ v$^c$ lxxii $^{tt}$.

Autre recepte a cause des deniers procedans des aulmosnes, legs testamentaires iii mil vi cens i livres tournois; — de sire Pierre Haultement, marchant orfebvre et bourgeois de Paris, vi$^{xx}$ v $^{tt}$ t. ordonnez par arrestz de la court donné à l'encontre de monsieur de Martignes; — de sire Guillaume Marlin, marchant libraire et bourgeois de Paris, x $^{tt}$ t.; — de dame Anne Baillet, vefve de feu messire Emard Nicollay iiii$^{xx}$ xiii $^{tt}$ t.; — de maistre Jehan Samery, principal du colliege de Navarre, comme executeur du testament de feu Nicolas Samery, son pere, en son vivant bourgeois d'Ableville xxv $^{tt}$ t.; — de noble homme et saige maistre Pierre Brulart, conseiller en la court de Parlement, executeur du testament de feu maistre Nicolle Brulart, en son vivant chantre et chanoyne de l'eglise Sainct Honoré a Paris, cinquante liv. tournois; — de monsieur le duc de Montpansier, la somme de x $^{tt}$ t. par les mains de maistre Eustache Bothereau, son aulmosnier; — des executeurs du testament de monsieur l'abbé de Coulon, la somme de cinq cens livres tournois donnez et aulmosnez aux pauvres malades, par arrestz de la court de Parlement dacté du xxix$^e$ jour d'aoust mil cinq cens soixante ung, *en consideration de la grande quantité des pauvres malades pestiferez estant audict Hostel Dieu, mesmes du pays et terres de ladicte abbaye dudict Coulon*; — de dame Anne Baillet, vefve de feu messire Emard Nicollay, la somme de cent livres tournois; — de madame la presidente de Boullancourt, la somme de iiii$^c$ $^{tt}$ t. donnez aux pauvres dudict Hostel Dieu; — de honorable homme sire Nicolas de Pleure, la somme de viii$^c$ lxxiii livres tournois, qui a esté trouvé estre le reste et reliqua du compte par luy rendu de l'execution testamentaire de feu honnorable femme..... jadis sa femme, laquelle avoit donné audict Hostel Dieu le reste de tous et ung chacuns ses biens meubles qui ce trouveroient apres toutes et une chacune ses debtes payee, et son testament acomply; — de Guillaume Guillin, maistre des œuvres de maconnerye du Roy en la ville de Paris x $^{tt}$ t.

Recepte commune iii$^m$ vi$^c$ iiii$^{xx}$ viii livres tournois; — de Claude Laurin, marchant a Paris, a esté receu la somme de ii$^c$ x $^{tt}$ t. provenant de la vente a luy faicte des demolitions de la maladerye de Labalieu pres le bourg la Royne; — de hault et puissant seigneur messire Christofle d'Aleigre, seigneur de Sainct Justz, la somme de cent livres tournois, sur intemnoings de ce qu'il doibt audict Hostel Dieu, a cause de xx $^{tt}$ t. de rente que ledict Hostel Dieu a droict de prandre chascun an sur tous et ung chacuns les biens dudict sieur d'Aleigre; — du tron de la boucherie estant audict Hostel Dieu, la somme de ii mil iiii cens ix l. t.; — de seur Jehanne Fournyer, poulliere dudict Hostel Dieu lx $^{tt}$ xv s. t. venuz de la vente des abis; — de Claude Montereul, la somme de vii $^{tt}$ x s. t. issus de la vente des amandes du jardin de la ferme du Pressouer; — de..... Riberolles, maistre de la monnoye de Paris, la somme de xxxiii $^{tt}$ t. provenant du billon a luy vendu.

Autre recepte a cause des deniers provenant des taxes de despens, domaiges et interestz de plusieurs personnes, lesquelz tant en demandant que en deffendant contre ledict Hostel Dieu, dont il est yssuz arrestz au prouffict d'icelluy Hostel Dieu cxii $^{tt}$ t.

Somme total de la recepte de ce compte xlv$^m$ vii$^c$ lxxiiii livres tournois.

## 92$^e$ REGISTRE (231 FEUILLETS, PARCHEMIN).

### ANNÉE 1561.

Despence de ce present compte commàncent et finissant comme dessus :

Cens, rentes, dixmes, indampnitez et admortissemens deubz par ledict Hostel Dieu tant en la ville de Paris que hors icelle iii$^c$ xx $^{tt}$ t.

Autre despence pour le labour des vignes, ensemble des fraiz de vendanges ii$^m$ vi$^c$ xxxii $^{tt}$ t.

Autre despence pour l'achapt de vin et vin aigre pour la provision des pauvres malades iiii$^m$ vi$^c$ xxxvii $^{tt}$ t.; — a maistre Estienne Gerbault, receveur ordinaire et voyer de Paris, la somme de mil trente quatre livres tournois pour l'achapt de iiii*xx* xiiii muis de vin par luy venduz et livrez a raison de xi *tt* t. pour chacun mui; — a Pharaon Chalamot, marchant de vin a Paris, iii*c* xxxii *tt* xv s. t. pour l'achapt de xxv muis et demy de vin viel par luy venduz, a raison de xiii *tt* t. pour chacun mui.

Autre despence pour l'achapt de moutons, beufz, lartz, veaulx, volatilles xiiii*m* vii*c* xxvi *tt* t.; — a Laurens Cormier, marchant demeurant a Messe en Beaulse, la somme de v*c* xxii *tt* xvi s. t. pour l'achapt de xi*xx* ii moutons, a raison de xlvii s. vi den. chacun mouton; — a Loys Petit, marchant a Marcoussis xvi *tt* t. pour l'achapt d'un toureau pour servir à la ferme du Pressouer; — a Loys Sainctart, marchant a Vernon sur Seyne, la somme de ii*c* xxxi *tt* t. pour l'achapt de neuf beufz par luy venduz et livrez.

Autre despence pour la despence des jours maigres et achapt de scel iiii*m* iiii*c* xxiiii *tt* t.

Autre despence pour l'achapt de boys, charbon, scendres xii*c* xix *tt* t.; — a Jehan Faultrier, marchant demeurant a Chevigny en Morvant, la somme de viii*xx* v *tt* t. pour l'achapt de xxi tonneau de scendre, a raison de viii *tt* v s. pour chacun tonneau; — a Jherosme Biard, marchant demeurant à Sens, la somme de iiii cens ix *tt* t. pour l'achapt de xlvi muys de charbon, a raison de viii *tt* xv s. t. pour chacun mui.

Autre despence pour l'achapt d'huille, façon de chandelle de suif viii*xx* viii *tt* t.

Autre despence pour achapt de draps de laine, coustilz, plumes, couvertures, ouvraiges de cordonnerye, façon, blanchissaige, achapt de toiles xiii*c* lv *tt* t.; — pour la façon de xxxi aulne de toille de lain pour faire des cueuvrechez aux religieuses dudict Hostel Dieu lxix s. ix den. t.; — pour plusieurs manteaux de penne blanche pour fourer les robbes des religieuses iiii*xx* *tt* t.; — a Anthoine Allain, marchant demeurant a Troye, la somme de ii*c* xli *tt* x s. pour l'achapt de xxi douzaines de draps de chanvre, a raison de xxi *tt* x s. t. pour chacune douzaine.

Autre despence pour achapt de vecelle d'estain, chauderonnier, charron, mareschal, bourrelier, cordier, vannier v*c* lxii *tt* t.

Autre despence pour les drogues de l'appoticairerye viii*c* lv *tt* t.

Autre despence pour les menuz frais et mises communes vi*c* iiii*xx* xii *tt* t.

Autre despence pour acquisitions d'heritaiges et rentes durant ceste presente annee v*c* xl livres tournois.

Autre despence pour plusieurs grosses et menuz reparations tant a l'Hostel Dieu de Paris que en plusieurs maisons d'icelluy, assises tant en ladicte ville que autres lieux hors d'icelle ii*m* ii*c* xxx *tt* t.

Autre despense pour deniers baillez et livrez pour convertir et employer au faict des procès dudict Hostel Dieu et autres fraiz de justice iiii*c* xxxix *tt* tournois; — a Jehan Esmont, geolier et garde des prisons du chappitre de Paris, la somme de lxxiiii s. t. pour le geoliage d'un nommé Guillaume Legros, et autres personnes mis prisonniers, par ordonnance de messieurs du chappitre et de monsieur le Bailly dudict chappitre, a raison de leurs malversations et desobeissance par eulx faicte audict Hostel Dieu; — x *tt* t. payez a Pierre Belin, huissier des requestes de l'hostel du Roy, pour ses peines, sallaires et vacations, pour avoir par luy faict ung exploict au pays de Bourbonnoys a l'encontre des heritiers de defuncte Philebarde de Herisson, laquelle avoit donné tout son bien audict Hostel Dieu.

Autre despence pour pencions et rentes viaigeres iii*c* xlv *tt* t.; — a maistre Philippe Allain, docteur régent en la Faculté de medecine en l'Université de Paris, pour une annee de sa pencion cent liv. t.; — *a sire Jehan de Bray, receveur general de la communaulté des pauvres de ceste ville de Paris, la somme de cent livres tournois, pour cinq moys escheuz, a raison de xx tt t. chacun moys, laquelle somme de xx tt t. la court de Parlement a ordonne par arrestz donné le 7*e* jour de febvrier mil cinq cens cinquante neuf, que par provision seroit baillee et delivree des deniers dudict Hostel Dieu au receveur general de ladicte communaulté pour les alimens, medicamens et logis des malades de verolle qui ce sont presentez et ce presente audict Hostel Dieu.*

Autre despence pour payement des gaiges et salaires de gens d'eglise, officiers, domesticques et serviteurs vii*c* iii *tt* t.; — a maistre Cosme Roger, maistre sirurgien a Paris, la somme de ix*xx* *tt* t. pour penser et medicamenter les pauvres malades navrez, ulcerez dudict Hostel Dieu; — a Francoyse Simon qui a servi de saige femme audict Hostel Dieu durant l'annee de ce present compte xii *tt* t.

Gaiges d'officiers vi*c* iiii*xx* xix *tt* t.

Somme total de la despence de ce compte xlv*m* v*c* lxxii *tt* tournois.

## 93ᵉ REGISTRE (317 FEUILLETS, PARCHEMIN).
### ANNÉE 1562.

Compte septiesme de maistre Claude Coynart pour une annee commancant au jour de Noel mil cinq cens soixante ung et finissant a pareil jour mil cinq cens soixante deux.

Recepte a cause des cens, surcens, fons de terre et amortissemens, tant en la ville que hors icelle iiᶜ iiiiˣˣ vi ♰ t.

Autre recepte a cause des rentes que prand ledict Hostel Dieu tant sur la recepte generalle oultre Seyne et Yonne, que sur tout le domaine du Roy a Paris xiiiiᶜ xlviii ♰ t.

Autre recepte a cause des rentes en ceste ville de Paris iiᵐ vᶜ iiiiˣˣ ♰ tournois.

Autre recepte a cause des rentes constituees a l'hostel de la ville de Paris, suivant l'edict du Roy xiiᶜ iiiiˣˣ vi ♰ t.

Autre recepte a cause des rentes ou pentions viaigeres en ceste ville de Paris iiiiˣˣ v ♰ t.

Autre recepte a cause d'aucuns louaiges de maisons tant en ceste ville de Paris que es faulxbourgs d'icelle vᵐ viᶜ ii ♰ tournois; — de maistre Cosme Roger, sirurgien dudict Hostel Dieu, au lieu de maistre Jaspart Martin, la somme de xlv ♰ t. pour une annee escheue, a cause de la maison ou il est demeurant, appartenant audict Hostel Dieu, assise en ladicte rue Neufve Nostre Dame, *ladicte maison affectee a tousiours aux sirurgiens dudict Hostel Dieu, a luy et ces successeurs.*

Autre recepte a cause des rentes annuelles et perpetuelles que ledict Hostel Dieu prand sur plusieurs maisons, terres, prez et autres heritaiges hors la ville de Paris iiᵐ xli ♰ t.

Autre recepte a cause des rentes viaigeres sur plusieurs maisons et autres heritaiges hors la ville de Paris cxv ♰ t.

Autre recepte a cause d'aucuns louaiges de ferme et baulx a pris d'argent hors la ville de Paris xixᶜ lii ♰ t.

Autre recepte a cause des deniers venuz des lotz et ventes xvi ♰ t.

Deniers proceddans d'aucunes rentes qui ont esté racheptees vᵐ iiiᶜ xlii ♰ t.; — de damoyselle Anne de Conant, velve de feu noble homme, maistre Charles de Champront, et noble homme Oudart Dilliers, seigneur de Chantemelle et de Vaupillon, la somme de ii mil iiiiᶜ liv. t. pour le rachapt et sor principal de ii cens livres tournois de rente par ladicte dame racheptee le xxviiiᵉ jour de mars mil cinq cens soixante ung, que ledict Hostel Dieu avoit droict de prandre, sur une maison assise a Paris rue Sainct Anthoine, et sur la terre et seigneurie de Hoches, et sur la terre et seigneurie de Chantemelle et de Vaupillon; — de la vente d'une maison assise a Paris, rue de la Petite Truanderie, ou pend pour enseigne le Barillet d'argent, laquelle maison a esté vendue par décret ou Chastellet de Paris, a la requeste des maistre bourciers du colleige de maistre Gervais, par sentense donnee par monsieur le Prevostz de Paris, a l'encontre des maistres et gouverneurs dudict Hostel Dieu, pour en vuider leurs mains, a la requeste desdictz bourciers, comme seigneurs sensiers de ladicte maison, moyennant la somme de viiiᶜ ix livres tournois.

Autre recepte a cause d'aucuns deniers venuz et procedant de la vente de certain grain et son xixᶜ lxvii ♰ t.; — vente de vin et vergus viiᶜ xxv ♰ t.; — vente de suif et gresse xiiiiᶜ lvi ♰ t.

Autre recepte a cause de la vente des peaulx, abatis de moutons despencez audict Hostel Dieu iiᵐ iiᶜ xlix ♰ t.

Autre recepte a cause de la vente de certain boys xiᶜ xl ♰ t.; — de Guillaume Michel, marchant demeurant a Juvisy, a l'enseigne des Troys Roys, a esté receu la somme de ixᶜ xli ♰ t. issus de la vente a luy faicte de la couppe de xxx arpens de boys assiz en la forest de Sequigny.

Autre recepte a cause des deniers des pardons publiez en l'evesché et diocese de Paris ii mil viiᶜ iiiiˣˣ v ♰ t.

Autre recepte a cause des deniers procedans des pardons publiez et declairez par les archeveschez et eveschez hors Paris iiiiᵐ viiᶜ xxxiiii ♰ t.; — Austun, Mascon, Laon, Grenoble, Nevers, de maistre Filliard, receveur dudict Hostel Dieu, es archeveschez et eveschez cy dessus nommez néant cy, pour ce qu'aucune chose n'en a esté receu, *entendu que ledict Filliard n'a seu faire faire la queste desdits pardons es dictz archeveschez et eveschez, a cause des séditions qui se sont meue es dictz lieux r raison de la nouvelle religion;* — Tours et Malezais, Laon et Noyon, néant pour la même cause; — Verdun, Toul et Mes, néant cy pour ce que les receveurs *n'ont sceu avoir le plaset de monsieur le duc de Savoye.*

Deniers venuz des religieuses qui ont garder les malades en ceste ville de Paris iiiiˣˣ ix ♰ t.

Autre recepte a cause des deniers provenans des aulmosnes, legs testamentaires, vigilles et convoys iiiiᵐ cli ♰ t.; — de honnorable homme maistre Jehan Lescalopier, receveur de messieurs de la court de Parlement, ou nom et comme executeur du testament de feu Marie Larmitte sa femme xxv ## t.; — de l'aumosne de monsieur de Senlis c solz tournois; — du testament de feu monsieur de Soligny, en son vivant abbé de Tonnerre, archidiacre de l'eglise de Paris vi$^{xx}$ ## tournois; — du testament de feu Anne Seguyer xxv ## t.; — de monsieur le Légat de France xii ## xv s. t. pour faire prier a Dieu pour la santé du Roy nostre sire; — de noble homme maistre Robert de Sainct Germain, l'un des quatre notaires et secrétaires de la court de Parlement, executeur du testament de feu Jehan de Sainct Germain son pere xx ## t.; — des deniers aulmosnez et laigez aux pauvres malades par feu nostre maistre Ydoine, docteur-régent en la Faculté de théologie; — de Helie de Coste blanche, escuyer, conseiller du Roy nostre sire, et maistre des eaux et forestz c solz t.; — de maistre Claude Marcel, l'un des gouverneurs dudict Hostel Dieu et eschevin de la ville de Paris c ## t.; — de honorable femme Marguerite Menant, vefve de feu sire Jacques le Bossu, en son vivant marchant bourgeois de Paris, la somme de c ## t. laigee par ledict deffunct; — de madame la presidente Nicollay, vefve de feu messire Emard Nicollay c ## t.; — de noble homme maistre Nicolle Le Maistre, conseiller du Roy nostre sire en sa court de Parlement, ou nom et comme executeur du testament de feu messire Gilles Le Maistre, en son vivant chevallier, et premier president en sa court de Parlement ii$^e$ lv ## t.; — de noble homme maistre Jehan du Tillet, secretaire du Roy nostre sire et greffier de sa court de Parlement iii$^e$ liv. tournois; — de huit autres aulmosnes de monsieur de Senlis xl liv. tournois.

Recepte commune ii$^m$ ii$^c$ xiii ## t.; — de Loys de la Floxiliere, marchant appoticaire a Paris, l s. t. pour la rente que l'Hostel Dieu prand sur une maison assise au villaige de Clamard, en la rue de la Taboyse, appartenant audict de la Floxiliere; — des maistre et proviseurs du college de Baieux xlvii s. vi den. t. pour trente huit annees d'arreraiges a causé de xv den. t. de cens que ledict Hostel Dieu a droict de prandre sur ledict colleige; — de Denys Fournier, marchant bourgeois de Paris, la somme de v$^e$ liv. tourn. sur intemmoings de ce qu'il doibt audict Hostel Dieu, a cause du reste qu'il debvoit de la ferme qui tenoict de feu messire Pierre Lizet, en son vivant premier president en la court de Parlement et abbé de Sainct Victor, donnee audict Hostel Dieu par les executeurs du testament dudict Lizet; — de seur Jehanne Fournier, religieuse ayent la charge de la poullerye iiii$^{xx}$ iii ## t.

Autre recepte a cause des deniers provenant des taxes de despens, dommaiges et interests au proufficit d'icelluy Hostel Dieu ix$^{xx}$ ix ## t.

Somme total de la recepte de ce compte xlix mil cxxxviii ## t.

## 94$^e$ REGISTRE (284 FEUILLETS, PARCHEMIN).

### ANNÉE 1562.

Despence de ce present compte, commançant et finissant comme dessus.

Cens, dixmes, indampnitez et admortissement pour plusieurs maisons et autres heritaiges, tant en la ville de Paris que hors icelle ii$^c$ lxxii ## t.

Autre despence pour le labour des vignes, ensemble des fraictz de vendenges ii$^m$ ix$^e$ lii liv. tournois.

Autre despence pour l'achapt de vin et vin aigre xix$^c$ lxxvi ## t.

Autre despence pour l'achapt de moutons, beufz, pourceaulx, vollatilles xiv mil ix$^c$ iiii$^{xx}$ iii ## t.

Autre despence pour la despence des jours maigres iiii$^m$ vii$^c$ lxxvii ## t.

Autre despence pour l'achapt de boys, charbon et sendre ix$^c$iiii$^{xx}$ v ## t.; — achapt d'huille et façon de chandelle viii$^{xx}$ xviii ## t.

Autre despence pour achapt de draps de layne, coustis, plumes, couvertures, ouvraiges de cordonnerye, façon, blanchissaige, achaptz de toilles ii$^m$ iiii$^c$ lxxi ## t.; — a Anthoine Payen, maistre tappicier a Paris, la somme de iiii ## t. pour avoir par luy fourny de tapisserye, par quatre foys, es autelz qui ont esté dressez en l'eglise Nostre-Dame de Paris pour les pardons dudict Hostel Dieu, *a cause du danger de la maladie contagieuse estant audict Hostel Dieu*.

Autre despence pour achapt de vecelle d'estain, chauderonnier, charon, mareschal, bourrelier, cordier, vannier v$^c$ lix ## t.

Autre despence pour les drocgues de l'apoticairerye viii$^c$ lxxi ## t.

Autre despence pour achapt de blé xvi$^c$ xlviii ## t.; — a noble homme maistre Thierry Monmiral, seigneur de Chambourcy, la somme de vii$^c$ l ## t. pour l'achapt de neuf muis de blé mestail par luy venduz, a raison de iiii$^{xx}$ iiii ## t. chacun mui, pour la provision des pauvres malades.

Autre despence pour les menuz fraiz et mises communes vi$^c$ lix ## t.; — ce present recepveur faict cy despence de la somme de xlii s. t. pour les frais faictz en la visitation faicte pour raison des bruyeres assises a Clamart, contensieuse entre ledict Hostel Dieu et madamoyselle Dierre, dame de Fleury; — xxxix ᵗᵗ t. pour l'achapt de deux douzaines de challis de boys pour servir audict Hostel Dieu, pour *coucher à la necessité les pauvres mallades d'icelluy Hostel Dieu qui sont en grand nombre.*

Autre despence pour acquisitions d'heritaiges et rentes iiᵐ vᶜ xxviii ᵗᵗ t.

Autre despence pour plusieurs grosses et menuz reparations, tant a l'Hostel Dieu de Paris que en plusieurs maisons d'icelles, tant en la ville de Paris que en autres lieux iiᵐ vᶜ lxxiiii ᵗᵗ t.

Autre despence pour deniers baillez pour convertir et employer au faict des proces dudict Hostel Dieu et autres fraiz de justice viiiᶜ xv ᵗᵗ t.; — ce present recepveur faict cy despense de la somme de lxxiiii s. t. pour le sallaire du sergent qui avoit *adjourné, en vertu des lectres patentes et arrest de la cour de Parlement les maistres, freres et seurs de l'Hostel Dieu d'Amyens, qui ont prins les deniers du jubillé appartenant a l'Hostel Dieu de Paris.*

Autre despence pour pentions et rentes viaigeres iiiᶜ xxii ᵗᵗ t.; — a maistre Philippes Allain, docteur régent en la Faculté de medecine, la somme de cent livres tournois pour une annee de sa pention; — a maistre Martin Feret, procureur et recevur du colleige de Montaigu, la somme de xvii ᵗᵗ x s. t. pour ung terme escheu, a cause de la pancion de frere Pierre Bernard, naguiere religieux dudict Hostel Dieu, demeurant audict colliege.

Autre despence pour payement des gaiges et sallaires des gens d'eglise, officiers domesticques et serviteurs viᶜ iiiiˣˣ viii ᵗᵗ t.; — a maistre Cosme Roger, maistre chirurgien a Paris, la somme de viˣˣ xv ᵗᵗ t. pour troys termes de ces gaiges; — a Francoyse de la Camessiere, vefve de feu maistre Cosme Roger, la somme de xv ᵗᵗ t. pour ung moys de gaiges deubz audict deffunct; — a maistre Vincent Hamelin, maistre chirurgien a Paris, au lieu de maistre Cosme Roger xxx ᵗᵗ t. pour ii moys de ces gaiges; — a Francoyse Simon et Nicolle Salle qui ont servi de saige-femme xii ᵗᵗ t.

Gaiges d'officiers viᶜ lxiiii ᵗᵗ t.

Somme totale de la despence de ce present compte xlixᵐ iiiᶜ lxii ᵗᵗ t.

## 95ᵉ REGISTRE (321 FEUILLETS, PARCHEMIN).

### ANNÉE 1563.

Compte huitiesme de maistre Claude Coynart pour une annee commencent au jour de Noël mil cinq cens soixante deux, et finissant a pareil jour mil cinq cens soixante trois.

Recepte a cause des cens, surcens, fons de terre et amortissemens tant en la ville que hors icelle iiᶜ iiiiˣˣ viᵗᵗt.

Autre recepte a cause des rentes sur la recepte generalle oultre Seyne et Yonne, et sur le domaine du Roy nostre sire a Paris xiiiiᶜ xlviii ᵗᵗ t.

Autre recepte a cause des rentes en ceste ville de Paris iiᵐ vᶜ lx ᵗᵗ t.

Autre recepte a cause des rentes constituees a l'hostel de la ville de Paris, suyvant l'edict du Roy, au denier vingt iiiᵐ iiiiᶜ xxxiii ᵗᵗ t.

Autre recepte a cause des rentes ou pentions viaigeres iiiiˣˣ v ᵗᵗ t.

Autre recepte a cause d'aucuns louaiges de maisons en ceste ville de Paris que es faulxbourgs d'icelle vᵐ viᶜ xxix ᵗᵗ t.

Autre recepte des rentes annuelles et perpetuelles sur plusieurs maisons et autres heritaiges hors la ville de Paris xviiiᶜ xix ᵗᵗ t.

Autre recepte a cause des rentes viaigeres hors la ville de Paris cxv ᵗᵗ t.

Autre recepte d'aucuns louaiges de fermes et baulx faictz a pris d'argent de plussieurs maisons et autres heritaiges hors la ville de Paris xixᶜ xxxviii ᵗᵗ t.

Autre recepte a cause des deniers venuz des lotz et ventes pour plusieurs acquisitions d'heritaiges scituee en plusieurs lieux estant en la censive dudict Hostel Dieu lxv ᵗᵗ ii s.

Autre recepte a cause des deniers procedans d'aucunes rentes qui ont esté racheptees xixˣˣ vᶜ ᵗᵗ t.; — de noble homme..... seigneur de Marivault et maistre ordinaire de la maison du Roy, la somme de vi mil livres tournois, pour l'acquisition par luy faicte *de messieurs les commis au regime et gouvernement de l'Hostel Dieu le* xixᵉ *jour de janvier* ᴍvᶜ ʟxɪɪ, assavoir cinq cens livres tournois de rente en troys parties que ledict Hostel Dieu avoit droict de prandre sur l'hostel de la ville de Paris, *a luy vendue par lesditz sieurs gouverneurs par auctorité de la court de Parlement, pour subvenir a la nouriture et substantation des pauvres malades dudict Hostel Dieu, pour achepter blez, vins et autres necessitez pour la nourriture desditz pauvres malades, entendu que les fermes dudict Hostel Dieu ont esté destruitte et ruynee au moyen des guerres advenus au Royaulme de France par ceulx de la nouvelle religion, et la ville de Paris assiegée tellement que l'on a esté contrainct vendre une* bonne partye des rentes et heritaige dudict Hostel Dieu; — de Sebastien Nivelle, libraire-juré en l'Université de Paris, la somme de mil cinquante livres t. provenant de la vente d'une maison a luy vendue par messieurs les commis au regime et gouvernement de l'Hostel Dieu, assise rue Sainct Jacques, laquelle a esté vendue audict Nivelle par auctorité de la court de Parlement pour achepter blez, vins et autres necessitez pour la nourriture des pauvres; — de messieurs les prevostz des marchans et eschevins, la somme de ii cens livres tournois a quoy ilz ont esté condampnez par sentence de M. le Prevost de Paris, pour le rachapt et sor principal de x liv. tourn. de rente, que ledict Hostel Dieu soulloit avoir droict de prandre sur une maison assise a Paris rue du Petit Pont, ou pend pour enseigne l'image Sainct Jehan, qui fut et appartint a Jacques Du Crocq, *laquelle maison a esté abatue pour faire la rue pour aller devant l'eglise Nostre Dame de Paris, au bout du pont Sainct Michel.*

Autre recepte a cause de la vente de certain grain et son ii<sup>m</sup> vi<sup>c</sup> iiii <sup>tt</sup> t.

Autre recepte a cause du vin et vergus vendu ii<sup>c</sup> iiii<sup>xx</sup> xiiii <sup>tt</sup> t.; — vente de suif et gresse viii<sup>c</sup> iiii<sup>xx</sup> ii <sup>tt</sup> t.

Autre recepte a cause de la vente des peaulx et abatis de moutons despencez audict Hostel Dieu ii<sup>m</sup> ii<sup>c</sup> li <sup>tt</sup> t.; — deniers provenant de la vente de certain boys ii<sup>c</sup> xxx <sup>tt</sup> t.

Autre recepte a cause des deniers trouvez au tron dudict Hostel Dieu, apres la publication des pardons en l'evesché et diocese de Paris ii<sup>m</sup> iiii<sup>c</sup> xxviii <sup>tt</sup> t.

Autre recepte a cause des deniers procedans des Pardons de l'Ostel Dieu de Paris publiez par les archeveschez et evesché iii<sup>c</sup> iiii<sup>xx</sup> iii <sup>tt</sup> t.; — Austum, Mascon, Lion, Grenoble et Nevers, neant cy, entendu que ledict recepveur n'a seu faire faire la queste a cause des séditions qui ce sont meue esdictz lieux a raison de la nouvelle religion.

Autre recepte a cause des deniers des aulmosnes, legs testamentaires, vigilles et convoys iiii<sup>m</sup> vii<sup>c</sup> xlviii <sup>tt</sup> t.; — de damoyselle Jacqueline de Marle, vefve de feu noble homme maistre Pierre Le Maistre, comme executaresse du testament de feu noble homme maistre Jullien Le Maistre x <sup>tt</sup> t.; — du testament de feu noble homme Joachin du Dizart, en son vivant escuyer, seigneur du Coudray, diocese de Chartres x <sup>tt</sup> t.; — de Claude Cornouaille, marchant demeurant a Senlis, la somme de iii<sup>c</sup> lxxv <sup>tt</sup> t. faisant moytié de la somme de vii<sup>c</sup> l <sup>tt</sup>, a quoy Nicolas Cornouaille, frère dudict Claude, a esté condampné envers ledict Hostel Dieu, par arrest de la court de Parlement du xxviii<sup>e</sup> jour d'aoust mil cinq cens soixante deux; — de maistre Claude Marcel, l'un des gouverneurs de l'Hostel Dieu de Paris et eschevin de ladicte ville, la somme de li <sup>tt</sup> t. issus de la resignation d'une office de ville de maistre porteur de grains, par ledict sieur Marcel donnee aux pauvres malades dudict Hostel Dieu; — de noble homme maistre Jehan Lhuillier, conseiller du Roy nostre sire et president en sa Chambre des Comptes vii<sup>xx</sup> v <sup>tt</sup> tournois; — de sire Remy de Pleure, bourgeois de Paris, ou nom et comme executeur du testament de feu sire Nicolas de Pleure, aussi en son vivant marchant et bourgeois de Paris, iii<sup>c</sup> <sup>tt</sup> t. aulmosnez par ledict deffunct aux pauvres malades; — de maistre Claude Marcel la somme de ii cens livres tournois pour la resignation d'une office de porteur de scel; — de noble homme maistre Jehan du Tillet, greffier en la cour de Parlement, ii cens livres tournois aumosnez par ledict sieur; — de damoyselle Ypolitte Violle, vefve de feu noble homme Anyen de Cailly, en son vivant viconte de Carenten xxx <sup>tt</sup> t.; — de damoyselle Regner Nicollay, vefve de feu noble homme maistre Jehan Lhuillier, en son vivant seigneur de Boullancourt, president en la Chambre des Comptes receu, par les mains de M<sup>e</sup>..... Lhuillier, lieutenant civil de ceste ville de Paris, la somme de v cens livres; — de reverend pere en Dieu messire Charles de Humières, evesque de Baieux, l'un des heritiers de feu madame Leonor de Humieres, en son vivant femme de messire Guillaume de Montmorency, seigneur de Thoré, a esté receu la somme de iii<sup>c</sup> l liv. tourn. faisant partye de la somme de cinq cens liv. tournois adjugee par arrest de la cour de Parlement a l'Hostel Dieu de Paris, sur le legs faictz par ladicte dame aux pauvres malades, et les autres cent cinquante livres delaissez es mains dudict sieur evesque pour les faire distribuer aux pauvres habitans des lieux, places et terres qui ont appartenu a ladicte dame.

Recepte commune pour l'annee de ce present compte iiii<sup>m</sup> iiii<sup>xx</sup> v <sup>tt</sup> t.; — du tron de la boucherye estant audict Hostel Dieu xi<sup>c</sup> iiii<sup>xx</sup> xiii <sup>tt</sup> t.; — des deniers trouvez apres la mort et deceptz de feu frere Claude Setaine, en son vivant prebtre et maistre dudict Hostel Dieu lxii <sup>tt</sup> iii s. t.; — de Mery de Prime et Marguerite Aubery, sa femme, heritiers pour moictyé de feu honorable homme Christofle Aubery, en son vivant marchant bourgeois de Paris, la somme de v<sup>c</sup> xl liv. tournois faisant partye de la somme de vii<sup>c</sup> l l. t. dont le reste, montant a la somme de ii<sup>c</sup> x <sup>tt</sup> t., laquelle somme est demeuree entre les mains du recevuer de la communaulté des pauvres de la ville de Paris pour recouvrer par ledict Hostel Dieu sur ledict receveur, laquelle somme de vii<sup>c</sup> l livres t. faisant moitiyé de la somme de xv<sup>c</sup> <sup>tt</sup> t., a quoy lesditz de Prime, a cause de ladicte Marguerite Aubery, sa femme, Christofle et Jehan Aubery, heritiers pour l'autre moictyé, lesquelz ont esté condampnez payer audict Hostel Dieu par arrestz de la cour de Parlement, donné le xv⁰ jour de septembre mil v⁰ LXIII, a bailler et payer ausditz de l'Hostel Dieu ladicte somme de xv⁰ ᵗᵗ t., pour demeurer quicte et deschargé envers icelluy Hostel Dieu de la somme de ii⁰ xlvii ᵗᵗ x s. t. de rente, que ledict defunct Aubery debvoit audict Hostel Dieu, a cause de la prinse par ledict deffunct faicte de messieurs les gouverneurs dudict Hostel Dieu *de six arpens de terre assis a Sainct Germain des Prés appelé le Sanitat*, lesquelles terres et sanitat ont esté remys par ledict arrest de ladicte court entre les mains dudict Hostel Dieu, pour en faire le prouffict des pauvres, et lesditz de Prime, Marguerite Aubery sa femme, Christofle et Jehan Aubery, tous heritiers dudict defunct Christofle Aubery, deschargez de ladicte rente, ainsy qu'il appert par l'arrest cy exibé, et quant a la somme de vii⁰ l livres t. deubz par lesditz Christofle et Jehan Aubery, en ont constitué rente audict Hostel Dieu; — ce present recepveur faict cy recepte de la somme de vii××ᵗᵗ t. issus de la vente de la moictyé des biens meubles de defunct maistre Jacques de Seurre et par luy laigez, assavoir moictyé audict Hostel Dieu et l'autre moictyé a la communaulté des pauvres de ceste ville.

Somme total de la recepte de ce present compte lii mil iiii cens xxxvii ᵗᵗ t.

## 96ᵉ REGISTRE (216 FEUILLETS, PARCHEMIN).

### ANNÉE 1563.

Despence de ce présent compte :

Cens, dismes, indampnitez et admortissement sur plusieurs maisons et autres heritaiges tant en la ville de Paris que hors icelle ii⁰ li ᵗᵗ t.

Autre despence a cause d'aucunes rentes sur le revenu et temporel d'icelluy Hostel Dieu xxix ᵗᵗ t.

Autre despence pour le labour des vignes, ensemble des fraiz de vendenges, façon et achaptz d'eschallas iiiᵐ xliiii ᵗᵗ t.

Autre despence pour l'achapt de vin et vin aigre iiiᵐ iiii⁰ lxxii ᵗᵗ t.

Autre despence pour l'achapt de moutons, beufz, pourceaulx, lartz, veaulx et vollatilles, acheptez pour la provision des pauvres malades xiiiᵐ v⁰ liii ᵗᵗ t.

Autre despence pour la despence des jours maigres et achapt de seel iiiiᵐ vi⁰ xlvi ᵗᵗ t.

Autre despence pour l'achapt de boys et charbon et cendre iiᵐ iiii×× i ᵗᵗ t.

Autre despence pour achapt d'huille et façon de chandelle ix×× xi ᵗᵗ t.

Autre despence pour achapt de draps de layne, coustilz, plumes, couvertures, pannes, ouvraiges de cordonnerye, façon de toilles, blanchisaiges, achaptz de toilles iiᵐ vi⁰ iii ᵗᵗ t.

Autre despence pour achapt de vecelle d'estain, chauderonnier, charron, mareschal, bourrelier, cordier, vannier vii⁰ iiii×× xvii ᵗᵗ t.

Autre despence pour les drocgues de l'appoticayrerie viii⁰ vi ᵗᵗ t.

Autre despence pour achapt de blé viiiᵐ xxv ᵗᵗ t.

Autre despence pour les menuz fraiz et mises communes viii⁰ iiii×× xix ᵗᵗ t.; — ce present recepveur faict cy despence de la somme de xii ᵗᵗ x s. t. payee pour l'expedition de quatre lettres patentes du Roy nostre sire, contenant deffenses de ne loger ni fourrager aux fermes appartenant audict Hostel Dieu; — viiii ᵗᵗ t. payez pour la despence qu'il a convenu faire pour les jurez, macons, charpentiers et couvreulx, en faisant par eux les prisees et estimations de certaines maisons appartenans audict Hostel Dieu, pour icelles vendre pour ayder a nourrir les pauvres malades dudict Hostel Dieu; — a Felix le Moyne, la somme de x ᵗᵗ t. pour avoir faict et gravé une espitafle de cuyvre en laquelle est escript la fondation et donnation faicte audict Hostel Dieu par feu monsieur Moguet (?) et icelle espitafle avoir attaché à icelluy Hostel Dieu; — a Felix Le Moyne, maistre tumbier a Paris, la somme de xxix ᵗᵗ t. pour avoir faict par luy l'espitaffle en cuivre de la fondation et donnation, pour icelle entretenir, faicte audict Hostel Dieu par defuncte Marguerite Bonnet, en son vivant vefve de feu maistre Leon Boulard, par son testament, et icelle espitaffle pour avoir par luy dressee et atachee en l'eglise Sainct Christofle, suyvant le testament de ladicte defuncte.

Autre despence pour acquisition d'heritaiges et rentes iiiiᵐ viii⁰ xlix ᵗᵗ t.

Autre despence pour plusieurs grosses et menuz reparations, tant a l'Hostel Dieu de Paris que en plusieurs maisons d'icelluy en la ville de Paris que hors icelle ville v mil viii⁰ lxxviii ᵗᵗ t.

Autre despense pour deniers baillez pour convertir au faict des proces d'icelluy Hostel Dieu et autres fraiz de justice v⁰ iiii×× iiii ᵗᵗ t.; — a maistre Pierre Ronsart, advocat au conseil privé et a son clerc xv ᵗᵗ t. pour leurs sallaires et vaccations d'avoir minuitté, grossoyé et faict expedier *les lectres patentes donnees du Roy nostre sire, par lesquelles il declaire qui veult et entend que les deniers du jubillé, arrestez en Bretaigne et en la ville de Rouen soient baillez et distribuez a l'Hostel Dieu de Paris.*

Autre despence pour pantions et rentes viaigeres ii$^e$ lxi $^{tt}$ t.; — a maistre Philippes Allain, docteur régent en la Faculté de medecine, la somme de cent livres tournois pour une année de ces gaiges.

Autre despence pour payement des gaiges et sallaires des gens d'eglise, officiers domesticques et serviteurs dudict Hostel Dieu vii$^c$ lx $^{tt}$ t.; — a maistre Vincent Hamelin, chirurgien a Paris, la somme de ix$^{xx}$ $^{tt}$ t. pour une annee de ces gaiges pour penser et medicamenter les pauvres malades navrez et ulcerez; — a Francoyse Simon, Guillemette Melly et Perrette Couronne, saiges femmes dudict Hostel Dieu, la somme de xii $^{tt}$ t.

Gaiges d'officiers vi$^c$ lxvii $^{tt}$ t.

Somme total de la despense de ce present compte lxi$^m$ v$^c$ ix $^{tt}$ tournois.

## 97$^e$ REGISTRE (395 FEUILLETS, PARCHEMIN).

### ANNÉE 1564.

Compte neufiesme de maistre Claude Coynart pour une annee commencant au jour de Noel m. v$^c$ lxiii et finissant a pareil jour m. v$^c$ lxiiii.

Recepte a cause des cens, surcens, fons de terre et amortissemens tant en la ville de Paris que hors icelle ii$^c$ iiii$^{xx}$ \i $^{tt}$ t.

Autre recepte a cause des rentes tant sur la recepte generalle oultre Seyne et Yonne que sur le domaine du Roy nostre sire xiiii$^c$ xlviii $^{tt}$ t.

Autre recepte a cause des rentes sur plusieurs maisons en ceste ville de Paris ii$^m$ vi$^c$ iiii$^{xx}$ ii $^{tt}$ t.

Autre recepte a cause des rentes constituees a l'hostel de la ville de Paris, soubz le nom des prevostz des marchans, suyvant l'edict du Roy au denier vingtz xvi$^c$ xxxii $^{tt}$ t.

Autre recepte a cause d'aucuns louaiges de maisons assises en ceste ville de Paris que es faulxbourgs d'icelle v$^m$ ciiii$^{xx}$ iii $^{tt}$ t.

Autre recepte a cause des rentes annuelles et perpetuelles sur plusieurs terres, prez, boys et autres heritaiges hors la ville de Paris xviii$^c$ lxix $^{tt}$ t.

Autre recepte a cause des rentes viaigeres sur plusieurs maisons et heritaiges hors la ville de Paris cxv $^{tt}$ t.

Autre recepte d'aucuns louaiges de ferme, baux a pris d'argent de plusieurs maisons et autres heritaiges hors la ville de Paris ii$^m$ cx $^{tt}$ t.

Autre recepte a cause des deniers venuz des lotz et ventes, pour plusieurs acquisitions d'heritaiges tant en ceste ville de Paris que hors icelle viii$^x$ vii $^{tt}$ t.

Autre recepte a cause des deniers venant d'aucunes rentes racheptees et heritaiges venduz iiii$^x$ ix$^x$ x $^{tt}$ t.

Deniers provenant de la vente de certain grain et son iii$^m$ clxxv $^{tt}$ t.; — vente de vin et vergus ii$^c$ lvi $^{tt}$ t.; — vente de suif et gresse vi$^c$ xli $^{tt}$ t.; — vente des peaulx et abatis de moutons xvii$^c$ iiii$^{xx}$ $^{tt}$ t.

Autre recepte a cause des deniers provenant de la vente et couppe de certain boys appartenant audict Hostel Dieu iiii$^c$ iiii$^{xx}$ vi $^{tt}$ t.

Autre recepte a cause des deniers trouvez au tron dudict Hostel Dieu publiez en l'evesché et diocese de Paris ii$^m$ ii$^c$ ii $^{tt}$ t.

Autre recepte a cause des deniers provenant des questez pour ledict Hostel Dieu es archeveschez et eveschez xi$^c$ xxiiii $^{tt}$ t.; — Limoge, Perigueux, Sarlat et Toulouze, néant, pour ce que aucune recepte n'a esté faicte pour ledict Hostel Dieu pour la malice du temps.

Autre recepte a cause des deniers provenant des aulmosnes, legtz testamentaires, vigilles et convoys ii$^m$ v$^c$ li liv. tournois; — de damoyselle Barbe de Malleville, heritiere maubilliere de feu maistre Gilles Lelievre, en son vivant seigneur de Bougival ii$^c$ $^{tt}$ t. laigez par ledict deffunct; — de noble homme maistre Nicolas de Verdun, seigneur de la Place, lès Corbeil, comme exsécuteur de feu damoyselle Loyse Charlet, en son vivant femme dudict de Verdun c liv. tournois; — de honorable homme Benoist Nouvellet, sommellier et pannetier du Roy nostre sire x $^{tt}$ t.; — de scientiffique personne maistre Martin Rousseau, prebtre, chantre et chanoyne de la Saincte Chapelle au Palais Royal a Paris xii $^{tt}$ t.; — de noble homme maistre Baptiste Bureau, seigneur de la Court du Pré en Thiarasse l $^{tt}$ tournois; — de noble homme maistre Pierre Grassin, conseillier du Roy nostre sire en sa court de Parlement, seigneur d'Ablon, executeur du testament de feu noble homme maistre Nicolle Cotton, en son vivant maistre ordinaire en la Chambre des Comptes ii cens liv. tourn.; — de madamoyselle la presidante de Boulancourt c liv. tournois; — de maistre Pierre Mariau, chanoyne en l'eglise Nostre Dame de Paris iii$^c$ $^{tt}$ t. aumosnez aux pauvres dudict Hostel Dieu; — de noble homme maistre Jehan Dannet, conseillier du Roy nostre sire en sa court de Parlement, et Loys Dannet, seigneur de Savigny, executeur du testament de noble damoyselle Anne Briçonnet, leur mère, cinquante liv. tournois; — de maistre Claude Marcel, l'un des gouverneurs dudict Hostel Dieu, la somme de cinquante livres tournois, venuz d'une office de ville de porteur de blé, donnée audict Hostel Dieu par ledict seigneur Marcel pour ayder a noury les pauvres d'icelluy Hostel Dieu; — de noble homme maistre Loys Bralon, conseiller du Roy au Parlement de Bretaigne, comme exsecuteur du testament de noble dame Marie Crespy, vefve de feu maistre Loys Bralon, médecin ordinaire du Roy cent s. t.; — du testament de feu maistre Adrian de la Voue, en son vivant prieur de Sainct Sauveur a Bar sur Seyne, la somme de ii c. l. t.; — de l'aumosne de reverand pere en Dieu messire Loys Guillard, evesque de Chalons, par les mains de maistre Claude Marcel lx $^{tt}$ t.

Recepte commune pour l'année de ce present compte iii$^m$ ix$^c$ iiii$^{xx}$ xi $^{tt}$ t.; — des heritiers feu madame Boulault, la somme de iiii$^{xx}$ x $^{tt}$ t. qui deubz estoient par lesditz heritiers de soubte des lotz faictz entre lesdictz heritiers et ledict Hostel Dieu, de la maison et ferme de Sainct Mesme avecq les terres de ladicte ferme, au moyen du don faict audict Hostel Dieu par ladicte dame Boulault de la moytié de ladicte ferme, dont recepte en est faicte au compte du pannetier dudict Hostel Dieu; — du tron de la boucherye durant le karesme, la somme de ii mil vii$^c$ ix $^{tt}$ t.; — de maistre Francoys Borel, principal du colaige de Montegu, la somme de xv $^{tt}$ t. sur et temoyns de la somme de xxv $^{tt}$ qui doibt audict Hostel Dieu par sa cedulle, pour raison du reste des meubles qui furent a feu nostre maistre Ydoine; — de madame la mareschalle Sainct André, la somme de iii$^c$ lvii $^{tt}$ t. fesant la tierce partie de la somme de mil soixante deux livres dix s. t. pour la moictié et sor principal de ii mil cxxv $^{tt}$ t. que ladicte dame debvoit audict Hostel Dieu, a la communaulté des pauvres de ceste ville et a maistre Jehan Riveron, a cause de la composition faicte avecq feu monsieur le mareschal de Sainct Andre, de ce qui devoict audict Hostel Dieu pour raison du don faict a icelluy Hostel Dieu par deffunctz noble homme maistre Jehan Riveron, en son vivant conseillier du Roy et auditeur en sa Chambre des Comptes d'une maison, court et jardin et terres assises a Boissy Sainct Liger, qui a esté vendue par decret pour payer ladicte somme, pour et en l'acquict dudict seigneur mareschal Sainct André, et dix liv. tourn. pour les despens; et le reste montant pareille somme de mil soixante deux liv. dix solz tournois ladicte dame est obligee a payer ladicte somme du jourd'huy en ung an, et a faute de ce faire, ladicte dame sera tenue faire rente au denier douze, suivant l'arrest de la court de Parlement passé le... apvril mil cinq cens soixante quatre.

Autre recepte a cause des deniers provenant des taxes de despens, dommaiges et interestz venuz de plussieurs personnes, lesquelz tant en demandant que en deffendant contre ledict Hostel Dieu, dont il est issus arrestz au prouffict d'icelluy Hostel Dieu xxv $^{tt}$ t.

Despence de ce present compte :

Cens, rentes, dixmes, indampnitez et admortissemens sur plussieurs maisons places et lieux et autres heritaiges tant en la ville de Paris que hors icelle ii$^c$ xxxvi $^{tt}$ xiiii s. t.

Autre despance pour labours de vignes ensemble de fraitz de vandanges, facon d'eschallas et achapt d'auzier ii$^m$ vii$^c$ xii $^{tt}$ t.

Autre despance pour achapt de vin et vin aigre pour la provision des pauvres malades ii$^c$ iiii$^{xx}$ ix $^{tt}$ t.

Autre despance pour l'achapt de moutons, beufz, pourceaulx, veaulx et volatilles xiii$^c$ iiii$^c$ viii $^{tt}$ t.

Autre despance pour la despance des jours maigres et achapt de scel iiii mil v cens xxxvii $^{tt}$ t.

Autre despance pour achapt de bois, charbon et sendre xii$^c$ lxii $^{tt}$ t.; — achapt d'huille et façon de chandelle ii$^c$ xliiii $^{tt}$ t.

Autre despance pour achapt de draps de leine, coustiz, plumes, couvertures, ouvraige de cordonnier, façon de toilles, blanchissaige et achapt de toilles vii$^c$ xliiii $^{tt}$ t.

Autre despance pour les drogues d'apoticairerie v$^c$ xxx $^{tt}$ t.

Autre despance pour les menuz fraictz et mises communes durant l'annee de ce présent compte xvi$^c$ xlix $^{tt}$ t.; — a Jehan Gadier, laboureur demeurant a Sainct Germain des Prez, la somme de cent solz tournois pour son salaire d'avoir respandu des terres en cinq arpens de terre a Sainct Germain des Prez au lieu dict le Sanitat; — ce present recepveur faict cy despance de la somme de vi $^{tt}$ viii den. tournois pour la despance faicte a aller planter des bornes entre les boys dudict Hostel Dieu assis a Champrozé et les dames de Poissy, *que pour prandre la possession de la maladerye et terre du Bourg la Royne;* — ce present recepveur faict cy despance de la somme de iiii$^{xx}$ xii $^{tt}$ ix s. t. qu'il a, de l'ordonnance de messieurs les gouverneurs payé a nostre maistre Vigneron, docteur en la Faculté de theaulogie, *père des filles pénitentes* et a seur Jehanne de Mery, *mère desdictes filles*, fesant partye de la somme de viii$^{xx}$ xii $^{tt}$ pour la sixiesme partie de la somme de mil trente quatre livres xiiii s. provenant du jubillé célébré par le royaulme de France en l'annee M. v$^c$ LXII.

Autre despance pour acquisitions d'heritaiges et rentes ii$^m$ iiii$^c$ lxvi livres tournois.

Autre despance pour plussieurs grosses et menuz reparations tant en l'Hostel Dieu de Paris que en plussieurs maisons d'icelle, assise tant en ladicte ville que autres lieux hors d'icelle iiii$^c$ iii $^{tt}$ t.

Autre despance faicte par cedict recepveur pour deniers par luy baillee pour convertir et employer au faict des proces et autres fraictz de justice iiii$^c$ xxxvi $^{tt}$ t.

Autre despance faicte par cedict receveur pour pantions et rentes viaigeres ii$^c$ xlv $^{tt}$ t.; — a maistre Philippes Allain, docteur regant en la Faculté de medecine, la somme de cent livres tournois pour une année de sa pantion; — a frere Pierre Bernard, prebtre, religieux dudict Hostel Dieu, la somme de iiii$^{xx}$ ft tournois pour une annee de sa pantion a luy ordonnee par arrestz de la court de Parlement, durant le temps que ledict frere Pierre Bernard sera au colaige de Montegu.

Autre despance pour paiement de gens d'eglise, officiers domesticques et serviteurs dudict Hostel Dieu viii$^c$ lxiii ft t.; — a maistre Vincent Hamelin, sirugien dudict Hostel Dieu, la somme de ix$^{xx}$ ft t. pour une annee de ses gaiges, pour panser et medicamenter les pauvres malades navrez et ulcerez et pestifferez dudict Hostel Dieu; — a Pasquette Remy, sage femme audict Hostel Dieu xii ft t.

Gaiges d'officiers pour l'année de ce present compte vii$^c$ lxiiii ft t.

Somme totalle de la despence de ce present compte viii$^{xx}$ x ft t.

## 98$^e$ REGISTRE (417 FEUILLETS, PARCHEMIN).
### ANNÉE 1565.

Compte dixiesme de maistre Claude Coynart, recepveur general de l'Hostel Dieu de Paris, pour une année commancant au jour de Noel mil cinq cens soixante quatre et finissant audit jour mil cinq cens soixante cinq.

Recepte des cens et fons de terre deubz a l'Hostel Dieu en ladicte ville ii$^c$ iiii$^{xx}$ xvii ft t.

Autre recepte a cause des rentes dudict Hostel Dieu tant sur la recepte generalle outre Seine et Yonne que sur le domaine du Roy nostre sire a Paris xiiii$^c$ xlviii ft t.

Autre recepte a cause des rentes en ceste ville de Paris ii$^m$ viii$^c$ lii ft tournois.

Autre recepte a cause des rentes constituee a l'Hostel de Ville, suivant l'edict du Roy nostre sire, au denier vingtz xvii$^c$ lxxii ft t.

Autre recepte a cause des rentes ou pentions viaigeres en ceste ville de Paris iiii$^{xx}$ v ft t.

Autre recepte a cause d'aucuns louaiges de maisons en ceste ville de Paris que es faubourgz d'icelle v$^m$ iii$^c$ xxx ft t.

Autre recepte faicte par cedict recepveur a cause des rentes annuelles et perpetuelles sur plusieurs terres, prez, boys et autres heritaiges hors la ville de Paris xviii$^c$ lviii ft t.

Autre recepte a cause des rentes viaigeres sur plusieurs maisons et autres heritaiges hors la ville de Paris cxv ft t.

Autre recepte d'aucuns louaiges de ferme et baux a pris d'argent de plussieurs maisons et autres heritaiges hors la ville de Paris ii$^m$ xxvii ft t.

Autre recepte a cause des deniers venuz des lotz et ventes pour plussieurs acquisitions de heritaiges en plussieurs lieux estant en la censive dudict Hostel Dieu, acordée par moytie a ce present recepveur, comme appart par l'ordonnance inceree au compte mil cinq cens cinquante neuf, en ce present chappitre, xvi ft v s. t.

Autre recepte a cause des deniers provenans d'aucunes rentes racheptees durant ceste presente annee ii$^m$ iiii$^c$ iiii$^{xx}$ i ft t.

Autre recepte a cause d'aucuns deniers venant de la vente de certain grain et son xiiii$^c$ lxv ft t.; — vente de vin ii$^c$ xv ft t.; — vente du suif et gresse mil xl liv. tourn.

Autre recepte a cause de la vente de peaux et abatis de beufz et moutons despencez audict Hostel Dieu xviii$^c$ xlv ft t.

Autre recepte a cause des deniers provenant de la vente de certaine couppé de boys ix$^c$ iiii$^{xx}$ x ft t.; — a Pierre Gentil, marchant laboureur, demeurant a Goupilliere pres de Elleville, a esté receu la somme de v$^c$ xxxv ft iii s. sur et tenmoyns de la vente a luy faicte par messieurs les gouverneurs de la couppe des boys de la terre et seigneurie d'Elleville, appartenant audict Hostel Dieu, moyennant la somme de vi$^c$ iiii$^{xx}$ ft t. a la charge de laisser douze balliveaux a chacun arpent avecq les vieux baliveaux, les piez corniers, fruictiers et autres fesant lizieres, et laisser les haix vives estant autour desdictz boys, sans qui les puissent coupper a son prouffict.

Autre recepte des deniers trouvez au tron dudict Hostel Dieu apres la publication des pardons en l'evesché et dioseize de Paris ii$^m$ cxxix ft t.

Autre recepte a cause du jubillé faict et sellébré le premier dimanche des avens de Noel en la ville de Paris iiii$^c$ lxiiii ft tournois.

Autre recepte des pardons publiez et questés par les archevesches et evesches hors Paris ix$^c$ xlviii ft t.; — Limoges, Perigueux, Sarlat et Toulouze, *néant a cause des troubles qui sont esdictz lieuz pour le faict de la nouvelle religion.*

Autre recepte a cause des deniers provenens des aulmosnes, lectz testamentaires, vigilles et convoys ix mil iii cens i liv. tournois; — de noble damoyselle Regnée

Nicolay, vefve de feu noble homme maistre Jehan Lhuillier, en son vivant seigneur de Sainct Memyn et de Boulancour, president en la Chambre des Comptes ii cens liv. tournois aulmosnez aux pauvres; — de dame Ragonde Libarge, vefve de feu noble homme Vincent du Pont, seigneur de Launay Sainct Michel, exsecutaresse du testament dudict deffunct, la somme de vi cens livres tournois; — du recepveur des amandes des consulz de la ville de Paris, la somme de x ʇʇ t. a quoy a esté condanpné ung nommé Le More, maistre rotisseur a Paris, envers les pauvres dudict Hostel Dieu pour n'avoir fourny et livré des pijons aux orfevres pour faire le banquet des pauvres le jour de Pasques audict Hostel Dieu; — des exsecuteurs du testament de feu noble homme maistre Gaston de Grieux, seigneur de Sainct Aubin, conseillier du Roy nostre sire en sa cour de Parlement, la somme de cent liv. tournois; — de noble homme Florimont de Dorne, escuyer, seigneur dudict lieu, conseillier, notaire et secrétaire du Roy et controlleur général de l'audience de France, la somme de vi cens livres tournois, pour raison de la composition amiablement faicte avecq luy par messieurs les gouverneurs dudict Hostel Dieu, pour raison du rachapt et sor principal de cinquante livres tournois de rente donnee et laiguee audict Hostel Dieu, par testament et ordonnance de derniere voullonté de feu dame Françoise Groffier, mère dudict de Dorne, pour laquelle avoir il y avoict proces en la court de Parlement contre ledict Dorne et ses freres; — de dame Anne Baillet, la somme de cent liv. tourn. aulmosnée aux pauvres dudict Hostel Dieu; — des exsécuteurs du testament de feu Nicolas Perrot, en son vivant bourgois de Paris, et l'un des gouverneurs dudict Hostel Dieu xxv ʇʇ t. laiguez audict Hostel Dieu; — de dame Margueritte de Livre demeurant a Paris, la somme de mil livres tournois donnee et aulmosnee audict Hostel Dieu, a la charge que messieurs les gouverneurs dudict Hostel Dieu seront tenuz, apres le trespas de laditte dame Margueritte de Livre, faire distribuer par chacun an a *quarente enfants de la Trinité chacun ung pain de quatre deniers tournois*, et au chappelin quinze deniers tournois, lequel chappelin les conduira lesdictz quarente enfants au lieu ou ladicte dame sera innumé, et là fera chanter par lesditz enfans ung *libera* avecque les auressons acoustumez sur la fosse de ladicte dame; — de l'aumosne de monsieur de Senlix le xvi° jour de novembre audict an a esté receu, par les mains de maistre Claude Marcel, la somme de cent s. t.; — des exsecuteurs du testament de feu reverand pere en Dieu messire Loÿs Guillard, naguiere et auparavant son deces evesque de Senlix, conseillier du Roy nostre sire et *maistre de son auratoire*, a esté receu le xxv° jour de novembre m. v° lxv, la somme de mil escuz d'or soleil par les mains de noble homme maistre Florentin Regnard, aussi conseillier du Roy en ladicte court, par ledict deffunctz donnee et laiguez aux pauvres dudict hostel par son testament, pour aider a noury et subtenter les pauvres malades dudict Hostel Dieu, pour cecy mil escuz soleil vallent deux mil six cens livres tournois; — de noble homme maistre Pierre de Sainct André, conseillier du Roy nostre sire en sa court du Parlement, ou nom et comme exsecuteur du testament de feu damoyselle Margueritte Budde, sa femme, lii ʇʇ t. en xx escus soleil; — des exsecuteurs du testament de feu scientifficque personne maistre Guerin Sanguyn, en son vivant grand doyen d'Avranche, seigneur de Bregy et de Bomont en Thierasse, a esté receu la somme de xiiii° l liv. tournois, pour estre particippant aux prieres et bienffaitz d'icelluy Hostel Dieu; — des exsecuteurs du testament de feu reverand pere en Dieu messire Loys Guillard, naguiere evesque de Sanlix, a esté receu la somme de xii° l livres tournois, fesant moytié de la somme de ii mil v cens liv. tourn. ordonnée estre baillée par arrest de la court de Parlement oultre et par dessus les mil escuz soleil laigee par ledict deffunctz par son testament.

Recepte commune pour l'annee de ce present compte ii mil ix° xxxi ʇʇ tournois; — du tron de la boucherie durant le karesme, la somme de ii mil iiii° xlviii ʇʇ t.

Somme totalle de la recepte l mil ix° xxii ʇʇ t.

Despance de ce present compte :

Cens, rentes, dixmes, indampnitez et admortissemens tant en la ville de Paris que hors icelle ii° xxiiii ʇʇ t.

Autre despance pour labours de vignes, ensemble des fraictz de vandange ii^m ciiii ʇʇ.

Autre despence pour achapt de vin et vinaigre iiii^m ii° iiii^xx ii ʇʇ t.

Autre despence pour achapt de moutons, beufz, pourceaulx, veaulx, volatilles et autre gibier xiii^m iii° xxxiii ʇʇ t.

Autre despence pour la despence des jours maigres et achapt de scel iii^m vi° xi ʇʇ t.

Autre despence pour achapt de boys, charbon et cendre xiii° xxv ʇʇ t.; — achapt d'huille et façon de chandelle ii° xix ʇʇ t.

Autre despance pour achapt de draps de laigne, coustilz, plumes, couvertures, xiii° lxvi ʇʇ t.

Autre despance pour l'achapt de vecelle d'estin, chauderonnier, charron, mareschal, cordier et vanier vii° lxix ʇʇ t.

Autre despance pour les drocgues d'apoticarerye v° iiii^xx vi ʇʇ t.

Autre despance pour les menuz fraiz et mises communes viii° liii ʇʇ t.; — ce present receveur faict cy despense de la somme de xlix ʇʇ qu'il a payee pour le droict d'imposition des cinq solz tourn. pour chacun mui de vin entrant en ceste ville de Paris, de la quantité de ix<sup>xx</sup> xix muis de vin provenant des vignes dudict Hostel Dieu; — a Gabriel Dargilliers, faiseur d'orgues a Paris, la somme de xl liv. tourn. pour avoir par luy accordé les grandes orgues dudict Hostel Dieu; — cedict recepveur faict cy despence de la somme de vii ## x s. t. qu'il a payee pour les fraictz faictz des voitures et chariaiges du vin, blé, boys et draps de lict amenez par eaue depuis la ville de Sens jusques en ceste ville de Paris, laigée audict Hostel Dieu par deffunctz maistre Nicolle Frictard, par son testament; — a seur Felix Chartier, naguiere religieuse audict Hostel Dieu, la somme de xxx liv. tournois pour subvenir a ces necessitez en l'Hostel Dieu de Lagny, ou elle a *esté translatée par ordonnance de messieurs de chappitre de Nostre Dame de Paris.*

Autre despance pour plusieurs grosses et menuz reparations faictes tant a l'Hostel Dieu de Paris que en plusieurs maisons d'icelle, assises tant en la ville de Paris que autres lieux hors icelle ville iiii<sup>m</sup> xxiii ## t.

Autre despence faicte pour deniers baillez pour convertir et employer au faict des procez dudict Hostel Dieu et autres fraictz de justice v<sup>c</sup> xlix ## t.; — a Robert Mareschal, huissier en la Chambre des Comptes, la somme de x ## t. pour son salaire et vacation d'avoir ajourné monsieur Du Bouchaige, demeurant pres la ville de Loche, pour congnoistre ou nier une cedulle montant sept cens tant de livres tourn. donnee et laiguee par feu maistre Jehan Le Bretton, en son vivant avocat en la court de Parlement.

Autre despance pour pantions et rentes viaigeres payees par cedict recepveur ii<sup>c</sup> x ## t.; — a maistre Philippes Allain, docteur régent en la Faculté de médecine, la somme de cent livres tournois pour une annee de sa pantion.

Autre despance pour payement de gaiges de gens d'eglise, officiers domesticques et serviteurs dudict Hostel Dieu vii<sup>c</sup> xliiii ## t.; — a maistre Vincent Hamelin, sirugien dudict Hostel Dieu, la somme de ix<sup>xx</sup> livres tournois pour une annee de ces gaiges; — a Pasquette Remy et Madaline Medot, saiges femmes xii ## t.

Gaiges de officiers vii<sup>c</sup> iiii<sup>xx</sup> v ## t.

Somme total de la despence de ce compte xxxvii<sup>m</sup> cli ## tournois.

## 99<sup>e</sup> REGISTRE (299 FEUILLETS, PARCHEMIN).

### ANNÉE 1566.

Compte unziesme de maistre Claude Coynart, recepveur général de l'Hostel Dieu de Paris, pour une année commancent au jour de Noel mil cinq cens soizante cinq, et finissant a pareil jour mil cinq cens soizante six.

Recepte a cause des cens, surcens, fons de terre tant en la ville de Paris que hors icelle ii<sup>c</sup> iiii<sup>xx</sup> xvii liv. tourn.

Autre recepte a cause des rentes tant sur la recepte generalle oultre Seine et Yonne que sur le domaine du Roy a Paris xiiii<sup>c</sup> xlix ## t.

Autre recepte a cause des rentes que ledict Hostel Dieu a droict de prandre en ceste ville de Paris ii<sup>m</sup> vii<sup>c</sup> iiii<sup>xx</sup> xii ## t.

Autre recepte a cause des rentes constituee a l'hostel de la ville de Paris, suivant l'edict du Roy nostre sire, au denier vingt, ii mil iiii<sup>c</sup> iii liv. tournois.

Autre recepte a cause des rentes ou pention viaigeres que ledict Hostel Dieu a droict de prandre en ceste ville de Paris cix ## t.

Autre recepte a cause d'aucuns louaiges de maisons tant en ceste ville de Paris que es faulxbourgs d'icelle appartenant audict Hostel Dieu v<sup>m</sup> ii<sup>c</sup> lxi ##.

*Rue Neufve Nostre Dame.* De Jehan Papegay, maistre gantier, au lieu de Gilles des Nos, la somme de cv liv. tournois, pour une annee escheue au jour de Noel, pour le louaige d'une maison assise en ladicte rue, donant et a l'oposite de la grand porte dudict Hostel Dieu, en laquelle pend pour enseigne le Chauderon.

De maistre Josef Bernardeau, procureur en la court de Parlement, au lieu de maistre Paraclie Michelin, en son vivant aussi procureur en ladicte court, la somme de cent douze livres tourn. pour une annee escheue au jour de Noel, temps de cedict compte, a cause de la maison où il est demeurant, assise en ladicte rue, en laquelle pend pour enseigne la Couronne.

De maistre Estienne Contourt, huissier des requestes du palais, la somme de cent liv. tourn. a cause de la maison ou il est demeurant, assise en ladicte rue.

De Pierre Du Bois, au lieu de Marie de Lorme, sa mere, la somme de lx ## t. a cause de la maison où ledict Du Bois est demeurant, assise en ladicte rue.

De maistre Jacques Plantin, procureur en court d'église, la somme de lii ## pour la maison où il est demeurant en ladicte rue.

De André Roufflet, libraire juré a Paris, la somme de lxv ## t. pour la maison où il est demeurant, assise en ladicte rue, ou pend pour enseigne le Faucheux.

De Pierre Garnier, maistre chandellier de suif, au

lieu de maistre Martin Musnier, en son vivant procureur en cour d'eglise, la somme de xxx liv. tourn. a cause de la maison où il est demeurant, assise en ladicte rue.

De maistre Jehan du Tartre, procureur en court d'eglise, la somme de lxiiii ## t., a cause de la maison où il est demeurant, assise en ladicte rue.

De Jehan Preaux, maistre tonnellier a Paris, la somme de vii$^{xx}$ ## t. a cause de la maison où il est demeurant, assise en ladicte rue, ou pend pour ensaigne l'imaige Nostre Dame.

De maistre Jehan Gilbart, procureur en court d'eglise, la somme de lxii ## t. a cause de la maison où il est demeurant, assise en ladicte rue.

De maistre Vincent Hamelin, sirugien dudict Hostel Dieu, la somme de xlv ## t. a cause de la maison où il est demeurant, assise en ladicte rue.

De maistre Jehan Le Cocq, procureur en court d'eglise, la somme de lii ## x s. t. a cause de la maison où il est demeurant, assise en ladicte rue.

De Jehanne Voyer, vefve de feu maistre Oudart de Rieux, la somme de lxv ## t. a cause de la maison où elle est demeurante, assise en ladicte rue.

De maistre Jehan Canivet, *colleur de la court de Parlement*, la somme de xxxv ## t. pour *demye annee*, a cause de la maison où il est demeurant, assise en ladicte rue, ou pend pour ensaigne la Margueritte.

*Rue du Parvis Nostre Dame.* De maistre Jacques Tuault, procureur et recepveur des pardons pour ledict Hostel Dieu a Paris de Bretaigne, la somme de ix$^{xx}$ ## t. a cause de la maison où il est demeurant assise en ladicte rue, ou pend pour ensaigne la Huchette.

De maistre Anthoyne Lhostellier, soliciteur dudict Hostel Dieu en la court de Parlement, la somme de xxii ## t. pour une annee, a cause de la maison où il est demeurant, assise en ladicte rue.

Du premier corps d'hostel du chasteaux Frileux, qui faict le coing de la rue Sainct Pierre aux Beufz, neant cy, pour ce que ledict corps d'hostel est occuppé a tenir le bureau dudict Hostel Dieu.

De Catherine Nalot, la somme de l livres tourn, à cause d'une portion de maison fesant partie du segond corps d'hostel dudict chasteau Frileux.

De Marie Petit, vefve de feu Nicolas Picquart, en son vivant sergent a cheval ou chastellet de Paris, la somme de cent liv. tourn. a cause de la maison où elle est demeurante.

*Rue Sainct Pierre aux Beufz.* De maistre Pierre Quinault, huissier en la Chambre des Comptes, la somme de iiii$^{xx}$ iiii ## tournois a cause de la maison où il est demeurant.

De maistre Jehan Favereau, procureur en court de Parlement, la somme de xlvii ## x s. a cause de la maison où il est demeurant, assise en ladicte rue.

De Maistre Michel Payen et Anne Abrahan sa femme, au lieu de maistre Jehan des Marquetz, la somme de lx ## t. a cause de la maison où il est demeurant, assise en ladicte rue.

De Jehanne Bourlardeau, la somme de lx ## t. a cause de la maison où elle est demeurante, assise en ladicte rue.

De Estienne Boisset, marchant de vins à Paris, la somme de lx liv. tourn. a cause de la maison où il est demeurant, assise en ladicte rue.

*Rue Sainct Christofle.* De maistre Jehan Longuet, procureur ou chastellet de Paris, au lieu de Pierre Froissard, la somme de iiii$^{xx}$ liv. tournois, a cause de la maison où il est demeurant, assise en ladicte rue, en laquelle pend pour ensaigne l'imaige Saincte-Marthe.

De maistre Robert Charuau, greffier au baliaige du Palais Royal à Paris, la somme de vii$^{xx}$ liv. tourn. a cause de la maison où il est demeurant, assise en ladicte rue, ou pend pour enseigne la Couppe d'or.

*Rue de Venize.* De maistre Jehan Canivet, colleur de la court du Parlement, la somme de lxx ## t., a cause de la maison où il est demeurant, assise en ladicte rue.

De maistre Pierre Denys, procureur en la court de Parlement, la somme de lxxv ## t. a cause de la maison où ledict Denys est demeurant, assise en ladicte rue.

*Rue de la Confrarie Champrozi.* De Pierre Naverre, marchans de vins a Paris au lieu de Pierre Dubourg, sergent a verge ou Chastellet de Paris, la somme de lv liv. tourn. a cause de la maison où ledict Naverre est demeurant, assise en ladicte rue.

De maistre Pierre Pichard, la somme de lxxi ## t. a cause de la maison où il est demeurant, assise en ladicte rue.

De maistre Pierre Dupuis, advocat en la court de Parlement, la somme de xlv ## t. a cause de la maison où il est demeurant, assise en ladicte rue.

*Rue du Chevet Sainct Landry.* De la vefve maistre Martin Bourgois, en son vivant procureur en la court de Parlement, la somme de iiii$^{xx}$ liv. tourn. a cause de la maison où ladicte vefve est demeurante, assise en ladicte rue.

*Rue de la Coulombe.* De damoyselle Marie Michon, au lieu de maistre Bernard de Sainct François, conseillier en la court de Parlement, la somme de ii cens x liv. tournois, a cause de la maison où ladicte damoyselle est demeurante, assise en ladicte rue.

De maistre Sylvin Guerard, advocat en la court de Parlement, la somme de vii$^{xx}$ x ##, a cause de la maison où il est demeurant, assise en ladicte rue.

*Le Port Sainct Landri.* De Jehan Boudin, foulon de

bonetz, la somme de cinquante liv. tourn. à cause de la maison où il est demeurant, assise audict port Sainct Landry.

De Guillaume Mathis, aussi foullon de bonnetz, la somme de lxvii ʰ x s. a cause de la maison où il est demeurant, assise en ladicte rue.

*Rue des Oublaiers.* De Gilles Trousseu, marchans de vins a Paris, la somme de ix$^{xx}$ x ʰ t. a cause de la maison où il est demeurant, assise en ladicte rue, ou pend pour enseigne la Licorne.

De Jehan Montdenys, marchant mercier au Palais, au lieu de Sebastien Ligerois, la somme de lii ʰ t., a cause de la maison où il est demeurant, assise en ladicte rue.

*Rue du Petit Pont.* De Jacques Boret, mercier, au lieu de Jehan Berot, la somme de xii ʰ t. a cause d'une petite place, assise contre l'Hostel Dieu, du costé de Petit Pont, a luy baillée a louaige.

De Nicolas Daussi, la somme de xiii ʰ t., a cause d'une place à vendre beurre, œufz, et autres menues denree, joignent la porte dudict Hostel Dieu, du costé de Petit Pont.

De Anne Fauve, vefve de feu Mahiet de Laistre, en son vivant, maistre chazublier a Paris, la somme de xx ʰ t., a cause d'une loge dressé contre la salle du Légat, a elle baillée a louaige.

De Jacques de Marie, maistre brodeur a Paris, au lieu de Jacques Buisson, aussi en son vivant maistre brodeur, la somme de cinquante livres tournois, a cause du louaige d'une loge adossée contre les murs de la salle du Legat, avecq ung petit derriere et une petite court estant des appartenances de la court de la salle du Légat.

De Denys Ferré et sa femme, la somme de xx ʰ t., a cause du louaige d'une loge addossée contre les murs de la salle du Légat.

De Jehan Parquin, la somme de xv ʰ tourn., a cause du louaige d'une loge addossee contre la salle du Légat.

De Anthoyne Francoys, marchant mercier a Paris, la somme de xx ʰ t., a cause d'une autre loge adossee contre les murs de ladicte salle du Légat.

De Pierre des Bordes, au lieu de Christofle Le Non, maistre esplainguier a Paris, la somme de vi ʰ t. a cause d'une place vague assise sur les degrez et contre la porte dudict Hostel Dieu.

De Guillemette Boursin, vefve de feu Jehan Prevostz, la somme de xx ʰ t., a cause d'une place et loge adossée contre la salle du Légat.

*Rue du Sablon.* De Marie Bonnemer, vefve de feu Jehan Dancy, la somme de xiii ʰ t., a cause du louaige d'une estable assise en ladicte rue.

*Rue de la Bucherie.* De Jehan Cochevache, maistrequeux a Paris, la somme de cxv ʰ t. a cause de la maison où il est demeurant, assise en ladicte rue.

De Rocq Guillier, la somme de lx ʰ t. a cause de la maison où il est demeurant, assise en ladicte rue.

*Le Mont Saincte Geneviefve.* De Estienne Quartier, maistre appothicaire a Paris, la somme de xl livres tourn. a cause de la maison où il est demeurant, assise en ladicte rue, ou pand pour ensaigne le Barseul.

*Rue Sainct Jacques.* De Jehan Feucher, libraire juré a Paris, la somme de iiii$^{xx}$ ʰ t. a cause de la maison où il est demeurant, assise en ladicte rue, ou pend pour enseigne l'escu de Florence.

De Jullien Roussel, marchans de vins a Paris, la somme de ii$^c$ ʰ t. a cause de la maison où il est demeurant, assise en ladicte rue, ou pend pour ensaigne la Mulle.

*Rue de Erenbourg de Brye.* De la vefve Olivier Abraham, en son vivant parcheminier a Paris, la somme de xxxiiii ʰ t. a cause de la maison ou ladicte vefve est demeurant.

*Rue de la Petite Saunerie.* De Thomas Garnier et Denis Roussel, maistres orfevres a Paris, la somme de ii cens xl ʰ t. a cause de la maison où il est demeurant, assise en ladicte rue, ou pend pour ensaigne le lion d'or.

*Rue du Pied de Beuf.* De Ysabeau Farmanet, vefve de Jehan Mas, en son vivant boucher en la grand boucherye de Paris, la somme de cv ʰ t. a cause de la maison où elle est demeurant, assise en ladicte rue.

*Rue Sainct Honoré.* De Jehan Le Seririer, esperonnier du Roy nostre sire, la somme de cent livres tournois, a cause de la maison ou il est demeurant, assise en ladicte rue.

De Loys Bigaud, marchant drappier a Paris, la somme de vi$^{xx}$ ʰ t. a cause de la maison où il est demeurant, assise en ladicte rue, ou pend pour ensaigne l'écrevise.

*Rue Sainct Denys.* De maistre Nicolas Lescaloppier, payeur et recepveur de messieurs de la court de Parlement, la somme de ii cens iiii$^{xx}$ ʰ t. a cause de la maison où il est demeurant, assise en ladicte rue, ou pend pour ensaigne les deux signes.

*Rue de la Mortellerie.* De Claude Cousin, vefve de feu Estienne de Plancy, la somme de cent dix livres tournois, a cause de la maison ou elle est demeurante, ou pend pour ensaigne les *Serpettes.*

*Rue Frogier Lasnier.* De Francoys Vallet et Margueritte sa fille, la somme de xlvi ʰ t. a cause de la maison ou ilz sont demeurans, assise en ladicte rue.

De Bonnaventure Houzeau, au lieu de Jehan Poilou, la somme de xlv ʰ t. a cause de la maison ou il est demeurant, assise en ladicte rue.

*Rue Sainct Anthoyne.* De Pierre Belleval, la somme de ciiii ʰ t. a cause de la maison où il est demeurant, assise rue Sainct Anthoine, ou pend pour enseigne le matelas.

*Rue des Barres.* De Macé Petit, marchant de vins, la somme de viii$^{xx}$ liv. tourn. a cause de la maison où il est demeurant, assise en ladicte rue, ou pend pour enseigne l'escu de Bretaigne.

*Rue de Marivaulx.* De Jehan Adam, mestre courroyeur a Paris, la somme de xlv ₶ t. a cause de la maison ou il est demeurant, assise en ladicte rue.

*Oultre l'antienne porte Sainct Honoré.* De Perrette Fagart, vefve de feu Guillaume Charveau, la somme de lxv ₶ t. a cause de la maison ou elle est demeurante, assise en ladicte rue.

*Rue Champfleury.* De Lion de la Bonde, joueur d'instrumens, la somme de xlv ₶ t. a cause de la maison ou il est demeurant, assise en ladicte rue.

*Rue du Vert Bois.* De Pierre Mally et Guillemette Huet, sa femme, la somme de xxxviii ₶ t. a cause de la maison ou il est demeurant, assise en ladicte rue.

De André Lalier, poullaillier, au lieu de Claude Viel, la somme de xxv ₶ t. a cause de la maison ou il est demeurant, assise en ladicte rue, ou pend pour enseigne le chef sainct Denys.

*Rue du Murier.* De maistre Bartin Berard, doyen de la Nation d'Almaigne, la somme de xxviii ₶ t. a cause de la maison ou il est demeurant, assise en ladicte rue, ou pend pour enseigne la Ratiere.

Autre recepte a cause des rentes annuelles et perpetuelles sur plussieurs terres, prez, boys, vignes et autres heritaiges hors la ville de Paris xviii$^c$ lvi ₶ t.

Autre recepte a cause des rentes viaigeres sur plussieurs maisons et heritaiges hors la ville de Paris cxv ₶ tournois.

Autre recepte d'aucuns louaiges de ferme et baulx a pris d'argent de plussieurs maisons, terres, prez, boys et autres heritaiges hors la ville de Paris xix$^c$ iiii$^{xx}$ iii ₶ tournois.

Autre recepte a cause des deniers venuz de lotz et ventes pour plussieurs acquisitions de heritaiges en la censive dudict Hostel Dieu cxi ₶ t.

Autre recepte a cause des deniers provenant d'aucunes rentes racheptees durant ceste presente annee ii mil vii$^c$ lii ₶ t.

Autre recepte d'aucuns deniers venant de la vente de certain grain et son vendu par maistre Pierre Petit, prebtre et pannetier dudict Hostel Dieu, iiii mil iiii$^c$ xxiiii ₶ t.; — vente de vin et vergus iiii$^c$ lii ₶ t.; — vente de suif et gresse xiii$^c$ lxix ₶ t.

Autre recepte a cause de la vente de peaux et abatis de beufz et moutons despensez audict Hostel Dieu xvii$^c$ xxxiii ₶ t.

Autre recepte a cause des deniers provenant de la vente de certaine couppe de boys taillix appartenant audict Hostel Dieu v$^c$ xxxvii ₶ t.

Autre recepte a cause des deniers trouvez au tron dudict Hostel Dieu, apres la publication des pardons en l'evesché de Paris ii mil clix ₶ t.

Autre recepte a cause des deniers provenans des pardons publiez et questez par les archeveschez et eveschez vii$^c$ iiii$^{xx}$ vii ₶ t.

Autre recepte a cause du jubillé faict et sélébré es archevesches et eveschez cy apres nommez iii mil vi$^c$ iiii$^{xx}$ x liv. tourn.

Autre recepte des deniers provenens d'aucunes religieuses qu'ilz ont gardé des malades en ceste ville de Paris vi$^{xx}$ vii ₶ t.

Autre recepte a cause des deniers provenent des aulmosnes, lectz testamentaires, vigilles et convoys vii mil clxxvii ₶ t.; — des exsecuteurs du testament de feu reverand pere en Dieu messire Loys Guillard, naguiere evesque de Saulix, a esté receu la somme de xii$^c$ l livres tournois fesant moytié de la somme de ii mil v cens ₶ t. ordonnee estre baillee audict Hostel Dieu par arrestz de la court de Parlement, outre et par dessus les mil escuz soleil donnés et laigés par ledict deffunct; — de dame Anne Baillet, vefve de feu messire Emard Nicolay, la somme de cent livres tournois; — de noble homme maistre Sylvin Guerard, avocat en la court de Parlement, et de honorable homme sire Jehan Lesueur, l'un des gouverneurs dudict Hostel Dieu, comme exsecuteurs du testament de feu noble homme maistre Jehan de Nogerolles ii$^c$ lx liv. tournois; — des exsecuteurs du testament de feu reverand pere en Dieu messire Loys Guillard, naguiere evesque de Saulix, la somme de ii mil v cens livres tournois, ordonnee estre baillee par arrestz de la court de Parlement du... fevrier mil cinq cens soixante cinq; — des heritiers feu maistre Jehan du Mons, docteur en theaulogie, et chanoyne theologal de l'eglise catedralle de la ville de Limoges, la somme de ii cens livres tournois laigee par ledict deffunctz audict Hostel Dieu; — de noble homme maistre Nicolas Hanequin, secretaire du Roy nostre sire, la somme de ii cens liv. tournois aumosnee par ledict sieur audict Hostel Dieu pour ayder a noury les pauvres malades; — des exsecuteurs du testament de noble homme, maistre Francoys Gayent, en son vivant l'un des gouverneurs dudict Hostel Dieu, et naguiere recepveur de Gisors, la somme de ii cens lx livres tournois; — de noble damoyselle Renée Nicolay, vefve de feu noble homme maistre Jehan Lhuillier, la somme de vi$^{xx}$ x ₶ t.; — des exsecuteurs du testament de feu messire Loys Guillard, la somme de mil livres tournois, ordonnee estre baillée par arestz de la court de Parlement du xxi$^e$ jour de juing audict an.

Recepte commune iii<sup>m</sup> cliiii ₶ t.; — du tron de la boucherye estant audict Hostel Dieu durant le karesme xiiii<sup>c</sup> xxvii ₶ t.; — des corps innumez au cimetiere des cinq (sic) Innocens, la somme de soixante quatorze livres tournois.

Somme total de la recepte li<sup>m</sup> ii<sup>c</sup> vii ₶ tournois.

## 100<sup>e</sup> REGISTRE (219 FEUILLETS, PARCHEMIN).

### ANNÉE 1566.

Despance de ce present compte, commansent et finissant comme dessus.

Cens, rentes, dixmes, indampnitez et admortissement pour plusieurs maisons, places, lieux, terres, prez, boys et autres heritaiges assis tant en la ville de Paris que hors icelle cix ₶ xv s. t.

Autre despence a cause d'aucunes rentes sur tout le temporel xiii ₶ xv s.

Autre despence pour labours de vignes, ensemble des fraictz de vandange iii mil ii liv. tournois.

Autre despence pour achapt de vin et vinaigre v mil viii<sup>c</sup> v ₶ t.

Autre despence pour achapt de moutons, beufz, pourceaulx, veaux, volatilles xv mil vi<sup>c</sup> iiii<sup>xx</sup> xvii ₶.

Autre despence pour la despence des jours maigres et achapt de scel iiii mil vii<sup>c</sup> iiii<sup>xx</sup> x ₶ t.

Autre despence pour achapt de boys, charbon et cendre, achepté pour la provision des pauvres malades xiii<sup>c</sup> xxv ₶ t.

Autre despence pour achapt d'huille, façon de chandelle de suif ii<sup>c</sup> xxxii ₶ t.

Autre despence pour achapt de draps de laigne, coustiz, plumes, couvertures, ouvraige de cordonnier, façon de toilles vii<sup>c</sup> ii ₶ t.

Autre despence tant pour achapt de vecelle d'argent, vecelle d'estain, chauderonnier, charon, mareschal, cordier, vanier iv<sup>c</sup> xliii ₶ t.

Autre despence pour les drocgues d'apoticarerye ii<sup>c</sup> iiii<sup>xx</sup> xv ₶ t.

Autre despence pour achapt de bled iii mil v cens xiii ₶ t.

Autre despence pour les fraictz et mises communes viii<sup>c</sup> xvi ₶ t.; — cedict recepveur faict cy despence de la somme de x ₶ t. pour la distribution faicte a plusieurs personnes qui ont esté malades audict Hostel Dieu, et qui ont esté mis hors d'icelluy; — *a Nicolas Fesely, garde des malades de Sainct Yldevert la somme de x ₶ t. par man-* dement du mercredy xxv<sup>e</sup> jour de septembre mil cinq cens soixante six, pour avoir par luy pencé et faict la neufaine d'un nommé Nicolas Fougart qui estoit malade et alyéné de son esprict, en ensuivant l'arestz de la court de Parlement.

Autre despense pour acquisitions de heritaiges et rentes durant l'année de ce present compte v<sup>c</sup> xii ₶ t.

Autre despense pour plusieurs grosses et menuz reparations tant a l'Hostel Dieu de Paris que en plussieurs maisons d'icelle, assise tant en la ville de Paris que autres lieux hors icelle v<sup>m</sup> vi<sup>c</sup> lxx ₶ t.

Autre despense pour deniers baillez pour convertir et employer au faict des proces dudict Hostel Dieu et autres fraictz de justice iii<sup>c</sup> iiii<sup>xx</sup> xiii ₶ t.; — a maistre Jehan Bezee, procureur et recepveur du colaige de Baieux, la somme de soixante dix livres tournois, pour les despens obtenuz par les maistres bourciers du colaige de Baieux, par arrestz de la court de Parlement, a l'encontre dudict Hostel Dieu; — cedict recepveur faict cy despense de la somme de xii s. t. pour le salaire des sergent de chappitre, qu'ilz ont assisté a l'exécution faicte a ung nommé Eustache, qui a esté fustigé audict Hostel Dieu.

Autre despense pour pantions et rentes viaigeres durant l'annee de ce present compte ii<sup>c</sup> xxx ₶ t.; — a maistre Philippes Allain, docteur régent en la Faculté de medecine, la somme de cent livres tournois pour une année de sa pention.

Autre despence pour payement de gaiges et gens d'eglise, officiers domesticques et serviteurs dudict Hostel Dieu vi<sup>c</sup> iiii<sup>xx</sup> i ₶ t.; — a maistre Vincent Hamelin, sirugien dudict Hostel Dieu, la somme de ix<sup>xx</sup> ₶ t. pour une année de ces gaiges; — a Magdaline Nodo, saige-femme audict Hostel Dieu la somme de xii liv. tournois.

Gaiges des officiers viii<sup>c</sup> i ₶ t.

Somme total de la despense de ce present compte xlvii mil viii<sup>c</sup> xxiii liv. tournois.

## 101ᵉ REGISTRE (276 FEUILLETS, PARCHEMIN).

### ANNÉE 1567.

Compte douzieme de maistre Claude Coynart, recepveur general de l'Hostel Dieu de Paris, pour une annee commancant au jour de Noël mil cinq cens soixante six et finissant a pareil jour mil cinq cens soixante sept.

Recepte des cens et fons de terre deubz en la ville de Paris lxx s. ix den.

Autre recepte a cause des cens et surcens, fons de terre hors la ville et faulxbourgs de Paris ii° iiii$^{xx}$ xiii ₶ t.

Autre recepte a cause des rentes sur la recepte generalle oultre Sayne et Yonne, que sur le domaine du Roy nostre sire a Paris xiiii° xlix ₶ t.

Autre recepte a cause des rentes que ledit Hostel Dieu a droict de prandre sur plussieurs maisons assises en la ville de Paris ii mil iii° xxx ₶ t.

Autre recepte a cause des rentes constitue a l'hostel de la ville de Paris, suivant l'esdict du Roy au denier vingt v mil iiii° iiii$^{xx}$ i ₶ t.

Autre recepte a cause des rentes et pensions viaigere en ceste ville de Paris lxxii ₶ t.

Autre recepte a cause d'aucuns louaiges de maison assises en ceste ville de Paris, que es fauxbourgs d'icelle v mil iiii° xliiii ₶ t.

Autre recepte a cause des rentes annuelles et perpetuelles sur plussieurs terres, prez, boys, vignes et autres heritaiges hors la ville de Paris xviii° iiii$^{xx}$ i livres tournois.

Autre recepte a cause des rentes viaigeres sur plussieurs maisons et heritaiges hors la ville de Paris cxv ₶ tournois.

Autre recepte a cause d'aucuns louaiges de fermes et beaux faictz a pris d'argent de plussieurs maisons, terres, prez et autres heritaiges hors Paris ii mil iiii$^{xx}$ xix ₶ tournois.

Autre recepte a cause des deniers venuz des lotz et ventes pour plusieurs acquisitions d'heritaiges en la censive dudict Hostel Dieu ix$^{xx}$ l. tourn.

Autre recepte a cause des deniers provenens d'aucunes rentes racheptees v mil vi cens viii liv. tourn.

Autre recepte a cause d'aucuns deniers venuz de la vente de certain grain et son ii mil vi cens iiii$^{xx}$ xv ₶ t.

Autre recepte a cause du vin, vinaigre et verjus vendu v iii° xlii ₶ t.; — vente de suif et gresse xvi° vii ₶ t.

Autre recepte faicte de la vente des peaux et abatiz de moutons despencés audict Hostel Dieu xvii° iiii$^{xx}$ xvi ₶ t.

Deniers provenens de la vente de certin boys vi° ix ₶ tournois.

Autre recepte a cause des deniers trouvez au tron dudict Hostel Dieu, apres la publication des pardons dudict Hostel Dieu en l'evesché et dioseze de Paris iii mil cxli ₶ t.

Autre recepte par cedict recepveur a cause des deniers provenens des pardons publiez par les archeveschez et eveschez xi° xlii ₶ t.

Autre recepte a cause des deniers provenens du jubillé questé pour ledict Hostel Dieu vii° lviii ₶ t.

Autre recepte des deniers provenens d'aucunes religieuses qu'ilz ont gardé des malades en ceste ville de Paris vi$^{xx}$ xvi ₶ t.

Deniers provenens des aulmosnes, lectz testamentaires, vigilles et convoys xi mil iiii° lviii ₶ t.; — de noble homme Geuffroy de Moru, escuyer, seigneur du Bouchet Sainct Martin, ou nom et comme exsecuteur du testament de feu noble femme Catherine de Moru, vefve de feu Jehan Cagnet, la somme de cent livres tournois; — de messire Loys Sardiny, par les mains de Sipion Sardiny, marchant demeurant a Lion, la somme de xiiii cens soixante unze livres, donnée et laigee par ledict Sardyny audict Hostel Dieu par son testament; — du Roy nostre sire, de l'aumosne dudict sieur Roy, par les mains de maistre Jehan de Ballon, conseillier dudict et tresorier de son espargne, la somme de ii cens liv. tournois; — des executeurs du testament et ordonnance de derniere voullonté de scientifficque personne maistre Pierre Passart, prebtre, docteur régent en la Faculté de medecine, chantre et chanoyne de l'eglise Sainct Germain de l'Auxerrois, la somme de ii cens liv. tournois; — de honnorable femme Marie Malaingre, vefve de feu honnorable homme maistre Toussainctz Chauvellin, en son vivant procureur general de la Royne mere, en la court de Parlement a Paris, comme exsecutaresse dudict deffunct, la somme de xxv ₶ t.; — de damoyselle Renee Nicolay la somme de cent liv. tournois; — des executeurs du testament de feu reverand père en Dieu messire Loys Guillart, naguyere evesque de Scenlix, la somme de iiii mil livres tournois, suivant la deliberation et avis de Messieurs les gens du Roy et arrestz de la court de Parlement, donné pour la descharge desdictz executeurs; — de la vente des meubles de feu maistre Francoys de Ferron, en son vivant doyen de l'eglise Sainct André de Bordeaux, décedé a l'Hostel Dieu xi ₶ x s. t.; — des executeurs du testament de feu noble homme Monsieur d'Artigny, escuyer, et maistre d'hostel de Monsieur d'Alencon cinquante liv. tournois; — de damoyselle Renée Nicolay la somme de ii cens livres tournois aulmosnez audict Hostel Dieu; — de messire Christofle de Thou, chevalier, premier presidant en la court de Parlement, exsecuteur du testament et ordonnance de dernière voullonté de feu reverand pere en Dieu..... De Lursins, évesque de *Lantreguier* en Bretaigne, a este receu une croix d'or a pendre au col, garnye de cinq diamens, dont troys poinctes et deux cabochons taillée a face, et une parle au bout de ladicte croix, delivrée audict Hostel Dieu par lesditz exsecuteurs, par arrestz de ladicte court de Parlement, laquelle croix a esté vendue sur le pont au Change, au plus offrant et dernier encherisseur a ung nommé..... Badoyre, lapidaire, demeurant a Envers, la somme de xii cens livres tournois; — de dame Marie Bouchetel, vefve de feu noble homme maistre Jacques Bourdin, conseller du Roy nostre sire et secretaire d'Estat, comme exsecutaresse du testament dudict deffunct Bourdin, la somme de cent livres tournois; — de venerable et discrette personne maistre Pierre Certon, prebtre et chantre de la chappelle du Roy nostre sire et chappelin de la saincte chappelle du Palais Royal, la somme de mil quarente livres t. par ledict Certon donnee et aulmosnee a la charge que Messieurs les gouverneurs dudict Hostel Dieu seront tenuz faire dire, chanter et celebrer a perpetuité, par chacun des vendredis des quatre temps de l'annee par les Religieux, enfans de cuer dudict Hostel Dieu, une messe de Nostre Dame a diacre et soubz diacre, devant laquelle celebrer sera chanté *ung salve Regina*, lesdictz religieux et enfans de cueur a genoulx avec l'oraison de *Beata* et la messe de *Beata*.

Recepte commune ii mil vii$^c$ xxx liv. tournois; — du tron de la boucherie estant audict Hostel Dieu, la somme de ii mil ii cens lxxi livres tournois, provenant de la cher qui a esté vendue audict Hostel Dieu aux malades de la ville, suivent le rapport des medecins et congé de Monsieur l'evesque de Paris ou de ses vicaires; — du droict du lit de venerable et discrette personne, maistre Phillippes de Trecelles, chanoyne de l'eglise de Nostre Dame de Paris la somme vi$^{tt}$ v. s. tournois.

Somme total de la recepte de ce present compte cinquante neuf mil vi cens xxxviii livres tournois.

## 102$^e$ REGISTRE (210 FEUILLETS, PARCHEMIN).

### ANNÉE 1567.

Despence de ce present compte, commensent et finissant comme dessus.

Cens, rentes, dixmes, indempnitez et admortissement pour plussieurs maisons, places, lieux, terres, prez et autres heritaiges, tant en la ville de Paris que hors icelle, ii cens liii liv. tourn.

Autre despence faicte par cedict recepveur pour messes et aubitz iiii$^{tt}$ t.

Autre despence pour labourz de vignes, ensemble des fraicz de vendenge ii mil viii cens lxix$^{tt}$ t.

Autre despence pour achapt de vin et vinaigre ii mil ciiii$^{xx}$ xii$^{tt}$ t.

Autre despence pour achapt de moutons, beufz, pourceaulx, veaux et volatille et autre gibier pour la provision des povres malades xv mil iii$^c$ ·xxvi$^{tt}$ t.

Autre despence faicte par cedict recepveur pour la despence des jours maigres et achapt de scel iiii mil v cens xxx$^{tt}$ t.

Autre despence pour achapt de boys, charbon et cendre achepté pour la provision des pauvres malades xvi$^c$ xxii$^{tt}$ t.

Autre despence pour achapt d'huille, façon de chandelle de suif viii$^{xx}$ vii$^{tt}$ t.

Autre despence pour achapt de draps de layne, coustiz, plumes, ouvraige de cordonier, façon, blanchissaige et achapt de toilles xix$^c$ xi$^{tt}$ t.

Autre despence pour achapt de vecelle d'estain, chauderonnier, charron, mareschal, cordier et vanier vii$^c$ xxvi$^{tt}$ t.

Autre despence pour les drocgues d'apoticarerye ii$^c$ xxvi$^{tt}$ t.

Autre despence pour achapt de blé pour la provision des pauvres malades ii cens lii$^{tt}$ t.

Autre despence pour menuz fraitz et mises communes xiiii$^c$ iiii$^{xx}$ viii$^{tt}$ t.; — a Jacques de Besze la somme de xlv$^{tt}$ t. pour les paines et salaires de ceux qu'ilz ont vacqué, durant le Caresme dernier, a vendre la chert et l'aller achepter par les villaiges; — a maistre Pierre Vigneron, docteur en theologye et maistre des filles penitentes a Paris et sœur Jehanne de Mery, mere desdictes penitentes, la somme de iiii$^{xx}$ livres, fesant partye de la somme de ix$^{xx}$ livres, pour la moytyé afferant audictes penitentes de la somme de troys cens soixante livres tournois, a quoy se monte les deniers recuz du jubillé célébré es eveschez d'Avranche, Coustance, Sees et le vicariat de Ponthoyse, Clermont en Auvergne et l'archevesché de Sens, sur laquelle somme de iii$^c$ lx livres tournois a esté desduict par lesdites penitentes la somme de cent livres tournois pour le jubillé célébré en la ville de Paris, au jour et faicte de la Nativité Nostre Dame.

Autre despence faictes pour acquisitions d'héritaiges et rentes x mil ii cens lvii l. t.

Autre despence pour plussieurs grosses et menuz reparations faictes tant a l'Hostel Dieu de Paris que en plussieurs maisons, tant en la ville de Paris que hors icelle v mil c xxxiii ꝉꝉ t.

Autre despence pour deniers baillez pour convertir et employer au faict des proces dudict Hostel Dieu et autres fraictz de justice iiii<sup>c</sup> iiii<sup>xx</sup> liv. tournois · — a maistre Jehan Lhostellier, greffier et soliciteur dudict Hostel Dieu, la somme de lxx ꝉꝉ tournois, pour les parties, fraictz et mises qu'ilz ont esté faictz *en fesant les informations faictes par ung huissier de la court du Parlement des hospitaux et maladeryes de la prevosté et vicomté de Paris et de la ruyne d'iceulx, suivent certin arrestz d'icelle court;* — a Nicolas Forme, geolier des prisons du chappitre de Paris, la somme de xli s. viii den. t. pour les geollaiges de plussieurs prisonniers envoyés es prisons par *le bailly dudict Hostel Dieu.*

Autre despence pour pentions et rentes viaigere ix<sup>xx</sup> ix ꝉꝉ t.; — a maistre Philippes Allain, docteur regent en la Faculté de medecine, la somme de cent livres tournois pour une annee de sa pention.

Autre despence pour paiement des gens d'eglise, officiers dhomesticques et serviteurs dudict Hostel Dieu mil lxxii liv. t.; — a maistre Vincent Hamelin, sirurgien dudict Hostel Dieu, la somme de ix<sup>xx</sup> l. t.; — a Melaine Nodon, Pasquette la Royne et Opportune Desta sages-femmes audict Hostel Dieu la somme de xii ꝉꝉ t.

Gaiges des officiers xviii cens lxxiiii liv. tournois.

Somme totale de la despence lxii mil vi cens xl liv. tournois.

## 103<sup>e</sup> REGISTRE (318 FEUILLETS, PARCHEMIN).
### ANNÉE 1568.

Compte treizieme de maistre Claude Coynart, recepveur general de l'Hostel Dieu de Paris, pour une année commencent le premier jour de janvier mil cinq cens soixante huit et finissant a pareil jour mil cinq cens soixante neuf.

Recepte des deniers venduz et non receuz x<sup>m</sup> ix<sup>c</sup> xxvii ꝉꝉ tournois.

Recepte des cens et fons de terre deues par chascun an audict Hostel Dieu en la ville de Paris lxx s. ix den.

Autre recepte a cause des cens et surcens que ledict Hostel Dieu a droict de prandre hors la ville et faulxbourgs de Paris ii<sup>c</sup> iiii<sup>xx</sup> xvii ꝉꝉ t.

Autre recepte a cause des rentes tant sur la recepte generalle oultre Seyne et Yonne que sur le domaine du Roy nostre sire a Paris xiiii<sup>c</sup> xlix ꝉꝉ t.

Autre recepte a cause des rentes en ceste ville de Paris ii mil iii<sup>c</sup> xxix ꝉꝉ t.

Autre recepte a cause des rentes constituee a l'Hostel de ville de Paris soubz le non des prevostz des marchans iii mil ix<sup>c</sup> xxv ꝉꝉ t.

Autre recepte a cause d'autres rentes et pentions viaigeres en ceste ville de Paris lxxii ꝉꝉ x s. t.

Autre recepte a cause d'aucuns louaiges de maisons en ceste ville et faulxbourgz d'icelle v mil iiii<sup>c</sup> xxix ꝉꝉ.

Autre recepte a cause des rentes annuelles et perpetuelles sur plussieurs terres, prez, boys, vignes et autres heritaiges hors la ville de Paris xviii<sup>c</sup> xix ꝉꝉ t.

Autre recepte a cause des rentes viaigeres sur plussieurs maisons et heritaiges hors la ville de Paris cxv ꝉꝉ tournois.

Autre recepte d'aucuns louaiges de fermes et baux faictz a pris d'argent de plussieurs maisons et autres heritaiges hors Paris ii mil cxviii livres tournois.

Autre recepte a cause des deniers venuz de lotz et ventes pour plussieurs acquisitions de heritaiges, en plussieurs lieux estant en la censive dudict Hostel Dieu vi<sup>xx</sup> xvi ꝉꝉ t.

Autre recepte a cause des deniers venant d'aucune rente racheptee ii mil viii<sup>c</sup> xlviii ꝉꝉ l.

Autre recepte provenent de la vente de certain grain et son ii<sup>m</sup> iiii<sup>c</sup> lx ꝉꝉ t.

Autre recepte a cause du vin, vinaigre et vergus vendu ii<sup>c</sup> lvi ꝉꝉ t.; — vente du suif et gresse mil iiii<sup>xx</sup> i ꝉꝉ t.; — vente de peaux et abatis de moutons, beufz et veaulx despencez audict Hostel Dieu ii mil ii<sup>c</sup> xix ꝉꝉ t.

Deniers provenant de la vente de certaine couppe de boys tailly assis en plussieurs lieux et places vi<sup>c</sup> xxv ꝉꝉ t.

Autre recepte des deniers trouvez au tron dudict Hostel Dieu, apres la publication des pardons en l'evesché et diauzaise de Paris iii mil xxi ꝉꝉ t.

Deniers provenant des pardons publiez et questez par les archeveschez et eveschez vi<sup>xx</sup> ꝉꝉ t.; — Meaulx et Sanly, néant cy, pour ce que aucune chose n'en a esté receu, *a cause des troubles qui sont de present ès lieux pour la nouvelle oppinion*[1].

Autre recepte faicte a cause des deniers provenant des aulmosnes, leetz testamentaires, vigilles et convoys vii mil v cens xxxi liv. tournois; — des executeurs du testament de feu maistre Germain le Maçon, en son vivant

---

[1] Même observation pour Sens, Bourges, Autun, Chalons, Lyon, Grenoble, Nevers, Tours, Maillezais, Laon, Noyon, Amiens, Clermont, Reims, Châlons, Soissons, Avranches, Lisieux, Évreux.

secretaire de la Royne de Navarre c solz tournois; — de noble homme maistre..... Haneguin, maistre des requestes ordinaire de la maison du Roy nostre sire, la somme de ii cens lx tt t. donnee audict Hostel Dieu par ledit sieur, en luy fesant eschance de certaines terres que Messieurs les gouverneurs dudict Hostel Dieu joignent les siennes a autres terres aussi joynent les terres dudict Hostel Dieu en leurs fermes de Compans, appartenant a icelluy Hostel Dieu; — de nobles hommes, maistre Jacques Lhuillier. conseiller du Roy et maistre ordinaire en sa chambre des comptes, Pierre Thiboust, aussi conseillier dudict sieur et auditeur en ladicte chambre, comme executeurs du testament de feu reverand pere en Dieu maistre Nicolle Thibault, en son vivant abbé de Sainct Calais, a esté receu la somme de v cens livres tournois, donnee et laigee par ledit abbé; — du Roy nostre sire a esté receu la somme de cinq cens liv. tourn. aulmosnée par ledict sieur Roy; — de la Royne mère xlviii<sup>tt</sup> t.; — de Monsieur le reverandissime cardinal de Laurainne lii<sup>tt</sup> t.; — de Monsieur de Sansac, chevalier de l'ordre du Roy nostre sire la somme de cent troys solz tournois, aulmosnee aux povres malades; — de Madame Dolu, marchande de draps de soye, la somme de xix<sup>tt</sup> x s. t.; — de Madame la presidante Nicolay cent liv. tournois; — des executeurs du testament de feu reverand pere en Dieu messire Loys Guillard, la somme de xiii cens liv. tournois; — de messire Anthoine Duprast, chevallier de l'ordre, et prevost de Paris, la somme de ii cens l livres tournois par les mains de maistre Jehan Drouart, huissier en la court do Parlement, ordonne estre baillée et aulmosnee audict Hostel Dieu par arrest de la cour du xxiii<sup>e</sup> jour de mars audict an; — *du Roy nostre sire le xv<sup>e</sup> jour d'apvril, la somme de xl<sup>tt</sup> t. par ledict sieur Roy aulmosnee manuellement a la prieuse dudict Hostel Dieu le jour du jeudi absolu qu'il visitoiet les esglize et hospitaux de la ville de Paris;* — d'un qui n'a voullu nommer son non a esté receu par les mains de sœur Robarde Le Baigue, humble prieuse dudict Hostel Dieu, la somme de iii cens livres tournois; — du Roy nostre sire la somme de vi cens lxvi tt t. fesant partie de la somme de iii mil liv. tourn. aulmosnee aux povres dudict Hostel Dieu par ledict sieur Roy pour aider a noury et subtenter les povres malades; — de Madame..... velve de feu messire René de Batarnay, seigneur compte du Bouchaige, chevallier de l'ordre du Roy nostre sire, la somme de vii<sup>xx</sup> x tt t., par les mains de Monsieurs Lejars, tresorier de Paris, pour ung blanc signé dudict sieur de Batarnay, par luy baillé audict Hostel Dieu, sur et tenmoyns de ce qu'il doibt audict Hostel Dieu, a cause du don faict a icelluy Hostel Dieu par feu maistre Jehan Breton, en son vivant advocat en la court de Parlement, a prendre sur ledict sieur de Batarnay; — de noble homme maistre Jacques Danetz, secretaire du Roy nostre sire, comme executeur du testament de feu honorable femme Catherine Triboullet, en son vivant vefve de feu honorable homme Jacques Danetz, en son vivant marchant bourgois de Paris, ii cens liv. tournois donnees par ladicte Triboullet; — de honorable femme Anthoynette Bagore, comme executaresse du testament de feu honorable homme Philippes Hardi son mari, en son vivant marchant bourgois de Paris iii<sup>c</sup> livres tournois; — de noble homme maistre..... Lemaistre, conseillier du Roy nostre sire en sa court de Parlement, comme executeur du testament de feu noble homme maistre..... Lemaistre, en son vivant conseillier en ladicte court, chanoyne de l'eglise Nostre Dame de Paris, seigneur de Choisy sur Seigne la somme de iii cens liv. tourn.; — du testament et ordonnance de derniere voullonté de feu maistre Jehan de Hangestz, en son vivant chanoyne de l'église Nostre Dame de Paris cent liv. tourn.; — de sire Jehan Dulut, marchant bourgois de Paris et l'un des gouverneurs dudict Hostel Dieu, comme executeur du testament de feu scientifficque personne maistre Guerin Sanguyn, en son vivant prebtre et doyen de l'eglise catedral d'Avrenche, la somme de vi<sup>xx</sup> iii livres fesant les deux tiers de la somme de ix<sup>xx</sup> vii<sup>tt</sup> tournois qui restoient a payer pour la parpaye et reliqua de la partie debatue, et qui restent a payer par arrest dudict compte rendu par devant noble homme maistre Jacques de Varlades, conseillier du Roy nostre sire, par les mains de Monsieur Legrand aulmosnier, la somme de ii cens livres tournois *pour prier Dieu pour la santé du Roy et pour le maintenir en sa bonne oppinion et extripper les erreurs de son royaume;* — de haulte et puissante prinsesse dame Anne Marguerite de France, sœur du Roy nostre sire, a esté receu la somme de xiii livres viii s. t. dont en a esté donné aux malades dudict Hostel Dieu la somme de xlviii s. t., suivant l'ordonnance de ladicte dame et le reste montant douze livres tournois leur a esté baillé en doulceurs; — des executeurs du testament de feu scientifficque personne maistre Jehan de Combraille, prebtre, chantre et chanoyne en l'eglise de Nostre Dame de Paris, la somme de cent livres tournois.

Recepte commune pour l'année de ce present compte iiii mil ix cens xlvii livres; — de seur Michelle Dubuisson, dame de la Poullerye, la somme de cxix liv. tournois yssus des abitz par elle venduz des povres deceddez audict Hostel Dieu; — du tronc de la boucherye la somme de iii mil ii cens lxii livres.

Somme total de la recepte de ce present compte cinquante neuf mil vii cens iiii<sup>xx</sup> xi<sup>tt</sup> t.

## 104ᵉ REGISTRE (215 FEUILLETS, PARCHEMIN).

### ANNÉE 1568.

Despence de ce present compte.

Cens, rentes, dixmes, indempnitez et admortissement pour plusieurs maisons, terres, prez, boys et autres heritaiges, tant en la ville de Paris que hors icelle, lxv ᵗᵗ v s. p.

Autre despence sur tout le revenu et temporel iiᶜ xiii ᵗᵗ t.

Autre despence pour labourgᶻ de vignes, ensemble des fraictz de vendanges iiᵐ viᶜ iiiiˣˣ v ᵗᵗ t.

Autre despence pour achapt de vin et vinaigre pour la provision des povres malades ii mil viii cens xvi livres tournois.

Autre despence pour achapt de moutons, beufz, pourceaulx, lart, veaulx, vollatille et autres gibier xvi mil ii cens xxxix ᵗᵗ t.

Autre despence pour la despence des jours maigres et achapt de scel v mil viiᶜ iiiiˣˣ xv liv. tournois; — achapt de boys, charbon et cendre ii mil viiiᶜ iiiiˣˣ xvii l. tournois; — achapt d'huille et façon de chandelle lxii ᵗᵗ tournois.

Autre despence pour achapt de draps de laine, coustilz, plumes, couvertures, ouvraige de cordonnier, façon, blanchissaige et achapt de toilles xviᶜ xxiiii livres tournois.

Autre despence pour achapt de vecelle d'estain, chauderonnier, charron, mareschal, cordier et vanier viiᶜ lxxiiii ᵗᵗ t.

Autre despence pour les drocgues d'apoticarerie iiiiᶜ xv ᵗᵗ t.

Achapt de blé pour la provision des povres malades viii mil ix cens xv ᵗᵗ t.

Autre despence pour les menuz fraiz et mises communes xviiiᶜ li ᵗᵗ t.; — ce present recepveur faict cy despence de la somme de xviii ᵗᵗ xvi s. t. qu'il a payée pour aider a contenter et satisfaire deux archez du prevost de l'hostel qu'ilz ont esté durant les troubles en la ferme de Champrozé; — a Fellix Moyne, maistre thombier a Paris, la somme de vii liv. tournois pour avoir faicte une espitaffe ou l'on a inscript la fondation de deffunctz Nicolas Lemoyne, en son vivant maistre bonnetier a Paris.

Autre despence pour plusieurs grosse et menuz reparations tant a l'Hostel Dieu de Paris que a plusieurs autres lieux et maisons d'icellui hostel, tant en la ville de Paris que autre lieux hors icelle lxx ᵗᵗ t.

Autre despence pour deniers baillez par mandement de Messieurs les gouverneurs pour convertir et employer au faict des procès d'icelluy hostel et autres fraictz de justice vᶜ xlvi ᵗᵗ t.

Autre despence pour pantions et rentes viaigeres iiiᶜ lxi ᵗᵗ t.; — a maistre Phillippes Allain, docteur regent en la Faculté de medecine, la somme de cinquante livres tournois pour demye annee de sa pantion; — a maistre Sanson de Malmedy, docteur en medecine ordinaire dudict Hostel Dieu, la somme de lx ᵗᵗ t. pour deux termes de ses gaiges.

Autre despence pour paiement des gens d'eglise, officiers d'homestiques et serviteurs dudict Hostel Dieu viiᶜ xxix ᵗᵗ t.; — a maistre Vincent Hamelin sirurgien dudict Hostel Dieu la somme de viˣˣ xv ᵗᵗ t.; — a Balthasar de Lestre, sirurgien dudict Hostel Dieu au lieu de Vincent Hamelin, la somme de xlv ᵗᵗ t. pour ung terme de ses gaiges; — a Collecte Faucheure et Opportune Descas, saiges femmes audict Hostel Dieu la somme de xii ᵗᵗ t.

Gaiges de officiers pour l'annee de ce present compte viii cens x ᵗᵗ t.

Somme total de la despense de ce present compte cinquante neuf mil viii cens lxxviii livres tournois.

## 105ᵉ REGISTRE (282 FEUILLETS, PARCHEMIN).

### ANNÉE 1569.

Compte quatorzieme de maistre Claude Coynart, recepveur general de l'Hostel Dieu de Paris, pour une annee commensant le premier jour de janvier mil cinq cens soixante neuf.

Recepte de cens et fons de terre deuz chacun an audict Hostel Dieu en la ville de Paris et hors d'icelle iiᶜ iiiiˣˣ xvii ᵗᵗ t.

Autre recepte a cause des rentes sur la recepte generale oultre Seigne et Yonne et sur le domaine du Roy nostre sire a Paris xiiiiᶜ xlix ᵗᵗ t.

Autre recepte a cause des rentes en ceste ville de Paris ii mil clxv^tt t.

Autre recepte a cause des rentes constituee a l'hostel de ville de Paris iiii mil iii cens iiii^xx xi livres tournois.

Autre recepte a cause des rentes et pentions viaigeres en ceste ville de Paris lxxii^tt t.

Autre recepte a cause d'aucuns louaiges de maisons assises en ceste ville de Paris que es fauxbourgs d'icelle v mil v cens ix l. tournois.

Autre recepte a cause des rentes annuelles et parpetuelles sur plussieurs terres, prez, boys, vignes et autres heritaiges hors la ville de Paris xviii cens ii livres.

Autre recepte de rentes viaigeres sur plussieurs maisons et heritaiges hors la ville de Paris cxv^tt t.

Autre recepte d'aucuns louaiges de fermes et baux faictz a pris d'argent de plussieurs maisons et autres heritaiges assis hors Paris ii mil cxv^tt t.

Autre recepte a cause des deniers venuz des lotz et ventes pour plussieurs acquisitions d'heritaiges en la scensive dudict Hostel Dieu xxix^tt t.

Autre recepte a cause des deniers provenens d'aucunes rentes racheptees durant ceste presente année iii mil iii cens iiii^xx xii^tt t.

Autre recepte d'aucuns deniers de la vente de certain grin et son vendu par maistre Pierre Petit, pannetier dudict Hostel Dieu, vi cens xxxi^tt t.

Autre recepte a cause du vin, vin aigre et vergus vendu durant l'annee de ce present compte xvii cens lxi^tt tournois.

Autre recepte a cause de la vente du suif et gresse, venuz et yssuz des moutons et beufz despencee a icelluy Hostel Dieu ix cens lviii^tt t.

Autre recepte a cause de la vente des peaulx et abatiz de moutons et veaux despencez audict Hostel Dieu xvi^c lxxi^tt t.

Autre recepte a cause des deniers provenens de certaine couppe de boys taillis vii^xx xvi^tt t.

Autre recepte des deniers trouvez aux trons dudict Hostel Dieu, apres la publication des pardons en l'evesché et diausaize de Paris, ii mil vi cens iiii^xx iii^tt t.

Autre recepte des deniers provenens des pardons publiez par les archeveschez et eveschez vi^c v^tt t.

Autre recepte des deniers provenens d'aucunes religieuses qu'ilz ont gardé des malades en ceste ville de Paris vi^xx xvii^tt t.

Autre recepte des deniers provenens des aulmosnes, lectz testamentaires, vigilles et convoys viii mil viii cens xiiii^tt t.; — de sire Pierre Hotement, l'un des gouverneurs dudict Hostel Dieu, tresorier et recepveur general de l'illustrissime cardinal de Lauraine, a esté receu la somme de vi cens livres tournois, sur et temoins des arreraiges de quelque rente que ledict sieur inlustrissime cardinal de Lorainne devoict a reverand pere en Dieu messire Loys Guillard, evesque de Senlix, donnee audict Hostel Dieu par les executeurs du testament dudict deffunct, pour estre aux prieres des povres mallades d'icelluy hostel; — de noble homme et saige, maistre Robart Fournyer, precepteur de monsieur le duc d'Allanson, frere du Roy nostre sire, la somme de xxv^tt t. ordonnee estre baillee audict Hostel Dieu par ledict sieur duc d'Allanson; — de madame la presidente Nicollay, la somme de cent livres tournois aulmosnés à icelluy Hostel Dieu pour demeurer aux prieres dudict Hostel Dieu; — des executeurs du testament de feu messire Symon de Pierre Vifve, luy vivant conseillier du Roy nostre sire, aumosnier ordinaire dudict sieur, abbé d'Iverneaux, chanoyne et archediacre de Brye, en l'eglise Nostre Dame de Paris, la somme de cent livres tournois par les mains de damoyselle Merande de Gondy, dame de La Part Dieu, vefve de feu noble homme Francoys Roussellet, luy vivant seigneur de La Par Dieu, laigee par ledict deffunct Pierre Vifve; — de noble damoyselle Regnee Nicolay, vefve de feu noble homme messire de Boulancourt, cent livres tournois; — de venerable et discrette personne maistre Pierre Bidelain, luy vivant prebtre habitué en l'eglise Saint Jaques de la Boucherye, a esté receu, par les mains des executeurs du testament et ordonnance de derniere voullonté dudict deffunct, la somme de ii mil ix cens xvii livres t. estant le reste de ses biens, son testament acomply, ainsy qu'il appart, apres avoir rendu compte par lesdictz executeurs, par devent ung commissaire du Chastellet de Paris, messieurs les gouverneurs dudict Hostel Dieu presens et appellez; — de noble homme maistre Jehan Morin, consellier du Roy nostre sire et tresorier d'icelluy seigneur, la somme de vii^c x^tt t. ordonnée estre baillee audict Hostel Dieu, par arestz de la court de Parlement, pour raison de la maladerie de Brye-Compte-Robart; — des heritiers de hault et puissant seigneur monsieur le compte de Brissac, le deuxiesme jour de juillet mil cinq cens soixante neuf, la somme de xx^tt t. pour l'assistance faicte par les religieux, enfans de cueur et chappelains dudict Hostel Dieu au convoy et sepulture dudict sieur; — de noble homme messire Robart de Coucy, commandeur des eglises et abbaye Nostre Dame de Foigny, Bohoris et Sainct Michel en Thierasse, par les mains de noble homme maistre Jehan Hutin, lieutenant de Vervin, la somme de xii cens ^tt tournois aulmosnez audict Hostel Dieu; — de monsieur Marcel, l'un des gouverneurs dudict Hostel Dieu, la somme de ii^c l livres tournois provenuz des biens de reverand pere en Dieu Loys Guillard; — de maistre Robart Chammonoye, prebtre, curé de Villepreux, la somme de cent livres tournois laigee audict Hostel Dieu par maistre Nicole Juvenel, naguiere curé dudict Villepreux; — de l'aumosne de Monsieur, frere du Roy, xx ʰ t.; — de noble homme... Grassin, conseillier en la court de Parlement, signeur d'Ablon, la somme de mil livres tournois, par ledict deffuntz laigee audict Hostel Dieu; — des executeurs du testament de feu noble personne..... filz dudict sieur Grassin, dessus nommé, ledict jour et an cy dessus, la somme de v cens liv. tournois.

Recepte commune ii mil ix cens lxi liv. tourn.; — du tron de la boucherye de l'Hostel Dieu, la somme de ii mil clxx livres; — de Claude Arnoust, escuyer, demeurent a Fleury la Rivière, pres Damery sur Marne, a esté receu par les mains de maistre Christofle Chauvellain, advocat en la court de Parlement, la somme de lxxvi ʰ v s. t. a quoy ledict Arnoust a esté condampné payer envers l'Hostel Dieu pour raison de l'outraige par luy faict a ung nommé Jehan Lefevre, serviteur dudict Hostel Dieu, et commis par messieurs les gouverneurs à aller achepter des veaulx et volatille durant le caresme pour les povres malades tant dudict Hostel Dieu que de la ville; — du *More rotisseur* demeurant rue Sainct Martin, la somme de xviii ʰ t. de la vente a luy faicte par messieurs les gouverneurs dudict Hostel Dieu de xiiii poulle dainde venuz de la ferme du Pressouer.

Autre recepte des deniers provenens d'aucunes taxes de despens dommaiges et interestz venuz d'aucunes personnes, lesquelz ont esté condampnez tant par sentence du prevostz de Paris que es requestes du Palais xxiii ʰ xiii s.

Somme total de la recepte de ce compte liii mil iii cens xxxiii livres tournois.

## 106ᵉ REGISTRE (194 FEUILLETS, PARCHEMIN).
### ANNÉE 1569.

Despance de ce present compte :

Cens, rentes, dixmes, indempnitez et admortissement sur plussieurs maisons, places, lieux et autres heritaiges tant en la ville de Paris que hors icelle iiᶜ xxx ʰ t.

Autres rentes deues sur tout le revenu et temporel ixˣˣ xv ʰ t.

Autre despence pour labourgs de vignes, ensemble des fraictz de vendange, ii mil v cens xxxiii ʰ t.

Autre despence pour achapt de vin et vin aigre pour la provision des povres malades v mil xi ʰ t.

Autre despence pour achapt de moutons, beufz, pourceaulx, lart, veau, volatille et autre gibier xiᵐ iiiᶜ xxii ʰ t.

Autre despence pour la despence des jours maigres et achapt de scel iiiiᵐ iiiiᶜ xxv ʰ t.

Autre despence pour achapt de boys, charbon et sendre xviiiˣˣ xxvi ʰ t.; — achapt d'huille et façon de chandelle viiiˣˣ i ʰ t.

Autre despence pour achapt de draps de layne, coultix, plumes, couvertures, ouvraiges de cordonnier, façon et blanchisaige de toilles xiᶜ lxxiii ʰ t.

Autre despence pour achapt de vecelle d'estain, chauderonnier, charron, mareschal, cordier et vannier ixᶜ lxxix ʰ t.

Autre despence pour les drogues d'appoticarerye viiᶜ vii ʰ t.

Autre despence pour achapt de blee xlv ʰ t.

Autre despence pour les menuz fraitz et mises communes viiᶜ iiiiˣˣ xiii ʰ t.

A maistre Jehan Lhostellier, greffier du Bureau, la somme de lxx ʰ t. pour ses paines, salaires et vacations d'avoir enregistré plussieurs titres en l'inventaire dudict Hostel Dieu, ainsi que l'on a acoustumé faire.

Autre despence pour acquisitions d'heritaiges et rente xviiiᶜ xii ʰ t.

Autre despence pour plussieurs grosses et menuz reparations, tant a l'Hostel Dieu de Paris que a plussieurs maisons d'icelluy hostel, tant en la ville de Paris que hors icelle, iii mil lxxii liv. tournois.

Autre despence par cedict recepveur pour deniers par luy baillez pour convertir et employer au faict des proces et autres fraictz de justice viᶜ xxvii ʰ t.; — ce present recepveur faict cy despence de la somme de cent solz tournois qu'il a payé, tant pour le salaire du commissaire Letellier, qui a faict emprisonner ès prisons de Saincte Geneviefve du Mont celluy qui a blessé le boucher dudict Hostel Dieu.

Autre despence pour pantions et rentes viaigeres iii cens x ʰ t.; — a maistre Symon de Malmedi, docteur regent en la Faculté de medecyne a Paris, la somme de viˣˣ ʰ t. pour une annee de sa pention, pour avoir esté ordinairement visiter les malades dudict Hostel Dieu, et leur ordonner medecyne propre pour recouvrer leurs santé; — a Albain Felyot, pedagogue demeurant au colaige de Montagu, fondé a Paris, la somme de vi ʰ v s. t. de la pention de frere Jehan Clément, religieux dudict Hostel Dieu, a luy ordonnee pour ayder a l'entretenir aux estudes durant ladicte annee.

Autre despence pour payement de gens d'eglise, officiers dhomesticques et serviteurs xvᶜ lxi ʰ t.; — a maistre Francois Tixier, prebtre et maistre dudict Hostel Dieu, ayent la correction regullier dudict Hostel Dieu, soubz messieurs de chappitre de Paris, ensemble la correction du temporel soubz les commis au regime et gouvernement du revenu et temporel dudict Hostel Dieu, la somme de vi$^{xx}$ ## t. a luy ordonnee pour exercer ladicte charge, neant cy, pour ce que durant l'année de ce present compte n'en a esté aucune chose payee, ne voulu prendre; — a maistre Baltazard de Laistre, sirugien dudict Hostel Dieu, la somme de ix$^{xx}$ livres tournois, pour avoir par luy et ses gens pencer et medicamenter les povres malades dudict Hostel Dieu, tant navrez, ulcerez et pestiferez, cy aucuns ont esté audict Hostel Dieu durant ladicte année; — a maistre Jehan Babinet et *Balthazar Delaistre*, barbiers dudict Hostel Dieu, la somme de x ## t. pour une annee de *ses gaiges*, a *luy ordonnee pour avoir par luy et ses gens* faict les rasures des religieux, enfans de cueur et chappellins dudict Hostel Dieu durant ladicte annee, par quatre quitences signee de leurs mains; — a Oporthune Destart, sage femme dudict Hostel Dieu, la somme de xii ## t. pour une annee de ses gaiges.

Somme total de la despence de ce present compte xlvii mil ii cens iiii$^{xx}$ v ## t.

*Ce present compte a esté veu, oy et examiné a plusieurs et diverses foys et finablement cloz au bureau de l'Hostel Dieu anciennement appelé le Chasteau frileux, le premier jour de juing* M. v$^e$ iiii$^{xx}$ ii *par nous . . . Lesueur, conseiller du Roy en sa court de Parlement et Jehan Maugrain, procureur en la Chambre des Comptes, commissaires a ce commis par ladicte court es presences de messieurs Palluau, notaire et secretaire du Roy, sires Claude Le Prebtre, Hotman, Leclerc, advocat en ladicte court, sires Jehan Lejay, Menant et Boucher, ou nom et comme commis au regime et gouvernement du temporel dudict Hostel Dieu. Maugrain. Coygnart. Lebeau.*

*Depuys, en vertu de l'arrest de la court de Parlement du premier jour de m(ars)* M. v$^e$ iiii$^{xx}$ ix, *transcript en la fin du compte rendu par maistre Claude Coynart, receveur, pour demye anne finie le dernier jour de juing mil* v$^e$ LXX *et apres une sommaire verification faicte par nous soubzsignez Jacques Brisard, conseiller en ladicte court, Leonard de Kerquifiven, conseiller et auditeur en la Chambre des Comptes et Anthoine Maugrain, procureur en ladicte Chambre, a ce commis par ladicte court, du contenu en ce present compte, tant en recepte que despence, la closture d'icelluy a esté par nous signee et arrestée en la presence de messieurs maistre Gervais Myllon, chanoyne, docteur en theologie, et penitencier en l'eglise de Paris et Michel Buisson, aussy chanoyne en ladicte eglise, de Claude Leprebtre, Jehan Lejay, Germain Boucher, Robert Desprez, bourgeois de Paris, maistre Jacques Coignet, advocat en ladicte court, Claude Daubray, notaire et secretaire du Roy, Pierre Boursier et Jehan Leprebtre, aussi bourgeois de Paris, le vendredy cinqiesme jour de may mil cinq cens quatre vingt neuf. Brisard. De Kerquifiven. Maugrain.*

## 107$^e$ REGISTRE (297 FEUILLETS, PARCHEMIN).
### ANNÉE 1570.

Recepte generalle de l'Hostel Dieu de Paris pour l'année finye le dernier jour de décembre mil cinq cens soixante dix.

Compte quinziesme de maistre Claude Coynart.

Recepte de cens et fons de terre deues en la ville de Paris lxi s. p.

Autre recepte a cause des cens, surcens et fons de terre hors la ville et faulxbourgs de Paris ii cens iiii$^{xx}$ xiii ## t.

Autre recepte a cause des rentes sur la recepte generalle oultre Saigne et Yonne, que sur le dommaine du Roy nostre sire a Paris xiiii$^e$ xlix ## t.

Autre recepte a cause des rentes que ledict Hostel Dieu a droict de prandre en ceste ville de Paris ii mil ii cens lxi$^{tt}$ t.

Autre recepte a cause des rentes constituees a l'hostel de la ville de Paris soubz le nom des prevostz des marchans iiii mil vii$^e$ iiii$^{xx}$ xv ## tournois.

Autre recepte a cause des rentes et pentions viaigeres en ceste ville de Paris lxxii ## t.

Autre recepte a cause d'aucuns louaiges de maisons en ceste ville de Paris, que es faubourgs d'icelle v mil v cens lxxvii ## t.

Autre recepte a cause des rentes annuelles et perpetuelle sur plussieurs terres, prez, bois, vignes et autres heritaiges hors la ville de Paris xvii$^e$ xlv ## t.

Autre recepte a cause des rentes viaigeres sur plussieurs maisons et heritaiges hors la ville de Paris iiii$^{xx}$ xix ## t.

Autre recepte d'aucuns louaiges de ferme et baux faictz a pris d'argent de plussieurs maisons, terres, prez, boys et autres heritaiges hors Paris ii mil cxlvii ## t.

Autre recepte a cause des deniers venuz de lotz et ventes pour plussieurs acquisitions d'heritaiges en plussieurs lieux estant en la senssive dudict Hostel Dieu xlv ## t.

Autre recepte a cause d'aucunes rentes racheptees durant l'année de ce present compte vii$^e$ xxviii ## t.

Autre recepte d'aucuns deniers de la vente de certin

grain et son ix$^e$ iiii$^{xx}$ ii ♯ t.; — vente de vin iii$^c$ iiii$^{xx}$ ♯ t.; — vente du suif et gresse xi$^c$ xvxiii ♯ t.

Autre recepte a cause de la vente des peaux et abatix de moutons et beufz despencé audict Hostel Dieu vii$^c$ lxxi ♯ t.

Autre recepte a cause des deniers provenens de la vente de certain boys taillix appartenant audict Hostel Dieu lxxiiii ♯ t.

Autre recepte des deniers trouvez au tron dudict Hostel Dieu, apres la publication des pardons en l'evesché et diausaize de Paris iii mil iiii$^c$ xvi ♯ t.

Autre recepte des pardons publiez et questez par les archeveschez et eveschez hors Paris ii$^c$ lxxv ♯ t.

Autre recepte a cause des deniers provenens des laictz et aulmosnes, laictz testamentaires, vigilles et convoys xvi mil iii$^c$ xxi ♯ tournois; — des executeurs du testament de feu noble homme Pierre Seguyer, luy vivant conseillier du Roy nostre sire et maistre ordinaire en sa Chambre des Comptes, la somme de v cens livres tournois, par ledict sieur donnee audict Hostel Dieu pour aider a noury et subtenter lesdictz povres; — de l'aumosne du Roy nostre sire a esté receu a plusieurs et diverse fois la somme de cinq mil livres tournois, donnée par le Roy, assavoir audict Hostel Dieu, la somme de iii mil livres tournois; a la communaulté des povres mil livres t.; aux prisonniers de la consiergerie (et) du Palais vii cens livres; aux filles de l'Ave Maria cent liv. t.; aux filles penitentes autres cent livres, et autres cent livres aux filles Dieu; — des executeurs du testament de feu noble homme maistre Nicolas Prevostz, luy vivant conseillier du Roy nostre sire, et president en la Chambre des enquestes du Palais, la somme de ii mil v cens l livres t. donnee audict Hostel Dieu pour aider a noury et subtanter lesdictz povres malades et estre participans aux prieres et bienfaictz dudict Hostel Dieu; — des executeurs du testament de feu reverand pere en Dieu messire Loys Guillart, luy vivant evesque de Scenlix, par les mains de honorable homme sire Pierre Hotman, tresorier et recepveur general de reverandissime et illustrissime cardinal de Lorinne, et l'un des gouverneurs dudict Hostel Dieu, la somme de mil soixante liv. tournois donnez audict Hostel Dieu par lesdictz executeurs, suivant le testament dudict deffunct lequel, il mort, ordonne tous ses biens estre donnez aux povres, apres son testament acomply, a la discretion desdictz executeurs; — de madame la presidente Nicolay, la somme de cent livres tournois; — de messieurs les premier president Tambonneau et maistre Jehan de Bredas, prebtre chanoyne en l'eglise Nostre Dame de Paris, ou non et comme executeurs du testament de *feu reverand pere en Dieu messire Phillebart de Lorme, luy vivant abbé de Sainct Siergue et chanoyne en ladicte esglise de Paris, la somme de iiii cens livres tournois*, laiguee par ledict deffunct pour aider a noury et subtenter les povres malades d'icelluy Hostel Dieu; — de noble dame Renee Nicolay, veufve de feu noble homme messire Jehan Lhuillier, luy vivant seigneur de Sainct Mesmain et de Boulancourt, premier president en la Chambre des Comptes, la somme de cent livres tournois; — des executeurs du testament de feu reverand pere en Dieu messire Loys Guillart, la somme de ii mil livres tournois; — encore des executeurs de ce mesme testament ix$^e$ lxxv ♯ t.; — de Pierre Anthoyne Cionesquis, banquier florentin, pour et en l'acquit des heritiers de feu messire Camille Cusaine, la somme de xii cens cinquante livres tournois, par ledict deffunct donnee aux povres malades dudict Hostel Dieu; — de haulte et puissante dame de Randan, par les mains de Pierre Morelot, son argentier, la somme de ii cens lxxv liv. tournois; — du testament de feu noble homme Robart de Chichart, luy vivant seigneur du Pain ii cens livres tournois; — de l'aumosne de la Royne mere, par les mains de maistre Mathieu Marcel, tresorier et recepveur general de ladicte dame, la somme de cinquante livres tournois.

Autre recepte a cause d'aucunes rentes et heritaiges vendus durant l'année de ce present compte vi$^{xx}$ xii ♯ t.

Recepte commune ii mil iii$^c$ xliiii ♯ t.; — du droict du lict de feu venerable et discrette personne maistre Le Roux, chanoyne en l'eglise de Paris, la somme de x livres tournois; — de la cher qui a esté vendue durant le karesme aux malades de la ville i mil xxxiiii liv.; — de Jacques de Baise, huissier du bureau dudict Hostel Dieu, la somme lxvi liv. tournois yssus des corps innumez au cymetiere des Saints Innocens, en la terre appartenent audict Hostel Dieu.

## 108$^e$ REGISTRE (209 FEUILLETS, PARCHEMIN).

### ANNÉE 1570.

Despance de ce present compte. commensant et finissant comme dessus.

Cens, rentes, dixmes, indempnitez et admortissement pour plusieurs maisons, places et lieux tant en la ville de Paris que hors icelle quatre cens vingt livres tournois.

Autre despance pour labourgz de vignes, ensemble des fraictz de vandange iii mil clviii ℔ t.

Autre despence pour achapt de vin et vin aigre pour la provision des povres ii mil v cens v ℔ t.

Autre despence pour achapt de moutons, veaulx, beufz et pourceaux, lartz, volatille et autre gibier xiii<sup>m</sup> xxxvii ℔ t.

Autre despance pour la despence des jours maigres iii mil vii<sup>c</sup> vii ℔ t.

Autre despence pour achapt de boys, charbon et sendre xix<sup>c</sup> lxxvi ℔ t.

Autre despence pour achapt d'huille, facon de chandelle de suif viii<sup>xx</sup> xix ℔ t.

Autre despence pour achapt de draps de laynes, coustilz, plumes, couvertures, ouvraige de cordonnier, façon, blanchissaige, achaptz de toilles ii mil iii cens xvi l. t.

Autre despence pour achapt de vecelle d'estain, chauderonnier, charron, mareschal, bourelier, cordier et vanier viii<sup>c</sup> lxii l. t.

Autre despence pour les drocques d'apoticarie vii cens vi livres.

Autre despence pour les menuz fraictz et mises communes durant l'année de ce present compte ii mil ix cens xxxiiii ℔ t.; — a Jehan Merault, tresorier et recepveur general de *la communaulté des povres de la ville de Paris*, la somme de ii cens lx liv. tournois pour treze moys escheuz le douziesme jour de ce present moys, a cause de vingt livres tournoys par moy, auquy a esté ordonné par provision, *suivant sertain arrestz de la court de Parlement du xxvii<sup>e</sup> jour d'octobre mil cinq cens soixante neuf, payé aux gouverneurs de ladicte communaulté des povres pour faire penser et medicamenter les malades de vérolle qui se presenteront audict Hostel Dieu;* — a Noel de Herre, naguiere tresorier et recepveur general de la communaulté des povres de ceste ville, la somme de mil livres tournois, qui deues estoient a ladicte communaulté, a cause du don faict a icelluy Hostel Dieu de la somme de cinq mil livres tournois par le Roy nostre sire, dont recepte a esté faicte cy devant au chappitre des lectz et aulmosnes.

Autre despence pour acquisitions d'heritaiges et rentes durant l'année de ce present compte ii mil iiii<sup>c</sup> xlvii ℔ t.

Autre despence pour plusieurs grosses et menuz reparations faictes tant a l'Hostel Dieu que a plusieurs maisons d'icelluy hostel, tant en la ville de Paris que autres lieux hors icelle, iiii mil ii cens xliiii liv. tournois.

Autre despance pour deniers baillez pour convertir et employer au faict des procez d'icelluy Hostel Dieu et autres fraictz de justice vi<sup>c</sup> xlv ℔ t.

Autre despence pour pentions et rentes viaigeres iii<sup>c</sup> vi ℔ t.; — a maistre Symeon Malmedy, docteur regent en la Faculté de médecine et médecin ordinaire dudict Hostel Dieu, la somme de vi<sup>xx</sup> liv. tournois pour une annee de ses gaiges; — a Jehan Gogard, naguiere enfans de cueur dudict Hostel Dieu, la somme de xxv ℔ t. pour une annee de sa pention a luy ordonnee, pour luy aider a l'antretenir aux estudes, ainsi que l'on a de bonne coustume faire ausdictz enfans, apres qu'ilz ont servy audict Hostel Dieu.

Autre despence pour paiement des gens d'eglise, officiers dhommesticques et serviteurs dudict Hostel Dieu vii<sup>c</sup> lxxiiii liv. tournois; — a maistre Baltazart de Laistre, cirugien dudict Hostel Dieu, la somme de ix<sup>xx</sup> livres tournois pour une annee de ses gaiges; — a Oportune Destas et Claude Merienne, sages femmes dudict Hostel Dieu xii ℔ t.

Gaiges de officiers viii<sup>c</sup> xlix ℔ t.

Somme totalle de la despence de ce compte cinquante deux mil sept cent seize livres tournois.

## 109<sup>e</sup> REGISTRE (294 FEUILLETS, PARCHEMIN).

### ANNÉE 1571.

Recepte generalle de l'Hostel Dieu de Paris pour une annee finye le dernier jour de decembre mil cinq cens soixante et unze.

Compte saiziesme de maistre Claude Coynart.

Recepte des cens et fons de terre deues chascun an audict Hostel Dieu au jour sainct Remy en la ville de Paris lxxi s. t.

Autre recepte des cens, surcens et fons de terre en plusieurs lieux et endroictz hors la ville de Paris ii cens iiii<sup>xx</sup> xvii ℔ tournois.

Autre recepte a cause des rentes sur la recepte generalle d'oultre Saigne et Yonne que sur le dommaine du Roy nostre sire a Paris xiiii<sup>c</sup> xlix ℔ tournois.

Autre recepte a cause des rentes en ceste ville de Paris ii mil lxii livres tournois.

Autre recepte a cause des rentes constituee a l'hostel de la ville de Paris, soubz le non des prevostz des marchans et eschevins de ladicte ville, v mil xlv livres tournois.

Autre recepte a cause des rentes et pantions viaigieres en ceste ville de Paris, durant l'annee de ce present compte lxxii ℔ t.

Autre recepte a cause d'aucuns louaiges de maisons tant en ceste ville de Paris que es faubourgz d'icelle v mil viii cens xxxix ♯ t.

Autre recepte a cause des rentes annuelles et perpetuelles sur plussieurs terres, prez, boys, vignes et autres heritaiges hors la ville de Paris xvi cens lvi livres tournois.

Autre recepte a cause des rentes viaigeres sur plussieurs maisons et heritaiges hors la ville de Paris iiii$^{xx}$ xix ♯ t.

Autre recepte d'aucuns louaiges de baux faictz a pris d'argent de plussieurs maisons et aultres heritaiges hors Paris ii mil ii cens xix liv. tournois.

Autre recepte a cause des deniers venuz des lotz et ventes de ceste presente annee pour plussieurs acquisitions d'heritaiges en plussieurs lieux estant en la scensive dudict Hostel Dieu vii$^{xx}$ viii liv. tournois.

Autre recepte a cause des deniers provenens d'aucunes rentes qu'ilz ont esté racheptée v mil ciiii$^{xx}$ v ♯ t.

Autre recepte d'aucuns deniers provenens de la vente de certin grain et son ii mil ii cens iiii$^{xx}$ v liv. tournois.

Autre recepte a cause du vin, vin aigre et vergus vendu vii$^e$ xlix ♯ t.; — vente du suif et gresse mil lx livres tournois.

Autre recepte a cause de la vente de peaux et abatis de moutons, beufz, veaulx, xviii$^c$ lxxiii liv. tournois.

Autre recepte a cause des deniers provenent de la vente de certaine couppe de boys taillix en plussieurs lieux cxi ♯ t.

Autre recepte des deniers trovez au tronc dudict Hostel Dieu aprez la publication des pardons en l'evesché et diausaize de Paris iii mil iiii$^c$ iiii$^{xx}$ xv ♯ t.

Autre recepte a cause des pardons publiez par les archeveschez, eveschez cy apres nommez xii$^c$ xli ♯; — Evreux, Coutances et Avranches, Limoges, Perigeuz et Sarlat, Mirepoys et Gascongne, *néant, a cause des troubles pour la nouvelle opinion.*

Autre recepte a cause du jubillé faict et célébré en l'evesché de Sanlix, Poitiers, Luçon, Orleans, etc., iii$^c$ liii liv. t.

Autre recepte des deniers provenens d'aucune religieuse qui ont gardé des malades en la ville de Paris ii$^c$ iiii$^{xx}$ xiii ♯ t.; — de seur Robarde Le Baigue, humble prieuse dudict Hostel Dieu, a esté receu le xxiii$^e$ jour de janvier, mil cinq cens soixante unze, qui est le jour que ladicte Le Baigue decedda de ce monde en la maison dudict Hostel Dieu, la somme de iiii$^{xx}$ xviii ♯ iiii s. t. que ladicte Le Baigue declara avent que de deceder estre des deniers qu'elle avoit receuz des religieuses qui avoictz gardé malades en ceste ville; — de sœur Catherine Rousseau, humble prieuse dudict Hostel Dieu au lieu de sœur Robarde Le Baigue, la somme de ix$^{xx}$ xv ♯ t. provenens des filles religieuses qu'ilz ont gardé des malades.

Autre recepte a cause des deniers provenent des aulmosnes, lectz testamentaires, vigilles et convoys durant l'année de ce present compte iii$^m$ vi$^c$ iiii$^{xx}$ iii liv. tourn.; — de Jehanne Despinet, vefve de feu Pierre Cramoisy le jeune et Philippes Cramoisy, executeurs du testament dudict deffunctz Pierre Cramoisy, en son vivant marchant mercier demeurant rue Sainct Denys, la somme de x ♯ tourn. laigez audict Hostel Dieu par ledict deffunctz; — des executeurs du testament de feu maistre Claude Charpentier, en son vivant prebtre, chanoyne et official de Nostre Dame de Rains, la somme de xxv ♯ t.; — de la vente d'une moytyé de ferme assise a Randan, pays d'Auvergne, la somme de ii cens vi livres tournois par les mains de Claude Faveau, drappier demeurant au logis de monsieur Choart, lequel avoit receu a Rion ladicte somme par les mains de Jehan de Lery et Guillaume Guygnon, qui avoient procuration de messieurs les gouverneurs pour vendre ladicte moytié de ferme, donnee et laigée audict Hostel Dieu par feu noble homme..... secretaire de madame de Randan; — des executeurs du testament de feu noble homme maistre Jehan Boulot, en son vivant conseillier du Roy nostre sire et maistre ordinaire en sa Chambre des Comptes, la somme de cent livres tournois; — de dame Anne Baillet, vefve de feu messire Emart Nicolay, la somme de cent liv. tourn.; — de monsieur Hautement (Hotman), l'un des gouverneurs dudict Hostel Dieu a esté receu la somme de vi cens livres tournois, ordonnée estre baillée par arrestz de la cour de Parlement par ledict sieur Hotman des deniers qu'il avoit en ses mains, appertenant au feu seigneur de Villegaignon; — de l'aumosne de monseigneur le reverandissime cardinal de Lauraine xxvii ♯ x s. t.; — de honorable homme Claude Choart, marchant drappier, bourgois de Paris, la somme de iii cens liv. tournois aulmosnez audict Hostel Dieu par frere Jacques Choart, religieux aux chartreux de Paris, lorsque ledict Choart fict profession de ladicte religion; — de dame Claude Voisin, vefve de feu honorable homme maistre Pierre Gellee, en son vivant procureur en la Chambre des Comptes, comme executaresse du testament dudict deffunctz, la somme de vii$^{xx}$ x ♯ t.; — de honorable homme maistre Jehan Gobelin, esleu de Paris, comme executeur du testament de feu Nicolle Crocquet, en son vivant veufve de feu honorable homme Jacques Gobelin, luy vivant marchant bourgois de Paris xx ♯ t.; — des executeurs du testament de feu honorable homme Jehan Desprez, en son vivant marchant drappier, bourgois de Paris *et l'un des cappitaines de Paris durant les troubles*, la somme de xx ♯ t.; — de la vente de quatre platz d'argent, donnee audict Hostel

Dieu par l'ambassadeur d'Espaigne, le jour des nouvelles de la victoyre faicte contre le grand Turc, pesant ensemble dix mars, troys gros moins, lesquelz ont esté poisée en la maison de M. Hotman, et par luy delivrez au commis de monsieur le Tresorrier de l'Espargne, a raison de xvii ## x s. t. le marc, vallant ensemble viii** xiiii ## v s. iiii den. tourn.; — de messire Claude de Vendosme, seigneur de Ligny, chevallier de l'ordre du Roy nostre sire, et gouverneur pour Sa Magesté es pays de Dourlan, comme executeur du testament de feu reverand pere en Dieu, messire Jehan de Vandosme, abbé de Cussy xxx ## t.[1].

Recepte commune pour l'année de ce present compte iii mil ii cens li liv. t.; — de la vente de la cher qui a esté vendue ce caresme aux personnes malades de ceste ville de Paris, *sivent la permission et arrezt de la court de Parlement* ii mil viii° lxxvii ## t.

Autre recepte a cause des deniers provenens d'aucune taxe de despens xviii ## vi s. t.

Somme totalde la recepte de ce compte lii<sup>m</sup> vi°lxx iiii## t.

## 110° REGISTRE (215 FEUILLETS, PARCHEMIN).

### ANNÉE 1571.

Despence de ce present compte commansant et finissant comme dessus.

Cens, rentes, dixmes, indempnitez et admortissement pour plussieurs maisons, places et lieux, terres, prez et autres heritaiges tant en la ville de Paris que hors icelle ii cens iiii<sup>xx</sup> iii ## t.

Autre despence pour labourgz de vignes appartenent audict Hostel Dieu, ensemble des fraictz de vendange iii mil ix° xl liv. tourn.

Autre despence pour achapt de vin et vinaigre pour la provision des povres malades iiii mil ii° iiii<sup>xx</sup> viii ## t.

Autre despense pour achapt de moutons, beufz, pourceaulx, lartz, veavlx, vollatilles et autre gibier xv mil ix° iiii<sup>xx</sup> xvii ## t.

Autre despense pour la despence des jours maigres et achapt de scel v mil vi° xlv liv. tournois.

Autre despense pour achapt de boys, charbon et cendre xvii° iiii<sup>xx</sup> xiii ## t.; — achapt d'huille, façon de chandelle de suif viii° xiii ## t.

Autre despense pour achapt de draps de layne, coultix, plumes, couvertures, ouvraige de cordonnier, façon, blanchissaige et achapt de toilles ii mil xxix ## t.

Autre despense pour achapt de vecelle d'estain, chauderonnier, charron, mareschal, cordier, vannier ix° i ## t.

Autre despense pour les drogues d'appoticarerye ii° iiii<sup>xx</sup> x ## t.

Autre despense pour les deux mil livres tournois de rente donnée audict Hostel Dieu par messire Anthoine de Raisse . . . . .

Autre despense pour les menuz fraictz et mises communes durant l'annee de ce present compte xiiii° iiii<sup>xx</sup> iii liv. tournois; — a Jacques Le Peutre, bourgois de Paris et recepveur general de la communaulté des povres de ceste ville de Paris, la somme de vi<sup>xx</sup> ## t. pour six mois escheux, pour faire penser et medicamenter tous les malades de verolles qui se trouveront audict Hostel Dieu par lesditz commissaires de la communaulté des pauvres; — ce present recepveur faict cy despence de la somme de x ## t. qu'il a, de l'ordonnance de Messieurs les gouverneurs dudict Hostel Dieu, payee pour les doulceurs distribuee aux povres malades dudict Hostel Dieu par la prieuse et chevelaine d'icelluy hostel le jour Saint Nicolas d'iver, suivent la fondation de feu Nicolas Paulmyer, en son vivant l'un des gouverneurs dudict Hostel Dieu; — a Gabriel d'Argilliers, faiseur d'orgues a Paris, la somme de iii cens liv. tourn. pour avoir par luy faict de neuf les orgues dudict Hostel Dieu.

Autre despense pour acquisitions d'heritaiges et rentes durant l'annee de ce present compte xix<sup>c</sup> ## t.

Autre despense pour plussieurs grosses et menuz reparations, tant a l'Hostel Dieu de Paris, que a plussieurs maisons d'icelluy hostel en la ville de Paris que hors icelle iiii mil vi° lvii ## t.

Autre despense pour deniers baillez pour convertir et employer au faict des proces d'icelluy hostel, et autres fraictz de justice v° iiii<sup>xx</sup> vi ## t.; — a noble homme Hugues Dailly, escuyer, seigneur d'Amy pres Pontoise, demeurent audict lieu la somme de lx liv. tourn. pour certains despens par ledict Dailly obtenuz contre ledict Hostel Dieu, par sentence des requestes du Palais donnee au proufict dudict sieur Dailly, pour raison de certaine sensive par luy pretenduz estre deues a Sainct Ouen pres Pontoize; — a Guillaume Pinel, sergent a cheval ou Chastellet de Paris la somme de xxx ## t. pour trente exploictz faictz pour ledict Hostel Dieu, a la requeste du procureur general du Roy, *a l'encontre des administrateurs des hospitaux et maladrerie de la prevosté et viconté de Paris, affin d'aporter leurs titres desdictz hospitaulx*.

Autres despence pour pentions et rentes viaigeres ii° lviii ## t.; — a maistre Malmedi, docteur régent en la

---
[1] Les derniers feuillets de ce compte de recettes se trouvent reliés à la fin du compte de dépenses de cette même année 1571.

[1571-1572.] DE L'HÔTEL-DIEU DE PARIS. 341

Faculté de medecine, la somme de vi<sup>xx</sup> livres tournois pour une annee de pention pour avoir visiter les povres malades dudict Hostel Dieu, et leurs ordonner medecine propre pour recouvrer leurs santé, et faire faire les medecines a l'apoticarerye dudict Hostel Dieu, et le plus souvant leurs faire prandre lesdictes medecines en sa presence.

Autre despence pour le payement des gens d'eglise, officiers dhomesticques et serviteurs dudict Hostel Dieu viii<sup>c</sup> lxiii ## t.; — a maistre Balthazard de Laistre, sirurgien dudict Hostel, Dieu la somme de ix<sup>xx</sup> livres tournois, pour avoir par luy et ses gens panser et medicamenter les povres malades, tant navrez, ulcerez et pestiferez, cy aucuns ont esté audict Hostel Dieu durant ladicte annee.

Gaiges des officiers viii<sup>c</sup> xvii ## t.

Somme totale de la despence de ce compte lvi mil clxxvi ## t.

## 111<sup>e</sup> REGISTRE (326 FEUILLETS, PARCHEMIN).

### ANNÉE 1572.

Recepte generalle de l'Hostel Dieu de Paris pour l'annee finie le dernier jour de decembre mil v cens soixante douze.

Compte dix septiesme de maistre Claude Coynart.

Recepte des cens et fons de terre deues chascun an audict Hostel Dieu, tant en la ville de Paris que hors icelle iii cens vii ## xi s. t.

Autre recepte a cause des rentes sur la recepte generalle d'oultre Saigne et Yonne que sur le domaine du Roy nostre sire a Paris xiiii<sup>c</sup> xlix ## t.

Autre recepte a cause des rentes en ceste ville de Paris ii mil ii cens xx iiii ## t.

Autre recepte des rentes constituee a l'hostel de ville vii mil iiii<sup>c</sup> iiii<sup>xx</sup> xv ## t.

Autre recepte a cause des rentes et pentions viaigeres en ceste ville de Paris lxxii ## x s. t.

Autre recepte a cause d'aucuns louaiges de maisons en ceste ville de Paris appartenent audict Hostel Dieu v mil viii cens iiii<sup>xx</sup> xiii ## t.

Autre recepte a cause des rentes annuelles et perpetuelles sur plusieurs terres, prez, boys, vignes et autres heritaiges hors la ville de Paris xvi<sup>c</sup> x ## xi s. t.

Autre recepte a cause des rantes viaigeres sur plusieurs maisons et heritaiges hors la ville de Paris iiii<sup>xx</sup> xvi ## t.

Autre recepte d'aucuns louaiges et baulx faictz a pris d'argent de plussieurs maisons, terres, prez et autres heritaiges hors Paris et lieux cy aprez nommez ii mil ii cens xxxv ## t.

Autre recepte a cause des deniers venuz de lotz et ventes pour plusieurs acquisitions d'heritaiges en la censive dudict Hostel Dieu lxxix ## t.

Autre recepte a cause des deniers provenens d'aucunes rentes qu'ilz ont esté racheptées durant l'année de ce present compte ii mil xviii ## t.

Vente de certin grin et son iii mil viii cens xxxi ## t.;

— autre recepte a cause du vin, vinaigre et vergus vendu iiii<sup>c</sup> xl liv. t.

Autre recepte a cause de la vente du suif et gresse ix<sup>c</sup> xl ## t.; — vente des peaux de beufz et de veaux despencez audict Hostel Dieu ii mil xxxvii ## t.; — deniers provenens de sertaine couppe de bois tailliz xii<sup>c</sup> l ## t.

Autre recepte des deniers trouvez au tron dudict Hostel Dieu, apres la publication des pardons d'icelluy Hostel Dieu publiez en l'eveschd et diausaize de l'evesché de Paris iii mil vii<sup>c</sup> xxvii ## t.

Autre recepte des deniers provenans des pardons de l'Hostel Dieu de Paris publiez et questez par les archeveschez et eveschez vii<sup>c</sup> ix ## t.

Autre recepte d'aucuns deniers receuz pour le jubillé v<sup>c</sup> xiii ## t.

Autre recepte des deniers provenens d'aucunes religieuses qu'ilz ont gardé des malades en la ville de Paris ii<sup>c</sup> liii ## t.

Autre recepte a cause des deniers provenens des aulmosnes, lectz, vigilles et convoys iii mil v cens lvi ## t.; — des executeurs du testament de feu venerable et discrette parsonne maistre... Serton, en son vivant prebtre et chantre de la saincte chappelle du Palais Royal ii<sup>c</sup> iiii<sup>xx</sup> liv. tourn.; — de la vente d'un pavillon de damas noir qui a esté donné par monsieur l'ambassadeur d'Espaigne cent livres tournois; — de dame Anne Baillet, veufve de feu messire Emart Nicolay cent livres tournois; — de noble homme, maistre Estienne Belangier, conseillier du Roy nostre sire, et controleur general de ses finances a Paris, executeur du testament de feu noble femme Claude de Cordes, en son vivant femme dudict Bellanger, la somme de cent livres, sans prejudicier de l'ocmentation dudict lectz, entendu qu'il est porté par le testament de ladicte deffuncte de doner a l'Hostel Dieu ce qui plaira a ses executeurs; — de haulte et puissante princesse, dame Margueritte de France, royne de Navarre, a esté receu la somme de xx ## t. par les mains de reverand pere en Dieu messire Gilbart de Beaufort, son grand aulmosnier; — de messire Jehan de Beauquaire, seigneur de Pequillion, conseiller du Roy et son maistre d'hostel ordinaire, la somme de vi cens liv. tourn.; — de honorable homme Guillaume Guillin, maistre des œuvres de maçonnerye de l'hostel de la ville de Paris xx ♯ t.; — de haulte et puissante prinsesse, dame Claude de France, seur du Roy, duchesse de Laurine, la somme de iiii$^{xx}$ iiii liv. t. par les mains de maistre Francoys Baubantin, argentier de ladicte dame; — de noble homme Charles Santurion, chevalier de l'ordre et cappitaine de cinquante hommes d'armes, la somme de iiii$^{xx}$ iiii ♯ t.; — de la vente de la moictyé du linge, avecq la moytié de deux bahus, donnés audict Hostel Dieu par feu monsieur de Margnac, et l'autre moytié donnée aux povres de la ville de Paris, la somme de vi$^{xx}$ ♯ suivant le compte qui a esté faict avec monsieur Lepentre, a present recepveur general de la communaulté des pauvres; — des executeurs du testament de feu honorable homme Henry Alépée, en son vivant sommelier d'arme du Roy nostre sire, la somme de x ♯ t.

Recepte commune iii mil iiii$^{c}$ vii ♯ t.; — de la vente de la cher qui a esté vendue ce caresme la somme ii mil cxiii liv. tournois; — de la vente des amandes du jardrin du Pressouer, receu la somme de cent solz tourn.; — des corps innumez au cymetiere des Sainctz Innocens en la terre dudict Hostel Dieu lxviii ♯ t.

Somme total de la recepte de ce compte liii mil iii cens iiii$^{xx}$ x ♯ tournois.

## 112$^{e}$ REGISTRE (215 FEUILLETS, PARCHEMIN).

### ANNÉE 1572.

Despence de ce present compte commensant et finissant comme dessus.

Cens, rentes, dixmes, indempnitez et admortissement pour plussieurs maisons, terres, prez, boys et autres heritaiges, tant en la ville de Paris que hors icelle, iiii$^{c}$ xvi ♯ t.

Autre despence pour labourgz de vignes appartenant audict Hostel Dieu, ensemble des fraictz de vendange iii mil ii cens iiii ♯ t.

Autre despence pour achapt de vins et vin aigre pour la provision des povres v mil iiii cens livres.

Autre despence pour achapt de moutons, beufz, pourceaulx, lartz, veaux, volatilles et autre gibier xiiii$^{m}$ v$^{c}$ lxvi ♯ t.

Autre despence pour la despence des jours maigres et achapt de scel v$^{m}$ iiii$^{c}$ xxiii ♯ t.

Autre despence pour achapt de boys, charbon et cendre ii mil vii cens lxviii ♯ t.; — achapt d'huille et façon de chandelle ix$^{xx}$ vi ♯ t.

Autre despence pour achapt de draps de layne, coustiz, plumes, couvertures, ouvraige de cordonnier, façon, blanchisaige et achapt de toilles iii mil xl liv. t.

Autre despence pour achapt de vecelle d'estain, chauderonnier, charron, mareschal, cordier, vanier, vi$^{c}$ lvii ♯ t.

Autre despence pour les drocques d'appoticarerye iii cens lxxix ♯ t.

Autre despence pour fraictz et mises communes durant l'année de ce compte xii$^{c}$ xlix ♯ t.; — a maistre Josepf Grenay, procureur et recepveur des religieuse, abbesse et couvent de l'abbaye madame saincte Claire, fondee rue de Lursingne, au faubourgz Sainct Marcel, la somme de cinquante livres tournois, des deniers provenuz du jubillé célébré en ceste ville de Paris.

Autre despence pour acquisitions d'heritaiges et rentes xv$^{c}$ lxx ♯ t.

Autre despence pour plussieurs grosses et menuz reparacions tant en l'Hostel Dieu de Paris que a plussieurs maisons d'icelluy Hostel Dieu en ladicte ville de Paris que hors icelle ii mil xxi ♯ t.

Autre despence pour deniers baillez pour convertir et employer au faict des proces d'icelluy Hostel Dieu et autres fraictz de justice iiii$^{c}$ xlvi liv. tournois; — ce present recepveur faict cy despence de la somme de viii ♯ viii s. tournois pour le salaire d'ung sergent qui seroict aller au villaige de Merville en Bausse, pour faire arestz entre les mains des fermiers de messire Eusebe Desmoutiers, chevallier, seigneur viconte dudict Merville, et ce, pour la somme de xii cens livres tournois, a laquelle somme a esté condempné payer par arestz de la cour de Parlement envers ledict Hostel Dieu, la communaulté des pauvres et *autres lieux pitoiables*; — lx s. t. pour le salaire d'un sergent qui a esté exprez au lieu de Guignonville, pour ajourner aux requestes du palais le seigneur dudict lieu, pour apporter lectres et exploictz en vertu de quoy il a faict saizir la ferme et terre assise a Merville en Beausse, appartenant audict Hostel Dieu.

Autre despence pour pencions et rentes viaigeres iiii$^{c}$ iiii$^{xx}$ ix ♯ t.; — a maistre Malmedi, docteur régent en la Faculté de medecine et medecin dudict Hostel Dieu, la somme de vi$^{xx}$ ♯ t. pour une année de sa pencion; — a frere Charles Esconyas, prebtre, religieux profez dudict Hostel Dieu, la somme de cinquante livres tournois,

[1572-1573.] DE L'HÔTEL-DIEU DE PARIS. 343

a cause de la pencion a luy ordonnée par messieurs les gouverneurs pour le continuer aux estudes de theaulogie où ledict Esconyas faict son cours au colaige de Naverre.

Autre despance pour le paiement des gens d'eglise, officiers dhomesticques et serviteurs dudict Hostel Dieu mil lxxiii ⁺⁺ t.; — a maistre Baltazard Delaistre, sirugien dudict Hostel Dieu, la somme de ix$^{xx}$ ⁺⁺ t. pour une antiee de ses gaiges; — a Hubarde Mere, sage femme dudict Hostel Dieu, la somme de xii ⁺⁺ t.

Somme total de la despence de ce compte cinquante deux mil cinq cens cinquante livres.

## 113ᵉ REGISTRE (318 FEUILLETS, PARCHEMIN).

### ANNÉE 1573 (LES SIX PREMIERS MOIS).

Recepte generalle de l'Hostel Dieu de Paris pour *demye année* finye le dernier jour de juing mil v cens soixante treize.

Compte dix huitiesme et dernier de maistre Claude Coynart, quant il vivoit recepveur de l'Hostel Dieu de Paris, que rendent la veufve et heritiers dudict deffunct a messieurs les commis par la court de Parlement au régime et gouvernement du revenu temporel dudict Hostel Dieu.

Recepte des rentes que le ledict Hostel Dieu a droict de prandre sur la recepte generalle d'outre Seine et Yonne, que sur le domaine du Roy nostre sire a Paris ix$^e$ lxxviii ⁺⁺ t.

Autre recepte des rentes constituees sur l'hostel de la ville de Paris, au denier vingt, suivant l'esdict du Roy ii mil viii cens xxxi ⁺⁺ t.

Autre recepte à causse d'aucuns louages de maisons assise en ceste ville de Paris iii mil ii cens lxiii ⁺⁺ tournois.

Autre recepte a cause des deniers venuz de lotz et ventes de ceste presente annee viii$^{xx}$ iii ⁺⁺ t.

Autre recepte a cause des deniers provenens d'aucunes rentes qui ont esté racheptees durant le temps de ce present compte xvii$^e$ xl ⁺⁺ t.

Autre recepte a causse d'aucuns deniers provenens de la vente de certin grain et son ii mil viii cens xxxiii ⁺⁺ t.; — autre recepte a causse de vin vendu vii$^e$ xxxi ⁺⁺ t.; — vente de suif et gresse ix$^e$ iiii$^{xx}$ xi ⁺⁺ t.

Autre recepte a causse de la vente des peaux de moutons, peaux de beufz et de veaux despencez audict Hostel Dieu ii mil ii cens iiii$^{xx}$ iiii ⁺⁺ t.; — vente de boys lxi ⁺⁺ t.

Autre recepte faicte par cedict comptable a causse des deniers trouvez au tronc dudict Hostel Dieu apres la publication des pardons d'icelluy Hostel Dieu en l'evesché de Paris ii mil vi cens lxiii ⁺⁺ t.

Autre recepte des deniers provenens des pardons de l'Hostel Dieu publiez par les archeveschez et eveschez cy apres nommez iiii mil ii cens livres tournois.

Autre recepte a causse des deniers provenens d'aucunes religieuses qui ont esté garder des malades en la ville de Paris vii$^{xx}$ xviii l. t.

Autre recepte a causse des deniers provenens des aumosnes, lectz testamentaires, vigilles et convoys durant le temps de ce present compte v mil vi cens iiii$^{xx}$ ii ⁺⁺ t.; — de noble homme Jules Santony, chevallier de l'ordre du Roy, par les mains du maistre de l'Hostel Dieu xxxiii ⁺⁺ t.; — du sire Claude Aubery, executeur du testament de feu monsieur Aubery son pere, la somme de iiii cens liv. t.; — de Marguerite Parfaict, veufve de feu noble homme Pierre Poullin, en son vivant secretaire du Roy, la somme de ii cens l liv. tournois; — de madame la presidente Nicollay c liv. tourn.; — de messire *Michel de Lospital*, chancellier de France, par les mains de monsieur de Passy, la somme de xl liv. tournois; — des executeurs du testament de feu maistre Pierre Goreau, sieur de la Roche Guillin iii cens liv. tournois; — de Jehan de Leaue, marchand demeurant en Bretaigne, vi$^{xx}$ liv. tournois; — de sire Prevost Musnier, demeurant a Merinville en Beausse, la somme de iii cens xlv ⁺⁺, sur et tant moings de la somme de xii centz liv. tournois adjugez par arrestz de la court de Parlement au moys de descembre mil cinq centz soixante douze, donné audict Hostel Dieu et autres pauvres par feu monsieur l'evesque de Bayonne; — de monsieur de la Gente, chanoyne de Sainct Pierre de Troyes, la somme de ix centz livres tournoys pour mettre en rente a l'hostel de la ville, a commencer du premier jour de juillet mil cinq centz soixante treize, dont il retient l'usuffruict sa vye durant seullement; — de la vente des livres et meubles qui furent a feu maistre Baudoyn, religieux de l'ordre de Citeaux, la somme de iiii cens xli ⁺⁺ t.; — des executeurs du testament de feu maistre Juillien Perier, en son vivant praistre, chanoyne en l'eglise Sainct Germain de l'Auxerroys, la somme de mil xxxviii liv. tournois, faisant le reste des deniers tant de la vente des meubles, or et argent monnoyé et non monnoyé, apres son testament accomply; — de noble homme Pierre Chesneu, prieur de *Tormantaine* en l'evesché de Mallezeslz, par les mains de sire René Morin, marchant drappier demeurant a Angers, la somme de cent liv. tourn. (*Lon dit qu'il a délibéré de donner tous les ans pareille somme de cent livres sa vye durant, ainsi qui m'a esté dict par le sire Benart Desprez, drappier demeurant rue de la Harpe.*)

Recepte commune pour l'annee de ce present compte iii mil viii cens iiii$^{xx}$ xi ## t.; — du tronc de la boucherye, pour la chair qui a esté venduc ce caresme, la somme de ii mil ix cens lii liv. tournois; — de Nicolas Guillet, laboureur demeurant a Charonne, la somme de xv livres tournois, pour la vente a luy faicte de la pierre de la demolition de la maladerye du pont de Charanton par messieurs les gouverneurs dudict Hostel Dieu, le xxi$^e$ aoust mil cinq cens soixante treize; — de Hector Maistreville, maistre boullanger, demeurant aux faubours Sainct Jacques, en la maison *où antiennement estoit ung hospital*, de present appartenent audict Hostel Dieu, assise audict faubourgtz, pres la Fosse porte, la somme de xxii ## sur et tant moings de loyers de ladicte maison.

Recepte faicte par lesdictz comptables a cause d'aucunes taxes de despens, dommages et interestz venuz de plussieurs personnes, lesquelz tant en demandant que en deffendant, ont esté condampnez tant par sentences du prevost de Paris confirmez par arrestz de la court, que des requestes du Palais x ## λ s. t.

Autre recepte a causse des deniers provenens d'aucunes rentes et heritaiges venduz ii mil iiii cens liv. tournois.

Autre recepte faicte a caussse des deniers prestez par aucuns de messieurs les commis au regime et gouvernement du temporel dudict Hostel Dieu, pour subvenir a la nourriture et entretenement des pauvres malades, iii mil ix cens xxvii ## t.; — de monsieur Hotman, l'un des gouverneurs dudict Hostel Dieu, mil livres tournois; — de monsieur Lavocat, en son vivant l'un des gouverneurs dudict Hostel Dieu v cens livres tournois; — de monsieur Hotman iiii cens xxxiii ## t. . . . .

Autre recepte a cause de plusieurs parties dont n'auroit esté faict recepte cy devant iii$^c$ xviii ## t.

Somme total de la recepte de ce present compte xxxvii mil ix cens lxxix ## t.

Despence de ce present compte commensent et finissant comme dessus.

Cens, rentes, dixmes, indempnitez que ledict Hostel Dieu doibt pour plussieurs maisons, places, terres, prez et autres heritaiges tant en la ville de Paris que hors icelle liii livres vii s.

Autre despence pour labourgs de vignes, ensemble des fraictz de vandanges, façon et achapt d'eschallatz ii mil iii$^c$ li ## t.

Autre despence pour achapt de vin et vin aigre vii mil xviii ## t.

Autre despence pour achapt de moutons, beufz, pourceaulx, lart, veaulx, vollatille et autre gibier xii mil v cens iiii$^{xx}$ xiii livres tournois.

Autre despence des jours maigres et achaptz de scel iii mil viii cens xxxi ## t.

Autre despence pour achaptz de boys, charbon et cendre iii mil v cens lxxiii liv. tournois.

Autre despence pour achaptz de draps de laine, coustilz, plumes, couvertures, ouvraiges de cordonnier, blanchisaiges et achaptz de toilles ii mil cxiii livres tournois.

Autre despence pour achaptz de vecelle d'estin, chaudronnier, charron, mareschal, cordier et vanier vi$^c$ iiii$^{xx}$ xvi ## t.

Autre despence pour les drogues d'appoticquairerie x ## tournois.

Achaptz de blés et farines pour la provision des pauvres cvi ## t.

Autre despence pour fraictz et mises communes ix$^c$ xlvii ## t.; — a Jehan Menant, tresorier et recepveur de la communaulté des pauvres la somme de ii cens quarente livres t.; — a Louys Donyet, la somme de viii liv., tourn. pour son sallaire et gaiges d'abvoir gardé les blés, orges et avoynes qui estoient sur les terres et appartenense de la ferme du Pressouer, affin qu'on ne les desrobe. — Despense des biens de frere Nicollas Bodouin; aux religieuses des Filles Dieu pour la moytié des biens de frere Nicollas Bodouin, religieux beguin de l'ordre Sainct Francois, adjugez audict Hostel Dieu ii cens i liv. tourn.

Autre despence accausse des grosses et menues reparations faictes tant a l'Hostel Dieu de Paris que a plussieurs autres lieux, maisons d'iceluy Hostel Dieu, tant en la ville de Paris que autres lieux xix$^c$ lx livres tournois.

Autre despence pour deniers baillez pour employer au faict des proces dudict Hostel Dieu, et autres frais de justice ii cens lix ## t.

Autre despence pour gaiges, pentions et rentes viaigeres iii cens lxvi liv. tournois; — a maistre Robert Croson, docteur régent en la Faculté de médecine, la somme de xxx liv. tourn. pour ung terme de ses gaiges, escheu au jour de Pasques dernier.

Autre despence pour payement de gens d'eglise, officiers domesticques et serviteurs dudict Hostel Dieu ix cens xix livres tournois; — a Balthazar Delestre, maistre barbier et sirurgien dudict Hostel Dieu, la somme de iiii$^{xx}$ x ## t. pour demye année de ses gaiges; — a Marie Thibault, sage-femme dudict Hostel Dieu, la somme de vi livres tournois.

Somme totalle de la despense de ce compte xli mil iii cens lxxv livres tournois.

## 114ᵉ REGISTRE (424 FEUILLETS, PARCHEMIN).

### ANNÉE 1573 [1] (DEUXIÈME SEMESTRE).

Compte de la recepte pour les six derniers mois de l'annee 1573.

Recepte a cause des cens et fondz de terre deubz audict Hostel Dieu en ladicte ville de Paris lxxii s. t.

Autre recepte a cause des cens, surcens et fons de terre hors la ville de Paris ii cens iiii$^{xx}$ vii$^{tt}$ t.

Autre recepte a cause des rentes que ledict Hostel Dieu a droict d'avoir sur la recepte generalle d'oultre Seyne et Yonne et sur le domaine du Roy nostre sire a Paris iiii$^{c}$ iiii$^{xx}$ iii$^{tt}$ t.

Autre recepte a cause des rentes en ceste ville de Paris ii mil cxviii liv. tournois.

Autre recepte a cause des rentes constituees sur l'Hostel de ville de Paris, soubz les noms des prevostz des marchans (le total manque).

Autre recepte a cause des louages des baulx des maisons en la ville de Paris iii mil cxl livres tournois.

Autre recepte a cause des rentes annuelles et perpetuelles sur plusieurs terres, prez, boys et autres heritaiges hors la ville de Paris xviii$^{c}$ xi$^{tt}$ t.

Autre recepte a cause des rentes viaigeres sur plusieurs maisons et heriteiges hors la ville de Paris iiii$^{xx}$ xvi liv. tournois.

Aultre recepte d'aucuns louaiges de baulx faictz a pris d'argent de plussieurs maisons, terres, prez, boys et autres heritaiges hors Paris ii mil clxviii liv. tournois.

Autre recepte a cause des deniers provenuz des lotz et ventes durant le temps de cedict present compte xxxv$^{tt}$ tournois.

Aultre recepte a cause des deniers provenans d'aucunes rentes qui ont esté racheptees, durant ladicte demye annee vii$^{xx}$ xiii$^{tt}$ t.

Vente de certain grain et son viii cens livres x s. t.; — vente de suif et gresse iiii$^{c}$ liiii l. t.

Autre recepte a cause des deniers trouvez au troncq dudict Hostel Dieu apres la publication des pardons en l'evesché de Paris ix cens xxx liv. tourn.

Des pardons et jubillé de Bretaigne et autres eveschez vi cens iiii$^{xx}$ xi$^{tt}$ t.

Aultre recepte a cause des deniers provenans d'aucunes religieuses qui ont gardé des malades en ceste ville de Paris vii$^{xx}$ xviii liv. tourn.

Autre recepte a cause des deniers provenuz des aulmosnes, legtz testamentaires, vigilles et convois durant demye année de ce present compte xv$^{c}$ xlv$^{tt}$ t.; — des executeurs du testament de feu Madame la chancelliere Olivier la somme de v cens livres tournois; — de Madame de Sainct Victor la somme de cent livres tournois qu'elle a aulmosnez aux paouvres malades.

Recepte commune vii$^{c}$ lxx$^{tt}$ t.; — de Monsieur Danyel du Fresnoy, chevallier de Senlis, la somme de vii$^{xx tt}$ tournois par les mains de maistre Robert Du Fresnoy, greffier du tresor a Paris, faisant partie de la somme de ii cens xxiii$^{tt}$ t. sur et tant moins des arrerages deubz audict Hostel Dieu par deffunct maestre Jehan Bougon, luy vivant lieutenant criminel a Senlis, a cause de cent livres tournois de rente que ledict Hostel Dieu a droict de prandre par chascun an sur la terre de la Quenotiere, suivant certaine sentence obtenue par ledict Hostel Dieu aux requestes du Pallais, a l'encontre dudict Du Fresnoy.

Somme total de la recepte de ce present compte xxv$^{m}$ ix$^{c}$ iiii$^{xx}$ xii$^{tt}$ t.

## 115ᵉ REGISTRE (194 FEUILLETS, PARCHEMIN).

### ANNÉE 1573 (DEUXIÈME SEMESTRE).

Cens, rentes, dixmes, indemnitez sur plusieurs maisons, terres, prez, boys et autres heritaiges tant en la ville de Paris que hors icelle ii cens xxiiii$^{tt}$ t.

Aultre despence a cause d'aulcunes rentes sur tout le revenu et temporel d'icelluy Hostel Dieu liii$^{tt}$ t.

Aultre despense a cause des fraictz de vendanges, achaptz d'eschallatz et ozier ii cens xlii$^{tt}$ t.

Aultre despence pour achaptz de vins et vinaigre pour la provision des pauvres dudict Hostel Dieu vii mil vii$^{c}$ lxv liv. t.

---

[1] Ce registre a été en partie mutilé; le titre ainsi que les feuillets 145 à 160 inclusivement ont été arrachés; trois feuillets manquent également à la fin.

Aultre despence pour achapt de moutons, bœufz, pourceaulx, lartz, veaulx, volatilles et autre gibier acheptez pour la provision des pauvres malades viii mil ix cens xx ## t.

Aultre despence pour la despence des jours maigres extraordinaires et achapt de sel iii mil vii cens xxviii ## t.

Aultre despence pour achapt de bois, charbon et cendre acheptees pour la provision des pauvres mallades xi cens lxiiii liv. tourn.; — achapt de chandelle de suif vii<sup>xx</sup> xv ## t.

Aultre despence pour achapt de draps de layne, coustilz, plumes, couvertures, ouvraiges de cordonnier, façons, blanchissaige et achaptz de toilles ii cens lv livres tournois.

Aultre despence pour achapt de vieil estain, chaulderons, paiement faict aux charron, mareschal, cordier et vanier iii cens lxv ## t.

Aultre despence pour les drocgues d'appothicairerie cx ## t.

Aultre despence pour achapt de bled et farines ii mil v cens xiiii liv. tourn.

Aultre despence pour les fraiz et mises communes iiii<sup>c</sup> lv ## t.; — a Thomas Belu, receveur de M. le Premier President en sa terre et seigneurie de Charenton Sainct Maurice, la somme de lviii l. xvi s. t. a luy ordonnee pour six annees d'arréraiges, a cause de neuf livres xvi s. t. de cens et rente que ledict sieur president a droict de prendre par chascun an, au jour Sainct Martin, sur le moullin des prez, nagueres bruslé par ceux de la relligion, et sur les isles et appartenances dudict moulin.

Aultre despence pour plussieurs grosses et menues reparations, tant en l'Hostel Dieu de Paris que en plusieurs maisons d'icelluy Hostel Dieu. tant en la dicte ville de Paris que hors icelle ix cens l livres.

Aultre despence pour deniers baillez pour convertir et emploier au faict des proces et aultres fraictz de justice iii cens xxvi liv. tournois.

Autre despence pour gaiges, pencions et rentes viageres ix<sup>xx</sup> xv ## t.; — a maistre Jacques Marant, docteur régent en la Faculté de medecine, et medecin ordinaire dudict Hostel Dieu, la somme de xlv ## t. et ce pour six sepmaines commencant le vingtiesme aoust et finissans le dernier jour de septembre mil cinq cens soixante treize; — a Pierre de Lorme, escollier de l'Hostel Dieu de Paris estudiant au college de Navarre, la somme de xii l. x s. t. a luy ordonnee pour demye annee pour subvenir a ses estudes.

Aultre despence pour paiement des gens d'eglise, officiers domesticques et serviteurs iiii<sup>c</sup> iiii<sup>xx</sup> vi liv. tourn.; — a maistre Baltazard Delaistre, chirurgien audict Hostel Dieu la somme de iiii<sup>xx</sup> x ## t. pour ses gaiges de ladicte demye année; — a Marie Thibault, saige-femme la somme de vi ## t.

Gaiges d'officiers iiii<sup>c</sup> lxvii ## t.

Somme total de la despence de ce compte xxxi mil xxxvi ## t.

## 116<sup>e</sup> REGISTRE (495 FEUILLETS, PARCHEMIN).

### ANNÉE 1574.

Recepte generalle de l'Hostel Dieu de Paris pour une annee finye le dernier jour de décembre mil cinq cens soixante quatorze.

Compte deuxiesme de maistre Ambroyse Baudichon, receveur general de l'Hostel Dieu de Paris.

Recepte non muable a cause des cens et fons de terre en la ville de Paris lxii s.

Aultre recepte a cause des cens, surcens, fons de terre hors la ville de Paris ii cens iiii<sup>xx</sup> xiiii ## t.

Aultre recepte a cause des rentes sur la recepte generalle d'oultre Seyne et Yonne et sur le domaine du Roy nostre sire a Paris xiiii<sup>c</sup> xlix ## t.

Aultre recepte a cause des rentes en ceste ville de Paris ii mil lxxvi ## t.

Aultre recepte a cause des rentes constituees sur l'hostel de la ville de Paris, soubz les noms des prevostz des marchans v mil ii cens xxxi ## t.

Autre recepte a cause des rentes et pensions viageres que ledict Hostel Dieu a droict de prandre en ceste ville de Paris lxxii ## t.

Autre recepte a cause des deniers provenans des louaiges de maisons assizes en ceste ville de Paris vi mil ii cens lxi liv. tournois.

Aultre recepte des rentes annuelles et perpetuelles sur plusieurs terres, prez, boys, vignes et autres heritaiges hors la ville de Paris xvii<sup>c</sup> iiii ## t.

Aultre recepte des rentes viageres sur plusieurs maisons et heritaiges assizes hors la ville de Paris iiii<sup>xx</sup> xvi ## t. tournois.

Autre recepte d'aucuns louaiges de baulx faictz a pris d'argent de plusieurs maisons, terres, prez, boys et aultres heritaiges hors Paris ii mil ii cens iiii<sup>xx</sup> vii livres tournois.

Aultre recepte a cause des deniers provenuz des lotz et ventes durant le temps de ce present compte cxviii ## t.

Aultre recepte a cause des deniers provenans d'aucunes

rentes qui ont esté racheptees durant ladicte annee ii mil iiii cens xii<sup>xx</sup> t.

Recepte d'aucuns deniers provenuz de la vente de certain grain et son v mil viii cens lxxvii liv. tournois; — vente de vin, vinaigre et verjus viii<sup>xx</sup> xvi ℔ t.; — vente de suif et gresse xi<sup>e</sup> iiii<sup>xx</sup> xi ℔ t.; — vente de peaulx de moutons, beufz et veaulx despencez audict Hostel Dieu ii mil iiii cens xxii ℔ t.

Aultre recepte des deniers trouvez au tronc dudict Hostel Dieu apres la publication des pardons en l'evesché et diocese de Paris iiii mil vii cens iiii<sup>xx</sup> livres tournois.

Aultre recepte a cause des deniers provenuz des pardons publiez et questez par les archeveschez et eveschez hors ceste ville de Paris vi mil ii cens xlii liv. t.

Aultre recepte a cause des deniers provenans d'aucunes relligieuses qui ont gardé des malades en ceste ville viii<sup>xx</sup> xv ℔ t.

Aultre recepte a cause des deniers provenuz des aumosnes, lectz testamentaires, vigilles et convoys durant ladicte année de ce compte v mil ii cens iiii<sup>xx</sup>viii livres tournois; — de monsieur le president Hennequin, la somme de cent livres tournois qu'il a donnez et aumosnez aux pauvres mallades dudict Hostel Dieu; — de noble homme et saige messire Jehan de la Guesde, chevallier et conseiller du Roy nostre sire en son conseil privé, et procureur general de la court de Parlement, la somme de cinq cens livres tournois, que deffunct maistre Jacques Lemoyne, luy vivant secretaire du Roy, a leguez aux pauvres mallades; — de monsieur de Bigny, executeur du testament de feu monsieur l'abbé de Cuissy, une *portugaise* vallant la somme de xxxiii livres tournois; — de madame la presidente Nicolay, la somme de iiii<sup>xx</sup> x ℔ t. aumosnez aux povres mallades; — de monsieur le president Baillet, la somme de ii cens livres tournois provenant du laiz faict audict Hostel Dieu par deffunct reverand pere en Dieu monsieur maistre Guillard, luy vivant evesque de Chartres; — de noble homme maistre André Le Picard, advocat en la court de Parlement, executeur du testament de deffuncte damoiselle Marye du Val, jadis sa femme, la somme de ii cens livres tournois; — de monsieur de Tavalle, gouverneur de Metz, filz et heritier de deffunct monsieur de Tavalle, chevallier de l'ordre du Roy, la somme de cent livres tournois; — de dame Magdelaine Picot la somme de cinquante livres tournois provenans des aumosnes du feu Roy; — des executeurs du testament de deffunct messire... Desbrosse, en son vivant chevallier de l'ordre, la somme de deux centz livres tournois; — de maistre Guillaume Pouart, conseiller du Roy nostre sire et auditeur en sa Chambre des Comptes, l'un des executeurs du testament de deffunct Charles Anthonis, en son vivant conseiller du Roy nostre sire et general de ses aydes, la somme de cent livres tournois; — de dame Denise Boucher, vefve de feu sire Henry Ladvocat, la somme de cent livres tournois, leguez par ledict deffunct aux pauvres malades dudict Hostel Dieu; — de venerable et discrette personne maistre Denis Perreau, curé de Sainct Ypolitte et honorable homme sire Jehan Gobelin, executeurs du testament de deffunct venerable et discrette personne maistre Nicolle Moien, en son vivant, doyen et chanoine de l'eglise Sainct Marcel lez Paris, la somme de cent livres tournois; — de noble homme Guillaume Duprat, seigneur et baron de Viteaulx, la somme de v cens livres tournois, adjugez audict Hostel Dieu par arrest de la court de Parlement, le unziesme jour de mars mil cinq cens soixante quatorze; — de Jacques Marchant, maistre verrier a Paris x liv. tournois; — de monsieur l'evesque du Puis, la somme de mil livres tournois, a laquelle somme il a esté condampné par arrest de la court du Grand Conseil, pour partye de plus grande somme d'amende en laquelle il a esté condampné tant envers ledict Hostel Dieu, le Bureau de la communaulté des pauvres et autres; — de madame de Brissac la somme de lx liv. tournois.

Aultre recepte faicte par cedict present recepveur a cause des questes faictes par les parroisses de cette ville de Paris pour les pauvres dudict Hostel Dieu vi cens v livres tournois.

Recepte commune pour ladicte année de ce compte ii mil v cens xvi livres tournois.

Aultre recepte a cause des deniers provenuz d'aucunes taxes de despens, dommaiges et interestz, venuz de plusieurs personnes tant en demandant que en deffendant vi<sup>xx</sup> xix liv. tournois.

Aultre recepte a cause des deniers provenuz d'aucuns heritages venduz, et rentes constituees durant ladicte année de ce compte xii mil lxx livres tournois; — de Philippes Savart, la somme de cx liv. tournois pour la vente a luy faicte d'un arpent de vigne assiz a Sainct Mandé, sur le chemin qui va a la consierjerie du Bois de Vincennes; — de messieurs les gouverneurs du Sainct Esperit, la somme de vi cens livres tournois pour la vente, cession et transport de cinquante livres tournois de rente que ledict Hostel Dieu avoit droict de prendre sur hault et puissant seigneur messire Georges de Crecqui, chevallier, seigneur de Rieux et chamberlan ordinaire de monsieur le frère du Roy; — de Philippes Lefebvre, bourgeois de Paris, la somme de cinq cens livres tournois, pour la vente faicte par messieurs les gouverneurs dudict Hostel Dieu audict Lefebvre de quatre arpentz quarante perches de terre assize au Pré aux Clercs, au lieu dit *le Sanitat*, laquelle somme a esté receue par cedict present recepveur.

Aultre recepte a cause des deniers provenuz de la

vente faicte audict Hostel Dieu de la chair, volatille et gibier vendue en la boucherie dudict Hostel Dieu durant le caresme ii mil viii cens xix ᵗᵗ t.

Somme total de la recepte lxiiii mil viii cens iii liv. tournois.

## 117ᵉ REGISTRE (266 FEUILLETS, PARCHEMIN).
### ANNÉE 1574.

Despence de ce present compte.

Cens, rentes, dixmes, indampnitez et admortissement sur plusieurs maisons, places, terres, prez et aultres heritaiges tant en la ville de Paris que hors icelle ii cens xvi liv. vi s. tournois.

Aultre despence a cause d'aulcunes rentes deues par ledict Hostel Dieu sur tout le revenu et temporel d'icelluy Hostel Dieu xxix livres iiii s. t.

Aultre despence a cause d'aulcunes rentes constituees en l'année de ce compte, par messieurs les gouverneurs dudict Hostel Dieu, sur tout le revenu et temporel d'icelluy Hostel Dieu, pour subvenir a la nourriture et despence des pauvres mallades dudict Hostel Dieu iiii ͨ iiii ˣˣ viii ᵗᵗ t.

Aultre despence pour les labours des vignes ii mil ii cens xlix ᵗᵗ t.

Aultre despence a cause des fraiz de vendenges xii ͨ xx ᵗᵗ t.

Aultre despence pour achapt de vins et vinaigre xiiii mil ix cens xli livres tournois.

Aultre despence pour achapt de moutons, bœufz, pourceaulx, lartz, veaulx, volatilles et gibbier xviii mil clxix ᵗᵗ t.

Aultre despence pour la despence des jours meigres et achapt de scel v mil v cens xlv ᵗᵗ t.

Aultre despence pour achapt de bois, charbon et cendres viii ͨ vii ᵗᵗ t.

Aultre despence pour achapt de draps de layne, coustilz, plumes, couvertures, ouvraiges de cordonnier, façons, blanchissaiges et achaptz de thoille xix ͨ xli ᵗᵗ t.

Aultre despence pour achapt de vesselle d'estain, chauderons, payement faict aux charron et mareschal, cordier, bourrellier et vannier iiii ͨ iiii ˣˣ xii ᵗᵗ t.

Aultre despence pour achapt de blé et farines pour la provision des pauvres mallades xii mil cxxxv ᵗᵗ t.

Aultre despence pour les fraiz et mises communes ii mil ix cens xx liv. t.; — a Jehan Rousseau, pottier de terre a Paris, la somme de huit livres tournois pour avoir moullé trois chappelles pour l'appoticairerye dudict Hostel Dieu; — a monsieur Menant, recepveur general de la communaulté des pauvres de la ville de Paris, la somme de ii cens xl liv. tournois, pour une annee escheue au jour sainct Jehan Baptiste dernier passé, a cause de pareille somme que ledict Hostel Dieu a accoustumé de payer chacun an par provision, suivant certain arrest de la court de Parlement, pour faire penser et medicamenter les mallades de la verolle; — a monsieur Hotman, l'un des gouverneurs dudict Hostel Dieu, la somme de xiiii cens xxxiii livres tournois, a luy ordonnee pour son remboursement de semblable somme que ledict sieur Hotman avoit prestee a deffunct maistre Claude Coynard, en son vivant recepveur general dudict Hostel Dieu, pour subvenir a l'extreme necessité dudict Hostel Dieu.

Aultre despence pour acquisitions d'heritaiges et rentes durant le temps de ce compte. — Néant.

Aultre despence pour plussieurs grosses et menues reparations tant en l'Hostel Dieu de Paris que en plusieurs maisons d'icelluy, en ladicte ville de Paris et hors icelle iii mil viii cens xix ᵗᵗ t.

Aultre despence pour deniers baillez pour convertir et emploier au faict des proces d'icelluy Hostel Dieu et aultres fraiz de justice mil xxxiii livres tournois.

Aultre despence pour gages, pensions et rentes viageres payees par ledict present recepveur durant le temps de cedict compte mil lxxvii livres tournois; — a Marye Thibault, saige-femme audict Hostel Dieu, la somme de xii livres tournois; — a maistre Baltasart Delestres, maistre chirurgien dudict Hostel Dieu, la somme de ix ˣˣ livres tournois pour ses gaiges d'une année; — a maistre Jacques Marant, medecin dudict Hostel Dieu, la somme de vi ˣˣ livres tournois pour ses gaiges.

Gaiges d'officiers hors ledict Hostel Dieu viii cens xxxviii ᵗᵗ t.

Somme total de la despence de ce compte lxxvii mil ii cens lxviii livres tournois.

## 118ᵉ REGISTRE (519 FEUILLETS, PARCHEMIN).
### ANNÉE 1575.

Recepte generalle de l'Hostel Dieu de Paris pour une année finye le dernier jour de décembre mil v cens soixante quinze.

Compte troisiesme de maistre Ambroise Baudichon.

Recepte non muable a cause des cens et fons de terre deubz audict Hostel Dieu en ladicte ville de Paris lxxii s. vi den.

Aultre recepte a cause des cens, surcens et fondz de terre en plusieurs lieux et endroictz hors la ville de Paris ii cens iiii$^{xx}$ xiiii liv. tour.

Recepte des rentes tant sur la recepte generalle d'oultre Seyne et Yonne que sur le domaine du Roy nostre sire a Paris xiiii cens xlix ʰʰ t.

Aultre recepte a cause des rentes en ceste ville de Paris ii mil xxxiii livres.

Aultre recepte a cause des rentes constituees sur l'hostel de la ville de Paris, soubz les noms des prevostz des marchans et eschevins de ladicte ville vii mil iii cens xxvi livres tournois.

Aultre recepte a cause des rentes et pensions viaigeres que ledict Hostel Dieu a droict de prendre en ceste ville de Paris lxxij ʰʰ t.

Aultre recepte a cause d'aulcuns louaiges de maisons assizes tant en ceste ville de Paris que es faulxbourgs d'icelle ville vi mil iii cens iiii$^{xx}$ x ʰʰ t.

Recepte des rentes annuelles et perpetuelles sur plusieurs terres, prez, boys, vignes, maisons et autres heritaiges hors la ville de Paris xvi cens iiii$^{xx}$ xviii livres tournois.

Aultre recepte faicte par cedict presant recepveur a cause des rentes viageres sur plusieurs maisons et heritaiges hors la ville de Paris iiii$^{xx}$ xvi livres tournois.

Aultre recepte d'aulcuns louaiges de baulx faictz a pris d'argent de plusieurs maisons, terres, prez, boys et aultres heritaiges hors la ville de Paris ii mil v cens lxvii liv. tournois.

Recepte a cause des lotz et ventes pour plusieurs acquisitions d'heritaiges assiz en plusieurs lieux estant en la censive dudict Hostel Dieu lxi ʰʰ xv s. t.

Aultre recepte d'aucunes rentes racheptees durant ladicte année de ce compte xii cens xxxvii liv. tournois.

Aultre recepte d'aulcuns deniers de la vente de certain grain et son vendu par maistre Pierre Petit, prebtre, pennetier dudict Hostel Dieu xix cens xv ʰʰ t.

Aultre recepte a cause du vin, vinaigre, verjus vendu ii cens xl ʰʰ t.; — vente de suif et gresse vii cens lvi ʰʰ t.

Aultre recepte a cause de la vente des peaulx des moutons, beufz et veaulx despensez audict Hostel Dieu xiiii$^c$ iiii$^{xx}$ x ʰʰ t.

Aultre recepte des deniers trouvez au tronc de l'Hostel Dieu appres la publication des pardons publiez en l'evesché et diocese de l'evesché de Paris iiii mil iiii cens xlviii ʰʰ t.

Autre recepte des deniers provenans des pardons questez par les archeveschez et eveschez v mil vi cens iiii liv. tournois.

Aultre recepte a cause des deniers provenans d'aulcunes relligieuses qui ont gardé les mallades en ceste ville de Paris viii$^{xx}$ vii ʰʰ t.

Aultre recepte a cause des deniers provenans des legtz et aulmosnes iiii mil ii cens xv ʰʰ t.; — de monsieur Hautman, l'un des gouverneurs dudict Hostel Dieu, la somme de vii cens livres tournois, des deniers de feu maistre Pierre Raullen, en son vivant secretaire de la Royne d'Escosse, leguez par ledict deffunct aux pauvres de l'Hostel Dieu; — de noble homme maistre Anthoine Fayet, conseiller du Roy et secretaire en sa chambre, executeur du testament de Jehanne Le Bossu, sa femme, la somme de cent liv. tournois; — de dame Anne Baillet veafve de messire Edouard Nicollay, cent livres tournois; — de maistre Nicolas Millot, docteur régent en la Faculté de medecine, exécuteur du testament de Catherine de Ruel xxx livres tournois; — de monsieur de Morvilliers, conseiller du Roy nostre sire en son conseil privé, la somme de xlii livres qu'il a aulmosnez aux pauvres dudict Hostel Dieu; — de monsieur de Plouec, chevalier de l'ordre du Roy xlviii ʰʰ t.; — de la Royne de France, par les mains du controlleur general de sa maison, la somme de xxx livres tournois; — de monsieur de Charmeaulx, l'un des gouverneurs dudict Hostel Dieu, executeur du testament de deffuncte madame sa femme lx ʰʰ t.; — de l'aumosne du Roy, par les mains de..... aulmosnier, la somme de cent livres tournois donnez aux pauvres dudict Hostel Dieu; — de Denys Chardot, controlleur de la maison de la Royne, la somme de xxx liv. tournois; — de l'aumosne de monsieur le reverendissime cardinal de Bourbon la somme de lii livres tournois; — des executeurs du testament de feu..... Vallee la somme de xii$^c$ l livres tournois, provenant de l'amende a quoy il a esté condampné envers l'Hostel Dieu de Paris par arrest de la court de Parlement.

Aultre recepte faicte a cause des deniers provenans

des questes et aulmosnes des parroisses de ceste ville iii cens lix liv. tournois.

Recepte commune dudict compte iiii$^c$ lxxvii livres tournois.

Aultre recepte a cause des deniers provenans des taxes de despens, dommaiges et interestz venuz de plusieurs personnes, lesquelz tant en demandant que en deffendant ont esté condampnez v$^c$ iiii$^{xx}$ xv$^{lt}$ t.

Aultre recepte a cause d'aulcunes rentes et heritaiges venduz durant ladicte année xxiiii mil clxv$^{lt}$ t.; — le douziesme jour de febvrier mil cinq cens soixante et quinze, la somme de xii mil livres tournois receue et mise en depost a six pour cent chascun an, dont est faict proffict et dellivree par damoiselle Marye Morin, veufve de feu monsieur le chancellier de Lhospital, suyvant les arrestz de la court de Parlement, donnez le premier jour de febvrier mil cinq cens soixante et quinze, entre damoiselle Jehanne de Courselles, veufve de feu Jehan Le Francq et Dienne de Courselles, heritieres de feue damoiselle Roberde de Courselles; — de messire Nicolas de Neufville, chevallier, seigneur de Villeroy, conseiller du Roy et secrétaire d'Estat de ses finances, la somme de deux mil quatre cens livres tournois, pour le pris de vente d'un moullin assis au villaige d'Escharcon sur la riviere d'Estampes, qui luy a esté faicte par messieurs les gouverneurs dudict Hostel Dieu.

Aultre recepte des deniers provenans de la vente de chair, volatille et gibier vendue en ladicte boucherye dudict Hostel Dieu durant le Caresme iii mil xliii$^{lt}$ t.

Somme total de la recepte de ce compte lxxiii mil cinq cens vingt livres.

## 119$^e$ REGISTRE (254 FEUILLETS, PARCHEMIN).

### ANNÉE 1575.

Despence de ce present compte.

Cens, rentes, dixmes, indampnitez et admortissemens pour plusieurs maisons et autres heritaiges, tant en la ville de Paris que hors icelle viii$^{xx}$ xi$^{lt}$ t.

Aultres cens, rentes, dixmes, indampnitez payez pour plusieurs arreraiges qui en estoient deubz xlvi$^{lt}$ t.

Aultre despence d'autre rentes deues sur tout le revenu et temporel d'icelluy hostel mil xi livres tournois.

Aultre despence faicte par cedict recepveur pour les labours de vignes ii mil ii cens lxxvii livres tournois.

Aultre despence faicte a cause des fraiz de vendenges ix$^c$ xxxiii$^{lt}$ t.

Aultre despence pour achaiptz de vins et vinaigres pour la provision des pauvres dudict Hostel Dieu vii mil viii$^c$ lxi liv. tourn.

Aultre despence pour achapt de moutons, beufs, pourceaulx, lartz, veaux, volatilles et autre gibier acheptez pour la provision des pauvres mallades xv mil cvi$^{lt}$ t.

Aultre despence pour la despence des jours maigres durant le temps de ce compte vi mil ii cens lv liv. tourn.

Aultre despence pour achaiptz de boys, charbon et cendre xii$^c$ x$^{lt}$ t.

Aultre despence pour achaipt d'huille, fasson de chandelle de suifz ii$^c$ xxxviii$^{lt}$ t.

Aultre despence pour achaipt de draps de layne, coustilz, plumes, couvertures, ouvraiges de cordonnier, fassons, blanchissaiges, achaiptz de thoille v$^c$ iiii$^{xx}$ xi$^{lt}$ t.

Aultre despence pour achaipt de vaisselle d'estain, chauderons, payemens faictz aux charron, mareschal, cordier et vannier vi$^c$ xxvii$^{lt}$ t.

Aultre despence pour les fraiz et mises communes mil xviii$^{lt}$ t.

Aultre despence pour plusieurs grosses et menues reparations faictes tant en l'Hostel Dieu de Paris que en plusieurs maisons d'icelluy Hostel Dieu, tant en ladicte ville de Paris que hors icelle, ii mil vi cens xxxvi livres tournois.

Aultre despence faicte par cedict presant receveur, a cause du département de la somme de xii cens livres tournois qui a esté receue du seigneur de Mereville, suyvant l'arrest de la court de Parlement, pour estre distribuee au soubz la livre, sur la somme de xv mil livres tournois qui ont esté leguez par deffunct maistre Jehan Desmoutiers, en son vivant evesque de Bayonne, a la communeaulté des pauvres de ceste ville de Paris, a l'Hostel Dieu de Paris *et autres hospitaux et lieux pieux cy apres nommez*..... viii cens lxxvii$^{lt}$ t.

Aultre despence pour deniers baillez pour convertyr et employer au faict des proces d'icelluy Hostel Dieu et aultres fraiz de justice viii$^c$ xiii$^{lt}$ t.; — a maistre Guillaume Le Boutellier, procureur de messieurs de Sainct Mor des Fossez, la somme de xxxi$^{lt}$ t. a luy ordonnee pour les despens des saisyes faictes sur les terres appartenant audict Hostel Dieu assizes a Cresteil, a la requeste desdiz sieurs de Sainct Mor; — faict encores cy despence ledict presant recepveur de la somme de xxiiii liv. tournois *qu'il a payee de l'ordre desdicts gouverneurs pour les espices du proces jugé en la court de Parlement entre Philippe Passard, cappitaine de la ville de Paris et son lieutenant d'aultre, pour raison d'une horloge prinse le jour Sainct*

Barthelemy, pour laquelle a esté baillé mandement pour la somme de cent escuz d'or soleil; — a sire Jehan Menant, recepveur des pauvres de la communeaulté de ceste ville et fauxbourgs de Paris, la somme de xl ᶧᵗ tournois a luy ordonnee pour le remboursement de pareille somme qu'il a payee pour l'Ostel Dieu de Paris, en la poursuitte faicte pour avoir payement pour icelluy Hostel Dieu de la somme de xii cens livres tournois, adjugee par arrest de la court de Parlement audict Hostel Dieu sur les biens de *deffunct Vallee, exécuté a mort.*

Aultre despence pour gaiges, pensions et rentes viageres payees par cedict present recepveur vi$^{xx}$ vii livres tournois.

Aultre despence pour payement de gens d'eglise, officiers domesticques et serviteurs ix$^c$ xxxix ᶧᵗ t. — a maistre Baltazard Delestre, chirurgien dudict Hostel Dieu, la somme de ix$^{xx}$ livres tournois pour une année de ses gaiges; — a Marye Thibault, sage femme dudict Hostel Dieu, la somme de xii livres tournois.

Gaiges d'officiers viii cens xxxi liv. tournois.

Somme totale de la despence de ce compte lii mil v cens xxxvii ᶧᵗ t.

## 120ᵉ REGISTRE (405 FEUILLETS, PARCHEMIN).

### ANNÉE 1576.

Recepte generalle de l'Hostel Dieu de Paris.

Compte quatriesme de maistre Ambroise Baudichon, recepveur general de l'Hostel Dieu de Paris.

Recepte a cause des cens et fondz de terre deubz chacun an audict Hostel Dieu en ladicte ville de Paris lxxii s. vi deniers.

Aultre recepte a cause des cens, surcens deubz hors Paris ii$^c$ iiii$^{xx}$ x ᶧᵗ t.

Recepte des rentes que ledict Hostel Dieu a droict de prendre tant sur la recepte generalle d'oultre Seyne et Yonne, que sur le dommaine du Roy nostre sire a Paris xiiii cens xlix livres tournois.

Recepte des rentes en ceste ville de Paris xviii cens iiii$^{xx}$ xviii livres tournois.

Aultre recepte a cause des rentes constituees sur l'hostel de la ville de Paris v mil iii cens lxxv livres tournois.

Aultre recepte a cause d'autres rentes et pensions viageres en ceste ville de Paris lxxii ᶧᵗ t.

Recepte a cause d'aulcuns louaiges de maisons assizes tant en ceste ville de Paris que es faulxbourgs d'icelle vi mil iiii cens lxxvii ᶧᵗ t.

Recepte des rentes annuelles et perpetuelles sur plusieurs terres et autres heritaiges hors la ville de Paris xvi cens iiii$^{xx}$ iii ᶧᵗ t.

Aultre recepte a cause des rentes viageres sur plusieurs maisons et heritaiges hors la ville de Paris iiii$^{xx}$ xvi ᶧᵗ t.

Aultre recepte a cause d'aucuns louaiges de fermes et baux faictz a pris d'argent de plusieurs maisons et autres heritaiges hors ceste ville de Paris ii mil vi cens xxxvi ᶧᵗ t.

Aultre recepte a cause des lotz et ventes venuz en ladicte annee pour plusieurs acquisitions d'heritaiges scituez en la censive dudict Hostel Dieu lxxviii livres tournois.

Aultre recepte a cause des rentes racheptees xvi cens xlvi ᶧᵗ t.

Aultre recepte d'aulcuns deniers provenuz de la vente de certain grain et son xix$^c$ iiii$^{xx}$ ix ᶧᵗ t.

Aultre recepte a cause du vin, vinaigre, verjus vendu iii cens lxviii ᶧᵗ t.; — vente de suif et gresse iiii$^c$ lxi ᶧᵗ t.; — vente des peaux de mouton, de beufz et de veaux despencez audict Hostel Dieu xv$^c$ xxix ᶧᵗ t.; — vente de certain boys thailliz vi$^c$ iiii$^{xx}$ iii ᶧᵗ t.

Aultre recepte a cause des deniers trouvez au troncq dudict Hostel Dieu apres la publication des pardons d'icelluy Hostel Dieu en l'evesché et diocese de Paris xii mil ix cens xlvii ᶧᵗ t.

Aultre recepte a cause des deniers provenans des pardons publiez et questez par les archeveschez et eveschez xii$^c$ l livres.

Aultre recepte a cause des deniers provenuz d'aulcunes religieuses qui ont gardé des mallades en ceste ville de Paris vii$^{xx}$ xviii liv. tournois.

Aultre recepte a cause des deniers provenuz des laigs et aulmosnes iii mil v cens xlv ᶧᵗ t.; — de deffunct monsieur de Fonteyne, gentilhomme de la maison du Roy xxx livres tournois; — de messire Joachin d'Inteville, chevallier de l'ordre du Roy, gentilhomme ordinaire de sa chambre, comme executeur de deffunct reverand pere en Dieu messire Maryn d'Inteville, en son vivant abbé de Sainct Michel soubz Tonnerre viii$^{xx}$ ii liv. tournois; — du testament de feue noble femme Catherine Berthelemy, veufe de feu noble homme Jehan Croquet, luy vivant bourgeois et conseiller de la ville de Paris ii cens liv. tournois; — des executeurs du testament de deffunct noble homme maistre Claude Guyot, chevallier, vivant conseiller du Roy nostre sire, president en sa Chambre des Comptes et l'un des gouverneurs dudict Hostel Dieu, la somme de cent livres tournois; — du testament de feu maistre Anthoine Pouard, la somme de ii cens l livres tournois; — de dame Anne Baillet, veufve de feu messire Emard Nicolay cent liv. tournois; — de honorable homme sire Pierre Passard, marchant bourgeois de Paris, executeur du testament de deffunct honorable homme sire Guillaume Merlin, luy vivant bourgeois de Paris et l'un des gouverneurs dudict Hostel Dieu, la somme de cent livres tournois; — de maistre Jacques Le Coigneux, procureur en la court de Parlement, executeur du testament de deffunct maistre Anthoine Dugué, controlleur general de la *maryne de ponant* c. solz tournois; — de monsieur le prieur de Ver Fontayne, par les mains de dame Robyne Beauroy, femme de sire Claude Patrouillard, executeresse du testament de domp Francoys Bolducq, son beau filz, religieux a Vert Fontayne, la somme de cent livres tournois; — de deffuncte Catherine Roussellet, en son vivant prieure dudict Hostel Dieu, la somme de cent escuz soleil vallant trois cens trente cinq livres t. leguez par ladicte deffuncte aux pauvres dudict Hostel Dieu; — de monsieur le conte du Bouchaige, la somme de vi cens xlii $^{lt}$ t. faisant le reste de vii cens iiii$^{xx}$ xii $^{lt}$ t. leguez audict Hostel Dieu par deffunct maistre Jehan Le Breton, en son vivant advocat en la court de Parlement, laquelle somme estoit deue audict deffunct par ledict compte du Bouchaige, qui a esté condampné payer icelle somme audict Hostel Dieu suyvant une sentence de messieurs des requestes du pallays, du troisiesme jour d'aoust mil cinq cens soixante cinq.

Aultre recepte faicte a cause des deniers provenans des questes et aulmosnes des parroisses de ceste ville et faulxbourgs de Paris vi$^{xx}$ xix $^{lt}$ t.

Recepte commune dudict compte ii mil viii cens xxvviii $^{lt}$ t.; — de la somme de ii cens iiii$^{xx}$ livres tournois provenans d'une horloge adjugee par arrest de la court de Parlement audict Hostel Dieu, laquelle somme a esté receue de maistre Pierre Habert, vallet de chambre du Roy, cy-devant commis de maistre Nicollas Moreau, tresorier general de Sa Majesté, auparavant son advenement a Couronne, suyvant l'extraict de l'argenterye de sa dicte Majesté.

Aultre recepte a cause des deniers provenus des taxes de despens, dommaiges et interestz v cens iiii$^{xx}$ viii liv. tournois.

Aultre recepte a cause des deniers provenuz d'aulcunes rentes et heritaiges venduz mil xx liv. tournois.

Autre recepte de la boucherye de karesme dudict Hostel Dieu iii mil cxviii liv. tournois.

Somme total de la recepte de ce compte soixante mil quatre cens neuf livres tournois.

### 121$^e$ REGISTRE (246 FEUILLETS, PARCHEMIN).

#### ANNÉE 1576.

Despence de ce presant compte.

Cens, rentes, dixmes, indampnitez et admortissemens pour plusieurs maisons, terres, prez, boys et autres heritaiges tant en la ville de Paris que hors icelle viii$^{xx}$ ii liv. tournois.

Aultre recepte a cause d'aucunes rentes sur tout le revenu et temporel d'icelluy Hostel Dieu xi cens xxxix $^{lt}$ t.

Aultre despence pour les labours de vignes et fraiz de vendanges ii mil viii cens xxi $^{lt}$ t.

Aultre despense pour achapt de vins et vinaigres pour la provision des pauvres vi mil ix cens xxi liv. tournois.

Aultre despense pour achapt de moutons, beufz, pourceaulx, lart, veaulx, volatilles et autre gibier xv mil viii cens xxi liv. tournois.

Aultre despence pour la despence des jours maigres vi mil iiii cens xxxix $^{lt}$ t.

Aultre despence pour achapt de boys, charbon et cendres ii mil v cens iiii$^{xx}$ xvi liv. tourn.

Aultre despence pour achaptz d'huille, fasson de chandelle de suif vii$^{xx}$ xix liv. tournois.

Aultre despense pour achaptz de draps de leyne, coustilz, plumes, couvertures, ouvraiges de cordonnier, fasson, blanchissaige et achaptz de thoille vi$^e$ xlviii $^{lt}$ t.

Aultre despence pour achaptz de vesselle d'estain, chaudronnier, payemens faictz au charron, mareschal, bourrellier et vanier vii cens lxxii livres tournois.

Aultre despence pour les fraiz et mises communes durant le temps de cedict compte ii mil v liv. tournois; — faict cy despence ledict recepveur de la somme de xii livres tournois pour achaipt de viollettes de mars, herbes, rozes et cerises qu'il a convenu et conviendra achepter pour la provision des pauvres dudict Hostel Dieu; — a Claude Du Boys, maistre pintre a Paris, la somme de xii livres tournois pour avoir par luy faict et pind sur du fer blancq douze armoyries du roy pour servir de sauvegarde aux fermes dudict Hostel Dieu; — a sire Nicolas Bourgeoys le jeune, marchant a Paris, la somme de lvi livres tournois, a luy ordonnee pour six douzaines et huit manteaux blancqs, par luy venduz pour les religieuses dudict Hostel Dieu, au pris de viii $^{lt}$ x s. t. la douzaine.

Aultre despence pour plussieurs grosses et menues réparations faictes tant en l'Hostel Dieu de Paris que en plusieurs maisons d'icelluy hostel, tant en la ville de Paris que hors icelle iii mil ii cens xlii ʪ t.

Aultre despence pour deniers baillez pour convertyr et employer au faict des proces d'icelluy Hostel Dieu et auttres fraiz de justice mil liiii livres tournois; — faict cy despence ledict presant recepveur de la somme de iii cens xi livres tournois qu'il a payée pour les espices et auttres fraiz du procès jugé en la Chambre des eaues et forestz, a l'encontre de maistre Claude de La Boiziere et aultres, pour raison des degastz et malversations faictz aux boys de Sequigny.

Aultre despence pour pensions et rentes viageres payees par cedict presant recepveur durant le temps de ce compte cxii ʪ t.; — a Francoys Martin, enffant de cœur, a presant escollyer dudict Hostel Dieu, estudiant au colliege de Saincte Barbe, la somme de xxx liv. tournois pour une annee de sa pension.

Aultre despence pour payemens de gens d'eglise, officiers domesticques et serviteurs dudict Hostel Dieu vi cens li liv. t.

Payement des gaiges des officiers de la ferme du Pressouer ii cens lxxv liv. tourn.

Gaiges d'officiers viii cens xl liv. tournois.

Somme total de la despence de ce compte liiii mil iii cens iiii$^{xx}$ vii ʪ tournois.

Extraict de la recepte, estat final, arrest et closture du compte de la panneterye dudict Hostel Dieu rendu par maistre Pierre Petit, pennetier dudict Hostel Dieu.

Somme totalle de la recepte de ce present compte : en deniers v mil iiii$^c$ lxvii ʪ x s. x den. tournois; — en tous blez iiii$^c$ iiii$^{xx}$ xviii muis, xi setiers, ii minotz; — orge, xi muis, iiii setiers, ii minotz; — avoyne, lxxiiii muis, iiii setiers, iii minots; — poys, i setier ii minotz; — porcs liii; — chappons vi$^{xx}$ xix; — pigeons vi douzaines; — foinctz xii mil boittes; — feurre, ii mil iiii cens gerbes, — canars x; — oyes xiiii; — cochons xv.

Somme totalle de la despence de ce present compte : en deniers v mil iiii cens lxiii liv. xii s. iiii den.; — en tous bledz iii cens xxix muis, iii setiers, iii minotz; — en orge iiii muis, ix setiers, i minot; — en avoyne xliii muis, xi minotz; — en poix i setier ii minotz; — porcs liii; — chappons vi$^{xx}$ xix; — pigeons vi douzaines; — canars x; — oyes xiiii; — cochons xv.

Et quand au foing a esté employé a la nourriture des chevaux de la ferme du Pressouer, et quand aux feurres, a esté employé aux lictz des pauvres mallades dudict Hostel Dieu.

## 122$^e$ REGISTRE (474 FEUILLETS, PARCHEMIN).

### ANNÉE 1577.

Recepte generalle de l'Hostel Dieu de Paris pour une annee finie le dernier jour de decembre mil v cens soixante dix sept.

Compte cinquiesme de maistre Ambroise Baudichon, recepveur general de l'Hostel Dieu de Paris.

Recepte non muable, a cause des cens et fondz de terre deubz audict Hostel Dieu en ladicte ville de Paris lxxii s. t.

Aultre recepte a cause des cens, surcens et fondz de terre hors la ville de Paris ii cens iiii$^{xx}$ x liv. tournois.

Recepte des rentes tant en la recepte generalle d'oultre Seine et Yonne que sur le dommaine du Roy nostre sire a Paris xiiii$^c$ xlix ʪ t.

Recepte des rentes en ceste ville de Paris xix$^c$ xlix liv. tournois.

Recepte des rentes constituees sur l'hostel de la ville de Paris, soubz le nom des prevostz des marchans vii mil v cens xxxvii livres tournois.

Aultre recepte a cause des rentes et pentions viageres que ledict Hostel Dieu a droict de prandre en ceste ville de Paris lxxii liv. tourn.

Recepte a cause d'aulcuns louaiges de maisons en ceste ville de Paris que es faulxbourgs d'icelle, appartenant a l'Hostel Dieu de Paris vi mil v cens iiii$^{xx}$ x liv. tournois

Recepte des rentes annuelles et perpetuelles sur plusieurs terres, prez, boys, vignes et aultres heritaiges hors la ville de Paris xvi$^c$ iiii$^{xx}$ iii ʪ t.

Recepte a cause des rentes viageres sur plusieurs maisons et heritaiges hors la ville de Paris iiii$^{xx}$ xvi ʪ t.

Recepte d'aulcuns louaiges de fermes et baulx faictz a pris d'argent de plussieurs maisons, prez, boys, et aultres heritaiges hors Paris ii mil vii cens xx liv. tournois.

Recepte a cause du droict de pescherye pour le fief de la Mothe assis au viel Corbeil, pres le chasteau dudict lieu, sur la riviere de Seine iiii$^{xx}$ ix ʪ t.

Recepte a cause des lotz et ventes pour plusieurs acquisitions d'heritaiges estans en la censive dudict Hostel Dieu xlix ʪ t.

Aultre recepte d'aulcunes rentes rachaptees iii mil clxxv ʪ t.

Aultre recepte d'aucuns deniers de la vente de certain grain et son ii mil v cens xxiii ₶ t.; — vin, vinaigre et verjus vendu iii cens lxxv ₶ t.; — vente de suif ou gresse vii cens xxiii ₶ t.

Aultre recepte a cause de la vente des peaulx de mouton, peaulx de bœufz et veaulx despencez audict Hostel Dieu xvi<sup>c</sup> iiii<sup>xx</sup> xvi ₶ t.

Aultre recepte a cause des deniers provenuz de la vente de certains boys taillix appartenant audict Hostel Dieu xii<sup>c</sup> xlvii ₶ t.

Aultre recepte a cause des deniers trouvez au tronc de l'Hostel Dieu apres la publication des pardons en l'evesché et diocese de Paris iii mil viii cens ii livres tournois.

Aultre recepte des deniers provenans des pardons de l'Hostel Dieu publiez et questez par les archeveschez et eveschez xviii cens xxxvii ₶ t.

Aultre recepte d'aulcunes religieuses qui ont gardé les mallades en ceste ville de Paris vi<sup>xx</sup> vi ₶ t.

Aultre recepte a cause des deniers provenans des legs et aulmosnes, vigilles et convoys durant ladicte année iii mil viii cens xvii ₶ t.; — de honorable femme Marguerite de Sainct Leu, veufve de feu maistre René Petit, procureur en Parlement, la somme de xxvii ₶ t.; — de messieurs les secretaires et notaires du Roy, de la maison et couronne de France, la somme de x livres tournois aulmosnez aux pauvres dudict Hostel Dieu; — de dame Marie Riviere, veufve de feu André Roch, en son vivant marchant bourgeois de Paris, executeresse du testament dudict deffunct, la somme de cent livres tournois; — de messire Gilles du Fresnoy, seigneur du Plessis, heritier de deffunct maistre Regnault Clutin, abbé de Flavigny, plusieurs quittances montant a la somme de mil livres tournois, laquelle somme a esté leguée par ledict deffunct Clutin audict Hostel Dieu; — de nobles hommes maistre Robert Danet, notaire et secretaire du Roy, greffier de sa Chambre des Comptes a Paris, maistre Georges Danes, Jehan Villard, conseillers du Roy et auditeurs en ladicte Chambre des Comptes et Jehan Honoré bourgeois de Paris, ou nom et comme executeur du testament de deffunct messire Pierre Danes, en son vivant evesque de Lavaur, la somme de cent livres leguez par ledict deffunct aux pauvres dudict Hostel Dieu; — de noble homme Philippes de Broully, chevallier de l'ordre, gouverneur de Compiengne, xxii escuz pistolletz sur et tant moings de xliiii escuz pistolletz deubz audict Hostel Dieu par l'obligation dudict sieur de Broully, a cause de pareille somme qui avoit este donnee et leguee audict Hostel Dieu par deffunct messire Loys Guillard, evesque de Senlis, que ledict sieur de Broully debvoit audict deffunct lxxvii ₶ x s. t.; — des habitans de la parroisse de Tache, pres Angiers, par les mains de maistre Jehan d'Estampes, advocat en la court de Parlement, huict ducatz milleraye, dont ung ducat de bas or qui a d'ung costé ung sainct Pol et de l'aultre les armoyries d'ung cardinal, donnés audict Hostel Dieu par lesditz habitans, le tout vallant xlii ₶ tournois; — de maistre Francoys Chauvelin, advocat en Parlement, executeur du testament de deffuncte dame Marie Pierres, en son vivant, veufve de feu messire Pierre de Cluys, chevallier de l'ordre du Roy, la somme de cent livres tournois leguez par ladicte deffuncte aux pauvres dudict Hostel Dieu; — de maistre Guillaume Lescaloppier, advocat en la court de Parlement, et de dame Catherine Lescaloppier, veufve de feu maistre Jacques Charpentier, enffans et heritiers de feu honorable homme maistre Robert Lescaloppier, en son vivant procureur au Chastellet de Paris, la somme de ii cens l livres tournois, restant a payer de la somme de iii cens livres, laquelle somme ledict maistre Robert Lescaloppier estoit obligé envers ledict Hostel Dieu; — de la veufve et heritiers feu monsieur le president Hannequin, la somme de iii cens livres tournoys leguez par ledict deffunct aux pauvres dudict Hostel Dieu; — de Jehan Richard, sergent a verge, prisonnier en la consiergerie du pallais a Paris, la somme de xxv livres tournois pour une amende a quoy ledict Richard a esté condamné envers ledict Hostel Dieu par arrest de messieurs de la Cour des aydes: — de noble homme Gaston de Gryeulx, seigneur de Sainct Aulbin, conseiller du Roy en la cour de Parlement, et de damoiselle Marie Pinard sa femme, fille de noble homme maistre Pierre Pinard, conseiller du Roy et maistre ordinaire de ses comptes, seigneur (de) Dampierre, et de deffuncte damoiselle Francoyse du Tillet, sa mère, la somme de cent livres tournoys, pour sa troisiesme partye de troys cens livres tournoys donnez et leguez par ladicte deffuncte du Tillet aux pauvres dudict Hostel Dieu par son testament; — de maistre Francoys de Vigny, recepveur de la ville de Paris, en l'acquict de Charlotte de Villemard, veufve de feu maistre Nicollas Robillard le jeune, luy vivant procureur au grand Conseil, ou nom et comme tutrice de Francoys et Genevieve Robillard, enffans mineurs d'ans dudict deffunct et d'elle, heritiers de feu noble homme maistre Nicollas Robillard l'aisné, leur oncle, luy vivant notaire et secretaire du Roy, et greffier des presantations de son privé conseil, la somme de viii<sup>xx</sup> v livres tournois faisant moictyé de troys cens trante livres tournois leguez par ledict sieur Robillard laisné, moictyé a la communaulté des pauvres de ceste ville et l'autre moictyé audict Hostel Dieu.

Aultre recepte des deniers provenans des questes et aulmosnes des parroisses de ceste ville et faulxbourgs de Paris ii cens iiii<sup>xx</sup> vii ₶ t.

Recepte commune dudict compte durant ladicte annee vii cens xxvii liv. tournois.

Aultre recepte a cause des deniers provenans des taxes de despens, dommaiges et interestz venuz de plusieurs personnes, tant en demandant que en deffendant iii cens lxv ♯ t.

Aultre recepte provenant de la vente de chair, vollatille et gibier vendu en la boucherye dudict Hostel Dieu ii mil v cens xxxvi ♯ t.

Somme totalle de la recepte de ce compte liiii mil iii cens xlvi livres tournois.

## 123ᵉ REGISTRE (203 FEUILLETS, PARCHEMIN).
### ANNÉE 1577.

Despence de ce present compte.

Cens, rentes, dixmes, indampnitez et admortissementz que ledict Hostel Dieu doibt pour plusieurs maisons, terres, prez, boys, vignes et aultres heritaiges tant en la ville de Paris que hors icelle ix^{xx} v livres tournois.

Aultre despence d'aultres rentes deues sur tout le revenu et temporel d'icelluy Hostel Dieu xxvii ♯ t.

Aultres rentes constituees sur tout le revenu et temporel dudict Hostel Dieu xi^c xxv liv. tournois; — a noble homme maistre Jehan Palluau, notaire et secretaire du Roy, seigneur dudict Palluau, en Champaigne, iii cens liv. t.; — a Estienne Havet, escuyer de la Royne d'Escosse, iii cens liv. tourn.

Labours de vignes, frais de vendanges, facon et achapt d'eschallatz, cerceaulx et ozier ii mil ii cens x liv. tournois, plus mil xxxv ♯.

Achapt de vins et vinaigre pour la provision des pauvres dudict Hostel Dieu viii mil xxxvi liv. tournois.

Achapt de moutons, bœufz, pourceaulx, lart, veau, vollatille et gibier xiiii mil ii cens liii liv. tournois.

Despence des jours meigres et achapt de sel v mil iii cens lxiiii liv. t.

Achapt de boys, charbon et cendres ii mil iiii^{xx} xvii ♯ tournois.

Achapt d'huille, façon de chandelle ii cens xlii ♯ t.

Achapt de draps de layne, coutilz, plumes, couvertures, achapt de toilles, ouvraiges de cordonnier, façon, blanchissaige pour la provision des pauvres mallades iiii cens iiii^{xx} xix ♯ t.

Achapt de vesselle d'estain, payementz faictz aux chauderonnier, charron, mareschal, cordier, bourrellier et vanier iii cens xxiii liv. tourn.

Drogues d'appotiquairerie qui ont este achaptees durant le temps de cedict compte cv solz tournois.

Fraiz et mises communes durant ladicte annee xi cens iiii^{xx} xvii livres tournois.

Aultre despence a cause de plusieurs grosses et menues reparations, tant en la ville que aultres lieux hors icelle iii mil iiii cens iiii^{xx} ix livres tournois.

Fraiz de procès et aultres fraiz de justice xi cens xxx liv. tournois; — a Mathieu Vorot, huissier des comptes, la somme de x livres tournoys a luy ordonnee par lesdits gouverneurs par mandement du xxii^e jour de febvrier mil cinq cens soixante dix sept, pour son sallaire d'avoir esté a Crevan pres La Chastre en Berry, executer ung arrest de la court, obtenu ou nom dudict Hostel Dieu a l'encontre de Pol de Crevant, seigneur dudict lieu, pour raison de viii cens livres donnez audict Hostel Dieu par deffunct maistre Pierre de Bauche, en son vivant demourant a Chasteaudun; — a Eustache Thiboust, fermier de l'Hostel Dieu a Sainct Ouen pres Ponthoise, la somme de xxii ♯ s. t. a luy ordonnee pour les fraiz et mises par luy faictz pour faire la visitation des bornes et aultres marques qui font la separation des dixmes d'entre ledict Hostel Dieu et Sainct Martin d'une part, et messieurs de Sainct Denis en France et messieurs du chappitre de Paris, deffendeurs.

Pentions et rentes viageres payées iiii^{xx} x liv. tourn.

Payement des gens d'eglise, officiers, serviteurs domesticques dudict Hostel Dieu iii cens lxiii ♯ t.

Gaiges d'officiers dudict Hostel Dieu ix cens iii livres; — a maistre Baltazard Delastre, chirurgien dudict Hostel Dieu, la somme de ix^{xx} livres tournois pour une annee de ses gaiges; — a maistre Jacques Marant, medecin dudict Hostel Dieu, la somme de viii^{xx} liv. tournois.

Somme totalle de la despence de ce compte li mil ii cens xxiii livres tournois.

## 124ᵉ REGISTRE (464 FEUILLETS, PARCHEMIN).
### ANNÉE 1578.

Recepte generalle de l'Hostel Dieu de Paris pour l'année finie le dernier jour de decembre mil v cens lxxviii.

Compte sixiesme de maistre Ambroyse Baudichon, recepveur general de l'Hostel Dieu de Paris.

Et premierement, domaine non muable en ladicte ville de Paris, a cause des cens et fonds de terre en ladicte ville de Paris lxxii s.

Aultre recepte a cause des cens, surcens et fonds de terre en plusieurs lieux et endroictz hors la ville de Paris iii cens xxv liv. tourn.

Recepte des rentes tant sur la recepte generalle d'oultre Seine et Yonne que sur le thresor du Roy nostre sire viiii cens xlix ᵗᵗ t.

Recepte des rentes que ledict Hostel Dieu a droict de prandre en ceste ville de Paris v cens lxxvii escuz soleil[1].

Recepte des rentes constituees sur l'hostel de la ville de Paris, soubz le nom des prevostz des marchans et eschevins d'icelle ii mil v cens xxxiii escuz sol.

Aultre recepte faicte a cause des rentes et pentions viageres que ledict Hostel Dieu a droict de prandre par chascun an en ceste ville de Paris xxiiii escus.

Recepte a cause d'aulcuns louaiges de maisons en ceste ville de Paris, que es faulxbourgs d'icelle appartenant a l'Hostel Dieu de Paris ii mil ciiiˣˣ vi escuz.

Recepte des rentes annuelles et perpetuelles sur plusieurs terres, boys et prez, vignes, maisons et aultres heritaiges assis hors la ville de Paris v cens lxiiii escuz.

Recepte a cause des rentes viageres sur plusieurs maisons et heritaiges assis hors la ville de Paris xxxii escuz.

Recepte d'aulcuns louaiges de fermes et baux faictz a prix d'argent de plusieurs maisons, terres, prez, boys et aultres heritaiges hors Paris viii cens iiiiˣˣ xvii escus.

Recepte a cause des lotz et ventes venuz en ladicte annee pour plusieurs acquisitions d'heritaiges, scituez et assis en plusieurs lieux estans en la censive dudict Hostel Dieu xxxvii escuz xiii s. t.

Aultre recepte d'aulcunes rentes rachaptees durant ladicte année vii cens xvii escuz.

Aultre recepte d'aulcuns deniers de certain grain et son vendu par maistre Pierre Petit, prebtre, pennetier dudict Hostel Dieu mil lxxvii escuz; — vin, vinaigre et verjus vendu cxiiii ᵗᵗ t. ; — vente de suif ou gresse ii cens xi escuz; — vente des peaux de mouton, peaux de beufz et veaux despencez audict Hostel Dieu vi cens cinquante et ung escuz.

Aultre recepte a cause des deniers provenuz de la vente de certains boys tailliz appartenans audict Hostel Dieu xi cens xxxix escuz soleil.

Aultre recepte a cause des deniers trouvez au tronc de l'Hostel Dieu, apres la publication des pardons d'icelluy hostel en l'evesché et diocese de Paris xvᶜ liiii escuz soleil.

Aultre recepte des deniers provenans des pardons publiez hors Paris et questez par les archeveschez et eveschez cy apres nommez vi cens xxxix escuz; — *Calais*, trois escuz soleil et xxii s. vi den. t. provenans des pardons du jour de Pasques en la ville de Calais; — *Beauvais*, de Nicolas Pomard, Pierre et Jehan Grivard, marchans demourans a Beauvais, la somme de viiˣˣ escuz soleil; — des pardons d'apres Pasques liii escuz soleil; — *Soissons, Coustance, Avranges*, la somme de xl escuz soleil; — *Rains* et *Challons*, de maistre Guillaume Gerard, procureur et recepveur pour l'Hostel Dieu, la somme de lxi escuz soleil; — *Laon, Noyon, Amiens* et *Boulongne*, la somme de lxvi escuz sol.; — *Clermont*, la somme de x escuz sol.; — *Lymoges*, de frere Bernard Jobanand, religieux du couvent des Carmes de Lymoges, la somme de x escuz soleil; — *Rouen, Lisieux, Evreux* et *Bayeux*, de maistre Jehan Baudon, la somme de xix escuz soleil; — *Sens, Bourges*, la somme de xiii escuz soleil; — *Meaux* et *Senlis*, la somme de xiiii escuz sol.; — *Mans, Angers, Troie, Langres, Bretaigne* et le *vicaria de Ponthoise*, la somme de ii cens vi escuz sol.

Aultre recepte d'aulcunes religieuses qui ont gardé les mallades en ceste ville de Paris xl escuz sol.

Aultre recepte a cause des deniers provenans des legtz et aulmosnes viii cens xxxii escuz; — de Loys et Guillaume Boudier, executeurs du testament de feu maistre Jehan Boudier, prebtre, la somme de xvi escuz sol.; — de madame de Sainct Victor, la somme de xxxiii escuz soleil qu'elle a aulmosnez; — de monsieur Richevillain et maistre Arnoul du Mesnil, chantre de Nostre Dame de Paris, executeur du testament de deffunct maistre Pol du Mesnil, luy vivant chanoine et archidiacre de Brie vi escuz sol.; — de monsieur de Bellievre, conseiller du Roy en son conseil privé, et president en sa court de Parlement a Paris, executeur du testament de messire Jehan de Morvilliers, en son vivant aussi conseiller du

---
[1] Le total de chaque chapitre de recettes est désormais indiqué en écus au soleil.

Roy en son conseil privé, la somme de xxxiii escuz sol.; — de noble homme Barbe de Bures, la somme de vi escuz soleil; — de la Royne regnante la somme de ix escuz sol.; — de maistre Jehan Pihard, proviseur du colleige de Navarre, la somme de xiii escuz soleil, aulmosnez par maistre Jehan Pitrat, grenetier en la ville de Meyne; — de noble homme Jehan Potet, seigneur du chasteau de Dampierre au comté de Basse-Marche, xvi escuz soleil; — de la somme de xx escuz sol. provenans de la vente d'ung cheval soubz poil gris, qui a esté aulmosné audict Hostel Dieu par un gentilhomme espagnol qui n'a voulu dire son nom; — de madame de Rocquetaillade, par les mains de maistre Jehan des Temples, advocat en la court de Parlement, la somme de iii escuz sol.; — de maistre Jules de Hodic, executeur du testament et ordonnance de derniere volonté de deffunct maistre Jacques de Hodicq, en son vivant docteur en la Faculté de théologie et curé de l'eglise de Sainct Jehan en Greve, la somme de x escuz soleil; — de honorable homme Claude Leprebtre, l'un des gouverneurs dudict Hostel Dieu, et de damoiselle Magdalaine Bastonneau, veufve de feu maistre Gabriel Meron, en son vivant lieutenant civil en la prevosté de Paris, executeur du testament de feue dame Marguerite Delarche, en son vivant veufve de feu maistre Francoys Bastonneau, luy vivant notaire au Chastellet de Paris, la somme de xxxiii escuz sol.; — de honorable homme Jehan Lescuyer, marchant bourgeois de Paris, executeur du testament de defuncte honorable femme dame Anne Lescuier, en son vivant femme de feu honorable homme Jehan Lesueur, luy vivant l'un des gouverneurs dudict Hostel Dieu, la somme de cent escuz soleil; — de honorable homme Robert Buhot, marchant drappier, bourgeois de Paris, executeur du testament de deffuncte honorable femme Marie de Saincte Beufve, jadis sa femme xxxiii escuz sol.; — de honorable femme Jeanne Hac, veufve de feu honorable homme sire Jehan Poullin, en son vivant marchant et bourgeois de Paris, la somme de xii escuz soleil, aulmosnez par ladicte veufve pour la permission que messieurs les gouverneurs luy ont donnee pour faire faire une tombe portee soubz quatre pilliers, de telle haulteur qu'il plaira a ladicte veufve, sur la fosse de feu son mary, sur la terre dudict Hostel Dieu estant au cymetiere Sainct Innocent, ensemble une épitaphe contre le pillier proche de ladicte tumbe; — de monsieur Le Diseur, commissaire de l'artillerie, la somme de vi escuz sol.; — de la Royne de France, la somme de ix escuz sol.; — de noble homme maistre Claude Marcel, conseiller du Roy nostre sire et intendent de ses finances, la somme de iiii$^{xx}$ iii escuz qu'il a aumosnez aux pauvres dudict Hostel Dieu; — de monsieur de Villequier, chevallier de l'ordre du Roy, conseiller en son conseil privé, cappitaine de soixante hommes d'armes de ses ordonnances, premier gentilhomme de la Chambre du Roy, la somme de xxxiii escuz sol. aulmosnez aux pauvres dudict Hostel Dieu, du consentement dudict seigneur de Villequier, par sentence de monsieur le grand prevost de l'hostel.

Aultre recepte des deniers provenans des questes et aulmosnes des parroisses de ceste ville de Paris xl escuz lviii solz tournois.

Recepte commune dudict compte ix$^{xx}$ xix escuz xxx s. t.; — de seur Jehanne Oudarde, poulliere dudict hostel, la somme de xxvi escuz soleil provenant de ladicte poullerye; — de ladicte seur aultre somme de xxxiii escuz; — de la somme de xxii escuz pour la valleur de la somme de lxvi ll t. provenans des corps inhumez au cymetiere des Sainctz Innocens.

Aultre recepte a cause des deniers provenans des taxes de despens, dommaiges et interestz venuz de plusieurs personnes lxxii escuz soleil.

Aultre recepte provenant de la vente de chair, volatille et gibier vendu en la boucherie dudict Hostel Dieu xi cens lxx escuz sol.

Somme totalle de la recepte de ce compte xviii mil v cens iiii escuz soleil xlviii solz vi den. tournois.

## 125° REGISTRE (255 FEUILLETS, PARCHEMIN).
### ANNÉE 1578.

Despence de ce present compte.

Cens, rentes, dixmes et indampnitez pour plusieurs maisons et aultres heritaiges assiz tant en la ville de Paris que hors icelle xlvii escuz xxv solz t.

Aultres rentes deues sur tout le revenu et temporel dudict Hostel Dieu ix escuz xix s. t. plus vii cens xxxv escuz.

Labours de vignes et frais de vendanges, façon et achapt d'eschallatz, cerseaux et ozier xiii cens lxix escuz.

Achapt de vin et vinaigre pour la provision des pauvres dudict Hostel Dieu ii mil ix cens xv escuz.

Achapt de moutons, beufz, pourceaulx, lart, veau, volatille et gibier achaptez pour la provision des pauvres iiii mil vi cens lxiiii escuz.

Despence des jours maigres et achapt de sel ii mil ii cens xxviii escuz.

Achapt de boys, charbon et cendres v cens xxv escuz; — achapt d'huille, façon de chandelle iiii$^{xx}$ escuz soleil; — achapt de draps de laynes, coutilz, plumes, couverture, achapt de thoille, ouvraige de cordonnier, façon, blanchissaige de toille iii cens iiii$^{xx}$ v escuz; — a seur Jehanne Norry, religieuse dudict Hostel Dieu, la somme de trois escuz pour la façon de lx aulnes de thoille a troys solz l'aulne; — a Jacques de Beize, marchant a Paris, la somme de cxiii escuz soleil pour achapt de treillis de Brye.

Achapt de vesselle d'estain, payements faictz au chaudronnier, charron, mareschal, cordier, bourrellier, ferblantier iiii$^{xx}$ vii escuz.

Drogues d'appotiequairerie qui ont este achaptees durant l'annee de cedict compte iiii escuz.

Achapt de bled et farine pour la provision des pauvres mallades, neant cy, par ce qu'il n'en a esté achapté aulcune chose durant l'annee de ce compte.

Fraiz et mises communes xii cens iiii$^{xx}$ vi escuz, — a Noel Marc, sonneur de grosses cloches de l'eglise de Paris, la somme de ung escu quarante solz t. pour la sonnerye faicte en ladicte eglise a cause des pardons qui se font audict Hostel Dieu; — icy est faict despence de la somme de iii escuz vingt solz payez a la dame de l'appotiquairerie pour achepter des rozes et des serizes, et ce en vertu d'une requeste par elle presentee ausdictz gouverneurs; — a Francoys Martin, escollier de l'Hostel Dieu estudiant au colleige de Montagu, la somme de ung escu soleil quarante solz, a luy ordonnee pour rescompencer son régent, en consideracion que despuis quatre ans l'a tousiours enseigné et n'a eu aulcune rescompense de luy; — a Estienne Contesse, marchant de draps de soye a Paris, la somme de x escuz sol. et trante solz pour achapt de futaine noire et blanche, pour faire des prepoinct a huict religieux dudict Hostel Dieu; — a Eustache Thiboust, fermier pour l'Hostel Dieu de Paris a Sainct Ouen, pres Ponthoise, la somme de ii escuz sol. xl solz, pour la despence faicte au mois d'aoust dernier passé, en faisant la veue et ostantion des heritaiges contentieux entre ledict Hostel Dieu et les religieux Sainct Martin sur Viosne, lez Ponthoise, les religieux, abbé et couvent Sainct Denis en France et le chappitre de Paris d'aultre, pour les dixmes qu'ilz pretendent sur les diz heritaiges, affin d'en faire accorder composition; — a Gervais Lefebvre, marchant bourgeois de Paris, la somme de ii escuz sol. a luy ordonnee pour son remboursement de pareille somme qu'il a payee aux chantres, chanoines et chappitre de l'eglise de Sainct Paul et Sainct Denis en France, pour six annees d'arreraiges, a cause de xvi s. parisis de rente que lesditz chantres et chanoynes ont droict de prandre et parcevoir, sur une maison assize audict Sainct Denis en France, rue du Cloz Fourré, laquelle a esté baillee et eschangee audict Lefebvre; — a monsieur maistre Jehan Chaudon, conseiller du Roy et maistre ordinaire des requestes de son hostel, la somme de neuf cens escuz soleil, faisant partye de la somme de xvii cens vi escuz a luy ordonnee par lesditz gouverneurs, en quoy par arrest de la court de Parlement, du quatriesme jour de janvier dernier passé, damoiselle Marie de Mauregard, veufve de feu Charles de Racquet, en son vivant seigneur de Mussy, et Anne de Mauregard, auctorisez par justice de Aspin de Pradines, escuyer, sieur du Plessis, son mary, ont esté condampnez payer au seigneur duc et duchesse de Nivernois, pair de France, pour les causes contenues audict arrest, et par icelluy a esté ordonné que tant sur la somme de xii mil livres tournois, consignee audict Hostel Dieu, entre les mains de Ambroyse Baudichon, recepveur general d'icelluy, suyvant certin arrest de ladicte court, a raison du prouffict de six pour cent, et que sur les profficz deubz et escheuz a cause desdictes douze mil livres seroit payé par icellui Baudichon ladicte somme de xvii cens vi escuz soleil, selon les termes declairez audict mandement, et suyvant l'obligation passee par ledict Baudichon audict sieur Chaudon.

Acquisition d'heritaiges et rentes ii cens escuz soleil.

Aultre despence a cause de plusieurs grosses et menues reparations tant en la ville que aultres lieux hors icelle viii cens lvi escuz soleil.

Fraiz de procès et autres fraiz de justice v cens lxxiiii escuz soleil; — a Pasquier Rossignol, crieur, et Michel Noiret, trompette jurez du Roy, es villes, prevosté et viconté de Paris, la somme de viii escuz soleil a eux ordonnez pour leurs peynes et vacations d'avoir faict ou faict faire par leurs commis, adjourner a son de trompe et cry public tant au villaige de Favieres en Brye, que au marché de Tournan en Brye, Jacques Burgondy, pour veoir accorder ou discorder l'ordre et distribution des heritaiges nagueres sur luy adjugez au parc civil du Chastellet de Paris; — a maistre Jehan Lhostellier, procureur en la court de Parlement, la somme de cinq escuz soleil, pour les espices de la sentence interlocutoire donnee au Thresor entre ledict Hostel Dieu et maistre Mederic de Donon, pour raison de la censive de Launay; — a Jacques Huet, la somme de ung escu soleil et trante solz pour le sallaire de Pierre des Barres, sergent royal a Tournan, pour avoir vacqué a faire le mesuraige et arpentaige des terres contentieuses d'entre ledict Hostel Dieu d'une part et monsieur l'evesque de Paris d'autre part, pour raison des censives deues audict Hostel Dieu, a cause de la terre et seigneurie de Launay pres Tournan en Brye; — a maistre Jehan Lhostellier, la somme de ung escu soleil et sept solz t. pour le greffier des eaues et forestz, en la table de marbre au pallais a Paris, pour avoir dressé la sentence de verifficacion des lettres patentes du Roy, par lesquelles il est permis de vendre des piedz de chesne appartenant audict Hostel Dieu assis en la forest de Secquigny; — a Guy Bigot, huissier sergent a cheval au Chastellet de Paris, la somme de deux escuz soleil pour ses sallaire d'avoir esté en la ville de Laon adjourner aux requestes du Pallais frere Godefroy de Billy, prieur de Sainct Vincent les Laon, pour la somme de ii cens l escuz soleil donnez audict Hostel Dieu par deffunct le cardinal de Clervault; — a maistre Denis Dreux, la somme de ung escu soleil pour payer l'interrogatoire et confession, et pour la vacation d'avoir interrogé messire Bletin Mariette, curé de Thieux, contre lequel a esté informé pour raison des excedz par luy faictz au fermier de Compans ou son commis, en la collecte des dixmes dudict Hostel Dieu.

Pentions et rentes viageres xlii escuz soleil.

Payement de gens d'eglise et serviteurs domesticques dudict Hostel Dieu vi$^{xx}$ v escuz.

Gaiges d'officiers iiii cens xxxiiii escuz soleil; — a maistre Baltasard de Lestre, chirurgien dudict Hostel Dieu, la somme de lx escuz soleil pour une annee de ses gaiges; — a maistre Jacques Marant, medecin dudict Hostel Dieu, la somme de liii escuz.

Somme totalle de la despense xx mil iii cens lxxiii escuz soleil.

## 126ᵉ REGISTRE (412 FEUILLETS, PARCHEMIN).

### ANNÉE 1579.

Recepte generalle de l'Hostel Dieu de Paris pour l'année finye le dernier jour de décembre mil v cens LXXIX.

Compte septiesme de maistre Ambroyse Baudichon.

Et premierement, domaine non muable a cause des cens et fons de terre deubz chacun an audict Hostel Dieu, tant en la ville de Paris que hors icelle iii cens xxix livres tournois xii s., vallent cxv escuz lii s. t.

Recepte des rentes tant sur la recepte generalle d'oultre Seyne et Yonne que sur le dommaine du Roy nostre sire a Paris iiii$^c$ iiii$^{xx}$ iii escuz.

Recepte des rentes que ledict Hostel Dieu a droict de prandre en ceste ville de Paris vi cens xvi escuz.

Recepte des rentes constituees sur l'hostel de la ville de Paris soubz le nom des prevostz des marchans et eschevins de ceste ville ii mil v cens v escuz soleil.

Aultre recepte a cause des rentes et pentions viageres que ledict Hostel Dieu a droict de prandre en ceste ville de Paris xxiiii escuz soleil.

Recepte a cause d'aulcuns louaiges de maisons en ceste ville de Paris ii mil iiii cens lxii escuz..

Recepte des rentes annuelles et perpetuelles sur plusieurs terres, prez, boys, vignes et autres heritaiges hors la ville de Paris v cens xliii escuz soleil.

Recepte a cause des rentes viageres sur plusieurs maisons et heritaiges hors la ville de Paris xxxii escuz.

Recepte d'aulcuns louaiges de ferme et baux faictz a pris d'argent de plusieurs maisons, terres, prez, boys et aultres heritaiges hors Paris ix cens xxiiii escuz sol.

Recepte a cause des lotz et ventes venuz en ladicte annee pour plusieurs acquisitions d'heritaiges assiz en la censive dudict Hostel Dieu xx escuz xxxix s. t.

Aultre recepte d'aulcunes rentes rachaptees durant ladicte annee vi cens iiii$^{xx}$ escuz.

Aultre recepte d'aulcuns deniers de la vente de certin grain et son ix cens xlix escuz; — vente de vin, vin aigre, verjus vi$^{xx}$ xix escuz; — aultre recepte a cause de la vente de suif ou gresse ciii escuz.

Aultre recepte a cause de la vente des peaux de mouton, peaux de beufz et de veaux despencez audict Hostel Dieu xiiii cens liii escuz soleil.

Aultre recepte a cause des deniers provenuz de la vente de certains boys tailliz appartenant audict Hostel Dieu xix cens xiiii escuz.

Aultre recepte a cause des deniers trouvez au tronc de l'Hostel Dieu, apres la publication des pardons en l'evesché et diocesse de Paris xviii cens iii escuz.

Aultre recepte des deniers provenans des pardons de l'Hostel Dieu de Paris publiez et questez par les archeveschez et eveschez vii cens escuz soleil.

Aultre recepte a cause des deniers provenans des legs et aulmosnes durand ladicte annee viii cens iiii$^{xx}$ vi escuz; — de Pierre Chabotte, seigneur de la Guimardiere en Poictou, par les mains de maistre Jehan Guerin, clerc au greffe criminel de la court de Parlement, la somme de xx escuz soleil, aulmosnez par messieurs de la court de Parlement aux pauvres dudict Hostel Dieu, a prandre sur ledict de la Guimardiere; — de dame Anne Baillet la somme de xxxiii escuz soleil; — de noble homme et saige maistre Augustin de Thou, conseiller du Roy nostre sire en son conseil privé et advocat dudict sieur en sa court de Parlement de Paris, l'ung des gouverneurs dudict Hostel Dieu, la somme de viii escuz soleil qu'il a faict aulmosner aux pauvres dudict Hostel Dieu; — de maistre Estienne Havet, escuyer de cuisine de la royne d'Escosse, la somme de ii escuz soleil quarante solz tournois; — de messire René de Vaugirault, abbé de Sainct Gilles, l'un des executeurs du testament de deffuncte madame la princesse de la Roche Hurion, la somme de viii$^{xx}$ vi escuz soleil leguez par ladicte deffuncte aux pauvres dudict Hostel Dieu; — du Roy nostre sire, la somme de mil livres tournois que Sa Majesté envoya le sabmedy dix huictiesme jour d'apvril, veille de Pasques, qui furent aussi tost employez en soixante quinze couvertures de *Gastellonne*, grandes et petites, et marquées d'une H couronnée, lesquelles ont cousté, de plusieurs marchans, la somme de ix cens iiii$^{xx}$ vii t tournois, et pour lesdictes armoiries la somme de xiii t t., lesquelles ont esté mises, en la présence de messieurs Le Prebtre et Hotman, ès mains de la prieure et religieuses; — de honorable homme Guy Villain, marchant orfebvre a Paris, la somme de xx escuz soleil, pour les causes contenues en ung certain compromis faict entre ledict Villain et Guillaume Payen, aussy dudict estat, passé par devant deux notaires du Chastellet de Paris; — du droict de lict, traversin, couverture, les deux draps, sur lequel est decedé deffunct messire Pierre Lesiot, en son vivant abbé de Clermont, sieur de Clagny et chanoine de l'eglise de Paris, la somme de x escuz soleil; — de Jehan de Vallette, escuier, grand prevost de la connestablerie et mareschaucee de France, estably pres le Roy, a la suitte de monseigneur, par les mains de maistre Martin Divray, greffier de la geolle du Pallais a Paris, la somme de iiii escuz soleil faisant moictyé de huict escuz sol. pour l'amende en laquelle ledict de Vallette a esté condamné envers le Roy; — de honorable homme Robert Le Goix et Pierre Le Fort, executeur du testament de deffunct maistre Jehan des Brosses, luy vivant curé de l'église Saincte Croix en la Cité, la somme de diz escuz soleil leguez par ledict deffunct; — de tres hault et puissant seigneur et prince monsieur Ludovic de Gonzague, duc de Nivernois, pair de France, la somme de xvii escuz soleil, aulmosnez par ledict sieur suyvant la fondation qui luy a pleu faire audict Hostel Dieu, et de laquelle l'execution en fust hier commancee en l'eglise des Augustins a Paris, ou ledict seigneur estoit présent; — de feu damoiselle Gerarde Le Bras, en son vivant l'une des dames de la Royne mere, la somme de xvi escuz quarante solz donnee par ladicte deffuncte aux pauvres; — de Anthoine Lire, marchant orfebvre demourant a Paris, executeur du testament de deffuncte Genevielve Regnard sa femme iii escuz xx solz; — de noble homme maistre Jehan Huault, sieur de Veres, conseiller du Roy en sa court de Parlement, executeur du testament de deffuncte noble damoiselle Phelippes de Hacqueville, en son vivant femme de feu noble homme maistre Jacques Huault, secretaire du Roy x escuz soleil; — des executeurs du testament de deffuncte Anne Guyard, en son vivant veufve de feu noble homme maistre Jehan de Veignolles, luy vivant l'un des quatre notaires et secretaires de la court de Parlement, la somme de viii escuz soleil xx solz tournois, — de Jehan Le Mosnier, voicturier par eaue, demourant a Rouen, la somme de ii escuz sol. en quoy ledict Mosnier a esté condamné *par sentence du viconte de l'eau dudict Rouen;* — de la Royne de France, la somme de v escuz sol. xlviii s. tournois; — de messieurs les secrétaires du Roy, de la Maison et Couronne de France, la somme de ung escu soleil xx solz t. qu'ilz ont aulmosnez aux pauvres.

Recepte commune dudict compte viii$^{xx}$ xvi escuz soleil; — de Francoys Mallitorne, huissier, sergent a cheval au Chastellet de Paris, demourant a Brou, pres Chasteaudun, la somme de xxvi escuz sol. pour quatre annees de fruictz deubz audict Hostel Dieu, a cause d'une maison et terres assizes a Bouche-Daigre, donné audict Hostel Dieu par deffunct Charles Debausche; — de Anthoine Roger, mousnier au moullin d'Aunet pres Lagny sur Marne, la somme de iiii escuz soleil.

Autre recepte a cause des deniers provenans des taxes de despens, dommaiges et interestz venuz de plusieurs personnes, tant en demandant que en deffendant viii$^{xx}$ viii escuz soleil; — de maistre Germain Longuet, general des monnoyes, la somme de x escuz soleil xxxiii s. t. pour les despens obtenuz a l'encontre de luy en la court de Parlement; — de Dimanche Cochin, demourant a Estempes, la somme de iiii escuz soleil liiii s. t. pour les despens en quoy il a esté condamné envers ledict Hostel Dieu pour avoir payement de xxxiii livres vi s. t. de rente deue par ledict Cochin audict Hostel Dieu.

Autre recepte a cause d'aulcuns heritaiges venduz mil lxvi escuz.

Autre recepte provenant de la chair vendue en la boucherie dudict Hostel Dieu xi cens v escuz.

Somme totalle de la recepte de ce compte xxi mil ii cens xvii escuz soleil.

## 127ᵉ REGISTRE (307 FEUILLETS, PARCHEMIN).
### ANNÉE 1579.

Despence de ce present compte.

Cens, rentes, dixmes et indampnitez pour plusieurs maisons, terres, prez et autres heritaiges tant en la ville de Paris que hors icelle lii escuz xxxvii s. t.

Aultres rentes deues sur tout le revenu et temporel dudict Hostel Dieu iiii $^c$ iiii$^{xx}$ x escuz.

Labours de vignes, fraiz de vendanges, façon et achapt d'eschallatz, cerceaux et ozier xii cens lxxi escuz.

Achapt de vin et vinaigre mil ix escuz soleil.

Achapt de moutons, beufz, pourceaulx, lart, veau, volatille et gibier achaptez pour la provision des pauvres malades iiii mil viii cens xxx escuz.

Despence des jours maigres ii mil iiii$^{xx}$ viii escuz.

Achapt de boys, charbon et cendre pour la provision des pauvres vii cens xliiii escuz.

Achapt d'huille, façon de chandelle et suif liii escuz.

Achapt de draps de layne, coutilz, plumes, converture, achapt de thoilles, ouvraige de cordonnier, façon, blanchissaige de thoilles iiii cens xliiii escuz.

Achapt de vesselle d'estain, payementz faictz aux chaudronnier, charron, mareschal, cordier, bourrelier et vannier lxxviii escuz soleil.

Drogues d'appoticquairerie qui ont esté achaptées durant l'année de cedict compte iiii cens xxxiii escuz.

Aultres drogues d'appoticairerie qui ont esté achaptees durant les annees precedantes de ce compte mil xxvi escuz.

Achapt de bled et farine pour la provision des pauvres vii$^{xx}$ xv escuz.

Frais et mises communes xiii cens l escuz; — a maistre Jehan Lhostellier, procureur dudict Hostel Dieu, la somme de v escuz soleil pour la moictyé des sallaires et vacations des jurez maçons et charpentiers, et aultres gens ad ce congnoissans, qui ont visité une ruelle des appartenances de la maison de la Licorne assize derriere la Magdaleine, appartenant audict Hostel Dieu, dont en est proces aux requestes du Pallais entre ledict Hostel Dieu, demandeur d'une part, et maistre Ollivier Vallin, deffendeur d'aultre part.

Aultre despence faicte a cause de plusieurs grosses et menues reparations tant en la ville que aultres lieux hors icelle viii cens iiii$^{xx}$ xvii escuz.

Frais de proces et autres fraiz de justice iiii cens xvi escuz; — a maistre Robert Mareschal, huissier des comptes, la somme de ii escuz soleil, pour avoir mis a execution une executoire de despens de la court de Parlement, obtenue au proffict dudict Hostel Dieu, a l'encontre de Michel Vessieres, procureur des pardons dudict Hostel Dieu au diocese de Chartres, affin de rendre compte audict Hostel Dieu des deniers qu'il a receuz provenant desdicts pardons.

Pentions et rentes viageres xl escuz soleil.

Payement de gens d'esglize, officiers et serviteurs domesticques dudict Hostel Dieu, lesquelz sont payez par le maistre d'icelluy Hostel Dieu par chacun quartier de l'annee vi$^{xx}$ xvii escuz; — a Perrette de la Fresche, sage-femme des acouchees dudict Hostel Dieu, la somme de iii escuz soleil.

Gaiges d'officiers iiii cens xi escuz; — a maistre Baltazard de Laistre, chirurgien dudict Hostel Dieu, la somme de xx escuz soleil pour un quartier de ses gaiges; — a maistre Augustin Ymbault, chirurgien dudict Hostel Dieu au lieu dudict Delaistre, la somme de xlv escuz soleil pour troys quartiers de ses gaiges; — a maistre Jacques Marant, medecin dudict Hostel Dieu, la somme de liii escuz xx s. t. pour une année de ses gaiges.

Aultres deniers payez en l'acquit dudict Hostel Dieu, sur et tantmoings du principal de la somme de... restant a payer de xiiii mil clxviii l. t. mise en deppost audict Hostel Dieu par madame la chancelliere de L'Hospital, suyvant certain arrest de la court de Parlement; — a maistre Jehan Le Bailly recepveur des amandes de la cour de Parlement, pour et en l'acquit de damoyselle Anne de Mauregard, femme de Alpin de Pradines, escuyer, seigneur du Plessis et de damoyselle Marie de Mauregard, veufve de feu Charles de Racquier, en son vivant escuyer, seigneur de Cussy, la somme de cinquante escuz soleil, pour deux amandes executoires de ladicte court, esquelles lesdictes damoyselles ont esté condempnées, laquelle somme a esté payée audict Le Bailly, suyvant ung arrest de ladicte court qu'il a obtenu contre ce present recepveur, pour avoir payement de ladicte somme, dacté du xv$^e$ jour de janvier mil cinq cens soixante dix huict; — a damoyselle Marye Michel, veufve de feu Regnault Danjoy, pour et en l'acquit desdictes damoyselles de Mauregard, la somme de xxxvii escuz xxxvi s. t.; — a ladicte damoyselle Jehanne Michel, tant en son nom que comme tutrice des enffans mineurs d'ans d'elle et de feu Regnault Danjoy son mary, la somme de vii cens xxxix escuz; — a Philippes de Rambourt, escuyer, seigneur du Buisson soubz Soret, ou nom et comme ayant la garde noble des enffans myneurs d'ans de luy et de deffuncte damoyselle, Ambroyse de Courselles, jadiz sa femme, la somme de quarante escuz pour une année, a cause du prouffict, a raison de six pour cent par chacun an, de la somme de ii mil livres tournois faisant la tierce partye de vi mil livres tournois pour la moictyé de xii mil livres tournois depposee es mains dudict Baud'chon par dame Marie Morin, vefve de feu messire Michel de Lhospital, en son vivant chevallier, chancellier de France, suyvant certain arrest de la court de Parlement du xii° jour de febvrier mil cinq cens soixante quinze, laquelle somme de xii mil livres appartient moytié aux de Courselles et l'autre moytié aux damoyselles de Mauregard; — a damoyselle Jehanne de Courselles, vefve de feu noble homme Jehan Le Franc, en son vivant seigneur de Hamelu, heritiere pour une tierce partye de feue Roberte de Courselles, sa sœur, en son vivant vefve de feu Jacques de Maulny, la somme de quarante escuz; — a damoyselle Diane de Courselles, vefve de feu noble homme Anthoine d'Estiveul, en son vivant escuyer, seigneur dudict lieu, heritiere pour une tierce partye de feue Roberte de Courselles sa sœur, en son vivant veufve de feu Jacques de Maulny, la somme de quarante escuz soleil pour une année, a cause de pareille somme de rente pour les causes declairées cy dessus.

Aultres deniers payez par ledict Baudichon vi$^{xx}$ escuz soleil; — a maistre Estienne Gerbault, seigneur de Champlay, nottaire et secretaire du Roy, nagueres tenant en main ferme le dommaine dudict seigneur es ville, prevosté et viconté de Paris, la somme de xxv escuz i solz tournois, pour la moytiee des droictz et prouffictz et relief de la moytié du fief d'Albic, assiz ès halles de Paris, appartenant audict Hostel Dieu, dont l'autre moytié desdictz droictz de prouffict et relief a esté donné et aulmosné par le Roy audict Hostel Dieu, comme appert par les lectres de don sur ce expédiées le quatriesme jour de mars mil cinq cens soixante dix neuf.

Somme totalle de la despence de ce compte xxi mil vii cens liii escuz soleil.

## 128° REGISTRE (310 FEUILLETS, PARCHEMIN).

### ANNÉE 1580.

*Transcript de la procuration et commission faicte et passee par devant Darbonne et Le Moyne, nottaires ou Chastellet de Paris, le mercredy premier jour de juing mil cinq cens quatre vingtz a Jacques de Besze.*

*Furent presens nobles hommes Jehan Pallnau, seigneur dudict lieu, nottaire et secretaire du Roy, Claude Le Prebtre, Pierre Hotman, maistre Guillaume Leclerc, advocat, Jehan Lejay, Claude Aubery, aussy nottaire et secrettaire du Roy et Germain Boucher, tous bourgeois de Paris, ou nom et comme commis par la court de Parlement au régime et gouvernement du revenu et temporel de l'Hostel Dieu de Paris, lesquelz oudict nom ont faict et constitué leur procureur Jacques de Besze, présent, pour et en l'absence de maistre Ambroyse Baudichon, recepveur general dudict Hostel Dieu, et ce pour recepvoir et recouvrer les arrerages escheuz et qui escherront, a cause des rentes que ledict Hostel Dieu a droict de prandre, tant sur l'hostel et maison commune de ceste ville de Paris, que sur les magasins et greniers a scel et recepte generalle de Paris, du receu desdicts arrerages soy tenir pour comptant, et en bailler acquietz et quittances vallables, a la charge d'en rendre par ledict de Besze bon compte. Faict et passé au Bureau dudict Hostel Dieu l'an mil cinq cens quatre vingtz, le mercredy premier jour de juing, et ont lesdictz seigneurs gouverneurs signé la minutte, aussy signé Darbonne et Le Moyne, nottaires.*

Recepte generalle de l'Hostel Dieu de Paris pour l'année finie le dernier jour de decembre mil v cens quatre vingtz.

Compte premier de maistre Jacques de Besze.

Et premierement a cause des cens et fondz de terre deubz tant en la ville de Paris que hors icelle cvii escuz xlvi solz tournois.

Aultre recepte a cause des rentes tant sur la recepte generalle d'oultre Sayne et Yonne que sur le dommaine du Roy nostre sire a Paris iiii cens iiii$^{xx}$ iii escuz.

Recepte des rentes que ledict Hostel Dieu a droict de prandre par chacun an en ceste ville de Paris vi cens lxxvi escuz.

Aultre recepte des rentes constituees a l'hostel de la ville de Paris soubz le nom des prevost des marchans et eschevins d'icelle ii mil vi cens iiii$^{xx}$ iiii escuz.

Aultre recepte a cause des rentes et pentions viageres en ceste ville de Paris ii mil v cens i escuz.

Recepte des rentes annuelles et perpetuelles sur plusieurs terres, boys, prez, vignes, maisons et aultres heritaiges assiz hors la ville de Paris xxxi escuz.

Recepte a cause des rentes viageres sur plusieurs maisons et heritaiges assiz hors la ville de Paris xxv escuz soleil.

Recepte d'aulcuns louaiges de fermes et baulx faictz a prix d'argent de plusieurs maisons, terres, prez, boys et aultres heritaiges hors Paris ix cens xv escuz.

Recepte a cause des lotz et ventes venuz en ladicte année pour plusieurs acquisitions d'heritaiges, assis en plusieurs lieux estans en la censive dudict Hostel Dieu xviii escuz.

Aultre recepte d'aulcunes rentes racheptees durant ladicte année xiiii cens xii escuz.

Aultre recepte de la vente de certain grain et son iii cens iiii$^{xx}$ xvii escuz; — vin, vinaigre, verjus vendu cxvii escuz; — aultre recepte a cause de la vente de suif ou gresse yssus des moutons et bœufz despencez audict Hostel Dieu lxxviii escuz.

Aultre recepte a cause de la vente de peaux de mouton, peaux de bœufz et de veaulx despencez audict Hostel Dieu viii cens lxi escuz.

Aultre recepte a cause des deniers provenuz de la vente de certains boys tailliz appartenant audict Hostel Dieu vi cens i escuz.

Aultre recepte a cause des deniers trouvez au tronc de l'Hostel Dieu de Paris, apres la publication des pardons en l'evesché et diocese de Paris xvii cens x escuz.

Aultre recepte des deniers provenant des pardons de l'Hostel Dieu publiez et questez par les archeveschez et eveschez vi cens iiii$^{xx}$ iiii escuz.

Aultre recepte a cause des legtz, aulmosnnes et convois ii mil viii cens xxvii escuz; — de Jehan Hureau et Michel Le Saige, a cause de leurs femmes, laboureurs, demourans a Ormoy, parroisse de Dannemarye pres Chartres, lesdictes femmes heritieres de feu Loys Cointart, en son vivant laboureur, demourant audict Dannemarye, la somme de vi$^{xx}$ xiii escuz soleil, pour le reste et parpaye de la somme de viii cens livres tournois laiguez par le testament dudict deffunct aux paouvres mallades dudict Hostel Dieu; — de noble homme Paol de Crevan et de Chassignolles, la somme de cent sept escuz, en quoy, par arrest de la court de Parlement, du treiziesme juing mil cinq cens soixante dix huict a esté condempné envers ledict Hostel Dieu, a cause du legs testamentaire de feu maistre Charles de Bauche; — de maistre Nicolas Chefdeville, advocat en la court de Parlement, executeur du testament de deffuncte noble femme Marguerite Le Lieur, en son vivant, vefve de feu noble homme maistre Eustache Pilloys, quant il vivoyt, auditeur en la Chambre des Comptes, la somme de xxxiii escuz par ladicte deffuncte leguez aux paouvres mallades dudict Hostel Dieu; — de noble dame Anne Baillet xxxiii escuz xx solz tournois; — de noble damoyselle Magdelayne du Tillet, femme de noble homme maistre Jacques de Sainct André, la somme de cent escuz pistolletz, laissez a ladicte damoyselle par noble homme Jehan Darges, dict de la Tournera, espaignol, desquelz cedict recepveur s'est chargé, comme depositeur de justice, ainsy qu'il est contenu et déclairé par arrest de la court de Parlement cy exhibé, en dacte du douziesme janvier mil cinq cens quatre vingtz, à la charge de rendre ladicte somme a ladicte damoyselle *ou cas que ledict Darge ne soyt deceddé et qu'il revint du voyage qu'il faict pour le Roy;* — de nobles hommes maistre Guillaume Le Clerc et Germain Boucher, deux des commis et depputez pour executer le testament de deffunct maistre Regnault Grossive, la somme de xii cens xxiiii escuz soleil, faisant partye de la somme de viii mil deux cens xxx livres par lesdicts sieurs Le Clerc et Boucher receuz de André Goujon, comme tuteur des enffans de feu Jherosme Cauchon et consors, tant pour le rachapt de iii cens l livres tournois de rente en deux partyes, par ledict deffunct Cauchon constituez audict feu Grossive, que pour le payement contenu en la cédulle dudict feu Cauchon, desquels deniers lesdictz seigneurs Le Clerc et Boucher en ont baillé et delivré au recepveur du Grand Bureau de la communauté des paouvres de ceste ville de Paris pareille somme de xii cens xxxiiii escuz, ainsy qu'il est porté par la quictance du vingt ungiesme mars mil cinq cens quatre vingtz, et aultres sommes que lesdictz sieurs Le Clerc et Boucher ont payee a aultres legataires, comme appert par les quictances qu'ilz en ont retirees, ledict Grand Bureau et ledict Hostel Dieu légataires dudict deffunct Grossive, son testament acomply; — de noble homme maistre Guy Pignard, conseiller du Roy et maistre ordinaire en sa Chambre des Comptes a Paris, seigneur de Deuil, pres Laigny, filz ayné de deffunct maistre Pierre Pynard et de damoyselle Francoyse du Tillet, ses pere et mere, la somme de xxxiii escuz xx s. t. pour la troysiesme partye a luy afferant de iii cens livres tournois donnez par ledict deffunct audict Hostel Dieu, par son testament du xxi$^e$ novembre mil cinq cens soixante dix, par lequel il auroyt chargé ses trois enffans, eulx estans en aage de xxv ans, payer chascun oudict Hostel Dieu ladicte somme de cent livres tournois; — de damoyselle Loyse Denisot, vefve de feu noble homme Jacques de Mondagron, seigneur de Hires, pays du Maine, la somme de vi$^{xx}$ iii escuz, tant pour satisffaire au testament dudict deffunct son mary, que de noble homme Guillaume de Mondagron, pere dudict seigneur; — des executeurs du testament de deffunct Jehan Bourjani, painctre florantin, la somme de xxxiii escuz soleil xx solz tournois leguez aux pauvres mallades; — d'un qui ne s'est voullu nommer, par les mains de Mathurine Gollart, *la somme de vii escuz xx s. a la charge de faire dire une messe de Nostre Dame pour remercier Dieu et Nostre Dame de sa marchandise qui estoyt arrivee au port de salut;* — de l'aumosne de la Royne de France, la somme de x escuz pistolletz, par les mains de madame la contesse de Chauvillain; — *d'un bien veillant,* par les mains de maistre Richard Collot, la somme de cinquante escuz soleil; — de sire Pierre de Pleures, executeur du testament de deffunct maistre Jehan Bailly, en son vivant payeur de la compagnie de monsieur de Montpenssier, la somme de xxxiii escuz soleil xx solz tournois leguez aux paouvres; — de nobles personnes maistre Claude Aubery, nottaire et secretaire du Roy et Michelle d'Autheville, vefve de feu maistre Martin Repichon, en son vivant recepveur ordinaire de Paris, la somme de quarente escuz soleil donnez audict Hostel Dieu par deffuncte honnorable femme Marye Guynard, en son vivant vefve de feu honnorable homme Jehan Aubery; — de noble et discrette personne maistre Jacques Belleau, abbé de Cheminon, la somme de xxxiii escuz xx s. t.; — de madame la présidente Seguier, la somme de xxxiii escuz xx s. t.; — de noble homme maistre Claude Marcel, conseiller du Roy en son privé conseil et intendant de ses finances, executeur du testament de deffuncte damoyselle Margueritte Bourderel, la somme de dix escuz soleil; — de madame de Plainval, la somme de x escuz; — de messieurs Le Tonnellier, heritiers de deffuncte damoyselle... Le Tonnelier, leur sœur, en son vivant femme de noble homme maistre Jhierosme Garnier, secrettaire du Roy, la somme de cent escuz soleil, adjugez par arrest de la court de Parlement du xxix$^e$ novembre mil cinq cens quatre vingtz; — des heritiers de deffunct maistre Girard de Bryon, par les mains de maistre Jehan de Bryon, conseiller du Roy en sa court de Parlement, la somme de deux cens escuz soleil pour la moytie du legs faict par ledict deffunct aux paouvres de la ville de Paris; — de l'aumosne de la Royne de France, par les mains de madamoyselle de Boulencourt, la somme de xv escuz soleil; — de frere Estienne Thiboust, prieur et seigneur de Grand-Champ, diocese de Meaulx, par les mains de Anthoine Ravillon, la somme de x escuz soleil.

Aultre recepte faicte par cedict recepveur, a cause des deniers provenans des questes et aulsmonnes par les parroisses de ceste ville de Paris iiii$^{xx}$ v escuz.

Recepte commune dudict compte ix$^{xx}$ vi escuz; — recepte de la somme de xx escuz soleil provenant des corps inhumez au cymestiere des Sainctz Ynocens, en la terre dudict Hostel Dieu...

Aultre recepte a cause des deniers provenuz d'aulcunes taixes de despens, dommaiges et interestz cxvii escuz; — de monseigneur et dame les duc et duchesse de Montpenssier, la somme de xiiii escuz soleil, cinquante et ung solz tournois, contenuz en une taxe de despens; — de monsieur d'Antragues, la somme d'unze escuz lix solz tournois, contenuz en une taixe de despens.

Aultre recepte a cause d'aulcunes rentes et heritaiges venduz durant ladicte annee iiii mil iiii cens cinquante escuz; — de noble homme Hector de Mousseau, seigneur du Bois Herpin, la somme de viii$^{xx}$ vi escuz xl s. t. faisant partye de la somme de v cens escuz soleil pour vente a luy faicte par messieurs les gouverneurs d'aulcuns heritaiges assis a Puiseletz le Marestz; — de noble homme maistre Estienne de Breda, nagueres recepveur et payeur de messieurs de la court de Parlement, la somme de xii cens escuz soleil, a cause de cent escuz de rente a luy constituee sur le revenu et temporel d'icelluy Hostel Dieu *pour subvenir a la necessité des paouvres mallades* dudict Hostel Dieu; — de Ferdinand Bon, marchant demourant à Collaye, pays Dunoys, la somme de viii$^{xx}$ vi escuz xl solz t. pour vente a luy faicte, par messieurs les gouverneurs dudict Hostel Dieu, d'une maison et terres assises à Bouche d'Aigre, conté de Bloys, ladicte maison et terre donnez audict Hostel Dieu par feu maistre Charles de Boucher, prestre, luy vivant demourant a Chasteaudun.

Aultre recepte a cause des deniers provenuz de la vente de la chair, vollatille et gibier venduz en la boucherye dudict Hostel Dieu ix cens lxviii escuz.

Autre recepte faicte par cedit present recepveur, a cause de la fondation faicte par messeigneur et dame les duc et duchesse de Nivernoys pour le jour sainct Loys; — de Symon Charron, fermier de la terre et seigneurye de Coulommiers en Brye, pour messeigneurs et dame les duc et duchesse de Nivernoys, la somme de vi$^{xx}$ iii escuz soleil, pour une annee escheue le premier jour d'aoust, a cause de la fondation faicte par mesditz seigneur et dame audict Hostel Dieu par chacun an, et ce sans prejudice des interestz et amandes, a faulte de n'avoir par ledict Charron apporté dedans le premier jour d'aoust ladicte somme, suivant leur vouloir et intention portée par ladicte fondation vi$^{xx}$ iii escuz.

Somme totalle de la recepte de ce compte xxiiii mil cxlviii escuz soleil.

## 129$^e$ REGISTRE (189 FEUILLETS, PARCHEMIN).

### ANNÉE 1580.

Despence de ce present compte.

Cens, rentes dixmes, indampnitez et admortissements tant en ceste ville de Paris que hors icelle clxv escuz.

Aultre despense pour les labours de vignes viii cens xl escuz.

Aultre despense faicte a cause des fraiz des vendenges, achapt d'eschallatz et ozier v cens iiii$^{xx}$ xi escuz.

Aultre despence pour achaptz de vins et vinaigres xiv$^c$ xlix escuz.

Aultre despence pour achapt de moultons, bœufz, pourceaulx, lart, veaulx et autre gibier vi mil iiii$^{xx}$ vi escuz.

Despence des jours meigres et achaptz de scel iii mil iii cens xviii escuz.

Aultre despence pour achapt de boys, charbon et sendres vi cens cinquante et ung escuz.

Aultre despense pour achapt d'huille, fasson de chandelle de suif lxxv escuz.

Aultre despence pour achapt de draps de laynes, coustilz, plumes, couvertures, ouvraige de cordonnier, achapt de thoille, fil et pelleterye ii mil clvii escuz soleil.

Aultre despence pour achaptz de vesselle d'estaing, chauldronnier, payemens faictz au charron, mareschal, cordier, bourrelier et vannier durant l'année de ce compte cix escuz soleil.

Aultre despence pour drogues d'appoticquererye v cens xvi escuz.

Aultre despence pour achapt de bledz et farines, néant pour ceste présente année.

Despence pour les fraiz et mises communes iii cens lx escuz; — a Jehan Bonneau, marchant tapissier a Paris, la somme de ii escuz soleil a luy ordonné pour avoir par luy baillé la tapisserye qu'il a convenu mectre aux quatre stations posees dedans l'eglise Nostre Dame, les jours du dymanche de la Passion et jours de Pasques dernier, et ce durant les pardons dudict Hostel Dieu; — a Henry Thierry, maistre imprimeur a Paris, la somme de x escuz soleil pour avoir imprimé plusieurs articles pour les pardons dudict Hostel Dieu; — a maistre Pierre Petit, pennetier dudict Hostel Dieu, la somme de viii escuz soleil pour le desbardage de troys traynees de boys que aultres fraiz.

Aultre despence pour acquisitions d'heritaiges et rentes racheptees ii mil iiii cens xxiiii escuz.

Aultre despence pour plusieurs grosses et menues reparations tant en ceste ville de Paris que hors icelle xiii cens lvi escuz.

Aultres despence pour deniers baillez pour employer et convertir au faict de procez iii cens xlvii escuz; — a maistre Jehan Lhostellier, procureur en Parlement, ung escu soleil pour les espices d'ung procès pendant en la court de Parlement, entre l'Hostel Dieu d'une part et Michel Vessiere d'autre, pour raison des deniers qu'il avoyt receuz des pardons provenans du diocèse de Chartres; — a maistre Denis Dreulx, procureur ou Chastellet de Paris, la somme de deux escuz soleil, pour les espices du procès jugé oudict Chastellet d'entre ledict Hostel Dieu d'une part et messire Francoys de Balesac, chevallier, seigneur d'Antragues, pour raison de troys septiers de bled de rente qu'il doibt audict Hostel Dieu.

Despence pour pentions et rentes viageres xxx escuz.

Aultre despence faicte par cedict present recepveur, a cause de la fondation faicte par monseigneur et dame les duc et duchesse de Nivernois cvi escuz soleil; — a Jacques de Bourges, marchant appoticaire et espicier a Paris, Alexandre Olivier, conducteur des engins de la Monnoye du moullin, Gilles Drouart, marchant mercier a Paris, carmes, cordelliers, augustins et mynimes, la somme de cent cinq escuz, par mandement du deuxiesme jour d'aoust mil cinq cens quatre vingtz ung, asscavoir audict de Bourges trante neuf escuz soleil pour avoir par luy livré la quantité de vi$^{xx}$ vi livres de bougie blanche et rouge, et quatre cierges blancs d'une livre piece, a raison de xviii solz tournois la livre; audict Olivier, cinquante et ung escu soleil xxv solz tournois, assavoir xxxiii escuz xlv s. t. pour troys cens de gettons d'argent, pesant iiii marcs et demy, a raison de vii escuz soleil xxx s. t. le marc, et x escuz soleil xl solz tournois pour seize cens de gettons de latton, a raison de xl s. t. le cent et vii escuz soleil pour les deux coings faictz aux armairies de mesdictz seigneur et dame, sur quoy ont esté faictz lesditz gettons; audict Drouart x escuz sol. xli solz pour xxii bourses de sattin vert de soye, pour mectre lesdiz gettons, le tout pour donner ledict jour sainct Loys a Messieurs les premiers presidens de la court de Parlement, Chambre des comptes et des Aydes, gens du Roy et a Messieurs les gouverneurs dudict Hostel Dieu, et iiii escuz soleil aux carmes, cordelliers, augustins et mynimes, qui est chacun couvent ung escu, le tout suyvant ladicte fondation; — icy est faict despence de la somme d'un escu soleil baillee a celluy qui auroyt esté faire la semonce a tous mesdiz seigneurs, quatre mandiens et mynimes, d'assister le jour sainct Loys au service qui se faict aux Augustins suivant ladicte fondation.

Aultre despence pour payement de gens d'esglise, officiers et serviteurs domesticques dudict Hostel Dieu ii$^c$ xx escuz.

Gaiges d'officiers v cens iii escuz; — a maistre Jacques Marant, medecin ordinaire dudict Hostel Dieu, la somme de xxvi escuz soleil pour demye année de ses gaiges; — a maistre Augustin Ymbault, maistre barbier et chirurgien a Paris, et chirurgien ordinaire dudict Hostel Dieu, la somme de xv escuz soleil pour ung quartier de ses gaiges; — audict Ymbault la somme de xx escuz soleil a luy ordonnée par Messieurs les gouverneurs *a cause de la malladye contagieuse*, comme appert par la requeste par luy présentée au Bureau dudict Hostel Dieu, pour ung quartier de ses gaiges; — a Estienne Chapelle et Baptiste Fedee, compaignons barbiers audict Hostel Dieu, la somme de x escuz soleil a eulx ordonnez *pour avoir par eulx pencé et medicamenté les mallades de la malladye contagieuse et aultres mallades estans audict Hostel Dieu;* — a Jehan Marchandet, compaignon barbier, la somme de x escuz soleil pour avoir pensé et médicamenté les mallades audict Hostel Dieu durant la malladye contagieuse; — a Girard Gueret, barbier chirurgien a Paris la somme de xx escuz soleil pour avoir par luy pensé les mallades de la contagion par l'espace de quatre moys ou environ; — a maistre Claude Le Cousturier, maistre barbier et chirurgien a Paris, et chirurgien ordinaire dudict Hostel Dieu, ou lieu dudict maistre Augustin Ymbault, la somme de xl escuz pour demy année de ses gaiges.

Somme totalle de la despense de ce compte xviii mil iiii cens iiii escuz soleil.

## 130° REGISTRE (320 FEUILLETS, PARCHEMIN).

### ANNÉE 1581.

Recepte generalle de l'Hostel de Paris.

Compte deuxiesme de maistre Jacques de Besze.

Recepte a cause des cens et fonds de terre deubz audict Hostel Dieu en la ville de Paris et hors icelle cvii escuz.

Recepte des rentes que ledict Hostel Dieu a droict de prandre tant sur la recepte generalle d'oultre Sayne et Yonne, au lieu du trésor du Roy nostre sire, que sur le dommaine dudict seigneur a Paris iiii cens iiii$^{xx}$ iii escuz.

Recepte des rentes en cette ville de Paris vi cens escuz.

Aultre recepte a cause des rentes constituees sur l'hostel de la ville de Paris xix cens lxix escuz.

Aultre recepte a cause des rentes et pentions viageres en ceste ville de Paris lvii escuz.

Aultre recepte d'aulcuns louaiges de maisons tant en ceste ville de Paris que es faulxbourgs d'icelle ii mil v cens lv escuz.

Recepte des rentes annuelles et perpetuelles sur plusieurs terres, boys, prez, vignes, maisons et aultres heritaiges hors la ville de Paris v cens xlix escuz.

Recepte a cause des rentes viageres sur plusieurs maisons et heritaiges hors la ville de Paris xxv escuz.

Recepte d'aulcuns louaiges de fermes et bauls faictz a pris d'argent de plusieurs maisons, terres, prez, boys et autres heritaiges hors Paris et lieulx cy apres declairez, ix cens iiii escuz.

Recepte a cause des lotz et ventes venuz pour plusieurs acquisitions d'heritaiges assis en plusieurs lieulx estant en la censive dudict Hostel Dieu xiii escuz.

Aultre recepte d'aulcunes rentes racheptees viii cens lvii escuz.

Aultre recepte d'aulcuns deniers provenant de la vente de certain grain et son vii cens xxvii escuz.

Aultre recepte a cause du vin, vinaigre et verjus iiii$^{xx}$ vi escuz; — vente de suif et gresse iii cens iii escuz.

Aultre recepte a cause de la vente de peaulx de mouton, cuyrs de bœuf et peaulx de veau despencez oudict Hostel Dieu viii cens xxxvi escuz.

Aultre recepte a cause des deniers provenuz de la vente de certains boys tailliz assiz en plusieurs lieulx et places iiii cens xxvi escuz.

Aultre recepte a cause des deniers trouvez au tronc de l'Hostel Dieu, apres la publication des pardons en l'evesché et dyocese de Paris xvi cens xx escuz.

Aultre recepte des deniers provenans des pardons questez et publiez par les archeveschez et eveschez vii cens i escuz.

Aultre recepte faicte a cause des deniers provenans des letz, aumosnes et convoys durant ladicte annee ii mil iii cens lxxvii escuz, — de Monsieur d'Urcines, chanoine en l'esglise de Paris executeur du testament de deffunct Monsieur du Vivier, aussy chanoine en ladicte esglise et curé de l'esglise Monsieur Sainct Gervais, la somme de x escuz soleil; — des executeurs du testament de deffunct honnorable homme Jehan de Dampmartin, la somme de xxxiii escuz xx s. t. par les mains de Jehan de Dampmartin son filz, par ledict deffunct donnez aux pauvres, a la charge de faire dire ung service complect pour l'ame dudict deffunct; — de noble homme maistre Augustin Le Prevost, seigneur de Brevant, executeur du testament du deffunct messire Emery de Rochechouart, en son vivant evesque de Sisteron, la somme de vi cens lxvi escuz soleil; — de maistre Pharaon Croyer, conseiller au siege présidial de Meaulx x escuz soleil; — de maistre Jacques Morel, recepveur des amendes de la court des Monnoyes, la somme de xii escuz soleil, ordonnez par ladicte court aux pauvres de l'Hostel Dieu de Paris par arrest du xvi$^e$ du present moys, *faisant la tierce partye de la confiscation et amende en laquelle Thoinas Leschallatz, maistre orfevre, a esté condempné envers le Roy*; — de noble dame Anne Baillet, veuve de feu messire Esmard Nicollay, en son vivant premier président en la chambre des Comptes la somme de xxxiii escuz xx solz tournois; — des abbé et confraires de la confrairie de Monsieur Sainct Augustin, fondée en l'esglise de Paris, executeurs du testament de maistre Odille Jolivet, prebtre, confrere de ladicte confrerye, viii escuz xx s. t.; — de noble homme..... la somme de viii cens escuz leguez aux pauvres mallades par deffuncte damoyselle... sa femme demourant en la ville de...... en la Basse Bretaigne; — de l'aulmosnne du Roy nostre sire, par les mains de Mademoiselle de Boullencourt, la somme de xxxiii escuz soleil xx solz tournois; — des executeurs du testament de deffunct noble homme maistre Jacques Liger, bourgeois de Paris, la somme de x escuz soleil leguez audict Hostel Dieu; — de haulte et puissante dame Marye de Courvault, par les mains de honnorable homme Francoys Costeblanche, la somme de xxv escuz pour prier Dieu pour l'âme de deffunct le seigneur de Clezon; — de ladicte dame par les mains dudict Costeblanche, la somme de xii escuz soleil pour prier Dieu pour l'âme de deffunct le seigneur de Couatmaingny; — de Madame la Presidente Seguyer, la somme de ii cens escuz sol. donnez par deffunct messire Pierre Seguier, en son vivant president en la court de Parlement; — des executeurs du testament de deffunct maistre Jehan Stuart, en son vivant doyen de la Nation d'Alemaigne, la somme de viii escuz soleil; — de l'aulmosne du Roy par les mains de Mademoiselle de Boullencourt la somme de xxxiii escuz xx s. tournois; — de maistre Pierre Gaucher, executeur du testament de deffunct maistre Estienne Surel, en son vivant prebtre, chanoine de Sainct Estienne des Grez, la somme de iiii$^{xx}$ vii escuz en quoy ledit Gaucher seroyt demouré redebvable, pour le compte par luy rendu de l'execution testamentaire dudict deffunct; — de *Mademoyselle Myron*, la somme de iiii escuz sol. par elle aulmosnez, comprins l'ouverture de la terre pour ung de ses effans inhumé au cymestiere des Saincts Innocens; — du maistre d'hostel de Monsieur de Joyeuse iii escuz xl s. t.

Aultre recepte a cause des deniers provenuz des questes et aulsmonnes des parroisses de ceste ville de Paris ciii escuz.

Recepte commune ii cens lxi escuz; — de sœur Jehanne Oudard, dame de la Pouillerye, la somme de quarente six escus provenant de son office; — de Cloud Gerbe, demourant a Sainct Martin, conté de Montfort Lamorry, la somme de iii escuz xx s. t. pour les prouffictz de foy et aulmaige du fief de Launay, assis a Elleville; — de sœur Jehanne Norry, dame de la Pouillerye, xxxiii escuz sol.; — de plusieurs bourgeois de ceste ville de Paris qui ont pressuré leur vin a la ferme d'auprès les Chartreux en ceste presente annee, appartenant audict Hostel Dieu, la somme de xii escuz soleil.

Aultre recepte a cause des deniers provenuz d'aulcunes taxes de despens dommaiges et interest tant en Chastellet, court de Parlement que requestes du Palais iii cens iiii escuz.

Aultre recepte a cause des deniers provenuz de la vente de la chair en la boucherye de l'Hostel Dieu vi$^{e}$ iiii$^{xx}$ xvi escuz.

Aultre recepte a cause de la fondacion des soixante filles a marier faicte par messeigneur dame les duc et duchesse de Nivernoys vi$^{xx}$ iii escuz.

Somme totalle de la recepte de ce compte xvii mil vi cens xxviii escuz.

## 131$^{e}$ REGISTRE (216 FEUILLETS, PARCHEMIN).
### ANNÉE 1584.

Despence de ce present compte:

Cens, rentes, dixmes, indemnitez et admortissemens pour plusieurs maisons, places, terres et autres heritaiges tant en ceste ville de Paris que hors icelle lxxvii escuz.

Rentes constituees sur tout le revenu et temporel dudict Hostel Dieu v cens lxvi escuz.

Aultre despence pour les labours de vignes viii cens xviii escuz.

Aultre despence a cause des fraiz de vendanges, achapt d'eschallatz et ozier vi cens lxiiii escuz.

Aultre despence pour achapt de vin et vinaigre xiv$^{e}$ xxxi escuz.

Aultre despence pour achapt de moutons, bœufz, pourceaulx, lart, veaulx, etc., iiii mil viii cens iiii$^{xx}$ x escuz.

Despence des jours maigres et achapt de scel ii mil cxviii escuz.

Aultre despence faite pour achapt de boys, charbon et sendres vi cens iiii$^{xx}$ xvii escuz; — achapt d'huille, fasson de chandelle de suif ii cens iii escuz.

Aultre despence pour achapt de draps de laynes, coustilz, plumes, couvertures, ouvraiges de cordonnier, achapt de thoille, fil et pelleterye viii$^{xx}$ xi escuz.

Aultre despence pour achapt de vessaille d'estaing, chauldronnier, payement faict au charron, mareschal, cordier, bourrelier, vannier viii$^{xx}$ xvii escuz.

Despence pour les frais et mises communes iii cens lxiii escuz.

Aultre despence pour acquisitions d'heritaiges et rentes racheptées xx escuz.

Aultre despence pour plusieurs grosses et menues reparations faictes tant en ceste ville de Paris que hors icelle xi cens xliii escuz.

Aultre despence pour deniers baillez pour employer et convertir au faict des proces iii cens lxxi escuz; — a maistre Denis Dreulx, procureur dudict Hostel Dieu, au Chastellet de Paris, la somme de xxiiii escuz pour les espices du proces jugé oudict Chastellet allencontre du curé de Thieulx, pour raison des dixmes qu'il demande oudict Hostel Dieu.

Despence pour pentions et rentes viagères xxxi escuz soleil.

Aultre despence pour payement de gens d'esglise, officiers et serviteurs domesticques ii cens xxvii escuz.

Gaiges d'officiers v cens ii escuz; — a maistre Jacques Marent, docteur régent en la Faculté de médecine, et medecin ordinaire dudict Hostel Dieu, la somme de lxxv escuz pour neuf moys de ses gaiges; — a maistre Claude Le Cousturier, chirurgien ordinaire dudict Hostel Dieu, la somme de lx escuz soleil pour une année de ses gaiges.

Somme totalle de la despense de ce present compte xvii mil ii cens xlvii escuz.


FIN DU TOME TROISIÈME.

## 4. 1367.

**Le Compte** Seur Phe du bois prieur de la maison
Dieu de paris, par en la pnce de honnorables et discretes maistre Regnaut de
Noyon et maistre Thomas le tourneur, chanoines de l'eglise de paris, pns
les maistres freres et seurs dudit hospel dieu depuis noel lan mil ccc
sovxante et seze, Jusques a noel lan mil ccclxvii.

Par la collation du compte rendu a noel lan lxvj remaint que ladicte
comptant doubt aud pnt office...................... iij ℔ p̄ xv ß iiij d ob.

Somme par soy.

## Autre Recepte des biens sarges et biens linges vendus

### Premierement

De Guiart le frepier le premier jour du mois de mars pour la vente d'une brez
courtepointe de cendal et deux vielles sarges de peu petites et une aune bres singe
d'un bres tiel et deux custodes vielles et deux biens marchepres, appelles veluel, et ung
oreiller, les quelles choses dessus dictes estoient venues audit office par le laiz de feu
maistre Guillmes bonsuce jadis chapelain de N're Dame
et toutes les dictes choses fuz vendues audit Guiart le pris de ........... vj ℔ x ß
pour pie pour ce .............................................

De Bietrix la lingiere pour la vente a li faicte de biens linges qui estoient de nul
pufit pour l'ostel pour ce ........................................... xlj ß

De Simonnet le pelletier pour la vente de vielles pieces de pelleterie a li vendues
le iij jour d'aoust pour ce elles n'estoient de nulle valeur pour ce ............... vij ß

Somme vij ℔ xviij ß xj d.

Somme toute de la Recepte de ce pnt compte, avec
xxxvij ℔ xviij ß iij d de la grace pour se tensst en
avecs po aucun compte no leur, ainsi est dit
xiiij ℔ xviij ß v d. Ainsi remaine en toute Recepte vij ℔
xvj ß p̄ ij ß iiij d

## Autre Recepte de nully sur marne

### Premier

Du Gruchier qui tient la gruchie de nully uij septs de ble mestaut

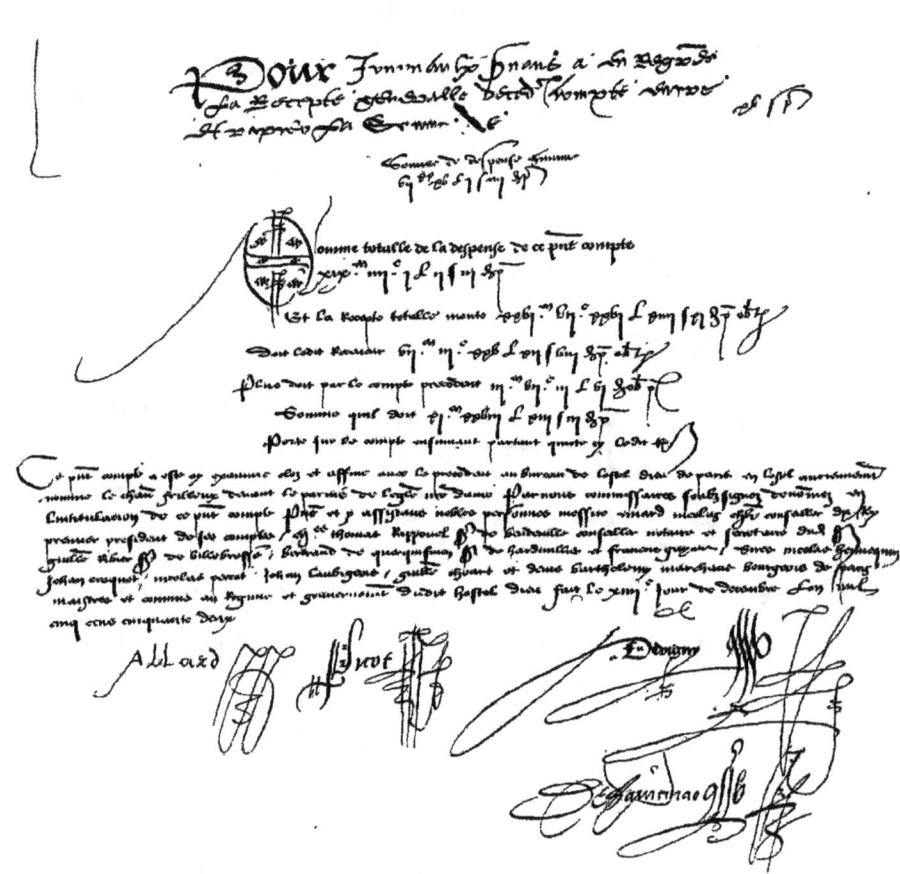

Formule de clôture et d'apurement du compte.

(64ᵉ Registre des comptes de l'Hôtel-Dieu. — Année 1546.)

# Hostel dieu de paris

**Le grand pardon gñal de planiere remission donne a perpetuite** par noz sainctz peres les papes de Rõe aux bienfaicteurs de l. Hostel Dieu de Paris. Et côferme par nostre sainct pere le pape Paul.ii. de ce iõ y est a psnt.

Fac-similé d'un PARDON de l'Hôtel-Dieu, année 1550 environ.

(L'original est à la Bibliothèque de la ville de Paris, Hôtel Carnavalet.)

# TABLE DES MATIÈRES.

## A

Abbaye du Bois-aux-Dames (1364), 4.
— de Chelles (1416), 35.
— de Livry (1505-1506), 122.
— de Longchamps 38; (1505-1506), 119; (1536), 253.
— de Malnoue (1536), 241.
— de Montmartre (1416), 33, 34; (1505-1506), 120; (1536), 252.
— d'Ourscamps (1505-1506), 106; (1536), 217.
— de Port-Royal (1416), 37.
— de Royaumont (1416), 37.
— de Saint-Antoine-des-Champs (1416); 29; (1443), 69; (1478), 77; (1505-1506), 108; (1536), 229, 252, 255.
— de Saint-Denis (1416), 33; (1536), 253; (1578), 358.
— de Saint-Germain-des-Prés (1416), 33, 38; (1536), 242, 252, 254.
— de Saint-Gilles (1579), 360.
— de Saint-Just (1416), 37.
— de Saint-Magloire (1536), 227.
— de Saint-Martin-des-Champs (1536), 240.
— de Saint-Martin près de Pontoise (1416), 47.
— de Saint-Maur-les-Fossés (1367), 5; (1416), 23; (1536), 205, 244, 254; (1575), 350.
— de Saint-Pharaon-de-Meaux (1478), 78.
— de Saint-Victor (1416), 34; (1505), 96; (1505-1506), 113, 119; (1536), 201, 206, 239, 251, 254, 256.
— de Sainte-Geneviève (1416), 33; (1505-1506), 119; (1536), 202, 251, 252.
— de la Saussaye (1505-1506), 120.
— des Vaux-de-Cernay (1416), 37.
— d'Yerres (1416), 34, 38.
Abbé de Saint-Maur-les-Fossés (1505-1506), 98, 99.
Abreuvoir Macon (1505-1506), 103; (1536), 212.
— Popin (1536), 214.
Abus commis par les religieux et religieuses de l'Hôtel-Dieu (1550), 291.

Accord entre l'Hôtel-Dieu et Saint-Germain-des-Prés au sujet de la Charité (1520), 170.
Administrateurs de l'Hôtel-Dieu nommés par le prévôt des marchands et par les échevins (1505), 93.
Agrandissement de l'Hôtel-Dieu projeté (1515), 151.
— de l'Hôtel-Dieu; projet de construire sur la Seine (1516), 154.
— de l'Hôtel-Dieu; difficultés qui y sont apportées par les prévôt et échevins (1516), 154.
— de l'Hôtel-Dieu (1528), 189.
— de l'Hôtel-Dieu; plan d'une maison voisine appartenant au chapitre (1529), 190.
Agricoles (Prix de la main-d'œuvre pour les travaux) (1416). 39.
Aide du clergé pour l'année 1523; reliquat de compte du diocèse de Paris donné par le Roi à l'Hôtel-Dieu (1534), 198.
Aisne, rivière, 21.
Aliénés. Pèlerinage à Saint Hildebert (1566), 328.
Amandes pour les malades (1364), 3.
Ambassadeur d'Espagne; il fait présent à l'Hôtel-Dieu de quatre plats d'argent (1571), 339-340.
Amende de 2,000 livres tournois infligée au chapitre de Notre-Dame jusqu'à ce qu'il ait rendu aux nouveaux administrateurs laïques ses comptes de l'Hôtel-Dieu (1517), 156.
Anglais autour de Paris; leurs déprédations (1429), 65.
— malades à l'Hôtel-Dieu; on leur donne un confesseur de leur nation (1430), 67.
Arbres abattus par le vent; ils appartiennent au gruyer de la forêt (1520), 173.
Archerie du Petit-Pont (1370), 7.
Archives de l'Hôtel-Dieu; achat de layettes (1523), 179; (1525), 183.
Argenterie de l'Hôtel-Dieu (inventaire) (1428), 61.
— vendue pour acheter du blé (1430), 66.

Armes du Roi à l'Hôpital de la Charité (1520), 170.
— du Roi aux fermes de l'Hôtel-Dieu (1556), 304.
— du Roi sur la première pierre de la Charité (1520), 166.
Arpenteur (Prix de la journée d'un) (1416), 47.
Arrêt du Parlement de Paris sécularisant l'Hôtel-Dieu de Paris (1505), 93.
Attributions et devoirs des nouveaux administrateurs laïques (1505), 94.
Augustines à l'Hôtel-Dieu (1505-1506), 126.
Aumône de la Régente (1531), 193.
— de la Reine de France (1417), 49.
— de la Reine de France (1428), 61.
— de Marguerite de Valois, reine de Navarre (1541), 273.
— de François Iᵉʳ à l'Hôtel-Dieu, pour le retour de ses enfants prisonniers en Espagne (1529), 190.
Aumônes importantes du roi François Iᵉʳ (1543), 276; (1544), 277; (1545), 282; (1548), 285.
Aumône du roi Louis XI (1483), 84.
— du roi Charles VIII (1485-1486), 84.
— du roi Charles IX (1570), 337.
— de la Chambre des comptes (1486-1487), 85.
— des chevaliers de l'Ordre (1531), 193.
— d'un comte d'Allemagne (1416), 24.
— du duc de Bourgogne (1428), 61.
— de l'évêque de Paris (1416), 26.
— en vins à l'Hôtel-Dieu (1416), 31.
Autopsie du maître de l'Hôtel-Dieu ordonnée par les gouverneurs (1540), 272.
Autorisations, accordées par les évêques, de prêcher pour l'Hôtel-Dieu dans leurs diocèses (1445), 72.
Avalage du pont de Picquigny (1428), 63.
Avances d'argent faites par les nouveaux administrateurs de l'Hôtel-Dieu (1505), 96.
Ave-Maria (Filles de l'); elles reçoivent de Charles IX une aumône de 100 livres (1570), 337.

# TABLE DES MATIÈRES.

## B

Baignoires des malades (1445), 72.
Bailli de l'Hôtel-Dieu (1567), 331.
Bannière du pardon des indulgences à la porte de l'Hôtel-Dieu (1506-1507), 134.
Banquets donnés aux pauvres de l'Hôtel-Dieu lors de la maladie du Roi (1537), 263.
Banquet annuel offert aux malades de l'Hôtel-Dieu par les orfèvres de Paris (1416), 28; (1565), 323.
Bastille (1443), 62.
Bataille de Lépante; présent fait à l'Hôtel-Dieu par l'ambassadeur d'Espagne (1571), 340.
Bâtard de Savoie (1519), 161.
Bâton de la fête du Saint-Sacrement à l'Hôtel-Dieu (1416), 28.
—— de saint Jehan-Baptiste, le jour de la fête patronale de l'Hôtel-Dieu (1428), 62.

Battage des grains; prix du muid (1416), 39.
Beautreillis (Le) (1536), 232.
Berceau destiné à recevoir les enfants trouvés dans l'église Notre-Dame (1543), 277.
—— du Dauphin donné à l'Hôtel-Dieu (1572), 13.
—— pris à l'Hôtel-Dieu par Charles V pour servir à sa fille Jeanne (1365), 4.
—— royal donné à l'Hôtel-Dieu (1389), 12.
Bestiaux de l'Hôtel-Dieu volés par les ennemis (1429), 65.
Beurre de mai pour l'apothicairerie de l'Hôtel-Dieu (1530), 192.
Biberons d'argent pour les malades (1519), 161.
Bicêtre (Hôtel de) (1423), 58.
—— Les pierres de l'ancien château sont données à l'Hôtel-Dieu pour servir à la construction de l'hôpital projeté de la Charité (1520), 169, 170.
Biens ruraux (Inspection des) (1416), 47.
Bières pour porter les corps des malades décédés à l'Hôtel-Dieu (1517), 156, 157.
Billets délivrés aux malades sortant de l'Hôtel-Dieu (1545), 281.
Blé; son prix en 1416, 39.
Blés de l'Hôtel-Dieu mis en sûreté (1429), 65.
—— gelés en terre (1594), 182.
Boulangerie de l'Hôtel-Dieu (Dépenses pour la) (1416), 45.
Bulles du pape Eugène IV; quêtes dans les provinces (1445), 71.
—— en faveur de l'Hôtel-Dieu exposées en province (1444), 70.
—— nouvelles (1443), 68.

## C

Cabaret de la *Truie qui file* (1545), 282.
Calices et reliquaire en gage d'un prêt fait à l'Hôtel-Dieu (1417), 50.
Carmes de Paris (1522), 176; (1536), 209.
Carrefour Saint-Séverin (1505-1506), 102.
—— du Temple (1505-1506), 106.
Célestins de Paris (1505-1506), 100, 105.
Cens passifs de l'Hôtel-Dieu (1505-1506), 119.
Cens nommé le *Past* à Nanterre (1416), 20.
Censive de Saint-Germain-l'Auxerrois (1536), 238.
—— du Temple (1505-1506), 103.
Cerceaux; leur prix en 1416, 41.
Cervoise; prix de la caque en (1416), 46.
Chambre aux Sœurs anciennes (1477), 76.
*Chambre* de la reine léguée à l'Hôtel-Dieu (1371), 8.
Chambres l'Évêque (1505-1506), 99, 119.
—— de tapisseries (1432), 60.
Champ-Gaillart à Paris (1536), 213.
Chapeaux de roses pour les images des autels de l'église de l'Hôtel-Dieu (1416), 45.
Chapelle de Boulogne (1416), 36.
—— de Bracque (1536), 253.
—— de Notre-Dame de Recouvrance (1536), 209.
—— d'Orgemont au cimetière des Innocents (1537), 262.
—— d'Orléans à l'Hôtel-Dieu (1416), 46.
—— de Passy (1536), 229.
—— de Saint-Pierre-aux-Liens à Notre-Dame de Paris (1416), 36.
—— de Villeroy au cimetière des Innocents (1537), 262.
—— du bois de Vincennes (1416), 33.
—— Saint-Saturnin à Notre-Dame de Paris (1536), 223.

Chapelle Sainte-Agnès à l'Hôtel-Dieu (1536) 255.
Chapiteau neuf à l'une des portes de l'Hôtel-Dieu, détails de la dépense (1516), 153, col. 1 et 11 et 154.
Chapitre de Notre-Dame; sommation lui est faite par un huissier au Parlement d'assister à la reddition du compte de l'Hôtel-Dieu (1506-1507), 133.
—— de Saint-Marcel (1536), 254.
Chariot des trépassés peint en noir et en blanc (1523), 179.
—— pour mener les morts au cimetière de la Trinité (1416), 45.
Charité (Construction commencée d'un hôpital de la) (1520), 162.
—— de 1520; les terrains en sont vendus par l'Hôtel-Dieu à Christophe Aubery, bourgeois de Paris (1563), 319.
—— de 1520; on comble les terrains faits pour la construction de l'hôpital (1564), 321.
—— (Hôpital commencé en 1520 mais non achevé) (1536), 254.
—— Les matériaux qui en proviennent sont conduits au moulin du Pressoir (1528), 188.
—— les travaux de construction en sont abandonnés (1527), 171.
—— Projet de construction en 1520; les religieux de Saint-Germain-des-Prés y mettent opposition (1520), 169.
—— projetée en 1520; vente de matériaux qui en provenaient (1544), 278.
Chartreux de Paris (1536), 208, 219.
Château de Louans (1416), 46.
—— du duc d'Orléans à La Ferté (Loiret?) (1416), 37.

Château-Fétu, 7.
Château-Frileux (Maison du) reconstruite (1515), 151.
Chats sauvages; leurs peaux servent de couvertures de lits et à faire des manteaux (1477), 76.
Chausses à clystères (1527), 186.
Chiens rôdant sur les lits des malades (1416), 47.
Chirurgien de l'Hôtel-Dieu (1428), 62.
Cimetière de la Trinité (1536), 227.
—— des Innocents (1505-1506), 115.
—— Saint-Jean (1478), 79.
—— Saint-Jean (Vieux) (1505-1506), 106.
—— Saint-Landry (1505-1506), 97.
Cloche appelée *le Sainct* à l'Hôtel-Dieu (1519), 162.
Clos Bruneau (1505-1506), 112.
Collège de Bayeux (1505-1506), 98, 103, 122; (1536), 204, 254; (1562), 316.
—— des Bons-Enfants (1511-1512) 143, (1536), 213.
—— des Dix-huit clercs (1495-1496), 89.
—— de Cluny (1505-1506), 102; (1536), 211.
—— de Cornouaille (1505-1506), 102; (1536), 210, 211.
—— de Fortet (1505-1506), 109.
—— d'Harcourt (1532), 196.
—— de Justice (1505-1506), 98; (1536), 204, 211.
—— de Laon (1505-1506), 97, 98, 105, (1536), 203, 204, 217.
—— de maître Gervais (1562), 315.
—— de la Marche (1505-1506), 101; (1536), 209.
Communauté des Pauvres; elle reçoit de

# TABLE DES MATIÈRES.

Charles IX une aumône de 1,000 livres (1570), 337.
Comptabilité de l'Hôtel-Dieu en désordre (1505), 96.
—— de l'Hôtel-Dieu laissée en désordre par le chapitre de Notre-Dame (1506-1507), 130.
Comptes de l'Hôtel-Dieu; le chapitre de Notre-Dame ne veut pas les rendre; il est condamné à une amende de 2,000 livres (1517), 156.
Compte des dix dernières années de la gestion du chapitre de Notre-Dame enfin rendu par les chanoines (1521), 175.
Confesseurs étrangers à l'Hôtel-Dieu (1446), 74.
Confiscation au profit de l'Hôtel-Dieu (1430), 66.

Confrérie aux bourgeois (Grande) (1505-1506), 121; (1536), 253.
—— des couvreurs (1505-1506), 123.
—— aux pelletiers de Paris (1478), 80; (1536), 221.
—— de Saint-Claude (1505-1506), 120.
—— du Saint-Esprit (1505-1506), 109; (1536), 223.
—— de Saint-Nicolas à l'Hôtel-Dieu (1430), 66.
—— de la Trinité, à l'Hôtel-Dieu (1536), 260.
Cordelières de Saint-Marcel (1505-1506), 119; (1536), 252.
Cordeliers de Paris (1505-1506), 103; (1536), 204, 211.
Cornette de velours à un procureur de l'Hôtel-Dieu (1515), 151-152.

Coutils de Bretagne (1536), 258.
Couvreurs (Confrérie des) (1505-1506), 123.
Creane (rivière) (1536), 239.
Crieurs de corps pour les malades morts à l'Hôtel-Dieu (1526), 185.
Crieur des pardons de l'Hôtel-Dieu, à la grand' porte de Petit-Pont (1522), 178.
Croix de cuivre doré sur le chapiteau neuf de l'Hôtel-Dieu (1516), 154.
Croix d'or donnée aux pauvres de l'Hôtel-Dieu (1567), 330.
Croix-Hémon (1505-1506), 101.
Croix-Neuve (1536), 224.
Croisade (Pardon spécial de la) (1517), 155.

## D

Délibérations du Bureau de l'Hôtel-Dieu; première mention qui en est faite (1532), 195.
Deniers d'un jubilé attribués aux pauvres de l'Hôtel-Dieu (1539), 269.
Dépenses pour aller chercher les nouvelles religieuses de l'Hôtel-Dieu (1505-1506), 126, 127.
Dettes de l'Hôtel-Dieu pendant l'administration du chapitre de Notre-Dame; les nouveaux administrateurs demandent qu'elles soient payées (1506-1507), 133.

Dieu de Majesté et évangélistes peints sur l'une des portes de l'Hôtel-Dieu, (1516), 154.
Dîner au Bureau de l'Hôtel-Dieu à l'occasion d'un procès (1511-1512), 143.
—— des gouverneurs de l'Hôtel-Dieu, le jour de la reddition des comptes (1505-1506), 129.
—— offert par la prieure lors de son élection, (1370), 7.
Donation Bidelain (1569), 334.
—— Delange (1508-1509), 137.

Donation de la Haye Picquet (1418), 52.
—— de Habert (1552), 294.
—— Étienne de Breban (1429), 64.
—— François de Montigny (1525), 182.
—— Geoffroy Jacques (1547), 284.
—— Girardot (1518), 159, 160.
—— Jehan Desmoutiers (1575), 350.
—— Marie Hugon (1417), 50.
—— Michel de Cotonia (1528), 187.
—— Sardini (1567), 329.
—— Ysabel de Breban (1430), 66.
Dragées pour les sœurs (1364), 3.

## E

Échaudés du Vendredi-Saint à l'Hôtel-Dieu (1505-1506), 129.
École Saint-Germain (1416), 44.
Écorcherie de Paris (1505-1506), 104.
Écussons aux armes du Dauphin (1443), 69.
Église Saint-André de Bordeaux (1567), 329.
—— Saint-Antoine-le-Petit (1505-1506), 120.
—— Saint-Barthélemy (1536), 213.
—— Saint-Christophe (1536), 201.
—— Saint-Denys de la Chartre (1536), 223.
—— Saint-Denis-du-Pas (1416), 29.
—— Saint-Éloi (1536), 253.
—— Saint-Eustache (1536), 224.
—— Saint-Évremont à Creil (1416), 37.
—— Saint-Germain-l'Auxerrois (1536), 222.
—— Saint-Germain-des-Prés (1505-1506) 121.
—— Saint-Germain-le-Vieux (1416), 24; (1536), 209.
—— Saint-Gervais (1536), 216.
—— des Innocents (1478), 80.
—— Saint-Jacques-la-Boucherie (1536), 205-220.

Église Saint-Jean-en-Grève (1536), 212, 218, 225, 252.
—— Saint-Jean de Latran (1536), 253, 254.
—— Saint-Leufroy (1536), 213.
—— de la Madeleine en la Cité (1505-1506), 97.
—— Saint-Marcel à Paris (1416), 33.
—— Saint-Martin-des-Champs (1416), 29; (1536), 253.
—— Saint-Nicolas-des-Champs (1536), 254.
—— Notre-Dame des Carmes (1536), 252.
—— Sainte-Opportune (1536), 253.
—— Saint-Pierre-des-Arcis (1505-1506), 101 (1536), 207.
—— Saint-Pierre de Troyes (1573), 343.
—— Saint-Séverin (1505-1506), 102; (1536), 204, 210, 253.
—— Saint-Sulpice (1416), 33.
—— Saint-Thomas-du-Louvre (1536), 226.
Égouts de Paris (1536), 216.
Emprisonnement d'une religieuse de l'Hôtel-Dieu (1506-1507), 134.
Emprunt de l'Hôtel-Dieu (1430), 66.
Enfants de la Trinité; fondation à leur profit (1565), 323.

Enfants trouvés; ils étaient exposés dans un berceau placé dans l'église Notre-Dame (1543), 277.
Enlumineur (1536), 230.
Épave adjugée à l'Hôtel-Dieu (1519), 161.
Épidémies de (1481, 1484, 1485, 1486), 85.
—— de (1494-1495), 88.
Essonne (Rivière d'), 18.
Étrennes à divers (1416), 47.
—— données aux gens de justice, aux clercs des procureurs, etc. (1446), 74.
Étuve à femmes (1505-1506) 113, 114; (1536), 209.
—— à femmes des Bœufs (1505-1506), 103; (1536), 212.
Étuves à femmes rue de la Truanderie (1364), 2.
—— de Mauconseil (1364), 2.
—— de la rue Montmartre (1501-1502), 92.
—— Notre-Dame (1505-1506), 104.
—— Saint-Michel (1536), 209.
Eure (rivière), 148.

47.

## TABLE DES MATIÈRES.

### F

Fabrication de cercueils à Saint-Leu-Taverny (1416), 41.
Faculté de médecine (1478), 77; (1479-1480), 82; (1536), 209.
Famine de 1522; le roi donne 500 livres tournois à l'Hôtel-Dieu, 176.
Ferme du Pressoir (1581), 367.
Fêtes et joutes à la Porte Saint-Antoine; les administrateurs se réservent une chambre dans une de leurs maisons pour y assister (1536), 232.
Feuillages autour des lits des malades le jour du Saint-Sacrement (1512), 146.

Fief d'Albic (1550), 289.
Figues pour les malades (1365), 4.
Fil (Prix de la livre de) (1364), 3.
Filles amoureuses (1518), 160; (1529), 189; (1536), 207.
Foire Saint-Germain-des-Prés (1536), 258.
Fondation Chambellan (1506-1507), 132; (1518), 158.
—— de la Hargerie (1558), 305.
—— Jacques Le Roy (1523), 179.
—— du duc de Nivernais (1581), 367.
—— Oudart de Maucroix ou Mocreux (1446), 74.

Fondation de Philippe de Harcourt (1417), 50.
—— Pierre Alixandre (1536), 241.
Fontaine-Maubué (1505-1506), 107.
Forêt de Bierre, 20.
Forge de la Cité (1416), 24.
Fortifications de Paris; l'Hôtel-Dieu est exempté des contributions payées par chaque maison (1553), 297.
Fourrures de Bretagne (1381), 11.
Fous; ils alaient faire neuvaine à Saint-Mathurin de Larchant (1508-1509), 141.

### G

Gelées de l'hiver de 1513, 148.
Gens d'armes anglais; un sauf-conduit leur est demandé (1444), 70.
—— de Meaux. Composition faite avec eux (1445), 72.
Gors de l'Hôtel-Dieu à Saint-Maur (1505-1506), 123.

Graine de Paradis, 11.
Grands Marais (1416), 22.
Grange-Batelière (1416), 22.
Guerre des Anglais; biens de Michel de la Tillaye confisqués; son hôtel situé à la porte du chaume donné à un Anglais après état de lieux dressé (1430), 67.

Guerre des Anglais. Sauf-conduits pour l'Hôtel-Dieu (1430), 67.
—— des Anglais. *Appatiz* payés à diverses personnes (1430), 67.
Guerres religieuses; fermes de l'Hôtel-Dieu ruinées (1562), 317.
—— rentes vendues par l'H.-D. (1563), 318.

### H

Halle au Cordouen (1505-1506), 108.
—— aux cuirs (1478), 80.
—— aux fripiers (1416), 28; (1536), 224.
Halles aux merciers (1505-1506), 110.
—— de Paris (1364), 3; (1479), 81.
—— aux poirées (1479), 81.
Herbe pour les salles des malades (1364), 3.
Hommée de vigne, mesure de longueur (1416), 21.
Hôpital de la Charité (Commencement de construction d'un) (1520), 162.
—— Sainte-Anastase (1537), 265.
—— Sainte-Catherine (1536), 221; (1537), 253, 265.
—— du Saint-Esprit-en-Grève (1372), 13; (1574), 347.
—— Saint-Eustache (1536), 258.
—— du faubourg Saint-Jacques (Ancien) (1573), 344.
—— Saint-Jacques-aux-Pèlerins (1536), 223.
—— Saint-Jean (1416), 33.
—— de la Trinité (1536), 253.
Hôpitaux et maladrerie de la prévôté de Paris enquête sur leur situation (1567), 331.
Horloge de l'Hôtel-Dieu (1416), 47.
Hospitalières de Balésy (1416), 37.
Hôtel de l'Ane rayé (1505-1506), 107.
—— de l'Ange (1536), 212, 218.
—— de l'Arbalète (1505-1506), 103.
—— de l'Arbre-Sec (1536), 223.
—— du Barillet (1536), 210.

Hôtel du Bourg-la-Reine (1505-1506), 121.
—— des Bourses (1536), 218.
—— Bureau (1478), 78.
—— du Cardinal (1536), 220.
—— des Carmes (1505-1506), 119.
—— des Carneaux (1536), 207.
—— de Celsoy? à l'évêque de Chartres (1478), 77.
—— du Chapeau-rouge (1479), 81.
—— du Chaperon (1478), 77; (1536), 211.
—— de la Chasse (1478), 78; (1536), 217.
—— des Deux Chasses (1536), 218.
—— du Château (1479), 81; (1536), 212, 216.
—— du Chaudron (1505-1506), 119; (1536), 201.
—— du Chef Saint-Denys (1505-1506), 103.
—— de Clermont (1536), 204.
—— de la Cloche (1478), 79; (1536), 231.
—— du comte de Flandres (1505-1506), 111.
—— de la Corne de cerf (1505-1506), 111.
—— de la Couronne (1505-1506), 107.
—— des Crochets (1536), 211.
—— du Croissant (1478-1479), 81; (1536), 209, 224.
—— de la Crosse (1478), 77; (1536), 210.
—— des Deux cygnes (1536), 221, 225.

Hôtel du Dieu d'amour (1478), 77; (1505-1506), 98.
—— de l'Écu d'argent (1536), 211.
—— des Trois écus (1505-1506), 110.
—— de l'Écu de Bretagne (1505-1506), 105.
—— du Faucheur (1505-1506), 106; (1536), 217.
—— des Faucilles (1536), 211.
—— du Faucon (1536), 210.
—— de la Fontaine de Jouvence (1536), 222.
—— de Forest (1505-1506), 103.
—— du Griffon (1536), 204.
—— de Guy du Châtel (1478), 78.
—— de la Haute-Bruyère (1478), 77.
—— de la Heuze (1536), 220.
—— de l'Homme sauvage (1478), 78.
—— de la Huchette (1505-1506), 113; (1536), 228.
—— de l'image Saint-Sauveur (1505-1506), 111.
—— de l'image Saint-Yves (1478), 80.
—— de Lagny (1536), 219.
—— de la Lanterne (1478), 77.
—— de la Lévrière (à Lyon) (1536), 241.
—— de la Longue-Allée (1478), 78; (1536), 204.
—— de la Madeleine (1505-1506), 105; (1536), 216.
—— des Maillets (1478), 77.

## TABLE DES MATIÈRES.

Hôtel de la Marguerite (1536), 206.
— de la Nef (1478), 78.
— Notre-Dame (1536), 212.
— de l'Olifant (1505-1506), 114.
— d'Orléans (1536), 237.
— de l'Ours (1505-1506), 105; (1536), 204, 217.
— de la Pannevere (1478), 77.
— du Paon (1536), 225.
— de Papegault (1478), 77.
— de la Pie (1536), 226.
— du Plat d'étain (1536), 210.
— du Plomb (1536), 251.
— du Prêcheur (1479), 81.
— des Trois pucelles (1536), 211.

Hôtel de Rambouillet (1552), 295.
— des Rats (1536), 227.
— de la Reine Blanche (1478), 79.
— de la Rose (1478), 80.
— des Deux roses (1505-1506), 107; (1536), 221.
— des Trois rois de Cologne (1478), 77; (1536), 211.
— Saint-Nicolas (1536), 212.
— Saint-Paul (1536), 226.
— de Saint-Victor (1536), 201.
— du Saumon (1478), 77.
— des Singes (1505-1506), 110.
— de la Table Rolland (1505-1506), 107.

Hôtel de la Tête noire (1536), 218.
— des Tournelles (1536), 216.
— de la Treille, rue de la Calandre (1368), 6.
— de la Trinité (1505-1506), 110.
Hôtel-Dieu d'Amiens (1446), 74; (1562), 317.
— de Chars (1416), 47.
— de Lagny (1565), 324.
— de Lyon (1536), 241.
— de Pontoise (1478), 79.
— Saint-Gervais (1505-1506), 104, 105; (1536), 215.
Hôtel Vert (1479), 81.

### I

Île de l'Hôtel-Dieu de Paris à Chatou (1505-1506), 122.
— Saint-Denis (1536), 241.
Îles de Créteil (1517), 157.
Images saintes placées au-dessus des troncs (1443), 68. — Imagier (1536), 230.
Inquisition (1526), 184.
Inventaire de l'argenterie de l'Hôtel-Dieu (1428), 61.
— des archives de l'Hôtel-Dieu (1538), 267; (1549), 288; (1551), 293. — Inventaire des biens meubles de l'Hôtel-Dieu, dressé par la nouvelle administration (1505-1506), 126.

### J

Jacobins de Paris (1429), 64; (1505-1506), 102; (1536), 211.
Jeu de Paume (1505-1506), 111.
Jonchées d'herbes dans les salles et au réfectoire (1416), 45, 46. — Jubilé général de 1562, 321.
— spécial pour l'agrandissement de l'Hôtel-Dieu (1516), 152.

Juifs (Dettes envers les) (1418), 56.
Juine (Rivière) (1416), 28.
*Justice de Paris* (1536), 235.

### L

Lampe perpétuelle à l'infirmerie de l'Hôtel-Dieu (1505-1506), 110.
Lampes entre les lits des malades (1416), 45.
Landit; l'Hôtel-Dieu y fait ses achats (1364), 3.
Légitimation de Giles de Luxembourg (1501-1502), 92.
Legs du duc de Berry à l'Hôtel-Dieu (1416), 25.
Légumes fournis à l'Hôtel-Dieu par les fermiers des grands et petits marais des Porcherons (1416), 22.
Lettres patentes relatives aux pardons de l'Hôtel-Dieu (1506-1507), 133.
— patentes du Roi relatives à l'agrandissement de l'Hôtel-Dieu (1516), 152.
— patentes du roi François I<sup>er</sup>, relatives à la construction d'un hôpital de la Charité pour les malades de peste (1520), 162, 163, 164.

Lettres patentes du roi François I<sup>er</sup> portant que la construction du nouvel hôpital de la Charité serait abandonnée (1520), 171.
Linge donné par la province à l'Hôtel-Dieu de Paris (1446), 73.
Lit de la Reine légué à l'Hôtel-Dieu (1371), 8.
Livres à l'usage des enfants de chœur de l'Hôtel-Dieu (1444), 70.

### M

Maison à l'enseigne de l'*Agnus Dei* (1478), 77; (1536), 211, 251.
— à l'enseigne de l'Aigle (1536), 205.
— à l'enseigne de l'Aigle et du Barbeau (1505-1506), 98.
— à l'enseigne de l'Âne-Rayé (1505-1506), 112; (1536), 221.
— à l'enseigne de l'Ange (1505-1506), 103; (1536), 229, 231, 253.
— à l'enseigne de l'Annonciation (1478), 80; (1505-1506), 108; (1536), 222.

Maison à l'enseigne de l'Araignée (1505-1506), 104.
— de l'Arbalète (1364), 1, 2, 3; (1478), 77; (1536), 211.
— à l'enseigne de l'Autruche (1505-1506), 98, 105; (1536), 217.
— à l'enseigne de la Bachouée (1536), 227.
— à l'enseigne de la Bannière de France (1505-1506), 98, 105; (1536), 204, 217.
— de la Barbe d'or (1536), 207.

Maison à l'enseigne du Barillet (1478), 78, 79; (1505-1506), 110; (1536), 218, 220, 225.
— à l'enseigne du Barillet d'argent (1562), 315.
— à l'enseigne du Barseul (1566), 326.
— Bat-Fer, 1.
— à l'enseigne de la Belle-Étoile (1505-1506), 97, 98, 100; (1536), 203.
— à l'enseigne du Berceau (1536), 231, 252.

## TABLE DES MATIÈRES.

Maison à l'enseigne du Bœuf-Couronné (1478), 79; (1505-1506), 98, 107, 112; (1536), 204, 213, 224, 227.
— de la *Boudaire* (1536), 227.
— à l'enseigne de la Boule (1536), 229.
— à l'enseigne de la Cage (1478), 77; (1505-1506), 102; (1536), 210.
— à l'enseigne du Cerf (1536), 211, 219, 222.
— à l'enseigne du Cerf-Volant (1505-1506), 105; (1536), 217.
— à l'enseigne du Chapeau-d'Or (1536), 224.
— à l'enseigne du Chapeau-Rouge (1505-1506), 108; (1536), 221, 224.
— à l'enseigne du Chariot (1479), 81.
— à l'enseigne de la Châsse (1505-1506), 105.
— à l'enseigne du Chat-qui-pêche (1536), 252.
— du Château-Frileu (1505-1506), 100.
— du Château-Frileux, reconstruite (1515), 151.
— du Chaudron, 1; (1370), 7; (1479), 81; (1505-1506), 105; (1536), 217, 230; (1566), 324.
— à l'enseigne de la Chausse-Rouge (1478), 77; (1536), 215.
— à l'enseigne du Chef Saint-Denis (1505-1506), 109; (1536), 223.
— à l'enseigne du Chef Saint-Quentin (1505-1506), 99.
— à l'enseigne du Cheval-Blanc (1505-1506), 107, 112; (1536), 209, 225.
— à l'enseigne du Chevalier-au-Cygne (1536), 224.
— à l'enseigne du Cheval-Rouge (1505-1506), 100.
— à l'enseigne de Saint-Christophe (1478), 79; (1505-1506), 99.
— à l'euseigne de la Clef (1478), 79, 80; (1536), 218, 219.
— à l'enseigne de la Cloche (1478), 78; (1536), 215.
— à l'enseigne de la Cloche-Blanche (1505-1506), 106.
— à l'enseigne de la Cloche-Noire (1478), 77; (1536), 211.
— à l'enseigne de la Cloche-Perse (1505-1506), 98, 102; (1536), 204, 210.
— à l'enseigne de la Cloche-Rouge (1505-1506), 102; (1536), 210.
— à l'enseigne du Coq (1505-1506), 112; (1536), 204, 217.
— à l'enseigne de la Coquille (1505-1506), 106; (1536), 217.
— à l'enseigne du Corbeau (1536), 227.
— à l'enseigne de la Corne-de-Cerf (1505-1506), 105, 114, 119; (1536), 216, 220.
— à l'enseigne de la Corne-de-Daim (1536), 221.
— à l'enseigne de la Cornemuse (1536), 223.

Maison à l'enseigne du Cornet (1505-1506), 107; (1536), 213.
— à l'enseigne de la Côte-de-Balein (1505-1506), 114, 120; (1536), 253.
— du Coulon (1370), 7.
— à l'enseigne des Coulons (1505-1506), 102, 104, 109, (1536), 210, 215.
— à l'enseigne de la Coupe (1478), 76; (1505-1506), 110, 115; (1536), 228.
— à l'enseigne de la Coupe-d'Or (1536), 207.
— de la Coupe-d'Or (1364), 1, 4; (1505-1506), 101; (1536), 225.
— à l'enseigne du Couperet (1536), 209, 209.
— à l'enseigne de la Couronne (1478-1479), 81; (1505-1506), 112; (1536), 201, 214, 229; (1566), 324.
— à l'enseigne de la Couronne-de-Fer (1478), 77; (1536), 209.
— à l'enseigne de la Crémaillère (1536), 221.
— à l'enseigne du Croissant (1478), 78; (1505-1506), 103, 108; (1536), 215, 231, 253.
— à l'enseigne de la Croix-Blanche (1536), 217, 229.
— à l'enseigne de la Croix-de-Fer (1505-1506), 96, 107, 112, 119; (1536), 201, 219, 221, 228, 251.
— à l'enseigne de la Croix-Noire (1527), 187; (1536), 231, 252.
— à l'enseigne de la Croix-d'Or (1478), 78, 80; (1505-1506), 98, 100; (1536), 204, 217.
— à l'enseigne de la Crosse (1505-1506), 101, 102.
— à l'enseigne de la Cuiller (1505-1506), 109, 121.
— à l'enseigne de la *Dame à cheval tenant ung oisel sur le poing* (1536), 210.
— à l'enseigne des Deux-Anges (1505-1506), 102; (1536), 211.
— à l'enseigne des Deux-Boules (1536), 223.
— à l'enseigne des Deux-Cygnes (1478), 80; (1536), 232, 253, (1566), 326.
— à l'enseigne des Deux-Frères (1478), 80.
— à l'enseigne des Deux-Haches (1478), 79.
— du Dieu-d'Amour (1370), 7; (1478), 79; (1505-1506), 110; (1536), 205.
— de l'Échelle (1370), 7.
— à l'enseigne de l'Échiquier (1505-1506), 112; (1536), 209, 221.
— à l'enseigne de l'Écrevisse (1505-1506), 112, 114; (1536), 215, 230; (1566), 326.
— à l'enseigne de l'Écritoire (1536), 226.
— à l'enseigne de l'Écu-d'Argent (1505-1506), 102, 108.
— à l'enseigne de l'Écu-de-Beauvais (1505-1506), 110; (1536), 225.

Maison à l'enseigne de l'Écu de Berry (1536), 226.
— à l'enseigne de l'Écu de Bourbon (1536), 215.
— à l'enseigne de l'Écu de Bretagne (1478), 78; (1505-1506), 104, 107, 114, 120; (1536), 216, 220, 221, 229, 253.
— à l'enseigne de l'Écu de Florence (1566), 326.
— à l'enseigne de l'Écu de France (1478), 80; (1479), 81; (1505-1506), 98, 101, 104, 111, 113; (1536); 204, 208, 226, 227, 231, 251.
— à l'enseigne des Écureuils (1505-1506), 103.
— à l'enseigne de l'Empereur (1536), 209.
— à l'enseigne de l'Épée (1478), 80; (1505-1506), 99, 110, 113; (1536), 214.
— de l'Ermitage (1536), 215.
— de l'Étoile, 1; (1478), 76; (1536), 208, 212, 216, 229.
— à l'enseigne de l'Étoile et de la Chaîne (1536), 216.
— à l'enseigne du Faucheur (1566), 324.
— à l'enseigne de la Faux (1479), 81; (1536), 224.
— à l'enseigne du Fer-à-Moulin (1505-1506), 109, 111; (1536), 224.
— à l'enseigne de la Fleur-de-Lys (1478), 78, 80; 1505-1506), 109, 215, 223.
— à l'enseigne de la Fleur-de-Lys-Couronnée (1505-1506), 111; (1536), 227.
— à l'enseigne de la Gibecière (1536), 220.
— à l'enseigne du Grand-Cerf (1548), 286.
— à l'enseigne du Grand-Chaudron (1505-1506), 97.
— à l'enseigne du Griffon (1478), 78; 1505-1506), 98, 105; (1536), 217.
— à l'enseigne du Gril (1478), 79; (1505), 108; (1536), 221.
— à l'enseigne de la Grimace (1536), 220.
— à l'enseigne du Gros-Tournois (1536), 251.
— de la Haute-Bruyère (1505-1506), 99.
— à l'enseigne du Heaume-Couronné (1416), 24.
— à l'enseigne du Heaume, place Baudoyer (1416), 24; (1478), 78; (1505-1506), 97; (1536), 215.
— à l'enseigne de la Heuze (1478), 79; (1505-1506), 106.
— à l'enseigne de l'Homme-Sauvage (1505-1506), 97, 101, 105, 109; (1536), 204, 217, 223.
— à l'enseigne de la *Housse-Gilet* (1536), 223.
— de la Housse-Trapue (1536), 227.

# TABLE DES MATIÈRES.

Maison à l'enseigne de la Huchette (1505-1506), 96, 99; (1536), 201, 206, 230.
— à l'enseigne de la Hure (1505-1506), 109; (1536), 223.
— à l'enseigne des 4 Images Notre-Dame (1478), 79.
— à l'enseigne de la Lanterne (1505-1506), 101; (1536), 209.
— à l'enseigne de la Levrière (1505-1506), 102; (1536), 210, 212.
— à l'enseigne de la Levrière-Blanche (1505-1506), 111; (1536), 227.
— de la Licorne, 1; (1370), 7; (1536), 231; (1566), 326.
— à l'enseigne du Lion (1536), 225, 226.
— du Lion-Charronnier (1370), 6.
— à l'enseigne du Lion-d'Or (1505-1506), 101, 106, 111, 232, 253.
— de la Longue-Allée (1536), 217.
— de Luzarches (1536), 215.
— à l'enseigne de la Marguerite (1505), 96-113; (1536), 201, 228; (1566), 325.
— des Marmousets (1505-1506), 98; (1536), 204, 228.
— à l'enseigne du Matelas (1536), 232; (1566), 327.
— à l'enseigne du Miroir (1536), 232, 253.
— à l'enseigne du Mouton (1505-1506), 103-107, 212, 220.
— à l'enseigne de la Mule (1536), 229, 253; (1566), 326.
— à l'enseigne du Myronier (1505-1506), 120.
— à l'enseigne de la Nasse (1505-1506), 101; (1536), 207, 212, 229.
— à l'enseigne de la Nef-d'Argent (1536), 215.
— à l'enseigne de Notre-Dame (1505-1506), 98, 105, 108, 110; (1536), 204, 206, 220, 253.
— à l'enseigne de l'Ours (1505-1506), 98; (1536), 225.
— à l'enseigne de l'Ours et du Lion (1505-1506), 107, 109, 223.
— à l'enseigne du Paon (1505-1506), 102.
— du Papegault (1536), 212.
— de Paradis (1505-1506), 97; (1536), 208.
— à l'enseigne de la Penne-Vere (1505-1506), 101.
— à l'enseigne du Périer (1478), 78.
— à l'enseigne des Périers (1505-1506), 98.
— à l'enseigne du *Pétal* (1505-1506), 102.
— du Petit-Cerf (1536), 218.
— à l'enseigne du Petit-Chaudron (1505), 96; (1536), 206.
— à l'enseigne de la Petite-Clef (1505-1506), 106.

Maison à l'enseigne du Petit-Cygne (1536), 228.
— du Petit-Heaume (1370), 7; (1478), 78; (1536), 204.
— à l'enseigne de la *Pie-sur-Piers* (1536), 220.
— à l'enseigne du Plat-d'Étain (1478), 79; (1505-1506), 109, 110; (1536), 229.
— de la Plâtrière (1505-1506), 100, 113; (1536), 207.
— à l'enseigne du Poirier (1479), 81; (1536), 204.
— à l'enseigne de la Pomme-d'Orange (1505-1506), 110.
— à l'enseigne de la Pomme-Rouge (1478), 77; (1505-1506), 98, 102, 112; (1536), 204, 207.
— à l'enseigne du Porc-Épic (1536), 209.
— à l'enseigne du Porteur (1505-1506), 110.
— à l'enseigne du Pot-d'Étain (1478), 78-80; (1505-1506), 104, 106, 111; (1536), 214, 218.
— à l'enseigne du Prêcheur (1478), 78; (1536), 216, 252.
— à l'enseigne du Puits (1505-1506), 98.
— à l'enseigne de la Ratière (1566), 327.
— à l'enseigne du Renard-Ferré (1536), 253.
— à l'enseigne du Renard-Forcé (1536), 231.
— à l'enseigne du Roi priant (1536), 215.
— à l'enseigne de la Rose (1505-1506), 107, 108; (1536), 214, 225.
— à l'enseigne de la Rose-Blanche (1536), 224.
— à l'enseigne de Saint-André (1479), 81.
— à l'enseigne de Saint-Antoine (1505-1506), 106.
— à l'enseigne de Sainte-Catherine (1478), 78.
— à l'enseigne de Saint-Christophe (1478), 78; (1536), 206, 215.
— à l'enseigne du Saint-Esprit (1505-1506), 113; (1536), 214.
— à l'enseigne de Saint-Eustache (1505-1506), 106-107; (1536), 212, 217.
— à l'enseigne de Saint-Gervais et Saint-Protais (1505-1506), 105.
— à l'enseigne de Saint-Honoré (1505-1506), 111.
— à l'enseigne de Saint-Jacques (1479), 81; (1505-1506), 108.
— à l'enseigne de Saint-Jacques-de-Galice (1479), 81.
— à l'enseigne de Saint-Jacques et de Saint-Christophe (1505-1506), 109.
— à l'enseigne de Saint-Jean (1563), 318.
— à l'enseigne de Saint-Jean-Baptiste (1478), 81; (1536), 224.

Maison à l'enseigne de Saint-Jean-l'Évangéliste (1536), 202, 206.
— à l'enseigne de Saint-Joseph (1536), 227.
— à l'enseigne de Saint-Julien (1505-1506), 108; (1536), 222.
— à l'enseigne de Saint-Laurent (1478), 78.
— à l'enseigne de Saint-Leu-Saint-Gilles (1505-1506), 120; (1536), 231, 252.
— à l'enseigne de Saint-Marcel et de Sainte-Geneviève (1505-1506), 97, 99; (1536), 202.
— à l'enseigne de Sainte-Marguerite (1505-1506), 96, 100, 101. 107; (1536), 202, 208, 213, 253.
— de Sainte-Marthe (1505-1506), 121; (1536), 203, 252; (1566), 325.
— à l'enseigne de Saint-Martin (1478), 79; (1505-1506), 101, 102; (1536), 211, 225.
— à l'enseigne de Saint-Michel (1478), 79; (1505-1506), 101, 105; (1536), 208, 216.
— à l'enseigne de Saint-Nicolas (1478), 77; (1505-1506), 103, 108, 109; (1536), 222.
— à l'enseigne de *Saint-Nicolas devers le vent marin* (à Lyon) [1536], 241.
— à l'enseigne de Saint-Philippe (1536), 215.
— à l'enseigne du Saint-Sauveur (1536), 227.
— à l'enseigne de Saint-Sébastien (1505-1506), 113; (1536), 213.
— à l'enseigne de Saint-Victor (1505-1506), 99; (1536), 206).
— à l'enseigne de Saint-Yves (1536), 227.
— du Saumon (1364), 2, 3.
— à l'enseigne de la Serpette (1505-1506), 120; (1536), 229, 232, 253, 326.
— à l'enseigne de la Sirène (1478), 76; (1479), 81; (1505-1506), 100, 103, 108; (1536), 208.
— de la Souche (1536), 207, 217.
— à l'enseigne du Soufflet (1536), 229.
— de la Table-Raouland (1536), 214.
— à l'enseigne de la Tête-du-Marmouset (1536), 216.
— à l'enseigne de la Tête-Blanche (1505-1506), 107; (1536), 231.
— à l'enseigne de la Tête-de-Mouton (1505-1506), 110; (1536), 224.
— à l'enseigne de la Tête-Noire, à la porte Baudoyer (1416), 24; (1478), 78; (1505-1506), 98, 105, 106, 110; (1536), 204, 217.
— de la Tour-Roland (1505-1506), 101; (1536), 208.
— à l'enseigne du Trépied (1478), 80; (1536), 221.

# TABLE DES MATIÈRES.

Maison à l'enseigne des Trois-Boîtes (1505-1506), 99.
—— à l'enseigne des Trois-Boucles (1536), 202.
—— à l'enseigne des Trois-Bourses (1505-1506), 114.
—— à l'enseigne des Trois-Corbillons (1505-1506), 111; (1536), 226.
—— des Trois-Pas-de-Degré (1505-1506), 104; (1536), 215.
—— à l'enseigne des Trois-Rois (1536), 208.
—— à l'enseigne de la Truie-qui-File (1536), 217.
—— à l'enseigne du Veau (1505-1506), 99.
—— à l'enseigne de l'Ysore (1505-1506), 106; (1536), 217.
Maître de l'Hôtel-Dieu congédié (1535), 200.
Malades en grand nombre à l'Hôtel-Dieu (1482-1483), 83.
Maladie du roi François Ier (1537), 263.
Maladrerie de Bourg-la-Reine (1564), 321.
—— de Brie-Comte-Robert (1569), 334.
—— de Charenton (1573), 344.

Maladrerie de Dammartin (1416), 35.
—— de Longjumeau (1416), 36.
—— de Saint-Ouen-l'Aumône (1416), 20.
Manteau de deuil de François Ier donné à l'Hôtel-Dieu (1532), 195.
Marais (Les grands), à Paris (1416), 22.
—— grands et petits, produit de la vendange (1416), 41.
—— (Les petits), à Paris (1416), 22.
Marchandises mal fabriquées, condamnées à être brûlées, 11, 12.
Martroy Saint-Jean (1370), 7.
Médecin étranger autorisé à soigner à l'Hôtel-Dieu des malades réputés incurables (1551), 293.
Messe pour le Roi et Bureau de la Rivière (1372), 14.
Meubles légués à l'Hôtel-Dieu (1393), 12.
—— et vêtements donnés à l'Hôtel-Dieu (1389), 12.
Misère de l'Hôtel-Dieu (1418), 53.
—— générale; remises faites aux locataires des maisons de l'Hôtel-Dieu (1429), 65.
—— à l'Hôtel-Dieu; l'argenterie est vendue pour acheter du blé (1430), 66.
—— de l'année 1522; grand nombre de pauvres à l'Hôtel-Dieu, 176.

Misère de l'année 1525; grand nombre de pauvres à l'Hôtel-Dieu, 182.
—— de l'Hôtel-Dieu causée par les guerres de religion; biens fonds vendus (1563), 317.
More rôtisseur rue Saint-Denis (1569), 335.
Mortalité extraordinaire à l'Hôtel-Dieu (1481-1482), 83.
Morts de l'Hôtel-Dieu; leur nombre en 1416 et années suivantes, 45.
Moulin Basset, près Saint-Denis (1519), 161.
—— du Bouchet (1505-1506), 126.
—— des prés de Charenton brûlé par les Huguenots (1573), 346.
—— à papier de Chiot (1536), 18; (1542), 238, 275.
—— de Croteau, 23.
—— de Croûte-Barbe (1505-1506), 122.
—— de l'Écorcherie (1536), 214.
—— des Gobelins (1536), 228.
Moulin du Temple (1478), 78.
Moutonnage, cens à Nanterre (1416), 20.
Mouture du blé; prix (1416), 40.
Murs des salles blanchis à la chaux (1367), 6.

## N

Négligences du chapitre de Notre-Dame dans l'administration de l'Hôtel-Dieu (1505), 96.

Notre-Dame des Carmes (1505-1506), 102.
—— des Champs (1416), 36.

Notre-Dame de l'Ermitage, près Champrosay (1505-1506), 122; (1536), 254.

## O

Obligations du receveur général de l'Hôtel-Dieu, 144.
Obsèques d'un maître de l'Hôtel-Dieu (1443),

68. — Offrandes à Saint-Éloi (1443), 69; (1445), 72.
Orfèvres de Paris; ils offrent chaque année, le

jour de Pâques, un dîner aux malades de l'Hôtel-Dieu (1416), 28.
Ormes de la Seine (1536), 215.

## P

Parchemin (Cherté du) (1429), 63.
Pardonneurs ultramontains; plaintes contre leurs abus (1541), 274.
Pardons autres que ceux de l'Hôtel-Dieu; abus qui se commettent, arrêt du Parlement (1543), 277.
—— de l'Hôtel-Dieu; défense aux archevêques et évêques d'y rien prétendre (1546), 283.
—— de l'Hôtel-Dieu; ils ne sont pas publiés pendant les années 1517 et 1518; indemnité donnée par François Ier à l'Hôtel-Dieu (1517), 155-156.
—— de l'Hôtel-Dieu; ils sont empêchés par les guerres religieuses (1562 et années suivantes), 315.
—— de l'Hôtel-Dieu publiés en Angleterre (1505-1506), 128.
—— de l'Hôtel-Dieu publiés dans les Flandres (1446), 74.

Pardons de l'Hôtel-Dieu publiés jusqu'en Italie (1506-1507), 131.
Parloner aux Bourgeois du Grand-Châtelet (1502-1503), 92; (1505-1506), 104; (1536), 213.
Past ou moutonnage à Nanterre (1416), 20.
Pavillon de damas noir donné par l'ambassadeur d'Espagne à l'Hôtel-Dieu (1572), 341.
Péage de Melun (1416), 20.
—— de la rivière d'Eure appartenant à l'Hôtel-Dieu (1513-1514), 148.
Peaux d'agneaux; leur prix en 1416, 46.
—— de mouton; leur prix en 1536, 249.
Pêche de la Seine (1416), 23.
—— de la Seine à Corbeil, fief de l'Hôtel-Dieu (1416), 22.
Pélerinage de Saint-Hildevert à Gournay (1378), 10.

Pelletiers (Confrérie aux) (1478), 80.
—— leur salaire par jour (1364), 3.
Peste à l'Hôtel-Dieu (1515), 151; (1521), 175; (1560), 313; (1569), 316.
—— à Paris (1554), 299; (1580), 365.
Pestiférés (Hôpital de) (1520), 162.
—— on songe à les isoler des autres malades (1516), 152.
Petit-Pont (1370), 7; (1418), 56.
—— maisons nouvellement construites dessus, leurs locataires (1416), 22.
Petit Saint-Antoine (1536), 225.
Physicien de l'Hôtel-Dieu (1498), 62.
Pied-Fourché (Ferme du) (1536), 213.
Pierre-au-Lait (1478), 79.
Pierre (Opération de la) (1371), 8.
Pigeons donnés au commis du greffier des requêtes (1506-1507), 133.
Piliers de la Tonnellerie (1536), 223.

## TABLE DES MATIÈRES.

Piliers des Halles (1536), 224.
Place aux Chats (1370), 7; (1478), 80; (1505-1506), 108; (1536), 222.
—— Maubert (1370), 7; (1505-1506), 101, 112; (1536), 252.
—— de la Saunerie (1505-1506), 98.
—— aux Veaux (1505-1506), 104.
Pommes de *Tonneau* (1479), 81.
Pont-au-Change (1528), 188; (1536), 213.
—— sur la Seine pour l'agrandissement de l'Hôtel-Dieu (1516), 155.
Port des Bernardins (1536), 210.
—— de Glatigny (1505-1506), 97.
—— Saint-Bernard (1505-1506), 101.
—— Saint-Landry (1505-1506), 100.
Porte Baudet (1370), 7.
—— Baudoyer (1478), 78; (1505-1506), 98, 105.
—— Blanche des Marais, au-dessous de Montmartre (1536), 235.
—— du Chaume (1422), 57; (1430), 67; (1505-1506), 107; (1536), 219.

Porte aux Coquillards (1505-1506), 109; (1536), 224.
—— Percée (1505-1506), 110.
—— Saint-Michel (1505-1506), 102; (1539), 269.
Pourceaux en prison (1416), 47.
Pré-aux-Clercs; les moutons de l'Hôtel-Dieu y vont paître (1508-1509), 141 et 142.
Prédications en province en faveur de l'Hôtel-Dieu (1445), 72.
Prieuré chassée de l'Hôtel-Dieu (1370), 7.
Prieuré de Longpont (1536), 251.
—— de Notre-Dame-des-Champs (1416), 33, 36.
—— de Notre-Dame-de-la-Saussaye (1536), 252.
—— de Saint-Denys de la Chartre (1505-1506), 120.
—— de Saint-Éloi (1505-1506), 120; (1536), 252.
—— de Saint-Lazare (1536), 252.

Prieuré de Saint-Pierre de Montlhéry (1416), 37.
—— de Saint-Vincent, près de Laon (1578), 359.
Prise de la ville et du château de Guines (1558), 306.
Prisonniers de la conciergerie; fondation en leur faveur (1558), 305.
Prix de la moisson (1416), 89.
—— des peaux de mouton en 1536, 249.
Procédure Duprat-Hôtel-Dieu (1541), 274; (1544), 279; (1545), 281; (1546), 283; (1547), 284.
—— entre l'Hôtel-Dieu et Saint-Germain-des-Prés au sujet des bâtiments de la Charité (1520), 169-170.
Procès contre Nicolas Flamel (1416), 47.
—— de l'Hôtel-Dieu contre les Quinze-Vingts (1375), 15.
—— de l'Hôtel-Dieu contre sœur Philippe la Foconde (1372), 14.
Procession autour des malades (1479-1480), 82.

## Q

Quêtes dans les églises paroissiales de Paris; remise aux quêteuses (1416), 26; — dans toute la France pour la *Cruciade* (1517), 155.

Quêtes en province en faveur de l'Hôtel-Dieu (1444), 70.
—— pour l'Hôtel-Dieu en Normandie autorisées par le roi d'Angleterre (1446), 74.
Quinze-Vingts de Paris (1505-1506), 120; (1536), 226, 253.

## R

Raisin pour les malades (1365), 4.
Ramoneurs, dits *housseurs* de cheminées (1542), 275.
Rançon du roi François I<sup>er</sup> (1532), 195.
Râpée (Maison de la) (1526), 185.
Receveur de l'Hôtel-Dieu; augmentation de son traitement (1535), 200.
—— général de l'Hôtel-Dieu; difficulté d'en trouver un capable (1508-1509), 139.
Réformation religieuse de l'Hôtel-Dieu (1536), 259.
Reine des sœurs de l'Hôtel-Dieu (1384), 11.
Religieuse de Tournay amenée à l'Hôtel-Dieu. Elle ne peut y rester (1508-1509), 141.
Religieuses de l'Hôtel-Dieu. Un grand nombre sont atteintes de la peste (1481-1482), 83.
—— venues de Flandre et de Picardie à l'Hôtel-Dieu (1505-1506), 125-126.
—— venues de Flandres et Picardie après la sécularisation de l'Hôtel-Dieu (1505-1506), 115.
Religieux Flamands et Picards amenés à Paris; ils ne veulent pas y rester (1505-1506), 127.
—— Flamands venus pour desservir l'Hôtel-Dieu; ils n'y veulent pas rester (1506-1507), 134.
—— de l'Hôtel-Dieu exilés à Orléans et à Meaux (1537), 265.

Religieux de l'Hôtel-Dieu expulsés à cause de leur insubordination (1537), 264.
Reliquaire du côté du Petit-Pont (1528), 188.
Reliquaires de l'Hôtel-Dieu (1428), 61, 62.
Reliques de sainte Agnès (1549), 288.
Rémissions accordées par le Roi à divers, sous condition d'une amende au profit de l'Hôtel-Dieu (1416), 28.
Révocation du receveur général Jean de la Saunerie (1508-1509), 136-137.
Robes et manteaux donnés par le Roi (1378), 10.
Roue à sonner (1508-1509), 142.
Royauté du couvent des sœurs, 11.
Rue André Mallet (1478), 79.
—— des Anglais (1505-1506), 102; (1536), 210.
—— de l'Apport Baudoyer (1536), 204.
—— de l'Arbre-Sec (1505-1506), 109; (1536), 223.
—— des Arcis (1505-1506), 107; (1536), 220.
—— d'Autriche (1505-1506), 114; (1518), 160.
—— d'Averon (1536), 222.
—— de la Barillerie (1536), 209.
—— des Barres (1478), 78; (1505-1506), 105; (1536), 216, 229, 253, 327.

Rue du Barseul (1505-1506), 97; (1563), 203, 207; (1554), 298.
—— de la Baudrairie (1536), 225.
—— Beaubourg (1478), 80; (1536), 225.
—— des Bernardins (1536), 231, 253.
—— de Béthisy (1505-1506), 109; (1536), 207, 222.
—— de Bièvre (1416), 28.
—— du Bon Puits (1536), 213.
—— de la Boucherie-Saint-Jacques (1536), 220.
—— de la Bouclerie (1536), 212, 253.
—— des Bourdonnais (1505-1506), 108, 114.
—— de la Bûcherie (1478), 77; (1505-1506), 97, 101, 113; (1527), 120, 187; (1536), 204, 209, 228, 231, 252; (1566), 326.
—— de la Calandre (1505-1506), 99; (1536), 208, 228.
—— du Cerf (1505-1506), 113.
—— de Champ-Fleury (1536), 226, 232, 253.
—— de Champrosy ou Champrosay (1505-1506), 97, 100; (1536), 203.
—— du Chantre (1536), 226.
—— aux Chantres (1505-1506), 111.
—— de la Chanvrerie (1536), 225.
—— de la Charronnerie (1478), 80; (1505-1506), 112; (1536), 221.

III.                                                                                                                                                    48

# TABLE DES MATIÈRES.

Rue de Chartron (1478), 79; (1505-1506), 106.
— du Chevet-Saint-Landry (1536), 203, 207, 229, 231, 252; (1566), 325.
— du Cimetière-Saint-Landry (1536), 203.
— des Dix-huit Clercs (1505-1506), 99.
— de la Colombe (1505-1506), 97, 113; (1536), 203, 207, 229, 231, 252; (1566), 325.
— de la Confrérie (1505-1506), 97, 113; (1536), 203, 206, 231.
— du Coq (1505-1506), 111; (1536), 226, 228.
— de la Cordonnerie (1478), 80; (1505-1506), 108; (1536), 221.
— de la Corroierie (1478), 80; (1536), 225.
— de la Cossonnerie (1505-1506), 110; (1536), 224.
— aux Coulons (1505-1506), 97.
— du Coulon (1536), 209.
— du Cul-de-Sac (1536), 219.
— *Dame Agnès la Buchère* (1416), 47.
— de Darnetal (Grenetat) (1505-1506), 112; (1536), 227, 253.
— des Déchargeurs (1478), 80.
— de l'École-Saint-Germain (1416), 26.
— de l'Écorcherie (1536), 214.
— des Écrivains (1478), 79.
— des Deux-Écus (1478), 80; (1505-1506), 109; (1536), 223.
— Érembourg de Brye (1505-1506), 103; (1536), 211, 232.
— des Étuves (1478), 80; (1536), 225.
— de la Ferronnerie (1478), 80; (1505-1506), 114; (1536), 222.
— aux Fers (au Fuerre) (1478), 80; (1536), 224.
— aux Fèves (1416), 24; (1505-1506), 112; (1536), 208.
— du Four (1505-1506), 108, 109; (1536), 222, 223, 248.
— de Frepault (1505-1506), 112; (1536), 227, 232, 253.
— Fromentel (1505-1506), 111.
— Galande (1536), 210.
— de la Ganterie (1505-1506), 108; (1536), 222.
— Geoffroy-Lasnier (1478), 78; (1505-1506), 99, 105; (1536), 205, 216, 229, 232, 253; (1566), 326.
— Gervais-Laurent (1505-1506), 101; (1536), 207.
— de Glatigny (1536), 223.
— du Grand-Sentier (1505-1506), 120.
— des Graviliers (1505-1506), 112, 115; (1536), 227.
— de Grenelle (1536), 226.
— Grenier-sur-l'eau (1505-1506), 105; (1536), 216.
— Guérin-Boisseau (1536), 227.
— Guillaume-Bourdin (1536), 222.
— de la Halle-aux-Poirées (1536), 224.

Rue de la Harengerie (1536), 221.
— de la Harpe (1478), 77; (1505-1506), 98, 103; (1536), 204, 237.
— des Hauts-Moulins (1478), 77; (1536), 207.
— de la Heaumerie (1505-1506), 107; (1536), 220.
— de l'Herberie (1505-1506), 112.
— de la Huchette (1536), 212.
— Jean-Beausire (1536), 216.
— Jean-Pain-Mollet (1505-1506), 107; (1536), 220.
— des Jardins (1505-1506), 104; (1536), 215.
— Jean-de-Saint-Denis (1536), 226.
— Jehan-Tirou (1536), 222.
— de Jouy (1478), 78; (1505-1506), 104; (1536), 215.
— des Juifs (1505-1506), 113; (1536), 229.
— de la Juiverie (1505-1506), 100, 112.
— des Lavandières (1478), 77; (1505-1506), 101; (1536), 209.
— de la Licorne (1505-1506), 100, 102, 121; (1536), 208.
— des Lombards (1536), 225.
— de Lourcine (1572), 342.
— de Mâcon (1529), 189.
— de Male-Parole (1505-1506), 108; (1536), 221.
— Marché-Palu (1505-1506), 97; (1536), 202, 208.
— de Marivaulx (1505-1506), 114; (1536), 232; (1566), 327.
— des Marmousets (1478), 77; (1505-1506), 97, 113; (1536), 203, 206, 229, 252.
— de Maudétour ou Mondétour (1536), 224.
— des Mauvais-Garçons (1536), 218.
— de la Mégisserie (1505-1506), 112; (1536), 214.
— des Ménétriers (1505-1506), 112; (1536), 225.
— Michel-le-Comte (1536), 225.
— Michel-Doret (1505-1506), 105; (1536), 216.
— du Monceau-Saint-Gervais (1536), 218.
— de Mondétour (1536), 110.
— Montmartre (1501-1502), 92; (1536), 224, 226.
— de la Mortellerie (1416), 28; (1478), 78; (1505-1506), 112, 120; (1536), 215, 229, 232, 253; (1566), 326.
— Moslard? (1536), 219.
— du Mûrier (1566), 327.
— Neuve-Notre-Dame (1505-1506), 119; (1536), 201, 228, 230; (1566), 324.
— Neuve-Saint-Martin (1479), 81.
— Neuve-Saint-Merry (1478), 79; (1505-1506), 106; (1536), 219.
— Neuve-Saint-Michel (1505-1506), 103; 113.
— des Nonnains-d'Yerre (1536), 215.

Rue Notre-Dame (1536), 206.
— des Noyers (1536), 209; 211.
— des Oubloiers (1536), 231, 251; (1566), 326.
— aux Ours (1478), 79, 80; (1505-1506), 120; (1536), 226, 229.
— de la Parcheminerie (1505-1506), 98, 102, 103; (1536), 204, 211, 229, 253.
— du Parvis-Notre-Dame (1536), 201, 230, 251.
— Perrin-Gasselin (1505-1506), 105, 106, 108; (1536), 221.
— des Petits-Champs (1536), 225.
— des Petits-Moulins-Sainte-Catherine (1478), 77.
— du Petit-Pont (1478), 77; (1536), 209, 231, 252; (1563), 318; (1566), 326.
— de la Petite-Saunerie (1536), 213; (1566), 326.
— de la Petite-Truanderie (1562), 315.
— du Petit-Ymage-Sainte-Katherine (1505-1506), 97; (1505-1506), 109; (1536), 203.
— du Pied-de-Bœuf (1505-1506), 121; (1505-1506), 104; (1536), 232, 253; (1566), 326.
— de la Pierre-au-Lait (1536), 205, 220.
— de la Place-Maubert (1536), 209.
— de la Place-de-la-Saulnerie (1536), 204.
— du Plâtre (1505-1506), 102, 107, 112; (1536), 210, 211, 219.
— Plâtrière (1478), 80; (1505-1506), 111; (1536), 226.
— de Poileron (1536), 226.
— des Poitevins (1505-1506), 103.
— du Pont-au-Change (1536), 232.
— du Pont-au-Foin (1536), 236.
— du Port-Saint-Bernard (1536), 210.
— du Port-Saint-Landry (1536), 231, 252.
— Porte-Bourdelle (1505-1506), 113; (1536), 212.
— de la Porte-Montmartre (1505-1506), 109.
— des Poulies (1536), 108, 222.
— Poupée (1505-1506), 103; (1536), 212.
— aux Prêcheurs (1505-1506), 110, 121; (1536), 224.
— des Prouvaires (1505-106), 109; (1536), 223.
— de Richebourg (1505-1506), 110, 226.
— du Roi-de-Sicile (1536), 216.
— des Rosiers (1505-1506), 114; (1536), 219.
— du Sablon (1505-1506), 99; (1536), 206, 251; (1566), 326.
— Saint-Antoine (1536), 217, 232; (1566), 326.
— Sainte-Avoye (1536), 219.

## TABLE DES MATIÈRES.

Rue Saint-Bon (1505-1506), 107; (1536), 220.
— Saint-Christophe (1478), 76; (1536), 228, 231; (1566), 325.
— Saint-Denis (1478), 80; (1505-1506), 107; (1536), 220, 232, 253; (1548), 286; (1566), 326.
— Saint-Denis-de-la-Chartre (1536), 231, 254.
— Saint-Germain (1505-1506), 112.
— Saint-Germain-l'Auxerrois (1416), 28; (1505-1506), 107; (1536), 214.
— Saint-Gervais (1505-1506), 106.
— Saint-Honoré (1505-1506), 108, 114; (1536), 222, 230, 232, 253; (1566), 326.
— Saint-Jacques (1478), 77; (1505-1506), 98, 102; (1536), 204, 210, 229, 231, 253; (1566), 326.
— Saint-Jean-de-Beauvais (1536), 212.
— Saint-Jean-de-l'Hôpital (1505-1506), 112.
— Saint-Landry (1536), 207.
— Sainte-Marine (1505-1506), 100, 113; (1536), 228.
— Saint-Martin (1505-1506), 112; (1536), 232.
— Saint-Paul (1536), 216.
— Saint-Pierre-aux-Bœufs (1505-1506),
97, 100, 113; (1536), 203, 206, 228, 231, 252; (1566), 325.
Rue Saint-Séverin (1370), 6; (1505-1506), 102; (1536), 210.
— Saint-Thomas-du-Louvre (1505-1506), 111; (1536), 226.
— de la Saunerie (1505-1506), 107, 112; (1536), 232, 253.
— de la Savaterie (1478), 76; (1505-1506), 99; (1536), 208.
— de la Savonnerie (1536), 220.
— du Siège-aux-Déchargeurs (1478), 80.
— de la Tabletterie (1416), 28; (1478), 80; (1505-1506), 108; (1536), 221.
— de la Tannerie (1505-1506), 104; (1536), 214.
— du Temple (Grand-) (1505-1506), 112.
— Thibaut-aux-Dés (1505-1506), 107; (1536), 214.
— Tirechape (1505-1506), 109; (1536), 223.
— de la Tonnellerie (1416), 47; (1479), 81; (1505-1506), 109; (1536), 223.
— Troussevache (1478), 80; (1505-1506), 107; (1536), 225.
— de la Truanderie, 2.
— de la Vannerie (1478), 77; (1505-1506), 104; (1536), 215.
Rue de Vaudétour (Mondétour) (1505-1506), 110.
— de Venise (1536), 228; (1536), 231; (1545), 282; (1566), 325.
— de la Verrerie (1478), 79.
— du Vert-Bois (1536), 225; (1536), 232, 253; (1566), 327.
— de la Vieille-Bouclerie (1505-1506), 121; (1536), 229.
— de la Vieille-Draperie (1478), 76; (1505-1506); 101; (1536), 208.
— de la Vieille-Monnaie (1505-1506), 107.
— de la Vieille-Parcheminerie (1536), 219.
— de la Vieille-Pelleterie (1505-1506), 101, 120; (1536), 208, 231, 252.
— de la Vieille-Tannerie (1536), 214.
— de la Vieille-Tixeranderie (1435), 60; (1478), 78; (1505-1506), 106; (1536), 218.
— Zacharie (1478), 77.
Ruelle Becq-Yonne (1536), 219.
— de Chaillis (1536), 210.
— Court-au-Villain (1536), 226.
— des Étuves (1505-1506), 112; (1536), 227.
— de la Guespine (1478), 78.
— de la Harengerie (1416), 28.
— Violette (1478), 78; (1536), 218.

## S

Sage-femme ou ventrière des accouchées (1378), 10.
Saignées des lavandières (1370), 7, 46, 47.
— des sœurs (1376), 9.
Saint-Antoine des Champs (1416), 29.
Sainte Barbe (Collège) (1539), 270.
Saint-Barthélemy, horloge dérobée (A la journée de la); procès soutenu par l'Hôtel-Dieu (1575), 350.
Saint-Benoît à Paris (1505-1506), 104, 112.
— le Bien-Tourné (1505-1506), 120; (1536), 232.
Sainte cène célébrée par le Roi; un pauvre y représente l'Hôtel-Dieu (1517), 156.
Sainte-Croix-de-la-Bretonnerie (Religieuses de) (1416), 47.
Saint-Éloi à Longjumeau, 36.
Saint Éloi, patron des maréchaux ferrants (Offrande à) (1429), 65.
Saint-Éloi, prieuré (1429), 64.
Saint-Esprit en Grève (1478), 78.
Saint-Eustache (1505-1506), 109.
Sainte-Geneviève des Ardens (1505-1506), 120; (1511-1512), 143; (1536), 255.
— des Bois (Seine-et-Oise) (1416), 23; (1559), 309.
Sainte-Geneviève-la-Petite (1505-1506), 97.
Saint-Germain-l'Auxerrois (1416), 33; (1505-1506), 109, 122.
— des-Prés (Abbaye de) (1364), 4, 38; (1505-1506), 112.
— le-Vieil (1505-1506), 99, 112.
Saint-Hildebert (Pèlerinage de) (1566), 328.
Saint-Honoré à Paris (1416), 36.
Saint-Jean-de-Latran (1505-1506), 121; (1536), 229.
Saint-Julien-le-Pauvre (1505-1506), 119; (1536), 204.
Saint-Lazare (Prieuré) (1505-1506), 119.
Saint-Martin-des-Champs (1505-1506), 112, 120.
Saint-Mathurin-de-Larchant; pèlerinage des fous (1508-1509), 141.
Saint-Maur (abbaye) (1416), 23.
Saint-Nicolas-des-Champs (1505-1506), 112.
Sainte-Opportune (Chapitre de) (1416), 33; (1505-1506), 121.
Saint-Sulpice de Paris (1520), 170.
Salaire des serviteurs de l'Hôtel-Dieu en 1416, 44.
Salle du Légat (1536), 252, 255; (1548), 286.
Sanitat de Saint-Germain-des-Prés; visite du prévôt des marchands et des échevins (1556), 304.
Sanitat de Saint-Germain-des-Prés; vente des terrains par l'Hôtel-Dieu (1574), 347.
Sauvegarde à l'Hôtel-Dieu (Lettres de) (1416), 47.
Sceau de l'Hôtel-Dieu (1505-1506), 127.
Secours de route aux malades sortant de l'Hôtel-Dieu qui retournent dans leur pays (1555), 300.
Séjour du Roi (1505-1506), 111.
—, rue de la Plâtrière (1536), 226.
Serge mal fabriquée condamnée à être brûlée, 11.
Serpillières achetées au Lendit (1366), 5.
Serviteurs de l'Hôtel-Dieu; leur salaire en 1416, 44.
Siège aux déchargeurs (1505-1506), 108.
Syphilitiques soignés à l'hôpital Saint-Eustache (1536), 258.
Sommation au chapitre de Notre-Dame d'avoir à assister à la clôture des comptes de l'Hôtel-Dieu (1508-1509), 135 et 136.
Souliers donnés aux malades sortant de l'Hôtel-Dieu (1555), 300.
Statuts nouveaux de l'Hôtel-Dieu, 259.
Sucre, son prix en 1477, 76.

# TABLE DES MATIÈRES.

## T

Tapisseries (1432), 60.
Tapisserie d'Arras (1372), 14.
Tartes pour les malades (1446), 74.
Teinture des draps (prix de l'aune) (1367), 6.
—— des toiles (prix de l'aune) (1364), 3.
Tentures au premier lit de malade aux jours de fêtes (1477), 76.
Terre de Beauvais pour la poterie (1429), 65.

Testament de Philibert Delorme; legs au profit de l'Hôtel-Dieu (1570), 337.
Toile; mesure usitée en 1378-1379, 10.
Tour de l'hôtel de la Reine-Blanche, rue de la Vieille-Tixeranderie (1478), 79.
—— de Nesle (1520), 170.
Tournelle du Château-Frileux, construite aux frais de Jean Briçonnet (1516), 153.
Travaux à l'Hôtel-Dieu (1446), 74.

Trinité (Religieux de la) (1505-1506), 111.
Tronc de l'Hôtel-Dieu à Bourg-la-Reine (1416), 26.
Troncs pour l'Hôtel-Dieu aux Halles (1443), 68.
—— pour l'Hôtel-Dieu; endroits où ils étaient placés (1505-1506), 116.
Tuile (Prix de la) (1365), 5.

## U

Urinal de cuivre (1430), 66.

## V

Vaisselle d'argent de l'Hôtel-Dieu vendue par ordonnance du Parlement pour faire face aux besoins extraordinaires de l'hôpital (1525), 182.
Val-de-Galye (à Paris) (1536), 213.
Vérole à l'Hôtel-Dieu : il en est fait pour la première fois mention (1495-1496), 89.
Vérolés; ils ne sont pas reçus à l'Hôtel-Dieu (1508-1509), 142.
——; ils sont soignés aux frais de l'Hôtel-Dieu par les gouverneurs de la communauté des Pauvres (1570), 338.

Verrerie (Achat de) (1416), 46.
Vidame d'Amiens (1428), 63.
Vieille Monnaie de Paris (1536), 206.
Vieille rue St-Germain-des-Prés (1536), 212.
—— du Temple (1536), 219.
Vignes de l'Hôtel-Dieu; leur produit en 1416, 31; en 1505, 128; en 1556, 303.
—— de l'Hôtel-Dieu à Verneuil-sur-Aisne (1416), 28.
——; frais de labour en 1416, 40.
Village ruiné par la guerre et abandonné par ses habitants (1446), 74.

Vins de Bourgogne et de Champagne pour les malades (1514), 150.
Visite de la reine de Sicile à l'Hôtel-Dieu (1416), 25.
—— de M$^{me}$ de Beaujeu à l'Hôtel-Dieu (1488), 85.
—— des bâtiments de l'Hôtel-Dieu (1505-1506), 129.
—— du roi Charles V à l'Hôtel-Dieu (1367), 6.
—— du roi Charles IX à l'Hôtel-Dieu (1568), 332.

## Y

Ystoire sur le châlit des morts (1417), 51.

# TABLE DES NOMS DE PERSONNES.

## A

Abbe (Pierre), serrurier (1516), 153.
Abraham (Olivier), parcheminier (1566), 326.
Abraham (Anne) (1566), 325.
Abraham (Robin) (1416), 43.
Abroutil (Hector), boulanger (1505-1506), 101.
Absolu (Nicolas), receveur du comté de Dreux (1558), 307.
Absolu (Regnard) (1536), 226.
Absolut (Richard) (1505-1506), 111.
Acarie (Maître Éloy), trésorier des offrandes du Roi (1584), 198.
Acart ou Achart (Maître Jehan) (1505-1506), 97, 106; (1534), 199; (1536), 203, 260.
Acy (Vicomte d') (1505-1506), 106.
Adam (Colette) (1416), 25.
Adam (Jehan) (1416), 25.
Adam (Jehan), maître corroyeur (1566), 327.
Adde (Nicole) (1370), 7.
Adenet l'aîné (1416), 27.
Adet (Jehan) (1536), 216.
Adet (Nicolas) (1536), 242.
Affertin (Philippot) (1536), 226.
Aforti (Philippot) (1478), 79.
Aguyton (Simonnet) (1536), 213.
Aigremont (Pierre) (1559), 309.
Aigu (Pierre) (1536), 256.
Aise (Thomas) (1505-1506), 111.
Aisne (Maître Simon) (1536), 219.
Alaire (Robert) (1536), 226.
Albeyne (Richard d'), banquier (1536), 260.
Albiac (Maître Charles d'), élu de Paris (1536), 208.
Albigois (Jacques d') (1417), 49.
Albret (Pol d') (1418), 54.
Alby (Monseigneur d') (1482-1483), 83.
Alcaume (Guillaume) (1505-1506), 124.
Alençon (Duc d') (1445), 71.
Alençon (Duc d') (1567), 330.
Alençon (Duchesse d') (1517), 156; (1519), 161; (1523), 178.
A L'Épée (Colette) (1505-1506), 100, 113.
A L'Épée (Henri), sommelier d'armes du Roi (1572), 342.
Alexandre (Maître Pierre) (1505-1506), 112.
Aligre (Christophe d') (1560), 313.
Aligre (Maître Claude), trésorier des menus plaisirs du Roi (1531), 193.
Aligre (Gabriel d') (1520), 162.

Aligret (Maître Olivier), avocat au Parlement (1536), 222.
Aligues (Hugues) (1536), 225.
Alixandre (Antoine) (1536), 295, 241.
Alixandre (Jehanne) (1416), 47.
Alixandre (Madeleine) (1536), 237.
Allain (Antoine) (1561), 314.
Allain (Philippe), docteur régent en la Faculté de médecine (1558), 307.
Allaire (Robert), procureur au Châtelet (1505-1506), 110.
Allard (Gilles), conseiller au Parlement (1559), 308.
Allart (Jehan), huissier au Parlement (1536), 233, 250.
Allart (Jehan), seigneur de Vignolles (1553), 296.
Alleaume (Guillaume) (1505-1506), 117.
Allebert de Florence (Auldoblant) (1418), 53.
Allebert de Florence (Nicolas), chevalier (1418), 53.
Allequin (Pierre) (1536), 219.
Alligret (1508-1509), 137.
Alligret (Hugues), greffier criminel du Parlement (1487-1488), 85.
Almaury (Jourdain) (1416), 33.
Aluart (Pierre) (1416), 20.
Amaulry (Guillaume), boulanger (1505-1506), 101.
Amboise (D'), cardinal légat (1505), 93.
Amer (Maître Simon) (1513), 148.
Amiens (Geoffroy d') (1367), 6.
Amy (Pierre) (1536), 228.
Amyel (Maître Loys) (1505-1506), 115.
Amyot (Gillet) (1520), 168.
Anceau de la Corondière, prêtre (1418), 54.
Anchiez (Raoul) (1418), 53.
Andelle (Jehan) (1536), 240.
Andrault (Maître Charles) (1479), 81.
Andry (Maître Pierre) (1505-1506), 100.
Angelin (Jehan) (1418), 54.
Angennes (Messire Charles d') (1530), 192.
Angennes (Denis d'), écuyer (1552), 295.
Angennes (Jacques d') (1537), 262.
Anglure (Antoine d') (1545), 282; (1553), 297.
Anglures (Mangin d'), écuyer (1553), 297.
Angot (Guillaume) (1536), 217.
Angot (Jehan) (1478), 80.
Angoulême (Duchesse d') (1523), 178.
Anguier (Guillaume), chapelain du Roi (1418), 53.

Annebourg (Dame Blanche d') (1536), 220.
Anseaulme (Jehan) (1505-1506), 101.
Anteaulme (Jehan) (1536), 209.
Anthoillet (Regnault), gouverneur de l'Hôtel-Dieu (1520), 173.
Anthonis (Charles), receveur général des Aides (1574), 347.
Anthoulliet (Regnault) (1532), 195; (1536), 225.
Antragues (D') (1580), 364.
Aquart (Jehan) (1592), 177.
Archel (Maître Jehan) (1505-1506), 100.
Ardenay (Thomas d') (1417), 49.
Argilliers (Gabriel d') (1571), 340.
Argouge (Jehan d') (1556), 303.
Arnoul (Jehan), teinturier de draps (1505-1506), 98, 101; (1536), 204, 209.
Arnoul (Pierre) (1505-1506), 118.
Arnoust (Claude), écuyer (1569), 335.
Arode (Étienne) (1428), 61.
Arras (Maître Pierre d'), procureur au Châtelet (1536), 214.
Arrode (Guillaume) (1505-1506), 108.
Arroger (Loys) (1536), 221.
Arthault (Messire Jehan), chevalier (1525), 182.
Arthe (Anne d') (1536), 243.
Artigny (D') (1567), 329.
Asle (André) (1536), 214.
Asnières (Colin d') (1505-1506), 102.
Asnières (Pierre), drapier (1536), 210.
Asnières (Robert d'), drapier (1536), 210.
Asnières (Ysabeau d') (1551), 292.
Asselin (Antoine), charpentier de la grande cognée (1500-1501), 91.
Asselin (Guillaume), 17.
Asselin (Jehan) (1478), 80.
Asselin (Jehan), apothicaire (1445), 72.
Assy (Vicomte d') (1536), 220.
Atainville (Demoiselle Marguerite d') (1429), 64.
Athies (Guérart d') (1416), 37.
Aubé (Raoulet) (1536), 257.
Aubert (Claude), cordier (1536), 258.
Aubert (Jean), 17.
Aubery (Christophe) (1544), 278; (1563), 318.
Aubery (Sire Claude) (1573), 343; (1580), 364.
Aubery (Isaac), chandelier de suif (1536), 218.

# TABLE DES NOMS DE PERSONNES.

Aubery (Jacques), marchand peaussier (1536), 222.
Aubery (Maître Jehan) (1536), 226.
Aubery (Marguerite) (1563), 318.
Aubin (Jehan) (1536), 237, 242.
Aubour (Jean), 19.
Aubours (Pierre) (1536), 239.
Aubray (Pierre) (1505-1506), 120.
Aubrée (Guillaume) (1505-1506), 112.
Aubry (Claude) (1536), 257.
Aubry (Jehan) (1525), 183.
Aucent (Pierre) (1416), 47.
Auchier (Jean), 18.
Aucomberi (Thomas), fruitier (1520), 169.
Aucoq (Audry) (1536), 238.
Auctor (Maître Jehan) (1505-1506), 120.
Aucumelle (Pierre) (1505-1506), 111.
Audouaire (Pierre) (1505-1506), 124.
Audrigot (Maître), prêtre (1536), 235.
Audry (Adam) (1478), 79; (1536), 219.
Audry (Guillaume) (1505-1506), 118.
Audry (Jehan) (1505-1506), 106; (1521), 175.
Audry (Jehanne) (1417), 49.
Audry (Pierre) (1478), 79; (1505-1506), 106, 116.

Audry (Pierre), tanneur (1536), 258.
Aufroy (Jehan), libraire à Paris (1416), 22.
Auger (Gabriel) (1536), 249.
Auger (Guillaume) (1536), 249.
Auger (Michel) (1505-1506), 101.
Augier (Adrien), écuyer (1536), 254.
Augirard (Benoît), joaillier (1536), 230.
Augirard (Jehan), notaire (1512), 144.
Augrain (Claude), pelletier (1536), 221, 223.
Augrain (Guillaume), prêtre (1536), 231, 247.
Augrain (Robert), drapier (1536), 221.
Aulart (Robert), chandelier de suif (1536), 206.
Aulge (Comte d') (1372), 13.
Aulnay (D'), archidiacre de Brie en l'église de Soissons (1536), 250.
Aulnoy ou Aulnay (Antoine d') (1540), 271.
Aulnoy (François d') (1416), 38.
Aulnoy (Jehan d') (1537), 262.
Aulnoys (Maître Michel des) (1505-1506), 103.
Aumons (Jehan), curé de Sucy-en-Brie (1505-1506), 113.

Aumont (Marie) (1536), 238.
Aunoy (Robert d'), seigneur d'Orville (1416), 26.
Aurillot (Nicole), seigneur de Champlâtreux (1536), 220.
Ausout (Simon), cirier, 17; (1416), 36.
Autheville (Michelle d') (1580), 364.
Autior (Jehan), boursier de l'Hôtel-Dieu (1491-1492), 87.
Auvergne (Hugues d') (1505-1506), 104.
Auvray (Pierre) (1505-1506), 112.
Auvrebruch (Overbruck?) (Dame Blanche d') (1505-1506), 106.
Aux Bretis (Pierre) (1416), 34.
Aux deux espeez (Thibaut) (1418), 55.
Aux Oies (Perrot), 18.
Aux Trumeaulx (Malot) (1418), 53.
Avenant (Dame) (1375), 14.
Avoil (Philippot) (1536), 236.
Aymer (Denis) (1478), 76.
Aymer (Guillaume) (1364), 4.
Aymery (Guillaume), boucher (1505-1506), 118.
Aymery (Jehan) (1505-1506), 113; (1536), 225.
Aymery (Pierre) (1536), 240.

## B

Babinet (Jean), barbier de l'Hôtel-Dieu (1569), 336.
Bacquet (Auger) (1519), 161.
Badonvilliers (Guillaume de), greffier de la Chambre des comptes (1542), 275.
Badonvilliers (Jehan) (1549), 287.
Badoyre, lapidaire à Anvers (1567), 330.
Badrans (Jehan) (1536), 236.
Badrans (Regnauld) (1536), 236.
Baesle (Edeline), sage-femme de l'Hôtel-Dieu (1538), 267.
Bagereau (Jacques), procureur au Parlement (1536), 203.
Bagereau (Maître Jehan), conseiller au bailliage de Paris (1536), 203, 207, 231.
Bagore (Antoinette) (1568), 332.
Baguyn (Robert) (1536), 204.
Bailtebache (Philippe), bachelier en décret (1511-1512), 142.
Baillet (Dame Anne) (1558), 306; (1565), 323; (1566), 327; (1575), 349; (1576), 352; (1579), 359; (1580), 363; (1581), 366.
Baillet (Colin) (1417), 49.
Baillet (Denise) (1416), 25.
Baillet, évêque d'Auxerre (1523), 178.
Baillet (Gillet) (1416), 24.
Baillet (Jehan) (1555), 300.
Baillet (Lambin), maître menuisier (1520), 168.
Baillet (Milet), changeur (1381), 11.
Baillet (Mille) (1416), 25.
Baillet (Nicolas) (1536), 257.
Baillet (Perrin) (1416), 21.

Baillet (Maître Pierre) (1506-1507), 132.
Baillet (Maître Réné) (1549), 288.
Baillet (Thibault), président au Parlement, seigneur de Sceaux (1506), 129; (1522), 176; (1574), 347.
Bailli (Perrin) (1418), 54.
Baillier (Guillaume) (1540), 271.
Baillon (Jehan de), trésorier de l'Épargne (1556), 303.
Bailly (Germain) (1536), 221.
Bailly (Jehan) (1580), 364.
Bailly (Maître Jehan) (1478), 77.
Bailly (Jehan de) (1505-1506), 109; (1536), 223.
Bailly (Martin) (1478), 80.
Bairon (Garnier de), aumônier du roi Jean (1381), 11.
Baisle (Maître Jehan), chanoine de Paris (1536), 228.
Baltay (Loys) (1505-1506), 115.
Ballon (Jehan de), trésorier de l'Épargne (1567), 329.
Balorgel (Jacquet) (1536), 237.
Balzac d'Antragues (François de) (1580), 365.
Baranton (Frère Jehan), religieux Augustin (1536), 260.
Barat (Roquet ou Rogues) (1508-1509), 139, 140.
Barbais ou Barbas (Georges), chirurgien de l'Hôtel-Dieu (1539), 270; (1540), 272.
Barbe (Guillaume) (1505-1506), 123.
Barbe (Jehan) (1536), 235.

Barbeau (Henri), avocat au Parlement (1539), 268, 269.
Barbedor, marchand bourgeois de Paris (1497-1498), 90.
Barbedor (Jacqueline) (1536), 232.
Barbedor (Jean) (1505-1506), 114, 120; (1536), 234.
Barbedor (Perrette), 90.
Barbedor (Simon) (1512), 144; (1521), 174; (1536), 236.
Barbelle (De) (1546), 284.
Barbete (Pierre), drapier (1478), 78; (1505-1506), 98, 105; (1536), 204, 217.
Barbier (Guillaume) (1536), 244.
Barbier (Lucas) (1418), 55.
Barbier (Nicolas) (1536), 257.
Barbier (Pierre), religieux de l'Hôtel-Dieu (1416), 47.
Barbier (Wafre) (1418), 54.
Barbotin (Pierre) (1536), 237.
Bardane (Jehanne) (1537), 264.
Bardet (Étienne) (1508-1509), 141.
Bardi (Jacques de) (1364), 2.
Bardin (Jehan) (1505-1506), 107.
Bardou (Henri), pelletier (1536), 210.
Baré (Guyot) (1479), 81; (1505-1506), 123.
Barguyn (Claude) (1558), 306.
Barillet (Étienne), fondeur (1516), 154.
Barnic (Roger), président au Parlement (1520), 170.
Baron (Guillaume) (1416), 21, 39.
Barra (Maître de), docteur en médecine (1537), 264.

## TABLE DES NOMS DE PERSONNES. 383

Barré (Guillot) (1416), 20.
Barré (Maître Jacques) (1505-1506), 100; (1536), 207.
Barré (Nicolas) (1536), 257.
Barrillet (Guillot), charpentier (1536), 244.
Barthélemy (Guillaume), contrôleur général des Finances (1529), 190.
Barthelin (Perrette) (1536), 224.
Barthelot (Catherine) (1536), 217.
Barthelot (Henri) (1536), 204.
Barthelot (Pierre) (1536), 243.
Barville (Jehan) (1536), 256.
Basille (Colin), 18.
Basin (Jehan), ménestrel (1430), 66.
Basse (Thomas) (1416), 24.
Bassin (Jehan), couturier (1536), 246.
Bastonneau (F.) (1508-1509), 138.
Bastonneau (Maître François) (1550), 291; (1578), 357.
Bastonneau (M<sup>lle</sup> Madeleine) (1578), 357.
Bastonnier (Michel), teinturier de draps (1536), 249.
Bataille (Marguerite) (1479), 81.
Batarnay (René de) (1568), 332.
Bau (Maître Jehan), chanoine de Beauvais (1535), 199.
Baubantin (François), argentier de la duchesse de Lorraine (1572), 342.
Bauche (De) ou Debauche (Charles) (1579), 360.
Banche (Pierre de) (1577), 355.
Baucheron (Jehan), fripier (1505-1506), 108.
Baudart (Girard) (1505-1506), 125.
Baudart (Guillaume), bourgeois de Paris (1536), 232, 240.
Baudesson (Maître Jehan), procureur au Châtelet (1536), 212.
Baudetar (Damoiselle de) (1497-1498), 90.
Baudeville (De) (1554), 298.
Baudichon (Ambroise) (1578), 358.
Baudichon (Drouyn) (1520), 167.
Baudichon (Guillaume) (1536), 257.
Baudichon (Jean) (1505-1506), 115, 118.
Baudier (Guillemette) (1418), 55.
Baudin (Jehan), administrateur de l'Hôtel-Dieu (1505), 93.
Baudon (Maître Jehan) (1578), 356.
Baudoin (Guillaume) (1416), 21.
Baudoin (Philippot) (1478), 78.
Baudouy (Bernard) (1370), 7.
Baudouyn (Antoine), chirurgien de l'Hôtel-Dieu (1551), 298.
Baudouyn (Jehan) (1505-1506), 125.
Baudouyn, religieux Cistercien (1573), 343.
Baudry (Robert) (1505-1506), 114.
Baudu (Mathurin), huissier de la cour (1520), 170.
Baufiremen (Thierry de) (1550), 290.
Baugis (Jehan) (1536), 238.
Baugis (Pierre de), berbier (1416), 24.
Baullart (Jehan), 18.
Bayeulx (Nicole) (1531), 194.
Beaucousin (Jehan), tailleur de la monnaie de Paris (1560), 311.

Beaufilz (Lazare) (1536), 226.
Beaufilz (Michel) (1505-1506), 127.
Beaufort (Gilbert de), aumônier de la reine de Navarre (1572), 342.
Beaujeu (M<sup>me</sup> de) (1487-1488), 85.
Beaulieu (Jehan de) (1418), 53.
Beaumont (François de), chevalier (1525), 182.
Beaumont (Nicolas de), marchand serrurier (1505-1506), 117.
Beaumont (Pierre) (1416), 34.
Beauquaire (Jehan de), maître d'hôtel du Roi (1572), 342.
Beauquesne (Jehan de) (1536), 238.
Beauquesne (Nicole), maître de l'Hôtel-Dieu (1540), 271, 272.
Beaurouvre (Jehan de) (1416), 22.
Beauroy (Dame Robine) (1576), 352.
Beausault (Jehan), maçon (1520), 166.
Beauseporte (Jacquet) (1536), 238.
Beaussien (Maître Gilles) (1536), 250.
Beauvais (Katherine) (1428), 61; (1478), 80.
Beauvoisin (Jehan) (1536), 255.
Becart (Perrin) (1418), 54.
Bechet (Huet) (1418), 54.
Becquet (Angelot), carrier (1520), 166.
Bedfort (Duc de), régent de France au nom du roi d'Angleterre (1429), 63.
Bedfort (Duchesse de), régente de France (1429), 63.
Begueulle (Malin) (1505-1506), 110.
Beguin (Denis) (1536), 257.
Beguin (Robin) (1505-1506), 98, 102.
Beguyn (Denis) (1553), 296.
Beignier (Robert) (1536), 202.
Belangier (Étienne), contrôleur général des Finances (1572), 341.
Belart (Merlin) (1418), 54.
Belee (Perrin), 18.
Belin (Jehan), constructeur de bateaux (1536), 215.
Belin (Jehan), notaire au Châtelet (1505), 95, 126.
Belin (Pierre), huissier des requêtes de l'Hôtel-Dieu (1561), 314.
Belin (Maître Simon) (1505-1506), 109.
Belle (Pierre), 18.
Belleau (Jacques), abbé de Cheminon (1580), 364.
Bellefaye (Maître Martin), conseiller au Parlement (1500-1501), 91; (1505-1506), 97, 100; (1536), 204, 208.
Bellehache (Maître Philippe), procureur des pardons de l'Hôtel-Dieu (1518), 159; (1536), 250.
Bellemont (Jacques de) (1364), 2.
Bellery (Nicolas), notaire (1505-1506), 106.
Belleval (Pierre) (1566), 326.
Belleville (Pierre de) (1416), 28; (1505-1506), 113; (1536), 228.
Belleville (Ponce de), prêtre (1416), 23; (1417), 50; (1418), 53; (1423), 58.

Bellier (Rolland), chanoine de Saint-Benoit-le-Bien-Tourné (1416), 33.
Bellièvre (De), conseiller au Conseil privé et président au Parlement (1578), 356.
Bellys (Jehan), fermier du Pied-Fourché (1551), 293.
Bel-Motel (Gérard du) (1418), 54.
Beloisel (Maître Jehan) (1443), 68; (1446), 73.
Belot (Jehan), bachelier au métier de charpenterie (1516), 154.
Belu (Thomas) (1573), 346.
Beluche (Johan) (1536), 223.
Belot (Aymery) (1536), 211.
Belut (Jehan) (1536), 217.
Benard (Catherine) (1525), 182.
Benard (Guyonne) (1525), 182.
Benard (Maître Jehan) (1536), 220.
Benard (Jacques), baudroieur (1536), 258.
Benard (Maître Jehan) (1536), 220.
Benard (Pierre), écuyer (1525), 182.
Benard (Pierre), religieux de l'Hôtel-Dieu (1537), 264; (1560), 312.
Benedicti (—), avocat au Grand Conseil (1536), 243.
Benoist (Huguet) (1536), 220.
Benoist (Maître Jehan) (1505-1506), 115, 127; (1506-1507), 131; (1508-1509), 140.
Bequillon (Jehan) (1416), 23.
Berangier (Guiot) (1416), 29.
Beranjon (Jehan), receveur de l'Hôtel-Dieu (1512), 144.
Beranjon (Tristan) (1536), 229.
Berard (Martin), doyen de la nation d'Allemagne (1566), 327.
Berault (Guillaume) (1478), 77.
Berault (Jehan) (1416), 19.
Berault (Nicole), notaire (1536), 260.
Berault (Pierre) (1536), 239, 256.
Berchault (Mathurin) (1536), 261.
Bercy (Richart) (1416), 25.
Bergeron (Denisot) (1418), 54.
Bergier (Étienne) (1505-1506), 101.
Bergier (Jehan), teinturier de toiles (1536), 247.
Bergière (Étienne) (1478), 77.
Bargières (Jacques de) (1429), 64.
Berguyn (Maître Victor), trésorier de la Régente (1529), 190; (1531), 193.
Bernard (Gervaisot), vendeur de poisson de mer (1416), 27.
Bernard (Guillaume) (1536), 226.
Bernard (Maître Pierre) (1418), 54.
Bernard (Vincent) (1536), 241.
Bernardeau (Joseph), procureur au Parlement (1566), 324.
Bernardon (Jean), 18.
Bernier (Raouland), procureur de la prieure de l'Hôtel-Dieu (1505), 95; (1505-1506), 123; (1544), 275.
Bernier (Robert) (1505), 96.
Berot (Jehan) (1566), 326.
Beroult (Jean), 19.
Berry (Duc de) (1416), 25, col. 1 et 11.

# TABLE DES NOMS DE PERSONNES.

Berry (Philippe de) (1505-1506), 107.
Berry (Valentin), boucher (1536), 238.
Bertaumont (Nicolas de) (1478), 79.
Berthault (Milet) (1536), 212.
Berthault (Pierre), cordouennier (1536), 210.
Berthe (Maître Gilles), notaire au Châtelet (1536), 243.
Berthe (Jehan) (1505-1506), 111; (1536), 227, 244.
Berthelemy (Catherine) (1576), 351.
Berthélemy (Denys) (1556), 301.
Berthelin (Guiot) (1418), 54.
Berthelin (Macé) (1536), 224.
Berthellami (Guillaume), conseiller au Parlement (1443), 68.
Berthellemi (Guillaume) (1445), 71.
Berthelot (Aymar) (1516), 155.
Berthelot (Dimanchot) (1505-1506), 110.
Berthelot (Henry) (1505-1506), 105.
Berthelot (Nicole), religieux de l'Hôtel-Dieu (1548), 286.
Berthelot (Pierre), 19.
Berthois (Pierre) (1536), 236.
Bertin (Jehan) (1416), 42.
Bertran (Maître Henri), grand bedeau de la Faculté de théologie (1502-1503), 92.
Bertrand (Maître Henri), procureur au Châtelet (1536), 220.
Bertrand (Maître Jehan), grenetier de Sens (1518), 158; (1543), 277.
Bertrand (Maître Michel), procureur au Grand Conseil (1547), 284.
Bertrée (Guillaume) (1417), 48.
Bery (Guillaume) (1536), 259.
Bery (Maître Philippe) (1536), 219.
Besançon (Maître Lois de) (1536), 225.
Besart (Pierre), barbier chirurgien (1505-1506), 101.
Besle (Joachim), scelleur de l'archidiacre de Paris (1505-1506), 100, 113.
Beson (Robin), orfèvre (1416), 30.
Besze (Guillaume de), procureur au Parlement (1536), 219.
Besze (Maître Regnauld de) (1536), 237.
Betemont (Pierre de) (1370), 7.
Bethemont (Jean de) (1536), 212.
Bethisy (Henri de), bourgeois de Paris (1528), 188.
Bethisy (Quentin de) (1505-1506), 112.
Bettin (Guillaume) (1370), 7.
Beurist (Maître Jehan) (1505-1506), 116.
Beuzet (Étienne) (1536), 242.
Bezanne (Nicolas de), élu en l'élection de Reims (1522), 176.
Bezanson (Jehanne de) (1542), 275.
Bezart (Audry) (1505-1506), 124.
Bezée (Maître Jehan), procureur du collège de Bayeux (1566), 328.
Biard (Jérôme) (1561), 314.
Biau-Maintien (Jehanne de) (1418), 55.
Biaurouvre (Jehan de) (1416), 34.
Bidant (Denis de), chevalier (1500-1501), 91.

Bidel (Colet) (1417), 51.
Bidelain (Pierre) (1569), 334.
Bidet (Jehan) (1416), 23.
Bien (Guillaume de) (1431), 59.
Biencourt (Robert de) (1536), 243.
Bière (Jehan de) (1364), 2.
Bigart (Jehan) (1418), 53.
Bigaud (Loys), marchand drapier (1566), 326.
Bigault (Jehan) (1513-1514), 148.
Bignet (Aubert) (1370), 7.
Bigny (De) (1574), 347.
Bigot (Guy), sergent à cheval (1578), 359.
Biguier (Maître Loys), aumônier de M<sup>me</sup> de Valentinois (1558), 306.
Biliad (Jehan), marchand de draps de soie (1536), 214.
Billi (Jehan de), écuyer, seigneur de Roissy, 20.
Billy (Étienne de), chevalier (1416), 35.
Billy (Godefroy de) (1578), 359.
Billy (Raulet de), bourrelier (1416), 46.
Binet (Jean), prêtre de l'Hôtel-Dieu (1416), 15, 21, 45; (1417), 48; (1429), 63; (1443), 67.
Bizeru (Noel), charpentier juré (1505-1506), 126.
Bizet (Richard), marchand de draps de soie (1558), 306.
Blanchard (Henri) (1536), 245.
Blanche (Guillaume) (1485-1486), 84.
Blanche (Nicole) (1428), 62.
Blanche (Pierre) (1418), 53.
Blanchon (Jehan), housseur de cheminées (1542), 275.
Blanepain (Jehan) (1506-1507), 131.
Blandeau (Huguet) (1505-1506), 109.
Blandeque (Gauthier de) (1416), 24.
Blandin (Hébert de) (1505-1506), 110.
Blandin (Robert) (1536), 224.
Blarru (Jehan) (1505-1506), 124.
Bleges (Jehan de), orfèvre à Paris (1416), 25; (1417), 49.
Bleigny (Jehan) (1536), 221.
Blez (Étienne) (1505-1506), 106.
Bloudeau (Gilles), apothicaire (1536), 231.
Blondeau (Jehan), chirurgien (1505-1506), 99, 106, 112; (1536), 208.
Blondeau (Pierre) (1416), 20.
Blondel (Nicolas) (1508-1509), 135.
Blondelet (Guillaume), 18.
Blondis (Jehan) (1536), 236.
Blosset (Jehan), chevalier (1522), 177.
Bochet (Thevenin) (1479), 81.
Bochet (Thomas) (1478), 80.
Bocquet (Simon), marchand de draps de soie (1536), 209.
Bodouin (Nicolas), franciscain (1573), 344.
Boffremez (Maître Thierry), conseiller de l'archiduc à Gand (1514), 149.
Bohier (Messire Henry), chevalier (1538), 266; (1558), 306.
Boisneuf (Alette) (1416), 20.
Boisneuf (Gervais) (1416), 20.

Boileau (Étienne), notaire au Châtelet (1416), 24; (1418), 53.
Boileau (Guy), conseiller au Parlement et chanoine de Paris (1491-1492), 87.
Boileau (Jehan), bourgeois de Toul (1494-1495), 88.
Boileau (Guillaume) (1377), 15.
Boileaue (Hugues), trésorier de la Sainte-Chapelle (1376), 9; (1393), 12.
Boinville (Beuvin de), receveur de Montivilliers (1418), 52.
Boissart-Robin (1536), 223.
Boisseau (Bernard) (1536), 238.
Boisseau (Geoffroy) (1416), 20.
Boissellet (Maître Guillaume), notaire (1536), 223.
Boisserie (Antoine) (1506-1507), 129.
Boisset (Étienne) (1566), 325.
Boissy (Jehan de), maçon (1505-1506), 101.
Boitel (Jehan), écuyer et échanson du Roi (1418), 56.
Bolducq (Dom François) (1576), 352.
Bombille (Denis de), prêtre (1418), 54.
Bompuis (Pierre de) (1417), 49.
Bon (Ferdinand), marchand de Collaye (1580), 364.
Bonelle (Jehan) (1416), 37.
Bonfils (Guillaume), maître sonneur de l'église de Paris (1505-1506), 128.
Bonhomme (Pasquier), libraire (1478), 77; (1505-1506), 99.
Bonhommeau (Antoine) (1536), 226.
Bonnannée (Jehan) (1479), 81; (1505-1506), 110.
Bonneau (Jehan), tapissier (1580), 365.
Bonnefoy (Henri) (1370), 7.
Bonneil (Jehan de) (1505-1506), 113.
Bonnemer (Marie) (1566), 326.
Bonnœuvre (Germaine) (1536), 220.
Bonnesoune (Catherine) (1532), 196.
Bonnet (Berthelot) (1536), 255.
Bonnet (Bertrand) (1506-1507), 131, 133; (1508-1509), 139.
Bonnet (Étienne) (1536), 255.
Bonnet (Gervaisot), pelletier (1478), 80; (1505-1506), 108; (1536), 222.
Bonnet (Guillaume), pelletier (1478), 80.
Bonnet (Jehan) (1536), 222.
Bonnet (Marguerite) (1563), 319.
Bonneul (Jaquet) (1536), 222.
Bonnoval (Guillaume) (1418), 54.
Bonnier (Gilles), apothicaire (1536), 207, 214.
Bonnier (Maître Jehan) (1536), 260.
Bonnière (Françoise) (1518), 160.
Bonnillier (Jacques de), marchand de merrien (1520), 167.
Bonnyer (Françoise) (1517), 157.
Bony (Maître Étienne) (1444), 69.
Boquin (Jehan) (1416), 26.
Bordean (Gauthier) (1536), 216.
Bordier (Mathieu) (1536), 221.
Boreau (Nicole), notaire au Châtelet (1556), 303.

# TABLE DES NOMS DE PERSONNES.

Borée (Pierre) (1478), 77.
Borel (François), principal du collège de Montaigu (1564), 321.
Boret (Jacques) (1566), 326.
Boschart (Guillemette) (1542), 275.
Boscheron (Jehan), fripier (1536), 222.
Boscheron (Loïs) (1536), 256.
Bos-Daton (Guillemette de) (1417), 49.
Bosdrac (Bernard) (1416), 31.
Bothereau (Eustache) (1560), 313.
Boubers (Loïs de) (1545), 282.
Boubers (D<sup>lle</sup> Merle) (1545), 282.
Boucault (Audry) (1505-1506), 111; (1536), 212, 236.
Bouchaige (Du) (1565), 324.
Bouchaige (Comte du) (1576), 352.
Bouchart (Étienne) (1559), 308.
Bouchart (Jehan) (1364), 1.
Bouchart (Jehan) (1516), 154.
Bouchart (Nicolle), avocat au Parlement (1559), 308.
Boucher (Charles de) (1580), 364.
Boucher (Dame Denise) (1574), 347.
Boucher (Denizot) (1505-1506), 104.
Boucher (Germain), gouverneur de l'Hôtel-Dieu (1569), 336; (1580), 362, 363.
Boucher (Jehan) (1416), 20.
Boucher (Jehan), marchand bourgeois de Paris (1492-1498), 88.
Boucher (Jehan) (1505-1506), 104.
Boucher (Jehan), barbier (1506-1507), 133.
Boucher (Jehan), conseiller au Parlement (1545), 282.
Boucher (Pierre) (1505-1506), 112.
Boucheron (Jehan) (1536), 224.
Bouchery (Maître Raoul), avocat à Rouen (1567), 284.
Bouchet (Thomas) (1536), 221.
Bouchetel (Dame Marie) (1567), 330.
Bouchier (Jehan), praticien en cour d'église (1534), 198.
Bouchier (Nicolas) (1536), 227.
Boucicaut (Sire de) (1395), 13.
Bouciquault (Oudin) (1416), 19.
Boudet (Pierre) (1536), 1.
Boudier (Jehan), hôtelier (1505-1506), 113.
Boudier (Jehan) (1578), 356.
Boudier (Loys) (1578), 356.
Boudier (Maître) (1505-1506), 113.
Boudin (Jehan), foulon de bonnets (1536), 231; (1566), 325.
Boudin (Oudin) (1536), 236.
Boudis (Guillaume) (1536), 232.
Boué (Denis), marchand de chevaux (1536), 218, 226.
Bougis (Jehan), 18; (1416), 36.
Bougon (Maître Jehan), lieutenant criminel à Senlis (1578), 345.
Bougris (Jehan) (1505-1506), 113.
Bougu (Étienne), aumônier du duc d'Anjou (1444), 70.
Boulard (Jehan) (1536), 204.
Boulard (Maître Léon) (1563), 319.

Boulardeau (Jeanne) (1566), 325.
Boulault (M<sup>me</sup>) (1564), 321.
Boulay (Dame de) (1416), 36.
Boulenay (Pierre), chirurgien (1536), 218.
Boulioult (Maître Pierre), procureur au Parlement (1536), 231.
Boullancourt (Président de) (1544), 280.
Boullart (Michel), curé de Saint-Arnoul (1418), 53.
Boulle (Jehan) (1416), 19.
Boullencourt (Présidente de) (1558), 306; (1560), 313; (1563), 318; (1564), 320; (1565), 323; (1569), 334; (1580), 364; (1581), 367.
Boullier (Gilles) (1505-1506), 105.
Boullier (Gilles), voiturier par eau (1536), 229.
Boullier (Huguete) (1536), 229.
Boulogne (Comte de) (1395), 13.
Boulot (Jehan), maître en la Chambre des comptes (1571), 339.
Bouquart (Adam) (1416), 25.
Bouquet (Robinet) (1536), 236.
Bourbon (M<sup>gr</sup> de) (1444), 69.
Bourbon (M<sup>me</sup> de) (1496-1497), 89.
Bourderel (Marguerite) (1580), 364.
Bourdigny (Martin de) (1536), 261.
Bourdin (Guillot) (1536), 238.
Bourdin (Jacques), secrétaire d'État (1567), 330.
Bourdin (Maître Jehan), notaire (1538), 266.
Bourdin (Nicolas), chandelier de suif (1536), 232.
Bourdin (Oudart) (1416), 21.
Bourdon (Jehan) (1536), 247, 256.
Bourdon (Nicolas) (1536), 247, 256.
Bourdon (Philibert), 18.
Bourdon (Pierre) (1536), 219.
Bourdon (Pierre), curé d'Escouys? (1418), 56.
Bouret (Philippe) (1478), 78; (1536), 215.
Bourg-L'abbé (Guillaume) (1478), 78.
Bourgeois (Jehan) (1478), 80.
Bourgeois (Jehan) (1536), 209.
Bourgeois (Jehan), praticien en court laye (1536), 261.
Bourgeois (Maître Martin) (1566), 325.
Bourgeoys (Nicolas), marchand à Paris (1576), 352.
Bourges (Gervaise), procureur de l'Hôtel-Dieu à Montlhéry (1416), 45.
Bourges (Jacques de), conseiller aux requêtes du Palais (1435), 60.
Bourges (Jacques de), apothicaire (1580), 365.
Bourgogne (Duc de) (1395), 13; (1428), 61; (1429), 63, 65.
Bourgogne (Duchesse de) (1435), 60.
Bourgogne (Pierre de) (1506-1507), 131.
Bourgoing (Jehan), conseiller au Parlement (1505-1506), 97.
Bourgoing (Maître Jehan) (1536), 203.

Bourgois (Jehan), marchand (1505-1506), 101, 110.
Bourgoudis (Pierre), drapier (1536), 216.
Bourjani (Jehan), peintre florentin (1580), 363.
Bourlon (Jehan), drapier (1536), 212.
Bourne (Jehan de) (1416), 25.
Bourquet (Enguerran du) (1445), 71.
Boursier (Antoine), drapier (1505-1506), 102; (1536), 204, 210.
Boursier (Jacques) (1536), 220.
Boursier (Pierre) (1505-1506), 98, 102; (1536), 204.
Boursier (Pierre), procureur au Parlement (1536), 224.
Boursier (Pierre) (1569), 336.
Boursin (Guillemette) (1566), 326.
Bourte (Yvon), boucher (1530), 191.
Boussigneau (Drouyn), 17.
Bouteillier (Jehan) (1518), 158.
Bouteroue (Jehan) (1416), 45.
Bouteroue (Jehan), couturier (1505-1506), 99.
Boutet (Robert), marchand de merrien (1520), 167.
Boutet (Vincent) (1536), 237.
Boutevillain (Michel) (1536), 212.
Boutin (Maître Jehan), procureur au Châtelet (1536), 219.
Bouvart (Édeline), 17.
Bouvart (Jean), 17.
Bouvart (Sainte) (1536), 214.
Bouverel (Jehan), peintre (1526), 185.
Bouville (Audry de), écuyer de cuisine du duc de Bourgogne (1418), 56.
Boville (Guillaume) (1536), 243.
Boyenval (Pierre de) (1478), 79.
Boyleau (Maître Guy) (1505-1506), 114.
Boyssoy (Robert), chevalier (1505-1506), 104.
Boyvau (Robin) (1416), 19.
Boyveau (Pierre) (1536), 240.
Boyville (Perrenelle de) (1416), 28, 29.
Boyvin (Maistre Jehan), notaire au Châtelet (1482-1483), 83.
Boyvin (Jehan) (1512), 146.
Brachet (Jehan), conseiller à la Cour des comptes (1508-1509), 138.
Brachet (Nicole), conseiller au Parlement (1508-1509), 135, 138.
Bracque (Damoiselle de) (1499-1500), 91.
Braisne (Comtesse de) (1549), 287.
Bralon (Loys), médecin ordinaire du Roi (1536), 247; (1564), 321.
Bralon (Loys), conseiller au Parlement de Bretagne (1564), 321.
Braque (Dame Hue) (1374), 9.
Brassereau (Jehan), chanoine de Beauvais (1445), 71.
Braulart (Jacques), conseiller au Parlement (1449), 63.
Bray (Michel) (1536), 260.
Braye (Artus de), chevalier (1416), 34.
Brayer (Jacques) (1536), 223.

49

Brayer (Jehan), marchand de chevaux (1505-1506), 126.
Brayne (Comte de) (1531), 193; (1536), 229.
Brazeaux (Mathurin) (1536), 236.
Bréant (Guillaume) (1536), 221.
Breban ou Braban (Étienne de) (1429), 59, 64; (1480), 66.
* Breban (Gérard de) (1429), 64; (1430), 66; (1432), 59.
Breban (Jacquet de) (1443), 68.
Breban (Philippe de) (1417), 48; (1429), 64.
Breban (Pierre de) (1445), 72.
Breban (Ysabeau de) (1429), 64; (1430), 66; (1432), 59; (1434), 60.
Breda (Étienne de) (1580), 364.
Bredas (Jehan de), chanoine de Notre-Dame (1570), 337.
Bredatz (Claude de), seigneur de Suresnes (1548), 286.
Bredatz (Sire Jehan de) (1548), 286.
Bregil (Anne), sage-femme de l'Hôtel-Dieu (1556), 304.
Brenonneau (Guillaume de), prêtre (1416), 28.
Bretagne (Duc de) (1416), 25; (1417), 48; (1505-1506), 103.
Bretheau (Jacques) (1544), 280.
Brethel (Laurens), chanoine d'Auxerre (1549), 288.
Bretigny (Mademoiselle de) (1505-1506), 116.
Bretin (Pierre) (1536), 237.
Breton (Jehan), avocat au Parlement (1568), 332.
Brevedane (Jehan) (1418), 55.
Brevedant (Marie de) (1556), 303.
Brice (Jaqueline) (1564), 209.
Brice (Jehan), marchand bourgeois de Paris (1539), 268.
Brice (Martin) (1536), 209.
Bricet (Vincent) (1536), 244.
Briçonnet (Anne) (1564), 320.
Briçonnet (Charles) (1554), 298.
Briçonnet (Charlotte) (1554), 298.
Briçonnet (Jehan) (1499-1500), 90; (1508-1509), 137; (1516), 153; (1532), 196.
Briçonnet (Jehan), avocat au Parlement (1558), 306.
Briçonnet (Nicole), contrôleur général en Bretagne (1506-1507), 130.
Briçonnet (Présidente) (1530), 192.
Briçonnet (Regnault) (1501-1502), 92.
Bricot, proviseur de l'Hôtel-Dieu (1500-1501), 91.
* Bricquet (Laurent), maître passeur (1525), 183.
Brie (Étienne de), bourgeois d'Auxerre (1533), 196.

Brie (Messire Léon de) (1526), 184.
Brien (Jehan de), chapelain de l'église de Paris (1418), 56.
Brien (Perrette) (1418), 55.
Brienne (Comte de) (1528), 189.
Briffaut (Quentin) (1417), 49.
Brillart (Jehan) (1505-1506), 98.
Brinon (Guillaume), avocat au Parlement, (1505-1506), 115.
Brinon (Jehan) (1520), 170.
Brion (Jehan de), notaire (1505-1506), 106.
Brion (Jehan), avocat au Parlement (1536), 217.
Briquet (Clément) (1518), 159.
Briquet (Maître Pierre), vicaire général de Cambrai (1520), 170.
Brisard (Jacques), conseiller au Parlement (1569), 336.
Brisart (Loys) (1520), 169.
Brisebourde ou Pricebourde (Jehan) (1505-1506), 124; (1506-1507), 133.
Brissac (Comte de) (1569), 334.
Brissac (Madame de) (1574), 347.
Brissart (Jehan) (1505-1506), 124, 126.
Brisse (Martin) (1505-1506), 99.
Brisset (Henry), maçon juré (1416), 42, 45.
Brisset (Mathieu) (1539), 269.
Brisset (Robin de) (1505-1506), 109.
Brissocourt (Mathieu de) (1545), 282.
Brivas (François) (1508-1509), 140.
Brochet (Girard) (1536), 225.
Bronchet (Jacques), marchand fondeur (1516), 153.
Brossart (Jehan) (1536), 237.
Brossin (Guillaume) (1505-1506), 108.
Broully (Philippe de), gouverneur de Compiègne (1577), 354.
Broutesaulge (Maître Jean), procureur au Parlement (1536), 218.
Brucelles (Hannequin de) (1416), 22.
Bruges (Guillaume de) (1416), 25.
Brugon (Philippot) (17?)
Brulant (Nicole), chanoine de Saint-Honoré à Paris (1560), 313.
Brulart (Pierre), conseiller au Parlement (1560), 313.
Bruledot (Ragonde) (1559), 308.
Brument (Étienne) (1416), 21.
Brun (Jehan) (1415), 25.
Bruneau (Jean), 17; (1417), 49.
Brunet (Antoine), maître de l'Hôtel-Dieu (1549), 289; (1555), 299.
Brunet (Pierre) (1478), 80.
Brusle (Jehan) (1536), 215.
Bruval (Jehan) (1536), 209.
Bruyères (Jehan de) (1416), 25.
Bruyères (Raoulet de) (1478), 77.
Bruynas (François) (1508-1509), 140.

Bruysse (Dame), vicomtesse de Granchiers (1418), 56.
Brye (Hector de) (1536), 256.
Brye (Jean de), 17; (1417), 49.
Bryon (Girard de) (1580), 364.
Bryon (Jehan de), conseiller au Parlement (1580), 364.
Bucelly (Maître Antoine), banquier (1505-1506), 126.
Bucy (Jehan de), maçon (1505-1506), 98.
Bucy (Jehan de), sergent à verge (1505-1506), 112.
Bucy (Jehan de) (1536), 204, 227.
Budde (Marguerite) (1565), 323.
Budé (Dreux), trésorier des chartres du Roi (1536), 216.
Budé (Guillaume) (1443), 68; (1536), 216.
Budé (Jehan), audiencier de la chancellerie (1490-1491), 87; (1501-1502), 92; (1505-1506); 105; (1508-1509), 135.
Buffière (Pierre) (1416), 31.
Bugnet (Ambrelet) (1416), 25.
Buhot (Robert), marchand drapier (1578), 357.
Buisson (Henri) (1536), 216.
Buisson (Jacques), maître brodeur (1566), 326.
Buisson (Michel), chanoine de Paris (1569), 336.
Burault (Raoulet) (1505-1506), 108.
Bureau (Baptiste) (1564), 320.
Bureau (Hugues) (1478), 78.
Bureau (Hugues), receveur de Paris (1505-1506), 111; (1536), 218.
Bureau (J.), évêque de Béziers (1496-1497), 89.
Bureau (Jaspard ou Gaspard), bourgeois de Paris (1524), 180.
Bureau (Maître Jehan) (1536), 235
Bureau (Macy) (1478), 78; (1512), 144; (1520), 166.
Bureau (Marie) (1560), 311.
Bureau (Marin) (1511-1512), 143; (1536), 218, 227.
* Bureau (Odette) (1491-1492), 87.
Bureau (Pierre), trésorier de France (1491-1492), 87; (1536), 216.
Bureau (Pierre), avocat au Parlement (1560), 311.
Bureau (Simon), maître des comptes du Roi (1496-1497), 89; (1505-1506), 98.
Bures (Barbe de) (1578), 357.
Burgondy (Jacques) (1578), 358.
Bury (Agnès de) (1417), 48.
Bustel (Jehan), procureur au Châtelet de Paris (1418), 53.
Butel (Guillaume), prêtre (1416), 25.
Buymont (Jacques de) (1478), 76.
Buysson (Jehan) (1505-1506), 124.
Byenne (Ysabeau de) (1498-1499), 90.

## TABLE DES NOMS DE PERSONNES.

## C

Cabarre (Guillaume) (1428), 61.
Cabient (Nicolas) (1550), 290.
Caboche (Jérôme), serviteur des salles de l'Hôtel-Dieu (1536), 260.
Caby (Barbe), sage-femme de l'Hôtel-Dieu (1552), 295.
Cachemarie (Aleaume) (1505-1506), 97; (1536), 203.
Cachouyn (Nicolas) (1555), 300.
Cadet (Perrin) (1416), 36.
Cadier (Thevenin) (1536), 236.
Cadier (Thomas), apothicaire (1536), 212.
Cadin (Henoc) (1536), 258.
Cadiou (Alain) (1416), 21.
Cadiou (Yvonnet) (1418), 55.
Cadoc (Macé) (1536), 238.
Cadot (De Condé) (1536), 204.
Cagnet (Jehan) (1567), 329.
Caigne (Jehan) (1536), 212.
Caigneux (Guillaume) (1536), 247.
Caigneux (Thibaut de), chanoine de Paris (1479), 81.
Caillart (Pierre), prêtre (1536), 219.
Caillet (Jehan) (1418), 53.
Caillier (Guillaume) (1536), 237.
Caillou (Bertrand) (1520), 169.
Caillou (Maître Jehan) (1536), 210.
Cailly (Anyen de) (1566), 318.
Cairol (Henri) (1505-1506), 124.
Cajart (Maître Pierre) (1505-1506), 97.
Calais (Jehan de) (1478), 78.
Calais (Nicolas), notaire (1505-1506), 113.
Calleville (Dame Roberge de) (1418), 55.
Calvy (Jehan de), écuyer, seigneur des Loges, (1536), 255.
Cambray (Messire Adam de), premier président (1505-1506), 122.
Cambray (Maître Ambroise de) (1505-1506), 103.
Cambray (Jehan de) (1418), 54; (1505-1506), 111.
Camus (Hébert), procureur au Parlement, 19.
Camus (Jehan) (1514), 149.
Camus (Raoul) (1418), 53.
Canappe (Pierre) (1536), 203.
Canivet (Jehan), colleur de la cour de Parlement (1566), 325.
Canneret (Jean) (1416), 19.
Canteleu (Guillaume de), docteur en décret (1478), 77; (1479-1480), 82.
Cantelle (Pierre de), confesseur du Roi (1417), 50.
Cantelou (Maître Guillaume) (1536), 209.
Canterel (Maître Jacques) (1536), 261.
Canto (Étienne), huissier au Parlement (1520), 169.
Caperon (Antoine) (1536), 242.
Caperon (Pierre) (1536), 242.

Cappel (Jehan), drapier (1536), 215.
Carandel (Nicole), sage-femme à l'Hôtel-Dieu (1529), 191.
Carant (Nicole), huissier du Parlement (1554), 298.
Carat (Huguelin), cordouennier (1536), 219.
Cardon (Maître Antoine) (1536), 229.
Cardon (Guillot) (1416), 23.
Cardon (Maître Jacques) (1505-1506), 103.
Cardon (Maître Jehan) (1536), 218.
Cardonnel (Guillaume), chanoine de Notre-Dame de Paris (1418), 55.
Carentem (Vicomte de) (1548), 285.
Cariton (Claude) (1520), 167.
Carmonne (Président) (1505-1506), 126.
Carmyen (Guillaume), voiturier par eau (1524), 180.
Carre (Jehan), cordouennier (1416), 24.
Carré (Jehan), prêtre (1505-1506), 100, 119; (1508-1509), 135; (1536), 206.
Carreau (Perrin), 18.
Carrel (Guillaume), changeur, bourgeois de Paris (1536), 240.
Carteau (Jehan), huissier du bureau (1536), 261.
Carul (Christophe) (1536), 253.
Cassinel, chanoine de Notre-Dame (1371), 8, 14.
Cassinel (Raoul) (1416), 36.
Cassot (Jehan), chanoine de Paris (1446), 73.
Catel (Geuffrin) (1418), 55.
Cauchon (Jérôme) (1580), 363.
Caudecotte (Cardot de), tavernier (1416), 24.
Caudeville (Regnault de) (1505-1506), 104.
Caumont (Bastien de), maître des œuvres de charpenterie de la ville de Paris (1520), 168.
Cauteleux (Sœur Jehanne de) (1537), 265.
Cave (Nicolas), épicier (1505-1506), 106; (1536), 217.
Cavelier (Guillaume) (1416), 19.
Cavelier (Jehan) (1536), 248.
Cavernay (Qudart de) (1418), 53.
Cavernay (Sainte) (1418), 53.
Gayu (Guillaume) (1445), 71.
Celest (Demoiselle Jehanne de) (1418), 55.
Cendre (Jehan) (1505-1506), 108.
Cendrin (Jehan) (1505-1506), 108.
Gens (Guillaume de), 14.
Cepoy (Denisette de) (1416), 24.
Cepoy (Loys de), maître des comptes du duc d'Orléans (1417), 24.
Cerceau (Guillaume), avocat au Châtelet (1429), 64.
Cerisay (Pierre) (1536), 218.
Cerisay (Pierre de), barbier (1505-1506), 106.
Cerisy (Jehan de) (1536), 223, 245.

Certain (Étienne), tondeur de draps (1505-1506), 101.
Certain (Nicolas), mégissier (1545), 282.
Certain (Pierre) (1536), 236.
Certon (Maître Pierre), chantre de la chapelle du Roi (1567), 330.
Cervau (Maître Guillaume) (1431), 59; (1444), 70.
Cevesme (Jehan) (1536), 236.
Cezesin (Claude de), garde de la Monnaie de Grenoble (1505-1506), 114.
Chaalons (Jehan de) (1417), 49.
Chabasse (Guillot) (1418), 53.
Chabert (Jehan) (1536), 244.
Chabot (Maître Jehan) (1418), 54.
Chabotte (Pierre) (1579), 359.
Chabouret (Jehan) (1508-1509), 139, 140.
Chacerat (Jean) (1505-1506), 106.
Chachouyn (Berthelot) (1505-1506), 114, 118.
Chachouyn (Jehan) (1536), 243.
Chaillaude (Jaquet) (1416), 20.
Chaillou (Maître Jehan) (1478), 77.
Chainfremeuse (Pierre), changeur et bourgeois de Paris (1477), 76.
Chalamot (Pharaon) (1561), 314.
Chaligault (Maître Pierre) (1505-1506), 108.
Challignault (Maître Charles) (1505-1506), 111; (1536), 224.
Chalon (Thomas de) (1376), 9.
Châlons (Jehan de) (1417), 49.
Chalumeau (Jehan), sergent à cheval (1524), 181.
Chambellan (David), avocat au Parlement (1506-1507), 132.
Chambellan (David), doyen du chapitre de Paris (1518), 158.
Chambellan (Jacques), conseiller au Parlement (1496-1497), 89.
Chambly (Loys de), aumônier du duc de Berry (1416), 25.
Chambon (Chatart), secrétaire du Roi (1505-1506), 105.
Chamboret (Jehan) (1506-1507), 131.
Chamiet (Jehan) (1536), 219.
Chammonoye (Robert), curé de Villepreux (1569), 334.
Champaignac (Guillaume) (1536), 257.
Champaigne (Guillaume de), chevalier, 18.
Champdivers (Hugues de) (1505-1506), 97, 103.
Champenoys (Gille) (1417), 49.
Champion (Jehan) (1508-1509), 140.
Champion (Richardin), guette du palais du Roi (1416), 24.
Champreloiz (Pierre de) (1418), 54.
Champront (Charles de) (1562), 315.
Chandelier (Guillaume) (1536), 217.
Chandelier (Jehan), drapier (1536), 217.

49.

# TABLE DES NOMS DE PERSONNES.

Chanframeur (Pierre) (1478), 76.
Chanin (Maître Jehan) (1536), 203.
Chante-Alone (Michault) (1416), 30.
Chanteprime (Jehan), doyen de l'église de Paris (1418), 56.
Chanteprime (Marion) (1418), 55.
Chantereau (Estienne) (1536), 223.
Chantereau (Louis) (1508-1509), 140.
Chanteus (Guillaume de) (1505-1506), 116.
Chantre (Jacques) (1506-1507), 131.
Chapelier (Maître Jehan), huissier au Parlement (1536), 224.
Chapelle (De la) (1505-1506), 101.
Chapelle (Étienne), compagnon chirurgien (1580), 366.
Chappelin (Jehan), docteur en médecine (1544), 278.
Charbonnier (Maître François), trésorier des offrandes du Roi (1529), 190.
Chardon (Ancelot) (1478), 79.
Chardon (Jehan) (1478), 80.
Chardon (Pierre) (1520), 169.
Chardot (Denys), contrôleur de la maison de la reine (1575), 349.
Charles V, roi de France, 6.
Charles (D<sup>lle</sup> Loyse) (1564), 320.
Charlet (Thibaut), procureur au Parlement (1536), 250.
Charlot (Maître Jehan), procureur au Parlement (1536), 231.
Charlot (Robert), chirurgien de l'Hôtel-Dieu (1517), 157; (1518), 160; (1520), 173; (1523), 178; (1536), 202, 230.
Charmeaulx (De), gouverneur de l'Hôtel-Dieu (1575), 349.
Charmenteaux (Philippe de) (1416), 34.
Charmolue (Maître Jacques), changeur du Trésor (1505-1506), 125; (1517), 156; (1530), 191; (1536), 235.
Charmolue (Marie) (1505-1506), 107; (1536), 220; (1539), 270.
Charmolue (Nicole), lieutenant civil de la prévôté de Paris, seigneur de Garches (1531), 193; (1536), 228.
Charmolue (Vicomte) (1536), 234.
Charon (Jehan), frère de l'Hôtel-Dieu (1416), 26.
Charpentier (André), docteur en médecine (1536), 225.
Charpentier (Antoine) (1536), 248.
Charpentier (Claude), chanoine de Notre-Dame de Rheims (1571), 338.
Charpentier (Denis), prêtre, 19.
Charpentier (Étienne), orfèvre (1536), 214.
Charpentier (Jacques) (1577), 354.
Charpentier (Maître Jehan), écrivain (1527), 186.
Charpentier (Nicole), drapier (1505-1506), 99, 113; (1536), 206.
Charpentier (Pharaon), avocat au Parlement (1551), 292.
Charpentier, élu de Paris (1551), 292.
Charrier (Michel) (1505-1506), 117.

Charron (Cosme) (1536), 232, 245.
Charron (Gamain) (1478), 78.
Charron (Guillaume) (1536), 216, 244.
Charron (Jehan) (1536), 218.
Charron (Jehan), épicier (1505-1506), 106.
Charron (Jean), maître de l'Hôtel-Dieu (1416), 15; (1417), 48.
Charron (Perrin) (1416), 21.
Charron (Pierre) (1544), 280.
Charron (Simon) (1580), 364.
Chartelier (Maître Germain), conseiller au Parlement (1505-1506), 104; (1536), 212.
Chartier, avocat (1516), 154; (1540), 271.
Chartier (Sœur Félix) (1565), 324.
Chartier (Maître Mathieu), avocat en Parlement (1536), 223.
Chartier (Michel), procureur en la Chambre des comptes (1526), 209.
Charton (Guillaume) (1536), 234.
Chartres (Hector de), chevalier (1417), 50.
Chartrot (Tristan) (1490-1491), 87.
Charuau (Robert) (1566), 325.
Charveau (Guillaume) (1566), 327.
Chasserat (Jehan), alias Chacerat (1536), 215.
Chasserat (Maître Pierre) (1500-1501), 91.
Chassy (Jehan de) (1478), 80.
Chasteau (Loys), procureur au Châtelet (1478), 78.
Chasteau (Pierre), drapier (1536), 215, 229.
Chasteau (Regnaut), garde du scel de la prévôté de Paris (1478), 78; (1487-1488), 85.
Chasteaupers (De), chanoine de Paris (1508-1509), 135.
Chastel (Pierre du), chanoine de Paris (1374), 9.
Chastellain (Nicolas) (1536), 231.
Chastellet (Didier), charpentier juré (1515), 151.
Chastenaye (Jehan) (1478), 78.
Châteaubriand (Pierre de), archidiacre de Brie (1505-1506), 122.
Châtillon (Cardinal de) (1544), 280.
Chaucidon (Perrette) (1536), 219.
Chaudot (Jehan) (1536), 261.
Chaudière (Thierry) (1479), 81.
Chaudon (Jehan), maître ordinaire des requêtes (1578), 358.
Chaulles (Martin de), écuyer (1536), 239.
Chaumont (Charles de), écuyer (1417), 49.
Chauveau (Hugues), avocat au Châtelet (1511-1512), 142.
Chauveau (Jacques) (1536), 219.
Chauveau (Jean), 18.
Chauveau (Jean), enlumineur (1536), 280.
Chauvelin (François), avocat au Parlement (1577), 354.
Chauvelin (Christophe), avocat au Parlement (1569), 335.
Chauvelin (Toussaint), procureur général de la reine mère (1567), 329.

Chauvet (Aimé) (1505-1506), 98.
Chauvet (Dame Heude) (1536), 216.
Chauvin (Durand) (1536), 247.
Chauvin (Guillaume) (1536), 239.
Chauvin (Jehan), prêtre (1505-1506), 100, 115.
Chauvin (Maître Jehan), curé d'Auteuil (1536), 206.
Chaville (Maître Lois de) (1536), 218.
Chefdeville (Cardin) (1536), 221.
Chefdeville (Guillaume), orfèvre (1536), 221.
Chefdeville (Nicolas), avocat au Parlement (1580), 363.
Chelles (Jehan de) (1505-1506), 111.
Chenart (Adam), prêtre (1505-1506), 98, 105.
Chenart (Baudet) (1478), 78; (1505-1506), 98; (1536), 204.
Chenart (Catherine) (1536), 204.
Chenart (Claude) (1536), 207.
Chenart (Denis) (1536), 207.
Chenart (Jehan) (1536), 207.
Chenevière (Pierre) (1536), 227.
Chennevière (Pierre) (1505-1506), 112.
Chenu (Jehan) (1536), 224.
Cherault (Pierre), marchand bourgeois de Paris (1536), 250.
Cherière (Jehan), boulanger (1505-1506), 103.
Cheriot (Guillaume), bourrelier (1536), 232.
Chesnart (Catherine) (1536), 217.
Chesnart (Claude) (1536), 214.
Chesnart (Jehan) (1506-1507), 133.
Chesnart (Oudinet) (1536), 204.
Chesnaye (Nicolas de) (1505-1506), 111.
Chesnel (Jehan), chapelain de l'Hôtel-Dieu (1505-1506), 123.
Chesneu (Pierre) (1573), 343.
Cheval (Maître Huguest), barbier (1536), 235.
Chevalier (Étienne) (1505-1506), 123.
Chevalier (Guillaume), bourgeois de Paris (1536), 254.
Chevalier (Jacques), secrétaire du Roi (1553), 296.
Chevalier (Jacques), seigneur de la Chambre des comptes (1487-1488), 85.
Chevalier (Michel) (1536), 254.
Chevalier (Pierre) (1416), 24.
Chevret (Arnoul), voiturier à Bruxelles (1506-1507), 134.
Chevrier (Jehan) (1536), 238.
Chevrier (Alfons) (1364), 3; (1365), 4.
Chibre (Pierre) (1505-1506), 101.
Chichart (Robert de) (1570), 337.
Chicot (Pierre) (1536), 216.
Chiede (Jehan) (1505-1506), 99.
Chiefdeville (Perrette de) (1418), 55.
Chipart (Jehan) (1416), 29.
Chivart (Denisot) (1416), 25.
Choart (Chrétien), orfèvre (1479), 81.
Choart (Claude), drapier, bourgeois de Paris (1571), 339.

# TABLE DES NOMS DE PERSONNES.

Choart (Guillaume), gouverneur de l'Hôtel-Dieu (1556), 301.
Choart (Jacques), chartreux à Paris (1571), 339.
Chobelet (Jehan) (1505-1506), 104.
Choiseur (Claire de), dame de Restaille (1560), 311.
Choisy (Jaquette de) (1418), 55.
Chollet (Jehan) (1505-1506), 118.
Chopin (Simon), marchand, bourgeois de Paris (1536), 208.
Choppin (Jehan), boucher (1505-1506), 111.
Choquelin (Jehan) (1536), 260.
Choquet (Mahiet) (1536), 261.
Chouart (Claude) (1536), 208.
Chouart (Guillaume), drapier (1536), 221.
Chouart (Jehan), procureur du Roi (1444), 69.
Choyneau (Guillaume) (1416), 36.
Chrestienne (Simonne), sage-femme de l'Hôtel-Dieu (1534), 199.
Chuault (Maître Philippe) (1536), 260.
Chuffart (Jean), chanoine de Paris (1428), 63.
Ciboulle (Maître Robert), prédicateur (1444), 70.
Cionesquis (Pierre-Antoine), banquier florentin (1570), 337.
Cirasse (Jaquet) (1364), 2.
Ciriace (Guillaume) (1478), 79.
Cirisay ou Cerisay (Pierre de) (1505-1506), 100.
Cirot (Jehan), carrier (1520), 166.
Clairvaux (Cardinal de) (1578), 359.
Clamecy (Gilles de) (1418), 656.
Clamecy (Katherine de), 56.
Clau (Jehan) (1418), 53.
Claude d'Allemagne, praticien en cour d'église (1536), 210.
Claude de France (1523), 178.
Claude de France, duchesse de Lorraine (1572), 342.
Claude de Paris, pâtissière (1542), 146.
Claude de Paris, religieux de l'Hôtel-Dieu (1537), 264.
Claude (Jehan) (1520), 169.
Claveau (Simon) (1505-1506), 102.
Clément (Étienne) (1536), 215.
Clément (Maître François), receveur de l'évêque de Paris (1505-1506), 115, 121.
Clément (François) (1536), 207.
Clément (Jacques), sous-chantre de Luçon (1550), 290.
Clément (Jehan), 45.
Clément (Frère Jehan) (1539), 269; (1548), 286; (1569), 335.
Clément (Tassin) (1536), 207.
Clément (Robin), changeur (1416), 43.
Clerc (Maître Jehan) (1478), 80.
Clerebourg (Loys de), chevalier (1519), 161; (1536), 225.
Clerisy (Jehan de) (1505-1506), 109.
Cléry (de Provins) (1505-1506), 106.
Clezon (Seigneur de) (1581), 367.

Clichy (Benoît de) (1505-1506), 104; (1536), 215.
Climent (Robin), changeur et bourgeois de Paris (1428), 61.
Closerie (Jehanne), sage-femme de l'Hôtel-Dieu (1547), 285.
Clouet (Noël) (1520), 169.
Clutin (Maître Pierre), seigneur de Villeparisis (1533), 196.
Clutin (Maître Regnault), abbé de Flavigny (1577), 354.
Cloys (Pierre de), chevalier de l'ordre du Roi (1577), 354.
Cochet (Jehan), curé de Dorin, à Poitiers (1560), 311.
Cochet (Perrin) (1417), 49.
Cochevache (Jehan), maître-queux (1566), 326.
Cochin (Dimanche) (1579), 360.
Cochon (Anceau), 18.
Cochon (Richard) (1505-1506), 106; (1536), 220.
Cocoly (François), religieux de Saint-Victor (1542), 276.
Cocouvier (Charlot) (1536), 242.
Cocquereil (Nicolas de), bourgeois de Paris (1559), 308.
Cocteret (Noel) (1536), 239.
Coffry (Casin) (1536), 249.
Coffry (Martin) (1479), 81.
Coichart (Jehan) (1505-1506), 113.
Coiffin (Béranger) (1416), 22.
Coignart (Gervais), libraire (1536), 209.
Coignet (Jacques), avocat au Parlement (1569), 336.
Coignet (Jehan) (1416), 19.
Coignet (Jehan), maître de l'Hôtel-Dieu (1508-1509), 140.
Coignet (Maître Pierre) (1536), 208, 228.
Cointeret (Vincent), chirurgien de l'Hôtel-Dieu (1526), 185; (1531), 194; (1536), 261; (1537), 265.
Coinctet (Jehan), orfèvre (1536), 231.
Cointinet (1416), 21.
Coippel (Jehan), drapier (1479), 81.
Coisnon (Pierre) (1536), 243.
Colart (Colin) (1418), 56.
Colas (Jehan) (1479), 81.
Colet (Jehan) (1418), 53.
Colier (Maître Pierre), docteur en médecine (1537), 264.
Colin (Avoye) (1367), 5.
Colin (Jehan), capitaine de la Ferté au coul (1520), 167.
Colinet (Guillaume), procureur en la Chambre des comptes (1536), 209.
Collet (Jehan), procureur au Châtelet (1505-1506), 107.
Colletier (Guillemette) (1508-1509), 135.
Collot (Richard) (1536), 363.
Cologne (Chrétien de) (1478), 79.
Colombel (Maître Guillaume) (1536), 233.
Colombel (Jehan), clerc du greffe du Parlement (1495-1496), 89.

Colonia (Michel de), docteur en médecine, chanoine de Paris (1511-1512), 143; (1521), 174; (1528), 187.
Combeaumont (Pierre de) (1416), 28.
Combes (Georges) (1543), 277.
Combraille (Jehan de), chanoine de Notre-Dame (1568), 332.
Compaignon (Macé) (1505-1506), 107.
Compaing (Denis) (1505-1506), 124.
Compaings (Jehan) (1478), 80.
Compans (Félix ou Felisot de), seigneur de Compans (1416), 35.
Compans (Girart de) (1505-1506), 108; (1536), 221.
Compans (Jehan de), changeur (1433), 60.
Compans (Jehan de), chaussetier (1505-1506), 104.
Compiègne (Jean de), 17.
Conant (Anne de) (1562), 315.
Conseil (Pierre) (1536), 260.
Constance (Nicole) (1536), 211.
Constant (Nicole), procureur au Parlement (1536), 204.
Contesse (D.) (1508-1509), 137.
Contesse (Étienne), marchand de draps de soie (1578), 358.
Contesse (Étienne), notaire (1505-1506), 110; (1536), 225, 246.
Contesse (J.) (1508-1509), 137.
Contour (Maître Étienne), huissier des requêtes du Palais (1545), 281; (1566), 324.
Couvers (Jacques), drapier (1536), 208.
Cop (Guillaume), docteur en médecine (1536), 223.
Copperiar (Jehan) (1505-1506), 124.
Coquaigne (Michel) (1478), 77.
Coquerel (Hector de) (1478), 76.
Coquet (Jehan) (1536), 216.
Corbie (Nicole de), conseiller au Parlement (1506-1507), 129.
Corbin (Mathurine) (1517), 157.
Corcy (Nicolas de) (1505-1506), 112; (1536), 229.
Cordeau (Simon) (1517), 155.
Cordes (Claude de) (1572), 341.
Cordier (Guillaume) (1418), 54.
Corieu (Jehan), procureur général au Châtelet (1416), 25.
Cormier (Laurens) (1561), 314.
Cormont (Jehan de), peintre à Paris (1506-1507), 134.
Cornan (Jehan) (1418), 54.
Cornett (Jehan), prêtre (1506-1507), 131; (1508-1509), 139, 140.
Cornouaille (Claude) (1563), 318.
Cornouaille (Nicolas) (1563), 318.
Cornue Teste (Jehan) (1416), 16.
Cosnel (Jehan), barbier (1505-1506), 111.
Cossart (Guillaume), 1.
Cossart (Jehanne) (1536), 223.
Cossart (Robert) (1536), 223.
Cossart (Robin), drapier (1505-1506), 109.
Cossele (Regnault) (1416), 19.

# TABLE DES NOMS DE PERSONNES.

Costat (Enguerrand) (1370), 7.
Coste (Gabriel) (1536), 260.
Costeblanche (François) (1581), 367.
Coste-Blanche (Hélie de), écuyer (1562), 316.
Cotart (Jehan) (1418), 53.
Coterel (Philippot) (1364), 1.
Cotin (Guillaume), conseiller au Parlement (1429), 63.
Cottier (Messire Jacques), vice-président en la Chambre des comptes (1506-1507), 132; (1524), 181;
Cotton (Nicole), maître de la Chambre des comptes (1564), 320.
Couatmaingny (Seigneur de) (1581), 367.
Couchem (Henri de), doyen de Saint-Gerry de Cambray (1417), 49.
Coucy (Jehan de) (1364), 1, 3.
Coucy (Nicolle de), docteur en décret (1481-1482), 82.
Coucy (Robert de) (1569), 334.
Coudray (Perrette de) (1418), 55.
Coudry (Jehanne) (1418), 54.
Coufranc (Nicolas), chanoine de Paris (1443), 69.
Couldray (Gautier) (1536), 220.
Couldray (Guillaume) (1536), 245.
Couldray (Michel de) (1536), 222.
Couldray (Robert) (1536), 243.
Gouligny (Jacques de) (1512), 144.
Coullart (Jehan), buffetier (1416), 27, 41.
Coullet (Perrin) (1416), 44.
Coulomb (Didier), dépensier de l'Hôtel-Dieu (1560), 311.
Coulombes (Jehan de), chanoine de Paris (1374), 9.
Coulommiers (Denise de) (1416), 24.
Coulommiers (Jehan de) (1416), 24.
Coulon (Abbé de) (1560), 313.
Coulon (Jehan) (1478), 79, 80.
Coulon (Pierre), chaudronnier (1536), 210.
Courcy (Colin de) (1536), 235.
Courselles (Ambroise de) (1579), 362.
Courselles (Diane de) (1575), 350.
Courselles (Jehanne de) (1575), 350.
Courselles (Roberte de) (1575), 350.
Courtaurel (François), prêtre (1536), 226.

Courtecuisse (Simon) (1364), 2.
Courleheuze (Claude) (1536), 247, 256.
Courtevache (Audry), maître des comptes du Roi (1416), 25; (1430), 59, 60.
Courtevache (Poncette) (1416), 25.
Courtillier (Étienne) (1505-1506), 124.
Courtin (François), greffier des pauvres de la ville de Paris (1550), 291.
Courtin (Guichard) (1550), 290.
Courtin (Guillaume), contrôleur du Trésor (1478), 79; (1505-1506), 125; (1536), 219.
Courtin (Maître Jehan), procureur au Châtelet (1536), 219.
Courtin (Nicolas), trésorier du Royaume de la Basoche (1531), 193.
Courtoys (Michau) (1505-1506), 103.
Courvault (Marie de) (1581), 367.
Cousin (Claude) (1566), 326.
Cousin (Maître Henri) (1536), 225.
Cousin (Maître Henri), maître des hautes œuvres (1479), 81.
Cousin (Jehan) (1418), 55.
Cousin (Jehan), boucher (1478), 77.
Cousin (Robin), 18.
Cousinot (François) (1505), 93; (1505-1506), 118, 125; (1508-1509), 143.
Cousinot (Guillaume) (1416), 46.
Cousinot (Maître Guillaume) (1505-1506), 100.
Cousinot (Pierre), procureur en Parlement (1416), 17.
Coustant (Jehan), procureur en Parlement (1505-1506), 98, 102.
Couste (Jehan) (1417), 49.
Coutent (Jehan) (1536), 243.
Coynart (Claude), receveur général de l'Hôtel-Dieu (1556), 301.
Coyon (Perrette), sage-femme à l'Hôtel-Dieu (1558), 308.
Cramault (Cardinal) (1505-1506), 103.
Cramoisy (Philippe) (1571), 338.
Cramoisy (Pierre), marchand mercier (1571), 338.
Cran (Simonne), sage-femme de l'Hôtel-Dieu (1531), 194.
Crecy (Simon), maçon (1505-1506), 113.

Crepy (Jaquet de), sergent à cheval (1416), 28.
Créquy (Georges de), chevalier (1574), 347.
Crespi (Jehan de) (1364), 2.
Crespin (Jacques), drapier (1505-1506), 106.
Crespin (Mathieu), drapier (1536), 215.
Crespin (Nicolas), drapier (1536), 218.
Crespy (Marie) (1564), 321.
Cresse (Simon) (1560), 311.
Cresseline (Jeanne) (1367), 6.
Cressy (Claude) (1536), 235.
Crestin (Mathurin) (1508-1509), 140.
Crete (Jean) (1371), 8; (1373), 14; (1379), 10.
Creton (Guillaume), drapier (1536), 232.
Crevant (Paul de) (1577), 355; (1580), 363.
Crevecœur (Jacques de) (1558), 307.
Crochet (Jehan) (1478), 80.
Crocquet (Jehan), gouverneur de l'Hôtel-Dieu (1556), 301.
Croisset (Regnaut) (1478), 77.
Croisy (Robin de) (1417), 48.
Croix (1505-1506), 111.
Croquet (Jehan), conseiller de la ville de Paris (1576), 351.
Croson (Robert), docteur régent en la Faculté de médecine (1573), 344.
Crosses (Clément de), chanoine de Paris (1445), 72.
Crossu (Jehan) (1416), 37.
Croyer (Pharaon) (1581), 366.
Crozon (François), notaire au Châtelet (1558), 306.
Crue (Jehanne) (1536), 238.
Crussy (Nicole de), docteur en décret (1505-1506), 112.
Cryon (Guillaume) (1508-1509), 140.
Cuer (Jehan) (1364), 2.
Guisy (Pierre de) (1416), 28.
Culot (Françoise), religieuse de l'Hôtel-Dieu (1550), 290.
Cusaine (Camille) (1570), 337.
Cuvelays (Hennequin) (1505-1506), 108.
Cyvot (Maître Pierre) (1536), 237.

## D

Dabour (Martin) (1505-1506), 124.
Dacy (Philippe) (1364), 2.
Dacy (Présidente) (1364), 292.
Dahou (Martin) (1506-1507), 133.
Daigny (Raymond) (1478), 79.
Dailly (Hugues), écuyer (1571), 340.
Dalnaigne (Maître Claude) (1505-1506), 102.
Damarie (Pierre) (1418), 53.
Damas (Pierre de) (1416), 24.
Dambligny (Gilles) (1364), 2.
Dambonnet (Jehan) (1536), 235.
Dameil (Pierre), teinturier de toiles (1536), 221.

Damel (Jacques) (1536), 226.
Damery (Maître Jehan) (1536), 232, 250.
Dammartin (Comte de) (1416), 29; (1505-1506), 111; (1536), 227.
Dammartin (Guy de), chanoine de Saint-Martin de Tours (1416), 23; (1505-1506), 98; (1536), 205.
Dammartin (Hue) (1364), 2.
Dammartin (Jehan de) (1424), 58; (1505-1506), 109; (1581), 366.
Dammartin (Nicolas de) (1479), 81.
Dammartin (Simon de) (1378), 10.

Dampont (Jehan de), pâtissier (1505-1506), 111.
Dampont (Martin de), pâtissier (1505-1506), 114.
Dampont (Michel de) (1505-1506), 111.
Damy (Sergent royal en Anjou) (1543), 277.
Dancher (Drouet), marchand orbateur (1516), 154.
Dancy (Jehan) (1566), 326.
Danet (Maître Georges) (1577), 354.
Danet (Pierre), évêque de Lavaur (1577), 354.
Danet (Robert), notaire (1577), 354.

## TABLE DES NOMS DE PERSONNES. 391

Danetz (Jacques), secrétaire du Roi (1568), 33o.
Danes (Robert) (1536), 208.
Dangeul (Miles), chanoine de Paris (1416), 26.
Dangeul (Milles de), doyen de Chartres (1432), 59.
Daniel (Barthélemy), teinturier de toiles (1536), 221.
Daniel (Jehan), notaire (1478), 79.
Danjou (Jehan), sergent à cheval (1505-1506), 112.
Danjoy (Regnault) (1579), 361.
Dannet (Maître Guillaume) (1536), 229.
Dannet (Jehan), conseiller au Parlement (1564), 320.
Dannet (Loys), seigneur de Savigny (1564), 320.
Dapestiguy (Pierre), trésorier des finances casuelles du Roi (1528), 187.
Darbonne, notaire au Châtelet (1580), 362.
Darcel (Guillaume), 19.
Darcel (Richarde) (1416), 19.
Darcy (Jacquet) (1416), 42; (1417), 50.
Darges de la Tournera (Jehan) (1580), 363.
Dergilliers (Gabriel) (1558), 307.
Darguy (Raymond) (1505-1506), 106.
Daridel (1416), 38.
Dariolle (Guillemin), 18.
Dariolle (Richard), 18.
Darpajot (René), chevalier (1559), 308.
Darragon (Julien) (1505-1506), 125.
Darras (Pierre) (1505-1506), 112.
Dassonville (Jacques), prieur des Carmes (1505-1506), 127.
Daubenton (Katherine) (1416), 25.
Daubray (Claude), notaire (1569), 336.
Daubray (Jehanne) (1536), 250.
Daulnoy (Denisot) (1416), 34.
Daulphin (Floridas) (1416), 24.
Daultry (Jacques) (1505-1506), 126.
Daunet (Maître Pierre) (1536), 218.
Daunoy (Arthus), chanoine de la Sainte-Chapelle (1533), 197; (1535), 199.
Daunoy (Jean), 18.
Daunoy (Thomas), chanoine de Notre-Dame de Paris (1417), 48.
Daussi (Nicolas) (1566), 326.
Dausson (Pierre) (1416), 25.
Daussy (Odouart) (1505-1506), 103.
Dautissant (Maître Jehan) (1536), 207, 229.
Dautissant (Quentin) (1505-1506), 100, 113; (1536), 229.
Dauvergue (Pierre), voiturier par eau (1536), 238.
Davenne (Regnauld) (1418), 55.
Davesne (Gilles) (1418), 55.
David, doyen d'Abbeville (1446), 74.
David (Claude) (1536), 236.
David (Jehan) (1546), 283.
David (Martin) (1531), 193.
David (Pierre), procureur de l'Hôtel-Dieu à Corbeil (1416), 32, 45.
Davier (Jehan) (1416), 24.

Davisson (Girard), marchand mercier (1536), 208.
Davisy (Jean), procureur au Parlement (1364), 2; (1416), 42.
Davoyne (Richard) (1536), 245.
Days (Pierre) (1548), 286.
Debomy (Gilles) (1536), 226.
Debray (Étienne), sergent de la haute justice du Roi (1416), 43.
De Bray, receveur général des Pauvres de Paris (1561), 314.
Dechant (Pierre) (1418), 55.
Defrenoy (Jehan), conseiller au Parlement (1536), 208.
Degrain (Pierre) (1536), 260.
Dei (René), banquier à Lyon (1506-1507), 134.
Delaage (Pierre) (1505-1506), 116; (1508-1509), 137, 140, 141.
Delaistre (Claude), vendeur de vins (1505-1506), 117.
Delaistre (Jehan), marchand vendeur de vins (1478), 78.
Delaistre (Jehan) (1505-1506), 113.
Delarche (F.) (1508-1509), 138.
Delarche (L.) (1508-1509), 138.
Delarche (Marguerite) (1578), 357.
De la Roche (Guérin), épicier (1364), 1.
Delbenne (Richard), marchand banquier à Paris (1541), 273.
Deleaue (Jehan) (1536), 261.
Delehegue (Nicolas) (1536), 246.
Delent (Jehan), gouverneur de l'Hôtel-Dieu (1556), 301.
Delestre (Jehan), vendeur de vins (1505-1506), 111.
Delfi (Jean) (1364), 3.
Delfi (Maître Jehan) (1505-1506), 100.
Delivre (Maître Jehan) (1527), 186.
Delivre (Robert) (1416), 25.
Delon (Jehan) (1364), 1.
Delorme (Marie) (1566), 324.
Delorme (Philibert), architecte (1570), 337.
Delorme (Frère Raoul) (1505-1506), 117, 128.
Deluc (Genest), procureur au Parlement (1505-1506), 116.
Demarle (Madeleine) (1536), 219, 222.
Demay (Guillaume), graveur (1536), 208.
Demay (Jehan), chirurgien de l'Hôtel-Dieu (1541), 274.
Denier (Geoffroy) (1416), 44.
Denis (Pierre) (1417), 49.
Denison (Maître Guillaume), prêtre (1505-1506), 119; (1536), 238.
Denisot (Jehan) (1505-1506), 124.
Denisot (Louise) (1580), 363.
Denys (Jacques), sergent à verge (1537), 264.
Denys (Pierre), procureur au Parlement (1566), 325.
Depons (Maître Michel), procureur du Roi (1478), 77.

Derpy (Jacquet), épicier (1416), 27, 46; (1445), 72.
Des Alaix (Jehan) (1505-1506), 111.
De Sallat (Jehan) (1520), 170.
Desasses (Jehanne) (1536), 222.
Des Aulnois (Michel) (1536), 211.
Des Barres (Jehan) (1416), 34.
Des Barres (Pierre), sergent royal (1578), 358.
Des Bordes (Guillaume) (1389), 12.
Des Bordes (Pierre) (1566), 326.
Des Boullons (Guillaume) (1505-1506), 98; (1536), 204.
Desbrosse (Messire), chevalier de l'ordre (1574), 347.
Des Brosses (Jehan), curé de Sainte-Croix en la Cité (1579), 360.
Desbrucille (Jehan), écuyer (1517), 156.
Descamyn (Jehan), marchand bourgeois de Paris (1556), 302.
Des Champs (Maître Adam) (1505-1506), 103.
Des Champs (Ameline) (1364), 2.
Deschamps (Arthus), conseiller au Châtelet (1508-1509), 137.
Des Champs (Colette) (1418), 55.
Deschamps (Gilbert) (1364), 2.
Deschamps (Maître Jehan) (1536), 211, 259.
Deschamps (Jehanne), religieuse de l'Hôtel-Dieu (1505-1506), 115.
Des Champs (Marguerite) (1418), 55.
Deschamps (Ymbert) (1479), 81.
Desclin (Jehan), maçon juré (1516), 154.
Descors (Nicolas), boucher (1505-1506), 110.
Des Essars (Philippe), chevalier, seigneur de Thieux (1416), 36.
Des Essars (Pierre), prévôt de Paris, 50.
Des Fossés (Étienne) (1536), 224.
Des Fosses (Jehan) (1416), 21.
Des Foureaux (Thibert) (1370), 7.
Des Friches (Maître Arnault) (1505-1506), 121.
Des Friches (Maître Étienne) (1538), 266.
Des Friches (Maître Pierre) (1538), 266.
Desfriches (Maître Regnault) (1505-1506), 105.
Des Granches ou Desgranches (Maître Jehan), imprimeur à Paris (1505-1506), 128; (1506-1507), 134.
Des Guerres (Guillaume) (1536), 245.
Des Haies (Jehan) (1416), 24.
Des Haies (Jehan), serrurier (1536), 216.
Des Haies (Pierre) (1536), 245.
Deshayes (Arthur) (1506-1507), 131; (1508-1509), 140.
Des Hostelz (Macé), clerc des charpentiers jurés (1505-1506), 126.
Des Hostelz (Pierre), clerc des maçons et charpentiers jurés (1516), 154.
Des Jardins (Nicolas) (1520), 169.
Des Loges (Jehan) (1478), 79.
Des Maffiers (1536), 246.

Des Marais (Guiot), courtillier (1416), 27.
Des Mares (Colin) (1418), 55.
Des Mares (Katherine) (1418), 56.
Des Maretz (Guillaume) (1536), 235.
Des Maretz (Maître Jehan) (1536), 216.
Des Maretz (Colin) (1505-1506), 111.
Des Marez (Messire Jehan) (1478), 78.
Des Marquetz (Jehan) (1566), 325.
Desmondeville (Raoul) (1364), 2.
Des Mons (Adam) (1364), 2.
Desmons (Pierre) (1536), 219.
Desmons (Roch) (1538), 267.
Des Mores (Pierre) (1416), 25.
Des Moulins, évêque de Paris (1505-1506), 109; (1536), 222.
Des Moulins (Maître Jehan) (1505-1506), 110.
Des Moulins (Jehan), procureur au Parlement (1536), 225.
Desmoutiers (Eusèbe), chevalier, vicomte de Merville (1572), 342.
Desmoutiers (Jehan), évêque de Bayonne (1575), 350.
Des Nos (Gilles) (1566), 324.
Des Noues (Gilles), huissier de la Chambre des comptes (1554), 298.
Des Nouez (Race), chirurgien (1540), 272.
Des Noyers (Pierre) (1502-1503), 92; (1505-1506), 121.
Des Ormes (Jehan) (1418), 54.
Desperriers (Lucas) (1364), 2.
Des Piliers (Lucas), pâtissier (1505-1506), 111.
Despinet (Jehanne) (1571), 338.
Des Plantes (Jeanne) (1418), 53.
Des Plantes (Marie) (1418), 53.
Des Plantes (Pierre) (1418), 53.
Des Portes (Sire Jehan) (1505-1506), 102.
Des Portes (Jehan) (1536), 210, 246.
Des Poscherons (Madame) (1416), 31.
Desprez (Benard), drapier à Paris (1573), 344.
Desprez (Jehan), drapier, bourgeois de Paris, l'un des capitaines de Paris (1571), 339.
Desprez (Robert), teinturier (1505-1506), 117; (1569), 336.
Des Quesnes (Caradot), chevalier (1416), 37.
Des Roches (Barbe) (1536), 240.
Des Roches (Claude), écuyer (1536), 240.
Des Roches (Jehan) (1536), 236.
Des Roches (Robert) (1505-1506), 102.
Dessay (Jehan) (1536), 243.
Dessonville (Frère Jacques), prieur des Carmes (1506-1507), 134.
Dessoubz le Four (Maître Jehan) (1505-1506), 102.
Desta (Opportune), sage-femme de l'Hôtel-Dieu (1567), 331.
Destain (Guillaume) (1511-1512), 142.
Destas (Jehan) (1478), 79.
Des Temples (Jehan), avocat au Parlement (1578), 357.
Destoron (1505-1506), 116.

Destra (Jean-Jacques), médecin de Turin (1551), 293.
Des Vaulx (Maître Jacques) (1505-1506), 113.
Des Vignes (Lancellot) (1551), 293.
De Vaulx (Maître Jacques) (1536), 208.
Devyn (Jehan) (1505-1506), 111.
Diart (Philippot) (1505-1506), 110.
Dicy ou Dycy, 61.
Dicy (Colette), novice à l'Hôtel-Dieu (1494-1495), 88.
Dicy (Maître Hue de) (1478), 78; (1536), 229.
Dierre (Demoiselle), dame de Fleury (1562), 317.
Dieubon (Jehan), marchand à Paris (1505-1506), 117.
Diex-y-voie (Robert) (1364), 2.
Dignocheau (Pierre) (1505-1506), 111.
Digoisne (Demoiselle Yolent de) (1376), 9.
Diguet (Maître Guillaume), procureur au Châtelet (1536), 206.
Diguet (Maître Jehan), procureur au Châtelet (1536), 220.
Dilas (Charles), drapier (1536), 222.
Dillaiz (Charles) (1505-1506), 108.
Dillaiz (Jehan) (1505-1506), 108.
Dilliers (Oudart) (1562), 315.
Dimanche (Berthelot) (1536), 224.
Dimenche (Perrin) (1416), 25.
Dinocheau (Jehan), vendeur de bétail (1505-1506), 118.
Dische (Jehan) (1505-1506), 112.
Disome (Maître Antoine) (1536), 224.
Disome (Maître Jacques), avocat au Parlement (1516), 154.
Dissay (Pierre) (1536), 256.
Disy (Ponce de), secrétaire du Roi (1416), 25.
Divray (Maître Martin), greffier de la geôle du Palais (1579), 360.
Dochet (Audry), orbateur (1478-1479), 81.
Doë (Jehan) (1505-1506), 99.
Doigne (Pierre) (1505-1506), 103.
Doissepin (Jehan) (1508-1509), 142.
Doistre (Gillet et Gillette) (1416), 24.
Dole (Nicolas) (1416), 47.
Dolu (Madame), marchande de draps de soie (1568), 332.
Domilliers (Jehan), boursier de l'Hôtel-Dieu (1416), 15; (1417), 48; (1443), 68.
Dommengin (1416), 42.
Don (Jehan), notaire au Châtelet (1536), 212, 226.
Donchery (Jehan de) (1364), 2.
Donchin (Robin) (1536), 226.
Donde (Jehan), sergent à verge (1536), 235.
Donget (Louis) (1573), 344.
Donjac (Loys), avocat au Grand Conseil (1533), 196.
Donjain (Adam) (1505-1506), 109.
Donjan (Marie) (1536), 224.
Donjant (Adam) (1478), 76; (1505-1506), 121.

Donnay (Jehan de) (1479), 81.
Donon (Mederic de) (1578), 358.
Dorelve (Robert) (1478), 79.
Dorléans (Antoine), sergent du parloir aux bourgeois (1536), 238.
Dorlot (Robert) (1536), 218.
Dorly (Sœur Ysabeau) (1417), 50.
Dorne (Florimond de), écuyer (1565), 323.
Dorpy (Jacques) (1505-1506), 99.
Dorsans (Guillaume) (1558), 306.
Dorville (Jehan) (1417), 49.
Dorville (Maître Raoul) (1536), 205.
Dossaige (Maître Thomas) (1536), 226.
Dossery (Agnès), bourgeoise de Paris (1485), 60.
Dostie (Jacques) (1536), 227.
Dostie (Simon) (1505-1506), 113.
Douay (Jehan de) (1416), 22.
Doucin (Jehan), chapelain de Notre-Dame (1480), 66.
Doué (Guillaume), orfèvre (1536), 232.
Dougent (Pierre), avocat à la Cour de Meaux (1428), 61.
Doujain (Maître Jehan), greffier au Châtelet de Paris (1505-1506), 97.
Doulchet (Dreux), orbateur (1536), 224.
Doultremepuys (Reoulin) (1505-1506), 123.
Dourdan (Jacques de), 14.
Douyn (Jehan) (1536), 226.
Dozio (Guillaume) (1558), 306.
Dozio (Nicolas) (1558), 306.
Dreux (Madame de) (1567), 284.
Dreux (Denis) (1578), 359.
Drouart (Gilles), mercier (1580), 365.
Drouart (Guillaume), avocat au Parlement (1416), 42.
Drouart (Jean), 17.
Drouart (Jehan), huissier du Parlement (1568), 332.
Drouart (Lois), cordouennier (1536), 231.
Drouet (Germain) (1479), 81.
Drouet (Nicole) (1505-1506), 122.
Drouynet (Pierre), drapier (1536), 215.
Drujan (Maître Adam) (1536), 209.
Drujan (François) (1536), 246.
Du Bellay (Loys), conseiller au Parlement (1520), 170.
Du Bellay (René), archidiacre de Paris (1520), 166.
Du Bersel (Jehan), tailleur de pierres (1520), 167.
Dubetz (D<sup>lle</sup> Jehanne) (1527), 186.
Du Bez (Jehanne) (1536), 230.
Dubois (Étienne) (1505-1506), 107; (1536), 217.
Du Bois (Hervy) (1436), 60.
Du Bois (Jean), sergent du Châtelet, 11.
Du Bois (Laurens) (1478), 77.
Dubois (Noël), enfant de chœur de l'Hôtel-Dieu, élève au collège de Sainte-Barbe (1539), 269-270.
Dubois (Philippe), prieure de l'Hôtel-Dieu (1364 et années suivantes), 1.
Dubois (Pierre), tailleur d'images (1536),

# TABLE DES NOMS DE PERSONNES.

230, 239; (1543), 277; (1556), 304;
(1566), 324.
Du Bois (Simon), capitaine de Néauphle
(1429), 65.
Dubois (Thibaut) (1478), 77.
Du Boissay (Robert), chevalier (1418), 55.
Du Bost (Maître Jehan) (1549), 287.
Dubourg (Michaud) (1505-1506), 123.
Dubourg (Pierre), sergent à verge (1566),
325.
Du Boys (Claude), maître peintre à Paris
(1576), 352.
Du Boys (Étienne), couturier (1505-1506),
105.
Du Boys (Henri), orfèvre (1478), 79.
Du Boys (Jehan), pelletier (1505-1506),
105.
Du Boys (Jehan), marchand à Meaux (1505-
1506), 117.
Du Boys (Sœur Jehanne) (1506-1507), 134.
Du Boys (Perrinelle), religieuse de l'Hôtel-
Dieu (1505-1506), 112.
Duboys (Robert), maître épinglier (1538),
267.
Dubuisson (Sœur Michelle) (1568), 332.
Dubuz ou Dubut (Abel) (1536), 247; (1558),
307.
Dubut (Charles) (1536), 233.
Du Castel (Jehan) (1416), 25.
Du Castel (Pierre), maître des comptes
(1381), 11.
Du Chasteau (Lois) (1536), 229.
Du Chastel (Guy) (1536), 218.
Du Chastel (Loys), charpentier juré (1505-
1506), 126.
Du Chastel (Philippe) (1536), 209.
Du Chastel (Pierre), proviseur de l'Hôtel-
Dieu (1379), 10.
Du Chastel (Robert) (1418), 55.
Du Châtel (Guy) (1478), 78.
Duchemin (Jacques) (1537), 264.
Duchemin (Jehan) (1416), 74.
Duchemin (Sœur Perrenelle) (1417), 49.
Duchesne (Maître Guillaume), curé de Saint-
Jean-en-Grève (1530), 191; (1539),
268.
Du Chesne (Martin) (1536), 231.
Du Chesne (Pierre) (1417), 48.
Duchesne (Pierre) (1536), 227.
Duclos (Jehan) (1416), 25.
Du Couldray (Michel) (1505-1506), 108.
Ducrocq (Guillaume) (1505-1506), 123.
Du Crocq (Jacques), marchand de draps de
soie (1536), 208; (1563), 318.
Du Dizart (Joachim) (1563), 318.
Dudoit (Jehan) (1418), 54.
Du Drac (*alias* du Drap), conseiller au Parle-
ment (1554), 208; (1558), 306.
Du Faut (Guillemin) (1418), 53.
Du Fay (Jacques), seigneur de Châteaurouge
(1560), 311.
Du Four (Guillemette) (1418), 55.
Du Four (Jacques) (1416), 25, 31.
Du Four (Jehan) (1364), 2; (1478), 79.

Du Four (Jehan), tonnelier (1505-1506),
105, 107.
Dufresne (Guillaume) (1534), 199; (1536),
260.
Du Fresnoy (Daniel), chevalier de Senlis
(1573), 345.
Du Fresnoy (Gilles), seigneur du Plessis
(1577), 354.
Du Fresnoy (Jehan), conseiller au Parlement
(1505-1506), 99.
Dugazon (Jehan), écrivain (1444), 70.
Du Glan (Jehan) (1478), 79.
Dugoul (Ysabeau) (1418), 54.
Du Goulet (Catherine) (1497-1498), 90.
Du Gournay (Jehan) (1505-1506), 117;
(1506-1507), 132.
Du Gres (Jehan) (1418), 54.
Dugret (Fuligot) (1418), 54.
Du Griel (Gilles) (1371), 8.
Dugué (Antoine), contrôleur général de la
*marine de Ponant* (1576), 352.
Dugué (Nicolas) (1536), 202, 231.
Dugué (Thibault), rôtisseur (1536), 210,
226.
Du Guichet (Guillemette), religieuse de l'Hôtel-
Dieu (1506-1507), 133.
Duhan (Pierre), marchand à Lille (1517),
157.
Du Hamel (Jehan) (1418), 54.
Du Hamel (Jehanne) (1418), 54.
Du Hamel (Raoul) (1511-1512),142; (1536),
241.
Du Jain (Adam) (1505-1506), 97.
Du Jardin (Gabriel) (1418), 55.
Du Jardin (Hugues), prieure de l'Hôtel-Dieu
(1476), 75; (1479-1480), 82.
Du Jardin (Marie), prieure de l'Hôtel-Dieu
(1416), 28; (1445), 71.
Du Jouins (Guillaume) (1417), 51.
Du Jouins (Jehan) (1417), 51.
Du Jouins (Pierre) (1417), 51.
Du Just (Maître Étienne) (1536), 257, 261;
(1548), 286.
Du Lac (Messire Jehan) (1505-1506), 100.
Du Lart (Thierry) (1416), 25.
Dulis (Maître Jehan) (1536), 203.
Dulut (Jehan), gouverneur de l'Hôtel-Dieu
(1568), 332.
Du Lux (Maître Jehan) (1505-1506), 97.
Du Lux (Mahiet) (1505-1506), 109.
Du Mais (Jehan) (1418), 54.
Du Mas (Antoine), chirurgien de l'Hôtel-Dieu
(1551), 293.
Du Mesnil (Arnoul), chantre de Notre-Dame
(1578), 356.
Du Mesnil (Guillaume), écuyer (1417), 49.
Du Mesnil (Paul), archidiacre de Brie (1578),
356.
Du Molin (Jehan) (1416), 19.
Du Molinet (Alexandre) (1364), 2.
Du Mons (Jehan) (1566), 327.
Du Mons (Regnault) (1478), 77.
Du Mont (Arnoul) (1418), 54.
Dumont (Guillaume) (1430), 65.

Dumont (Martine) (1506-1507), 134.
Du Mortier (Veuve Jehan) (1536), 230.
Du Moulin (Audry) (1505-1506), 108.
Du Moulin (Denys) (1416), 42.
Du Moulin (Guillaume), chancelier de Pé-
ronne (1378), 10.
Du Moulin (Guiot) (1416), 37.
Du Moulin (Maître Jehan), avocat au Parle-
ment (1536), 219.
Du Moulin (Jehan), procureur au Châtelet
(1537), 262.
Du Moulinet (Guillaume), procureur du Roi
en la Chambre des comptes (1505-1506),
116.
Du Mousoy (Pierre), procureur au Parlement
(1536), 206, 231.
Du Moustier (Jehan) (1505-1506), 111.
Du Moustier (Jehanne) (1416), 24.
Du Moustier (Jehanne) (1536), 219, 236.
Du Moustier (Marcel), prêtre (1536), 246.
Du Moustier (Pierre), maréchal (1536),
227.
Du Mur (Richard) (1536), 239.
Du Palais (Ambroisin) (1478), 80.
Du Palais (George) (1364), 2.
Du Palais (Ysabel) (1429), 64.
Du Parc (Perrin), 19.
Duperche (Colin) (1505-1506), 105.
Duperies (Bernard) (1536), 235.
Du Perrier (Guillemette) (1374), 9.
Du Plesseys (Jehan) (1418), 52.
Du Plessis (Robert) (1416), 23.
Du Poirier (Mathurin) (1535), 199.
Du Pois (Jehannet), chevalier (1418), 55.
Dupoix (Jehan), macon (1505-1506), 106.
Du Pont (Denis) (1478), 78.
Dupont (Guillaume) (1536), 18, 228.
Dupont (Pierre) (1535), 200; (1536), 251.
Du Pont (Vincent), seigneur de Launay-
Saint-Michel (1565), 323.
Du Poppe (Sœur Françoise) (1506-1507),
134.
Du Prat (Antoine) (1541), 273, 74; (1544),
279; (1556), 303; (1558), 332.
Duprat (Guillaume) (1574), 347.
Dupré (Alain) (1418), 53.
Dupré (Alips), religieuse de l'Hôtel-Dieu
(1416), 47.
Dupré (Guillot) (1505-1506), 106.
Dupré (Jehan), procureur au Châtelet (1505-
1506), 107; (1536), 220, 226.
Dupré (Marguerite) (1536), 218.
Dupré (Marion) (1418), 54.
Dupré (Nicolas) (1498-1499), 90; (1520),
170.
Dupré (Nicole), receveur des amendes du
Parlement (1496-1499), 90; (1502-1503),
92, 93.
Dupré (Nicole) (1536), 220.
Duprés (Alips), religieuse de l'Hôtel-Dieu
(1416), 28.
Dupuis (Jehan), barbier (1540), 272.
Dupuis (Jehanne) (1483-1484), 84.
Dupuis (Nicolas), écuyer (1536), 247.

# TABLE DES NOMS DE PERSONNES.

Dupuis (Péronne) (1554), 299.
Dupuis (Pierre), marchand de vins (1536), 205, 247.
Dupuis (Pierre), avocat au Parlement (1566), 325.
Dupuis (Tassin) (1416), 36.
Durand (Jehan) (1536), 223, 235.
Durant (Colin), 17.
Durant (Maître Guillaume) (1501-1502), 92.
Durant (Guillaume), trésorier des mortes-payes de Picardie (1538), 266.
Durant (Jehan), chanoine de Paris (1416), 25, 31.
Durant (Jehan), procureur au Châtelet (1416), 33.
Du Ru (Jehan), maître de la maladrerie de la banlieue (1418), 55; (1423), 58.
Du Ru (Thomas) (1508-1509), 135.
Du Ruissel (Jehanne), religieuse de l'Hôtel-Dieu (1416), 28.
Du Ruit (Jehan) (1417), 48.
Du Saulnoy (Pierre) (1505-1506), 115.
Du Saulnoy (Regnault), peintre (1505-1506), 115.
Du Seel (Richard) (1505-1506), 110.
Dusigne (Germain) (1478), 80.

Du Sollier (Guillaume) (1478), 78.
Dusuble (Denis), écuyer (1536), 247.
Du Tain (Margot) (1418), 54.
Du Tartre (Jehan) (1566), 325.
Du Teil (Maître Jacques) (1505-1506), 116.
Du Temple (Étienne), chaufournier (1520), 167.
Du Temple (Jehan) (1418), 53; (1478), 76.
Du Tertre (Guillaume), vendeur de buis (1536), 219.
Du Til (Jehan) (1416), 37.
Du Tillet (Françoise) (1577), 354; (1580), 363.
Du Tillet (Jehan), greffier du Parlement (1562), 316; (1563), 318.
Du Tillet (Madeleine) (1580), 363.
Du Tret (Didier) (1417), 49.
Dutroncq (Étienne), marguillier de l'église de Paris (1492-1493), 88.
Du Toeil (Jacques) (1536), 226, 247.
Duval (Adrien), cordonnier (1536), 258.
Du Val (Audry) (1478), 80.
Du Val (Germain), notaire (1536), 227.
Du Val (Guillaume), couturier (1478), 80.
Duval (Henry) (1505-1506), 110.
Duval (Jehan), marchand à Paris (1506-1507), 131; (1520), 167; (1536), 219.

Duval (Jehan), orfèvre (1536), 235.
Duval (Jehan), trésorier de l'épargne du Roi (1541), 273.
Duval (Katherine) (1416), 25.
Du Val (Marie) (1574), 347.
Duval (Philippot) (1536), 242.
Duval (Pierre) (1536), 256.
Du Val (Robert), 15, 17.
Du Verrier (Ambroise) (1536), 241.
Du Vivier, notaire au Châtelet (1417), 48.
Du Vivier, chanoine de Notre-Dame (1581), 366.
Du Vivier (Guillaume) (1417), 49.
Du Vivier (Guillaume) (1505-1506), 97, 101; (1536), 203.
Du Vivier (Guillemette) (1494-1495), 88.
Du Vivier (Hennequin), orfèvre du Roi (1379), 10.
Duvivier (Jehan) (1505-1506), 99.
Duvivier (Pierre), avocat au Parlement (1516), 154.
Duvivier (Thomas) (1505-1506), 127.
Dyacrey (Pierre de), doyen de la Faculté de théologie (1428), 61.
Dyci (Hugues de) (1428), 59.
Dyonis (Gervasol) (1418), 52.

## E

Eaubonne (Denise d') (1536), 246.
Ébigart (Jean), 18.
Éliart (Jehan), 18.
Émery (Pierre) (1445), 71.
Enceau (Tassin) (1478), 77.
Engarh (Jehan) (1417), 48.
Engrenier (Christophe) (1505-1506), 104.
Épinay (Jehanne d') (1416), 25.
Érambault (Émengon) (1416), 25.
Érambault (Gieffroy) (1416), 25.
Erlant (Maître Jacques), notaire (1500-1501), 91.
Esbron (D') (1505-1506), 127.
Escaille (Jehan d') (1512), 146.
Escalle (Jehan d'), pâtissier (1505-1506), 123.
Eschars (Jehan) (1536), 224.

Eschainviller (Adam d'), écuyer (1416), 19.
Eschart (Antoinette) (1536), 250.
Eschart (Jehan) (1536), 224.
Eschart (Pierre), docteur en médecine (1523), 179, 192; (1536), 230.
Esconyas frère (Charles) (1572), 342.
Espargnon (Étienne d') (1416), 25.
Espinay (Girart d') (1505-1506), 108; (1536), 221.
Essemont (Jean), geôlier des prisons du chapitre de Paris (1560), 312.
Estampes (Maître Jehan d'), avocat au Parlement (1536), 211; (1577), 354.
Estiveal (Antoine d'), écuyer (1579), 362.
Estouteville (Jacques d'), garde de la prévôté de Paris (1505), 95.

Estrelin (Pierre), barbier (1505), 96.
Estrichy (Guillaume d') (1505-1506), 126.
Étampes (Comte d') (1371), 8.
Étampes (M^me d') (1448), 68; (1445), 71; (1546), 284.
Étampes (Marie d') (1529), 190.
Étienne de Paris (Maître) (1505-1506), 122.
Eu (M^me d') (1389), 12.
Eu (Comte d') (1416), 36.
Euqueville (Pierre) (1536), 227.
Eustace (Guillaume), libraire (1536), 202, 230.
Eustace (Jehan) (1536), 261.
Ézelin (Nicole), procureur au Châtelet (1550), 291.

## F

Fabry (Jehan) (1505-1506), 116; (1521), 175.
Fabry (Maître Pierre), pardonneur et quêteur (1481-1482), 83.
Fagart (Perrette) (1566), 327.
Fagault (Mathurin) (1514), 150.
Fagot (Jehan) (1416), 28.
Failli (André) (1416), 25.
Failli (Gillette) (1416), 25.
Falentin (Robert) (1536), 237.
Failoise (Étienne), drapier (1478), 80.

Fanouche (François) (1446), 74.
Fanuche (Maître Pierre), conseiller au Parlement (1515), 151.
Farmanet (Ysabeau) (1566), 326.
Farmel (Guillaume) (1536), 242.
Faucemberg (Sœur Jehanne) (1416), 25.
Faucheure (Collette), sage-femme de l'Hôtel-Dieu (1568), 333.
Faucilles (Ysabeau de) (1550), 290.
Faulcon (Jehan) (1536), 235.
Faultrier (Jehan) (1561), 314.

Faussart (Guillaume) (1536), 217.
Fauve (Anne) (1566), 326.
Fauville (Étienne de), tondeur de draps (1552), 295.
Favert (Guérin) (1505-1506), 98.
Faveau (Claude), drapier (1571), 339.
Favereau (Maître Jehan), procureur au Parlement (1536), 231; (1566), 325.
Fayet (Antoine), conseiller du Roi (1575), 349.
Fayet (Robert), layetier (1526), 185.

# TABLE DES NOMS DE PERSONNES. 395

Féart (Nicolas) (1536), 248.
Fedée (Baptiste), compagnon chirurgien (1580), 366.
Fel (Jehan) (1536), 240.
Felin (Jehan), charpentier juré (1505-1506), 126.
Felin (Jehan de), maçon juré du Roi (1520), 167.
Felyot (Albin), pédagogue au collège de Montaigu (1569), 335.
Ferault (Maître Claude), procureur au Parlement (1536), 212.
Feret (Alain) (1416), 22, 31.
Feret (Henri) (1505-1506), 112.
Feret (Martin), procureur du collège de Montaigu (1562), 317.
Feret (Nicolas), drapier et bourgeois de Paris (1490-1491), 87.
Feron (Mathurin) (1536), 236.
Feroud (Michel), chapelain de l'Hôtel-Dieu (1418), 53.
Ferrand (Jehan) (1505-1506), 117.
Ferrand (Maître Richard) (1536), 253.
Ferrand (Thomas) (1536), 232.
Ferre (Nicolas), écuyer (1418), 55.
Ferré (Denys) (1566), 326.
Ferreboue ou Ferrebourg, procureur au Châtelet de Paris (1418), 53.
Ferrebourg (Maître François) (1536), 229.
Ferrebourg (Jehan), marchand (1479), 81.
Ferrebourg (Pierre) (1416), 25.
Ferrières (Bernard de) (1545), 282.
Ferrières (Éléonor de) (1544), 280; (1554), 298.
Ferron (François de) (1567), 329.
Ferrot (Hugues), 12.
Ferry (Robinet), 20.
Fert (Nicolas de) (1559), 309.
Fesely (Nicolas) (1566), 328.
Fessart (Pierre), chapelain de l'Hôtel-Dieu (1505-1506), 123.
Feucher (Jehan), libraire juré (1566), 326.
Feuillet (Gillet) (1536), 236.
Finere (Guillemette) (1536), 226.
Fiault (Jehan), fermier de l'Hôtel-Dieu (1516), 152; (1536), 248.
Filleul (Maître Jehan) (1505-1506), 113; (1536), 203.
Filleul (Robert) (1505-1506), 111.
Filliard (Maître) (1562), 315.
Fillon (Denise) (1418), 53.
Fillon (Étienne) (1418), 53.
Filly (Andry de) (1505-1506), 117.
Finet (Jehan), drapier (1536), 222.
Flamel (Audry) (1505-1506), 113.
Flamel (Nicolas) (1416), 47; (1418), 53; (1428), 62; (1536), 220.
Flanchois (Thomas) (1418), 53.
Flenya (Jehan), verrier à Paris (1485-1486), 84.
Fleurance (Sœur Jehanne) (1508-1509), 139.
Fleury (Maître Gilles) (1505-1506), 97; (1536), 203.

Fleury (Jaqueline de) (1377), 15.
Fleury (Jehan de) (1364), 2; (1389), 12.
Fleury (Jehan) (1505-1506), 97, 121.
Foing (Pierre), charpentier (1505-1506), 110.
Folacre ou Folatre (Jehan), vendeur de poisson de mer (1416), 27, 43.
Foliart (Gilles), chanoine du Vivier-en-Brie, (1534), 198; (1536), 231.
Foliot (Pierre) (1536), 244.
Fontaines (Jehan) (1505-1506), 99.
Fontaines (Jehan) (1536), 209.
Fontaines (Maître Jehan de), clerc des comptes (1530), 191.
Fontaines (Tristan de), conseiller au Parlement (1499-1500), 91.
Fontenay (Jehan de) (1364), 2.
Fontenay (Jehan de) (1364), 2; (1505-1506), 125.
Fonteyne (De), gentilhomme de la maison du Roi (1576), 351.
Foreau (Michault) (1416), 19.
Forecta (Jehanne) (1505-1506), 125.
Forestier (Philippot) (1505-1506), 104.
Forfaict (Jehan) (1536), 204.
Forgaiz (Gillette) (1417), 49-50.
Forgaix (Raulet) (1417), 50.
Forget (Guillaume), docteur en médecine (1506-1507), 133.
Forme (Nicolas) (1567), 331.
Forsene (Guillaume) (1428), 58.
Fortier (Jehan dit Prevost) (1505-1506), 104.
Fortin (Jehan), prêtre (1416), 24.
Fossart (Barthélemy) (1536), 238, 247.
Fossart (Guillaume), potier d'étain (1505-1506), 106.
Fossart (Huet) (1418), 55.
Fossart (Jehan) (1536), 256.
Fouassier (Martin) (1418), 55; (1505-1506), 97.
Foubert (Jehan) (1416), 25.
Foucault (Claude), écuyer (1560), 311.
Foucault (Germain) (1536), 231.
Foucault (Guillaume) (1536), 235.
Foucault (Jehan) (1505-1506), 97, 100; (1536), 203.
Foucault (Philippe) (1505-1506), 110; (1536), 224.
Fouchier (Jehan) (1536), 238.
Fouquet (Jehanne) (1505-1506), 115.
Foucquet (Remy), 18.
Fougart (Nicolas) (1566), 328.
Foulon (Pierre) (1505-1506), 111.
Fouquelin (Jehan), drapier (1478), 77.
Fouques (Jehan) (1479), 81.
Fouques (Thomas) (1364), 2.
Fouques (Vincent) (1536), 241.
Fouquet (Jehanne) (1505-1506), 123.
Fouquet (Perrin) (1478), 79.
Fouquet (Philippot), drapier (1505-1506), 109.
Fourcant (Jehan) (1418), 55.
Fourcault (Guillaume), 17; (1416), 26.

Fourcault (Laurence) (1539), 268.
Fournier (Denis), marchand bourgeois de Paris (1562), 316.
Fournier (Étienne) (1416), 33.
Fournier (Guiot), procureur (1423), 58.
Fournier (Hilaire), huissier des requêtes du Palais (1536), 229.
Fournier (Jehan) (1536), 248, 259.
Fournier (Philippe), conseiller au Parlement (1500-1501), 91.
Fournier (Robert), précepteur du duc d'Alençon (1569), 334.
Fournier (Robin) (1536), 240.
Fournier (Thevenin) (1479), 81.
Fournier (Thomas) (1536), 238, 246.
Fournier, chanoine de Paris (1496-1497), 89.
Fournière (Jehanne), religieuse de l'Hôtel-Dieu (1550), 290.
Fourny (Gaspard) (1513-1514), 148; (1536), 241.
Fourreau (Jehan) (1536), 216.
Fourrier (Christophe) (1536), 228.
Foussart (René) (1505-1506), 124.
Fragier (Maître Jehan) (1536), 204.
Fragier (Mathieu) (1505-1506), 117.
Fragier (Sire Pierre) (1550), 289.
Fragier, auditeur des comptes (1534), 198.
Fraillon (Nicolas), archidiacre de Paris (1428), 61.
France (Guillaume de), marchand tapissier (1552), 295.
Franchise (Thibaut) (1416), 24.
Franchomme (Pierre), chantre de l'église de Paris (1418), 57.
François (Antoine) (1566), 326.
François (Maître Jehan) (1478), 79; (1505-1506), 113.
François I$^{er}$ (1517), 156.
Françoys (Nicole) (1505-1506), 113-114; (1536), 211.
Freche (Dame Aliénor de) (1559), 308.
Fredeville (Antoine de) (1546), 284.
Fregant (Jehan), teinturier de draps (1536), 208.
Fregaut (Jehan) (1505-1506), 101.
Fremin (Jehan) (1536), 211.
Fremine, blanchisseresse de toiles (1491-1492), 87.
Frepier (Jehan) (1505-1506), 108.
Frère (Eustache) (1536), 244.
Fresnay (Nicole de), trésorier de l'église de Soissons (1555), 299.
Fresnes (Michel de) (1536), 226.
Fresnes (Perrenelle de) (1417), 49.
Fresnes (Pierre de) (1418), 53.
Frictard (Nicolle) (1565), 324.
Frilleux (Jacques) (1536), 248.
Frise (Corard de) (1478), 77.
Frise (Jaquet de) (1478), 77.
Frise (Jehan de) (1416), 25.
Frize (Jacques de) (1505-1506), 103; (1536), 212.

50.

Froidesson (Maître Martial) (1536), 250.
Froidvault (Mahi de) (1364), 2.
Froissard (Pierre) (1566), 325.
Frolo (Maître Jehan), avocat au Châtelet (1536), 234.
Frolo (Marie) (1551), 292.
Froment (Loys) (1505-1506), 125.
Fromentin (Laurens) (1370), 7.

Fromentin (Pierre) (1536), 234.
Fromont (Conrad), pelletier (1505-1506), 103.
Fromont (Jacques), pelletier (1505-1506), 103.
Fromont (Jacquet) (1478-1479), 81.
Frustreau (Julien), sergent à cheval (1536), 210.

Furches (Guillaume de) (1416), 42; (1417), 49.
Furet (Guillaume), huissier d'armes du Roi (1536), 246.
Fuzée (Guillaume), procureur au Parlement (1536), 210.
Fuzée (Maître Robert) (1536), 209.
Fyault (Maître Jehan) (1508-1509), 187.

## G

Gabien (Arnoul) (1418), 53.
Gabien (Gillette) (1418), 53.
Gabriel (Julien), 10.
Gadier (Jehan) (1564), 321.
Gaignepain (Robin) (1418), 55.
Gaillard (Michel), général des Monnaies (1485-1486), 84; (1499-1500), 91.
Gaillart (Cathelin) (1536), 256.
Gaillart (Jacqueline) (1512), 146.
Gaillart (Loys) (1505-1506), 107; (1536), 225.
Gaillart (Michel), chevalier (1505-1506), 121.
Guillemer (Gabriel) (1418), 55.
Galart (Pierre), pâtissier (1536), 259.
Galende (Jehan) (1416), 87.
Galerne (Nicolas), barbier (1478), 76; (1505-1506), 100.
Galinières (Marceau) (1536), 242.
Galle (Robin) (1529), 190.
Gallet (Hugues), clerc du comptoir de l'Hôtel-Dieu (1506-1507), 133.
Galliot (Denizot) (1505-1506), 109.
Gallipel (Jehan) (1478), 78.
Galloise (Marguerite) (1536), 250.
Gallye (Maître Guillaume) (1505-1506), 111.
Galoys (Souplix) (1505-1506), 127.
Gambelot (Colin) (1505-1506), 112.
Gamberelle (Maître Étienne) (1536), 261.
Gambon (Jehan) (1416), 19.
Gamelle (Maître Jehan), procureur au Châtelet (1478), 78; (1536), 216.
Ganellet (Gillet) (1536), 244.
Ganier (Guillaume) (1536), 258.
Ganier (Pierre) (1536), 258.
Gantoys (Guillaume) (1505-1506), 127.
Gardanou (Jehan), marchand (1505-1506), 117.
Garencières (De) (1416), 36.
Garges (Raoul de) (1505-1506), 99.
Gargoule (Étienne) (1417), 49.
Garnier (Aubry), orfèvre (1505-1506), 110.
Garnier (Gérard), organiste (1536), 260.
Garnier (Jérôme) (1580), 364.
Garnier (Maître Léon) (1531), 193.
Garnier (Messire) (1367), 6.
Garnier (Pierre) (1566), 324.
Garnier (Thomas), maître orfèvre (1566), 326.
Garrois (Maître Pierre de) (1545), 282.
Gary (Raymond) (1416), 28.

Gasse (Robine) (1536), 228.
Gasse (Sulpice) (1536), 260.
Gassin (Oudin) (1416), 25.
Gasteau (Nicolas) (1536), 227.
Gastellier (François), drapier (1536), 228.
Gastellier (Pierre), chandelier de suif (1536), 218.
Gastine (Brison de) (1416), 23.
Gaucher (Maître Étienne) (1505-1506), 106.
Gaucher (Maître Jehan) (1536), 216.
Gaucher (Maître Pierre) (1581), 367.
Gauchier (Jehan) (1416), 23.
Gauchier (Simon) (1364), 2.
Gaurouit (Raoul de) (1416), 36.
Gaudeau (Jehan), tanneur (1478), 78.
Gaudin (Jean) (1416), 21.
Gaudin (Jehan) (1536), 242.
Gaudin (Mathurin) (1506-1507), 131.
Gaudin (Pierre), bachelier en théologie (1505-1506), 116.
Gaudin (Regnard) (1536), 242.
Gaudin (Regnaut) (1364), 2.
Gaudriau (Regnault) (1370), 7.
Gaudry (Lorin), boucher (1417), 50.
Gaulart (Robin), chandelier de suif (1536), 220.
Gault (Étienne) (1536), 245.
Gault (Guillaume) (1536), 245.
Gaultier (Antoine) (1508-1509), 140.
Gaultier (Étienne) (1536), 256.
Gaultier (Étienne) (1536), 247.
Gaultier (Guillaume) (1536), 223.
Gaultier (Jacquet), fripier (1478), 80; (1505-1506), 109; (1536), 222, 224.
Gaultier (Jehan) (1416), 25.
Gaultier (Jehan) (1505-1506), 110.
Gaultier (Noel) (1416), 28.
Gaultier (Quentin), teinturier (1536), 244.
Gaulière (Jehanne), novice à l'Hôtel-Dieu (1494-1495), 88.
Gaumont (Pierre) (1536), 225.
Gausselin (Marion) (1521), 175.
Gauthier (Jehan) (1418), 54.
Gavaire (Guillaume) (1418), 53.
Gayant (Maître François), gouverneur de l'Hôtel-Dieu (1556), 301; (1566), 327.
Gazon (Antoine) (1536), 250.
Gehe (Maître Pierre), procureur au Châtelet (1536), 210.
Gellée (Maître Pierre), procureur en la Chambre des comptes (1571), 339.

Gencien (Maître Guillaume) (1505-1506), 104.
Gencien (Oudart) (1416), 28.
Geneviève (Jehan) (1416), 25.
Genevois (Michel), aiguillettier (1536), 212.
Genillac (Maître François de), docteur en médecine (1536), 213.
Gentil (Pierre) (1565), 322.
Gentillet (Jehan), fermier de l'Hôtel-Dieu aux Noues (1416), 43.
Gentilz (Michel) (1478), 78.
Gentilz (Pierre) (1536), 240.
Geoffroy (Guillaume) (1536), 261.
Geoffroy (Jacques), marchand à Paris (1547), 284.
Geoffroy (Robin) (1536), 245.
Georges (Jehan) (1505-1506), 115.
Gerard (Guillaume) (1578), 356.
Gerault (Denis), boulanger (1536), 219.
Gerault (Étienne) (1536), 219.
Gerbault (Étienne), voyer de Paris (1561), 313; (1579), 362.
Gerbe (Cloud) (1517), 157; (1536), 231, 250.
Gerbe (Maître Jehan), prêtre (1536), 216.
Gerberoy (Jehan), receveur de Mantes (1536), 243.
Gercier (Colas) (1536), 242.
Gerie (Antoine) (1478), 80.
Gerlaut (Étienne), fermier de l'Hôtel-Dieu à Brie-Comte-Robert (1416), 27, 47.
Germain (Jehan), voiturier par eau (1538), 267.
Germain (Regnault), chanoine de Saint-Germain-l'Auxerrois (1418), 55.
Germain, évêque de Luçon (1418), 53, 56.
Gervais (Étienne) (1536), 220.
Gervays (Antoine) (1478), 79.
Geuffroy (Guillaume), clerc du Bureau de l'Hôtel-Dieu (1518), 158; (1536), 233.
Geufosse (Jeannette) (1418), 55.
Gevrard (Jehan) (1565), 96.
Gibray (Jehan) (1536), 257.
Gigault (Pierre) (1417), 48.
Gilbert (Jehan), procureur en cour d'église (1566), 325.
Gilbert (Maître Jacques) (1536), 230, 259.
Gilbert (Loys) (1505-1506), 101.
Gilbert (Nicolas), boucher (1536), 232.
Gilbert, conseiller au Parlement (1541), 274.
Gilet (Jehan) (1417), 49.

TABLE DES NOMS DE PERSONNES.    397

Gillain (Michellet) (1536), 235.
Gillebert (Jehan) (1478), 79.
Gillebert (Jehan), prêtre (1555), 299.
Gillebon (1416), 37.
Gilles (Girauline) (1478), 78.
Gilles (Jehan), mégissier (1505-1506), 114.
Gilles (Nicolas) (1520), 167.
Gilles (Pierre), sergent de l'Hôtel de Ville (1551), 295.
Gillet (Denis) (1505-1506), 105.
Gillet (Maître Jehan) (1505-1506), 115.
Gillet (Pierre), geôlier des prisons du chapitre (1506-1507), 134.
Gilloteau (Audry), 18.
Girard (Jehan), prêtre (1531), 193; (1536), 226; (1537), 263.
Girard (Nicolas) (1536), 242; (1542), 276.
Girard (Pierre) (1478), 78; (1505-1506), 98; (1536), 204, 208.
Girard (Simon) (1543), 277.
Girardot (Pierre) (1518), 158.
Girart (Pierre) (1365), 4.
Giraulh (Denis) (1536), 219.
Girault (Hugues) (1505-1506), 103.
Girault (Jacquet) (1536), 235.
Girault (Maître Jehan), drapier (1483-1484), 84; (1505-1506), 98, 107; (1536), 204, 211, 220.
Girault (Ursin) (1536), 220.
Giron (Vincent) (1416), 25.
Giroult (Claude), sergent à cheval (1536), 246.
Giroust (Seigneur de) (1416), 23.
Girout (Jehan) (1418), 55.
Gisors (Nicolas de) (1364), 1.
Gobelin (Jehan), élu de Paris (1571), 339; (1574), 347.
Gobelin (Philibert), teinturier (1506-1507), 132.
Gobert (Michel), maréchal (1505-1506), 101.
Godard (Mahiet) (1505-1506), 110; (1536), 224.
Godart (Guillaume), libraire (1536), 213.
Godart (Martin) (1416), 26.
Godeau (Geneviève) (1536), 211.
Godeau (Guillaume) (1536), 211.
Godeau (Marguerite) (1536), 211.
Godeau (Odeau), peintre (1505-1506), 104.
Godeau (Pierre) (1505-1506), 102; (1536), 210.
Godeffroy (Marguerite), sage-femme de l'Hôtel-Dieu (1552), 295.
Godent (Hervy) (1418), 53.
Godet (Nicolas) (1536), 245.
Godin (Gilles), notaire (1505-1506), 103.
Godin (Jaquet) (1416), 20.
Godin (Jehan), auditeur du Châtelet (1536), 241.
Godin (Maître Nicole), conseiller du Roi (1536), 237.
Gogard (Jehan) (1570), 338.
Goisselin (Guillaume) (1364), 2.
Gollart (Mathurine) (1580), 363.

Goman (Robin) (1418), 53.
Gombert (Guillaume) (1536), 236.
Gomme (Pierre) (1536), 240.
Gommier (Jehan), aumussier et bourgeois de Paris (1416), 24.
Gondrans (Guiot) (1416), 19.
Gondrans (Pervin) (1416), 19.
Gondy (Mérande de) (1569), 334.
Gonel (Almaury) (1416), 44.
Gontier (Maître Jehan), inciseur juré à Paris (1508-1509), 141.
Goreau (Maître Pierre) (1573), 343.
Goret (Jehan), balancier (1536), 234.
Gorgeron (Jacquet) (1536), 235.
Gorges (Raoul de) (1536), 205.
Gosselin (Marion), nourrice à l'Hôtel-Dieu (1523), 178.
Gossellin (Jehan) (1505-1506), 107.
Gossemart (Nicolas), procureur au Châtelet (1443), 68; (1478), 76; (1505-1506), 97; (1536), 202.
Gossier (Thibault) (1536), 248.
Goudry (Jehan), serrurier (1416), 44.
Gouel (Robin) (1416), 21.
Gouel (Simon) (1416), 21.
Gouez (Gillebert) (1416), 21.
Gouez (Jehan) (1416), 21.
Goujon (André) (1580), 363.
Goulard (Jehan), voyer de l'évêque de Paris (1527), 187.
Goulle (Alizon) (1536), 253, 260; (1551), 293.
Goullons (Pierre de) (1505-1506), 128.
Goupil (Antoine) (1536), 225.
Gouppil (Pierre), maître de l'hôtel du Paon (1505-1506), 112.
Gourdin (Colin) (1478), 79.
Gourlin (Gervais) (1536), 224.
Gournay (Catherine), sage-femme de l'Hôtel-Dieu (1536), 261.
Gournay (Guillaume de), chevalier (1416), 36.
Gourpil (Jehan) (1364), 3.
Goutier (Étienne) (1478), 79.
Gouzeau (Philippot) (1536), 210.
Goys (De) (1536), 250.
Grainville (Jehan de) (1416), 27, 47.
Grand-Jehan (Émard) (1555), 300.
Grand-Pont (Ernoul de), trésorier de la chapelle du Roi (1377), 15.
Grant (Laurens) (1416), 23.
Grantremy (Jehan) (1536), 259.
Grant-Rue (Jacques de) (1536), 214.
Grant-Rue (Jehan) (1536), 235.
Grant-Rue (Pierre de), 17.
Grantvillain (Guillaume) (1536), 257.
Grapes (Guillaume de) (1418), 53.
Grapes (Jehanne de) (1418), 53.
Grassin (Pierre), conseiller au Parlement (1564), 320.
Grassin, seigneur d'Ablon (1569), 335.
Graville (Loys de), amiral de France (1515), 151.
Grefle (Antoine), chevalier (1443), 68.

Grégoire (Macé), procureur au Châtelet (1536), 214.
Gregy (Jean de) (1384), 11.
Grejois (Jehan), sergent à verge (1536), 261.
Grenay (Maître Joseph) (1572), 342.
Grenier (Imbert) (1512), 144.
Greslier (Maître Étienne), chanoine de Paris (1505-1506), 97, 100; (1536), 203.
Grieux (Gaston de), seigneur de Saint-Aubin (1565), 323; (1577), 354.
Grimaude (Jacques) (1505-1506), 106.
Grimaut (Hugues), chanoine de Paris (1416), 26.
Grimperel (Pierre) (1536), 240.
Gringnedure (Perrette) (1508-1509), 141.
Grivard (Jehan), marchand à Beauvais (1578), 356.
Grivard (Pierre), marchand à Beauvais (1578), 355.
Griveau (Robert), écuyer (1416), 34.
Groffier (Dame Françoise) (1565), 323.
Grollier (Jehan), gouverneur de l'Hôtel-Dieu (1556), 301.
Gros-Menil (Guillaume du), écuyer (1417), 49.
Grossier (Jehan), receveur du *Pardon de la Cruciade* (1518), 158.
Grossive (Regnault) (1580), 363.
Groussart (Jehan) (1531), 194.
Gruel (Maître Pierre), chapelain de l'Hôtel-Dieu (1505-1506), 123; (1508-1509), 141.
Gruye (Martin) (1478), 80.
Guédon (Maître Jehan) (1536), 204.
Guédon (Maître Philippe) (1536), 221.
Guenart (Thomas) (1536), 227.
Guérard (Sylvain), avocat au Parlement (1566), 325, 327.
Guercant (Jehannette) (1418), 54.
Guercant (Jehannin) (1418), 54.
Gueret (Girard), barbier chirurgien (1580), 366.
Guérin (Carin) (1478), 80.
Guérin (Catherine) (1536), 212.
Guérin (Maître Clément) (1505-1506), 107; (1536), 225.
Guérin (Émery) (1508-1509), 140.
Guérin (Hervy) (1506-1507), 129.
Guérin (Maître Hugues) (1505-1506), 103; (1536), 212.
Guérin (Jacques) (1505-1506), 98, 105; (1536), 204.
Guérin (Jehan), apothicaire (1536), 240.
Guérin (Richard) (1536), 235.
Guérin (Robin) (1505-1506), 127.
Guérin (Thibaut) (1505-1506), 106.
Guerine (Nicole), sage-femme de l'Hôtel-Dieu (1540), 272.
Guérit (Antoine) (1505-1506), 108.
Gueroult (Maître Geoffroy), praticien en cour d'église (1505-1506), 96, 113, 119.
Gueroult (Guillaume), notaire du Roi (1495-1496), 88.

# TABLE DES NOMS DE PERSONNES.

Guéroult (Laurent) (1536), 360.
Guesdon (Philippe), commissaire au Châtelet (1505-1506), 108.
Guespin (Guillaume) (1505-1506), 110.
Guespin (Jacques), esperonnier (1536), 211.
Guestier (Hugues), potier d'étain (1536), 224.
Guetteville (Guyon de) (1536), 242.
Guiart (Sandrin) (1416), 19.
Guibault (Aleaume) (1536), 233.
Guibert (Claude) (1536), 234.
Guibert, marchand bourgeois de Paris (1536), 237.
Guiboust (Alleaume) (1536), 238.
Guichart (Gillot) (1505-1506), 123.
Guido (Maître Jehan), médecin de l'Hôtel-Dieu (1537), 265.
Guiffosse (Raoullet) (1418), 55.
Guignart (Jehan), écuyer (1416), 36.
Guignebourt (Guillot) (1416), 27.
Guignon (Martin), notaire au Châtelet (1486-1487), 85; (1505-1506), 121.
Guillard (Maître André), président au Parlement (1536), 223.
Guillart (Loys), évêque de Châlons, de Senlis, de Chartres (1564), 321; (1566), 323, 327; (1567), 329; (1568), 332; (1569), 334; (1570), 337; (1574), 347.
Guillart (Jehan), hôtelier (1536), 206.
Guillart (Yvon) (1536), 256.
Guillaume (Henry), prêtre (1418), 53.
Guille, épicier (1536), 215, 227.
Guillebon (Colin) (1536), 239.

Guillemeau (Pierre), notaire (1505-1506), 105.
Guillemin (Jehan) (1418), 55.
Guillemine (Simone) (1544), 280.
Guillet (Gracien), sergent à cheval (1536), 219.
Guillet (Nicolas) (1573), 344.
Guillier (Roch) (1566), 326.
Guillin (Guillaume), maître des œuvres de maçonnerie du Roi (1560), 313; (1572), 342.
Guillon (Pierre) (1536), 256.
Guillore (Étienne) (1536), 214.
Guillot (Pierre) (1536), 245.
Guillot (Raymond) (1536), 221.
Guillot (Ponthus), huissier du Parlement (1556), 301.
Guillouy (Arnoullet) (1418), 55.
Guingant (Messire Alain de), chevalier (1519), 161.
Guinier (Jehan) (1364), 2.
Guiotte (Perrette) (1416), 24.
Guitart (Driot) (1416), 21.
Guitart (Jean) (1416), 21.
Guyard (Anne) (1579), 360.
Guyard (Maître Jehan) (1505-1506), 109.
Guyard (Maître Laurens) (1508-1509), 137.
Guyart (Messire Pierre) (1505-1506), 100.
Guybert (Jacques) (1505-1506), 109.
Guyenne (Le duc de) (1416), 24.
Guyennoiz (Raulet), 27.
Guygnon (Guillaume) (1571), 339.

Guymer (Jehan), libraire à Paris (1478), 76.
Guymier (Maître Cosme) (1505-1506), 115, 126.
Guymier (Geneviève) (1536), 206, 251.
Guymier (Guillaume) (1536), 220.
Guymier (Jehan) (1505-1506), 114; (1536), 228.
Guymier (Pierre), maçon (1536), 231.
Guymier (Tassine) (1505-1506), 113.
Guymiere (Geneviève) (1505-1506), 113.
Guymiere (Jehanne), novice à l'Hôtel-Dieu (1494-1495), 88.
Guynant (Innocent), marchand de bois (1536), 258.
Guynard (Jehan) (1527), 186.
Guynard (Marie) (1580), 364.
Guynart (Simon), messager (1513-1514), 148.
Guynet (Pierre), prieur de Notre-Dame-de-Chaige près Meaux (1538), 267.
Guyon (Alixandre), poissonnier (1536), 205.
Guyon (Jacques), curé de Notre-Dame-la-Grand à Poitiers (1560), 311.
Guyot (Claude), conseiller en la Chambre des comptes, gouverneur de l'Hôtel-Dieu (1556), 302.
Guyot (Denis) (1536), 256.
Guyot (Guillaume) (1505-1506), 114, 118.
Guyot (Henri), bourgeois de Paris (1544), 278.
Guyot (Jehan) (1505-1506), 104.
Guyot (Pierre) (1536), 218.
Guyot (Pierre), crieur (1505-1506), 104.

# H

Habert (Jehan de) (1536), 231; (1548), 286; (1552), 294.
Habert (Maître Pierre), avocat au Parlement (1553), 178.
Habert (Pierre), valet de chambre du Roi (1576), 352.
Hac (Jeanne) (1578), 357.
Hacqueville (Jacques de) (1536), 213.
Hacqueville (Jehan de) (1418), 54; (1500-1501), 91.
Hacqueville (Maître Nicole de) (1539), 270.
Hacqueville (Philippe de) (1579), 360.
Haguenin (Jehan), second président au Parlement (1429), 63.
Haiz (Jehan) (1416), 32.
Halbanet (Jehan) (1506-1507), 131.
Halle (François), archevêque de Narbonne (1491-1492), 87.
Halle (Jehan) (1418), 53.
Halle (Jehan), mégissier (1505-1506), 112; (1536), 214.
Halle (Pierre) (1444), 70; (1445), 71.
Halle (Maître Pierre) (1505-1506), 109.
Halle (Rubin) (1505-1506), 107.
Hallecourt (Yvonnet) (1536), 259.
Halouet (Nicolas), grand canonnier du Roi (1506-1507), 132.

Hamelin (Vincent), chirurgien de l'Hôtel-Dieu (1562), 317; (1566), 325.
Hamere (Gerard) (1418), 52.
Hamon (Guillaume) (1416), 28, 39, 41, 45.
Hamon (Jehan), maître des monnaies du Roi (1418), 54.
Hanequin (Dame) (1558), 306.
Hanequin (Loys), procureur en la Cour des monnaies (1560), 310.
Hanequin (Marie) (1560), 310.
Hanequin (Nicolas) (1556), 303, 327.
Hangest (Jehan de), chanoine de Notre-Dame (1568), 332.
Hannequin (Richard) (1418), 52.
Hannes, de Cologne (1430), 66.
Haques (Pierre) (1478), 77.
Harcourt (Christophe de) (1417), 50.
Harcourt (Jehan de) (1417), 50.
Harcourt (Philippe de), seigneur de Montgommery (1417), 50.
Hardi (Étienne), tailleur de pierres (1520), 167; (1524), 181.
Hardi (Guillot), 18.
Hardi (Oudinet) (1418), 54.
Hardi (Philippe), marchand bourgeois de Paris (1568), 332.

Hardouin (Colin), fossoyeur de l'Hôtel-Dieu (1430), 67.
Hardouin (Pierre) (1536), 237.
Hardy (Étienne), tailleur de pierres (1518), 159.
Hardy (Henry) (1364), 2; (1479), 81.
Hardy (Henri), relieur (1546), 283.
Hardy (Jehan) (1505-1506), 110.
Hardy (Philippot) (1478), 80; (1536), 292.
Hardy (Valeran) (1536), 216.
Harlay (Guillaume) (1536), 221.
Harle (Barbe) (1536), 260.
Harquin (Colin) (1418), 55.
Hart (Jean), drapier (1505-1506), 125.
Hary (Nicolas), libraire (1536), 231.
Haste (Pierre), ceinturier (1536), 213.
Haucron (Marin) (1505-1506), 135.
Haudri (Jehan) (1416), 24, 48.
Haulseeul (Jehan) (1445), 71.
Haulsement (Jehan), tisserand (1536), 216.
Hault-Boys (Agnesot du) (1418), 54.
Haultement (Pierre), orfèvre et bourgeois de Paris (1560), 313.
Haussement (Jehan) (1505-1506), 105.
Hacy (Jehan de), pâtissier (1505-1506), 100.
Havart (Jehan) (1505-1506), 104.

## TABLE DES NOMS DE PERSONNES.

Havet (Étienne), écuyer de la reine d'Écosse (1577), 355.
Havon (Simon), sergent à cheval (1536), 224.
Haye Picquet (Jehan de) (1422), 57.
Heaulme (Jehan), fondeur (1505-1506), 114.
Heaulme (Jehan), tondeur de draps (1536), 280.
Hébert (Guillaume), meunier (1416), 29.
Hébert (Sire Jehan), échevin de Paris (1505-1506), 116, 117, 119; (1508-1509), 137, 138.
Hectore (Maître Jehan), curé de Montrouge (1536), 229.
Hedin (Maître Claude) (1523), 178.
Helin (Charles), conseiller au Parlement (1537), 263.
Helin (Guillaume) (1429), 63.
Helis (Maître Jehan), prêtre (1536), 248, 250.
Helye (Maître Jehan) (1536), 235.
Helye (Marion) (1418), 54.
Hemard (Pierre de) (1539), 268.
Hémery (Jehan), pâtissier (1536), 208.
Hemet (Étienne), barbier chirurgien de l'Hôtel-Dieu (1512), 146.
Hémond (Guillaume) (1536), 231.
Hémond (Pierre de), seigneur de Denonville (1542), 275.
Hemonnet (Jacquet) (1416), 25.
Hemy (Jehan) (1536), 256.
Henault (Guillaume), sergent à cheval (1555), 300.
Henault (Jehan), médecin du Roi (1556), 303.
Hennepin (Jehan) (1536), 256.
Hennequin, président (1574), 347.
Hennequin, contrôleur des finances (1551), 292.
Hennequin (Maître Christophe) (1516), 152.
Hennequin (Gillette) (1536), 213.
Hennequin (Jehan), conseiller au Parlement (1536), 215; (1537), 265.
Hennequin (Jehanne) (1505-1506), 115.
Hennequin (Nicolas) (1520), 173.
Hennequin (Oudart), évêque de Troyes (1552), 294.
Hennotin (Jehan) (1536), 235.
Henri (Jean), chantre de Notre-Dame de Paris (1476), 75.
Henry (Gilles) (1478), 80.
Henry (Gillet) (1505-1506), 109.
Henry (Philippot) (1536), 219.
Henry (Maître Pierre) (1536), 208, 257.
Henubel (Guillaume) (1417), 48.
Herault (Antoine) (1536), 248; (1536), 256.
Herault (Jehan) (1478), 77.
Herbelet (Nicolle), receveur des amendes du Parlement (1495-1496), 89.
Herbelot, marchand bonnetier (1492-1493), 87.
Herbert (Gaucher) (1508-1509), 135.
Herbert (Sire Jehan), gouverneur de l'Hôtel-Dieu (1508-1509), 141.

Herbert (Michel), scribe de l'Université (1446), 74.
Hericon (Jehan) (1364), 1; (1365), 5.
Hericourt (Adam de) (1498-1499), 90.
Hericourt (André) (1536), 239.
Hericourt (Claude) (1536), 240.
Hericourt (Marguerite de) (1498-1499), 90.
Hericourt (Pierre) (1536), 240.
Herisson (Philebarde de) (1501), 314.
Herlay (Jehan de), chevalier (1505-1506), 113.
Hermant (Jehanne) (1418), 54.
Hermitte (Jehan) (1416), 25.
Hernois (Étienne) (1364), 2.
Herny (Philippot), boucher (1478), 79.
Herode (Jehan) (1416), 28.
Héron (Maître Macé) (1505-1506), 104; (1536), 212.
Héron (Marc), apothicaire (1536), 214.
Héron (Thomas), courtier en vins (1536), 257.
Herre (Noël de), receveur de la communauté des pauvres (1570), 338.
Hert (Chrétien de), prieur de Saint-Sauveur de Melun (1538), 267.
Heserques (Jacques de) (1416), 25.
Hesselin (Arnoul) (1536), 214.
Hesselin (Jacques), contrôleur du grenier à sel de Paris (1505-1506), 107.
Hesselin (Maître Jehan), receveur de l'Hôtel de Ville (1505-1506), 120; (1506-1507), 132.
Hetomaiguil (Jean de), conseiller au Parlement (1381), 14.
Heudre (Jehan), pelletier (1536), 221.
Heudry (Sœur Jehanne) (1537), 263; (1560), 310.
Heurtier (Jehan) (1505-1506), 110.
Heuse (Thomas) (1416), 25.
Heust (Jehan) (1417), 48.
Heuze (Pierre) (1508-1509), 139.
Heuze (Roland) (1416), 21.
Hillaire (Maître Claude), notaire (1536), 247.
Hochet (Pierre), notaire au Châtelet (1536), 207; (1536), 229.
Hodic (Jules de) (1578), 357.
Hodicq (Jacques de), curé de Saint-Jean-en-Grève (1578), 357.
Hollande (Jehan de) (1505-1506), 114.
Honoré (Jehan), bourgeois de Paris (1577), 354.
Hosde d'Espoire (Jehan) (1417), 49.
Hotement ou Hotman (Pierre), gouverneur de l'Hôtel-Dieu (1569), 334; (1574), 348.
Hotman (Jehan) (1555), 299.
Hottement (Jacques), orfèvre (1536), 213.
Houdan (Jehan) (1505-1506), 102; (1536), 210.
Houdart, contrôleur général en la charge d'Oultre-Seine, gouverneur de l'Hôtel-Dieu (1534), 197.
Hourart (Denis), écrivain (1445), 72.

Hourdel (Maître Jehan), chanoine de Beauvais, docteur en médecine (1531), 193.
Houzeau (Bonaventure) (1566), 326.
Houzeau (Germain) (1536), 239.
Hoverye (Sœur Jehanne) (1556), 303.
Huart dit de Beauvais (Jehan), peintre (1526), 185; (1527), 186.
Huault (Jacques), secrétaire du Roi (1579), 360.
Huault (Jehan), conseiller au Parlement (1579), 360.
Huault (Maître Pierre), notaire (1536), 219, 242.
Huault, receveur général des pauvres de Paris (1549), 287.
Hubelin (Simon), prêtre (1418), 54, 56.
Huberson (Mathurin) (1536), 257.
Hubert (Maître Richard), chirurgien de l'Hôtel-Dieu (1553), 297; (1554), 299.
Huchet (Pregen) (1558), 307.
Hue (Jehan), chanoine de l'église de Paris (1416), 28.
Huet (Guillemette) (1566), 327.
Huet (Jacques) (1578), 358.
Huet (Jehan), prêtre (1536), 245.
Huet (Pierre) (1536), 240.
Hugdent (Gillet) (1418), 53.
Hugon (Guillaume) (1416), 26; (1417), 50.
Hugonne (Marie) (1416), 26, 42; (1417), 50.
Huguet (Guérin) (1536), 219.
Huissier (Robert) (1536), 218.
Hullin (Marc), boulanger (1505-1506), 107.
Humières (Monsieur d') (1536), 249.
Humières (Charles d'), évêque de Bayeux (1563), 318.
Humières (Léonore d') (1563), 318.
Huon (Pierre), inciseur juré à Paris (1530), 192.
Huot (Nicolas) (1505-1506), 122.
Huppes (Guyot), pelletier (1505-1506), 108.
Hurault, contrôleur général des finances (1506-1507), 132.
Hurault (Maître Jehan) (1505-1506), 100.
Hurault (Jehan), président de la Justice des Aides (1536), 206.
Huré (Pierre) (1508-1509), 140.
Huré (Maître Pierre), prêtre (1536), 233.
Hureau (Jehan) (1580), 363.
Hureau (Michel) (1536), 234.
Hurpin (Maître Pierre) (1478), 79.
Hurtaut (Jehan) (1417), 49.
Huteau (Marquet) (1536), 247.
Hutin (Maître Jehan) (1569), 334.
Huvé (Christophe) (1537), 264.
Huvé (Étienne), administrateur de l'Hôtel-Dieu (1505), 93; (1505-1506), 117; (1512), 144; (1538), 267.
Huvé (Pierre), bourgeois de Paris (1536), 234, 235.
Huy (Guillaume), notaire au Châtelet, 14.

## I

Inteville (Joachim d'), chevalier de l'ordre du Roi (1576), 351. — Inteville (Marin d'), abbé de Saint-Michel-sous-Tonnerre (1576), 351.

## J

Jabrault (Martial) (1508-1509), 140.
Jacquelin (Colin) (1505-1506), 111.
Jaloux (Jehan) (1417), 49.
Jaloux (Michel), marchand tanneur (1505-1506), 126.
Jambu (Jehan), meunier (1505-1506), 115.
James (Jehan) (1446), 74.
Jamet (Jacquet) (1416), 19.
Jamet (Jehan), pionnier (1526), 185.
Janveaulx (Pierre), procureur de l'Hôtel-Dieu (1498-1499), 90.
Janvier (Nicolas), marchand poulaillier (1536), 232.
Jaquelin (Pierre) (1536), 227.
Jaqueline (Jehan), bonnetier (1505-1506), 101; (1536), 207.
Jaqueline (Sedille) (1536), 207.
Jaques (Aubert) (1364), 2.
Jaques (Jehan) (1364), 2; (1478), 78.
Jaquet (Pierre), notaire (1505-1506), 106.
Jaquier (Jehan) (1416), 25.
Jaquin (Hemonnet) (1418), 54.
Jaquin (Hucon) (1418), 55.
Jaquin (Noël) (1536), 260.
Jaquin (Robin) (1505), 96; (1536), 202.
Jarrie (Jehan de) (1416), 47.
Jassevain (Simon) (1505-1506), 112.
Jaupitre (Pierre) (1505-1506), 115.
Javeau (Germain), examinateur au Châtelet (1536), 249.
Jayet (Vincent) (1505-1506), 112.

Jeanne de France (1376), 9.
Jehan (Messire), chapelain de Bureau de la Rivière, 15.
Jehannequin (Antoinette) (1530), 192.
Jenet (Thomas) (1416), 21.
Jhoudon (Maître Jacques) (1505-1506), 105.
Johanand (Bernard) (1578), 356.
Johanne (Jehan) (1505-1506), 125.
Jolis (Robin) (1416), 19.
Jolivet (Odille), prêtre (1581), 367.
Joliz (Henriet) (1418), 55.
Jondeau (Maître Jehan), scelleur de l'évêque de Paris (1534), 198.
Josef (Pierre), avocat en cour d'église (1416), 42.
Joseph (Maître Pierre) (1478), 77.
Josse (Colin), fripier (1505-1506), 110.
Josse (Henry) (1505-1506), 110.
Josse (Nicolas) (1536), 224.
Josseta (Marguerite) (1529), 190.
Jouan (Jehan) (1417), 48.
Jouert (Quentin), messager (1539), 269.
Jouen (Agnès) (1416), 26.
Jouen (Jacques) (1424), 58.
Jouen (Robert) (1416), 26.
Jouette (Guillaume) (1416), 19.
Jourdain (Jehan), apothicaire à Paris (1505-1506), 124; (1542), 275.
Jourdain (Maître Pierre), greffier de l'élection de Paris (1536), 207.

Jourdel (Jehan) (1536), 245.
Jouvenel le jeune (Jean), avocat au Parlement (1416), 42.
Jouvyn (Bernard), charpentier (1536), 228.
Jouy (Pierre de), notaire (1512), 144.
Jouyn (Jehan) (1416), 21.
Joye (Jehan de) (1536), 242.
Joyeuse (De) (1581), 367.
Joyveaulx (Pierre), religieux de l'Hôtel-Dieu (1536). 239, 240.
Jubeline (Simon) (1416), 20, 38; (1538), 243.
Julien (Pierre), avocat (1520), 170; (1536), 209.
Julien (Simon) (1536), 226.
Julienne (Maître Robert) (1505-1506), 103; (1536), 211.
Juliette, ventrière des accouchées (1378), 10.
Justice (Maître Jehan) (1505-1506), 98; (1536), 204.
Juveaux (Pierre) (1505-1506), 122.
Juvenel (Maître Jacques) (1505-1506), 97, 109.
Juvenel (Nicole), curé de Villepreux (1569), 334.
Juvenel des Ursins (Jacques) (1536), 203, 222.
Juvenel des Ursins (Loys), archidiacre de Champagne (1505-1506), 101; (1520), 172; (1536), 203, 207.

## K

Kalebroc (Agnès de) (1416), 25.
Kappel (Audry), de Toul (1494-1495), 88.

Kerquifmen (Bertrand de), gouverneur de l'Hôtel-Dieu (1539), 270.

Kerquifmen (Léonard de), conseiller en la Chambre des comptes (1569), 336.

## L

Laage (Pierre de) (1506-1507), 131; (1536), 248.
La Bare (Mathurin de), procureur au Parlement (1505-1506), 97, 100.
La Barille (Jehanne) (1416), 24.
La Bassette (Margot) (1418), 55.
La Baste (Pierre de) (1536), 239.
La Batte (Pierre de), 19.
L'Abbaye (Simon de), fripier (1505-1506), 112.
Labbé (Martin), aumônier de la duchesse de Montpensier (1558), 306.
La Bedonne (Jaquelet) (1418), 55.

La Begue (Martine), religieuse de l'Hôtel-Dieu (1416), 28.
La Belancière (Ysabeau) (1418), 55.
La Belée (Marion) (1416), 26.
La Berbière (Alison) (1418), 55.
La Bergère (Jehanne) (1446), 74.
La Bidaude (Laurence), religieuse de l'Hôtel-Dieu (1488-1489), 86.
La Binarde (Jehanne) (1536), 214.
La Binette (Perrenelle) (1418), 56.
La Blonde (Jeanne), mercière (1378), 10.
La Blonde (Jehanne) (1418), 54.
La Blondelle (Michiel) (1417), 49.

La Boileaue (Marion) (1416), 25.
La Boise (Jehanne) (1416), 25.
La Boissarde (Martine) (1446), 73.
La Boizière (Maître Claude de) (1576), 353.
La Bonarde (Jehanne) (1505-1506), 112.
La Bonde (Lion de), joueur d'instruments (1566), 327.
Laborde (Léon de), greffier de la justice de Corbeil (1512), 146.
La Bornière (Marguerite) (1418), 55.
La Boucharde (Jehanne) (1418), 54.
La Bouchière (Ysabiau) (1418), 55.

## TABLE DES NOMS DE PERSONNES.

La Boudière (Colette) (1418), 54.
La Boudracque (1505-1506), 112.
La Bougre (Marguerite) (1418), 55.
La Bourdine (Catherine) (1536), 235.
La Bourrecte (Gilles) (1506-1507), 134; (1518), 160.
Labret (De) (1376), 9.
La Bretonne (Susanne) (1418), 55.
La Brissonnette (1491-1492), 87.
La Brosse (Étienne de) (1417), 49.
La Brune (Jehan) (1417), 5o.
La Bruyère (Jehanne), fille en habit blanc (novice) à l'Hôtel-Dieu (1486-1487), 85.
La Cage (Seigneur de) (1443), 68.
La Cahardie (Guillaume), religieuse de l'Hôtel-Dieu (1416), 26; (1417), 5o.
La Calenderesse (Denise), 15.
La Camessière (Françoise de) (1562), 317.
La Camuse (Ysabeau) (1418), 53.
La Cavee (Étienne de) (1364), 2.
La Chambellanne (Jehanne) (1418), 54.
La Chandelière (Perrenelle) (1416), 25.
La Chantemelle (Mᵐᵉˢ) (1445), 71.
La Chanvrière (Ameline) (1364), 1; (1370), 7.
La Chapelle (M. de) (1505-1506), 97; (1529), 190.
La Chapelle (Pierre de) (1378), 10.
La Chapelle (Philippe de) (1536), 223.
La Chapelle (Philippot de) (1505-1506), 109.
La Chapelle (Richard de) (1505-1506), 109.
La Chappelle (Jehan de) (1418), 54.
La Charielle (Jeanne), 18.
La Charité (Mᵐᵉ de) (1428), 61; (1430), 66; (1443), 68; (1444), 70.
La Charité (Charles de) (1430), 66.
La Charité (Étienne de) (1426), 58.
La Charpentière (Jehanne) (1418), 52.
La Charronne (Colette) (1418), 53, 55.
La Chartière (Jehanne), 20.
La Chastelle (1536), 205.
La Chastre (Jehan de) (1536), 235.
La Chaucée (De), orfèvre (1372), 14.
La Chevalière (Jehanne) (1416), 25, 26.
La Chevalle (Jehanne) (1416), 73.
La Chèvre (Jehan) (1536), 239.
La Choiselle (Robinette) (1417), 49.
La Chotte (Jehanne) (1418), 55.
La Clergesse (Jehanne) (1418), 54.
La Cloche (Maître Henri de) (1505-1506), 109.
Laclutine (Mˡˡᵉˢ) (1492-1493), 87.
La Coiffard (Ysabel) (1417), 49.
La Coignarde (Jehanne) (1417), 49.
La Compasseresse (Guillemette) (1418), 56.
La Coppelle (Hugues de) (1536), 231.
La Cordière (Jehanne) (1418), 53.
La Corondière (Anceau) (1418), 54.
La Cotine (Marie) (1416), 25.
La Cour (Berthaut de) (1536), 246.
La Cour (Philippot de) (1375), 14.
La Courdoennière (Guillemette) (1418), 54.

La Court (Étienne de) (1479), 81.
La Court (Jehanne de) (1418), 55.
La Court (Julian de) (1418), 55.
La Courtillière (Jacqueline) (1501-1502), 92.
La Courtoise (Annesot) (1418), 54.
La Courtoise (Denise) (1488-1489), 85.
La Cousine (Jehanne) (1418), 55.
La Coustillière (Jehannette) (1418), 55.
La Croix (Aignelot de) (1505-1506), 99; (1536), 205.
La Croix (Alain de) (1505-1506), 113; (1536), 229.
La Croix (Maître Christophe de) (1536), 229, 231, 252.
La Croix (Maître Geoffroy de), trésorier des guerres (1505-1506), 115, 123; (1536), 223.
La Croix (Honoré de) (1589), 268.
La Croix (Jacques de), chanoine de Saint-Germain-l'Auxerrois (1514), 159.
La Croix (Jacques de) (1550), 289.
La Croix (Maître Jehan de), notaire (1505-1506), 109, 111; (1536), 226.
La Croix (Marie de) (1536), 223.
La Croix (Michiel de), prêtre (1416), 24.
La Croix (Pierre) (1536), 245.
La Croix (Thomas de), 19.
La Daguenette (Guillemette) (1417), 49.
La Dehors (Étienne de), maître de la grande boucherie de Paris (1534), 198.
La Dehors (Philippot de) (1417), 48.
La Dorée (Heloys) (1364), 2.
Ladoulse (Marie) (1417), 49.
La Duchesse (Perrenelle), sœur de l'Hôtel-Dieu (1536), 241.
La Dunette (Oudine) (1418), 54.
Ladvocat (Henri) (1574), 347.
Laer (Robert) (1508-1509), 135.
La Facière (Michelle), fripière (1505-1506), 111.
La Faiere (Ysabeau) (1418), 54.
La Faussarde (Jehanne) (1418), 54.
La Feniesse (Ysabel) (1417), 49.
La Ferronne (Marion) (1418), 54.
La Ferté (Mᵐᵉ de) (1416), 36.
La Fevresse (Felicitas) (1418), 55.
La Fevrière (Jehanne) (1418), 3o.
Lafferté (Bertaut de) (1505-1506), 107.
Laffille (Maître Jehan), médecin (1536), 223.
La Flache (Christophe de) (1536), 235.
La Flamenge (Perrenelle) (1370), 7, 15.
La Floxilière (Loys de), apothicaire (1562), 316.
La Foconde (Philippe), sœur de l'Hôtel-Dieu (1372), 13.
La Folie (Bastien de) (1536), 243.
La Folye (Jehan de), greffier des monnaies (1490-1491), 87; (1496-1497), 89.
La Follemarie (Dˡˡᵉ Jehanne) (1516), 153.
La Fontaine (Antoine de), maître de l'Hôtel-Dieu (1537), 263; (154o), 272.
La Fontaine (Étienne de) (1536), 237.

La Fontaine (Guillaume de) (1505-1506), 104.
La Fontaine (Henri de) (1364), 1.
La Fontaine (Hugues de) (155o), 289.
La Fontaine (Jehan de) (1418), 55.
La Fontaine (Jehanne de) (1418), 55.
La Fontaine (Laurens de) (1418), 55.
La Fontaine (Martin de), tailleur de robes (1416), 24.
La Fontaine (Nicolas de), marchand à Paris (1536), 226.
La Fontaine (Maître Nicole de) (1505-1506), 110.
La Fontaine (Vincent de) (1417), 48.
La Forte (Jaquelot) (1418), 55.
La Fosse (Jehan de) (1536), 226; (1548), 286.
La Fosse (Robert de) (1536), 226.
La Fouberde (Jehanne) (1416), 26.
La Fouchière (Jacques de) (1536), 242.
La Fourrière (Émengart) (1428), 59.
La Fourrière (Jehanne) (1416), 39.
La Françoise (Guillemette) (1418), 54.
La Fremondière (Jehan de), 20.
La Fresche (Perrette de), sage-femme de l'Hôtel-Dieu (1579), 361.
La Fresse (Alipson) (1417), 49.
La Frissonne (Jehanne) (1418), 54.
La Froissarde (Jehanne) (1417), 48.
La Gaigne (Jehan de) (1479), 81.
La Galeranne (Sœur Marie) (1416), 26, 28, 46; (1417), 5o; (1418), 56.
La Galotte (Jehanne) (1416), 25.
La Gambette (Jehanne) (1416), 26.
La Garde (Jehan de) (1483-1484), 83.
La Garde (Jehan de), libraire juré en l'Université (1536), 221.
La Garde (Pierre de) (1418), 55.
La Gargoute (Guillemette) (1416), 26.
La Gavaire (Jehanne) (1417), 49.
La Gencienne (Jehanne) (1418), 52.
La Gente (Marion) (1418), 53.
La Gente (De) (1573), 343.
La Gillette (Sœur Jehanne), religieuse de l'Hôtel-Dieu (1479), 81.
La Gillonne (Philippote) (1418), 54.
La Girarde (Sœur Jehanne) (1483-1484), 84.
La Gironde (Jehannette) (1418), 55.
Lagny (Guillaume de) (1364), 2.
La Godarde (Catherine) (1418), 54.
La Gostellière (Ysabiau) (1418), 55.
La Gousse (Perrette) (1505-1506), 101.
La Goutte (Georges), procureur en la Chambre des comptes (1525), 181.
La Granche (Mᵐᵉ de) (1416), 31; (1417), 49.
La Granche (Pasquier de), pelletier-fourreur (1505-1506), 102; (1536), 210.
La Grant (Sœur Jehanne) (1416), 26, 28, 45; (1417), 49; (1430), 66.
La Grigny (Jehan de) (1479), 81.
La Grosse (Guillemette) (1418), 54.
La Guedonne (Sœur Perrenelle) (1416), 25.

## TABLE DES NOMS DE PERSONNES.

La Guerre (Raymonnet de) (1416), 25.
La Guesde (Jehan de), chevalier (1574), 347.
Laguette, trésorier des finances (1539), 268.
La Guiennoise (Marguerite) (1429), 63.
La Guillemarde (Catherine), sage-femme de l'Hôtel-Dieu (1546), 283.
La Hache (Martine) (1537), 264.
La Harde (Guillemette) (1418), 55.
La Harengière (Martine) (1418), 54.
La Heudoye (Jehanne) (1552), 294.
La Haye (Maître ..... de) (1505-1506), 107.
La Haye (Guillaume de) (1536), 225.
La Haye (Guillemette de) (1505-1506), 110.
La Haye (Héliot de) (1416), 42; (1418), 53.
La Haye (Jehan de) (1416), 24; (1417), 49.
La Haye (Maître Jehan) (1505-1506), 101.
La Haye Picquet (Jean) (1418), 52.
La Heberde (M<sup>lle</sup>) (1488-1489), 86.
La Herce (Jehanne) (1418), 54.
La Herdouyne (Jehanne) (1418), 54.
La Herupe (Jean de) (1416), 39.
La Hestine (Marie) (1416), 25.
La Hire (Sœur Guillemette) (1505-1506), 126.
La Hougarde (Jehanne) (1478), 79.
La Houssaye (Pierre), frère de l'Hôtel-Dieu (1416), 28.
La Houssaye (Ysabeau de) (1418), 53.
La Hugueline (Jehanne) (1418), 54.
Laigle (Jehan) (1364), 3.
Laigny (Guillaume de) (1364), 4.
Laillier (Jehan) (1536), 216.
Laillier (Marguerite de) (1495), 58.
Laither (Pierre) (1364), 2.
Lailly (De), chanoine de Notre-Dame (1502-1503), 95.
Lailly (Maître Jehan de), chanoine de Paris (1505-1506), 115, 129.
Lailly (Pierre de) (1505-1506), 108, 121.
Laingny (Jehan de), échanson du Roi (1418), 53.
Laingny (Marie de) (1418), 52.
Laisné (Guillaume) (1417), 49.
Laisné (Jehan), drapier (1505-1506), 99, 100.
Laisné (Marie) (1536), 245.
Laistre (Jehan de) (1536), 226.
Laistre (Mahiet de), chasublier (1536), 259; (1566), 326.
La Jeune (Annesot) (1418), 55.
La Jeune (Catherine) (1418), 54.
La Jourdaine (Agnès) (1418), 53.
La Juberde (Amelot) (1416), 19.
La Lande (Jehan de), écuyer, capitaine de Corbeil (1498-1499), 90.
Lalemant (Jehan) (1364), 3.
Lalier (André) (1566), 327.
Lallemand (Maître Étienne) (1536), 235.
La Longue (Richarde) (1505-1506), 101.
La Lorraine (Hannesot) (1479), 81.

Lalouete (Pierre), couturier (1536), 204.
La Louppe (Vincent de), avocat au Parlement (1552), 295.
La Louvette (Perrenelle), religieuse de l'Hôtel-Dieu (1416), 28; (1428), 62.
La Lucasse (Perretta), novice à l'Hôtel-Dieu (1494-1495), 88.
La Maçonne (Jehanne) (1418), 52; (1505-1506), 114.
La Maigrette (Agnès) (1416), 25.
La Malicorne (Raouleta) (1536), 246, 253.
La Malingrete (Étiennette) (1483-1484), 84.
La Manaude (Jehanne) (1416), 25.
La Manecière (Robinette) (1418), 53.
La Marcelle (Perrenelle) (1418), 54.
La Marchande (Simonne) (1418), 53.
La Marchande (Thipbaine) (1505-1506), 125.
La Marche (Adrien de), boulanger (1505-1506), 102.
La Marche (Guillaume de) (1416), 36.
La Marche (Henriet), 18.
La Marche (Oudine de) (1416), 25.
La Mare (Colette de) (1416), 25.
La Mare (Jehan de) (1416), 19.
La Mare (Jehanne de) (1550), 290.
La Mare (Pierre), prieur de Notre-Dame de Livry (1548), 286.
La Mare (Thibault de), charpentier (1478), 77.
La Mare (Thomas de) (1536), 209.
La Maréchale (Aleps) (1364), 2.
La Mareschalle (Denise) (1416), 42.
La Marie (Coline) (1505-1506), 112.
La Martine (Alizon) (1505-1506), 112.
La Mauconseilliée (Jehanne) (1417), 49.
La Maugène (Perrenelle) (1416), 24.
La Maye (Raoulet de) (1418), 53.
Lambelle (Alain de) (1416), 34.
Lambert (Colin) (1536), 261.
Lambert (Guillaume) (1418), 26.
Lambert (Jehan) (1418), 53.
Lambert (Maître Jullian), apothicaire, inciseur de la ville de Paris (1537), 265.
Lambert (Morise) (1364), 2.
Lambert (Pierre) (1536), 261.
Lambert (Simon) (1416), 32.
Lambert (Simone) (1505-1506), 125.
Lambin (Jehan) (1508-1509), 140.
La Messye (Sœur Marguerite) (1505-1506), 114.
La Metaille (Jacqueline) (1508-1509), 139.
Lami (Julian) (1418), 53.
La Michaude (Marion) (1418), 54.
La Michelle (Sœur Agnès) (1505-1506), 115.
La Mignotte (Jehanne) (1416), 24.
Le Milette (Gillette) (1416), 24.
La Molle (Jehanne) (1416), 25.
La Morelette (Jehanne) (1416), 28.
La Morette (Philippote), 18.
La Mote (M<sup>me</sup> de) (1416), 31.
La Mote (Perrette de) (1417), 48.

La Mothe (Mathurin de) (1536), 227.
Lamoureuse (Jehanne) (1536), 245.
Lamoureux (Martin), meunier (1505-1506), 104.
Lamoureux (Maître Regnault) (1505-1506), 100, 113.
La Moustière (Jehanne) (1416), 32.
La Moutonne (Symonne) (1416), 24.
La Muhienne (Jehanne) (1417), 49.
La Mule (Guillaume de) (1428), 62.
La Munière (Marion) (1418), 54.
La Musnière (Agnès) (1494-1495), 88.
Lamy (Guillaume), docteur en médecine (1489-1490), 86; (1496-1497), 89.
Lamy (Jean), 17.
La Myette (Pierre) (1536), 215.
La Navarre (Robinet) (1417), 49.
Lancellot des Vignes (1551), 293.
Lanclaere (Jehanne) (1418), 53.
Landreau (Pierre) (1478), 78.
Landrignier (Perrot) (1364), 3.
Landry (Jacques), procureur au Châtelet (1536), 236.
La Nepple (Jehanne) (1416), 25.
Lange (Robine de) (1418), 55.
Langle (Michel de) (1505-1506), 109.
Langles (Marie) (1511-1512), 142.
Langlois (Colas) (1505-1506), 110.
Langlois (Étienne) (1536), 246.
Langlois (Guillaume) (1523), 179; (1536), 212, 244, 253.
Langlois (Jehan) (1505-1506), 106; (1536), 242.
Langlois (Nicolas), chirurgien à Paris (1537), 264.
Langlois (Pierre) (1479), 81.
Langlois (Simon), voiturier par eau (1536), 231.
Langlois (Jehan) (1417), 49.
Langloiz (Loys) (1416), 20.
Langloiz (Mahiet) (1416), 30; (1416), 40; (1478), 79.
Langrenoys (Maître Jehan) (1505-1506), 109.
Langres (Jehan de) (1416), 44.
Langres (Sevestre de) (1364), 2.
La Noirette (Simonne) (1418), 55.
La Normande (Gignon) (1418), 54.
Lantier (Étiennette de) (1517), 157.
Lantier (Jehan de), avocat au Parlement (1516), 154; (1520), 169.
La Page (Jehanne), prieure de l'Hôtel-Dieu (1422), 57.
La Pagesse (Marguerite) (1418), 55.
La Pageviue (Sœur Catherine) (1505-1506), 115.
La Parente (M<sup>lle</sup>) (1446), 73.
La Pasqualle (Jehanne) (1418), 53.
La Passarde (Agnès) (1416), 22.
La Pastourelle (Ysabeau) (1418), 55.
La Paumière (Julienne) (1488-1489), 86.
La Pelée (Jehanne) (1416), 26.
La Pelle (Jehanne) (1417), 49.

# TABLE DES NOMS DE PERSONNES.

La Pelletière (Ysabeau) (1416), 24.
La Pellière (Aveline) (1364), 3, 4.
La Peroudelle (Guillemette) (1416), 25.
La Perrere (Jehanne), religieuse de l'Hôtel-Dieu (1485-1486), 84.
La Petite (Sœur Hélène) (1525), 182.
La Peugnière (Marion) (1417), 49.
La Picarde (Jehannette), fille en habit blanc, ou novice (1416), 28.
La Picquarde (Jehanne) (1418), 55.
La Picte (Maître Jacques), clerc des comptes (1536), 215.
La Picte (Jehan de), clerc des comptes (1505-1506), 99; (1536), 205.
Lapie (Maître Pierre), prêtre (1536), 229, 239.
La Pietre (Jehan de) (1418), 55.
La Pillotte (Ysabeau) (1418), 55.
La Pinelle (Marguerite), prieure de l'Hôtel-Dieu (1371), 8; (1374), 9.
Lapite (Jehan), clerc de la Chambre des comptes (1478), 78.
La Place (Jehan de), conseiller au Parlement (1536), 219.
La Planche (Christophe) (1536), 226.
La Porte (Gille de) (1417), 48.
La Porte (Henri de) (1478), 77.
La Porte (Honoré de), docteur en théologie (1428), 61.
La Porte (Jehan) (1418), 54.
La Porte (Jehan de) (1478), 78.
La Porte (Maître Jehan de), lieutenant criminel (1505-1506), 103, 106; (1536), 204, 209, 212, 215, 220.
La Porte (Pierre de), conseiller au Parlement (1536), 218.
Lapostolle (Antoine), avocat au Parlement (1536), 218.
La Poterette (Mahaut) (1416), 25.
La Poterne (Jehan de) (1478), 78.
La Poterne (Sire Pierre de) (1508-1509), 137, 214.
La Potonnière (Jehanne) (1418), 55.
La Pourpencée (Katherine) (1418), 55.
La Poussine (Antoinette) (1494-1495), 88; (1506-1507), 134.
La Poutruire (Marion) (1418), 55.
Lappostolle (Maître Antoine) (1505-1506), 106.
La Prêtresse (Jehanne) (1416), 26.
La Preude-Femme (Catherine) (1417), 48.
La Prevoste (Denise) (1416), 26.
La Pussonne (Marguerite), religieuse de l'Hôtel-Dieu (1416), 26, 45.
La Quantine (Amelot) (1416), 23.
La Quetine (Jehanne) (1418), 54.
La Queue (De) (1536), 241.
La Ravinelle (Marguerite) (1416), 24.
Larcher (Gervaisot) (1505-1506), 98.
Larcher (Jean), teinturier (1505-1506), 107.
Larchevêque (Jehan), baron de Soubise (1529), 190.

Larchier (Gervais), marchand drapier (1536), 224.
Larchier (Gervaisot) (1536), 204.
Larchier (Jehan), notaire (1505-1506), 100.
Larchier (Jehan), teinturier (1505-1506), 112.
Larchier (Maître Jehan) (1478), 76; (1536), 208.
Larchier (Marie) (1536), 209.
L'Archière (Margot) (1418), 54.
Lardin (Guillaume) (1536), 242.
Lardonnoys (Nicolas), barbier (1536), 213.
Lardy (1536), 247.
La Regnaude (Agnès) (1416), 25.
La Regnaude (Perrette) (1417), 49.
Larget (Simon) (1479), 81.
La Richeuse (Jehanne), prieure de l'Hôtel-Dieu (1476), 75; (1479-1480), 82; (1486-1487), 85.
La Rive (Denisot) (1418), 54.
La Rivière (De), 10, 15.
La Rivière (Aliz de) (1418), 52.
La Rivière (Bureau de) (1368), 6; (1370), 7; (1371), 8; (1372), 13; (1374), 9.
La Rivière (Jean de) (1367), 6, 19.
La Rivière (Pierre de), vannier (1536), 258.
Larmier (Pierre), prêtre (1416), 25.
Larmille (Marie) (1562), 316.
La Roche (Guérin de) (1364), 4.
La Roche (Hue de), maître des comptes (1381), 11.
La Roche (Jehan de) seigneur de Coron (1533), 196.
La Roche-Guyon (D`lle` de) (1528), 189.
La Roche-Hémon (Catherine de) (1505-1506), 116.
La Roche-Hémon (Loys de) (1505-1506), 116.
La Rostie (Anne), religieuse de l'Hôtel-Dieu (1537), 273.
La Rostie (Jehanne) (1540), 271.
La Roue (Jacquet) (1536), 238.
La Roue (Jaquet de), mercier, 18.
La Rouge-Roye (Maître Jehan de), clerc du greffe criminel (1525), 182.
La Rousselle (Jehanne) (1418), 54.
La Royne (Aleson) (1418), 55.
La Royne (Jehanne) (1418), 55.
La Royne (Pasquette), sage-femme de l'Hôtel-Dieu (1567), 331.
Larron (L'aîné) (1536), 242.
Larroudie (Jacques), clerc du Bureau (1538), 267.
La Ruche (Guérin de) (1370), 7.
La Rue (Yvonette de) (1418), 53.
La Ruelle (Étienne de) (1416), 39.
La Saclière (Jacqueline) (1416), 25.
La Sacrife (Marie) (1418), 52.
La Saliere (Guillemette) (1418), 55.
La Salle (Jehan) (1536), 247.
La Salle (Jehan de) (1536), 256.
La Salle (Madeleine de), sage-femme de l'Hôtel-Dieu (1535), 200.

La Saunerie (Jehan de), premier receveur général de l'Hôtel-Dieu (1505), 95.
La Sauvage (Robinette) (1416), 25.
La Sauvaige (Jehanne) (1418), 53.
La Sebillotte (Marion) (1418), 55.
Lasne (André) (1530), 192.
Lasne (Jacquette) (1536), 236.
Lasne (Jehan) (1537), 262.
Lasne (Mathurin) (1536), 248.
Lasnier (Phelippot), tondeur de draps (1505-1506), 109; (1536), 223, 243.
Lasseline (Jehanne), prieure de l'Hôtel-Dieu (1479-1480), 82.
Lassere (Maître Loys) (1543), 276.
Lasseron (Jehan), tondeur de draps (1478), 80.
Lasson (Pierre) (1536), 240.
Lassus (Jacques de) (1536), 229.
La Stephaine (Jehanne) (1478), 76; (1505-1506), 99; (1536), 208.
La Sue (Huet) (1416), 21.
La Tache (Jehanne) (1416), 24.
La Tache (Sœur Perrenelle) (1530), 192; (1544), 279.
La Taille (Grégoire de) (1418), 55.
La Taille (Guillaume de) (1418), 55.
La Taillemonde (Jehanne) (1418), 54.
La Taillière (Lucette) (1418), 54.
La Teillaye (Michel de), secrétaire du Roi, 57.
La Tessarde (Ysabeau) (1418), 55.
La Teyllaye ou Tillaye (Michel de) (1430), 67.
La Thable (Jehan de) (1478), 78.
La Thiaise (Jeanne), prieure de l'Hôtel-Dieu (1387, 1389, 1393, 1395), 12, 13.
La Thiebaude (Margot) (1417), 49.
La Thiroulde (Sœur Catherine) (1506-1507), 133.
La Tillaye (Hugues de) (1536), 219.
La Tillaye (Maître Yves de) (1505-1506), 107; (1536), 219.
La Tirevie (Audry), religieuse de l'Hôtel-Dieu (1517), 157.
La Tour (De), baron de Châteauroux (1540), 271.
La Tour (Christophe de), chevalier (1532), 195.
La Tour (Hébert) (1536), 227.
La Tour (Messire Jehan de), chevalier (1532), 195.
La Tournelle (Sœur Jehanne) (1416), 28.
La Tourniole (Amelot) (1416), 45.
La Toutaine (Jehanne) (1418), 55.
La Triquete (Jehanne) (1417), 48.
La Troullarde (Katherine) (1418), 55.
La Truberde (Jehanne) (1417), 49.
Lattre (Jehanne de) (1559), 308.
La Turgie (Jehanne) (1416), 25.
Laubigeois (Jehan), gouverneur de l'Hôtel-Dieu (1536), 201.
Lauda (Julien de) (1506-1507), 131.
Lauda (Julien de) (1508-1509), 140; (1536), 241.

51.

## TABLE DES NOMS DE PERSONNES.

Lauge (Pierre de), orfèvre (1505-1506), 127.
Launay (Jehan de) (1505-1506), 125; (1536), 237.
Launay (Thomas de) (1536), 237.
Launoy (Jacques de), huissier au Parlement (1540), 272.
Laurens (Alain) (1364), 2.
Laurens (Barthélemy), notaire (1513), 148.
Laurens (Colin) (1478), 80.
Laurens (Guillaume), barbier (1505-1506), 106.
Laurens (Jehan) (1416), 35.
Laurens (Jehan), drapier (1505-1506), 108, 109; (1536), 222, 223, 246.
Laurens (Pierre), religieux de l'Hôtel-Dieu (1536), 208.
Laurin (Claude), marchand à Paris (1560), 313.
Lauson (Jehan) (1536), 225.
Lautre (Gérard de) (1418), 55.
Lautrec (De), maréchal de France (1515), 151.
L'Auvergnat (Huguelin) (1416), 26.
La Vacherie (Jehan de), sergent royal en la prévôté de l'Hôtel (1560), 312.
La Vacquerie (François de) (1478), 77; (1536), 210.
Laval (Anne de) (1549), 288.
Laval (Jehan de) (1541), 273.
Laval (René de) (1541), 278.
La Valerienne (Marion) (1478), 77.
La Valette (Étienne) (1416), 24.
La Valière (Symone) (1417), 49.
La Vallée (Perrenelle) (1477), 76.
La Voloise (Thoumasse) (1418), 54.
La Vanne (Jehan de), seigneur de Touroure (1556), 302.
La Varenne (Jehan de) (1536), 242.
La Vavasseuse (Jehanne) (1416), 25.
La Vernade (Maître Antoine de), curé de Chelles (1520), 165.
La Verrette (Jehanne) (1416), 25.
La Vesye (Perrette) (1418), 55.
La Viarde (Jehanne) (1505-1506), 112.
La Victoire (Jehanne) (1418), 54.
La Viéville (Jehan de) (1478), 78.
La Vigne (Nicolas de), sergent fieffé (1536), 223.
La Vigne (Perrenelle de), religieuse de l'Hôtel-Dieu (1417), 49; (1428), 61.
La Vignolle (Jehan de) (1446), 74, 77.
La Vignolle (Maître Jehan de), conseiller au Parlement (1505-1506), 97, 120; (1536), 203.
La Visto (Jehanne) (1499-1500), 90.
Lavocat, gouverneur de l'Hôtel-Dieu (1578), 344.
La Voirre (Jehan de) (1478), 77.
La Voirière (Jehanne) (1417), 49.
La Voue (Adrian de) (1564), 321.
Lavoyne (Perrette), sage-femme de l'Hôtel-Dieu (1546), 283.

Leaue (Jean de), marchand de Bretagne (1573), 343.
Le Baigue (Robarde), prieure de l'Hôtel-Dieu (1568), 332.
Le Bailly (Jehan), receveur des amendes du Parlement (1579), 361.
Le Bastard (Jehan) (1536), 211.
Lebeau (Jehan), garde de la Halle aux cuirs (1536), 258.
Le Bègue (Éloi) (1536), 201, 250.
Le Bègue (Henri) (1505), 93; (1508-1509), 137; (1512), 144; (1536), 220.
Le Bègue (Maître Jehan) (1505-1506), 107; (1508-1509), 135, 187.
Le Bègue (Philippe) (1505-1506), 107.
Le Bègue (Philippot), 17.
Lebègue (Robert), maître de l'Hôtel-Dieu (1416), 30, 35, 36, 37.
Le Bel (Robin), teinturier de fil, 17.
Le Berruyer (Robert) (1505-1506), 99.
Le Bescot (Jean), chanoine de Paris (1381), 11.
Le Beuf (François), fermier du péage de Sens (1548), 286.
Le Beuf (Jehan) (1536), 218.
Le Beuf (Thomas) (1478), 79.
Leblanc (Étienne), carrier (1520), 166.
Leblanc (Hugues) (1518), 158.
Le Blanc (Messire Jehan) (1505-1506), 106; (1526), 184; (1536), 224.
Leblanc (Maître Laurent) (1505-1506), 121.
Leblanc (Loys), greffier des comptes du Roi (1492-1493), 88; (1550), 290.
Leblanc (Nicole), avocat (1505-1506), 125.
Le Blant (Jacques), maistre ès arts (1418), 54.
Le Blant (Jehan) (1536), 245.
Le Blant (Maître Pierre) (1444), 70.
Le Blont (Pierre) (1364), 1.
Le Boiteux (Jehan) (1416), 28.
Le Bon (Antoine) (1505-1506), 113; (1536), 227.
Le Borgne (Jehan), prêtre (1418), 54.
Le Bossu (Denis) (1536), 225.
Le Bossu (Dreux) (1364), 2.
Le Bossu (Gillet), changeur (1536), 221.
Le Bossu (Jacques), marchand bourgeois de Paris (1536), 225; (1562), 316.
Le Bossu (Jehan) (1505-1506), 110.
Le Bossu (Jehanne) (1575), 349.
Le Bouge (Jehan) (1505-1506), 109.
Le Boulanger (Jehan) (1416), 36.
Le Boulaagier (Jehan) (1418), 55.
Le Boulengier (Colin), barbier (1416), 45.
Le Boulengier (Jehan) (1536), 226.
Le Boulengier (Jehan), premier président au Parlement (1536), 241.
Le Boulengier (Jehannin) (1418), 55.
Le Boun (Nicolas), chirurgien à Paris (1537), 264.
Le Boun (Simon), chirurgien à Paris (1537), 264.
Le Bourguignon (Robert) (1364), 1.
Le Bourrelier (Macé) (1364), 2.

Le Boursier (Alexandre), conseiller en la Chambre des comptes (1416), 24; (1435), 60; (1478), 79; (1505-1506), 106.
Le Boursier (Maître Girart) (1478), 79.
Le Boursier (Jehan) (1505-1506), 102.
Le Boursier (Regnaut) (1364), 2.
Le Bouteillier (Guillaume) (1575), 350.
Leboutillier (Charles) (1478), 79.
Le Boutillier (Guillaume), chevalier, 19; (1416), 37.
Le Bouvier (Gilles) (1505-1506), 104.
Le Bras (Gérarde), dame de la reine mère (1579), 360.
Le Bret (Jacques) (1536), 221.
Le Breton (Denis), trésorier des guerres (1492-1493), 88; (1505-1506), 111; (1536), 224.
Le Breton (Denisot) (1418), 55.
Le Breton (Jacques) (1536), 251.
Le Breton (Jehan) (1416), 19.
Lebreton (Jehan), maçon juré (1516), 154.
Le Breton (Jehan), avocat au Parlement (1576), 352.
Le Breton (Marguerite) (1418), 55.
Le Breton (Pierre), procureur au Parlement (1520), 170.
Le Breton (Yvon) (1364), 1.
Le Brun (Jehan), orfèvre (1416), 26.
Le Brun (Jehanne), lingère du corps du Roi (1541), p. 275.
Le Brun (Pierre), procureur au Châtelet (1536), 218.
Le Camus (Jehan) (1536), 235.
Le Camus (Nicolas), notaire au Châtelet (1558), 305.
Le Cantier (Huguet) (1505-1506), 110.
Lecaron (Guillaume), administrateur de l'Hôtel-Dieu (1505), 93; (1505-1506), 115.
Le Caron (Robert) (1505-1506), 111.
Le Cauchois (Pierre) (1364), 2.
Lecellier (Loys), sergent à verge (1508-1509), 136.
Le Cendrier (Jehan) (1418), 53.
Le Chandelier (Richard) (1418), 55.
Lecharbonnier (Jehan) (1418), 55.
Le Charon (Robin), 20.
Le Charpentier (Huet) (1418), 54.
Le Charpentier (Yvonnet) (1418), 53.
Le Charron (Jehan), maître de l'Hôtel-Dieu (1368), 5; (1372), 13.
Le Chassier (Philippot) (1478), 78.
Le Chat (Regnaut) (1417), 49.
Leclerc (Guillaume) (1364), 2.
Leclerc (Guillaume) (1445), 71.
Leclerc (Maître Jacques) (1524), 181.
Leclerc (Jehan) (1364), 2.
Leclerc (Jehan) (1416), 25.
Leclerc (Jehan) (1505-1506), 113, 125; (1506-1507), 129; (1536), 227, 240, 248.
Leclerc (Lyonnette) (1536), 238.
Le Clerc (Pierre) (1418), 54.

TABLE DES NOMS DE PERSONNES.    405

Leclert (Gillet) (1505-1506), 107.
Lecocq (Maître Girard), conseiller du Roi (1505-1506), 109.
Le Cocq (Jehan), procureur en cour d'église (1566), 325.
Le Coigneux (Jacques), procureur au Parlement (1576), 352.
Lecoincte (Jehan) (1536), 220.
Le Coincte (Nicolas) (1536), 235, 236.
Le Comte (M⁰), chirurgien et chanoine de Saint-Marcel (1430), 66.
Le Comte (Jehan) (1505-1506), 107.
Lecomte (Pierre) (1536), 235.
Leconte (Claude), barbier (1536), 217.
Leconte (Denis) (1505-1506), 123.
Le Conte (Jehan), chirurgien du Roi (1417), 50; (1418), 52, 56.
Leconte (Jehan), barbier (1505-1506), 105, 111.
Leconte (Messire Jehan), prêtre (1505-1506), 123.
Le Conte (Pierre), notaire au Châtelet (1556), 301.
Le Conte (Robin), boursier (1479), 81.
Le Conte (Simon) (1505-1506), 98; (1536), 204.
Le Coq (Maître Charles), président en la Cour des monnaies (1539), 270.
Lecoq (Maître Girard), maître des requêtes de l'Hôtel (1536), 223.
Lecoq (Huguelin), 18.
Le Coq (Jehan) (1364), 3.
Lecoq (Jehan), praticien en cour d'église (1536), 230.
Lecoq (Regnauld) (1536), 237.
Le Cordier (Huguelin) (1416), 21.
Le Cordonnier (Guillaume) (1416), 20.
Le Cordonnier (Jehan) (1536), 243.
Le Cordonnier (Nicolas) (1364), 2.
Le Cornu (Denis) (1478), 80.
Le Cornu (Raouline) (1478), 80.
Lecourt (Étienne) (1536), 224.
Lecourt (Nicolas), carrier (1520), 166.
Le Courtillier (Adam) (1505-1506), 112.
Le Cousteux (Étienne) (1536), 236.
Le Coustillet (Jehan) (1505-1506), 109.
Le Cousturier (Claude), barbier chirurgien (1580), 366; (1581), 368.
Le Cousturier (Raoulin) (1536), 235.
Le Cousturier (Simon) (1505-1506), 101; (1536), 209.
Le Couvreur (Jacques), greffier de la Foi (1526), 184.
Le Couvreur (Philippot) (1478), 77.
Le Créant (Jehan) (1416), 23.
Le Créant (Vincent) (1536), 210.
Lecuir (Pierre), docteur en théologie (1445), 72.
Le Daim (Olivier) (1485-1486), 84.
Le Damoiseau (Benoit) (1416), 23.
Le Damoisel (Jean) (1370), 7.
Le Damoisel (Ymbert) (1371), 8.
Le Danoys (Jehan) (1505-1506), 108.
Le Déchargeur (Heliot) (1364), 2.

Le Dennoys (Guillaume), procureur au Parlement (1546), 284.
Le Dennoys (Ogier) (1546), 284.
Le Dennoys (Simon) (1536), 240.
Le Diseur, commissaire de l'artillerie (1578), 357.
Ledoulx (Henri), grenetier de Roye (1498-1499), 90.
Le Doyen (Robert) (1505-1506), 110.
Le Duc (Étienne) (1418), 52.
Leduc (Guillaume) (1478), 79.
Le Duc (Jehan) (1364), 3.
Leduc (Mathurin) (1536), 261.
Le Faie (Jehan), maréchal (1536), 209.
Le Faucheur (Simon) (1536), 215.
Le Fauconnier (Henri) (1416), 42.
Lefaulcheur (Raoul) (1536), 228.
Lefebvre (Gervais) (1578), 358.
Lefebvre (Jehan), prêtre de l'Hôtel-Dieu (1536), 260.
Lefebvre (Philippe), bourgeois de Paris (1574), 347.
Le Fenier (Jehan) (1505-1506), 101.
Le Ferant (Jehan) (1416), 24.
Le Feron (Raoulquin), marchand et bourgeois de Paris (1521), 174.
Lefèvre (Gillet) (1416), 32.
Lefèvre (Grégoire) (1536), 231.
Le Fèvre (Guillaume) (1418), 54.
Lefèvre (Guillaume), tailleur de pierres (1505-1506), 106.
Lefèvre (Hermant) (1505-1506), 111.
Lefèvre (Jean et Jeanne) (1416), 24.
Lefèvre (Jehan) (1364), 2.
Lefèvre (Jehan) (1416), 20; (1478), 77.
Le Fèvre (Frère Jehan) (1505), 94; (1505-1506), 123; (1536), 223.
Lefèvre (Jehan) (1506-1507), 133; (1508-1509), 137.
Lefèvre (Jehan), maître de l'Hôtel-Dieu (1516), 153.
Lefèvre (Jehan), couturier (1536), 210.
Lefèvre (Jehan) (1569), 335.
Lefèvre (Mahieu) (1539), 268.
Lefèvre (Martin) (1536), 238.
Lefèvre (Nicolas) (1536), 207.
Lefèvre (Perrette) (1536), 231.
Le Fèvre (Philippe), 12.
Lefèvre (Pierre), président au Parlement (1416), 28; (1417), 50.
Lefèvre (Pierre), sergent à verge (1505-1506), 125, 126.
Le Fey (Thomas), 19.
Le Flamand (Sire Jacques) (1364), 2.
Le Flamand (Pierre), orfèvre (1505-1506), 98, 107.
Le Flamang (Jehan) (1505-1506), 98.
Le Flament (Jehan) (1536), 204.
Le Flament (Pierre) (1536), 204, 244.
Le Flebe (Jehan) (1418), 54.
Le Flescheur (Jehan) (1417), 48.
Le Flescheur (Maître Pierre) (1505-1506), 100.
Le Fol (Jean), 19.

Le Fort (Jean), écorcheur (1416), 17.
Le Fort (Pierre) (1579), 360.
Le Fosseur (Jehan) (1364), 1.
Le Fournier (Gilles), 18.
Le Francq (Jehan) (1575), 350; (1579), 362.
Le Gaigneur (Robert), tapissier, 12.
Le Galois, 37.
Le Galois (Guillaume) (1364), 2; (1505-1506), 104.
Le Gambier (Raoulquin) (1536), 239.
Legay (Audry) (1508-1509), 135, 138.
Legay (Gilles) (1536), 258.
Legendre (Geneviefve) (1508-1509), 137; (1530), 191.
Legendre (Guillaume) (1536), 221.
Legendre (Jehan), trésorier des guerres du Roi (1492-1493), 88; (1536), 222.
Legendre (Jehan), administrateur de l'Hôtel-Dieu (1505), 93; (1505-1506), 117; (1508-1509), 140.
Le Gendre (Jehan), drapier (1478), 80.
Legendre (Jehan), seigneur de Villeroy (1508-1509), 137.
Legendre (Jehan), conseiller au Parlement (1536), 227.
Legendre (Marguerite) (1536), 214.
Legendre (Philippe), drapier (1505-1506), 105.
Legendre (Pierre), trésorier de France (1505-1506), 108.
Legier (Jehan) (1416), 24.
Legoix (Robert) (1579), 360.
Legoux (Nicolas), charpentier (1505-1506), 101.
Legoux (Nicole) (1536), 210.
Legoux (Perrette) (1536), 210.
Legrant (Jehan) (1418), 53.
Legrant (Salmon) (1418), 52.
Legras (Nicolas) (1418), 56.
Legras (Pierre), marchand et bourgeois de Paris (1505-1506), 116.
Legras (Maître Simon) (1505-1506), 109.
Legris (Jehan), chaufournier (1520), 167.
Legris (Jehan) (1536), 211.
Legros (Charlot), voiturier par eau (1505-1506), 112; (1536), 215.
Legros (Guillaume) (1561), 314.
Legrunier (Jean), charpentier, 10.
Leguet (Audry) (1536), 223.
Leguet (Pierre) (1536), 223.
Le Houre le Duc (Jehanne) (1418), 55.
Lejars, trésorier de Paris (1568), 332.
Le Jay (Alexandre) (1536), 219.
Le Jay (Geneviève) (1536), 219.
Le Jay (Sire Guillaume) (1479), 81.
Lejay (Jehan) (1536), 232; (1569), 336.
Le Jay (Marguerite (1536), 219.
Lejay (Simon), épicier (1479), 81.
Lejay (Thomas) (1479), 81.
Le Jay (Thomas), procureur au Châtelet (1416), 42.
Le Jeune (Appolin) (1505-1506), 111.
Le Jeune (Jehan) (1417), 48.

## TABLE DES NOMS DE PERSONNES.

Le Jeune (Jehan) (1505-1506), 110.
Le Jeune (Michel) (1505-1506), 100, 112; (1536), 208.
Le Lanternier (Jehan), 246.
Le Larron (Jehan) (1536), 242.
Le Leu (Choppin) (1505-1506), 111.
Leleu (Guillaume), faiseur de peignes (1505-1506), 104.
Le Lieur (Jehan), marchand bourgeois de Paris (1488-1489), 86.
Le Lieur (Marguerite) (1580), 363.
Lelieur (Maître Mathieu), chantre de Paris (1536), 237.
Lelieur (Rogerin) (1536), 221.
Le Lièvre (Étienne) (1417), 49.
Lelièvre (Gilles), seigneur de Bougival (1564), 320.
Le Lièvre (Jean) (1370), 6.
Lelièvre (Jehan), maître en médecine (1418), 55.
Le Lièvre (Marguerite) (1514), 149.
Le Lombart (Guillaume) (1418), 53.
Le Long (Jehan) (1416), 32.
Le Long (Jehan) (1536), 234.
Le Lorrain (Jehan) (1536), 237.
Le Lorrain (Pierre) (1478), 78.
Lelorrain (Thomasse) (1555), 299.
Le Lyeur (Robert), gouverneur de l'Hôtel-Dieu (1520), 173.
Le Maçon (Germain), secrétaire de la reine de Navarre (1568), 331.
Le Maçon (Guillaume) (1416), 36.
Le Maçon (Pierre), avocat au Parlement (1556), 302.
Le Maçon (Raoulin) (1505-1506), 122.
Le Maçon (Richart) (1478), 76.
Le Maire (Colart) (1416), 24; (1418), 53; (1505-1506), 98; (1536), 204.
Lemaire (Colin) (1505-1506), 104.
Le Maire (Geoffroy) (1505-1506), 104; (1536), 214.
Le Maire (Gillette) (1536), 209.
Le Maire (Jacques) (1478), 76; (1505-1506), 99, 111.
Le Maire (Jehan) (1416), 19, 34; (1478), 77, 80; (1505-1506), 118, 120; (1536), 255, 256.
Le Maire (Pierre), crieur de corps et de vins (1478), 78; (1505-1506), 105, 127.
Lemaistre (Gilles), chevalier, premier président du Parlement (1562); 316.
Lemaistre, chanoine de Notre-Dame, seigneur de Choisy-sur-Seine (1568), 332.
Le Maistre (Jehan) (1536), 229.
Lemaistre (Julien) (1563), 318.
Le Maistre (Nicolle), conseiller au Parlement (1562), 316.
Le Maistre (Pierre) (1563), 318.
Le Maistre (Tassin) (1417), 49.
Le Maréchal (Jaquet) (1478-1479), 81.
Le Mareschal (Jean) (1370), 7.
Le Marguillier (Jehan) (1364), 2.
Le Masurier (Pierre) (1416), 26.

Le May (Guillaume), graveur (1505-1506), 102.
Le Meignen (Julien) (1536), 241.
Le Mercier (Denis) (1536), 236.
Le Mercier (Étienne) (1417), 49.
Le Mercier (Jehan) (1418), 53; (1505-1506), 120; (1547), 284.
Le Mercier (Pierre), avocat au Châtelet de Paris (1416), 31, 45.
Le Mercier (Rogier) (1505-1506), 125.
Le Mestaier (Nicolas) (1536), 261.
Le Mire (Jean), chauffe-cire, 27.
Le Moine (Guérin), chaudronnier (1416), 24.
Le Monnier (Denisot) (1416), 25.
Le Monnier (Gillet), plombier (1416), 44.
Le Monnier (Jehan), voiturier par eau (1579), 360.
Le Moustardier (Denise) (1527), 186.
Le Moyne (Félix), maître tombier à Paris (1563), 319.
Lemoyne (Maître Jacques) (1574), 347.
Le Moyne (Jaquet) (1478), 80.
Le Moyne (Jehan), chanoine de Paris (1505-1506), 107, 116.
Le Moyne (Michel), pâtissier (1536), 218.
Lemoyne (Nicolas), maître bonnetier (1568), 333.
Lemoyne (Regnauld) (1536), 236.
Le Moyne, notaire au Châtelet (1580), 362.
Lempereur (Jehan) (1364), 3.
Le Munier (Rogier) (1364), 2.
Lenequin, de Cologne (1505-1506), 107.
Lenfant (Loïse) (1536), 239.
Lenfroigne (Jehan) (1536), 238.
Le Noir (Raoul), huissier au Parlement (1416), 36.
Le Non (Cristophe), maître épinglier (1566), 306.
Le Normand (Richard), marchand épicier (1536), 210.
Le Normant (Claude), notaire au Châtelet (1556), 301.
Le Normant (Jehan) (1505-1506), 110.
Le Normant (Jaspart), chirurgien de l'Hôtel-Dieu (1540), 272.
Le Normant (Richard) (1364), 2.
Le Normant (Richart), apothicaire (1505-1506), 102.
Le Nourricissier (Jehan) (1416), 19; (1418), 53.
Le Paige (Guillaume) (1505), 96; (1536), 202.
Le Paige (Mathieu), 18.
Le Paige (Nicolas) (1505-1506), 97.
Lepainctre (Jehan) (1536), 221.
Le Painctre (Maître Jehan), chanoine de la Sainte-Chapelle (1478), 80.
Lepaire (Gilles) (1537), 262.
Le Paulmier (Jehan), docteur régent en la Faculté de médecine (1556), 304.
Lepeletier (Richart) (1495-1496), 89.
Le Peleux (Richart), maçon (1505-1506), 112.

Lepelletier (Claude) (1536), 238.
Le Pelletier (Guillaume) (1416), 20.
Le Pelletier (Jehan), relieur (1505-1506), 97.
Le Pelletier (Mathurin) (1536), 221.
Le Pelletier (Perrin), 15, 17, 18.
Le Pelletier (Pierre), sergent à cheval (1505-1506), 127, 129.
Le Perchier (Pierre) (1364), 2.
Le Pesque (Pierre) (1536), 235.
Le Peuple (Nicolas) (1536), 213.
Le Peutre (Jacques), receveur général de la communauté des pauvres (1571), 340.
Le Picart (André) (1574), 347.
Le Picart (Jehan) (1416), 40.
Le Picart (Jehan), pelletier (1505-1506), 110; (1536), 221.
Le Picart (Philippot) (1418), 53.
Le Pilleur (Richard), maçon (1536), 207.
Leprebtre (Claude) (1569), 336; (1578), 357.
Le Prebtre (Jehan) (1505-1506), 108; (1536), 215; (1569), 336.
Leprebtre (Nicolas), tavernier (1505-1506), 104; (1536), 215.
Leprestre (Gilles) (1479), 81.
Le Preux (Jacquet), pelletier (1478), 80; (1536), 222.
Le Preux (Ursin) (1536), 215.
Le Prevost (Augustin) (1581), 366.
Le Prevost (Claude), procureur en la Chambre des comptes (1536), 201.
Le Prince (Guillaume), couturier (1505-1506), 103.
Lerbier (Girart) (1520), 169.
Lere (Cardinot) (1479), 81.
Leriche (Guillaume) (1505-1506), 104.
Le Riche (Catherine) (1536), 224.
Le Riche (Henri), barbier (1536), 209.
Le Riche (Jehan) (1505-1506), 103, 108.
Le Riche (Martin), pâtissier (1536), 214.
Leriche (Mathurin) (1536), 247, 256.
Le Riche (Michel), bourgeois de Paris (1505-1506), 111.
Le Richet (Gillet), mesureur juré du Roi (1416), 47.
Le Roux (1520), 170.
Le Roux (Alain) (1416), 24.
Le Roux (Mahiet) (1418), 55.
Le Roux (Nicolas) (1536), 209.
Le Roux (Regnaut), chanoine de Saint-Merry (1419), 56.
Le Roux (Maître Robert) (1536), 219.
Le Roux (Yvon), libraire (1536), 243.
Le Roux, chanoine de l'église de Paris (Notre-Dame) (1570), 337.
Le Roy (Bertran) (1416), 25.
Le Roy (Maître Christophe) (1536), 260.
Le Roy (Guillaume) (1536), 238.
Le Roy (Jacques), receveur des amendes de la Chambre des comptes (1496-1497), 89; (1501-1502), 92; (1503-1504), 93.
Le Roy (Jacques), contrôleur général des fi-

## TABLE DES NOMS DE PERSONNES.

nances (1505-1506), 106; (1521), 174; (1536), 218.
Le Roy (Jacques), seigneur de Saint-Florent en Berry (1523), 179.
Le Roy (Jaquet), huchier (1478), 80.
Le Roy (Jehan), tailleur de pierres (1416), 44.
Le Roy (Jehan) (1505-1506), 111.
Le Roy (Jehan), marchand orfèvre à Paris (1548), 286.
Le Roy (Ligier) (1536), 237.
Le Roy (Lorin) (1416), 22.
Le Roy (Loys), 20.
Le Roy (Maître Pierre) (1536), 215.
Le Roy (Maître Regnault) (1536), 207.
Le Roy (Simonnet), 18.
Le Roy (Thomas), jardinier (1528), 188, 189; (1536), 256.
Lery (Jehan de) (1571), 339.
Lesac (Jehanne), nourrice à l'Hôtel-Dieu (1526), 185.
Le Saige (Alain) (1536), 237.
Le Saige (Maître Jacques) (1536), 232.
Le Saige (Michel) (1580), 363.
Le Saintier (Nicolas) (1536), 261.
Lescalopier (Dame Catherine) (1577), 354.
Lescalopier (Maître Guillaume) (1577), 354.
Lescalopier (Jehan), receveur de la Cour de Parlement (1562), 315.
Lescalopier (Nicolas), marchand drapier à Paris (1528), 188.
Lescalopier (Nicolas), payeur de la Cour de Parlement (1536), 296.
Lescalopier (Robert), procureur au Châtelet (1577), 354.
Leschallat (Thomas), maître orfèvre (1581), 366.
Leschaudé (Colin) (1416), 19.
L'Eschevin (Henriet) (1416), 26.
L'Eschevin (Jehan) (1478-1479), 81.
Leselat (Guillaume de), fondeur (1364), 2.
L'Esclat (Pierre de) (1418), 56.
Lescot (Pierre), sieur de Clagny, chanoine de Notre-Dame (1579), 360.
Lescrivain (Robert) (1364), 3.
Lescrivainne (Jehanne) (1505-1506), 109.
Lesenier (Liénart) (1416), 34.
Lescuyer (Anne) (1578), 357.
Lescuyer (Jehan) (1478), 79; (1536), 209, 218.
Lescuyer (Jehan), bourgeois de Paris (1578), 357.
Le Sellier (Gauthier) (1364), 1.
Le Sellier (Jehan), drapier (1505-1506), 116, 125; (1536), 220.
Le Seneschal (Jean) (1513), 148.
Le Serirrier (Jehan), éperonnier du Roi (1566), 326.
Lesglantier (Jehan), prêtre (1418), 54.
Lesieur (Gabriel), procureur au Châtelet (1505-1506), 99.
L'Espée (Colette) (1536), 229.
Lesperon (Pierre) (1536), 213.
L'Esperrot (De) (1535), 199.

Lespinay (Toussaint de), prieur de Saint-Denis de la Chartre (1536), 252; (1544), 280.
Lespine (Jehan de) (1536), 216.
Lespine (Laurens de), parcheminier, 19.
L'Espronier (Messire Jehan), chevalier (1416), 26.
Les Raullins (Jehan) (1508-1509), 137.
Les Raullins (Pierre) (1508-1509), 137.
Les Royers (Jehan) (1536), 238.
Lessaulier (Pierre), marchand boucher (1505-1506), 118.
Lessillier (Robert), 11.
Lestolle (Regnault), drapier (1536), 204, 217.
Lestelle (René), drapier (1536), 217.
L'Estoffe (Alain) (1418), 53.
L'Estoffe (Jehan) (1418), 53.
Lestoffe (Perrette) (1418), 53.
Lestolle (Regnault), drapier (1505-1506), 98, 105.
Lestose (Jehan) (1505-1506), 102.
Lesueur (Gabriel), procureur au Châtelet (1536), 205.
Lesueur (Guillaume) (1536), 242.
Le Sueur (Jehan) (1416), 22.
Lesueur (Jehan), gouverneur de l'Hôtel-Dieu (1566), 327; (1578), 357.
Le Sueur (Olivier), potier d'étain (1505-1506), 106.
Le Tavernier (Robert) (1417), 49.
Le Tellier (Étienne), docteur en médecine (1545), 282.
Le Tellier (Guillaume) (1505-1506), 120; (1515), 151.
Le Tellier (Olive) (1416), 22.
Le Tellier (Philippot) (1416), 22.
Le Tellier (Pierre) (1505-1506), 126.
Letellier, commissaire au Châtelet (1569), 325.
Le Tessier (J.) (1508-1509), 137.
Le Tirant (Robert) (1478), 79.
Le Tire (Gillet) (1536), 245.
Le Tissier (Jehan) (1418), 54.
Le Tondeur (Jehan) (1418), 53.
Le Tonnellier (Jehan) (1479), 81.
Le Tonnellier (MM.) (1580), 364.
Le Tort (Robin) (1417), 49.
Le Tourneur (Jehan) (1416), 21.
Le Tourneur (Thomas), chanoine de Notre-Dame de Paris (1364), 1; (1365), 5.
Le Tourneur (Thomas), archidiacre de Tournay (1384), 11.
Le Travaillie (Guillaume) (1416), 21.
Le Vacher (Guillaume) (1416), 19.
Le Vachier (Jehan), religieux de l'Hôtel-Dieu (1489-1490), 86; (1491-1492), 87.
Le Vachier (Mathieu), orfèvre (1505-1506), 112; (1536), 213.
Le Vaire (Maître Jehan) (1522), 176.
Le Vanneur (Le cardinal) (1534), 198.
Levasseur (Maître Jehan), régent en la Faculté de médecine (1547), 284; (1548), 287.

Le Vavasseur (Étienne), menuisier (1494-1495), 88.
Le Vavasseur (Jean), prêtre (1416), 23.
Levavasseur (Jehan) (1536), 225.
Le Vavasseur (Jehan), fontainier de la ville de Paris (1516), 153; (1536), 227.
Le Veel (Gauthier) (1364), 2.
Le Veele (Gassot), marchand de soye (1505-1506), 108; (1536), 222.
Le Vennier (Colin), enlumineur (1428), 62.
L'Évesque (Guillaume) (1478), 77.
Levesque (Jehan) (1418), 53.
Le Vigneron (Nicolas), grenetier de Paris (1491-1492), 87.
Le Villain (Guillaume) (1505-1506), 122.
Le Viste (Jehan) (1536), 258.
Levoys (Maître Claude), conseiller au Parlement (1536), 250.
Levrouc (Guillaume) (1536), 242.
Lheritier (Jacques) (1551), 293.
Lhéritier (Jehan) (1536), 225.
Lhomme (Pierre), drapier (1505-1506), 108; (1536), 221.
L'hospital (Chancelière de) (1575), 350.
Lhospital (Michel de) (1573), 343.
Lhostellier (Maître Antoine) (1536), 261, 325.
Lhostellier (Jehan) (1578), 358.
Lhuillier (Jacques), maître en la Chambre des comptes (1568), 332.
Lhuillier (Jehan), président de la Chambre des comptes (1568), 318.
Lhuillier (Valentine) (1536), 254.
Libarge (Ragonde) (1565), 323.
Liberge (Jehan), moulleur de bois (1536), 242.
Libertre (Jehan), seigneur de la Pelletière (1556), 302.
Liegard (Jehan), maître balancier (1560), 311.
Liénart (Arnoult) (1417), 49.
Lif (Jehan de), armurier (1505-1506), 107.
Liger (Maître Jacques), bourgeois de Paris (1581), 367.
Ligerois (Sébastien) (1566), 326.
Ligier (David) (1536), 238.
Ligny (Antoine de) (1505-1506), 124.
Ligos (Jacques) (1370), 7.
Lijotte (Robert), notaire (1416), 30 et 40; (1417), 49.
Linières (Mahieu de), maître de la Chambre des comptes (1418), 53.
L'Innocente (Jehanne) (1418), 55.
Lionnet (Pierre) (1536), 215.
Lire (Antoine), orfèvre à Paris (1579), 360.
Lisins (De) (1374), 9.
L'Isle (De) (1443), 69.
L'Isle (Adam de), capitaine de Paris (1430), 67.
Lisle (Arnault de) (1536), 213.
L'Isle (Arnoul de) (1505-1506), 104, 211.
Livre (Marguerite de) (1565), 323.
Livres (Jehan de), greffier criminel de la Cour de Parlement (1498-1499), 90.

## TABLE DES NOMS DE PERSONNES.

Lizet (Pierre), premier président du Parlement (1562), 316.
Lizoart (Jehan) (1536), 236.
L'Obleier (Guillaume) (1418), 54.
Lodas (Guillaume de), chevalier (1416), 24.
Loffles (Loys de) (1498-1499), 90.
Logière (Jehanne) (1416), 25.
Lois (Macé) (1536), 238.
Loiseau (Étienne) (1536), 232, 237, 256.
Loiselle (Gille) (1416), 31.
Loison (Charles), marchand (1505-1506), 117.
Loisy (Guillaume), boucher (1505-1506), 104, 214.
L'Olive (Catherine de) (1492-1493), 88.
L'Olive (Jehan de), échevin de Paris (1501-1502), 92, 117, 235.
Lombart (Jehan), épicier (1505-1506), 103, 104, 113, 212.
Lombart (Millet), administrateur de l'Hôtel-Dieu (1505), 98, 117; (1536), 221.
Lomme (Denise) (1505-1506), 116.
Lomme (Pierre) (1478), 80.
Londres (Thomas de) (1364), 1.
Longbet (Jehan) (1416), 19.
Longchamp (Jehan de), foulon de bonnets (1532), 196.
Longchamps (Nicolas de) (1479-1480), 82.
Longjumeau (D<sup>lle</sup> de) (1558), 306.
Longny (Vincent de) (1536), 238.
Longue-Épée (Guillaume), chasublier, 10.
Longueil (Maître Jehan) (1536), 235.
Longuejoe (Maître Jehan) (1505-1506), 99.
Longuejoue (Jehan), sergent à verge (1518), 159; (1536), 205.
Longuet (Germain) (1579), 360.
Longuet (Jehan) (1364), 2.
Longuet (Jehan), procureur au Châtelet (1566), 325.
Longueul (Denise de) (1496-1497), 89.
Longueval (Jehan de) (1551), 292.
Lorfèvre (Bertrand), seigneur d'Ermenonville (1536), 254.

Lorfèvre (Pierre), châtelain du Pont-Sainte-Maxence (1416), 38.
Loriart (Étienne) (1536), 237.
Lorillon (Pierre) (1505-1506), 117.
Lorin (Henriet), 18.
Loriot (Geoffroy), potier d'étain (1536), 258.
Lorme (Pierre de), écolier de l'Hôtel-Dieu au collège de Navarre (1573), 346.
Lormier (Jehan) (1479), 81.
Lorraine (Le cardinal de) (1568), 332; (1571), 339.
Louchet (Étienne) (1418), 54.
Louis XI, roi de France; rétablissement de sa santé (1483), 84.
Louppy (Dommengin de) (1416), 44.
Lourdeau (Jehan) (1416), 39.
Lourdet (Guillaume) (1536), 212.
Lourdet (Thibaut) (1536), 212.
Lourdereau (Pierre) (1536), 261.
Lourdet (Guillaume) (1505-1506), 104.
Lourdin (Jehan) (1418), 54.
Lourdinoiz (Jehan) (1518), 54.
Louvain (Henri-Pierre de) (1364), 4.
Louvain (Pierre de) (1364), 2.
Louvencourt (Pierre de) (1551), 292.
Louvens (Nicolas de) (1364), 1.
Louviers (De), chanoine de Paris (1508-1509), 135.
Louviers (Jean de) (1424-1426), 58.
Louviers (Jehan de) (1430), 66.
Louviers (Jehan de) (1478), 80.
Louviers (Jehan de) (1536), 222.
Louviers (Jehan de), chanoine de Paris (1476), 75; (1482-1483), 83; (1506-1507), 129.
Louviers (Jehanne de) (1505-1506), 110.
Louviers (Margot de) (1478), 80.
Louviers (Nicolas de), seigneur des comptes du Roi (1444), 69, 70; (1482-1483), 83.
Louvres (Gui de) (1395), 13.
Loyer (Henri) (1370), 6.
Loynes (Maître Antoine de), procureur au Parlement (1536), 254.

Loys, évêque de Thérouanne (1428), 61.
Loysonne (Jehanne) (1428), 61.
Lucas (Guillaume) (1505-1506), 110.
Lucas (Jehan) (1364), 2.
Lucas (Frère Jehan) (1508-1509), 140.
Lucas (Julien) (1505-1506), 117, 118 et 123; (1506-1507), 134; (1536), 250.
Lucquet (Jehan) (1536), 243.
Lucquet (Thomas) (1416), 19.
Luillier (Maître Charles) (1505-1506), 125.
Luillier (Fleurent) (1536), 212.
Luillier (Maître Jehan), avocat en Parlement (1505-1506), 106.
Luillier (Maître Jehan), doyen de Paris (1505-1506), 115.
Luillier (Jehan) (1520), 170; (1536), 220.
Luillier (Jehan), conseiller au Parlement (1537), 262.
Luillier (Philippe) (1505-1506), 108.
Luillier (Pierre), boursier de l'Hôtel-Dieu (1416-1417), 15, 21, 27 et 48; (1443), 67.
Luillière (D<sup>lle</sup> Philippe) (1418), 55.
Lune (Benoît XIII, cardinal de) (1393), 12.
Lursins (.....), évêque de Tréguier (1567), 330.
Luseau (Michaut), 18.
Lut (Maître Jean de), notaire (1558), 305.
Luxembourg (Gilles) (1501-1502), 92.
Luxembourg (Loys de), comte de Saint-Pol (1501-1502), 92.
Lyancourt (Michaut de) (1445), 71.
Lyce (1444), 70.
Lyemand (Bernard), brodeur (1505-1506), 104.
Lyensin (Maître), docteur en décret (1444), 69.
Lyepinault (Lyenart) (1536), 213.
Lymosin (Martin) (1536), 244.
Lyon (Regnaud) (1478), 77.
Lyonnet (Jehan), maçon (1500-1501), 91.
Lyonnet (Pierre), maçon (1505-1506), 104.
Lyons (Jehan de) (1416), 36.
Lysle (Pierre de) (1537), 264.

## M

Maalou (Thomas de), chantre de Paris (1364), 3.
Mabillotte (Pierre), pannetier de l'Hôtel-Dieu (1536), 249, 257.
Macart (Jehan), sergent du guet (1418), 56.
Maceron (Jehan), procureur des pardons de l'Hôtel-Dieu (1505-1506), 116; (1536), 226.
Machault (Baptiste de) (1556), 303.
Machault (Simon de), auditeur en la Chambre des comptes (1520), 172; (1536), 215; (1556), 303.
Machecler (Aleaumet) (1417), 49.
Machecho (Jehan), huissier en Parlement (1505-1506), 126.

Macheco (Mathieu), huissier au Parlement (1511-1512), 143; (1536), 204, 213.
Macheco (Nicole) (1511-1512), 143; (1512), 146.
Macheco (Dame Nicole) (1536), 232, 248.
Macis (Jehan) (1416), 21.
Macy (1416), 27.
Macy (Pierre) (1416), 36.
Magdelaine (Jehan) (1416), 27; (1417), 50.
Magnier (Jehan) (1416), 35.
Magnelonne (1506-1507), 131.
Mahiet (Nicolas), marchand joaillier à Paris (1540), 271.
Maigneau (Pierre) (1536), 236.
Maignie (Jehan) (1536), 244.
Maillard (Jehan) (1478), 77.

Maillart (Maître Hugues) (1505-1506), 105; (1536), 216.
Maillart (Jehan) (1416), 38.
Maillart (Jehan), boulanger (1536), 212, 215, 219.
Maillart (Pierre), 10.
Maille (Jehan) (1364), 2.
Maillefer (Simon) (1418), 52.
Maillet (Guillaume) (1536), 242.
Maillet (Pierre) (1416), 24.
Mailly (Jacques de), huissier au Parlement (1506-1507), 133.
Mailly (Jehan de), docteur en théologie, maitre de l'Hôtel-Dieu (1535), 199; (1536), 250, 255, 261; (1549), 288.
Main (Jacques) (1505-1506), 118.

# TABLE DES NOMS DE PERSONNES. 409

Mainville (Jehan de), fripier (1505-1506), 112.
Maistreville (Hector) (1573), 344.
Malabry (Maître Jehan), chanoine de Paris (1536), 221, 228.
Malaingre (Marie) (1567), 329.
Malaisie (Pierre), chirurgien de l'Hôtel-Dieu (1445), 72; (1505-1506), 97, 113; (1536), 202.
Malet (Gillet) (1416), 23.
Malet (Jehan) (1416), 34; (1418), 54.
Malines (Hennequin de) (1505-1506), 109.
Malingre (Maître Jehan) (1536), 218.
Malingre (Dame Marie) (1536), 250.
Malingret (Jehannot) (1446), 73.
Malitorne (François), sergent à cheval (1579), 360.
Mallart (Maître Olivier), libraire (1536), 231.
Malleville (Barbe de) (1564), 320.
Malleville (Nicolas), drapier (1536), 207.
Malloue (Maistre Henri) (1416), 34.
Mailly (Pierre) (1566), 327.
Malmedy (Samson de), médecin de l'Hôtel-Dieu (1568), 333.
Manceau (Perrot) (1446), 73.
Mancel (Maître Clément) (1505-1506), 116.
Mandesac (Harmand de) (1418), 55.
Mandeville (Nicolle de) (1560), 310.
Manessier (Jehan) (1416), 21.
Manessier (Robin), 19.
Mansac (Maître Jehan), régent des enfants de chœur (1516), 155.
Maquereau (Guillaume), 20.
Marc (Colin) (1478), 80.
Marc (Gilles) (1536), 218.
Marc (Guillaume) (1429), 64; (1478), 80; (1505-1506), 110.
Marc (Jacques) (1536), 204, 213.
Marc (Noël), sonneur de Notre-Dame de Paris (1578), 358.
Marcadée (Marguerite La) (1417), 48.
Marceau (Adenet) (1505-1506), 98.
Marceau (Jehan), maître des monnaies de Rouen (1427), 58.
Marcel (Claude), gouverneur de l'Hôtel-Dieu (1556), 302; (1560), 311; (1563), 318; (1564), 320; (1578), 357.
Marcel (Denis), trésorier des aumônes du Roi (1490-1491), 87; (1495-1496), 89; (1536), 216.
Marcel (Jacques), notaire (1536), 224.
Marcel (Jehan) (1364), 2.
Marcel (Jehan) (1428), 61.
Marcel (Jehan) (1505-1506), 115, 123.
Marcel (Jehan) (1536), 223.
Marcelier (Aleaume) (1417), 50.
Marcenet (Guillaume) (1536), 219.
Marchandet (Jehan), compagnon chirurgien (1582), 366.
Marchant (Maître Guy) (1506-1507), 131.
Marchant (Jacques), maître verrier à Paris (1574), 347.
Marchant (Jehan) (1536), 245.

Marchant (Philippot) (1536), 248.
Marchant (Regnault) (1416), 37.
Marcille (Jehanne de) (1505-1506), 105.
Marcilly (Jehan de) (1505-1506), 106.
Marcilly (Jehan) (1536), 217.
Marcouvel (Messire Jehan), grand vicaire de Notre-Dame (1505-1506), 112.
Maroq (Maître Pierre), procureur aux comptes (1505-1506), 106.
Marenne (Pierre de) (1536), 243.
Mares (Colin) (1418), 53.
Mareschal (Robert), huissier de la Chambre des comptes (1565), 324; (1579), 361.
Mareschal (Thomassin) (1416), 45.
Marescot (Guillaume), greffier des requêtes du Palais (1428), 61.
Marez (Colin de) (1416), 44.
Margnac (De) (1572), 342.
Marguerite (De Flandres) (1506-1507), 134.
Marguerite de France, sœur de Charles IX (1568), 332; (1572), 341.
Marguerite de Valois, reine de Navarre (1541), 273.
Mariau (Maître Pierre) (1564), 320.
Marie (Jacques de), maître brodeur (1566), 326.
Marie (Pierre) (1536), 244.
Marie (Thomas) (1536), 243.
Marie de France (1379), 10, 15.
Mariette (Bletin), curé de Thieux (1578), 359.
Marin (Pierre), prêtre (1527), 186.
Marion (Sevestre) (1536), 255.
Marion (Ysabeau) (1550), 291.
Marle (Anne de) (1530), 191.
Marle (Arnoul de) (1559), 309.
Marle (Germain de), gouverneur de l'Hôtel-Dieu (1525), 181; (1536), 245.
Marle (Jacqueline de) (1563), 318.
Marle (Jehanne de), prieure de l'Hôtel-Dieu (1505-1506), 115, 126.
Marle (Jérôme de), administrateur de l'Hôtel-Dieu (1505), 93.
Marle (Louis de) (1559), 309.
Marle (Nicolle de) (1559), 309.
Marle (Frère Thibault de) (1536), 255.
Marle (De) (1537), 264.
Marle (Comte de) (1416), 21.
Morlei ou Marly (Étienne de) (1416), 24.
Marlin (Guillaume), libraire à Paris (1560), 313.
Marly (Florence de) (1478), 78.
Marly (Noël de) (1418), 54, 55.
Marne (Catherine de) (1536), 242.
Marnoiz (Berthelot), 18.
Marquet (Maître Jehan) (1505-1506), 116.
Marquet (Robert) (1536), 222.
Marquet (Robin) (1478), 80.
Marquete (Jehan) (1536), 227.
Marsenet (Guillaume) (1505-1506), 106.
Marsilly (Jacob de) (1478), 78.
Marteau (Martin) (1416), 25.
Martel (Denis), notaire et aumônier du Roi (1483-1484), 84.

Martel (Françoise) (1558), 306.
Martel (Germain), barbier (1536), 204.
Martel (Jean), 17.
Martelière (Colin) (1487-1488), 85.
Martial d'Auvergne (1444), 70; (1505-1506), 99; (1536), 209.
Martignes (De) (1560), 313.
Martigny (Loys de) (1544), 280.
Martin (Antoine), procureur au Parlement (1536), 203, 231.
Martin (Étienne), official de Paris (1418), 54.
Martin (Guillaume) (1505-1506), 108.
Martin (Jaspart), chirurgien (1554), 298.
Martin (Jean), 17.
Martinat (Antoine), couturier (1536), 208.
Martine (Catherine) (1505-1506), 124.
Martineau (Nicolas) (1478), 79; (1505-1506), 106.
Marveau (Robert) (1536), 241.
Mas (Jehan), boucher en la grand'boucherie (1566), 326.
Masparrault (Pierre de) (1558), 306.
Mathis (Guillaume), foulon de bonnets (1566), 326.
Mathis (Henriet), foulon de bonnets (1536), 231.
Matinat (Antoine), couturier (1536), 225.
Matisson (Alips) (1536), 250; (1553), 296.
Mauchausse (Michel) (1505-1506), 121.
Maucreux (Jehan de) (1417), 49.
Maucreux (Jehanne de) (1416), 26.
Maufras (Antoine), marchand poissonnier (1478), 78.
Maugarny (Laurens) (1418), 55.
Maugé (Jehan) (1536), 213.
Mauger (Jehan), prêtre (1551), 293.
Mauger (Pierre) (1445), 72; (1505-1506), 99; (1536), 208; (1544), 279.
Mauger (Robine) (1505-1506), 102; (1536), 211.
Maugier (Adrien) (1505-1506), 124.
Maugireau (Jehan), 18.
Maugis (Pierre) (1416), 44.
Maugrain (Antoine) (1569), 336.
Maugrain (Jehan), procureur en la Chambre des comptes (1569), 336.
Mauguier (Pierre) (1478), 76.
Maujart (Girart) (1536), 215.
Maulevault (Guillaume), notaire (1505-1506), 102.
Maulevault (Jehan), clerc du receveur de l'Hôtel-Dieu (1518), 159.
Maulevault (Nicolas), potier d'étain (1505-1506), 105; (1536), 204, 217.
Maulny (Jacques de) (1579), 362.
Mauloue (Henri), 15.
Maumusse (Jehan) (1418), 53.
Mauny (Colin de) (1416), 30.
Mauny (Jehan de) (1416), 30.
Mauny (Pierre de) (1416), 30.
Mauparlier (Jehan) (1536), 221.
Maupeou (Pierre), procureur en la Chambre des comptes (1553), 296.

III.
52

## TABLE DES NOMS DE PERSONNES.

Maupin (Martin), notaire (1506-1507), 133.
Mauplie (Jehan), drapier (1505-1506), 107.
Maupoil (Jehan) (1536), 260.
Mauregard (Anne de) (1578), 358; (1579), 361.
Mauregard (Charles de), écuyer (1478), 80; (1505-1506), 109.
*Mauregard (Marie de) (1578), 358.
Maurice (Jehan) (1536), 258.
Mautaint (Maître Jehan) (1478), 80.
Mauves (Mathurin de) (1536), 209.
Mauvoisin (Pierre) (1416), 33.
May (De) ou Demay, chirurgien de l'Hôtel-Dieu (1541), 274.
Mayste (Jehanne La) (1478), 76.
Mazalon (Guillaume) (1536), 233, 234.
Meaux (Claude de) (1545), 282.
Medot (Madaline), sage femme de l'Hôtel-Dieu (1565), 324.
Medulla (François de), conseiller au Parlement (1529), 190.
Megissier (Denis), épicier et apothicaire (1481-1482), 83; (1505-1506), 102; (1536), 210, 214.
Meigret ou Mesgret (Lambert), commis à l'extraordinaire des guerres (1520), 165.
Mellot (Clément) (1429), 59.
Melly (Guillemette), sage-femme de l'Hôtel-Dieu (1563), 320.
Menant (Jehan), trésorier de la communauté des pauvres (1573), 344.
Menant (Marguerite) (1562), 316.
Menegent (Regnaut de), clerc des comptes (1505-1506), 113; (1536), 229.
Menessier (Jehan) (1478-1479), 81.
Mennart (Simon) (1478), 80.
Merault (Maître Jehan) (1505-1506), 98; (1520), 169; (1570), 338.
Mercerot (Pierre) (1416), 21.
Mercier (Jehan), apothicaire (1536), 225.
Mère (Hubarde), sage-femme de l'Hôtel-Dieu (1572), 343.
Mergot (Geoffroy) (1505-1506), 101.
Mericnne (Claude), sage-femme de l'Hôtel-Dieu (1570), 338.
Merille (Sire Jehan de), échevin (1443), 68.
Merlas (Robert), marchand bourgeois de Paris (1545), 282.
Merle (Germain de) (1477), 76.
Merle (Jehan de), échevin (1443), 68.
Merle (Comte de) (1536), 245.
Merlet (Jacquemart) (1416), 21.
Merlin (Sire Guillaume), gouverneur de l'Hôtel Dieu (1576), 352.
Merlin (Jacques), pénitencier de l'église de Paris (1536), 250.
Merlin (Loys), général des finances de la reine de Sicile (1513), 148.
Merlin (Maître), chanoine de N. Dame (1523), 178.
Merlot (Jehan) (1478), 80.
Merly (Jehan de), huissier en Parlement (1505-1506), 108, 109; (1536), 211, 223.

Meron (Gabriel), lieutenant civil en la prévôté de Paris (1578), 357.
Merrien (Jehan) (1536), 236.
Merrien (Noël) (1536), 236.
Mery (Jehanne de), mère des filles pénitentes (1564), 321.
Mes (Jehan de) (1416), 24.
Mes (Seny de), conseiller au Parlement (1384), 11.
Mesaray, charpentier (1416), 44.
Mesgremont (Charles de), chevalier (1416), 21.
Mesgret ou Meigret (Maître Lambert) (1520), 162.
Meslin (Jehan) (1536), 248.
Mesmes (Jehan) (1478), 77; (1505-1506), 103.
Mesnart (Martin) (1505-1506), 102.
Mesnart (Nicolas) (1478), 80; (1536), 221.
Mesnart (Maître Pierre) (1536), 210.
Messier (Jehan), gouverneur de l'Hôtel-Dieu (1556), 302.
Mestaier (Julien) (1536), 243.
Mesticole (Jehan) (1418), 55.
Mestiel (Amiel) (1536), 220.
Mestral (Amiel) (1505-1506), 107.
Metige (Girard) (1536), 256.
Metivier (Marquet) (1416), 27.
Metivier (Pierre) (1416), 21.
Meure (Jean), tavernier, 17.
Mez (Jehan de) (1416), 43.
Mezelles (Perrette de) (1505-1506), 114.
Michel (Étienne) (1478), 76; (1505-1506), 100; (1536), 242.
Michel (Guillaume), translateur en l'Université de Paris (1536), 259; (1562), 315.
Michel (Marie) (1579), 361.
Michel (Pierre), prêtre (1536), 226.
Michel (Simon) (1478), 76; (1505-1506), 115.
Michelin (Paradis), procureur au Parlement (1566), 324.
Michelle (Huguette) (1505-1506), 114.
Michiel (Maître Pierre) (1371), 8; (1416), 28.
Michiel (Renaut), 18.
Michiel, maître scribe de l'Université (1446), 74.
Michon (Marie) (1566), 325.
Michon (Pierre), avocat au Parlement (1490-1491), 87; (1508-1509), 138.
Mige (Maître François), lieutenant général de Nivernais (1531), 193.
Mignot (Claude), prévôt du For-l'Évêque (1522), 176.
Mignon (1429), 65.
Mignon (Nicole), chanoine de la Sainte-Chapelle (1502-1503), 92.
Milet (Jehan) (1418), 55.
Milet (Jehan), évêque de Soissons (1502-1503), 92.
Milet (Robin) (1416), 20.
Milet (Simonnet) (1416), 44.
Millecent (Jehan) (1505-1506), 127.

Millecourt (Thierry de) (1478), 80.
Millet (Maître David) (1536), 253.
Milton (Denisot) (1505-1506), 110.
Millot (Nicolas), docteur régent en la Faculté de médecine (1575), 349.
Milly (Étienne de) (1536), 225.
Milly (Hervé de) (1536), 254.
Milly (Jehan de) (1478), 76.
Milly (Thomas de) (1536), 235.
Minagier (Oudin), 18.
Minegot (Regnaut), 17.
Mingault (François) (1536), 202.
Mirecourt (Thierry de), pelletier (1505-1506), 108.
Miron (Mademoiselle) (1581), 367.
Misseron (Maître Jehan) (1505-1506), 100.
Mitry (Guiot de), écuyer (1416), 34.
Mitton (Guillot), 18.
Mitton (Jehan) (1416), 23.
Mocet (Maître Jehan), procureur au Parlement (1536), 229, 253.
Mocet (Maître Martin), procureur en Parlement (1505-1506), 103; (1536), 229.
Moien (Nicolle), chanoine de Saint-Marcel (1574), 347.
Moineau-Gillet (1416), 30.
Moireau (Jehan) (1536), 227, 235, 239.
Moireau (Mathurin) (1536), 239.
Moireau (Pierre) (1536), 242.
Moirier (Jehan) (1536), 240.
Moisy (Pierre), voiturier par terre (1536), 258.
Molinet (Maître Guillaume) (1536), 204.
Mollet (Étienne) (1505-1506), 109.
Monceaux (Jehan de) (1416), 24.
Monceaux (Jehan de), chevalier (1506-1507), 132.
Monclenon (Nicolas de) (1416), 25.
Mondagron (Jacques de) (1580), 363.
Mondinot (Maître Jehan) (1536), 228.
Moudinot, chevecier de l'église Saint-Merry (1550), 290.
Mondre (Jehan) (1551), 292.
Monet (Jean), sous-chantre de Notre-Dame de Paris (1476), 75; (1479), 81, 85.
Monet (Martin) (1418), 55.
Monginot (Maître Adrien), écolier à Paris (1540), 272.
Monmiral (Thierry), seigneur de Chambourcy (1562), 316.
Mons (Jean de) (1370), 6.
Montagu (Madame de) (1505-1506), 97; (1536), 203.
Montaigu (Jehan de), chevalier, grand maître de l'Hôtel du Roi (1395), 13; (1416), 28.
Montalet (Seigneur de) (1416), 37.
Montargis (Jean de) (1371), 8.
Montaubert (Guillaume) (1536), 245.
Montaudouyn (Jehan de), prêtre (1478), 77.
Montdenis (Guillaume), drapier (1536), 222.
Montdenys (Jehan) (1566), 326.

Montelon (Jehan de), avocat (1520), 170.
Montereul (Claude) (1560), 313.
Montfault (Guyot), épicier (1505-1506), 106.
Montfault (Nicolas) (1505-1506), 114.
Montfort (Mathurin de) (1505-1506), 111.
Montfort (Thomas de) (1536), 226.
Monthault (Messire Mesnard), curé de Saint-Landry (1505-1506), 97.
Monthelon (Maître François de), président au Parlement (1536), 254.
Montigny (François de) (1525), 182.
Montigny (Jacques de), chevalier (1525), 182.
Montigny (Jehan de) (1376), 9.
Montigny (Maître Jehan de) (1505-1506), 120, 126.
Montigny (Pierre de) (1385), 11.
Montjay (Jehan de) (1520), 170.
Montmirail (Bertrand de) (1428), 61.
Montmirail (De), avocat en Parlement (1505-1506), 105.
Montmirail (Étienne de), conseiller au Parlement (1526), 184.
Montmirail (Jehan de), avocat au Parlement (1536), 216.
Montmorency (Guillaume de) (1563), 318.
Montmorency (Louise) (1544), 280.
Montpensier (Duc de) (1560), 313; (1580), 364.
Monyn (Pierre) (1536), 216.
Moraines (Geoffroy de) (1416), 21.
Morant (Thomas), portier de la porte Saint-Germain-des-Prés (1525), 183.
More (Hannequin) (1418), 53.
Moreau (Guillemin) (1416), 21.
Moreau, chantre de Notre-Dame (1558), 307.
Moreau (Jaquet) (1478), 78.
Moreau (Jehan) (1417), 48; (1418), 54.
Moreau (Jehan), rôtisseur (1478), 77; (1505-1506), 102, 118.
Moreau (Jehanne) (1416), 21.
Moreau (Nicole), trésorier général du Roi (1576), 252.
Morel (Jacques) (1581), 366.
Morel (Maître Jehan) (1536), 259.
Morel (Regnauldin), épicier (1505-1506), 102.
Morelet (Jacques) (1478), 80.
Morellet (Guillaume) (1479), 81.
Morelot (Pierre) (1570), 337.
Morennes (Jehan de), prêtre, chanoine de Saint-Honoré (1505-1506), 113; (1536), 203, 228.
Morennes (Maître Pierre de), prêtre (1536), 260.
Morguenval (Marie de), religieuse de l'Hôtel-Dieu (1416), 24; (1429), 65.
Morhier (Simon), ancien prévôt de Paris (1478), 80.
Morice (Jehan) (1505-1506), 110.
Morille (Jehan), huchier, 51.
Morillon (Jehan) (1416), 47.
Morillon (Robert), chirurgien (1498-1499), 90.
Morillon (Roger), 19.
Morin (Alips) (1417), 48.
Morin (Germain) (1536), 261.
Morin (Jacques) (1505-1506), 124.
Morin (Jehan), trésorier du roi Charles IX (1569), 334.
Morin (Marie), chancelière de l'Hôpital (1579), 362.
Morin (Pierre) (1584), 198.
Morin (René), marchand drapier à Angers (1573), 343.
Morin (Simon) (1417), 48.
Morin (Thomas) (1536), 231.
Morise (Maître Simon), procureur au Parlement (1536), 231.
Morise (Yvonnet) (1416), 25.
Morisse (Jehan) (1417), 49.
Morisse (Toussaint) (1417), 49.
Morjau (Mathurin) (1536), 256.
Mornay (Guillaume de) (1496-1497), 89.
Moru (Catherine de) (1567), 329.
Moru (Geuffroy de), écuyer (1567), 329.
Morvent (André) (1536), 238, 256.
Morvilliers (Maître Philippe de) (1444), 69.
Morvilliers (De) (1575), 349.
Morvilliers (Jehan de), membre du Conseil privé (1578), 356.
Morvilliers (Pierre de) (1478), 78.
Mory (Ysabeau de), dame de Herouville (1418), 55.
Mosle (Étienne) (1536), 222.
Mosle (Jehan), tavernier (1505-1506), 104.
Mosle (Thenot) (1505-1506), 104.
Mosnier (Nicolas) (1536), 234.
Mouchault (Maître Mesnard), curé de Saint-Landry (1536), 203.
Mouchet (Guillot) (1416), 35.
Moucy (Pierre de), drapier (1506-1507), 131.

Mouffault (Guyot) (1536), 217.
Moulinet (Maître Guillaume), procureur en la Chambre des comptes (1505-1506), 101.
Moulins (Philippe de), évêque de Noyon (1416), 25; (1417), 49.
Moulins (Regnant de), chanoine de Chartres (1416), 25.
Mousseau (Hector de) (1580), 364.
Moussy (Jehan de) (1416), 37.
Moussy (Jehan), gouverneur de l'Hôtel-Dieu (1544), 278.
Moustiers (Maître Pierre de) (1505-1506), 112.
Mouthart (Bernart), prêtre (1505-1506), 101.
Moygnac (Maître Jehan), prêtre (1505-1506), 103.
Moyne (Félix), maître tombier à Paris (1568), 333.
Mulart (Maître Gilles), procureur au Parlement (1536), 231.
Mullot (Denisol) (1479), 81.
Murgont (Jehan) (1416), 22.
Musnier (Audry) (1505-1506), 97.
Musnier (Guillaume), drapier (1536), 222.
Musnier (Jehan) (1505-1506), 105.
Musnier (Martin), procureur en cour d'église (1566), 325.
Musnier (Nicaise) (1418), 55.
Musnier (Pierre), sergent à verge (1478), 79; (1536), 237.
Musnier (Maître Ponce), praticien en cour d'église (1536), 230.
Musnier (Sire Prevost) (1573), 343.
Mutel (Germain), barbier (1505-1506), 98.
Myete (Jehan), drapier (1505-1506), 111; (1536), 227.
Myette (Pierre), élu de Paris (1536), 235.
Mygnot (Guillaume) (1536), 214.
Mygourdin (Antoine) (1553), 296.
Myllon (Gervais), pénitencier de l'église de Paris (1569), 336.
Mynard (Girard) (1536), 248.
Mynart (Antoine) (1536), 212.
Mynguet (Jehan) (1536), 239.
Mynguet (Pierre) (1536), 239.
Mynguet (Robert) (1505-1506), 108.
Mynguet (Geoffroy) (1536), 208.
Myrecourt (Thierry) (1505-1506), 108.
Mytel (Germain) (1505-1506), 105.

## N

Naclier (Antoine), maître de l'Hôtel-Dieu (1506-1507), 134.
Nalot (Catherine) (1566), 325.
Nangis (Jehan de) (1364), 1; (1370), 7.
Nanterre (Christophe de), président au Parlement (1516), 152.
Nanterre (Jehan de), procureur général au Parlement (1502-1503), 92; (1505-1506), 100.
Nanterre (Ragonde de) (1516), 152.
Nantouillet (De), prévôt de Paris (Ant. Duprat) (1548), 285.
Narbonne (Cardinal de) (1516), 153.
Nau (Michellet) (1536), 256.

Nautel (Adam de) (1505-1506), 106.
Navarre (Clément), maçon (1416), 44.
Navarre (Pierre de) (1478), 79.
Navarre (Reine de), Marguerite de Valois (1541), 273.
Naveret (Michel) (1536), 236.
Naverre (Pierre), marchand de vins (1566), 305.

Naydes (Jehan) (1536), 218.
Neauville (Demoiselle de) (1416), 25.
Neauville (Jehan de), drapier (1417), 48.
Neelz (Guillaume de), notaire au Châtelet (1558), 305.
Nelle (Guy de), prêtre (1417), 49.
Nemours (Duc de) (1536), 250.
Nepveu (Antoine) (1536), 247.
Nepveu (Guillemette) (1418), 53.
Nepveu (Perrin) (1418), 53.
Neret (Jehan) (1536), 235.
Nesle (Bernard) (1536), 229.
Nesle (Herpin de) (1384), 11.
Nesle (Madame de) (1384), 11.
Nest (Simon de) (1520), 169.
Neufville (Catherine de) (1517), 157.
Neufville (David de) (1478), 77.
Neufville (Maître Guillaume de) (1505-1506), 99; (1536), 205.
Neufville (Hugues de), vendeur de marée (1505-1506), 117.
Neufville (Jehan de) (1534), 198.
Neufville (Marie de) (1478), 80.
Neufville (Marguerite de) (1550), 289.

Neufville (Nicolas de) (1505-1506), 109; (1539), 268; (1554), 298; (1575), 350.
Neufville (Nicole de), secrétaire des commandements du Roy (1517), 156; (1518), 160; (1523), 178.
Neufville (Oudinet de) (1505-1506), 98, 104; (1536), 204.
Neufville (Pierre de) (1418), 54.
Neufville (Robert de) (1505-1506), 111.
Neufville (Simon de), receveur de Paris (1479), 81.
Nicard (Jehan) (1418), 55.
Nicolaï (Émart), président de la Chambre des comptes (1546), 284; (1549), 287.
Nicolaï (Renée), présidente de Boullancourt (1565), 322-323; (1566), 327; (1568), 332; (1569), 334; (1570), 337.
Nicolas (Jehan), 20.
Nicolas (Maître Jehan) (1536), 212, 244.
Nicolas (Pierre) (1417), 50.
Nicolle (Denis de), frère de l'Hôtel-Dieu (1416), 28.
Nicolle (Jehan de) (1416), 21.

Nicou (Jehan) (1536), 245.
Nivelle (Sébastien), libraire juré (1563), 318.
Nivernais (Duc de) (1578), 358.
Noël (Colin) (1536), 235.
Noël (Nicole), maître de l'Hôtel-Dieu (1505-1506), 115.
Noël (Regnaut), marchand de vins à Paris (1556), 302.
Nogerolles (Jehan de) (1566), 327.
Noille (Nicole de) (1429), 64.
Noiret (Michel), trompette juré du Roi (1578), 358.
Norry (Sœur Jehanne) (1581), 367.
Norry (Madeleine), religieuse de l'hôpital Sainte-Anastase (1537), 265.
Nourry (Henri) (1364), 2.
Nouvellet (Benoit), sommelier du Roi (1564), 320.
Nouy (Thierry de) (1505-1506), 107.
Noviant (Maître Étienne de) (1478), 79.
Noyon (Regnaut de), chanoine de Notre-Dame de Paris (1364), 1; (1365), 4.
Nully (Jehan de) (1505-1506), 97.

## O

Obe (Jehan), maçon (1536), 235.
Ogier (Jean), 18.
Ogier (Pierre) (1416), 26.
Olivier (Alexandre) (1580), 365.
Olivier (Chancelière) (1573), 345.
Olivier (François), conseiller au Grand Conseil, chancelier de France (1533), 197; (1560), 311.
Olivier (Guillaume) (1417), 49.
Olivier (Guillaume), procureur au Parlement (1505-1506), 125.
Olivier (Jehan) (1416), 19, 25.
Olivier (Jehan), chanoine de Paris (1533), 197.

Olivier (Jehan), voiturier par eau (1536), 232.
Olivier (Jehanne) (1560), 312.
Olivier (Philippot) (1416), 19, 37.
Oppiche (Guillaume) (1536), 244.
Oraige (Pierre), notaire au Châtelet (1505), 95; (1505-1506), 126.
Orgemont (Philippe d'), chevalier (1416), 32, 33.
Orgemont (Maître Pierre d') (1389), 12.
Orgemont (Pierre d'), chevalier (1500-1501), 91.
Orgemont (P. d'), chanoine de Paris (1428), 63.

Orillac (Dame Françoise d') (1367), 6.
Orléans (Duc d') (1375), 15; (1416), 18, 21, 34, 37, 46; (1445), 71.
Orléans (Duchesse d') (1371), 8; (1393), 12.
Orléans (Catherine d') (1418), 54.
Orville (Maître Raoul d') (1505-1506), 99.
Oudarde (Jehanne), religieuse de l'Hôtel-Dieu (1578), 357; (1581), 367.
Oudart de Couperet (1505-1506), 132.
Oudart de Maueroix ou de Mocreux, changeur et bourgeois de Paris (1446), 74.
Ourre (Jehan) (1418), 54.
Ovo (Robert), fripier (1372), 14.

## P

Pacis (Jean), notaire (1416), 18.
Pacy (Sire Jacques de) (1364), 2, 3.
Pacy (Jehan de) (1365), 4.
Pacy (Pierre de), doyen de l'église de Paris (1416), 38, 43; (1430), 66.
Païen (Jehan) (1418), 55.
Paillart (Guillaume), avocat au Parlement (1536), 219.
Paillart (Philippe), archidiacre de Noyon (1416), 38; (1417), 49; (1418), 53.
Paillet (Étiennette) (1536), 246.
Painecher (Mahiet), boulanger (1505-1506), 111.
Pale (Gillet) (1418), 55.
Palluau, notaire (1569), 336; (1577), 355.
Palluau (Sire Jehan), bourgeois de Paris (1536), 213.

Papegay (Jehan), maître gantier (1566), 324.
Papillon (Jehan), conseiller au Parlement (1522), 176.
Papillon (Nicolas) (1521), 174.
Pannerde (Pierre), chasublier (1418), 54.
Paquelin (Pierre) (1536), 227.
Paradis (Raoul) (1543), 276.
Paraíns (Guillaume) (1534), 284.
Parant (Jehan), procureur à la Chambre des comptes (1506-1507), 129.
Parceval (Maître Antoine), procureur au Châtelet (1536), 211.
Pardieu (Jehan), chanoine de Paris (1559), 309.
Paré (Loys), curé de Louans (1416), 46.
Parent (Georges) (1536), 244.
Parent (Guillaume) (1536), 224.

Parent (Jehan) (1536), 220.
Parent (Pierre) (1478), 80.
Parent (Roch), prêtre (1543), 277.
Parenti (Enguerrand de), médecin de l'Hôtel-Dieu (1445), 72; (1505-1506), 97, 99, 112; (1536), 202.
Parfaict (Jehan), drapier (1505-1506), 98, 105; (1536), 217.
Parfaict (Marguerite) (1573), 343.
Parigny (Jehan) (1417), 49.
Parin (Raoulin), pelletier (1536), 204, 217, 219.
Paris (Maître Antoine de) (1536), 224.
Paris (Étienne de) (1479), 81.
Paris (Guillaume), archidiacre de Soissons (1549), 287.
Paris (Jacques), boursier (1536), 224.
Paris (Jehan), notaire (1416), 15.

Paris (Martin) (1536), 242.
Parmentier (Pierre), boucher (1559), 309.
Parnes (Barthélemy de), chapelain de l'église de Paris (1416), 26.
Parquin (Jehan) (1566), 326.
Parrin (Jehan), carme (1536), 236.
Parroisse (Andry) (1478), 80; (1505-1506), 110; (1536), 138.
Parseval ou Perseval (Pierre) (1508-1509), 138; (1511-1512), 144.
Pascal (Thomas), conseiller au Parlement (1526), 184; (1531), 193.
Pasqual (Jehan), vendeur de poisson de mer (1416), 27.
Pasquier (Jehan) (1536), 260.
Passac (Jehan de), chanoine de Paris (1416), 26.
Passard (Philippe), capitaine de la ville de Paris (1575), 350.
Passart (Pierre), prêtre, docteur en médecine (1567), 329.
Passart (Pierre), bourgeois de Paris (1576), 352.
Passemer (Jehan) (1364), 2.
Paste (Guillot) (1536), 245.
Pastoureau (Jacqueline) (1536), 244.
Pate (Robert) (1364), 1.
Pathier (Thibault) (1505-1506), 98, 103; (1536), 211, 212, 236.
Patier (Pierre), cordonnier (1505-1506), 100; (1536), 211, 212.
Patin (Jehan), peintre (1516), 154.
Patouillet (Maître Antoine) (1536), 228.
Patriarche (Jean), 17.
Patrice (Pierre), sergent au Châtelet (1536), 211.
Patrouillart (Claude), orfèvre (1536), 223; (1576), 352.
Patrouillart (Nicolas), tondeur de draps (1505-1506), 109; (1536), 210.
Patrourest (Pierre) (1416), 25.
Pauceron (Jehan) (1505-1506), 112.
Paucher (Maître Jehan), maître d'école (1505-1506), 105.
Paullestrac, capitaine de château fort (1430), 66.
Paulmier (Maître Guillaume) (1505-1506), 115.
Paulmier (Jehan), potier d'étain (1505-1506), 103; (1536), 218.
Paulmier (Loys), chanoine de Paris (1536), 210.
Paulmier (Robert) (1505-1506), 116.
Paulmier (Robin), potier d'étain (1505-1506), 102, 211.
Paulmyer (Nicolas), gouverneur de l'Hôtel-Dieu (1571), 340.
Paumier (Guillaume), prêtre (1476), 75.
Paumier (Pierre) (1366), 5.
Pautin (Mahiet) (1418), 52.
Pavillon (Guillemin), maître couturier à l'Hôtel-Dieu (1416), 44.
Payen (Antoine), maître tapissier à Paris (1562), 316.

Payen (Guillaume), orfèvre à Paris (1579), 360.
Payen (Jehan) (1505-1506), 113; (1536), 256.
Payen (Michel) (1505-1506), 113; (1566), 325.
Péan (Michel), chanoine de Meaux (1501-1502), 92.
Peigne (Nicole), religieux Augustin (1505-1506), 112.
Pelé (Guillaume), chaussetier (1478), 77; (1536), 215.
Pelé (Jehan) (1536), 235.
Pelerin (Aymery), pelletier (1505-1506), 98, 100; (1536), 208.
Pelet (Jehan) (1478), 80.
Pellerin (Aymery) (1505-1506), 120.
Pelletier (Aymery) (1536), 204.
Pelletier (Mathurin) (1505-1506), 108.
Pendebon (Denis), couturier (1505-1506), 103.
Pennechier (Mahiet), boulanger (1536), 227.
Pensart (Jehan), poissonnier d'eau douce (1505-1506), 98; (1536), 204, 213.
Perceval (Jehan) (1536), 215.
Perdijon (Jehan) (1536), 246.
Perdreau (Robert) (1513-1514), 148.
Perdrian (Pierre) (1513-1514), 148.
Perdriau (Jehan) (1478), 80.
Perdriel (Christophe) (1536), 238.
Perdriel (Guillaume) (1418), 54.
Perdriel (Guillaume), changeur (1505-1506), 108.
Perdriel (Guillaume), apothicaire (1536), 208.
Perdriel (Nicolas), épicier (1505-1506), 100; (1536), 208.
Père-Dieu (Jehan) (1416), 19.
Périer (Adam) (1536), 214.
Périer (Guillaume) (1536), 216.
Perier (Jullien), chanoine de Saint-Germain-l'Auxerrois (1573), 343.
Perieres (Guillaume) (1505-1506), 120.
Périn (Maître André) (1536), 250.
Perlin (Guillaume), tondeur de draps (1478), 78.
Pernet (Nicole) (1536), 220.
Pernet (Pierre) (1536), 220.
Perodeau (Colin) (1536), 238.
Peron (Ysabeau) (1536), 271.
Peronne (Jehan de) (1416), 38.
Peroton (Pierre), drapier (1505-1506), 98; (1536), 205.
Perou (Ysabeau), religieuse de l'Hôtel-Dieu (1536), 259.
Perrault (Barthélemy), notaire (1513), 148.
Perrault (Colin) (1536), 243.
Perreau (Denis), curé de Saint-Hyppolite (1574), 347.
Perret (Denis) (1364), 4.
Perret (Jehan), hôtelier (1552), 295.
Perrichard (Germain) (1536), 239.
Perrichard (Jacquet) (1536), 239.

Perrichon (Nicolas), vendeur de bétail à Paris (1508-1509), 140.
Perrin (Adeline) (1367), 5.
Perrin (Pierre) (1536), 215.
Perrot (Nicolas), gouverneur de l'Hôtel-Dieu (1556), 301; (1565), 323.
Perrotin (Jehan), prêtre (1417), 49.
Perut (Jehan) (1416), 44.
Peschart (Denys), pannetier de l'Hôtel-Dieu (1505-1506), 115, 128.
Peschart (Jehan) (1416), 30; (1505-1506), 124.
Pescherel (Denis) (1370), 7.
Pesier (Jean) (1536), 261.
Pesquet (Denis), notaire, gouverneur de l'Hôtel-Dieu (1512), 144; (1527), 186.
Petit (Colin), 18.
Petit (Étienne), maître en la Chambre des comptes (1525), 182.
Petit (Gauthier) (1418), 54.
Petit (Jacques), barbier chirurgien (1525), 183.
Petit (Jehan), maître de l'Hôtel-Dieu (1417), 48; (1418), 52; (1533), 196; (1535), 200; (1536), 261; (1553), 296.
Petit (Loys) (1561), 314.
Petit (Macé) (1566), 327.
Petit (Mahiet), tanneur (1536), 245.
Petit (Marie) (1566), 325.
Petit (Nicolas), chaudronnier (1516), 154; (1536), 227.
Petit (Perrot) (1364), 3.
Petit (Pierre) (1446), 74.
Petit (Pierre), pannetier de l'Hôtel-Dieu (1576), 353; (1580), 365.
Petit (René), procureur en Parlement (1577), 354.
Petit-Bon (Jehan), marchand de chevaux (1505-1506), 126.
Pèze (Pierre) (1505-1506), 116.
Philbert (François) (1536), 211.
Philippart (Jehan) (1418), 54.
Philippe (Jacques), fripier (1536), 224.
Philippe (Jehan), maître des œuvres de charpenterie (1536), 215; (1544), 279.
Philippe (Jehanne) (1416), 25.
Philippe III le Hardi, 236.
Picart (Étienne) (1536), 214.
Picart (Jehan), chanoine de Paris (1479), 81; (1485-1486), 85; (1505-1506), 100.
Picart (Jehan), pelletier (1505-1506), 108.
Picart (Jehan), notaire (1508-1509), 140.
Picart (Jehan) (1536), 225.
Picart (Nicolas), sergent à cheval (1547), 284; (1551), 293.
Pice (Julien), marchand tombier (1520), 170.
Pichard (Pierre) (1566), 325.
Pichon le Jeune (Maître Pierre), notaire au Châtelet (1536), 218.
Pichore (Jehan), historien et bourgeois de Paris (1520), 165.
Pichot (Jacques), orfèvre (1536), 214.

## TABLE DES NOMS DE PERSONNES.

Pichouera (Pierre) (1505-1506), 99.
Piconnet (Michel) (1536), 261.
Picot (Dame Claude) (1538), 266.
Picot (Maître Jehan) (1536), 220.
Picot (Loys) (1501-1502), 92.
Picot (Madeleine) (1574), 347.
Picquart (Maître Jehan) (1445), 71.
Picquart (Nicolas), sergent à cheval (1566), 325.
Picquet (Jaquet) (1418), 54.
Picquet (Jehan) (1536), 209.
Pidoué (Thomas) (1416), 35.
Piedefer (Jacques), avocat au Parlement, seigneur de Saint-Marc (1505-1506), 105; (1536), 215; (1543), 276.
Piedefer (Maître Robert), avocat au Châtelet (1517), 155.
Piel (Jehan) (1416), 21.
Pienouel (Maître Robert), organiste de l'Hôtel-Dieu (1516), 155.
Pierrart (Jehan) (1521), 175.
Pierre (Denis), courtepointier (1536), 209.
Pierre (Maître), maître du collège de Cornouailles (1516), 152.
Pierres (Marie) (1577), 354.
Pierre-Vive (Simon de), aumônier du Roi (1569), 334.
Pietrequin (Étienne) (1536), 238.
Pihard (Maître Jehan), proviseur du collège de Navarre (1578), 357.
Pillart (Driette), 18.
Pillart (Raoulet) (1478), 79; (1536), 219.
Pillart (Simon), 18.
Pillemy (Guillaume), sergent royal (1523), 179.
Pillois (Maître Jehan) (1536), 218.
Pillon (Audry) (1566), 124.
Pilloys (Eustache) (1580), 363.
Pilot (Hugues) (1417), 49.
Pilot (Jehan) (1418), 55.
Pinard (Maître Guy), maître en la Chambre des comptes (1580), 363.
Pinard (Marie) (1577), 354.
Pinard (Pierre), maître des comptes (1577), 354.
Pinart (Guillaume), chandelier de suif (1536), 218.
Pinault (Étienne), sergent à verge (1536), 209.
Pinault (Guillaume) (1536), 244.
Pinceclon (Jean) (1364), 2.
Pinceverre (Thomas) (1535), 199.
Pinchon (Isaac), couturier (1536), 229, 253.
Pinel (Guillaume), sergent à cheval (1571), 340.
Pinel (Jacques), gouverneur de l'Hôtel-Dieu (1536), 232; (1544), 278.
Pinet (Denis) (1505-1506), 107.
Pinguet (Mathurin) (1558), 307.
Pinot (Jehan), notaire (1505-1506), 101, 102; (1536), 209.
Pinoteau (Guillemin) (1418), 55.
Pinte (Jehan) (1428), 62.

Piquery (Pierre) (1416), 21.
Piquet (Jean) (1368), 6.
Piquetonne (Jehanne) (1416), 25.
Pirouette (Nicolas) (1416), 15.
Pise (Pierre de) (1378), 10.
Pitouye (Nicolas) (1478), 77.
Pitrat (Maître Jehan) (1578), 357.
Pizdoe (Agnès) (1378), 14.
Plailly (Simon de), écuyer (1416), 37.
Plainval (M<sup>me</sup> de) (1580), 364.
Plaisance (Marguerite de) (1424), 58.
Planche (Henri), marchand bourgeois de Paris (1511-1512), 143.
Plancy (Étienne de), voiturier par eau (1536), 282; (1566), 326.
Plancy (Maître Nicole), procureur en la Chambre des comptes (1536), 223.
Plantin (Jacques), procureur en cour d'église (1566), 324.
Plantin (Nicole), praticien en cour d'église (1536), 230.
Plassin (Guyot) (1505-1506), 111.
Platin (Claude) (1536), 226.
Pleau (Lois) (1536), 244.
Pleneuse (Madeleine) (1537), 264.
Pleuré (Nicolas de) (1560), 313.
Pleure (Remy de), bourgeois de Paris (1563), 318.
Pleures (Pierre de) (1580), 364.
Plouce (De), chevalier de l'ordre du Roi (1575), 349.
Plumart (D<sup>lle</sup> Jehanne) (1505-1506), 114.
Plumeteau (Maître Guillaume) (1445), 72.
Poart (Guillaume), conseiller du Roi (1574), 347.
Poart (Maître Nicole) (1536), 229.
Pocquelin (Jehan), marchand à Beauvais (1558), 306.
Pocnlot (Claude), bedeau de la Faculté de décret (1505-1506), 102.
Poictevin (Regnault) (1505-1506), 103.
Poignant (Maître Pierre), maître des requêtes de l'Hôtel (1487-1488), 85.
Poignant (Radegonde) (1501-1502), 92.
Poignart (Thibault) (1505-1506), 108; (1536), 222.
Poileuc (Jaquet) (1418), 55.
Poilou (Jehan) (1566), 326.
Poinbœuf (Huguelin) (1370), 7.
Poinçon (Jehan) (1505-1506), 124.
Poinçot (Maître Guillaume), chanoine du Sépulcre (1478), 77; (1536), 203.
Poingnant (Pierre) (1418), 53.
Poireau (Gilles) (1446), 74.
Poireau (Louis), tailleur de pierres (1520), 167.
Poiret (Marguerite) (1536), 261.
Poiret (Pierre) (1536), 261.
Poissy (Jehan de) (1418), 53; (1478), 78.
Poivre (François) (1536), 250.
Poix (Bernard de), voiturier d'eau (1416), 42.
Polin (Jaquet) (1416), 32, 43.
Polin (Jehannin) (1416), 32, 43.

Pomard (Nicolas), marchand à Beauvais (1578), 356.
Pommereu (Jehan), maître des comptes à Paris (1520), 170; (1536), 236.
Pommier (Maître Guillaume) (1505-1506), 112.
Pompon (Catherine) (1530), 192.
Pomponne (D<sup>lle</sup> de) (1536), 260.
Ponce (Fabien), avocat au Parlement (1520), 169; (1524), 181.
Poucet (Jehan) (1536), 244-245.
Poncher (Loys), seigneur de Maincy, trésorier de France (1508-1509), 137; (1521), 174.
Poncin (Thévenin) (1370), 7.
Ponet (Guillaume), maître du pont de Paris (1374), 9.
Pongelle (Marguerite) (1418), 56.
Pons (Robert de) (1364), 2.
Ponthriant (Loys de) (1539), 268.
Popillon (Nicolas), seigneur du Riau (1524), 181.
Popincourt (Damoiselle de) (1505-1506), 106.
Porcher (Olivier) (1505-1506), 107.
Porchet (Gilles), procureur au Châtelet (1478), 79; (1536), 216.
Porchet (Jehan), marchand et bourgeois de Paris (1536), 234.
Porchet (Thibault) (1505-1506), 110.
Porchier (Maître Étienne) (1478), 78.
Poroier (Mathurin de) (1537), 263.
Porret (Denis), marchand de draps de soie (1536), 215.
Portechef (Nicolas) (1505-1506), 109.
Porte-Clef (Nicolas) (1536), 223.
Poschet (Augustin) (1418), 55.
Postel (Jehan) (1506-1507), 132.
Pot (Nicolas), boucher (1536), 228.
Potance (Comte de) (1385), 11.
Poterne (Jehan), changeur (1505-1506), 106-107; (1536), 220.
Poteron (Philippot) (1536), 245.
-Potet (Jehan), seigneur de Dampierre (1578), 357.
Potiau (Perrin) (1418), 53.
Potier (Maître André) (1536), 250.
Potier (Colin) (1478), 80.
Potier (Étienne) (1364), 2.
Potier (Jacques), rôtisseur (1478), 77; (1505-1506), 102.
Potier (Marie) (1536), 225.
Potier (Nicolas), bourgeois de Paris (1478), 80; (1505-1506), 107; (1536), 219, 222, 225.
Potin (Maître Jehan) (1478), 79; (1536), 235.
Pouard (Antoine) (1576), 352.
Pouart (Maître Nicole), avocat au Châtelet (1505-1506), 97, 120; (1536), 203.
Poucet (Charles), avocat au Châtelet (1508-1509), 135.
Poucin (Remon) (1418), 55.
Poulain (Jacques) (1505-1506), 111; (1536), 226.

# TABLE DES NOMS DE PERSONNES.

Poulain (Jehan) (1505-1506), 127; (1536), 244.
Poulain (Pierre) (1536), 213.
Poullain (Jehan) (1505-1506), 124.
Poullain (Suzanne) (1520), 173.
Poullas (Pierre) (1505-1506), 106.
Poullin (Jehan), marchand bourgeois de Paris (1578), 357.
Poullin (Pierre) (1573), 343.
Poussepin (Maître Guillaume), audiencier du Roi au Châtelet (1537), 265.
Poyet (Maître Jehan), avocat au Parlement (1524), 181.
Poyvrier (Antoine) (1505-1506), 125.
Pradines (Alpin de), écuyer (1578), 358; (1579), 361.
Preaulx (Pierre) (1536), 242.
Preaux (Jehan), maître tonnelier (1566), 325.
Pregent (Yvonnet) (1416), 19.
Premery (Raymond) (1479), 81.
Prentout (Jehannot) (1536), 236.

Prentout (Regnault), charpentier (1416), 19.
Presles (Jehan de), horloger (1536), 230, 259.
Pressot (Olivier) (1505-1506), 123.
Prestre (Nicole), meunier (1370), 7.
Preudhomme (Étienne) (1418), 54; (1478), 77.
Preudhomme (Maître Guillaume), conseiller du Roi (1532), 195.
Preudhomme (Jacques) (1430), 66.
Preudhomme (Marguerite) (1418), 54.
Preudhomme (Maître Pierre), conseiller au Parlement (1536), 207, 229, 252.
Preudhomme (Simon) (1505-1506), 107; (1536), 221.
Preulot (Claude) (1536), 210.
Prevost (Colin) (1536), 239.
Prevost (Denis) (1536), 242.
Prevost (Étienne) (1536), 239.
Prevost (Guillaume) (1418), 54.
Prevost (Jehan), marchand mercier à Paris (1500-1501), 91; (1505-1506), 110.

Prevost (Jehan), trésorier de l'extraordinaire des guerres (1522), 176.
Prevost (Maître Jehan), conseiller au Parlement (1536), 216, 218, 219, 239.
Prevost (Léonard) (1505-1506), 125.
Prevost (Ouyn) (1418), 54.
Prevostz (Jehan) (1566), 326.
Prevostz (Nicolas), président de la Chambre des enquêtes (1570), 337.
Prime (Mery de) (1563), 318.
Prise (Pierre), tombier à Paris (1523), 179.
Pruilly (Abbé de) (1505-1506), 105.
Prune (Jehan), charron (1536), 259.
Prunier (Gilles) (1505-1506), 109.
Puiseaux (Jeanne de) (1377), 10, 15.
Puiseles (Philippot de), sergent à cheval (1416), 42.
Purecte (Nicolas) (1478), 78.
Pussy (Jehan de) (1418), 55.
Pymont (Frère Nicole de), maître de l'Hôtel-Dieu (1542), 275.

## Q

Quantin (Michel), écuyer (1445), 71.
Quarre (Jehan) (1417), 49; (1418), 55.
Quartier (Étienne), apothicaire (1566), 326.
Quatre-Barbes (Ysabeau) (1445), 71.
Quatrelivres (Simon) (1505-1506), 104.
Quelubier (Nicolas), couturier (1536), 204.
Quentin (Bertran) (1478), 78.

Quentin (Jean), proviseur de l'Hôtel-Dieu (1485-1486), 84.
Quentin (Maître Jehan), pénitencier de l'église de Paris (1536), 213.
Quentin (Simon) (1536), 238.
Quercu (M. de) (1535), 200; (1536), 251.
Quesnot (Jehan) (1416), 25.
Quevis (Jehan), marchand de draps de soie (1536), 232.

Quillay (Pierre) (1536), 217.
Quillay (Robin), drapier (1536), 217.
Quillet (Gatien) (1505-1506), 114.
Quillevaire (Yvon), libraire (1536), 231.
Quillier (Jehan) (1416), 25.
Quinault (Pierre), huissier de la Chambre des comptes (1566), 325.
Quinette (Dominique) (1505-1506), 119; (1508-1509), 135.

## R

Rabache (Pierre) (1536), 212.
Rabassin (Pierre) (1536), 217.
Rabateau (Maître Jehan) (1505-1506), 103.
Rabiolle (Guillaume) (1365), 4.
Rabodanges (Claude de), chevalier (1497-1498), 90.
Raby (Jehan), chanoine du Sépulcre (1505-1506), 115.
Race ou Rasse des Noues, chirurgien du Roi (1554), 297.
Racquet (Charles de) (1578), 358.
Raequier (Charles de), seigneur de Cussy (1579), 361.
Ragouille (Guillaume) (1416), 20.
Ragueneau (Jacques) (1522), 176.
Raguier (Dame Loyse) (1532), 196.
Raguier (Raymond) (1417), 49.
Raimbault (Arnoul) (1478), 77.
Rainbault (Robin) (1505-1506), 109.
Raines (Jehan de) (1446), 74.
Rains (Jehan de) (1418), 54.
Raison (Jehan) (1418), 55.
Ralin (Jehan) (1508-1509), 140.
Ralle (Jehan) (1505-1506), 116.

Rambault (Geoffroy), boucher (1505-1506), 98; (1536), 204.
Rambault (Hervé), barbier (1505-1506), 113; (1521), 175; (1536), 202, 228.
Rambouillet (Madame de) (1543), 277.
Rambouillet (Marquis de) (1530), 192.
Rambourt (Philippe de), écuyer (1579), 361.
Rame (Jehan) (1418), 54.
Randan (Dame de) (1570), 337.
Raoul (Maître Guy) (1418), 53; (1505-1506), 98.
Raoule, prieure de l'Hôtel-Dieu (1364), 4.
Raoulin (Jehan) (1418), 55.
Raoulin (Pierre), notaire du chapitre de Paris (1505-1506), 113; (1536), 202, 228, 251.
Raoulland (Jehan), chaussetier (1536), 232.
Raouville (Charles de), notaire au Châtelet (1536), 225.
Raphayau (Pierre) (1505-1506), 124.
Rapine (Jehan) (1505-1506), 122.
Rapine (Nicolas) (1416), 26.
Rapiot (Maître Jehan) (1478), 78.

Rapioust (Maître Hugues) (1505-1506), 110.
Rapoil (Bastien), bourgeois de Paris (1511-1512), 143.
Raquet (Maître Jehan) (1505), 96.
Rasse (Antoinette de) (1560), 311.
Rasse ou Raisse (De), seigneur de la Hargerie (1558), 305.
Rassinel (Pierre) (1416), 21.
Rastron (Guillaume) (1536), 256.
Rateaux (Gieffroy) (1416), 25.
Raulin (Nicolas), avocat au Parlement (1416), 42.
Raullen (Pierre), secrétaire de la reine d'Écosse (1575), 349.
Ravary (Maître Jehan), prêtre (1505-1506), 115, 126.
Ravillon (Antoine) (1580), 364.
Raye (Jaquet de) (1505-1506), 106.
Raymond (Philippe), drapier (1505-1506), 115.
Rebours, seigneur de Plailly (1544), 280.
Refuge (Maître Pierre de), président des enquêtes (1515), 150.
Refuge, chanoine de Paris (1495-1496), 89.

# TABLE DES NOMS DE PERSONNES.

Regnard (Florentin), conseiller au Parlement (1565), 323.
Regnard (Geneviève) (1579), 360.
Regnard (Germain) (1536), 239.
Regnard (Lois) (1536), 239.
Regnard (Simon) (1536), 242.
Regnard, greffier du chapitre de Paris (1559), 309.
Regnart (Michaut) (1446), 73.
Regnart (Thomas) (1416), 25.
Regnauld (Augustin), bonnetier (1536), 203, 208.
Regnauld (Jacques) (1536), 241.
Regnault (Maître Germain) (1536), 211.
Regnault (Jean) (1370), 7.
Regnault (Julien) (1520), 168.
Regnault (Michel) (1520), 167.
Regnault (Pierre) (1443), 69.
Regnault (Pierre) (1536), 260; (1537), 264.
Regnault (Raulin) (1416), 42.
Regnault (Simon) (1505-1506), 97, 99, 119; (1536), 202.
Regnault, chapelain de M. de la Rivière (1374), 9.
Regnier (Jehan), corroyeur (1508-1509), 140; (1536), 258.
Regnoult (Germain) (1536), 233, 256.
Relait (Madame de) (1416), 36.
Relat (D<sup>lle</sup> de) (1416), 53.
Remon (Jean), maître des monnaies du Roi (1418), 53.
Remon, premier président du Parlement de Rouen (1554), 299.
Remy (Pasquette), sage-femme à l'Hôtel-Dieu (1564), 322.
Renart (Jehan) (1364), 1.
Rencourt (Guérin de) (1478), 77; (1536), 210.
Rengeur (Charlot) (1536), 234.
Rengeur (Jehan) (1536), 235.
Renne (Jehanne) (1418), 55.
Renoud (Pierre), prêtre (1418), 53.
Renty (Thomas de), écuyer (1416), 24.
Reollant (Jehan) (1539), 268.
Repichon (Martin), receveur de Paris (1580), 364.
Responde *alias* Raponde (Digne) (1416), 31; (1429), 63.
Restout (Gillot) (1505-1506), 111.
Rétif (Jehan) (1505-1506), 225.
Retor (Gillet), maçon (1536), 231.
Revelai (Jehan) (1508-1509), 140.
Reversey (Urbain), régent au collège d'Harcourt (1532), 196.
Revet (Pierre), peintre (1543), 277.
Revèze (Claude) (1556), 303.
Rient (Jacques) (1505-1506), 98; (1536), 204.
Riant (Jehan) (1416), 22.
Riant (Pillet), boucher (1505-1506), 101.
Riant (Regnaut), boucher (1505-1506), 98; (1536), 204.
Ribault (Geoffroy) (1505-1506), 113.

Ribarolles..., maître de la Monnaie de Paris (1560), 313.
Ribier (Guillaume), gouverneur de l'Hôtel-Dieu, seigneur de Villebrosse (1534), 197; (1536), 247, 266.
Ribier (Jehan), trésorier de la vénerie du Roi (1522), 176.
Riboleau (Jehan) (1536), 222.
Riboult (Guillaume), prêtre, dépensier de l'Hôtel-Dieu (1536), 249, 257, 260.
Richard (Maître Étienne), procureur au Parlement (1536), 222.
Richard (Guillaume) (1536), 242.
Richard (Hugues) (1536), 260.
Richard (Jehan), sergent à verge (1577), 354.
Richard (Pierre) (1536), 243.
Richard (Thibault) (1536), 241.
Richart (Henri) (1418), 53.
Richemont (Comte de), connétable de France (1445), 71.
Richemont (Madame de) (1445), 71.
Richer (Jacques), pâtissier (1505-1506), 107.
Richer (Pierre) (1505-1506), 107.
Richevillain (Jehan), chantre de l'église de Paris (1559), 309.
Richevillain (Pierre) (1536), 209.
Richier (Guillaume) (1536), 258.
Richier (Jehan) (1536), 215, 228.
Richier (Olivier) (1536), 215.
Richier (Sandrin) (1364), 2.
Ridart (Guillaume) (1505-1506), 127.
Rieux (Jehan de), maître couturier (1536), 227.
Rieux (Oudart de) (1566), 325.
Riex (Nicolas des) (1364), 2.
Rigollet (Maître Jehan) (1536), 219.
Riou (Jehan), relieur (1418), 53, 54.
Riou (Simonnet) (1536), 237.
Rioust (François), marchand pelletier (1536), 212.
Rioust (Thomas) (1505-1506), 109.
Riquier (Jehan) (1505-1506), 116; (1508-1509), 140.
Rivelays ou Riveloys (Jehan) (1505-1506), 116; (1536), 250; (1538), 266.
Riveron (Maître Jehan) (1564), 321.
Rivière (Marie) (1577), 354.
Riviers (Jehan de), notaire (1506-1507), 133.
Robert (Antoine), greffier criminel du Parlement (1505-1506), 115; (1522), 176.
Robert (Florimond), trésorier de France (1527), 186.
Robert (Guillaume), fripier (1505-1506), 106.
Robert (Jehan), 39.
Robert (Marie), sage-femme de l'Hôtel-Dieu (1543), 277.
Robert (Nicolas) (1536), 214.
Robertet, évêque d'Alby (1523), 178.
Robertsat (Louis), chevalier, chambellan du Roi (1430), 66.

Robillard (Nicolas), procureur au Grand Conseil (1577), 354.
Robin (François), archer de la garde du Roi (1560), 312.
Robin (Geoffroy) (1505-1506), 106.
Robin (Pierre) (1505-1506), 109.
Robineau (Ancelot) (1505-1506), 101; (1536), 209, 214.
Robineau (Jehan), trésorier de France (1506-1507), 132; (1536), 214.
Roch (André) (1577), 354.
Roche (Guy de) (1371), 8.
Roche (Jehan) (1505-1506), 110.
Rochebaron (Geoffroy), échanson ordinaire du Roi (1560), 311.
Rochechouart (Émery de) (1581), 366.
Rochefort (François de), sergent à cheval (1514), 150; (1536), 231, 233, 236.
Roche-Hurion (De la) (1579), 360.
Roches (Robert des) (1536), 210.
Rocquetaillade (Madame de) (1578), 357.
Rodrigues (Pierre) (1476), 75.
Rogaiz (Jehan) (1505-1506), 110; (1536), 225.
Rogemaille (Maître Jehan), prêtre (1536), 230.
Roger (Antoine) (1579), 360.
Roger (Maître Cosme), chirurgien à Paris (1559), 310; (1560), 317.
Roger (Jehan) (1418), 53.
Rogeret (Robin) (1478), 77.
Rogier (François), conseiller au Parlement (1536), 241.
Rogier (Jehan) (1418), 54.
Rogier (Loys), marchand (1505-1506), 107.
Rogier (Damoiselle Marie) (1526), 184.
Roguet (Martin), queux à l'Hôtel-Dieu (1416), 44.
Roignon (Nicolas) (1536), 244.
Roisse (Jehan) (1416), 28.
Romain (Henry) (1418), 54.
Romie (Audry), pâtissier (1536), 223.
Romule (De) (1416), 39.
Rondeau (Tassin) (1536), 238.
Ronsard (Pierre), avocat au Conseil privé... et poète (?) (1563), 321.
Rosay (Alart de) (1364), 1.
Rosay (Germain de) (1417), 48.
Rose (Gille) (1416), 31.
Rose (Jacques) (1416), 26; (1417), 50.
Rose (Simon) (1505-1506), 109.
Rosée (Pierre), docteur en médecine (1506-1507), 133.
Rosette (Enguerran) (1416), 28.
Rosières (Fouques de) (1505-1506), 97.
Rosnel (Hugues), changeur à Paris (1536), 241.
Rossignol (Michel) (1536), 244.
Rossignol (Pasquier), crieur juré (1578), 358.
Rossignol (Pierre) (1508-1509), 140.
Rouart (Jehan), mégissier (1416), 27.
Roucsireau (Macé) (1505-1506), 124.
Roucel (Jehan) (1418), 53.

# TABLE DES NOMS DE PERSONNES.

Rouel (Guillemin) (1418), 55.
Rouen (Maître Jacques de) (1478), 80.
Rouffect (André), libraire et imprimeur (1536), 260; (1545), 281; (1566), 324.
Rouffect (Pierre), libraire (1536), 230.
Roujon (Maître Lucas) (1537), 262.
Roujon, avocat au Parlement (1546), 283.
Roussainville (Pierre de) (1478), 77.
Roussart (Jehan), marchand de Langres, (1545), 282.
Rousseau (Catherine), prieure de l'Hôtel-Dieu (1571), 339.
Rousseau (Guillaume) (1505-1506), 124; (1514), 149.
Rousseau (Jehan), vendeur de poisson de mer (1416), 27.
Rousseau (Jehan), potier de terre (1574), 348.
Rousseau (Marie) (1418), 54.
Rousseau (Martin), chantre et chanoine de la Sainte-Chapelle (1564), 320.
Rousseau (Pierre), huissier de la Chambre des comptes (1418), 54.
Rousseau (Pierre), tonnelier (1505-1506), 107.
Rousseau (Pierre) (1536), 212, 220.
Rousseau (Thomas) (1364), 1; (1370), 7.
Rousseau (Vincent) (1416), 20, 23.
Roussel (Benoît) (1505-1506), 124.

Roussel (Denis), maître orfèvre (1566), 326.
Roussel (Guillaume) (1536), 209.
Roussel (Jean) (1416), 21.
Roussel (Jehan), curé de Saint-Cosme (1417), 49.
Roussel (Julien) (1566), 326.
Roussel (Nicolas) (1505-1506), 108
Roussel (Pierre) (1364), 2.
Roussel (Simon) (1505-1506), 106.
Rousselet (Catherine), prieure de l'Hôtel-Dieu (1576), 352.
Rousselet (François) (1569), 334.
Rousset (Antoine) (1536), 261.
Roussin (Pierre) (1478), 79.
Rouveau (Denis) (1536), 236.
Rouvres (Millet de), tisserand (1536), 235.
Roux (Jacquet) (1536), 237.
Roux (Nicolas) (1505-1506), 112.
Roye (Jacques de) (1478), 78.
Royer (Jehan), hôtelier (1536), 229.
Royer (Macé) (1536), 248.
Royer (Maurice) (1536), 229.
Roze (Jehan) (1505-1506), 118.
Roze (Simon) (1536), 224.
Rubempré (Antoine de) (1536), 222.
Rubentel (Maître Philippe), clerc du greffe civil du Parlement (1520), 170.
Rueil (Jehan de), lieutenant civil (1505-1506), 109, 117.

Rueil (Perrette de) (1418), 52.
Ruel (Catherine de) (1575), 349.
Ruelle (Nicolas), tonnelier (1505-1506), 107.
Ruffe (Hermant) (1417), 48.
Ruffe (Jehanne) (1417), 48.
Rufles (Agnès de) (1417), 48.
Ruilly (Mahieu de) (1417), 50.
Ruilly (Moisse de), chevalier, seigneur de Pont-Ramier (1418), 56.
Ruilly (Philippe de), doyen de Meaux (1417), 50; (1418), 56.
Ruilly (Ytier de) (1418), 56.
Ruinalt (Colin) (1417), 49.
Rully (Loys de), écuyer (1416), 26.
Rully (Morisse de), chevalier (1416), 26.
Rupin (Colin) (1416), 46, 51.
Russin (Lienard) (1416), 28.
Ruyt (Jehan de) (1478), 78.
Ruzé (Maître Jehan), receveur général (1506-1507), 132; (1520), 166.
Ruzé (Marie) (1540), 271.
Ruzé (Martin), conseiller au Parlement (1495-1496), 89.
Ruzé (Michel), proviseur de l'Hôtel-Dieu (1500-1501), 91.
Ryant (Jacques) (1505-1506), 113.
Ryvelois (Jehan) (1508-1509), 140.
Ryveron (De), auditeur des comptes (1551), 292.

## S

Sablon (Guillaume), pelletier (1536), 229.
Sablon (Nicolas) (1536), 229.
Sadet (Jehan) (1416), 22.
Saguière (Robert) (1536), 235.
Saille-en-Bien (Denis), prêtre (1417), 49.
Sainctart (Loys) (1561), 314.
Saint-André (Jacques de) (1580), 363.
Saint-André (Maréchal de) (1564), 321.
Saint-André (Maréchale de) (1564), 321.
Saint-André (Pierre de), conseiller au Parlement (1565), 323.
Saint-André (Raoulet de) (1478), 77.
Saint-Armand (Adam de) (1505-1506), 112.
Saint-Benoît (Alain de) (1364), 3.
Saint-Benoît (Jehan de) (1364), 3.
Saint-Benoît (Ysabeau de) (1364), 3.
Saint-Blaise (Hector de) (1553), 296.
Saint-Cierge (Anne de) (1546), 284.
Saint-de-Lis (Marguerite de) (1417), 49.
Saint-Éloi (1443), 69.
Saint-François (Bernard de), conseiller au Parlement (1566), 325.
Saint-George (Perrette de) (1418), 55.
Saint-Germain (Étienne de) (1478), 77; (1505-1506), 101.
Saint-Germain (Jehan de), procureur général (1496-1497), 89.
Saint-Germain (Jehan de) (1562), 316.
Saint-Germain (Maître Philippe de) (1430), 67.

Saint-Germain (Robert de) (1562), 316.
Saint-Germain (De), vicaire général de l'évêché de Coutances (1546), 284.
Saint-Homme, marchand bourgeois de Paris (1488-1489), 85.
Saint-Jean-Baptiste, patron de l'Hôtel-Dieu (1428), 62.
Saint-Josse (Guillaume de) (1379), 10.
Saint-Jullien (Pierre de) (1553), 306.
Saint-Leu (Marguerite de) (1577), 354.
Saint-Lô (L'abbé de) (1505-1506), 116.
Saint-Martin (Colin de) (1505-1506), 106.
Saint-Martin (Jehanne de), religieuse de l'Hôtel-Dieu (1429), 65.
Saint-Michel (D<sup>lle</sup> de) (1541), 273.
Saint-Pol (Comte de) (1505-1506), 110.
Saint-Rieule (Seigneur de) (1417), 57.
Saint-Simon (Gilbert de) (1505-1506), 105.
Saint-Victor (M<sup>me</sup> de) (1573), 345; (1578), 356.
Saint-Yon (Jean de) (1385), 11.
Sainte-Beuve (Marie de) (1578), 357.
Sainte-More (Étoz), chevalier (1418), 53.
Salart (Cathelin), procureur au Parlement (1536), 221.
Salemon (Jehan) (1364), 4.
Salesart (Charles de) (1536), 219.
Salgues (Pierre de), prêtre (1416), 46.
Saligot (Michel), scribe de l'Université de Paris (1506-1507), 132.

Salisbury (Comte de), général anglais (1426), 58.
Salle (Nicole), sage-femme de l'Hôtel-Dieu (1559), 310.
Salmin (Michel), charpentier (1520), 168.
Salmon (Jehan) (1446), 74; (1536), 256.
Salmon (Michel) (1536), 222.
Salmon (Millet) (1505-1506), 111.
Salmon (Pierre) (1505-1506), 115; (1536), 223, 247, 256.
Salmon (Simon) (1505-1506), 108.
Salviati (Albert), banquier et marchand florentin (1522), 178.
Samblançay (De) (1540), 271.
Samery (Jehan), principal du collège de Navarre (1560), 313.
Samery (Nicolas) (1560), 313.
Samoix (Colette de) (1417), 49.
Sancigny (Jean de), 18.
Sandre (Jehan) (1536), 222.
Sandrin (Jehan) (1536), 222.
Sang d'Oie (Jacquet), 17.
Sanglier (Guillaume) (1536), 214.
Sanguin (Guillaume) (1424), 58, col. 1 et 2; (1428), 59; (1429), 63; (1478), 79; (1541), 273.
Sanguin (Guillaume et Jean) (1430), 66.
Sanguyn (Maître Guérin), grand doyen d'Avranches (1541), 273; (1565), 323; (1568), 332.

## TABLE DES NOMS DE PERSONNES.

Sansac (De), chevalier de l'ordre du Roi (1568), 332.
Santé (Oudin) (1478), 80.
Sans-Terre (Guillaume), curé du Fay (1416), 26.
Santigny (Jehan de), libraire à Paris (1416), 22.
*Santony (Jules), chevalier de l'ordre du Roi (1573), 343.
Santurion (Charles), chevalier de l'ordre (1572), 342.
Sanville (Jehan de) (1418), 53.
Saquespée (Guillaume), 18.
Saquier (Guillaume) (1416), 20.
Sardini (Loys) (1567), 319.
Sardini (Scipion), marchand à Lyon (1567), 329.
Sargy (Pierre de) (1505-1506), 97; (1536), 203.
Sarrazin (Aignan), procureur au Parlement (1524), 181.
Sarrazin (Jehan) (1364), 4.
Sarrazin (Jehan), prieur des Jacobins de Paris (1429), 64.
Sarrebruche (Messire Aymé de) (1536), 237.
Saucuse (Dame Jehanne) (1526), 184.
Saudiguet (Geoffroy), 17.
Saulay (Maitre Jehan), chanoine de Paris (1516), 153.
Saulier (Denis) (1505-1506), 106.
Saulnier (Durant) (1536), 227.
Saulsoy (Mathieu de) (1536), 232.
Saulsoyes (Loys) (1548), 286.
Sault-en-Bien (Jehanne), religieuse de l'Hôtel-Dieu (1417), 50.
Saulty (Gilles de), peintre (1523), 179.
Sauson (Simonet), 18.
Sautel (Denisot) (1418), 53.
Sauvaige (Benard) (1444), 69; (1536), 242.
Sauvaige (Guillaume) (1505-1506), 110; (1536), 220.
Sauvaige (Noël) (1505-1506), 102.
Sauve (Jehan) (1505-1506), 109.
Sauvoisis (Philippe de), 14.
Sauxon (Girard) (1536), 224.
Savalle (Étienne) (1536), 258.
Savart (Gillet) (1536), 242.
Savart (Guerin) (1505-1506) 105; (1536), 204.
Savart (Jehan) (1536), 227.
Savart (Pernet) (1536), 242.
Savart (Philippe) (1574), 347.
Savart (Simonnet) (1536), 240.
Savary (Jehan) (1536), 242.

Savary (Maître Mathieu) (1478), 78.
Savignac (Claude de) (1512), 145; (1536), 241; (1556), 303.
Savignac (Jehan de), receveur général de l'Hôtel-Dieu (1540), 270; (1556), 303.
Savigny (Nicole de), avocat au Parlement (1429), 63.
Savoie (Bâtard de) (1519), 161.
Savoie (Comte de) (1385), 11.
Savoie (Duc de) (1562), 315.
Savoye (Benoit de) (1416), 24.
Scance (Jehan) (1418), 54.
Sebile (Nicolas) (1418), 55.
Sebille (Jehan) (1416), 24.
Sebilot (Hugues) (1418), 55.
Sédille, prieuré de l'Hôtel-Dieu (1370), 7.
Seguier (Blavot) (1536), 225.
Seguier (Guillaume), épicier et bourgeois de Paris (1525), 182.
Séguier (Louis), conseiller au Parlement (1529), 189.
Séguier (Pierre), président au Parlement (1581), 367.
Séguier (Présidente) (1580), 364; (1581), 367.
Séguin (Pierre), solliciteur des procès de l'Hôtel-Dieu (1505-1506), 114.
Seguin (Messire) (1417), 48.
Seguyer (Anne) (1562), 316.
Seguyer (Blaymos) (1478), 80.
Seguyer (Nicole), receveur des aides à Paris (1520), 173.
Seguyer (Pierre), conseiller à la Cour des comptes (1570), 387.
Sellins (Guillemin de) (1417), 49.
Seneschal (Jehan), éperonnier (1536), 218.
Seneschal (Marguerite) (1532), 196.
Senestre (Maitre Jehan) (1536), 211.
Sengremer (Pierre de) (1364), 2.
Senliz (Richart de) (1417), 48.
Sergent (Bertrand), boucher (1505-1506), 118.
Sergent (Vincent) (1536), 214.
Serisy (Pierre de) (1416), 25.
Serlin (Robert de) (1536), 250.
Serpart (Albert) (1536), 250.
Sert (Nicolas) (1536), 250.
Serton (...), chantre de la Sainte-Chapelle (1572), 341.
Servant (Guillaume) (1364), 2.
Setaine (Claude) (1563), 318.
Setaine (Pierre), barbier de l'Hôtel-Dieu (1556), 304.
Seurre (Maître Jacques de) (1563), 318.

Severin (Jean), courtillier, 17.
Severin (Jehan) (1536), 235.
Sevestre (Marion) (1524), 180.
Sevin (Jehan) (1416), 22; (1536), 234.
Sevyn (Guillaume) (1536), 233.
Sezisay (Anne de) (1560), 311.
Sicile (Reine de) (1416), 25.
Silly (Loys de), seigneur de la Rocheguyon (1549), 288.
Siméon (Barthélemy) (1537), 263.
Simon (Françoise), sage-femme de l'Hôtel-Dieu (1560), 312.
Simon (Damoiselle Marie), dame de Meudon (1505-1506), 116.
Simon (Maître Philippe) (1536), 216.
Simon, évêque de Paris (1502-1503), 92; (1505-1506), 116.
Sire (Bernard), 20; (1536), 245.
Sizain (Maître Guillaume) (1416), 27.
Soignac (Pierre) (1536), 236.
Soissons (Guillaume de) (1370), 7.
Soissons (Jean de) (1416), 21.
Solier (Guillaume) (1506-1507), 131.
Soligny (De), abbé de Tonnerre (1562), 316.
Soly (Michel), procureur au Parlement (1505-1506), 113.
Soreau (Jehan) (1505-1506), 124.
Sovignac (Jehan) (1536), 244.
Soubise (Baron de) (1549), 190.
Soubz-le-Four (Noël de), seigneur de Malassis (1505-1506), 240.
Soubz-le-Moustier (Jehan de), drapier (1536), 232.
Souvré (Jehan de) (1558), 306.
Souvyn (Pierre) (1536), 235.
Spifame (Maître Gaillard), général des finances du Roi (1530), 191.
Spifame (Jean), 18.
Spix (Josse) (1418), 54.
Stive (Godefroy), marchand huilier (1508-1509), 141.
Stive (Guillaume) (1505-1506), 115, 117.
Stuart (Jehan), président de la nation d'Allemagne (1581), 367.
Succy (Guillaume) (1364), 2.
Sucilly (Pierre de) (1366), 5.
Suippe (Jehan) (1536), 223.
Surel (Étienne), prêtre (1581), 367.
Suze (Dame Catherine de) (1525), 182.
Suzée (Guillaume) (1536), 246.
Symon (Claude) (1536), 240.
Syon (Jehan), blanchisseur de toiles (1496-1497), 89.

## T

Tabouet (Mathurin), docteur en médecine, médecin de l'Hôtel-Dieu (1537), 265.
Taboul (Jacques) (1417), 48.
Taboul (Jehanne) (1417), 48.
Tedelin (Édouard) (1367), 6.
Tefeneau (Henri) (1417), 49.

Tallois (Jehan) (1536), 225.
Talloys (Guyon) (1536), 235.
Talon (Jehan) (1416), 29.
Tambonneau (Jehan) (1536), 217.
Tambonneau, premier président (1570), 337.
Tandrie (Marguerite) (1417), 48.

Tanguel (Jehan) (1416), 25.
Tappereau (Jehan) (1508-1509), 140.
Taranne (Étienne), 19.
Taranne (Gervaise), 19.
Taranne (Jehan) (1416), 31.
Targer (Marguerite) (1508-1509), 135, 138.

## TABLE DES NOMS DE PERSONNES.

Tartarin (Blaise) (1536), 237.
Tassin (Clement), sergent à verge (1536), 203.
Tauppin (Jehan), marchand à Paris (1505-1506), 117.
Tavalle (De), gouverneur de Metz (1574), 347.
Tavenne (Philippe de), écuyer (1416), 25.
Tavernier (Jean) (1416), 23; (1536), 239.
Tavernier (Pierre), prêtre (1416), 23, 39.
Tellet (Guillaume) (1416), 24.
Telon (Berthelot) (1505-1506), 108.
Tems (Yves), maitre en médecine (1418), 55.
Teroude (Nicolas) (1364), 3.
Terredieu (Jehan) (1417), 49; (1505-1506), 108.
Tessier (Olivier) (1418), 53.
Tessier (Maître Robert) (1536), 234.
Testart (Jehan), boulanger (1505-1506), 111.
Teste (Germain) (1536), 235.
Teste (Jacques) (1536), 217.
Teste (Jehan), receveur ordinaire de Paris (1505-1506), 125.
Teste D'or (Jehan), prédicateur pour l'Hôtel-Dieu à Liège (1446), 74.
Testier (Jacquet) (1416), 28.
Texier (Audry) (1505-1506), 124.
Thaivenay ou Tamenay, notaire au Châtelet (1478), 80; (1536), 225.
Thamenay (Raoul de), huissier au Parlement (1537), 264.
Thay (Philippe de), grand écuyer de madame de Vendôme (1515), 151.
Theaudet (Jehan), parcheminier (1505-1506), 103.
Thenart (Jehan) (1536), 227.
Therouanne (Cardinal de) (1446), 74.
Thibauldry (Pierre), boursier (1536), 227.
Thibault (Antoine) (1536), 246.
Thibault (Bernard) (1536), 256.
Thibault (Maître), organiste du Palais-Royal (1443), 68.
Thibault (Marie), sage-femme de l'Hôtel-Dieu (1573), 344, 346.
Thibault (Nicole), abbé de Saint-Calais (1568), 332.
Thibaut (Jehan) (1418), 54.
Thibert (Sire Guillaume) (1505-1506), 116.
Thibert (Jehan) (1505-1506), 103; (1536), 211.
Thiboust (Étienne) (1580), 364.
Thiboust (Eustache) (1577), 355.
Thiboust (Pierre), conseiller en la Chambre des comptes (1568), 332.
Thibout (Henri), chanoine de Paris (1443), 69.
Thierry (Henri), maitre imprimeur (1580), 365.
Thierry (Jehan) (1416), 19.
Thierry (Pierre) (1505-1506), 111; (1536), 226.

Thierry (Regnauld) (1536), 234.
Thiessart (Thiébaut) (1416), 38.
Thifaine (Thierry), avocat au Parlement (1416), 42.
Thioust (Jehan) (1536). 215.
Tholouse (Martin) (1416), 24, 28, 31, 43.
Thomas (Messire Antoine) (1536), 260.
Thomas, barbier chirurgien (1482-1483), 83.
Thomas (Jehan) (1505-1506), 118.
Thomas (Yvon), plâtrier (1505-1506), 100.
Thou (Augustin de), membre du Conseil privé (1579), 359.
Thou (Christophe de) (1567), 330.
Thuart (Jehan) (1536), 237.
Thumery (Denis) (1488-1489), 86.
Thumery (Enguerrant de) (1505-1506), 111.
Thumery (Maître Jehan), conseiller au Parlement (1536), 237.
Tibaut (Étienne) (1418), 54.
Tibaut (Marguerite) (1418), 53.
Tibaut (Tevenin) (1418), 53.
Tibert (Guillaume), boucher (1478), 80.
Tibre (Jehan) (1536), 209.
Tiessart le jeune (Jacques) (1536), 216.
Tignonville (Guillaume de), chevalier (1416), 18.
Tillart (Pierre) (1418), 55.
Tillay (Gérard), drapier (1505-1506), 106.
Tillet (Aimé) (1536), 223.
Tillet (Loys), huissier au Parlement (1505-1506), 126.
Tilly (Loys de), marchand pelletier (1536), 214.
Tirain (Jehan) (1505-1506), 112.
Tirant (Robin), barbier (1505-1506), 106.
Tirement (Jossequin) (1478), 77.
Tiron (L'abbé de) (1505-1506), 104.
Tirouyn (Huet), 18.
Tirron (Philippot) (1418), 55.
Tixier (François), maître de l'Hôtel-Dieu (1536), 202; (1569), 335.
Tixier (Jehan), greffier de l'élection de Paris (1536), 208.
Tixier (Maître Mathurin), secrétaire du Roi (1505-1506), 97.
Toisy (Jehan de) (1417), 49.
Torcenay (Dame Marguerite de) (1515), 151.
Toret (Jehan), chirurgien (1537), 264.
Toroude (Jehan) (1478), 80.
Tostée (Catherine) (1536), 219.
Tostée (Guillaume), orfèvre (1536), 220.
Toubert (Guy), sergent à cheval (1505-1506), 108.
Toucart (Jaquet) (1478), 78.
Touppet (Guillaume) (1505-1506), 106.
Touppin (Guillaume) (1505-1506), 103.
Tournaire (Le vicomte de) (1444), 70.
Tournay (Antoine de) (1505), 93, 113.
Tournay (Jean de) (1370), 7.
Tournay (Jehan de) (1505-1506), 113; (1536), 201, 228, 236.

Tournebraulle (Adam) (1536), 239.
Tournemote (Jehanne) (1417), 49.
Tousson (Jehan), voiturier par eau (1536), 210.
Trappes (Marion de) (1418), 53.
Trare (Guy) (1505-1506), 123.
Trassy (Marguerite de), bourgeoise de Paris (1494-1495), 88.
Travelie (Denisot) (1505-1506), 97, 101; (1536), 209.
Traynel (Oublaier) (1370), 7.
Trecelles (Philippe de), chanoine de Notre-Dame (1567), 330.
Treleu (Guillaume de) (1478), 79.
Tremblay (Le vicomte de) (1416), 36.
Tresnel (Michel de), évêque d'Auxerre (1430), 66.
Tressart (Maître Jacques) (1477), 78.
Triboul (Jaquet), 20.
Triboullet (Catherine) (1568), 332.
Tricquet (Thomas) (1430), 67.
Trinité (Henri de la) (1364), 4.
Tripperel (Jehan), libraire (1505-1506), 113; (1536), 206.
Triquot (Thomas) (1416), 29, 35.
Troche (Jehan), carrier (1520), 166.
Tronçon (Jehan), conseiller au Parlement (1536), 220.
Trop-Loue (Jehan), valet charretier à l'Hôtel-Dieu (1418), 56.
Trotet (Hermant) (1505-1506), 108.
Trotet (Jacques) (1505-1506), 109.
Trotet (Jehan) (1436), 60; (1505-1506), 108, 109, 112, 120; (1536), 219, 222, 227, 235.
Trousseboys (Jehan) (1505-1506), 100.
Troussel (Nicolas) (1505-1506), 108.
Troussu (Gilles) (1566), 326.
Trudaine (Jehan), marchand orfèvre à Paris (1598), 188.
Trumeau (Jehan), courtillier (1416), 40.
Trye (D^lle Jehanne de) (1416), 22.
Tuault (Jacques), ministre des Quinze-Vingts de Paris (1560), 311; (1566), 325.
Tuault (Martin) (1560), 311.
Tubourg (Maître Étienne), médecin (1536), 221.
Tuillières (Marguerite de) (1417), 49.
Tuleu (Denis) (1395), 13.
Tullou (Jehan) (1443), 68; (1444), 70; (1536), 235.
Tumbel (Thomassin) (1416), 25.
Turgis (Denis) (1536), 236.
Turgis (Hector), conseiller et avocat au Châtelet (1491-1492), 87.
Turpin (Jacques), notaire au Châtelet (1536), 212.
Turpin (Thomas) (1536), 241.
Turquan (Maître Jehan), voyer de la prévôté de Paris (1550), 290.
Turquain (Jehan) (1536), 220.
Turquain (Maître Robert), conseiller au Parlement (1506-1507), 129; (1516), 154.

53.

## U

Ulericq (Maître Liénard) (1536), 231.

Urcines (D'), chanoine de Notre-Dame (1581), 366.

## V

Vaillant (Jehan) (1505-1506), 106.
Vailly (Claude), drapier (1536), 211.
Valangelier (Maître Philippe) (1536), 230.
Valençon (Jacques), sergent de la douzaine (1536), 216.
Valeton (Jehan), brodeur (1536), 230.
Valeton (Jourdain), apothicaire (1536), 234.
Valin (Germain), avocat (1505-1506), 125.
Valladolid (Jehan de), espagnol (1418), 53.
Vallée (Robert), prêtre (1536), 239.
Vallery (Dame de) (1550), 291.
Vallet (François) (1566), 326.
Vallet (Françoise) (1551), 292.
Vallet (Jehan) (1505-1506), 117.
Vallet (Marguerite) (1566), 326.
Valleton (Catherine) (1505-1506), 127.
Vallette (Jehan de), grand prévôt de la connétablie (1579), 360.
Vallin (Olivier) (1579), 361.
Vallon (Maître Étienne) (1505), 96.
Vandelles (Émery de) (1418), 54.
Vantadour (Robert) (1385), 11.
Varennes (Loys de) (1416), 34.
Varin (Pierre), mégissier (1417), 49.
Varlades (Jacques de) (1568), 332.
Varlet (Jehan), 20.
Varlot (Michel) (1478), 79.
Vast (Antoine), maître menuisier (1555), 300.
Vatier (Maître Thomas), prêtre (1536), 252.
Vaubellonne (Dlle de la) (1443), 68.
Vaubrisse (Jehan de) (1377), 15.
Vaubrisson (Nicolas de) (1478), 80.
Vauchleure (Loys de) (1416), 21.
Vaudecheigne (Conrard de) (1418), 54.
Vaudetair ou Vaudetour (Jehan de) (1416), 17, 19, 22.
Vaudelar (Arthur de), chantre de Paris (1485-1486), 84.
Vaudois (Jacques) (1536), 257.
Vaugirault (René de), abbé de Saint-Gilles (1579), 360.
Vaulx (Jehanne de) (1417), 49.
Vaupulair (François de), prêtre (1536), 202.
Vauvilliers (Baude de), chevalier (1417), 49; (1428), 59, 61.
Veillart (Anne) (1536), 214.
Velut (Aymery) (1505-1506), 103.
Vendamme (Frère Alart de), religieux franciscain (1505-1506), 127.
Vendôme (Le comte de) (1443), 68.
Vendôme (Claude de) (1571), 340.
Vendôme (Jacques de) (1506-1507), 132.

Vendôme (Jehan), abbé de Cussy (1571), 340.
Vendôme (Mme de) (1375), 15.
Vendôme (Mme de) (1515), 151.
Vendosme (De) (1505-1506), 111.
Veraze (Frère Jacques), augustin (1487-1488), 85.
Verdelay (Jehan de) (1549), 288.
Verdun (Bertrand de) (1416), 21.
Verdun (Jehan de), sergent d'armes du Roi (1418), 54.
Verdun (Jehan de) (1505-1506), 103.
Verdun (Nicolas de) (1564), 320.
Verdun (Maître Richard de), procureur en Parlement (1505-1506), 103; (1536), 211.
Veres (Jehan de) (1505-1506), 104.
Verly (Gilles de), chirurgien à Paris (1521), 174; (1536), 214.
Vernon (Mahaut de) (1418), 54.
Versailles (Robert de), écuyer (1416), 37.
Versongues (Jehan) (1536), 234.
Versongues (Pierre de) (1505-1506), 104.
Vert (Guy de), chevalier (1416), 34.
Vervins (Girart de), chanoine de Notre-Dame (1371), 8.
Vesle (Jehan) (1418), 55.
Vessières (Michel) (1579), 361.
Viart (Maître Jacques), receveur ordinaire de la comté de Blois (1523), 178.
Viart (Jehan), vicaire de Saint-Séverin (1505-1506), 112.
Viault (Dame Jehanne) (1500-1501), 91.
Vicardel (Jeanne de), dame de Clamart, (1540), 272.
Vicart (Baste) (1536), 242.
Vichy (Maître Pierre de), prêtre (1536), 242.
Vicourt (De) (1555), 300.
Vidal (Jehan) (1536), 238.
Vidault (Michel), peaussier (1536), 227.
Videl (Nicolas), marchand et bourgeois de Paris (1417), 49.
Videt (Raoul), procureur au Châtelet (1505-1506), 114.
Vicil-Fueillet (Nicole de) (1536), 238.
Vieillart (Thomassin) (1505-1506), 122.
Viel (Claude) (1566), 327.
Vierlonnet (Antoine) (1543), 277.
Vieuville (Jacqueline de) (1537), 265.
Vignancourt (Jacques de), contrôleur de la chancellerie (1496-1497), 89.

Vigneron (Pierre), docteur de la Faculté de théologie (1564), 321; (1567), 330.
Vignolles (Jehan), notaire de la cour de Parlement (1579), 360.
Vigny (François de), receveur de la ville de Paris (1577), 354.
Vigny (Thomas de), procureur du Roi en la Chambre des comptes (1508-1509), 138; (1521), 175; (1536), 218.
Vigoureux (Jehan), maître des enfants de chœur (1505-1506), 123.
Villain (Guy), orfèvre à Paris (1579), 360.
Villain (Robert) (1364), 2.
Villain (Robert), sergent à cheval (1536), 235.
Villaine (Colin) (1536), 244.
Villaine (Jehan) (1536), 244.
Villames (Pierre de), chevalier (1416), 37.
Villard (Jehan) (1577), 354.
Villebe (De) (1519), 161.
Villeblain (Jehan de), archidiacre d'Arras (1417), 50.
Villeblanche (Loïse de) (1418), 54.
Villebresme (Jehan de) (1500-1501), 91.
Villebresme (Pierre de) (1417), 49.
Villecart (Jehan), marchand de chevaux (1505-1506), 119.
Villecocq (Maître Pierre) (1505-1506), 116, 127; (1508-1509), 140.
Villejau (Arnoul de), 17.
Ville-Lymon (Thomas de) (1505-1506), 113.
Villemard (Charlotte de) (1577), 354.
Villemeneux (Pierre de) (1416), 34.
Villemoret (David de), archer de la garde du Roi (1544), 280.
Villeneuve (Maciot de), 17.
Villeneuve (Reynaut de) (1416), 36.
Villequier (De), chevalier de l'ordre du Roi (1578), 357.
Villeron (Jehan), sergent à cheval (1536), 224.
Villeroy (Nicolas) (1536), 219.
Villers (Jehan de), chevalier (1416), 35.
Villes (Nicolas de) (1536), 235.
Ville-sur-le-Gan (Yves de), pannetier de l'Hôtel-Dieu (1416), 27.
Villetard (Marguerite) (1536), 227.
Villereau (Guy) (1505-1506), 97.
Villiers (Drouyn de) (1536), 245.
Villiers (Guillaume de) (1416), 47.
Villiers (Jehan de) (1478), 80.
Villiers (Jehan de), procureur en Parlement (1536), 237.
Villiers (Nicolas de) (1536), 252.

# TABLE DES NOMS DE PERSONNES.

Villiers (Richard de), orfèvre (1364), 1.
Villon (Denys) (1416), 32.
Villon (l'aîné) (1416), 21.
Vinaize (Pierre) (1418), 53.
Vinceleu (Vincent) (1416), 44.
Vincenette, pâtissier (1500-1501), 91.
Vincent (Maître Guillaume) (1536), 203.
Vincent (Jehan) (1536), 241.
Vincent (Lois), greffier de l'élection de Sens (1536), 239.
Vincent (Michel) (1536), 206.
Vinot (Pierre) (1536), 224.
Viole (Maître Pierre) (1536), 254.
Violle, clerc des comptes (1534), 198.
Violle, élu de Paris (1551), 292.
Violle (D^lle Hippolyte) (1548), 285 ; (1563), 318.
Violle (Nicole) (1502-1503), 92.
Virée (Giraude) (1539), 270.

Virey (Messire Jehan), prêtre (1505-1506), 123.
Visinet (De) (1560), 312.
Vitry (Gervais de) (1546), 283.
Vitry (Guy de), curé d'Auteuil (1549), 288.
Vitry (Pierre de), curé de la Villette (1543), 276.
Vitry (Thibant de) (1443), 68.
Vivien (Jehan), grenetier de Paris (1519), 161.
Vivien (Jehan), chandelier de suif (1536), 202, 230.
Viviot (Gabriel), boucher (1536), 226.
Viviot (Jehan) (1536), 226.
Voignon (Jean), chanoine de Notre-Dame (1418), 57.
Voisin (Dame Claude) (1571), 339.
Volant (Maître Jacques) (1536), 213.

Vollant (Maître Jacques), curé de Saint-Jean-en-Grève (1505-1506), 113.
Vorot (Mathieu), huissier des comptes (1577), 355.
Vostre (Simon), libraire (1505-1506), 115, 127 ; (1521), 174 ; (1536), 206.
Voucart (François), lieutenant de roi à Verdun (1559), 308.
Voulacre (Étienne) (1505-1506), 107.
Voutenay (Maître Pierre de), chirurgien (1478), 79.
Voyer (Jehanne) (1566), 325.
Voyrin (Didier), organiste de l'Hôtel-Dieu (1549), 289.
Vrian (Yves) (1417), 49.
Vrien (Jehan), chirurgien (1418), 54.
Vymont (Maître Pierre) (1505-1506), 102.
Vymont (Yolande) (1553), 296.

## W

Walwin (Maître François), organiste (1505-1506), 123.
Warin (Jehan), maréchal (1416), 24.

Wenemare (Pierre) (1505-1506), 127.
Witart (Jehanne) (1416), 25.
Witart (Raoul) (1416), 25.

Woures (Jehan) (1418), 55.
Wriet (Jehan) (1536), 243.

## Y

Ydoine (Maître), docteur régent en la Faculté de théologie (1562), 316.
Ymbault (Augustin), chirurgien de l'Hôtel-Dieu (1579), 361.

Ysabeau de France (1377), 15.
Yvain (Jacques), chanoine de Noyon (1505-1506), 116.
Yvain (Noel) (1417), 49.

Yves, pannetier de l'Hôtel-Dieu (1516), 40.
Yvet (Richart) (1416), 21.
Yvier (Garnot) (1478), 80.
Yvon (Jehan), 18.

## Z

Zacharie (Jehan) (1520), 167.
Zacharie (Messire Jacques), trésorier des offrandes du Roi (1517), 156.

# TABLE DES NOMS DE LIEUX.

## A

Abbeville (1416), 37; (1560), 313.
Ablon, 18; (1536), 236; (1569), 335.
Agen (1506-1507), 131.
Alby (1506-1507), 131.
Amboise (1518), 160.
Amiens (1428), 63; (1538), 266; (1551), 292.
Amy (1571), 340.
Angers (1506-1507), 131; (1534), 199; (1539), 269; (1543), 277; 1573; 344.
Annet (Seine-et-Marne) (1579), 360.

Antony (1416), 38; (1505-1506), 121; (1536), 255.
Anvers (1567), 330.
Aplaincourt (1534), 198.
Arcis-sur-Aube (1545), 282.
Arcueil, 18; (1536), 233, 236.
Argenteuil, 15, 17; (1416), 31, 33; (1336), 232, 236, 240.
Argeville, 18; (1536), 246.
Arques (1416), 94.
Athis, 18; (1487-1488), 85; (1502-1503), 92; (1536), 236, 254, 255.

Arras, 12; (1417), 50.
Attichy (1539), 270.
Attilly (1516), 153.
Aubervilliers (1536), 240, 248, 254.
Audenarde (1506-1507), 134.
Auteuil (1375), 14.
Auvers (1416), 37.
Auxerre (1430), 66; (1445), 71; (1506-1507), 132; (1522), 176; (1533), 196.
Avignon, 14.
Avranches (1508-1509), 140; (1568), 332.
Avrolles (1536), 257.

## B

Bagneux, 15, 18; (1416), 22, 30, 31, 41; (1505-1506), 121; (1536), 232, 254, 255.
Bagnolet, 18; (1536), 236.
Bailly (Seine-et-Marne) (1416), 29, 33.
Bailly-sur-Marne (1536), 237.
Balagny (1505-1506), 118.
Balisy (1416), 37.
Bar-sur-Seine (1564), 321.
Bayeux (1506-1507), 131; (1563), 318.
Bayonne (1506-1507), 131; (1573), 343; (1575), 350.
Beaune (Aisne), 21; (1416), 39.
Beaumont-sur-Oise, 18; (1536), 236.
Beauvais (1371), 8; (1443), 68; (1445), 72; (1506-1507), 131; (1508-1509), 140; (1531), 193; (1555), 300; (1558), 306; (1578), 356.
Bellême (1536), 257.
Belleville-sur-Sablon (1536), 254.

Bernay-en-Brie (1416), 28; (1443), 69.
Béthisy (1536), 232.
Béziers (1478), 79; (1489-1490), 86.
Bezonville, 18.
Bicêtre (1520), 169.
Bochet, 16.
Bochet (Châtellenie de Montlhéry) (1416), 23.
Boigny (1416), 39; (1536), 237.
Bois-le-Roi (1520), 167.
Boissy-la-Rivière (1536), 237.
Boissy-Saint-Léger (1536), 237; (1564), 321.
Boiteaux, 16, 18.
Bonnecourt (1545), 282.
Bordeaux (1506-1507), 131; (1567), 329.
Boschet (1536), 232, 237.
Bouche-Daigre (1579), 360; (1580), 364.
Bouche-Saint-Martin (Le) (1567), 329.

Boulogne-sur-Seine, 36; (1505-1506), 120; (1536), 252.
Bourg-la-Reine (1416), 26, 29, 34; (1505-1506), 118; (1536), 236, 254; (1564), 321.
Bourges (1416), 31; (1506-1507), 131; (1508-1509), 140; (1545), 282.
Bourgneuf (1536), 237.
Braisne (1536), 237.
Bretagne (1381), 11.
Breval (1527), 186.
Brie-Comte-Robert, 15; (1416), 22, 27, 29, 34; (1536), 233, 237; (1548), 286; (1569), 334.
Brionne (Eure) (1506-1507), 132.
Brou, 18; (1579), 360.
Broullet (1416), 29, 35.
Bruyères (1536), 236.
Bruxelles (1506-1507), 134.
Bry-sur-Marne (1505-1506), 106.

## C

Cahors (1506-1507), 131.
Calonne (1511-1512), 142.
Cambray (1505-1506), 116.
Castres (1443), 68; (1444), 69.
Chaalis (1416), 35.
Chaillot (1536), 237.
Chailly, 18; (1416), 36; (1505-1506), 121.
Chalo-Saint-Mars (1536), 239.
Châlons (1416), 25; (1506-1507), 131; (1564), 321.

Chambourcy (1562), 316.
Champigny (1536), 238.
Champlant, 18; (1416), 30; (1536), 238.
Champlâtreux (1536), 220.
Champrosay, 16, 18, 23; (1416), 29, 31, 41; (1536), 233, 237, 247, 256.
Champs-sur-Marne (1536), 237.
Charenton, 20; (1573), 346.
Charmentray (1416), 29.
Charonne (1536), 237; (1573), 344.

Chars (1416), 47.
Chartres (1478), 77; (1506-1507), 131; (1574), 347.
Chastres-sous-Montlhéry (1536), 234.
Châteaudun (1536), 260; (1577), 355.
Châteaufort (1430), 67.
Châteauroux (1540), 271.
Château-Thierry (1498-1499), 90.
Châtenay, 16; (1416), 23; (1536), 233, 238, 247.

# TABLE DES NOMS DE LIEUX.

Châtillon, 18; (1416), 22; (1536), 232.
Châtillon-sur-Loing (1544), 280.
Chatou, 18; (1505-1506), 122; (1523), 179, 248.
Châtres (1416), 35.
Chaville, 16, 18; (1416), 27, 29, 36; (1505-1506), 114, 233; (1544), 279.
Chelles, 18; (1416), 35.
Cheminon (1580), 364.
Chennevières (1416), 29; (1536), 238.
Chevigny-en-Morvan (1561), 314.
Chevilly (1536), 238.
Chevreuse (1537), 262.
Chivy (1416), 39.
Choisy-sur-Seine (1568), 332.
Civilly (1416), 29.
Clamart, 18; (1506-1507), 133; (1512), 146; (1536), 233, 238, 247, 256; (1540), 272; (1562), 316.
Clermont-Ferrand (1506-1507), 131; (1543), 277.
Clichy-la-Garenne, 14; (1536), 239, 247.
Collay (1580), 364.
Cologne (1430), 66; (1505-1506), 107.
Compans, 20; (1416), 27, 28, 29, 35; (1532), 196; (1536), 259; (1568), 332.
Compiègne (1370), 7.
Conches (1539), 268.
Condom (1506-1507), 131; (1508-1509), 140.
Conflans, 12.
Coignanpuis (1416), 27, 30; (1536), 239.
Corbeil, 16, 18; (1416), 22, 32; (1430), 67; (1498-1499), 90; (1512), 146; (1536), 233, 238.
Coulommiers (1580), 364.
Courcelles près Paris (1366), 5.
Courdimanche, 16; (1416), 30; (1536), 233, 239.
Courtonne (1416), 39.
Coutances (1505-1506), 116, 131; (1508-1509), 140.
Creil (1416), 37.
Créteil (1416), 22; (1505-1506), 115, 122; (1517), 157; (1528), 188; (1536), 233, 238, 247, 254, 256; (1575), 350.
Crevant (1577), 355.
Croissy-en-Brie (1536), 239.

## D

Dammartin (1416), 35.
Dampierre (1577), 354.
Dannemarie (1580), 363.
Dax (1506-1507), 131.
Dennemont (1416), 26; (1417), 50.
Denouville-en-Beauce (1539), 268.
Deuil (1580), 363.
Dixmont (1536), 239.
Domont (1536), 298.
Draveil, 18; (1416), 35.
Dugny (1536), 239.

## E

Écharcon, 16; (1416), 23, 30, 31, 41, 42; (1536), 233, 247, 256; (1575), 350.
Elleville (1536), 233, 248; (1565), 322.
Embrun (1506-1507), 131.
Engenville (1416), 37.
Épernay (1416), 28.
Épiais (1416), 29, 36.
Épône (1416), 29.
Essonnes (1536), 238.
Étampes, 16, 19; (1416), 30; (1444), 70; (1515), 152; (1536), 233, 248; (1579), 360.
Eve (1416), 30, 36.
Évesquemont (1536), 239.

## F

Favières (1536), 234; (1578), 358.
Fécamp (1416), 37.
Felletin (1536), 219.
Fieffes (1538), 266.
Fleury (1562), 317; (1569), 335.
Fontenay-aux-Roses (1416), 22, 34, 47; (1536), 232, 240, 254.
Fontenay-sous-Bois (1416), 16, 19, 31, 36, 41, 42; (1429), 65; (1505-1506), 122; (1536), 233, 239, 254.
Forges, 16; (1536), 233.
Franconville (1536), 240.
Fresnes (1536), 255.

## G

Gagny (1536), 240.
Gaillac (1539), 268.
Gamaches (1416), 28.
Gand (1446), 74; (1514), 149.
Gerches (1539), 270.
Gastines (1525), 182.
Gennevilliers (1536), 240, 248, 254.
Gentilly, 19; (1505-1506), 122; (1528), 188; (1536), 233, 240, 247, 254.
Genvry (1416), 30.
Gercy-en-Brie, 16.
Gevenotte (1416), 25.
Giraulcourt (1536), 234.
Gironcourt (1416), 29.
Gisors (1566), 327.
Glatigny, 19; (1536), 240.
Gomonvillers (1416), 36.
Gonesse (1416), 29.
Goupillières (1565), 322.
Gournay, 10.
Grand-Champ (1580), 364.
Gravon-sur-Seine (1520), 167.
Grenelle (1366), 5.
Grenoble (1505-1506), 114.
Grignon (1505-1506), 114; (1536), 240.
Grigny (1551), 293.
Grosley (1536), 240.
Guignonville (1572), 342.
Guines-en-Brie (1505-1506), 117; (1558), 306.
Guyencourt (1536), 240.

## H

Hardivilliers (1539), 270.
Hay (L') (1416), 34.
Herny (1416), 26.
Hérouville (1418), 55.
Hires (1580), 363.
Houdan (1505-1506), 118.

# TABLE DES NOMS DE LIEUX.

## I

Igny (1416), 16, 22, 27, 30, 36, 39; (1536), 247; (1551), 293.

Issy (1416), 19, 22.
Italie (1506-1507), 131.

Itteville (1416), 38.
Ivry, 19.

## J

Janvry (1416), 36; (1446), 74; (1514), 150; (1536), 233; (1556), 303.
Jouy (1416), 30, 36.

Jouy-en-Gâtinais (1558), 307.
Jouy-en-Josas (1416), 22.

Juvisy (1416), 31, 36, 41, 42; (1429), 65; (1536), 233; (1559), 309.

## L

Labalieu (1560), 313.
La Castelle (1505-1506), 99.
La Ferté (Loiret) (1416), 37.
La Ferté-Alais (1416), 29, 35; (1536), 237.
La Ferté au Coul (1520), 167.
La Ferté-Bernard (1536), 259.
La Folie-Regnault (1536), 235.
Lagny (1565), 324.
La Guimardière (1579), 359.
La Loupe (1555), 300.
Lambresy (1416), 22; (1536), 241.
Langres (1506-1507), 131; (1545), 282; (1553), 297.
Laon (1445), 72; (1505-1506), 97; (1506-1507), 131; (1578), 359.
Larchant (Seine-et-Marne) (1508-1509), 141.
Lardy (1416), 16, 19, 22, 29, 30, 31, 37, 41, 42; (1536), 233.

La Roche (1536), 257.
La Roche-Bourdel (1538), 266.
La Roche-Guyon (1549), 288.
Launay (1536), 234, 247; (1578), 358.
Laval-Guion, 10.
Lavaur (Tarn) (1577), 354.
La Villette-Neuve-aux-Ânes, 18.
La Villette-Saint-Lazare, 16, 21.
Le But (1558), 307.
Le Fay (1416), 26.
Le Mans (1521), 178.
Le Mesnil-Aubry (1536), 241.
Le Puy (1574), 347.
Le Riau, près de Moulins (1524), 181.
Lery, 19.
Les Loges (1536), 255.
Les Noues (1416), 27, 37; (1522), 177.
Leudeville (1416), 37.
Le Vivier (en Brie) (1534), 198.
Liège (1446), 74; (1505-1506), 116.

Liers (Seine-et-Oise) (1416), 19; (1536), 233, 241.
Lille (1517), 157.
Limay (1505-1506), 122; (1536), 241.
Limoges, 10; (1506-1507), 131; (1566), 327; (1578), 356.
Lisieux (1506-1507), 131; (1531), 193; (1532), 195.
Livry (1416), 27, 32; (1505-1506), 122; (1536), 255; (1548), 286.
Loches (1565), 324.
Longchamps, 38.
Longpont (1416), 36.
Lonjumeau, 16, 19, 36; (1505-1506), 121.
Louans (1416), 16, 27, 30, 36, 46; (1505-1506), 122; (1536), 233.
Louvres-en-Parisis (1416), 19; (1536), 240.
Luçon (1418), 53, 56; (1506-1507), 131.
Luzarches (1536), 215.
Lyon (1506-1507), 131, 155; (1536), 241.

## M

Mailly-le-Châtel, 14.
Maincy (1521), 174.
Mainville (1416), 16; (1536), 233.
Maisons-sur-Seine (1536), 243.
Malassis, 240.
Malines (1505-1506), 109.
Malnoüe, 20; (1536), 241.
Mantes (1416), 26, 31; (1417), 50; (1443), 69; (1505-1506), 122.
Marcenost (1416), 35.
Marcoussis (1561), 314.
Mareil-Marly (1416), 26.
Marly-le-Château (1536), 243.
Marolles (1416), 34.
Maubuisson (1416), 23.
Maurepas (1416), 29.
Meaux (1416), 31; (1418), 56; (1445), 72; (1446), 74; (1478), 78; (1488-1489), 86; (1505-1506), 113; (1536), 230; (1537), 264, 265.

Melun (1416), 20; (1505-1506), 115; (1536), 248.
Merville-en-Beauce (1572), 342.
Mesnil-Madame-Roisse (1416), 19.
Mesnil-sous-Longpont, 20; (1536), 243.
Meudon (1416), 16, 19, 24, 31, 37, 41, 42; (1505-1506), 116; (1536), 234, 242, 256.
Meulan (1506-1507), 132; (1536), 239.
Mines (1536), 237.
Mitry (1536), 29.
Mondeville (1416), 16, 27, 30, 31, 37, 39, 41, 42.
Monglas (1491-1492), 87.
Mons-sur-Orge, 20; (1536), 243.
Montauban (1506-1507), 131.
Montereau (1444), 70.
Montfort-l'Amaury (1430), 67.
Montfort-le-Rotrou (1544), 280.
Montgommery (1417), 50.

Montjoie (1429), 65.
Monthléry (1416), 16, 20, 23, 24, 37; (1429), 65; (1505-1506), 125; (1523), 179; (1536), 233, 234, 243, 248, 255; (1549), 288; (1560), 312.
Montmagny (1536), 243.
Montmorency, 19; (1536), 242.
Montpellier (1416), 28.
Montreuil (1416), 16, 19; (1536), 233, 241.
Montrouge (1536), 248, 255, 256.
Montvrengle (1536), 23.
Moret (1444), 70.
Mortagne (1487-1488), 85.
Mortières (1416), 29.
Morville-en-Beauce, 16.
Mory (1536), 235.
Moulins (1524), 181.
Moussy-le-Neuf (Seine-et-Marne) (1416), 19, 29, 37; (1536), 249.
Moussy-le-Perreux (1416), 47; (1536), 234.

# TABLE DES NOMS DE LIEUX.

## N

Nainville (1416), 30, 37.
Nanterre, 20; (1536), 234.
Nantes (1445), 71.
Narbonne (1491-1492), 87; (1506-1507), 131.
Néauphle-le-Vieux (1430), 67.

Nemours (1536), 217.
Nevers (1506-1057), 131.
Neuilly-sur-Marne (1364), 2.
Nice (1505-1506), 131.
Nogent-l'Artaud (1520), 167.
Nogent-le-Rotrou (1368), 6.

Noisy-le-Sec (1536), 240.
Noue-Saint-Martin (La) (1416), 50.
Noyelles-sur-Mer (1417), 50.
Noyon (1416), 25; (1417), 49; (1418), 53; (1445), 72; (1505-1506), 116, 128; (1506-1507), 131; (1543), 276.

## O

Orléans (1505-1506), 128; (1537), 265.
Ormoy (1580), 363.

Orly (1416), 20, 30, 37; (1536), 244; (1537), 265.

Orville (1416), 26.
Ourscamps (1536), 217.

## P

Pacy-sur-Eure (1416), 29.
Palaiseau, 16; (1418), 54.
Pailuau (en Champagne?) (1577), 355.
Pampelune (1506-1507), 131.
Pantin (1536), 244.
Passy (1478), 78.
Penmark (1519), 161.
Périgueux (1506-1507), 131.
Péronne (1378), 10.
Picquepus (1536), 256.
Picquigny, 20; (1536), 244.

Pierrefitte, 20; (1536), 244.
Plailly (1544), 280.
Plessis-Picquet (1536), 236.
Poissy, 20; (1416), 35; (1536), 226, 240, 244.
Poitiers (1444), 70; (1506), 31; (1560), 311.
Poitronville, 17.
Pomponne (1536), 244.
Pont-Arcy (1416), 42; (1536), 248.
Pont-de-l'Arche (1416), 20; (1513-1514), 148.

Pontoise (1443), 69; (1478), 79; (1536), 215.
Pont-Sainte-Maxence (1416), 38.
Porcherons (Les) (1416), 22.
Port-Royal (1416), 37.
Portugal (1490-1491), 87.
Provins (1416), 30; (1531), 193; (1553), 296.
Puiselet-le-Marais (1505-1506), 116; (1536), 244, 248, 255.
Puteaux (1536), 244.

## R

Randan (Auvergne) (1571), 339.
Reuilly, près Paris (1546), 283.
Rheims, 9; (1505-1506), 101; (1533), 196.
Rieux (1416), 31, 37, 41, 42; (1525), 182; (1536), 247.
Rigny-le-Ferron (1536), 258.
Ris-Orangis (1536), 261.

Rochefort (1549), 288.
Roissy-en-Parisis, 20.
Rosay-en-Brie (1513-1514), 148.
Rosny (1536), 244.
Roussy (1536), 287.
Rouen (1416), 12; (1426), 58; (1479-1480), 82; (1495-1496), 89; (1506-1507), 131; (1536), 257; (1549), 287; (1554), 299; (1579), 360.
Royaumont (1416), 37, 39.
Roye, 20; (1498-1499), 90; (1536), 244; (1555), 300.
Rueil (1536), 244.
Rungis, 16; (1416), 30; (1536), 233.

## S

Saint-Aignan (1505-1506), 102; (1536), 210.
Saint-Antoine-le-Petit (1537), 264.
Sainte-Catherine du val des Écoliers (1416), 37.
Saint-Cloud, 16, 20; (1536), 245.
Saint-Denis (1445), 71; (1478), 76; (1536), 212, 245.
Saint-Denis-de-la-Châtre (1505-1506), 101.
Saint-Étienne-de-Chailly (1416), 37.
Saint-Florentin (1536), 257.
Sainte-Geneviève-des-Bois, 16; (1536), 233.
Saint-Just (1416), 37.
Saint-Leu-Taverny, 41.
Saint-Maixent (1536), 245.

Saint-Mandé (1536), 255; (1574), 347.
Saint-Martin-sur-Viosne (1578), 358.
Saint-Maur-les-Fossés (1367), 5; (1505-1506), 122; (1517), 156.
Saint-Mesme (1564), 321.
Saint-Mihiel-sous-Longpont (1416), 20; (1536), 245.
Saint-Ouen (1536), 245.
Saint-Ouen-l'Aumône (1416), 16, 20, 23; (1536), 234, 245; (1571), 340.
Saint-Plaisir-en-Bourbonnais (1443), 68.
Saint-Waast-de-Longmont (1536), 248.
Salins (1444), 70.
Samois (1416), 29.
Sannois (1536), 245.
Sarcelles (1536), 245.

Sarlat (1506-1507), 131.
Satory (1536), 241.
Saussoy (Le) (1416), 38.
Savigny (1564), 320.
Sceaux (1536), 236.
Sceaux-le-Grand (1536), 244.
Sedan (1552), 294.
Senlis (1416), 37; (1562), 316; (1563), 318; (1573), 345.
Senlisse (1536), 245.
Sens (1416), 47; (1527), 186; (1561), 314.
Sequigny (1416), 27.
Serbonnes (1500-1501), 91.
Sisteron (1581), 366.
Soissons, 20; (1502-1503), 92; (1506-

## TABLE DES NOMS DE LIEUX.

1507), 131; (1536), 245; (1555), 299.
Soisy (1416), 29, 38; (1536), 245; (1538), 266.

Soisy-sur-Seine (1536), 246.
Stains (1536), 245.
Sucy (1416), 16, 20, 24, 30, 38; (1536), 232, 245.

Suresnes (1446), 74; (1505-1506), 122; (1536), 245, 248, 255, 256; (1548), 286; (1556), 302.

## T

Thérouanne (1428), 61.
Thieux (1416), 29, 35; (1581), 368.
Tonnerre (1446), 74.
Toul (1494-1495), 88.
Toulouse (1371), 8; (1506-1507), 131.
Tournan-en-Brie (1416), 21; (1536), 234; (1578), 358.
Tournay, 11; (1505-1506), 127; (1506-1507), 134. — Tournedos-sur-Seine (Eure) (1416), 21.
Tours (1506-1507), 131; (1517), 157.
Trappes (1530), 192; (1536), 241; (1537), 262.
Treguier (1567), 330.
Tremblay (Le) (1429), 65.
Triel (1536), 246.

Trilbardou (1416), 21, 29.
Trivau (1416), 30; (1505-1506), 114; (1536), 246, 255.
Troyes (1506-1507), 131; (1544), 278; (1561), 314; (1574), 343.
Tulle (1506-1507), 131.
Turin (1551), 293.

## V

Vaires (Seine-et-Marne) (1416), 23, 38.
Val-de-Rueil (évêché d'Évreux) (1416), 21, 23; (1536), 248.
Valenton (1536), 246.
Vanves (1416), 31, 38, 41; (1505-1506), 121; (1536), 240, 246, 256.
Vaugirard (1416), 21; (1536), 246.
Vaux-de-Cernay (Les) (1416), 24, 37; (1537), 262.
Vélizy (1416), 30.
Verdun (1559), 308.
Verfontaine (1576), 352.
Ver-le-Grand (1416), 29; (1505-1506), 122; (1523), 179; (1536), 214, 246, 255.
Ver-le-Petit, 18; (1536), 232.
Verneuil-sur-Aisne (1416), 21, 23, 31, 39, 41; (1536), 246, 248, 259; (1559), 309.
Verneuil-au-Perche (1535), 199.
Vernon-sur-Seine (1561), 314.
Verrières (1505-1506), 118.
Versailles (1416), 17, 30; (1536), 238.
Vervins (1569), 334.
Vienne (Isère) (1506-1507), 131.
Villacoublay (1505-1506), 114; (1506-1507), 132.
Villebon (1536), 246.
Ville-du-Bois (1536), 240.
Villegagnon (1571), 339.
Villejuif (1416), 17, 21; (1536), 234, 256.
Villemeneux (1536), 246.
Villemilan (1416), 17, 21, 27; (1536), 255.

Villeneuve (Seine-et-Marne) (1416), 21.
Villeneuve-le-Roi (1536), 236, 246, 255, 256.
Villeneuve-sous-Dammartin (1416), 29.
Villeparisis (1416), 21; (1533), 196.
Villepreux, 19.
Villeron (1416), 29.
Villers-le-Temple en Brie (1417), 51.
Villers-sous-Longpont (1416), 20.
Villetaneuse (1416), 21; (1536), 246.
Villette-aux-Ânes (1416), 29.
Villiers-le-Rigault (1506-1507), 132.
Villiers-sous-Longpont, 17; (1536), 234.
Villiers-sur-Marne (1416), 21; (1446), 74.
Vitré (1445), 72.
Vitry (1416), 30; (1505-1506), 118, 248.

## W

Wissous (1505-1506), 122; (1536), 233, 236, 256.

## Y

Yerre, 38; (1536), 255.

Yssoudun (1527), 186.

Yvernel (1416), 29.

# ERRATA.

Page 86, au bas : «Comptes de la Prieuse, années 1490 à 1495», lisez : 1490 à 1494.

Page 88, au bas : «Comptes de la Prieuse, années 1494 à 1496», lisez : 1494 à 1499.

Page 332, colonne 11, ligne 29 : «Monsieur Legrand, aulmosnier», lisez : Monsieur le grand aulmosnier

Page 336, colonne 11, lignes 13 et 26, au lieu de *Kerquifiven*, lisez : Kerquifinen.

www.ingramcontent.com/pod-product-compliance
Lightning Source LLC
Chambersburg PA
CBHW051823230426
43671CB00008B/812